1,000,000 Books

are available to read at

www.ForgottenBooks.com

Read online
Download PDF
Purchase in print

ISBN 978-0-266-66142-9
PIBN 11003907

1 MONTH OF
FREE
READING

at
www.ForgottenBooks.com

By purchasing this book you are eligible for one month membership to ForgottenBooks.com, giving you unlimited access to our entire collection of over 1,000,000 titles via our web site and mobile apps.

To claim your free month visit:
www.forgottenbooks.com/free1003907

English
Français
Deutsche
Italiano
Español
Português

www.forgottenbooks.com

Mythology Photography **Fiction**
Fishing Christianity **Art** Cooking
Essays Buddhism Freemasonry
Medicine **Biology** Music **Ancient
Egypt** Evolution Carpentry Physics
Dance Geology **Mathematics** Fitness
Shakespeare **Folklore** Yoga Marketing
Confidence Immortality Biographies
Poetry **Psychology** Witchcraft
Electronics Chemistry History **Law**
Accounting **Philosophy** Anthropology
Alchemy Drama Quantum Mechanics
Atheism Sexual Health **Ancient History**
Entrepreneurship Languages Sport
Paleontology Needlework Islam
Metaphysics Investment Archaeology
Parenting Statistics Criminology
Motivational

LÉGISLATION DU TRAVAIL

ET

LOIS OUVRIÈRES

Pour paraître prochainement :

LA QUESTION SOCIALE

DANIEL MASSÉ

ANCIEN CONSEILLER DE PRÉFECTURE

ÉGISLATION DU TRAVAI

ET

LOIS OUVRIÈRES

Classification, Commentaire, Jurisprudence, Législation comparée
Projets et propositions de lois

Égalité, Liberté, Fraternité.

BERGER-LEVRAULT ET Cie, ÉDITEURS

PARIS | NANCY
5, RUE DES BEAUX-ARTS | 18, RUE DES GLACIS

1904

.M3

A

Monsieur *MARCEL GRÉGOIRE*

PRÉFET DE L'AUBE

—⧓—

C'est à vos conseils amis que je dois d'avoir tenté cette Étude. Je crois m'acquitter, simplement, en vous priant d'en accepter mieux que le patronage honoraire; et c'est donc en toute reconnaissance que je vous la dédie très affectueusement.

D. M.

Troyes-Paris, 1901-1903.

PRÉFACE

———

Sous l'influence de phénomènes économiques nouveaux, et aussi par suite de considérations sociales, le législateur s'est préoccupé à juste titre, — depuis une trentaine d'années surtout, — des conditions sans précédent ainsi faites à la classe ouvrière. Sa sollicitude s'est manifestée par une succession déjà nombreuse de lois spéciales, étayées de décrets, et qui forment ce qu'on est convenu d'appeler : LA LÉGISLATION DU TRAVAIL ET LES LOIS OUVRIÈRES.

Le champ est vaste. De plus, alors que nous avons un Code civil, un Code de commerce, un Code forestier et rural, et tant d'autres, alors que la plus grande partie de notre droit est codifiée, les dispositions qui réglementent le travail industriel sont disséminées dans des lois sans nombre, dans des articles épars des divers codes, dans des décrets que l'on modifie avec intempérance. Les textes s'enchevêtrent sans lien continu, s'appliquent à des particularités, procèdent de points de vue absolument différents, varient selon le sexe et l'âge des travailleurs, selon l'emploi ou les spécialités du travail, selon les modalités des exploitations privées ou publiques, adjudications et marchés, industrie, commerce, agriculture, monopoles et concessions.

Nous n'avons pas de Code du travail[1] : c'est dire qu'il
faut, quand on veut se renseigner sur la matière, se livrer
à de longues, patientes et difficiles recherches. Quel effort
a dû nécessiter l'étude du droit administratif, par exemple,
à même les lois, décrets et règlements, avant la publication de tout traité d'administration, tel, actuellement et
en quelque mesure, est aussi l'effort que demande l'étude
des lois ouvrières à travers l'œuvre éparse du législateur.
Car aucun traité n'a, vraiment, jusqu'à ce jour, présenté
dans leur ensemble et leur totalité, *en détail* et dans un
ordre logique, les dispositions législatives[2].

C'est pour suppléer à cette lacune, que j'ai cru devoir
entreprendre le présent travail. J'y ai fait entrer *in extenso*
tous les textes qui touchent à la législation du travail et
aux lois ouvrières, en sorte qu'on ait sous la main, en un

---

1. Il n'en existera pas de longtemps vraisemblablement. Deux propositions ont bien
été déposées en ce sens devant le Parlement : l'une, projet de résolution de M. Julien
Goujon, député, tendant à inviter le Gouvernement à présenter un projet de loi codifiant
les lois industrielles et ouvrières, sous la dénomination générale de Code du travail
(Ch. des dép., séance du 21 mars 1901), l'autre, proposition de loi sur le Code du
travail, de M. Groussier, député (Ch. des dép., 13 juin 1898 ; Doc. parl. n° 33, *J. O.*,
p. 1420), reprise par MM. Victor Dejeante, etc., députés (*n° 649, session de 1903*).
Une Commission, inaugurée le 11 décembre 1901, auprès du ministère du Commerce
et de l'industrie, s'occupe de la codification des lois ouvrières qui ont été divisées
en sept livres. Le projet de code serait complètement élaboré, dit-on, avant la fin
de 1904, et déposé alors. Mais un dépôt de projet n'est pas encore une promulgation
de loi. La machine parlementaire est longue à se mettre en mouvement. Et même,
quand elle part, il n'est pas sûr qu'elle aboutisse. Nous en avons trop d'exemples.
Et nous savons au surplus qu'il y a d'autres besognes urgentes à expédier avant le
hors-d'œuvre d'une codification qui n'est pas, après tout, indispensable.

2. Ce n'est pas que j'ignore systématiquement les ouvrages, appréciables à des
titres divers, publiés jusqu'à ce jour sur la matière, et notamment ceux, plus ou moins
généraux ou spéciaux, de MM. André Guibourg, Dufourmantelle, Bouquet, etc. Mais au
point de vue où je me place, sans vouloir leur dénier rien de leurs qualités, ils
m'apparaissent incomplets, laissant de côté nombre de dispositions législatives et
réglementaires qui doivent se rattacher à la législation ouvrière. Mais surtout, ils sont
trop peu novateurs, ont trop de respect pour la tradition, et ne semblent pas assez
tenir compte de la vie industrielle d'aujourd'hui.

N. B. — Depuis que ces lignes ont été écrites, M. Pic a publié un *Traité industriel* qui, tout excellent qu'il soit au point de vue de l'enseignement théorique dans
les Facultés, est absolument insuffisant dans le détail et pour la pratique. Au surplus, c'est un livre fort savant. Et, en définitive, je n'ai donc rien à changer à ce
qui précède pour légitimer ce volume sur la législation du travail et les lois ouvrières.

seul traité, la matière disséminée dans des multitudes d'ouvrages. J'ai pensé qu'*à cette seule condition,* il pourrait être utile, sinon indispensable, au public, patrons et ouvriers, les premiers intéressés dans la question ; — au personnel des administrations ; — aux membres des divers tribunaux qui ont à juger sur des contestations toutes nouvelles, dont la jurisprudence est à peine née ; — aux postulants et candidats aux emplois où ces matières sont requises ; — en un mot à tous ceux qui ont besoin de connaître ou de consulter, en vertu de leur situation ou de leur curiosité, les différents points touchant à la législation du travail.

J'espère que cette patiente construction, par l'emploi d'innombrables petites pierres assemblées, peut, au surplus, donner avec puissance l'impression de la vie.

Abordant une étude aussi touffue, et considérant que dans le gros œuvre d'un premier défrichement il est important, dès le début, de voir l'ensemble du chemin à parcourir, j'ai cru bon de dérouler, dans le raisonnement suivi d'une introduction, l'idée directrice de mon plan, auquel ensuite il n'a pas été dérogé pour les divisions générales et la mise en chapitres, où les textes viennent s'enchâsser naturellement.

C'est pour des raisons de même ordre, pour me faire comprendre de tous ceux qu'intéressent les conditions actuelles du travail, pour qu'ils puissent se renseigner sur elles vite, bien et facilement, que, sans me départir d'une méthode rigoureuse, j'ai sacrifié délibérément toute affectation de juriste qui craint qu'on ne doute de ses connaissances, et évité la forme et le langage si spécieux de l'école, défauts ordinaires des manuels de droit, qui, sans en être plus clairs ni plus profonds, avec leur fausse apparence de traités savants, en prennent un air de pédantisme et d'ennui rébarbatif et déplaisant[1]. A la lettre morte ou au droit abstrait j'ai préféré le problème vivant des conditions industrielles modernes.

J'ai résisté enfin autant que possible, même quand il ne m'aurait pas déplu de donner mon avis, à la tentation de discuter les problèmes d'économie ou de philosophie sociales, et de me livrer à ce propos à des considérations transcendantes.

En ce qui concerne la confection matérielle du volume, on a réservé, pour ne pas présenter toutes choses avec un égal relief, l'impression en caractères typographiques forts des notions importantes. Ce que l'on peut passer à une première lecture, mais utile à qui voudrait aller plus avant dans cette étude, se trouve à sa place, comme compléments, en caractères plus fins. De plus, au fur et à mesure des développements, j'ai, au cours du contexte ou par des notes au bas des pages, donné, ou au moins signalé, des arrêts essentiels de la jurisprudence, ainsi que les lois, projets, propositions de lois qui m'ont paru intéressants, rapports, discussions ou autres originaux que pourront rechercher ceux qui désireraient lire les textes mêmes et approfondir les questions. Dans le même but, et aussi pour bien montrer que la Législation ouvrière est loin d'être propre à la France, mais au contraire, est bien un fait universel qui suffirait à en prouver la nécessité[2],

---

1. D'ailleurs la vie industrielle est, dans ses formes et ses manifestations, si souple, si diverse, si intense, qu'il serait puéril d'essayer de la couler dans le moule rigide, lourd et gênant comme un vêtement de plomb, des formules juridiques abstraites et mortes.

2. « Un mouvement législatif si général a de profondes causes économiques et sociales. L'expliquer par une tendance vers ce qu'on nomme, avec une intention dédaigneuse, le Socialisme d'État, ou croire qu'il peut venir d'un instinct d'imitation, comme l'histoire de la Législation comparée peut en fournir certains exemples, c'est se contenter d'explications superficielles et sans valeur aucune. » *Paul Cauwès,* Discours d'ouverture, 25 juillet 1900, au Congrès international pour la protection légale des travailleurs.

j'ai indiqué *parallèlement* sous la rubrique : *Législation com-parée*, les lois industrielles, et les mouvements de la Législation d'autres peuples.

En tête des livres et de leurs divisions, pour éclairer la route, j'ai placé aussi des sommaires, reproduits tels à la table analytique des matières. En fin de volume, un index alphabétique aidera à toutes recherches en renvoyant aux pages où les points précis sont traités.

Je n'hésite pas à avouer que, en outre des textes de lois, des discussions et des circulaires, je me suis inspiré, pour le détail, de tout ce qui a paru jusqu'à ce jour dans toutes les publications où j'ai trouvé « du bien[1] ».

Par-dessus tout j'ai puisé sans mesure dans les *Bulletins de l'Office* et *de l'Inspection du travail* donnant lois, décrets, lettres ministérielles, enquêtes et résultats, jurisprudence, législations étrangères, etc., etc...

Je me plais à rendre un public hommage à tous ceux dont j'ai utilisé les travaux, cités en cours d'ouvrage, ainsi qu'aux chefs d'industrie, ouvriers, inspecteurs du travail que j'ai consultés avec fruit, je crois, dans diverses régions du Nord, de l'Est et du Midi de la France et qui m'ont éclairé de leur expérience professionnelle ; l'influence de leurs conseils pratiques peut se retrouver à bien des pages dans cet ouvrage.

Je mets hors pair M. Georges Paulet, Directeur de l'Assistance et de la Prévoyance sociales au Ministère du commerce, dont les divers et substantiels rapports et la compétence générale m'ont été infiniment précieux.

---

1. Sans prendre la peine même d'en démarquer hypocritement le style, quand les idées émises en conformité avec les miennes y avaient été fort bien exprimées. L'intérêt d'un livre comme celui-ci ne consiste pas dans des phrases, pas plus que la belle ordonnance d'un édifice dans les pierres employées à le construire, vinssent-elles de palais en ruines, mis au pillage.

Je dois aussi le plus cordial merci à M. Rabany, chef
de bureau au Ministère de l'intérieur, qui a bien voulu
publier de larges extraits de cette étude dans la *Revue
générale d'Administration,* dont il est, on le sait, le distingué Directeur.

. Je ne me dissimule pas que le *Traité* que je présente
ainsi au public, quoique le résultat d'un suivi et long
effort, reste certes encore fort imparfait. Je suis prêt à y
apporter les perfectionnements dont il sera susceptible.

Du moins, tel quel, je crois qu'il peut, et je serais heureux qu'il pût contribuer à vulgariser les principes du
droit industriel nouveau, du Code futur du travail. Il
aurait atteint son but qui n'est pas autre, et ma peine,
pour une œuvre que j'ai crue nécessaire, si l'on peut
dire, ne serait en effet ni vaine, ni stérile, ce qui doit suffire — et m'excuser de la rude entreprise.

LÉGISLATION DU TRAVAIL

ET

LOIS OUVRIÈRES

INTRODUCTION

I. — UNE LÉGISLATION TARD VENUE

Le dix-neuvième siècle a vu, sur les relations entre le capital et le travail, après de courts tâtonnements, éclore et s'épanouir en quelques années et tout à coup, en France et dans d'autres pays, toute une magnifique floraison, de plus en plus pressée, de lois nouvelles, dont l'essor semble, moins qu'en toute autre branche du droit, achevé ; mais qui, dès aujourd'hui, en dépit des résistances rencontrées, apparaît en un ensemble assez harmonieux pour que l'autorité compétente se propose d'en faire faire un classement homogène, sous la dénomination générale de Code du travail [1].

---

1. Projets déjà signalés à la *Préface,* en note.

LÉGISLATION DU TRAVAIL.

On pourrait s'étonner avec raison, mais ce n'est qu'une apparence, qu'il ait fallu attendre jusqu'à nos jours pour que l'idée se lève de la codification des lois ouvrières. Il a existé de tous temps, en effet, depuis que le monde est monde, une main-d'œuvre au service et aux gages de privilégiés qui la font travailler, parallèlement à toutes les sociétés dont on réglementait, par des lois, les droits et obligations de leurs membres entre eux, dans leurs rapports de toutes sortes : propriété, mariages, successions, contrats divers, toutes les phases de la vie sociale. La Convention, et, après elle, Napoléon, qui s'inspira de ses travaux, ont codifié en législations autonomes, autoritaires, déterminées et définies autant que possible, les matières de notre droit civil, commercial, criminel et pénal, lesquelles existaient en termes exprès, pour la plupart, mais un peu à l'aventure et en désordre, dans les coutumes de l'ancien régime, et calquées, pour de nombreux textes, sur les formules juridiques de la Rome antique. Ainsi, la France nouvelle, issue de la Révolution, asseyait ses bases sur la longue tradition des siècles. Il semble donc, à première vue, malaisé de s'imaginer que les jurisconsultes du premier Empire, assumant la tâche délicate d'unifier et de codifier notre droit, aient précisément, — sauf, et d'ailleurs sans aller bien profond, en ce qui concerne le contrat de louage de services et d'ouvrage, — omis ou oublié de légiférer sur ces relations si diverses, si complexes entre le salarié et le patron, laissant à notre époque l'orgueil de croire qu'elle a inventé bien des choses, et notamment, de toutes pièces, la Législation du travail.

A vrai dire, s'il n'est pas sûr qu'elle en ait découvert le principe, elle a apporté à son œuvre, comme nous allons le voir, un esprit tel, que l'antiquité n'en était pas capable, et que le Moyen âge, si tâtillon, et même, dans les temps modernes, la royauté, si absolue, l'ont, à proprement parler, ignoré. On comprendra, par là même et simultanément, que les pouvoirs publics du premier Empire ne se soient point avisés d'une réglementation, si novatrice, qu'elle ne pouvait naître, tard venue, que dans une civilisation plus avancée, affranchie par la Révolution des préjugés de classe, et transformée, au point de vue économique, par un bouleversement futur, sinon imprévu : la naissance de la grande industrie.

II. — LE TRAVAIL DANS LE MONDE ANTIQUE

1. — En Grèce.

A l'origine, le travail manuel est honoré. Pàris avait construit sa maison de ses mains, avec l'aide des plus habiles ouvriers de Troie. Ulysseus, retenu par Calypso dans l'île d'Ogygie, abat les arbres, les ébranche, les équarrit, en forme le radeau libérateur. C'est lui qui avait fabriqué, seul, le lit de sa chambre nuptiale. La toute charmante Nausicaa, aux bras blancs, fille de prince, présidait, au milieu de ses compagnes, au blanchissage de ses vêtements et de ses voiles[1].

Une grande part du travail revenait aussi aux esclaves, naturellement ; et il ne semble pas d'ailleurs que leur condition fût très dure. Ils faisaient partie de la famille[2], et les premiers Hellènes furent, avant tout, un peuple de pasteurs et de laboureurs.

Plus tard et à mesure qu'on avance, loin de l'époque patriarcale et primitive, les mœurs se modifient, et profondément. Les maîtres perdent de leur douceur. On pressent, si l'on peut dire, comme une question sociale en germe. Les esclaves se révoltent, ce qui persuade à Platon que « l'esclave est une possession bien embarrassante[3] » ; et l'historien Nymphodore, dans les rares fragments qui nous restent de ses œuvres, comme pour attester cette étape du changement produit dans les mœurs grecques, nous a laissé le récit circonstancié et tragique d'une révolte des esclaves de l'île de Chio, où ils étaient fort nombreux[4].

Les siècles s'écoulent. Le travail dépasse de plus en plus, mais à peine encore, le cercle de la famille ; l'artisan s'installe, se fait aider soit d'un enfant, soit d'un esclave qu'il loue, soit d'un ouvrier libre. Le mépris naît pour ceux dont on utilise le travail. C'est en vain que dans les démocraties on assimile les travailleurs aux citoyens, comme le décréta Périclès[5] ; en vain que Socrate engage les hommes libres qui ont peu de ressources à

---

1. « L'homme oisif, écrit Hésiode, est en horreur également aux dieux et aux hommes : c'est cet insecte sans aiguillon, ce frelon avide, qui s'engraisse en repos du labeur des abeilles... Par le travail, tu deviendras cher aux dieux et aux hommes. Travailler n'a rien de honteux ; la honte n'est que pour la paresse. »

2. Le porcher Eumée, qui était en son genre un chef de service, il est vrai, car il commandait à des sous-ordres, avait été élevé avec Ktiméné, fille de Laërte, dont la mère Anticlée, dit-il, « nous aimait presque également ». A l'occasion du mariage de Ktiméné, il reçut de nombreux cadeaux, et Anticlée lui conserva « un cœur de mère ».

3. *Lois*, livre VI.

4. Nymphodore, *Fragmenta historicorum græcorum*, de Didot, t. II, p. 378.

5. Thucydide, *Histoire de la guerre du Péloponèse*, II, 40.

en demander au travail[1]; en vain que Thémistocle conseille d'exempter les artisans de l'impôt, pour encourager les citoyens au travail. « Les artisans, dit Aristote, interprète sans doute de l'opinion publique, sont presque des esclaves; jamais une cité bien ordonnée ne les admettra au rang des citoyens, ou, si elle les y admet, elle ne leur accordera pas la plénitude des droits civiques; elle réservera ces droits à ceux qui n'ont pas besoin de travailler pour vivre. » Ce qui surprend, c'est de trouver chez Xénophon, disciple aimant de Socrate, une opinion identique. « Les arts manuels, dit-il, sont justement décriés, car ils minent le corps de ceux qui les exercent; ils les forcent à vivre assis, à demeurer dans l'ombre, parfois à séjourner près du feu. Or, quand les corps sont efféminés, les âmes perdent bientôt toute énergie[2]. »

Hérodote constate que tous les barbares, aussi bien que les Grecs, mettent « au dernier rang dans leur estime ceux des citoyens qui ont appris les arts mécaniques, ainsi que leurs descendants[3] ».

2. — A Rome.

Le régime économique est sensiblement analogue. Le mépris pour les travaux manuels n'y est pas moins accentué. On ne s'y adonne qu'à son corps défendant. Il est vrai que la main-d'œuvre servile fait une terrible concurrence à l'ouvrier libre qui coûte un salaire. L'esclave ne reçoit que la nourriture[4]; et il est plus docile parce qu'on peut le châtier[5], le mettre à mort, du moins jusqu'au siècle des Antonins.

---

1. Xénophon, *Mémorables*, II, 7.

2. Xénophon, *Économique*, IV, 2. Ainsi les Anciens considèrent comme infamant ce qui, précisément, serait une raison de s'apitoyer. C'est le contre-pied de la doctrine moderne, on le verra. Il est vrai que l'opinion de Xénophon semble être une appréciation d'esthétique. Mais Aristote, ailleurs, surenchérit encore : « Travailler pour vivre, dit-il, c'est être esclave; travailler pour le public, c'est être ouvrier et mercenaire ;... les arts manuels ne laissent pas le temps de songer à l'État; ils ne permettent pas à l'intelligence de se développer librement. » Contrairement à cette thèse aristocratique, Périclès avait dit: « On voit ici... de simples artisans entendre suffisamment les questions politiques. » Et il semble bien que l'homme d'État ait eu, en ceci, une vue plus juste que le philosophe dilettante. Mais son temps ne lui a pas donné raison.

3. Hérodote, *Histoires*, II, 167.

4. Et quelle ? « Pour la nourriture des esclaves, on conservera le plus possible d'olives chues d'elles-mêmes. Conserve également les olives récoltées qui rendent peu d'huile, et ménage-les, pour qu'elles durent plus longtemps. Quand les olives auront été consommées donne de la saumure et du vinaigre. » Caton, *De l'Agriculture*, 58.

5. Avec les verges, le bâton, le fouet, l'aiguillon, les étrivières; puis viennent les gênes de toutes sortes : menottes aux mains, entraves aux pieds, fourche au cou, chaînes aux reins, et la fatigue, la faim, le froid.

Voici, d'après Plaute, dans le *Pseudolus* (v. 130 et ss.), comment le maître Bal-

Les peintures retrouvées à Pompéï, intéressantes pour leurs tableaux familiers de petite industrie, ne nous donnent pas d'autres renseignements sur les métiers que les méthodes de travail, et, parfois, des aperçus sur le matériel rudimentaire, ce qui est insuffisant comme documentation économique. Qu'un cordonnier essaie des chaussures à un client, qu'un marchand de boissons chaudes, dont la marmite bout en plein air sur un brasero, offre, au bout d'une longue pince, son breuvage surchauffé, qu'un boulanger attende la venue de l'acheteur, assis à la turque sur son comptoir au milieu de ses pains ronds et tels que les pains fabriqués encore aujourd'hui dans le sud de l'Italie et à Naples, les tableaux ne sont précieux que pour l'histoire pittoresque des mœurs. Mais voici qui importe déjà : c'est, dans la maison d'un foulon, tous les détails de la profession. Au premier plan, une femme assise remet une étoffe à une petite esclave ; un ouvrier, la tunique serrée à la taille, carde un manteau suspendu à une tringle ; un autre, ayant à la main le vase où est allumé le soufre dont les vapeurs blanchissent les tissus, apporte une cage d'osier en forme hémiellipsoïdale, et sur laquelle on étend les étoffes : dans des niches cintrées s'abritent des cuves où des esclaves lavent et piétinent les étoffes ; c'est ce qu'on appelait la danse du foulon (*saltus fullonicus*) ; auprès, la presse avec ses deux montants et ses deux énormes vis qu'on tournait à l'aide de poignées, pour aplatir le tissu et lui donner l'apprêt nécessaire. De longues tringles attachées au plafond par des câbles servent de séchoir où sont étendus déjà quelques linges. Une esclave enfin livre à une jeune femme une étoffe dépliée, tandis que la « matrone » du foulon en prend note sur des tablettes.

C'est à Rome que le roi Numa avait créé neuf corps de métiers, première mention faite par l'histoire, — ou la légende, — des corporations industrielles. La loi des Douze Tables parle de ces collèges corporatifs, sans qu'on puisse dire s'ils se composaient d'ailleurs exclusivement de patrons ou d'esclaves uniquement. La réglementation de ces associations fut d'abord des plus libérales. La république interdisait les réunions nocturnes ou clandestines qui risquaient de nuire à la tranquillité publique, mais elle autorisait toutes les autres. La formation de collèges politiques amena la suppression de tous les collèges, et il fallut, dès lors, l'autorisation du gouvernement pour en établir un nouveau, sous peine d'être décapité, jeté aux bêtes ou brûlé vif[1].

Mais la rigueur fut impuissante contre le besoin impérieux de se grouper, et, finalement, Alexandre Sévère « donna une existence officielle

---

lion parle à ses esclaves : « Allons, venez, approchez, vauriens trop chèrement nourris, trop chèrement achetés... Je n'ai pas vu d'ânes comme ces animaux-là... Toutes leurs pensées se réduisent à ceci : piller, filouter, agripper, emporter, boire, manger, s'enfuir. »

1. « Quiconque, dit en effet un jurisconsulte du iiie siècle, fonde un collège illicite, est passible des mêmes peines que ceux qui attaquent à main armée les lieux publics et les temples. »

à tous les corps de métiers, leur nomma des défenseurs, et régla devant
quels juges ils devaient comparaître pour chaque délit ».

Quant à la protection que l'État accordait aux travailleurs, on imagine
aisément qu'elle était nulle, par la condition qu'il faisait à ses propres
ouvriers, lorsqu'il eut créé des manufactures impériales pour la fabrication
des monnaies, des vases précieux, des broderies d'or et d'argent, destinées
à la cour, des armes et des machines de guerre. Tous, quelle que fût leur
origine, étaient indissolublement liés à la manufacture[1].

C'est le régime auquel étaient soumis, dans la période primitive de
l'histoire de France, assez obscur sur le sujet, qui précède de loin le
moyen âge, les ouvriers des huit manufactures d'armes et des trois
manufactures de monnaies, ainsi que les ouvrières des gynécées, ou ateliers
de femmes pour la confection des étoffes. Pour éviter les évasions possibles de ces mercenaires, on allait jusqu'à les marquer d'un fer rouge
au bras et à la main.

Il ne faut pas être surpris, après cela, de l'absence totale de législation ouvrière dans les civilisations antiques. Les sociétés des origines, à Rome comme en Grèce, au temps de la simplicité patriarcale, n'en avaient nul besoin. Les relations entre maîtres et salariés, — quand salarié il y a, — sont empreintes de cette aménité
bon enfant, qui survit par exemple encore aujourd'hui dans les petits
coins reculés où l'esprit des siècles ne parvient jamais, où le paysan
avec ses journaliers, l'artisan, maréchal ferrant, charron ou forgeron, avec ses aides, ont conservé la tradition instinctive des mœurs
de camaraderie des premiers âges du monde, dans la communauté
étroite du labeur qui différencie à peine les classes, avec le goût
de la vie égale, sans ambition d'envie ni de haine. Et, plus tard, il
serait incompréhensible précisément, avec les préjugés courants
affichés pour les travailleurs manuels, sous le coup du mépris public, — hommes libres ou esclaves, — qu'on ait pris la moindre
mesure légale qui intéressât l'amélioration de leur condition matérielle et morale.

La femme, peut-être, si elle avait été vouée à des besognes excé-

---

1. « Il faut, dit Constantin, l'empereur très chrétien — *hoc signo vinces!* — que
les ouvriers des monnaies demeurent toujours dans leur condition. » Et une loi de
438 édicte que les armuriers « doivent être tellement asservis à leur métier, qu'é-
puisés par le travail, ils demeurent encore jusqu'au dernier soupir, eux et leur famille,
dans la profession qui les a vus naître ».

dantes, eût pu faire naître un sentiment de pitié, en faveur de la main-d'œuvre, même virile, par extension. Mais, en ce qui touche les hommes, à part les grandes entreprises de chantier, comme en témoignent les ruines grandioses ou les restes respectés des monuments encore debout, pyramides, temples, thermes, ponts, routes, mines, seuls labeurs épuisants qu'aient connus les anciens, peuples de l'Orient, Grecs et Romains, et dont ils réservaient le privilège infamant aux prisonniers de guerre emmenés en esclavage, le plus souvent, il n'y a guère de travaux que ceux de la vie domestique, et de métiers que ceux d'une civilisation peu pressée, qui ignore l'ardeur fébrile et trépidante des époques futures, quand les moyens de transport et les voies de communication auront fait des concurrents acharnés de tous les peuples de la terre.

En l'état des choses d'alors, — et c'est là la préexcellence du régime, — la femme reste au foyer et file la laine. Libre, elle a la direction de la maison ; esclave, elle sert sous les ordres de sa maîtresse, et ses occupations n'ont jamais été que les tâches dévolues *naturellement* à la femme, soit que dans la vie rurale elle aide aux travaux des champs comme nos paysannes et nos fermières, soit qu'on l'emploie à des professions plus spécialement féminines, dans le domaine qu'on appelle aujourd'hui « les arts de la femme », et qui est, après tout, industriel, mot bien trop compréhensif pour les métiers antiques ; soit qu'elle vaque aux soins du ménage, comme nos servantes modernes, avec cette liberté d'allure en plus, si l'on en croit les textes, comparable à celle qu'on laisse aux vieux serviteurs aujourd'hui, dans les familles où, si rarement, les relations entre maîtres et domestiques ont gardé cette fleur d'amicale confiance, intacte de l'amertume de l'envie, et de cette espèce d'indifférence entre gens qui passent et se quittent et ne se doivent plus revoir.

3. — Civilisation du Moyen âge. Les corporations.

Dès le Moyen âge, en France, la condition des ouvriers et artisans se précise. D'abord attachés par groupes, durant les périodes mérovingiennes et carolingiennes, aux seigneuries ecclésiastiques ou laïques, ils se séparent graduellement de la famille seigneuriale, gardent pour eux en partie, puis en totalité, les bénéfices de leur travail, et finissent par s'affranchir tout à fait. Dès lors, d'une façon générale, le travail industriel apparaît sous la forme d'un privilège collectif, constituant un monopole en faveur du corps qui en 'est investi, sans qu'on puisse reculer l'origine des corporations, et les rattacher aux collèges d'artisans de l'époque romaine.

Le xiiie et le xive siècles sont l'âge d'or du régime des communautés industrielles. Chacune a sa caisse autonome, est administrée par un comité, syndicat ou jurande, du nom même de ses membres, les syndics, jurés, gardes-métiers ou prud'hommes.

D'après les statuts corporatifs, d'origine ancienne déjà, rédigés, sous le nom de *Livre des métiers,* et en comprenant une centaine, par le prévôt des marchands de Paris, Etienne Boileau, la réglementation du travail porte sur trois points principaux[1] :

1° Le monopole est organisé au profit des corporations d'une façon assez peu exclusive et rigoureuse, en sorte que, d'une part, après l'apprentissage suivant les règles, l'ouvrier peut atteindre à la maîtrise facilement, s'il a l'adresse professionnelle et quelque argent pour s'installer, — *s'il a de quoi* —; d'autre part, l'ouvrier étranger à la ville peut y devenir maître, aux mêmes conditions ; et enfin, la concurrence des forains est admise dans une certaine limite, puisqu'ils peuvent apporter et vendre dans les foires les objets ou marchandises fabriqués par eux ;

2° La moralité et la solidarité des personnes affiliées à la corporation sont assurées par les règlements qui ont pour objet la protection des apprentis ou des maîtres, la prohibition des coalitions et des accaparements, la répartition aussi équitable que possible des bénéfices, l'assistance donnée par la corporation à ceux de ses membres qui ont fait de mauvaises affaires ;

3° La fixation des conditions du travail et des procédés techniques qui, en empêchant la fraude et en assurant la sincérité et la bonne qualité des produits industriels, font l'office pour le consommateur de la garantie que lui donne aujourd'hui la concurrence.

Il est essentiel de bien faire ressortir ici l'esprit de cette réglementation qui, même lorsque l'autorité royale l'approuve, est purement professionnelle. Il ne serait pas erroné de comparer les statuts corporatifs avec les statuts des associations modernes, des

---

1. Luchaire, *Manuel des Institutions françaises.*

sociétés de toutes sortes, munies ou non de l'approbation ministérielle, telles que les syndicats ou les sociétés de secours mutuels, et
telles aussi que les sociétés chorales, orphéoniques, les confréries
formées par certains corps de métiers, les cercles mêmes, dont l'organisation en vue d'un but très spécial ne comporte, à proprement
parler, que des règlements intérieurs. Les considérations d'ordre
public y sont à peu près étrangères ou accessoires, et de même les
considérations humanitaires. La réglementation du travail, en proie
à l'hypnotisme spécial du métier, dérive de l'hypertrophie, uniquement, du sentiment professionnel.

Ainsi il faut que l'atelier et la boutique forment une seule pièce
donnant sur le pavé. « Il convient, disent les statuts, que l'ouvrier
œuvre sur rue, à fenêtres et huis entr'ouverts, » pour ne point
tromper le public; et même y eût-il eu possibilité, le juré, sorte
d'inspecteur du travail, veillait, ayant le droit d'entrer d'autorité
dans la boutique, et de la visiter de fond en comble. Ainsi, les
marchandises approuvées par les syndics sont marquées du cachet
de la ville ou de la corporation, — c'est la marque de fabrique, —
car les corporations ont leurs armoiries, la hache pour les charpentiers, le tranchet pour les cordonniers, qui se détachent en or ou
argent sur fond de gueules ou d'azur.

Que cette réglementation est purement « le Livre des métiers »,
c'est ce dont témoignent encore et surtout, mieux qu'on ne saurait
le dire, les innombrables procès à l'occasion du travail, éternellement en suspens ou recommencés depuis le xiiie siècle jusqu'à la
Révolution. Les artisans sont-ils partie dans le différend? Jamais.
Il n'y a rivalité, contestation et procès que de corporation à corporation sur la question du monopole et sur la façon. On n'a pas
l'idée que l'ouvrier s'unissant à l'ouvrier peut faire naître des conflits collectifs. Ainsi les lormiers, qui fabriquent mors, brides, épe-
rons, étriers, intentent, en 1299, un procès aux bourreliers qui,
fabricants de harnais, prétendent réparer de vieux freins et de
vieux étriers; les foulons, les drapiers, les teinturiers sont de
siècle en siècle en querelle; si les « garnisseurs », qui fabriquent
les casques et jambières, s'avisent de fabriquer des fourreaux
et des baudriers, les « fourbisseurs », qui travaillent le cuir, les
attaquent, comme venant chasser sur des terres déjà possédées.

Telles quelles, et bien qu'emprisonnées dans leur réseau de règlements qui semblent toujours laisser supposer que l'artisan ne cherche qu'à duper l'acheteur, et donc qui y pourvoient à l'avance (défense de mettre du lin et du chanvre dans la même corde; défense de travailler après le coucher du soleil, non par mesure d'hygiène, mais parce qu'à la lumière d'une lampe la besogne faite serait moins bonne; et tant d'autres défenses puériles), telles quelles les corporations ont rendu de très grands services à la cause ouvrière. Elles étaient une nécessité en un temps où, la loi ne protégeant pas les individus, il était indispensable de s'associer pour défendre ses droits, pour s'assurer contre la violence (au point qu'on se groupe par quartiers, les gens de même profession habitant dans la même rue [1]), pour constituer en outre des secours aux membres ou à leurs parents, en cas de nécessité. Elles n'exercent pas encore de tyrannie, et offrent des avantages qui l'emportent sur les inconvénients. L'industrie elle-même, soumise à un contrôle minutieux, y a gagné, parce qu'en évitant les fraudes et les malfaçons on empêchait l'artisan de s'écarter des bons procédés de fabrication; et ainsi, en sauvegardant l'honneur et la réputation, on sauvegardait aussi l'intérêt du consommateur [2].

Il est vrai que si les artisans n'étaient pas libres de mal faire, ils ne l'étaient pas non plus de bien faire. Les règlements gênaient les perfectionnements; mais cette entrave n'est pas sensible encore aux xiiie et xive siècles. Faire bien étant difficile, nul ne s'avise de songer à faire mieux.

L'industrie est une industrie de petits capitaux; un maître n'a pas sous ses ordres de nombreux compagnons ou apprentis; il travaille à côté d'eux, devant le même établi, et les surveille de près. Il n'y a pas de distance entre eux. Et sans croire que cet âge n'a

---

1. De là, à Paris, tous ces noms professionnels de rues: rue de la Tissanderie, rue de la Charronnerie, les trois ou quatre rues des Tanneurs ou des Tanneries, rue de la Ferronnerie, le pont au Change, etc., etc.

2. « Si à un orfèvre une voix douce, une bouche rose disait: Maître orfèvre, les améthystes, les grenats de mon collier sont montés sur argent, je les voudrais montés sur vermeil, sur or, — l'orfèvre répondait: La loi ne le veut pas. — Une bouche encore plus douce, encore plus fraîche lui disait-elle: Maître, j'aime la transparence des améthystes; mais je n'aime pas la couleur violette qui ne joue ni avec celle de mes yeux, ni avec celle de mes sourcils; teignez-moi ces pierres en rouge; — l'orfèvre répondait: La loi ne le veut pas. — Maître, si lui disait une autre voix, je vous apporte des perles d'Orient que vous mettrez sur le devant de mes boucles d'oreille; vous cacherez derrière mes perles d'Écosse; — La loi s'y oppose, répondait l'artiste; la loi ne permet qu'on trompe personne, pas même les galants. »

connu ni conflits ni misères, on doit admettre que la condition de
l'ouvrier n'y a pas été trop mauvaise. Toutes proportions gardées,
de temps et de mœurs, le régime en subsiste encore à peu près,
pour certaines professions très usuelles : dans le salon de coiffure
d'un barbier de petite ville de province, ayant un ouvrier ou un
apprenti, les relations entre le patron et le salarié ne doivent pas
être si différentes de celles en usage entre les gens de métier des
corporations d'autrefois.

Au surplus il ne faudrait pas croire à un tout harmonique, selon
les minutieux statuts qui déterminent le nombre des apprentis, et
parfois même d'ouvriers alloués à chaque maître, le taux des marchandises et des salaires, les heures de travail et de vente, la distribution des matières premières. Si même Etienne Boileau a dû
rédiger son *Livre des métiers,* c'est que le régime corporatif est
déjà ébranlé quelque peu, dès le règne de saint Louis. Insensiblement il va entrer en décadence ; les ouvriers libres vont se multiplier ; on forge un mot nouveau « les *chambrelans* », pour désigner
ceux qui travaillent en chambre. On doit remarquer aussi que les
villes ou le travail est organisé, villes de jurande ou villes jurées, ne
sont qu'une minorité dans le royaume ; et Lyon, qui sera au
xvie siècle la première cité industrielle de France, n'est pas ville
jurée. Donc pas d'unité, mais diversité fort complexe ; point de véritable organisation du travail.

Mais la royauté, qui n'était intervenue jusqu'ici que pour homologuer les statuts corporatifs, et « pour enjoindre aux taverniers de
Paris de fermer boutique tant que sire roi n'avait pas vendu tout
son vin » et autres ordonnances analogues à son profit, va aggraver
la tyrannie exercée par les corporations.

Louis XI inaugure ce mouvement. Alors qu'avant lui la réglementation corporative est à peu près indépendante de l'administration publique, et que la royauté ne tente pas systématiquement de
diminuer le nombre des villes où il n'y a pas de métiers jurés,
Louis **XI**, pour diverses raisons, dont les deux principales sont qu'il
en retirait de l'argent, qui lui faisait grand besoin, — « nous y pren-
drons plus grand proufit », disait-il, — et qu'il voulait s'appuyer,
pour la réussite de sa politique, sur la bourgeoisie et les gens de
métiers, se pose comme défenseur du système corporatif. Il érige
en métiers jurés les métiers libres ; il élève les amendes dont sont

frappées les contraventions des artisans; il revise les règlements sur
les heures de travail et les chômages; il tend à uniformiser la réglementation de Paris et veut en faire « un miroir et exemple »
pour la France entière; il s'applique à persécuter, à dépister, à supprimer le travail libre; il interdit le travail de nuit, non point pour
des raisons de philanthropie ou d'hygiène, mais sous prétexte d'éviter les incendies et les méfaits des malfaiteurs; il s'immisce dans
la vie des corporations pour prévenir ou apaiser les conflits. Il est
juste d'ajouter que son intervention a été plus favorable aux patrons qu'aux ouvriers. S'il lui arrive d'octroyer des lettres de maîtrise qui permettaient de s'établir patron sans faire partie d'une
corporation, il ne faut voir là qu'une mesure d'exception, qu'un
trafic au profit de sa caisse, toujours à court de numéraire.

III. — LE TRAVAIL DANS LES TEMPS MODERNES

1. — La Renaissance. La question sociale.

L'œuvre de Louis XI, interrompue par sa mort, ne sera reprise
qu'au xviie siècle. Entre temps, on voit se disloquer peu à peu le
régime des communautés à la fois industrielles et religieuses. La
cause en est à l'excès même de réglementation des ordonnances de
Louis XI, et aussi à la lente évolution du progrès humain préparé
sourdement pendant le moyen âge, et aboutissant à ce qu'on a appelé la « Renaissance »; c'est l'époque où les siècles, gros de choses
nouvelles, enfantèrent dans un épanouissement et virent fleurir la
vieille civilisation. Les semailles avaient été longues; le xvie siècle
a moissonné.

La découverte de nouveaux mondes, élargissant l'horizon humain,
a pour conséquence le développement de la vie économique; l'avè-
nement de la bourgeoisie amène une révolution sociale; les inventions et les découvertes scientifiques vont modifier le régime industriel, de même que la Réforme cause une révolution religieuse, et
que, en France, le triomphe de la royauté, et, en Europe, la naissance
du sentiment de la nationalité, coïncidant avec l'établissement des
Turcs à Constantinople, sur les ruines de l'empire grec, et avec la

chute de la papauté en tant que puissance temporelle directrice, vont faire dévier à jamais la politique des peuples.

Tout réagit sur la vie industrielle : facilité croissante des communications, accroissement de production et activité des échanges, perfectionnements de l'outillage, créations d'industries mécaniques, bien rudimentaires encore, l'imprimerie, la soierie, afflux subit en Europe de métaux précieux et de produits des « îles » et des « Indes ». Grâce au matériel mécanique, le travail devient plus vite et plus considérable ; pour lutter contre la concurrence il faut donc s'en munir ; il nécessite l'achat en plus grande quantité des matières premières, demande une main-d'œuvre plus nombreuse, et par suite un fonds de roulement plus conséquent, exige un capital de premier établissement, pour lequel il ne suffit plus simplement d' « avoir de quoi ». Voici le capitalisme qui naît.

Les patrons, voulant rémunérer leur capital, tentent de diminuer le prix de la main-d'œuvre ; ou, malgré qu'ils fassent de plus gros bénéfices, de maintenir les anciens salaires. La distance augmente entre les ouvriers et leurs patrons, par le fait même que les premiers deviennent plus nombreux au service des seconds. Les rapports d'intimité entretenus par la communauté des tâches faites ensemble dans les ateliers ou les échoppes du temps passé, où l'on vivait comme en une petite famille, vont mourir. L'ouvrier n'est plus qu'un salarié qui se désintéresse du maître ; il ne voit plus que sa propre condition qu'il veut améliorer et qui descend de plus en plus au-dessous de celle du patron qui monte à mesure vers la richesse, et pour qui il œuvre, il peine, mercenaire qui, faute de capitaux, n'espère plus sortir du salariat, autrefois situation de passage, et désormais carrière ; les ouvriers forment une classe, destinée à vivre uniquement du travail manuel. Et c'est ainsi qu'en face du capitalisme, et en opposition avec lui, se dresse le prolétariat : la classe ouvrière est fondée.

Quelle considération a-t-on pour elle ? Interrogez les textes. Alors que la littérature s'occupe avec abondance des gentilshommes, des paysans, des bourgeois, nous disant leurs mœurs, leurs passions, elle s'intéresse à peine à l'ouvrier. Quand elle ne l'ignore pas, — je veux dire quand elle le nomme, — comme les histoires de Bonaventure Despériers, apologues et contes, elle laisse surnager des titres de profession : le savetier Blondeau, Gillet le menuisier, le cordon-

nier, le tailleur, etc..., étiquettes simplement recouvrant les sentiments élémentaires de l'humanité, dans des œuvres de psychologie
très générale. Quand un auteur, et peu connu, se risque à des considérations qui touchent à la classe ouvrière, en tant qu'elle l'est, il
s'exprime sur elle avec un mépris non dissimulé. « Les gens de
métier, écrit Loyseau [1], sont ceux qui exercent les arts méchaniques;
et de fait nous appelons couramment méchanique ce qui est vil et
abject... Ils sont réputés viles personnes... »

Ce sont de tels jugements, ajoutés au détachement de l'ouvrier
pour son patron et à la scission de plus en plus complète entre eux,
qui font comprendre l'antagonisme qui va naître entre le capital et
le travail. La classe ouvrière n'a plus qu'un espoir, c'est d'obtenir
par force ou par ruse l'amélioration de sa condition sans issue. Les
revendications ne s'arrêteront plus ; la question sociale est née.

Peu aiguë à l'origine parce qu'elle n'intéresse encore qu'un nombre relativement restreint de travailleurs, elle s'ouvre au xvie siècle
à la suite d'une famine telle que « jour et nuict vous n'eussiez ouï
que : je meurs de faim, qui était piteuse chose à ouïr », par la grève
des imprimeurs de Lyon « où s'élevèrent un tas de populaire et se
nommèrent artisans ». Si la famine permit d'organiser une œuvre
puissante d'assistance connue sous le nom de « Grande Aumône »
de Lyon (1531), la grève fut terriblement réprimée par le massacre
de la « secte artisane » qu'on avait réussi, par fourberie, à isoler
dans l'île Barbe [2].

2. — L'œuvre de Colbert.

Après la longue accumulation des désastres causés par les guerres
de religion, Henri IV et Sully refirent une France où l'industrie reprend son essor. Pour lutter contre les importations étrangères sans
recourir au système de la prohibition absolue qui a ses revanches,
ils organisèrent en France les moyens propres à procurer aux nationaux ce qu'ils achetaient hors des frontières, car, dit Palma Cayet,
« la difficulté était qu'avant de défendre l'entrée des marchandises

---

1. *Traité des ordres*, p. 48-53. On dirait une traduction d'Aristote.
2. Pour les détails, consulter : S. Champier, *L'Antiquité de la cité de Lyon*
(1529), réimprimé par M. C. Guigne, en 1844 ; G. Paradin, *Mémoires de Lyon*
(1573) ; Ch. de Rubys, *Privilèges de Lyon* (1574) ; *Revue historique*, 1896.

manufacturées d'or, d'argent et de soie, il fallait de quoi en faire
dans le royaume ». Par une propagande de fait et de parole,
Henri IV donna une impulsion notable à l'industrie de la soie, des
verres, cristaux et glaces de Venise, des toiles de Hollande, des
crêpes de Bologne, etc... Il alla, par l'ordonnance de 1597, jusqu'à
permettre à tout artisan ou marchand de s'établir à son compte
comme maître dans son industrie, moyennant un prix variant de dix
à trente livres, — mesure qui brisait les chaînes si lourdes du régime corporatif. Malheureusement, Colbert, à qui l'industrie française est pourtant bien redevable, pour les emprunts faits à
l'étranger des secrets de fabrication qui lui manquaient, Colbert
qui a continué de marcher en ceci dans la voie montrée par Henri IV,
en acclimatant en France les tissus brochés de Gênes, Milan et
Bologne, l'acier fin d'Angleterre, les dentelles de Venise, les draps
et les faïences de Faënza, les tapisseries artistiques, le savon, et qui
a créé les manufactures royales dont quelques-unes ne lui ont pas
survécu parce qu'elles « coûtaient plus qu'elles ne valaient », sans
faire oublier celles de Saint-Gobain, de Sedan, d'Alençon, de Beauvais, d'Aubusson, de Saint-Étienne, de Giromagny, de la Savon-
nerie, et tant d'autres, Colbert, sous le prétexte spécieux de « composer un corps de personnes capables, et fermer la porte aux
ignorants », a reconstitué la réglementation corporative, l'organisant
très puissamment, la pliant très étroitement sous la domination de
l'État. L'artisan se trouve ainsi soumis à des statuts méticuleux qui
l'emprisonnent, l'enserrent et l'étouffent. Colbert ajoute une précision nouvelle à la nomination des jurés, règle de même leurs visites
dans les ateliers, les conditions de l'apprentissage, du chef-d'œuvre,
de la maîtrise. Il crée des inspecteurs des manufactures qui doivent
examiner si les étoffes sont faites dans les conditions voulues. Un
édit de 1679 porte que « les étoffes défectueuses ou non conformes
aux règlements seront exposées sur un poteau *de la hauteur de neuf
pieds*, avec un écriteau contenant les nom et surnom de l'ouvrier
trouvé en faute ; après avoir été exposées ainsi pendant quarante-
huit heures, ces marchandises seront coupées, déchirées, brûlées ou
confisquées, selon ce qui aura été ordonné ; en cas de récidive, le
marchand et l'ouvrier... à la troisième fois, seront mis et attachés
audit carcan pendant deux heures avec des échantillons des marchandises sur eux confisquées ».

Toujours édictées, uniquement et rigoureusement, dans le sentiment exagéré de la réglementation professionnelle et technique, —
il est important de le noter, — et selon l'esprit du Moyen âge, de
telles ordonnances, qui ont l'air d'être favorables à l'industrie, —
et l'ont été immédiatement, mais pas longtemps, — en tuant toute
velléité d'initiative vers le mieux, sont un obstacle presque absolu
à tout perfectionnement et à toute amélioration. Des siècles deviennent nécessaires pour qu'on adopte une innovation, la meilleure même
risquant de tomber sous le coup brutal des règlements de métiers.
Un chapelier fabrique-t-il des chapeaux de soie plus brillants et plus
solides que ceux de ses confrères? la corporation se venge en portant sa capitation, d'un coup, de 90 livres à 2 171 ; un teinturier a-
t-il teint en bleu une étoffe de coton? vite, il est condamné par la
jurande qu'appuie le lieutenant de police. Avec cet état d'esprit, qui
se perpétuera bien avant dans le xviiie et le xixe siècle, il ne faudrait pas s'étonner si les persécutions avaient découragé le génie,
si c'était possible ; et en le déplorant, comme on comprend ces ouvriers tailleurs molestant Elias Howe, l'inventeur de la machine à
coudre, et ces bateliers mettant en pièces, en plein xixe siècle, le
bateau à palettes de Jouffroy, premier essai, qui a prospéré, de la
navigation à vapeur!

Comment Colbert n'a-t-il pas prévu qu'il arrêtait tout progrès, et
par suite tout développement industriel par l'organisation qu'il imposait au travail? Rendant à l'industrie nationale, figée dans les
règlements professionnels des corporations et l'immuable technique
des métiers, l'inestimable service de la renouveler en transplantant
les procédés étrangers, comment n'a-t-il pas compris que ce recours
en masse et soudain à la fabrication hors des frontières était nécessité précisément par le long recul de l'industrie française, qui n'avait
pu se maintenir à la hauteur du progrès, entravée dans sa marche
rendue impossible avec et par la gêne des statuts corporatifs ? Dans
son système, Colbert, ayant emprunté à d'autres peuples leurs procédés supérieurs de fabrication, et s'étant empressé de les réglementer avec une minutie souvent puérile, allait-il forcer l'industrie
à s'en tenir là des siècles encore, piétinant sur place, stagnante dans
sa routine? Ou faudrait-il qu'un nouveau ministre, après que les
autres nations, constantes dans leur ascension économique, auraient
distancé de loin notre pays, se résolve encore à un nouvel emprunt

à la science et l'art industriels de l'étranger, et ainsi de suite, à tous les retours de paralysie et de marasme en procédant par bonds et par sauts, afin de rétablir l'égalité et l'équilibre ? Colbert n'a pas pas eu l'idée, semble-t-il, que la liberté du travail suffisait à l'essor vers la perfection, persévérant, continu, sans secousse et indéfini de l'industrie qui, inventive par elle-même, au fur et à mesure de l'expérience et des besoins, pour se remettre, après des périodes d'infériorité qui se traduisent par des pertes, au niveau des industries étrangères et concurrentes, ne doit pas en être réduite, de date en date, à leur faire un appel tardif et désespéré, consistant à les imiter et à les plagier [1].

3. — Turgot et la Révolution.

Heureusement, le xviiie siècle, qui eut des philosophes, eut aussi des économistes. Louis XVI, sous l'influence de Turgot, abolit les corporations, les maîtrises et jurandes, en 1776. « Dieu, disait-il dans l'édit qui accomplissait cette réforme, Dieu, en donnant à l'homme des besoins, en lui rendant nécessaire la ressource du travail, a fait du droit de travailler la propriété de tout homme, et cette propriété est la première, la plus sacrée, la plus imprescriptible de toutes... Il sera libre à toutes personnes, de quelque qualité et condition qu'elles soient, même à tous étrangers, encore qu'ils n'aient pas obtenu de nous des lettres de *naturalité,* d'embrasser et d'exercer dans notre bonne ville de Paris, telle espèce de commerce et telle profession d'arts et métiers que bon leur semblera, même d'en réunir plusieurs. »

Ce qui n'empêcha pas Louis XVI de rétablir, six mois après, ce qu'il venait de supprimer. Mais son temps lui a donné tort comme l'événement l'a prouvé. La Constituante, en abolissant les privilèges dans la nuit du 4 août 1789, mettait fin virtuellement au régime corporatif, qu'elle supprimait en fait le 16 février 1791, affranchis-

---

1. Au fond, il est fort possible que, dans la pensée de Colbert, les règlements qu'il édictait ne devaient être que passagers, et les mesures qu'il préconisait, provisoires. S'il eût vécu plus longtemps, une fois un élan donné à l'industrie, il les aurait peut-être abolis. Durant son ministère, il lui sembla que l'industrie, pour être relevée, pour se soutenir, avait besoin de « béquilles ». C'est le mot même qui revient souvent dans sa correspondance. Ses successeurs, en continuant son système, qui devait être transitoire, auraient alors méconnu sa pensée.

sant l'industrie de la servitude des corporations, de la tyrannie des règlements, de l'incommodité des offices inutiles.

La grande industrie pouvait naître.

IV. — LA GRANDE INDUSTRIE

1. — Substitution de la grande industrie à l'industrie domestique. Les centres industriels.

En vérité, elle avait déjà commencé, car, selon le mot de Victor Hugo, dans son manifeste romantique de la préface de Cromwell, « rien ne vient sans racine ; la seconde époque est toujours en germe dans la première... Mais on sent ici que cette partie de *l'art* est encore dans l'enfance. » De grands ateliers, des usines, des manufactures s'étaient créés dès le xviiie siècle et avant. Si la machinerie est encore imparfaite avec ses appareils lourds et massifs, ses rouages de bois, voici en 1784 qu'un certain Martin établit à Poix, près d'Arpajon, une machine à filer d'Arkwright, qu'il avait apportée d'Outre-Manche ; Vaucanson, poursuivi à coups de pierres par les ouvriers de Lyon parce qu'il étudiait un nouveau métier à tisser, se venge d'eux en inventant une machine, qui, mue par un âne, fabrique des étoffes à fleurs ; les mines de houille débutent à peine, ainsi que les industries métallurgiques.

Mais la transformation radicale ne s'accomplit que pendant la période de 1815 à 1848, durant laquelle se précipite la substitution du régime de la grande industrie au régime domestique qui avait dominé jusqu'alors. L'application générale d'inventions mécaniques importées d'Angleterre, à la filature et au tissage du coton, puis à toutes les industries textiles, a commencé la transformation dès les dernières années de l'Empire ; l'industrie métallurgique, vers 1820, modifie ses procédés séculaires de fabrication du fer et de la fonte au combustible végétal que la houille va remplacer de plus en plus ; l'industrie des vêtements confectionnés dans d'immenses ateliers, où des machines les coupent et les cousent, apparaît en 1830 ; l'invention des semelles rivées et vissées, en 1844, va permettre en grand la production des chaussures ; toutes les autres industries vont suivre peu à peu, fabrication du papier, des papiers peints, des étoffes imprimées, des produits chimiques, du sucre de betterave, l'imprimerie, l'agriculture elle-même.

Mais c'est surtout l'emploi de la vapeur, et plus tard de l'électricité et de toutes les autres forces motrices, appliquées aux nouvelles inventions, aussi ingénieuses que multiples, c'est encore la facilité des communications et des transports, ouvrant aux produits industriels un champ moins limité de débouchés, qui, après la substitution peu à peu du travail mécanique au travail à la main, vont faire de la transformation commencée une métamorphose merveilleuse, révolution qui reste l'honneur et le tourment de notre âge, auprès de laquelle les premiers essais de la Renaissance, au XVIᵉ siècle, ne comptent plus, et par laquelle le monde a plus changé en trente ans qu'il ne l'avait fait auparavant en quatre ou cinq siècles. Dès lors, la petite industrie qui travaillait pour le luxe, éparpillée sur tout le territoire et ne produisant guère que pour la clientèle limitée aux marchés avoisinants, disparaît insensiblement devant les grandes entreprises qui travaillent pour le nombre, et dont la préoccupation constante est de trouver des débouchés plus nombreux, plus lointains, à qui écouler la production ; pour cela, et en vertu de la concurrence, elles abaissent les prix de fabrication et de revient, et le peuvent, grâce aux machines et aux capitaux dont elles disposent.

Ayant besoin de personnels nombreux, les usines et les manufactures créent des centres industriels où viennent converger, en quête d'un gagne-pain dont ils ont été dépouillés par la ruine de la petite industrie, les artisans répandus un peu partout, régulièrement denses, à travers le pays ; les campagnes se dépeuplent ainsi de leurs habitants que les villes aspirent, attirent dans leur fournaise, et les consument. Par-dessus la population indigène vient donc s'agglomérer une population ouvrière envahissante, mouvement qui caractérisera le développement de la population des villes, où croît sans cesse le besoin de bras nombreux, car ce sont de terribles mangeuses de peuple, la nécessité d'une main-d'œuvre toujours plus abondante ; à qui d'ailleurs une courte expérience suffit, car la division du travail [1] *en spécialités*, les mécaniques-outils qui rendent les

---

1. Les Anciens avaient eu au moins l'intuition des avantages de la division du travail, en matière industrielle. Voici, en effet, ce que dit Xénophon, dans la *Cyropédie* (VIII, 2 à 5) : « Dans les petites villes, ce sont les mêmes individus qui

tâches *automatiques*, pour ainsi dire, ont supprimé toutes les difficultés techniques que l'artisan à la main d'autrefois devait vaincre
après un long apprentissage, et permettent d'employer les femmes,
les enfants, pour des labeurs qui demandaient autrefois beaucoup
de force et d'énergie, où l'adresse maintenant suffit, comme à conduire une machine ; le patron y trouve aussi l'avantage qu'ils les
paient moins cher. Les femmes sont enlevées à leurs foyers respectifs où elles auraient mieux à faire à remplir leur rôle providentiel
de mères et d'épouses pour y fortifier la famille dont leur absence
rompt le faisceau ; elles font de plus une concurrence impitoyable à
la main-d'œuvre des hommes ; et les enfants, en possession de leur
misérable force physique, « les suivent sur le chemin de l'atelier,
car la société, pour créer la force, semble avoir besoin d'abord
d'épuiser la force et la jeunesse. »

2. — Nécessité d'une réglementation du travail. Esprit nouveau de la législation : l'Ordre public et l'Humanité.

Quoi qu'il en soit, les classes ouvrières peuplant les centres
urbains ont pris une place de plus en plus prépondérante, étant le
nombre, sous un régime politique dont la loi est celle de la majorité.

Après avoir subi les conditions parfois dures des chefs d'entreprises, qui, désireux, dans la concurrence devenue plus âpre, d'utiliser leur matériel, et d'en tirer le rendement le plus productif possible, exigeaient des journées de travail de douze et quatorze heures,
les ouvriers se redressent et protestent ; leurs revendications nées se
font plus exigeantes, plus impératives ; nombreux, ils se sentent
forts ; la question sociale devient plus aiguë, et aussi, — c'est là la
pierre d'achoppement, — plus complexe.

---

font lit, porte, charrue, table, et même qui bâtissent les maisons ; heureux quand
ces métiers donnent de quoi manger à qui les exerce ! Or, il est impossible qu'un
homme qui fait tant de métiers les fasse tous bien. Dans les grandes villes, au contraire, une foule de gens ont besoin des mêmes objets, un seul métier nourrit son
homme ; quelquefois même, il n'exerce pas tout son métier : l'un fait des chaussures
d'hommes, l'autre des chaussures de femmes ; l'un vit seulement de la couture des
souliers, l'autre de la coupe du cuir ; l'un taille les tuniques (Χιτῶνας), l'autre se
contente d'en assembler les parties. Un homme dont le travail est borné à un ouvrage
restreint doit nécessairement y exceller. »
Y exceller comme façon et comme rapidité, c'est la théorie moderne ; on voit
aussi que la division du travail est une conséquence de la surproduction forcée.

Les ouvriers auraient-ils pu s'émanciper seuls, à la longue ? Question obscure. Du moins, ils ont eu, pour les aider à l'origine, avant même d'avoir des députés sortis de leur rang, des hommes de science, des industriels, des sociologues, tous imbus de sentiments philanthropiques, qui ont compris et vu que de *nombreux dangers* inconnus auparavant sont nés de l'emploi des machines et du développement même de l'industrie, et ont produit dans les conditions du travail la nécessité de le réglementer [1].

Ce sont d'abord les risques professionnels encourus par le maniement de mécanismes qui portent en eux-mêmes des facilités d'accidents ; c'est l'agglomération aussi du personnel dans les locaux industriels qui peut être contraire à l'hygiène, avec aggravation résultant de manipulations de matières ; et, plus qu'à la salubrité physique funeste à la santé morale, c'est l'utilisation possible, dans les tâches faciles, au lieu d'hommes qui coûtent beaucoup, des femmes et des enfants, qui étaient jadis placés en dehors de toutes les prévisions industrielles, à qui l'on demande un travail épuisant, sans compter la promiscuité de l'atelier contre laquelle sont désarmés leur âge et leur sexe. Toutes choses dont on a le droit d'être ému, et par avance qu'on peut soupçonner de causer des abus horribles, et qui font de la grande industrie, si l'on n'y prend garde, un facteur très redoutable, comme l'alcoolisme et la débauche, du dépérissement de la race.

Or, il faut à un État bien organisé des citoyens valides qui forment sa première richesse ; car aussi la fraternité inscrite dans la devise des démocraties et qui en est le couronnement, veut qu'on protège les faibles et ceux pour qui la vie est le plus dure. Ainsi était-il possible de sauvegarder par politique les droits de l'État qui doit compter sur des générations vigoureuses, et par raison de solidarité, qui n'est qu'une vaine formule si elle reste inefficace, au fronton des temples, de protéger par contre-coup les créatures que le grand développement manufacturier, l'activité, l'âpre concurrence, l'agglomération sans mesure dans des locaux insuffisants ou mal aérés, et de contagion grave, risquent de sacrifier sous le rapport des forces physiques, morales ou intellectuelles. Le légitime désir d'accrois-

---

1. La réglementation du travail est née du travail mécanique comme l'effet naît de la cause. (M. de Mun, Ch. des dép., séance 5 juill. 1890.)

sement de la richesse ne peut prévaloir sur les droits des enfants et
des femmes que l'action dévorante et les conditions du travail peuvent anéantir peu à peu [1].

Contre les lois ouvrières, l'argument tiré de la concurrence étrangère est
une objection de nulle valeur puisque une législation identique régit les
États d'Europe, d'Amérique et d'Australasie, dont plusieurs nous ont
devancé même, et qu'ainsi les conditions du travail sont devenues à peu
près uniformes chez les peuples civilisés. De même la crainte du socialisme d'État ne pouvait arrêter le législateur, attendu que tous les gouvernements, monarchies et républiques, pays d'union fédérale ou de centralisation extrême, ont réglementé les conditions du travail à mesure que
l'industrie prenait un essor plus important [2]. A ceux qui voudraient réglementer le travail agricole par une extension excessive, pour pousser
à l'absurde les conséquences d'un système dont ils ne sont pas les partisans et qui impose des limites et des restrictions à la « liberté du travail »,
il a été répondu qu'aucune assimilation ne saurait être faite au point de
vue des conditions, entre le travail agricole qui dépend de la nature et le
travail industriel soumis à la volonté de l'homme [3].

---

1. « Ce n'est pas seulement dans l'intérêt physique de la race humaine que nous
nous efforçons d'arracher l'enfant, l'adolescent, la femme à un labeur excessif, c'est
aussi pour que la femme soit rendue à son foyer, l'enfant à la mère, auprès de laquelle seule il peut trouver les leçons d'amour et de respect qui font le citoyen. »
(Jules Simon, Conf. Berlin.)

« Si le but de la vie est de multiplier les mètres de toile et de coton tissés..., ré-
signons-nous. Mais si la vie privée d'un peuple doit être le principe vital ; si la paix,
la pureté du foyer, l'éducation des enfants, les devoirs des épouses et des mères,
ceux des maris et des pères doivent être inscrits dans les lois naturelles de l'humanité ; si ces choses sont sacrées au point de dominer la valeur de tout ce qui peut
être vendu au marché, je répète que les heures de travail résultant de la vente irrégulière de la force et de l'adresse de l'homme conduiront à la destruction de la vie
domestique, à l'abandon des enfants, aideront à transformer les épouses et les mères
en machines vivantes, à transformer les pères et les maris en bêtes de somme qui
se lèvent avant le soleil et rentrent au logis lorsqu'il se couche, exténués, à peine
capables de prendre leur nourriture. Je déclare que la vie domestique est atteinte
dans son existence. » (Cardinal Manning, The Right and Dignity of labour, p. 27.)

2. On n'a pas oublié avec quelle insistance l'empereur d'Allemagne pressa la Suisse
en 1892, pour obtenir d'elle l'abandon en sa faveur de la première réalisation d'un
projet d'entente sur les questions ouvrières ; c'est ainsi que sur son invitation, se
réunit la fameuse Conférence internationale de Berlin.

3. Quand les travaux agricoles touchent d'ailleurs au travail industriel, on s'est
appliqué à les réglementer. Notamment, la loi du 30 juin 1899 concernant les accidents causés dans les exploitations agricoles par l'emploi de machines mues par des
moteurs inanimés.

A signaler aussi la proposition de loi d'un intérêt plus général, ayant pour objet :
1º la reconstitution et l'extension du domaine agricole communal ; 2º sa culture ;
3º le prêt par la commune aux petits cultivateurs du matériel agricole communal ; 4º la création d'un domaine industriel communal ; 5º une atténuation du chômage. Présenté par MM. Vaillant, etc., députés, le 27 juin 1898 (Doc. parl. nº 117,
J. O., p. 1284).

Aussi bien ne conteste-t-on plus aujourd'hui la nécessité de la législation du travail ainsi comprise, et tous les esprits s'inclinent devant ces deux principes au nom desquels elle a été élaborée : le droit politique de l'État qui a besoin de citoyens forts, et le devoir de solidarité qui fait les âmes plus fraternelles, selon l'esprit même de la Révolution, — droit et devoir qui se rejoignent pour le bien et l'intérêt supérieur du pays et de l'humanité[1].

Et l'on conçoit à merveille maintenant que les anciens et les modernes de l'ancien régime n'aient pas eu de législation ouvrière. En Égypte, en Assyrie, en Chaldée, chez tous les peuples de l'Orient antique, en Grèce ensuite, et à Rome, l'ouvrier est un esclave, soit qu'il appartienne à un maître qui utilise lui-même les produits du labeur servile, soit qu'il travaille ou fasse travailler pour les autres, et entreprenne pour l'État ou les riches citoyens les constructions ou travaux à exécuter, à une époque où tout travail manuel est considéré comme avilissant. Quant au moyen âge, si l'on veut, à toute force, voir dans les statuts corporatifs une espèce de législation du travail, comment la comparer à la législation née d'hier? Les principes mêmes de l'une et de l'autre s'opposent. Au Moyen âge, la corporation est tout, l'ouvrier n'est rien ; toute la réglementation, si minutieuse soit-elle, — et plus elle l'est, — n'est faite que pour l'industrie, pour sa perfection, bien ou mal comprise d'ailleurs, et souvent mal, dès qu'on a dépassé les origines, et non point en considération de l'ouvrier et de son bien-être dont on ne s'occupe pas, qui n'importe pas. Sur le travailleur, pèse lourdement la tradition des âges ; c'est une espèce de bête domestique, accablé par la tare de l'ancien servage. L'esprit de la Révolution a soufflé sur la légis-

---

1. Cette constatation n'implique pas d'ailleurs que, pour améliorer la condition matérielle et morale des travailleurs, on n'aurait pas pu trouver d'autres mesures que celles qui aboutissent à la Législation impérative par autorité d'État. Et il reste à savoir si un régime d'égalité sociale et économique entre patrons et salariés n'aurait pas pu atteindre, par libres conventions entre les parties, un résultat analogue, sans attenter continuellement et de plus en plus, jusqu'à ne pas savoir où on s'arrêtera, au principe de la liberté. Mais ce point sera l'objet même de la Conclusion. Pour le moment il ne s'agit que de ce qui est et non de ce qui pourrait ou devrait être.

lation nouvelle, qui, sans négliger bien entendu les intérêts nécessaires de l'industrie, et basée sur le principe de la liberté du travail,
a concilié, autant qu'elle l'a dû, ces intérêts et ce principe avec ce
qu'on peut appeler « la religion de la souffrance humaine », dont
ni l'antiquité païenne, avec ses philosophes, ni le moyen âge, malgré le christianisme messianique, prêchant la sainteté du pauvre et
la grandeur des humbles, n'ont eu, en matière ouvrière, ni la pensée,
ni le souci.

3. — Aperçu historique.

Ainsi, sous le grand souffle de fraternité émancipatrice de la
Révolution, et dès le lendemain même de la suppression des corporations [1], la législation du travail se fait jour, en même temps que
prélude la grande industrie ; à vrai dire, elle procède d'abord de
l'ancien esprit, à peine rajeuni, ne songeant surtout qu'au perfectionnement professionnel et s'essayant timidement à la protection du
travailleur. En négligeant les textes de droit commun inscrits aux
codes [2], les textes particuliers ou provisoires [3], la loi du 22 germinal an XI, relative aux manufactures, fabriques et ateliers, pose le
principe des chambres consultatives à l'effet de faire connaître les
besoins et moyens d'améliorer les manufactures, fabriques, arts et
métiers ; elle vise à protéger les marques de fabrique, et nomme
les juridictions compétentes pour connaître de certaines affaires
entre patrons, ouvriers et apprentis. La Convention organise pour
la première fois le Conservatoire national des arts et métiers, dont
on trouve plus que l'idée première chez Descartes. Sous l'Empire,

---

1. Loi du 2 mars 1791. Mais leur suppression était virtuelle depuis la nuit du
4 août 1789 où avait été proclamée l'abolition des privilèges.
  Le régime corporatif, qui a existé simultanément dans les différents pays d'Europe,
au Moyen âge, Flandre, Angleterre, Scandinavie, avec leurs *ghildes* de marchands,
Allemagne, Autriche, avec leurs *Zunften*, s'est maintenu en Scandinavie, en Allemagne, en Autriche, en Roumanie, avec des fortunes diverses et un esprit plus ou
moins novateur.
  2. C. civil, art. 1779, 1780, complété plus tard par la loi du 27 décembre 1890,
abrogeant aussi l'article 1781 ; art. 1798, 2101, 4°, 2271, 2272. C. com. art. 539,
modifié par la loi du 4 mars 1889, etc...
  3. Décret-loi du 26 pluviôse an II, art. 3, qui interdit aux créanciers particuliers
de faire des saisies-arrêts ou des oppositions sur les fonds destinés aux entrepreneurs de travaux publics pour le compte de l'État, etc...

en 1806, par suite du grand développement des travaux publics, paraît une ordonnance de police qui réglemente la journée des ouvriers du bâtiment. La même année est créée la juridiction des prud'hommes. Et Napoléon, visitant les villes industrielles du Nord, se souvenant de l'heureuse tentative d'éducation professionnelle due à La Rochefoucauld-Liancourt, dans une de ses fermes, va intéresser l'État à la question de l'enseignement technique, idée qui a pris tant de développement par la suite, qu'elle semble devoir envahir, à se scinder avec eux, les enseignements des divers ordres, et fonde dans ce but la première école nationale d'arts et métiers.

Mais ces mesures se manifestent en dehors des idées humanitaires nées des inconvénients et des abus que la grande industrie devait révéler durant la Restauration et la monarchie de Juillet. Il faut attendre jusqu'au 22 mars 1841 pour que de nombreuses enquêtes, faites en France et à l'étranger, aboutissent au vote, par la Chambre des pairs et les députés, d'une loi proposée par le Gouvernement, « relative au travail des enfants employés dans les manufactures, usines ou ateliers ». Premier pas, comme le disait M. Villemain, dans la voie de réformes que d'autres devaient perfectionner, elle ne concerne que les usines, manufactures ou ateliers à moteur mécanique ou à feu continu et les fabriques occupant plus de vingt ouvriers.

Cette loi ne fut jamais appliquée[1]. Si elle fut décevante, du moins le principe mis en évidence par elle portait en lui des germes fé-

---

1. D'après les dispositions de cette loi, l'enfant ne peut être admis dans les ateliers avant l'âge de 8 ans ; de 8 à 12 ans, il ne peut être employé que pendant une durée de 8 heures coupées par des repos. Avant l'âge de 13 ans, tout travail de nuit lui est interdit, et au-dessus de 13 ans, ce travail ne lui est imposé que sous certaines conditions. Suivaient de longues espérances et d'excellentes intentions pour l'avenir. Le malheur est que les dispositions formelles aussi bien que les autres restèrent lettre morte, l'article 10, qui témoignait du désir d'instituer une sanction, n'ayant jamais réalisé ce qu'il promettait.

Conformément à l'article 2 de la loi, des règlements d'administration publique en 1851 et en 1866 établissent des exceptions, — ce qu'on a appelé des *tolérances*, — pour certaines industries nommément désignées.

Dès 1850, des améliorations à la loi de 1841 avaient été demandées, notamment par le Conseil général des manufactures et du commerce. De nouvelles dispositions furent proposées en 1851 par la Commission d'assistance. Le Gouvernement reprit l'étude de la question en 1855. Le Conseil d'État, en 1858, pour assurer l'exécution de la loi de 1841, prépare un projet de loi tendant à l'organisation d'une inspection dont les membres seraient rétribués.

Une grande enquête ouverte en 1867 auprès des Conseils généraux, des Chambres de commerce et d'industrie, une étude approfondie des législations étrangères, aboutit

conds. La question était posée. Les gouvernements successifs furent
sollicités d'en rechercher la solution. Celui de Louis-Philippe s'y
était résolu ; mais la Révolution de 1848 empêcha l'adoption d'un
projet, voté le 22 février par les pairs, qui devait étendre l'action de
la loi de 1841 à un plus grand nombre d'établissements, élever de
huit à dix ans l'âge d'admission des enfants. Les députés ne purent
en délibérer. Du moins, au lendemain même des événements de
février, les décrets des 2 et 21 mars abolissent le marchandage et le
décret-loi du 9 septembre [1] fixe le maximum de la journée de travail à
douze heures pour tous les travailleurs, sans distinction de catégories, des usines et manufactures.

La loi du 22 février 1851 organise le contrat d'apprentissage ; les
lois du 27 novembre 1849, du 22 mai 1864, modifiant les articles
414, 415, 416 du Code pénal, suppriment le délit de coalition pour
ne maintenir que le délit d'atteinte à la liberté du travail ; la loi du
2 août 1868 abroge l'article 1781 du Code civil [2] ; cependant que
des lois importantes de droit commun et divers textes épars avaient
paru, qui ont trait aux mines, minières et carrières, aux sociétés,
aux institutions de prévoyance et d'épargne [3].

La troisième république est fondée, et c'est elle à qui revient
l'honneur d'entreprendre la législation ouvrière et, peu à peu,
lui donnant l'élan, de la faire aboutir. Au lendemain de nos défaites, aussitôt paré aux nécessités urgentes du démembrement, de
l'in- demuité de guerre à payer, de l'installation du nouveau mode
de gouvernement, l'initiative parlementaire entreprit résolument
l'œuvre de réformes et de progrès nécessitée par l'expérience des

à la préparation par le Conseil d'État d'une loi générale et complète qui, précédée
d'un rapport de M. le conseiller Heurtier, fut présentée au Sénat le 28 juin 1870. La
guerre avec l'Allemagne éclatait en juillet. Comme en 1848, des événemen s politiques ne permirent pas d'en délibérer.

1. Modifié depuis par la loi du 30 mars 1900.

2. Sur la preuve testimoniale en faveur de la parole du maître.

3. Voir aux chapitres divers. On ne peut que les citer rapidement ici, pour ne
parler plus spécialement, et à larges traits d'ailleurs, que des lois concernant la
réglementation du travail, ce qui est le cœur même de la législation ouvrière. Les
lois concernant les mines, les institutions de prévoyance, etc..., ont été faites à
part, en dehors des préoccupations qui se sont fait jour depuis peu sur la réglementation du travail. Un travail d'ensemble doit cependant les comprendre.

La loi du 13 avril 1850, relative à l'assainissement des logements insalubres, ap-
partient-elle à la législation ouvrière ? C'est douteux.

La loi du 14 mai 1851 sur les avances faites aux ouvriers a été abrogée par la loi
du 2 juillet 1890.

lois anciennes, reconnues défectueuses ou insuffisantes. Le 19 mai 1874, l'Assemblée nationale vota, après un rapport de M. Talon, une loi qui avait été présentée par un de ses membres, grand industriel lui-même, M. Joubert, « sur le travail des enfants et des filles mineures employés dans l'industrie ». La loi du 19 mai 1874, complétée par plusieurs règlements d'administration publique, reçut son application en 1875[1].

Ce qui fait surtout de la loi de 1874 la loi fondamentale, la loi organique du travail industriel, c'est qu'elle institue, pour l'application des dispositions qu'elle édicte, les moyens et les sanctions sans lesquels toute loi, — celle de 1848 en témoigne, — doit rester inefficace et stérile. Elle crée l'inspection du travail, dit les attributions des inspecteurs, leurs droits et leurs devoirs (section VI, art. 16 à 19[2]).

---

1. Elle comprend 33 articles. L'âge d'admission au travail est fixé à 12 ans, et n'est abaissé à 10 ans que pour certaines industries à déterminer par un règlement d'administration publique. Avant 12 ans révolus, les enfants exceptionnellement employés, ne doivent pas plus de 6 heures de travail coupées par des repos, et après 12 ans, 12 heures au plus, coupées de même. Aux enfants jusqu'à 16 ans, aux filles mineures jusqu'à 21 ans, est interdit le travail de nuit entre 9 heures du soir et 5 heures du matin. Les filles ou femmes ne sont plus admises aux travaux souterrains des mines, minières et carrières, et les enfants de 12 à 16 ans n'y doivent travailler que sous des conditions à déterminer par des règlements d'administration publique (*Déc. 12 mai 1875*).

La section IV de la loi essaie de concilier la nécessité de l'instruction primaire (la loi sur l'enseignement primaire obligatoire ne date que du 28 mars 1882) avec les obligations du travail. La section V pose les principes de la police des ateliers aux divers points de vue des bonnes mœurs, de l'hygiène et de la salubrité, des travaux dangereux ou malsains, — toutes choses pour lesquelles on a fait plus tard des lois spéciales.

Elle institue des commissions locales dans chaque département pour veiller à l'exécution de la loi, contrôler le service de l'inspection (sect. VII, 20-22), établit une commission supérieure de neuf membres, chargée de veiller à l'application uniforme et vigilante de la loi, de donner son avis sur les questions intéressant les travailleurs protégés, d'arrêter les listes de candidats à l'Inspection du travail (sect. VIII, 23, 24) ; elle édicte des pénalités contre les patrons, manufacturiers, chefs d'industrie qui contreviennent à ces prescriptions (sect. IX, 25-29).

2. S'il était nécessaire de faire ressortir encore quel abîme sépare l'esprit nouveau de la législation moderne de l'esprit réglementaire des statuts corporatifs, et de l'organisation de Colbert, sous le régime royal, il n'y aurait qu'à marquer par exemple le but de l'institution des inspecteurs des manufactures au xviie siècle, et des inspecteurs du travail au xixe. Leurs rôles tout différents expriment avec éloquence que la réglementation du travail, sous l'empire des statuts corporatifs, n'avait en vue que la production même des objets manufacturés selon les règlements, et se désintéressait complètement du sort de l'ouvrier ; tandis qu'au contraire, la réglementation du travail, sous l'empire des lois de 1874 et de 1892, ne donne aucune mission aux inspecteurs, en ce qui concerne le bien ou mal œuvré des objets manufacturés, mais en revanche leur enjoint de veiller à l'application rigoureuse des mesures de protection édictées en faveur de l'ouvrier : durée du travail, repos, hygiène et salubrité des ateliers, etc., etc. — On peut même dire que les rôles sont renversés.

Telle est dans ses principaux traits la loi de 1874, une des plus importantes par le progrès qu'elle a fait réaliser aux questions ouvrières, et qui, abrogée depuis, mérite mieux qu'une mention historique. Qu'à l'épreuve elle ait paru défectueuse à divers points de vue et qu'on ait désiré l'améliorer, c'est chose dont on ne peut se plaindre, et c'est ce dont témoignent les nombreuses propositions de modifications à y apporter qui se sont succédé.

Dès 1879, la réduction des heures de travail et l'interdiction du travail de nuit pour les femmes sont demandées par MM. Nadaud et Villain ; sur rapport favorable de M. Waddington, la Chambre des députés adopte la proposition en 1881 ; mais le Sénat la repousse. Reprise en 1884 devant la Chambre, elle ne peut venir en discussion à cause du terme de la législature. En 1886, en même temps que les propositions de MM. de Mun et Freppel d'une part, de MM. Camélinat, Boyer et Basly d'autre part, MM. Lockroy et Demôle, ministres du commerce et de la justice, soumettent un projet complet de revision et de refonte de la loi de 1874.

Précédée d'une enquête faite par le ministère du commerce et de l'industrie, à laquelle avaient apporté leurs lumières, leur avis, leurs conseils, les résultats de leur expérience, aussi bien les inspecteurs divisionnaires et départementaux que les chambres de commerce, les chambres consultatives des arts et manufactures, les conseils généraux, les conseils de prud'hommes, les commissions supérieures, la loi, après de nombreuses allées et venues entre les deux Chambres [1], où elle fut l'objet de copieuses et laborieuses délibérations, fut promulguée le 2 novembre 1892 sous le nom de « loi sur le travail des enfants, des filles mineures et des femmes dans les établissements industriels ».

---

1. Voici les péripéties de ces discussions. Voté par les députés en février 1883, le projet aboutit au Sénat en novembre, mais il avait subi des modifications très graves. Le Sénat refusait : 1° de comprendre les femmes majeures parmi les personnes protégées ; 2° de porter de 16 à 18 ans l'âge de l'adolescence ; 3° d'abaisser de 12 à 10 heures la durée maxima de la journée de travail pour les enfants. Cependant la Chambre était saisie de trois nouvelles propositions de loi :

De M. de Mun, sur la réglementation du travail des adultes, des enfants et des femmes ;

De M. Piérard, sur le travail de nuit pour la femme et les mineurs ;

De M. Ferroul, tendant à réduire à 8 heures la durée du travail quotidien, pour tous, sans distinction d'âge ou de sexe.

Le projet Lockroy-Demôle revint du Sénat, mutilé. La Chambre y consacra deux délibérations : séances des 5, 7, 8 juillet 1890 et des 27, 31 janvier, 2, 3, 5, 7 février 1891. Dans cette dernière séance elle vota de nouveau le projet, en

La loi du 2 novembre 1892 a inauguré en France une ère nouvelle pour la législation du travail. Des lois successives, depuis, ont modifié divers points spéciaux de cette loi, et aussi sont venues en compléter, en creuser plus à fond, si l'on peut dire, et l'esprit, et certaines dispositions qui ont paru mériter une réglementation plus minutieuse et plus stricte, pour ne rien laisser, si possible, dans le vague, l'indécis et le hasard. Telles sont la loi du 12 juin 1893 sur l'hygiène et la sécurité du travail et des travailleurs, la loi du 9 avril 1898-22 mars 1902 sur les accidents et la responsabilité qu'ils entraînent, la loi du 19 avril 1898 sur la répression des violences et attentats commis sur les enfants, etc., etc., toutes choses dont on trouve mieux que le germe dans la loi de 1892 (notamment section V, en ce qui concerne l'hygiène et la sécurité).

Mais ce n'est pas là toute la législation du travail, si l'on peut affirmer avec raison que c'en est le cœur et l'âme. Il faut y ajouter des lois nouvelles, et des lois anciennes non abrogées, qui, promulguées à une époque où il semble qu'on n'avait, à proprement parler, aucune notion bien nette d'un code du travail, restaient comme isolées, absolument détachées de toute prévision d'ensemble [1].

Aujourd'hui, il y a plus qu'une tendance à rassembler toutes ces lois pour en faire une législation totale, ayant son objet et son but propres. Toute une classe de la nation au fur et à mesure du développement de l'industrie, — et la nation elle-même — est intéressée à cette législation qui déborde actuellement le cadre étroit des lois inaugurées par la loi du 2 novembre 1892. Il faut compter avec elle, avec le Code du travail, comme avec les Codes civil, criminel ou pénal, comme avec le droit administratif.

C'est l'étude de la législation du travail ainsi élargie, reculant les limites où les auteurs se sont plu à la resserrer jusqu'à ce jour, qu'on voudrait aborder maintenant dans sa totalité.

---

rétablissant les dispositions modifiées ou supprimées par le Sénat, qui, saisi à son tour, en délibéra à deux reprises : séances des 3, 6, 7, 9, 10, 16, 17 juillet 1891, et des 26, 27 octobre, 5, 9 novembre 1891. Le projet fit la navette encore. Il est à la Chambre le 19 décembre 1891, au Sénat les 22, 28, 29 mars 1892, à la Chambre encore le 18 juin 1892. Les deux chambres adoptèrent enfin le texte qui fut promulgué le 2 novembre 1892.

1. C'est pour cette raison qu'on les a négligées volontairement, ou qu'on n'y insiste pas dans l'historique. Lois sur les établissements incommodes, dangereux ou insalubres, sur les syndicats professionnels, sur les retraites pour la vieillesse, sur la propriété industrielle, etc., etc.

V. — LA LÉGISLATION ACTUELLE DU TRAVAIL

1. — Ce qu'on entend par législation du travail et lois ouvrières.

Et d'abord, puisqu'on en parle et qu'il faut apercevoir une réalité sous cette étiquette, qu'est-ce enfin que le législation du travail, qu'est-ce en bloc que les lois ouvrières ?

Il n'est pas aisé d'en donner une définition simple et brève.

Mais après ce qui a été déjà exposé, et en procédant par analyse et par énumération, et sans prétendre à la perfection qui n'existe point, on l'a dit, en matière de définitions, on peut dire, pour se faire comprendre, qu'on entend par législation du travail et lois ouvrières l'ensemble des lois dont les dispositions :

D'une part : touchent plus spécialement à la condition matérielle, et morale en quelque mesure, de la classe nombreuse des citoyens, dits ouvriers, qui vivent d'un salaire, rétribution de leur main-d'œuvre — à qui le capital argent fait le plus souvent défaut — et qui ne peuvent se créer un pécule que par des versements modiques et continus, économisés ou retenus sur leur salaire, dans les institutions d'épargne ;

D'autre part : imposent, en vertu de considérations humanitaires et d'ordre public, des obligations, responsabilités, droits et devoirs, en les soumettant au contrôle de l'État, à la classe des citoyens, dits patrons, à qui le capital argent permet de fonder des établissements où ils utilisent contre salaire la main-d'œuvre d'ouvriers ;

En troisième lieu et conséquemment : règlent les rapports qui doivent exister entre les ouvriers entre eux et les patrons de même, d'un côté, et entre les ouvriers et les patrons d'un autre côté ;

Toutes réserves faites des droits de l'État, le cas échéant.

Les principales de ces lois ont pour objet notamment, et d'une façon générale : les conditions et les conventions du travail, durée du travail, salaires, tenue des ateliers ; les accidents industriels ; les différends d'ordre individuel ou collectif entre patrons et ouvriers ; l'association, les syndicats professionnels, la coopération ; les mines ; les mesures de protection spéciales aux femmes et aux enfants ; les

institutions de prévoyance, caisses d'épargne, de secours, de retraite ;
les habitations à bon marché ; les sociétés de secours mutuels ; la
propriété industrielle, brevets d'invention et marques de fabrique ;
les écoles professionnelles et techniques ; les comités et commissions
pour l'étude officielle des questions intéressant le travail, etc., etc.

2. — Vue d'ensemble sur la législation actuelle et plan adopté pour son étude.

a) Régime des libres convent'ons entre le capital et le travail. Le contrat de louage
de travail ; salaires. Chômage et placement. — Les conflits. Prud'hommes.
Grèves ; arbitrage. Association (syndicats ; coopération). Contrat collectif.

b) Intervention de l'État en faveur des travailleurs : Protection autoritaire des
enfants, des filles mineures et des femmes ; adultes. Sécurité, hygiène et
salubrité (accidents). Medailles d'honneur.

c) Intervention de l'État en faveur du travail en soi : Écoles professionnelles.
Comités et comm'ssions. Propriété industrielle. Embauchage pour l'étranger.

La sollicitude du législateur, on le voit, a déjà parcouru une
ample carrière. Les textes sont encore sans lien entre eux, mosaïque
en désordre, où les pièces jetées une à une, formant un monceau
compact, méritent qu'on les assemble avec goût, sinon avec art,
pour en faire un dessin où la raison se reconnaisse. On le peut
tenter avec fruit, car, malgré la diversité apparente des matières et
de l'objet des lois ouvrières, l'étude de la législation du travail est
en soi assez simple dans ses grandes lignes. Avant même de s'engager dans la forêt touffue des textes nombreux qui morcellent les
sujets, en passant des uns aux autres, laissés, repris, amendés
maintes fois, et dont aucune volonté supérieure, aucun esprit de
suite ne pouvaient régir le développement au cours des années, sans
songer par conséquent à les prendre un à un dans leur succession
chronologique, il faut tout d'abord se recueillir devant la vie ouvrière même, en surprendre, en envisager et en méditer les phases,
telles qu'elles nous apparaissent dans leur complexité, et alors,
partant d'une idée primordiale directrice d'où découleront toutes
les autres idées, il faut adapter naturellement au plan qu'on se fixe
ainsi toutes les lois sur le travail et les travailleurs, dans leur
nombre et leur diversité. Dans ce plan, toute la législation doit
trouver place ; toutes les lois doivent se grouper sans effort. Il serait

étonnant que l'ordre latent, qui préside à tous les phénomènes de l'intelligence humaine et à la marche des sociétés, fût absent justement de la législation nouvelle, et que l'effort social de tout un monde et de tout un siècle ait abouti à procréer un monstre. Toutes choses concourent, alors même qu'on n'y pense pas et sans qu'il y paraisse, à une œuvre qu'on finit par déterminer et qu'il ne reste qu'à parfaire dans la mesure du définitif humain.

La législation du travail, aux enfantements si pénibles, semble-t-il, aux morceaux encore mal soudés, présente, quand on la regarde de haut, une eurythmie qu'il s'agit de découvrir. Et, cela fait, parcourant les lois, il n'y a plus qu'à en extraire le sens et la lettre, d'autant plus facilement qu'on sera guidé par les grandes lignes d'un plan d'ensemble.

Le point de départ de cette étude est le contrat de louage de services et d'ouvrage[1]. C'est ce contrat, en effet, qui donne naissance aux rapports entre ouvriers et patrons. Sans lui, cela est évident, pas de lois ouvrières, qui manquent de base, pas de législation du travail. Les hommes restent soumis au droit commun. Dès qu'il est conclu un contrat entre deux hommes, et dans sa forme la plus simple par l'embauchage, ces deux hommes sont liés entre eux, ils ont des obligations réciproques soumises précisément à la législation que nous étudions. La vie ouvrière au point de vue législatif et social commence.

Il faut donc, en partant du contrat de louage de services et d'ouvrage, être de proche en proche logiquement amené à parcourir toutes les lois en vigueur, à en étudier les incidents qui en découlent rationnellement et pour des causes multiples, dépendant aussi bien de l'homme que de phénomènes économiques plus généraux et plus complexes, et à grouper ces lois sous les chefs différents de chapitres où chacune trouvera sa place.

---

[1] Il n'existe pas en France de loi spéciale réglementant le contrat de travail. C'est là évidemment une grosse lacune. Du moins, peut-on en parler, en se guidant sur les principes généraux du contrat de louage. Les coutumes, dont s'inspire la jurisprudence dans sa sagesse, suppléent au détail.

a) *Régime des libres conventions entre le capital et le travail.* —
Le contrat de louage d'ouvrage, de travail, de service. d'industrie,
èst de droit commun. Tout entier contenu dans le Code civil, il sert
de transition, très imparfaite d'ailleurs, nous le verrons, entre la
réglementation caduque de l'ancien régime, et celle d'esprit nouveau, des temps contemporains. Autour de ce contrat à l'imperfec-
tion duquel il faut suppléer, viennent se grouper sans difficultés
toutes les questions connexes du salaire et de ses modalités, du
marchandage, du chômage, et des moyens d'y remédier par le placement, par les dispositions restrictives au séjour des étrangers qui
s'offrent de concurrence avec les ouvriers nationaux, et souvent à
des prix inférieurs, par l'assistance, etc.

Et voilà le premier chapitre.

Prenons maintenant un patron et des ouvriers liés par leur contrat, tel qu'il a été accepté de bonne foi de part et d'autre. Dans la
pratique, l'exécution de ce contrat peut déjà soulever quelques difficultés. Mais surtout il n'a rien d'immuable. On ne s'engage pas
éternellement ; en fait même, les ouvriers ne débattent pas la question de temps. Ils quittent l'atelier assez facilement, s'ils y trouvent
ou croient y trouver avantage, et il est rare qu'un patron les re-
tienne. Si donc les conditions du contrat acceptées à l'origine cessent de satisfaire l'ouvrier ou le patron, l'un ou l'autre est en droit
d'en demander la modification. L'ouvrier désire toujours une augmentation de salaire, il peut la demander. Le patron y consent ou
bien résiste. S'il résiste, il y a *conflit.* Quand les difficultés, quand
les contestations restent purement individuelles, de patron à ouvrier
ou d'ouvrier à patron, elles ressortissent aux juridictions diverses
des conseils de prud'hommes, justices de paix, tribunaux de commerce ou civils, suivant les cas.

Rien de cela n'est grave encore : en matière de législation ouvrière, les différends d'ordre individuel n'ont aucune répercussion
économique. Il n'en est pas de même quand, prenant fait et cause
entre eux, solidarisant leurs intérêts, les ouvriers soulèvent des
conflits collectifs. Car alors, et comprenant que l'union fait la
force, les ouvriers ne restent pas isolés, ils se coalisent entre eux,
ils se groupent d'une façon permanente, — comme c'est aussi le
droit des patrons, — et forment des *syndicats,* associations de membres ayant un intérêt commun pour le triomphe de revendications

communes. Il faudra compter avec cette force. Mais, avec ou sans
syndicat, si la discussion ne résoud pas le conflit collectif à l'amiable, les ouvriers peuvent cesser le travail : ils font grève ; ou bien
le patron les renvoie et ferme l'usine ou l'atelier [1].

Pour éviter de telles complications, la loi a permis de prévenir
ou de régler les conflits et différends d'ordre collectif par une procédure spéciale de conciliation et d'arbitrage. Avant ou pendant la
grève, pour discuter les termes des revendications, les deux parties, aveuglées d'ailleurs souvent par la défense trop âpre de leurs
intérêts respectifs, mais voulant éviter l'irréparable que peut amener la tension des passions, et décidées à mettre fin au conflit dont
tous souffrent avec les affaires, peuvent avoir recours à des tiers,
à des arbitres chargés de les départager et de concilier les revendications légitimes avec l'intérêt patronal. Tel sera le deuxième
chapitre : Les conflits individuels avec les juridictions qui les tranchent, collectifs avec les moyens de défense ou d'entente, par la
grève, par l'association, par l'arbitrage, et par la coopération [2], pour
aboutir à une forme nouvelle du contrat de travail, qui n'est pas
encore dans le droit, mais qui est entré dans le domaine des faits,
tant il répond aux exigences et aux réalités du monde industriel
moderne : le contrat de travail collectif.

Jusqu'ici, nous ne considérons les ouvriers et les patrons que dans
leurs rapports les plus directs, maîtres pour ainsi dire de leurs destinées, libres de débattre leurs obligations et leurs droits réciproques. Si l'État intervient, ce n'est que pour faciliter ces rapports,
comme pour y mettre de l'huile ; il le fait d'ailleurs avec une évidente réserve, mû surtout par le sentiment de sa propre responsabilité d'agent chargé de l'ordre, et pour le bien commun des deux parties et aussi de l'industrie nationale, tous conflits étant funestes. Il
laisse, on peut le dire, sans viser cependant à l'absolu, toute leur
liberté d'action respective aux deux parties en présence. C'est encore
le régime des libres conventions. Mais l'on pressent déjà quel état

---

1. Mesure rare en fait, car l'intérêt du patron est que l'usine travaille. Mais en
droit strict, aucun texte de loi ne la lui interdit, quoiqu'elle soit grosse de responsabilités et de conséquences. Le renvoi en masse des ouvriers ou *lock-out* est de
pratique courante à l'étranger : Angleterre, Allemagne, Suisse, etc.

2. A cet ordre d'idées de défense se rattache en effet la coopération ouvrière, qui,
supprimant le patronat, laisse aux ouvriers tous les bénéfices de l'entreprise.

d'esprit est celui du législateur contemporain ; il tend, sans être impératif, à se préoccuper de plus en plus du sort du travailleur, et à élever ses droits et sa personnalité. Il s'insinue, en faveur de l'ouvrier, dans la réglementation de ce régime des libres conventions entre employeurs et employés. La conciliation et l'arbitrage qu'il préconise, la liberté des syndicats qu'il décrète, le droit de grève, en font foi [1]. Et nous allons bien voir autre chose.

Il importe de faire ressortir cette orientation, cette tendance à peine partiale encore de la législation ouvrière, car elle va s'accentuer, et au point qu'on peut même dire que son esprit va tourner.

L'État, prenant conscience de ses devoirs de protecteur des faibles, de ceux pour qui la vie est le plus dure, porte son intervention au cœur même de la vie industrielle. Il ne considère plus que l'amélioration du sort des travailleurs, sans nuire cependant au travail. S'inspirant d'idées humanitaires et d'ordre politique, il prescrit des lois devant qui tous doivent s'incliner. Ce n'est plus affaire entre patrons et ouvriers. A cette hauteur, l'État ne les laisse plus régler entre eux leurs rapports. Il les dicte ; ce qui doit être fait émane de son autorité.

Cette protection est double, a un double objet. Elle s'exerce en faveur des travailleurs d'une part, et en faveur du travail en soi d'autre part. De là, après le premier point, deux points nouveaux

---

1. L'ancien régime ne s'était pas dérobé non plus à une réglementation en rapport avec le développement de l'industrie d'alors, et conçue sur la responsabilité des pouvoirs publics en matière d'ordre ; les corporations aussi veillaient. Mais toutes les mesures édictées favorisaient le patronat et maintenaient le salariat à un niveau très inférieur. La démocratie moderne, en prenant à charge l'ordre public et la prospérité de l'industrie, n'oublie pas la classe ouvrière ; et sa sympathie se manifeste par des mesures propices qui la relèvent, la mettent sur un pied d'égalité avec les patrons, maintiennent la balance égale entre le capital et le travail. Des esprits superficiellement observateurs, ou intéressés à le faire croire, ont prétendu que l'ouvrier avait été favorisé au détriment du patronat ; opinion fausse et injuste ; la vérité, c'est qu'on a relevé l'ouvrier ; et si, en le relevant sans toucher aux patrons, on ne portait pas atteinte par là même aux prérogatives séculaires et injustifiées du patronat, il faut dire tout simplement que les lois modernes ont rétabli l'équilibre, faussé durant des siècles au profit des patrons.

C'est ce que Garnier-Pagès exprimait déjà dans un banquet républicain sous la Monarchie de Juillet par ce mot pittoresque : « *Nous ne voulons pas raccourcir les habits, mais allonger les vestes.* » Il est *étonnant* que l'événement *étonne*, sous un régime démocratique, où l'on dit le peuple souverain, et qu'on voie dans cette émancipation des masses un résultat de l'influence socialiste, à moins que l'on ne veuille méconnaître la tradition même de la Révolution, sur qui repose notre démocratie en marche.

de la législation, formant deux nouvelles grandes divisions : protection des travailleurs ; protection du travail, — l'une subjective, l'autre objective en quelque sorte.

b) *Intervention de l'État en faveur des travailleurs.* — L'intervention tutélaire de l'État se manifeste d'abord par la réglementation du travail des enfants et des femmes, et aussi, à certains points de vue, des adultes, soit par des lois *personnelles* intéressant les travailleurs, soit par des lois *réelles,* concernant la tenue des établissements industriels et se rapportant à l'hygiène et à la sécurité, et notamment la loi sur la responsabilité des accidents (*premier chapitre*)[1] ; par l'institution d'un contrôle entre les mains d'agents chargés de veiller à l'application des lois ouvrières[2] et par des sanctions pénales contre les contraventions aux lois (*deuxième chapitre*) ; par l'appui matériel et moral accordé aux institutions de prévoyance de toutes sortes dont les plus importantes voudraient assurer à l'ouvrier — serviteur indirect, mais serviteur tout de même de la société et du pays — un revenu pour la vieillesse, comme le font les pensions de retraite aux fonctionnaires, serviteurs directs ; caisses syndicales et patronales de retraites et de secours, caisses d'épargne privées, caisse nationale d'épargne, caisse nationale des retraites pour la vieillesse, caisses des mineurs, sociétés de secours mutuels, — ou lui rendre la vie plus facile : habitations à bon marché, — et plus ornée : œuvres d'éducation, — institutions qu'il reconnaît ou réglemente, dont il garantit les fonds, qu'il subventionne même parfois, à qui il accorde des atténuations d'impôts, etc., etc. (*troisième chapitre*) ; enfin par l'encouragement officiel, sous forme de médailles d'honneur, récompenses au personnel méritant du travail (*quatrième chapitre*).

c) *Intervention de l'État en faveur du travail en soi.* — Si les pouvoirs publics n'accordaient leur protection qu'aux travailleurs, ils risqueraient, par leur intervention, de gêner l'essor, de paralyser l'industrie dont l'épanouissement repose sur la liberté d'action. S'ils se désintéressaient de la prospérité du travail, ils auraient failli

---

1. La législation du travail s'applique, par décrets spéciaux qu'on étudie plus loin, à leur place, aux travaux de l'État, des départements et des communes.

2. On a rattaché à l'inspection du travail la vérification des poids et mesures, qui y touche d'une certaine façon.

à la moitié de leur devoir. Aussi, tout en améliorant les conditions de la classe ouvrière, l'État s'est-il préoccupé d'améliorer la production nationale.

Cette protection objective du travail consiste en l'intérêt que l'État témoigne, par les moyens dont il dispose, subventions, créations, etc..., à toutes les institutions utiles au développement et au perfectionnement de l'industrie : 1° écoles spéciales professionnelles donnant l'instruction technique, l'enseignement manuel, bourses de voyage, etc... ; 2° comités, directions, commissions d'études où les esprits compétents apportent, en vue d'améliorer, aussi bien la condition des travailleurs que les conditions mêmes de la production industrielle, les lumières de leur raison et de leur expérience.

A ces deux premiers chapitres de la protection objective, il faut en ajouter deux autres qui concernent, *l'un* la protection que l'État accorde à la propriété industrielle par les droits spéciaux qu'il confère aux brevets d'invention et aux marques de fabrique et de commerce[1], *l'autre* la protection qu'il accorde à l'industrie nationale par les dispositions restrictives contre l'embauchage d'ouvriers français à l'étranger.

Tel est le plan général dans lequel j'ai cru devoir faire évoluer toute la législation du travail et la suivre dans ses ramifications, telle est l'ossature à laquelle les développements viendront donner chair et corps.

Et quand on aura étudié tout ce qui touche aux lois ouvrières à la lumière de ce rapide aperçu, il ne s'agira plus, après cela, que de conclure.

LÉGISLATION COMPARÉE[2]. — On peut affirmer, d'une manière générale, que la législation ouvrière dans les divers pays est en raison directe de leur activité industrielle.

L'Angleterre, qui eut la première des machines, est aussi la première qui entreprit de légiférer sur les conditions du travail. Il y a

---

1. Cette protection profitant directement aux inventeurs, etc., comme en art, les droits réservés des auteurs sur leurs œuvres, ne semble pas purement objective, mais plutôt mixte, s'appliquant et à la chose et à la personne, comme aussi la tendance à la protection nationale du travail, par diverses mesures réglementant l'embauchage en masse des ouvriers français pour l'étranger.

2. A consulter : Congrès international pour la protection légale des travailleurs, tenu à Paris, au Musée Social, du 25 au 28 juillet 1900. Rapports et compte rendu analytique des séances.

plus d'un siècle qu'elle a donné le signal. Dès le jour où Richard
Arkwright en 1779 a inventé la machine à filer le coton, la Mull-
Jenny, où Castwright a inventé le métier à tisser, révolutionnant
tout à coup le monde, par la suppression de la petite industrie, la
création du machinisme, et provoquant les industriels à l'emploi
des enfants et des femmes, les abus inévitables du système nouveau
ont éclaté immédiatement et avec une telle force que l'humanité
s'est révoltée et que la nécessité de songer à la préservation de la
race s'est imposée. En 1802, est promulgué le *Moral and health
bill*, loi de morale et de salubrité, pour protéger les enfants dans
les manufactures de textiles. Cet essai timide ne résista pas à la
poussée de l'opinion qui, sous des expériences comme celle de
Robert Owen, établissant le travail de 10 heures dans la fabrique
de New-Lamarck, imité par John Pielden, réclama bientôt contre
l'exagération des heures de travail qui allaient jusqu'à 24. Les
Trade-Unions intervinrent. Et dès 1833 jusqu'à nos jours, des lois
nouvelles ont amélioré le bill de 1802. Deux lois fondamentales : le
Factory act du 29 août 1833, et le *Factory regulation act* du 6 juin
1844 dont les dispositions ont été définitivement codifiées par : *The
factory acts extension act* (1867) pour étendre les dispositions aux
manufactures et par : *The workshop regulation act* (1867) pour
régler le travail des enfants, jeunes gens et femmes employés dans
les autres ateliers, ont recueilli avec ces deux codifications toutes
les réformes nécessitées, et éparses au long du siècle dans les bills
promulgués années après années[1].

Depuis 1867, outre les amendements aux lois précédentes (loi de
1871, par exemple), une loi de 1873 : *The agriculture children act*,
a réglé l'emploi des enfants aux travaux de l'agriculture ; une loi
du 30 juillet 1874 (*37-38 Victoria*[2], *ch. 44*) élève le minimum d'âge

---

1. Notamment : 1845 : réglementation des fabriques d'impression sur étoffe ; 1846,
1847, 1850, 1855, 1856 : amendements et développements des lois en vigueur ; 1860 :
extension aux teinturiers ; 1861 : aux fabriques de dentelle ; 1862 : aux ateliers de
blanchiment en plein air ; 1863 : aux blanchisseries et teintureries, etc., etc.
  Enfin, tout récemment, la loi du 17 août 1901, sur les fabriques et ateliers, a refondu en une loi unique les lois de 1878, 1883, 1891, 1895, 1897, formant désormais
un véritable Code sur la matière.

2. Les lois anglaises se notent souvent par règne et par année de règne. Ainsi
la loi 37-38 Victoria ch. 44 doit se lire : *loi des 37e et 38e années du règne de Victoria, chapitre 44*. On n'emploie même parfois que l'initiale du nom du souverain ;
ainsi la loi 6 G. IV, ch. 129, doit se lire : *loi de la 6e année du règne de Georges IV, chapitre 129*.

des enfants autorisés à travailler dans les manufactures. La loi du 4 décembre 1893 fixe la durée du travail dans les magasins, — sans parler des nombreuses lois industrielles des 27 mai 1878, 25 août 1883, 5 août 1891, 6 juillet 1895, 6 août 1897, qui toutes ont réglementé étroitement les conditions du travail, l'hygiène, la salubrité, etc., etc.

Toutes les nations civilisées ont suivi l'exemple de l'Angleterre. Toutes ont aujourd'hui des lois industrielles [1].

Empires absolus comme la Russie, confédérations impériales comme l'Allemagne, ou républicaines comme les États-Unis et la Suisse, royaumes constitutionnels comme la Grande-Bretagne, ou plus absolus comme l'Espagne, le Danemark, colonies anglaises autonomes ou non, Canada, Australie, Nouvelle-Zélande, tous les pays, la Hollande, le Mexique, l'Italie, la Roumanie, la Suède et Norvège, la Belgique, le duché du Luxembourg, l'Autriche-Hongrie, etc., etc., ont leurs lois, leurs ukases, leurs décrets royaux, leurs ordonnances, leurs codes, leurs arrêtés, qui réglementent, et au point de vue de plus en plus strict de la protection des travailleurs, les conditions du travail industriel. Et il nous arrivera plus d'une fois de constater que des régimes d'autorité nous ont souvent devancés et vont plus avant que notre République dans le sens des réformes vraiment libérales et démocratiques. C'est de quoi nous donner à réfléchir sur l'étiquette des constitutions des États, et nous prouver que les mots masquent parfois la réalité des choses.

---

1. Il ne peut être question ici que de le dire. Les dispositions de ces lois, dans ce qu'elles ont d'essentiel au moins, seront développées à leur place dans les chapitres, sous la rubrique : Législation comparée.

LIVRE PREMIER

————

RÉGIME DES LIBRES CONVENTIONS

ENTRE PATRONS ET OUVRIERS

CHAPITRE PREMIER

LE CONTRAT DE TRAVAIL INDIVIDUEL

I. — LE CONTRAT.

II. — CHÔMAGE ET PLACEMENT.

CHAPITRE II

CONFLITS. MOYENS DE DÉFENSE

I. — DIFFÉRENDS ET CONFLITS D'ORDRE INDIVIDUEL.

II. — CONFLITS COLLECTIFS. L'ASSOCIATION.

CHAPITRE PREMIER

LE CONTRAT DE TRAVAIL INDIVIDUEL

———

I. — LE CONTRAT

1. — Observations préliminaires.

Liberté du travail. Insuffisance de réglementation. Critique du Code civil. Conclusion.

Liberté du travail. — Le décret des 2-17 mars 1791 portant suppression de tous les droits d'aides, de toutes les maîtrises et jurandes, et établissements de patentes, a inauguré en ces termes, dans son article 7, l'ère de la liberté du travail : « A compter du 1ᵉʳ avril prochain, il sera libre à toute personne de faire tel négoce, ou d'exercer telle profession, art et métier qu'elle trouvera bon. »

Ainsi s'est trouvé brisé entre gens de même métier le lien corporatif; ainsi, en même temps, ont perdu toute valeur les règlements de métier qui fixaient les conditions les plus diverses du travail entre patrons et ouvriers.

Désormais donc chacun a la liberté et le droit de régler seul, à son gré, et sans dépendre de personne, l'exercice de sa profession. Et quant aux conditions du travail entre patrons et ouvriers, puisque les statuts des corporations dissoutes ne peuvent plus les régler, ce sont les patrons et les ouvriers qui les débattront ensemble, par une libre discussion ; et, quand ils seront d'accord, c'est par conventions qui feront foi entre eux qu'ils les consacreront, en s'engageant respectivement à s'y conformer.

La loi des 2-17 mars 1791 qui a décrété la liberté du travail a
donc substitué en France, pour le monde du travail, au régime
corporatif, le régime des libres conventions.

Insuffisance de réglementation. — Est-ce au nom de cette
liberté, et pour réagir contre l'ancien esprit excessivement réglementaire des corporations d'autrefois, que les auteurs du Code civil
ont négligé de s'appesantir sur le contrat de travail, voulant laisser
entre parties toute la latitude et toute l'indépendance, compatibles
avec l'ordre public et les bonnes mœurs, dans le soin de régler les
conventions à intervenir désormais, touchant ce contrat de travail?

Car, à part quelques lois subséquentes qui ont modifié ou complété certains incidents particuliers du contrat, et parfois même,
non pas directement, mais comme par contre-coup[1], la matière
juridique du contrat qui est à la base même de la législation du
travail n'est tout entière contenue que dans les articles vieillots du
Code civil[2], où, si l'on omet ce qui concerne les voituriers[3] (que
viennent-ils faire ici?), l'on ne rencontre que des définitions, des
classifications embrouillées et surannées, deux dispositions posi-
tives seulement (l'article 1780 qui interdit les engagements perpé-
tuels; l'article 1781, abrogé, qui admettait un mode exceptionnel
de preuve); — c'est tout pour ce qui est d'ordre général; — et
enfin les règles particulières aux devis et marchés.

Ces dispositions du Code civil sont, certes, absolument insuffisantes aujourd'hui. Elles laissent mal étudiée, mal connue une convention que le régime de la grande industrie a rendue l'un des
actes les plus importants pour le monde du travail moderne. Elles
ne permettent pas de vue d'ensemble; elles n'ont pas le caractère
général qui conviendrait aux conditions de la vie industrielle actuelle. Elles sont incomplètes, abandonnant à l'incertitude nombre
de points essentiels du contrat contemporain, muettes notamment
sur les obligations respectives des parties en présence, alors qu'elles

---

1. Notamment la loi du 2 juillet 1890, qui, supprimant les livrets d'ouvriers (voir
ci-dessous), soumet aux règles du droit commun la constatation du contrat. Il faut
citer encore la loi du 9 juillet 1889 qui (art. 15), renvoie à l'usage des lieux pour la
durée du louage des domestiques et ouvriers ruraux, la loi du 27 décembre 1890,
plus importante, sur la résiliation du contrat. Et c'est tout.

2. Articles 1708, 1710, 1711, 1779 à 1781, et 1787 à 1799.

3. Articles 1782 à 1786.

s'étendent complaisamment sur les voituriers, sans qu'on puisse admettre la nécessité de cet excès de zèle.

Telles quelles, après tout, et se rapportant à une époque qui ne pouvait faire état de l'avenir, sont-elles dignes des jurisconsultes du Consulat? Faut-il dire que le contrat de travail, qui tient aujourd'hui une place prépondérante dans les préoccupations de tous ceux qu'intéresse la législation ouvrière, n'avait qu'une importance secondaire au regard de l'ancien législateur?

Tous ces inconvénients qui sont graves auraient leurs circonstances atténuantes.

Mais ce qui est moins compréhensible, c'est le chaos, c'est le désordre qui ont présidé à la rédaction des textes du Code civil, et qui ne sont pas faits pour qu'on s'y reconnaisse quand on en aborde l'étude.

Il faudra pourtant arriver à tirer au clair cette matière ; il faudra en faire l'analyse, la critique ; après quoi, il faudra en extraire la pensée. En prenant ce qui s'y trouve, il faudra enfin compléter les textes, les éclairer, en élargir l'esprit, selon les données de la vie industrielle au xxe siècle, et au nom de cent années d'expérience dont le Code civil ne pouvait prévoir l'évolution [1].

Et si, en passant, on doit regretter que, contrairement à ce qui existe dans d'autres pays [2], en France une loi n'ait pas encore refondu avec ordre, renouvelé et rajeuni la matière séculaire du contrat de travail, pour ériger au seuil même de la législation actuelle un texte précis et large, simple en même temps que général, et en harmonie avec les conditions et les exigences de l'état de choses contemporain, il faut se consoler d'une telle lacune

---

1. Les difficultés qui naissent aujourd'hui sur les conditions, sur la nature, sur les effets du contrat, depuis que la liberté du travail a permis aux travailleurs de débattre à leur gré leurs intérêts de toutes sortes, étaient à peu près impossibles sous le régime des corporations et des manufactures privilégiées. A cette époque, la coutume, les statuts corporatifs, les ordonnances royales, les règlements des cours de justice ou de la police fixaient presque invariablement le prix de la main-d'œuvre et les diverses conditions du travail. Il n'y avait rien qui donnât prise à discussion ou conflit. Dans cet état de stabilité, le contrat qui réglait les rapports particuliers des maîtres et des ouvriers fixait à peine l'attention.

Le législateur du Consulat a tablé la réglementation du contrat sur les choses du passé.

2. Par exemple, en Belgique, en Allemagne, en Russie, en Suède, en Roumanie. Voir la législation comparée.

législative, cependant, car les mœurs, les usages locaux, la pratique ont heureusement suppléé à l'insuffisance habituelle du législateur, et devancé, comme toujours, la loi.

Critique du Code civil [1].

— Le Code civil s'exprime ainsi : « Il y a deux sortes de contrats de louage : — (celui des choses), — ET CELUI D'OUVRAGE (*art. 1708*). Le louage d'ouvrage est un contrat par lequel l'une des parties s'engage à faire quelque chose pour l'autre, moyennant un prix convenu entre elles (*art. 1710*). Les deux genres de louage se subdivisent encore en plusieurs espèces particulières : on appelle... loyer, le louage du travail ou du service. Les *devis*, *marchés* ou *prix fait*, pour l'entreprise d'un ouvrage moyennant un prix déterminé sont aussi un louage, lorsque la matière est fournie par celui pour qui l'ouvrage se fait. Ces trois dernières espèces ont des règles particulières (*art. 1711*). »

Aux termes de l'article 1779 : « Il y a trois espèces *principales* (?) de louage d'ouvrage et d'industrie : 1º le louage des gens de travail qui s'engagent au service de quelqu'un ; — 2º celui des voituriers, tant par terre que par eau, qui se chargent du transport des personnes ou des marchandises ; — 3º celui des entrepreneurs d'ouvrages par suite de devis et marchés. »

(Suivent plus loin les articles 1782 à 1786 relatifs aux voituriers, et les articles 1787 à 1799 relatifs aux devis et marchés [2].)

On aperçoit, à première lecture, combien ces textes sont confus et incomplets. Il faut le répéter, c'est le chaos, et c'est le vide.

Après avoir défini, en effet, dans les articles 1708 et 1710 le louage d'ouvrage, le Code civil établit à l'article 1711 une première distinction dans les termes (louage du *travail* ou du *service*), et aussi en ce qui concerne les devis, marchés et prix fait ; puis à

---

1. Tous les ouvrages de Droit civil, et tous les traités sur la Législation du travail qui les copient, sur le sujet, donnent un commentaire des articles du Code et avec les trois classifications : louage de services, louage d'ouvrage, louage d'industrie. J'estime que c'est là une méthode surannée et qui ne ressort pas d'une façon aussi catégorique des textes du Code. J'insiste sur ce point dans le cours de la discussion. Le contrat de travail moderne exige de son commentateur un esprit différent, plus large et plus spécial. Il ne s'agit plus ici de droit commun.

2. Je n'en ai que faire pour le moment, surtout des voituriers, dont les dispositions qui les régissent forment un tout absolument à part. Si j'en parle, c'est par respect pour le Code civil. Les articles qui les concernent d'ailleurs ne touchent au contrat qu'au point de vue de la responsabilité relative aux objets confiés à leurs soins.

l'article 1779, prennent place trois catégories nouvelles, sans d'ailleurs qu'on aperçoive nettement s'il n'en existe pas d'autres[1].

De plus, à la reprendre dans tous ses termes, la rédaction des articles est singulièrement imprécise. D'abord, sous les expressions diverses qu'elle emploie, et qui, à cause de leur diversité semblent mettre de l'ordre dans la matière en la classant, elle ne fait que l'embrouiller et la compliquer comme à plaisir : *louage de services,* qui a le tort de rappeler presque exclusivement le louage des domestiques et autres serviteurs attachés à la personne ; *louage d'ouvrage,* qui est, en définitive, un véritable travail à l'entreprise ; *louage du travail* qui ne s'applique à rien, à moins que ce ne soit à tout[2] ; et *louage d'industrie* qui semble s'appliquer aux transports aussi bien qu'aux devis et marchés, — et tout cela n'est pas très sûr, — ces expressions ont établi dans la vie juridique et établissent dans le domaine industriel des compartiments sans raison d'être, à une époque qui tend à rendre un et uniforme le régime du travail, ne considérant plus que deux grandes classes pour lesquelles il faut établir des règles générales de contrat : les employeurs d'une part, les travailleurs de l'autre.

Et il ne faut pas encore trop s'avancer en ceci, et affirmer trop fort que cette distinction tripartite résulte du Code. Y est-elle même implicitement contenue ? C'est à savoir.

N'y a-t-il pas en effet synonymie entre les mots *ouvrage* et *industrie* (art. 1779) ? Et de même entre les mots *travail* et *service* (art. 1711) ? Ou bien faut-il appliquer l'expression louage de services au louage des gens de travail qui sont la majorité des hommes, — ce qui constituerait, à proprement parler, le contrat de travail, comme on doit l'entendre de nos jours ? Et alors, faut-il conclure que, avec « leurs règles particulières », comme il est dit à l'arti-

---

1. Argument de l'épithète « principales », accolée à « trois espèces ». — Ces distinctions, au surplus, paraissent bizarres ; et il est difficile, à vue contemporaine, d'en apercevoir la logique. Mais il faudra revenir sur ce point, quand il s'agira de considérer d'ensemble le contrat.

2. Et à la vérité ce serait à tout ; car le contrat de travail, *juridiquement,* est un louage, — un louage du travail dans le sens le plus général du mot travail. Il faudrait donc dire, pour être correct, et pour user d'une expression vraiment scientifique et complète : Contrat de louage de travail. Contrat de travail a l'avantage d'être plus court ; c'est pourquoi j'ai préféré cette appellation, au risque de mériter les critiques des jurisconsultes de droit abstrait, habitués à l'analyse qui coupe les fils en quatre, sans rendre leur science plus vivante.

cle 1711, le louage d'industrie serait applicable aux voituriers, et le louage d'ouvrage serait spécial aux entrepreneurs ?

Il est constant aussi que l'expression louage d'ouvrage, dans l'article 1710, est prise dans son sens le plus étendu, et ne signifie pas autre chose que louage de travail en général. Et ce n'est pas tout encore, car on voit bien, en comparant à l'article 1779-3° où il s'agit d'entrepreneurs, de devis et de marchés, les articles 1789, 1790 de la rubrique même devis et marchés, que l'expression louage d'ouvrage s'applique aussi spécialement à l'ouvrier qui, quoique travaillant à l'entreprise, loue cependant et en définitive ses services, son travail, dans le sens de l'article 1779-1°, c'est-à-dire comme un simple ouvrier, et est prise alors dans un sens plus étroit, plus restrictif que dans l'article 1710. Alors ?

Alors, s'il est vrai que le Code a l'air d'établir des différences de sens entre ces termes : services, travail, ouvrage, industrie, il n'est pas vrai qu'il les distingue très nettement l'un de l'autre et qu'il ne les emploie pas continuellement l'un pour l'autre, jusqu'à en faire des équivalents.

Par suite, que signifie vraiment cette division en trois contrats du contrat de travail ? sur quoi l'appuyer ? comment la justifier ? Parce qu'un premier professeur de droit, vers 1804, l'a introduite dans un manuel, et que, tout heureux d'échapper à l'effort de faire neuf, d'autres commentateurs s'en sont emparés, se l'appropriant tout de go, impuissants, par paresse intellectuelle et par éducation, à s'affranchir et à penser par eux-mêmes, et, parce que, ainsi, de génération en génération, elle nous est parvenue sans retouche, devenant, par tradition, sacramentelle, va-t-il falloir s'en contenter indéfiniment, même si on la trouve, car elle l'est, erronée et compliquée ? Va-t-il falloir toujours s'engluer dans l'ornière ?

La raison de ces distinctions, plus ou moins réelles et confuses, du Code et des auteurs, c'est que, sous la généralité des termes de l'article 1710 qui définit *lato sensu* le louage d'ouvrage (louage de travail serait mieux), apparaissent peut-être, — mais ce n'est qu'une apparence, on le verra, — apparaissent deux contrats :

1° Un contrat par lequel une personne (ouvrier, employé, quelque nom qu'on lui donne) s'engage à travailler pour une autre (patron, maître, quel que soit son titre), à heures fixes et en général dans un local convenu, moyennant un prix appelé *salaire,* et calculé à raison de l'unité de temps, avec ou sans détermination de durée du contrat ;

2° Un contrat par lequel une personne (ouvrier à l'entreprise) s'oblige à faire pour une autre (patron et même *particulier*), dans un temps fixé, mais aux heures, et plus ou moins au lieu, qui lui conviennent, un ouvrage déterminé, moyennant un prix convenu [1], indépendant de l'unité de temps.

Ce deuxième point doit nous arrêter. Qu'est-il autre chose, en réalité, sinon un travail à l'entreprise ? L'ouvrier qui travaille aux pièces est, après tout, un véritable entrepreneur, puisque, quelles que soient les heures auxquelles il lui plaît d'accomplir son travail [2], quelque difficulté que présente celui-ci, la rémunération en reste fixe. C'est un travail à forfait ; les risques sont pour lui. Peu importe pour le caractère vraiment juridique du contrat l'importance matérielle du travail et le nombre d'ouvriers qu'il exige et la personne qui fournit la matière première [3].

Il faut donc décidément rejeter ce prétendu contrat de louage sous la rubrique : *Devis et marchés*. Le Code civil lui-même nous y engage, car les articles 1787 à 1799 qui s'y rapportent se réfèrent en effet expressément à l'article 1779-3° qui nomme les entrepreneurs d'ouvrage par suite de devis et marchés ; et l'article 1799 est tout à fait explicite puisqu'il nous dit que *les maçons, charpentiers, serruriers et autres ouvriers qui font directement des marchés à prix fait sont entrepreneurs dans la partie qu'ils traitent* et sont astreints aux règles prescrites pour les entrepreneurs. Nous restons donc en présence : 1° du contrat de louage de services, d'ouvrage ou d'industrie, ou, mieux, en termes généraux, du contrat de travail, qui est le contrat essentiel, et 2° des entrepreneurs par suite de devis ou marchés.

Mais sont-ce là deux contrats différents ? Ne peuvent-ils se

---

1. Et je défie bien qui que ce soit, d'ailleurs, — pour ne pas négliger en passant de montrer tout ce qu'ont de faux et de convenu ces expressions : louage de services, louage de travail, louage d'ouvrage, louage d'industrie, — de me dire quel nom exact il faudra donner aux deux contrats ci-dessus désignés ; ne s'accommoderaient-ils pas, tous les deux, à la fois des trois expressions ?

2. Il ne serait pas tout à fait juste de dire : quelque temps qu'il mette à achever le travail, car en général on convient que le travail devra être achevé dans un certain délai.

3. Ce qui donne des idées fausses en la matière, c'est l'habitude que l'on a de s'imaginer qu'il n'y a d'entrepreneurs que ceux des grandes entreprises. Il y a gros et petits entrepreneurs, ne l'oublions pas.

résoudre en un seul, sous le nom unique de contrat de travail ? Et ici, serrons les textes de plus près. Est-ce que les règles générales relatives au louage de services, d'industrie et d'ouvrage, ne sont pas applicables à tous les ouvriers, qu'ils travaillent moyennant une rémunération calculée à raison du temps qu'ils passent à l'atelier, sans tenir compte de la besogne faite, ou qu'ils travaillent aux pièces, moyennant un prix fait ou à fixer selon la besogne faite, sans avoir égard au temps employé pour effectuer la besogne ? Est-il logique, est-il rationnel d'établir, au point de vue social ou de la législation du travail, une distinction entre les ouvriers ou artisans ?

Dans le Code civil lui-même, les articles relatifs aux devis et marchés, mis à part les règlements sur la responsabilité décennale spéciale aux architectes et entrepreneurs et la prescription trentenaire de leur créance [1], débordent malgré eux sur les conditions ordinaires et générales du louage de services, d'industrie et d'ouvrage ; et, à vrai dire, les devis et marchés ne sont-ils pas simplement, avec clause particulière donc sur la responsabilité et la prescription, un contrat de louage de services, d'ouvrage ou d'industrie, fait pour une entreprise déterminée [2] ?

Si on le nie, et si l'on accepte de faire des devis et marchés un contrat à part, il sera logique d'agir de même avec le contrat fait à temps, ou pour une durée indéterminée. Et ce serait donc la durée maintenant qui spécialiserait les contrats ! En vérité !

Conclusion. — Et voici que nous avons abouti, à travers les textes précaires et obscurs du Code civil, à envisager le contrat de travail sous un point de vue d'ensemble.

Car le contrat de travail est un, en effet, par sa nature, par les conditions de sa formation, de sa validité, de preuve, par les obligations générales qu'il engendre. Il se conclut, entraînant chaque fois des clauses particulières, à temps, ou sans détermination de durée, ou pour une entreprise déterminée ; et c'est dans ce dernier cas que rentrent les devis, marchés, travaux à l'entreprise, voilà tout [3].

---

1. En tout et pour tout, *un* article, on le verra.
2. Je le prouverai au paragraphe *Devis et marchés.*
3. C'est en vain que, pour en différencier la nature, on argue que les ouvriers, gens de travail, louent leurs services pour un temps variable ou non, ou pour une entreprise déterminée, moyennant un salaire convenu, *quel que soit le résultat de leur travail,* qui doit d'ailleurs être livré dans les conditions de temps, de lieu et de con-

Je ne puis, par respect pour le Code civil, et pour une tradition d'un autre âge, qu'il faut saluer sans regret, bien qu'elle garde encore tous ses zélateurs[1], même parmi les auteurs de projets de Codes du travail[2], je ne puis me résoudre à voir dans le contrat de travail, les trois contrats différents de louage de services, de louage d'ouvrage et de louage d'industrie.

La seule et invraisemblable concession qu'il faille faire à tout prendre, à propos du contrat de louage de services, de travail, d'industrie et d'ouvrage, c'est de reproduire à part à la suite du contrat de travail, — et en valent-ils la peine? — les articles sur les voituriers, — et puisqu'ils sont dans le Code.

2. — Le contrat de travail.

Nature, caractère, formation, validité et preuve du contrat. —

Le contrat de travail est un contrat *synallagmatique* ou *bilatéral*,

---

fection déterminées, tandis que l'entrepreneur d'ouvrage, lui, stipule un prix parfois fixé d'avance, proportionné à la valeur de l'ouvrage qu'il s'engage à confectionner, quelle que soit la somme de travail à y consacrer. En dernière analyse des deux propositions, je prétends qu'une apparente distinction n'existe pas ; elle n'est même pas dans les termes ; à les envisager en face de la réalité, les deux distinctions disparaissent. Les deux propositions s'équivalent ; elles disent absolument la même chose. Je renvoie pour la preuve aux notes comparatives qui suivent chaque alinéa du paragraphe *Devis et marchés*.

Et après tout, en dernière analyse, est-ce que le contrat de travail, quel qu'il soit, ne constitue pas toujours entre le patron et l'ouvrier un contrat *à forfait*? Même, ou plutôt surtout économiquement et philosophiquement parlant, n'est-ce pas là son premier caractère, son caractère dominant? L'ouvrier renonce à tout droit sur le produit de son travail, moyennant une somme fixe payable à la tâche ou par heure, par jour, par semaine, par mois, etc... Ce qui le prouve encore c'est que le caractère du contrat qui assure à l'ouvrier un revenu certain, immédiat, indépendant du risque de l'entreprise, n'a pas échappé aux économistes de l'école libérale, qui ont attiré l'attention sur lui et, à cause de lui, appuyant sur lui leur démonstration, nous ont vanté les avantages du salariat, à ne pas vouloir changer de régime, en ce qui concerne l'ouvrier. Il me semble que la démonstration est complète.

1. Comme les auteurs de traités sur la législation ouvrière.

2. Par exemple MM. Dejeante et ses collègues, députés socialistes, qui sont loin d'avoir simplifié la matière !

c'est-à-dire qui donne aux parties contractantes des devoirs et des
droits réciproques : *consensuel,* c'est-à-dire basé sur le consentement mutuel des parties ; *commutatif,* c'est-à-dire établissant pour
chacune des parties un équivalent certain et actuel en compensation
de ce qu'elle fournit, — et *temporaire.*

Il s'applique à tous ceux dont les services peuvent faire l'objet
d'une location [1], sans qu'en modifie le caractère ou la nature le
genre du travail quel qu'il soit, manuel ou intellectuel [2], ni la
qualité économique des personnes [3], ni l'adjonction d'une clause
de participation aux bénéfices [4]. Il est soumis aux règles du droit
commun en ce qui concerne le consentement [5] des parties et leur
capacité juridique [6], la validité [7], la preuve [8], la compétence [9]. Il
peut être constaté dans les formes qu'il convient aux parties con-

---

1. Même non considérés comme ouvriers ou comme domestiques : concierges, employés de commerce ou commis, artistes dramatiques, rédacteurs de journaux (*Cass.,*
31 août 1864), et même aux personnes exerçant des professions libérales, qui ne sont
pas mandataires, mais locateurs de services. (*Just. P. Cotignac, 23 oct. 1893.*)

2. Toute distinction sous ce rapport n'est qu'un reste des vieux préjugés de l'antiquité qui différenciait le travail servile et les professions libérales.

3. Ainsi le travail peut s'accomplir au profit d'un consommateur qui en absorbe le
produit en jouissances personnelles, comme le maître servi par son domestique,
comme le propriétaire d'un jardin ou le locataire d'un appartement qui le fait entretenir ou réparer ; il peut aussi s'accomplir au profit d'un producteur qui spécule sur
le résultat et met en circulation le produit du travail, comme un industriel qui emploie
ses ouvriers à fabriquer des articles pour la vente, ou un commerçant qui emploie
les siens à transporter, à emmagasiner et à débiter ses marchandises.

4. Qui n'est qu'une forme de salaire variable, et ne suffit pas à faire du contrat de
travail un contrat de société.

5. Le consentement obtenu par fraude, dol, violence, erreur, suivant les cas, donnera droit à l'action en nullité ou en rescision du contrat.

6. Dès lors il semble que le mineur non émancipé et la femme non séparée de corps
ne peuvent valablement louer leur travail sans autorisation du tuteur ou du mari.
Mais la pratique est plus tolérante. Et en réalité, le travail étant un fait visible et
permanent qui ne peut rester ignoré du père, du tuteur ou du mari, il suffit, pour
qu'il y ait consentement de leur part, contrairement à l'article 217 du Code civil,
qu'ils laissent faire. — A noter aussi, quand il s'agit d'un mineur artisan, qu'en vertu
de l'article 1308 du Code civil, il n'est point restituable contre les engagements qu'il
a pris à raison de son art.

7. Le contrat exige donc pour être valide : 1° la capacité juridique de contracter
de la part des parties ; 2° leur consentement ; 3° un objet certain et possible ; 4° une
cause licite, c'est-à-dire non prohibée par la loi, non contraire aux bonnes mœurs ou
à l'ordre public.

8. Donc la preuve testimoniale n'est admise, en la matière du contrat de travail,
que si l'objet du litige est inférieur à 150 fr. A partir de 150 fr., il faut preuve par
écrit.

9. Voir *Différends d'ordre individuel.*

tractantes d'adopter, verbales ou littérales[1], et quand il est dressé par écrit, il est exempt des droits de timbre et d'enregistrement. (*L. 2 juill. 1890*, abrogeant toutes les dispositions relatives aux livrets d'ouvriers, *art. 3, § 1er.*)

Le contrat est parfait (*C. civ., art. 1108*) à partir du moment où l'ouvrier entre dans l'atelier et, à défaut de conditions spéciales dûment établies au moment de l'embauchage, il est réglé par les lois communes et les usages locaux.

On ne saurait opposer à l'ouvrier un règlement d'atelier, même affiché dans les salles de travail, dont il n'aurait eu connaissance que postérieurement à l'embauchage. (*Cons. Prud., Reims, 20 janv. 1896, Blavier c. Margotte.*)

Durée du contrat. — Le contrat de travail est fait :

1° *A temps.* — La durée en est limitée par la convention elle-même. Il prend fin à la date fixée par la convention. Le défaut de renouvellement du contrat ne peut donner lieu à une action en dommages-intérêts qui manquerait de base légale et violerait l'article 1780 nouveau du Code civil. Si les services continuent d'un commun accord après l'expiration du temps déterminé, il y a tacite reconduction ;

2° *Pour une entreprise déterminée.* — Il commence avec l'entreprise et cesse avec son achèvement ;

3° *Sans détermination de durée.* — En vertu du principe qu'on ne peut s'engager à vie, le contrat fait sans détermination de durée peut toujours cesser par la volonté d'une des parties contractantes, mais avec des tempéraments, qui seront développés ci-dessous[2].

Obligations des parties. — D'une manière générale, les parties doivent respecter mutuellement les conventions qui font loi entre elles, tant qu'elles n'ont pas été dénoncées, et tant que dure le

---

1. Il est rare qu'un écrit intervienne pour fixer les conventions entre patrons et ouvriers, surtout dans la grande industrie. L'institution des règlements d'ateliers, qui tend à se généraliser, donne au contrat un mode de formation nouveau, très pratique, en ce qu'ils fixent les obligations respectives des parties. Ils sont affichés et l'ouvrier doit, avant de s'engager, prendre connaissance des clauses qu'ils contiennent. Dès qu'il a accepté de travailler, il est censé s'être soumis à ces clauses.

2. La durée du louage des domestiques et des ouvriers ruraux est, sauf preuve d'une convention contraire, réglée suivant l'usage des lieux. (*L. 9 juill. 1889, art. 15; Cod. rur.*)

contrat fait de bonne foi. Mais, de plus, elles doivent les exécuter
d'une façon effective, en y apportant de la bonne volonté.

Il ne suffit pas au travailleur de faire la besogne convenue ; il
doit s'y appliquer, afin de la livrer en temps utile, au lieu fixé et
dans des conditions conformes aux règles de l'art ; il doit veiller à
la conservation du matériel, des outils à lui confiés, ne pas gaspiller
inutilement les matières et fournitures ; se conformer aux règlements généraux sur la police du travail, observer la discipline, les
bonnes mœurs, et les règlements intérieurs de l'atelier ou du chantier. Il doit garder les secrets de fabrication, et, quand il veut
rompre le contrat, s'il y a lieu, respecter les délais-congés.

De son côté, l'employeur doit se comporter avec bienveillance
vis-à-vis de ceux qui travaillent pour lui ; il ne suffit pas qu'il paye
le salaire en argent, aux temps et lieu convenus, et directement
entre les mains de l'ouvrier ; il doit faciliter à celui-ci l'exécution
de ses engagements ; il répond du fait de son ouvrier (*C. civ.*,
art. 1384) ; il doit se conformer aux lois sur l'hygiène, la salubrité,
la sécurité du travail, et à toutes les prescriptions impératives en
vue de la protection des travailleurs ; il est responsable des accidents à eux survenus dans les conditions de la loi de 1898-1902 [1].
Il doit observer les délais-congés, quand il y a lieu ; délivrer un
certificat à l'ouvrier qui s'en va [2].

Si le contrat de travail constitue entre patrons et ouvriers ou
employés la convention qui les lie les uns aux autres au sujet de
la prestation du travail et qui fixe les conditions générales de cet
accord, c'est aux règlements d'ateliers qu'incombe le soin de
déterminer les conditions particulières d'exécution du contrat et
de prendre les mesures intérieures propres à assurer la discipline
et l'ordre dans l'atelier, la sécurité des travailleurs, la bonne exécution du travail, etc. [3].

---

1. Toutes ces lois font l'objet et le sujet de la IIe partie de ce livre. J'y renvoie.

2. Et conformément à ce qui en sera dit ci-dessous.

3. Le Code civil est muet sur les obligations respectives des parties au contrat. Il
renvoie au Droit commun, ce qui n'est plus suffisant aujourd'hui. Pour ne pas allonger davantage le paragraphe, et étant donné que les règlements d'ateliers, les conventions écrites ou verbales, et, à défaut, les usages locaux, peuvent suppléer à l'absence de réglementation législative, je renvoie moi-même à la Législation comparée,
et en particulier au Contrat de travail en Belgique dont les prescriptions générales
sont parfaitement applicables en France, à peu de chose près.

Devis et marchés. — Il a été dit que les devis et marchés ne sont qu'une spécialité des contrats de travail faits pour une entreprise déterminée.

D'une manière générale et en l'espèce, un *marché* est une convention par laquelle une personne s'engage à exécuter pour une autre qui lui en payera le prix, un ouvrage dans des conditions déterminées [1]. Lorsque le prix en est déterminé au moment du contrat et reste immuable, quelques variations qui puissent se produire dans le prix de la main-d'œuvre, et que les matériaux subissent ensuite hausse ou baisse, on dit que le marché est passé *à prix fait* ou *à forfait*.

Le marché est généralement précédé d'un *devis* ou état détaillé : 1° des travaux à faire et des matériaux à employer (devis *descriptif*), avec plans, coupes, profils, façades et élévations des travaux projetés ; 2° du prix des matériaux et de la main-d'œuvre (devis *estimatif*) [2].

Les devis et marchés peuvent contenir l'une des clauses suivantes : que l'entrepreneur fournira son travail ou industrie seulement, ou bien qu'il fournira aussi la matière. (*C. civ., art. 1787*.)

Quand la matière est fournie par l'entrepreneur, si la chose vient à périr, de quelque manière que ce soit, avant d'être livrée, la perte en est pour l'entrepreneur, à moins que celui pour qui il travaille [3] ne fût en demeure de recevoir la chose. (*C. civ., art. 1788*.)

---

1. On aperçoit déjà, dès le début, par cette définition, — très vague, il faut l'avouer, et que je n'invente pas, car elle est conforme à toutes les définitions que les auteurs donnent sur les devis et marchés, — combien j'avais raison de dire, tant elle peut s'appliquer à toute espèce de louage d'ouvrage, d'industrie ou de services, que les devis ou marchés n'étaient pas un contrat à part du contrat de travail. L'entrepreneur loue ses services à un particulier comme l'ouvrier à un patron.

2. Il semble que, en fait de contrat de travail, pour ce qui concerne les devis et marchés, le législateur du Consulat a été hypnotisé par le *bâtiment,* comme aussi par les *transports*. A vrai dire, c'étaient là, à l'époque, les plus vastes entreprises, et ceci aiderait à comprendre alors pourquoi le Code civil a l'air d'ignorer le reste de l'industrie.

3. Le Code civil emploie tantôt le mot *entrepreneur,* tantôt le mot *ouvrier* pour désigner celui qui s'est engagé à faire l'ouvrage, celui qui loue ses services ; et il nomme maître, patron, propriétaire, celui pour qui se fait l'ouvrage, celui qui doit le payer. J'ai rejeté délibérément les expressions du Code. Parce que, d'une part, tout particulier quelconque, qui demande à un professionnel de faire contre salaire un ouvrage, n'est pas plus le maître ou le patron que le tailleur ne l'est du boulanger qui lui fait son pain, ou que le boulanger ne l'est du tailleur qui lui fait ses habits. De plus, l'entrepreneur, s'adjoignant souvent des ouvriers dont il est responsable, avec qui il passe un contrat de travail, ces termes : maître, entrepreneur, ouvrier, patron, finissent par devenir ambigus, et on ne sait plus à qui ils se rapportent.

Tout se passe donc comme dans le contrat de vente d'une chose à faire ; c'est une vente conditionnelle, soumise à cette condition que la chose faite devra être livrée bien confectionnée à l'acheteur, qui se réserve de la vérifier et de l'accepter. Jusque-là les risques sont pour l'entrepreneur [1].

Quand l'entrepreneur ne fournit que son travail ou son industrie, si la chose vient à périr, il n'est tenu que de sa faute (*C. civ.*, *art. 1789*) ; et s'il y a fauté de sa part, il doit la valeur de la perte et peut même être condamné à des dommages-intérêts [2]. Si la chose périt sans qu'il y ait faute de la part de l'entrepreneur, par exemple par le vice de la matière qu'il n'a pas fournie, il a droit au payement de son travail, et ne supporte aucuns risques, même s'il n'y a pas eu vérification et acceptation de l'ouvrage [3]. Mais s'il se produit un cas fortuit qui fasse périr l'ouvrage, avant qu'il ait été reçu, et sans que mise en demeure de le vérifier ait été adressée, l'entrepreneur n'a point de salaire à réclamer. (*C. civ., art. 1790.*)

L'entrepreneur répond aussi du fait des personnes qu'il emploie [4]. (*C. civ., art. 1797.*)

Et, en définitive, que l'entrepreneur fournisse ou non la matière, sa responsabilité n'est à couvert, et ses intérêts ne sont sauvegardés,

---

1. Ainsi je commande, comme on dit, à un cordonnier, une paire de souliers à prendre chez lui dans 15 jours, à tel prix ; le 8e jour, le cordonnier, l'ayant achevée, la garde par devers soi. Le 10e jour, une cause quelconque, un incendie par exemple, détruit cette paire de souliers. Le cordonnier, quoique ayant fait le travail commandé, ne peut m'en réclamer le prix, puisqu'il ne m'a pas livré la chose. Mais si, le 15e jour écoulé, il me met en demeure de recevoir les souliers, et que je néglige de les prendre, survienne dès lors un incendie, qui détruise la chose, il n'en est plus responsable, et le prix lui en est dû.

2. Le cas n'est-il pas assimilable à tous les travailleurs ? Il est vrai que l'ouvrier d'usine n'est pas exposé à ce que tout l'*ouvrage* puisse se perdre. Dans le régime de la division du travail, il ne court guère de risques, on peut le dire. Mais on pourrait trouver des exemples où il est soumis à des risques. Examinons, dans une manufacture de vêtements, le cas d'un ouvrier qui ne fournit que son travail. Il vient d'achever un effet quelconque. Je suppose que, par sa faute, cet effet soit détruit ; il le brûle par exemple en allumant une cigarette, — que les reglements permettent de fumer, ou non (et dans ce cas, a *fortiori*), — cet ouvrier ne sera-t-il pas, tout comme l'entrepreneur, responsable de sa faute ? Et pense-t-on vraiment que son patron ne lui retiendra pas et le salaire du temps passé à confectionner un vêtement désormais inutile, et ne lui tiendra pas compte, par une amende dommages-intérêts, de la matière première (étoffe) perdue, et du retard qui peut se produire dans les livraisons ?

3. Il est inutile, je pense, de montrer par un exemple, combien ceci est toujours applicable à l'ouvrier en général.

4. L'entrepreneur est considéré ici comme patron. Il suit le droit commun vis-à-vis de son personnel.

que lorsque l'ouvrage a été reçu, après vérification, par celui qui a traité avec lui [1]. S'il s'agit d'ailleurs d'un ouvrage à plusieurs pièces ou à la mesure, la vérification peut s'en faire par parties : elle est censée faite pour toutes les parties payées, si le payement est donné en proportion et au fur et à mesure de l'ouvrage fait. (*C. civ., art. 1791.*)

Celui pour qui se fait l'ouvrage peut résilier, par sa seule volonté, le marché à forfait, quoique l'ouvrage soit déjà commencé, en dédommageant l'entrepreneur de toutes ses dépenses, de tous ses travaux, et de tout ce qu'il aurait pu gagner dans cette entreprise [2] (*C. civ., art. 1794*), à moins de convention de dédit.

Quand l'entrepreneur, l'architecte. l'ouvrier, meurt avant d'avoir achevé l'ouvrage, le contrat est résilié de plein droit, mais le client qui a commandé l'ouvrage est tenu de payer en proportion du prix porté par la convention, à leur succession [3], la valeur des ouvrages faits et celle des matériaux préparés, lors seulement que ces travaux ou ces matériaux peuvent lui être utiles. (*C. civ., art. 1796.*)

Les maçons, charpentiers, serruriers et autres ouvriers qui font directement des marchés à prix fait sont astreints aux règles prescrites pour les devis et marchés : ils sont entrepreneurs dans la partie qu'ils traitent. (*C. civ., art. 1799* [4].)

---

1. En ce qui concerne la vérification, la réception, est-ce que le travail quotidien d'un ouvrier d'usine n'est pas vérifié chaque jour, qualité et quantité ? et croit-on que son patron lui payerait son dû, s'il ne trouvait pas l'ouvrage fait selon les règles de l'art ? Et chaque soir, dès qu'il a quitté le travail, le patron est comme mis en demeure de recevoir la besogne faite ; dès lors l'ouvrier n'est plus responsable.

2. C'est la même règle quand se résilie de même un contrat de travail (louage de services) fait à temps déterminé. Si, sans motif légitime, le patron rompt le contrat, il doit payer le salaire dû pour ce temps, à moins de conventions ayant stipulé un dédit.

3. N'en est-il pas ainsi dans le cas d'un ouvrier payé à la semaine et décédé après plusieurs jours de travail ? Le contrat est résilié par force, et est-ce que le patron ne paye pas à la succession le salaire des dernières journées effectuées de travail ?

4. Ici s'arrêtent les dispositions du Code spéciales aux devis et marchés, mis à part les trois articles sur les architectes, qui sont immédiatement à la suite dans le texte ; deux sur la responsabilité, se confondent, ou du moins ont cette prétention, comme il est expliqué ci-dessous en note ; le troisième n'est que la consécration du principe général du *prix fait*.

Et, vraiment, arrivé à la fin de ces dispositions, je demande encore : « En quoi les devis et marchés constituent-ils un contrat de travail à part, et même un louage de services à part ? La nature, les conditions de formation, de validité, de preuve du louage de services, conviennent parfaitement aux marchés. Ce sont les mêmes.

Et si vraiment le Code civil avait pu prévoir la grande industrie, et avait voulu s'attacher à réglementer les points du contrat de travail entre patrons et ouvriers, c'est à se demander s'il n'aurait pas repris les termes mêmes, les développements tels quels des dispositions qu'il a consacrées aux devis et marchés.

· En ce qui concerne les *bâtiments, édifices, constructions,* la responsabilité des *architecte* et *entrepreneur* dépasse par exception le temps ordinaire, fixé à la réception de l'ouvrage, pour les entreprises générales. « Si l'édifice construit à prix fait, dit l'article 1792, périt en tout ou en partie par le vice de la construction, même par le vice du sol, les architecte et entrepreneur en sont responsables pendant dix ans. » Et un texte beaucoup plus compréhensif et plus restrictif à la fois[1], l'article 2270 du Code civil, porte : « Après dix ans, l'architecte et les entrepreneurs sont déchargés de la garantie des gros ouvrages qu'ils ont faits ou dirigés. »

Enfin, lorsqu'un architecte ou un entrepreneur s'est chargé de la construction à forfait ·d'un bâtiment, d'après un plan arrêté et convenu avec le propriétaire du sol, il ne peut demander aucune augmentation de prix, ni sous le prétexte de l'augmentation de la main-d'œuvre ou des matériaux, ni sous celui de changements ou d'augmentations faits sur ce plan, si ces changements ou augmentations n'ont pas été autorisés par écrit, et le prix, convenu, avec le propriétaire. (*C. civ., art. 1793*[2].)

Rupture du contrat de travail. · — Aux termes de l'ancien article 1780 du Code civil, la rupture du contrat (fait sans détermination de durée) par la volonté d'une seule des parties contractantes avant le temps, la fin de l'entreprise, ou brusquement pour celui fait sans limitation de durée, n'impliquait pour la partie lésée, même · si les délais de droit commun ou d'usage étaient

---

1. Plus compréhensif, car il ne parle pas d'édifice *à prix fait,* il est général ; et plus restrictif, car il limite la responsabilité *aux gros ouvrages.*

Je me borne à signaler les difficultés qui peuvent naitre de la confrontation de ces deux textes, au sujet d'abord de ces deux expressions *à prix fait, gros ouvrages,* qui se trouvent respectivement dans un article et pas dans l'autre ; il y aurait ensuite à rapprocher le « responsables » de l'article 1791 du « garantie » de l'article 2270.

La question s'est posée aussi de savoir si l'action en responsabilité ou garantie peut ètre engagée ou non après les dix ans de la réception des travaux, c'est-à-dire jouissait de la prescription trentenaire, la perte étant survenue dans le délai fixé pour elle de dix ans. Je renvoie pour la solution (?) de ces questions aux manuels un peu détaillés de droit civil, et à l'arrêt solennel de la Cour de cassation du 3 août 1882 (*Dalloz, 83, 1, 5*), qui limite à la deuxième année le délai pour intenter l'action.

· 2. Dispositions bien inutiles, qui résultent de la nature mème du marché à prix fait, et se réferent aux libres conventions des parties.

observés, aucun droit à des dommages-intérêts, à moins de stipulation formelle et implicite. Ainsi un ouvrier pouvait être congédié,
sans motifs légitimes, du jour au lendemain ou le jour même, et
d'ordinaire sans qu'une indemnité lui soit due. (*Cass., Ch. civ.,
18 juill. 1892.*)

La loi du 27 décembre 1890 [1], en modifiant l'article 1780, a créé
un état de choses tout nouveau. « La résiliation du contrat par la
volonté d'un seul des contractants *peut* donner lieu à des dommages-intérêts. Pour la fixation de l'indemnité à allouer, le cas
échéant, il est tenu compte des usages [2], de la nature des services
engagés, du temps écoulé, des retenues opérées et des versements
effectués en vue d'une pension de retraite, et, en général, de toutes
les circonstances qui peuvent justifier l'existence et déterminer l'é-
tendue du préjudice causé. »

Le juge se trouve ainsi investi d'un pouvoir souverain d'appréciation qui est double :

1° Estimer s'il y a lieu d'accorder des dommages-intérêts ;

2° Évaluer le montant de ces dommages-intérêts.

L'article 1780 donne au juge, en ce qui concerne l'évaluation du
montant des dommages-intérêts, les principaux au moins des éléments, de nature très diverse, qu'il pourra faire entrer en ligne de
compte. Il est moins explicite — il ne l'est même pas du tout —
sur le premier point, qui est de savoir quand, dans quels cas, la
résiliation *pourra* motiver des dommages-intérêts. C'était cependant le point essentiel, la base même. Le législateur est souvent
irréfléchi.

Il est vrai que, dans les discussions et rapports auxquels la loi a
donné lieu, il a été expliqué que la rupture du contrat ne devient la
source de dommages-intérêts que si elle est faite *sans motifs légitimes*.

Le juge aura donc à apprécier si la partie qui résilie le contrat

---

1. Sur le contrat de louage et sur les rapports des agents des chemins de fer avec
les compagnies.

2. Pour l'évaluation des dommages, les juges du fond peuvent même concilier les
usages suivis en France avec les usages du pays auquel les parties appartiennent,
en vertu de leur pouvoir souverain d'appréciation. (*Cass. 28 juin 1893. Société du
journal The Galignani's Messenger c. Blackith et Rubie.*)

Dans la métallurgie, l'usage établi de renvoyer sans délai suffit a justifier le refus
d'indemnité. (*Cass. req. 14 nov. 1894.*)

fait de son droit un abus à la fois intempestif et préjudiciable, si les motifs de la rupture sont légitimes ou non. Encore la responsabilité de l'une des parties n'est-elle engagée que par la preuve dûment administrée par l'autre partie du bien fondé de sa prétention (*Arg. de l'art. 1315, de droit commun*), par exemple d'une faute résultant d'un fait contraire à la loi, à l'usage ou aux conventions de la part de l'adversaire. (*Cass., 19 juin 1897; C. ap. Pau, 28 juin 1897*.)

Pour l'ouvrier donc, plus de congédiement brusque et arbitraire. Il a contre le patron le recours d'une action en dommages-intérêts. S'il n'y a pas faute de sa part, il obtient gain de cause[1].

Les termes du dernier alinéa du nouvel article 1780 permettent la solution rapide des litiges, et à peu de frais, en les faisant instruire comme affaires sommaires et juger d'urgence devant les tribunaux civils et les cours d'appel.

Délai-congé. — Dans la plupart des professions d'ailleurs, quand il s'agit de contrat de travail fait sans détermination de durée, l'usage s'est établi entre patrons et ouvriers de se prévenir mutuellement un certain temps à l'avance de leur intention de rompre le contrat qui les lie[2]. Ce temps qui s'écoule entre la dénonciation du contrat et la cessation effective du travail est connu sous le nom de : délai-congé[3].

---

1. L'appréciation de la faute est chose délicate. En général, il faut que la gravité en soit constante. (*C. app. Douai, 11 mai 1892*, accordant 15 jours d'indemnité à un mineur dont l'absence ne paraissait pas autorisée, ni suffisamment justifiée. — Cas semblable, *Cass. req. 21 nov. 1892*. — Voir encore *Cass. 20 mars 1895*.)

Il a été jugé aussi que l'absence de courte durée d'un ouvrier, qui avait d'ailleurs avisé ses chefs par écrit de son absence, si elle autorisait le patron à résilier le contrat de travail, ne l'autorisait pas à ne pas observer le délai de prévenance.

Comme exemple de fautes justifiant le renvoi immédiat et sans indemnité, à citer l'inculpation de vol ou de meurtre, contre un ouvrier (*Douai, 2 janv. 1900, S. 1900, 2, 172; Cass., 9 juil. 1901, S. 1902, 1, 14*), les cas d'injures d'un subalterne, l'indiscipline générale (*Seine, tr. civ., 7e ch., 29 févr. 1896*), — le cas de condamnation en première instance, même s'il y a acquittement par la suite sur appel (*C. app. Rouen, 25 déc. 1894*, pour un employé de chemin de fer). — Le fait d'avoir fumé, malgré et contre les règlements d'atelier, est une raison suffisante pour justifier le refus d'indemnité sur brusque renvoi. (*Seine, tr. comm. 1er déc. 1899, Baroland c. veuve Hart.*)

2. C'est ce qu'on appelle, en termes de ménage, entre maîtres et domestiques, « donner ses huit jours ».

3. Quand l'usage du délai-congé n'existe pas dans une profession, l'obligation de dénoncer le contrat de travail quelque temps à l'avance ne peut résulter que d'une stipulation expresse de ce contrat. (*Cass., 20 mars 1894, S. 95, 1, 313; 14 nov. 1895, S. 95, 1, 260.*)

C'est également l'usage qui fixe la durée du délai-congé, le montant de l'indemnité à payer par la partie qui n'observe pas le délai-congé [1].

Dans la question de fait que le juge a à trancher, et dont la solution donne souvent lieu, dans la pratique, à de très sérieuses difficultés, vu l'imprécision du texte édictant sans plus la *possibilité* de dommages-intérêts en cas de résiliation du contrat, l'espèce qui se présente le plus généralement se réfère à l'inobservation des délais-congés établis par l'usage.

Au point de vue juridique les usages, en matière de délai-congé, servent à compléter ou à éclairer le sens des conventions. C'est le droit commun des articles 1160, 1159 du Code civil, qui disent qu' « on doit suppléer dans le contrat les clauses qui y sont *d'usage*, quoiqu'elles n'y soient pas exprimées », et que « ce qui est ambigu s'interprète par ce qui est d'usage dans le pays où le contrat a été passé ». Il s'ensuit que l'obligation du délai-congé se présume dans les professions où il est en usage ; cependant, des conventions expresses et formelles, légalement conclues entre patrons et ouvriers, peuvent modifier ou supprimer à leur égard le délai-congé en usage dans leur métier [2], car elles « tiennent lieu de loi à ceux qui les ont faites [3] ».

La Cour de cassation a jugé aussi (*20 juin 1900, S. 01, 1, 13, et 16 mars 1903*) que les conventions ne constituent pas une atteinte détournée au droit éventuel de demander des dommages-intérêts auquel il est interdit de renoncer à l'avance, car, si la loi interdit aux parties de renoncer à l'avance au droit éventuel de demander

---

1. L'existence de ces usages peut être prouvée par témoins. Généralement cette preuve est inutile, parce que, dans la plupart des cas, les contestations sont portées devant les conseils de prud'hommes, qui sont constitués par des gens du métier. Il est assez rare que ces usages soient consignés dans un document authentique. Cependant il arrive quelquefois que, pour éviter les contestations, des conventions interviennent entre les représentants de patrons et d'ouvriers d'une même profession pour fixer et préciser les usages existant dans la corporation en matière de délai-congé. A citer, comme exemple, la convention intervenue en novembre 1891 entre les chambres syndicales patronale et ouvrière de la blanchisserie de Seine et Seine-et-Oise, celle intervenue entre les chambres syndicales patronale et ouvrière de la passementerie, celle intervenue pour la sellerie-bourrellerie le 17 mars 1897 entre les conseillers prud'hommes patrons et ouvriers de cette profession à Paris.

2. Cass., 6 nov. 1895, 2 févr. 1898, S. 99, 1, 22 ; 25 janv. 1899, S. 99, 1, 313 ; 18 juil. 1899, S. 99, 1, 508 ; 20 juin 1900, S. 01, 1, 13.

3. C. civ., art. 1134.

des dommages-intérêts dans le cas où le contrat de travail viendrait à être résilié par la faute de l'une d'elles, elle ne défend pas de fixer le délai qui devra exister entre la déclaration de congé et la cessa‑ tion effective du travail, ni même de supprimer tout délai de ce genre.

Il en résulte donc que c'est à la partie à laquelle il est réclamé des dommages-intérêts pour inobservation du délai-congé, dans une profession où il est d'usage, à prouver qu'une convention formelle la dispensait de l'obligation de l'observer.

La preuve est régie par le droit commun. Les règlements d'atelier ont force probante entre les parties quand ils sont affichés dans un endroit apparent, et les dérogations apportées par eux aux usages du délai-congé sont censées avoir été consenties par l'ouvrier[1].

Dans le domaine des faits, il est d'usage que pendant la période

───────────────

1. Cass., 6 nov. 1895, 12 nov. 1900, S. 1901, 1, 14 ; 22 mai 1901, S. 1901, 1, 264 ; 12 mars 1902.

Dans l'arrêt du 16 mars 1903 déjà cité, la Cour de cassation, motivant ses conclu‑ sions, a annulé un jugement d'un Conseil de prud'hommes qui attribuait des domma‑ ges-intérêts à un ouvrier renvoyé sans délai de prévenance, contrairement à l'usage local, mais conformément à un règlement de chantier qui n'avait pas reçu l'approba‑ tion du conseil, mais accepté par tous ceux qui avaient signé un registre spécial, et prohibant tout délai de prévenance, de part et d'autre. Le Conseil de prud'hommes traitait aussi de « léonin » ce règlement de chantier.

Ceci amène à se demander si un patron peut valablement introduire dans un règle‑ ment d'atelier des stipulations qui sont contraires non pas seulement à des usages, mais encore à des conventions passées au nom de tous les ressortissants d'une profes‑ sion, dans une région déterminée, par des délégués des patrons et des ouvriers de la corporation. Les tribunaux n'ont jamais été appelés à trancher cette question spéciale, qui se rattache d'ailleurs à la question plus générale de la validité et de la portée des contrats collectifs et des conventions syndicales. Dans l'état de la législation actuelle et en l'absence de tout texte de loi régissant les contrats collectifs, la question ne comporte pas de solution unique, mais il y a lieu de tenir compte, dans chaque cas, des circonstances dans lesquelles sont intervenues ces sortes de conventions pour déter‑ miner la mesure dans laquelle elles engagent ceux qui y ont pris part ou au nom des‑ quels elles ont été conclues.

Enfin, la jurisprudence de la Cour de cassation en matière de règlement d'atelier a eu pour effet d'inciter à introduire dans les règlements d'atelier des stipulations dérogeant aux usages en matière de délai-congé. Cette pratique paraît être en faveur auprès de plusieurs chambres syndicales. C'est ainsi qu'à la chambre syndicale des fabricants de fleurs, feuillages, etc., de Paris, un conseiller prud'homme, s'appuyant sur la juris‑ prudence de la Cour de cassation, a fait la proposition d'imprimer un règlement-type qui serait tenu à la disposition des patrons adhérents et dans lequel serait insérée une clause ainsi conçue : « les ouvriers et ouvrières à l'heure, à la journée et aux pièces, sont prévenus que les engagements sont faits et consentis sans prévenance réciproque et que par conséquent les parties sont libres de se séparer à tout moment de la journée et de la semaine qui leur convient, sans avoir à donner de motifs, raisons ou indem‑ nité de part et d'autre ».

Plusieurs conseils de prud'hommes et syndicats professionnels, dans la crainte que

qui suit l'embauchage de l'ouvrier et qui est connue sous le nom de la « période d'essai », le patron et l'ouvrier peuvent mutuellement se séparer sans observer le délai-congé.

Il va de soi que le patron échappe à l'action en indemnité dans le cas de force majeure, de cessation de commerce ou d'industrie, de réduction obligée de son personnel (*Grenoble, tr. civ. 23 janv. 1898*), ou dans tout autre cas dont les motifs ou le bien fondé sont laissés à l'appréciation souveraine du juge [1].

D'autre part, un ouvrier qui cesse le travail brusquement et volontairement, même dans le cas de grève, est considéré comme ayant rompu le contrat sans motif légitime. Si le patron ne lui demande pas de dommages-intérêts, du moins, aux termes stricts de la loi, est-il fondé à refuser de le réintégrer dans son emploi. On ne peut le forcer à reprendre un ouvrier mis en grève. S'il le fait, c'est par mesure gracieuse et par esprit de conciliation [2].

---

la généralisation de cette pratique n'aboutisse à l'abolition de l'usage du délai-congé, ont appelé l'attention du ministre du commerce sur les graves inconvénients que présenterait, aussi bien pour les patrons que pour les ouvriers, la suppression de tout délai de prévenance. Le ministre a soumis la question à la commission permanente du Conseil supérieur du travail qui a ouvert une enquête auprès de tous les conseils de prud'hommes. Un questionnaire leur a été adressé pour leur demander : 1° quels sont les « us et coutumes » en vigueur, en matière de délai-congé, dans les diverses professions de leur ressort ; 2° si la pratique qui consiste à déroger à ces usages par les règlements d'atelier a pris de l'extension dans leur ressort, et 3° s'il n'y aurait pas lieu, à leur avis, de rendre ces usages obligatoires ou tout au moins de ne permettre d'y déroger que sous certaines conditions. — 139 conseils ont pris part à l'enquête. En voir le résumé, *Bull. off.*, oct. 1903.

1. Dans les cas de force majeure ou fortuits, l'inobservation des délais-congés n'entraîne pas, après la rupture, le payement d'une indemnité. (*Douai, 11 mai 1892; Cass. 21 nov. 1893.*)

A signaler cependant la raffinerie de Saint-Ouen qui, forcée de fermer ses portes à cause de la concurrence (est-ce un cas de force majeure ?), a congédié peu à peu ses ouvriers en leur payant des indemnités qui vont jusqu'à six mois de traitement. Mais il semble que ce soit là une mesure gracieuse qui honore la direction, mais à laquelle, en droit strict, sauf conventions contraires ou spéciales, on ne pourrait être tenu.

2. Tr. civ. Seine, 30 janv. 1894. Jugement infirmant une sentence du Conseil de prud'hommes de la Seine du 4 août 1893. Le contrat de louage de services et d'ouvrages est *synallagmatique*, — ceci est très important. Il établit la réciprocité d'engagements et d'obligations entre le patron et l'ouvrier.

Voir aussi au *Moniteur des fils et tissus* du 16 janvier 1895 le jugement du tribunal de Roubaix, qui donne tort à des ouvriers ayant cessé le travail parce que de nouveaux tarifs de paye ne leur convenant pas n'avaient été affichés que deux jours avant leur mise en vigueur, — et qui ne leur accorde aucune indemnité comme ayant rompu le contrat à leurs torts et griefs. Le juge estime que le droit de protester appartenait évidemment aux ouvriers, mais que leur protestation devait se produire sans abandonner le travail.

D'après un jugement du tribunal civil de Grenoble (*23 janv. 1893*), l'ouvrier

Que faut-il penser de la responsabilité d'un artisan ou d'un ouvrier, née de l'article 1142 du Code civil, au cas de maladie ou de force majeure ?

Et d'abord le droit commun est applicable en ce qui concerne la mise en demeure. De plus, si parfois dans les ateliers de la petite industrie, dont les patrons n'ont qu'un nombre très restreint d'ouvriers, l'obligation dont est tenu l'artisan ne saurait souffrir de retard, il semble bien que l'autre partie, pour ne pas subir de préjudice, puisse considérer le contrat comme rompu, et, par suite, confier à un autre artisan le soin d'achever ou de continuer l'entreprise. Et, en équité, il ne pourrait être question d'indemnité.

Mais dans la grande industrie, il ne semble pas que le fait de l'absence d'un ouvrier, pour cause de maladie ou majeure, puisse en rien être préjudiciable au patron. Aussi croyons-nous que le contrat, par ce fait, doit se trouver comme suspendu, et à sa guérison l'ouvrier revient prendre sa place à l'atelier ou à l'usine.

Même solution — sans réserve, ni doute depuis la loi du 18 juillet 1901 — au cas où un patron, un employé ou un ouvrier est appelé sous les drapeaux comme réserviste ou territorial pour une période obligatoire d'instruction militaire (cas de force majeure), le contrat de travail ne pouvant plus désormais être rompu de ce fait. Et

---

n'est pas fondé à soutenir que son renvoi a eu lieu sans motifs légitimes, quand le patron, pour lui donner congé, a respecté les délais stipulés dans le règlement d'atelier accepté par l'ouvrier, et sous l'empire duquel l'engagement a été contracté. — Spécialement, l'ouvrier mineur congédié par la compagnie, qui d'ailleurs observé les délais fixés, est mal fondé à demander une indemnité, en prétendant que la mesure prise à son égard a été inspirée par un pur esprit de vexations et de représailles, à raison du rôle joué par lui dans une grève et de son adhésion à un syndicat d'ouvriers mineurs. L'ouvrier ainsi congédié n'a pas droit au remboursement des retenues prélevées sur les salaires pour alimenter une caisse de secours, alors que cette caisse a principalement pour objet de fournir des secours aux victimes d'accidents ou de maladies ou à leur famille ; l'ouvrier qui, pendant la durée de son travail, a été garanti contre les risques, doit être considéré comme ayant reçu sous cette forme l'équivalent des retenues par lui versées ; il n'a pas droit non plus au remboursement de ses versements, au titre des retraites, s'il a été stipulé que le payement des retraites est facultatif et soumis à la richesse aléatoire de la caisse.

Les employés qui poussent à la grève les ouvriers peuvent être renvoyés, et sont même passibles de dommages-intérêts. (*Lyon, C. ap., 2e ch., 2 août 1895.*) — Pour tout dire, il faut ajouter que, malgré la jurisprudence, un mouvement d'opinion contraire tend à ne pas considérer la grève comme une rupture du contrat entraînant des dommages-intérêts, car la grève étant légale, n'est donc que l'exercice d'un droit reconnu. Et comment alors concilier l'exercice de ce droit avec le fait de condamnations qui mettent en définitive obstacle à l'exercice de ce droit ?

Voir aussi *Grèves, Jurisprudence,* p. 150, ci-dessous.

alors même que pour une autre cause légitime, le contrat serait
dénoncé par l'une des parties, la durée de la période militaire est
exclue des délais impartis par l'usage pour la validité de la dénonciation, sauf toutefois dans le cas où le contrat de louage a pour
objet une entreprise temporaire prenant fin pendant la période
d'instruction militaire.

En cas de violation des dispositions précédentes par l'une des
parties, la partie lésée a droit à des dommages-intérêts, qui seront
attribués par le juge conformément aux indications de l'article 1780
du Code civil. Est nulle de plein droit toute stipulation contraire à
ces dispositions [1].

Au surplus, il est bon d'ajouter que les dommages-intérêts peuvent être dus, même quand le congé a été donné au temps d'avance
fixé par l'usage, si la résiliation du contrat est préjudiciable à celui
qui la subit et constitue ensemble à la charge de celui qui l'impose
une faute engageant sa responsabilité. Ainsi jugé par la Cour d'appel de Paris (*21 nov. 1895*), Leroy contre Lhomer. Dans l'espèce,
eu égard à l'importance de la situation faite au demandeur et aux
circonstances de son engagement, le délai d'un mois que lui fixait
le défendeur était manifestement insuffisant pour lui permettre de
se pourvoir ailleurs et avait constitué pour lui une cause de préjudice dont réparation est due.

Mais le juge du fond doit faire connaître les circonstances cons-
titutives de la faute (*Cass. 20 mars 1895*).

Jugé cependant que le patron qui estime avoir à se plaindre d'un

---

1. Il est étonnant qu'une mesure aussi juste ait mis si longtemps à être édictée
— soit six ans et demi — n'ayant été proposée que très tard d'ailleurs après que
le service militaire était devenu obligatoire.

Voici les péripéties de cette loi : Proposition de M. Coutant, député, 23 nov.
1895, et de MM. Ernest Roche et Le Senne, 5 nov. 1897. — Discussion et adoption, 25 mars 1898; transmise au Sénat 29 mars 1898. Rapport Voiland, 28 juin
1898; déclaration d'urgence et adoption avec modification, 8 juillet 1898; retour à
la Chambre, 12 juillet 1898; adoption, 25 nov. 1898; retour au Sénat, 29 nov. 1898.
Rapport Strauss, 19 janv. 1899. Discussion et adoption, 2 et 24 févr. 1899; retour à
la Chambre, 28 févr. 1899. Urgence déclarée. Renvoi à la commission du travail,
Rapport Odilon-Barrot, 3 juillet 1899. Adoption avec modification par le Sénat, 12
mars 1901; transmise à la Chambre le 16 mars. (Doc. parl. Ch., n° 2269; J. O.,
p. 210.)

Il faut dire que la jurisprudence avait consacré ce principe, dès avant la promulgation de la loi. Voir : Cass. civ. 25 juin 1897, 18 juil. 1899: Raymond c. Gas-
ton; C. app. Caen, 22 oct. 1897: C. app. Lyon, 10 mai 1898 : Sineux et Cie c. Ba-
picol; J. paix Grenoble, 28 juin 1899; tr. comm. Clermont-Ferrand, 18 mai 1900 ;
dans le *Bull. off. trav.*, p. 38, 175, 177, 263, 595.

syndicat et qui renvoie un ouvrier syndiqué parce que ce dernier persiste à rester syndiqué méconnaît gravement ses devoirs, et abuse de son autorité en portant atteinte à la liberté d'association (*L. 21 mars 1884*); mais s'il a averti l'ouvrier dans les délais prévus par l'usage local, il est resté dans la stricte légalité et ne doit pas .des dommages-intérêts (*Dunkerque, Cons. Prud., 11 nov. 1898*).

Renonciation au droit à indemnité. — Sont frappées de nullité toute renonciation et toute convention des parties tendant à renoncer à l'avance, directement ou indirectement, au droit éventuel de demander des dommages-intérêts devant les tribunaux à l'occasion de la résiliation, par la volonté d'un seul des contractants, du contrat de louage de services fait sans détermination de durée[1].

Il ne peut être permis en effet d'éluder la loi[2].

Amendes. — Entre ouvriers et patrons, en cas de résiliation du contrat (fait ou non sans détermination de durée) par la volonté d'un seul des contractants, si la partie n'est pas égale, car le droit aux dommages-intérêts pour le patron de la part de l'ouvrier est souvent un droit illusoire, les dommages-intérêts risquant fort de ne pouvoir être perçus chez l'ouvrier; et si, d'une façon plus générale, les patrons sont dépourvus de moyens de contrainte pour obtenir l'exécution forcée du contrat, ils ont cependant un moyen légal d'en obtenir l'exécution normale, par le système des amendes.

Les amendes doivent être tarifées par les règlements d'ateliers, pour faire foi entre les deux parties; sinon, et si, comme dans des établissements secondaires, elles sont laissées à l'appréciation du patron, il se produit inévitablement des abus. Des amendes exces-

---

1. Sans restriction aucune : on ne peut opposer l'article 1134 du Code civil sur la force de loi des conventions entre les parties (*Cass. civ. 9 juin 1896 : Gournan c. Leporc*). — Toute renonciation détournée est nulle, celle par exemple qui stipulerait, le cas échéant, une indemnité dérisoire (*C. ap. Aix, 3 mars 1897*). Il semble d'ailleurs difficile d'évaluer à l'avance une indemnité, sans savoir combien de temps peut durer le contrat, ni quelles circonstances présideront à la rupture, toutes choses qui entrent en compte pour la fixation des dommages-intérêts.
Conformément à çeci, voir la dissertation de M. Ch. Constant, et en même temps les arrêts contraires du tribunal de commerce de la Seine (9 sept. 1892 et 3 juin 1893), dans la *Revue pratique de droit industriel*.

2. Est recevable et doit être examinée au fond par les tribunaux la demande en dommages-intérêts formée par un employé de commerce contre le patron qui le congédie en lui accordant quinzaine, alors même qu'une convention intervenue auparavant entre les parties portait que l'employé n'a droit à aucune indemnité, si un délai de quinze jours lui est accordé en cas de congédiement (*Cass., 20 mars 1895*).

sives dans leur chiffre et trop nombreuses irritent avec raison le prolétariat.

Et ainsi, l'amende, qui n'est qu'une clause pénale et est licite en vertu de l'article 1226 du Code civil, et qui, correspondant à une inexécution partielle, à une mauvaise exécution, ou à un manquement à une obligation accessoire, représente une indemnité pour le patron, et doit tomber dans sa caisse, comme il est juste, — l'amende, par suite d'abus intolérables, a soulevé des colères légitimes ; et si l'on est allé trop loin en accusant le patronat d'avoir rétabli à son profit des justices patronales, fondées sur la possession de l'outillage industriel, comme les anciennes justices seigneuriales sur la possession de la terre, et de s'être établi de sa propre autorité législateur, juge et percepteur d'impôts tout ensemble, il n'en reste pas moins qu'il est utile que le législateur fasse une réglementation restrictive du système des amendes [1].

Abolition des livrets d'ouvriers. — En ce qui concerne les livrets d'ouvriers, sont abrogées les lois du 14 mai 1851, du 22 juin 1854, le décret du 30 avril 1855, l'article 12 du décret du 13 février 1852 et toutes les autres dispositions de lois ou décrets y relatifs, comme celles des articles 12 et 13 de la loi du 22 germinal an XI et de l'arrêté du 9 frimaire an XII bien que la loi ne les cite pas expressément.

Néanmoins, sont encore en vigueur les dispositions de la loi du 18 mars 1806 sur les livrets d'acquit de la fabrique de Lyon ; celles de la loi du 7 mars 1850 sur les livrets de compte pour le tissage et le bobinage ; celles de la loi du 21 juillet 1856, étendant à la coupe du velours de coton, au blanchiment et à l'apprêt des étoffes les dispositions concernant le tissage et le bobinage, et l'article 10

---

1. L'attention du législateur, en France et dans divers pays, a été sollicitée sur ce point. C'est ainsi que dans une proposition de loi sur les règlements d'atelier et le payement des salaires dont on trouvera les péripéties en détail page 85, note 1, on propose de fixer un maximum pour les amendes et d'obliger d'ailleurs le patron à en employer le produit au profit des ouvriers, en secours, retraites ou indemnités. Cette proposition de loi n'aboutira vraisemblablement jamais, un conflit s'étant élevé, qui n'est pas aplani, entre la Chambre et le Sénat ; la première ayant conféré aux prud'hommes ou au juge de paix le droit d'homologation des règlements d'ateliers et prescrit l'affichage et la remise de copie aux intéressés, le second n'ayant pas voulu admettre l'homologation, et se bornant à prescrire la publicité des règlements par le dépôt au conseil de prud'hommes ou au greffe de la justice de paix.

de la loi du 19 mai 1874, relatif aux livrets des enfants et des filles mineures employés dans l'industrie ou en apprentissage (*Art. 1er, L. 2 juill. 1890*).

Le maintien des livrets de compte pour le tissage et le bobinage répond d'ailleurs au désir des fabricants et ouvriers lyonnais, qui l'ont demandé, en faveur de leurs intérêts mêmes et pour régler leurs conventions.

Livrets d'acquit. — Ces livrets s'emploient dans la fabrication des tissus à façon chez les ouvriers, et ont pour objet : 1° de constater les règlements de compte entre les parties ; 2° d'empêcher le détournement des ouvriers.

Les chefs d'atelier sont tenus de se pourvoir au secrétariat du Conseil de prud'hommes, à Lyon, d'un double livre d'acquit pour chacun des métiers qu'ils font travailler, et dans la huitaine du jour où les métiers montés à neuf commencent à fonctionner. Sur ces livres d'acquit, imprimés d'après un modèle uniforme, parafés et numérotés par les prud'hommes, on inscrit, avec le nom, les prénoms et domicile du chef d'atelier, et la désignation du métier, puis on relate le tout sur un registre, tenu en Conseil de prud'hommes. Le chef d'atelier appose sa signature sur ce registre et sur les deux livres d'acquit. Puis il doit déposer un des deux livres entre les mains du marchand-négociant pour lequel le métier est monté, et il peut exiger un récépissé. L'autre reste entre ses mains. Quand un chef d'atelier cesse de travailler pour un marchand-fabricant, il est tenu de faire noter par ce dernier soit sa libération, soit le montant de sa dette en argent ou en matières sur les exemplaires du livre d'acquit. Il fait viser en outre le livre d'acquit du négociant par les autres qui occupent des métiers dans le même atelier, afin que ces derniers puissent énoncer les sommes qui leur seraient dues par le chef d'atelier.

Si le chef d'atelier reste le débiteur du marchand-négociant pour lequel il a cessé de travailler, celui qui veut lui donner de l'ouvrage promet de retenir le huitième du prix de façon de cet ouvrage, en faveur du négociant dont la créance est la plus ancienne sur le livret, et ainsi successivement, mais à la condition que le chef d'atelier ait cessé de travailler *du consentement du marchand-fabricant ou pour cause légitime,* sinon le marchand-fabricant qui veut occuper le chef d'atelier est tenu de solder celui qui est resté créancier en compte total de matières, nonobstant toute dette antérieure en argent jusqu'à concurrence de 5oo fr. — Lorsqu'un marchand-fabricant a donné de l'ouvrage à un chef d'atelier dépourvu de livre d'acquit pour le métier que ce fabricant veut occuper, il est condamné à payer comptant tout ce que le chef d'atelier peut devoir en compte de matières et en compte d'argent jusqu'à 5oo francs.

Livrets de compte pour le tissage, le bobinage, la coupe du velours de coton, la teinture, le blanchiment et l'apprêt des étoffes. — Ces livrets sont destinés à constater dans quelles conditions des tisserands ou des bobineuses se chargent d'exécuter dans leur demeure des travaux à façon. Le Gouvernement s'était réservé le droit d'étendre les dispositions de la loi, par des règlements d'administration publique à d'autres industries se rattachant au tissage et au bobinage ; cela a été fait pour la coupe des velours de coton, la teinture, le blanchiment et l'apprêt des étoffes à la façon.

Le fabricant commissionnaire ou intermédiaire qui livre des fils à tisser, ou une pièce de velours à couper, ou une pièce d'étoffe pour être teinte, blanchie ou apprêtée, est obligé d'inscrire, au moment de la livraison, sur un livre spécial appartenant à l'ouvrier ou l'ouvrière, et laissé entre ses mains, a) pour les fils à tisser : 1° le poids et la longueur de la chaîne ; 2° le poids de la trame et le nombre des fils de trame à introduire par mètre de tissu ; 3° la longueur et la largeur de la pièce à fabriquer ; 4° le prix de façon, soit au mètre de tissu fabriqué, soit au mètre de longueur, soit au kilogramme de la trame introduite dans le tissu ; b) pour les fils à bobiner : 1° le poids brut que représente la matière à travailler, plus les bobines vides ; 2° le poids net de la matière ; 3° le numéro du fil ; 4° le prix de façon, soit au kilogramme des fils à bobiner, soit au mètre de longueur de ces mêmes fils ; c) pour la coupe du velours : 1° la longueur, la largeur et le poids de la pièce à couper ; 2° le prix de façon au mètre de longueur ; d) pour la teinture, le blanchiment et l'apprêt des étoffes : 1° la longueur, la largeur et le poids de la pièce à teindre, blanchir ou apprêter ; 2° le prix de façon, soit au mètre de longueur de la pièce, soit au kilogramme de son poids.

Les mêmes indications sont portées sur le registre d'ordre des fabricant, commissionnaire ou intermédiaire, qui doivent : 1° avoir en vue, au moment où se règlent les comptes, les instruments nécessaires à la vérification des poids et mesures, et un exemplaire de la loi en forme de placard, et 2° payer l'ouvrier en monnaie légale, s'il ne veut être payé en marchandise, sauf conventions autres et déterminées.

Les contraventions sont punies par le tribunal de simple police d'amendes de 11 à 15 fr. En cas de récidive dans les douze mois, le tribunal peut ordonner l'insertion du nouveau jugement dans un journal de la localité, aux frais du condamné.

Certificat. — Toute personne qui engage ses services peut, à l'expiration du contrat, exiger de qui l'a employée, sous peine de dommages-intérêts, un certificat exempt des droits de timbre et d'enregistrement, et contenant exclusivement la date de son entrée, celle de sa sortie et l'espèce de travail auquel elle a été employée (*Art. 2, L. 2 juill. 1890*).

La loi du 27 décembre 1890 a une portée aussi générale que possible et doit s'appliquer aux agents des compagnies de chemins de fer [1], en exceptant cependant les employés des chemins de fer de l'État, qui sont considérés comme fonctionnaires et régis par l'article 11 du décret du 25 mars 1878. L'autorité judiciaire n'est pas compétente pour connaître des affaires administratives.

Elle est aussi, d'après les rapports et les discussions auxquels elle a donné lieu, d'ordre public. On doit donc présumer qu'elle est, comme telle, rétroactive (*Cass., 26 avril 1892*) et doit s'appliquer aux contrats passés avant sa promulgation.

Fin du contrat de travail. — Le contrat de travail prend fin :
1° D'une façon générale : par le mutuel dissentiment ; par la mort, l'incapacité physique ou morale de l'ouvrier et aussi du patron, quand les héritiers ne continuent pas l'entreprise ou ne la font pas continuer ; par la faillite du patron ; par la force majeure (incendie, certains cas de guerre nationale, interdiction de l'autorité, etc.) ; par l'inexécution des obligations ; par la volonté d'un seul, mais à charge de dommages-intérêts ;

---

1. Voir cependant *contrà :* Bordeaux, trib. civ., 15 janv. 1894.

2° Quand il est fait à temps, par l'expiration du temps, s'il n'y a pas tacite reconduction ;

3° Quand il est fait en vue d'un ouvrage ou d'une entreprise déterminée, par leur achèvement ;

4° Quand il est fait sans détermination de durée, par la volonté d'une seule des parties contractantes, en respectant les délais-congés d'usage [1].

Voituriers par terre et par eau. — *Définition.* — Les voituriers sont d'une façon générale tous ceux qui, par profession ou accidentellement, se chargent de transporter, moyennant un prix, des personnes ou des marchandises d'un lieu dans un autre : messagers par diligence, compagnies de tramways, de chemins de fer, bateliers et compagnies de navigation, etc..., en un mot tous ceux qui se livrent à l'entreprise des transports.

Le contrat de transport est exprès ou tacite.

Responsabilité des voituriers. — Les voituriers par terre et par eau sont assujettis, pour la garde et la conservation des choses qui leur sont confiées, aux mêmes obligations que les aubergistes, mais dans les seuls cas de dépôt et de séquestre [2] (*C. civ., art. 1782 et argument*). Au point de vue de la preuve, soit pour le contrat de transport, soit pour la remise des effets à transporter, le voiturier est soumis au droit commun, c'est-à-dire que la preuve par témoins ne sera pas reçue contre lui, sauf cependant le cas où le voiturier serait aussi commerçant, auquel cas (*art. 109. C. com.*) la preuve testimoniale est admise quel que soit le montant de la contestation.

Les voituriers répondent non seulement de ce qu'ils ont déjà reçu dans leur bâtiment ou voiture, mais encore de ce qui leur a été remis sur le port ou dans l'entrepôt, pour être placé dans leur bâtiment ou voiture (*C. civ., art. 1783*). Ils sont responsables de la perte et des avaries des choses qui leur sont confiées, à moins qu'ils ne prouvent qu'elles ont été perdues et avariées par cas fortuit ou force majeure (*C. civ., art. 1784*). Cependant, par convention qu'accepterait l'expéditeur, le voiturier peut

---

1. On verra plus loin (IIe partie) que pour les jeunes apprenties ou ouvrières logées chez l'employeur, le contrat est résolu, par le décès de la femme, si elle dirigeait l'atelier des ouvrières.

2. Voici les articles du Code civil relatifs au dépôt d'hôtellerie et au séquestre :

Art. 1952 : « Les aubergistes ou hôteliers sont responsables, comme dépositaires, des effets apportés par le voyageur qui loge chez eux ; le dépôt de ces sortes d'effets doit être regardé comme un dépôt nécessaire. »

Art. 1956 : « Le séquestre conventionnel est le dépôt fait, par une ou plusieurs personnes, d'une chose contentieuse, entre les mains d'un tiers qui s'oblige de la rendre, après la contestation terminée, à la personne qui sera jugée devoir l'obtenir ».

limiter à une certaine somme sa responsabilité au cas de perte de la chose.
Le consentement de l'expéditeur étant nécessaire, il paraît absolument abusif que les compagnies de chemins de fer et de navigation prétextent, pour
limiter leur responsabilité au cas de perte, d'une clause imprimée au verso
des tickets qu'elles délivrent, lors de l'enregistrement des bagages, clause
à laquelle il est difficile de prouver que l'expéditeur, même s'il la connaît,
ait adhéré, et contre laquelle d'ailleurs il ne peut protester utilement [1].

La réception des objets transportés et le payement du prix de la voiture
éteignent toute action contre le voiturier pour avarie ou perte partielle, si
dans les trois jours, non compris les jours fériés, qui suivent celui de cette
réception et de ce payement, le destinataire n'a pas notifié au voiturier par
acte extra-judiciaire ou par lettre recommandée sa protestation motivée
(*C. com., art. 105*).

Quant aux accidents qui peuvent arriver aux personnes, que les articles
précédents ne nomment pas, les voituriers en sont responsables, en équité,
quand ils proviennent du fait direct du transport, de la faute du voiturier,
sans que le voyageur ait à prouver cette faute [2].

Les entrepreneurs de voitures publiques par terre et par eau, et ceux

---

1. On sait le peu de cas que font, en général, les compagnies, des réclamations des
particuliers, sachant que ceux-ci ne risquent pas, de gaieté de cœur, même quand ils
ont raison, les frais et les ennuis d'un procès contre elles ; d'ailleurs, même en cas
de procès, elles peuvent invoquer, en la matière, des arrêts de jurisprudence. Notamment : Cass., 2 avr. 1890, et Alger, 7 déc. 1891. C'est le renversement de tout droit
et de toute justice.

2. Il faut entendre par faute du voiturier, fait direct du transport, les déraillements,
rencontres de trains, etc., par exemple ; au contraire, un voyageur qui se blesserait
en mangeant, en coupant du pain, ne pourrait invoquer la responsabilité du voiturier,
malgré les cahots et les heurts de la marche. Un peu de bons sens et l'étude des
faits de la cause suffisent à établir cette distinction, qui annule du coup toutes discussions subtiles sur les textes, et concilie les théories et les arrêts divergents de la
jurisprudence.
C'est ainsi que d'après la Cour d'Aix (*5 juill. et 12 déc. 1887*), l'article 1784
présumerait la faute du voiturier, sauf la preuve contraire ; il serait de droit commun.
La Cour de Cassation (*10 nov. 1884*), la Cour de Poitiers (*6 févr. 1888*) y voient
un article d'exception, qui, ne parlant que des choses, ne peut s'étendre aux personnes. Celles-ci ne pourraient poursuivre le voiturier qu'au nom des articles 1382
et 1383 du Code civil : « Tout fait quelconque de l'homme qui cause à autrui un
dommage, oblige celui par la faute duquel il est arrivé à le réparer. — Chacun est
responsable du dommage qu'il a causé non seulement par son fait, mais encore par
sa négligence ou par son imprudence. » Et elles auraient ainsi le fardeau de la preuve.
Alors il s'agit de départager les juristes entre la faute contractuelle et la faute
délictuelle, entre la responsabilité à raison de l'inexécution d'un contrat et la responsabilité résultant d'un délit ou d'un quasi-délit. Qu'importe vraiment ?
N'est-il pas plus simple de se rendre compte par le fonds même de l'affaire si l'accident ou l'avarie provient du fait du transport, comme les blessures, contusions à la
suite d'un déraillement, versement de la voiture, rencontre de bateaux, et alors le
voiturier est responsable, — ou du fait du voyageur qui, par maladresse, se coupe
le doigt, en taillant son pain, tombe en descendant du train, tous accidents qui arrivent en dehors du fait du voiturier, auxquels il ne peut rien, et donc dont il ne
peut être tenu ?

des roulages publics, doivent tenir registre de l'argent, des effets et des paquets dont ils se chargent (*C. civ.*, *art.* *1785*).

Les entrepreneurs et directeurs de voitures et roulages publics, les maîtres de barques et navires, sont en outre assujettis à des règlements particuliers, qui font la loi entre eux et les autres citoyens (*C. civ.*, *art.* *1786*).

Législation comparée. — On sait qu'aucune loi spéciale ne réglemente en France le contrat de louage. Une proposition de loi sur le louage de services, présentée par M. Paul Beauregard, député, le 28 février 1900 (Doc. parl., n° 1466 ; *J. O.* p. 596) a été renvoyée à la Commission du travail [1].

La *Belgique* a consacré une loi spéciale au contrat de travail (*10 mars 1900*). L'étude de ses principales dispositions constitue un complément nécessaire à la législation française, à la fois par ce qu'elles ont de conforme aux dispositions législatives sur le contrat de louage et par ses différences d'ailleurs assez peu sensibles, sauf réserve.

La loi sur le contrat de travail régit le contrat par lequel un ouvrier s'engage à travailler sous l'autorité, la direction et la surveillance d'un chef d'entreprise ou patron, moyennant une rémunération à fournir par celui-ci et calculée soit à raison de la durée du travail, soit à proportion de la quantité, de la qualité ou de la valeur de l'ouvrage accompli, soit d'après toute base arrêtée entre les parties. Les chefs ouvriers et les contremaîtres sont compris parmi les ouvriers, ainsi que les conducteurs de troupes ou brigades d'ouvriers, présumés mandataires du chef d'entreprise, sans admission de preuve contre cette présomption.

Les actions résultant du contrat de travail se prescrivent par six mois, sauf stipulations de lois contraires, divulgation d'un secret industriel, cas d'accident ou de maladie. S'il y a dol, les six mois ne comptent que du jour de la découverte du dol.

L'ouvrier a pour obligation : d'exécuter son travail avec les soins d'un bon père de famille, au temps, au lieu et dans les conditions

---

1. Cette proposition est divisée en quatre titres : 1° Formation du Contrat ; 2° Rupture du contrat ; 3° Modifications au Contrat ; 4° Des ouvriers ou employés supplémentaires ou remplaçants.

Je rappelle aussi la proposition des députés socialistes, citée en note à la préface, et dont on comprend les tendances. Elle établit, il est vrai, une compensation, — quoiqu'en matière de contrat de travail ce soit interdit, — à celle de M. Beauregard qui est plus modérée.

convenus ; d'agir conformément aux ordres et aux instructions qui lui sont donnés par le chef de l'entreprise ou ses préposés, en vue de l'exécution du contrat ; d'observer le respect des convenances et des bonnes mœurs pendant l'exécution du contrat ; de garder les secrets de fabrication ; de s'abstenir de tout ce qui pourrait nuire soit à sa propre sécurité, soit à celle de ses compagnons ou de tiers.

Il est responsable, jusqu'à concurrence du cinquième des indemnités dues, par échéance et par retenues sur son salaire, des malfaçons avant la réception de l'ouvrage, de l'emploi abusif de matériaux, de destruction ou détérioration de matériel, outillage, matières premières, produits, mais non des destruction, détérioration ou usure dues à l'usage normal de la chose, ni de la perte par cas fortuit.

Le chef d'entreprise doit : faire travailler l'ouvrier dans les conditions, au temps et au lieu convenus ; mettre, sauf stipulation contraire, à sa disposition les collaborateurs, les outils et matières nécessaires à l'accomplissement du travail ; veiller, à la diligence d'un bon père de famille et malgré toute convention contraire, à ce que le travail s'accomplisse convenablement au point de vue de la sécurité et de la santé de l'ouvrier, et que les premiers secours soient assurés à celui-ci en cas d'accident ; — à cet effet, une boîte de secours doit se trouver à la disposition du personnel dans les usines occupant plus de 10 ouvriers ; — observer et faire observer les convenances et bonnes mœurs ; payer la rémunération aux conditions, au temps et au lieu convenus ; au cas où il s'est engagé à nourrir et loger l'ouvrier, lui fournir une nourriture saine et suffisante et un logement convenable ; lui donner le temps de remplir les devoirs de son culte, les dimanches et autres jours fériés, et les obligations civiques. Il doit veiller à la conservation des outils de l'ouvrier en bon père de famille et ne peut, en aucun cas, les retenir ; il répond des malfaçons provenant des matières premières et de l'outillage défectueux fournis par lui.

A la fin du contrat, il doit à l'ouvrier un certificat constatant les dates d'entrée et de sortie. Chefs et ouvriers se doivent respect et égards mutuels.

L'engagement prend fin : 1° par l'expiration du terme ; 2° par l'achèvement du travail ; 3° par la volonté d'une des parties, quand le contrat a été conclu sans terme, ou qu'il existe un juste motif de rupture ; 4° par la mort de l'ouvrier ; 5° par force majeure ; 6° par la mort de l'épouse du chef d'entreprise pour les ouvrières logées. La faillite ou la déconfiture ne sont point des cas de force majeure.

Pour l'engagement fait à durée indéfinie, chaque partie peut donner congé à l'autre, sous avertissement préalable de sept jours au moins.

Le chef de l'entreprise peut rompre l'engagement sans préavis ou avant l'expiration du terme : lorsque l'ouvrier l'a trompé à la conclusion du contrat en produisant de faux certificats ou livrets ; s'il se rend coupable d'un acte d'improbité, de voies de fait ou d'injure grave à l'égard du chef ou du personnel, et, en général, s'il manque gravement à ses obligations relatives au bon ordre, à la discipline et à l'exécution du contrat — le tout sans préjudice de dommages-intérêts au chef d'entreprise, s'il y a lieu.

L'ouvrier peut rompre l'engagement de même : si le chef d'entreprise se rend à son égard coupable d'improbité, de voies de fait ou d'injure grave, ou les tolère de la part de ses préposés ; si la moralité de l'ouvrier est mise en danger, et, en général, lorsque le chef de l'entreprise manque gravement à ses obligations relatives à la santé, la sécurité de l'ouvrier et à l'exécution du contrat — le tout sans préjudice de dommages-intérêts à l'ouvrier, s'il y a lieu.

La rupture immédiate du contrat ne peut plus avoir lieu quand le fait qui l'aurait justifiée est connu de la partie intéressée depuis deux jours ouvrables au moins. La rupture sans juste motif et sans délai-congé entraîne le payement d'une indemnité égale à la moitié du salaire correspondant à la durée du délai de préavis ou à la partie de ce délai restant à courir, si, le délai-congé étant donné, la rupture a lieu avant l'expiration du délai — sans que soit privée la partie lésée du droit de réclamer de plus grandes indemnités, en prouvant l'étendue du préjudice subi.

Les indemnités dues par l'ouvrier sont imputables sur le salaire, et les prélèvements opérés de ce chef, s'il en est fait, sont déposés entre les mains de tiers, jusqu'à fin de litige, pour être remis à qui de droit.

La femme et le mineur sont capables d'engager leur travail,

moyennant l'autorisation du mari, ou des père et mère, ou, à défaut,
dans les deux cas, celle du juge de paix. L'un et l'autre ont droit
à leurs salaires respectifs. Les instruments de travail et les meubles
acquis par la femme ne sont pas saisissables, et ne peuvent être
aliénés à titre gratuit ou onéreux par le mari, sans le concours de sa
femme [1]. Il en est de même pour le mineur, si son intérêt l'exige,
et il dispose de son salaire pour ses besoins, sous le contrôle d'un
tuteur *ad hoc* désigné par le juge de paix, et révocable.

On doit signaler, à côté de la Belgique, comme ayant réglementé aussi
le contrat de travail, l'*Allemagne*, par sa loi sur l'industrie (*Gewerbe-Ord-*
nung, du 21 juin 1869, modifiée par la loi du 17 juillet 1878, et tout dernniè-
rement encore le 30 juin 1900) qu'on retrouvera souvent, dans d'autres
occasions, et en avance sur nous presque toujours, et qui contient d'assez
longs détails sur le contrat et sur les rapports qui en découlent [2].

En Allemagne, la loi du 1er juin 1891 rend obligatoire l'émission d'un
règlement d'atelier pour toute fabrique occupant au moins vingt ouvriers. Ce
règlement doit contenir des dispositions sur les points suivants : durée du
travail journalier, temps de repos, époque et mode de payement des salaires, délais pour donner congé, montant, nature et emploi des amendes ou
des sommes retenues sur les salaires.

Les lois fédérales *suisses* du 23 mars 1877 (art. 7) et du 25 juin 1881
(art. 10) amendées par la loi du 26 juin 1902 contiennent aussi d'intéressantes dispositions sur les règlements d'ateliers et les amendes, ainsi que
les lois belge du 15 juin 1896, anglaise du 16 août 1896, allemande du
1er juin 1891, norvégienne du 27 juin 1892, hongroise du 21 mai 1884,
russe des 3 et 12 juin 1886.

Sauf l'Allemagne, la Russie, la Hongrie, ces divers pays permettent aux
ouvriers de donner leur avis sur les règlements d'atelier. La Belgique astreint
même le chef d'industrie à les porter par voie d'affiches à la connaissance
des ouvriers qui peuvent pendant huit jours consigner leurs observations sur
un registre spécial, et même les adresser par écrit à l'inspecteur du travail.

En *Suisse*, si le règlement approuvé statue des amendes, elles ne peuvent dépasser la moitié du salaire journalier, et leur produit doit être
employé dans l'intérêt des ouvriers, et particulièrement consacré à des
caisses de secours. Les déductions de solde pour travail défectueux ou

---

1. La Belgique n'est pas le seul pays qui protège le salaire de la femme. On verra
plus loin à la Législation comparée, page 94, que l'Angleterre, l'Écosse, la Suède, le
Danemark, la Norvège, la Finlande, la Suisse, sont entrés dans cette voie. Il n'existe
pas en France pour la femme mariée de protection semblable. Deux propositions de
loi, en ce sens, ont cependant été déposées devant le Parlement; elles attendent toujours. C'est qu'on est révolutionnaire en France !

2. La loi du 26 juillet 1903 règle la situation juridique des domestiques en
Alsace-Lorraine. C'est un modèle du genre.

détérioration de matières premières ne sont pas considérées comme des amendes.

Les contraventions à ces prescriptions sont frappées d'une amende de 5 à 500 fr., sans préjudice de la réparation civile.

Il ne faut rien dire du *code civil italien* voté en 1865, et qui, en ses articles 1627 et 1628, malgré les mouvements de la vie industrielle au cours du xixᵉ siècle, n'a su que reproduire les dispositions insuffisantes du Code civil français[1].

En *Roumanie*, une loi du 4 mars 1902, assez curieuse par son mélange d'esprit ancien et moderne, en vigueur depuis le 5 septembre suivant, sur l'organisation des métiers, énumère les divers métiers que l'on peut librement exercer en se conformant aux prescriptions qu'elle édicte ; elle excepte les grands ateliers, l'industrie domestique et les ruraux exerçant au village, en dehors d'une autre profession, divers métiers énumérés. Ces deux énumérations peuvent être modifiées par le Conseil des ministres, conformément à l'avis donné par la Chambre de commerce et d'industrie. Les étrangers, pour exercer un métier, ont à prouver que le droit de réciprocité pour les Roumains existe dans leur pays, ou, dans le cas contraire, obtenir l'autorisation de la chambre précitée.

Nul ne peut exercer un métier à son compte, ni employer des élèves ou des ouvriers, s'il n'a le brevet de maître, qui est délivré obligatoirement par le comité de la corporation à quiconque : 1° aura été ouvrier chez un patron pendant deux ans au moins ; 2° aura le diplôme de sortie d'une école spéciale, reconnu comme équivalent au brevet ; 3° prouvera avoir dirigé, pendant deux ans au moins, un atelier dans le métier pour lequel il demande le brevet ; 4° passera un examen devant une commission de trois membres dont deux choisis par le comité de la corporation et l'autre par le ministre.

Tout ouvrier doit avoir un carnet. Les relations entre employeurs et employés sont réglées par la loi et les conventions des parties ; ces conventions ne sont définitives qu'après l'expiration d'une période d'essai fixée à 15 jours pour les ouvriers.

Le travail est limité à l'exercice du métier. Le patron ne peut, sous peine de dommages à payer par lui et par l'ouvrier, prendre un ouvrier encore lié par contrat avec un autre patron. Il pourra à toute époque réclamer le carnet de l'ouvrier et devra le lui rendre lors de son départ. Sauf stipulation contraire, la convention entre patron et ouvrier peut être résiliée par une dénonciation faite 15 jours d'avance ; l'ouvrier, toutefois, devra avoir terminé l'ouvrage commencé s'il est aux pièces, et rembourser, en argent ou en travail, l'avance qu'il pourrait avoir reçue. L'ouvrier congé-

---

[1]. Il est juste d'ajouter qu'un projet de loi sur le contrat de travail (et un second sur les contrats agraires) a été présenté le 26 novembre 1902, à la Chambre italienne, par le ministre des grâces, de la justice et des cultes, d'accord avec le ministre de l'agriculture, de l'industrie et du commerce.

dié avant l'accomplissement du délai prescrit aura droit, en partant, au salaire représenté par le temps qu'il lui reste à fournir. Le patron peut résilier immédiatement le contrat dans les cas énumérés ci-dessus pour le contrat avec les élèves ou encore si l'ouvrier ne remplit pas son contrat ou, par imprudence, met en péril la sécurité de l'établissement.

L'ouvrier peut agir de même si le patron n'observe pas les obligations prises, est atteint de maladie contagieuse, le frappe ou l'insulte, l'excite au mal, ou si sa propre vie est mise en péril par son travail.

Les dispositions précédentes (excepté celles relatives au carnet) sont applicables aux maîtres qui s'engagent au service d'un patron [1].

Dans l'*Inde orientale,* d'après la loi de l'Assam de 1901, le contrat de travail des ouvriers ruraux n'est valable que pour quatre années et doit être établi par écrit. Les personnes s'occupant d'embauchage sont soumises, les unes à l'obligation de demander des concessions, les autres à celle de demander des certificats de légitimation. La loi contient en outre une série de dispositions relatives au transport des ouvriers, à leur entretien, etc.

3. — Marchandage.

On appelle marchandage le contrat par lequel des entrepreneurs et des tâcherons, qui se sont rendus adjudicataires d'un travail, traitent en seconde ou en troisième main et à forfait avec des ouvriers pour la confection de telle ou telle partie de l'ouvrage. C'est, en d'autres termes, le système d'entreprises générales adjugées à un possesseur de gros capitaux, qui partage ensuite le travail au rabais entre un grand nombre de moindres entrepreneurs.

Les ouvriers demandent l'abolition du marchandage qui leur paraît une exploitation vexatoire, parce qu'il se glisse entre eux et le premier adjudicataire entrepreneur, un intermédiaire sous-entrepreneur qui vient naturellement en concurrence sur les bénéfices de l'entreprise et fait baisser leur part propre, les salaires étant plus ou moins en proportion avec les bénéfices. Le marchandage touche donc, on le voit, aux conditions du travail faites par le contrat de louage, comme aussi à la question économique, très complexe, des intermédiaires.

---

1. La loi se trouve complétée par d'autres dispositions sur les rapports entre maîtres et élèves, qu'on trouvera au chapitre de l'apprentissage (Livre II, Législation comparée), ainsi que sur les *Corporations* qui ressemblent assez à nos actuels syndicats et seront étudiées à la Législation comparée à ce propos.

C'est en 1848 que la question fut soulevée en premier lieu par les ouvriers, devant l'assemblée présidée au Luxembourg par Louis Blanc, pour s'affranchir de l'oppression des entrepreneurs. Le gouvernement provisoire de 1848 leur donna gain de cause et, par les décret et arrêté des 4 et 21 mars, décréta l'abolition du marchandage, « considérant que l'exploitation des ouvriers par les sous-entrepreneurs, dits marchandeurs ou tâcherons, est essentiellement injuste, vexatoire, et contraire au principe de la fraternité ». Toute exploitation par voie de marchandage est passible d'une amende de 50 à 100 fr. pour la première fois, de 100 à 200 fr. au cas de récidive, et, s'il y a double récidive, d'un emprisonnement de un à six mois. Le produit des amendes est destiné aux invalides du travail. En fait, le marchandage, malgré les arrêtés de 1848, n'a pas cessé d'être pratiqué [1].

Il semble cependant qu'un mouvement se dessine depuis quelques années pour ne pas laisser les décrets de 1848 devenir lettre morte. Au Parlement, des propositions de loi ont été faites pour l'abolition du marchandage ou pour en réprimer les abus [2].

De plus, certains procès, longtemps en suspens ou en cours d'instance, venus enfin devant la Cour de cassation, ont été l'objet, de sa part, d'arrêts définitifs qui font pour le moment jurisprudence, notamment : l'arrêt du 4 février 1898, annulant partiellement un arrêt de la cour d'appel de Paris du 19 juillet 1897 ; l'arrêt du 16 février 1900, toutes chambres réunies, affaire Loup contre Bœuf et autres ; enfin l'arrêt du 31 janvier 1901, toutes chambres réunies (même affaire).

Il ressort de ces arrêtés que le décret du 2 mars 1848 qui abolit l'exploitation des ouvriers par les sous-entrepreneurs et l'arrêté du 21 mars 1848 qui réprime le marchandage sont toujours en vigueur, et que leurs dispositions visent exclusivement les sous-entrepreneurs ouvriers dits marchan-

---

1. Un amendement présenté à l'article 18 de la loi du 2 novembre 1892, par MM. Granger, Ernest Roche et Gabriel, tendant à donner aux inspecteurs du travail la mission d'assurer l'exécution des arrêts de mars 1848, ne réunit à la Chambre que 51 voix sur 451 votants (Séance 8 juill. 1890).

2. Notamment celles de MM. Paschal Grousset, député, du 8 mars 1894 (Doc. parl. n° 473 ; J. O., p. 358), et de MM. Ernest Roche et autres députés, du 16 juillet 1897 (Doc. parl. n° 2667 ; J. O.), toutes deux renvoyées à la commission du travail. M. Ernest Roche y est revenu par une nouvelle proposition de loi du 1er février 1899 (Doc. parl. n° 694 ; J. O., p. 1495).

deurs ou tâcherons, et ne s'appliquent ni aux sous-entrepreneurs non ouvriers, ni au travail à la tâche, ni aux associations d'ouvriers qui ne comportent pas d'exploitation des uns par les autres.

D'après ces arrêtés encore, l'exploitation de l'ouvrier par le sous-entrepreneur ouvrier comporte par sa nature, au sens des décret et arrêté de mars 1848, l'appréciation d'un acte frauduleux aboutissant au profit abusif que le tâcheron tire du travail de l'ouvrier. Cet acte nécessite donc pour devenir délictueux la réunion de trois éléments : un fait matériel, une intention de nuire, et un préjudice pour l'ouvrier.

L'entrepreneur devient complice et tombe sous le droit commun des articles 59 et 60 du Code pénal, s'il aide le sous-traitant à commettre cet acte délictueux.

C'est en d'autres termes l'exploitation, qualifiée marchandage, dont l'ouvrier exécutant peut souffrir quand le sous-traité est fait de mauvaise foi par le sous-traitant qui en tire ainsi un profit abusif, et non le sous-traité de main-d'œuvre, même quand le sous-traitant est ouvrier, que répriment et punissent les décret et arrêté des 2 et 21 mars 1848.

La fraude et le dol sont donc les éléments substantiels du marchandage réprimé par la loi.

D'où il suit qu'il y a deux sortes de marchandage :

L'un, bon, utile, comportant à titre de rémunération légitime un bénéfice modéré, réalisé sur la main-d'œuvre. Ce marchandage n'est pas répréhensible et n'est pas interdit par la législation de 1848, qui réserve au contraire la question du « travail à la tâche » ;

L'autre marchandage, le mauvais, est celui qui comporte un profit déloyal, excessif, qu'on poursuit par tous les moyens, notamment par l'avilissement des salaires, ou une convention entre l'entrepreneur et le sous-traitant, ou un acte dolosif de l'un ou de l'autre, dont le but serait d'entraîner une réduction exagérée du prix du travail, et d'exposer les ouvriers aux dangers de l'infidélité ou de l'insolvabilité du marchandeur dans le règlement de leur paye [1].

---

1. Exemple : A..., grand entrepreneur, s'est rendu adjudicataire de travaux. Il traite en seconde main avec B..., sous-entrepreneur chargé du détail des travaux. B... est insolvable au su de A... En prenant des ouvriers à la tâche, B... sait qu'il ne pourra point les payer, le travail exécuté. Comme il est responsable vis-à-vis des ouvriers, ceux-ci n'ont point de recours contre A... qui se trouve, en définitive, avoir fait exécuter, par sous-traité, des travaux sans bourse délier. Il y a un fait matériel, une intention de nuire, un préjudice pour l'ouvrier. Fraude et dol ont été les éléments de ce marchandage. Il tombe donc sous le coup de la loi.

4. — Salaires [1].

Définition. — Lois qui régissent le salaire. Inégalité des salaires selon les professions. Bordereaux des salaires. Minimum de salaire. — *Truck-system*. — Garanties de payement du salaire. Privilèges d'insaisissabilité et d'incessibilité. — Avances. — Salaire de la femme et du mineur. — *Législation comparée.* Participation aux bénéfices. — *Législation comparée.*

Définition. — Le salaire est la somme d'argent [2] due en vertu du contrat de travail par l'employeur à l'employé, en échange et comme prix des services ou du travail de l'employé.

Le montant en est fixé par le contrat de travail, ainsi que les diverses stipulations qui peuvent intervenir relativement au mode, au temps et au lieu du payement, etc., du salaire [3].

Lois qui régissent le salaire. — « Le salaire baisse, dit Cobden, quand deux ouvriers courent après un maître ; et le salaire hausse quand deux maîtres courent après un ouvrier. » C'est la loi de l'offre et de la demande. Il est évident que l'offre du travail est d'autant plus grande que la main-d'œuvre est plus abondante ; et les salaires tendent à diminuer. D'autre part, le besoin de main-d'œuvre s'accroît en raison directe du capital consacré au payement du travail et des nécessités de l'industrie. Donc le taux du salaire haussera d'autant plus qu'il y aura moins d'ouvriers, que le capital sera plus fort et que les besoins de l'industrie s'élèveront. D'où

---

1. La question des salaires est une des plus grosses de l'économie politique ; une étude du genre de celle-ci ne peut que l'effleurer au point de vue des considérations sociales et des problèmes ardus qu'elle soulève.

2. Le salaire consiste, en principe, en une somme d'argent payée à l'ouvrier, soit à raison de tant par heure de travail fourni, soit à raison de tant par pièce ou quantité d'ouvrage exécuté. Quand le payement du salaire a lieu en nature, soit en totalité, soit en partie, on se trouve en présence du *Truck-system*. (Voir ci-dessous.)

3. La liberté de la fixation conventionnelle du salaire n'a pas toujours existé. Jadis les ordonnances royales et les statuts des corporations, toujours favorables aux maîtres, fixaient le maximum des salaires ; on exigeait des ouvriers les plus longues journées possibles tout en leur accordant les plus bas salaires possibles. De nos jours, la question de la réglementation légale du salaire se trouve de nouveau posée, mais en sens inverse : les ouvriers demandent la fixation d'un minimum de salaire. La fameuse formule des *Trois-Huit*, qui est venue d'Angleterre, comprenait dans son pays d'origine un quatrième huit : *Eight shillings to day*. C'est le refrain d'une vieille chanson anglaise :

> *Eight hours to work, eight hours to play,*
> *Eight hours to sleep, eight shillings a day.*

(Huit heures de travail, huit heures d'agrément,
Huit heures de sommeil, huit shillings par jour.)

Voir aussi plus loin : *Minimum de salaire* et *Législation comparée*.

il suit au contraire que la surabondance de main-d'œuvre, l'exiguïté du capital et le manque de travail font baisser les salaires. Quand ces trois éléments concourent ensemble, la condition des ouvriers, déjà pénible, devient tout à fait misérable.

Et d'une façon générale, les salaires suivent les conditions générales et les destinées bonnes ou mauvaises de l'industrie et du pays lui-même. Les salaires et leur pouvoir d'acquisition s'élèvent et se resserrent avec la prospérité de l'industrie, en hausse lorsque celle-ci est prospère et que dans le pays tout est en abondance, en baisse lorsque l'industrie périclite et que la fortune publique est en décroissance ou est atteinte.

Aux termes de l'article 414 du Code pénal (*L. 25 mai 1864*) est passible d'un emprisonnement de six jours à trois ans et d'une amende de 16 à 3 000 fr. ou d'une des deux peines seulement quiconque, à l'aide de violences, voies de fait, menaces ou manœuvres frauduleuses, amène ou maintient, tente d'amener ou de maintenir une cessation concertée de travail, dans le but de forcer la hausse ou la baisse des salaires. Cet article essaie de concilier le droit de coalition avec la liberté du travail, le libre exercice de l'industrie.

Inégalité des salaires selon les professions. — D'après Adam Smith ces inégalités proviennent des conditions différentes que présentent les travaux divers, qui ont en eux leur agrément ou leurs désagréments, leur plus ou moins de facilité d'exécution, leur sujétion au plus ou moins de chômage, qui demandent aussi une confiance plus ou moins grande dans les personnes à qui on les confie, et sont soumis à des chances diverses de réussite ou d'échec, sans oublier les dangers plus ou moins certains qu'ils font subir. C'est ainsi que les métiers ou professions de manœuvre, d'orfèvre, de modiste, de caissier, de verrier, de couvreur, d'artiste dramatique ne peuvent offrir, par leurs caractères même, les mêmes prétentions au taux du salaire[1]. — L'influence des monopoles est aussi une cause profonde de différences dans les salaires.

Bordereaux des salaires. — Sous le titre *Bordereaux des salaires pour diverses catégories d'ouvriers*, l'Office du travail publie des renseignements concernant les salaires, la durée du travail et le coût de la

---

[1]. Pour un aperçu sur les salaires et leur taux, consulter le *Bulletin de l'Office du travail* qui donne les résultats de nombreuses enquêtes. Salaires des ouvriers mineurs en France, pages 116 (année 1894), 244 (année 1895) ; résultat d'une enquête faite sur les salaires, p. 401 (année 1895), qui montre que pour les ouvriers du bâtiment et les femmes, les salaires auraient doublé depuis 50 ans.

Salaires des ouvriers dans les manufactures de l'État et les Compagnies de chemins de fer. *Bull. off. tr.*, 1896, p. 179, 621, 687. Salaires du bâtiment en 1902 dans le département du Nord, *Bull. off.*, avr. 1903, p. 304, etc., etc.

Voir aussi, pour l'Angleterre, les salaires courants dans certaines catégories d'industries, à la fin de 1901. (*Bull. off.*, janv. 1903, p. 55.)

vie, comme suite aux volumes déjà publiés par lui sous le titre de *Salaires et durée du travail dans l'industrie française.*

Les renseignements extraits des bordereaux de salaire ne prêtent à aucune comparaison rétrospective, puisqu'on ne possède pas de documents analogues antérieurs. Toutefois, pour Paris, on peut prendre comme termes de comparaison les séries officielles établies à partir de 1870 pour les travaux de la Ville de Paris, sur l'avis des commissions mixtes. Pour les années antérieures à 1870, il faut se contenter des séries éditées par des particuliers (Morizot, Morel) qui faisaient autorité à l'époque où elles ont été dressées. On peut ainsi se rendre compte du mouvement des salaires à Paris, au cours du XIXᵉ siècle, dans les professions du bâtiment [1].

	1806.	1842.	1852.	1862.	1873.	1889.	1900.
Maçon	0 325	0 415	0 425	0 525	0 55	0 75	0 80
Tailleur de pierres	0 325	0 42	0 425	0 : 5	0 55	0 75	0 85
Ravaleur	»	0 475	0 50	0 70	0 75	1 00	1 20
Couvreur	0 55	0 55	0 675	0 70	0 75	0 85	0 85
Charpentier	0 30	0 40	0 50	0 60	0 60	0 80	0 90
Menuisier	0 35	0 325	0 35	0 45	0 50	0 70	0 70
Forgeron (petite forge depuis 1852)	0 50	0 50	0 50	0 65	0 70	0 775	0 80
Terrassier	0 225	0 275	0 275	0 40	0 40	0 55	0 55
Garçon maçon	0 20	0 245	0 26	0 335	0 35	0 50	0 50
Garçon couvreur	0 30	0 40	0 45	0 45	0 50	0 55	0 55
Homme de peine en serrurerie	»	0 225	0 225	0 35	0 40	0 50	0 525

Pour les autres parties du territoire, on ne peut guère faire de rapprochements qu'entre les chiffres fournis en 1901 par les conseils de prud'hommes et les maires et ceux fournis par ces mêmes autorités en 1896.

Minimum de salaire. — Les considérations qui précèdent démontrent combien il serait difficile, sinon impossible, d'arriver à imposer au patronat, en faveur de la classe ouvrière, un minimum de salaire, au sens absolu de l'expression. Ce n'est pas du tout, d'ailleurs, parce que cette mesure serait, selon l'avis de certains « libéraux », injuste et vexatoire. Des raisons de cet ordre, quand il s'agit d'équité sociale et de niveler un peu les inégalités, sont de purs enfantillages. Il s'agit de voir à quoi, en fait, aboutirait l'établissement d'un minimum de salaire ; et pour poser la question en toute rigueur, il faut supposer que toute distinction a disparu entre ce que Karl Max appelle un travail « qualifié » et un travail « simple » ; les machines et l'outillage étant arrivés à un point de perfectionnement tel qu'il n'y a plus besoin, dit-on, d'ouvriers habiles. Que va-t-il se passer ?

Il se peut très bien qu'un ouvrier imbécile, âgé, faible puisse, avec les machines, accomplir d'excellente besogne. C'est entendu. Mais pourtant, qui croira, que, devant un minimum de salaire fixé, et ayant le choix entre

---

1. Dans le tableau suivant il n'a pas été tenu compte de la série établie en 1882 par la Ville de Paris, les patrons n'ayant pas participé, pour cette série, aux travaux de la Commission chargée de son élaboration.

deux ouvriers, l'un faible, âgé ou imbécile, l'autre valide, jeune, intelligent, un patron ne sacrifiera pas celui-là pour ne prendre que celui-ci, qui, on a beau dire, lui offre plus de garantie? Ainsi les ouvriers âgés, peu vigoureux, peu intelligents seront chassés, incapables de trouver une place et de gagner leur vie. Le mal dont on se plaint, auquel on veut remédier par l'établissement d'un minimum de salaire, engendrerait des maux pires, — supposé même possible la détermination du taux, assez difficile à établir pour des raisons d'ordre économique qu'on ne peut régenter, car il dépend de causes dont les lois humaines ne sont pas maîtresses pour le moment, et pour longtemps encore vraisemblablement.

La liberté actuelle et contractuelle du salaire permet d'utiliser les moins-valeurs.

Il s'agit d'ailleurs de comprendre ce que signifie l'expression *minimum de salaire*. Il y a en ceci un malentendu évident. On l'a trop prise et discutée au sens absolu. Des esprits mal intentionnés ont voulu faire croire que le salaire minimum, en ne correspondant pas à un travail effectif équivalent, établirait dans le contrat de travail une révoltante iniquité. L'erreur est d'avoir interprété ainsi l'expression : minimum de salaire. Quand on considère ce qui se passe en réalité, que voit-on ?

Les minimums de prix, dont le principe est appliqué dans divers pays, qu'ils soient établis par les *Trade-Unions* en Angleterre, ou par les députations permanentes comme dans les communes belges, ou par les municipalités en Hollande, ne sont que la constatation des prix ordinaires établis par l'usage et par l'accord des parties en présence, patrons et ouvriers. La volonté et l'évaluation des contractants sont consultées et recueillies, pour être transcrites ensuite publiquement. Nulle part la liberté contractuelle n'est méconnue et violentée. Le minimum est fixé à la cote exacte où l'ont élevé les transactions usuelles ; il représente un prix courant, une moyenne pratiquée et acceptée contradictoirement par les parties ; là, réside son caractère principal et véritable. Nulle part il n'est établi sur la base des besoins de l'ouvrier et en dehors de la participation des patrons.

Salaires égaux aux cours des salaires actuels, salaires équitables, ou reconnus comme tels par les trade-unions, comme en Angleterre, ou salaires qui ne descendent pas au-dessous des taux usuels et jugés normaux comme en Belgique ; ou enfin salaires déterminés pour l'année courante par les patrons et les ouvriers réunis, comme en Amérique, et d'ailleurs, dans tous les cas, toujours modifiables au gré des parties et variables avec les cours — tout cela relève et procède de la liberté contractuelle ; tout cela est synallagmatique. Nulle part une autorité élective ne se substitue à l'une des parties, comme on voudrait, semble-t-il, le faire croire en France [1].

---

1. C'est dans ce sens qu'on a pu dire que, dans le cas spécial d'ailleurs des marchés passés au nom de l'État, des départements et des communes, les décrets dits « décrets Millerand », des 9, 10, 11 août 1899, entendent par *salaire normal et égal au taux des salaires* un minimum de salaire, comme cela existe dans d'autres pays. Par exemple, en Angleterre (*Labour Gazette*, 1898), les contrats de travaux passés

Truck-system. — On désigne ainsi un certain mode de rémunération en nature du travail par un salaire consistant soit, en totalité, en fournitures et marchandises, soit, en partie, en argent et en fournitures ou marchandises.

Les ouvriers se plaignent de cette façon de leur payer le salaire. Ils soupçonnent, et sans doute non sans raison, le patron d'être tenté d'évaluer ces objets en nature, dans le compte du salaire, plus cher qu'ils ne lui coûtent et de faire par là un bénéfice injustifié.

Ces fournitures entravent la liberté de l'ouvrier qui veut employer à son gré son salaire, acheter ou n'acheter pas telle denrée, en quantité qui lui plaît, chez tel ou tel fournisseur. Dans le cas où les objets donnés en payement sont des produits fabriqués (ou des déchets ou certains accessoires, etc.), elles déplacent du patron à l'ouvrier le risque de la mévente, sans compensation correspondante de bénéfice possible, et rendent ainsi le gain de l'ouvrier très aléatoire.

Les organisations syndicales et les forces ouvrières qui tendent à l'établissement d'un tarif, d'un taux de salaire connu, bien défini, convenu des deux parts, pour les différentes catégories d'ouvriers, condamnent ce mode de rémunération parce que la partie du salaire payée en nature échappe ordinairement à toute évaluation précise et générale, et peut permettre par suite de violer le tarif d'une façon détournée et cachée.

Garanties de payement du salaire [1]. — On sait déjà que le

---

par les autorités locales imposent aux adjudicataires certains taux de salaires. Il en est de même en Belgique pour les adjudications de travaux communaux (*Revue du travail ;* Belge), où le conseil municipal de Bruxelles maintient en vigueur un tarif de salaires minima. Et de même en Hollande, en Suisse, en Espagne, dans la plupart des États des États-Unis, au Canada, en Australie, comme on le verra à la Législation comparée, Liv. II, chap. 1er, II, *Travail des adultes.*

Il faut rappeler aussi les efforts couronnés de succès du Conseil municipal de Paris pour amener une hausse artificielle des salaires dans l'industrie du bâtiment au moyen de la série officielle des prix.

1. *Payement des salaires.* — *Proposition de loi* sur les règlements d'atelier, présentée par M. Ferroul, député, le 29 mai 1890 (Doc. parl., n° 591). — Rapport sommaire Saint-Romme, le 6 juillet 1892 (Doc. parl., n° 2262 ; *J. O.,* p. 1537). — Séances des 4 et 5 novembre 1892 : déclaration de l'urgence ; discussion ; adoption. — Transmission au Sénat le 10 novembre 1892 (Doc. parl., n° 15 ; *J. O.,* p. 501). — Rapport Maxime Lecomte, déposé le 20 juillet 1893 (Doc. parl., n° 304). — Rapport supplémentaire Maxime Lecomte, le 17 mars 1894 (Doc. parl., n° 62 ; *J. O.,* p. 106). — Séance du 24 avril 1894 : adoption avec modifications. — Retour à la Chambre le 20 juin 1898 ; nouvel intitulé : *Proposition de loi* sur le payement des

salaire doit être payé en argent [1] et que les époques de payement
sont déterminées par la coutume ou par le contrat de travail [2].

Le salaire des ouvriers contre l'insolvabilité du patron est régi par
le droit commun en ce qui concerne les privilèges de l'article 2101 [3],
et la prescription de 6 mois de l'article 2271, ou par année des articles 2272 du Code civil et 433 du Code de commerce. L'action des
entrepreneurs pour le payement de ce qui leur est dû ne se prescrit
que par 30 ans (*C. civ. arg., art. 2262*), comme toutes les actions
personnelles et réelles.

Au cas de faillite du patron, le privilège de l'ouvrier s'étend aux
salaires acquis pendant les trois mois qui précèdent la faillite (*art.
22, L. 4 mars 1889, sur les faillites*) et prend rang avec le privilège
établi à l'article 2101 du Code civil pour le salaire des gens de ser-

---

salaires des ouvriers (Doc. parl., n° 72 ; *J. O.*, p. 1169). — Rapport Dubief, déposé
le 22 novembre 1898 (Doc. parl., n° 409 ; *J. O.*, p. 312). — Séances des 6 et 8 décembre 1898 : discussion et adoption avec modifications. — Retour au Sénat le 13 décembre 1898 (Doc. parl., n° 353 ; *J. O.*, p. 603). — Rapport Maxime Lecomte,
déposé le 24 décembre 1901 (Doc. parl., n° 484 ; *J. O.*, p, 572). — Séances des
17 janvier, 6 février, 6 novembre, 6 décembre 1902 ; 1re délibération ; renvois successifs à une séance ultérieure. — Se reporter à la note 1, p. 67, du § *Amendes*.

1. Voir ci-dessus *Truck-system*, et ci-dessous aussi la note 1, p. 89 du paragraphe : *Privilège d'insaisissabilité et d'incessibilité.*

2. Quand, par la volonté du patron, les jours de paye sont trop espacés, les ouvriers se plaignent avec raison ; ils sont obligés de prendre à crédit chez leurs fournisseurs, et ils subissent de ce chef un renchérissement sensible de la vie. Le payement
à la quinzaine paraît le mode préférable. On objecte que dans les grandes industries
le salaire dû à chaque ouvrier entraîne souvent des comptes compliqués qui ne peuvent
être établis qu'à la fin du mois. Mais il est possible de tourner la difficulté en faisant des avances calculées d'après la moyenne et légèrement inférieures, sauf règlement final au bout du mois. On pourrait même par ce moyen payer les ouvriers à la
fin de chaque semaine. Une loi belge du 16 août 1887 (art. 5) veut que les salaires
fixés à la journée soient payés au moins deux fois par mois, à seize jours au plus
d'intervalle. On évite ainsi les reproches des écrivains socialistes qui disent, d'a-
près Karl Marx et avec quelque apparence de raison, que les ouvriers font crédit à
leurs patrons et leur font l'avance de leur travail, ce qui est le renversement des
rôles.

3. Code civil, art. 2101 : « Les créances privilégiées sur la généralité des meubles
sont celles ci-après désignées et s'exercent dans l'ordre suivant : 1° frais de justice ;
2° frais funéraires ; 3° frais de dernière maladie ; 4° *les salaires des gens de service, pour l'année échue et ce qui est dû sur l'année courante*, etc. »

Art. 2105 : « Lorsque, à défaut de mobilier, les privilégiés... se présentent pour
être payés sur le prix d'un immeuble en concurrence avec les créanciers privilégiés
sur cet immeuble, les payements se font dans l'ordre qui suit : 1° les frais de justice *et
autres* énoncés à l'article 2101, etc. »

Art. 2271 : « L'action... des ouvriers et gens de travail, pour le payement de
leurs journées, fournitures et salaires, se prescrit par 6 mois. »

Art. 2272 : « L'action... des domestiques qui se louent à l'année, pour le payement
de leur salaire, se prescrit par un an, etc... »

vices, alors qu'il ne donnait droit avant cette loi qu'aux salaires acquis pendant *le* mois précédant la faillite, aux termes de l'article 549 du Code de commerce.

Les maçons, charpentiers et autres ouvriers qui ont été employés à la construction d'un bâtiment ou d'autres ouvrages faits à l'entreprise n'ont d'action contre celui pour qui les ouvrages ont été faits que jusqu'à concurrence de ce dont il se trouve débiteur envers l'entrepreneur au moment où leur action est intentée (*C. civ., art. 1798*)[1]. Et de plus, quand ils ont été employés à des travaux publics de l'État, des départements et des communes, les ouvriers à raison de leur travail, et les fournisseurs créanciers à raison des fournitures de matériaux, ne peuvent être l'objet de saisie-arrêt ou d'opposition sur les sommes qui leur sont dues par l'entrepreneur; et les salaires dus aux ouvriers sont payés de préférence aux sommes dues aux fournisseurs. (*Décr. 26 pluviôse an II, et L. 25 juill. 1891.*)

Au point de vue de la preuve, l'article 1781 du Code civil portait : « Le maître est cru sur son affirmation, pour la quotité des gages, pour le payement du salaire de l'année échue, et pour les acomptes donnés pour l'année courante. » La loi du 2 août 1861 a aboli un texte qui, pour être traditionnel dans notre droit, n'en était pas moins d'une iniquité flagrante, et contenait en plus deux dérogations au droit commun, qui désormais a repris son empire.

---

1. Ce texte suppose que l'entrepreneur est insolvable, et ne paye pas les ouvriers qu'il a fait travailler. Ceux-ci alors ont une action *directe* contre celui pour qui l'ouvrage est fait, quoiqu'ils n'en soient pas directement les créanciers, n'ayant pas traité avec lui. C'est, il est vrai, une dérogation aux principes. Mais s'il fallait l'entendre autrement, cet article ferait double emploi avec l'article 1166 du Code civil, dont il consacrerait simplement une application particulière.

D'ailleurs si les ouvriers n'avaient contre le client que l'action indirecte, du chef de l'entrepreneur, — qui ne paye pas, — ils devraient subir le concours des autres créanciers de l'entrepreneur en faillite, et n'obtiendraient qu'un faible dividende pour des travaux faits entièrement par eux ; il serait injuste que leur créance contre l'entrepreneur ne pût être exclusivement reportée contre le client, à qui d'ailleurs il est indifférent de payer l'un ou l'autre, pourvu qu'il paye valablement et pas plus que le prix convenu. On peut dire que les ouvriers et fournisseurs, en cas d'insolvabilité de l'entrepreneur, deviennent seuls créanciers de l'ouvrage.

Les mêmes privilèges sont accordés aux commis attachés à une ou plusieurs maisons de commerce, sédentaires ou voyageurs : 1° pour les salaires qui leur sont dus durant les six mois antérieurs à la déclaration de la liquidation judiciaire ou de la faillite, s'il s'agit d'appointements fixes ; 2° pour toutes les commissions qui leur sont définitivement acquises dans les trois derniers mois précédant le jugement déclaratif, alors même que la cause de ses créances remonterait à une époque antérieure, s'il s'agit de remises proportionnelles allouées à titre d'appointements ou de supplément d'appointements. (*L. 6 févr. 1895.*)

Le travailleur doit prouver qu'il est créancier du salaire dont il réclame le payement, et pour cela s'en référer au contrat de travail. Pour se défendre le patron doit faire la preuve contraire, c'est-à-dire qu'il s'est libéré du payement. Le droit commun ne place le patron dans un état d'infériorité manifeste, que s'il ne prend pas la précaution, pour se garantir contre toute contestation possible, de se faire donner un reçu écrit des sommes qu'il a payées.

Privilèges d'insaisissabilité et d'incessibilité. — Les salaires exigibles [1] des ouvriers [2] ne sont saisissables et cessibles que jusqu'à concurrence du dixième, quel que soit le montant de ces salaires. Les cessions et saisies faites pour le payement des dettes alimentaires prévues par les articles 203, 205, 206, 207, 214 et 349 du Code civil ne sont pas soumises aux restrictions précédentes, c'est-à-dire qu'en cas de saisie et de cessibilité des salaires, on commencera par défalquer le montant des dettes alimentaires prévues, le cas échéant, en faveur du conjoint, des enfants, des ascendants et des beaux-parents dans le besoin, et à proportion de ces besoins, à moins que, pour ces derniers, l'un d'eux devenu veuf ne se remarie ou que celui des deux époux qui produisait l'affinité ne soit décédé et qu'il ne reste pas d'enfant du mariage, — et en faveur de l'adopté, s'il y a lieu.

Les salaires peuvent subir des retenues en vue d'alimenter des caisses de secours ou de prévoyance en faveur des ouvriers (ouvriers mineurs, loi 29 juin 1894; et loi 27 déc. 1895 plus générale). Mais depuis la loi de 1898-1902 les retenues pour assurances contre les accidents ne sont plus licites.

La jurisprudence française admet que des retenues peuvent être opérées sur les salaires pour malfaçons dans l'ouvrage exécuté ou pour amendes [3] résultant d'infractions aux règlements d'ateliers.

Mais aucune compensation ne s'opère au profit des patrons, — et sans qu'on puisse déroger à cette interdiction ni expressément ni tacitement, car elle est d'ordre public, — entre le montant des

---

1. On ne peut donc frapper les salaires à venir.

2. Les appointements ou traitements des employés ou commis sont soumis à la même règle s'ils ne dépassent pas 2 000 fr. De là la nécessité de bien marquer la différence entre un ouvrier, dont la tâche est d'ordre plutôt matériel, et un employé ou commis dont le travail est plutôt d'ordre intellectuel.

3. Voir ci-dessus, p. 66 : *Amendes.*

salaires dus par eux à leurs ouvriers et les sommes qui leur seraient
dues à eux-mêmes pour fournitures diverses, quelle qu'en soit la
nature, à l'exception toutefois :

Des outils ou instruments nécessaires au travail ;

Des matières ou matériaux dont l'ouvrier a la charge et l'usage ;

Des sommes avancées pour l'acquisition de ces mêmes objets[1].

Cette règle de la retenue du dixième seulement n'est pas modifiée
en faveur du patron qui aurait fait des avances[2], mais, de ce chef,
elle peut venir en concurrence avec toutes les autres retenues des
créanciers, sauf celles au profit des dettes alimentaires et résultant
des compensations autorisées dans les trois cas ci-dessus énumérés[3].

Et même en fait et en général, un ouvrier ayant femme et enfants
ne peut, vu la modicité de son salaire, — chose laissée à l'appréciation souveraine du juge — être saisissable, si l'on considère que ses
salaires échus ont pour leur totalité un caractère alimentaire. (*Tr.
civ. Villeneuve-sur-Lot, 14 avr. 1894.*)

Mais une question se pose. Comment déterminer exactement le
chiffre du salaire ? Ne doit-on tenir compte que des émoluments
fixes, ou faudra-t-il y ajouter les allocations supplémentaires, en
nature (logement, etc.) ou en argent (gratifications, pourboires,

---

1. Loi du 12 janvier 1895 relative à la saisie-arrêt des salaires et petits traitements des ouvriers et employés, titre Ier. Le titre II traite de la procédure à suivre.
Ce qu'il importe d'en retenir, c'est que la saisie-arrêt ne peut être pratiquée, s'il y
a titre, que sur le visa du greffier de la justice de paix du domicile du débiteur
saisi. S'il n'y a point titre, il faut une autorisation du juge de paix du domicile du
débiteur saisi. Le juge de paix peut, soit en conciliation, soit en convoquant les
parties devant lui, tenter de faire intervenir un arrangement.

La loi du 12 janvier 1895 a été édictée pour prévenir des abus qui se produisaient dans le payement des salaires. Au lieu de payer leurs ouvriers en argent,
comme ils le doivent, certains patrons imaginaient de les payer avec des jetons,
que des fournisseurs et des marchands, en ville, recevaient comme monnaie. D'autres patrons annexaient à leurs usines des espèces de bazars, sous le nom d'économats, où les ouvriers étaient plus ou moins libres de prendre des fournitures ; à la
fin du mois, on faisait la compensation, en défalquant du salaire le total des prix
des achats faits par l'ouvrier. C'est le *Truck-system* (système du troc), qui a fait
en Angleterre ses ravages. Il ruine l'ouvrier qui a besoin de disposer de son argent à son gré, et qui, réduit à acheter dans les magasins du patron des marchandises dont il a nul besoin, les revend immédiatement pour en faire de l'argent,
et à perte, ou bien, de même se débarrasse à vil prix de ses jetons pour se procurer de l'argent. Ces économats philanthropiques (?) faisaient faire aux patrons
plus de bénéfices que leurs usines. (Lire les articles d'Eug. Fournière, *Revue socialiste*, t. II, p. 829, et t. III, p. 431.)

2. Voir ci-dessous *Avances.*

3. Art. 4 et 5 de la loi du 12 janvier 1895.

remises proportionnelles, etc.), tous les bénéfices éventuels ou non, et plus ou moins, qui peuvent s'ajouter au salaire fixe ?

La jurisprudence admet que les allocations telles que pourboires, gratifications, même quand elles constituent le principal ou le tout du salaire, sont insaisissables pour le tout, mais que les remises proportionnelles par le fait de participation aux bénéfices font partie intégrante du salaire [1].

Pour les prestations en nature la jurisprudence ne les fait pas entrer en ligne de compte pour l'évaluation du salaire, à cause peut-être de la difficulté d'évaluer précisément ces prestations [2].

Il est pourtant au moins anormal de ne pas tenir compte dans l'évaluation du salaire de certaines prestations en nature, telle que le logement. La loi aurait bien fait d'être sur ce point plus explicite.

Avances. — Les ouvriers qui, momentanément, par suite de circonstances diverses, se trouvent à court d'argent, peuvent toujours demander une avance sur leur salaire à celui qui les emploie. Les avances n'ont pour le patron aucun caractère obligatoire. Il reste seul juge de la gracieuseté à faire.

Dans le cas où il consent à accorder des avances, il ne peut en recouvrer le montant que par des retenues d'un dixième, sans qu'elles puissent l'excéder [3], sur le salaire journalier de l'ouvrier débiteur.

Si l'ouvrier quitte son patron avant d'avoir acquitté sa dette, ceux qui l'emploient ultérieurement, dès que leur parvient une demande de saisie-arrêt, font, jusqu'à l'entière libération de l'ouvrier, des retenues successives de un dixième sur le produit du travail, au profit du créancier, et, ayant exercé les retenues [4], ils avertissent l'ex-maître créancier et tiennent la somme totale de la dette à sa disposition.

Les acomptes sur un travail en cours ne sont pas considérés comme avances.

De même qu'un patron créancier d'un ouvrier n'avait pas le droit de lui retenir son livret, il faut penser qu'il ne peut pas non plus, par analogie, faire mention de la dette sur le certificat qu'il doit

---

1. Tr. civ. Lille, 2 mars 1896 ; Lyon, 13 mars 1897, etc...

2. Tr. civ. Angoulème, 30 déc. 1896 ; Just. P. Paris, 9 sept. 1897 ; tr. civ. Corbeil, 2 mars 1898, etc...

3. Art. 5 de la loi du 12 janv. 1895, abrogeant l'art. 9 de l'arrêté du 9 frimaire an XII.

4. Ces retenues peuvent, rappelons-le, venir en concurrence avec celles au profit des dettes alimentaires et des compensations autorisées.

délivrer à l'ouvrier qui le quitte ; et que, de ce chef, l'ouvrier, refusant un certificat où il en serait fait mention, pourrait poursuivre, comme il a été dit, son patron pour obtenir un certificat dans les formes légales.

Salaire de la femme et du mineur. — La femme libre ou mariée et le mineur sont régis, pour tout ce qui concerne les salaires, par les dispositions générales. Leur salaire ne leur appartient pas : le mari, chef de la communauté, qui est le régime à peu près général des ménages ouvriers, a légalement le droit d'exiger que le salaire de sa femme lui soit remis, et il est libre alors d'en disposer à son gré. Le père, s'il est vrai qu'il n'a que l'administration légale du salaire de son enfant, pèut le toucher néanmoins et en disposer, à la condition d'en rendre compte, — protection illusoire. On verra, il est vrai, que quelques mesures spéciales ont cependant été édictées en faveur des salaires des femmes et des mineurs, notamment en ce qui concerne les versements à la caisse d'épargne, à la caisse des retraites pour la vieillesse, et le droit, avec son corollaire : l'obligation de payer la cotisation, de faire partie des sociétés de secours mutuels et des syndicats. Mais tout cela est bien limité. Les législations étrangères sont plus justement audacieuses. Deux propositions de loi présentées le même jour, le 9 juillet 1894, sont en discussion devant le Parlement : l'une de MM. L. Jourdan, etc., députés (Doc. parl., n° 803 ; *J. O.*, p. 1135), ayant pour objet de protéger la femme contre certains abus de la puissance maritale ; l'autre, de M. Goirand, député (Doc. parl., n° 801 ; *J. O.*, p. 1133), objet d'un rapport sommaire de M. T. Goujon, le 20 décembre 1894 (Doc. parl., n° 1094 ; *J. O.*, p. 2233). Soumises à l'examen d'une commission spéciale nommée le 14 février 1895, après un rapport de M. Goirand du 14 novembre 1895 (Doc. parl., n° 1609 ; *J. O.*, 1472), et sur urgence déclarée, elles ont été discutées et adoptées par la Chambre le 27 févriér 1896 (*J. O.*, p. 313). Transmises au Sénat le 2 mars 1896 (Doc. parl., n° 47 ; *J. O.*, p. 117), elles n'en sont pas encore revenues [1].

---

1. Il faut déplorer que la femme mariée n'ait pas le droit de disposer des produits de son travail. Parmi les populations ouvrières, il arrive fréquemment que la mère de famille active, intelligente, dévouée à son mari et à ses enfants, se livre à un labeur sans repos ni trève, amasse péniblement, à force d'économie et de privations, les res-

Législation comparée. — Le payement des salaires par des marchandises, ou *truck-system,* a été interdit dans la plupart des pays, en Suisse, par exemple (*loi 23 mars 1877*), sous peine de 2 000 fr. d'amende, dans le canton de Neufchâtel, à Zurich. Dans la Grande-Bretagne, la loi du 14 août 1896, ou *Truck act* 1896, amendant et complétant les *Trucks acts* de 1831 et 1887, ordonne que le salaire soit payé en monnaie ayant cours légal et décide qu'en cas de violation de cette prescription par le patron, l'ouvrier serait en droit de réclamer un second payement régulier, sans qu'il y ait lieu de tenir compte de la marchandise fournie ; une loi du 16 septembre 1887 a chargé les inspecteurs des manufactures et des usines d'assurer l'observation de la loi de 1831.

Les mêmes préoccupations ont inspiré la loi belge du 16 août 1887, qui prescrit des payements à intervalles réguliers, la loi allemande du 1er juin 1891 (*art. 115 et s.*), la loi autrichienne du 8 mars 1885 (*art. 78*).

En ce qui concerne les économats, diverses législations en subordonnent l'ouverture à l'autorisation préalable (Belgique, Russie), ou à certaines conditions d'équivalence entre les prix d'achat et les prix de vente (Allemagne, Autriche).

Quelques dispositions réglementaires ont été prises, en ce qui touche l'époque du payement, par certaines lois des États-Unis (L. 23 mai 1887, Pensylvanie), la loi suisse, 23 mars 1877 amendée par la loi du 26 juin 1900[1], par la loi belge du 18 août 1887, par la

---

sources destinées à l'entretien des siens. Le mari au contraire est paresseux, dissipateur, débauché, adonné à l'ivrognerie. En vertu de son droit d'administrateur de la communauté, de cette omnipotence qui lui permet de toucher le salaire du travail de sa compagne, il peut, une somme à peine gagnée, en mésuser comme il l'entend. — Il paraît que la séparation du patrimoine, selon le rapport Goirand, sans publicité, pourrait léser des tiers, le mari débiteur trouvant ainsi un moyen de soustraire telle partie de sa fortune à ses créanciers. On invoque aussi la raison de l'autorité du père de famille. Le malheur, c'est que les nations où la protection de la femme mariée sur les produits de son travail est en vigueur sont précisément celles où la famille est le plus solidement établie. Voir *Législation comparée.*

1. Les chefs d'entreprises sont tenus de régler leurs ouvriers au moins tous les quinze jours, au comptant et en monnaie légale ; par entente spéciale et préalable, les parties peuvent convenir que le payement se fera tous les mois. La partie du salaire portée à compte nouveau le jour de la paye ne doit pas excéder le salaire dû pour six jours. Pour le travail aux pièces, les conditions de payement sont fixées de gré à gré sans que le payement ait lieu après le premier jour de paye qui suit l'achèvement de l'ouvrage. Pour les travaux dont l'exécution exige plus de douze jours, l'ouvrier a droit, le jour de paye, à un acompte correspondant au travail effectué.

loi luxembourgeoise de 1895. Diverses lois anglaises et notamment du 20 août 1883, la loi belge, etc., prohibent, sous peine d'amende, le payement des salaires dans les cabarets [1].

Enfin, la loi belge du 17 juin 1896 donne aux ouvriers le droit de contrôler les mesures, pesées, opérations quelconques ayant pour but de déterminer la quantité ou la qualité de l'ouvrage par eux fourni et de fixer ainsi le montant du salaire [2].

Il n'existe pas en France de loi fixant un minimum de salaire pour l'ouvrier. Une proposition de loi en ce sens pour la protection du travail et des travailleurs agricoles a bien été présentée par M. Vaillant, député, le 27 juin 1898 (Doc. parl., n° 118; *J. O.*, p. 1285), mais ce n'est là qu'une proposition. Dans d'autres pays, c'est un fait acquis que l'établissement d'un minimum de salaire [3].

Ainsi, dans la *colonie de Victoria,* des tarifs de salaires sont imposés suivant les industries et les époques; par exemple : 1 fr. 25 c. l'heure pour les boulangers, les apprentis touchant au moins 6 fr. 25 c. par semaine; les ouvriers de l'habillement, 9 fr. 35 c., et les ouvrières, 4 fr. 15 c. par journée de huit heures; les ouvriers en chaussure, 8 fr. 75 c. par jour; les ouvrières en bonneterie, 0 fr. 40 c. l'heure ou 20 fr. par semaine de quarante-huit heures; les ouvriers de l'ameublement, dans les villes seulement, touchent 10 fr. par journée de huit heures, soit 1 fr. 25 c. l'heure.

En *Suisse,* la loi du 10 février 1900 fixe le mode d'établissement des tarifs d'usage entre ouvriers et patrons et règle les conflits.

En *Autriche-Hongrie*, il est opéré des retenues sur les salaires, comme amendes préventives, pour couvrir le patron des pertes causées par la faute de l'ouvrier, telles que les pièces manquées ou gâtées, et pour payer les frais de cantine et de nourriture, en particulier la consommation des boissons spiritueuses, pour régler certaines dettes particulières, pour payer l'éclairage des ateliers, le nettoyage des lieux d'aisances, les frais d'entretien et de réparation

_____

1. La proposition de loi Ferroul sur les règlements d'atelier porte que les payements ne pourront plus se faire que dans l'usine ou dans l'un de ses bureaux, et un jour de travail.

2. Quiconque entrave le contrôle est passible d'une amende de 50 à 2000 fr. De même sont punies les tromperies relatives à la détermination du salaire. Les inspecteurs du travail ont mission d'assurer l'exécution de la loi.

3. Se rappeler d'ailleurs ce qu'il faut entendre exactement par cette expression : minimum de salaire.

des tours et des divers appareils dans les établissements où les ouvriers ont à supporter personnellement ces sortes de frais.

En *Nouvelle-Zélande, the Wagers Protection Act 1899* (loi sur la protection des salaires) interdit formellement aux patrons d'exiger d'une manière quelconque aucune contribution de leurs ouvriers au payement d'une prime d'assurance sur les accidents dont la responsabilité est à la charge des patrons. Mais surtout une loi du 21 octobre 1899 (*The employment of Boys and Girls without Payment Prevention Act 1899*) fixe à 5 fr. (4 shillings) par semaine pour les filles et 6 fr. 25 c. (5 shillings) pour les garçons le salaire minimum des garçons et filles âgés de moins de dix-huit ans, employés à quelque travail que ce soit dans une fabrique ou un atelier. En cas de défaut de payement intégral et ponctuel, il est prévu 6 fr. 25 c. de dommages et intérêts par jour de retard après le quatorzième. A peine de 250 fr. d'amende, il est défendu au patron de recevoir aucune somme de quiconque pour embaucher un enfant dans sa fabrique ou son atelier.

On sait que la France ne protège pas le salaire de la femme mariée, et on a vu qu'il en est autrement en Belgique. En *Angleterre*, la loi du 9 août 1870, en son article 1er, édicte : « Les gages ou salaires acquis ou gagnés par une femme, dans tout emploi, profession, commerce où elle est engagée ou qu'elle exerce à part de son mari, ainsi que toutes sommes d'argent ou autres biens acquis par elle dans l'exercice de quelque talent littéraire, artistique ou scientifique, et tous placements de payements, gages, salaires, sommes d'argent ou autres biens, seront considérés et traités comme propriétés particulières de la femme, affectés à son usage personnel, en dehors de tout contrôle du mari, et les quittances de la femme vaudront seules décharge pour ces gages, salaires, sommes d'argent et autres biens. »

L'Écosse, la Suède (*11 déc. 1874*), le Danemark (*7 mai 1880*), la Norvège (*29 juin 1888*), la Finlande (*15 avr. 1889*), la Suisse (*7 nov. 1894*) ont promulgué des dispositions analogues [1].

---

1. Pour de plus amples notions et points de comparaisons entre les divers salaires suivant les pays et suivant les industries, consulter le *Bulletin de l'Office du travail* :

Année 1895, p. 663. Salaires des travailleurs manuels d'après les résultats d'une enquête publiés par le Board of Trade, dans la *Grande-Bretagne ;*

Pour les privilèges relatifs aux salaires, il est en Belgique (*C. Com. 545*) et en Italie (*C. Com. 761-1°*) de six mois pour les commis et d'un mois pour les ouvriers; en Angleterre (*L. 24 déc. 1888, art. 1er*) de deux mois jusqu'à concurrence de 25 livres sterling pour les ouvriers et journaliers, et de quatre mois jusqu'à concurrence de 50 livres sterling pour les commis et domestiques; en Suisse (*L. 11 avr. 1889, art. 219*) les gages des domestiques pour une année, les traitements des employés et commis pour six mois, le salaire des ouvriers à la journée, à la semaine, au mois ou à la pièce, pour trois mois, sont placés dans la première classe des créances à privilège général; en Allemagne (*L. 10 fév. 1877*) les créances ont un privilège en même ligne, pour l'année qui précède l'ouverture de la faillite.

Enfin les lois anglaise (*14 juill. 1870*), allemande (*21 juin 1869-29 mars 1897*), norvégienne (*29 mars 1890*) et brésilienne aussi prescrivent l'insaisissabilité totale du salaire ouvrier sans limitation. — Prescrivent l'insaisissabilité, les lois autrichiennes (*25 avr. 1873-26 mai 1888*), absolue pour les salaires n'excédant pas 800 florins, et des deux tiers pour les salaires supérieurs, — les lois hongroises (*1er juin 1881*), absolue pour les salaires inférieurs à 1 florin 50; espagnole (*C. civ.*), au-dessous de 24 réaux (6 fr.) par jour.

Les lois belge (*18 avr. 1887*), suisse (*11 avr. 1889*), luxembourgeoise (*12 juill. 1899*), russe (*1886*) n'admettent la saisissabilité qu'aux taux respectifs de un cinquième, fixé par l'autorité judiciaire, de un dixième quand ils n'excèdent pas 6 fr. par jour, et

Année 1897, p. 534. Travail et salaires des hommes, femmes et enfants aux *États-Unis*.
Année 1898, p. 807. Salaire des ouvriers arrimeurs à Hambourg (*Allemagne*).
Année 1898, p. 950. Taux des salaires à Berlin.
Année 1898, p. 964 et suivantes. Tableaux très nets publiés par l'Office du travail de Washington (*États-Unis*) donnant les résultats d'une enquête poursuivie dans un certain nombre de grandes villes d'Amérique et d'Europe sur les variations des salaires de 1870 à 1896, dans 25 professions industrielles.
Année 1899, p. 1027. Salaire des ouvriers municipaux à Zurich (*Suisse*).
Année 1899, p. 1017. Salaires industriels et agricoles au *Japon*. Tableau comparatif, d'après le *Résumé statistique de l'empire du Japon*, 13e année.
Année 1899, p. 173. La main-d'œuvre aux mines d'or.
Année 1900, p. 1025. Salaires des ouvriers du port de Livourne (Italie). Cinq *lires* ou francs par jour pour l'embarquement ou le débarquement de la marchandise proprement dite : six *lires* par jour aux débardeurs pour le blé et sept *lires* pour le charbon, différence qui s'explique par les modes divers d'arrimage du blé et du charbon (lesquels arrivant en vrac, nécessitent un labeur plus pénible). Les prix de la nuit ne peuvent être inférieurs à 6, 7, 8 lires selon les marchandises, comme ci-dessus. Etc., etc.

de un tiers ou de un quart suivant que le salarié est célibataire ou
marié et père de famille.

Participation aux bénéfices. — Le contrat de participation aux
bénéfices, dans le sens absolu, est peu usité. Dans ce contrat, en
effet, les ouvriers devraient supporter les pertes, et ils ne peuvent,
ni ne désirent, sans doute, y consentir, n'ayant pas les capitaux suffisants et nécessaires. De son côté, le patron accepterait difficilement
le contrôle auquel il serait tenu, la vérification des livres et de l'inventaire que pourraient faire les ouvriers pour se rendre un compte
exact de la situation pécuniaire de l'entreprise.

Ce contrat, d'ailleurs, par ses caractères, rentre dans l'étude des
sociétés coopératives de production [1].

Un projet de loi sur les sociétés coopératives consacre le titre VI,
articles 41-46, à la participation aux bénéfices. Les ouvriers seraient
dispensés de responsabilité en cas de pertes. Si ce n'est là une disposition d'ordre public, il faut supposer que l'ouvrier sera action-
naire, — petit si l'on veut, — et par ce fait intéressé à la prospérité
de l'entreprise. Pour les vérifications et le contrôle, droit auquel
toute renonciation serait nulle, — on espère que, s'exerçant avec
discrétion, par l'intermédiaire d'experts et d'arbitres à l'amiable, on
évitera les conflits et les débats en justice.

« Si les conditions du contrôle n'ont pas été fixées dans le contrat,
dit l'article 43, un ou trois experts comptables seront désignés,
chaque année, d'avance et d'un commun accord, par le chef de la
maison et par l'assemblée générale des participants, pour constater
si l'inventaire est régulièrement établi, et si la part de bénéfice qui
revient au personnel est réellement attribuée. A défaut de désignation faite d'accord par les intéressés, les experts seront nommés
d'office, sur simple requête, soit par le président du tribunal civil,
soit par le président du tribunal de commerce [2] ».

---

1. Voir même livre, chap. II : CONFLITS COLLECTIFS, II, 5, la Coopération, p. 220.
2. Ce projet de loi, voté par le Sénat après les séances des 24 novembre, 7, 8, 11 décembre 1893, par la Chambre des députés, après discussion aux séances des 3 et
7 mai 1894, transmis au Sénat le 7 juin 1894, avait été l'objet de rapports de MM. Lourties, sénateur, le 11 juillet 1893, et Doumer, député, les 23 janvier 1893, 19 février 1894,
au nom des commissions des deux assemblées ; il semblait fait pour aboutir. Les modifications proposées au texte comportaient des améliorations de rédaction et de détail,
qui, malgré une certaine importance, ne devaient entraîner ni discussions vives ni
retard. On espérait que par des conférences entre les présidents et rapporteurs des

Ce projet de loi n'ayant pas abouti, le contrat de participation aux bénéfices reste sans réglementation juridique.

Ce qui, dans la question qui nous occupe, se pratique en fait et tend à se généraliser, est un mode de participation aux bénéfices en dehors de toute association. Les patrons, en plus du salaire qu'ils payent à leurs employés, leur font un tant pour cent sur les salaires ou les bénéfices ; en sorte que, sans responsabilité pour les ouvriers, sans nécessité de subir aucun contrôle de leur part, les patrons ont créé le contrat de participation aux bénéfices. Institution d'ailleurs très intelligente, à laquelle patrons et ouvriers trouvent leur compte, ceux-ci, stimulés par l'appât d'un gain possible, faisant prospérer l'entreprise dans l'intérêt de ceux-là. Le langage ordinaire, très justement, dit que les ouvriers sont *intéressés* [1].

---

deux commissions, on arriverait à une entente pour rédiger un texte susceptible d'être voté par les deux chambres. La commission du travail l'avait adopté à l'unanimité. Tous ces efforts ont été stériles. Le projet de loi reste, ni voté ni promulgué, dans les dossiers parlementaires.

Cet échec, d'ailleurs, n'est pas imputable à la participation aux bénéfices, dont la réglementation avait été votée par le Sénat et par la Chambre, sans que s'élève de conflit entre les deux assemblées. Ce sont les dispositions relatives aux sociétés coopératives de consommation qui ont créé le conflit, la Chambre voulant les faire bénéficier de certaines immunités fiscales, le Sénat s'y refusant, et ayant même depuis, au surplus, par un vote formel du 14 février 1902, assujetti à la patente les sociétés coopératives de consommation.

Ainsi la participation aux bénéfices pâtit de l'hostilité du Sénat contre les coopératives, le projet de loi ayant été rejeté en bloc.

Tout ceci contient un enseignement. C'est que, pour aboutir à un résultat pratique, il serait nécessaire de sérier les réformes, de ne pas vouloir les réaliser ensemble, et de ne pas faire déborder les questions les unes sur les autres, dans un même projet. A ce point de vue, il y aurait fort à dire. Le législateur agit par boutades, comme un touche-à-tout. Et quand par hasard une réforme aboutit, la loi se ressent de cette méthode défectueuse.

On a déjà rencontré, à propos du louage de services et d'ouvrages, une loi (*du 27 déc. 1890*) qui complète l'article 1780 du Code civil ; l'article 1er de cette loi certes est bien à sa place ; mais vraiment il faut se demander ce que vient faire là l'article 2 sur les statuts et règlements des caisses de secours et de retraites des Compagnies de chemins de fer. Il y a là deux objets tout à fait distincts, et il ne suffit pas, pour les associer ainsi dans un même article du Code, où l'un au moins n'a rien à faire, que la même occasion leur ait donné naissance. Il n'y avait qu'à voter deux lois différentes.

1. Le commis intéressé d'une maison de commerce, autorisé par une décision judiciaire à prendre communication des livres de la maison et à se faire remettre un inventaire, a le droit d'obtenir une copie certifiée de cet inventaire et de se faire représenter par un expert dans la vérification des livres et documents dont la communication lui était due. (*Cass., 3 janv. 1877; Nîmes, C. app., 20 juill. 1864; Rennes, C. app., 29 juin 1871; Chaumont, Tr. com., 19 févr. 1838; Lyon, 2 déc. 1899.*) Cette jurisprudence s'applique par analogie aux ouvriers; mais il faut penser que cet arrêt se réfère au système de participation par association.

Pour le taux de la participation aux bénéfices en faveur des ouvriers, plusieurs systèmes sont adoptés, dont les plus fréquents sont les suivants :

1° La participation avec quantum déterminé ; la part du personnel est fixée au prorata des bénéfices nets, ou du chiffre brut des affaires ;

2° La participation sans quantum déterminé ; les chefs d'établissement se réservent le droit de fixer, après chaque inventaire et à leur gré, les sommes à distribuer aux participants.

Pour le mode de répartition, une fois le taux de la participation établi, les divers procédés en usage tiennent compte des salaires, de l'ancienneté, de l'importance des fonctions, du mérite, de la production individuelle, suivant une proportion, et souvent d'après l'appréciation du chef d'établissement.

La Compagnie des mines de Carvin a été plus loin. Dès 1895, elle a ajouté à ses statuts un article qui prévoit un prélèvement sur les bénéfices en faveur de son personnel, et qui doit être consacré à l'achat de cinquièmes d'actions de la Compagnie, à répartir entre employés et ouvriers. C'est ainsi qu'après avoir traversé une crise, la Compagnie a pu, en 1900, distribuer vingt-cinq cinquièmes d'actions dont deux aux employés et vingt-trois aux chefs ouvriers et ouvriers[1].

LÉGISLATION COMPARÉE. — A Londres, la Compagnie métropolitaine du gaz du Sud a trouvé équitable de faire participer son personnel aux bénéfices. Le cahier des charges de sa concession, réglant le dividende qu'elle est autorisée à prélever suivant une échelle mobile[2]

---

1. Les employés, pour participer à la distribution, doivent avoir quinze ans au moins de services ; et sur la liste des employés qui remplissent cette condition, le conseil d'administration choisit, d'après leur mérite et les services rendus, ceux qui recevront un cinquième d'action.

Pour les ouvriers la condition de temps est la même ; mais la liste est dressée dans l'ordre qui résulte du nombre de points attribués à chacun, d'après les règles suivantes :

1° Par année de services, 2 points ; 2° par enfant ou gendre travaillant à la Compagnie depuis un an au moins, 10 points ; 3° capacité professionnelle, de 1 à 10 points ; 4° actes de courage, sauvetage, etc..., de 1 à 10 points ; 5° exactitude au travail, de 1 à 15 points.

Sur la liste ainsi établie les ouvriers sont pris jusqu'à concurrence du nombre de cinquièmes à répartir.

2. On appelle échelle mobile un procédé qui consiste à fixer, à des époques convenues, par une entente entre ouvriers et patrons, le taux du salaire, en se basant sur les résultats de bénéfices connus de l'entreprise. Ainsi, on détermine la paye d'après le prix de vente d'une période écoulée. Il est évident qu'il y a dans ce système une part d'aléa, la paye présente correspondant à un temps passé. Mais à la longue une compensation s'établit. Et d'ailleurs en renouvelant l'échelle fréquemment, on arrive à des différences presque insensibles.

Il n'y a, à ma connaissance, qu'un seul exemple de ce procédé en France : il n'est appliqué que dans les Deux-Sèvres, aux mines de Saint-Laur. « Les ouvriers recevront à titre d'augmentation de salaire et au fur et à mesure que les cours des charbons augmenteront, la moitié de cette augmentation, suivant une échelle mobile dont le minimum sera le cours actuel. » (*Bull. off.*, 1899, p. 1084.)

qui élève d'autant plus ce dividende que le prix de vente du gaz au public est plus réduit, elle alloue une prime de 1 p. 100 sur tous les salaires par décime de réduction qu'elle a pu faire subir depuis lors au prix du gaz. Le total des sommes versées aux ouvriers en 5 ans a été de un million 300 mille francs environ.

La Société des mines de Durham emploie le même procédé pour la répartition des bénéfices, et la Fédération des mineurs du Pays de Galles du Sud profite d'une combinaison analogue qui, en 1900, a élevé les salaires de 5 p. 100 sur le taux de 1879.

Dans un travail publié par le *Labour department* d'Angleterre sur les résultats de la participation aux bénéfices dans le Royaume-Uni, M. D.-F. Schloss montre que la proportion des bonis distribués est de 4,4 pour cent sur 83 cas considérés. L'auteur a exclu de ses investigations tout ce qui ressemblait à la participation des coopératives, n'y comprenant que le système d'allocations et de gratifications aux employés, en tant qu'*intéressés,* en dehors de toute association.

Le même M. Schloss, dans six monographies consacrées à des usines des États-Unis, du Canada et de l'Angleterre, prouve par des faits que l'application des principes de la participation aux bénéfices, sans société, donne d'excellents résultats, à la commune satisfaction des maîtres et des ouvriers.

———

II. — CHOMAGE ET PLACEMENT

1. — Généralités.

Le chômage est le temps que l'on passe à ne pas travailler. Il y a des jours de chômage officiel et légal, jours de relâche, non point que le travail manque, mais jours d'interruption consacrés au repos. Ce chômage-là est un bienfait.

Un autre chômage est le chômage forcé, par suite de l'absence de travail et de l'impossibilité pour un ouvrier de s'en procurer, malgré ses désirs.

Les statistiques dressées après enquêtes, par les divers bulletins économiques, de quelque pays qu'ils soient, *Bulletin de l'Office du travail*, en France, *Labour Gazette*, en Angleterre, *Revue du travail* belge, *Annual reports of the Bureau of Labour Statistics of the State of New York*, aux États-Unis, etc., constatent qu'il ne cesse pas d'exister une proportion variant entre 3 et 16 p. 100 de la population ouvrière qui est soumise continuellement au chômage forcé, soit une moyenne de 9 à 10 p. 100.

Le chômage est le plus souvent le résultat d'un excès de production occasionné par des facilités excessives de crédit accordées au commerce ou à l'industrie. Lorsque la production est exagérée et va au delà de ce que le public peut payer, — et non point consommer, car la puissance de consommation est presque illimitée, — alors, comme on n'achète plus, l'industrie n'ayant plus l'écoulement de ses produits, cesse de produire, et les ouvriers, par le fait, se trouvent inoccupés et tombent au chômage forcé.

L'invention de machines nouvelles cause presque toujours une crise de chômage, d'ailleurs éphémère et largement compensée par la suite. Les guerres, les disettes, les mauvaises années agricoles, sont des causes de chômage.

Le chômage, dit *morte-saison*, que subissent, dans tous les pays, certaines industries, à époques fixes, se reproduisant avec une régularité normale, parce que certains besoins de la consommation sont périodiques ou se manifestent avec plus d'intensité à des moments presque prévus, chômage sujet à la mode, au temps plus ou moins propice (modes, tailleurs, bâtiment, marchands de marrons, cafés) entraîne rarement des catastrophes, malgré la gêne momentanée à laquelle il oblige, et on peut se mettre en garde contre lui, dans une certaine mesure, précisément parce qu'on le prévoit.

Le chômage forcé est un fléau pour l'industrie et une source de calamités pour le monde du travail.

Au point de vue matériel, cause de privations et de misères pour celui qui le subit ainsi que pour sa famille, il a une répercussion douloureuse sur la fortune générale : les consommateurs diminuant ou réduisant par force leurs dépenses, les débouchés diminuent d'autant, et la production suit le mouvement. Au point de vue moral, c'est pis encore. Le travail est dans l'ordre ; le non-travail est le désordre. L'ouvrier inoccupé, désœuvré, sort de chez lui, s'excite dans des milieux malsains. Sa souffrance l'aigrit, l'alcool ne le console pas. Il contracte des habitudes de paresse. Les mauvais exemples et les pires conseils le guettent. Il devient misérable ; il a faim. De la classe malheureuse à la classe criminelle, quelle distance y a-t-il ? Tous les moralistes l'ont dit : l'armée du crime se recrute, en grande partie, parmi les travailleurs dévoyés à la suite d'un involontaire chômage.

On comprend que la société soucieuse de son intérêt et aussi de ses membres malheureux ait cherché à porter un remède à un mal aussi grave que le chômage. Mais poser le problème n'était pas le résoudre.

De bons philosophes ont conseillé l'épargne, excellente chose en soi, et pour elle-même, pour les résultats moraux chez l'ouvrier, — mais qui fait sourire quand on songe que le maigre salaire des ouvriers suffisant à peine à leurs nécessités présentes devrait accomplir cette merveille de parer aux vicissitudes de la vie ouvrière[1].

Les âmes généreuses ont songé tout naturellement à l'aumône. Et c'est souvent par là qu'il faut commencer.

Mais l'aumône, on l'a dit, atteint rarement la vraie misère, celle qui, par pudeur et par fierté, se cache ; et c'est le cas du chômeur involontaire. L'aumône n'a pas diminué le paupérisme. Elle a créé peut-être la caste des mendiants professionnels.

Pour essayer de remédier à cette exploitation des bourses sensibles par les quémandeurs fainéants, on a essayé du système de la charité en nature. Au lieu d'argent, on donne, à qui demande, un bon représentant une quantité de pain ou un loyer d'hospitalisation. Mais les professionnels de la mendicité ont trouvé le moyen de faire valoir le bon reçu[2].

---

1. Voir Liv. III : Institutions de prévoyance, I. *Considérations générales.*

2. Maxime du Camp a révélé leur astuce. « Autrefois, dit-il, les mendiants ne recevaient les bons qu'en rechignant. Ils grommelaient : Que voulez-vous que je fasse de ce carton ? Aujourd'hui ils en font le trafic. Quand un de ces malingreux a réuni trente bons, représentant pour celui qui les a achetés une valeur de 3 fr., et au moins une valeur double pour celui qui voudrait les utiliser correctement, il va les vendre à un marchand de vin connu pour en faire marchandise. Trente bons sont payés seize sous, plus un double petit verre d'eau-de-vie. L'affaire n'est pas mauvaise pour le marchand de vin chez lequel les 80 centimes sont généralement dépensés et bus ; en outre, il envoie chercher la nourriture ; il la « raccommode », et la sert à

L'aumône est donc impuissante à soulager la misère. Elle manque son but et, d'ailleurs, dans une société civilisée, elle est une anomalie.

On tend à faire prévaloir aujourd'hui, pour remédier au chômage, différents systèmes dont les principaux sont : l'assistance par le travail et l'assurance. La législation restrictive au séjour des étrangers en France, et les œuvres et établissements de placement viennent pour leur part atténuer l'étendue et les effets du chômage.

2. — L'assistance par le travail.

Son principe. Son histoire. — Œuvres privées d'assistance. — Travaux de secours. — Rôle et avenir de l'assistance.

Son principe. — L'assistance par le travail a pour principe fondamental de faire gagner à l'ouvrier momentanément sans ouvrage un salaire dont il vit, en lui procurant un travail de secours temporaire, jusqu'à ce qu'il retrouve un travail permanent et régulier. On s'est avisé en effet que le travail est le meilleur soulagement à la misère passagère des ouvriers valides [1].

L'assistance par le travail participe donc d'un sentiment de solidarité sociale, qui n'est point la charité pure et simple, aboutissant à l'aumône ; elle sauvegarde la dignité du travailleur qui gagne en définitive le salaire qu'il reçoit en rémunération de sa main-d'œuvre.

Elle s'adresse aux nécessiteux valides des deux sexes, nécessiteux accidentels ou mendiants de profession, pour fournir aux premiers le moyen de ne pas tomber dans la misère et ses suites, et pour rendre aux seconds, avec l'habitude du travail, le sentiment de leur dignité personnelle.

---

bon prix aux cochers de voitures de place, car *leur* cabaret est toujours voisin d'une station de fiacres. C'est de l'argent placé à gros intérêt ; les 30 portions, achetées 16 sous, sont revendues 30 centimes chacune ; et c'est ainsi que la charité enrichit certains débitants de boissons. »

M. Barthélemy rapporte, dans un des anciens Bulletins des travaux de l'Université de Lyon, que, de même, les bons de couchage de la presse se vendent, par un procédé similaire, à un taux oscillant entre deux et six centimes.

1. « Le mal dont souffre l'ouvrier, c'est le manque de travail. Le travail est donc le remède naturel, adéquat, qui guérit le mal à sa source. » (*Cheysson*, Rapport à l'assemblée générale de l'Union d'Assistance par le travail du marché Saint-Germain.)

Et puisqu'il faut travailler pour recevoir un salaire, dans ce système, on peut dire qu'il permet d'établir une distinction rationnelle entre le paresseux, mendiant professionnel, et le travailleur, mendiant honteux et d'occasion qu'il faut sauver.

Son histoire. — L'assistance par le travail n'a d'abord été qu'une opération de voierie contre la mendicité et le vagabondage [1].

Mais, dès le 15 mars 1551, le Parlement aperçoit la nécessité d'organiser un travail libre, différent du travail à la chaîne, distingue entre l'assistance et la répression, et émet l'idée nouvelle de travaux de secours, qui va devenir féconde. « En toutes républiques, dit-il dans un arrêt à cette date, il est très nécessaire *avoir œuvres publiques* pour employer les oiseux et fainéants... lesquels ne peuvent trouver le moyen de gagner leur vie en aucune saison de l'année comme en hiver et sont quelquefois et bien souvent *contraints de mendier* [2]. »

La création de l'Hôpital général en 1656 fut la première application officielle du principe de l'assistance par le travail [3].

---

1. Un édit du Parlement en date du 4 février 1516 enjoint à tous les officiers du roi ou de la ville de prendre ou faire prendre « tous les caymens marraulx ou belietres, puissants et sains de leurs membres, pour iceux prisonniers ètre mis à besogner tant à la réfection des murailles, curer et nettoyer les fossés, rues et égouts, qu'en tous aultres ouvrages et besognes publiques qu'il est et sera pour l'avenir nécessaire à faire ».

Le roi, pour forcer au travail, menaçait de peines corporelles les « personnes, tant hommes que femmes, truandant les aucuns et les aultres (qui) se tiennent en tavernes et bordeaux, gens oiseux ou joueurs de dés, qui soient sains de corps et de membres ».

Henri II, par l'édit du 15 juillet 1547, envoyait les mendiants « oiseux et quémandeurs en galères pour y tirer par force la rame ».

2. Ces notions si humaines n'ont point empêché qu'en 1596, le 29 août, le Parlement ne fit brutalement « injonction très expresse à tous les vagabonds, gens sans aveu et sans maître, à tous les pauvres valides qui ne sont pas de Paris, d'en sortir dans les 24 heures et de se retirer chacun au lieu de sa naissance, à peine d'être pendus et étranglés sans forme ni figure de procès ».

Il est vrai que la plaie de la mendicité était alors à son comble. C'était le temps de la Cour des miracles où tous les faux invalides se retrouvaient le soir, l'escarcelle garnie, ayant exploité en simulant des infirmités le public charitable, et par enchantement redevenaient sains et bien constitués. On connaît les noms de tous ces faux infirmes, avec leurs instructeurs attitrés ; les *cagous*, les *piètres*, contrefaisaient les estropiés ; les *malingreux*, couverts d'ulcères, se donnaient pour hydropiques ; les *mercandiers* se disaient des artisans ruinés par la guerre ; les *orphelins* se montraient presque nus l'hiver ; les *polissons*, bandes déguenillées, allaient en pleurnichant, sébille en main ; les *francs-mitoux* simulaient des attaques de nerfs, avec leurs confrères plus généralement épileptiques.

3. « Il y avait alors à Paris 40 000 pauvres « vivant en païens, toujours en adultères, concubinage, ou mélange ou communauté de sexes ; faisant commerce de pauvres enfants qu'ils torturaient de violences et contorsions. Parmi eux plus d'intégrité de sexe après cinq ou six ans. » (*Recueil des pièces sur l'Hôpital général*, à la Bibliothèque de l'Arsenal.)

· Les pauvres valides furent hospitalisés. Chaque corps de métier devait fournir deux compagnons (même les maîtresses-lingères, deux filles), pour apprendre leur métier aux enfants de l'hôpital[1]. Désormais il était défendu de mendier ; en cas de récidive, on risquait le fouet et les galères. Cet essai ne réussit pas[2]. L'Hôpital général fut fermé.

Turgot reprit l'idée, voulut la réaliser grandement. Il créa des ateliers de charité, pour les pauvres valides, qui, dit-il, « ont besoin de salaires ». C'est lui qui a eu la première idée des travaux de réserve que nous retrouvons sous tous les régimes[3]. Les ateliers de charité furent ouverts à tout venant. « Comme leur but est de procurer du secours aux personnes qui ont les plus grands besoins,... il est indispensable d'y admettre toutes celles qui sont en état de travailler : hommes, femmes, vieillards et jusqu'aux enfants... »

On aperçoit même chez Turgot le désir d'aller encore plus avant dans l'œuvre d'assistance. A côté de l'ouvrier isolé, il voit l'ouvrier chargé de famille. « Ce n'est point pour lui-même que souffre l'homme de journée, l'ouvrier, le manœuvre ; ses salaires, s'il était dégagé de tous liens, suffiraient pour le nourrir ; ce sont sa femme et ses enfants qu'il ne peut soutenir ; et c'est cette portion de la famille qu'il faut chercher à occuper et à salarier. »

L'œuvre de Turgot a été presque un succès[4].

La Révolution n'oublia pas l'exemple de Turgot. Le comité de mendicité ne fit que poser le principe du *droit au travail*. « Le devoir de la Société est de chercher à prévenir la misère, de la secourir, d'offrir du travail à ceux auxquels il est nécessaire pour vivre, de les y forcer s'ils s'y refusent[5]... »

Des ateliers de secours furent fondés. Des chantiers furent ouverts. Ils

---

1. Moyennant quoi, d'ailleurs, les deux compagnons et filles acquéraient de droit la maîtrise cinq ans après.

2. Et en 1712, Louis XIV vieilli reconnaissait mélancoliquement cet échec : « On voit, disait-il, des pauvres mendier dans les rues, les églises et les places publiques, presque en aussi grand nombre qu'avant l'établissement de l'Hôpital. » Ils n'étaient donc pas aux galères ! Les lois de police restaient sans sanction, ou les hérétiques huguenots avaient-ils suffi à peupler les bancs de rameurs ?

3. Voir ci-dessous la circulaire ministérielle relative aux travaux de secours. « Il semble, disait Turgot, que tous les propriétaires aisés pourraient exercer une charité très utile et qui ne leur serait aucunement onéreuse, en prenant ce temps de calamité, — c'était durant la disette de 1770-71, — pour entreprendre dans leurs biens tous les travaux d'amélioration ou même d'embellissement dont ils sont susceptibles... »

4. Il ne faut pas être trop ému par des déficits de 60 000 livres que nous trouvons dans les situations financières des ateliers, sur des budgets qui dépassaient le million, — surtout quand on compare avec ceux des institutions d'État qui vont suivre.

5. Et dans un rapport imprimé le Comité était plus catégorique encore : « Si celui qui existe a le droit de dire à la Société : Faites-moi vivre, — la Société a également le droit de lui répondre : Donne-moi ton travail. »

ne réussirent pas. L'encombrement fit tomber les salaires. La discipline n'y fut pas observée [1]. On n'y travaillait pas [2]. Ils étaient mal administrés [3].

La République de 1848 fit la même impossible expérience. Elle créa des ateliers nationaux. Les ouvriers allaient par brigades comme les militaires. On en mettait 8 000 où le quart eût suffi. Ils faisaient deux sous de besogne qu'on leur payait deux francs [4]. Des travaux au Champ-de-Mars qui devaient coûter 150 000 fr. revinrent à plus de 400 000 fr. [5].

Les ateliers furent dissous dans les trois jours.

Œuvres privées d'assistance. — Les pouvoirs publics ont enfin laissé, après leurs échecs successifs, le soin de l'assistance par le travail à l'initiative privée. Les œuvres ont multiplié. Elles fonctionnent d'après les principes que l'on connaît déjà. Elles pratiquent l'assistance, soit dans des locaux qui leur appartiennent et qui sont des ateliers de secours, soit à domicile. L'assistance à domicile permet, selon la pensée de Turgot, de venir en aide aux mères de famille, aux femmes qui, ne pouvant quitter le foyer, ont cependant des heures de liberté à employer utilement.

L'assistance dans les asiles comporte deux régimes : le régime de l'internat, et celui de l'externat.

Dans le premier cas, on hospitalise les assistés dans des locaux appartenant à l'œuvre ou en dépendant. Cette hospitalisation représente, avec la nourriture, tout ou partie du salaire [6]. Dans le second cas les assistés, avec la rémunération de leur travail, pourvoient comme ils l'entendent à leur nourriture et à leur logement.

---

1. Voir Procès-Verbal d'arrestation et interrogatoire de deux terrassiers prévenus d'avoir menacé de *couper en morceaux* leurs chefs d'atelier. (*Archives nation., Y 15.102 et Y 18.766.*)

2. « Ateliers de fainéantise qui ont trop longtemps affligé nos regards dans toutes les avenues de la capitale, institution funeste, l'une des plus grosses erreurs de la bienfaisance, en offrant une prime à la paresse et à l'effronterie... » (*Procès-verbal des délibérations du Conseil général du Département de Paris, adressé au Directoire le 16 novembre 1791. Arch. Seine, 13, fol. 24, v°.*)

3. « Les administrateurs ont soustrait à ma revision des feuilles de paye des ouvriers, et ils ont cessé de me fournir la plus grande partie des pièces qui justifiaient de l'emploi des fonds... On n'exige aucune espèce de travail (de gens) dont une grande partie ne se présente que le samedi pour recevoir le salaire qu'elle n'a pas mérité... » (*Minute, 2 p. Arch. nat., D VI, 10, n° 101*).

4. « Ah ! disait le peuple de Paris, en voyant passer les brigades, voici de braves gens qui vont jouer au bouchon ! »

5. Garnier Pagès, *Histoire de la Révolution de 1848*, p. 156.

6. Parmi les œuvres à régime d'internat, il faut citer deux dont la réputation est universelle : La Maison hospitalière du pasteur Robin, 36, rue Fessart, à Belleville ; c'est l'ancêtre. La Maison de la sœur Saint-Antoine, avenue de Versailles, destinée surtout aux femmes.

· L'admission dans les asiles varie suivant les œuvres. Elle a lieu en général sur la présentation de bons, avec ou sans enquête, sur recommandations, etc. ; certaines pratiquent le système de la porte ouverte. La durée du séjour est limitée ; elle varie suivant les circonstances, les sujets, les nécessités.

Le travail y est d'ordre banal, n'exigeant aucun apprentissage : confection de margotins, sciage du bois, etc., pour les hommes ; travaux d'aiguille, blanchissage, fabrication de sacs en papier, pour les femmes. Il doit être d'un écoulement facile, sans créer de concurrence fâcheuse aux industries et commerces locaux. La durée du travail oscille entre 3 et 8 heures par jour, et peut dépendre de l'exécution d'une tâche équivalente au coût de la dépense de l'assisté.

La rémunération consiste en argent, en aliments, vêtements, selon les cas. Le salaire doit être assez élevé pour éviter aux œuvres le double reproche de spéculer sur la misère et d'avilir les salaires au détriment des autres travailleurs, et cependant il doit rester au-dessous de la moyenne pour pousser l'assisté à trouver un gagne-pain plus productif. Quelques heures par jour sont laissées, à cet effet, à l'assisté.

D'autres œuvres plus spéciales s'adressent à des catégories d'individus : aveugles, sourds-muets, femmes enceintes, etc. Il faut signaler aussi la création de jardins ouvriers, permettant à des sujets d'élite de produire pour eux-mêmes ou pour la vente des légumes ou autres plantes. Les œuvres d'assistance s'occupent souvent du placement de leurs assistés et, quand elles le peuvent, les rapatrient dans leur pays. Les villes et les municipalités, après les particuliers, se sont mis sur le pied de l'assistance par le travail, et de nombreuses œuvres municipales ont été fondées [1].

Travaux de secours. — Enfin l'État lui-même a cru devoir, sinon entrer dans le mouvement, du moins donner ses conseils, qui, s'ils ne sont pas originaux, peuvent avoir de l'effet, venant de haut.

---

1. A été fondé un *Comité central des œuvres du travail,* destiné à servir de lien aux œuvres existantes et à faciliter les nouvelles créations du même genre.
' Plusieurs propositions de loi ont été déposées devant le Parlement relatives à l'assistance par le travail : par M. Georges Berry, sur la répression de la mendicité (16 janv. 1894 ; doc. parl., n° 260), par M. Maurice Faure, sur les travailleurs valides sans travail (4 déc. 1893 ; doc. parl. n° 92), par M. Michelin, sur l'assistance par le travail (23 oct. 1894 ; doc. parl. n° 924).

Les hommes politiques, appelant l'intervention de l'État, ont repris l'idée des *travaux de secours* pour les temps de chômage. Le Gouvernement a donné mission au Conseil supérieur du travail de faire des enquêtes[1] qui ont abouti à un ensemble de vœux et de conclusions et ont permis de dresser des états statistiques de travaux par départements[2]. Des circulaires[3] adressées aux préfets, adoptant les termes mêmes des vœux et conclusions du Conseil supérieur du travail, réglementent les travaux de secours.

Les municipalités sont donc invitées à réserver des travaux d'utilité générale, mais non urgents, pouvant être ajournés et repris sans préjudice de leur bonne exécution : construction et entretien des routes et chemins, défrichement, labourage à la bêche, reboisement, curage des cours d'eau, cassage de pierres pour l'entretien des chaussées, etc., etc... Elles doivent se conformer à des règles générales destinées à faciliter toutes les conditions de ces travaux et à répondre au dessein de leur création, notamment : préférer le travail à la tâche, qui exige un minimum de surveillance ; éviter d'entreprendre des travaux publics importants quand les travaux particuliers sont très actifs. Créer des chantiers pour chômeurs présente des avantages moraux incontestables, en sauvegardant la dignité de l'ouvrier, qui sent qu'il fait œuvre utile et touche un salaire, et non point une aumône comme dans les cas de secours en nature ou en argent. En laissant à l'ouvrier le temps de chercher du travail dans l'industrie privée — il faut pour cela lui ménager quelques heures ou une journée de liberté pour ses recherches et ses démarches — on ne le déshabitue pas de l'initiative qu'il doit avoir et du souci de se suffire à lui-même dès qu'il est possible, sans compter toujours sur le secours de l'État[4].

---

1. *Bull. off. trav.*, année 1894, p. 3, 49, 97, 161, 209, 273, 321, 369, 433, 481, 543, 603, et année 1900, trav. de chômage, p. 1086, etc.... On trouvera plus loin, p. 862, des détails sur l'étude de la question du chômage, par le Conseil supérieur, dans sa session de novembre 1903.

2. Voir un de ces états, *Bull. off. trav.*, 1900, p. 1086, pour 48 départements.

3. Circ. min. 23 févr. 1897 et 26 nov. 1900. (*J. O.*, 30 nov. 1900.)

4. Le nombre des départements dans lesquels des travaux de secours contre le chômage ont été organisés en 1901 est de 69. En 1900, ce nombre était de 59.

Le montant des dépenses s'est élevé à 1 666 651 fr. 95 c., un peu inférieur à celui de l'année précédente qui était de 1 675 181 fr. 80 c.

A signaler aussi la loi du 2 mars 1902 autorisant les communes des départements éprouvés par la crise viticole à contracter des compinats en dehors des formalités d'usage, pour remédier au chômage.

Rôle et avenir de l'assistance. — La question de l'assistance
par le travail a donc pris une importance considérable, tant dans la
sphère des principes que dans celle des faits. Elle a soulevé les plus
gros problèmes de l'économie politique : mendicité professionnelle,
vagabondage, droit au travail. Et elle n'a, en somme, pas réussi.
Elle ne peut pas réussir ; elle ne *doit* pas réussir ; il ne faut pas souhaiter qu'elle réussisse.

Sans nier les bonnes intentions, et même en les louant, qui président à l'assistance par le travail, on voit que les services qu'elle
rend sont impuissants contre le chômage ; c'est une goutte d'eau
dans l'océan des infortunes du travail. De plus, conçue comme
œuvre de relèvement pour les réfractaires du travail aussi bien que
comme œuvre d'assistance pour les chômeurs, elle manquera toujours à la moitié de sa mission, l'œuvre d'assistance, et par la faute
de l'œuvre de relèvement qui mettra toujours en défiance les travailleurs momentanément sans ouvrage.

Mais surtout, la généralisation de l'assistance ne peut qu'être
funeste. Ne voit-on pas en effet que, quoi qu'on fasse, quel que soit
le travail préconisé, aussi banal que l'on voudra, et aussi peu considérable qu'il puisse être, il est, dès qu'il existe, une concurrence
déloyale pour l'industrie et le commerce, du moment qu'il est
rémunéré au-dessous de la moyenne, et il ne peut pas l'être au-
dessus, car le principe est que le salaire inférieur force l'ouvrier à
chercher un travail plus rémunérateur. Et alors, on aura beau dire,
les margotins de l'assistance font du tort, déloyalement, au marchand de charbons et de bois du rez-de-chaussée d'en face.

Et si, dans l'état actuel, l'assistance ayant en somme un champ
industriel assez restreint, les effets de cette concurrence peuvent
être considérés comme inappréciables encore, que sera-ce le jour
où, comme l'on y tendrait en généralisant l'assistance, les travaux
de secours, moins rémunérés, auront pris une extension très
grande ?

On aboutira tout simplement à l'avilissement des salaires sans
plus. Et, dans les limites du travail total, ce qui, pour aller au
travail de secours, sera enlevé au travail régulier, fera de nouveaux
chômeurs qu'il faudra fournir de travail de secours. Et ainsi, de répercussion en répercussion, où s'arrêtera le chômage ?

Décidément la question du chômage est complexe, et nous sommes loin du jour où le monde aura substitué à l'assistance par le travail, le travail pour tous, sans l'assistance [1].

3. — Assurance contre le chômage.

Les organismes ouvriers se sont préoccupés, eux aussi, de la question du chômage. Syndicats et sociétés ont institué des caisses d'assurance contre le chômage [2], au nombre de 146, auxquelles certaines villes accordent des subventions (Dijon : 3130 fr., en 1902 ; Limoges : 11500 fr., en 1903). La part de la cotisation mensuelle afférente au service du chômage varie entre 0 fr. 50 c. et 1 fr. L'indemnité journalière est de 1 fr. dans 32 caisses, 1 fr. 25 c. dans 7, 1 fr. 50 c. dans 28, 1 fr. 75 c. dans une et 2 fr. dans 43. L'indemnité monte de 2 fr. 25 c. à 4 fr. dans 13 caisses. La durée annuelle de l'indemnité varie entre 30, 40, 60, 90, 120, 150 et 180 jours suivant les caisses. Pour 14 caisses la durée est illimitée.

---

1. Je voudrais pourtant atténuer ce que ces affirmations sur l'assistance ont d'absolu ; et non point parce que, en présence de l'assistance par le travail telle qu'elle est pratiquée, il ne faille pas les maintenir telles quelles, mais parce que, si un autre système d'assistance par le travail venait à être expérimenté, donnant des résultats heureux, sans se heurter aux obstacles économiques que rencontre le système actuel, et sans risquer de mériter les reproches de défiance qu'on lui fait, il faudrait alors, au contraire, l'approuver hautement. Il faut évidemment trouver mieux ; il ne manque pas d'initiatives pour l'œuvre de solidarité qu'on ne saurait trop encourager. Trouveront-elles ?

C'est, me semble-t-il, dans une voie nouvelle que l'œuvre d'assistance par le travail du XVIᵉ arrondissement, présidée par l'homme de bien qu'est M. Coulon, vice-président du Conseil d'État, l'un des pionniers de l'assistance, tente une expérience qu'il faut signaler. M. Coulon pense que les œuvres d'assistance doivent prendre la formule de la coopération. Les ouvriers âgés qui ne trouvent plus à s'employer ailleurs, que l'on refuse à cause de leur âge, fonderaient des coopératives ; on les aiderait à les fonder, et ils constitueraient entre eux des ateliers. Il se pourrait que, vu leur âge, la quantité de travail produite par eux fût en général moins grande, par suite les bénéfices seraient moins élevés que pour les ouvriers jeunes. Mais, du moins, le système de l'assistance par le travail, ainsi institué, échapperait à tout reproche de mercantilisme, de concurrence déloyale. Et qui oserait crier à l'avilissement des salaires ?

L'idée de M. Coulon peut être féconde. Si elle se réalise pratiquement et qu'elle réussisse, nul n'osera plus incriminer l'assistance par le travail, devenue sans restriction un bienfait social.

2. Voir *Législation comparée,* p. 121, un intéressant essai, très louable effort vers l'assistance *mutuelle,* par deux syndicats de Bologne en Italie. C'est un exemple de solidarité qu'il faut souligner et applaudir.

On verra au surplus par des statistiques, Liv. III, chap. III, *Institutions de prévoyance* (sociétés de secours, assurances, sociétés de secours mutuels), que d'ailleurs les organisations ouvrières ne peuvent pas, avec le peu de fonds dont elles disposent, parer aux risques de la vie industrielle, tant par suite de maladie que de chômage. J'y renvoie.

La Fédération des travailleurs du Livre a institué à la fin de 1900 des indemnités de chômage, tant par manque de travail que par suite de maladie. Elle comprend à elle seule 162 sections avec 10 554 membres.

Le total des indemnités payées s'est élevé, pour l'exercice 1901, à 80 154 fr., dont 29 592 fr. pour chômage par manque de travail. Le nombre des membres ayant reçu l'assistance s'est élevé à 2 233, dont 785 pour manque de travail. Si l'on évalue à 9 989 la moyenne des fédérés payants en 1901, les chiffres précédents donnent une moyenne de 37 fr. 69 c. comme indemnité par membre pour manque de travail, et 1 884 journées de chômage, soit une indemnité de 2 fr. par journée.

Une circulaire ministérielle du 26 mars 1852 sur les sociétés de secours, les engage à éviter les promesses de secours d'argent contre le chômage, y voyant une cause de ruine pour elles-mêmes et de démoralisation parce qu'elles tendraient à encourager la paresse et à payer une prime à l'insouciance. Cependant deux sociétés d'ouvriers chapeliers de Lyon, à raison des variations subites qu'éprouve leur industrie, ont accordé à leurs ouvriers membres, en cas de besoin urgent dûment prouvé, un maximum de secours de 12 fr., renouvelable à délai passé d'un an.

Parmi les caisses de chômage fondées par les patrons, il faut citer celle de l'établissement Cottereau, à Dijon, et celle de l'imprimerie Hérissey, à Évreux.

4. — Restrictions au séjour et au travail en France des ouvriers étrangers [1].

Concurrence de la main-d'œuvre étrangere. — Immatriculation ; sanctions pénales. Projets législatifs.
Législation comparée.

Concurrence de la main-d'œuvre étrangère. — La lutte économique entre le capital et le travail qui se manifeste dans l'industrie, sur la question de l'offre et de la demande de travail, avec répercussion sur les salaires, est rendue encore plus aiguë par le fait que des ouvriers étrangers peuvent venir en concurrence avec les ouvriers nationaux, dans tous les genres d'entreprises. Il peut résulter de ce fait, non seulement la baisse des salaires, le travail pouvant être ravalé à vil prix, mais encore, pour nombre d'ouvriers

---

1. Loi du 8 août 1893 relative au séjour des étrangers en France et à la protection du travail national. Exécutoire en Algérie. (*Déc. 7 févr. 1894.*)

nationaux plus ou moins le chômage, car les entrepreneurs, malheureusement, préfèrent la main-d'œuvre étrangère, qui, pour des motifs d'ordre divers, s'offre à des conditions de prix que ne veut ou ne peut soutenir l'ouvrier français [1].

Quoi qu'il en soit, et que l'ouvrier français soit ou non devenu trop exigeant [2], le législateur a cru bon de le protéger contre la concurrence étrangère, de même que, par exemple, les lois de douanes sauvegardent contre les produits d'origine étrangère les produits de l'industrie nationale.

Immatriculation. — On sait que tout étranger qui se propose d'établir son domicile en France doit demander son admission à domicile, ou bien faire une déclaration de résidence dont les formes et les délais sont déterminés par un décret du 2 octobre 1888, et ce, à peine de sanctions de simple police, sans préjudice du droit d'expulsion, en vertu de la loi du 3 décembre 1849.

Mais il y a plus ; et pour parer aux insuffisances du décret de 1888 qui laissait hors de ses prescriptions les étrangers venus pour un séjour prolongé, et aussi les étrangers nomades, peu sédentaires, qui, précisément, peuvent être les plus terribles concurrents de la main-d'œuvre nationale, le législateur a voté la loi du 8 août 1893, beaucoup plus protectionniste. Désormais, tout étranger, *non admis à domicile*, qui arrive dans une commune pour y exercer, à un titre quelconque, une profession, un commerce ou une industrie, en un mot, *pour y travailler*, doit, dans les huit jours de son arrivée, faire à la mairie (à Paris, à la préfecture de police ; à

---

1. Il y a là, il faut le dire, un mauvais calcul de la part des entrepreneurs ; car s'il est vrai que l'ouvrier étranger travaille à un prix moindre que l'ouvrier français, il est certain qu'en revanche l'ouvrier français travaille mieux et a plus de résistance, par conséquent fait plus d'ouvrage, toutes conditions égales d'ailleurs, que l'ouvrier étranger. Il est vrai aussi que dans certaines entreprises de terrassements et de maçonnerie par exemple, qui ne demandent que l'effort brutal, l'ouvrier étranger peut, après tout et en définitive, être plus avantageux à employer pour la bourse du patron, que l'ouvrier français.

D'autre part, il n'est point certain que pour les travaux agricoles, moissons, etc., les gros agriculteurs puissent trouver une main-d'œuvre assez nombreuse en France ; et c'est ce qui explique sans doute les immigrations d'ouvriers belges ou espagnols à l'époque des moissons et de la récolte de la betterave dans le centre et le nord de la France, et à l'époque des vendanges dans le Midi.

2. On se rappelle, sans doute, les troubles récents suscités à Aigues-Mortes (1893), à Lyon (1894) après l'assassinat du président Carnot, à la Mure (1900), etc., par l'emploi d'ouvriers étrangers.

Lyon, à la préfecture), une déclaration de résidence, en justifiant de son identité : nom, lieu et date de naissance, origine. De plus, en cas de changement de commune, l'étranger doit, dans les deux jours de son arrivée dans sa nouvelle résidence, faire viser à la mairie son certificat d'immatriculation [1].

Toutes ces dispositions doivent être accomplies, sans acception, pour les intéressés, de sexe, ni d'âge, ni de parenté, et sans tenir compte s'ils conservent à l'étranger un autre établissement ; et dans ce dernier cas, s'ils vont et viennent entre la France et l'étranger, ils doivent renouveler les formalités de déclaration pour chaque séjour distinct. (*Circ. min.*, *24 oct. 1893*.)

Un registre d'immatriculation des étrangers doit être tenu dans chaque mairie, et un extrait de ce registre est délivré au déclarant dans la forme des actes de l'état civil, moyennant les mêmes droits, qui sont incorporés au budget des recettes de la municipalité où vient habiter l'étranger [2].

Sanctions pénales. — L'étranger qui n'a pas fait dans le délai déterminé la déclaration imposée par la loi ou qui refuse de produire son certificat à la première réquisition est passible d'une amende de 5o à 5oo fr.

Celui qui a fait, sciemment, une déclaration fausse ou inexacte est passible d'une amende de 1oo à 3oo fr., et, s'il y a lieu, de l'interdiction, temporaire ou indéfinie, du territoire français.

Toute personne, patron, chef d'atelier, etc., qui emploie sciemment un étranger non muni du certificat d'immatriculation est passible des peines de simple police, et alors même que l'emploi serait temporaire et discontinu, s'il est régulier et non accidentel [3].

---

1. Pour ceux qui, premièrement, ayant rempli les formalités du décret d'octobre 1888 et admis à domicile, viendraient à exercer ensuite une profession, un commerce ou une industrie, ils devraient de plus se conformer aux dispositions de la loi du 8 août 1893, les deux textes se complétant sans former double emploi. (*Circ. min.*, *24 oct. 1893*.)

2. Les municipalités ne peuvent pas dispenser les étrangers, même indigents, du payement de ces droits, qui sont assez modiques ; cependant elles peuvent accorder aux étrangers hors d'état d'acquitter ces droits, un délai de quelques jours, à l'expiration duquel, faute pour eux d'avoir payé, les étrangers encourent les sanctions pénales de la loi.

3. Par exemple, si une personne emploie, une fois par semaine, régulièrement et à jour fixe, un individu qu'elle sait étranger, sans avoir exigé de lui la représentation du certificat d'immatriculation prouvant que la déclaration légale a été faite. (*Trib. simp. pol.*, *Paris, 14 avril 1894.*)

Projets législatifs. — Les mesures de protection qui viennent d'être étudiées n'ont pas paru suffisantes à certains membres du Parlement [1]. Parmi les nombreuses propositions de loi qui, sous des dénominations diverses, veulent inaugurer une protection plus efficace, il faut citer :

1° Celles qui tendent à limiter l'admission des ouvriers étrangers dans les travaux des usines, manufactures et établissements industriels quelconques. Prop. Chiché, député, 6 juillet 1898 (doc. parl. n° 170 ; *J. O.* p. 1339); Prop. Castelin, député, 13 novembre 1898 (doc. parl. n° 383 ; *J. O.* p. 338) renvoyée à la commission du travail ;

2° Celles qui tendent à frapper d'une taxe spéciale les ouvriers étrangers, ou les patrons qui les emploient : Prop. Jules Brice, député, 18 juillet 1898 (doc. parl. n° 242 ; *J. O.* p. 162); Prop. Holtz, député, 7 novembre 1898 (doc. parl. n° 315 ; *J. O.* p. 149); Prop. de Montfort, etc... députés (imposant la taxe militaire établie par la loi du 15 juillet 1889, et une taxe supplémentaire) 18 novembre 1898 (doc. parl. n° 382 ; *J. O.* p. 426) ;

3° Celles qui préconisent un ensemble de mesures diverses ou plus générales : Prop. Magniaudé, député, 4 novembre 1898, tendant à protéger le travail national (doc. parl. n° 297; *J. O.* p. 225) ; Prop. Coutant, etc... députés, relative au salaire des ouvriers étrangers, 24 novembre 1898 (doc. parl. n° 415, *J. O.* p. 316), et renvoyée à la commission du travail ; Prop. Sommeillier, député, 27 janvier 1899, tendant à compléter la loi du 8 août 1893, relativement au séjour des étrangers en France (doc. parl. n° 670, *J. O.* p. 504); renvoyée à la 5ᵉ commission d'initiative ; rapp. somm. Renou, 25 février 1899 (doc. parl. n° 761, *J. O.* p. 699) [2].

Législation comparée. — Exception faite de l'Angleterre dont les lois libérales assimilent les étrangers aux nationaux, les divers pays ont édicté des lois de protection pour la main-d'œuvre indigène.

Comme en France le certificat d'immatriculation, un permis de séjour est requis en Suisse, dans certains cantons (*Saint-Gall, L.*

---

1. On verra aux Syndicats professionnels que les administrateurs de ceux-ci sont tenus d'être Français, — aux conditions du travail des adultes dans les marchés passés au nom de l'État, etc... que le nombre des ouvriers étrangers à y employer est limité par l'administration. Toutes ces mesures protègent la main-d'œuvre indigène.

On verra, à l'inverse, à propos des accidents, que l'un des effets de la loi de 1898 serait peut-être, surtout dans les départements frontières, de favoriser l'embauchage des ouvriers étrangers.

2. Tous ces projets prouvent que décidément l'école libérale ne gagne pas de terrain dans le pays, où, par la voix de l'un de ses prophètes, M. Paul Leroy-Beaulieu, elle a fait retentir cette parole : que les étrangers, par leur immigration « redonneraient du ton à un peuple que le bien-être pourrait à la longue efféminer ». (*L'Économiste français*, oct. 1895, p. 408.)

17 mai 1899), en Hollande (*L. 13 août 1847*), au Danemark (*L. 15 mars 1875*), et un permis d'établissement est nécessaire à tous ceux qui veulent fonder un établissement commercial à Genève (*L. 8 mars 1879*), et en Suède.

Des droits variables de pays à pays sont perçus contre délivrance de ces permis.

La loi belge du 2 juin 1856, complétée par un arrêté royal du 31 octobre 1866, soumet l'étranger à la formalité de l'inscription, dans les quinze jours de son arrivée, avec les détails de son état civil. Un livre fait foi de l'accomplissement de ces prescriptions, sur lequel l'étranger est tenu de faire inscrire ses changements de domicile.

La Prusse a une loi draconienne (*3 juill. 1876*) contre les étrangers marchands ambulants qui doivent une taxe variant entre 48 et 144 marks, et même 384, pour les sujets des pays qui n'assimilent pas les Prussiens aux nationaux.

Les voyageurs de commerce, dans la plupart des pays où ils sont étrangers, sont redevables de taxes annuelles très élevées : en Russie, 50 roubles, sans compter les taxes imposées aux maisons, en Hollande, 31 fr. 50, en Suède et Norvège, 140 fr. par mois, au Danemark, 224 fr. par an.

Enfin les pays nouveaux : États-Unis (*L. 17 mars 1894*), colonies hollandaises (*L. 29 avr. 1901*), le Canada (*L. 1897 et 1898*[1]), Haïti (*L. 16 sept. 1897*) se défendent contre l'immigration étrangère. Il n'y a guère que les pays sud-américains, notamment le Pérou (*L. 7 oct. 1893*), et les autres où la main-d'œuvre est rare, qui favorisent, et on le comprend, l'immigration.

5. — Placement.

Placement gratuit. — Bureaux de placement. — Bourses du travail.

Placement gratuit. — En attendant le remède définitif au chômage, l'institution du placement gratuit est un palliatif à signaler.

---

1. Au Canada, les lois de 1897 et 1898 interdisent le payement d'avances, pour leurs frais de voyage, aux ouvriers étrangers embauchés. Les dispositions restrictives ont été aggravées par la loi de 1901. Il suffit qu'une personne ait émigré au Canada, par suite d'annonces parues dans les journaux, pour que la loi puisse être appliquée. L'infraction à la loi est punie d'une amende de 70 à 1 000 dollars.

Chaque mairie [1] possède aujourd'hui une agence gratuite, qui publie dans des tableaux à grillage, affichés à la porte les demandes et les offres d'emploi. Le placement gratuit est encore fait par les bourses du travail, par les asiles de nuit [2], par les syndicats de corporations [3].

Bureaux de placement. — Il existe de nombreux établissements privés qui s'occupent contre rétribution d'indiquer les places vacantes à des employés et ouvriers des deux sexes, et aussi de procurer à des patrons et à des maîtres des ouvriers et des employés.

Cette industrie est restée longtemps en dehors de toute réglementation administrative. Mais les abus de confiance, les fraudes, l'exploitation éhontée, les demandes de commissions exagérées ont amené un état d'antagonisme aigu entre les placeurs et les placés. L'autorité dut intervenir, et le 25 mars 1852 un décret réglementa les bureaux de placement payants.

La permission nécessaire et spéciale pour créer ou tenir un bureau est délivrée par l'autorité municipale [4], qui ne doit l'accorder qu'à des personnes de moralité reconnue. La même autorité surveille la gestion loyale de ces bureaux et règle les tarifs des droits à percevoir par eux. Toute contravention aux règlements est passible d'une amende de un à quinze francs et d'un emprisonnement de cinq jours au plus, ou de l'une des deux peines seulement. La peine atteint le maximum au cas de récidive dans une même année, indépendamment des dommages-intérêts et restitutions, s'il y échet.

L'autorité municipale, qui donne les autorisations, peut les retirer à ceux qui sont ou viennent à être privés à temps ou à perpétuité de leurs droits civils, aux condamnés pour coalition ou pour avoir contrevenu aux règlements sur la matière.

Le décret du 25 mars 1852 a été complété pour la ville de Paris

---

1. Placements effectués en 1896 par les bureaux municipaux et les bourses de travail. (*Bull. off. trav.*, 1897, p. 18, 95, 152, 155, 228, 296, 360, 434, 509, 567, 629, 695, 757.)

2. Placements effectués par les asiles de nuit. (*Bull. off. trav.*, 1897, p. 460.)

3. *Id.* par la Bourse de travail de Paris en 1899 et par les syndicats du 1er octobre 1898 au 30 sept. 1899. (*Bull. off. trav.*, 1900, p. 163 et 165.)

4. Voir un arrêté du Dr Flaissières, maire de Marseille, concernant les bureaux de placement. (*Bull. off. trav.*, 1895, p. 125.)

par une ordonnance de police du 5 octobre suivant, dont les dispositions ont trait à la tenue des registres d'inscriptions des demandes
et offres de places, à l'hygiène et à la sûreté des locaux; elles prescrivent la délivrance de bulletins d'ordre et de quittances pour les
avances reçues, dont restitution est due si le déposant renonce à
l'entremise du bureau. Le droit de placement n'est dû au placeur
qu'autant qu'il procure un emploi, et ne lui est définitivement acquis qu'après un délai déterminé. La quotité du droit varie de 3 à
5 p. 100 pour les salaires annuels, équivalant à 10 p. 100 pour les
salaires comptés par mois. Le droit d'inscription admis par l'ordonnance de 1851 a été supprimé par celle du 16 juin 1857.

Malgré les règlements administratifs, certains bureaux de placement commettent encore de nombreux abus et font de nombreuses
dupes, faits qui, à maintes reprises, ont exaspéré les placés. C'est
ainsi qu'en 1886, à Paris, de vastes manifestations, menées par les
garçons de café, ont abouti à la création d'une ligue pour la suppression de ces bureaux. Le législateur s'en est ému. Une proposition de loi, relative au placement des employés et ouvriers des
deux sexes et de toute profession, présentée par MM. Coutant, et
autres députés, le 8 novembre 1898, discutée dans les séances de la
Chambre des 15, 22 et 29 novembre 1900, fut adoptée, et après
adoption, transmise le 30 novembre au Sénat[1] qui la rejeta, parce
qu'elle tendait à la suppression pure et simple des bureaux de placement dans l'espace de cinq ans, et sans indemnité, sauf le cas
où les municipalités auraient désiré les supprimer plus tôt à la condition de payer aux directeurs ou gérants une indemnité à débattre ;
et en cas de contestation sur le montant de l'indemnité, le conseil
de préfecture aurait statué sur le différend.

Le projet semblait ajourné *sine die,* quand les syndicats de l'ali

---

1. Le Sénat n'a pas voulu admettre l'argumentation de M. Millerand devant la
Chambre, qui assimilait les teneurs de bureaux de placement aux concessionnaires de
domaine public, n'ayant pas de propriété légale, mais jouissant d'une faveur qui
peut leur être retirée, et légalement sans indemnité aucune, en vertu même des pouvoirs de l'autorité municipale qui autorise. — Le Sénat a pensé comme M. Beauregard quand il s'écriait à la tribune : « Aujourd'hui on *exproprie* les directeurs de
bureaux de placement, demain on expropriera les notaires », confusion étrange,
car tout le monde sait, en effet, qu'en l'état actuel un office ministériel qui a dès le
principe une *valeur vénale* constitue une propriété véritable, tandis que les bureaux
de placement, légalement, ne donnent lieu à aucun versement primordial de la part
des bénéficiaires autorisés à en ouvrir un.

mentation rouvrirent, en fin octobre 1903, contre les bureaux de placement l'ère des manifestations, qui furent marquées par les échauffourées sanglantes de la Bourse du travail (novembre 1903), à Paris. La Chambre reprit précipitamment le projet ancien, où, pour tenir compte des désirs du Sénat, la suppression des bureaux de placement payants, tout en restant maintenue dans un délai de cinq ans, fut subordonnée, au cas où les municipalités voudraient les supprimer dans un délai plus rapproché, au payement d'indemnités aux tenanciers, à la charge des communes, avec contribution de l'État et des départements, par parts égales, d'après le bárème suivant : 20 p. 100 pour les bureaux supprimés dans un délai de deux ans ; 15 p. 100 pour les bureaux supprimés dans la troisième et la quatrième année ; 10 p. 100 pour les bureaux supprimés la cinquième année. On espère que le gouvernement, mis, au surplus, par un vote formel de la Chambre, en demeure de l'appuyer devant le Sénat, arrivera à faire accepter par lui cette solution transactionnelle.

Bourses du travail. — Ce sont des établissements qui ont pour but de faciliter toutes les transactions relatives à la main-d'œuvre, au moyen de bureaux de placement gratuit, de salles d'embauchage publiques et par la publication de tous renseignements intéressant l'offre et la demande de travail. Des bureaux-annexes sont mis à la disposition des syndicats professionnels et des associations ouvrières pour l'étude et la défense exclusive de leurs intérêts économiques et professionnels.

Il y est institué des bibliothèques publiques, des ateliers d'apprentissage, des cours techniques et des bureaux de renseignements sur tout ce qui touche au travail.

La plupart des grandes villes possèdent des bourses du travail, où syndicats patronaux et ouvriers viennent se renseigner sur les conditions du travail, sur la question de savoir où il en existe ; ainsi peut diminuer le chômage[1], peuvent se constituer des orga-

---

1. D'après les statistiques, le placement gratuit est numériquement très inférieur au placement payant, dans la proportion du tiers environ. Cela tient, sans doute, et d'abord à la défiance du public envers le placement gratuit, comme si ceux qui ont recours à l'office gratuit ne représentaient pas d'assez bonnes références, ce qui est une supposition ridicule.

De plus, il serait nécessaire d'organiser sur des bases solides, et de centraliser même, par une institution générale, officielle ou quasi, le placement gratuit. C'est ce

nismes régulateurs des salaires et se créer, par la fréquentation, des liens plus intimes entre les ouvriers et les patrons. En cas de trouble, le ministre peut prononcer la fermeture temporaire de la bourse.

Une fédération des bourses du travail s'est constituée, ayant son centre à la Bourse du travail de Paris.

Divers décrets ont réglementé les bourses du travail, et celle de Paris en particulier (notamment : décret du 17 juillet 1900).

Auprès de celle de Paris est instituée une commission administrative de 15 membres, élus pour un an par les délégués des syndicats admis à la Bourse ; cette commission est chargée de l'administration générale de la Bourse, dans les limites des règlements, et examine toutes les questions relatives à son fonctionnement : admission et exclusion des syndicats, distribution des locaux, plaintes et réclamations du public admis, subventions aux chambres syndicales, bureau de statistique et bibliothèque, publication de l'*Annuaire* et du *Bulletin de la Bourse,* etc... Elle transmet copie de ses délibérations au préfet de la Seine, lui adresse tous les ans un rapport sur le fonctionnement et la situation de l'institution, propose tous les ans un projet de budget à soumettre aux délibérations du conseil municipal.

La commission peut être dissoute par arrêté du ministre du commerce, et alors il est procédé à sa réélection dans les deux mois qui suivent la dissolution. En attendant, une délégation spéciale, nommée par le préfet, est chargée des actes de pure administration conservatoire et urgente. Elle ne peut prononcer des admissions ou exclusions, ni régler les subventions.

La création des bourses du travail est liée à la question de la suppression des bureaux de placement non gratuits. L'idée en est attribuée à l'économiste de Molinari, dès 1845. Mais c'est à l'initiative du préfet de police Ducoux, représentant du peuple en 1848, que revient l'honneur d'avoir déposé, en 1851, sur le bureau de l'assemblée législative un projet de loi efficace, ainsi conçu :

« Il sera construit à Paris, sous la direction de l'État, une bourse des travailleurs. Cette bourse, divisée en compartiments affectés aux différents

---

qui se passe en Allemagne où le placement payant a presque disparu ; de même aux États-Unis où la tendance en groupement à la centralisation donne les meilleurs résultats. Les bourses du travail ont là une mission qui ne doit pas leur échapper.

corps de métiers, contiendra des bureaux de placement pour les ouvriers et les renseignements propres à éclairer le public sur les divers éléments du travail. »

L'idée ne fut réalisée que bien plus tard, par un vote du conseil municipal de Paris, en date du 5 novembre 1886, tendant à la création à Paris d'une bourse centrale du travail.

Le décret du 28 décembre 1888 a déclaré d'utilité publique l'établissement à Paris de la Bourse du travail, et a donné au préfet de la Seine, agissant au nom de la ville de Paris, pleins pouvoirs pour acheter les terrains et faire édifier l'immeuble, sis rue de Bondy, 26, et rue du Château-d'Eau, 3.

Au début de 1902, il y avait en France 86 bourses du travail, comprenant 2 054 syndicats avec 446 638 membres. Au 1ᵉʳ janvier 1903, il en existait 94 avec 1 871 syndicats et 288 036 membres, diminution qui n'est qu'apparente : la Bourse indépendante de Paris, qui accusait en 1902 un effectif de 317 syndicats avec 163 493 membres, n'a pas fourni de chiffre pour 1903.

6. — Législation comparée.

Malgré les inconvénients moraux des caisses d'assurance contre le chômage, de nombreuses créations en ont été faites à l'étranger, en Italie (caisse d'épargne de Bologne et assurance contre le chômage : *Credito e cooperazione*), en Suisse, à Bâle-ville (caisse d'assurance libre [1]) et à Berne ; à Saint-Gall, on a même fait l'essai de l'assurance obligatoire, qui n'a d'ailleurs pas réussi, expérience qui montre, à défaut de raisons philosophiques et sociales, l'inanité de pareilles fondations [2]. Enfin un référendum du 18 février 1900 a

---

[1]. Voir sur son fonctionnement et ses opérations *Bull. off.* janv. 1902 et oct. 1903. Fondée par l'Union ouvrière de Bâle, le 15 avril 1901, elle reçoit de l'État une subvention de 1 000 fr. Les adhérents versent 40, 50, 60 centimes par mois selon que leur salaire est de 4 fr. ou au-dessous, 4 à 5 fr., supérieur à 5 fr. Les membres honoraires versent un minimum de 10 fr. par mois. La caisse est gérée par 11 administrateurs, élus par les délégués des chambres syndicales ou comité de l'Union des ouvriers. Le droit au secours n'est acquis que 6 mois après l'inscription comme membre et 15 jours après la déclaration de chômage, et dure au maximum 6, 7 et 8 semaines pour les adhérents depuis 6, 7, 8 mois et davantage. Le secours est de 1 fr. 20 c. par jour après un an de sociétariat, et de 1 fr. 50 c. après 2 ans. L'appel des chômeurs a lieu deux fois par jour, et tout chômeur manquant perd son secours ce jour-là. Le refus d'accepter un travail offert peut enlever le droit au salaire. Les salaires sont payés chaque semaine, le vendredi.

[2]. Voir articles de M. Raoul Jay, dans la *Revue politique et parlementaire*, août 1894 et octobre 1895.

a rejeté, par 5 458 voix contre 1 119, un texte de loi sur l'établissement de l'assurance obligatoire contre le chômage, adopté par le grand conseil bâlois, le 23 décembre 1901.

Des caisses de chômage ouvrières, créées par les syndicats ou associations, fonctionnent en Angleterre, en Allemagne, en Autriche, aux États-Unis, et servent aux chômeurs des différentes professions, durant un temps déterminé, et selon des conditions plus ou moins rigoureuses, des indemnités variables[1].

A Cologne (Allemagne), la caisse d'assurance[2] reçoit de la ville une subvention de 31 000 fr., et un projet, à Gand (Belgique), demandait à la commune une subvention de 25 000 fr.

En Belgique, le bureau de bienfaisance de Gand, pour venir en aide à certains ouvriers ayant charge de famille et qui chôment pendant l'hiver, a installé un atelier de secours, dans l'esprit de l'assistance par le travail. Les ouvriers sont divisés en deux brigades, travaillant la première, le lundi, le mercredi et le vendredi, la seconde, les autres jours de la semaine ; les ouvriers ont ainsi le temps de chercher du travail pendant les jours de repos. Le travail consiste à fendre du bois pour l'allumage des feux dans les divers services de la Ville ; le salaire alloué est de 1 fr. 50 c. par jour. 82 ouvriers ont fait 1 133 journées de travail entre le 18 décembre 1899, jour de l'ouverture et le 17 mars 1900, jour de la fermeture de l'atelier. Le prix de vente du bois a suffi à payer les frais d'achat de la matière première et les salaires ; les frais généraux ont été supportés par l'administration.

Il y a à Bologne, en Italie, deux syndicats ouvriers, celui des boulangers et celui des limonadiers qui, depuis 1893, pour lutter contre les calamités du chômage, usent du procédé suivant : chaque membre du syndicat de l'une et l'autre profession, pourvu d'un

---

1. Pour en donner une idée, en Angleterre, les cent plus importantes unions, qui groupaient 1 161 226 membres sur un total de 1 922 780 syndiqués, ont dépensé, en 1901, en secours de chômage, 8 228 116 fr. L'union des charpentiers et menuisiers verse, par année, aux chômeurs 12 fr. 50 c. pendant 12 semaines et 7 fr. 50 c. pendant 12 autres. — L'Union internationale des cigariers américains accorde, après deux ans d'inscription, à ses membres chômeurs, des secours qui vont jusqu'à 269 fr. 36 c. par an ; l'Union typographique germano-américaine paye 25 fr. 90 c. par semaine jusqu'à un maximum annuel de 414 fr. 40 c., pour une cotisation de 2 fr. par semaine.

2. Résultats des opérations de la caisse du 1er novembre 1897 au 31 mars 1898. (Bull. off., 1899, p. 524). Voir encore Bull. off. oct. 1903.

emploi, abandonne aux chômeurs syndiqués, au moyen d'un roulement, un ou deux jours de travail par mois. Ainsi, du 1er juin 1893 au 15 avril 1894, 8 700 journées de travail ont été attribuées aux chômeurs des deux corporations, tandis que le nombre d'emplois permanents procurés par la Bourse du travail pendant la même période n'a été pour tous les corps de métiers réunis que de 281.

L'assistance aux chômeurs consiste, dans la Nouvelle-Zélande, entre autres secours, à leur faciliter les déplacements vers les centres où l'offre de travail est abondante.

Quant aux bureaux de placement, tous les pays en ont constitués, gratuitement. En Allemagne, l'institution existe et fonctionne dans le Wurtemberg (*Office central du travail*), à Breslau ; par décision ministérielle, une sorte de fédération des bureaux de placement municipaux s'est constituée à Munich entre diverses villes de Bavière qui les subventionnent. En Prusse, un arrêté ministériel, du 18 novembre 1902, invite les présidents des gouvernements à s'occuper activement d'organiser des bureaux de placement communaux à administration mixte, de les réunir aux bureaux de placement professionnels, et, le cas échéant, de les rattacher à l'Office municipal de placement.

La Grande-Bretagne, l'Autriche, l'État d'Ohio aux États-Unis ont des modes de placement analogues. Dans l'État de l'Illinois (États-Unis), le placement se fait par l'État, et le Trésor public prend les frais à sa charge. En Angleterre la loi du 22 juillet 1902 a donné à chacun des conseils municipaux la possibilité de créer des bureaux de placement sur le produit de l'impôt communal. Dans la Colombie britannique la loi du 22 juin 1902 édicte des pénalités contre les placeurs qui attirent des ouvriers vers des emplois ou les en détournent par de fausses indications sur les conditions de travail et de salaires.

Les bureaux de placement payants sont réglementés aussi et même assez sévèrement dans certains pays, notamment au Pérou. (*Décr. 30 avril 1901.*)

Une intéressante création est celle du Luxembourg qui, par arrêté du 19 novembre 1893, fait intervenir les bureaux de poste comme intermédiaires de placement.

Le service de placement, dénommé Bourse du travail, est divisé en deux parties: 1° la Bourse générale qui comprend toute l'étendue du grand-duché, avec 26 perceptions de poste, 12 agences postales et 14 relais; 2° la Bourse particulière, qui comprend le ressort de chaque bureau de poste séparément.

L'offre et la demande de travail se font au moyen d'une carte postale adressée aux bureaux de poste, ou même par une insertion sur un registre tenu dans chaque bureau. Le rôle des postes se borne à la transmission et à la publication de ces demandes par voie d'affiches qui sont apposées dans tous les bureaux de poste et toutes les stations de chemins de fer, et distribuées tous les samedis dans les hôtels, restaurants, cafés et cabarets du pays.

Ce système de placement a donné pour les cinq années 1896 à 1900 les résultats suivants qui sont excellents :

	1896.	1897.	1898.	1899.	1900.
Demandes d'emploi.	571	420	389	332	351
Solutions aux demandes. . . .	680	474	309	309	284
Nombre d'emplois offerts. . . .	3 094	3 420	4 564	4 564	5 214
Nombre de travailleurs placés .	3 149	3 444	4 219	4 219	4 894

De nombreuses enquêtes sur le chômage et les moyens d'y remédier ont été faites dans tous les pays.

Recensements des 14 juin et 2 décembre 1895, en Allemagne, d'après le *Reichsanzeiger* du 13 décembre 1896 (*Bull. off.*, 1897, p. 118). Enquête des associations ouvrières à Hambourg (*Bull. off.*, 1894, p. 196). — Le chômage aux États-Unis (*Bull. off.*, 1894, p. 269; 1897, p. 59), à Boston (*Bull. off.*, 1894. p. 146). — Enquête en Grande-Bretagne, d'après *Abstract of labour statistics of Labour Department*, en 1894-1895 (*Bull. off.*, 1896, p. 118), etc...

Report from the select committee on distress from want of employment with proceedings of the committee (Doc. parl., n° 321).

Dans ce rapport, la *Commission pour l'étude des misères causées par le chômage* recommande d'organiser avec soin des statistiques locales du chômage. Quand les *guardians of the poor* (bureaux de bienfaisance) assistent les chômeurs valides et leurs familles, en leur donnant certains travaux d'épreuve (sciage du bois, moulage du blé, terrassements), le tarif du secours ne doit pas être assez élevé pour détourner les assistés de la recherche d'un travail régulier. Pour les chômeurs qui répugnent à solliciter l'assistance publique, la commission recommande d'adopter le salaire à la tâche sur les chantiers locaux de travaux de secours, en appliquant les tarifs de la région et en prenant certaines mesures qu'elle indique pour réserver le travail aux plus nécessiteux sans les détourner de la recherche du travail libre. La commission est hostile aux subventions de l'État. Les colonies agricoles et les colonies de travail n'offrent pas un remède général aux maux causés par le chômage. Seule, une faible proportion des sans-travail urbains peuvent s'occuper utilement dans ces établissements. Ceux-ci deviennent, si l'entrée y est libre, l'asile d'une foule de paresseux et de gens sans aveu avec lesquels les chômeurs honnêtes répugnent à frayer. Ces colonies ne peuvent pas faire leurs frais; il leur est difficile de recevoir les gens mariés, et elles offrent peu de ressources de travail en hiver, saison du maximum de chômage. La commission recommande enfin une coopération plus intime entre tout ce qui s'occupe d'atténuer le chômage, y compris le *Local Government board* (direction des affaires locales au ministère de l'intérieur), à qui elle demande de faciliter la mise à exécution de tous les projets d'assistance soigneusement étudiés, et qui pourraient lui être soumis par les *guardians of the poor,* sans essayer de renfermer ces projets dans des règles d'une application générale.

Conformément à ce désir, le *Local Government board* dresse, avant le commencement de l'hiver, une liste de travaux de secours qu'il envoie aux autorités locales. Cette liste comprend des travaux choisis dans le même esprit que ceux des circulaires ministérielles françaises.

En Suisse, il résulte des rapports de divers comités qu'un grand mouvement se produit pour la lutte contre le chômage. On y préconise surtout les moyens préventifs, l'organisation des bureaux de placement, la question de l'assurance, les secours en nature, les subventions aux colonies ouvrières, l'ouverture de chantiers de travail [1].

---

1. *Bull. off.*, 1895, p. 480. Rapport de la section zurichoise de l'*Association suisse du commerce et de l'industrie,* sur les moyens de procurer du travail aux ouvriers et de les protéger surtout contre les surprises du chômage. (*Bull. off.*, 1896, p. 440. *La Question du chômage.*)
Pour d'autres renseignements, consulter le *Bulletin de l'Office du travail,* et surtout l'année 1903 (octobre), l'article sur les Caisses de chômage.

CHAPITRE II

CONFLITS. MOYENS DE DÉFENSE

_____

I. — DIFFÉRENDS ET CONTESTATIONS D'ORDRE INDIVIDUEL

1. — Généralités.

Les différends et contestations d'ordre individuel, en matière de législation ouvrière, doivent être portés, suivant les cas, devant l'une des quatre juridictions suivantes : conseils de prud'hommes, tribunaux de commerce, juges de paix, tribunaux civils. De ces quatre juridictions, la première seule est une juridiction absolument spéciale au monde du travail, et instituée surtout en raison des difficultés techniques ou d'ordre spécial qui peuvent naître relativement à l'exécution du contrat de travail. Les trois autres sont des juridictions de droit commun à compétence plus générale et plus étendue, auxquelles il faut avoir recours, hors des cas prévus formellement par les lois qui réglementent les conseils de prud'-hommes.

2. — Conseils de prud'hommes.

Attributions. Établissement et organisation. Discipline. Élections. Juridiction et compétence. — Procédure. Exécution des jugements et appels. Régime de l'Algérie. Projets législatifs. — Statistique pour 1901.
Législation comparée.

Attributions. — Les conseils de prud'hommes, institués par la loi du 18 mars 1806, ont été l'objet de nombreuses réorganisations [1]. D'après les dispositions législatives en vigueur, ils ont comme attributions :

1° De concilier, s'il se peut, les contestations et différends qui s'élèvent entre les fabricants et les chefs d'atelier, contremaîtres, ouvriers ou apprentis, et de se prononcer entre eux, s'ils n'ont pas pu les concilier (*L. 18 mars 1806, art. 6*); 2° de juger les demandes à fin d'exécution ou de résolution des contrats d'apprentissage, ainsi que les réclamations dirigées contre des tiers en cas de détournement d'apprentis et aussi de régler, à défaut de stipulations expresses, les indemnités ou restitutions dues au maître ou à l'apprenti en cas de résolution du contrat d'apprentissage [2] (*L. 4 mars 1851*); 3° de connaître, comme tribunal de répression et sur les poursuites des intéressés seuls, des contraventions tendant à troubler l'ordre et la discipline des ateliers, ainsi que des manquements graves des apprentis envers leurs maîtres, et de prononcer, dans ce cas, contre les coupables, un emprisonnement de un à trois jours (*art. 4, Décr. 3 août 1810*); 4° d'accomplir certaines formalités, qui font des prud'hommes des fonctionnaires administratifs aussi bien que des magistrats, pour la conservation de la propriété des dessins ou modèles de fabrique et de livrets d'acquit [3].

De plus, en ce qui concerne la statistique [4], le conseil de prud'hommes doit tenir un registre exact du nombre de métiers existant et du nombre

---

1. Décrets des 11 juin 1809, 20 févr. et 3 août 1810; décrets des 27 mai et 5 juin 1848. Loi générale du 14 juin 1833, modifiée par les lois des 7 févr. 1880, 23 févr. 1881, 24 nov. 1883 et 11 déc. 1884. Divers projets ou propositions de lois sont en suspens devant le Parlement, tendant à la réforme et à la codification de toutes les dispositions législatives antérieures et éparses. Toutes ces bonnes intentions sont actuellement soumises à l'examen de la Commission du travail.

La loi de 1806 est venue à la suite d'un vœu présenté par les fabricants de Lyon à Napoléon Ier, lors de son passage en 1805 dans cette ville, « pour terminer par voie de conciliation les petits différends qui s'élèvent journellement soit entre les fabricants et les ouvriers, soit entre des chefs d'atelier et des compagnons ou apprentis ». Aussi était-elle spéciale à l'industrie lyonnaise. Seulement l'article 34, édictant que des conseils analogues pourraient être établis dans les villes de fabriques où le gouvernement le jugerait convenable, a permis aux gouvernements successifs d'étendre de proche en proche cette juridiction.

2. Pour tout ce qui concerne l'apprentissage même, voir LIV. II, chap. Ier.

3. Voir LIV. Ier, chap. II, *Livrets;* LIV. III, chap. III, *Propriété industrielle.*

4. Un doute pourtant peut s'élever sur le point de savoir si les dispositions relatives à la statistique s'appliquent à tous les conseils ou sont spéciales à la fabrique de Lyon, et de même les dispositions qui suivent, relatives aux contraventions et *aux infidélités des teinturiers.*

d'ouvriers de tout genre employés dans la fabrique, pour lesdits renseignements être communiqués à la Chambre de commerce toutes les fois qu'il en sera requis. A cet effet, les prud'hommes sont autorisés à faire dans les ateliers une ou deux inspections par an pour recueillir les informations nécessaires (*L. 18 mars 1806, art. 29*); mais cette inspection ne peut avoir lieu qu'après que le propriétaire de l'atelier aura été prévenu deux jours à l'avance. Celui-ci est tenu de leur donner un état exact du nombre de métiers qu'il a en activité et des ouvriers qu'il occupe. L'inspection n'a d'ailleurs pas d'autre objet; et en aucun cas les prud'hommes ne peuvent en profiter pour exiger la communication des livres d'affaires et des procédés nouveaux de fabrication que l'on voudrait tenir secrets. — Pour effectuer leur inspection, les prud'hommes peuvent avoir recours, s'il y a lieu, à la police municipale qui doit leur fournir tous les renseignements et toutes les facilités qui sont en son pouvoir. (*Décr. 11 juin 1809, art. 64-66.*)

Enfin le conseil, chargé spécialement de constater, d'après les plaintes qui pourraient lui être adressées, les contraventions aux lois et règlements nouveaux ou remis en vigueur, pour les procès-verbaux de constat être renvoyés aux tribunaux compétents, ainsi que les objets saisis, doit constater aussi, sur plaintes, les soustractions de matières premières qui pourraient être faites par les ouvriers au préjudice des fabricants, et les infidélités commises par les *teinturiers*.

Dans le cas de l'alinéa précédent et sur la réquisition verbale ou écrite des parties, les prud'hommes peuvent, au nombre de deux au moins, assistés d'un officier public, dont un fabricant et un chef d'atelier, faire des visites chez les fabricants, chefs d'atelier, ouvriers et compagnons.

Les procès-verbaux constatant les soustractions ou infidélités sont adressés au bureau général des prud'hommes et envoyés, ainsi que les objets formant pièces à conviction, aux tribunaux compétents. (*L. 18 mars 1806, art. 10-13*).

Établissement et organisation. — Les conseils de prud'hommes sont établis par décrets rendus en Conseil d'État (*art. 1er, § 1er, L. 14 juin 1853*), à mesure qu'ils deviennent nécessaires, après avis des chambres de commerce, des chambres consultatives des arts et manufactures intéressées et des conseils municipaux (*Ibid. et Circ. min. com. 5 juill. 1853*), et sur l'instruction faite par le préfet, qui en transmet les résultats au ministre du commerce avec son avis et des renseignements détaillés sur l'importance des industries locales et le nombre de litiges entre patrons et ouvriers. Ces documents sont communiqués au ministre de la justice, qui, après son assentiment, soumet le projet de décret au Conseil d'État.

Le décret d'institution détermine les professions justiciables du conseil créé, sa circonscription territoriale (ordinairement le canton) et le nombre des membres, qui est de six au moins, non compris le président et le vice-président, et varie au-dessus de cette limite minima suivant le nombre des professions et la quantité de litiges et d'affaires à examiner (*art. 1er, §§ 2 et 3, et art. 2, L. 14 juin 1853*).

Les conseils se composent de patrons et d'ouvriers en nombre égal[1], et qui varie d'ailleurs suivant l'importance de la ville, sans pouvoir cependant être inférieur à six. Les fonctions sont électives. Le corps électoral se compose : 1° des patrons âgés de vingt-cinq ans accomplis, patentés[2] depuis cinq ans au moins et résidant depuis trois ans dans la circonscription du conseil ; 2° des chefs d'atelier (ouvriers à façon et à domicile), contremaîtres et ouvriers dans les mêmes conditions que les patrons, *exerçant* (au lieu de *patentés* évidemment) depuis cinq ans (*art. 4, L. 1er juin 1853, et L. 24 nov. 1883*). Pour être éligible, il faut être âgé de trente ans accomplis, savoir lire et écrire (*art. 5, L. 1er juin 1853*), remplir les conditions de domicile et d'exercice de la profession requises pour être électeur ; il n'est pas nécessaire, au surplus, d'être inscrit sur la liste électorale. (*Arr. C. Ét. 11 août 1859.*) Ne sont ni électeurs, ni éligibles, les étrangers, ni aucun des individus désignés dans l'article 15 du décret du 2 février 1852[3], ni ceux qui n'exercent pas *habituellement* des travaux professionnels[4].

Les prud'hommes sont élus pour six ans, renouvelables par moitié tous les trois ans — le sort désigne les premiers sortants (*art. 10, L. 14 juin 1853*) — et indéfiniment rééligibles (*Ibid.*). Les conseils élisent, à la majorité absolue des membres présents, un

---

1. Depuis la loi du 27 mai 1848.

2. Ne sont électeurs comme patrons, pour la nomination des prud'hommes, que les patentés ou les associés en nom collectif, patentés ou non. Un administrateur de société anonyme qui ne remplit aucune de ces deux conditions ne peut pas être inscrit sur les listes électorales (*Cons. Ét. 21 mai 1897*), non plus que le directeur d'une usine, au titre de contremaître, car il ne saurait être considéré comme tel (*Cons. Ét. 1er mars 1878*).

3. Le décret du 2 février 1852 concerne les élections des députés au Corps législatif. L'article 15 désigne les individus non électeurs et non éligibles : ceux qui sont privés de leurs droits civils et politiques, les condamnés à des peines de droit commun, les faillis non réhabilités, etc., etc.

4. Car il faut entendre les professionnels seuls par les expressions *patentés* et *exerçant*. — L'employé d'une coopérative qui exécuterait *occasionnellement* des travaux de menuiserie ne saurait être considéré comme éligible, alors même qu'il aurait été porté, par erreur, sur la liste électorale. (*Cons. Ét. 27 juin 1892.*)

président et un vice-président, l'un ouvrier, l'autre patron, au choix[1], qui sont rééligibles. Un secrétaire, nommé par le conseil à la majorité absolue des suffrages et qui ne peut être révoqué que par une décision des deux tiers des membres (*L. 7 févr. 1880, art. 5*), remplit les fonctions de greffier, tient la plume dans les audiences, a soin des archives, rédige les minutes des jugements et des procès-verbaux, délivre les expéditions et les lettres de citation et tient le rôle des causes. Il est rétribué[2]. Les fonctions des prud'hommes sont gratuites, mais une rétribution peut leur être allouée[3] (*L. 7 févr. 1980, art. 6*). A Paris, ils touchent 200 fr. par an. Les villes où siège un conseil de prud'hommes doivent lui fournir le local nécessaire (*Décr. 11 juin 1809*). Les frais et dépenses des conseils sont obligatoires pour les communes comprises dans le territoire de leur juridiction et proportionnellement au nombre des électeurs inscrits sur les listes électorales spéciales à l'élection (*L. mun. 5 avr. 1884, art. 136*). Les conseils de prud'hommes peuvent être dissous par un décret sur la proposition du ministre du commerce. (*L. 1er juin 1853.*)

Avant d'entrer en fonctions, les conseillers prêtent serment entre les mains du préfet, comme les fonctionnaires de l'ordre administratif.

Discipline (*L. 4 juin 1864*). — Tout prud'homme qui, sans motif légitime et après une mise en demeure, se refuse à remplir le service auquel il est appelé, peut être déclaré démissionnaire par le préfet, après avoir été entendu par le conseil ou dûment appelé ; si le conseil n'émet pas son avis dans le délai d'un mois, il est passé outre. En cas de réclamation, il est statué par le ministre,

---

1. Le président et le vice-président ne peuvent être tous les deux, soit patrons, soit ouvriers, qu'au cas de constitution irrégulière du conseil, provenant d'obstacles à sa constitution régulière, par mauvaise volonté d'électeurs ou d'élus. (Voir *Élections*, à la fin.)

2. Le décret du 11 juin 1869 attribue au secrétaire un droit de 30 centimes par lettre d'invitation à se rendre au conseil ; de 40 centimes par rôle d'expédition, et de 80 centimes pour l'expédition du procès-verbal de non-conciliation. Au moyen de cette taxation, les frais de papier, de registres et d'expédition sont à la charge des secrétaires.

3. Les communes sont libres d'accorder ou de refuser un traitement aux membres des conseils de prud'hommes. Mais lorsqu'elles accordent ce traitement, elles sont tenues de le donner à tous les conseillers indistinctement, ouvriers et patrons. (*Avis Cons. Ét. 28 juin 1894.*)

sauf recours au Conseil d'État. Dans l'exercice de ses fonctions, si un prud'homme manque gravement à ses devoirs, il est appelé à s'expliquer devant le conseil, qui doit émettre son avis dans le délai d'un mois. Le prud'homme peut être puni par arrêté ministériel, soit de la censure, soit de la suspension pour un temps qui ne doit pas excéder six mois. Il peut être déclaré, par un décret, déchu de ses fonctions, et alors il ne peut être réélu pendant six ans[1].

Élections. — Les listes électorales sont dressées par les maires des communes de chaque circonscription de conseil, assistés de deux assesseurs, électeurs eux-mêmes, l'un patron, l'autre chef d'atelier, contremaître ou ouvrier.

Ces listes sont transmises en tableau au préfet, qui dresse et arrête la liste générale des électeurs (*L. 14 juin 1853, art. 7 et 8*) en double expédition, déposée à la mairie de la commune où siège le conseil et communiquée à tout requérant. Avis est donné du dépôt, à son jour même, par affiches aux lieux accoutumés. Les réclamations sont présentées, le cas échéant, au préfet, dans les dix jours, et si le préfet ne croit pas devoir y donner suite, le recours est ouvert devant le conseil de préfecture. Si la demande implique la solution préjudicielle d'une question d'état, les parties sont renvoyées préalablement à se pourvoir devant les tribunaux civils seuls compétents. La procédure est gratuite.

Les électeurs sont convoqués par le préfet, par un arrêté publié dans la forme ordinaire. (*L. 14 juin 1853, art. 10, § 3 ; Décr. 27 mai 1848, art. 4.*)

Les patrons, d'une part, et les chefs d'atelier, contremaîtres et ouvriers, d'autre part, réunis en assemblées particulières, nomment respectivement leurs prud'hommes en nombre égal (*art. 9, L. 1er juin 1853*). L'élection se fait au scrutin de liste, secret, à la majorité absolue des votants[2]. Si un second tour de scrutin est néces-

---

1. Les conseillers prud'hommes sont soumis au droit commun à raison des délits qu'ils peuvent commettre dans leurs fonctions, et les articles 479 et 483 du Code d'instruction criminelle ne leur sont pas applicables. L'article 41 de la loi du 29 juillet 1881 n'assure pas l'impunité des imputations diffamatoires ou injurieuses même produites par le juge, lorsqu'elles ont été faites dans l'intention de nuire et sans nécessité pour la cause qui lui est soumise ou qu'il a à rapporter. (*C. Paris, ch. corr., 11 août 1897, Henry c. Borderela.*)

2. Il n'est pas obligatoire d'avoir le quart des voix des électeurs inscrits. (*Cons. Ét. 23 nov. 1883.*)

saire, la majorité relative suffit. L'élection terminée, il en est
dressé un procès-verbal, qui est déposé à la mairie. L'assemblée
électorale, présidée par l'un des maires ou adjoints des communes
de la circonscription, sur délégation du préfet, avec deux scruta-
teurs et un secrétaire pour assister le président, ne peut délibérer,
ni s'occuper d'autre chose que de l'élection. Les frais d'élection
sont supportés par la commune où se fait l'élection. (*L. mun. 5 avr.
1884, art. 136.*)

Les élections peuvent être arguées de nullité, soit par des électeurs présents, soit par le préfet. Le procès-verbal est alors transmis au conseil de préfecture, qui statue dans le délai de huit jours,
sauf recours au Conseil d'Etat[1].

Au cas d'abstention collective, soit des patrons, soit des ouvriers,
ou au cas où les suffrages se porteraient sur des candidats inéligibles, ou au cas de refus de la part des élus patrons ou ouvriers
d'accepter le mandat; ou encore si ces membres élus s'abstenaient
systématiquement de siéger, il serait procédé dans la quinzaine à
des élections nouvelles pour compléter le conseil. Si, après ces
nouvelles élections, les mêmes obstacles empêchent encore la constitution ou le fonctionnement du conseil, les prud'hommes régulièrement élus, acceptant le mandat et se rendant aux convocations, constituent le conseil et procèdent, pourvu que leur nombre soit au moins
égal à la moitié du nombre total des membres dont le conseil est
composé (*L. 11 déc. 1884, art. 1er*)[2]. Et dans ce cas, le président et le
vice-président peuvent être tous les deux soit patrons, soit ouvriers.

Juridiction et compétence. — Les conseils de prud'hommes
ressortissent au ministère du commerce, et non au ministère de la
justice. Chaque conseil de prud'hommes siège en deux bureaux :
1° le bureau particulier, composé d'un patron et d'un ouvrier qui

---

1. L'engagement pris par un candidat au conseil de prud'hommes de statuer
dans un sens déterminé sur les différends qui lui seraient soumis, ne pouvant se
concilier avec le caractère ni avec les devoirs de cette fonction, est de nature à
vicier l'élection du candidat. (*Cons. Ét., sect. tempor., 7 déc. 1894.*)

2. Cette loi est née à la suite d'incidents comme ceux de Lille où les prud'hommes
patrons démissionnèrent en bloc pour protester contre le mandat impératif imposé
aux prud'hommes ouvriers par les associations syndicales, et ceux de Lyon où, à
propos de faits de grève, les prud'hommes patrons et ouvriers se trouvèrent en conflit, les premiers voulant condamner, malgré les seconds, les grévistes pour rupture
intempestive du contrat de travail.

président alternativement, est chargé de concilier les parties[1]. Lorsqu'il ne le peut, il dresse procès-verbal de non-conciliation et renvoie l'affaire devant 2° le bureau général, qui se compose au moins de deux patrons et de deux ouvriers, non compris le président et le vice-président, mais toujours d'un nombre égal de patrons et d'ouvriers, et qui est chargé de juger le différend[2].

La juridiction des prud'hommes s'étend non seulement sur les chefs d'établissements situés dans la circonscription et sur les chefs d'atelier, contremaîtres, ouvriers ou apprentis qu'ils occupent et qui résident dans cette circonscription, mais encore sur tous ceux qui travaillent pour les établissements dont s'agit, sans avoir néanmoins leur domicile ou résidence dans la circonscription.

La compétence est limitée aux contestations qui s'élèvent entre patrons, d'une part, et ouvriers, de l'autre, à propos des travaux dont ceux-ci sont chargés par ceux-là, et des conventions dont ces travaux sont l'objet dans les professions nommément inscrites dans les décrets qui instituent les conseils[3]. Le taux des demandes en argent formulées ne limite pas la compétence. Les prud'hommes connaissent des affaires de leur juridiction, quelles que soient les sommes dont il s'agit. (*Décr. 3 août 1810, art. 1er.*)

JURISPRUDENCE. — Doit être considéré comme ouvrier de l'industrie et, par suite, comme justiciable des conseils de prud'hommes, celui qui est employé à la construction des machines ou à la production d'un produit manufacturier, la qualification d'ouvrier étant déterminée par la nature du travail, sans tenir compte du mode de rémunération au mois ou à la journée ou à la tâche, ni du mode de l'engagement quant à la durée. (*C. ap. Lyon, 2e ch., 15 déc. 1893.*)

Les conseils de prud'hommes ne peuvent connaître que des contestations qui s'élèvent entre les marchands fabricants et leurs ouvriers, et leur juridiction ne peut s'étendre à des cas autres que ceux qui sont prévus par la loi. L'État, n'étant pas marchand fabri-

---

1. Une audience au moins par semaine est consacrée à la conciliation.
2. La composition des deux bureaux peut être irrégulière dans les cas déjà prévus d'abstention collective, de refus d'accepter le mandat, etc...
3. On trouvera une liste alphabétique complète, qui ne tient pas moins de 14 pages, dans le *Bulletin de l'Office du travail* (juin 1903, pp. 489-502), des professions justiciables des conseils de prud'hommes, relevées sur les décrets d'institution de ces conseils, sans changement dans le nom des professions et sans que les synonymes aient été fondus en de mêmes rubriques.

cant, n'est pas soumis à cette juridiction. *(Cass., ch. civ., 28 avr. 1896, Etat c. Jeannot et Cabassut.)*

Procédure. — Les parties sont invitées à comparaître en personne par une lettre du secrétaire du conseil ; elles ne peuvent se faire représenter, et seulement par un parent, patron ou ouvrier lui-même, qu'aux seuls cas d'absence ou de maladie. Si le justiciable ne comparaît pas, une citation lui est remise par l'huissier du conseil. Le délai pour comparaître est au moins d'un jour franc dans un rayon de 3o kilomètres ; on ajoute un jour de plus par 3o kilomètres ou fractions de 3o kilomètres.

Chaque partie peut se faire assister d'un conseil ou d'un défenseur [1]. Les parties ne sont admises à faire signifier aucunes défenses. Elles sont tenues de s'exprimer avec modération et de se conduire avec respect. Si elles ne le font pas, après un premier rappel au devoir par le président, le bureau peut les condamner à une amende qui n'excède pas 1o fr., avec affichage du jugement dans la ville où siège le conseil. Dans le cas d'insulte ou· d'irrévérence grave, le bureau particulier en dresse procès-verbal et peut condamner le coupable à un emprisonnement dont la durée ne peut excéder trois jours. Dans ces deux cas, les jugements sont exécutoires par provision. *(Décr. 11 juin 1809.)*

Lorsque, après non-conciliation, les parties sont renvoyées devant le bureau général, ce bureau doit, après les avoir entendues, statuer sur-le-champ *(Décr. 11 juin 1809)*. Les jugements sont signés par le président et par le secrétaire *(L. 1er juin 1853)*. Si, au jour indiqué, l'une des parties ne comparaît pas, la cause est jugée par défaut. L'opposition doit être formée dans les trois jours de la signification du jugement, qui est faite par l'huissier du conseil, délai qui n'est ni absolu, ni fatal et que le conseil peut prolonger pour des motifs graves *(art. 43, Décr. 11 juin 1809)*. Les jugements par défaut doivent être exécutés dans les six mois de leur obtention ; sinon, ils sont non avenus.

Si, au cours de l'instance, se produit un incident hors de la

---

1. Le conseil de prud'hommes ne peut pas refuser d'entendre l'avocat qui se présente pour développer les moyens d'action ou de défense de l'une des parties en cause. *(Cass., ch. civ., 1er avr. 1895, cassant un jugement des prud'h. Seine du 8 mai 1894, Denouchou.c c. Giraul'.)*

compétence des prud'hommes, si l'une des parties déclare vouloir s'inscrire en faux, dénie l'écriture ou déclare ne pas la reconnaître, le président du bureau lui en donne acte, paraphe la pièce et renvoie la cause devant les juges auxquels en appartient la connaissance. (*Décr. 11 juin 1809.*) — Pour les jugements préparatoires et les enquêtes, il est procédé comme devant les juges de paix.

Les actes de procédure ainsi que les jugements et les actes nécessaires à l'exécution de ces jugements, sont rédigés sur papier visé pour timbre, conformément à la loi du 22 frimaire an VII, article 70. L'enregistrement a lieu en débet. Ces dispositions sont applicables aux cas où les causes sont portées en appel ou en cassation. Le visa pour timbre est donné sur l'original au moment de l'enregistrement. La partie qui succombe est condamnée aux dépens envers le Trésor.

Les témoins qui ont une profession ont droit à une indemnité équivalente à une journée de travail — et à deux, s'ils sont obligés de se faire remplacer dans leur profession — taxation laissée à la prudence des conseils et des maires. Quand un témoin n'a pas de profession, la taxe est de 2 fr. Point d'indemnité de déplacement aux témoins domiciliés dans le canton ; ceux qui sont domiciliés en dehors, et à une distance de plus de 25 kilomètres du lieu où ils font leur déposition, reçoivent autant de fois une somme de 4 fr. (somme double de journée de travail) qu'il y a de fois 25 kilomètres de distance entre leur domicile et le lieu où ils ont déposé.

Un ou plusieurs prud'hommes peuvent être récusés. Ils peuvent aussi être pris à partie, comme les fonctionnaires publics, c'est-à-dire qu'il est permis aux intéressés de poursuivre la réparation civile du tort qui a pu leur être causé par un juge. Si le prud'homme récusé refuse de s'abstenir, ou ne répond pas à l'acte signifié par la partie au secrétaire du conseil, une expédition de cet acte et de la déclaration du prud'homme, s'il y en a, est envoyée par le président du conseil au président du tribunal de commerce et la récusation y est jugée, en dernier ressort, dans la huitaine, sans qu'il soit besoin d'appeler les parties. (*Décr. 11 juin 1809.*)

Exécution des jugements et appels. — Lorsque la demande n'excède pas 200 fr. en capital, les jugements sont définitifs et sans appel. Au-dessus de 200 fr., les jugements sont sujets à appel devant les tribunaux de commerce, et le jugement de condamnation

peut ordonner l'exécution immédiate et à titre de provision, jusqu'à
200 fr., sans qu'il soit besoin de fournir caution ; pour le surplus,
l'exécution provisoire ne peut être ordonnée qu'à la charge de
fournir caution. (*Art. 14, L. 14 juin 1853.*)

JURISPRUDENCE. — Est susceptible d'appel la décision rendue par un conseil de prud'hommes bien que la demande principale soit inférieure à
200 fr., si la demande reconventionnelle, supérieure à ce chiffre, n'est pas
exclusivement fondée sur la demande elle-même, si elle a une cause indépendante, par exemple si elle s'appuie sur le préjudice que l'ouvrier, demandeur au principal en payement de salaires, a causé, par son brusque
départ, au patron, défendeur. (*Cass. 27 déc. 1899.*)

Les jugements sont signifiés par l'huissier du conseil à la partie
condamnée et l'appel n'est plus recevable après les trois mois de la
signification faite par l'huissier.

Les jugements rendus par les conseils de prud'hommes en dernier
ressort ne sont attaquables devant la Cour de cassation qu'au point
de vue de l'incompétence, de l'excès de pouvoir et, en général,
pour toute violation de la loi. (*Cass. 20 déc. 1852 et 14 févr. 1883.*)

Régime de l'Algérie. — La législation relative aux prud'hommes est
applicable à l'Algérie, sous les modifications suivantes :
Dans les circonscriptions où la population musulmane est importante,
des assesseurs musulmans sont adjoints au conseil, en nombre déterminé
par le décret d'institution, et patrons et ouvriers assesseurs musulmans en
nombre égal. Dans les causes où se trouveront un ou plusieurs musulmans non naturalisés le bureau particulier et le bureau général comprendront deux prud'hommes assesseurs musulmans, l'un patron, l'autre ouvrier, ayant voix consultative.
En ce qui concerne l'élection des prud'hommes, musulmans OU NON,
sont électeurs : les patrons âgés de 25 ans accomplis, patentés depuis trois
années au moins et depuis un an dans la circonscription du conseil ; les
chefs d'atelier, contremaîtres et ouvriers âgés de 25 ans accomplis, exerçant leur industrie depuis trois ans au moins et domiciliés depuis un an
dans la circonscription ; — *sont éligibles :* les électeurs âgés de 30 ans
accomplis domiciliés depuis deux ans dans la circonscription et sachant
lire et écrire en français. (*L. 23 juin 1881.*)

Projets législatifs. — Nombreux, depuis trente ans, ont été déposés
les projets concernant la juridiction des prud'hommes. Il n'en reste plus
que trois devant le Parlement. Deux ont été discutés et adoptés par la
Chambre les 11, 12, 14 février 1901 et transmis au Sénat le 25 février
suivant (doc. parl. n° 88 ; *J. O.* p. 196). Ce sont les propositions de loi

de : 1º MM. Paul Beauregard et Lannes de Montebello, présentée le 8 novembre 1898 (doc. parl. nº 324; *J. O.* p. 230), 2º M. Dutreix, présentée le 14 novembre 1898 (doc. parl. nº 356; *J. O.* p. 280). Elles tendent à donner au bureau général des conseils de prud'hommes la connaissance des conflits collectifs, après une triple tentative de conciliation devant un prud'homme ouvrier, puis un prud'homme patron, puis devant les deux ensemble, sans que rien soit changé d'ailleurs au droit des parties de recourir, avant ou après, à la procédure de la loi de 1892 en matière de conciliation et d'arbitrage. La juridiction des prud'hommes prononcerait, à l'occasion de contrat de travail : 1º entre les patrons ou leurs représentants et les employés, ouvriers et apprentis des deux sexes du *commerce* et de l'industrie qu'ils emploient ; 2º entre *l'État, les départements, les communes, les établissements publics* ou leurs représentants et les ouvriers et employés non fonctionnaires de leurs entreprises industrielles ; 3º entre les entrepreneurs de spectacles ou leurs représentants et les artistes, choristes, musiciens et employés de théâtre de toutes catégories.

La troisième proposition de loi, présentée le 19 juin 1902 par M. Cordelet, sénateur (doc. parl. nº 272 ; *J. O.* p. 435), a pour objet de faire rentrer les employés de commerce dans le droit commun, au point de vue de la juridiction. Renvoyée à la Commission relative aux conseils de prud'hommes, devant laquelle étaient parvenues les deux propositions votées par la Chambre, et toutes les trois ayant été l'objet d'un rapport de M. Savary, sénateur (4 déc. 1902; doc. parl. nº 372), la discussion s'est engagée le 3 mars 1903.

Le Sénat n'ayant pas voulu, malgré le ministre et M. Strauss, admettre le texte extensif de la Chambre, la discussion, ajournée *sine die*, a été reprise dans les dernières séances d'octobre 1903, sans que, en votant l'article premier du projet, il se départe de son attitude première. Ni le commerce, ni l'État, les départements, communes, etc... n'ont été soumis par lui à la juridiction des prud'hommes. Il ne désigne pas non plus, nommément, les entrepreneurs de spectacles.

Statistique pour 1901. — 145 conseils de prud'hommes ont fonctionné en France pendant 1901, au lieu de 141 en 1900. Ces tribunaux ont été saisis de 50 212 affaires, en diminution de 1 878 affaires sur 1900.

Les bureaux particuliers en ont concilié 21 456 ; 10 407 ont été retirées par les parties avant que les bureaux aient statué ; 18 120 n'ont pu être conciliées ; 14 835 seulement ont été portées devant le bureau général. Comme, d'autre part, les bureaux de jugement avaient encore à examiner 138 affaires de l'année précédente, ils ont eu à statuer sur 14 973 différends.

Parmi ceux-ci, 7 741 ont été retirés avant jugement, 5 717 ont été terminés par des jugements en dernier ressort et 1 317 par des jugements susceptibles d'appel. 198 ont été reportés à l'année suivante.

En Algérie, 6 conseils ont fonctionné en 1901. Ils ont été saisis de 2 359 affaires, soit une augmentation de 116 par rapport à l'année 1900. 1 218 ont été conciliées, 234 retirées par les parties avant que le bureau ait statué. 806 affaires n'ont pu être conciliées, mais 653 seulement ont été portées devant le bureau général. 15 affaires restant à juger de l'année précédente, les bureaux de jugement ont examiné 669 différends ; 429 ont été retirés avant jugement, 194 terminés par des jugements en dernier ressort, 37 par des jugements susceptibles d'appel, 8 reportés à l'année suivante.

Législation comparée. — Les divers pays [1] qui ont adopté la juridiction des prud'hommes ont des lois qui ne diffèrent de nos dispositions législatives que par les détails.

C'est ainsi que la double mission de conciliateurs et de juges que la loi française attribue aux prud'hommes se retrouve dans toutes les législations étrangères, ainsi que la plupart des formalités d'élections, et l'égalité entre les éléments ouvrier et patronal. Mais les conditions d'électorat y sont en général moins rigoureuses. Sont électeurs : en *Allemagne* [2], les individus âgés de 25 ans qui habitent ou travaillent depuis un an dans le ressort du tribunal ; en *Belgique*, les individus âgés de 25 ans, domiciliés depuis un an dans le ressort du conseil, et exerçant effectivement depuis quatre ans ; en *Italie*, les individus, sans distinction de sexe, âgés de 21 ans, résidant depuis six mois dans la circonscription du conseil, et exerçant leur métier depuis un an ; à *Genève*, les individus domiciliés dans le canton et y jouissant de leurs droits politiques. — Sont éligibles : en *Allemagne*, ceux qui, âgés de 30 ans, habitent et travaillent depuis deux ans dans le ressort ; en *Belgique*, tous les électeurs âgés de 30 ans, ainsi que les chefs d'industrie retirés et les anciens ouvriers, pourvu qu'ils réunissent les autres conditions de capacité et qu'ils ne forment pas plus du quart du nombre total des membres du conseil ; en *Italie*, l'âge de 25 ans suffit ; à *Genève*, le droit commun est encore en ceci applicable.

Pour la durée des fonctions la règle est la même en *Belgique* qu'en France. A *Genève*, et en *Portugal*, les prud'hommes ne sont élus que pour deux ans ; en *Allemagne*, selon le statut local, la durée varie entre un et six ans.

L'élection des président et vice-président est faite à *Genève*, comme en France, parmi les prud'hommes. En *Allemagne*, ils sont nommés, en dehors des patrons et des ouvriers, par le maire ou par la représentation municipale ; en *Portugal*, le gouvernement choisit sur une liste de sept citoyens étrangers aux professions composant le conseil, et élus au scrutin secret par la Chambre municipale de la commune où siège le conseil ; en *Belgique*, les président et vice-président sont nommés par arrêté royal, et pris soit dans le sein du conseil, soit en dehors, sur une liste double de

---

1. Ils sont nombreux : Allemagne (*ordon. pruss. 7 août 1846* ; pour l'Alsace, *l. 23 mars 1880* ; Hambourg, *l. 10 oct. 1887* ; Saxe, *l. 15 oct. 1851*) ; Autriche-Hongrie (*l. 14 mai 1869*) ; Belgique (*l. 31 juill. 1889*) ; Espagne (*l. 24 juill. 1873*) ; Italie (*l. 15 juin 1893*) ; Portugal (*l. 14 juill. 1889*) ; Suisse (*Neuchâtel, l. 20 nov. 1885* ; Genève, *l. 12 mai 1897* ; Lucerne, *l. 16 février 1892*), etc., etc.

2. D'après l'état récapitulatif dressé par l'Office impérial de statistique, il existait en Allemagne, en 1901, 313 conseils de prud'hommes qui ont été saisis de 70501 différends dont 70227 entre patrons et ouvriers et 274 entre ouvriers d'un même patron.

candidats, choisis les uns par les prud'hommes patrons, les autres par les prud'hommes ouvriers, — sans que le président et le vice-président puissent être pris sur la même liste; en *Italie,* le président est nommé par décret et peut être choisi, soit parmi les fonctionnaires de l'ordre judiciaire, soit parmi les éligibles au conseil de prud'hommes. Quant aux vice-présidents, qui sont au nombre de deux, l'un est élu par les patrons parmi les ouvriers, et l'autre par les ouvriers parmi les patrons. — Dans certains cantons suisses (*Zurich, Fribourg*), en *Autriche,* les présidents sont choisis parmi les magistrats.

Certaines législations ont étendu la compétence et la juridiction des conseils. A *Genève,* les prud'hommes connaissent de toutes les contestations nées du fait du contrat de travail et d'apprentissage dans tous les domaines : industriel, commercial, agricole, libéral, domestique ; dans le canton de *Vaud,* les conseils s'étendent aux employés de commerce, et il existe une chambre d'appel prud'homale pour les litiges supérieurs à 500 fr.

En *Belgique,* l'appel est permis passé 200 fr., comme en France ; en *Allemagne,* il peut être interjeté au-dessus de 100 marks ; en *Portugal,* au-dessus de 30 *milreis* (168 fr.) ; à *Genève,* au-dessus de 300 fr.

La législation anglaise est plus originale.

Par la loi du 15 août 1867 (30-31 Vict. ch. 105), les patrons et ouvriers d'une localité, pour l'arbitrage et le jugement de leurs différends, peuvent organiser un *meeting* et s'entendre pour former un conseil, à la condition d'adresser une pétition au ministre de l'intérieur ou au roi (ou reine) et demander une licence qui n'est accordée qu'après avoir été annoncée dans un journal. Le conseil varie entre 2 et 10 membres plus un président, tous élus, 30 jours après la réception de la licence, parmi les intéressés et par eux. L'exécution des jugements est demandée aux juges de paix, qui sont tenus d'ordonner les mesures coercitives. Aucun avoué ou avocat ne peut se présenter sans l'assentiment des deux parties. Le conseil ne doit s'occuper que de faits accomplis, et ne pas permettre de délibérer sur des questions intéressant le travail dans l'avenir : taux futur des salaires, prix du travail futur.

La *Belgique* a institué des conseils spéciaux pour les mines.

Enfin, en *Allemagne,* en *Autriche-Hongrie,* il existe d'autres juridictions spéciales aux contestations individuelles entre patrons et ouvriers : Tribunaux de corporations en Allemagne (*l. 18 juill. 1881 et 7 juin 1887*), en Autriche (*l. 15 mars 1883*); en Hongrie (*l. 21 mai 1884*), pour les contestations entre membres des corporations ; — Tribunaux industriels ou arbitraux en Allemagne (*l. 29 juill. 1890*), où la loi du 30 juin 1901, en modifiant la loi du 29 avril 1890 sur les tribunaux de prud'hommes, a rendu obligatoire la création d'un tribunal de prud'hommes dans toutes communes de plus de 20 000 habitants, — en Autriche (*l. 8 mars 1885*) établis par les municipalités, et qui ont pour fonctions de concilier et de juger les contestations entre patrons et ouvriers, à quelque industrie qu'ils appartiennent, et en Allemagne à la demande d'une seule des parties, et aussi de donner leur avis, quand ils en sont requis, sur les questions industrielles.

3. — Tribunaux de commerce. Juges de paix. Tribunaux civils [1].

Tribunaux de commerce. — La compétence des tribunaux de commerce s'étend aux contestations relatives à un acte de commerce, quelles que soient les parties en cause, lorsqu'elle est née du fait de l'exercice de la profession de commerçant et dans le ressort territorial où ils se trouvent placés ; ce sont aussi les tribunaux d'appel des décisions des conseils de prud'hommes.

La procédure devant la juridiction consulaire est simple et rapide. Il n'y a point de ministère public ; le ministère des avoués y est interdit [2]. Il faut un pouvoir spécial pour y représenter une partie. Des corporations d'agréés, dont le ministère n'a rien d'obligatoire, ont été autorisées à cet effet.

LÉGISLATION COMPARÉE. — La *Belgique* et le *Portugal* admettent aussi les tribunaux de commerce comme juges d'appel. A *Genève,* les appels sont portés devant une chambre composée d'un président, de trois prud'-hommes patrons et de trois prud'hommes ouvriers, qui ne doivent pas avoir connu de l'affaire en conciliation ou en première instance. De plus, en matière de compétence et de litispendance, les parties peuvent se pourvoir contre les arrêts de la chambre d'appel, devant une cour mixte composée de deux juges de la cour de justice, nommés par elle, et de trois prud'hommes pris dans les chambres d'appel et désignés par celles-ci.

Juges de paix. — Les juges de paix statuent, avec la compétence des prud'hommes, partout où il n'en existe pas.

Mais, en outre, ils connaissent, sans appel jusqu'à la valeur de 100 fr., et à charge d'appel, quelle que soit la valeur de la demande :

1° Des contestations relatives aux engagements respectifs des gens de travail, au jour, au mois et à l'année, et de ceux qui les emploient ;

2° Des contestations relatives aux engagements respectifs des maîtres et de leurs ouvriers et apprentis — sans dérogation d'ail-

---

1. Ces diverses juridictions étant de droit commun, il n'en sera question ici qu'en ce qui concerne la législation ouvrière.

2. Le législateur serait bien inspiré, s'il généralisait cette mesure à toutes les juridictions. Les trois quarts des procès en seraient peut-être évités, et le reste sûrement se réglerait en trois fois moins de temps, — et la justice n'en irait que mieux.

leurs aux lois et règlements relatifs à la juridiction des prud'hommes. (*L. 25 mai 1838, art. 5, § 3.*)

La procédure devant les juges de paix est réglée par le titre Ier, livre Ier, du Code de procédure civile et par les articles 11 à 19 de la loi du 25 mai 1838. La formalité de la conciliation consiste en un appel devant le juge de paix par l'avertissement envoyé par le greffier, et qui précède la citation elle-même. (*L. 2 mai 1855.*)

Tribunaux civils. — Les tribunaux civils connaissent :

1° De toutes les contestations entre gens de travail et ceux qui les emploient, patrons et ouvriers, *lorsqu'elles ne sont pas relatives à leurs engagements respectifs,* et que la demande est supérieure à 200 fr. ;

2° De toutes les contestations entre gens de travail et ceux qui les emploient, lorsque le louage d'ouvrage est fait à la tâche ou aux pièces et que la demande est supérieure à 200 fr. ;

3° De toutes les contestations relatives aux marchés et devis, entre ouvriers entrepreneurs et propriétaires non commerçants ;

4° De l'exercice de l'action en indemnité de l'article 1798 du Code civil contre le propriétaire non commerçant, quand la demande dépasse 200 fr. Et, dans ce cas, les actions en indemnités pour résolution de contrat de louage de services par la volonté de l'une des parties, sont instruites comme affaires sommaires et jugées d'urgence.

II. — CONFLITS COLLECTIFS. — L'ASSOCIATION

1. Vue d'ensemble.
2. Coalitions et grèves.
3. Conciliation et arbitrage facultatifs.
4. Les syndicats professionnels.
4 *bis.* Le contrat d'association.
5. La coopération.
6. Syndicats de producteurs et monopoles.
7. Le contrat de travail collectif.

1. — Vue d'ensemble.

L'industrie contemporaine par l'anonymat des capitaux, l'agglomération des ouvriers n'entretient plus entre les patrons et ceux qu'ils emploient les rapports d'intimité d'autrefois, quand, sous le régime du petit atelier d'artisan, maîtres et ouvriers formaient une quasi-famille ; entre leurs situations respectives ne se dressait pas de barrière infranchissable. L'ouvrier de la veille devenait le patron de demain. Cette espérance l'aidait à supporter son infériorité passagère qui lui laissait la moindre part des produits du travail. Il n'y trouvait pas d'injustice, sentant que le patronat était comme le couronnement de toute carrière d'ouvrier, vers quoi il s'acheminait lui-même, et que, arrivé au but, ce serait son tour de prélever la grosse part. En attendant il patientait, sans jalousie, sans envie, sans souci des intérêts dont il était naturel de laisser la garde et le soin aux patrons, élite des ouvriers, pour s'être élevés parmi eux.

Le machinisme triomphant a changé tout cela. La famille du petit atelier n'est plus. Quelle intimité peut-il exister entre un patron d'usine qui occupe cent, mille, dix mille ouvriers [1] et son personnel ? Vraiment ils sont trop. L'ouvrier, et même l'ouvrier intelligent, n'a plus, pour le consoler de sa sujétion et pour le soutenir dans sa situation inférieure, la perspective de s'élever au sommet de la hiérarchie du travail [2].

Dans ces conditions, se sentant ouvriers pour toute la vie, voyant se briser le lien qui les unissait au patronat et leur permettait d'y atteindre, les ouvriers n'ont plus que la ressource d'améliorer leur situation présente et durable. Comme ils ne peuvent l'améliorer qu'au détriment de celle même des patrons, sur qui ils n'ont plus à compter, un état de lutte et d'antagonisme sourd sépare les deux intérêts opposés des uns et des autres, entretenant la possibilité continuelle de différends entre eux sur les conditions du travail ; que le différend né passe à l'état aigu, le heurt brusque des deux intérêts opposés crée le conflit, qui amène ou peut amener une crise. Mais, dans cette crise, les ouvriers ont le sentiment très vif que l'intérêt individuel de chacun d'eux est le même ; leur cause générale est donc la même ; elle a revêtu un caractère collectif ; ce

---

1. Si l'on trouve ces chiffres exagérés, je citerai les 10 000 à 30 000 ouvriers de la Compagnie des mines d'Anzin, des forges du Creusot, de l'usine Krupp, à Essen (Prusse), des Compagnies de chemins de fer, parmi lesquelles celles de Paris-Lyon-Méditerranée, avec ses 60 000 employés.

2. Et quand bien même il y arriverait, comme on en cite quelques exemples, dans une proportion si infime, qu'on n'en peut tenir compte sur la masse des travailleurs, les conditions du travail sont telles qu'il ne pouvait escompter cette chance, et il a vécu, évidemment, sans y croire.

n'est plus la cause d'un homme, c'est la cause d'un groupe, c'est à ce groupe à faire masse et à se défendre. Et, en effet, les ouvriers, se solidarisant, se coalisent, afin qu'on satisfasse à leurs revendications, et si on n'y satisfait pas, ils quittent ensemble le travail. Ils font grève, comme c'est leur droit. La grève n'est qu'une manœuvre collective, pareille, somme toute, à la sortie, dans le système du petit atelier, de l'ouvrier qui s'en va parce qu'il n'est pas ou plus content des conditions du travail.

Comment résoudre ce conflit ? Le droit des patrons et le droit des ouvriers ont de profondes oppositions. Les prétentions des uns ne semblent pas admissibles devant les prétentions des autres. Faudrat-il éviter de les concilier ou de l'essayer au moins ? Toute discussion sera-t-elle rejetée ? Ouvriers et patrons n'auraient alors qu'à se séparer et à agir chacun de leur côté. Étrange solution en vérité que celle-ci, qui, pour éviter un accident manifeste de la vie industrielle, serait comme une cause de mort de la vie industrielle !

Les parties en conflit ouvrent donc la porte à la discussion pour débattre leurs intérêts. La loi sur la conciliation et l'arbitrage est venue leur en faciliter l'accession. Que, dans ces débats, l'une ou l'autre partie use de circonstances et de moyens propices, d'une moralité parfois discutable, et ne comptant que sur la force qu'elle a ou la crainte qu'elle peut inspirer pour l'emporter de haute lutte, cela n'est pas à rechercher ici, car cela est évident, et légitime en restant dans la légalité.

Qu'est-ce en effet que l'association, sinon, en quelque sorte et sous un certain point de vue, un moyen de pression et d'intimidation ? C'est bien autre chose encore, nul ne le conteste ; mais, à l'origine, l'idée d'association procède de ce proverbe de sociologie *naturelle :* l'union fait la force ; — et cette force, on la met au service de ce qui est, ou que l'on croit être, le droit [1].

L'association est donc l'acte par lequel plusieurs personnes se groupent d'une façon durable en vue d'un but commun et déterminé qu'on ne peut atteindre que par une action collective et continue.

---

[1] « Là où un seul sera impuissant à défendre son intérêt, s'il va chercher dix, cent de ses semblables ; s'ils s'entendent, s'ils réussissent à mettre en commun leurs forces et leur activité, l'équilibre se rétablira. L'association sera le régulateur, l'agent d'équilibre des forces sociales. » D'après Waldeck-Rousseau, discours au Sénat le 6 mars 1883 sur la liberté d'association.

C'est ce caractère d'organisation permanente qui différencie l'association de la réunion, laquelle n'est qu'un acte essentiellement temporaire.

L'association[1] peut revêtir d'ailleurs une multitude de formes, sans cesser d'être, dans le monde industriel, pour le patronat ou les ouvriers, un moyen de défense ou de sauvegarde de leurs intérêts respectifs.

Les syndicats, par leur intervention militante, leur organisation de combat, ont sans doute apparu tout d'abord comme les défenseurs uniques des collectivités du travail. Pourtant les associations par coopération sont, elles aussi, des agents de la lutte économique, et tiennent leur place dans la solution de la question sociale.

C'est par l'association enfin, dans son sens le plus général, que l'on arrivera à établir un équilibre, une entente entre les deux classes du travail, les patrons et les ouvriers; c'est elle qui permettra la discussion collective des conditions du travail.

Car tout n'est pas dit encore, tout n'est pas fait dans cette voie; et un grand pas reste à franchir. Et s'il est vrai de dire que le régime de la grande industrie a créé, entre les intérêts privés et particuliers immédiats des patrons et des ouvriers, un antagonisme latent qui se résout en crises aiguës souvent, il faut s'empresser de rectifier ce que cette affirmation a de trop étroit, par ce correctif nécessaire que, par-dessus les intérêts particuliers, il y a un intérêt général, celui de l'industrie elle-même, au développement de laquelle le sort des patrons et des ouvriers est intimement lié, qui prime au point de vue général, et même au point de vue privé, les intérêts des patrons et des ouvriers. Les conflits, les grèves, nuisent à l'ouvrier qui court le risque du chômage, par la perte de son gagne-pain, et

---

1. La législation et les règlements en vigueur relatifs à l'association sont contenus principalement dans les lois du 25 mai 1864 modifiant les articles 414 et 415 du Code pénal; du 21 mars 1884, sur les syndicats, abrogeant l'article 416 du Code pénal qui interdisait les coalitions ; du 1er juillet 1901 sur le contrat d'association, abrogeant : les articles 291, 292, 293 du Code pénal, ainsi que les dispositions de l'article 294 relatives aux associations et généralement toutes les dispositions contraires à la loi ; l'article 20 de l'ordonnance du 5-8 juillet 1820, la loi du 18 avril 1834, l'article 13 du décret du 28 juillet 1848, l'article 7 de la loi du 30 juin 1881, la loi du 14 mars 1872; le paragraphe 2, art. 2 de la loi du 24 mai 1825 ; le décret du 31 janvier 1852.
Les sociétés commerciales sont régies par le Code de commerce et par la loi du 27 juillet 1867.

nuisent au patron dont ils peuvent entraîner la ruine. Il y a donc pour les uns et les autres un intérêt majeur de l'industrie qui les pousse à éviter tout conflit.

En l'état actuel de la législation, la loi sur la conciliation et l'arbitrage est applicable après le conflit né. C'est le remède au mal.

N'eût-il pas mieux valu songer au moyen préventif du conflit et des grèves? Il n'était pas si difficile de le trouver. Il existe dans le principe même de cette conciliation et de cet arbitrage, qui, quand ils résolvent le conflit, aboutissent, n'est-il pas vrai? à des engagements réciproques nouveaux entre le patron d'une part, et la collectivité des ouvriers, d'autre part. Au lieu d'attendre qu'un conflit les provoque, pourquoi la conciliation et l'arbitrage, c'est-à-dire la discussion pacifique et normale des termes mêmes de l'engagement, n'interviendraient-ils point, lors du contrat de travail? Par une procédure à créer, sœur de la procédure de conciliation et d'arbitrage, en définitive, et substituant au contrat de travail individuel une procédure de contrat de travail collectif, on arriverait, non pas à une entente à la suite de crise, achetée d'ordinaire si chèrement après des luttes violentes et laissant de pénibles souvenirs, — mais à l'alliance pour le travail, alliance qui serait la base même du contrat de travail collectif.

2. — Coalitions et grèves.

Droit de coalition. L'« Internationale ». Grèves et libre exercice de l'industrie. — *Jurisprudence*. — *Législation comparée*.
Annexe. — Les grèves en France en 1902.

Droit de coalition. — On dit qu'il y a coalition lorsqu'un concert s'établit, soit entre des patrons, soit entre des ouvriers, pour modifier les conditions du travail. Jusqu'en 1864, cet accord, même pacifique, constituait un délit en toute circonstance.

La loi du 22 germinal an XI portait, article 6 : « Toute coalition entre ceux qui font travailler des ouvriers, tendant à forcer injustement ou abusivement à l'abaissement des salaires, sera punie d'une amende de 100 fr. au moins, 3 000 fr. au plus, et, s'il y a lieu, d'un emprisonnement qui ne pourra excéder un mois. » Article 7 : « Toute coalition de la part des ouvriers pour cesser en même temps de travailler sera punie d'un emprisonnement de trois mois. » L'article 414 du Code pénal atténue cette inégalité en condamnant à la prison les patrons ; mais l'article 415 permettait de frapper de deux à cinq ans de prison les chefs ou promoteurs des coalitions d'ouvriers. La loi du 27 novembre 1849 rétablit l'égalité des pénalités entre patrons et ouvriers. L'article 416 punissait d'un emprisonnement de six jours à trois mois, et d'une amende de 16 à 300 fr. tous ouvriers, patrons et entrepreneurs d'ouvrages qui, à l'aide d'amendes, défenses, proscriptions, interdictions prononcées à la suite d'un plan concerté, portaient atteinte au libre exercice de l'industrie et du travail.

La loi du 25 mai 1864 a changé tout cela.

Depuis lors, cet accord n'est punissable [1] que s'il est accompagné de « voies de fait, violences ou manœuvres frauduleuses pour amener ou maintenir, tenter d'amener ou de maintenir une cessation concertée du travail dans le but de forcer la hausse ou la baisse des salaires, ou de porter atteinte au libre exercice de l'industrie ou du travail ». Ce sont les termes mêmes de l'article 414 du Code pénal, tel que l'a modifié la loi du 25 mai 1864 (en même temps que l'article 416, d'ailleurs abrogé par la loi de 1884).

L' « Internationale ». — L'Association internationale des travailleurs, fondée à Londres en 1864, dans un but économique qui dégénéra bientôt en un but révolutionnaire, tendant à propager des doctrines telles que la subordination du capital au travail, l'abolition de l'hérédité individuelle des capitaux, fut interdite et réprimée en France par la loi du 14 mars 1872, à la suite des événements insurrectionnels de 1871, auxquels prit part, et que parut diriger, selon un grand nombre d'esprits, cette association déjà puissante.

La loi de 1872 visait d'ailleurs « toute association qui, sous une dénomination quelconque, notamment sous celle d'Association internationale des travailleurs, a pour but de provoquer à la suspension du travail, à l'abolition du droit de propriété, de la famille, de la patrie, de la religion ou du libre exercice des cultes ». La constitution de pareille société, le seul fait de son existence ou de ses ramifications sur le territoire français, était considéré comme un attentat contre la paix publique [2].

---

1. Voir ci-après *Grèves et liberté du travail.*

2. Mais n'est pas interdite, l'association internationale ayant comme les syndicats professionnels un but économique, industriel, agricole. Consulter dans le compte rendu du Congrès international tenu à Paris, en 1900, sous la présidence de

Il y avait délit : 1° dans le fait de s'affilier ou de faire acte d'affiliation à ces sortes d'associations, en payant cotisation, en assistant aux réunions ou en accomplissant d'autres actes qui peuvent déterminer la conviction des juges ; 2° dans le fait d'accepter des fonctions dans l'association ; 3° dans le fait de donner son concours au développement de l'association, en recevant à son profit des souscriptions, en lui procurant des adhésions individuelles ou collectives, en propageant ses doctrines, ses statuts ou ses circulaires, soit par la parole, soit par la voie de la presse [1] ; 4° dans le fait de prêter ou de louer sciemment un local pour des réunions d'associations illicites (ou de sections).

Le fait d'affiliation, punissable pour tous les Français, en quelque pays qu'ils fussent, et pour les étrangers, en France, comportait une amende de 50 à 1 000 fr. et un emprisonnement de trois mois à deux ans ; le juge pouvait, en outre, pour une durée de cinq à dix ans, prononcer l'interdiction des droits civils, civiques et de famille énumérés à l'article 42 du Code pénal, dont l'article 463 était applicable en ce qui concerne la prison et l'amende. L'étranger pouvait être expulsé du territoire français [2], au gré de l'administration.

Dans le cas d'acceptation de fonctions et de concours donné à l'association, l'amende pouvait être élevée à 2 000 fr., l'emprisonnement à cinq ans, et l'interdiction de résidence de cinq à dix ans prononcée. (Le Français condamné à l'interdiction de séjour est soumis aux mesures de police applicables aux étrangers, conformément aux articles 7 et 8 de la loi de 1849. L'application de l'article 463 du Code pénal est alors une modération à la peine de l'amende et de l'emprisonnement.)

M. Millerand, ministre du commerce et de l'industrie : Union internationale pour la protection légale des travailleurs. (*De l'utilité d'une association internationale pour le progrès de la législation du travail ; quel devrait être le rôle d'une pareille association ?* par M. Ernest Malain, professeur ordinaire à l'Université de Liège). Voir aussi : Liv. III, PROTECTION DU TRAVAIL, chap. II, à la *Législation comparée* et *Annexe.*

1. Encore fallait-il que l'intention de propagande ressorte de la publication faite, par des réflexions ou des commentaires, par exemple. (*Cass. 16 mai 1873 ; 21 juin 1873,* modifiant la première jurisprudence adoptée, qui trouvait suffisante, pour constituer le délit, l'insertion matérielle, pure et simple, de documents émanés de l'Internationale. *Cass. 23 août 1872 ; 6 déc. 1872.*)

2. Il peut toujours l'être, en vertu des articles 7 et 8 de la loi du 3 décembre 1849, qui permet d'expulser du territoire français, par mesure administrative, tout étranger dont la présence est considérée comme un danger.

Le prêt d'un local ou sa location entraînait une peine de 5o à 5oo fr. d'amende et de six mois à un an de prison, ou l'application possible de l'article 463 du Code pénal.

Toutes les peines de la loi de 1872 étaient édictées sans préjudice des peines plus graves applicables aux crimes et délits de toute nature, conformément au Code pénal, dont seraient coupables, comme auteurs ou complices, les prévenus du délit que réprime la loi de 1872.

Les tribunaux correctionnels étaient compétents pour juger les délits en question, même ceux commis par la voie de la presse en cette matière [1].

Toute cette législation n'a plus qu'un intérêt rétrospectif. Elle a été abrogée par la loi du 1er juillet 1901 (*art. 21*) sur le contrat d'association [2]; or, il n'est pas prouvé qu'elle ait servi à grand'chose comme toutes les mesures prises dans un moment de peur. On ne voit pas non plus pourquoi seraient interdites des doctrines tendant à l'abolition de l'hérédité individuelle des capitaux, à subordonner le capital au travail, et même, — à un point de vue spéculatif, sans violence, — à l'abolition de la religion.

Quant aux menées révolutionnaires qui présenteraient des dangers pour la sûreté de l'État, des individus, elles peuvent être réprimées par les lois des 18 décembre 1893 et 28 juillet 1894, contre les menées anarchistes, et par le Code pénal (art. 265 contre les associations de malfaiteurs).

Enfin l'article 12 de la loi du 1er juillet 1901 a pris la peine de réprimer les associations composées en majeure partie d'étrangers, et ayant des administrateurs étrangers ou leur siège à l'étranger, qui menaceraient la sûreté intérieure ou extérieure de l'État. Elles pourront toujours être dissoutes par décret du président de la République, comme aussi les associations dont les agissements seraient de nature à fausser les conditions normales du marché des valeurs ou des marchandises. — Les fondateurs, directeurs ou administrateurs

---

1. Les dispositions de la loi de 1872 n'ont pas été abrogées par l'article 68 de la loi du 29 juillet 1881 sur les « lois de presse », qui ne peuvent toucher au délit spécial dont il est question dans la loi de 1872.

2. Voir plus loin : *Le contrat d'association.* Une proposition de loi avait été déposée en 1894 à la Chambre par un groupe de députés socialistes pour l'abrogation de la loi de 1872.

de ces associations qui se seraient maintenues ou reconstituées illégalement seraient passibles d'un emprisonnement de six jours à un an, et d'une amende de 16 à 5 000 fr.

Grèves et libre exercice de l'industrie. — La grève se distingue du chômage forcé en ce qu'elle est une cessation volontaire du travail, alors qu'il ne manque pas. Mécontents des conditions du contrat qui les liait, les ouvriers quittent l'usine, l'atelier, le chantier ; ils font grève. La grève est licite ; elle n'est que l'exercice du droit de grève. Mais le fait de manquer, sans tenir compte des délais-congés, à des engagements pris peut donner lieu à des dommages-intérêts [1].

La loi de 1864, en supprimant le délit de coalition, a aboli tout recours contre le fait de la grève, faite sans violences, sans désordres, sans voies de fait, sans manœuvres frauduleuses [2], et n'a laissé subsister que le délit d'atteinte à la liberté du travail, dont la répression est toute dans les articles 414 et 415 du Code pénal [3]. Est

---

1. Ainsi l'exercice du droit de grève laisse subsister entre les parties l'engagement qu'elles ont pris d'observer entre elles les délais d'usage. L'ouvrier qui se met en grève de son plein gré et quitte son patron sans avoir observé le délai de prévenance peut être condamné à payer une indemnité. (*Cass. req., 18 mars 1902.*)

En fait, de la part des patrons, une demande en indemnité est rare, car une telle action serait purement platonique ; les dommages intérêts ne pouvant guère être perçus chez l'ouvrier. Cependant le conseil des prud'hommes de Saint-Étienne (*3o janv. 1869*) a accordé des dommages-intérêts à un patron que la grève des ouvriers avait mis dans la nécessité de suspendre l'impression d'une publication périodique ayant des abonnés. — De même, un patron obligé de fermer ses ateliers à cause d'une grève doit-il des indemnités à ceux des ouvriers qui ne voulaient pas la grève, qui ne demandaient qu'à continuer le travail, et ne l'ont pu, par suite de la fermeture des ateliers ? N'y a-t-il pas là un cas de force majeure ? Voir à ce sujet la décision du juge de paix de Solre-le-Château (Nord) qui a accordé à un ouvrier une indemnité équivalente au salaire de trois journées de travail.

2. Les diverses législations diffèrent les unes des autres, selon les mœurs de chaque pays, dans l'appréciation des procédés de grève ou coalition qu'elles considèrent comme attentatoires à la liberté du travail. Certains États de l'Union américaine prohibent le *boycott*. Les lois anglaises de 1871 et 1875 punissent le *picketing*, acte consistant à faire le guet pour empêcher les ouvriers d'entrer à l'usine ou pour détourner les clients du magasin mis à l'index, ou encore le fait de suivre quelqu'un avec persistance de place en place (*molestation*), ou encore le fait de lui cacher ses outils ou ses vêtements (*rattening*).

3. Le législateur, en allant jusqu'à abroger l'article 416 du Code pénal, qui réprimait les atteintes légères à la liberté du travail résultant d'amendes, de défenses, de proscriptions, mises en interdit d'établissements industriels à la suite d'un plan concerté à l'avance, enlève ainsi tout caractère délictueux à la pression morale exercée envers un patron pour le déterminer contre sa volonté à renvoyer ou à gar-

puni d'un emprisonnement de six jours à trois ans et d'une amende de 16 à 3,000 fr., ou de l'une de ces deux peines seulement, quiconque, à l'aide de violences physiques pouvant se manifester autrement que par des coups et blessures (voies de fait)[1], menaces de toutes sortes, même le jet de pierres contre un atelier inoccupé (*C. Douai, 18 avr. 1867*), manœuvres frauduleuses (tromperie, dol, mauvaise foi, artifices pour surprendre la confiance, etc...), aura amené ou maintenu, tenté d'amener ou de maintenir une cessation concertée du travail dans le but de forcer la hausse ou la baisse des salaires ou de porter atteinte au libre exercice de l'industrie et du travail. D'après les termes de la loi, la tentative du délit est punissable aussi bien que le délit consommé, sans distinguer si les coupables sont provocateurs ou meneurs, s'ils sont ou non étrangers à l'industrie, pourvu que la grève ou l'atteinte à la liberté du travail soit accompagnée d'un des éléments du délit.

Lorsque les faits délictueux sont commis par suite d'un plan concerté, la peine est aggravée, et les coupables peuvent être mis en interdiction de séjour pendant deux ans au moins et cinq ans au plus.

Sans discuter ici la question de la légitimité ou de l'utilité des grèves[2], grosse de malentendus, on peut affirmer du moins qu'elles

---

der un ouvrier; mais s'il le renvoie, il n'est pas tenu à des dommages-intérêts. (*C. ap. Grenoble, 28 oct. 1890.*)

D'autre part, le législateur, en autorisant la pression morale, n'a pas entendu permettre les violences, voies de fait contre les personnes ou les choses, manœuvres frauduleuses, en faveur d'une cessation concertée de travail, pas plus qu'il ne tolérerait les syndicats constitués en vue d'amener la hausse ou la baisse factices des marchandises.

Aussi peut-on trouver étrange ce passage d'une circulaire de M. Lozé, préfet de police, lors des grèves d'août 1889, adressée à ses agents : « Par suite de l'abrogation de l'article 416 du Code pénal par la loi de 1884 sur les syndicats professionnels, les voies de fait de nature à entraver la liberté du travail ne sont punissables que si elles ont été directement exercées sur les personnes, et, par suite, ne peuvent être poursuivis ceux qui se sont bornés à détruire des outils ou à renverser des tombereaux, sans avoir préalablement menacé ou frappé les ouvriers dont ils cherchaient à interrompre le travail. »

A signaler : proposition Coutant relative à l'abrogation des articles 414 et 415 du Code pénal (11 juillet 1898, Doc. parl., n° 232 ; *J. O.*, p. 1393).

1. Ainsi, saisir au corps sans frapper, jeter à terre, arracher les cheveux, cracher à la figure, mettre par force à la porte d'une réunion. (*Rapp. sur la loi du 25 mai 1864.*)

2. Je n'hésite pas, pour ma part, tout en regrettant qu'on soit astreint à de pareilles extrémités, à reconnaître que les travailleurs ont, par l'exercice du droit de grève, obtenu des résultats généraux excellents, relativement aux conditions du

sont accompagnées toujours d'un cortège de misères sans nom pour l'ouvrier et les siens, de pertes rudes pour l'industrie et parfois de troubles publics, par suite des passions déchaînées et de la surexcitation où sombrent tous les esprits. L'autorité responsable de l'ordre veut le maintenir et protéger le travail, tâche difficile, qui ne va pas sans des déploiements de force, nécessités sans doute, mais qui révoltent les grévistes. C'est plus de raisons qu'il n'en faut pour vouloir éviter les grèves, s'il est possible, ou les rendre rares. Mais qui en trouvera le moyen efficace [1] ?

Il faut souhaiter, quand un conflit est près d'éclater entre ouvriers et patrons, que par un large esprit d'apaisement qui repousse le moyen extrême de la grève, dangereuse et funeste jusqu'au sang versé trop souvent, patrons et ouvriers, conscients des lourdes responsabilités qui leur incombent, aient recours de plus en plus à la conciliation amiable que leur permet l'arbitrage.

Si, d'ailleurs, les grèves ont eu mauvaise réputation, si le public les a toujours vues avec défaveur, c'est qu'elles se sont produites, à l'origine, avec des apparences de violences et de révoltes, désordonnées et tumultueuses. Devenues aujourd'hui un simple refus de travail, qui n'est que l'exercice d'un droit [2], destiné, comme moyen

---

travail, salaires, etc... Ce sont des faits, et devant les faits il est difficile d'ergoter. Il n'y a qu'à se rappeler certaines grèves retentissantes. S'il est vrai qu'il y en a qui ont abouti à des échecs complets, il en est beaucoup d'autres qui ont pris fin par l'obtention de précieux avantages : grève du Creusot (*oct. 1899*) terminée par la sentence arbitrale de M. Waldeck-Rousseau (*Bull. off.* 1899, p. 841 et ss.); en Allemagne, grève de Hambourg (*1896-1897*) qui fit obtenir aux grévistes une augmentation de salaire de 15 à 20 p. 100 (*Bull. off.* 1897, p. 114); aux États-Unis, grève de Chicago qui a abouti à la constitution d'un Conseil d'arbitrage, composé en nombre égal de patrons et d'ouvriers (*Bull. off.* 1901, p. 277), etc. Consulter tous les bulletins mensuels de l'Office du travail.

1. Projet de loi, prévu par M. Millerand, ministre du commerce et de l'industrie sur la « grève obligatoire ». Aux termes de ce projet, lorsqu'il s'agirait de se mettre en grève, soit dans une usine, soit pour tout un même corps de travailleurs, les intéressés voteraient s'il y a lieu ou non de faire la grève. Au cas où les deux tiers des votants décréteraient la grève, tous les travailleurs intéressés devraient cesser le travail. Le projet rencontrera vraisemblablement une opposition ardente, si l'on en juge par les récriminations qui ont précédé même son dépôt, à la seule annonce de ses dispositions. — Un essai de referendum sur la grève a été fait parmi les groupes mineurs, tout dernièrement, sans aucune suite d'ailleurs, pour le moment.

Proposition Zévaès tendant à organiser le droit de grève (4 déc. 1900., Doc. parl., n° 1998 ; *J. O.*, p. 120).

2. Pour achever de marquer l'évolution qui, depuis la proclamation du droit de grève, s'est produite en sa faveur, même auprès des pouvoirs publics, il faut lire la circulaire du ministre de la justice, en date du 23 octobre 1902, adressée aux pro-

de défense, à résister à un patron qui voudrait faire plus mauvaises
les conditions de travail, et, comme moyen d'attaque, à peser sur lui
pour en obtenir de meilleures, elles ne disparaîtront qu'avec l'organisation et la constitution légale du contrat de travail collectif qui les
préviendrait, au lieu que ce n'est qu'après coup que la loi sur la
conciliation et l'arbitrage actuellement y porte remède.

Jurisprudence. — I. — Si, depuis l'abrogation de l'article 416 du
Code pénal, les menaces de grève, sans violences ni manœuvres
frauduleuses par des ouvriers à leurs patrons en suite d'un plan
concerté, sont licites, quand elles ont pour objet la défense d'intérêts professionnels, néanmoins elles peuvent encore constituer une
faute, obligeant ceux qui l'ont commise à la réparer, quand, inspirées parun pur esprit de malveillance, elles ont eu pour but et pour
effet d'imposer au patron un renvoi qu'aucun grief sérieux ne pouvait motiver. (*Cass. 9 juin 1896, Mounier c. Renaud ; C. ap.
Nîmes, 2 fév. 1898, 2 arrêts, Brugère et autres c. Hurtier, et Sas-
solas père et autres c. le même.*)

II. — Constitue le délit d'atteinte à la liberté du travail par menaces, délit prévu et réprimé par l'article 414 du Code pénal, le
fait par un membre du comité de la grève des ouvriers d'une usine
d'avoir adressé à plusieurs ouvriers, qui se disposaient à reprendre
le travail, une lettre anonyme dans laquelle il était insinué que, les
ouvriers étant très excités, la rentrée à l'usine des destinataires de
la lettre provoquerait probablement « une terrible bagarre » et « un

---

cureurs généraux, sur le rôle de la justice dans les troubles que peuvent susciter
les grèves. Elle fait honneur à M. Vallé :

« La liberté du travail, y est-il dit, est inscrite dans nos lois. Vous la ferez respecter, et quand des poursuites vous paraîtront nécessaires, aucune pression du
dehors n'en devra interrompre le cours. Mais la première condition, pour que les
poursuites aboutissent, c'est de les entreprendre avec prudence. Il importe qu'elles
ne puissent jamais être considérées *comme un moyen de faire obstacle au droit de
grève qui, lui aussi, légalement reconnu, doit être librement pratiqué.* — D'autre
part, je ne saurais trop vous mettre en garde contre toute tendance qui pourrait
pousser les magistrats du parquet à vouloir faire des exemples. Au contraire, dans
leurs réquisitions, ils devront demander aux juges de juger l'homme et non pas le
milieu, l'acte et non pas la doctrine. — Il vous appartiendra d'apprécier quels sont
les cas où la procédure de flagrant délit s'impose et ceux où la justice et les justiciables ont un égal intérêt à attendre que les passions commencent à s'apaiser. *Mais
j'appelle votre attention sur la nécessité, aujourd'hui plus éclatante que jamais,
d'assurer à tous les citoyens, quels qu'ils soient, des garanties égales devant les
tribunaux de la République.* »

terrible malheur », alors que l'auteur avait pris soin de terminer en guise de signature par les mots : « Pour les grévistes, le bureau », de manière à faire croire aux destinataires que la lettre émanait du comité directeur de la grève, et que les menaces éventuelles qu'elle renfermait recevraient exécution. (*C. ap. Caen, 22 oct. 1897.*)

III. — Le patron, à moins de s'y être expressément engagé, n'est pas tenu de réadmettre, après la cessation d'une grève, les ouvriers qui ont rompu avec lui, et l'ouvrier qui quitte brusquement l'atelier, sans donner d'avertissement et sans respecter le délai d'usage, commet une faute dont il doit réparation. Il ne saurait invoquer comme constituant un cas de force majeure la grève à laquelle il a participé de son plein gré, car une grève est l'exercice collectif du droit que chacun possède de refuser son travail, et le refus est aux risques et périls de ceux qui s'y sont librement et volontairement décidés. Il les expose à des dommages-intérêts s'il a lieu en violation d'engagements par eux contractés, car il n'y a réellement force majeure que pour les ouvriers qui, manifestant l'intention de continuer le travail, en sont empêchés par une circonstance indépendante de leur volonté, telle que la violence de la masse des non-travailleurs ou la fermeture des ateliers imposée par l'abstention du plus grand nombre. (*Tr. civ. Montbéliard, 25 juill. 1900; Hufflen c. Loichot, confirmé Cass. 18 mars 1903[1].*)

---

1. Se reporter à ce qui a été dit plus haut à propos de la rupture du contrat de travail et de l'inobservation des délais-congés, même dans le cas de mise en grève, et relire la note 2, p. 63.

Voici au surplus l'historique de cette affaire dont l'intérêt est de premier ordre :

Lors d'une grève des ouvriers du bâtiment, à Montbéliard, un ouvrier serrurier, pour se solidariser avec les grevistes, se mit aussi en grève en abandonnant brusquement son patron, entrepreneur de serrurerie. La grève ne dura que quelques jours. Quand elle fut terminée, l'ouvrier demanda à reprendre son travail. Le patron refusa. L'ouvrier l'assigna en payement d'une indemnité de huit jours pour renvoi sans préavis dans les délais d'usage. Le patron résista par une demande en 150 fr. de dommages-intérêts pour les mêmes motifs. Le juge de paix d'abord, puis le tribunal civil, en appel, rejeta la demande de l'ouvrier et accueillit partiellement celle du patron, au profit duquel l'ouvrier fut condamné à payer 28 fr., montant d'une semaine de salaire. C'est contre la seconde partie de cette décision que l'ouvrier s'est pourvu devant la chambre des requêtes de la Cour de cassation.

Me Tétreau, qui soutenait la requête, a demandé son admission en faisant valoir que le droit pour l'ouvrier de se mettre en grève mettait obstacle à ce qu'il pût être condamné pour brusque rupture du contrat, lorsqu'il n'était pas établi à sa charge une faute en dehors de l'exercice même du droit de grève reconnu par la loi.

M. l'avocat général Feuilloley a, au contraire, comme le rapporteur, — le conseiller Letellier, — sollicité le rejet de la requête. Il a développé cette thèse que, si le droit de grève est reconnu par la loi, en ce sens que son exercice normal n'a pu

Législation comparée. — L'*Angleterre* est le premier gouvernement qui enleva aux coalitions d'ouvriers le caractère délictueux
par l'abrogation de l'antique délit de *conspiracy ;* et cela dès le
21 juin 1826 (*loi 6 G. IV, chap. 129*). Développée par les lois
22 Victoria, ch. 34 (1859) et surtout 34-35 Vict., ch. 32 (1871), elle
édicte dans certains cas des punitions contre les patrons. Les faits
incriminés sont : les violences de toutes sortes contre les personnes
et les propriétés, les menaces et l'intimidation, toute pression par
molestation, c'est-à-dire par le fait de suivre quelqu'un avec persistance, faire faction devant sa maison, cacher ses outils ou ses vêtements ou le gêner de quelque façon. Si plusieurs s'entendent entre
eux pour commettre ces actes, il y a *conspiration* (quand du moins
un service public a été gêné, loi votée au Parlement, 1875) qui entraîne une aggravation de peine. La loi de 1871 semble menacer le
lock out, ou renvoi des ouvriers en masse.

La *France,* après l'Angleterre libérale, mais à quarante ans de distance, était suivie par la *Belgique* (*L. 31 mai 1866*) qui semble
d'ailleurs l'avoir regretté depuis, car la loi du 30 mai 1892 a édicté
des pénalités sévères contre certains faits de grève : attroupements,
intimidations, bris d'outils.

La *Hollande*, à la suite des grèves qui, pendant quatre mois (*jan-
vier-avril 1903*), interrompirent le travail, et complètement dans
les industries des transports, a renforcé, par les lois du 11 avril
1903, les pénalités pour faits de grève, qui, auparavant, étaient
soumises au droit commun, en ce qui concerne les délits de vio-

---

entraîner de répression pénale, le droit de grève ne peut cependant avoir pour conséquence de porter atteinte aux principes généraux du droit civil qui assurent le
respect des conventions librement consenties. — L'ouvrier qui abandonnerait individuellement son patron sans observer les délais d'usage pourrait être frappé, au profit
de son patron ? d'une condamnation à des dommages-intérêts. En quoi le fait d'abandonner collectivement ou corporativement le travail modifie-t-il la situation de l'ouvrier au regard de son patron. Est-ce que la convention qui le lie à ce dernier n'est
pas la même dans les deux cas ? — Le droit de grève est limité par le droit d'autrui, et le droit d'autrui est d'exiger le respect des conventions consenties avec lui.
Si on reconnaissait, aux ouvriers, contrairement aux principes les plus certains du
droit, la faculté de rompre brusquement sans indemnité, sous prétexte de grève, leur
contrat, il faudrait, par une juste réciprocité, reconnaître cette faculté aux patrons.
— Et qui ne voit à quelles dures conséquences cela aboutirait ! Un patron, faisant
grève avec d'autres patrons, pourrait donc, sans bourse délier, jeter sur le pavé, du
jour au lendemain, des milliers d'ouvriers.
Conformément à ces conclusions, la chambre des requêtes a rendu un arrêt de
rejet.

lences, de menaces, même en temps de grève, comme c'est le cas en *Espagne, Portugal, Suisse, Suède et Norvège*[1].

En *Allemagne,* les coalitions entre patrons et ouvriers restèrent prohibées (*L. 17 janv. 1845*) jusqu'à la loi du 21 juin 1869, qui les autorise par son article 152. L'article 153 édicte les peines contre ceux qui voudraient forcer d'autres personnes par la violence, par des menaces, par l'interdiction ou autrement, ou qui empêchent la retraite d'adhérents. Comme en Hollande, l'Allemagne faillit revenir en 1899 au système répressif; mais le projet déposé en ce sens fut repoussé devant l'exagération même des pénalités proposées qui allaient jusqu'à cinq ans de travaux forcés pour menaces dans certains cas déterminés.

L'*Autriche,* par la loi du 7 avril 1870, article 1er, abroge les pénalités du paragraphe 481 du Code pénal contre les coalitions de patrons et d'ouvriers. L'article 2 émet cette singulière déclaration que les coalitions entre patrons et ouvriers ne sont pas valables en droit, et donc ne peuvent donner lieu à une action judiciaire ; tiendra sa parole qui voudra. L'article 3 punit toutes violences, menaces, mesures tendant à forcer quelqu'un à entrer dans une coalition ou à s'en retirer; et l'article 4 étend aux commerçants qui s'entendent pour élever le prix d'une marchandise les dispositions des articles 2 et 3. La loi du 7 avril 1870 autorise les grèves, mais dans la grande industrie seulement.

L'*Italie* a reproduit dans son Code pénal de 1885 (*art. 155 et s.*) les dispositions de la loi française.

Seule la *Russie* en Europe réprime, par la loi du 3-11 juin 1886, le délit de coalition, et, dans le cas de grève, des pénalités sévères sont infligées aux ouvriers, tandis que les patrons tombent sous le coup de la loi (trois mois d'arrêt et déchéance du droit de diriger un établissement industriel) s'ils ont causé la grève en violant les prescriptions légales.

---

1. L'Angleterre a été tentée d'agir de même que la Hollande. Mais elle s'est refusée à aggraver les pénalités.

La loi du 22 mai 1903 sur les grèves des ouvriers des chemins de fer édicte que toute personne employée dans les chemins de fer qui quitte son travail pour cause de grève cesse par ce fait même d'appartenir à l'administration, et perd tous droits aux gratifications ou primes et à la retraite. Cependant l'administration pourra reprendre les employés ainsi congédiés et leur rendre en totalité ou en partie les droits qu'ils ont perdus.

Les *États-Unis* n'ont pas abrogé la loi qui interdit les coalitions ; mais l'organisation de la conciliation et de l'arbitrage l'ont rendue à peu près inapplicable.

ANNEXE. — Les grèves en France en 1902. — Pendant l'année 1902, il y a eu en France 512 grèves (au lieu de 523 en 1901), comprenant 212 704 grévistes (162 622 hommes, 35 326 femmes et 14 756 jeunes gens) occupés dans 1 820 établissements ; elles ont entraîné 4 675 081 journées de chômage, dont 202 604 jours chômés par 9 461 ouvriers non grévistes et 4 472 477 chômés par les grévistes proprement dits.

Les 523 grèves de l'année 1901 avaient occasionné 1 826 050 journées de chômage dont 1 687 895 pour les 111 414 grévistes proprement dits, ce qui faisait un chômage moyen de 15 jours par gréviste. En 1902, la moyenne des jours chômés a été de 21 par gréviste. Cette augmentation de la moyenne provient uniquement de la grève générale des mineurs qui compte 3 210 957 jours chômés pour 115 240 grévistes. Des établissements atteints en 1902 par la grève, 175 étaient possédés par des sociétés par actions, et le nombre des grévistes de ces établissements a été de 134 673, soit 63 p. 100 du nombre total. — Les mines ont fourni 15 grèves avec 199 009 grévistes ; les industries textiles, 167, avec 34 693 grévistes ; les industries chimiques, 20 avec 18 252 grévistes ; les industries du transport, 38 avec 12 195 grévistes ; le travail des métaux, 88 avec 9 852 grévistes ; et les industries du bâtiment, 71 grèves avec 5 339 grévistes. Les 511 autres grèves ont occasionné 1 261 520 jours chômés pour 97 464 grévistes.

Dans 304 grèves sur 512, les ouvriers étaient, en tout ou en partie, membres du syndicat de leur profession ; l'existence d'un syndicat patronal a été relevée dans 184 grèves. 9 syndicats ouvriers et 1 syndicat patronal ont été constitués au cours des grèves ou immédiatement après. Les syndicats ouvriers ont assuré des secours réguliers à leurs membres dans 31 grèves.

Dans 224 grèves, les ouvriers travaillaient au temps ; dans 206 ils travaillaient aux pièces et dans les 82 autres grèves, les uns étaient au temps, les autres aux pièces.

Les départements où le chiffre des grévistes a été le plus élevé en 1902 sont : le Pas-de-Calais (47 161), le Nord (40 554), la Loire (24 611), les Bouches-du-Rhône (11 480), la Seine (10 514), l'Isère (9 320), la Marne (6 062), l'Aveyron (5 638), le Tarn (5 530), la Haute-Vienne (5 384).

Dans l'ensemble, les grèves et les grévistes se répartissent ainsi suivant les résultats obtenus :

	NOMBRE de grèves en 1902.	PROPORTION p. 100.	NOMBRE des grévistes en 1902.	PROPORTION p. 100.
Réussite	111	21.68	23 533	11,06
Transaction. . .	184	35,94	160 820	75,61
Échec	217	42,38	28.351	13,33

Si l'on fait la moyenne de grèves de la dernière période décennale on obtient les proportions suivantes :

	PROPORTION p. 100 des grèves.	PROPORTION p. 100 des grévistes.
Réussite	22,92	15,94
Transaction.	34,39	48,74
Échec	42,69	35,42

Les questions de salaire (demandes d'augmentation, refus d'accepter une réduction), seules ou associées à d'autres demandes, ont provoqué 339 grèves, soit 66,2 p. 100 avec 161 199 grévistes, soit 75,7 p. 100.

Après les questions de salaire, celles qui ont causé le plus grand nombre de grèves et dont les résultats ne peuvent se traduire en argent, sont les questions de personnes (demandes de réintégration d'ouvriers congédiés ou demandes de renvoi d'ouvriers ou de contre-maîtres). On en a compté 81, soit 15,82 p. 100.

Les demandes de diminution de la durée du travail journalier ont été formulées dans 38 grèves, dont 15 dans le bâtiment et 8 dans les industries de transport ; 18 de ces demandes intéressant 1 813 grévistes ont été suivies de réussite ; 3, avec 8 040 grévistes ont abouti à une transaction, et 17 avec 124 162 grévistes ont échoué.

Les poursuites correctionnelles exercées au cours de 16 grèves ont abouti à 326 condamnations (amende seule ou prison) ; 215 de ces condamnations ont été prononcées pendant la grève générale des mineurs ; 29, à l'occasion d'une grève des ouvriers du port de Rochefort ; 18 pendant la grève des marins, chauffeurs et boulangers de Marseille, et 17 pendant la grève de l'industrie textile de Vienne.

3. — Conciliation et arbitrage facultatifs.

Généralités. — Procédure de conciliation. — L'arbitrage. Intervention du juge de paix. — Délégués. — Sanction. Dispositions diverses. Conclusion. — *Législation comparée.*
Annexe. — La conciliation et l'arbitrage en France en 1902.

Généralités. — Dans le but d'apaiser ou de prévenir les conflits entre le capital et le travail, pour essayer d'éviter ou d'abréger les grèves, le législateur a mis à la disposition des patrons et des ouvriers, par une loi spéciale, organisant une procédure d'apaisement particulière, les moyens de régler leurs différends d'ordre collectif. Cette loi, du 27 décembre 1892, dite loi sur la conciliation et l'arbi-

trage en matière de différends collectifs entre patrons et ouvriers ou
employés, n'a pas précisément instauré une pratique absolument
nouvelle. Car, en fait, le procédé de l'arbitrage était usité avant
elle par les syndicats eux-mêmes, qui se l'imposaient souvent dans
leurs statuts, au cas de contestations ou de revendications à faire
valoir [1]. Mais elle a le grand avantage d'offrir toutes les règles de la
procédure, et de faciliter ainsi, dans une large mesure, l'application
du grand principe de l'arbitrage, auquel les intéressés auront recours plus volontiers en présence de l'organisation qui en est toute
faite, et sans que nul puisse s'en plaindre et la subir par contrainte,
puisque la loi n'a rien d'obligatoire [2].

La procédure à suivre pour la conciliation et l'arbitrage s'applique
à toute espèce de conflits entre ouvriers et patrons. Elle a donné au
juge de paix des attributions nouvelles, qui en font encore un
médiateur et un messager de paix entre les deux adversaires, comme
son titre même le proclame, et il a été choisi pour la haute autorité
morale de ses fonctions. Son rôle est passif tant que le différend n'a
pas causé la grève ; il attend qu'on fasse appel à son intermédiaire.
Mais il peut lui-même prendre l'initiative de proposer la conciliation
et l'arbitrage quand la grève a éclaté avec le conflit.

Ainsi donc les patrons, ouvriers ou employés, entre lesquels s'est
produit un différend d'ordre collectif portant sur les conditions du
travail, ont la faculté de soumettre les questions qui les divisent à
un comité de conciliation et, à défaut d'entente dans ce comité, à
un conseil d'arbitrage, lesquels sont constitués de la manière suivante.

Procédure de conciliation. — Les patrons, ouvriers ou employés
adressent, soit ensemble, soit séparément, en personne ou par mandataires, au juge de paix du canton ou de l'un des cantons où existe
le différend, une déclaration écrite contenant :

1º Les noms, qualités et domiciles des demandeurs ou de ceux
qui les représentent ;

---

1. L'arbitrage est donc un droit de juridiction conféré par la volonté libre des
parties et par la loi à des particuliers choisis par elles et qu'on nomme arbitres.

2. Un contre-projet de M. Camille Raspail, député, tendant à rendre obligatoire
l'arbitrage entre patrons et ouvriers de la loi de 1892, n'a pas été adopté.

2° L'objet du différend avec l'exposé succinct des motifs allégués par la partie ;

3° Les noms, qualités et domiciles des personnes auxquelles la proposition de conciliation ou d'arbitrage doit être notifiée ;

4° Les noms, qualités et domiciles des délégués choisis parmi les intéressés par les demandeurs pour les assister ou les représenter, sans que le nombre des personnes puisse être supérieur à cinq.

Le juge de paix délivre récépissé de cette déclaration, avec indication de l'heure et de la date du dépôt, et la notifie sans frais, dans les vingt-quatre heures, à la partie adverse ou à ses représentants, par lettre recommandée ou, au besoin, par affiches apposées aux portes de la justice de paix des cantons et à celles des mairies des communes sur le territoire desquelles s'est produit le différend.

Au reçu de cette notification, et au plus tard dans les trois jours, les intéressés doivent faire parvenir leur réponse au juge de paix. Passé ce délai, le silence est tenu pour refus. S'ils acceptent, ils désignent dans leur réponse les noms, qualités et domiciles des délégués choisis pour les assister ou les représenter sans que le nombre des personnes puisse être supérieur à cinq[1]. Si l'éloignement ou l'absence des personnes auxquelles la proposition est notifiée, ou la nécessité de consulter des mandants, des associés ou un conseil d'administration, ne permettent pas de donner une réponse dans les trois jours, les représentants desdites personnes doivent, dans ce délai de trois jours, déclarer quel est le délai nécessaire pour donner cette réponse. Cette déclaration est transmise par le juge de paix aux demandeurs dans les vingt-quatre heures.

Si la proposition est acceptée, le juge de paix invite d'urgence les parties ou les délégués désignés par elles à se réunir en comité de conciliation. Les réunions ont lieu en présence du juge de paix, qui est à la disposition du comité pour diriger les débats.

Si l'accord s'établit, dans ce comité, sur les conditions de la conciliation, ces conditions sont consignées dans un procès-verbal dressé par le juge de paix et signé par les parties ou leurs délégués.

Telle est la première phase, celle de la conciliation.

---

1. La loi ne dit pas si les délégués doivent être en nombre égal des deux côtés. Il faut en conclure que cela n'est pas nécessaire.

L'arbitrage. — Si l'accord ne s'établit pas, le juge de paix invite les parties à désigner, soit chacune un ou plusieurs arbitres, soit un arbitre commun. Si les arbitres ne s'entendent pas sur la solution à donner au différend, ils pourront choisir un nouvel arbitre pour les départager.

Si les arbitres n'arrivent à s'entendre ni sur la solution à donner au différend, ni pour le choix de l'arbitre départiteur, ils le déclareront sur le procès-verbal, et cet arbitre sera nommé par le président du tribunal civil, sur le vu du procès-verbal qui lui sera transmis d'urgence par le juge de paix.

La décision sur le fond, prise, rédigée et signée par les arbitres, est remise au juge de paix.

Telle est la deuxième phase, celle de l'arbitrage [1].

Intervention du juge de paix. — Jusqu'ici, le travail n'ayant pas été interrompu, il n'y a, on le sait, que les deux parties intéressées qui puissent mettre la procédure en mouvement. Le juge de paix leur sert d'intermédiaire. On pense qu'en l'état normal du différend, les deux parties, calmes et de sang-froid, n'hésiteront pas longtemps, l'une ou l'autre, à recourir à la conciliation ou à l'arbitrage. Mais si le conflit est à l'état aigu, si, par exemple, la grève a éclaté avant toute tentative de rapprochement, les deux parties peuvent certes y songer encore elles-mêmes, mais il est à craindre qu'elles ne veuillent pas en prendre l'initiative. Soumises à des hésitations, à des susceptibilités légitimes, aucune d'elles ne se résout, avec les intentions les meilleures, à faire les premières ouvertures à l'adversaire. On a peur d'être accusé de faiblesse, on ne veut pas avoir l'air de céder.

Alors, en cas de grève, à défaut d'initiative de la part des deux

---

1. Parmi les sentences arbitrales qui ont eu un certain retentissement par la qualité des arbitres, il faut citer celles des 4 et 6 janvier 1900, de MM. Jaurès pour les ouvriers et Gruner pour les compagnies, aux Bassins houillers de la Loire, sur la question des salaires et la réduction de la journée de travail. Un détail curieux : le troisième point du différend, qui portait sur la reconnaissance par les compagnies minières du Comité fédéral, fut rejeté, en contradiction même avec ce fait que c'est en son nom que les compagnies acceptaient l'arbitrage.

M. Ballot-Beaupré, premier président à la Cour de Cassation, fut aussi choisi comme arbitre unique, et rendit sa décision le 20 novembre 1902, entre les mineurs et les Compagnies de mines de la Loire, après une grève survenue par ce fait que les primes avaient été abaissées le 16 août à 3 p. 100.

intéressés, le juge de paix[1] invite d'office, et par les moyens cités, les patrons, ouvriers ou employés, ou leurs représentants, à lui faire connaître dans les trois jours :

1° L'objet du différend, avec l'exposé succinct des motifs allégués ;

2° Leur acceptation ou refus de recourir à la conciliation et à l'arbitrage ;

3° Les noms, qualités et domiciles des délégués choisis, le cas échéant, par les parties, sans que le nombre des personnes désignées de chaque côté puisse être supérieur à cinq.

Le délai de trois jours pourra être augmenté comme il a été dit. Si la proposition est acceptée, il sera procédé comme plus haut pour le procès-verbal.

Délégués. — Les délégués, nécessaires pour ne pas faire comparaître tous les ouvriers dont le nombre est très grand parfois, et les arbitres, doivent être citoyens français. Dans les professions et industries où les femmes sont employées, elles peuvent être désignées comme déléguées et doivent être Françaises aussi.

Sanction. — La sanction des sentences rendues par les arbitres est toute relative, les décisions ne se recommandent au respect et à l'obéissance des parties que par leur autorité morale. La loi s'est abstenue de leur imposer la force exécutoire[2]. Cependant, en ordonnant la conservation en minute[3] au greffe de la justice de paix des procès-verbaux et décisions, de façon à constituer une sorte de charte coutumière, à laquelle pourront se reporter les tribunaux compétents pour juger les différends individuels, et de plus, en permettant aux parties intéressées l'affichage de ces décisions, avec dispense de timbre, comme aussi en faisant afficher à la place réservée aux publications officielles, par les soins des maires à qui les juges de

---

1. Le juge de paix visé est naturellement celui du canton ou se trouve l'établissement. Si l'établissement déborde sur plusieurs cantons, le juge de paix est celui que désignent, après entente, les juges de paix intéressés. (*Circ. min.*)

2. Comme cela a lieu dans certains pays, en Nouvelle-Zélande par exemple. Voir *Législation comparée.*

3. Une expédition est délivrée gratuitement à chacune des parties et une autre est adressée, par l'entremise du préfet, au ministre du commerce et de l'industrie. (Art. 11 *in fine.*)

paix les notifient, les demandes de conciliation et d'arbitrage, le refus ou l'absence de réponse de la partie adverse, la sentence du comité de conciliation ou celle des arbitres, par tous ces moyens, le législateur semble avoir cherché une sanction dans la publicité et l'appel à l'opinion publique, espérant que, se montrant sévère pour les grèves sans motifs ou pour les résistances injustifiées aux tentatives de conciliation et de paix, elle exercerait en la matière la meilleure et la plus puissante des influences.

Dispositions diverses. — Les actes de la procédure d'arbitrage sont gratuits. — Les locaux nécessaires à la tenue des comités de conciliation et aux réunions des arbitres, comités et réunions d'ailleurs qui ne sont pas constitués en permanence, mais pour des crises accidentelles, sont fournis, chauffés et éclairés par les communes où ils siègent. Les frais qui en résultent sont compris dans les dépenses obligatoires des communes. Les dépenses des comités de conciliation et d'arbitrage sont fixées par arrêté du préfet du département et portées au budget départemental comme dépenses obligatoires [1].

La loi sur la conciliation et l'arbitrage, applicable aux colonies de la Guadeloupe, de la Martinique et de la Réunion, l'est devenue en Algérie par décret du 9 septembre 1893.

Conclusion. — L'excellence de cette loi ne vient pas seulement de ce qu'elle peut trancher sans crise, sans que les ouvriers discontinuent le travail, sans mettre en péril leurs salaires, les différends entre patrons et ouvriers, ou, quand elle n'est plus préventive, la grève ayant éclaté, de ce qu'elle peut arriver encore à ce résultat de régler en terrain neutre les contestations, alors même que les esprits sont aveuglés et les cœurs aigris par des récriminations réciproques. Certes, cela est bien quelque chose, puisque c'est l'important. Mais elle a une portée plus haute, en établissant des rapports plus étroits, plus personnels entre les ouvriers et les chefs d'industrie, en tendant aussi à substituer le raisonnement et la discussion pacifique à la cessation brusque et comminatoire du travail, à la grève, cause de tant de perturbations, qui transforme de simples malentendus en

---

1. Circ. min. int. 25 juillet 1893, déterminant et énumérant les dépenses dont il s'agit, et cir. min. just. 11 juin 1894, indiquant les formalités à remplir par les juges de paix pour le recouvrement des frais avancés par eux, en exécution de la loi du 27 décembre 1892.

désaccords profonds, en dissidences exaltées, du caractère le plus aigu, quand elles ne vont pas jusqu'au désordre sanglant dans la rue[1].

Législation comparée. — De nombreux pays ont consacré par des lois ou des institutions officielles l'organisation de l'arbitrage — facultatif ou même obligatoire — en matière industrielle et ouvrière.

C'est en *Angleterre* la loi du 7 août 1896 sur la conciliation. Aux termes de cette loi, le ministre du commerce peut, chaque fois qu'il le juge utile, par exemple quand on redoute quelque difficulté entre patrons et ouvriers, ou entre différentes classes d'ouvriers : 1° faire une enquête et publier un rapport sur les causes et circonstances des différends qui surgiront ; 2° faciliter aux parties les moyens de se rencontrer et les inviter à constituer un comité de conciliation avec un président nommé par elles-mêmes ou le *Board of trade,* ou autres personnes choisies par elles d'un commun accord. Il peut aussi, à la demande de l'une des parties, nommer lui-même un arbitre pour remplir l'office de conciliateur. Procès-verbal des termes de l'accord, signé par les deux parties ou leurs représentants, est dressé, s'il y a lieu.

Dans les districts et les industries où les conflits sont fréquents, le Ministre s'entend avec les patrons et les ouvriers pour organiser des conseils locaux de conciliation et d'arbitrage[2], dus à l'initiative privé, et créés spontanément par l'intervention des patrons et ouvriers. Ces conseils peuvent demander à se faire enregistrer en produisant copie de leurs statuts et règlements.

A Londres : Conseil national d'arbitrage pour l'industrie de la chaussure (avec statuts spéciaux). — Conseil de conciliation dans l'industrie charbonnière du Northumberland[3].

---

1. Voir à ce propos les circulaires ministérielles du 23 janvier 1893, de M. Siegfried, ministre du commerce, et du 18 février 1893, de M. Léon Bourgeois, ministre de la justice, où tout est à lire, et comme commentaire de la loi, et pour les principes élevés surtout qui les ont inspirées.

2. Il existe en France des Conseils organisés et fonctionnant, non pas à demeure, mais prêts à siéger. Telles la Commission d'arbitrage du tissage à Chollet (29 oct. 1892), la Commission nationale mixte de l'industrie de l'imprimerie, l'Union des maîtres imprimeurs de France (9 patrons et 9 ouvriers sont membres du conseil d'arbitrage ; son siège est au Cercle de la librairie, 117, boulevard Saint-Germain, Paris), les commissions mixtes des industries minières, des coiffeurs de Paris, les syndicats mixtes du Nord, les Conseils d'usine du Creusot, de la papeterie Laroche-Joubert, de la fabrique du Val-des-Bois, de la fonderie Deberny, etc., etc.

3. Voici quel a été, pour chacune des huit années de la période 1894-1901, le nom-

Aux *États-Unis,* en vertu de la loi fédérale du 1er juin 1898, qui s'applique à tous les entrepreneurs de transports et à leurs préposés, agents ou employés, à l'exception des capitaines de navires et des gens de mer, — le président de la commission du commerce intérieur et le commissaire du travail doivent, lorsqu'un conflit éclate entre une compagnie de transports et son personnel — et si demande leur en est faite par l'une ou l'autre des parties — s'efforcer de terminer le différend par la médiation ou la conciliation. Si l'entente ne peut se faire ainsi, les commissaires « doivent faire aussitôt leur possible pour amener un arbitrage ». On institue un conseil de trois membres, dont l'un est nommé par le patron, l'autre par les ouvriers et le troisième par les deux premiers (ou par le commissaire si les deux arbitres ne peuvent s'entendre sur ce choix). Les parties doivent s'engager à ne pas interrompre le travail pendant la procédure d'arbitrage, à fournir au conseil toutes les indications nécessaires et à accepter la sentence rendue : cette sentence reste valable pendant un an si, appel en ayant été interjeté devant la Cour d'appel du circuit, elle n'est point cassée.

A côté de la loi fédérale, les actes législatifs de 24 États de l'Union avaient, au 1er janvier 1902, organisé la conciliation et l'arbitrage en matière de conflits collectifs ; parmi ceux-ci, 17 avaient institué des conseils d'État permanents (*state boards of conciliation and*

bre des grèves ou lock-outs réglés, soit par la médiation d'un tiers ou d'un conseil de conciliation, soit par un arbitrage, avec l'indication du nombre des ouvriers qui y étaient intéressés :

ANNÉES.	GRÈVES réglées.	OUVRIERS intéressés dans ces conflits.	POUR 100 des conflits réglés, par rapport au nombre total de l'année.	POUR 100 des grévistes dans les conflits réglés par rapport au nombre total de l'année.
1894	42	18 325	4,5	5,6
1895	45	58 898	6,0	22,3
1896	45	30 719	4,8	15,4
1897	41	19 300	4,8	8,4
1898	43	19 517	6,0	7,7
1899	38	11 705	5,3	6,5
1900	32	15 711	5,0	8,3
1901	41	16 814	6,4	9,3
TOTAL	327	190 989	5,3	10,5

arbitration)[1], composés en général de trois membres, nommés ordinairement par le Gouverneur, après avis du Sénat, pour une période variant, selon les États, de un à six ans, et choisis, l'un parmi les patrons, l'autre parmi les ouvriers ; le troisième, comme président, est désigné par les deux premiers, ou, s'il y a lieu, par défaut d'autre, par le gouverneur. Dans l'État de New-York la loi de 1901 a créé un département du travail, dont l'un des bureaux est celui de la médiation et de l'arbitrage[2] ; — deux ont organisé des conseils locaux permanents (*permanent local boards*), le Kansas (*L. 11. févr. 1886*), l'Iowa (*L. 6 mars 1886*), qui restent en fonction un an, et dont les membres touchent une indemnité de deux dollars par jour de travail effectif, et à décision définitive et sans appel ; — trois n'ont que des conseils temporaires : le Maryland (*L. 1er avr. 1878*), où le ministre des travaux publics intervient comme conciliateur, et où, sur demande des parties, le juge de paix ou un conseil composé en parties égales de patrons et d'ouvriers rendent des sentences exécutoires ; la Pensylvanie (*L. 18 mai 1893*) où la cour des plaids est chargée de constituer le tribunal d'arbitrage sur demande de l'une des parties ; et les membres du tribunal, dont la sentence est exécutoire, reçoivent une indemnité de quatre dollars par jour ; le Texas (*L. 1895*), où le travail doit continuer jusqu'au jugement à intervenir ; et si les ouvriers sont mécontents de la sentence, ils peuvent quitter le patron sur préavis d'un mois et l'appel peut être porté devant la cour de district ou la cour d'appel.

La loi du Dakota de 1890 enjoint au commissaire de l'agriculture et du travail de s'entremettre comme médiateur dans les conflits survenant entre un patron employant au moins 25 ouvriers et ses ouvriers, sur demande du patron ou de 15 au moins des ouvriers.

Dans l'État de Wyoming, les conseils prévus obligatoirement

---

1. Ce sont, avec indication des dates de la promulgation de la loi et, s'il y a lieu, de ses modifications ultérieures : Californie (1891), Colorado (1887-1897), Connecticut (1895), Idaho (1897), Illinois (1895-99-1901), Indiana (1897-99), Louisiane (1894), Massachussetts (1886-87-88-90-92-1902), Michigan (1899), Minnesota (1895), Missouri (1899-1901), Montana (1887-95), New-Jersey (1892-95), New-York (1866-87-97-1901), Ohio (1885-93-94-95), Utah (1896-1901), Wisconsin (1895-97).

2. Sur ces dix-sept, neuf ont, de plus, prévu et autorisé la constitution de conseils locaux temporaires, en vue de résoudre un conflit particulier après accord des parties, qui doivent préalablement s'engager à accepter le jugement qui a force exécutoire.

par l'article 28 de la constitution ne sont pas organisés ; la loi du 16 février 1901 a renvoyé l'étude de la question à une commission nommée par le gouverneur.

En fait, la législation sur l'arbitrage n'a pas donné aux États-Unis de résultats brillants. Les lois votées y sont restées lettre morte [1].

Canada. — La loi du 18 juillet 1900 sur les différends industriels, pour le fond, ressemble à la loi anglaise de 1896. Elle s'en écarte par le soin qu'elle apporte à tracer au conciliateur son vrai rôle de pacificateur, et par une disposition qui permet au gouverneur, s'il reçoit une demande des intéressés, de faire ouvrir une enquête officielle sur le conflit par le bureau de conciliation, et qui donne force de loi aux décisions de ce bureau [2]. — Elle porte de plus création d'un Ministère du travail, et c'est au Ministre du travail qu'est confiée l'application de la loi.

Danemark. — Les parties sont libres de constituer un tribunal d'arbitrage [3]. Une loi de 1900 réglemente la production des témoignages d'arbitrage.

Suède. — Les Chambres ont, par un vote, appelé l'attention du roi sur la question de l'arbitrage.

Suisse. — Un projet de loi reproduit les principales dispositions de la loi française du 27 décembre 1892, en substituant au juge de paix le président du conseil municipal ; et une loi du 20 mai 1897, à Bâle-Ville, concerne l'établissement du bureau de conciliation.

Un arrêté du Conseil d'État du canton de Saint-Gall en date du 25 février 1902 organise la conciliation en cas de grèves. — Lorsque parmi les patrons et les ouvriers de quelque établissement isolé, ou de groupes professionnels tout entiers, des différends se seront élevés, qui pourraient conduire à une cessation de travail, ou bien quand une grève sera déjà un fait accompli, le Conseil d'État donnera aux parties, dans les conditions dudit arrêté, l'occasion de régler le différend par une procédure de conciliation. A cet effet,

---

1. C'est du moins ce que prétend le rapport 1901-1902 du commissaire du bureau des statistiques ouvrières de l'État de Californie, dont on trouvera un extrait dans le *Bull. off. trav.*, mars 1903, p. 271.

2. La loi du 10 juillet 1903 institue une procédure analogue pour faciliter le règlement des conflits entre les compagnies de chemins de fer et leurs employés.

3. Voir plus loin, au *Contrat collectif*, page 239, note 1.

le Conseil d'État, en cas de grève imminente ou déjà déclarée, nommera, sur la demande d'un intéressé, un comité de conciliation sous la présidence d'un de ses membres ou d'une tierce personne hors de cause. Dans des cas graves, la municipalité ou l'administration du district peut aussi solliciter du Conseil d'État la constitution d'un comité de conciliation. S'il s'agit de différends entre ouvriers et patrons d'un ou de plusieurs groupes professionnels, le comité de conciliation doit se composer, en dehors du président, d'un nombre égal de patrons et d'ouvriers de la profession en cause ou d'autres personnes du métier. S'agit-il, par contre, de différends entre des ouvriers et le patron d'un établissement isolé, le Conseil d'État peut charger un de ses membres ou un tiers hors de cause de chercher à lui seul un terrain d'entente. Le président du comité de conciliation avise immédiatement les parties de l'ouverture des opérations en vue de la conciliation, désigne un secrétaire-rapporteur et compose la liste des membres du comité, qui est subordonnée à l'approbation du Conseil d'État. En règle générale, doivent être nommés du comité deux représentants pour chacune des parties ; il y a lieu, ce faisant, de tenir compte, dans la mesure du possible, des propositions des parties. Le comité de conciliation peut se compléter lui-même ; toutefois, il faut, en ce cas, nommer toujours un nombre égal de patrons et d'ouvriers. Le comité de conciliation est convoqué aux séances par le président. Les décisions du comité sont prises à la majorité absolue. Le procès-verbal des opérations en vue de l'arrangement sera signé par tous les membres du comité de conciliation. Le Conseil d'État, sur le rapport du comité, ou, selon le cas, du délégué chargé de concilier les parties, fera publier un avis dans le journal officiel : *a*) quand la procédure de conciliation aura été repoussée par l'une des parties, avec l'exposé des principaux motifs du refus ; *b*) quand la proposition d'arrangement une fois faite aura été repoussée par l'une des parties ou par toutes deux, avec l'énoncé de l'offre et l'indication des principaux motifs du refus ; *c*) quand un arrangement sera intervenu, avec l'exposé de ses grandes lignes.

On verra plus loin, à propos du contrat de travail collectif (*législation comparée*), la loi du 10 février 1900 à Genève, qui règle l'établissement de tarifs d'usage et prévient les conflits par un arbitrage préventif obligatoire, qui n'est en définitive qu'un contrat collectif.

Roumanie. — Une commission d'arbitres composée du commissaire du Gouvernement (président), de deux membres élus par les
patrons et de deux membres élus par les ouvriers, est chargée, dans
chaque corporation, d'aplanir les discordes entre artisans, par conciliation d'abord et ensuite par décision rendue à la majorité. Les
membres et les suppléants sont élus pour trois ans par les assemblées spéciales. Les parties se présentent seules devant la commission, sans avocats ni conseils; elles ne peuvent s'adresser à la
justice ordinaire pour toute affaire de la compétence de la commission que lorsque appel aura été fait à cette dernière et que mention
du résultat du recours aura été inscrite au procès-verbal. S'il est
constaté que les parties n'ont pu se concilier, et si celles-ci consentent par écrit à se soumettre à tout moyen d'attaquer la sentence,
cette sentence sera définitive et exécutoire. Dans tout autre cas, la
sentence peut être annulée si, dans les dix jours, la partie s'adresse
à la justice ordinaire. L'exécution pourra être suspendue si la partie
condamnée prouve que la sentence lui cause un dommage irréparable ou si elle fournit une caution suffisante. (*Loi 4 mars 1902.*)

Pays-Bas. — La loi du 2 mars 1897, dans sa 4e disposition
(*art. 2*), donne aux Chambres de travail la faculté de « prévenir et
d'arranger les différends sur les questions ouvrières, en s'efforçant
également, en cas de besoin, d'arriver à une décision arbitrale entre
les parties ».

Allemagne. — On a vu à propos des différends individuels, que
les tribunaux industriels, calqués plus ou moins sur le type des
conseils de prud'hommes, ont aussi la mission de régler les conflits
collectifs toutes les fois que les intéressés s'accordent à leur soumettre le différend. Mais dans le conflit collectif, le tribunal de
conciliation et d'arbitrage s'adjoint des hommes de confiance des
patrons et des ouvriers, désignés par les parties ou, à leur défaut,
par le président. Les intéressés ou leurs représentants doivent obligatoirement comparaître, à peine d'amende. En cas d'entente, procès-verbal de l'accord est dressé; sinon, une sentence arbitrale est
rendue à la majorité; elle est signifiée aux parties, publiée, mais
n'a pas force exécutoire.

En *Italie* fonctionne un système à peu près semblable à celui
de l'Allemagne, on l'a vu à propos des conseils de prud'hommes
(*L. 15 juin 1893*). De plus, les « probiviri » italiens connaissent

aussi des conflits collectifs; et, après avoir statué comme conciliateurs, tranchent, comme juges, s'il y a lieu, le différend, mais leur décision ne lie pas obligatoirement les parties.

En *Autriche*, outre les tribunaux industriels institués par la loi du 8 mars 1885, qui jouent un rôle dans les différends d'ordre collectif, la loi du 14 août 1896, sur la création d'associations minières entre patrons et ouvriers, ayant pour but de veiller à l'entente commune, développer l'esprit de corps et la dignité professionnelle, prévoit surtout la création d'un grand comité d'arbitrage et de conciliation pour intervenir à la demande des intéressés et juger les différends. Si une entente se produit, la constatation en est signée par les membres du bureau et les hommes de confiance délégués par les parties. Une indemnité de séjour est accordée aux délégués qui se déplacent pour siéger au tribunal arbitral.

Nouvelle-Zélande. — La loi d'août 1894 a créé un conseil de conciliation par district industriel, chargé d'établir l'entente, mais ne possédant pas les moyens de rendre des sentences exécutoires, — ainsi qu'un tribunal central d'arbitrage, dont le président est un juge de la Cour suprême et dont les décisions, obligatoires, peuvent être sanctionnées par des amendes. — Toute partie intéressée dans un conflit industriel peut soumettre le différend à un conseil de conciliation et, en cas de désaccord du conseil, au tribunal central d'arbitrage, dont la décision sera également exécutoire sur la propriété de toute organisation de métiers, soit de patrons, soit d'ouvriers, ou sur la propriété ou la personne des intéressés. Durant une affaire de conciliation en suspens, il est interdit au patron de renvoyer ses ouvriers et aux ouvriers de se mettre en grève. Les conventions conclues entre organisations de patrons et d'ouvriers ou entre patrons et ouvriers isolément sont exécutoires sous peine de poursuites, au même titre que les décisions du tribunal d'arbitrage. (La colonie de la Nouvelle-Zélande est divisée en six districts industriels. L'un des *registrars* de la Cour suprême du district est désigné pour remplir les fonctions de greffier du tribunal de conciliation, composé de quatre membres plus le président.) — L'arrêté du gouverneur règle tous les détails de la procédure à suivre.

Cette loi a été successivement complétée par les actes de 1895, de 1896 et par la loi du 5 novembre 1898 qui renforce notamment les pouvoirs dont dispose la cour d'arbitrage pour assurer l'exécution de ses décisions.

Ces diverses lois ont été abrogées par la loi du 20 octobre 1900 « codifiant et amendant les lois relatives à l'aplanissement des conflits industriels par la conciliation et l'arbitrage » et qu'est venu compléter encore l'acte de 1901.

Aux termes de cette loi, les dispositions de la loi de 1900 sont désormais applicables à toutes les personnes travaillant comme employés ou ouvriers. Comme par le passé, les trade-unions ne peuvent concourir à la constitution des bureaux de conciliation ou du tribunal d'arbitrage, que si elles sont enregistrées comme unions industrielles. Toutefois, elles peuvent désormais, bien que n'étant pas enregistrées, conclure un contrat d'industrie et être tenues à l'exécution des sentences rendues. Cette modification a pour but — comme l'a fait remarquer le secrétaire du *Labour department* de la Nouvelle-Zélande — « d'empêcher les trade-unions de se soustraire à la loi, de faire grève, ou de créer des conflits, toutes choses que ne peuvent faire les unions industrielles ».

En ce qui concerne les sentences exécutoires au moment de l'entrée en vigueur de la loi principale, le tribunal peut, aux termes de l'acte de 1901, en ordonner l'observation à des unions, à des associations ou à des patrons du district et de l'industrie où elles sont applicables, et cela bien que ces unions, associations ou patrons n'aient pas été directement intéressés dans lesdites sentences. — Le tribunal peut en outre limiter l'application d'une sentence à une ville, à un bourg, etc... L'inspecteur des fabriques assurera l'observation des contrats, décisions, etc..., sans y être forcément autorisé par une résolution d'une union ou association. Les parties peuvent désormais demander que le litige qui les sépare soit porté immédiatement devant le tribunal d'arbitrage sans passer devant les conseils de conciliation existants (dont la constitution, soit dit en passant, devient « obligatoire sur la demande d'une seule des parties »).

Enfin, statuant sur la conduite que doivent tenir les parties, pendant l'examen de leur différend, la loi se borne à compléter les dispositions de l'acte de 1900. Elle stipule, entre autres choses, que la paix ne pourra être troublée pour un fait antérieur au recours en conciliation ou à l'arbitrage; elle édicte enfin « que le renvoi d'un ouvrier ou le refus de travailler opposé par un ouvrier avant le règlement du litige sera considéré comme un délit, à moins qu'il ne soit prouvé au tribunal que l'ouvrier a été renvoyé ou a refusé de travailler pour une raison étrangère au différend ».

Australie. — L'*Industrial Arbitration Act* du 10 décembre 1901 amendée par l'*Industrial Conciliation and Arbitration Act* du 19 février 1902 a réglementé la reconnaissance des *Industrial Unions* (syndicats professionnels), et a établi un tribunal d'arbitrage pour le règlement des conflits industriels. Cette loi doit rester en vigueur jusqu'au 30 juin 1908. — Le tribunal d'arbitrage est composé d'un juge de la *Supreme Court*, président, de deux membres choisis, l'un sur une liste de personnes présentées par les Unions industrielles de patrons, l'autre sur une liste de personnes présentées par les Unions industrielles d'ouvriers. Deux assesseurs choisis sur présentation des parties peuvent être adjoints au tribunal lorsque le différend comporte des questions techniques. Le tribunal connaît de toute difficulté en matière industrielle qui lui est soumise par une *Union* ou par un *Registrar* (fonctionnaire chargé de l'enregistrement des *Unions*). Avant de connaitre d'une difficulté, le président et chacun des membres du tribunal prêtent serment de ne rien divulguer de ce qui peut avoir trait au secret commercial, aux bénéfices, etc... En cas de violation du serment, ils sont passibles d'une amende (12 500 fr. au maximum) et de révocation. — Ne peuvent introduire une affaire devant le tribunal que les *Unions* industrielles et les personnes commises ou autorisées par lui. Aucune affaire ne peut lui être soumise par une *Union* qu'après décision conforme de la majorité des membres de cette *Union* réunis en assemblée générale spéciale (sauf le cas où la convocation de l'assemblée paraît impraticable au *Registrar*); il en est de même pour la procédure visant l'exécution d'une décision du tribunal. Le *Registrar* a le droit de saisir le tribunal d'un différend industriel lorsque les intéressés ne font pas partie d'une *Union*. — La loi prévoit qu'une *Union* industrielle peut faire une convention sur une matière industrielle avec une autre *Union* ou un patron. Cette convention liera les parties et les personnes, tant qu'elles feront partie de l'*Union*, pourvu que la convention ait été notifiée au *Registrar*, et à condition que sa durée ait été spécifiée et qu'elle n'excède pas trois années. Cette convention aura, entre les parties, le même effet qu'une décision du tribunal et sera exécutoire comme elle [1]. — La loi contient encore des dispositions relatives aux grèves, *lock-outs*, renvoi du personnel, fixation d'un salaire minimum, préférence pour l'emploi des membres des *Unions*, et des prescriptions visant l'exécution forcée des décisions et ordonnances du tribunal.

La loi du 5 décembre 1900 avait organisé la conciliation et l'arbitrage obligatoires dans la Nouvelle-Galles du Sud.

ANNEXE. — *La conciliation et l'arbitrage en France en 1902.* — L'application de la loi du 27 décembre 1892 sur la conciliation et l'arbitrage a été, au cours de l'année 1902, constatée dans 107 différends ; dans 4 seulement avant toute cessation de travail. Le nombre des grèves de l'année ayant été de 512, la proportion des recours à la loi a donc été de 20,89 p. 100 ; elle avait été de 27,5 en 1901, et de 24,06 en moyenne pour les 9 années d'application de la loi, antérieures à 1902. L'initiative des recours a été prise 60 fois par les ouvriers, 5 fois par les patrons, 2 fois par les patrons et les ouvriers réunis. Le juge de paix est intervenu d'office dans 40 grèves.

6 grèves se sont terminées par la conciliation directe, aussitôt après le premier acte de la procédure et avant qu'un comité de conciliation eût été constitué, sur l'invitation du juge de paix.

La tentative de conciliation a été repoussée 42 fois, dont 35 fois par les patrons, 2 fois par les ouvriers et 5 fois par les deux parties.

A la suite des refus de tentative de conciliation, 5 différends ont pris fin, soit que les ouvriers aient abandonné complètement leurs demandes (3 cas), soit par un accord direct comportant transaction. La grève a été déclarée ou continuée dans 37 cas.

Il reste 59 différends pour lesquels des comités de conciliation ont été constitués : 32 d'entre eux ont été terminés directement par ces comités.

La proposition de recourir à un arbitrage a été faite 15 fois, après l'échec de la conciliation : elle a été acceptée 4 fois et repoussée 11 fois, dont 4 par les patrons, 3 par les ouvriers et 4 par les deux parties. L'intervention du président du tribunal civil pour désigner un tiers arbitre n'a été demandée que dans une grève, celle des gantiers de Millau. Dans deux grèves, à Louviers et à Cran-Gevrier, les arbitres désignés par les parties n'ont pu se mettre d'accord et le conflit a continué. Enfin, dans la grève des tisseuses de Boulieu-lès-Annonay, le travail a été repris aussitôt après la nomination des arbitres qui n'ont pu rendre leur sentence qu'un mois après.

En résumé, il semble qu'on peut porter à l'actif de la loi du 27 décem-

---

1. L'innovation essentielle des législations australiennes consiste donc dans l'extension juridique des sentences arbitrales à tout l'ensemble des associations professionnelles, et, d'autre part, dans le traitement privilégié des membres de ces syndicats

bre 1892 la fin de 47 conflits, dont elle a précipité la solution, directement ou indirectement : sur ces 47 conflits, 6 ont été terminés dès le début de la procédure, 5 après le refus des patrons de se prêter à la tentative de conciliation, 32 par les comités de conciliation, 2 par l'arbitrage et après la réunion des comités.

Quant aux 4 recours faits avant toute cessation de travail, 2 ont abouti à une transaction et la grève a été évitée. Dans les deux autres cas, les patrons n'ont pas répondu à la convocation ; la grève a été déclarée et s'est terminée par un échec.

A côté des résultats dus à l'application de la loi sur la conciliation et l'arbitrage, il faut noter que 9 grèves ont été terminées par l'intervention des préfets ou sous-préfets ; 7 par celle des maires ; 16 par celle des syndicats et fédérations professionnelles ; 3 par celle de personnes diverses. En outre, dans un différend collectif, les parties se sont présentées devant le conseil de prud'hommes lui demandant d'agir comme conciliateur.

4. — Les syndicats professionnels [1].

Historique. Formalités de constitution. Prérogatives des syndicats. Membres sortants. — Unions ou fédérations. — Fonctionnaires. Sanctions. Colonies. Dissolution. — Expansion des syndicats. Mission des syndicats.
Projets législatifs. — Jurisprudence. — Législation comparée.

Historique. — Les associations qui intéressent au premier chef la législation du travail, associations de corporations ouvrières ou patronales, sont dites *associations syndicales,* ou syndicats professionnels. Ce sont des associations libres, formées entre personnes exerçant la même profession, des métiers similaires ou des professions connexes, *exclusivement* pour l'étude, le développement et la défense des communs intérêts économiques, ressortissant à leurs professions.

Les syndicats professionnels ont vécu jusqu'en 1884 d'une vie précaire, illégale en droit ; les divers gouvernements qui les toléraient pouvaient toujours les dissoudre, en vertu des lois des 14-17 juin 1791, non abrogées encore, sur l'abolition des corporations, et des articles 291 à 294 du Code pénal. Aussi, malgré l'isolement où étaient tombés les travailleurs par suite de la suppression du droit de se grouper, les tentatives d'association furent-elles longues et timides.

---

1. Pour tout ce qui concerne le mouvement syndical, consulter les *Bulletins mensuels* de l'*Office du travail,* dont tous les numéros lui consacrent quelques pages.

Les premières datent de 1791, au lendemain même de la suppression des corporations. Une floraison inouïe de coalitions ouvrières apparut. Mais les économistes du xviiie siècle et les hommes de la Révolution, pour conquérir la liberté du travail, avaient tant lutté contre les abus des corporations et des monopoles, qu'ils avaient fait naître et se propager une défiance excessive du principe d'association. La Constituante par la loi Chapelier des 14-17 juin 1791 prohiba les associations professionnelles et coalitions d'ouvriers, défendant à ceux-ci de prendre des arrêtés ou délibérations sur leurs prétendus intérêts. De là, durant presque tout un siècle, une formidable lacune dans notre organisation sociale.

Mais l'ouvrier isolé sent que pour sauvegarder sa dignité et ses intérêts il faut s'unir, et que, sans moyen de concert et de défense, il est livré à la merci du patronat; aussi, malgré la prohibition législative, des unions, associations, groupements divers se forment peu à peu.

Dès 1808, les industries du bâtiment se constituent peu à peu en associations corporatives qui, réunies, formèrent le groupe de la Sainte-Chapelle ou du bâtiment. Un second groupement, sous le nom d'Union nationale, prit une importance telle, peu après, que le tribunal de commerce de la Seine n'hésita pas à recourir à lui pour la solution de litiges professionnels. Fait extrêmement grave, puisqu'il donnait à ces associations, envers et contre la loi, comme une consécration officielle.

Aussi les groupes industriels se multiplièrent-ils à Paris et en province. Ce ne furent d'abord que des associations patronales; les ouvriers n'étaient pas gagnés par le mouvement. Ce n'est que vers 1862 qu'apparaissent les premières chambres syndicales ouvrières; après 1872 leur nombre s'accroît; elles tentent de se fédérer, et lorsque la loi du 21 mars 1884 vint reconnaître l'existence de ces associations, et leur donner un régime légal, cédant à la poussée de l'opinion, elles s'élevaient à 531, dont 283 patronales, et 248 ouvrières.

Désormais, par la loi du 21 mars 1884, sont supprimées toutes les entraves au principe de la liberté d'association, toutes les prohibitions ou restrictions des lois antérieures : loi des 14-17 juin 1791, article 291 et suivants[1], article 416 du Code pénal.

Le mouvement syndical est double : il est à la fois purement ouvrier, et ouvrier et politique. C'est un grand mouvement prolétarien. D'ailleurs l'action politique doit nécessairement venir en aide aux intérêts économiques qui ne peuvent être que méconnus ou risquent de l'être, si l'on veut, sans elle. Aussi l'œuvre de protec-

---

1. « Quand une société fait table rase des lois arbitraires, quand un Parlement abroge des dispositions comme les articles 294 et suivants, ce n'est pas seulement une démocratie qui se débarrasse de ses béquilles, c'est une société émancipatrice qui brise ses entraves. » (Waldeck-Rousseau, discours cité.)

tion et de défense qui est le but et la raison d'être du mouvement syndical, se manifeste tantôt par des actes économiques, tantôt par des actes politiques, et le plus souvent les deux se confondent.

Formalités de constitution. — Les syndicats professionnels sont donc licites et peuvent se constituer librement, quel que soit le nombre de leurs membres, sans l'autorisation du Gouvernement. Il suffit, pour que leur existence soit légale, que les fondateurs déposent les statuts [1] (deux exemplaires) avec indication des noms de ceux qui, citoyens français et jouissant de leurs droits civils, sont chargés, à un titre quelconque, de l'administration ou de la direction.

Ce dépôt [2], qui doit être renouvelé à chaque changement dans la direction, le siège social ou les statuts [3], a lieu, en province, à la mairie de la localité où le syndicat est établi ; et, à Paris, à la préfecture de la Seine. Le maire ou le préfet de la Seine communiquent dans les quinze jours les statuts au procureur de la République. Dans les départements, le préfet reçoit communication des pièces et en transmet copie au ministère du commerce (Direction de l'enseignement technique, Bureau des syndicats professionnels).

Les pièces à déposer sont exemptes du timbre. Récépissé immédiatement exigible est délivré au syndicat pour attester l'accomplissement des formalités légales, qui lui font comme un acte de naissance.

Prérogatives des syndicats. — Ainsi régulièrement constitués — *toutes formalités accomplies* — quant aux personnes (exerçant les

---

1. Ils n'ont pas besoin d'être imprimés.

Les contestations sur l'exécution ou l'interprétation des articles du règlement doivent être portées, par le fait que les statuts créent entre les membres des obligations d'un caractère privé, devant la juridiction de droit commun. Pour substituer à la juridiction ordinaire une juridiction spéciale, il faut, en vertu de l'article 1006 du Code de procédure, pour la validité du compromis, qu'il porte sur des contestations nées et définies. (*Just. paix, Paris, XIe arr., 11 mai 1894; Guilbaud c. Synd. des maçons.*)

2. Le dépôt est fait quand les statuts sont arrêtés. Jusque-là les fondateurs peuvent se réunir et se concerter.

3. Très important, comme, à chaque renouvellement, toutes les formalités d'ailleurs de dépôt des noms des membres du bureau, lesquels doivent être Français et jouir de leurs droits civils.

Est irrecevable en justice l'action d'un syndicat qui n'a pas rempli toutes les conditions édictées par la loi, qui considère le syndicat comme inexistant. (*Trib. com., Alger 30 nov. 1898, synd. ouvriers marbriers d'Alger c. Roch-Verdun.*)

mêmes professions, ou connexes, ou similaires [1]) et quant à l'objet
(défense et étude des intérêts professionnels [2]), les syndicats professionnels sont investis dès leur naissance de la personnalité civile
de plein droit, non point complète, mais restreinte aux actes et
aux droits dont l'accomplissement et l'exercice sont nécessaires à
la réalisation du seul objet qu'ils puissent poursuivre : étude, développement et défense des intérêts économiques de la corporation.

C'est là, en effet, le point essentiel en matière de capacité des
syndicats professionnels ; ils ne peuvent faire que ce qui a trait à
leur objet et est utile à la collectivité des membres [3].

Ainsi, ils ont le droit d'ester en justice, c'est-à-dire de plaider
aussi bien comme demandeurs que comme défendeurs [4], mais seulement pour la défense des intérêts généraux et collectifs du syndicat
et non pour l'intérêt particulier et individuel d'un membre. (*C. ap.
Nancy, 4 janv. 1896.*) En plus de la limitation du législateur, les
pouvoirs des chambres syndicales peuvent être encore restreints
par les statuts de chaque association [5].

Ils ont le droit de se former un pécule par des versements ou co-

---

1. « Professions similaires ou connexes » doit s'entendre dans le sens le plus large.
Ainsi tous les ouvriers ou patrons exerçant des métiers se référant à l'industrie du
bâtiment : maçons, charpentiers, menuisiers, serruriers, etc., ou les professions se
referant a l'alimentation : bouchers, boulangers, épiciers, charcutiers, etc., peuvent
être représentés dans le même syndicat.

2. Un syndicat méconnaît les prescriptions de la loi lorsqu'il convoque à un certain nombre de réunions des personnes étrangères à la profession des syndiqués ; que
ces personnes coopèrent activement au but du syndicat en participant à une
délibération et en concourant à ses œuvres : que, notamment, dans des séances
déterminées, l'une d'elles ait présidé et dirigé les débats, une autre ait lu un rapport
et une troisième ait pris l'initiative d'une discussion, et aussi, s'il s'occupe de questions étrangères à son objet, telles que la création de corporations religieuses, des
moyens de propager un journal et des encouragements à donner à un pèlerinage.
(*Cass. crim. 18 févr. 1893, Syndicat professionnel des patrons du Nord.*)

Toutes discussions politiques ou religieuses sont exclues des délibérations des
syndicats. (*C. ap. Nancy, 20 nov. 1889 ; C. ap. Douai, 26 oct. 1892.*)

Les syndicats ne peuvent se constituer en vue d'une entreprise à bénéfices, car
ce ne sont pas des sociétés de commerce.

3. Est licite la constitution d'un syndicat entres personnes qui exercent une
profession identique et dont l'association a pour objet exclusif ce qui concerne
l'exploitation, la reproduction et la vente de produits déterminés, alors même que
la constitution du syndicat aurait eu pour cause occasionnelle la nécessité pour
ses membres de se grouper en vue de la défense d'intérêts particuliers, si d'ailleurs
l'intérêt du syndicat se justifie par un intérêt général et collectif. (*C. ap. Amiens,
13 mars 1895 ; Montvoisin c. d'Ersu et autres.*)

4. Ils ne peuvent réclamer l'assistance judiciaire. (*Déc. min. 15 févr. 1861.*)

5. Chambre syndicale du commerce des vins de la Meuse, par exemple.

tisations[1], de l'employer à des acquisitions et à tous contrats à titre onéreux, en fait de biens mobiliers. Mais, en fait d'immeubles, ils ne peuvent acquérir que ceux qui sont nécessaires à la réunion des syndicataires, aux bibliothèques, aux cours d'instruction professionnelle. Pour les acquisitions à titre gratuit, c'est-à-dire sous forme de donations et de legs, malgré les décisions ministérielles des 30 mars 1890 et 20 avril 1891, conformes aux principes de l'acquisition à titre onéreux, le Conseil d'État, le 30 juillet 1891, s'est prononcé dans le sens de la négative, pour les immeubles non autorisés. La capacité de recevoir à titre gratuit des biens meubles ne leur est pas contestée ; et elle n'est pas soumise à l'autorisation administrative. (*Tr. civ. Seine, 3 août 1899 ; Réunion des fabricants de bronze de France c. syndicat vosgien.*)

Les sommes dont ils disposent peuvent être employées à la constitution — soumise d'ailleurs aux dispositions des lois — de caisses spéciales de secours mutuels ou de retraites, à la création d'offices de renseignements pour les offres et les demandes de travail[2] — et les fonds peuvent être, de plein droit, déposés à la Caisse d'épargne nationale[3], et, par autorisation ministérielle, aux caisses d'épargne ordinaires, avec un compte ouvert à leur crédit, jusqu'au total de 15 000 fr., égal au summum des dépôts autorisés. (*Circ. min. 2 févr. 1892 ; L. 20 juillet 1895.*) La Caisse des dépôts et consignations au compte : « Établissements publics ou autres établissements assimilés », reçoit aussi les fonds disponibles des syndicats professionnels dont les statuts comportent la distribution de secours ou la constitution de retraites en faveur de leurs membres. (*Décr. 26 juill. 1889 ; Circ. min. com. 2 févr. 1892.*) L'association déposante est représentée auprès des diverses caisses par un mandataire[4].

---

1. Le syndicat n'est fondé à demander le paiement que des cotisations inscrites dans les statuts *déposés.* Toute augmentation de cotisation, décidée en assemblée générale du syndicat, n'est exigible qu'autant que notification préalable en a été faite, conformément à l'article 4 de la loi du 21 mars 1884.

2. Voir : *Placement,* livre Ier, chap. II.

3. L'instruction de l'administration des postes et télégraphes du 17 mai 1890 détermine dans quelles conditions peuvent s'opérer les dépôts et retraits de fonds à la Caisse nationale d'épargne : toute société doit justifier de son existence légale en déposant, à l'appui de sa demande, un exemplaire ou un extrait de ses statuts, signé par le président de la société, avec un certificat du maire (à Paris, du préfet de la Seine) constatant le dépôt légal des statuts.

4. Muni d'une procuration générale ou limitée à certaines opérations et établie sur papier libre et sans enregistrement.

Les syndicats professionnels peuvent être consultés sur les affaires de leur compétence qui leur sont renvoyées par les tribunaux, à titre de simples avis à donner, pour éclairer les juges sur des questions techniques, et sans frais pour les parties, qui peuvent prendre communication et copie de ces avis tenus à leur disposition.

Tous les individus exerçant un métier ou une profession peuvent faire partie d'un syndicat (*Circ. minist. 25 août 1884*). Suivant la jurisprudence, certaines professions libérales ne pouvaient constituer de syndicat : médecins, professeurs libres qui n'ont pas à défendre des intérêts industriels, commerciaux ou agricoles (*Cass. 27 juin 1885; C. ap. Paris, 4 juillet*). Cette mesure *était* abusive et injuste; les médecins comme les professeurs libres ont un intérêt commercial en ce qui concerne leurs salaires, honoraires ou rétributions. Pour les médecins, les chirurgiens-dentistes et les sages-femmes, les associations syndicales sont devenues licites par la loi du 30 novembre 1892 en vue de la défense de leurs intérêts professionnels, quand ne sont en cause ni l'État, ni les départements, ni les communes.

Selon leur composition, les syndicats sont de trois sortes : les syndicats patronaux, les syndicats ouvriers, les syndicats mixtes, suivant qu'ils ne comptent respectivement que des membres patrons ou des membres ouvriers, ou à la fois des membres patrons et ouvriers.

Les adultes, les femmes, les mineurs et même les étrangers[1] peuvent faire partie d'un syndicat. Les adhérents sont admis en nombre illimité, répandus sur tout le territoire[2].

Membres sortants. — Au droit absolu de faire partie d'un syndicat professionnel dans les conditions requises par la loi correspond le droit absolu pour un membre de syndicat de se retirer quand il lui plaît, nonobstant toute clause contraire, qui est nulle et non avenue, comme aussi toutes stipulations d'amendes ou pénalités contre les membres démissionnaires. Ceux-ci doivent toutes les cotisations qu'ils n'auraient pas payées avant la démission. Mais le syndicat ne peut priver un de ses membres, sans son consente-

---

1. La qualité de citoyen français n'est obligatoire que pour les directeurs ou administrateurs.

2. Parmi les autres faveurs consenties aux syndicats, il faut signaler l'admission à la franchise postale pour la correspondance adressée, sous seing du ministre du commerce, aux présidents, administrateurs à directeurs des syndicats (*Décis. min. 29 janv. 1897*), celle des syndicats au Président de la République, aux présidents de la Chambre et du Sénat, aux ministres et sous-secrétaires d'État, ainsi que pour les lettres échangées entre les syndicats, bourses du travail, unions, et les inspecteurs du travail, dans la limite de leurs circonscriptions. (*Décr. 21 févr. 1900.*)

ment, du bénéfice de l'association, à moins que ce membre n'ait manqué aux conventions statutaires, auquel cas les tribunaux tranchent le litige. (*C. ap. Rouen, 24 mai 1890.*)

Si les termes des statuts permettent d'édicter en assemblée générale l'exclusion d'un membre, comme mesure disciplinaire grave, de nature à porter atteinte à la considération de celui qui en est l'objet et ayant ainsi un caractère pénal, cependant, contre ce membre ne peut être prononcée l'exclusion, sans qu'il ait été préalablement averti et mis en demeure de se défendre. Il faut aussi que les statuts aient prévu les faits incriminés, selon les principes du droit le plus étroit et le plus strict, sans extension possible par voie d'interprétation et d'assimilation en matière pénale. (*C. ap. Rouen, 24 mai 1890; C. ap. Dijon, 4 juill. 1890* [1].)

Si le membre qui se retire perd son droit à l'actif social du syndicat, en ce qui concerne le partage ou les cotisations [2], il conserve le droit d'être membre des sociétés de secours mutuels et de pensions de retraites pour la vieillesse à l'actif desquelles il a contribué par ses cotisations ou versements de fonds.

Unions ou fédérations. — La loi de 1884, dans son article 7, autorise, par-dessus les syndicats professionnels, la constitution d'associations plus vastes, formées, non plus par des membres-individus, mais par des membres-syndicats déjà constitués légalement [2]. En d'autres termes, les syndicats ont le droit de se syndiquer et de former ainsi des *unions* ou *fédérations* ressortissant soit à des corps de métiers similaires ou connexes, soit à des corps de métiers différents. Les formalités légales sont les mêmes que pour les simples syndicats professionnels, en y ajoutant l'obligation de faire connaître les noms des syndicats qui se forment en union. L'objet d'un syndicat de syndicats professionnels est le même que celui d'un syndicat : défense et développement d'intérêts économiques. Les unions peuvent être ouvrières, patronales ou mixtes et agricoles.

Elles n'ont aucune personnalité civile : c'est donc à l'intervention individuelle des syndicats, par ailleurs constitués en union, qui ont un intérêt commun à faire valoir devant les tribunaux, qu'appartient le pouvoir de contracter, d'ester en justice pour soutenir les intérêts

---

1. A moins de conventions contraires dans les statuts.
2. L'entrée dans l'union de syndicats non régulièrement constitués rend irrégulière la constitution de l'union elle-même.

de la généralité des syndiqués. Peu importe que quelques syndiqués profitent individuellement de l'action du syndicat si ce profit est une conséquence indirecte de la demande, et non son but qui a véritablement pour objet un intérêt collectif ; peu importe que le préjudice incriminé ne soit actuellement réalisé qu'à l'égard de quelques membres du syndicat et soit encore éventuel à l'égard de la généralité, si la menace est sérieuse et le péril imminent[1].

Les unions se forment d'une façon permanente, ou seulement en vue d'une éventualité : congrès ou grève.

Fonctionnaires. — Les fonctionnaires, les employés ou agents de l'État ou des services publics ont-ils le droit de s'organiser en syndicats professionnels[2] ? — Non, sans aucun doute, en ce qui concerne les services ou les entreprises pour lesquels l'État ne saurait être assimilé à un industriel, à un commerçant ou à un exploitant agricole : armée, marine, magistrature, etc., etc. D'un autre côté, si la généralité des termes de la loi du 21 mars 1884 paraît autoriser, jusqu'à un certain point, pour des catégories d'ailleurs fort restreintes d'agents ou employés des services publics, la création de syndicats professionnels, du moins en vertu des différences des conditions et des rapports qui existent entre l'État et ses fonctionnaires ou agents, d'une part, et les patrons et ouvriers, d'autre part, en vertu aussi de l'organisation même en syndicat, moyen de pression et de résistance à conséquences inévitables pouvant aller jusqu'à tenir en échec l'autorité des pouvoirs publics, pour tous ces motifs, il est difficile, sinon impossible, d'autoriser, dans l'état de la Constitution, de tolérer toute association de fonctionnaires qui ressemblerait à un syndicat professionnel[3].

---

1. Tr. civ. Chollet, 12 févr. 1897. Synd. ouvriers tisseurs Chollet c. Allereau frères.
2. Voir débats de la Chambre des députés, séances des 22 mai et 4 juin 1894. (*J. O.*, p. 855-862 et 909.)
3. En ce sens : Déclarations du ministre du commerce et des colonies, et du ministre des travaux publics, Ch. dép., séances 17 nov 1891 et 22 mai 1894.
Se rappeler aussi la dissolution de l'Association des maîtres répétiteurs prononcée par M. Rambaud, ministre de l'instruction publique.
A noter encore les deux proposition et projet de loi presque identiques de M. Cordelet, sénateur, 21 décembre 1894, et de M. Trarieux, ministre de la justice, 4 mars 1895, tendant à interdire les coalitions formées dans le but de suspendre, cesser ou faire cesser le travail dans les exploitations, services publics de l'État et les Compagnies de chemin de fer. Adoptées par le Sénat le 14 février 1896, transmises

Sanctions. — Les sanctions établies par la loi du 21 mars 1884 sont civiles ou pénales. Les sanctions civiles assurent l'exécution des dispositions touchant à la capacité d'acquérir ou de posséder des syndicats professionnels, en édictant la nullité des acquisitions de biens contrairement à la loi.

Un immeuble acheté sera vendu et le prix versé à la caisse de l'Association. Au cas de libéralité, les biens acquis retournent au disposant ou à ses héritiers, francs et quittes de toutes dettes et charges provenant du fait du syndicat donataire. Sur refus du donataire ou de ses ayants droit de rentrer en possession, l'immeuble sera mis sous séquestre ou vendu, et le prix déposé à la Caisse des Dépôts et Consignations.

Les sanctions pénales prononcées par les tribunaux correctionnels s'appliquent aux infractions ayant un caractère délictueux, par suite de l'inobservation des règles relatives à l'objet, à la composition et à la capacité des syndicats, aux formalités à remplir pour leur établissement légal et à la capacité de leurs administrateurs.

Les poursuites dirigées contre les Directeurs ou Administrateurs entraînent une amende en leur nom de 16 à 200 fr. qui peut être portée à 500 fr. au cas de fausse déclaration relative aux statuts et aux qualités des Direc-

---

à la Chambre des députés le 20 juin 1898 (Doc. parl. n° 77; *J. O.*, p. 1170), ces motions ont été renvoyées à la Commission du travail.

Cependant le droit de se former en syndicats a été revendiqué pour les ouvriers chargés d'un service public ou appartenant à une administration publique, et pour ceux des manufactures de l'État et chemins de fer de l'État. Il semble bien que ce droit leur soit acquis par un ordre du jour de la Chambre, du 22 mai 1894, et par les déclarations de M. Dupuy, président du conseil des ministres, devant la Chambre, 4 juin 1894, et devant les délégués des groupes de gauche du Sénat, déclarations d'où il ressort qu'une distinction est à faire entre les ouvriers et les employés de l'État, exploitant industriel, et les fonctionnaires de l'administration régulière. Cette distinction, qui doit devenir de plus en plus subtile vraisemblablement, n'est contenue qu'implicitement dans la loi de 1884. Si elle a été observée, il y aurait lieu cependant de la consacrer directement par une disposition législative qui ne laisse aucun doute. Les sous-agents des postes sont constitués en syndicat. Lire aussi *Circ. min. marine*, 25 oct. 1902, aux vice-amiraux, préfets maritimes et directeurs des établissements hors des ports, sur les rapports des autorités administratives de la marine avec les syndicats professionnels.

« J'ai pu m'assurer à maintes reprises, y est-il dit, que les autorités locales relevant du département de la marine conservaient certaines hésitations au sujet des rapports qu'elles peuvent entretenir avec les syndicats d'ouvriers et d'employés civils jusqu'à ce que ces syndicats soient officiellement reconnus et comme si, aujourd'hui, ils étaient simplement tolérés. Une loi, déjà ancienne, a établi la liberté des associations syndicales, en indiquant dans quelles conditions elles pouvaient se former. Toutes celles qui ont satisfait à ces conditions possèdent une existence légale, sans avoir besoin d'une reconnaissance officielle particulière. On s'était demandé, au début, si la liberté des syndicats s'étendait aux personnels civils qui sont aux services de l'État. La

teurs et Administrateurs. La dissolution des syndicats peut être prononcée par les tribunaux à la diligence du procureur de la République et de lui seulement[1] ainsi que la nullité des acquisitions d'immeubles faites en violation des termes de la loi.

Colonies. — Tout ce qui a trait aux syndicats professionnels est applicable à l'Algérie, à la Martinique, à la Guadeloupe et à la Réunion, de plein droit, sauf que les travailleurs étrangers et engagés sous le nom d'immigrants ne peuvent, aux colonies, faire partie de syndicats, — et aussi, sous les mêmes réserves, à la Nouvelle-Calédonie. (*Décr. 16 mai 1901.*)

Dissolution. — La dissolution d'un syndicat est volontaire, d'une part, suivant que les statuts en limitent la durée ou que, dans le

---

question est tranchée depuis longtemps, et le gouvernement, depuis un certain nombre d'années, est entré en relations avec des syndicats d'ouvriers ou d'employés relevant d'autres départements ministériels. Il est impossible d'admettre que la marine ait un régime légal différent de celui du reste du pays. Les doutes que j'ai remarqués n'ont donc aucun motif, et les autorités des ports et des établissements de la marine n'ont aucune raison d'hésiter à entrer en rapport avec les syndicats établis parmi leurs subordonnés en vertu de la loi du 21 mars 1884. »

Il reste aux catégories d'employés non admises jusqu'à présent à bénéficier de la loi du 21 mars 1884, le droit de former des associations sous le couvert de la loi du 1er juillet 1901. On trouvera plus loin les dispositions de cette loi qui sont relatives aux associations en général, à l'exception des congrégations. Voici d'ores et déjà quelques-unes des principales différences entre les dispositions de l'une et l'autre loi :

Loi du 21 mars 1884. — Les syndicats se constituent sans autorisation, mais ils doivent faire le dépôt de leurs statuts et des noms de leurs administrateurs à la mairie de la localité de leur siège et à Paris, à la préfecture de la Seine. Les administrateurs d'un syndicat doivent être français et jouir de leurs droits civils. Tous les syndicats peuvent ester en justice. Ils peuvent recevoir des dons et legs, sans autorisation, — créer et administrer des offices de placement. Ils nomment les membres des conseils du travail et du Conseil supérieur du travail.

Loi du 1er juillet 1901. — Les associations peuvent se former librement, sans autorisation ni déclaration préalable. Seules, les associations qui veulent jouir de la capacité juridique sont astreintes à une déclaration. — Cette déclaration consiste dans le dépôt des statuts et des noms des administrateurs à la préfecture du département ou à la sous-préfecture de l'arrondissement où l'association a son siège ; à Paris, à la préfecture de police. — La déclaration doit être rendue publique, dans le délai d'un mois, par les soins des administrateurs, au moyen d'une insertion au *Journal officiel*, contenant la date de la déclaration, le titre et l'objet de l'association, l'indication de son siège social. —Aucune condition de nationalité et de droits civils n'est requise des administrateurs. — Les associations déclarées ne peuvent acquérir qu'à titre onéreux. Seules, les associations reconnues d'utilité publique, par décret, peuvent recevoir des dons et legs, avec l'autorisation du Gouvernement. — Les associations qui veulent créer un office de placement restent soumises aux prescriptions du décret du 25 mars 1852. — (Consulter au surplus *Circulaire Prés. Cons., 12 janv. 1903*, sur la légalité des syndicats de cantonniers.)

1. L'autorité administrative est incompétente en matière de dissolution d'un syndicat professionnel.

silence des statuts, la majorité des syndiqués la votent, ou, d'autre part, forcée, si elle est prononcée par les tribunaux correctionnels, sur les réquisitions formelles du ministère public [1], comme sanction pénale et accessoire aux contraventions à la loi de 1884.

L'actif du syndicat, une fois les créanciers payés, revient aux membres du syndicat, conformément aux dispositions de partage prévues par les statuts, ou, à défaut, est partagé par tête également, sans distinction de temps, entre les membres actuels [2].

Si le passif l'emporte sur l'actif, les pertes sont supportées par les créanciers du syndicat, qui n'ont aucune action sur les biens personnels des membres, dont le patrimoine n'est pas commun avec celui du syndicat, et n'en peut être le gage.

Expansion des syndicats. — Depuis qu'ils ont l'existence légale, les syndicats professionnels ont suivi une progression constante et rapide. Leur nombre en 1884 n'était que de 175. Au 31 décembre 1898, le nombre des syndicats légalement constitués était de 4 502, comprenant 605 621 membres, à savoir :

        1 965 syndicats patronaux avec 151 624 membres.
        2 361   —   ouvriers   — 419 761   —
          176   —   mixtes   —   34 236   —

Au début de 1903 le nombre des syndicats professionnels, industriels et commerciaux était de 6 847, avec un total de 882 651 adhérents, ainsi répartis :

Syndicats patronaux.   2 757 avec 205 463 adhérents dont   4 025 femmes.
    —   ouvriers .   3 934 — 643 757   —   43 720   —
    —   mixtes . .   156 —   33 431   —   7 934   —
                        6 847 avec 882 651 adhérents dont 55 679 femmes.

Les syndicats agricoles proprement dits qui étaient en 1901 au nombre de 1824 avec 491 692 adhérents et s'élevaient en 1902 à 2 375 avec 592 616 membres se comptent en 1903, par 2 433, avec 598 834 membres [3].

Il semble que les syndicats mixtes se développent assez difficilement et ont de la peine à se maintenir. Il faut remarquer que la proportion de

---

1. En l'absence de poursuites correctionnelles, ou même les ayant abandonnées, le procureur de la République ne peut, par voie d'action principale, demander au tribunal civil de prononcer la dissolution d'un syndicat.

2. Les héritiers d'un membre décédé n'ont aucun droit au partage de l'actif syndical, la qualité de membre étant une qualité afférente et intrinsèque à l'individu, hors de tout lien familial.

* 3. Pour ce qui concerne les syndicats agricoles, je renvoie à la coopération ; c'est là, me semble-t-il, leur vraie place.

femmes syndiquées par rapport aux hommes est plus grande dans les syndicats mixtes (24 p. 100) que dans les syndicats ouvriers (7 p. 100).

Les unions de syndicats étaient ainsi réparties :

92 unions patronales.	De même profession	locales ou régionales.	333	assoc. adhér. avec	51 367 membres.
		nationales.	597	—	45 353 —
	De professions diverses	locales ou régionales.	300	—	28 143 —
		nationales.	273	—	32 542 —
134 unions ouvrières.	De même profession.	locales ou régionales.	368	—	55 501 .
		nationales	1 071	—	252 770. —
	De professions diverses	locales ou régionales.	753	—	211 898 —
		nationales.	32	—	164 598 —
Unions mixtes.	4 groupes de syndicats mixtes . . .		16	—	591 .
	7 — patronaux et ouvriers		38	—	1 813 —

Elles ont toutes leur siège à Paris, sauf une, l'Union fédérale des chambres syndicales des débitants de boissons, sise à Lyon.

Mission des syndicats.

— Les syndicats, sous le régime normal de la loi, par un usage de la liberté que cette loi leur garantit, et en se tenant dans les limites de leurs préoccupations et de leurs attributions professionnelles, ont montré qu'ils avaient bien mérité de la sollicitude gouvernementale par de nombreuses fondations d'ordre divers, et d'une haute utilité : création d'institutions en faveur de l'enseignement professionnel des adultes et des enfants, organisation de caisses de prévoyance, d'assistance et d'épargne. Ils ont fondé des publications périodiques, journaux, revues, bulletins, annuaires [1]. Voilà qui peut suffire à justifier la loi qui les a autorisés, et montrer que leur institution répond à un besoin de notre époque.

---

1. Institutions diverses des syndicats et des unions de syndicats, en France, à la date du 1er janvier 1903.

NATURE DES INSTITUTIONS	SYNDICATS			UNIONS de syndicats patronaux.	UNIONS de syndicats ouvriers.	UNIONS MIXTES ou de syndicats mixtes.
	patronaux.	ouvriers.	mixtes.			
Bureaux ou offices de placement	204	1 017	25	7	73	8
Bibliothèques professionnelles..	193	932	23	11	56	9
Caisses de secours mutuels.	96	321	33	»	7	5
Secours divers.	26	352	11	2	8	1
Caisses de chômage..	5	602	5	»	11	»
Secours de route.	15	589	1	»	13	»
Cours et écoles profess., conférences . .	70	428	10	5	32	»
Laboratoires d'analyses ou d'expertises. .	34	3	»	»	»	»
Caisses de retraites	19	73	4	»	»	»
Caisses de crédit mutuel.	8	45.	2	»	»	»
Sociétés d'assur. contre les accidents. .	9	27	»	»	»	»
Sociétés coop. de consom., économats..	5	42	3	»	»	»
Sociétés ou assoc. coop. de production . .	»	27	»	»	»	»
Concours professionnels et expositions..	42	65	4	»	»	»
Champ d'expériences.	3	1	2	1	»	»
Publications diverses (bull., journ., ann.).	182	129	2	28	42	»
TOTAUX	911	4 653	125	54	242	23

Par eux aussi les travailleurs de l'industrie, comme ceux du commerce et de l'agriculture, les patrons et les chefs d'industrie peuvent discuter les conditions du travail, le réglementer au mieux des intérêts de chacun ; par eux sont facilités le développement et une répartition plus équitable de la richesse ; et, au cas de conflit, il est possible, par eux, d'arriver à des solutions pacifiques. Il faut donc se féliciter de leur essor.

Que certains syndicats, désertant leur définition légale, étendant leur ambition et leurs visées au domaine de la politique, soient devenus des instruments d'agitation, de tyrannie et de trouble, cela est possible ; des faits à déplorer sont là. Mais il n'y a pas de défense d'intérêt sans lutte ni excès. Rien de cela ne prouve que l'institution soit mauvaise. Dans un pays de régime parlementaire, au surplus, où la politique tient un rôle prépondérant, il serait étonnant qu'à propos de défense économique, la politique précisément ne se mêlât pas.

Les syndicats, après avoir été une arme de guerre entre des mains inexpérimentées qui s'y blessent, deviendront entre des mains exercées un puissant levier de progrès et de justice sociale. L'exemple de l'Angleterre où, dès 1824 se sont formées des Trade's Unions, des États-Unis qui ont toujours eu le droit d'association, doit rassurer. Mille excès, mille violences ont marqué leur développement au début ; peu à peu les Trade's Unions se sont assagies, et fonctionnent aujourd'hui pour le plus grand bien de l'industrie.

Quand, entre patrons et ouvriers, les syndicats auront provoqué des contacts plus fréquents, et des échanges de vues plus approfondis leur donnant les moyens de s'apprécier et de rendre justice à leurs intentions respectives, il faut espérer que le jour sera prochain de la mort de tout esprit de défiance, de jalousie et de haine.

Mais, même alors, les syndicats devront rester encore comme les garants de la paix économique et sociale que les égoïsmes humains, aussi bien ouvriers que patronaux, risqueraient de compromettre tôt ou tard. Le mot : *Si vis pacem, para bellum,* vrai en politique internationale, est encore plus vrai en économie politique et sociale. Quand il n'y a que de petites armées uniquement composées de soldats de profession, les guerres sont continuelles. Quand l'organisation militaire devient formidable et que tous les citoyens sans distinction sont enrôlés sous les drapeaux, on réfléchit avant de se battre, avant de déclarer la guerre. Ainsi la puissance des armements et le développement de l'organisation militaire qui font les peuples forts, et parce qu'ils font les peuples forts, maintiennent la paix internationale. Le philosophe peut trouver le remède mauvais, d'accord ; le philosophe n'a qu'à nous rendre l'humanité parfaite : il n'y aura plus ainsi besoin de soldats, ni de bien d'autres choses. Et de même aussi, c'est le développement de l'organisation syndicale et l'armement pacifique des travailleurs qui rendront les grèves et les conflits de plus en plus rares et qui contribueront à la paix sociale entre le capital et le travail ; paix précaire sans doute, mais qui pourtant, par la crainte mutuelle, mettons respect mutuel, des forces engagées et l'appréhension des désastres que déchaînerait le premier appel aux armes, constituera un véritable progrès. Les syndicats nous donnent en économie sociale le régime de la paix armée. On n'a pas encore trouvé mieux.

Projets législatifs. — Deux propositions de loi, présentées par M. Barthe, sénateur, l'une, le 10 juillet 1893, tendant à modifier l'article 7 de la loi du 21 mars 1894 sur les syndicats professionnels, (Doc. parl. n° 260; *J. O.* p. 533), l'autre, le 22 juin 1894 ayant pour but d'ajouter des dispositions punissant les infractions à l'article 3 (Doc. parl. n° 131; *J. O.* p. 173); Rapp. Bérenger, 9 juill. 1894 (Doc. parl. n° 9; *J. O.* p. 188). Il faut espérer qu'elles n'aboutiront jamais, inspirées par un esprit de recul qui sape les bases même du droit de coalition, et la liberté d'association.

A citer pour mémoire les propositions, de mérite divers, présentées par M. Lemire, le 3 juillet 1901, par M. Déjeante le 14 octobre 1902 (Doc. parl., n° 312; *J. O.* p. 62), et le même jour (Doc. parl., n° 322; *J. O.* p. 74) par M. Millerand.

Projet de loi déposé au nom du gouvernement par M. Waldeck-Rousseau, le 14 novembre 1899 (Doc. parl., n° 1185; *J. O.* p. 125). Les modifications préconisées à la loi du 21 mars 1884 ont trait : 1° à la personnalité juridique des syndicats, qui devient complète, leur permet d'acquérir librement des biens meubles et *immeubles ;* 2° à la personnalité juridique des unions de syndicats, qui n'en ont aucune jusqu'à ce jour, et qui acquerraient celle qu'ont aujourd'hui les syndicats ; 3° au droit qui serait conféré aux syndicats de se rendre propriétaires de la totalité des actions des coopératives de production ou de crédit conformément aux lois sur les sociétés de 1867 et de 1893, et, dans le cas visé, au droit qu'auraient les syndiqués d'être administrateurs, sans être actionnaires individuellement, et mandataires à l'assemblée générale ; 4° au droit pour les syndicats de s'entremettre entre les patrons et ses ouvriers pour régler, par un contrat de travail collectif, les conditions du travail et d'en poursuivre en justice le respect de la part de chacun. — D'autres dispositions se réfèrent à la liquidation de l'actif commercial, et aux pénalités dont serait passible quiconque ferait sortir ou tenterait de faire sortir d'un syndicat une ou plusieurs personnes, ou inversement pousserait à en faire partie.

Le projet mériterait de venir en discussion, comme base des

réformes à apporter à la législation actuelle ; on pourrait y joindre toutes les autres propositions déposées, et en présenter de nouvelles. Il sortirait certainement de cette discussion un ensemble de dispo- qui fortifieraient l'expansion et l'action syndicales, qui sont à sou- haiter.

Jurisprudence. — I. — Le but et le résultat de l'abrogation de l'article 416 du Code pénal, c'est d'enlever le caractère délic- tueux aux faits de coalition ; mais si ces faits portent atteinte aux droits d'autrui, ils peuvent entraîner la responsabilité prévue aux articles 1382 et suivants du Code civil. Les syndicats doivent respecter la liberté du travail, garantie par les lois et la libre indé- pendance des citoyens, à peine de dommages-intérêts. Ainsi, le syndicat professionnel qui a provoqué une grève pour contraindre un patron à congédier un ouvrier est responsable du préjudice causé à cet ouvrier par le fait du renvoi (*C. Lyon, 2 mars 1894, Oberlé c. synd. ouvriers tailleurs de cristaux d'Oullins*). Et de même, les syndicats professionnels n'ont pas le droit de signifier aux pa- trons l'interdiction, sous peine de grève, d'employer dans leurs ateliers des ouvriers non syndiqués. En le faisant, ils engagent leur responsabilité et sont passibles de dommages-intérêts vis-à-vis des ouvriers non syndiqués qu'ils ont mis dans l'impossibilité de trou- ver du travail (*C. Lyon, 15 mai 1895, synd. ouvriers robinetiers de Lyon c. Burnichon*). — Même décision au cas de mise à l'index de l'ouvrier, au lieu de l'interdiction. (*Tr. Seine, 4 juill. 1895, Bonnis- sent c. chamb. syndic. ouvriers fondeurs de cuivre, — et 6 nov. 1895, Husson c. synd. mouleurs en cuivre.*)

II. — Un syndicat commet une double faute pouvant donner lieu à une action en dommages-intérêts en vertu de l'article 1382 du Code civil, même si ces actes sont licites au point de vue pénal :

1° En mettant ou en maintenant une usine à l'index après la fin de la grève, dans des conditions qui ne sont pas seulement la dé- fense ou l'interdiction de travailler dans cette usine, mais encore la menace d'une perte absolue et définitive de travail pour tout ouvrier qui consentirait à s'y laisser employer ;

2° En sortant de sa sphère d'action et de ses attributions pour imposer une interdiction avec menaces à tous les ouvriers d'une profession, même à ceux ne faisant pas partie du syndicat, violant ainsi les droits reconnus par l'article 7 de la loi du 21 mars 1884 qui permet à tout membre d'un syndicat de se retirer quand il lui plaît et de recouvrer sa pleine liberté d'action. (*Tr. civ. Seine, Letixerand c. synd. mouleurs de Persan-Beaumont.*)

III. — La notification faite par deux syndicats à des patrons de l'intention de les mettre à l'index, s'ils continuent à faire travailler un ouvrier au-dessous d'un certain tarif, ne constitue pas une faute au sens de l'article 1382 du Code civil, en tant qu'elle est faite sans menaces caractérisées, sans violence, sans persécution, sans intention méchante, pour la défense d'un intérêt professionnel et sans manœuvre déloyale ou illicite. — D'où il suit que les syndicats peuvent faire ensemble, dans les conditions ci-dessus, ce que chacun de leurs membres peut faire individuellement. (*Tr. civ. Lyon, 16 déc. 1896 ; F... c. synd. maîtres et ouvriers passementiers ; C. ap. Limoges, 10 juin 1902* [1].)

VI. — Les menaces de mort avec ordre et sous conditions proférées pour obliger un ouvrier à faire partie d'un syndicat professionnel constituent le délit prévu par les articles 305 et 307 du Code pénal. (*Tr. corr. Saint-Étienne, 22 févr. 1894, minist. public c. P....*)

V. — Le syndicat qui intervient par des menaces et fait évacuer un

---

1. Voici le texte de l'arrêt de la Cour d'appel de Limoges :

« Considérant que la mise en interdit de l'établissement de l'appelant par le syndicat des typographes n'a pas été abusive ; qu'elle a été déterminée par le refus certain de l'appelant d'accepter de signer le tarif syndical dans l'ensemble de ses dispositions, qu'elle n'a point été provoquée par un mensonge ou des manœuvres déloyales ; que, si l'interdit a été maintenu, c'est que le refus de l'appelant a persisté jusqu'à la fin et persiste encore ; que de même l'affichage sur les murs de la ville de cette mise en interdit n'a été qu'une réponse aux affiches apposées sur les murs de la même ville et par lesquelles l'appelant demandait des ouvriers en soutenant qu'il avait accepté le tarif du syndicat ; que, dans ces conditions, l'affichage de la mise en interdit ou avis ne s'adressant en réalité qu'aux sociétaires ou syndiqués, bien que les termes en soient agressifs, n'a ni par lui-même, ni à raison du contenu de l'écrit, exercé une influence quelconque sur les ouvriers non syndiqués et n'a causé à l'appelant aucun préjudice appréciable dont le principe soit justifié ; qu'il n'est pas davantage démontré que le syndicat puisse être rendu responsable des désordres qui ont eu lieu, de l'impression des chansons, des articles de journaux ; qu'on n'a trouvé nulle part l'ingérence de ce syndicat si ce n'est dans l'organisation de la résistance, qui n'est pas défendue ; qu'on ne relève, de la part du syndicat, ni démarches certaines, ni menaces, ni manœuvres pour empêcher les ouvriers non syndiqués d'aller travailler chez D... ; que, si certains clients de celui-ci ont prétendu que le syndicat avait adressé des prospectus invitant la clientèle à déserter son magasin, ces prospectus ne sont point produits et rien n'établit que leur fabrication et leur envoi aient été l'œuvre du syndicat ;

Par ces motifs, confirme le jugement dont est appel et condamne l'appelant à l'amende. »

chantier et cesser le travail est responsable et doit la réparation du dommage. (*C. Bourges, juin 1894; Petit, marchand de bois, c. Derangère, trésorier du syndicat.*)

VI. — Les membres d'un syndicat de commerçants, qui s'engagent entre eux, sous certaines pénalités, à vendre leurs marchandises à un tarif déterminé et à ne pas vendre aux marchands qui ne feraient pas partie de leur syndicat, en même temps qu'ils font prendre aux principaux détenteurs de gros l'engagement de ne pas vendre non plus à ces dissidents, commettent le délit de coalition frauduleuse prévu et puni par les articles 419 et 420 du Code pénal. Et le commerçant qui est obligé, par l'effet direct de ces agissements délictueux, de prendre des voies détournées pour alimenter son commerce à des prix plus élevés que ceux faits à ses concurrents et qu'aurait déterminés la concurrence naturelle et libre du commerce, a droit à la réparation du préjudice qui lui est causé. (*C. ap. Lyon, 21 avr. 1896; X..., Y..., Z..., etc., marchands d'eaux minérales et fabricants de limonade à Lyon, c. Pernet.*)

VII. — Les syndicats professionnels ne sont pas les ayants droit des membres qui les composent et n'ont point qualité pour engager personnellement ceux-ci vis-à-vis des tiers. Ils ne constituent pas des sociétés dont les membres puissent être liés par l'assemblée générale, et en dehors de l'étude et de la défense des intérêts généraux de la profession, ils sont sans qualité et sans compétence ; ils sont sans qualité pour intervenir dans une action judiciaire intéressant le patrimoine privé de chacun de leurs membres; sans qualité par conséquent pour obliger ceux-ci dans ces conditions et engager ledit patrimoine. (*Tr. civ. Seine, 23 juin 1896; ville de Paris c. Dumay, Velly et le synd. des commerçants en gros de la boucherie de Paris.*)

Législation comparée. — C'est en *Angleterre* que le syndicalisme a les origines les plus lointaines, dans les antiques associations de compagnons ouvriers qui ont fourni les habitudes, la tactique et l'esprit traditionnel adéquat au régime de la grande industrie. Malgré la persécution qu'ils subirent à la fin du xviiie siècle (*lois de 1799-1800*), ils s'efforcèrent d'opposer l'organisation de la classe ouvrière à la classe patronale. Ils vécurent comme sociétés secrètes, jusqu'en 1824, date où la loi introduisit la liberté de coalition. Durant toute une période troublée et confuse ils prirent part aux mouvements réformistes de Cobbett[1], d'Owen[2], tentèrent une organisation ouvrière nationale, se donnèrent au chartisme[3].

Vers 1830, les associations locales commencèrent à se fédérer, les services de secours se perfectionnèrent et se développèrent. En 1850 se constitua le premier syndicat national, celui des ouvriers employés à la construction des machines, type de la Trade-Union moderne, d'idée pratique et réformiste, se proposant, sans moyen de révolution ou d'agitation violente, l'amélioration de la condition ouvrière par la réglementation professionnelle et légale, par l'entente avec les patrons ou par l'action sur les pouvoirs publics. Vers 1870, apparaissent les Trad's Councils, ou unions de syndicats. Depuis 1889, après la grande grève des Docks, il existe des syndicats d'ouvriers *non qualifiés*, ou manœuvres, plus combatifs et plus favorables à l'intervention de l'État dans la réglementation du travail.

L'Angleterre apparaît comme ayant constitué, par l'association professionnelle ouvrière, une véritable démocratie industrielle.

Les principes de sa législation syndicale sont les mêmes que ceux de la nôtre qui s'en est manifestement inspirée.

---

1. Célèbre publiciste anglais (1762-1835) qui, de libéral devenu intransigeant, fit une guerre acharnée à toutes les puissances du monde, souverains, ministres, régime des casernes, des manufactures, armées permanentes, aristocratie d'argent. C'est lui qui a écrit que la « bataille de Waterloo a attiré sur l'Angleterre plus de honte, plus de malheurs, plus de détresse parmi les classes moyennes, plus de misères parmi les classes ouvrières, plus de dommages de toutes sortes que n'en eussent produit cent défaites sur terre et sur mer. »

2. Célèbre socialiste anglais (1771-1848). Directeur d'une manufacture à New-Lamark, sur la Clyde, il acquit une grande fortune. Très préoccupé des intérêts matériels et moraux de ses ouvriers, il vendit à très bas prix d'excellents articles, combattit l'ivrognerie des ouvriers, ouvrit des écoles pour les enfants depuis l'âge ou ils pouvaient marcher jusqu'à 12 ans, défendit de battre les écoliers, recommanda de les intéresser en leur montrant les objets à étudier plutôt que de les bourrer de science livresque, leur apprit la musique et la danse. En quatre ans, son personnel de 2,000 ouvriers, autrefois voleurs, ivrognes, paresseux, était devenu une grande famille gouvernée par un patriarche. Il a exposé ses principes dans de nombreux écrits.

3. Mouvement socialiste et politique qui bouleversa l'Angleterre pendant une dizaine d'années (1838-1848). L'émeute régna à l'état endémique. Les travailleurs avaient adopté le plan de campagne suivant : retirer toutes les sommes individuellement placées dans les caisses d'épargne et les banques particulières, convertir tout le papier-monnaie en or et argent, cesser tout travail pendant un mois, s'abstenir pendant le même temps de toute liqueur spiritueuse, se procurer des armes. Plus de 600 meetings furent tenus.

On comptait[1] au commencement de 1901, 1 252 Trade's Unions groupant ensemble 1 910 614 adhérents. Au cours de l'année, 13 d'entre elles ont fusionné avec d'autres et 36 se sont dissoutes; 33 nouvelles unions, enfin, se sont constituées. A la fin de 1901, le total général s'élevait donc à 1 236 avec 1 922 780 sociétaires : il y avait ainsi diminution de 16 dans le nombre des sociétés et augmentation de 12 166 dans le total des membres, soit 0,6 p. 100.

La mauvaise situation du marché du travail, en 1900, a évidemment ralenti le développement des unions, car l'augmentation de 0,6 p. 100 constatée dans le nombre des membres est de beaucoup la plus faible enregistrée depuis 1895. On a remarqué que le nombre des syndiqués, surtout dans les industries qui ne demandent que peu d'habileté professionnelle, tend à s'accroître dans les années de prospérité, alors qu'il reste stationnaire, ou diminue, aux époques où le travail est moins abondant.

Sur les 1 203 unions qui existaient en 1900 et qui existaient encore à la fin de 1901, 529 accusent une augmentation dans le chiffre de leurs adhérents, 572 une diminution, alors que dans 102 le chiffre est resté le même. L'accroissement a été sensible surtout dans certaines unions minières (15 144 membres de plus dans 4 unions).

Le petit groupe des unions des ouvriers carriers a augmenté considérablement : de 6 279 il est passé à 9 513 adhérents, soit une augmentation de 51,5 p. 100. Les unions des employés des services publics locaux ont passé également de 3 907 adhérents à 5 187, soit une augmentation de 32,8. Par contre, il y a eu diminution dans les unions du bâtiment (4 622, soit un peu moins de 2 p. 100), de la métallurgie et de la construction mécanique (3 292, soit 1 p. 100), des employés de chemins de fer (5 395, soit 6,9 p. 100).

144 unions acceptent des membres du sexe féminin; le nombre de ces membres s'élevait à 120 078 (contre 123 510 en 1900, soit 2,8 p. 100 de moins), soit 6,2 p. 100 du total des membres. 90 p. 100 des sociétaires du sexe féminin appartiennent au groupe des textiles, à savoir : 78,8 p. 100 à l'industrie du coton, 8,4 à l'industrie du lin et du jute et 2,7 à celles de la laine, de la bonneterie, etc.

Les principales sources de revenu des Trade's Unions sont, dans une année ordinaire, les contributions hebdomadaires de leurs membres, telles qu'elles sont fixées par leurs statuts[2]. A cela s'ajoutent les droits d'entrée,

---

1. D'après le *Report by the Chief labour correspondent of the Board of Trade on Trade's Unions, 1901*. Tout ce qui suit se réfère pour l'Angleterre à l'année 1901.

Il est impossible, quand on traite du trade-unionisme en Angleterre, de ne pas signaler l'enquête, qui est un modèle du genre, faite sur la matière au nom du Musée Social, par M. Paul des Rousiers, avec la collaboration de MM. de Carbonnel, Festy, Fleury et Wilhelm, — et aussi bien pour les diverses monographies sur les unions d'ouvriers que pour l'introduction magistrale du livre.

2. Il faut signaler la régularité et la conscience avec laquelle les adhérents tiennent à payer leurs cotisations hebdomadaires, qui atteignent souvent des chiffres élevés. Il y a, à ce sujet, dans le livre de M. Paul des Rousiers, des anecdotes édifian-

les amendes, le produit de la vente des statuts, des brochures, des cartes de membres, etc., l'intérêt des fonds placés et, dans certains cas, les revenus de leurs propriétés. Ce revenu peut être augmenté par des contributions extraordinaires, qui sont levées certaines années, lorsque les grèves sont nombreuses et importantes ou bien lorsque l'industrie est dans un état de dépression tel qu'un grand nombre de membres sont en chômage. Le revenu des unions ne varie donc pas seulement en raison du nombre de leurs membres, mais aussi en raison des besoins auxquels elles ont à faire face.

Si l'on examine la situation des 100 principales unions, on constate que la cotisation annuelle moyenne de chaque membre était de 39 fr. 80 c.; après avoir augmenté chaque année de 1892 à 1898 (41 fr. 75 c. en 1898), cette moyenne a diminué au cours de ces trois dernières où le nombre des grèves a été moins élevé. La cotisation varie considérablement suivant les unions; c'est ainsi qu'en 1901 elle était inférieure à 25 fr. dans 41 sociétés groupant 383 283 membres, variait de 25 à 50 fr. dans 35 groupant 446 997 membres, de 50 à 75 fr. dans 15 groupant 156 980 membres et de 75 à 90 francs dans 9 groupant 173 966 membres.

Le revenu total des 100 principales unions s'est élevé, en 1901, à 2 061 501 livres sterling, soit 51 537 525 fr.

La plus riche possédait une moyenne de plus de 20 livres sterling (450 fr.) par membre et comptait 18 474 membres.

Les dépenses de ces 100 unions se sont élevées à 41 804 809 fr. contre 37 233 928 en 1900, soit 12,3 p. 100 en plus. Ce total est le plus élevé que l'on ait constaté depuis 1892 (excepté en 1893, année des grandes grèves des charbons et de la métallurgie). La dépense moyenne par sociétaire s'élève à 35 fr. 65 c., contre 31 fr. 95 c. en 1900. Les dépenses ont augmenté plus fortement que les recettes.

La nature des dépenses varie beaucoup suivant les unions. Les 100 principales unions payent à leurs membres des secours en grève; 77 d'entre elles payent en outre des indemnités de chômage ou des secours de route, ce qui est une autre forme de l'indemnité de chômage; 77 ont également payé des secours d'accidents ou de maladie; 38 ont servi des pensions de retraite et 89 des allocations pour frais funéraires. Tous ces services sont organisés à la fois dans 39 des 100 principales unions.

Les secours de grève et de chômage ont été particulièrement élevés dans l'industrie du bâtiment, atteignant un chiffre (2 121 375 fr. et 1 680 700 fr. respectivement) qu'ils n'avaient pas atteint depuis 10 ans.

Des pensions de retraites ne sont payées que par un petit nombre d'unions, qui comptent d'ailleurs parmi les plus anciennes et les plus importantes du pays. Les 38 unions qui ont payé des pensions en 1901 grou-

---

tes, — comme aussi sur l'élévation morale, la culture intellectuelle, l'esprit pratique des trade-unionistes anglais. Nos ouvriers français n'auraient pas tort de prendre exemple.

paient à elles seules près de la moitié des membres de l'ensemble des 100 principales unions, soit 566 765. Les unions de mineurs ne servent pas, en général, de pensions, qui sont servies dans cette corporation par des sociétés spéciales. — Les pensions sont généralement payées par semaine. Il ne suffit pas, en général, d'avoir atteint un certain âge pour avoir droit à une pension : les règlements de la plupart de ces unions exigent aussi que le pensionnaire ne soit plus capable de travailler de son métier ou de gagner un plein salaire.

Ce n'est qu'exceptionnellement en France, quoique la loi n'y soit pas contraire, qu'un syndicat comprend des membres appartenant à des localités ou à des régions différentes : en général, il est restreint à une localité déterminée ou à une région peu étendue. Il n'en est pas de même en Angleterre. La plupart des grandes unions englobent des membres répartis sur tout le territoire ou dans une partie assez étendue du territoire : le plus souvent, d'ailleurs, elles sont divisées en sections (*branches*), de sorte que les unions de ce genre correspondent assez bien aux syndicats nationaux français, du type du syndicat national des chemins de fer en France.

A côté de ces grandes unions, il existe en Angleterre d'autres groupements d'unions ; les conseils de métiers (Trade's Councils), associations locales d'unions de professions le plus souvent diverses, correspondant à peu près aux unions locales et bourses du travail de France, et les « fédérations » qui réunissent des unions ou des associations d'unions de professions plus ou moins connexes appartenant au même groupe d'industrie.

Les conseils de métiers n'ont généralement, et sauf quelques cas particuliers, aucun pouvoir de direction sur les unions qui y sont représentées et ne peuvent pas non plus lever de contribution pour secours de grève ou autres.

On entend par « fédération » l'association d'unions appartenant à la même industrie ou à plusieurs industries, ayant entre elles plus ou moins de rapports. Ces fédérations sont organisées, pour des buts précis avec des pouvoirs limités et bien définis sur les unions adhérentes. Ces pouvoirs varient beaucoup, suivant que les unions constituantes appartiennent à la même industrie ou à des industries distinctes.

Une fédération diffère d'un conseil de métiers (Trade's Council), en ce que la fédération a une composition plus homogène, qu'elle possède certains pouvoirs de direction sur les unions affiliées et n'a pas un caractère purement consultatif. Les pouvoirs des fédérations sont très variés ; quelques-unes possèdent la plupart des pouvoirs d'une union, en ce qui concerne la défense des intérêts professionnels ; d'autres sont chargées de régler les relations mutuelles entre les unions groupant des ouvriers ayant des occupations différentes, mais se rattachant à un même groupe industriel ; d'autres, enfin, ne diffèrent des conseils de métiers que par le nom. Au point de vue de leur extension, les fédérations peuvent être restreintes à une ville, ou embrasser de vastes régions, tandis que d'autres englobent toutes ou presque toutes les unions d'un métier ou de métiers connexes.

Les dépenses ordinaires de presque toutes les fédérations sont couvertes par des contributions globales des unions adhérentes basées sur le nombre déclaré des membres de ces unions, à raison de 10 à 30 centimes par membre et par trimestre.

Le règlement des conflits entre les unions est prévu, dans la plupart des fédérations de plusieurs métiers, par une clause des statuts d'après laquelle les conflits doivent être soumis aux membres de la fédération, dont la décision est définitive.

A la fin de 1901, il existait 107 fédérations ; au cours de l'année, 4 se sont dissoutes et 2 nouvelles se sont formées.

Le nombre des adhérents de la fédération générale des Unions s'est accru de 33 910 en 1901. La majorité de cette fédération est constituée par les unions des métaux (160 000 membres) et des manœuvres et dockers (100 000 membres). Ensuite viennent les unions des textiles et celles des vêtements avec 50 000 membres pour chaque groupe. Des 75 unions adhérentes à la fédération générale, à la fin de 1901, 52, avec un total de 281 200 membres, étaient classées dans la première classe au point de vue des contributions et des subventions éventuelles et payaient 60 centimes par membre et par trimestre, et les 23 autres unions avec leurs 139 406 membres étaient rangées dans la seconde classe et payaient 30 centimes par membre.

A côté de cette fédération il existait une autre fédération d'un caractère aussi général ; c'est la *National and International Federation of trade and labour Unions* fondée en 1898, mais les renseignements qu'elle a fournis au sujet du nombre de ses membres n'ont pas été jugés utilisables.

Enfin, en 1901, les unions ont tenu un congrès à Swansea qui a réuni 140 unions groupant 1 195 469. Elles en ont tenu un également en 1902.

Australasie. — Les colonies anglaises ont un régime syndical analogue à celui de la métropole ; cependant, en Australie et en Nouvelle-Zélande, les syndicats ont une influence prépondérante ; ils se sont emparés du mouvement politique qu'ils dirigent ; et c'est sous leur pression qu'ont été votées toutes les lois ouvrières, dont on connaît quelques-unes, sur le minimum de salaire, l'arbitrage obligatoire, et dont on rencontrera les autres, à leur tour, sur la journée de huit heures, la réglementation du travail, l'inspection des établissements industriels, les retraites ouvrières. Leur organisation est donc florissante, et quoiqu'il soit facultatif d'être ou non membre d'un syndicat, en fait il y a un tel intérêt à en faire partie, que le syndicalisme est obligatoire. C'est pour le mieux d'ailleurs des intérêts ouvriers. La loi du 19 février 1902 (*Trade's Unions Act 1902*), portant réglementation des associations ouvrières, décrète que les buts poursuivis par elles sont légaux et non incriminables, et leurs propositions exécutables par la voie des tribunaux; elles ont le droit d'acheter des biens-fonds ou de les prendre à ferme.

États-Unis d'Amérique. — Les premiers syndicats y datent du début du xixe siècle, et, dès 1833-1834, des *General Trade's Unions* se forment dans les États de New-York, Baltimore, Boston, Philadelphie. Après la guerre de Sécession qui marqua un temps d'arrêt dans leur développement, fut fondée en 1866 la *National Labour Union*, et en 1881, l'*American Federation of Labour* qui compte aujourd'hui plus de 500 000 membres. Les syndicats se multiplient et forment entre eux de grandes unions : c'est la caractéristique du mouvement syndical américain, dont l'effort porte surtout sur les deux revendications suivantes : augmentation du salaire, diminution de la durée du travail, et a pesé autant que possible sur les pouvoirs publics.

Le régime syndical varie un peu suivant les États, au point de vue de la personnalité morale, et des peines édictées contre les atteintes à la liberté d'association.

En *Belgique,* la loi du 31 mars 1898 permet la création d'unions professionnelles, exclusivement pour l'étude, la protection et le développement d'intérêts professionnels, entre personnes exerçant dans l'industrie, le commerce, l'agriculture, ou les professions libérales à but lucratif, soit la même profession ou des professions similaires, soit le même métier ou des métiers qui concourent à la fabrication des mêmes produits.

Elles jouissent de la *personnification* civile, et peuvent faire sans bénéfices et sans qu'ils soient réputés actes de commerce, les achats pour leurs membres et les ventes et locations à ceux-ci se rapportant aux intérêts professionnels; elles ne peuvent posséder que les immeubles nécessaires à leurs opérations, lesquels payent une taxe annuelle de 4 p. 100 de leur revenu cadastral; elles ne peuvent prendre de parts ou d'actions dans les sociétés commerciales. Femmes et mineurs, — mais ceux-ci n'ont pas voix délibérative, — peuvent être membres des Unions, qui, pour un quart des membres effectifs, peuvent aussi accepter des membres honoraires. Les débitants de boissons ne peuvent faire partie des Unions d'une autre profession que s'ils ont exercé celle-ci pendant 4 ans au moins; ils sont toujours exclus de la direction.

En *Allemagne*, le mouvement syndical, qui date seulement de 1868, est intimement lié à l'action politique. Un congrès ouvrier tenu à Berlin approuva les projets de Schweitzer, président de l'*Arbeitverein*, de fonder des syndicats ouvriers. L'idée fut lente à se mettre en œuvre. La lutte contre le socialisme lui a été nuisible. Des syndicats chrétiens s'opposèrent aux syndicats ouvriers, dont ils se rapprochent d'ailleurs de plus en plus, entraînés par le sentiment de leurs intérêts propres qui les pousse à la solidarité.

La loi du 26 juillet 1897, promulguée le 7 août, a modifié la loi industrielle sur les corporations, les chambres de la petite industrie et unions de corporations dans l'empire allemand.

Aux termes de cette loi, tous ceux qui exercent une industrie pour leur propre compte peuvent faire partie d'une corporation dans le but d'améliorer les intérêts communs de leur industrie. Le devoir des corporations est de développer chez les membres de la corporation l'esprit de solidarité et d'honneur, d'améliorer les rapports entre maîtres et ouvriers ou employés, le logement, la nourriture et le placement des ouvriers, réglementer l'apprentissage, développer l'instruction technique, industrielle et morale des apprentis; trancher certains différends qui pourraient s'élever entre patrons et ouvriers.

Les corporations doivent aussi porter leur activité sur d'autres intérêts que ceux communs à leur industrie : 1° développement industriel, technique et moral des maîtres, compagnons et apprentis, et pour cela subventionner et provoquer l'organisation d'écoles, dont elles réglementeront le fonctionnement ; 2° institution d'examens professionnels et délivrance de brevets ; 3° organisation de caisses de secours pour toutes les nécessités ; 4° organisation de tribunaux d'arbitrage.

En principe, la corporation est territoriale, et a comme circonscription la circonscription administrative dans laquelle elle a son siège ; exception n'est faite qu'avec l'autorisation des autorités centrales sur la circonscription desquelles la corporation voudrait s'étendre.

Dans l'intérêt commun professionnel des métiers de petite industrie, l'autorité supérieure peut autoriser la formation d'une corporation obligatoire, entre ceux qui exercent le même métier ou des métiers similaires, — quand la majorité de ceux qui exercent un métier, dans une circonscription déterminée, le demandent, et qu'aucun adhérent n'est dans l'impossibilité, par éloignement, de prendre part à la vie corporative. La corporation ne peut pas organiser d'entreprises industrielles en commun, mais seulement des institutions pour améliorer les intérêts communs industriels et économiques.

Il peut être formé des comités de corporations chargés de représenter les intérêts communs des corporations qui leur transmettent leurs droits et obligations, — et aussi des unions de corporations.

Des chambres de petite industrie peuvent être instituées pour représenter les intérêts de la petite industrie.

On distingue aujourd'hui quatre groupes d'associations ouvrières, ayant chacune une origine et des traditions différentes : les fédérations et syndicats locaux adhérents au parti socialiste, les syndicats Hirsch-Dunker, les syndicats chrétiens, et les syndicats indépendants [1].

Roumanie. — Dans toute commune (*loi 4 mars 1902*), les artisans d'un même métier ou de métiers similaires peuvent constituer une corporation s'ils sont au moins 50 jouissant de leurs droits civils et politiques, et si les deux tiers d'entre eux ont décidé cette constitution, et alors tout artisan de la commune fait partie de droit et *obligatoirement* de la corporation de sa spécialité; s'il exerce plusieurs métiers, il choisit sa corporation. Si les artisans sont en nombre insuffisant, ils ont le droit de s'inscrire dans la corporation de la commune voisine.

---

1. Le tableau suivant permet de comparer leur importance relative et leur développement en 1901 et 1902.

	Nombre des membres.		Recettes en 1902 (en marks = 1 fr. 25).	Fonds de réserve en 1902 (en marks = 1 fr. 25).
	1901.	1902.		
Fédération socialiste.	677 510	733 206	11 097 744	10 253 559
Syndicats locaux socialistes . . .	9 360	10 090	»	»
Syndicats Hirsch-Dunker	96 765	102 851	800 434	3 220 970
Syndicats chrétiens.	175 079	189 900	823 864	572 649
Syndicats indépendants.	49 651	56 596	78 407	28 764
	1 008 365	1 092 642	12 800 449	14 075 942

Ainsi au cours de 1902 les syndicats allemands ont gagné 84 277 nouveaux membres. Leur effectif total groupe un sixième environ de la population ouvrière. Après le Royaume-Uni, qui compte 1 922 800 trade-unionistes, c'est l'Allemagne qui présente le plus grand nombre d'ouvriers syndiqués.

Les corporations sont des personnes juridiques, mais ne peuvent acquérir que les immeubles nécessaires pour leur siège social ou pour les installations qu'elles créent, à peine d'annulation d'acquisition. Elles ne peuvent emprunter ou disposer de leur avoir, sans l'autorisation de la chambre de commerce ou d'industrie, ni faire du commerce ou travailler pour leur compte. La chambre approuve leurs statuts dans le délai d'un mois après le dépôt ; appel contre ses décisions est adressé au Ministre de l'agriculture par tout sociétaire ou le commissaire du Gouvernement. Les statuts fixent, entre autres choses, la cotisation sans qu'elle puisse dépasser 4 p. 100 du salaire annuel d'un membre. La corporation aura pour but de développer l'honneur professionnel, de maintenir l'union entre les artisans, de défendre les intérêts corporatifs, de perfectionner les connaissances des élèves et ouvriers, d'organiser l'assistance mutuelle, d'habituer les artisans à soumettre à la commission d'arbitres les différends surgissant entre eux. Elle devra, suivant ses moyens et après dépôt de statuts spéciaux, fonder des caisses d'assurance ou assurer ses membres à des sociétés d'assurance contre la maladie, les accidents, les infirmités, etc., ouvrir des bureaux de placement pour élèves et ouvriers, créer ou subventionner des écoles spéciales d'adultes où les étrangers ne seront admis que dans la proportion de un quart. Plusieurs corporations pourront s'associer pour s'acquitter en commun de ces obligations ; elles peuvent également fusionner.

Une commission d'arbitres est chargée, dans chaque corporation, d'aplanir les discordes entre artisans par conciliation et par arbitrage [1].

Les corporations sont placées sous la surveillance et l'autorité de la chambre de commerce et d'industrie de leur circonscription ; la chambre reçoit les appels contre toute décision de l'assemblée générale ou du comité de la corporation et peut voir ses décisions soumises au Ministre de l'agriculture ; appel et recours ont un effet suspensif. Le Ministre choisit parmi les membres de chaque corporation un commissaire du Gouvernement chargé de veiller à l'observation de la loi et des statuts et qui assiste à chaque réunion ; il peut aussi nommer des inspecteurs. La corporation

---

1. Voir Conciliation et arbitrage. Législation comparée : Roumanie.

est représentée et administrée par une assemblée générale et un comité.

L'assemblée générale ordinaire, composée de tous les membres majeurs et jouissant de leurs droits, se réunit au moins une fois l'an.

Le comité de la corporation, sauf stipulation contraire des statuts, se compose de 6 membres et d'un président rééligibles, élus pour trois ans par l'assemblée générale spéciale; le commissaire du Gouvernement ne peut en faire partie. Si l'assemblée n'élit pas son comité, celui-ci est nommé par la chambre avec approbation du Ministre. Aucun membre élu ne peut refuser de siéger au comité. Le comité résout toutes les affaires qui ne sont pas réservées à l'assemblée ou à d'autres organes spéciaux.

En *Autriche* le régime corporatif joue encore un grand rôle dans l'association. Les lois du 15 mars 1883 et du 23 février 1897 s'appliquent surtout à la petite industrie. Le lien corporatif doit être maintenu là où il existe, et l'autorité doit chercher à l'établir là où les circonstances le permettent, entre ceux qui exercent le même métier ou des métiers similaires dans une même commune ou des communes limitrophes. Outre les prérogatives de tous les syndicats en général (défense des intérêts économiques), les corporations doivent édicter des règlements sur les rapports entre ouvriers et patrons, sur l'organisation des ateliers, la police et l'hygiène du travail, fonder des œuvres de prévoyance, des bureaux de placement.

La grande industrie est, en dehors de la législation, assez peu favorable à la liberté d'association.

Enfin la loi du 27 avril 1902, concernant la création de syndicats agricoles, donne à ces associations professionnelles une importance qui n'a pas été atteinte au point de vue des faits, dans les autres pays, en les faisant concourir à la protection du travail, coopérer à l'assistance sociale, au placement, à l'établissement des contrats de travail, au règlement arbitral des différends relatifs aux salaires.

La *Russie* a conservé le régime corporatif ancien, absolument contraire au droit de grève et de coalition. Mais le peuple russe ne supportera vraisemblablement pas longtemps une telle organisation, comme le font présager des grèves récentes (1901-1902).

L'empire ottoman laisse aux corporations le droit de posséder des immeubles, et leur accorde la personnalité morale.

En *Suède et Norvège* les corporations tendent à un régime de plus en plus démocratique, et se mêlent activement aux luttes politiques.

Espagne. — Les diverses associations professionnelles ouvrières, autorisées par la loi du 30 juin 1887, à la condition de déposer leurs statuts, groupées en fédération sous le nom de *Unión general de Trabajadores*[1], ont pris depuis quelques années un développement considérable. Il y avait en novembre 1899 : 27 sections, groupant un ensemble de 3 355 membres ; en octobre 1902, elles étaient au nombre de 267, avec 43 535 sociétaires.

Elles jouissent de la personnalité morale ; sont illicites les associations contraires à la morale publique, et il y faut comprendre l'anarchie et le collectivisme[2].

C'est dans la Castille et les provinces industrielles du Nord que le syndicalisme est le plus accentué. Voici comment les sections se distribuent au point de vue géographique :

PROVINCES.	NOMBRE de sections.	NOMBRE de sociétaires.
Castille.	113	22 417
Pays basque	46	4 627
Catalogne.	18	3 688
Asturies	24	3 420
Valence	17	3 168
Andalousie	14	2 647
Galicie	19	2 609
Iles Baléares	7	632
Navarre	3	182
Aragon.	6	155

Les principaux centres de l'organisation syndicale sont : Madrid, avec 13 638 syndiqués ; — Bilbao, avec 3 630 syndiqués ; — Santander, avec 2 232 syndiqués ; — Vigo, avec 2 225 syndiqués ; — Oviedo, avec 1 518 syndiqués ; — Mataro, avec 1 319 syn-

---

1. Sur 38 conflits auxquels la fédération a été intéressée, 18 ont pris fin par un succès, 5 par un échec pour les travailleurs, 15 étaient alors en suspens.

2. Tribunal suprême, 28 janv. 1884.

diqués ; — Mieres, avec 1 080 syndiqués ; — Valladolid, avec
1 018 syndiqués.

En *Suisse,* prévaut toujours l'organisation corporative des patrons
de la petite industrie. Mais les associations, fort nombreuses, ne
restent plus isolées, et se groupent en unions et fédérations qui
cherchent et parviennent à exercer une influence notable sur les
pouvoirs publics. A noter un vœu en faveur des syndicats obligatoires. D'ailleurs, la *Fédération ouvrière suisse,* le *Grütliverein,*
le *Pinoverein,* la *Fédération horlogère,* avec les *Syndicats des
employés des chemins de fer et des postes,* groupent aujourd'hui
la presque totalité des ouvriers suisses de l'industrie.

4 *bis.* — Le contrat d'association.

Généralités. — Capacité juridique. Associations d'utilité publique. Unions d'associations. — Dissolution. — Sanctions.

Généralités. — La loi du 1er juillet 1901 a élargi singulièrement le
champ de l'association. Elle a fait tomber toutes les barrières qui s'opposaient à la constitution de groupements de personnes pour la défense d'intérêts moraux et économiques.

L'association, dit-elle à l'article 1er dans les termes les plus généraux,
est la convention par laquelle deux ou plusieurs personnes mettent en
commun d'une façon permanente leurs connaissances ou leur activité dans
un but *autre que de partager des bénéfices.* Elle est régie, quant à sa
validité, par les principes généraux du droit applicables aux contrats et
obligations.

Le législateur a permis aux associations de personnes de se former librement, sans autorisation ni déclaration préalable. Il ne déclare nulle et de
nul effet que l'association fondée sur une cause ou en vue d'un objet illicites, contraire aux lois, aux bonnes mœurs, ou qui aurait pour but de
porter atteinte à l'intégrité du territoire national et à la forme républicaine
du gouvernement.

Tout membre d'une association qui n'est pas formée pour un temps déterminé peut s'en retirer en tout temps, après payement des cotisations
échues et de l'année courante, nonobstant toute clause contraire.

La loi ne fait d'exception au régime de la libre association que pour les
associations qui veulent obtenir la capacité juridique et celles qui veulent
être reconnues d'utilité publique. Elle les a soumises à certaines formalités dont le détail est contenu dans le décret du 16 août 1901.

Capacité juridique. — La capacité juridique consiste à pouvoir, sans aucune autorisation spéciale, ester en justice, acquérir à titre onéreux, posséder et administrer, en dehors des subventions de l'État, des départements et des communes :

1º Les cotisations des membres ou les sommes au moyen desquelles ces cotisations ont été rédimées, ces sommes ne pouvant être supérieures à 5oo fr. ;

2º Le local destiné à l'administration de l'association et à la réunion de ses membres ;

3º Les immeubles strictement nécessaires à l'accomplissement du but qu'elle se propose.

Toute association, pour obtenir la capacité juridique, devra être rendue publique par le soin de ses fondateurs. Cette publicité consiste dans une déclaration préalable faite à la préfecture du département[1], ou à la sous-préfecture de l'arrondissement où l'association aura son siège social, par ceux qui, à un titre quelconque, sont chargés de l'administration de l'association, et faisant connaître le titre et l'objet de l'association, le siège de ses établissements et les noms, professions et domiciles de ceux qui, à un titre quelconque, sont chargés de son administration ou de sa direction. Il en est donné récépissé[2].

Deux exemplaires des statuts sont joints à la déclaration. La déclaration doit être rendue publique, dans le délai d'un mois, au moyen de l'insertion au *Journal officiel*[3] par les soins des administrateurs, ou directeurs, d'un extrait contenant la date de la déclaration, le titre et l'objet de l'association.

L'extrait est reproduit par les soins du Préfet au recueil des actes administratifs de la préfecture.

Les associations sont tenues de faire connaître, dans les trois mois, tous les changements survenus dans leur administration ou direction, ainsi que toutes les modifications apportées à leurs statuts.

Ces modifications et changements ne sont opposables aux tiers qu'à partir du jour où ils auront été déclarés.

Les modifications et changements sont en outre consignés sur un registre spécial tenu au siège de l'association déclarée et qui devra être présenté, mais sans déplacement, au siège social, aux autorités administratives ou judiciaires chaque fois qu'elles en feront la demande. Les dates des récépissés relatifs aux modifications et changements sont mentionnées au registre.

---

1. Pour le département de la Seine, les déclarations et les dépôts de pièces annexées sont faits à la préfecture de police.

2. Le récépissé de toute déclaration contient l'énumération des pièces annexées ; il est daté et signé par le préfet ou son délégué ou par le sous-préfet.

3. Les demandes d'insertion, n'étant pas reçues au *Journal officiel*, doivent être adressées à MM. Lagrange, Cerf et Cie, 8, place de la Bourse, Paris, 2e. Le coût de l'insertion est de 3 fr. la ligne.

Les déclarations relatives aux changements survenus dans l'administration ou la direction de l'association mentionnent :

1° Les changements de personnes chargées de l'administration ou de la direction ;

2° Les nouveaux établissements fondés ;

3° Les changements d'adresse dans la localité où est situé le siège social ;

4° Les acquisitions ou aliénations du local et des immeubles légaux ; un état descriptif, en cas d'acquisition, et l'indication des prix d'acquisition ou d'aliénation doivent être joints à la déclaration.

Toute personne a droit de prendre communication, sans déplacement, au secrétariat de la préfecture ou de la sous-préfecture, des statuts et déclarations ainsi que des pièces faisant connaître les modifications de statuts et les changements survenus dans l'administration ou la direction. Elle peut même s'en faire délivrer à ses frais expédition ou extrait.

Associations d'utilité publique. — Les associations peuvent être reconnues d'utilité publique par décrets rendus en la forme des règlements d'administration publique.

Ces associations peuvent faire tous les actes de la vie civile qui ne sont pas interdits par leurs statuts, mais elles ne peuvent posséder ou acquérir d'autres immeubles que ceux nécessaires au but qu'elles se proposent. Toutes les valeurs mobilières d'une association doivent être placées en titres nominatifs.

Elles peuvent recevoir des dons et des legs dans les conditions prévues par l'article 910 du Code civil et l'article 5 de la loi du 4 février 1901. Les immeubles compris dans un acte de donation ou dans une disposition testamentaire qui ne seraient pas nécessaires au fonctionnement de l'association sont aliénés dans les délais et la forme prescrits par le décret ou l'arrêté qui autorise l'acceptation de la libéralité ; le prix en est versé à la caisse de l'association. Elles ne peuvent accepter une donation mobilière ou immobilière avec réserve d'usufruit au profit du donateur.

Les associations qui sollicitent la reconnaissance d'utilité publique doivent avoir rempli au préalable les formalités imposées aux associations déclarées.

La demande en reconnaissance d'utilité publique est signée de toutes les personnes déléguées à cet effet par l'assemblée générale. Il est joint à la demande :

1° Un exemplaire du *Journal officiel* contenant l'extrait de la déclaration ;

2° Un exposé indiquant l'origine, le développement, le but d'intérêt public de l'œuvre ;

3° Les statuts de l'association en double exemplaire ; ·

4° La liste de ses établissements avec indication de leur siège ;

5° La liste des membres de l'association avec l'indication de leur âge, de leur nationalité, de leur profession et de leur domicile, ou, s'il s'agit d'une union, la liste des associations qui la composent avec l'indication de leur titre, de leur objet et de leur siège ;   .

6° Le compte financier du dernier exercice ;

7° Un état de l'actif mobilier et immobilier et du passif ;

8° Un extrait de la délibération de l'assemblée générale autorisant la demande en reconnaissance d'utilité publique.

Ces pièces sont certifiées sincères et véritables par les signataires de la demande. Les statuts contiennent :

1° L'indication du titre de l'association, de son objet, de sa durée et de son siège social ;

2° Les conditions d'admission et de radiation de ses membres ;

3° Les règles d'organisation et de fonctionnement de l'association et de ses établissements, ainsi que la détermination des pouvoirs conférés aux membres chargés de l'administration ou de la direction, les conditions de modification des statuts et de la dissolution de l'association ;

4° L'engagement de faire connaître dans les trois mois à la préfecture ou à la sous-préfecture tous les changements survenus dans l'administration ou la direction et de présenter sans déplacement les registres et pièces de comptabilité sur toute réquisition du préfet, à lui-même ou à son délégué ;

5° Les règles suivant lesquelles les biens seront dévolus en cas de dissolution volontaire, statutaire, prononcée en justice ou par décret ;

6° Le prix maximum des rétributions qui seront perçues à un titre quelconque dans les établissements de l'association où la gratuité n'est pas complète.

La demande est adressée au Ministre de l'intérieur ; il en est donné récépissé daté et signé avec indication des pièces jointes. Le Ministre fait procéder, s'il y a lieu, à l'instruction de la demande, notamment en provoquant l'avis du conseil municipal de la commune où l'association est établie et un rapport du préfet. Après avoir consulté les Ministres intéressés, il transmet le dossier au Conseil d'État.

Une copie du décret de reconnaissance d'utilité publique est transmise au préfet et au sous-préfet pour être jointe au dossier de la déclaration ; ampliation du décret est adressée par ses soins à l'association reconnue d'utilité publique.

Unions d'associations. — Les unions d'associations ayant une administration ou une direction centrale sont soumises aux mêmes dispositions que les associations. Elles déclarent, en outre, le titre, l'objet et le siège des associations qui les composent. Elles font connaître dans les trois mois les nouvelles associations adhérentes.

Dissolution. — En cas de nullité fondée sur la prohibition de la loi, la dissolution de l'association illicite est prononcée par le tribunal civil, soit à la requête de tout intéressé, soit à la diligence du ministère public.

En cas d'infraction aux dispositions relatives aux formalités de publicité, la dissolution peut être prononcée à la requête de tout intéressé ou du ministère public.

Les associations composées en majeure partie d'étrangers, celles ayant des administrateurs étrangers ou leur siège à l'étranger, et dont les agissements seraient de nature soit à fausser les conditions normales du marché des valeurs ou des marchandises, soit à menacer la sûreté intérieure ou extérieure de l'État, dans les conditions prévues par les articles 75 à 101 du Code pénal, peuvent être dissoutes par décret du Président de la République, rendu en Conseil des Ministres.

En cas de dissolution volontaire, statutaire ou prononcée par justice, les biens de l'association seront dévolus conformément aux statuts, ou, à défaut de disposition statutaire, suivant le règlement déterminé en assemblée générale.

Pour les associations déclarées, et pour les associations reconnues d'utilité publique, si les statuts n'ont pas prévu les conditions de liquidation et de dévolution des biens d'une association en cas de dissolution, par quelque mode que ce soit, ou si l'assemblée générale qui a prononcé la dissolution volontaire n'a pas pris de décision à cet égard, le tribunal, à la requête du ministère public, nomme un curateur. Ce curateur provoque, dans le délai déterminé par le tribunal, la réunion d'une assemblée générale dont le mandat est uniquement de statuer sur la dévolution des biens; il exerce les pouvoirs conférés par l'article 813 du Code civil aux curateurs des successions vacantes.

Lorsque l'assemblée générale est appelée à se prononcer sur la dévolution des biens, quel que soit le mode de dévolution, elle ne peut, conformément aux dispositions de l'article 1er de la loi du 1er juillet 1901, attribuer aux associés, en dehors de la reprise des apports, une part quelconque des biens de l'association.

Sanctions. — Seront punis d'une amende de seize à deux cents francs (16 à 200 fr.) et, en cas de récidive, d'une amende double, ceux qui auront contrevenu aux dispositions relatives aux formalités de publicité.

Seront punis d'une amende de seize à cinq mille francs (16 à 5 000 fr.) et d'un emprisonnement de six jours à un an, les fondateurs, directeurs ou administrateurs de l'association qui se serait maintenue ou reconstituée illégalement après le jugement de dissolution, ainsi que (associations composées en majeure partie d'étrangers, ou ayant des administrateurs étrangers ou leur siège à l'étranger, prévues ci-dessus) les fondateurs, directeurs ou administrateurs de l'association qui se serait maintenue ou reconstituée illégalement après le décret de dissolution.

Seront punies de la même peine toutes les personnes qui auront favorisé la réunion des membres de l'association dissoute, en consentant l'usage d'un local dont elles disposent.

5. — La coopération.

Généralités. Sociétés à capital variable : faveurs, précautions.
Sociétés coopératives de production, sociétés coopératives de construction. Congrès national et international des associations ouvrières de production. — Sociétés coopératives de consommation. — Sociétés coopératives de crédit. — Agriculture. Syndicats agricoles. Crédit agricole. Congrès du crédit populaire et agricole. *Projet de loi. — Conclusion. — Jurisprudence. — Législation comparée.*

Généralités. — La coopération consiste, d'une manière générale, dans l'association de plusieurs personnes en vue d'obtenir, par la mise en commun de leurs efforts ou d'un capital variable et aux conditions les plus avantageuses pour les sociétaires, un résultat industriel ou commercial que chacun n'aurait pu atteindre isolément. Le but et la théorie des sociétés coopératives est l'élimination des intermédiaires : du patron, pour la production ; du marchand, entre le producteur et le consommateur ; du banquier, pour le crédit. D'où trois sortes de sociétés coopératives : de production, de consommation, de crédit[1]. Moyen pacifique de lutte du salariat contre le régime patronal, et qui doit améliorer peu à peu la condition matérielle et morale des classes ouvrières jusqu'à la transformer complètement, le système coopératif, en réduisant les dépenses, en procurant le crédit ou les capitaux, en permettant la mise en commun du travail, en supprimant les intermédiaires, en réservant ainsi tous les profits du travail et de la production aux participants au travail, n'est pas né seulement de ce besoin d'association, qui, de nos jours, a uni les petits capitaux pour fonder de grandes entreprises industrielles. C'est avant tout un mouvement d'émancipation et de rénovation sociale contre le régime individualiste du capitalisme. Tandis qu'il est très accentué en Angleterre et en Allemagne, il n'en est encore malheureusement qu'aux premiers

---

1. Tous les autres genres rentrent dans ces trois groupes. Et l'idéal serait peut-être qu'il n'y eût qu'une coopération générale, englobant à la fois les trois actes économiques de la production, de la consommation, du crédit ; en d'autres termes, chaque société coopérative devrait comprendre la production, la consommation et le crédit. On y viendra peu à peu. Le mouvement est déjà commencé. Et il ne manque pas de sociétés coopératives en Angleterre notamment, dont on ne saurait dire si elles sont de production plutôt que de consommation ou de crédit, car elles pratiquent les trois.

pas en France. Mais de nombreux symptômes accusent une ère nouvelle de développement.

Les associations ouvrières ont existé de tous temps. Dans l'ancienne Égypte et la Chaldée, en Phénicie, à Carthage, en Judée, en Chine, en Grèce, à Rome on trouve, à côté du travail servile, des sociétés de travailleurs plus ou moins pauvres ou riches ; et aussi bien des associations de production [1] que de consommation [2] et même de crédit mutuel.

Le mouvement coopératif moderne, par-dessus et après une période de décadence des associations ouvrières, s'est dessiné d'abord en Angleterre à la suite de l'organisation syndicale, et en France vers 1848 [3], réaction contre la grande industrie et la monopolisation du travail, et application partielle des théories des écoles socialistes [4], et que le succès couronna, car en 1851, il existait, rien qu'à Paris, 250 sociétés qui vivaient de leur existence propre, sans autre capital que le travail des associés et les économies en provenant. Elles furent supprimées lors des événements de 1851, à l'exception de quinze, de différentes industries [5]. Les sociétés de province disparurent aussi, excepté celle des drapiers de Limoges, la société Beauregard, citée si souvent comme modèle, le *grand corps* du Havre, les tailleurs de pierre de Bugey, etc...

A Paris, le mouvement interrompu ne reprit qu'en 1857, par l'association des peintres en bâtiment du quai d'Anjou. Il se propagea rapidement et une création nouvelle vint lui donner plus tard une grande impulsion : celle de la banque de crédit au travail, sous la raison sociale Beluze et Cie.

Le crédit au travail, tout en facilitant la fondation des sociétés ouvrières de toute nature, reçoit d'une main l'épargne de ses clients et la prête de l'autre, de sorte que les travailleurs se commanditent eux-mêmes.

Grâce à la propagande de MM. Odilon-Barrot, Cochin, Léon Say, le gouvernement ouvrit une enquête, sous la présidence de M. Rouher, ministre d'État, et on aboutit plus tard à la loi du 24 juillet 1867, qui, sous le nom de loi sur les sociétés, organise dans son titre III, art. 48-54, les règles spéciales aux sociétés à capital variable comme le sont presque toutes les coopératives.

---

1. Cela est certain et résulte des briquettes d'Assyrie, des papyrus d'Égypte qui ont été déchiffrés.

2. Notamment les associations de consommation pour la classe militaire, chez la race dorienne. Les *Collegia opificum*, de Rome, qui ont subsisté jusqu'au xiiie siècle au moyen âge, n'étaient, en somme, pas autre chose que des coopératives.

3. Décret du gouvernement provisoire du 26 février 1848 : « Le gouvernement provisoire..... reconnait que les ouvriers doivent s'associer entre eux pour jouir du bénéfice légitime de leur travail. Il rend aux ouvriers auxquels il appartient le million qui va échoir de la liste civile. »

4. L'Anglais Owen, le Français Fourier, le Suisse Sismondi, ont été les premiers champions de l'association coopérative ; Schultz-Delitsch et Raiffeisen, en Allemagne, ont été les promoteurs du crédit populaire.

5. Notamment bijoutiers en doré, facteurs de pianos, menuisiers, tailleurs, cloutiers, tanneurs, maçons, serruriers, bonnetiers, etc.

Sociétés à capital variable. — L'obstacle que rencontrait, avant 1867, dans les lois générales, la création des sociétés coopératives d'ouvriers était surtout la fixité du capital et l'impossibilité de modifier cet élément important sans une liquidation ruineuse pour des intérêts modestes. La loi du 24 juillet 1867 a eu pour objet de lever cet obstacle. Par son article 48, toute société peut stipuler dans ses statuts que le capital social sera susceptible d'augmentation par des versements successifs faits par les associés ou l'admission d'associés nouveaux, et de diminution par la reprise totale ou partielle des apports effectués[1]. Ainsi variabilité du capital et du personnel, laissant aux membres la facilité de retirer tout ou partie de leurs apports sans risquer de compromettre les intérêts des tiers et de la société, et permettant à de nouveaux associés d'entrer dans l'association et, par leurs apports, d'en augmenter d'autant le capital.

La société à capital variable n'est pas un nouveau genre de société, créé à côté des sociétés organisées par le Code civil ou le Code de commerce. Elle n'est qu'une modalité qu'on peut adapter à ces sociétés. Elle ne peut donc se constituer que sous la forme de ces sociétés, savoir : société en nom collectif, société anonyme, de commandite simple ou de commandite par actions. Elle reste donc, en principe, soumise aux règles particulières à la société dont elle a pris la forme[2]. Mais ce principe subit deux exceptions :

1° Régime de faveur accordé aux sociétés à capital variable ;

2° Précautions prises contre les abus que pourrait engendrer ce régime.

Faveurs. — Si la société est formée par actions, le taux de l'action est abaissé à 50 fr., mais sans pouvoir être inférieur à ce chiffre ; le versement du dixième suffit pour la constitution définitive de la société, soit que chaque associé verse le dixième du taux de ses actions, soit que, certains associés versant moins de ce dixième, d'autres associés compensent en versant davantage, de façon à ce

---

1. Les termes de cet article sont généraux et s'appliquent donc à toute société, alors que le projet de loi parlait uniquement des sociétés de coopération.

2. Pour toutes les règles générales de droit commun, sur la formation des sociétés, les engagements des associés entre eux ou à l'égard des tiers, la dissolution des sociétés et les règles particulières aux diverses formes de sociétés, voir Code civil, livre III, titre IX, art. 1832 à 1872, et Code comm., titre III, art. 18 à 64, et toutes les modifications apportées par les lois des 17 juillet 1856 et 24 juillet 1867. Voir surtout la loi du 24 juillet 1867.

que le dixième du capital soit versé, le capital étant de 200 000 fr., à l'origine, et pouvant d'ailleurs être augmenté peu à peu par sommes de 200 000 fr., au maximum, et par délibération annuelle de l'assemblée générale. Enfin, de nouveaux associés peuvent être admis, comme aussi les membres peuvent se retirer quand ils le jugent convenable, à moins de dispositions contraires dans les statuts, et sans que la loi exige de publication nouvelle, excepté si l'associé est gérant ou administrateur.

Par suite de cette faculté de se retirer, la société n'est pas dissoute par la retraite, la mort, l'interdiction, la faillite ou la déconfiture d'un de ses membres.

Pourtant les statuts pourraient exprimer une volonté contraire.

La loi reconnaît aux sociétés à capital variable, *quelle que soit leur forme*[1], la personnalité morale. Elles sont donc valablement représentées en justice par leurs administrateurs ou leurs mandataires.

Précautions. — Comme toutes les sociétés, les sociétés à capital variable sont soumises aux formalités de publicité. Il est essentiel que le public en connaisse les statuts et la nature. L'extrait de l'acte constitutif de la société doit être publié dans les journaux, contenir l'indication au-dessous de laquelle le capital social ne peut être réduit et énoncer que la société est à capital variable. Mention de la nature de la société (c'est-à-dire « à capital variable ») doit être faite dans tous les actes, factures, annonces, publications et autres documents, imprimés ou autographiés, émanant de la société.

En cas de retraite volontaire ou forcée d'un associé, l'associé reprenant ses apports, le capital social baisse. Comme ce capital ne peut être réduit au-dessous d'une certaine somme, qui doit égaler au moins le dixième du capital social, l'associé ne peut se retirer si sa retraite a pour effet de réduire le capital social au-dessous du dixième. De plus, l'associé qui cesse de faire partie de la société, volontairement ou par exclusion[2], reste tenu, pendant cinq années,

---

1. Il y a controverse sur le point de savoir si les sociétés civiles ont la personnalité morale. C'est pour éviter cette controverse que la loi donne expressément la personnalité morale aux sociétés à capital variable, même si elles ont la forme civile.

2. L'exclusion d'un membre peut être prévue par les statuts. Mais cette mesure ne peut être prise que par l'assemblée générale et à la majorité fixée pour le cas de modification des statuts. Et l'exclusion ne peut être prononcée si elle a pour effet de faire tomber le capital social au-dessous du dixième par la reprise des apports du membre à exclure.

envers les associés et les tiers de toutes les obligations existant au moment de sa retraite.

Enfin, pour les sociétés par actions, les actions ou coupons d'actions restent nominatifs, même après leur entière libération. En proscrivant la forme du titre au porteur, la loi a voulu rendre plus difficile la spéculation (*l'agiotage*) sur les titres des sociétés à capital variable. Les actions ou coupons d'actions ne sont négociables qu'après la constitution définitive de la société ; et leur transmission n'est possible que par voie de transfert sur les registres de celle-ci. En outre, pour contrôler les admissions comme membres, corollaire du droit d'exclusion, les statuts peuvent donner, soit à l'assemblée générale, soit au conseil d'administration le droit de s'opposer au transfert.

En fait, les coopératives, étant plutôt des associations de *personnes* que de *capitaux*, au lieu de recourir aux transferts autorisés par les statuts, remboursent la valeur des actions ou parts des membres sortants ou décédés et délivrent de nouveaux titres aux sociétaires entrants. Les titres qualifiés *actions* ne sont donc pas appelés à circuler avec leur individualité. et leur crédit propres. D'un autre côté, les admissions de nouveaux membres ne sont prononcées en principe qu'à la suite d'une appréciation des *qualités et aptitudes personnelles de chaque candidat*. Il s'ensuit que ces associations, suivant leur esprit et dans le fond des choses, paraissent être formées entre ouvriers qui se connaissent et stipulent en considération de leurs personnalités respectives. Dès lors, elles doivent être considérées, suivant la jurisprudence actuelle de la Cour de cassation (v. arrêts cités au *Dictionn. de l'Enregistrement,* 1er suppl. nos 14 et suivants), comme divisées, non pas en *actions, mais en parts* d'intérêts, leurs statuts se bornant à reproduire, sans tirer à conséquence, l'expression d'*actions* habituellement employée par le législateur de 1867.

Sociétés coopératives de production[1].— Ce sont des sociétés qui permettent à leurs membres de fabriquer en commun pour leur compte et, par suite, en supprimant le patron, de partager le béné-

---

1. Au nombre de 214 au 1er janvier 1898, de 246 au 1er juillet 1899, de 247 au 1er juillet 1900, elles ont atteint le chiffre de 335 au 31 juillet 1903. Voir le détail des diverses sociétés coopératives à cette date dans le *Bulletin* de l'Office du travail de septembre 1902. La coopération de production est naturellement la plus difficile, la plus lente, car elle suppose un capital déjà acquis, les autres pouvant la préparer en aidant à la formation de l'épargne. — « On les voit surgir çà et là, un peu comme ces madrépores et ces bancs de coraux qui émergent de l'Océan Pacifique, et qui, en se rejoignant, finissent par former de vastes continents et des mondes nouveaux. » (*P. Deschanel.* Discours Carmaux, 27 déc. 1896.)

fice total de la production[1]. Associés dans le travail, dans la production, les coopérateurs le sont aussi dans la répartition des bénéfices ; et c'est là la supériorité de ce système sur le salariat, qui n'associe les ouvriers qu'à la production.

Les conditions de réussite de pareilles sociétés sont une parfaite entente, aussi bien pour le choix de ceux qui devront diriger l'entreprise, que pour l'établissement d'une rigoureuse discipline, absolument nécessaire. Pour éviter le relâchement au travail, possible par ce système qui pousse les ouvriers à laisser aux camarades la besogne, l'intérêt immédiat et personnel s'affaiblissant, il faut, par un mode de rémunération qui tienne compte de l'activité et des efforts de chacun, exciter les associés à travailler consciencieusement, soit par le salaire à la tâche, soit par la participation se greffant sur une paye fixe, ou en combinant ces divers modes.

L'État, tout acquis à la coopération, encourage les coopératives par tous les moyens. Par le décret du 4 juin 1888, il facilite aux associations d'ouvriers l'accès aux adjudications[2] concernant les travaux ou fournitures pour le compte de l'État, des départements (*Avis Cons. Ét. 27 juin 1889*) et des communes (*L. 29 juill. 1893*), en les faisant bénéficier d'avantages exceptionnels, par le lotissement des marchés suivant leur importance ou la nature des professions intéressées, en les dispensant de cautionnement pour les travaux ou fournitures n'excédant pas 50 000 fr. ; en leur donnant la préférence sur les autres soumissionnaires à égalité de rabais[3] ; en les

---

1. Exemple : les verreries ouvrières d'Albi, de Rive-de-Gier, la mine aux mineurs de Monthieux, et surtout l'association des charpentiers de la Villette, en pleine prospérité (les ouvriers touchent 1 fr. de l'heure, sans compter l'appoint de la participation aux bénéfices).

2. Pour être admises à soumissionner, soit par voie d'adjudication publique, soit par voie de marché de gré à gré, les entreprises de travaux publics ou de fournitures, les sociétés doivent préalablement produire : 1° la liste nominative de leurs membres ; 2° l'acte de société ; 3° des certificats de capacité délivrés aux gérants administrateurs ou autres associés spécialement délégués pour diriger l'exécution des travaux ou fournitures, et assister aux opérations destinées à constater les quantités d'ouvrage effectué ou de fournitures livrées. Les sociétés indiquent en outre le nombre minimum des sociétaires qu'elles s'engagent à employer à l'exécution du marché. En cas d'adjudication, ces pièces justificatives doivent être produites dix jours au moins avant celui de l'adjudication.

3. Dans le cas où plusieurs sociétés offrent le même rabais, il est procédé à une réadjudication entre ces sociétés, sur de nouvelles soumissions, et si les sociétés se refusaient à faire de nouvelles offres, ou si les nouveaux rabais ne différaient pas, le sort déciderait.

autorisant à être payées par acomptes chaque quinzaine[1], et jusqu'à un nombre quelconque d'acomptes, avant production d'un mémoire, même lorsqu'il s'agira d'exécuter, de restaurer ou de réparer des objets d'art ou de précision, sous réserve que le total des acomptes ne dépasse pas la moitié du montant des travaux exécutés et non payés lors du dernier acompte. (*Déc. 13 nov. 1893.*)

La ville de Paris était entrée dans cette voie, dès le 26 juillet 1882, par délibération du conseil municipal.

En vertu de l'article 2 de la loi du 1er décembre 1875, les associations coopératives ouvrières de production sont exemptées d'im-

---

1. Une société d'ouvriers ne perd pas ses droits au bénéfice de l'article 5 du décret du 4 juin 1888 (relatif à l'égalité de rabais) parce qu'elle comprend des sociétaires non ouvriers, alors surtout que ceux-ci touchent seulement l'intérêt à 4 p. 100 de leurs actions et que les sociétaires ouvriers conservent la totalité des bénéfices de la société et la part principale de sa direction. (*Cons. d'Ét., 19 juill. 1901.* — Société d'ouvriers imprimeurs *La Laborieuse* de Nîmes, *contre* Préfet du Gard.) — Voici, au surplus, la teneur de l'arrêt :

« Considérant que, pour demander l'annulation de l'arrêt attaqué, rendu sur avis conforme de la commission départementale du Gard, la Société requérante soutient que le préfet a violé les dispositions du paragraphe 1er de l'article 5 du décret du 4 juin 1888, en refusant de la déclarer adjudicataire, le 29 octobre 1898, de la fourniture des imprimés au compte du département, moyennant le rabais de 25 p. 100, de préférence à deux autres fournisseurs ayant offert le même rabais, et en ordonnant une nouvelle adjudication, laquelle a été prononcée le 22 novembre suivant au profit du sieur Gory ;

« Considérant qu'aux termes de l'article 5 du décret précité, à égalité de rabais entre une soumission d'entrepreneur ou de fournisseur et une soumission de société d'ouvriers, cette dernière sera préférée ;

« Qu'il résulte de l'instruction, et notamment des statuts de la société « La Laborieuse », qu'elle est une association coopérative d'ouvriers de l'imprimerie, ayant pour objet l'achat et l'exploitation d'un établissement appartenant à cette industrie ;

« Que, si elle comprend un certain nombre de sociétaires non ouvriers, la majorité des membres du conseil d'administration et le directeur de la société doivent être pris parmi les sociétaires ouvriers ;

« Que ces derniers ont seuls droit au capital constituant le fonds de réserve, aux pensions de retraite et à l'assurance contre les maladies et les accidents ;

« Que les sociétaires non ouvriers touchent seulement l'intérêt à 4 p. 100 de leurs actions, que du reste la société s'est réservé la faculté de rembourser au fur et à mesure de ses ressources ;

« Que, dans ces conditions, la société requérante est fondée à soutenir qu'elle constitue une société d'ouvriers, ayant droit au bénéfice des dispositions de l'article 5 susvisé, et, par suite, à demander l'annulation, comme entaché d'excès de pouvoir, de l'arrêté attaqué ;

« Décide :

« Sont annulés l'arrêté préfectoral attaqué, rendu sur avis conforme de la commission départementale du Gard, le 3 novembre 1898, et, par voie de conséquence, toute approbation donnée à l'adjudication passée au profit du sieur Gory, le 22 novembre 1898. »

pôts; mais pour profiter de cette immunité, elles doivent remplir les trois conditions précises suivantes :

1° Être formulées exclusivement entre ouvriers et artisans; si elles admettent des membres ayant une qualité différente, elles rentrent dans le droit commun;

2° Le capital social doit être divisé en parts d'intérêt et non en actions (ce point a été précisé dans le rapport de la commission parlementaire qui a délibéré sur le projet de loi. *Séance 22 nov. 1875. Ann. J. O., p. 9732*);

3° La société doit être alimentée au moyen de cotisations périodiques fournies par les adhérents; si elle reçoit des fonds sous une autre forme ou par une autre voie, il n'y a pas lieu à la dispense de taxe.

Au reste, comme il est évident que, dans la pratique, des doutes peuvent s'élever sur le point de savoir si telle ou telle association coopérative rentre ou non dans les prévisions de la loi, et que des difficultés d'espèce ne peuvent être résolues que par un examen attentif des termes et de l'esprit de chaque association, chose fort délicate, il appartient aux sociétés de rédiger ou de modifier leurs statuts pour s'assurer le bénéfice de l'exemption d'impôt.

Sociétés coopératives de construction. — Elles ne sont qu'un type des sociétés de production. Elles peuvent construire pour le compte de particuliers quelconques, aussi bien que pour l'État, les départements et les communes. Mais, comme, en général, elles se livrent plutôt à la construction de logements ouvriers, par une application du crédit mutuel, on pense surtout, à leur sujet, aux habitations à bon marché. C'est confondre l'auteur qui produit avec l'œuvre effectuée.

Les sociétés coopératives de construction se rattachent à la coopération, moyen d'émancipation économique des travailleurs, les habitations à bon marché rentrent dans l'étude des institutions de prévoyance.

Congrès national et international des associations ouvrières de production. — Un premier congrès national des associations ouvrières de production de France, adhérentes à la Chambre consultative, s'est tenu à Paris, les 8, 9 et 10 juillet 1900. Les délibérations ont porté sur les points suivants:

1° Des moyens à employer pour que soit rigoureusement appliqué le décret du 4 juin 1888, relatif aux conditions exigées des sociétés d'ouvriers français pour pouvoir soumissionner les travaux ou fournitures faisant l'objet des adjudications de l'État [1].

2° Conditions essentielles à exiger des associations ouvrières postulant pour entrer à la Chambre consultative. Elles ont été fixées ainsi : Toute société devra : Être constituée légalement ; — ne pas exiger de ses adhérents qu'ils aient versé plus de 2 000 fr. pour avoir voix délibérative aux assemblées, ni plus de 1 000 fr. pour être éligibles au conseil d'administration ; — ne pas accorder dans les assemblées plus d'une voix par 500 fr. de capital souscrit sans que le nombre de voix puisse être supérieur à 5 ; — convoquer tous les sociétaires et ne leur accorder à chacun qu'une voix, quel que soit le nombre de parts possédées par chacun d'eux, dans les assemblées concernant la revision des statuts ou la dissolution de la société ; — au cas où elle ferait appel au public pour la souscription de son capital, stipuler que les 3/4 au moins des membres du conseil d'administration devront être pris dans l'élément coopératif ; — servir aux ouvriers de l'association, associés, employés, auxiliaires ou similaires, participation aux bénéfices au moins égale à la somme attribuée comme dividende aux actions, sans que cette répartition puisse être inférieure à 25 p. 100 au moins desdits bénéfices, au prorata des salaires reçus ou du nombre d'heures de travail ; — s'engager à contribuer, dans la mesure fixée par la Chambre consultative, pour chaque association, d'après les données de son dernier bilan, aux œuvres de solidarité, de propagande des idées coopératives ou d'émancipation sociale, dont la fondation serait décidée en assemblée générale de la Chambre consultative à la majorité des deux tiers des adhérents, ou auxquelles la Chambre consultative aurait résolu, dans les mêmes conditions de participer ; — s'engager à tenir une comptabilité régulière et à fournir à la Chambre consultative les renseignements statistiques d'intérêt général qui pourraient être demandés par le conseil d'administration, tels que chiffres d'affaires et de main-d'œuvre annuelle, nombre d'associés, nombre de travailleurs associés et auxiliaires, etc. ; — enfin, s'engager à

---

1. En ce qui concerne la première question, le Congrès a reçu communication d'une pétition que la Chambre consultative a adressée aux membres du Gouvernement pour leur soumettre ses doléances.

Le Congrès a décidé que, quand la Chambre consultative aura reçu les réponses des Ministres, elle les publiera dans une petite brochure qui comprendra en outre les textes de la pétition, du décret du 4 juin 1888, de la circulaire de M. Waldeck-Rousseau du 16 septembre 1899, et enfin des décrets du 10 août 1899 dits « décrets Millerand » sur les conditions du travail dans les marchés passés au nom de l'État, des départements, des communes et des établissements publics de bienfaisance.

Cela constituera un ensemble de documents dont les associations ouvrières devront toujours posséder un certain stock pour les faire tenir, en temps opportun, et le cas échéant, aux préfets, municipalités, Conseillers généraux, architectes départementaux, communaux ou d'hospices, et à tous les fonctionnaires qui ont à faire application des conditions spéciales dans lesquelles les sociétés ouvrières de production doivent être admises aux adjudications.

soumettre à l'arbitrage de la Chambre consultative tout différend survenant entre elle et une autre association ou entre elle et l'un ou plusieurs de ses associés ;

3º Des moyens d'équilibrer le budget de la Chambre consultative ;

4º Formation d'une association de publicité par les associations de la Chambre consultative ;

5º Des modifications à apporter aux statuts.

Le Congrès a également donné mandat ferme à la Chambre consultative d'étudier de suite un projet de création d'une caisse d'assurance contre les accidents, contre l'incendie et sur la vie, pour toutes les associations ouvrières de production, et d'accord, si on peut arriver à une entente, avec les sociétés coopératives de consommation en ce qui concerne leur personnel, leurs immeubles, mobilier, matériel et marchandises.

Le Congrès international s'est tenu les 11, 12 et 13 juillet 1900 au palais de l'Économie sociale.

Parmi les vœux et résolutions adoptés, à citer les suivants :

Sur la coopération au point de vue industriel et économique, le Congrès émet l'avis que les ouvriers associés doivent se contenter du salaire moyen dans leur corporation et dans la localité, afin de pouvoir concourir avantageusement dans les adjudications — et que, pour les professions où il existe une Chambre syndicale, le taux des salaires fixés et obtenus par la Chambre syndicale, serve de base à l'établissement de ce salaire moyen.

Quand il s'agit de travail à façon, il doit être fixé un maximum de salaire hebdomadaire.

2º Une répartition de 25 p. 100 au moins sur les bénéfices sera répartie au prorata du salaire ou des appointements à tous les ouvriers associés, employés ou auxiliaires ; la part des bénéfices attribuée aux associés, employés auxiliaires ou similaires ne pourra être inférieure à celle donnée en dividende aux actionnaires ;

3º Les associations ouvrières devront, afin de diminuer les chances de chômage, abaisser graduellement la durée des heures de travail, jusqu'à la durée normale de huit heures ;

4º Les associations ouvrières devront, par leurs statuts, faciliter aux ouvriers auxiliaires la possibilité de devenir associés.

Sur la formation des associations ouvrières de production et de leur capital, le Congrès est d'avis qu'il y a lieu d'étudier la formation d'associations générales ouvrières auxquelles peuvent également participer les femmes et dont le capital serait fourni :

1º Partie par les associations à titre collectif ;

2º Partie par les coopérateurs des associations à titre individuel ;

3º Partie par d'autres éléments, en réservant à l'élément extérieur à la coopération une part d'influence correspondant à l'importance de son concours à l'œuvre commune.

La Chambre consultative poussera les associations prospères isolément ou collectivement dans la voie de l'acquisition de la propriété, qui, seule, bénéficie de l'accroissement de richesses de la société.

Et d'autre part, considérant qu'il y a un intérêt social à voir se développer davantage les bienfaits de la coopération de production; mais que, toutefois, reléguées à la petite industrie, les associations ne peuvent faire participer à leurs bienfaits qu'une bien faible minorité de travailleurs, le Congrès décide qu'il y a lieu de nommer une commission internationale avec mandat d'élaborer des statuts-types permettant aux associations ouvrières de production de recevoir le capital étranger, sans déroger au principe égalitaire, base fondamentale de nos institutions.

Sur la coopération dans ses relations extérieures :

Le Congrès, renouvelant de la façon la plus formelle les vœux émis précédemment dans les Congrès internationaux de l'Alliance coopérative tenus à Paris et à Delft, sur le même sujet, émet le vœu que les associations coopératives de consommation, afin d'affirmer la véritable solidarité qui les unit aux sociétés coopératives de production industrielle ou agricole, leur donnent toujours la préférence à égalité de prix, dans leurs achats divers, et dans ce but entretiennent des rapports suivis avec elles par l'intermédiaire de leurs Chambres consultatives. De plus, considérant qu'il y a un intérêt supérieur pour la coopération en général et pour les associations de production en particulier à fonder dans chaque pays où elles seront un certain nombre une fédération ou une association d'associations, le Congrès préconise l'union effective des associations de production avec d'autres groupements poursuivant un but humanitaire ou d'émancipation sociale.

Le Congrès a émis aussi le vœu que les associations ouvrières participent effectivement à la création et au groupement d'œuvres dites « Universités populaires » et « Palais du peuple » ; — que les associations coopératives de production soient représentées largement dans les conseils du travail du Gouvernement de leurs pays respectifs ; et décide que, dans quelque circonstance que ce soit, les coopérateurs de tous les pays doivent avoir recours à l'arbitrage pour le règlement des différends qui peuvent se produire entre eux.

Sociétés coopératives de consommation[1]. — Ce sont les plus fréquentes. Elles ont pour objet, au moyen d'un capital collectif, d'acheter en gros les matières premières ou de consommation personnelle : pain, viande, vin, etc..., etc..., pour les revendre à leurs membres à un prix inférieur au prix de détail du commerce, et sans bénéfices autres que ceux qui doivent couvrir les frais généraux

---

[1]. On en comptait 1 559 au 1er janvier 1901, dont 695 ne s'occupant que de boulangerie, et le reste de ventes diverses. Au 31 juillet 1903, il y en avait 1 783 dont 708 pour la boulangerie et 975 diverses réunissant un total de 160 438 membres. On en trouvera la liste par départements dans le *Bull. off.* 1903, p. 733.

assez restreints (d'emmagasinage et de local, par exemple). On conçoit que ce procédé fasse la vie à meilleur marché, par l'achat aux moindres conditions de marchandises en grande quantité et d'excellente qualité, par la suppression des bénéfices, que se taille forcément un intermédiaire, obligé de supporter des frais généraux et de gagner sa vie propre.

De plus, ces sociétés peuvent vendre au public et réaliser ainsi des bénéfices nets, qui viennent s'ajouter au capital social fourni par les versements d'actions des membres, à moins que ceux-ci ne préfèrent les partager[1].

L'*Union coopérative des sociétés françaises de consommation,* sorte de fédération des coopératives, gère, au moyen d'un *Comité central,* les intérêts de l'Union.

Sociétés coopératives de crédit[2]. — Ce qui fait le plus défaut aux sociétés coopératives, c'est le capital argent. Aussi, s'est-il fondé, pour remédier à cet état de choses, des sociétés diverses, des banques, sur le mode même de la coopération. Des associés, capitalisant des versements, forment un fonds de réserve sur lequel ils prêtent, et qui garantit en quelque mesure les dépôts d'argent que le public peut leur confier.

Le Gouvernement, pour encourager ces banques populaires, alloue, chaque année, par la loi de finances, au titre du ministère du commerce, des subventions à répartir entre les sociétés coopéra-

---

1. Société coopérative de consommation des employés civils de l'État, du département de la Seine et de la ville de Paris (siège social et magasins, 3, rue Christine, Paris). Vendant tous les objets de consommation et d'usage domestique, elle répartit les bénéfices entre ses membres, suivant le pour-cent des achats.

2. Il n'y avait en France, au 1er janvier 1901, que 78 sociétés coopératives de crédit. — Elles sont au nombre, au 31 juillet 1902, de 82, sans compter les Caisses rurales, et ainsi réparties par départements, sous le nom de *Sociétés de crédit,* ou *banques populaires :*

Alpes-Maritimes	5	Morbihan.	1
Bouches-du-Rhône.	3	Oise	1
Charente	3	Pyrénées (Haute-).	1
Garonne (Haute-).	2	Rhône	3
Gers.	1	Saône-et-Loire	2
Indre-et-Loire.	7	Seine.	6
Isère.	3	Seine-et-Marne	2
Jura	5	Seine-et-Oise	10
Loir-et-Cher	2	Var	23
Loire	1	Alger.	1

Le *Bulletin de l'Office du travail* n'en accuse plus que 36 au 31 juillet 1903.

tives de crédit, comme entre celles de production. Ces subventions se sont élevées à 151 000 fr., sur le budget de l'exercice 1902 [1].

De nombreux encouragements viennent de toutes parts à la coopération, des pouvoirs publics et de l'initiative privée.

Un arrêté du ministre du commerce et de l'industrie, en date du 15 novembre 1902, détermine les conditions dans lesquelles des avances peuvent être consenties aux banques coopératives ouvrières, sur le crédit ouvert au budget du ministère du commerce, à charge par elles de les employer en prêts à des sociétés ouvrières désignées par le ministre, après avis de la commission chargée de préparer la répartition du crédit.

Les banques doivent produire, dans le délai d'un mois après la réception des avances, un état justifiant la remise des sommes aux sociétés. Les avances aux banques ne produisent pas d'intérêt ; les prêts consentis par l'intermédiaire des banques aux associations ouvrières peuvent produire à leur profit un intérêt qu'elles font recouvrer dont le taux ne doit pas dépasser 2 p. 100. Les banques opèrent, aux échéances fixées, le recouvrement des avances, et font connaître tous les trois mois au ministère du commerce la situation des recouvrements.

Il existe une banque populaire des associations ouvrières de production ou de crédit, dont le siège est 98, boulevard de Sébastopol, à Paris [2]. Elle obtient une subvention de 25 000 fr. de la part de l'État. Elle fait *principalement* l'escompte du papier de commerce.

Une association privée s'est fondée pour la propagation du crédit populaire dont le siège social est à Paris, 17, boulevard Saint-Martin. M. Lourties, sénateur, est président du conseil d'administration. De nombreux congrès de banques populaires se sont tenus à Toulouse et à Bordeaux (avril 1893 et 1894).

Déjà, par un testament olographe en date du 7 mai 1878, accepté par le Conseil municipal le 3 août 1880, M. Rampal, décédé le 3 décembre 1879, avait légué à la ville de Paris la presque totalité de sa fortune, destinée à être employée en prêts à intérêts aux associations ouvrières ou sociétés coopératives de consommation, de crédit, de production ou autres. L'actif en pleine propriété est de 562 729 fr. 35 c., seule somme à la

---

1. On en trouvera le détail *Bull. off.* 1903, p. 383 et ss.

2. C'est le siège aussi de la *Chambre consultative* des associations ouvrières de production, avec 182 associations affiliées, ainsi que de la *Construction coopérative*, formée par les associations ouvrières du Bâtiment adhérentes à la Chambre consultative.

disposition de la ville de Paris ; l'actif en nue propriété (grevée d'usufruit) s'élève à 848 333 fr. 32 c. — Soit un capital de 1 411 062 fr. 67 c.

Le testateur a soumis les prêts aux conditions suivantes : 1º prêts exclusivement réservés aux associations ouvrières ayant leur siège à Paris ; — 2º prêts exclusivement réservés aux associations ouvrières constituées en sociétés anonymes à capital et personnel variables ; — 3º prêts productifs d'intérêts ; — 4º la durée du prêt ne peut excéder neuf années, sauf faculté de prorogation ; — 5º le remboursement du prêt est exigible en cas de perte d'un tiers du fonds social ; — 6º les sociétés emprunteuses doivent produire un bilan tous les trois mois.

La ville de Paris y a ajouté celles-ci : 1º les sociétés ne sont admises à contracter d'emprunt qu'après avoir déjà fonctionné un certain temps ; — 2º le taux de l'intérêt est fixé à 3 p. 100 ; — 3º le montant du prêt ne doit pas excéder la moitié du capital effectif de la société ; — 4º la durée des prêts est de trois années sauf prorogation ; — 5º le remboursement a lieu par fractions en plusieurs termes successifs ; — 6º les intérêts sont payables les 1er janvier et juillet de chaque année ; — 7º le prêt sera résilié : a) en cas de non-payement aux échéances des intérêts ou des fractions exigibles du capital ; b) en cas de non-production du bilan trimestriel ; — 8º les délégués de l'administration ont toujours le droit de pénétrer au siège de la société et d'examiner les livres de comptabilité ; — 9º les prêts sont consentis sous forme de comptes courants ; toute demande de mouvements de fonds doit être faite par écrit sur une feuille de papier timbré à o fr. 60 c.

Est-ce à cause de toutes ces conditions ? — mais le legs Rampal, ce qu'il y a de sûr, n'a pas donné les résultats qu'il devrait [1].

Agriculture. — *Syndicats agricoles.* La loi de 1884 sur les syndicats professionnels a prévu la création de syndicats agricoles, et effectivement il s'en est fondé, depuis, un grand nombre ; plus de 3 000 existent actuellement, dont quelques-uns comptent de 8 000 à 10 000 membres. Mais ces syndicats agricoles ont plutôt le caractère d'associations coopératives que de syndicats professionnels, selon l'esprit de la loi de 1884, qui ne permet pas aux syndicats profes-

---

1. A citer encore la Banque populaire de Menton, fondée en 1883, sur le pied de la coopération (*Bull. off.* oct. 1897, pp. 646 et ss.) ; la Société philanthropique du prêt gratuit, autorisée par arrêté préfectoral du 18 mars 1882, limitée au département de la Seine, siège social, 26, rue Cadet, Paris, a organisé trois services pour accorder son concours aux familles : 1º Service des loyers, fournisseurs, etc... ; 2º Mont-de-piété : dégagement de tous objets et dégagement des reconnaissances du mont-de-piété qui se trouvent entre les mains des brocanteurs ; 3º Achat de vêtements, linge, petits mobiliers, outils, matières premières, dans les plus modestes limites. En fait de matières premières, c'est spécialement l'ouvrier en chambre que la Société s'efforce d'aider.

sionnels tant qu'elle n'a pas été élargie, de se livrer aux opérations les plus usuelles des syndicats agricoles [1]. Ceux-ci, en effet, — et en ceci, ils ont rendu à l'agriculture d'inappréciables services et méritent d'être encouragés au plus haut point, — achètent en gros les matières premières nécessaires à la culture, aussi bien les denrées à ensemencer que les engrais chimiques pour la terre ; ce qui leur permet de faire des achats à meilleur marché, comme les coopératives de consommation ; et de même, ils les revendent à leurs membres, proportionnellement aux besoins de chacun, et sur les bases du prix d'achat. De plus, les syndicats agricoles ont abordé la vente en commun de certains produits : blés, vins, légumes, primeurs, etc., ainsi que des beurres et fromages. Ils s'occupent de l'élevage du bétail, en achetant des reproducteurs de race pure ; et rien ne les empêche de se procurer des instruments aratoires, des machines, qu'ils mettraient à la disposition de leurs membres, pour labourer, faucher, dépiquer, etc., en sorte que, sur les petites parcelles, il pourrait être fait usage des procédés de la grande culture. Enfin, ils ont abordé le problème du crédit agricole mutuel.

Ces syndicats constituent des Fédérations ou Unions qui embrassent toute une région agricole [2].

---

1. Aussi, malgré la jurisprudence, qui ne veut pas voir dans ces pratiques des actes de commerce, arguant qu'un acte de commerce exige un achat pour revendre *avec bénéfice* (*Toulouse, 26 mars 1889*), je pense que les syndicats agricoles ne sont pas des syndicats professionnels, mais des associations coopératives. Tout est là. Le mot syndicat a fait tout le mal, et rappelle trop les syndicats ouvriers. Et cela est tellement vrai, que lorsqu'il s'est agi spécialement du crédit agricole et de l'assurance mutuelle, préexistant à la loi de 1884 sur les syndicats, on a tout de suite vu que la loi de 1884 apportait des entraves aux prérogatives acquises des associations agricoles, qui se livraient à des actes de commerce, interdits aux syndicats professionnels ; et on a dû, par une loi subséquente de 1894, pour faire disparaître toute controverse, reconnaître formellement et spécialement aux syndicats agricoles le droit de coopération au point de vue crédit et assurance, — actes de commerce.

2. A citer l'Association des petits vignerons de Mudaison, les vignerons libres de Maraussan, le Syndicat horticole de Vallauris, le Grenier coopératif de la Roche-sur-Yon, etc., etc.

Il semble que le paysan doive de plus en plus renoncer à la pratique des ventes isolées, s'il ne veut pas que, grâce à la rapidité des communications et à l'abaissement des prix de transport, des producteurs lointains viennent l'évincer jusque sur le marché national.

Déjà, sur le marché anglais les vins d'Australie, les vins du Portugal, les fruits de Californie, les pommes du Canada, et surtout les œufs, le beurre, le laitage du Danemark, de la Russie, de l'Allemagne, de la Belgique tendent à supplanter les produits similaires que la France envoyait à l'Angleterre. Consulter à ce sujet le rapport de

Crédit agricole. — Le Crédit foncier a pour but de procurer aux agriculteurs les capitaux nécessaires à l'achat d'un fonds ou aux dépenses de premier établissement. Le crédit agricole leur procure l'argent utile aux dépenses de roulement et d'exploitation. La voie a été frayée par l'Allemagne, où, dès 1849, Raiffeisen fondait la première caisse, d'un caractère catholique très marqué. Elles sont aujourd'hui au nombre de 900 ou 1 000, tant du type Raiffeisen, que de types divers, Schultze-Delitsch, en particulier.

En France le mouvement est tout récent. Il n'y existe que 800 à 900 sociétés, se rattachant à trois types : le type de l'*Union de la caisse rurale* (530 caisses environ, prêtant un peu plus de 2 millions); le type *Crédit populaire* (200 caisses environ, faisant pour 8 à 10 millions de prêts); le type *Syndicats agricoles* (100 caisses environ, avec 3 millions de prêts).

Les caisses du type Raiffeisen, en Allemagne, Union de la caisse rurale, en France, rendent leurs associés responsables sur tous leurs biens; les autres, en général, ne reposent que sur la garantie individuelle de leurs adhérents, sur la solvabilité de l'emprunteur, d'après le capital d'exploitation, l'outillage, le bétail, les récoltes, etc.

La loi du 3 novembre 1894, modifiée par la loi du 20 juillet 1901 a facilité aux syndicats agricoles la création de sociétés de crédit, qui peuvent recevoir des dépôts de fonds en comptes courants, avec ou sans intérêts, se charger des recouvrements et des payements à faire, contracter les emprunts pour leur fonds de roulement, en un mot, faciliter et garantir les opérations concernant l'industrie agricole; mais elles ne peuvent point distribuer de dividendes.

La loi du 31 mars 1899 a créé des *Caisses régionales* pour aider les sociétés de crédit agricole, en les dotant avec un capital de 40 millions de francs prêté sans intérêt par la Banque de France, comme prix du renouvellement de son privilège, plus une annuité variable de 2 millions au minimum. Il en existe une quarantaine environ.

Enfin la loi du 18 juillet 1898 sur les warrants agricoles permet

---

1903 d'un de nos consuls, M. Jean Périer, qui préconise la coopération rurale comme seul moyen de conjurer le danger que court le producteur français qui commence à être victorieusement attaqué par les Allemands, les Danois, les Américains et les Russes.

à l'agriculteur d'emprunter sur les produits provenant de son exploitation, en conservant la garde de ceux-ci dans les bâtiments, ou sur les terres de son exploitation. Et les établissements publics de crédit peuvent recevoir les warrants comme effets de commerce.

Congrès du crédit populaire et agricole. — Le XIIᵉ Congrès du crédit populaire et agricole de France s'est tenu à Reims, du 22 au 25 octobre 1902, réunissant, sous la présidence de M. Eugène Rostand, membre de l'Institut, plus de 150 adhérents. Sur les 44 caisses régionales de crédit agricole, groupant plus de 400 caisses locales, 22 avaient envoyé des délégués ; de nombreuses caisses locales avaient adhéré.

Le Congrès, constatant le rôle que jouent, en Allemagne spécialement, les associations de crédit populaire, au profit de l'essor industriel et commercial, et l'état d'infériorité de la France, en pareille matière, émet le vœu que les groupements industriels et commerciaux, ainsi que les chambres et tribunaux de commerce, mettent à l'étude la question du crédit populaire et en secondent l'organisation ; — que la coopération urbaine de crédit reçoive une impulsion réglée, analogue à celle qui a assuré déjà à la coopération rurale un développement ascensionnel, en donnant aux banques populaires de crédit ouvrier des facilités analogues à celles établies pour les caisses agricoles, et en recommandant les syndicats, les coopératives, les sociétés de prévoyance en général, et surtout les sociétés de secours mutuels, comme aptes à devenir les foyers de toute organisation.

Le Congrès a aussi souhaité que les sociétés de secours mutuels établissent latéralement une société de crédit, et que les caisses d'épargne fassent une large application de l'article 10 de la loi du 20 juillet 1895, qui leur permet de faire des avances aux institutions de prévoyance, et de hâter ainsi l'éclosion d'institutions de crédit agricole dans les localités qui en sont encore dépourvues.

Projet de loi. — Il faut dire, enfin, un mot d'un projet de loi sur les sociétés coopératives de production, de crédit et de consommation et sur le contrat de participation aux bénéfices [1], que l'on a pu considérer un moment comme acquis, et qui, contrairement à toute attente, n'a pas été voté par le Sénat. Et malgré la bonne volonté du législateur en faveur des institutions ouvrières, il y a tout lieu de craindre que ce retard est le « deuil définitif d'une espérance » [2].

---

1. Sur les diverses et nombreuses péripéties de ce projet de loi, voir liv. Iᵉʳ, chap. Iᵉʳ : *Participation aux bénéfices*, § 3 et la note.

2. Le XIIᵉ Congrès du crédit populaire et agricole, considérant que toutes les branches de la coopération française ont le plus grand intérêt à se trouver placées sous un régime légal bien défini ; informé que la loi allemande du 1ᵉʳ mai 1899, concernant

Ce projet de loi commence par faire des sociétes coopératives un type nouveau et distinct, absolument indépendant des sociétés dont les coopératives doivent emprunter la forme, sous l'empire de la loi de 1867. Il admet quatre espèces de coopératives : les coopératives : 1° de consommation ; 2° de crédit ou banques populaires ; 3° de production ; 4° mixtes, agricoles ou autres, qui réunissent les caractères des deux ou des trois premières sociétés.

L'idée première qui fait introduire dans les lois ou les codes des dérogations ou en confirme les dispositions, s'il y a lieu, c'est l'idée de faciliter la constitution des sociétés coopératives, en les mettant à la portée des plus humbles ressources, et d'en assurer le fonctionnement et la durée [1]. L'acte de société peut être sous seing privé ; la plupart des actes nécessaires à la société sont dispensés de timbre. Le taux des actions varie entre un maximum de 100 fr. et un minimum de 20 fr., avec versement obligatoire du dixième par action : soit 10 à 2 fr. Le nombre des membres pouvant être de 7, au minimum, il suffirait d'une somme de 14 fr. pour constituer une société coopérative. Les actions, même après leur entière libération, restent nominatives, par crainte de l'agiotage. Elles se négocient par voie de transfert seulement, avec possibilité d'opposition au transfert. Diverses exemptions d'impôts sont accordées aux coopératives [2]. La patente est remise aux coopératives de consommation considérées comme sociétés civiles ; l'impôt sur le revenu des valeurs mobilières n'est pas perçu sur les sociétés de crédit ou de production, quand le dernier inventaire ne constate pas un capital social versé supérieur à 2 000 fr. De même, l'impôt sur le revenu n'est pas dû par les coopératives de consommation, pour les bonis distribués aux membres au prorata des achats, car ces bonis, simple différence entre le prix de revient et le prix de vente, ne sont pas effectivement des bénéfices.

La responsabilité des associés vis-à-vis des tiers est limitée au

---

les associations, a produit les meilleurs effets sur le développement de la coopération dans ce pays ; considérant qu'un projet de loi sur les sociétés coopératives est en suspens depuis de longues années devant les Chambres ; a émis le vœu qu'une loi organique de la coopération soit enfin votée.

1. Quelques-unes de ces dispositions ne font que consacrer certaines faveurs de la jurisprudence. Voir ci-dessous.

2. En principe, les sociétés coopératives sont tenues actuellement des mêmes impôts que les sociétés à capital fixe similaires.

montant de leurs souscriptions. Pour le reste, il n'est rien innové :
les coopératives jouissent de la personnalité civile ; leur dissolution
est indépendante des mort, retraite, interdiction, faillite, déconfiture individuelles, et les variations du capital par l'entrée ou la
retraite d'associés sont toujours dispensées de publicité, à moins que
le capital initial ne soit diminué de moitié.

Conclusion. — Cependant, le mouvement coopératif est lent en
France, état de choses fort regrettable, car la coopération, outre
les résultats matériels pour le bien-être immédiat des travailleurs, a
encore l'immense avantage de développer l'initiative individuelle
dans la classe ouvrière, en la déshabituant d'attendre, en matière
de réformes sociales, l'impulsion et la tutelle du Gouvernement.
Elle a encore une valeur éducative incomparable, tant au point de
vue moral, en développant l'esprit de solidarité, qu'au point de vue
de l'activité économique, en développant l'esprit d'entreprise. Mais
surtout elle permet aux travailleurs d'arriver à la suppression du
salariat et de répartir entre eux seuls les profits du travail, ce qui est
une de leurs revendications les plus soutenues. Car il est certain,
comme l'a dit Vivante, qu' « elle constitue un être juridique, qui
prend part directement à la lutte économique ; ...elle naît, entre les
faibles, de la conscience d'un besoin et d'une *défense commune,*
pour les délivrer du lourd tribut qu'ils doivent payer à la nombreuse famille des *intermédiaires parasites* ».

En d'autres termes elle est une organisation de combat, sans
violence, entre des travailleurs contre la classe du capital. Et c'est
pourquoi on a raison d'en placer l'étude avec celle des moyens de
défense du salariat contre le patronat.

La coopération résoudra-t-elle la question sociale ? Qui oserait
l'affirmer ? Un lointain avenir répondra. D'ailleurs on ne lui en
demande pas tant. Son œuvre se suffit à elle-même. Pour le moment,
de l'avis même des apôtres de la coopération, comme M. Charles
Gide, elle rencontre de sérieux obstacles, et non point tant matériels, par suite du manque de capitaux, — c'est là, même en
économie politique, je crois, une plaie qui n'est pas mortelle, —
mais surtout du côté de la classe ouvrière pour qui cependant de
généreux efforts tendent à en propager le principe, à en réaliser le
développement.

Le premier de ces obstacles qui viennent de la classe ouvrière, c'est qu'elle n'a pas encore d'éducation économique. Mais ce n'est pas sa faute. On ne peut le lui reprocher. Un jour viendra où cet obstacle disparaîtra, et où elle trouvera, dans son sein, des hommes capables de diriger une entreprise industrielle, et même, ce qui est déjà plus difficile, des ouvriers qui ne seront pas jaloux de la supériorité de ces hommes aptes à les diriger.

Mais le second obstacle, le plus grave, dont on a vu déjà l'œuvre néfaste s'accomplir, c'est que des ouvriers, associés sous la forme de la coopération, devenus patrons par le fait, ont oublié leurs premières origines, et, quand ils ont eu besoin de s'adjoindre des aides, les ont engagés, non point comme coopérateurs absolus (au travail et à la répartition), mais comme salariés, et, par suite, société de petits patrons, ils ont reconstitué les formes mêmes de l'organisation patronale avec le salariat, que la coopération se propose précisément d'éliminer [1].

C'est là un effet de l'égoïsme humain, qui vivra toujours, et avec lequel les faiseurs de systèmes économiques devront compter.

Jurisprudence. — I. — Les demandes en payement de marchandises formées contre les gérants de sociétés coopératives de consommation qui ne font que revendre à leurs sociétaires les objets achetés pour eux et à des conditions convenues à l'avance dans leur intérêt exclusif, ne peuvent être portées devant la juridiction commerciale, parce que ces opérations n'ont aucun caractère commercial. Et cela, quand même les statuts auraient prévu certains bénéfices ; et les reventes à des tiers, par des agents, sans l'aveu des représentants légaux de la société, ne peuvent faire encourir à celle-ci le caractère commercial, surtout si elles ont été faites à son préjudice et en fraude même de ses intérêts (*Bourges, 19 janv. 1869*).

II. — Mais se livre à des opérations commerciales et par suite est, à bon droit, actionnée devant la juridiction consulaire, la société coopérative qui, pour améliorer sa situation à l'aide de bénéfices, revend à des tiers, en dehors des sociétaires, une partie des provisions réalisées par les achats en commun des denrées et objets nécessaires aux besoins personnels de ses membres, alors d'ailleurs que ces ventes ont un caractère habituel (*Tr. com. Nevers, 7 sept. 1868*).

---

1. Tant il est vrai qu'il est dans la nature de l'homme, dès qu'il le peut, d'exploiter son semblable. *Homo homini lupus*, pourrait-on dire à M. Ch. Gide, qui aime citer du latin (voir son *Précis d'économie politique*). La mine aux mineurs de Monthieux, notamment, a engagé comme salariés, des ouvriers auxiliaires. D'où scission avec la Fédération syndicale des mineurs.

III. — La société coopérative qui ne fait des opérations de consommation qu'entre les sociétaires n'est imposable à aucun droit de patente
(*Cons. Él.*, *8 et 29 juin 1877*); mais elle devient imposable si elle ouvre
ses magasins à des tiers étrangers à son fonctionnement (*Cons. Él.*, *3 janv.
1881*), et la patente est au nom de la société, non à celui du gérant (*Cons.
Él.*, *12 janv. 1877*).

IV. — Est tenue à la déclaration préalable exigée par la loi du 28 avril
1816, à peine, pour le gérant, des sanctions de l'article 50 de cette loi,
toute coopérative qui vend des boissons en détail, ne fût-ce qu'à ses
membres (*Cass.*, *20 juin 1873 ; Besançon, 25 juill. 1889*).

V. — Est soumise, dans les mêmes conditions, à la vérification des
poids et mesures et à la taxe afférente, une coopérative de boulangerie
(*Cons. Él. 9 nov. 1888*).

VI. — N'est pas exempte de la surveillance spéciale des inspecteurs de
pharmacies et de la taxe annuelle pour droit de visite, la coopérative
d'épicerie qui vend aussi des drogues de pharmacie, même exclusivement
à ses associés (*C. Él.*, *2 déc. 1887*).

VII. — La société coopérative, qui vend à ses membres seuls au meilleur marché possible des denrées alimentaires, est exempte du droit de
transmission des valeurs mobilières établi par les lois des 23 juin 1857 et
16 septembre 1871 (*Administ. de l'enreg.*, *5 mai 1882*); et, de même,
dans les mêmes conditions, lui est inapplicable la taxe annuelle de 3 p. 100
sur le revenu des valeurs mobilières établie par la loi du 29 juin 1872 et
confirmée par la loi du 28 décembre 1880.

Législation comparée. — Le mouvement coopératif est général. Tous
les pays, Allemagne, Angleterre, Autriche, Danemark, Italie, etc., ont
aujourd'hui des sociétés coopératives en pleine prospérité, des banques de
crédit populaire.

En *Allemagne :* sociétés de production, comprenant les sociétés de matières premières (*Rohstoff Genossenschaften*), les sociétés de magasins
(*Magazin Genoss.*), les sociétés de production (*Productiv Genoss.*), parmi
lesquelles les sociétés agricoles, notamment les laiteries coopératives (*Mol-
kerei*)[1]. — Une loi prussienne du 31 juillet 1895, sur le crédit personnel des
sociétés coopératives, les subventionne même de 5 millions de marks, en

---

[1]· Longtemps il n'exista d'institutions centrales que celles se rattachant aux sociétés coopératives Schulze-Delitzch et Raiffeisen, réunies en unions de caisses,
jouant ainsi vis-à-vis des associations le rôle d'organes centraux de distribution de
crédit. Cette organisation était insuffisante.

Un grand nombre de sociétés Raiffeisen, réunies en associations dites de Neuwied,
au lieu de se limiter à être des intermédiaires de crédit, se sont transformées en
associations générales d'exploitations rurales (*Wirthschafts-Genossenschaften*),
destinées à pourvoir à tous les besoins des exploitations, et à en vendre les produits, d'une part : achetant sur le fonds commun engrais, semences, fourrages ;
d'autre part, ouvrant des débouchés communs aux produits de ces fermes, céréales,
ou entretenant, à frais communs, les machines, les instruments, le bétail, etc.

obligations à **3** p. 100 d'après leur valeur nominale. De plus, en vertu de cette loi, pour développer le crédit personnel, en particulier le crédit personnel des associations, il est créé « une caisse centrale prussienne des associations » dont le siège est à Berlin ; elle possède la personnalité juridique et est placée sous la surveillance et la direction de l'Etat.

Elle est autorisée : 1° à consentir des prêts à intérêts aux associations et aux caisses réunies d'associations industrielles et agricoles qui ont le droit d'ester en justice, — aux caisses de prêts rurales (*Ritterschaftlichen*) destinées à favoriser le développement du crédit personnel, — et aux institutions analogues créées par les provinces ; 2° à recevoir, contre payement d'intérêts, les fonds des caisses d'associations ; 3° à accepter d'autres sommes en comptes de dépôts et en comptes chèques ; 4° à recevoir des fonds d'épargne ; 5° à faire valoir ses existences de caisse dans des opérations de change, de prêts sur gages ou sur effets de commerce ; 6° à vendre et à accepter des lettres de change ; 7° à contracter des emprunts ; 8° à acheter et à vendre des effets pour le compte des associations et unions d'associations, etc...

Ces sociétés sont particulièrement florissantes en *Angleterre*, qui les a inaugurées en 1843, à Rochdale (qui n'a lu l'histoire des *équitables pionniers de Rochdale?*), près Manchester, par la fondation entre 28 ouvriers tisserands d'une coopérative de consommation. Aujourd'hui elles comptent 1 793 770 associés, non comptées leurs familles, et vendent pour près d'un milliard et demi réalisant plus de 130 millions de bénéfices. Par exemple les sociétés de consommation qui le sont aussi de production, particulièrement les deux *Wholesale Societies* d'Angleterre et d'Écosse, qui ont fondé des fabriques de chaussures, vêtements, meubles, savon, etc. Celle d'Angleterre comprenait, en 1901, 1 902 sociétés avec un capital-actions de 948 millions de livres sterling, un total de vente de 17 millions ; la société écossaise ne groupe que 617 sociétés avec un capital-actions de 274 millions et un total de vente de 5 millions. La coopération de production proprement dite, qui est organisée pour la production seulement, compte 136 sociétés avec 32 434 membres, 833 728 livres sterling de capital-actions, 2 878 392 livres sterling de ventes et 186 340 livres sterling de bénéfices. Le groupe le plus important des sociétés de production est constitué par les filatures de coton d'Oldham, dont toutes les actions à 25 fr. pour 90 filatures et 30 millions de broches étaient en 1885 à des ouvriers. Les *Building Societies* ont réalisé le logement à bon marché, au nombre de plus de 2 000 avec près d'un million de sociétaires et un capital qui dépasse le milliard.

Les sociétés coopératives fonctionnent pour le plus grand bien de la classe ouvrière et rurale en *Italie*[1] qui en possède environ 2 500, dont plus de 700 du type Luzzati (banques populaires) faisant près de 850 millions d'affaires par an ; en *Allemagne* où les sociétés de crédit ont dépassé

---

1. Il existe en Italie une ligue nationale des coopératives.

le nombre de 2 000; depuis longtemps, sous l'impulsion de l'économiste
Schulze-Delitzch, en *Autriche-Hongrie*, en *Belgique* où l'une des plus
célèbres coopératives de consommation et de production est la *Vooruit*,
de Gand, et où prospèrent le crédit et les associations agricoles[1], en *Hollande*, où il existait, au commencement de 1903, 1 298 coopératives de
tout genre parmi lesquelles 108 de consommation, 1 191 d'échange et de
crédit, 376 de consommation ou d'achat, 623 de production, dont 539 laiteries qui se livrent à la fabrication du beurre pour l'exportation, partie la
plus forte de la coopération hollandaise, en *Suisse*[2], en *Espagne* avec ses
positos, banques populaires, en *Portugal*, dans les colonies anglaises (*Loan
and Trust Societies*), dans les *États scandinaves*, etc., etc.

Aux *États-Unis*, les sociétés de production sont plus importantes que
celles de consommation : associations industrielles, associations agricoles
(*Associated Dairies*), fromageries et crémeries coopératives, la *Barrel
manufactures and C°*, etc., etc.

En *Chine*, la coopération est à l'état de prédilection ; une multitude
d'associations sous le nom de *Too-Kay*, se livrent au commerce maritime,
à la pêche et aux avances agricoles.

En *Russie*, la coopération a d'anciennes et de profondes racines. L'*artel*
coopératif correspond à tous les besoins : pêches, constructions, défriche-
ments, voyages, travaux d'industrie, fruiteries, fromageries, vacheries,
clouteries, cordonneries, avec le principe de la solidarité pour élément
fondamental. — Le décret impérial du 14 juin 1902 a réglementé les *artels*.

Il porte que « toute association formée dans le but de faire des opérations spéciales, d'exercer une industrie ou d'exécuter des travaux ou entreprises en employant ses propres membres, et ce pour leur avantage
collectif et sous leur responsabilité, sera reconnue comme artel ».

Les associations de ce genre peuvent se constituer, soit conformément

---

1. Rien que les laiteries coopératives ont vendu en Belgique, en 1900, pour près
de 21 millions de lait, de beurre et de fromage ; les syndicats d'achat (semences,
engrais, matières alimentaires, machines, etc.) ont acheté pour plus de 11 millions.
Les associations de crédit agricole se divisent en quatre catégories :
Les *comptoirs agricoles*, au nombre de 9, qui, en 1900, ont consenti 227 prêts
se montant ensemble à 1 296 105 fr. ; les *sociétés de crédit agricole* instituées
d'après les principes de *Schulze-Delitzch*, au nombre de deux, ayant consenti
717 prêts s'élevant à 211 728 fr. ; 264 *Raiffeisen*, possédant 11 669 membres, ayant
consenti 2 269 prêts pour une somme de 1 million et demi ; il existe *six caisses
centrales de crédit agricole* : Louvain, Liège, Enghien, Arlon, Bruges et Ermeton-
sur-Biert, affiliant ensemble 257 caisses locales. Ces caisses centrales servent d'intermédiaires entre la Caisse générale d'épargne et de retraite et les caisses locales.
La valeur des animaux assurés dépasse 60 millions de francs.
Le nombre des sinistres s'est élevé, en 1900, à 5 276.
Les membres ont versé 435 826 fr. et se sont partagé, pour indemnités, 504 676
francs. On sait que le gouvernement intervient, dans le payement des indemnités,
pour certains cas de mortalité du bétail.
L'actif des sociétés d'assurance s'élevait à 336 310 fr. au 31 décembre 1900.
2. Banque populaire suisse, florissante société de crédit populaire, l'une des plus
importantes d'Europe. (*Bull. off. trav.*, 1895, août, p. 483.)

aux règles ou principes exposés par le décret, soit avec des statuts spéciaux conformes au droit commun. Dans le premier cas, elles font approuver leurs statuts par le gouverneur du district, y inscrire certaines dispositions prévues par le décret, et y indiquer entre autres choses si la responsabilité des membres est limitée ou non. L'artel peut acquérir des biens (y compris des biens fonciers), passer des contrats, intenter une action judiciaire et être cité en justice, exercer enfin une industrie ou métier quelconque. Chaque membre a droit de vote aux assemblées générales; le vote par procuration peut se faire si le mandataire est membre de l'association. Les décisions de l'assemblée sont prises à la majorité absolue. Les cotisations sont les mêmes pour tous, et peuvent être acquittées en argent ou en marchandises nécessaires à la société. Les bénéfices réalisés par l'artel sont divisés entre les membres « proportionnellement au travail personnel de chacun et ainsi que l'aura déterminé l'assemblée générale ».

La coopération de crédit agricole a été importée d'Allemagne en Russie dans la forme adoptée par les sociétés Schultze-Delitzch (responsabilité limitée), en 1861.

La Banque d'État est chargée de réaliser jusqu'à un certain point le crédit populaire. Elle escompte les billets des artisans et paysans sans que le crédit consenti à une seule personne puisse dépasser la somme de 600 roubles, soit environ 1500 fr. Si le billet ne porte qu'une signature, la Banque peut se couvrir en exigeant un nantissement sur les machines et outils de l'emprunteur. L'avance qu'elle consent peut être appliquée à l'acquisition de ces mêmes instruments de production. Les succursales de la Banque d'État opèrent pour elle dans les villes où il en existe. Par décision du Conseil de l'Empire du 22 mars/3 avril 1896 une allocation annuelle de 12000 roubles (32000 fr.) est affectée à la surveillance par des agents de l'État des « institutions de menu crédit » ou banques populaires analogues aux types Schultze-Delitzch.

En *Nouvelle-Zélande* la coopération s'applique aussi aux ouvriers sans travail, que l'on emploie aux travaux publics. C'est un système d'assistance par le travail qu'on cherche à réaliser en France.

6. — Syndicats de producteurs et monopoles.

Généralités. — Trusts. Cartells. Comptoirs. Syndicats de consommateurs. Accaparements ; corners. Articles 419 et 420 du Code pénal. — *Jurisprudence.* *Annexe.* — Monopoles.

Généralités. — La liberté du travail, de l'industrie et du commerce, le libre jeu de la concurrence ont été marqués vers la fin du XIXᵉ siècle par un phénomène économique qui, plus que jamais, émeut le monde. Après s'être fait une guerre acharnée, on a vu les puissants producteurs faire trêve entre eux, et, s'associant, former de gigantesques syndicats, capables de devenir absolument les maîtres du marché du monde pour certains produits qu'il leur est alors possible de vendre au prix qui leur convient. Ces ententes industrielles, connues sous des noms différents, *corners, trusts, rings* ou *pools*, dans les États anglo-saxons, *cartells*, en Allemagne, *omniums, consortiums, comptoirs*, en France [1], ont soulevé dans le monde entier de vives protestations, et avec juste raison, non seulement pour les ruines commerciales ou industrielles qu'elles entraînent, mais aussi, mais surtout, parce qu'elles sont pour le consommateur, c'est-à-dire pour tout le monde, une tyrannie insupportable et inacceptable. Il n'est pas admissible qué, pour s'enrichir à outrance, des organisations puissent affamer, si bon leur semble, toute une société.

Trusts. — Les trusts américains ne sont pas à proprement parler des fédérations de producteurs, qui veulent diminuer la concurrence qu'ils se font dans la même industrie, Il y a absorption de cette industrie par un seul producteur [2], en sorte qu'on aboutit à la monopolisation de fait d'une industrie privée. Ils sont dus à plusieurs causes : la concentration industrielle et commerciale par suite du développement du machinisme et des transports, causes normales, — et la législation douanière protectionniste à outrance, avec absence complète de contrôle sur les chemins de fer, causes anormales. Ils ont eu pour effet excellent d'apporter à la fabrication des produits de sensibles économies, et un équilibre plus exact entre la production et la consommation. Mais, à défaut de considérations morales sur le triomphe de l'or érigé cyniquement en royauté, ils

---

1. Le mot *trust* tend à prévaloir, ainsi que le mot *cartell*.

2. Historiquement les *rings* (anneau, cercle dans lequel on enferme ses concurrents), *corners* (coin, impasse où on les accule), *pools* (mare où on les noie), ont précédé les *trusts*.

Ils avaient pour but, d'abord, de tuer des concurrents gênants pour préparer les voies vers un monopole durable. La *South improvement Company* est née avant la *Standard Oil Co*, directeur, M. Rockefeller, dont nul n'ignore le nom aujourd'hui, non plus que des J. Pierpont-Morgant, roi du fer, Carnegie, roi de l'acier, qui demain, peut-être, tiendront dans les mains le service des transports maritimes des États-Unis et du globe.

Les *corners* sont des coalitions temporaires de spéculateurs ; leur cas se rattache à l'accaparement, dont il est parlé ci-dessous.

sont un désastre pour la petite industrie et le moyen commerce
qu'ils ruinent, font disparaître, sans oublier que tout monopole non
réglementé abusera fatalement de sa force pour augmenter les prix
des produits peu à peu, résultat inverse de ce qu'on devait attendre
de leur premier effet excellent.

Cartells. — En Allemagne, les cartells sont en général, comme les
trusts américains d'ailleurs, des sociétés par actions, mais d'une
nature différente de celle des trusts ; les cartells ne visent pas à la
domination bruyante, à l'absorption ; ce sont des ententes volontaires
tendant à une action commune en vue de la vente de certains produits, et comme garantie contre le danger de la concurrence excessive. Et, même assez puissants pour exercer un monopole, les cartells
restent ouverts à de nouveaux membres ; ils ne sont pas radicalement
exclusifs comme les trusts. Ils sont nés du désir de combattre l'avilissement des prix résultant d'une concurrence désordonnée, ame-
nant surproduction. Ils tendent à ce résultat par diverses combinaisons : embrasser la totalité de l'industrie, fixer un prix commun,
distribuer les débouchés de façon à écouler les produits normalement, exercer un contrôle rigoureux[1], etc.

Comptoirs. — Les circonstances artificielles, notamment la protection douanière exagérée, les tarifs de chemins de fer non contrôlés, aux États-Unis, — qui sont propices à la constitution de
monopoles dans l'industrie privée, n'ont pas permis en France aux
syndicats de producteurs de se créer et de se développer avec les
abus criants que l'on rencontre ailleurs. A part le monopole des
raffineurs de sucre, et des raffineurs de pétrole, les phénomènes de
concentration industrielle ne s'observent que rarement et sur une
échelle réduite[2].

---

1. Mais s'ils réussissent à monopoliser le marché intérieur, les cartells luttent
difficilement sur le marché extérieur, et vendent pour l'exportation au-dessous du
tarif pour les nationaux. C'est ce qui se passait en France et ailleurs pour le sucre,
auquel il était accordé des primes d'exportation, et c'est pour faire cesser ce système des droits protecteurs énormes qui enrichissent surtout les producteurs, assez
peu intéressants au surplus, que les États sucriers ont passé entre eux la récente
convention de Bruxelles (5 mai 1902) dont le premier résultat a été de faire baisser
le sucre de près de moitié, pour le plus grand bien des consommateurs, c'est-à-
dire tout le monde, il ne faut pas l'oublier.

2. Échec de l'entente entre les fabricants de papier, par suite de l'hostilité d'une
maison puissante, la maison Darblay. Mais création de la *Société générale des*

Et, en somme, les comptoirs français, à peu d'exceptions près sont des organismes qui n'ont pas sur la production ou sur la consommation une répercussion désastreuse, entravant la concurrence industrielle. Ce sont de simples agents commerciaux.

Syndicats de consommateurs. — Les syndicats de producteurs peuvent donc devenir un danger, surtout s'ils prennent le caractère des trusts américains. Pour leur faire contrepoids, les consommateurs sont libres de former entre eux des coalitions destinées à se défendre contre les abus possibles des trusts, des cartells et des comptoirs, sous le régime, égal pour les uns et les autres, de la liberté de l'industrie, du commerce et de l'association.

Accaparements ; Corners. — La question de l'accaparement touche, par plus d'un trait à celle des syndicats de producteurs. Elle s'en sépare cependant nettement à des points de vue essentiels. L'accaparement est purement commercial et de courte durée ; c'est une spéculation qui consiste à s'approprier par des acquisitions considérables et le plus souvent fictives d'ailleurs [1] les marchandises, denrées et moyens de production d'une région plus ou moins étendue, afin d'en avoir le monopole, et de pouvoir grâce au défaut de concurrence presque absolue, surexciter la demande, faire hausser les cours, et même les fixer le moins avantageusement pour le consommateur. La liberté du crédit a permis de faire du commerce un véritable jeu, — et c'est un scandale. Les corners ne sont point des agioteurs.

Articles 419 et 420 du Code pénal. — C'est le délit d'accaparement et aussi une sorte de coalition d'accaparement que prévoient

---

papeteries du *Limousin*, spéciale au papier de paille pour emballage, *Comptoir de Longwy*, pour la métallurgie, comprenant 11 sociétés adhérentes, mais formé seulement en vue de l'achat en gros aux associés et pour la revente en France des fontes brutes ; les fontes dénaturées ou transformées échappent donc à l'action du Comptoir, qui n'est en somme qu'un commissionnaire vendant au mieux des intérêts de ses commettants.

1. Les spéculateurs, en effet, ne détiennent pas les marchandises, qui restent simplement à leur disposition, le cas échéant, dans des entrepôts, usines, ou ailleurs, très loin d'eux souvent. Ils ont sur elles un droit de propriété qu'ils ne demandent qu'à céder, et le plus vite possible, à la condition qu'on le leur paye plus cher qu'ils n'y ont mis eux-mêmes. Ils ne sont en rien des producteurs.

et punissent les articles 419 et 420 du Code pénal, ainsi conçus :
« Tous ceux qui... par réunion ou coalition entre les principaux
détenteurs d'une même marchandise ou denrée, tendant à ne pas
la vendre ou à ne là vendre qu'à un certain prix, ou qui, par des
moyens frauduleux quelconques, auront opéré la hausse ou la baisse
du prix des denrées ou marchandises..., au-dessus ou au-dessous
des prix qu'aurait déterminés la concurrence naturelle et libre du
commerce, seront punis d'un emprisonnement d'un mois au moins
et d'un an au plus, et d'une amende de 500 fr. à 10 000 fr. Les
coupables pourront de plus être mis, par l'arrêt ou le jugement,
sous la surveillance de la haute police pendant deux ans au moins
et cinq ans au plus. La peine sera d'un emprisonnement de deux
mois au moins et de deux ans au plus et d'une amende de 1 000 fr.,
si ces manœuvres ont été pratiquées sur grains, grenailles, farines,
substances farineuses, pain, vin ou toute autre boisson. La mise
en surveillance qui pourra être prononcée sera de cinq ans au moins
et de dix ans au plus [1]. »

Le Code civil (*art. 1131 et 1133*) ajoute à ces pénalités une
sanction civile qui consiste à annuler les opérations contraires
au principe de la liberté commerciale, et par suite, à l'ordre
public. (*C. ap.* Paris, 18 déc. 1890, action contre la société des
métaux.) Voici un arrêt important qui définit fort bien le délit.

JURISPRUDENCE. — *Coalition de producteurs.* — L'association
formée entre plusieurs fabricants de céramique d'une même région,
et qui a pour but, de la part de ces fabricants, de mettre en commun, pour les vendre à un égal prix, certains produits par eux
fabriqués, les statuts imposant aux associés de ne livrer et vendre
ces produits qu'à la Société elle-même, au fur et à mesure de ses
besoins, et dans la proportion des apports et pertes d'intérêts de
chacun des associés, ne présente pas le caractère de réunion ou
coalition entre les principaux détenteurs d'une marchandise, prévue
et punie par l'article 419 du Code pénal, alors que les associés ne

---

1. Au surplus, mis à part d'anciens arrêts de la Cour de Cassation, la jurisprudence est assez pauvre sur la matière. Et puis, les éléments du délit : 1° coalition
entre les principaux détenteurs ; 2° moyens frauduleux ; 3° hausse ou baisse factice,
sont assez difficiles à se rencontrer réunis, et les spéculateurs aussi bien que les
syndicats de producteurs n'ont garde de se jeter dans le piège. Ils sont pour cela
trop honnêtes gens, qui connaissent le Code, et savent comment on le côtoie, et
comment on tourne ses prescriptions.

présentent dans la région, par le nombre et l'importance, que la minorité des producteurs de ces marchandises ; qu'ils ne se sont engagés que pour un temps limité et en vue d'un rayon étroitement circonscrit ; que les prix sont demeurés soumis aux fluctuations du marché, et qu'enfin il n'est pas établi que l'association ait eu pour but d'accaparer le marché et de créer à son profit un monopole. (*C. ap. Grenoble, 1ᵉʳ mai 1894.*)

ANNEXE. — *Monopoles.* — A côté des monopoles *de fait,* tendant à supprimer toute concurrence, par suite de l'écrasement économique des faibles par les forts, comme le cas peut se produire et se produit pour les trusts, les cartells, etc..., existent des monopoles *légaux,* qui n'admettent aucune concurrence. Ils sont établis par l'autorité de la loi dans des buts différents : 1º *dans un but fiscal :* fabrication du tabac, des allumettes, de l'alcool (monopole mixte), du papier pour cartes à jouer ; 2º *dans un but d'ordre public ou de sécurité :* fabrication de la poudre, frappe de la monnaie, émission de billets de banque, services des postes et télégraphes et téléphones, chemins de fer, gaz, électricité [1], les mines, etc. ; 3º *dans un but d'intérêt public, d'encouragement et de progrès :* monopoles temporaires réservés aux inventeurs pour l'exploitation de leurs inventions (brevets, marques de fabrique, de commerce, etc...).

Enfin existent des monopoles administratifs ou commerciaux : pompes funèbres, officiers ministériels, banques d'émission, etc.

Ainsi, l'État se fait industriel. La commune tend à l'imiter dans les services municipaux [2].

On a beaucoup écrit, et il reste encore fort à dire, pour ou contre les monopoles. Certes, on peut admettre les monopoles sur les objets de luxe, dans un but fiscal ; c'est autant de gagné pour le Trésor, et autant de moins d'impôts qui grèvent la masse. Mais, il ne semble pas possible qu'on maintienne les monopoles par concesssion, comme le gaz, l'électricité ; si quelqu'un doit s'enrichir de leur exploitation, monopoles pour monopoles, il vaut encore mieux que ce soient, par régie directe, les villes qui ainsi trouveront des ressources nouvelles qu'elles ne seront pas obligées de demander aux contribuables. Quant aux monopoles administratifs : pompes funèbres, officiers ministériels, ils sont aussi dignes de notre époque, comme la basoche, que l'esclavage et la traite des nègres.

---

1. Ces monopoles sont *régis* directement par l'État, ou donnés par lui à titre de *concessions.*

2. A lire, à ce sujet, la thèse de M. Eugène Montet : *Étude sur le socialisme municipal anglais,* bourrée de faits, et de documents, recueillis sur place, dans les grandes villes de l'Angleterre.

7. — Le contrat de travail collectif.

Du contrat de travail individuel au contrat de travail collectif. Premières tentatives de contrat collectif. Interventions de l'arbitrage. Exemples de contrats collectifs. Esquisse juridique.
Législation comparée.

Du contrat de travail individuel au contrat de travail collectif. — Sous le régime des libres conventions, inauguré par la Constituante proclamant et décrétant la liberté du travail, l'ouvrier et le patron débattent les conditions de leurs engagements respectifs.

Tant que prévaut le système du petit atelier dans le monde industriel, ce débat est facilement possible. La production est individuelle ainsi que le profit; les marchés où s'écoulent les produits sont restreints; les procédés de fabrication varient peu, sont connus, ne trompent pas. L'ouvrier donc peut estimer le prix de son travail avec un peu de réflexion, et en comparant les divers éléments qui concourent au taux des salaires et qu'il connaît assez : productivité du travail, valeur marchande des produits, en tenant compte de ce dont doit raisonnablement bénéficier le patron. De plus, la distance n'est pas très grande entre le maître et le salarié qui s'établira, s'il le veut, à son compte demain. La situation modeste des patrons ne leur donne pas sur les ouvriers une supériorité telle qu'ils se refusent à discuter, à entrer en composition avec eux; ils risqueraient, à vouloir imposer des conditions de travail trop désavantageuses pour ceux qui viennent offrir leurs services, dont · ils ont besoin, de les éloigner, et de ne pouvoir faire face, seuls, aux engagements pris avec la clientèle.

Ainsi sous le régime du petit atelier, le contrat de travail passé individuellement entre un patron et un ouvrier reste dans le domaine de la justice. Il y a chance que l'un des deux contractants n'exploite point l'autre. L'ouvrier peut, à peu près en toute connaissance de cause et en toute indépendance à la fois, somme toute, discuter les termes de son engagement, avant le travail, sur le pied de l'égalité avec le patron qui ne le tient pas à merci.

Aussi le seul contrat de travail dont s'occupe le Code civil, et d'ailleurs assez mal, le seul contrat de travail dont il soit question dans les traités divers de législation, et auquel on pense toujours, et qui se pratique encore le plus souvent, par la longue tradition des années, est-il un contrat de travail individuel passé entre le patron et l'ouvrier. Dans un établissement industriel qui occupe cent, mille, dix mille ouvriers, le contrat est passé, ou censément passé, entre le patron d'une part et chaque ouvrier isolément d'autre part.

Est-ce que vraiment ce contrat individuel, qui a pu suffire sous le régime du petit atelier, et dont l'ouvrier alors n'a pas eu, après tout, trop à souffrir, est-ce que ce contrat individuel est en harmonie avec la situation faite au monde du travail par l'apparition, puis la généralisation de la grande industrie?

On a vu la production devenir collective, tandis que la répartition restait individuelle; les profits, œuvre du travail de tous, se sont accumulés entre les mains de quelques-uns. Toute la richesse s'est concentrée vers un pôle, et avec elle la puissance, et toute la misère à l'autre. Le patron de situation moyenne d'autrefois n'est plus; ou il est riche aujourd'hui, à la tête de capitaux qui lui donnent tout pouvoir sur les conditions d'acceptation de sa main-d'œuvre, ou, chose pire peut-être au point de vue du contrat, il s'est mué en une société souvent anonyme, espèce d'entité qui ne connaît du travail que les bénéfices qu'elle en retire [1].

Que devient l'ouvrier en face de ce patron? Que vaut l'unité qu'il est dans un établissement qui en compte cent, mille ou dix mille? Voit-on un travailleur se présentant à la porte d'une usine, pour y offrir ses services, et essayant de débattre à quelles conditions? Le patron embauche, c'est possible, mais aux conditions qu'il a faites, et dont il ne se départ pas. C'est à prendre ou à laisser, comme on dit. Dans cet état scandaleux d'infériorité pour l'ouvrier, il n'y a plus même de justice. L'ouvrier isolé, impuissant, et le patron omnipotent sont deux hommes de force inégale dont le plus fort réduit à merci le plus faible.

La vie économique a aggravé encore cette situation déjà inique en soi. L'âpre concurrence industrielle contraint les patrons, pour

---

1. « Création en haut de fortunes colossales, en bas d'un prolétariat famélique contraint souvent à se vendre pour un morceau de pain, — et, entre les deux, d'une catégorie spéciale de propriétaires qui s'appellent des actionnaires et qu'il n'est pas facile de distinguer, à première vue, de simples parasites ». (Ch. Gide, *Écon. pol.*, p. 136.)

qu'ils s'emparent des marchés, à faire mieux, c'est entendu, et à produire moins cher, pour abaisser leurs prix de vente, les rapprocher le plus possible du prix de revient. Les salaires subissent le contre-coup fatal de cette lutte acharnée; ils fléchissent. Les patrons ne demandent qu'à les diminuer. Ils y sont aidés d'ailleurs par les ouvriers eux-mêmes, devenus ainsi leurs propres adversaires, et qui, lorsqu'ils n'ont pas de travail, vont, pour en retrouver, en demander à n'importe quel prix, afin de ne pas mourir de misère, et c'est leur excuse.

Alors, que devient le contrat de travail? Je vois bien des conditions de travail, que le patron impose, que l'ouvrier subit, qu'il ne discute pas. Mais le contrat? Où en sont les conditions de validité sans lesquelles il n'est pas? Est-ce qu'il n'est pas entaché de violence? Théoriquement non, diront les juristes. Les faits répondent oui. En vérité, il n'y a plus de contrat. Ou, si on préfère, il est nul. Il n'y a plus que le joug à subir de l'embauchage [1].

Et voilà à quel régime d'iniquité, par la proclamation, au temps du petit atelier, des libres conventions, devenues rien moins que des conventions, sous la grande industrie, a abouti le monde du travail, cent quinze ans après la grande révolution, qui proclama les immortels principes d'égalité, et voilà où nous en sommes dans notre démocratie : nous n'avons même pas de contrat de travail qui soit juste, qui réponde à l'idéal politique dont nous nous vantons, — ce qui peut être indifférent ou peut laisser froids les sceptiques, — mais surtout pas de contrat de travail qui soit en harmonie avec les réalités économiques et industrielles de notre temps.

Au lieu de cela, il est vrai, et peut-être à cause de cela, sans qu'on s'en doute, nous avons toute cette réglementation tutélaire par autorité d'État — qui fait l'objet des livres II et III de cette étude de la Législation — que les abus de l'exploitation de l'homme par l'homme ont rendue nécessaire en tout état de cause, — à laquelle se sont opposés, tant qu'ils l'ont pu, les libéraux, comme ils se seraient opposés au nom de *leur* liberté à toute réforme tendant

---

1. Si je voulais même donner à ma pensée une forme concrète, je comparerais le contrat de travail individuel dans la grande industrie aux traités entre deux nations après une guerre où l'une a terrassé l'autre. C'est la loi du plus fort qui préside au contrat, comme au traité. La France a signé, comme l'ouvrier accepte le contrat, le traité de Francfort après la guerre franco-allemande. Y a-t-elle consenti? Oui, mais le couteau sur la gorge. Va-t-il falloir à jamais se contenter de ces procédés?

à rétablir l'équilibre d'égalité faussé au détriment de toute une classe de la nation, — et qui devra disparaître presque tout entière, le jour où fonctionnera en France véritablement un nouveau contrat de travail, dont les deux contractants seront d'égale force, et qui sera bien cette fois, définitivement, le contrat de travail sous le régime, non pas de nom ou d'étiquette seulement, mais en fait, mais en réalité, des LIBRES CONVENTIONS.

Ce nouveau contrat de travail, puisque le contrat de travail individuel est vicié par l'impuissance de l'ouvrier isolé en face du patron omnipotent qui impose sans discussion ses conditions, sera un contrat de travail *collectif*, opposant à la « coalition absolument rigide » du patron, l'une des parties du contrat, la masse coalisée des ouvriers, l'autre partie du contrat.

« Une forme collective tend à donner au contrat un caractère vraiment *conventionnel*; seul ce *contrat de collectivité* donne définitivement *la réalité au principe d'égalité* du contrat d'individu à individu [1]. »

Premières tentatives de contrat collectif. — S'il est vrai qu'au point de vue théorique, la question du contrat collectif a toujours été dominée par l'absence absolue de mécanisme juridique nécessaire à lui donner vitalité et portée, cela prouve une fois de plus, s'il en était besoin, que les faits ont devancé la législation.

Sans parler du compagnonnage, qui, peut-être, si l'histoire nous en était mieux connue, nous révélerait les plus anciens essais de contrat collectif, dès 1791, aussitôt après l'abolition des corporations, on voit les ouvriers se préoccuper des inconvénients qu'il y a pour eux à passer isolément le contrat de travail individuel. Ils se sentent livrés à tous les excès de la force et des égoïsmes patronaux. Ils comprennent que le contrat de travail est vicié contre eux, s'il reste individuel; ils tentent d'agir de concert pour obtenir des patrons qu'ils discutent, non pas d'homme à homme, mais de patron à collectivité d'ouvriers, les conditions du travail, afin d'en

---

1. *H. Denis.* Discours à la Chambre des représentants (belge) à propos de la loi sur le contrat de travail. Séance du 8 mars 1899 (*Archives parlementaires*, p. 770). M. H. Denis ajoute immédiatement après, ceci — que je tiens à transcrire, car c'est approuver le point de vue auquel j'ai tenu à me placer dans cette étude de la législation ouvrière, comme je l'ai dit dans la préface : « C'est ce droit public qui fait sortir le droit civil *du domaine de l'abstraction et de l'illusion.* »

obtenir de meilleures. C'est ainsi que « l'Union fraternelle des ouvriers en l'art de la charpente » au printemps de 1791 demande aux patrons de s'entendre avec eux, « afin d'établir des règlements qui assurassent aux uns et aux autres un gain proportionnel ».

Les patrons, comme on s'y attend, refusèrent cette offre de contrat collectif. Les ouvriers arrêtèrent alors un taux de salaire qu'ils considéraient comme indispensable, et eurent recours pour le faire admettre à la municipalité de Paris. Celle-ci déclara « nuls, inconstitutionnels et non obligatoires les arrêtés pris par des ouvriers de différentes professions pour s'interdire respectivement et pour interdire à tous autres ouvriers le droit de travailler à d'autres prix que ceux fixés par lesdits arrêtés [1] ».

Une multitude de faits identiques de mars à juin 1791 prouve que l'idée de liberté de travail, si elle n'avait pas été faussée dès l'origine, tendait à se réaliser par le contrat collectif. Seulement, qui dit contrat collectif, suppose une entente, une coalition, une association ; l'histoire du contrat collectif est liée et restera liée à l'évolution de l'association ; et l'on a vu que le droit d'association et de coalition sont à peine contemporains.

Ainsi par suite du défaut de tout mécanisme juridique, et par l'absence de tous organismes collectifs, déclarés illégaux, le contrat collectif, qui pouvait naître viable, et se développer normalement, une fois apparu dans des conditions désastreuses, va végéter avec des fortunes diverses ; mais il se fera lentement sa place, tant il est dans l'ordre naturel des choses du monde industriel moderne ; il va essayer de triompher, malgré qu'il soit un mode de fixation des conditions du travail qui relève uniquement de l'initiative privée, à défaut d'association possible, et malgré qu'il ne soit pas un régime légal. Il reste dans le domaine des faits, quoi qu'on fasse, et après la proclamation du droit de coalition en 1864, les tentatives se multiplient ; il se réalise çà et là. Il est vrai qu'il ne présente pas de grandes garanties. Il risque de ne pas être sanctionné. Et si l'on interroge la jurisprudence, dans les cas où les tribunaux ont eu à se prononcer sur des affaires où était en jeu le principe du contrat collectif, on aperçoit nettement que dans une première période,

---

1. Remarquer d'ailleurs qu'en faisant cette déclaration, la municipalité ne dit rien sur le *principe* même du contrat collectif.

antérieure à 1864, et dans une seconde, jusqu'en 1884, mais alors
d'une façon plus hésitante, plus incohérente, il ne peut être question
d'envisager à un point de vue juridique le contrat collectif qui apparaît comme contraire à la liberté industrielle, et même à l'ordre
public [1].

La loi de 1884, sur les syndicats, en permettant la création d'organismes collectifs légaux, va faire entrer le contrat collectif dans
le domaine du droit. Là aussi, il trouvera sa pierre d'achoppement.
La question posée dans le domaine des faits du conflit entre la
liberté individuelle et la solidarité ouvrière se présentera dans le
domaine du droit. Il s'agira de savoir dans quels cas un syndicat
pourra être considéré ou non comme partie au contrat de travail,
au nom de ses membres. Et, même partie au contrat, le syndicat
n'aura, d'après la jurisprudence la plus générale, le droit d'intenter
une action à l'occasion du contrat collectif, *synallagmatique*, que
s'il s'agit, non pas de défendre des droits individuels, mais de défendre les intérêts inhérents à la personnalité juridique des syndicats eux-mêmes [2].

Interventions de l'arbitrage. — La loi sur la conciliation et l'arbitrage en matière de différends collectifs est venue donner à la
question du contrat collectif un élan remarquable. Elle a fait sans
aucun doute, et les faits le prouvent, entrer le contrat collectif de
plus en plus dans la vie industrielle. Il faut dire plus. D'une façon
détournée, elle lui a permis de se glisser dans le domaine juridique.
On aura beau dire qu'aucun article de Code, aucune loi nouvelle
en France ne réglementent le contrat en soi, et ne le font passer,
par la cristallisation des textes, de l'état de relations sociales indé-

---

1. Voir notamment les deux décisions suivantes : *Cass.*, *24 févr. 1859, S. 59, 1,
630*, et *Tr. civ. Saint-Étienne, 29 juin 1876.*

2. Comparer par exemple les deux décisions suivantes :

1º *Cass. Ch. civ., 1er févr. 1893 (D. 1893, 1, 241)* : Affaire du syndicat des ouvriers tisseurs et similaires de Chauffailles, contre Viallar, Guéneau et Chartron, qui
avaient violé vis-à-vis de certaines ouvrières certains engagements pris avec le syndicat par convention du 14 septembre 1889, et auxquels le syndicat réclamait
3,000 fr. de dommages-intérêts en son nom et à son profit ;

2º *Tr. com. Seine, 4 févr. 1892 (Rev. Dr. ind., 1893, p. 72)* : Syndicat des employés d'omnibus contre la Compagnie qui n'observait pas rigoureusement la clause
de durée du travail portée au contrat collectif, et qui doit, à peine de contrainte,
l'observer à l'avenir.

terminées dans la série de nos types juridiques connus, du moment qu'on admet l'arbitrage, on admet par cela même le contrat collectif qui en est l'aboutissant.

Lorsque, en effet, repoussant le point de vue individualiste, on tente une conciliation, un arbitrage, la grève ayant rompu tout lien de droit entre le patron et chacun de ses ouvriers, les contrats individuels qui existaient n'existent plus ; de la discussion collective, si elle aboutit à de nouvelles conventions, se reformeront les obligations collectives par un quasi-contrat qui liera le patron et le corps collectif des ouvriers, qui fera foi entre eux, parties à la conciliation et à l'arbitrage, et ce sera un contrat collectif.

Exemples de contrats collectifs. — On a vu, au chapitre de l'arbitrage et de la conciliation, des sentences arbitrales retentissantes qui constituent, par-dessus le contrat individuel, de véritables contrats collectifs [1]. Il est temps de voir des exemples où, après l'arbitrage, au contrat individuel s'est substitué franchement le contrat collectif.

L'exemple type a été fourni par les mineurs du Nord et du Pas-de-Calais et les compagnies houillères.

En 1891, une première grève avait éclaté au sujet de diverses revendications des ouvriers mineurs. Le 22 novembre, les grévistes nomment cinq délégués chargés de porter leurs réclamations devant le comité des compagnies. Cependant la grève se propage à travers les régions minières du Nord et du Pas-de-Calais. Le Ministre, devant cette extension menaçante, désigne alors cinq arbitres du conflit. Les ouvriers les récusèrent, *déclarant que les représentants directs des compagnies avaient seuls qualité pour discuter avec eux.* Le comité des houillères du Nord, représentant la plupart des compagnies des mines de la région, se rendit à cette proposition et nomma cinq représentants avec mission d'entrer en pourparlers avec les délégués ouvriers et de s'entendre avec eux.

Ainsi, à l'occasion du différend né, et sous couleur d'arbitrage,

---

1. A l'étranger, nombreux sont les contrats collectifs intervenus à la suite de grèves. On en trouvera des exemples en feuilletant le *Bulletin de l'Office du travail*. Il en est qu'il faut citer, notamment l'accord signé (texte complet, *Bull. off.*, 1900, p. 44) par l'Association patronale danoise et les Unions fédérées du bâtiment, le 1er septembre 1899, à la suite d'une grève de six mois.

ce n'est plus une simple sentence arbitrale qui va intervenir, c'est bien un contrat collectif qui va être discuté.

Les représentants patronaux et ouvriers siégèrent les 27 et 29 novembre, et arrêtèrent le texte de la convention, dite *Convention d'Arras*, qui portait sur le taux des salaires, déclarant qu'« il y avait lieu de prendre pour base des salaires de tous les ouvriers du fond les salaires de la période de 12 mois qui avait précédé la grève de 1889, en y ajoutant les deux primes de 10 p. 100 accordées depuis et qui devaient être maintenues intégralement [1] ».

En 1892, baisse dans les prix de vente du charbon, d'où diminution de production, les salaires s'en ressentent. Le syndicat ouvrier finit par soumettre au directeur de chaque compagnie une demande d'augmentation de 10 p. 100, portant le salaire à 7 fr. 15 c. Les compagnies refusent. Grève de 48 jours. Le 6 novembre, les ouvriers reprennent le travail sans avoir rien obtenu. Leur syndicat est profondément atteint, perd de son influence; son organisation est diminuée.

En 1895, avec une nouvelle prospérité de l'industrie du charbon, le syndicat se reconstitue. La chambre syndicale des houillères se refuse à le reconnaître. Un congrès de mineurs se réunit à Lens en 1898, adresse, par l'intermédiaire de M. Basly, député, une lettre au président de la chambre syndicale des houillères, en vue de « soumettre à la bienveillance des membres de la chambre syndicale des houillères les réclamations suivantes :

« 1° Baisse des loyers et application des prix en vigueur avant la grève de 1893;

« 2° Augmentation de 10 p. 100 sur tous les salaires ;

« 3° Répartition plus équitable des salaires »,

et prévenant qu'« une délégation se tiendra à la disposition de la chambre des houillères, qui pourra l'appeler si elle le juge nécessaire ».

A la suite de cette lettre une commission mixte est réunie à Arras le 20 septembre 1898, et est adoptée la convention dite *Deuxième convention d'Arras*, par laquelle les compagnies consentent à appliquer dès le 1er octobre une réduction d'environ 35 p. 100 sur le taux des loyers qui ont été majorés depuis 1893, remettent au mois

---

1. Soit, en fait, 4 fr. 80 c. + 20 p. 100 = 4 fr. 80 c. + 0 fr. 96 c. = 5 fr. 76 c.

d'avril prochain, lors du renouvellement des marchés, la question des salaires pour examiner si la hausse sur le cours du charbon se généralisant, justifiera une majoration des salaires, et pour, dans ce cas, en fixer le taux ; et enfin, s'engagent à veiller à ce que les variations de salaire soient aussi faibles que possible.

Le 31 octobre 1900, une nouvelle convention vint fixer la prime à 40 p. 100, taux maintenu jusqu'au 1ᵉʳ juin 1902, pour être abaissée à cette date à 30 p. 100, à cause de la baisse des prix.

Ce fut la cause de la grève générale de septembre-octobre 1902. Mais *alors que toute intervention gouvernementale échoue auprès des compagnies houillères,* celles-ci, par des délégués, prennent contact avec les représentants ouvriers le 31 octobre, et le 5 novembre, fut signée la *Troisième convention d'Arras,* par laquelle les délégués des compagnies s'engagent à faire examiner avec bienveillance les faits de grève, — à faire supprimer le sur-menage en rendant facultatives les longues coupes, — à insister auprès des compagnies elles-mêmes pour que les ouvriers puissent exercer le contrôle des salaires en recevant communication régulière des renseignements statistiques, — repoussent le minimum de salaire, comme funeste aux ouvriers ainsi qu'aux compagnies, — et démontrent qu'elles ont tenu leurs engagements en ce qui touche les primes, en s'en référant d'ailleurs à l'arbitrage sur cette dernière question. Puis, réflexion faite que la procédure d'arbitrage retarde-rait la solution du débat, et pour donner un nouveau témoignage de conciliation, les délégués se résolvent à certaines concessions sur la majoration, par contributions volontaires des compagnies et égales au plus à 3 p. 100, des pensions de retraites des ouvriers mineurs ayant 55 ans d'âge et 30 ans de service dans les mines du Nord et du Pas-de-Calais, à partir du 1ᵉʳ janvier 1903, etc...

Deux jours après, le 7 novembre, à Lille, une convention presque identique était passée entre les ouvriers et les compagnies du Nord.

On pourrait multiplier les exemples de contrat collectif. Il en est une infinité d'espèces et de variétés, car il est l'idéal de l'orga-nisation professionnelle qui cherche sans cesse à le réaliser [1].

---

1. A citer encore la Convention passée entre MM. Viviani, pour les ouvriers, et Ménard, pour la Compagnie, le 3 décembre 1902. (*Journ. des Débats,* 5 déc. 1902.) Le contrat est très fréquent aussi chez les typographes, où intervient le comité

Esquisse juridique. — Ainsi, en partant des faits, et en se bornant à enregistrer un résultat, on peut affirmer que le contrat
collectif existe sous la forme de tout arrangement, de tout contrat,
qui intervient entre un patron ou un groupement professionnel de
patrons, d'une part, et des ouvriers réunis en syndicat ou en tout
autre groupement passager, d'autre part, relativement aux conditions
du travail, et avec ce caractère particulier que les conditions stipulées profitent le plus ordinairement à des collectivités d'individus.

Quelle forme juridique donner à ce contrat ?

On voit immédiatement que les règles du droit commun lui
peuvent être applicables. La jurisprudence, il est vrai, n'a pas
encore dégagé certains points intéressants relatifs par exemple aux
vices du consentement, comme le dol et la fraude, pouvant venir
de ce que dans le débat avant engagement, il peut avoir été fait
état, à propos du salaire, de chiffres apparents et non véritables,
omettant de faire figurer certaines réductions ou augmentations
spéciales [1]. Toute clause contraire à l'ordre public, aux lois ouvrières existantes est nulle de plein droit.

Tout cela va de soi.

Où la question se complique, c'est lorsqu'il s'agit de savoir *qui
peut passer le contrat collectif ? qui peut en poursuivre l'exécution ?* Nous avons vu les syndicats intervenir. Certes leur intervention a été utile. Mais, outre la défiance injuste qu'ils soulèvent [2],

---

central. A Bourg, 12-13 août 1898, sur demande d'unification de salaires, et après
intervention d'un délégué de la Fédération du Livre, les trois principaux patrons de
la ville signèrent le tarif qui leur fut soumis par le syndicat des typographes ; les
deux autres donnèrent leur signature après une grève de 24 heures. Les grévistes
avaient reçu 3 fr. 50 c. par jour, de la Fédération du Livre. — Le *Bulletin* de
l'Office du travail porte mensuellement de pareilles insertions.

A signaler aussi les règlements relatifs aux conditions du travail sur les réseaux
de tramways de la région parisienne, et les réseaux urbains de province. Il est vrai
que ces règlements sont imposés aux concessionnaires par les Conseils généraux et
municipaux dans les cahiers des charges. Les ouvriers en profitent sans avoir pris
la parole au contrat. L'étude s'en rattache donc plutôt aux conditions du travail des
adultes, réglementé d'autorité, et c'est là en effet qu'on en reparlera. Mais on conçoit
fort bien que ces règlements, qui touchent au contrat de travail, pourraient être parfaitement discutés entre les compagnies et les ouvriers, sans voir intervenir sans cesse
des émanations des pouvoirs publics.

1. Ç'a même été là une des causes de l'un des derniers conflits entre les mineurs
du Nord et les Compagnies houillères.

2. On l'a vu dans les conflits entre les mineurs du Nord et les compagnies qui
n'ont pas voulu reconnaître le syndicat, et ne se sont abouchées qu'avec des délégués
choisis dans le Congrès tenu à Lens.

on ne voit pas très bien en quoi ils peuvent se substituer à une collectivité d'ouvriers qui n'en fait pas toujours nécessairement et totalement partie. De plus, on leur cherchera encore chicane en ce que, d'après la loi de 1884, ils n'ont le droit d'intenter d'action en justice, ou d'y défendre, que dans l'intérêt inhérent à leur personnalité juridique [1].

Si l'on écarte ces difficultés, le syndicat passera-t-il le contrat pour les ouvriers, interviendra-t-il en vertu d'un mandat? Ou bien y aura-t-il pour lui gestion d'affaires, stipulation pour autrui, ou combinaison du mandat et de la stipulation? Autant de points sur lesquels la réalité des faits nous laisse sans données. La jurisprudence n'y supplée pas.

Quels seront aussi les bénéficiaires du contrat? Les ouvriers évidemment. Mais sera-ce les ouvriers affiliés au syndicat intervenu, ou, dans le cas de la collectivité passant le contrat, sera-ce les ouvriers individuellement désignés, ou leur masse indéterminée, quelles que soient les fluctuations qu'elle subira dans son nombre?

Reste aussi la question des actions à intenter. Seront-elles directes ou indirectes?

Le contrat collectif présente donc bien des lacunes, que comblera seule une mesure législative : Détermination de la condition juridique des forces collectives en présence; réglementation des rapports juridiques des patrons et des ouvriers considérés individuellement, en même temps que des rapports juridiques des patrons et des représentants des intérêts ouvriers, — sans oublier que rien n'est plus simple et plus divers, plus délicat et plus complexe que le contrat collectif, — telles sont les grandes lignes de la législation à naître.

Il semble d'ailleurs qu'on devrait, au plus tôt, assurer en France l'indispensable reconnaissance du contrat collectif, par un texte de loi qui ne ferait que consacrer légalement l'état de fait actuel [2].

---

1. Comme cela ressort des arrêts cités de la jurisprudence.

2. En ce qui concerne les syndicats, pourquoi ne leur permettrait-on pas d'ester en justice pour assurer l'exécution d'un contrat collectif auquel leurs membres sont intéressés?

Les syndicats pourraient se retourner contre les membres qui, ayant accepté le contrat, le violeraient. Il y a dans la jurisprudence un précédent. C'est un arrêt de

Mais pour édifier cette législation dont les faits connus rendent
le détail facile, au lieu de vouloir rattacher le contrat collectif à
un type juridique du passé et du droit civil, il serait plus simple
d'aller plus avant. Le contrat collectif avec sa vitalité prodigieuse
et sa force d'expansion brise les vieux cadres et exige qu'on cherche
pour lui, sans l'étriquer dans les formes actuellement existantes,
quelque théorie nouvelle et complète, plus unifiée, débarrassée de
tout le fatras juridique venu du droit romain, et dégagée des expériences d'un autre âge dont la tradition est rompue, — et qui le
rende harmonieusement adéquat à la réalité sociale.

Quoi qu'il en soit d'ailleurs, avec ou sans le législateur, un ordre
nouveau, un droit nouveau s'élabore.

Législation comparée. — Une étude des faits dans les divers
pays, au sujet du contrat collectif, est indispensable pour achever
d'éclairer et de compléter la matière.

---

la Cour de Grenoble du 6 mars 1902, dont on trouvera les détails dans le *Bulletin*
de l'Office du travail de mars 1903, page 212. Voici les faits :

Plusieurs médecins exerçant à Bourgoin se sont réunis en syndicat pour se concerter, notamment sur l'attitude à prendre vis-à-vis des compagnies d'assurances
contre les accidents, à l'effet de retirer de la loi du 9 avril 1898, qui venait d'entrer
en vigueur, tous les avantages qu'ils estimaient pouvoir légitimement obtenir ; il
fut décidé, dans cette réunion, que les contrats existants seraient dénoncés et qu'il ne
serait pas passé de contrat individuel nouveau ; un tarif fut également arrêté.

Or, le docteur C..., membre de l'association professionnelle ainsi formée, n'a point
respecté ses engagements et a continué ses anciens rapports avec les compagnies
d'assurances, en soignant les blessés moyennant un tarif inférieur à celui proposé
par le syndicat auquel il avait adhéré. A la requête du syndicat, le tribunal civil de
Bourgoin le condamna à 200 fr. de dommages-intérêts.

Des conventions dérogatoires individuelles établissant des conditions de travail plus
favorables, mais jamais moins que celles obtenues par le syndicat, pourraient être stipulées au contrat collectif.

Enfin les parties devraient avoir le droit de poursuivre en dommages-intérêts tant
au cas d'inexécution du contrat que pour la réparation du préjudice causé.

Dans une consultation juridique (*Recueil de procédure civile*, 1887, p. 49),
M. Waldeck-Rousseau opinait qu'un syndicat n'a le droit d'exercer que « les actions qui, n'étant pas dans le commerce, ne peuvent être exercées par aucun de ses
membres ». Il est vrai que cette consultation intervenait à propos d'une action en
dommages-intérêts intentée devant la Cour d'Aix par un syndicat de négociants à
raison de concurrence déloyale commise au préjudice de certains syndiqués, M. Waldeck-Rousseau donnait l'avis de l'avocat, qui est éminent en lui. Depuis, M. Waldeck-Rousseau, faisant taire l'homme de robe, a élaboré un projet où certaines dispositions, au contraire, tendent à consacrer manifestement le contrat collectif,
jusqu'à ses dernières conséquences : le droit d'ester en justice pour assurer le respect du contrat, de la part de tous. Lire notamment l'article 10, et l'exposé des
motifs.

On peut ranger en trois groupes les pays étrangers au point de vue du contrat collectif :

1° *Pays où le contrat n'a pas d'existence légale.* — Quoique le contrat collectif y soit particulièrement répandu, l'*Angleterre*, qui est la terre natale de ce contrat, ne connaît pas de réglementation légale.

L'industrie du bâtiment est celle où le contrat collectif est le plus anciennement connu. Voici le texte d'un contrat collectif[1] :

CONTRAT *de travail délibéré et arrêté conjointement par l'association des patrons et l'association des ouvriers du district de Manchester et de Salford, exécutoire à partir du 17 juin 1895 :*

I. — *Salaires.* — Le taux du salaire est de o fr. 90 c. l'heure.

II. — *Heures de travail.* — Le temps de travail pour les ouvriers travaillant tant au dedans qu'au dehors, sera réglé comme suit : du 1er mars (ou du 29 février, suivant le cas) au 31 octobre inclusivement, on travaillera le lundi, de 7 heures du matin à 5 h. 1/2 du soir, avec un arrêt d'une demi-heure pour le déjeuner, et un arrêt d'une heure pour le dîner.

Les mardi, mercredi, jeudi, vendredi, on travaillera de 6 h. 1/2 du matin à 5 heures du soir, avec les mêmes arrêts.

Le samedi, on travaillera de 6 h. 1/2 du matin à midi, avec un arrêt d'une demi-heure pour le déjeuner : soit un total de 52 heures par semaine.

Du 1er novembre au 28 février inclusivement, le travail commencera de 7 heures du matin et cessera à 5 heures du soir, pendant les cinq premiers jours de la semaine, et durera le samedi de 7 heures du matin à midi, avec les arrêts déjà indiqués, soit 47 heures par semaine.

III. — *Heures des repas.* — Les heures des repas seront ainsi fixées : déjeuner de 8 heures à 8 h. 1/2 ; dîner de midi à 1 heure. L'employeur devra, dans tous les cas, procurer de l'eau chaude aux ouvriers pour leurs repas.

IV. — *Heures pour commencer l'ouvrage.* — Tout ouvrier qui ne commencera pas son travail à l'heure fixée le matin, sera autorisé à le commencer à 7 heures, 8 h. 1/2 et 1 heure en été, à 7 h. 1/2, 8 h. 1/2 et 1 heure en hiver, pourvu qu'il fasse sa déclaration lui-même au contremaître ou surveillant.

V. — *Heures supplémentaires.* — Les heures supplémentaires seront comptées à partir du temps fixé par ce règlement pour quitter le chantier. Elles seront payées un quart en sus pour les deux premières heures, moitié en sus de 7 h. 1/2 à minuit et le double de minuit au commencement de la journée suivante. On comptera double aussi tout le travail exécuté entre 4 heures du soir le samedi et 7 heures du matin le lundi, ainsi que le jour de Noël. On comptera moitié en sus pour le travail exécuté le samedi de midi à 4 heures du soir.

VI. — *Travaux éloignés.* — Tous les ouvriers travaillant dans un rayon d'un mille autour de Saint-Ann's Square commenceront leur journée à l'heure fixée par l'article 2. Tous ceux employés au delà de cette distance auront droit de se faire payer comme temps de travail le temps employé pour se rendre au chantier, à raison de 20 minutes par mille au plus, à partir des limites sus-indiquées. On les indemnisera aussi pour le temps employé à changer de chantiers pour le même employeur.

VII. — *Travail à la campagne.* — Clause 1 : Les ouvriers qui vont travailler à la campagne quitteront leur résidence par le train ou autre moyen de transport le

---

1. Traduction P. de Rousiers, *Le Trade-Unionisme en Angleterre*, p. 68 et ss.

plus rapproché de l'heure d'ouverture et reviendront le samedi par le train le plus rapproché de l'heure de clôture ; s'ils ne sont pas payés sur le chantier, ils devront l'être au bureau du patron à midi. Ceux qui travaillent à plus de 3 milles des limites et à moins de 15 milles de la ville recevront 3 shillings (3 fr. 75 c.) par semaine comme indemnité de logement, plus le prix de leur voyage chaque semaine ; ceux qui travaillent à plus de 15 milles de la ville et à moins de 30, recevront 3 shillings par semaine pour logement, 2 shillings de surpaie pour le dimanche, et le prix de leur voyage une fois par quinzaine ; mêmes conditions pour les chantiers situés de 30 à 50 milles, sauf que le prix du voyage ne sera donné à l'ouvrier qu'une fois par mois. Au delà de 50 milles, les autres conditions restent les mêmes, les dépenses du voyage feront l'objet d'un contrat spécial.

Clause 2 : On ne tiendra compte en aucun cas des billets hebdomadaires d'ouvriers délivrés par les compagnies de chemins de fer ou de tramways. Dans tous les cas où les salaires de la ville où les ouvriers sont demandés seraient plus élevés que ceux du district de Manchester, ces salaires seront exigibles : au contraire, les plâtriers de Manchester recevront le salaire de leur district partout où les salaires en usage seraient moindres.

(Suit une énumération des rues de chaque faubourg où passent les limites indiquées plus haut.)

VIII. — *Moment de la paye.* — Là où les hommes sont payés sur le chantier, ils travailleront le samedi jusqu'à midi ; sinon ils doivent être au bureau à l'heure de la clôture des chantiers. En tout cas le temps de déplacement sera compté à 3 milles par heure ; le patron commencera à payer à midi, ou bien il indemnisera les ouvriers pour le temps qu'il les fait attendre.

IX. — *Contremaîtres.* — Tout plâtrier chargé d'un chantier recevra au minimum un demi-penny (0,05) par heure en plus du salaire courant, quel que soit le nombre d'ouvriers qu'il ait sous sa surveillance ; il ne sera pas autorisé à payer les salaires, à moins que le compte de chaque ouvrier ne soit établi d'avance sur des feuilles portant l'en-tête imprimé du patron. Seuls les plâtriers occuperont cette situation de contremaîtres.

X. — *Travail de plâtrier.* — Aucune autre personne qu'un plâtrier ne sera autorisée à exécuter une partie quelconque du travail de plâtrerie. Ce travail comprendra le battage ou tout procédé destiné à le remplacer, la mise en place des moulures d'ornements (qui doivent être faites également par des plâtriers membres du syndicat), les travaux de ciment, la préparation des surfaces destinées au pavage en bois, le carrelage, les revêtements de muraille en faïence. On ne s'opposera pas à laisser exécuter par des cimentiers les pavages et les marches.

XI. — *Notification de renvoi.* — Tout patron désirant congédier un ouvrier doit le prévenir une demi-heure avant la fin de la journée, faute de quoi il lui paiera une demi-heure en sus. Quand un ouvrier a reçu son congé, le patron doit lui payer immédiatement le salaire dû ou lui compter le temps pendant lequel il le fait attendre.

XII. — *Apprentis.* — Les enfants entrant dans le métier ne doivent pas avoir plus de 16 ans et seront liés à leur patron par un contrat authentique d'apprentissage. On stipulera dans ce contrat la faculté pour l'apprenti d'assister aux cours techniques du métier. Aucun patron n'aura plus de 3 apprentis à la fois, excepté dans la dernière année du plus âgé où il pourra en prendre un quatrième, la préférence étant donnée au fils d'un plâtrier syndiqué.

XIII. — *Matériaux.* — Dans tous les cas, les entrepreneurs devront fournir les matériaux ; le fait d'acheter ces matériaux directement ou indirectement de celui au compte duquel on bâtit, sauf le sable, sera considéré comme exclusif de la qualité d'entrepreneur. Le syndicat peut exiger la preuve de l'achat des matériaux, s'il le juge à propos.

XIV. — *Demande de modification.* — Toute demande de modification, venant, soit des patrons, soit des ouvriers, doit être adressée six mois à l'avance par écrit, au secrétaire de l'association des ouvriers ou des patrons. Il sera loisible à cette association d'abréger ce délai de six mois.

(Suit la détermination des frontières du district où cette convention est exécutoire ainsi que la liste des signataires au nom de l'Association des patrons et au nom de l'Association des ouvriers.)

Le contrat collectif est très fréquent aussi dans l'industrie métallurgique, les mines, les industries textiles, l'imprimerie.

Le développement du contrat est dû au mouvement trade-unioniste. La Trade's Union permet d'arriver par la caisse de résistance à imposer le contrat collectif; elle permet de l'étendre progressivement à tout un district, puis par le système des fédérations à tout le pays. De plus, elle en assure l'application.

Mais il faut tenir compte aussi de l'expérience patronale et ouvrière; patrons et ouvriers ont compris quels avantages considérables présentait pour les uns comme pour les autres le système du contrat collectif, et, de propos délibéré, en dehors de toute intervention autoritaire de l'État, l'ont substitué au contrat individuel.

L'Allemagne n'en est encore qu'aux tâtonnements.

· 2° *Pays où le contrat collectif est reconnu comme contrat de droit privé et légalement obligatoire entre les parties.* — En *Belgique,* la loi du 31 mars 1898 sur les unions professionnelles porte en son article 10 : « L'union peut ester en justice, soit en demandant, soit en défendant, pour la défense des droits individuels que ses membres tiennent de leur qualité d'associés, sans préjudice du droit de ces membres d'agir directement, de se joindre à l'action ou d'intervenir dans l'instance. Il en est ainsi notamment des actions en exécution *des contrats conclus par l'union pour ses membres et des actions en réparation du dommage causé par l'inexécution de ces contrats* [1]. »

Malgré cela, le contrat collectif n'est pas très répandu en Belgique ; il se rattache à deux institutions fort différentes : les conseils de l'industrie et du travail qui aboutissent rarement à faire conclure des contrats collectifs, et d'ailleurs leur rôle n'est pas celui-là [2], et les unions professionnelles, qui ont plus d'initiative.

---

1. Rien de semblable n'existe dans notre loi sur les syndicats.

2. V. leur fonction essentielle : *Législation comparée.* Livre III, Chap. II. Cependant l'union Cokrill, de Seraing, près de Liège, qui compte près de 12 000 ouvriers, est aujourd'hui régie par le contrat collectif grâce au conseil du travail.

Aux *Pays-Bas,* malgré la réglementation des chambres de travail, le contrat collectif se rapproche plus d'une coutume du métier, que d'un contrat de libre discussion.

Aux *États-Unis,* les contrats collectifs sont très répandus. L'élaboration de ces contrats implique un mécanisme des plus intéressants. Ce sont de véritables codes du travail d'une longueur remarquable [1].

Le renouvellement de ces contrats a lieu tous les ans au mois de juin, et comprend trois phases : 1° l'élaboration des modifications à proposer ; 2° la ratification de ces modifications par la convention représentant tout le métier ; 3° l'accord avec les patrons.

Les contrats collectifs sont reconnus par les tribunaux comme des contrats civils qui n'entraînent que condamnation à des dommages-intérêts pour la partie manquant à l'exécution de ses engagements.

3° Pays où le contrat collectif est spécialement réglementé et possède à quelque degré une force obligatoire. — L'acte d'avril 1894 qui a institué l'arbitrage en *Nouvelle-Zélande* a rendu obligatoires comme contrats collectifs les jugements de la Cour centrale d'arbitrage, dont les stipulations sont valables pour une durée maximum de deux ans, et renouvelables par les parties à l'expiration de ce délai.

En *Suisse,* la République et le canton de Genève ont une loi du 10 février 1900 qui « *fixe le mode d'établissement des tarifs d'usage entre ouvriers et patrons,* et règle les conflits relatifs aux conditions de leur engagement ». Ces tarifs et conditions générales d'engagement sont fixés soit par le commun accord entre patrons et ouvriers intéressés, soit par des arbitres, soit par la commission centrale des prud'hommes et les délégués patrons et ouvriers.

Les dispositions sur la réglementation du contrat collectif ont trait à son élaboration et à sa force. Seules participent à l'élaboration du contrat collectif les associations de patrons et les associations d'ouvriers régulières, ou, à leur défaut, les patrons et ouvriers de la profession, établis à Genève depuis plus de trois mois. Ces

---

[1]. C'est ainsi que les dix contrats passés en 1896 par l'*Illinois Steeb Cᵒ*, qui occupe environ 10 000 ouvriers, avec l'association amalgamée, couvrent 32 pages in-12 de texte très serré.

associations convoquent par voie d'affiches trois jours au moins à l'avance des réunions plénières de leurs associations respectives. Ces assemblées nomment au bulletin secret sept représentants de chaque côté, ou moins à leur gré, mais toujours en nombre égal. Les qualités des délégués sont fixées par la loi. Les délégués nommés se réunissent et prennent leurs décisions à la majorité des trois quarts; procès-verbal des décisions en quadruple exemplaire est dressé.

Les tarifs et conditions ont force de loi pendant cinq ans au maximum, et peuvent être dénoncés par entente amiable. Mais tant qu'ils sont en vigueur, on n'y peut déroger, et aucune suspension de travail ne peut être décrétée.

Des peines de police sanctionnent toute contravention aux dispositions légales.

LIVRE II

———

PROTECTION DES TRAVAILLEURS

CHAPITRE PREMIER

RÉGLEMENTATION DU TRAVAIL

I. — PROTECTION GÉNÉRALE DES ENFANTS, DES FILLES MINEURES ET DES FEMMES.
II. — TRAVAIL DES ADULTES.
III. — HYGIÈNE ET SÉCURITÉ.
IV. — ACCIDENTS DU TRAVAIL. RÉPARATION CIVILE.

CHAPITRE II

APPLICATION DES LOIS SUR LE TRAVAIL
CONTROLE ET SANCTIONS

I. — L'INSPECTION DU TRAVAIL.
II. — SANCTIONS ET PÉNALITÉS.
III. — LÉGISLATION COMPARÉE.
Annexe. — VÉRIFICATION DES POIDS ET MESURES.

CHAPITRE III

INSTITUTIONS DE PRÉVOYANCE

I. — CONSIDÉRATIONS GÉNÉRALES.
II. — CAISSES D'ÉPARGNE.
III. — INSTITUTIONS D'ORDRE MATÉRIEL ET D'ORDRE MORAL.
IV. — L'ASSURANCE OUVRIÈRE.
V. — ASSISTANCE SOCIALE.

CHAPITRE IV

RÉCOMPENSES INDUSTRIELLES ET MÉDAILLES D'HONNEUR
OUVRIÈRES

CHAPITRE PREMIER

RÉGLEMENTATION DU TRAVAIL

————

I. — PROTECTION GÉNÉRALE DES ENFANTS, DES FILLES MINEURES ET DES FEMMES

1. — Contrat d'apprentissage.

Définition. — De même qu'entre le patron et l'ouvrier, adulte ou non, il existe un contrat de louage de services et d'ouvrage, de même aussi existe un contrat dit d'apprentissage, par lequel un fabricant, un chef d'atelier ou un ouvrier s'obligent à enseigner la pratique de leur profession à une autre personne, généralement un enfant, qui s'oblige en retour à travailler pour son maître à des conditions [1] et pendant un temps convenu.

Sous l'ancien régime, au temps des jurandes et maîtrises, l'apprentissage était généralement une condition obligatoire à remplir avant de pouvoir exercer une profession manuelle. L'autorité

————

[1]. Conditions qui peuvent impliquer le payement d'une somme d'argent de la part de la famille de l'apprenti en échange de l'enseignement reçu par celui-ci, ou même de la part du patron, en échange des services de l'apprenti; ce dernier cas n'est pas rare, et que de fois ne voit-on pas demander des apprentis « gagnant de suite » ?

locale et le pouvoir central en réglaient la durée et les dispositions diverses, sur les propositions de chaque corporation de métiers. Ce n'est qu'après avoir satisfait, l'apprentissage terminé, à des épreuves d'examen, que l'ouvrier passait au grade de compagnon.

A la suite de la suppression des corporations, le contrat d'apprentissage fut laissé à la libre discussion des parties contractantes. De graves abus se produisirent qu'une loi du 22 germinal an XI essaya de réprimer et de supprimer, en permettant au juge de briser, dans certains cas, le contrat d'apprentissage, — en frappant de nullité toute stipulation tendant à prolonger dans l'intérêt du patron la durée de l'apprentissage au delà du terme d'usage, — en protégeant la liberté de l'apprenti contre les exigences tyranniques du maître, et le maître contre la mauvaise foi de l'apprenti.

Ces mesures n'ont pas paru suffisantes, et le contrat d'apprentissage, à cause de la protection qu'on doit à l'enfance, a été l'objet d'une réglementation spéciale et précise [1].

Formation du contrat. — Le contrat se conclut verbalement[2]; c'est le cas le plus fréquent; ou par acte public qui peut être passé devant les notaires, les secrétaires des conseils de prud'hommes et les greffiers des justices de paix ; ou bien par acte sous seing privé. Dans les deux derniers cas le droit d'enregistrement est fixé pour tous les actes, quoi qu'ils contiennent, à 1 fr. 50 c., et les officiers publics ont droit à 2 fr. d'honoraires. (*L. 24 févr. 1872.*)

L'acte d'apprentissage doit contenir les noms, prénoms, âges et professions et domiciles du maître, de l'apprenti, des père et mère ou tuteur (ou personne autorisée par eux ou par le juge de paix) de l'apprenti ; la date et la durée du contrat ; les conditions de logement, de nourriture, de prix, et toutes autres, arrêtées entre les parties; et les signatures du maître et des représentants de l'apprenti.

---

1. Par la loi du 4 mars 1851. Mais tout ce qui concerne, *dans l'industrie,* le travail des apprentis mineurs, quant à la durée du travail, au travail de nuit, au repos hebdomadaire, à l'instruction primaire ainsi qu'à la compétence et aux pénalités touchant ces quatre points spéciaux, est régi aujourd'hui par la *loi du 2 novembre 1892,* comme tout ce qui, dans l'industrie, relève du travail des enfants et des femmes. La loi du 4 mars 1851 n'a donc plus une portée générale. Cette observation est très importante.

2. Il faut le passer par écrit pour s'assurer la réparation civile en cas d'accident. (*C. ap. Grenoble, 1902*).

Obligations des maîtres et des apprentis. — Nul ne peut recevoir des apprentis mineurs, s'il n'est âgé de 21 ans au moins. Aucun maître, s'il est célibataire ou veuf, ne peut loger, comme apprenties, des jeunes filles mineures. Sont incapables de recevoir des apprentis, à moins de levée d'interdiction par le préfet de police, à Paris, sur avis du maire, après l'expiration de leur peine et trois ans de résidence dans la même commune, ceux qui ont subi une condamnation pour crime, pour attentat aux mœurs, ou à trois mois d'emprisonnement pour vol, banqueroute, escroquerie, abus de confiance, faux seing, vente de marchandises en trompant sur leur valeur, leur nature ou leur titre, et fait usage de fausse monnaie ou de faux poids. (*Art. 388, 401, 405 à 408 et 423 du C. pén.*)

Le maître doit se conduire envers l'apprenti en bon père de famille, surveiller sa conduite et ses mœurs en toute occasion et avertir ses parents ou représentants des fautes graves qu'il pourrait commettre ou des penchants vicieux qu'il pourrait manifester. Tout fait de nature à motiver l'intervention des parents doit leur être soumis : tel qu'absence, maladie, etc. Il ne doit employer l'apprenti, sauf conventions contraires, qu'aux travaux et services qui se rattachent à sa profession, et jamais à ceux qui seraient insalubres ou au-dessus de ses forces [1].

Si l'apprenti, âgé de moins de 16 ans, ne sait ni lire, ni écrire, ni compter, ou s'il n'a pas terminé sa première éducation religieuse, le maître est tenu de lui laisser le temps et la liberté nécessaires pour son instruction, sans que ce temps puisse excéder deux heures par jour. Le maître doit enseigner à l'apprenti progressivement et complètement l'art, le métier ou la profession spéciale qui fait l'objet du contrat.

A la fin de l'apprentissage, il lui délivre un congé d'acquit ou certificat constatant l'exécution du contrat.

L'apprenti doit à son maître fidélité, obéissance et respect ; il doit l'aider par son travail, dans la mesure de son aptitude et de ses forces, et est tenu de remplacer, à la fin de l'apprentissage, le temps

---

1. Les travaux industriels insalubres ou excédant les forces des jeunes travailleurs ont été déterminés par le décret du 13 mai 1893 et l'arrêté ministériel du 31 juillet 1894. Voir ci-dessous, même livre : III. HYGIÈNE ET SÉCURITÉ, 2. *Dispositions spéciales aux établissements qui emploient des enfants, filles mineures et femmes.*

qu'il n'a pu employer par suite de maladie ou d'absence ayant duré plus de quinze jours[1].

Réglementation du travail de l'apprenti. — Cette réglementation ne s'applique plus aujourd'hui qu'aux professions non assujetties à la loi du 2 novembre 1892 sur le travail des enfants et des femmes employés dans l'industrie. Il est essentiel de le dire[2]. Sous l'empire de la loi de 1851, dont le champ est, par suite, des plus restreints, en ceci, la durée du travail effectif[3] des apprentis âgés de moins de 14 ans ne peut dépasser 10 heures par jour, et pour ceux âgés de 14 à 16 ans 11 heures[4]. Le travail de nuit, c'est-à-dire entre 9 heures du soir et 5 heures du matin, est interdit aux apprentis avant l'âge de 16 ans. Les dimanches et jours de fête étant pour eux jours de repos obligatoires, les patrons ne peuvent ces jours-là, suivant l'usage ou les conventions, que faire ranger l'atelier par les apprentis, et jusqu'à 10 heures du matin seulement. Toute dérogation aux prescriptions de ce paragraphe est soumise à un arrêté du préfet, sur l'avis du maire.

Résolution du contrat. — Le contrat d'apprentissage peut être annulé par la seule volonté de l'une des parties, sans droit à indemnité, à moins de conventions expresses, durant les deux premiers mois de l'apprentissage, considérés comme un temps d'essai.

Le contrat est résolu de plein droit par la mort du maître ou de l'apprenti, par le départ de l'un d'eux pour le service militaire, par la condamnation du maître ou de l'apprenti au titre des articles 388, 401, 405 à 408, 423 du Code pénal, par le décès de l'épouse du maître, quand il s'agit d'apprenties mineures.

---

1. Tout fabricant, chef d'atelier ou ouvrier convaincu d'avoir détourné un apprenti de chez son maître pour l'employer en qualité d'apprenti ou d'ouvrier pourra être passible de tout ou partie de l'indemnité à prononcer au profit du maître abandonné.

2. C'est donc au titre : *2. Établissements industriels,* ci-dessous, qu'il faut se reporter pour la réglementation générale.

3. Il faut entendre par *durée du travail effectif* les heures consacrées au travail, heures de repos non comprises, mais en comptant le temps de la mise en train et de la distribution du travail (*Trib. Troyes, 29 déc. 1893*), par opposition à la durée du travail journalier, dont les limites sont l'heure d'entrée et l'heure de sortie, heures de repos comptées.

4. Du moins, il faut le penser, d'après l'article 1er de la loi du 30 mars 1900. La loi du 22 février 1851, art. 9, dit : douze heures.

Le contrat peut être résolu, sur la demande des parties ou de l'une d'elles, au cas de manquement aux stipulations du contrat, d'infraction grave ou habituelle aux prescriptions de la loi, d'inconduite habituelle de l'apprenti, de condamnation du maître ou de l'apprenti emportant emprisonnement de plus d'un mois ; en cas de mariage de l'apprenti ; et enfin, pour cause de changement de résidence du maître. Dans ce dernier cas, la demande en résolution se prescrit par trois mois, à partir du jour du changement de résidence.

Si le temps convenu pour la durée de l'apprentissage dépasse le maximum de la durée consacrée par les usages locaux, ce temps peut être réduit ou le contrat résolu.

Compétence. — Les conseils de prud'hommes du domicile du maître, ou à défaut le juge de paix du canton, sont compétents pour statuer sur les demandes relatives à l'exécution ou à la résolution du contrat d'apprentissage. Si des tiers sont en cause, comme au cas de détournement d'apprenti, les juges compétents sont ceux du domicile des tiers. Les indemnités ou restitutions, en cas de résolution, sont réglées, à défaut de stipulations expresses, par les mêmes juridictions.

Pénalités. — Les contraventions aux conditions du contrat [1] entraînent une amende de 5 à 15 fr., et, en cas de récidive, outre l'amende, un emprisonnement de un à cinq jours, sauf pour le cas de récidive dans la violation des prescriptions réglant l'incapacité, laquelle relève des tribunaux correctionnels, et peut entraîner un emprisonnement de quinze jours à trois mois, nonobstant une amende de 50 à 300 fr.

Comités et sociétés de patronage. — Les chambres syndicales ont, dans certaines villes, formé, pour l'amélioration des conditions de l'apprentissage, des sociétés de patronage des apprentis, et l'administration les encourage par tous les moyens dont elle dispose. La loi du 2 novembre 1892 (*art. 25*) fait appel aux pouvoirs publics pour stimuler l'initiative privée. Elle a institué dans chaque département des comités de patronage ayant pour objet : 1° la pro-

---

1. Les contraventions en ce qui concerne les conditions du travail des enfants dans l'industrie sont punies par les articles 26 à 29 de la loi du 2 novembre 1892. Voir plus loin, chap. II : II. — SANCTIONS ET PÉNALITÉS.

tection des apprentis et des enfants employés dans l'industrie ; 2° le développement de leur instruction professionnelle.

Le Conseil général, dans chaque département, détermine le nombre et la circonscription des comités de patronage, dont les statuts sont approuvés, dans le département de la Seine, par le Ministre de l'intérieur et le Ministre du commerce et de l'industrie, et par les préfets dans les autres départements.

Les comités de patronage sont administrés par une commission composée de sept membres, nommés : quatre par le conseil général, et trois par le préfet. Ils sont renouvelables tous les trois ans ; les membres sortants peuvent être nommés à nouveau. Leurs fonctions sont gratuites[1].

Ce que devient l'apprentissage.

— Le régime de la grande industrie, qui domine décidément aujourd'hui toute la législation ouvrière, a fait perdre presque toute son importance à la loi sur l'apprentissage, qui lui-même disparaît peu à peu avec la disparition continue du petit atelier.

Autrefois l'apprentissage était l'objet des préoccupations les plus constantes des hommes du métier. L'objet marchandise était fabriqué tout entier par l'ouvrier qui ne devenait « compagnon » qu'après l'épreuve du chef-d'œuvre. Il y fallait un long apprentissage. Le machinisme, élément nouveau de la production, est venu simplifier et faciliter le travail ; il a modifié les relations ouvrières. Y a-t-il encore dans la grande industrie des apprentis qui « apprennent » ? Il n'y a plus que des enfants chargés de faire les courses, de balayer les ateliers, et occupés à d'autres besognes qui n'ont pas de rapport avec le travail même du métier.

Le nom lui-même d'apprenti tend à disparaître dans les métiers où il faut une habileté professionnelle spéciale, du goût, du talent : la gravure sur métaux, la ciselure, les arts du bois, pour céder à l'appellation d'élève.

La grande industrie n'a plus besoin d'ouvriers ayant fait un apprentissage. Et s'il est vrai que ses contremaîtres doivent cependant avoir une science professionnelle supérieure à celle des ouvriers, ils l'acquièrent par

---

1. Les seuls comités de patronage qui aient réellement fonctionné en 1901 sont ceux de la Gironde. Le comité primitif s'est séparé en deux comités : l'un pour les jeunes garçons, l'autre pour les jeunes filles, qui a organisé des cours, des fêtes, des excursions et des distributions d'objets de première nécessité.

En dehors de la Gironde, les comités de patronage se sont réunis dans la Meurthe-et-Moselle, l'Orne et le Loir-et-Cher pour constituer leur bureau, ou décider l'organisation de conférences pour les apprentis, etc. Dans les autres départements, ils ne se sont même pas réunis. Certains conseils généraux attribuent cet état de choses à ce que la loi n'a prévu aucune ressource pour le fonctionnement de ces comités. Peut-être aussi le développement des œuvres post-scolaires qui remplissent, à l'égard des jeunes gens, les principales obligations assignées aux comités, a-t-il détourné l'attention du but plus spécial qu'avait visé le législateur en prévoyant leur institution.

la pratique, comme ouvriers d'abord; et ensuite les écoles professionnelles, institution jadis inconnue, sont venues suppléer à l'évidente déchéance de l'apprentissage, pour donner l'éducation technique aux ouvriers aptes à devenir contremaîtres [1].

Législation comparée. — Aussi ne faut-il point s'étonner que le contrat d'apprentissage soit absent précisément des législations des pays les plus avancés par l'industrie : l'Angleterre, la Belgique, la Suisse, et même l'Italie où les conditions du contrat se règlent librement entre les parties.

En *Autriche,* après la loi de 1859 qui a cependant aboli le monopole corporatif, la loi de 1883 sur l'industrie a réglementé les *métiers* qui ne peuvent être exercés que par des artisans ayant fait leur apprentissage. Elle laisse à chaque corporation le soin de « pourvoir à l'établissement d'un système d'apprentissage bien ordonné, par un ensemble de règles qui, avant de devenir obligatoires, doivent être soumises à l'autorité administrative. Ces règles portent notamment sur l'éducation professionnelle, morale et religieuse des apprentis, sur la durée de l'apprentissage, sur les examens et épreuves à subir, ainsi que sur les moyens d'assurer l'exécution de semblables dispositions ; elles se réfèrent, en outre, aux garanties à fournir pour tenir des apprentis ainsi qu'à la proportion numérique de ces derniers par rapport au nombre des ouvriers proprement dits [2] ». — La *Hongrie* a établi en 1884 un régime analogue à celui de l'Autriche.

En *Suisse,* l'apprentissage est réglé par la loi du 21 novembre

---

1. Voir au Liv. III, l'*Éducation professionnelle,* qui n'a aucun rapport, sous le point de vue de la protection de l'enfant employé dans l'industrie, avec le contrat tutélaire de l'apprentissage, dont les dispositions visent plus la protection de l'enfant que son instruction technique elle-même. Et l'on verra plus loin que le législateur en France, comme celui de la plupart des autres pays, a pourvu à la protection de l'enfant dans l'industrie.

2. De l'avis de presque tous les inspecteurs du travail, l'enseignement professionnel pratique est mal organisé en Autriche. Les apprentis sont employés à des besognes domestiques où ils perdent un temps précieux (Rapport de la Basse-Autriche), changent trop fréquemment de maisons (Tyrol méridional), ne sont initiés à rien du métier ; on les exploite indignement, pour les mettre ensuite à la porte, une fois leur période d'apprentissage terminée (Rapp. Budweiss, Gras, Kratuen, Königgrätz). Pour toutes ces raisons qui diminuent le nombre des apprentis, diverses fondations publiques ou privées surgissent peu à peu, pour régénérer l'apprentissage : *foyers d'apprentis,* destinés à récréer et instruire l'apprenti dans ses moments de liberté ; *expositions des travaux d'apprentis,* pour créer une fructueuse émulation ; *établissements d'instruction professionnelle,* avec des cours théoriques ; *institutions post-scolaires,* etc., etc.

1896 et les arrêts du Conseil d'État qui en découlent. Des dispositions
intéressantes visent le repos de l'apprenti : aux termes de l'article 13
de cette loi, il est interdit de faire travailler l'apprenti la nuit et le
dimanche. Aux termes de l'article 14, le Conseil d'État peut autoriser des dérogations en faveur des professions dont les conditions
particulières l'exigent. Ces professions ont été visées par un arrêté
du 23 avril 1897. Ce sont : les boulangers, pâtissiers, confiseurs,
bouchers, charcutiers, tripiers, laitiers, hôteliers, restaurateurs,
cafetiers, cuisiniers, jardiniers, horticulteurs, coiffeurs. Toutefois,
pour ces professions, le même arrêté prescrit qu'il doit être accordé
à l'apprenti au moins un dimanche libre sur trois, et, chaque
semaine au moins, une demi-journée lorsque l'apprenti est occupé
le dimanche après midi.

L'*Allemagne*, où la petite industrie tient encore une grande
place, avait en 1881 érigé des corporations facultatives, à qui on a
donné le droit d'établir des règlements d'apprentissage, et d'en
surveiller l'application, même, avec la permission de l'autorité, sur
les « industriels qui ne sont pas de la profession ». Les différends
relatifs à l'apprentissage sont portés devant le tribunal corporatif,
même quand il s'agit d'intéressés qui ne sont pas membres de la
corporation ; et, depuis 1884, ne pouvaient avoir d'apprentis que les
patrons qui font partie des corporations facultatives relevées par la
loi de 1881.

Une loi nouvelle, modifiant la loi industrielle du 26 juillet 1867,
traite, dans ses articles 126 à 144, du contrat d'apprentissage. Le
contrat est fait par écrit, sans frais, dans un délai de quatre semaines à dater du commencement de l'apprentissage. Le maître
doit instruire l'apprenti dans toutes les pratiques de son art, lui
permettre de suivre les cours des écoles de perfectionnement et
professionnelles et les autres. Il ne doit pas le priver du temps
nécessaire pour son éducation et pour ses exercices religieux, les dimanches et jours fériés. Le contrat peut être rompu, après un délai
de quatre semaines ou de trois mois au plus, par une renonciation
de l'un des contractants. A la fin de l'apprentissage, le maître remet
à l'apprenti un certificat attestant la durée de l'apprentissage, le
métier qui lui a été enseigné, les connaissances qu'il a acquises
et la conduite qu'il a tenue. N'ont pas le droit d'avoir ou de diriger
des apprentis les personnes qui ne jouissent pas de leurs droits ci-

vils, et est retirée pour toujours ou pour un certain temps le droit d'avoir ou de diriger des apprentis aux personnes qui ont manqué gravement à leurs devoirs vis-à-vis des apprentis, ou contre qui on a relevé des faits contraires à la morale, ou qui, malades de corps ou d'esprit, sont incapables de diriger un apprenti.

Dans les métiers de la petite industrie ne peuvent avoir des apprentis que les individus majeurs de 24 ans et ayant accompli dans le métier soit le temps d'apprentissage prescrit par les chambres de petite industrie, et, en cas de non-fixation de durée, au moins trois ans d'apprentissage et ayant subi l'épreuve de compagnon, soit, ayant, pendant cinq ans, exercé le métier de petite industrie pour leur propre compte, soit, ayant rempli le rôle de contremaître ou emploi analogue. L'apprentissage doit régulièrement durer trois ans et ne pas dépasser quatre ans ; on doit donner aux apprentis l'occasion de passer l'épreuve de compagnon après l'apprentissage, devant une commission d'examen constituée dans chaque corporation obligatoire. Le titre de maître s'obtient sur une épreuve passée après avoir été trois ans compagnon.

La *Roumanie* a organisé l'apprentissage par la loi du 4 mars 1902 sur l'organisation des métiers.

Les enfants ayant 12 ans révolus (et 14 ans pour les industries insalubres) peuvent entrer, contre payement ou gratuitement, chez un patron pour y apprendre un métier ; l'apprentissage dure de 3 ans au moins à 5 ans au plus, sauf exceptions consenties par la chambre. Le patron donne à l'élève une attestation du temps passé en apprentissage, qui servira de base au certificat d'élève que doit délivrer le comité de la corporation.

Les relations entre employeurs et employés sont réglées par la loi et les conventions des parties ; les conventions entre employeurs et employés ne sont définitives qu'après l'expiration d'une période d'essai fixée à 1 mois pour les élèves et à 15 jours pour les ouvriers.

Les élèves âgés de moins de 14 ans ne peuvent travailler plus de 8 heures par jour et ceux de 14 à 16, plus de 10 heures (y compris les heures d'école), interrompues par un repos d'au moins une heure ; ils ne peuvent être occupés la nuit.

Le patron est tenu d'instruire l'élève dans son métier et de l'obliger à aller à l'école. Il ne l'emploiera qu'à des travaux de son métier.

Si un apprenti s'évade, ses représentants légaux sont sommés de le ramener chez son patron sous peine de dommages à payer audit patron.

Le patron peut résilier immédiatement le contrat si l'élève commet un vol ou un abus de confiance, frappe ou insulte gravement le patron ou l'un des siens, est atteint d'une maladie contagieuse ; il peut le faire, après avis préalable de 15 jours, si l'élève ne veut ou ne peut exécuter ce que la loi prescrit, est malade plus de deux mois de suite ou si le patron désire cesser l'exercice de son métier.

L'élève ou son représentant légal pourra résilier *immédiatement* si le patron abuse de son droit de discipline paternelle ou commet à son égard des actes prévus par la loi, ou s'il y a danger pour lui à continuer son travail ; après *avis préalable* de 15 jours si le patron ne remplit pas ses devoirs, va s'installer dans une autre commune, est malade plus de deux mois sans se faire remplacer ou fait faillite. Si l'élève s'en va pour embrasser un autre métier, il devra indemniser le patron.

En cas d'infraction, des avertissements peuvent être donnés à tout artisan par le comité et au comité par la chambre et par le Ministre. Des amendes variant de 5 fr. à 300 fr. peuvent être infligées, selon la nature de l'infraction ; les personnes n'ayant pas le brevet de maître ou le carnet d'ouvrier se verront en outre privées du droit d'exercice ; les patrons ne remplissant pas les conditions de leur contrat[1] pourront perdre, pour un temps limité, le droit d'avoir des élèves et des ouvriers mineurs.

Dans la *Nouvelle-Galles du Sud,* par la loi du 5 novembre 1901, la législation sur l'apprentissage a été codifiée. Age d'admission : 14 ans ; temps d'apprentissage : 7 années au maximum, et qui prend fin en tout état de cause à 21 ans ou lors du mariage ; l'emploi de l'apprenti à des services personnels est limité à 48 heures au plus par semaine.

En *Russie,* l'ordonnance de 1902 relative aux ateliers et cours d'apprentissage technique et industriel a soustrait les sujets de la campagne à la peine du knout.

---

1. Ces pénalités sont applicables aussi au contrat de travail.

2. — Établissements industriels.

Etablissements assujettis ou non. Age d'admission. Établissements de bienfa'sance. Durée du travail journalier; repos hebdomadaire et jours fériés : tolérances. Repos journalier : relais, équipes. Travail de nuit : tolérances. Théâtres. Travaux souterrains. Livrets et registre d'inscription. Affichage ; affichage dans les établissements de bienfaisance. Modèles de livrets, de registres et d'affiches. *Annexe*. — Femmes employées dans les magasins, boutiques et dépendances.

Établissements assujettis ou non. — L'État ayant réglementé et protégé le travail des enfants, des filles mineures et des femmes, employés dans les établissements industriels, il importe tout d'abord de savoir ce qu'on entend par établissements industriels.

La loi énumère les usines, manufactures, mines, minières et carrières, chantiers, ateliers et dépendances de quelque nature que ce soit, publics ou privés, laïques ou religieux, même lorsque ces établissements ont un caractère d'enseignement professionnel (*L. 12 nov. 1892, art. 1ᵉʳ, § 2*), et n'emploient qu'un seul apprenti (*Cass. 27 août 1903*).

Outre cette énumération, quelques principes généraux suffisent à faire reconnaître quels établissements sont ou non soumis à la loi.

Le travail industriel est caractérisé par sa nature, qui est d'employer ou de transformer les produits mis entre les mains de l'ouvrier. C'est ce qui le différencie du travail commercial, qui ne modifie pas les produits, mais les vend, les échange, les transmet, et du travail agricole qui a pour but de recueillir un produit naturel.

Les locaux où s'opère cette transformation, où plusieurs ouvriers s'y appliquent en commun avec des outils, des instruments, des machines, qui leur appartiennent ou non, sont des locaux industriels. Par le mot : dépendances, le législateur a voulu viser jusqu'aux dortoirs où les patrons font coucher les apprentis, les filles mineures, les femmes et les enfants. En parlant d'établissements publics ou privés, la loi comprend les établissements industriels de l'État, des départements et des communes, même dépendant des ministères de la guerre et de la marine (mais pour ceux-ci l'autorité militaire a charge d'y faire appliquer la loi) et les colonies pénitentiaires où il y a des ateliers industriels.

L'énumération de la loi est limitative.

Elle ne comprend donc pas les travaux agricoles, même quand ils emploient les machines à battre et les faucheuses, ni les travaux commerciaux ne comportant pas de manipulations ayant un caractère industriel, ni les travaux assimilables à ceux-ci, comme les plantations forestières, les salins, etc.

Sont encore en dehors des prescriptions de la loi :

Les professions de l'alimentation [1] : boucheries, boulangeries, épiceries, etc..., industrie du nettoyage et de la cuisson des pieds de moutons (*Av. C. Ét., contraire à la décis. Comm. sup. 7 déc. 1876, et contr. à la circ. Minist. 7 juill. 1894*);

Les magasins de vente où les employés ne se livrent à aucun travail industriel [2], les quincailliers ;

Les apprentis perruquiers-coiffeurs (*Av. Comm. supér. 7 déc. 1887*) ;

L'industrie des transports ;

Les religieuses d'une congrégation autorisée ;

Les entrepôts d'huile où se font des transvasements, décantages, coupages ;

Le grainage des vers à soie ;

Les distilleries annexées aux exploitations agricoles ;

Les travaux d'art : sculpture, gravure, peinture ;

Les commis, grooms, commissionnaires, même chez les industriels.

Mais la loi protège :

Les petits ramoneurs ;

Les enfants momentanément employés au pelage des fruits dans les fabriques de fruits confits ;

Les correcteurs d'imprimerie (*Simp. pol. Saint-Étienne, 15 févr. 1894*).

Les chargeurs et déchargeurs de navires, etc., etc. [3].

---

1. Dans sa séance du 20 mai 1901 la Commission supérieure du travail a pris les deux résolutions suivantes :

En premier lieu, elle a décidé que les employés et les ouvriers des industries de l'alimentation auraient un jour de repos hebdomadaire — jour qui serait laissé au choix de l'industriel, comme il l'est, dans la loi du 2 novembre 1892, en ce qui concerne les femmes de tout âge et les enfants âgés de moins de 18 ans.

La seconde résolution vise l'application de la loi de 1892, à laquelle on a soustrait ces mêmes industries de l'alimentation depuis le mois de septembre 1893.

La Commission a pensé que les femmes et les enfants occupés dans les pâtisseries, charcuteries, boucheries, etc., avaient droit à la même protection légale que les femmes et les enfants employés dans les autres industries. C'est pourquoi elle a décidé que les dispositions des lois du 2 novembre 1892, du 9 juin 1893 sur l'hygiène et la sécurité des travailleurs, et du 30 mars 1900 sur l'unification de la durée du travail, devaient être appliquées dans les industries de l'alimentation.

On verra, plus loin, à III. — HYGIÈNE ET SÉCURITÉ, qu'une partie de ces dispositions celles qui sont purement *réelles,* ont pris force de loi, le 11 juillet 1903.

2. *Non-application de la loi du 2 novembre 1892.* — Les magasins n'étant pas compris dans l'énumération de l'article 1er de la loi du 2 novembre 1892, il faut en conclure que le législateur, n'ayant eu en vue que la protection du travail industriel, a eu la volonté évidente de laisser en dehors de ces réglementations l'emploi des préposés commerciaux. Ainsi une femme attachée spécialement à un magasin de lingerie, en qualité de chef de rayon, ne saurait être assimilée à une ouvrière occupée à l'exploitation industrielle, quand un atelier se trouve annexé à la maison de vente. (*Tr. simp. pol. Reims, 16 juill. 1894. Minist. public, c. Vᵉ Fromentin.*)

3. La loi du 2 novembre 1892 est inapplicable aux locaux dépendant d'une filature de poils de lapins, et dans lesquels des ouvriers sont exclusivement occupés à nour-

Les étrangers sont soumis aux dispositions de la loi de 1892, qui est une loi de police.

Ateliers de famille et travail à domicile. — Sont exceptés des prescriptions d'assujettissement, les travaux effectués dans les établissements où ne sont employés que les membres de la famille, sous l'autorité du père, de la mère ou du tuteur, à moins que le travail ne s'y fasse à l'aide de chaudière à vapeur ou de moteur mécanique, ou si l'industrie est classée au nombre des établissements dangereux ou insalubres ; mais, même dans ces deux cas, ces ateliers de famille ne peuvent être visités par les inspecteurs, qui n'ont alors le droit de prescrire les mesures légales qu'ils jugent nécessaires, qu'aux seuls points de vue de la salubrité et de la sécurité[1].

Age d'admission. — L'admission au travail est interdite avant l'âge auquel se termine l'obligation scolaire, savoir : 13 ans révolus en général, et 12 à 13 ans pour les enfants munis du certificat d'études primaires ; mais, dans ce cas, ils doivent être munis d'un certificat d'aptitude physique délivré à titre gratuit par l'un des médecins chargés de la surveillance du premier âge, ou l'un des médecins inspecteurs des écoles, ou tout autre médecin chargé d'un service public, et désigné par le préfet[2]. Cet examen est contradictoire si les parents le demandent.

---

rir, saigner et épiler des lapins. Le caractère agricole de cette opération ne peut être modifié par l'emploi industriel fait ultérieurement des produits ainsi recueillis. (*Cass. Ch. crim.*, 24 oct. *1901*.)

1. Voir donc plus loin à ce sujet : III. — HYGIÈNE ET SÉCURITÉ, 3. *Prescriptions réelles relatives aux établissements industriels*, p. 382, et la note 1 p. 383.

2. Circulaire ministérielle du 20 décembre 1892 prescrivant aux préfets de désigner un médecin spécial dans toutes les localités ayant une certaine importance industrielle, et où ne réside ni le médecin inspecteur des écoles, ni le médecin chargé de la surveillance des enfants du premier âge. Ces fonctions étant gratuites, le préfet doit s'assurer de l'acceptation du médecin désigné.

MODÈLE DE CERTIFICAT D'APTITUDE PHYSIQUE.

Je soussigné.....

médecin..... (*Indiquer la qualité qui donne au médecin le droit de délivrer le certificat*), chargé de l'examen médical des enfants de *douze à treize ans* qui se destinent à l'industrie, déclare avoir procédé à la visite du jeune.....

né le   , domicilié à

et atteste que cet enfant peut être occupé, sans inconvénient pour sa santé (*Indiquer le travail ou ceux des travaux auxquels l'enfant peut être occupé*), dans l'industrie où il désire être employé.

En foi de quoi j'ai délivré le présent certificat.

Fait à   , le

Signature et adresse :

Le nom du médecin doit être affiché par les soins des maires dans les écoles communales et les mairies. Un jour est fixé, vers la fin de l'année scolaire, où le médecin se tient à la disposition des enfants qui désireraient obtenir le certificat d'aptitude physique.

Établissements de bienfaisance. — Dans les établissements de bienfaisance, orphelinats, ouvroirs, etc., les élèves peuvent être occupés à un travail manuel avant l'âge d'admission dans les ateliers ordinaires, mais à la condition que la durée du travail ne dépasse pas trois heures par jour, et que d'ailleurs ce travail présente un caractère d'enseignement professionnel, ne soit pas fait en vue d'un bénéfice à réaliser, et que les enfants reçoivent en même temps l'instruction primaire [1].

Durée du travail journalier; repos hebdomadaire et jours fériés. — La durée du travail effectif journalier pour les femmes et les enfants jusqu'à l'âge de 18 ans, ne doit pas dépasser dix heures et demie depuis le 1er avril 1902, à réduire à dix heures au 1er avril 1904 [2], et coupées de repos d'une heure au moins en tout [3].

Il doit être adopté un jour de repos, de liberté pleine et entière [4] par semaine, s'il est nécessaire que l'établissement ne ferme pas, par un service de roulement, si l'on veut, pourvu que les enfants et les femmes ne travaillent pas consécutivement plus de six jours.

---

1. Des travaux effectués dans un ouvroir moyennant rémunération ne peuvent être considérés comme de simples éléments d'un enseignement manuel et professionnel, auquel s'applique la disposition finale de l'article 2 de la loi du 2 novembre 1892. Même si leur durée n'excède pas trois heures par jour, ces travaux donnent à l'ouvroir où ils sont exécutés le caractère d'un atelier industriel soumis aux prescriptions générales des articles 1 et 2, § 1er, de la loi du 2 novembre 1892. (*Tr. corr. Seine, 11 juin 1900. Min. publ. c. Mme Authoard.*)
— Ne comportent pas l'application de la loi du 2 novembre 1892 les établissements de bienfaisance ou d'enseignement professionnel qui demeurent étrangers à tout travail industriel. — Est justifié l'arrêt qui, par une appréciation souveraine des faits, déclare la loi du 2 novembre 1892 non applicable dans un couvent où se font des travaux, dont quelques-uns pourraient, selon le cas, être considérés comme industriels, mais ne font pas l'objet d'une organisation régulière et n'interviennent qu'accessoirement. — L'article 2, § 6, de la loi du 2 novembre 1892, qui limite à trois heures par jour le travail des enfants âgés de moins de treize ans, dans les orphelinats et institutions de bienfaisance, n'est applicable qu'autant qu'il se fait un travail industriel dans ces établissements. (*Cass. ch. cr., 6 déc. 1901.*)
2. Modifications apportées par la loi du 30 mars 1900.
3. Ci-dessous, p. 269, *Repos journaliers.*
4. Un patron qui retient l'ouvrier protégé, ce jour-là, même pour repondre aux clients, est en contravention (*Cass. 27 mai 1893*). De même la repasseuse qui, ce jour-là, fait porter le linge aux clients par l'ouvrière. (*Tr. civ. Verdun, 19 juin 1896.*)

Une affiche apposée dans l'atelier doit indiquer le jour de repos individuellement assigné aux employés protégés[1] et toute modification doit être, sous peine de contravention, notifiée au service de l'inspection.

En plus, les jours de fête reconnus par la loi[2] sont acquis comme jours de liberté et de repos. Si un jour férié se trouve précéder ou suivre le jour de repos hebdomadaire, les industriels peuvent modifier le jour de repos, pour éviter un cumul de deux jours, mais à la condition expresse d'afficher la modification et d'aviser l'inspecteur.

Tolérances. — Mais l'obligation du repos hebdomadaire et les restrictions relatives à la durée du travail journalier peuvent être temporairement levées, pour les enfants âgés de moins de 18 ans et les femmes de tout âge, par l'inspecteur divisionnaire, au fur et à mesure des besoins dûment constatés, sur la demande des chefs d'industrie pour les industries suivantes *(Déc. 15 juill. 1893 ; Déc. 26 juill. 1895, art. 5 et 6 ; Déc. 29 juill. 1897, 24 févr. 1898, 1er juill. 1899 ; 18 avr. 1901 ; 4 juill. 1902 et 14 août 1903)* :

Ameublement, tapisserie, passementerie pour meubles ;
Appareils orthopédiques (Fabrication d') ;
Ateliers de décor sur porcelaine ;
Beurreries non annexées à une ferme ou à un groupe de fermes réunies par un lien coopératif ;
Bijouterie et joaillerie ;
Biscuits employant le beurre frais (Fabriques de) ;
Blanchisseries de linge fin ;
Boites de conserves (Fabriques de, et imprimerie sur métaux pour) ;
Bonneterie fine (Fabrication de) ;
Briqueteries en plein air ;
Brochage des imprimés ;
Broderie et passementerie pour confections ;
Cartons (Fabriques de) pour jouets, bonbons, cartes de visites, rubans ;
Chapeaux (Confection et fabrication de) en toutes matières pour hommes et femmes ;
Chaussures (Fabrication de) ;
Colles et gélatines (Fabrication de) ;
Coloriage au patron ou à la main ;

---

1. Le patron ne peut enfreindre cette prescription sous prétexte que le jour est connu des employés. (*Tr. civ. Troyes, 29 déc. 1896.*)
2. Ce sont : le 1er janvier, les lundis de Pâques et de la Pentecôte, l'Ascension, le 14 juillet, l'Assomption, la Toussaint, Noël.

Confections, coutures et lingeries pour femmes et enfants ;

Confections pour hommes ;

Confections en fourrures ;

Conserves de fruits et confiserie ; conserves de légumes et de poissons ;

Corderies en plein air ;

Corsets (Confection de) ;

Couronnes funéraires (Fabriques de) ;

Délainage des peaux de moutons ;

Dorure pour ameublements ;

Dorure pour encadrements ;

Établissements industriels dans lesquels sont exécutés des travaux sur l'ordre du gouvernement et dans l'intérêt de la sûreté et de la défense nationales, après avis des ministres intéressés constatant expressément la nécessité de la dérogation ;

Filature, retordage de fils crêpés, bouclés et à boutons, de fils moulinés et multicolores ;

Fleurs (Extraction des parfums des) ;

Fleurs et plumes ;

Gainerie ;

Impression de la laine peignée, blanchissage, teinture et impression des fils de laine, de coton, de soie, destinés au tissage des étoffes de nouveautés ;

Imprimeries typographiques ;

Imprimeries lithographiques ;

Imprimeries en taille-douce ;

Jouets, bimbeloterie, petite tabletterie et articles de Paris (Fabriques de) ;

Papier (Transformation du), fabrication des enveloppes, du cartonnage des cahiers d'école, des registres, des papiers de fantaisie ;

Papiers de tenture ;

Parfumerie (Fabrication de) ;

Polissage, dorure, gravure, ciselage, guillochage et plissage en orfèvrerie ;

Reliure ;

Réparations urgentes de navires et de machines motrices ;

Soie (Dévidage de la) pour étoffes de nouveautés ;

Teinture, apprêt, blanchiment, impression, gaufrage et moirage des étoffes ;

Tissage des étoffes de nouveauté destinées à l'habillement ;

Travaux extérieurs dans les chantiers de l'industrie du bâtiment ;

Tulles, dentelles et laizes de soie.

Copie de l'autorisation est affichée dans un endroit apparent, durant toute la durée de la dérogation.

Mais le personnel protégé ne doit pas travailler *effectivement* plus de douze heures par jour. Un même établissement ne peut prolonger le travail au delà de 11 heures du soir que durant soixante jours ; et le repos hebdomadaire ne peut être suspendu plus de quinze fois par an.

Ne peuvent expressément bénéficier de cette tolérance, comme n'étant des industries ni de saison, ni de goût, ni de mode, les suivantes :

L'industrie du filage d'or (*D. min. 4 août et 23 nov. 1896*);
Les fabricants d'espadrilles (*D. min. 26 déc. 1896 et 18 mai 1899*);
Les fabricants de bérets (*D. min. 22 janv. 1897 et 28 déc. 1898*);
L'industrie du glaçage des fils (*D. min. 22 janv. 1897 et 28 déc. 1898*);
Les filatures de bourre de soie (*D. min. 22 janv. 1897 et 25 janv. 1900*);
Les fabricants de broderies religieuses et militaires (*D. min. 22 janv. 1897*);
Les fabricants de toiles (*D. min. 11 févr. 1897*);
L'industrie de la céramique (*D. min. 27 juill. 1897*);
Les fabricants de couvertures (*D. min. 28 avr. 1896*);
Les fabricants de pain d'épice et de biscuits de Reims (*D. min. 26 août 1898*);
Les fabricants de capsules métalliques (*D. min. 12 nov. 1898*);
Les fabricants de produits pharmaceutiques (*D. min. 19 juin 1898*);
Les fabricants de boîtes en bois (*D. min. 22 juin 1899*);
L'industrie des feutres et des toiles métalliques (*D. min. 5 sept. 1899*);
L'industrie de l'orfèvrerie (*D. min. 3 nov. 1899*);
L'industrie de la brasserie (*D. min. 27 janv. 1900*);
L'industrie de la dorure sur cuir, velours, soie, etc. (*D. min. 9 févr. 1900*).

Repos journaliers. — Un ou plusieurs repos d'une durée totale minima d'une heure doivent couper les heures de travail effectif chaque jour. C'est du moins, au simple bon sens, ce que semble dire la loi du 2 novembre 1892, en son article 3. Mais la Cour de cassation, qui interprète *strictement* les textes, a décidé qu'il fallait un travail ininterrompu de dix heures et demie pour qu'il y ait repos ; elle s'est basée sur ce que le mot « coupées » inscrit dans la loi se réfère grammaticalement aux heures de travail et non à la journée. Il résulte que le repos n'est pas obligatoire, s'il n'y a pas dix heures et demie de travail continu. Qui pouvait penser à une interprétation aussi bizarre ? En vertu d'une pareille jurisprudence, il est possible d'organiser désormais des équipes dans les usines pour assujettir les enfants, les femmes à un travail ininterrompu de neuf heures et demie.

Ces repos ont lieu aux mêmes heures pour arriver à la suppression du travail par relais, sauf dans les usines à feu continu, les mines, minières et carrières.

Relais; équipes. — Le législateur a aboli le travail par relais[1], pour les personnes protégées, dans les établissements industriels visés par la loi, autres que les usines à feu continu et les établissements à déterminer par un règlement d'administration publique[2].

Le mode des relais, par le fait que des ouvriers supplémentaires se transportent de métier en métier, pour remplacer, pendant un certain temps, les travailleurs réguliers, permettait tous les abus et toutes les fraudes à la loi en rendant impossible tout contrôle sur la durée de la journée de l'ouvrier. Si le législateur l'autorise pour les usines à feu continu, c'est de peur que, dans certaines industries où il n'y aurait eu place que pour une seule équipe, on ne renvoyât les ouvriers. D'ailleurs, cette tolérance ne sera permise que dans le cas où, sans elle, il serait impossible d'organiser le travail.

En cas d'organisation du travail par postes ou équipes successives, c'est-à-dire par postes d'ouvriers qui se relèvent, le travail de chaque équipe doit être continu, dans les limites du travail de jour, sauf l'interruption pour le repos, qui doit avoir lieu aux mêmes heures[3].

En prescrivant la continuité du travail, le législateur empêche que le travail ne soit fragmenté et intermittent, et évite ainsi les inconvénients qui résultent précisément du chevauchement des équipes.

Travail de nuit. — Les enfants âgés de moins de 18 ans, les filles mineures et les femmes ne peuvent être employés à aucun travail de nuit (de 9 heures soir à 5 heures matin) dans les établissements industriels[4].

---

1. La prescription des heures de repos fixées simultanément y tendait. L'art. 1er de la loi du 30 mars 1900 prévient toute équivoque.

2. Cette modification à la loi du 2 novembre 1892 donnait aux industriels un délai de trois mois pour se mettre en règle avec les prescriptions nouvelles. La loi nouvelle ayant été promulguée le 3 mars 1900, le délai est expiré depuis le 1er juillet de la même année.

3. Sur la difficulté d'interprétation de cette expression : *aux mêmes heures*, voir plus loin : II. — TRAVAIL DES ADULTES, 2. *Durée du travail des adultes.*

4. Jusqu'au 30 mars 1902 inclusivement, le travail de nuit de 4 heures du matin à 10 heures du soir était autorisé, s'il était réparti entre deux équipes d'ouvriers ne travaillant pas plus de neuf heures chacune, coupées par des repos d'une heure au moins. Cette mesure transitoire avait pour but d'arriver à l'abolition du travail à deux équipes — qui permettait les fraudes à la loi — à partir du 1er avril 1902, sans produire d'à-coup, en laissant par ce délai le temps aux industriels d'adapter leur outillage aux nécessités nouvelles de la législation.

Tolérances. — Cependant certaines dérogations à ce principe sont admises :

1º Pour les femmes et filles âgées de plus de 18 ans, dans les industries suivantes (*Déc. 15 juill. 1893, art. 2, et déc. 24 févr. 1898*) :

INDUSTRIES.	TRAVAILLEURS.
Amidon de maïs (Coulage et séchage de l') .	Femmes.
Imprimés (Brochage des)	Filles majeures et femmes.
Journaux (Pliage des).	Id.
Mines (Allumage des lampes de).	Id.

Dérogation permanente est accordée [1], mais sans que le travail puisse en aucun cas dépasser 7 heures par 24 heures.

2º Dérogation temporaire à l'interdiction du travail de nuit est accordée, avec les mêmes réserves pour les mêmes protégées, dans les industries suivantes (*Déc. 26 juill. 1895, art. 3 ; déc. 29 juill. 1897, 18 avr. 1901*) :

INDUSTRIES.	DURÉE TOTALE des dérogations.
Beurreries non annexées à une ferme ou à un groupe de fermes réunies par un lien coopératif	60 jours.
Colles et gélatines (Fabrication de).	60 —
Confiserie	90 —
Conserves alimentaires de fruits et de légumes.	90 —
Conserves de poissons	90 —
Délainage des peaux de moutons.	60 —
Parfums des fleurs (Extraction des).	90 —
Pâtes alimentaires et fabriques de biscuits employant le beurre frais	30 —
Réparations urgentes de navires et de machines motrices.	120 — (Enfants au-dessus de 16 ans.)
Tonnellerie pour l'embarillage des produits de la pêche.	90 jours.

---

1. Le travail de nuit pour les femmes compositrices de journaux est interdit, comme n'étant pas énuméré, avec le brochage des imprimés et le pliage des journaux, malgré l'analogie des situations, dans les règlements d'administration publique (notamment celui du 15 juillet 1893) — et ce à peine de 5 à 15 fr. d'amende par contravention. (*Cass. 22 févr. 1900. Minist. publ. c. Mme Durand.*)

3° La faculté de prolonger le travail jusqu'à 11 heures du soir, sans dépasser douze heures de travail par 24 heures, et à certaines époques de l'année, sans que la durée totale puisse dépasser soixante jours, est accordée pour les femmes et filles âgées de plus de 18 ans dans les industries suivantes (*Déc. 26 juill. 1895, art. 1 et 6; déc. 29 juill. 1897*):

Broderie et passementerie pour confections;
Chapeaux (Fabrication et confection de) en toutes matières pour hommes et femmes;
Confections, couture et lingerie pour femmes et enfants;
Confections en fourrures;
Pliage et encartonnage des rubans.

4° La levée de l'interdiction du travail de nuit peut être faite temporairement pour un délai déterminé, en cas de chômage accidentel ou de force majeure, dans des conditions précises, par autorisation de l'inspecteur du travail.

Dans tous les cas où les chefs d'industrie peuvent faire usage de l'autorisation du travail de nuit, ils doivent prévenir l'inspecteur par lettre, chaque fois, et copie de l'avis doit être affichée dans un endroit apparent des ateliers pour y rester apposée pendant toute la durée de la dérogation.

Ces tolérances sont motivées pour trois raisons:
1° Par les exigences d'un travail qui ne s'exécute que la nuit, souvent ou toujours, et qui n'est pas contraire à l'hygiène;
2° Par le fait d'un procédé opératoire exigeant une production continue;
3° Par les exigences accidentelles de la mode ou de la saison, qui rendent nécessaire à certaines époques de l'année une surproduction, ou par l'obligation de mettre en manutention immédiate et ininterrompue les produits récoltés que l'attente détériorerait.

Dans les usines à feu continu désignées ci-dessous, les femmes majeures et les enfants du sexe masculin peuvent être employés, la nuit, sans que la durée de leur travail effectif puisse d'ailleurs dépasser 10 heures par vingt-quatre heures, et qu'il soit coupé par un temps total de repos au moins égal à deux heures, et sous réserve d'un jour de repos au moins par semaine, dans les conditions suivantes (*Déc. 15 juill. 1893, art. 4, et 24 févr. 1898*) :

USINES A FEU CONTINU.	TRAVAILLEURS.	TRAVAUX TOLÉRÉS.
Distilleries de betteraves. .	Enfants et femmes .	Laver, peser, trier la betterave, manœuvrer les robinets à jus et à eau, aider aux batteries de diffusion et aux appareils distillatoires.
Fer et fonte émaillés (Fabriques d'objets en).	Enfants.	Manœuvrer à distance les portes des fours.
Huiles (Usines pour l'extraction des).	Enfants.	Remplir les sacs, les secouer après pressage, porter les sacs vides et les claies.
Papeteries et cartonneries .	Enfants et femmes .	Aider les surveillants de machines, couper, trier, ranger, rouler et apprêter le papier.
Sucres (Fabriques et raffineries de).	Enfants et femmes .	Laver, peser, trier la betterave, manœuvrer les robinets à jus et à eau, surveiller les filtres, aider aux batteries de diffusion, coudre des toiles, laver les appareils et les ateliers, travailler le sucre en tablettes.
Usines métallurgiques . .	Enfants.	Aider à la préparation des lits de fusion aux travaux accessoires d'affinage, de laminage, de martelage et de tréfilage, de préparation des moules pour objets de fonte moulée, de rangement des paquets, des feuilles, des tubes et des fils.
Verreries	Enfants.	Présenter les outils, faire les premiers cueillages, aider au soufflage et au moulage, porter dans les fours à recuire, en retirer les objets, le tout dans les conditions prévues à l'article 7 du décret du 13 mai 1893.
	Femmes	Trier et ranger les bouteilles.

Cette dérogation a été expressément refusée aux amidonneries, aux fabriques de pain de guerre, aux fabriques de faulx, aux fabriques de charbons pour l'électricité.

Théâtres. — En principe, les enfants des deux sexes âgés de moins de 13 ans[1] ne peuvent être employés comme acteurs, figurants, etc.., aux représentations données dans les théâtres et cafés-concerts sédentaires. Cependant le Ministre de l'instruction publi-

---

[1]. Treize ans! Cette limitation d'âge fait rêver. Elle serait ridicule, si tout de même on ne devait se réjouir du progrès acquis par la loi, — en attendant mieux patiemment.

que et des béaux-arts, à Paris, et les préfets dans les départements,
peuvent exceptionnellement autoriser l'emploi d'un ou plusieurs
enfants pour la représentation de pièces déterminées.

Les préfets, avant d'accorder les autorisations, font prendre connaissance
par leurs agents du répertoire qui doit être interprété afin de s'assurer si rien
dans le sens ou les paroles ne peut offenser les bonnes mœurs (*Circ. min.
26 janv. 1893*), et ils ne doivent donner ces autorisations que si les rôles
à interpréter ne peuvent l'être que par de tout jeunes enfants. (*Circ. min.
25 janv. 1897.*) Ils transmettent aux inspecteurs du travail les noms et l'âge
des enfants exceptionnellement autorisés à paraître sur la scène, ainsi que
le titre des pièces où doivent figurer ces enfants. (*Circ. min. 29 mai 1897.*)

Travaux souterrains. — Les filles et les femmes ne sont point
admises dans les travaux souterrains des mines, minières et carrières. Elles peuvent être employées aux travaux de la surface,
des ateliers et dépendances, ainsi qu'aux travaux souterrains des
tunnels, bien que, pour ce dernier cas, la question soit discutable[1].

Les enfants du sexe masculin sont admis dans les mines, à certaines conditions déterminées par le décret du 13 mai 1893[2].

Livrets et registre d'inscription. — Les enfants de moins de
18 ans doivent être munis d'un livret sur lequel sont portés la date,
le lieu de leur naissance et leur domicile. Si l'enfant a moins de
13 ans, le livret mentionne l'obtention du certificat d'études primaires[3]. Il est délivré gratuitement par les maires[4] aux père, mère,
tuteur ou patron[5].

---

1. M. Tallon, rapporteur devant l'Assemblée nationale de la loi de 1874, se prononce nettement contre l'admission des filles et femmes aux travaux souterrains des
tunnels. Il faut laisser toutefois, dans le silence de la loi, un certain pouvoir d'appréciation aux tribunaux.

2. Voir plus loin, même chapitre : *4. Mines, minières et carrières.*

3. « Les maires ne doivent pas établir de livrets, sans exiger, outre le certificat
d'aptitude physique, la présentation du certificat d'études primaires institué par la
loi du 28 mars 1882, et revêtu du sceau de l'Inspecteur d'Académie. *Aucun autre
certificat ne saurait tenir lieu de cette pièce.* » (*C. Min. com., 20 juin 1902.*)

4. Mais non par les Commissaires de police.

5. Le patron a l'obligation stricte de n'employer que des enfants munis de livret,
et, en cas d'inaction des père, mère ou tuteur, c'est à lui qu'incombe le devoir impératif de le retirer à la mairie. (*Tr. civ. Troyes, 29 déc. 1893.*)

Lorsqu'un enfant travaille dans une commune autre que celle de sa naissance, les
père, mère ou tuteur ne sont pas obligés de produire un acte de naissance pour la
délivrance du livret : ils peuvent se borner à faire connaître le lieu de naissance de
l'enfant, et c'est au maire, chargé de délivrer le livret, à demander au maire de la
commune où l'enfant est né un bulletin de naissance, qui pourra lui être délivré sur
papier libre. (*Circ. min. 14 oct. 1895.*)

Les patrons doivent garder les livrets aussi longtemps que les enfants de moins de 18 ans travaillent dans leurs établissements, pour les produire au besoin lors des visites d'inspection. Ils y inscrivent la date d'entrée des enfants dans leurs établissements, la date de sortie, et les rendent aux titulaires [1].

Ce livret est obligatoire pour les enfants employés dans les ateliers de bienfaisance (ouvroirs, orphelinats, etc.,) ou d'enseignement professionnel, ainsi que pour les enfants de nationalité étrangère [2]. Les filles et les femmes n'y sont pas assujetties au-dessus de 18 ans.

Les patrons tiennent également avec soin un registre, qui est à la disposition des inspecteurs et qui doit reproduire toutes les indications portées sur le livret et le genre de travail auquel est employé tout enfant de 12 à 13 ans, pourvu du certificat d'études primaires et du certificat d'aptitude physique.

Affichage. — Les patrons ou chefs d'industrie et loueurs de force motrice [3] sont tenus de faire afficher [4] dans chaque atelier [5], de telle façon que les ouvriers puissent aisément les lire :

1° La loi du 2 novembre 1892, et les règlements d'administration publique relatifs à leur industrie ;

2° Les noms et adresses de l'inspecteur départemental et de l'inspection divisionnaire du travail ;

3° Le jour de repos hebdomadaire choisi par eux ;

4° Les heures auxquelles commence et finit le travail, ainsi que les heures et la durée des repos.

Un duplicata de cette affiche doit être envoyé à l'inspecteur [6], un autre déposé à la mairie.

---

1. Si l'enfant ne le réclame pas, le patron doit le déposer à la mairie, où il est à la disposition du titulaire. (*D. min. 15 févr. 1899.*)

2. Les maires ne doivent remettre aux étrangers un livret que lorsque ceux-ci établiront d'une manière certaine leur âge et leur identité par des pièces délivrées par le consulat de leur nation, dans la circonscription duquel ils sont domiciliés. Si les intéressés ne fournissent pas l'attestation de leur consul, les maires adressent les pièces produites au préfet, qui décide s'il y a lieu de délivrer le livret demandé. (*Circ. min. 20 avr. 1899.*)

3. Les loueurs de force motrice ne sont tenus qu'à afficher la loi ; les autres affiches ne sont obligatoires que pour les industriels eux-mêmes. (*Avis comm. sup. 26 nov. 1892.*)

4. C'est aux patrons qu'incombe l'obligation de se procurer des affiches.

5. L'affichage n'est pas imposé dans le cabinet ou le bureau du patron.

6. L'omission ou le refus d'envoi de ce duplicata constitue une contravention. (*Tr. corr. Agen, 11 janv. 1899.*)

L'affichage n'est pas obligatoire dans les ateliers qui n'emploient que des ouvriers adultes du sexe masculin.

Affichage dans les établissements de bienfaisance. — Il est plus détaillé que pour les établissements industriels. Dans toutes les salles de travail des ouvroirs, orphelinats, ateliers de charité ou de bienfaisance dépendant des établissements religieux ou laïques, doit être placé d'une façon permanente un tableau indiquant, en caractères facilement lisibles, les conditions concernant l'admission, la durée, le travail de nuit, le repos hebdomadaire, et déterminant l'emploi de la journée, c'est-à-dire les heures du travail manuel, du repos, de l'étude et des repas. Ce tableau doit être visé par l'inspecteur et revêtu de sa signature[1].

En outre, tous les trois mois, les directeurs de ces établissements doivent remettre à l'inspecteur un état[2], certifié conforme par la direction, et contenant la liste *nominative complète* des enfants élevés dans l'établissement, avec leurs noms et prénoms, la date et le lieu de leur naissance. Cet état doit faire mention de toutes les mutations survenues depuis la production du dernier état.

Modèles de livrets, de registres et d'affiches. — La loi n'a imposé aucune forme spéciale aux livret, registre et affiches dont elle prescrit l'emploi. Des modèles, mis à la disposition des municipalités et des industriels, ont été pourtant établis par le Ministère du commerce, afin d'éviter des erreurs aux intéressés et de faciliter la tâche des inspecteurs.

ANNEXE. — Femmes employées dans les magasins, boutiques et dépendances[3]. — Les magasins, boutiques et autres locaux en dépendant, dans lesquels des marchandises et objets divers sont manutentionnés ou offerts au public par un per-

---

1. L'inspecteur divisionnaire, autant que possible. (*Instr. générale, 19 déc. 1900.*)

2. Cette obligation ne supplée pas à celle des livrets et des registres. (*Disc. Chamb. dép., 8 juill. 1890, et Cass., 8 déc. 1900.*)

3. Loi du 29 décembre 1900 fixant les conditions du travail des femmes employées dans les magasins, boutiques et autres locaux en dépendant.

A signaler aussi : Proposition de loi de MM. Groussier, et autres députés, ayant pour objet d'étendre les dispositions protectrices du travail à tous les ouvriers ou employés des deux sexes de l'industrie et du commerce. (1900. Doc. parl. n° 1934 ; *J. O.*, p. 55.)

sonnel féminin doivent être, dans chaque salle[1], munis d'un nombre de sièges égal à celui des femmes qui y sont employées.

Bien que la loi ne le dise pas, il faut en conclure que les employées ont le droit de s'asseoir sur ces sièges, en temps opportun, car on ne verrait pas bien l'utilité de ces sièges, sans le droit pour les employées de s'y asseoir; et les patrons ne peuvent pas, sans se mettre en contravention, leur interdire cette faculté, au moins à certains moments où il n'est pas absolument nécessaire qu'elles soient debout. S'il n'en était pas ainsi, la loi serait incompréhensible, ou inutile[2].

Les chefs d'établissements, directeurs ou gérants des locaux prévus par la loi sont tenus de faire afficher à des endroits apparents les dispositions de la loi ainsi que les noms et adresses des inspecteurs et inspectrices de la circonscription.

3. — Législation comparée.

Congrès internationaux.
Grande-Bretagne et Irlande, Suisse, Belgique, Allemagne, Autriche, Espagne, Danemark, Pays-Bas, Australie et Nouvelle-Zélande, Suède, Norvège, Russie, Finlande, Etats-Unis d'Amérique, Luxembourg, Italie, Portugal, Hongrie.
Tableaux comparatifs du régime légal du travail des femmes et des enfants dans différents pays d'Europe. Modalités de l'interdiction du travail de nuit dans divers pays d'Europe.
Conclusion.

Congrès internationaux. — Des lois nombreuses, dans tous les pays à peu près, réglementent aujourd'hui le travail des enfants et des femmes. On verra, en les comparant, qu'elles tendent toutes

---

1. Même en plein vent. L'article 1er de la loi du 29 décembre 1900, prescrivant que les magasins, boutiques ou autres locaux en dépendant doivent être munis d'un nombre de sièges égal à celui des femmes qui y sont employées, est applicable aux étalages établis sur la voie publique et dépendant de ces magasins ou boutiques. (*Cass., ch. crim., 31 oct. 1901.*)

Un second arrêt fait cependant une distinction :

Les étalages extérieurs, à la surveillance desquels des femmes ne sont pas employées d'une manière exclusive, doivent être considérés comme de simples rayons ou comptoirs du magasin, et non comme des salles distinctes au sens de la loi du 29 décembre 1900, qui prescrit de munir chaque salle d'un nombre de sièges égal à celui des femmes qui y sont employées. (*Cass. ch. crim., 11 avr. 1902.*)

2. L'exposé des motifs de la loi faisait remarquer « combien est pénible le travail des femmes chargées de vendre ou de préparer des marchandises et objets divers destinés au public », et rappelait que le corps médical tout entier réclamait depuis longtemps l'adoption de mesures destinées à faire cesser cet état de choses, causé par l'obligation de la station debout sans repos durant les heures de travail.

vers une législation plus ou moins identique, non seulement dans ses principes, mais aussi dans ses détails. C'est pour cette unité à réaliser que divers Congrès se sont réunis à différentes reprises.

Dès 1890, Guillaume II revendiquait l'honneur pour Berlin de réunir un Congrès en vue de la réglementation du travail des femmes et des enfants. Les séances tenues du 15 au 25 mars 1890 n'ont abouti à aucune sanction immédiate : du moins elles ont permis un échange d'idées et de vues dont le résultat en faveur des lois ouvrières n'est pas niable.

Le Congrès de Berlin a ouvert la voie à d'autres Congrès internationaux, à savoir : ceux de Bruxelles et de Zurich en 1897, et celui de Paris, en 1900 [1]. Il ne semble pas qu'on puisse arriver un jour à un accord international, rendant uniformes dans tous les pays, les conditions du travail ; trop d'intérêts divers, trop de différences de mœurs et d'habitudes, entravent la réalisation d'une semblable tentative. D'ailleurs, ce qui importait, c'est que chaque pays assurât, selon son régime économique et social, la réglementation légale et la protection des travailleurs. Et c'est ce qui a été fait [2].

Grande-Bretagne et Irlande. — Les jeunes ouvriers ont été l'objet d'une série de dispositions tutélaires qui ont développé et étendu la législation à presque toutes les industries, durant tout le cours du siècle. *The workshop regulation act* de 1867, qui les a codifiées, amendé lui-même souvent (*L. 17 mai 1878, 25 juin 1886, 28 juin 1892, 6 juill. 1895 et 30 juill. 1900*) s'applique aux enfants et aux femmes.

Les enfants ne sont admis au travail industriel qu'à l'âge de 11 ans dans toutes les industries ; de 10 à 13 et 14 ans, ils ne travaillent que la demi-journée, le reste du temps est consacré à l'école. Les séances d'usine sont de six ou sept heures, suivant qu'elles ont lieu le matin (et alors elles sont coupées par un repos de trente minutes pour le déjeuner), ou l'après-midi. Les séances d'école sont de trois heures. La loi autorisait le travail alterné d'un jour d'école et d'un jour d'usine. Mais les industriels préfèrent le

---

1. Celui de Paris s'est terminé par la création de l'*Association internationale pour la protection légale des travailleurs,* dont il sera question plus en détail au livre III : PROTECTION ET PERFECTIONNEMENT DU TRAVAIL, chap. II : *Commissions et comités.* Annexe.

2. Aussi bien pour les enfants et les femmes que pour les adultes ; au moins, pour ceux-ci, en ce qui concerne l'hygiène et la sécurité.

travail à la demi-joourée. Les femmes ne doivent pas travailler durant quatre semaines après leurs couches.

Les enfants de 13 ou 14 à 18 ans travaillent pendant une journée de douze heures coupées par des repos, à raison de deux ou trois formant une durée d'une heure et demie, soit dix heures et demie de travail effectif. Le travail est suspendu dès le samedi, à 2 heures, jusqu'au lundi, rigoureusement. La journée de huit heures fonctionne dans certaines manufactures de l'État, notamment dans les établissements relevant du Ministère de la guerre.

Les femmes au delà de 18 ans sont assimilées aux jeunes gens.

Les heures de travail pour les protégés sont comprises entre 6 heures du matin et 6 heures du soir et, en hiver, entre 7 et 7.

Les enfants au-dessous de 13 ans sont rigoureusement dispensés du travail de nuit.

La loi anglaise s'applique au travail à domicile aussi bien qu'au travail en dehors du domicile.

Une loi de 1873 (*the agriculture children act*) réglemente le travail agricole. Les enfants au-dessous de 8 ans ne doivent pas travailler, sauf s'ils sont employés par leur père sur son propre champ. A partir de 8 ans, l'enfant partage son temps entre le travail et l'école, en tenant compte des saisons, pour ne pas nuire à la production agricole.

En *Suisse,* les divers cantons ont promulgué des lois qui se ressemblent plus ou moins (Soleure, Lucerne, Glaris, Zurich, Schaffhouse, etc.) étendant aux enfants et aux femmes de la petite et de la grande industrie les prescriptions protectrices de la loi fédérale du 23 mars 1877, qui s'appliquent à toutes les catégories d'ouvriers, sans distinction d'âge ni de sexe.

L'âge d'admission au travail est fixé à 14 ans révolus. L'enseignement scolaire et religieux des enfants doit être assuré pendant la durée du travail journalier, qui est de onze heures au maximum. Des ouvriers et ouvrières âgés de plus de 18 ans peuvent exécuter en plus les ouvrages accessoires qui doivent précéder ou suivre le travail de fabrication proprement dit. Les veilles de dimanches et fêtes, la durée du travail est réduite à dix heures. Si le repos quotidien dure moins d'une heure et demie, les femmes qui ont un ménage à soigner peuvent quitter le travail une demi-heure plus tôt que les hommes. Le repos du dimanche est obligatoire.

Le travail de nuit entre 8 heures du soir et 5 ou 6 heures du matin, selon la saison, est formellement interdit aux femmes et n'est permis aux enfants qu'exceptionnellement de 14 à 18 ans. Les femmes enceintes ne doivent pas travailler quinze jours avant et six semaines après les couches.

Voici les dispositions de la loi du canton de *Soleure*, qui s'applique à toutes les entreprises non soumises à la loi fédérale sur les fabriques, à l'exclusion des exploitations agricoles et des maisons de commerce.

Les jeunes filles de moins de 14 ans ne peuvent être employées ni comme ouvrières ni comme apprenties. Travail interdit les dimanches et jours de fête. Durée du travail : onze heures au maximum, et dix heures les veilles de congé ; interdiction de donner du travail à domicile en dehors des heures d'atelier. La durée du travail ne peut être prolongée que dans des circonstances accidentelles avec l'autorisation de l'administration. Tout travail supplémentaire est interdit aux ouvrières de moins de 18 ans et, pour les autres, il doit être payé 25 p. 100 plus cher que le travail ordinaire. — Les deux premières semaines de l'installation d'une ouvrière sont un temps d'essai, pendant lequel le contrat de louage peut être rompu en prévenant trois jours à l'avance. Les règlements doivent être affichés, bien en vue dans l'atelier. Les patrons doivent faire connaître au bailliage l'organisation de leur industrie.

Genève et *Lucerne* protègent les filles et femmes qui servent dans les hôtels et restaurants : congé d'une demi-journée par semaine et huit heures consécutives de sommeil leur sont dus. Il est interdit aux femmes enceintes du canton de Lucerne de travailler durant les six semaines qui suivent leurs couches [1].

Belgique (*l. 18 déc. 1889*). — Interdiction d'employer des enfants de moins de 12 ans ; ceux de moins de 16 ans, et les filles ou femmes de 16 à 21 ans ne sont admis aux travaux excédant leurs forces ou dangereux que dans des conditions spéciales déterminées par arrêté du roi. Les enfants âgés de moins de 16 ans, et les femmes de 15 à 21 ans ne peuvent être employées que douze heures par jour au maximum, coupées par des repos d'une heure

---

1. Voir pour la Suisse le détail de la protection générale du personnel des hôtels et cafés, ci-dessous : II. — HYGIÈNE ET SÉCURITÉ, *Législation comparée.*

et demie au moins. Les femmes doivent chômer durant les quatre semaines qui suivent leur accouchement. Le travail de nuit est interdit aux enfants de moins de 16 ans et aux filles ou femmes de 16 à 20 ans, entre 9 heures du soir et 5 heures du matin, sauf autorisations spéciales du roi pour les enfants âgés de plus de 14 ans et les filles ou femmes de 16 à 21, en faveur de certains travaux qui ne peuvent être interrompus ou retardés, ou ne peuvent s'effectuer qu'à des heures déterminées. Jour de repos obligatoire par semaine. Obligation de l'affichage.

Allemagne. — La loi organique est la *Gewerbeordnung* du 21 juin 1869, modifiée, complétée, amendée par la loi du 30 juin 1900. Elle distingue des enfants au-dessous de 14 ans, des jeunes gens de 14 à 16, et des ouvrières au-dessous de 16 ans. Le travail des enfants avant 13 ans révolus est interdit dans toutes les fabriques, et, après 13 ans, à la condition qu'ils aient terminé leurs études primaires. Le maximum légal du travail quotidien est de six heures. Pour les jeunes gens de 14 à 16 ans la journée légale ne peut dépasser dix heures. Pour les enfants (au-dessous de 14 ans) le travail doit être interrompu au moins une demi-heure ; pour les jeunes gens, les repos sont d'une heure, à midi, plus une demi-heure le matin et une demi-heure le soir.

Le travail de nuit (entre 8 heures et demie du soir et 5 heures et demie du matin) et le travail du dimanche et des jours fériés est interdit aux enfants et aux jeunes gens, ainsi qu'aux jours et heures fixés par les autorités ecclésiastiques compétentes, en vue de l'enseignement du catéchisme et de la préparation à la confirmation.

Des tolérances sont accordées temporairement, lorsque la nature du travail et certaines nécessités naturelles y obligent.

Pour les ouvrières au-dessus de 16 ans, depuis 1891, la journée de travail est ainsi déterminée :

Journée maxima de onze heures, et de dix heures au plus les veilles de congé ; travail de nuit interdit ; travail interrompu par un repos d'une heure au moins à midi, et pour les ouvrières chargées d'un ménage, repos prolongé d'une demi-heure si elles le réclament. La veille des dimanches et fêtes, le travail (dix heures) doit s'arrêter à 5 heures et demie.

Des tolérances sont accordées par les autorités administratives, pour certaines industries de saison, de mode, etc.

De nombreuses et récentes ordonnances réglementent en Allemagne divers travaux particuliers, en ce qui concerne les ouvrières, les jeunes ouvriers, les employés et apprentis, notamment sur l'emploi d'ouvrières et de jeunes ouvriers dans l'industrie du verre, dans les fabriques de chicorée, dans les laminoirs et forges, ainsi que sur le travail d'apprentis et d'employés dans les auberges, etc. [1].

Autriche. — Les principes posés par la *Gewerbeordnung* du 20 décembre 1859, repris et développés par la loi du 8 mars 1885, réglementent ainsi le travail des enfants et des femmes : les enfants au-dessous de 12 ans sont exclus de tout travail industriel. Dans les fabriques il est permis d'employer les enfants de 12 à 14 ans, pendant huit heures par jour, pourvu que le travail ne produise aucun effet nuisible sur leur santé, n'arrête pas leur développement, et ne les empêche pas de suffire à leurs obligations scolaires. De jeunes ouvriers de 14 à 16 ans peuvent être employés aux travaux légers. Le travail de nuit est entièrement interdit aux jeunes ouvriers auxiliaires et aux femmes.

Pour les femmes, la loi impose certaines limitations à leur emploi au travail industriel ; les femmes enceintes doivent chômer quatre semaines après leurs couches, et les industriels sont tenus d'élaborer des règlements de travail contenant des dispositions spéciales, en faveur des femmes et des enfants, pour ménager leurs forces physiques.

La loi du 25 février 1902 a complété l'article 60 de la *Gewerbeordnung* et interdit l'emploi d'enfants de moins de 14 ans au métier de colporteur, au portage en ville de toutes pâtisseries ainsi qu'au débit de ces articles dans les rues.

Espagne. — Les troubles politiques ont empêché longtemps le gouvernement de donner l'attention nécessaire aux questions sociales et ouvrières. La loi pour la protection des femmes et des enfants est toute récente : *13 mars 1900.* Elle établit que la journée de travail des enfants des deux sexes, majeurs de 10 ans et mineurs de 14, ne peut dépasser six heures dans les établissements industriels, et huit heures dans ceux du commerce, interrompues par des repos qui ne soient pas moindres d'une heure. Les enfants sachant lire et écrire peuvent être admis avant 10 ans. Elle propose la journée de onze

---

1. On en trouvera les dispositions à la législation comparée de : II. — Hygiène et sécurité (prescriptions spéciales aux enfants, aux filles mineures et aux femmes, et prescriptions générales aux établissements industriels).

heures en laissant aux comités provinciaux et locaux le soin de fournir au gouvernement les moyens de faire cette limitation là où le travail ne peut dépasser onze heures, et cela dans les deux ans. Le travail de nuit est interdit aux enfants des deux sexes avant 14 ans révolus, et avant 18 ans dans les industries déterminées par les comités locaux.

Un décret, en date du 13 novembre 1900, a déterminé les conditions d'application de cette loi. Aux termes de ce décret, les enfants de 10 à 14 ans, qui ne peuvent légalement être occupés par jour que six heures dans l'industrie et huit heures dans le commerce, ne commencent point leur tâche avant 6 heures du matin, du 1er avril au 31 octobre, ni avant 7 heures du matin, du 1er novembre au 31 mars, et ne travaillent pas, dans les établissements industriels et commerciaux, respectivement plus de trois et quatre heures sans interruption. A ceux qui n'ont pas encore complété leur instruction primaire et religieuse, il est accordé, pour ce faire, deux heures : de 9 à 11 heures du matin ou de 3 à 5 heures de l'après-midi, en l'absence toutefois d'autres conventions intervenues d'un commun accord. — Les enfants qui, sachant lire et écrire, voudraient être admis à travailler un an avant l'âge légal, devront justifier de ces connaissances élémentaires au moyen d'un certificat délivré, après examen, par un instituteur, avec l'assentiment de l'autorité locale.

Pour les enfants au-dessus de 14 ans et au-dessous de 16, la durée du travail de nuit n'excède pas huit heures par chaque période de vingt-quatre heures et, d'ailleurs, ils ne peuvent être occupés plus de soixante-six heures par semaine. Cette catégorie de jeunes ouvriers n'est pas non plus admise à fournir, la nuit, plus de quatre heures consécutives, sans interruption. (Est considéré comme travail de nuit celui exécuté de 7 heures du soir à 5 heures du matin.)

L'admission des enfants mineurs à travailler est subordonnée au consentement du père, de la mère ou de leurs représentants légaux : à la production de l'acte de naissance, et à l'assurance que : 1° le genre de travail choisi ne sera pas trop pénible ; 2° que les postulants ne sont atteints d'aucune maladie contagieuse ou infectieuse ; 3° qu'ils sont vaccinés.

Les femmes, parvenues au huitième mois de la grossesse, doivent être, sur leur requête, autorisées à quitter le travail, et peuvent demander que leur emploi leur soit réservé pendant les trois ou même les quatre semaines qui suivent l'accouchement (sur le vu du certificat médical nécessaire).

Danemark. — La *loi du 1er juillet 1901 sur le travail dans les fabriques* a apporté de grosses modifications à la législation de mai 1873. L'emploi des enfants âgés de moins de 12 ans (au lieu de 10 anciennement) est interdit dans les établissements soumis à l'inspection. Les enfants de 12 ans et au delà qui n'ont pas satisfait aux obligations des lois scolaires ne peuvent travailler que six heures sur vingt-quatre, y compris un repos d'au moins trente minutes, qui ne doit pas être précédé d'une période de travail de plus de quatre heures et demie consécutives. Les enfants ne peuvent être employés qu'entre 6 heures du matin et 8 heures du soir ; ils ne doivent pas travailler pendant les heures de classes, ni pendant l'heure et demie qui précède l'ouverture de ces classes. Le travail des enfants est également interdit le dimanche et les jours de fête. Les jeunes gens de l'un et l'autre sexe, âgés de moins de 18 ans, qui ont satisfait aux obligations scolaires, ne peuvent travailler plus de dix heures par jour : les heures de travail doivent être placées entre 6 heures du matin et 8 heures du soir, avec un repos d'une demi-heure au moins après chaque période de quatre heures et demie de travail continu. Certaines dérogations peuvent être apportées à cette règle, pour les jeunes gens âgés de 15 ans, dans l'intérêt de leur instruction technique. Lorsque les inspecteurs jugent que certaines catégories de travaux sont particulièrement fatigantes ou dangereuses pour la santé des jeunes ouvriers, le Conseil du travail peut élever l'âge d'admission des enfants, ou même en interdire complètement l'emploi, ainsi que celui des femmes. Les patrons ont le droit de porter appel contre ces décisions, devant le Ministre de l'intérieur. Aucun jeune ouvrier ne peut être employé sans avoir été reconnu par un médecin comme ayant les aptitudes physiques nécessaires pour le travail auquel il veut se livrer ; au sujet de cette visite, la nouvelle loi attire tout particulièrement l'attention des médecins sur la constitution physique du futur ouvrier, spécialement sur la taille, le poids et le tour de poitrine. Les femmes ne peuvent être employées dans les quatre semaines qui suivent leur accouchement, sauf sur la production d'un certificat médical attestant que le travail de la mère ne sera dangereux ni pour elle, ni pour son enfant. A part cela, pour le travail des femmes adultes, la législation manque de toute disposition sur la journée de travail et le travail de nuit.

La loi contient également des dispositions sur l'entourage des machines et sur les autres précautions à prendre contre les accidents, qui figuraient déjà dans la loi du 12 avril 1889 sur la prévention des accidents [1].

Pays-Bas. — La loi du travail (*de Arbeidswet*) du 5 mai 1889 interdit de faire travailler un enfant de moins de 12 ans. La durée du travail journalier des enfants jusqu'à l'âge de 16 ans, et des femmes ne peut excéder onze heures entre 5 heures du matin et 7 heures du soir coupées par un repos d'une heure entre 11 heures et 3 heures hors d'une salle fermée. De nombreuses tolérances sont toutefois permises.

Le travail de nuit est interdit aux femmes et aux enfants de moins de 16 ans, sauf autorisation de prolongation de travail jusqu'à 10 heures du soir pour les femmes et les enfants de plus de 14 ans. Certaines industries ont la faculté de faire travailler les femmes et les enfants, en dehors des règles prescrites, mais sans que le travail sorte des limites de 5 heures du matin à 10 heures du soir.

Australie et Nouvelle-Zélande. — Les jeunes gens ne peuvent devenir ouvriers avant l'âge de 13 ans, après les années obligatoires d'école, et, s'ils sont jugés assez forts pour travailler ; les garçons au-dessous de 16 ans et les filles ou femmes de tout âge ne doivent pas travailler plus de quarante-huit heures par semaine, ni plus de dix heures par jour, ni plus tard que 9 heures du soir, sauf cas de presse, mais alors, les ouvriers doivent consentir au supplément de travail, et ils sont payés 50 p. 100 de plus, avec 60 centimes de supplément pour leur souper. Cette tolérance est limitée à un maximum de 5 heures supplémentaires par jour pendant dix jours seulement par an. Repos obligatoire le samedi après midi et le dimanche. Pas de travail de nuit pour les femmes et les garçons de 14 à 16 ans. Dans les mines, semaines de quarante-huit heures : neuf heures par jour et arrêt le samedi à 1 heure.

Suède. — Les femmes ne sont pas admises aux travaux souterrains. (*Déc. 18 nov. 1881, art. 9.*) Pour les enfants et les filles mineures, l'âge d'admission au travail industriel est fixé à 12 ans, à la

---

1. Voir plus loin : III. — HYGIÈNE ET SÉCURITÉ.

condition de produire les certificats d'études primaires et d'aptitude
physique. Durée du travail effectif dans les fabriques : six heures coupées par une demi-heure de repos pour les enfants de 12 à 14 ans ;
et dix heures coupées par deux heures de repos, dont une heure et
demie avant 3 heures, pour les adolescents (14 à 18 ans). Dans les
manufactures et autres industries, la durée n'est pas fixée, elle est
comprise entre 6 heures du matin et 8 heures du soir. La fréquentation scolaire est obligatoire jusqu'à 15 ans. Le repos hebdomadaire n'est pas réglementé. Le travail de nuit est interdit à tous les
mineurs de 3 heures du soir à 6 heures du matin. (*Déc. des 18 nov.
1881 et 22 juin 1883.*)

Norvège. — Les femmes ne sont pas admises aux travaux souterrains, non plus que les enfants au graissage des machines en marche ; elles doivent chômer pendant les quatre semaines qui suivent
leurs couches, et même deux semaines en plus, si elles ne produisent pas un certificat médical d'aptitude au travail. Les enfants et
adolescents de 12 à 18 ans sont protégés. De 12 à 14 ans ils ne sont
admis qu'aux travaux faciles, en produisant un certificat médical
d'aptitude ; ils restent soumis aux obligations scolaires ; ils doivent être libres durant les classes et pendant l'heure qui précède.
Le travail effectif ne doit pas durer plus de six heures, coupées
par deux repos d'une demi-heure chacun, pour les enfants de 12 à
14 ans, et plus de dix heures coupées par des repos de deux heures
au moins, pour les adolescents de 14 à 18 ans. Le travail de nuit
(8 heures du soir à 6 heures du matin) est interdit.

Le repos des dimanches et jours fériés est obligatoire et général.

Russie. — Dans les fabriques et les manufactures, l'âge d'admission pour les enfants des deux sexes est fixé à 12 ans, âge qui peut
être relevé pour certaines industries ou certains travaux insalubres.
A partir de 15 ans, les enfants ne sont plus protégés, sauf que le
travail de nuit leur est interdit dans l'industrie textile ; cette interdiction s'applique aux femmes de tout âge, qui ne sont pas non
plus admises aux travaux souterrains des mines et carrières de Pologne.

Les enfants de 12 à 15 ans, qui n'ont pas le certificat d'études
primaires doivent pouvoir fréquenter l'école trois heures par jour
ou dix-huit heures par semaine. Durée du travail effectif, huit heures
au maximum sans séance de plus de quatre heures consécutives. Tra-

vail de nuit (9 heures du soir à 5 heures du matin) interdit. Le chômage
des dimanches et jours de fêtes légales est obligatoire, sans qu'il
soit même permis de faire acte de présence aux ateliers ces jours-
là. Tolérances et exceptions comme partout ailleurs. (*L. 1er-13 juin
1882, 3-15 juin 1886, codifiées sous les art. 108, 110, 122, 126, 112
à 120, etc., du Code de l'industrie.*)

Finlande. — Age d'admission au travail pour les enfants des deux
sexes : 12 ans. De 12 à 15 ans, durée du travail journalier : huit heures au maximum y compris les repos; travail de nuit interdit (9 heures du soir à 5 heures matin) jusqu'à 18 ans, à moins d'un certificat
d'aptitude physique. Les patrons doivent veiller à ce que les enfants
achèvent leur instruction primaire et, à défaut d'école publique,
dans le voisinage, en entretenir une à cet effet.

États-Unis d'Amérique. — La législation varie suivant les États.

L'âge d'admission au travail industriel est de 10 ans dans trois
États, de 12 ans dans huit, de 13 ans dans trois, de 14 dans trois
autres. Dans deux autres États l'âge d'admission est de 12 ans pour
les garçons, de 14 ans pour les filles. La durée maxima du travail
est de dix heures dans tous les États, sauf trois où elle est de huit heures. La durée du travail des femmes, là où il est réglementé, est la
même que celle du travail des enfants. Dans six États, les travaux souterrains des mines sont interdits aux femmes. Pas de limites extrêmes
entre lesquelles doit être comprise la journée de travail. Pas de
repos obligatoires, sauf dans deux États; le travail de nuit n'est
interdit aux femmes et aux enfants jusqu'à 16 ans que dans deux
États.

La durée de la fréquentation scolaire varie, selon les États, de
douze semaines à l'année entière, et s'applique aux enfants jusqu'aux âges de 14, 15 ou 16 ans. Le travail des femmes en couches
n'est pas limité.

Dans l'État de New-Hampshire, la récente loi du 7 mars 1901 sur
le travail des enfants, mise en vigueur dès sa promulgation, a
modifié d'une façon assez sensible la législation relative à l'emploi
des enfants.

· Jusqu'ici, la loi ne visait que les fabriques; elle défendait l'emploi
dans ces établissements des enfants âgés de moins de 10 ans et
interdisait à ceux de moins de 16 ans ne sachant ni lire ni écrire,
de travailler pendant les heures de classe; les enfants, enfin,

devaient toujours fournir un certificat constatant qu'ils avaient fréquenté l'école pendant l'année précédant leur engagement.

Actuellement, il est interdit d'occuper dans les fabriques des enfants âgés de moins de 12 ans ; les enfants de 14 ans ne peuvent être employés à un travail quelconque pendant les périodes scolaires, et ceux de moins de 16 ans ne doivent l'être, pendant ces mêmes périodes, que s'ils produisent un certificat constatant qu'ils savent lire et « écrire lisiblement des phrases simples en anglais ». Les mineurs, enfin, qui ne savent ni lire ni écrire, ainsi qu'il est stipulé ci-dessus, ne pourront être employés à un travail quelconque dans les districts où existent des écoles donnant des cours publics le soir, que s'ils fréquentent ces cours ou d'autres analogues ; il reste entendu que si le médecin reconnaît que le mineur ne peut, sans danger pour sa santé, fréquenter cette école après sa journée de travail, ledit mineur pourra être dispensé de suivre les cours pendant le délai spécifié par le directeur de l'école. Toute infraction aux présentes dispositions est passible d'une amende pouvant s'élever jusqu'à 250 fr.

Voici, au surplus, des tableaux permettant de se rendre compte de la législation protectrice du travail industriel des enfants et des femmes, selon les États, et en tenant compte des âges et du sexe.

A. — États où est déterminée la durée licite de la journée des ouvrières dans les fabriques :

1° Sans distinction d'âge.

ÉTATS.	NOMBRE D'HEURES réglementaires		ÉTATS.	NOMBRE D'HEURES réglementaires	
	par jour.	par semaine.		par jour.	par semaine.
Connecticut . . .	10	60	New-York	10	60
Géorgie	11	66	Dakota sept¹ . . .	10	»
Louisiane	10	60	Oklahoma	10	»
Maine.	10	60	Pensylvanie . . .	12	60
Maryland	10	»	Rhode-Island. . .	10	60
Massachusetts . .	10	58	Caroline du Sud .	11	66
Nebraska	10	60	Dakota mér¹ . . .	10	»
New-Hampshire .	10	60	Virginie	10	60
New-Jersey . . .	10	55	Wisconsin. . . .	8	»

2° Au-dessous de 21 ans.

ÉTATS.	NOMBRE D'HEURES réglementaires	
	par jour.	par semaine.
Colorado (ouvriers au-dessous de 18 ans).	10	6o
Connecticut.	10	6o
Géorgie.	Du lever au coucher du soleil.	
Illinois (ouvriers au-dessous de 16 ans).	10	6o
Indiana (ouvriers au-dessous de 18 ans)	10	6o
Loùisiane.	10	6o
Maine (ouvriers au-dessous de 18 ans)	10	6o
Maryland (ouvriers au-dessous de 16 ans).	10	6o
Massachusetts.	10	58
Michigan.	10	6o
Minnesota (ouvriers au-dessous de 16 ans)	10	»
De 16 à 20 ans	10	6o
Nebraska.	10	6o
New-Hampshire.	10	6o
New-Jersey.	10	55
New-York	10	6o
Dakota septl (ouvrières au-dessous de 18 ans). . .	10	»
Ohio — . . .	10	55
Oklahoma — . . .	10	»
Pensylvanie.	12	6o
Rhode-Island	10	6o
Dakota méridional (ouvrières au-dessous de 18 ans).	10	»
Virginie	10	6o
Wisconsin	8	»

B. — La réglementation légale des États qui précèdent est la même pour les jeunes ouvriers du sexe masculin dans les États suivants :

ÉTATS.	POUR les ouvriers au-dessous de :	NOMBRE D'HEURES réglementaires	
		par jour.	par semaine.
Californie.	18 ans.	10	6o
Connecticut.	16 —	10	6o
Géorgie.	Du lever au coucher du soleil.		
Illinois	16 ans.	10	6o
Indiana.	16 —	10	6o
Louisiane.	18 —	10	6o
Maine	16 —	10	6o
Maryland	16 —	10	6o
Massachusetts	18 —	10	58
Michigan.	18 —	10	6o
Minnesota.	21 —	10	6o
	16 —	10	»

ÉTATS	POUR les ouvriers au-dessous de:	NOMBRE D'HEURES réglementaires	
		par jour.	par semaine.
New-Hampshire	18 —	10	60
New-Jersey	18 —	10	55
New-York	18 —	10	60
Dakota septentrional.	18 —	10	»
Ohio . . . . . . , ...	18 —	10	55
Oklahoma.	18 —	10	»
Pensylvanie	21 —	12	60
Rhode-Island	16 —	10	60
Dakota méridional.	18 —	10	»
Vermont	15 —	10	60
Virginie	14 —	10	60
Wisconsin	18 —	8	»

Dans les États suivants, la durée du travail quotidien des femmes et des jeunes gens employés dans les magasins et les maisons de commerce est réglementée par les lois.

Californie . . . . Connecticut . . . . Illinois . . . . Indiana . . . . Maryland (ville de Baltimore)	Mêmes prescriptions que pour les fabriques.
Massachusetts (jeunes gens au-dessous de 18 ans et femmes).	58 heures par semaine.
Minnesota . . . . Nebraska	Mêmes prescriptions que pour les fabriques.
New-York (ouvriers au-dessous de 16 ans et ouvrières au-dessous de 21 ans)	60 heures par semaine.
Pensylvanie	Mêmes prescriptions que pour les fabriques.

Voici enfin quel est l'âge minimum, fixé dans chaque État de l'Union, pour l'emploi des jeunes ouvriers dans les fabriques :

ÉTATS.	AGE minimum.	ÉTATS.		AGE minimum.
Californie	10 ans.	Louisiane.	garçons .	12 ans.
Colorado	14 —		filles . .	14 —
Connecticut	14 —	Maine.		12 —
Illinois	14 —	Maryland		12 —
Indiana	14 —	Massachusetts		14 —

ÉTATS.	AGE minimum.	ÉTATS.	AGE minimum.
Michigan	14 ans.	Dakota septentrional	12 ans.
Minnesota	14 —	Ohio	13 —
Missouri	14 —	Pensylvanie	13 —
Nebraska	10 —	Rhode-Island	12 —
New-Hampshire	10 —	Tennessée	12 —
New-Jersey garçons.	12 —	Vermont	10 —
New-Jersey filles	14 —	Virginie occidentale	12 —
New-York	14 —	Wisconsin	14 —

La loi de l'État de New-York qui prescrit de donner des sièges aux ouvrières des fabriques a été amendée au mois d'avril 1900, en ceci que dorénavant les hôtels et restaurants sont tenus d'affecter aux bonnes et filles de salle un nombre convenable de sièges dont elles doivent avoir l'usage dans la mesure nécessaire à la conservation de leur santé.

Luxembourg. — Les enfants de moins de 12 ans ne peuvent être employés, en dehors de leur famille, dans les usines ou manufactures. Les filles ou femmes de tout âge ne sont pas admises aux travaux souterrains, qui sont aussi interdits aux enfants avant l'âge de 16 ans. La durée maxima du travail pour les enfants de moins de 14 ans est fixée à huit heures, lorsqu'ils ont le certificat d'études primaires, sinon à six heures seulement. Pour les enfants de 14 à 16 ans, le maximum est de dix heures par jour, en principe, et de onze heures dans certains ateliers, en produisant un certificat médical d'aptitude. (*Loi 6 déc. 1876 et Arr..roy. 23 août 1877.*)

Italie. — Une loi toute nouvelle, du 19 juin 1902, a réglementé le travail des enfants et des femmes, d'une façon beaucoup plus tutélaire que la loi ancienne du 11 février 1886. Elle est un modèle en l'espèce.

Les enfants des deux sexes ne peuvent plus être employés dans les ateliers industriels, dans les laboratoires, aux travaux de voirie, à l'extérieur des carrières, des mines et des galeries souterraines que s'ils sont âgés de 12 ans accomplis. Pour les travaux souterrains les enfants n'y seront plus admis qu'à l'âge de 14 ans. Des dispositions temporaires permettent d'y maintenir ceux qui, âgés respectivement de 10 et 11 ans, sont actuellement employés dans les travaux industriels et souterrains.

Un décret royal, rendu le 29 juillet 1903, détermine les travaux

dangereux et insalubres auxquels ne peuvent être employés les enfants des deux sexes âgés de moins de 15 ans, et les femmes mineures, et exceptionnellement ceux auxquels ils peuvent l'être, avec
indication des mesures et précautions à prendre[1].

Ne peuvent être employés aux travaux désignés par la présente
loi et par un règlement d'administration publique à intervenir, les
femmes mineures et les enfants âgés de moins de 15 ans accomplis
qui n'auraient pas un livret portant un certificat de médecin attestant qu'ils sont sains de corps et aptes au travail qui leur sera
assigné.

Le livret, conforme au modèle établi par le règlement à intervenir, sera fourni aux communes par le Ministre de l'Agriculture,
du Commerce et de l'Industrie et délivré gratuitement aux ouvriers
par le maire de la commune où ils ont leur domicile ordinaire. Le
livret devra indiquer la date de la naissance de la femme mineure et
de l'enfant; attester qu'ils ont été vaccinés, qu'ils sont reconnus
sains de corps et aptes aux travaux qu'on leur confie, et qu'ils ont
suivi les cours d'enseignement élémentaire désignés par l'article 2
de la loi du 15 juillet 1877. (Il est accordé aux enfants qui, lors de
la promulgation de la loi, n'auraient pas satisfait à cette dernière
prescription, un délai de trois ans pour se mettre en règle.)
L'examen médical sera fait par l'officier sanitaire de la commune
qui inscrira le certificat sur le livret, sans exiger aucune rémunération de l'ouvrier. Les frais d'examen médical, qu'il y en ait un ou
plusieurs, seront à la charge de la commune. Le règlement déterminera en quel cas il y aura lieu de procéder à un nouvel examen
médical.

Les livret, certificat médical, certificat de naissance et toutes pièces
nécessaires pour les obtenir, seront exempts du droit de timbre.

Quiconque emploie des femmes, quel que soit leur âge, ou des
enfants âgés de moins de 15 ans, aux travaux désignés par la loi
et par le règlement, devra, chaque année, en faire la déclaration,
selon les termes et le mode déterminés par le règlement.

Devront en outre être déclarées dans le courant de l'année, toutes
les modifications survenues, soit par suite de cessation permanente
des travaux, soit par suite du changement de la raison sociale ou

---

1. En voir le détail *Bull. off.* octobre 1903.

de l'adoption de moteurs mécaniques, soit pour toute autre raison indiquée par le règlement. Les déclarations seront adressées en double exemplaire à la préfecture de la province où s'exerce l'exploitation ; le préfet les transmettra sans retard au Ministre de l'Agriculture, de l'Industrie et du Commerce, et inscrira sur un registre la teneur des déclarations.

Toutes les personnes dirigeant des exploitations soumises à la présente loi devront, dans les six mois qui en suivront l'entrée en vigueur, adresser à l'autorité une nouvelle déclaration, indépendamment de celle qu'elles doivent fournir conformément à la loi du 11 février 1886, et au règlement du 17 septembre 1886.

Le travail de nuit est interdit aux garçons âgés de moins de 15 ans et aux femmes de n'importe quel âge. (Toutefois, les femmes âgées de plus de 15 ans employées dans les ateliers, les carrières ou les mines, lors de la promulgation de la présente loi, pourront continuer à y travailler.)

Cinq ans après la promulgation de cette loi, les femmes, quel que soit leur âge, ne pourront plus travailler la nuit. Jusqu'à l'expiration de ce délai, les femmes de tout âge, employées à des travaux de nuit, devront être munies du livret prescrit ci-dessus. (On entend par travail de nuit le travail exécuté entre 8 heures du soir et 6 heures du matin, du 1er octobre au 31 mars, et entre 9 heures du soir et 5 heures du matin, du 1er avril au 30 septembre.)

Lorsque le travail sera exécuté par deux équipes, il pourra commencer à 5 heures du matin pour finir à 11 heures du soir.

Sur avis favorable du conseil d'hygiène de la province, le Ministre de l'Agriculture, de l'Industrie et du Commerce pourra : 1° autoriser, pendant les trois ans qui suivront la promulgation de la loi, le remplacement des femmes mineures actuellement employées dans les ateliers, par d'autres mineures âgées de plus de 15 ans; 2° modifier les heures fixées ci-dessus pour le travail de nuit, dans les localités où l'exigeront les conditions spéciales du climat et du travail ; 3° pour un temps limité et exceptionnellement, permettre aux enfants de 12 à 15 ans de travailler jusqu'à douze heures par jour, quand l'exigeront les conditions techniques et économiques.

Les femmes relevant de couches ne pourront être employées qu'un mois après l'accouchement; par exception, elles pourront l'être après un délai moindre — sans toutefois que ce délai puisse

jamais être inférieur à trois semaines — si elles produisent un certificat du bureau d'hygiène de la commune où elles sont domiciliées,
attestant qu'elles sont en état de travailler sans danger pour leur
santé.

Les enfants des deux sexes âgés de plus de 10 ans et de moins de
12 ans ne pourront être employés plus de huit heures par jour;
ceux de 12 à 15 ans, plus de onze heures et les femmes de n'importe
quel âge plus de douze heures.

Le travail des enfants et des femmes de n'importe quel âge devra
être coupé par un ou plusieurs repos d'une durée totale d'au moins
une heure quand la journée est de six à huit heures; d'une durée
d'une heure et demie quand la journée est de huit à onze heures,
et d'une durée de deux heures quand la journée est de plus de
onze heures. En aucun cas le travail de ces ouvriers ne pourra
durer plus de six heures ininterrompues.

Les femmes de n'importe quel âge et les enfants âgés de moins de
15 ans auront droit à un jour entier (vingt-quatre heures) de repos
par semaine.

DANS LES FABRIQUES OCCUPANT DES FEMMES ON DEVRA PERMETTRE AUX
OUVRIÈRES D'ALLAITER LEURS NOURRISSONS, SOIT DANS UNE PIÈCE SPÉCIALE
ANNEXÉE A L'ÉTABLISSEMENT, SOIT AU DEHORS, EN LES AUTORISANT A
QUITTER LA FABRIQUE AUX HEURES INDIQUÉES PAR LE RÈGLEMENT INTÉ-
RIEUR ET SANS LEUR SUPPRIMER LES REPOS PRESCRITS D'UNE HEURE OU
D'UNE HEURE ET DEMIE. TOUTE FABRIQUE OCCUPANT AU MOINS 50 FEMMES
DEVRA TOUJOURS POSSÉDER UNE PIÈCE INDÉPENDANTE RÉSERVÉE AUX
NOURRISSONS.

Sauf stipulations contraires des autres lois et règlements, tous
les locaux de travail et leurs dépendances, les dortoirs, réfectoires,
pièces des nourrissons doivent être soumis aux mesures propres à
assurer l'hygiène, la sécurité et la morale. Les règlements intérieurs,
visés par le maire, doivent être affichés en bonne place.

Le Ministre de l'agriculture, de l'industrie et du commerce est
chargé d'assurer l'exécution de la loi, par l'intermédiaire d'inspecteurs d'industrie, d'ingénieurs des mines, et autres agents de police
judiciaire, qui tous auront libre accès dans les ateliers, fabriques,
chantiers, etc., pour y relever les infractions, par procès-verbaux.
Ils seront soumis aux lois sur la divulgation des secrets de fabrication.

Les infractions diverses sont punies, suivant les cas, d'amendes variant entre 50 fr., avec cumul des contraventions ne pouvant excéder 5 000 fr. et 500 fr. La récidive augmente l'amende dans des proportions allant du sixième au tiers. LE PRODUIT DES AMENDES EST VERSÉ A LA CAISSE NATIONALE DE PRÉVOYANCE POUR LA VIEILLESSE ET L'INVALIDITÉ, instituée par la loi du 17 juillet 1898.

L'action pénale peut être interrompue par le délinquant s'il verse le maximum de l'amende fixée avant l'ouverture des débats et paye les frais du procès.

Portugal. — Admission au travail après 12 ans révolus sauf tolérances. Durée du travail effectif, six heures sans séances de plus de quatre heures pour les mineurs de 10 à 12 ans, et dix heures sans séances de plus de cinq heures pour les mineurs de 12 ans et plus. Repos d'une heure au moins, et repos hebdomadaire obligatoire, le dimanche, sans qu'on puisse même ranger l'atelier, sauf dans les usines à feu continu, où un repos de six heures consécutives doit séparer ce jour-là les reprises du travail. L'instruction primaire étant obligatoire jusqu'à 12 ans, les enfants de 10 à 12 ans doivent fréquenter l'école au moins deux heures par jour. Le travail de nuit est absolument interdit aux filles mineures et aux garçons de 10 à 12 ans de 9 heures du soir à 5 heures du matin en été, et de 8 heures du soir à 6 heures du matin en hiver. Les mineurs masculins ne sont admis aux travaux souterrains pendant le jour qu'après 14 ans, et la nuit qu'après 16 ans ; les filles mineures n'y sont pas admises. (*Décret-loi 14 avr. 1891.*)

Hongrie. — Les femmes sont dispensées du travail durant les quatre semaines qui suivent l'accouchement. Pour les enfants, l'admission au travail est fixée à 12 ans, sauf permission des autorités, s'ils ont rempli les obligations de la loi scolaire. La durée du travail est fixée à dix heures dans les petites industries et à huit heures dans la grande pour les enfants de 12 à 14 ans; pour ceux de 14 à 16 ans, à douze heures dans la petite industrie, et à dix heures dans la grande. Ils jouissent de trois repos quotidiens : une demi-heure le matin, une heure à midi, et une demi-heure le soir. (*L. 18-21 mai 1884, art. 60, 64, 80, 87, 115, 117.*) Le repos dominical est général. (*L. 9-14 avr. 1891.*)

TABLEAUX.

TABLEAUX COMPARATIFS DU RÉGIME LÉGAL DU TRAVAIL DES FEMMES ET DES ENFANTS, DANS DIFFÉRENTS PAYS D'EUROPE

1° Travail des femmes.

PAYS.	AGE à partir duquel une personne du sexe féminin est ici qualifiée femme.	DURÉE MAXIMA du travail effectif par jour.	DURÉE MINIMA de l'interruption de travail.	TRAVAIL de nuit.	DURÉE D'INTERDICTION DE TRAVAIL à l'époque des couches.
Conférence de Berlin. . . .	16 ans.	11 heures.	1/2 heure.	Interdit.	4 semaines après.
France	18 ans.	11 heures.	»	Interdit.	»
Belgique.	16 ans, protégée jusqu'à 21 ans seulement.	12 heures.	1 h. 1/2.	Interdit.	4 semaines après.
Hollande	16 ans.	11 heures.	1 heure.	Interdit.	4 semaines après.
Italie	»	6 à 8 h.; 8 à 11 h.	1 h.; 1 h. 1/2.	Interdit.	1 mois après.
Espagne.	»	»	»	»	1 mois avant, 3 ou 4 semaines après.
Portugal.	»	»	1 heure.	»	4 semaines après.
Suisse.	18 ans.	11 heures.	1 h. 1/2.	Interdit.	2 semaines avant et 6 semaines après.
Allemagne.	16 ans.	11 heures; 10 h. le samedi.	1 h. 1/2.	Interdit.	4 semaines après.
Autriche.	16 ans.	11 heures.	1 h. 1/2.	»	4 semaines après.
Danemark.	»	»	»	»	4 semaines après.
Suède.	18 ans.	»	»	»	»
Norvège.	18 ans.	»	»	Interdit.	6 semaines après ou 4 avec certificat médic.
Russie.	17 ans.	»	»	Interdit.	»
Grande-Bretagne et Irlande. . .	18 ans.	10 h.; 10 h. 1/2.	2 h.; 2 h. 1/2.	Interdit.	4 semaines après.

ÉTATS.	l'âge d'admission.	de vue de la réglementation. Ans.	par jour. Heures.	par semaine. Heures.	l'interruption de travail.	[Travail de nuit]
Conférence de Berlin.	12 ans et 10 dans les pays méridionaux.	12 à 14 14 à 16 16 à 18	6 10 Non fixé.	» » »	1/2 heure. 1 h. 1/2. 1/2 heure.	Interdit en principe.
France.	13 ans et exceptionnellement 12.	12 à 13 13 à 16 16 à 18	10 11 12	» » 60	1 heure. 1 heure. 1 heure.	Interdit. Toléré conditionnellement 8 h. par 24 h. Toléré 10 h. par 24 et 54 h. par semaine.
Belgique.	12 ans.	12 à 14	12	»	1 h. 1/2.	Interdit.
Hollande.	12 ans.	14 à 16	11	»	1 heure.	Toléré exceptionnellement.
Italie.	12 ans.	12 à 14	11	»	1 heure.	Idem.
Espagne.	10 ans.	Garçons : 10 à 13 13 à 15 Filles : 10 à 14	5 8 »	» » »	1 heure. 1 heure. 1 heure.	Interdit. Toléré avec durée maxima de 6 h.
Portugal.	12 ans, exceptionnellement 10.	14 à 17 10 à 12	5 8	» »	1 heure. 1 heure.	Interdit dans les usines à moteur mécanique. Interdit.
Suisse.	14 ans.	14 à 16	6	»	1 heure.	Toléré pour garçons seulement exceptionnt.
Allemagne.	13 ans.	16 à 18 13 à 14 14 à 16	11 6, excepté 10 10 en principe.	» 36 60 à 69	1 h. 1/2. 1 h. 1/2. 1 h. 1/2.	Il tardit sauf xceptions. Idem.
Autriche.	12 ans.	12 à 14 14 à 16	8 11	» »	1 h. 1/2. 1 h. 1/2.	Interdit. Toléré exceptionnellement.
Hongrie.	12 ans, exceptionnellement 10.	10 à 14 14 à 16	10 6 et 4 h. 1/2 au plus consécutiv.	» »	1 h. 1/2. »	Interdit. Réglementé.
Danemark.	12 ans.	12 à 15	10	»	1/2 heure.	Interdit. Toléré exceptionnellement.
Suède.	12 ans.	15 à 18 12 à 14	6 10	» »	1/2 heure. 1/2 heure.	Idem. Interdit.
Norvège.	12 ans.	14 à 18	6 1/2	»	2 heures.	Idem.
Russie.	12 ans.	14 à 18 12 à 15	12 6 h. consécut ou 9 h. except.	» »	1/2 heure. 1 h. (2e cas.)	Idem. Interdit (sauf verreries pendant 6 heures toutes les deux nuits).
Grande-Bretagne et Irlande.	10 ans.	15 à 17 10 à 14	» 6 on 10 h. tous les deux jours.	» »	1/2 h. (1er cas.) 2 h. (2e cas.)	Toléré exceptionnellement. Interdit.

MODALITÉS DE L'INTERDICTION DU TRAVAIL DE NUIT, DANS DIVERS PAYS D'EUROPE.

Interdiction exclusivement pour les enfants au-dessous de 14 ans,
3 États : Italie, Norvège, Roumanie (celle-ci pour les mines seulement).

Interdiction pour les enfants et les jeunes ouvriers jusqu'à 16, 17, 18 ans,
7 États : Hongrie, Pays-Bas, Luxembourg, New-York, Minnesota (pour les
mineurs des deux sexes) ; Danemark et Suède (mineurs du sexe féminin).

*Interdiction pour les enfants, les jeunes ouvriers et les ouvrières du
sexe féminin sans limite d'âge,* 7 États : Allemagne, Autriche, Grande-
Bretagne, France, Belgique, Russie, Massachusetts.

Interdiction pour tous les ouvriers, y compris l'ouvrier adulte mâle,
1 État : Suisse.

Conclusion. — Une étude aussi étendue des législations étrangères ne comporterait aucune utilité, si on n'en devait tirer quelques
leçons immédiates par comparaison, notamment sur la protection des
femmes enceintes ou nouvellement accouchées [1], presque générales
partout ailleurs qu'en France, sans oublier cette mesure si sage de
la loi italienne relative aux locaux pour nourrissons, — et aussi, si on
n'essayait d'en profiter pour la législation industrielle future. On
reste confondu en voyant tels pays nous précéder dans cette voie

1. Deux propositions de loi y ont trait. Propos. de loi sur la protection de la
mère et de l'enfant nouveau-né, présentée par M. Dulau, député (7 mars 1899. Doc.
parl. n° 789. *J. O.* p. 862). Renvoyée à la 6° commission d'initiative. Rapport
sommaire Cère, 21 mars 1899 (doc. parl. n° 829, *J. O.* p. 977). Prise en considération, 12 mai 1899. Rapp. Dulau, 19 juin 1899. Propos. de loi sur la protection et
l'assistance des mères et des nourrissons, présentée par M. Strauss, sénateur
(14 nov. 1899. Doc. parl. n° 235. *J. O.* p. 449). Renvoyée à la Comm. d'initiative
parlem. Rapp. somm. Combes, 9 mars 1900. Prise en considération, 15 mars 1900.
Mais dans combien de temps ces projets aboutiront-ils ? On s'étonne en France,
et on se plaint, que la population s'accroisse avec une lenteur désespérante. On ne
fait plus d'enfants, et on le comprend, quand on voit quelles charges nouvelles imposent aux citoyens les frais d'une famille à nourrir, — impôts indirects, contre lesquels
il est difficile de légiférer, mais surtout les frais de loyer, d'autant plus élevés qu'il
y a plus d'enfants, avec l'impôt directement proportionnel en plus, évalué d'après ce
chiffre de loyer. L'homme sage, c'est celui qui se passe d'enfants, puisque l'État, qui
veut des citoyens, n'est capable que de grever d'impôts ceux qui lui en donnent.
Il est vrai qu'une loi exempte d'impôts le père de *sept* enfants vivants. Excusez du
peu ! Puisque donc le législateur ne fait rien pour les familles nombreuses, celles de
trois enfants au minimum, qui disparaissent peu à peu, — c'est tant pis ! Au moins
devrait-il se hâter de songer à celles de un ou deux enfants, parmi les ouvriers, pour
les préserver de la mortalité infantile. Des mesures, comme celles qui remédieraient
aux inconvénients des impôts et de la vie industrielle pour les mères et les nourrissons vaudraient mieux que la ridicule médaille Piot aux femmes enceintes. C'est
toujours la question du grain de mil et de la perle. Le coq à jeun n'a que faire de
celle-ci.

de l'humanité ; la Russie autocrate protégeait les femmes et les enfants dans l'industrie dès 1882, dix ans et plus avant que s'en soit avisé le législateur de ce pays qui a fait, nous a-t-on appris, la Révolution de 1789. Ou bien est-ce que, comme on l'a dit, ce peuple qui fait des révolutions est inapte aux promptes réformes nécessaires ? Ces réflexions sont naturelles à la veille de nouvelles discussions parlementaires sur des questions intéressant le monde du travail. On verra, en leur lieu, que les propositions soumises aux délibérations des chambres ont abouti dans d'autres pays, qui ne sont pas pourtant des démocraties, sans rencontrer l'opposition irréductible d'esprits, distingués cependant, comme il en est parmi les hommes politiques qui se prétendent libéraux. Faudra-t-il que, à cause d'eux, notre pays ne progresse plus qu'à la remorque des monarchies constitutionnelles ou absolues ?

4. — Mines, minières et carrières.

Généralités. Protection des enfants. *Législation comparée.*

Généralités. — On trouve dès l'antiquité des principes de réglementation des mines. A Athènes, l'État était maître absolu des mines, et à Rome, jusqu'aux constitutions impériales, qui reconnurent à l'État un droit de souveraineté, dit droit régalien, les mines étaient une dépendance de la surface du sol.

Aujourd'hui trois principes prévalent dans les diverses législations, en ce qui concerne les droits de l'État, qui s'est conféré, le pouvoir : 1° de régler la propriété souterraine des mines, afin de l'attribuer aux meilleurs exploitants pour la mise en valeur ; 2° de percevoir un tribut sur les bénéfices de l'exploitant et 3° de surveiller l'exploitation dans ses rapports avec l'ordre public, la conservation du sol et la sûreté des ouvriers.

C'est ce dernier point seul qui intéresse la législation ouvrière.

Chez les anciens, le travail des mines, étant une peine pour les esclaves, ne rencontre aucune protection. Les modernes ont changé cet état de choses, soit que les mesures de protection, étant édictées en faveur de la sécurité des choses, se trouvent par ce fait même pourvoir jusqu'à un certain point à la sûreté des travailleurs, soit que des mesures spéciales protègent le travailleur lui-même personnellement, en limitant la durée ou l'effet du travail, ainsi que ses conditions, soit enfin que les lois générales soient étendues aux travailleurs des mines.

Tout ce qui concerne la législation des mines ne rentre donc pas dans cette étude. C'est ainsi qu'on ne peut passer en revue ici l'organisation de l'administration des mines (Notions historiques, loi du 21 avril 1810 sur la propriété des mines, conseil général des mines, division du service, ingénieurs et contrôleurs, enseignement spécial et professionnel); ni le régime légal des mines (recherche et découverte, concessions, obligations et droits des concessionnaires envers les propriétaires du sol, envers les inventeurs ou explorateurs évincés, expertises et contraventions, etc...).

Il faut se borner à l'étude des prescriptions légales concernant spécialement la réglementation du travail des ouvriers mineurs, et relatives :

1° A la protection des enfants ;

2° A la protection des adultes ;

3° Aux mesures *réelles* ayant pour objet la sécurité du travail avec leur corollaire : application et sanctions.

Le premier point ne comporte que la protection des enfants [1].

On sait déjà que les filles et les femmes ne peuvent être admises dans les travaux souterrains des mines, minières et carrières. (*Art. 9, § 1, L. 2 nov. 1892.*)

Protection des enfants. — Les enfants du sexe masculin y sont admis de 13 à 18 ans [2]. Le décret du 13 mai 1893, qui détermine dans quelles conditions, distingue entre les enfants mâles au-dessous de 16 ans et ceux de 16 à 18.

Pour les premiers, la durée du travail effectif ne peut excéder 8 heures par poste et par 24 heures; les autres ne doivent que 10 heures au plus par jour, et 54 heures par semaine. Ne sont pas compris dans les durées du travail effectif le temps de la remonte et de la descente, ni celui employé à aller au chantier et à en

---

1. D'après le plan même de ce travail sur la législation ouvrière, on comprend que la protection des mineurs adultes a été renvoyée à l'étude du travail des adultes, les mesures reelles de sécurité à l'hygiene et la sécurité en général, et l'application et les sanctions à l'inspection du travail.

2. Et à partir de 12 ans, s'ils justifient du certificat d'études primaires et du certificat d'aptitude physique. (*Circ. min. 4 mai 1893.*)

venir, ni les repos, dont la durée totale ne peut être inférieure à une heure.

Les enfants et les jeunes ouvriers peuvent être employés au triage et au chargement du minerai, à la manœuvre et au roulement des wagonnets, à la garde et à la manœuvre des portes d'aérage, à la manœuvre des ventilateurs à bras et autres travaux accessoires n'excédant pas leurs forces. Ils ne doivent pas être occupés à la manœuvre des ventilateurs à bras pendant plus d'une demi-journée de travail coupée par un repos d'une demi-heure au moins.

Les jeunes ouvriers de 16 à 18 ans ne peuvent être occupés aux travaux proprement dits du mineur qu'à titre d'aides ou apprentis et pour une durée maxima de 5 heures par jour.

Tous autres travaux leur sont interdits.

Dans les mines spécialement désignées par des règlements d'administration publique, comme les exploitations des couches minces de houille dans lesquelles le travail est mené à double poste, et lorsque le travail de l'un des postes consiste à exécuter, aux chantiers d'abatage, l'enlèvement des roches encaissantes et le remblaiement qui n'ont pu s'effectuer pendant le poste d'extraction, comme dans d'autres mines, en raison de leurs conditions naturelles, une dérogation au travail de nuit est permise : le travail des enfants est autorisé de 4 heures du matin à minuit, sous la condition expresse que les enfants ne soient pas assujettis à plus de 8 heures de travail effectif, ni à plus de 10 heures de présence dans la mine, par 24 heures. Il ne peut être recouru à ce régime sans avis préalable donné à l'ingénieur des mines, et, en cas d'opposition de sa part, l'autorisation du ministre du commerce et de l'industrie doit être obtenue.

Législation comparée. — Toutes les lois européennes, sauf les lois *espagnole* du 13 mars 1900 et *belge* (et celle-ci encore, *13 décembre 1899,* exclut les femmes mineures de 21 ans [1]), interdisent aux filles et aux femmes les travaux souterrains des mines, et la plupart

---

1. Environ 5 500 femmes de plus de 16 ans sont, en Belgique, occupées dans les exploitations minières : 4 700 à la surface, 800 au fond. Parmi les ouvrières de la surface, une centaine ne travaillent que la nuit ; environ 70 travaillent, au fond, la nuit, 11 heures en moyenne.

Près de 11 000 enfants de moins de 16 ans sont occupés dans les mines ; 4 000 environ au fond, dont 1 500 de nuit.

durant la nuit et le jour. En *Angleterre,* aux termes de la loi de septembre 1900 sur le travail des enfants dans les mines [*Mines Act,* 1900 (*Prohibition of child labour underground*)], le travail des garçons au-dessous de 13 ans est interdit dans les mines (l'interdiction n'existait précédemment que jusqu'à 12 ans) et la durée du travail ne doit pas dépasser 10 heures. La loi ne s'applique pas aux enfants de 12 à 13 ans actuellement employés dans les mines au moment de la promulgation de la loi.

Le travail de nuit, autorisé sous certaines conditions, pour les jeunes ouvriers, dans des industries déterminées, devient permis, par l'ordonnance du 12 avril 1902, aux jeunes ouvriers de plus de 16 ans, occupés dans les fonderies annexées aux mines de plomb et de zinc.

En *Autriche,* aux termes de la loi d'avril 1901, modifiant la loi de 1884 sur le travail des ouvriers adolescents et des ouvrières (femmes et jeunes filles), comme aussi sur la durée de la journée de travail et le repos dominical dans les mines, il 'n'est pas permis d'employer, en qualité d'ouvriers, des enfants au-dessous de 14 ans. A titre exceptionnel, des enfants entre 12 et 14 ans révolus peuvent être occupés à des travaux du jour d'une exécution facile (sans préjudice de la fréquentation scolaire obligatoire), à la demande de leurs parents ou tuteurs, avec l'autorisation spéciale de l'administration des mines. Les femmes et jeunes filles de tout âge ne peuvent être employées qu'aux travaux du jour, et les personnes accouchées, six semaines seulement après leur délivrance. Ce délai peut être réduit à quatre semaines sur attestation. d'un médecin les déclarant capables de reprendre le travail.

Les jeunes gens et les jeunes filles n'ayant pas encore, respectivement, plus de 16 à 18 ans, ne peuvent être occupés, dans les exploitations minières, que d'une façon qui ne nuise point à leur développement physique.

En *Allemagne,* l'âge d'admission et la durée sont fixés comme en Autriche, 12 ans pour le travail de jour, 14 ans pour le travail de nuit.

L'ordonnance du conseil fédéral en date du 20 mars 1902 sur l'aménagement et l'exploitation des carrières et des chantiers de taille de pierres, interdit d'occuper, dans les carrières, à partir du 1er octobre 1903, des ouvrières ou de jeunes ouvriers à l'extraction (percement, entaille, forage, établissement et remplissage des trous de mines. sautage à la poudre, etc.) ou au travail de premier dégrossissement des pierres. Même interdiction dans les chantiers de taille des pierres, pour le traitement à sec du grès et autres besognes qui exposent aux effets des poussières. Défense dans les carrières et les chantiers, de les employer au transport ou au déchargement des pierres. Pour les ardoisières, l'autorité peut tolérer l'emploi de jeunes ouvriers, à l'occasion du transport ou du déchargement, à des travaux appropriés à leurs forces.

L'*Italie* (*L. 19 juin 1902*) a adopté l'âge de 13 ans, et l'*Espagne*, l'âge de 16 ans; mais ces prescriptions ne seront applicables qu'après une assez longue période de transition.

II. — TRAVAIL DES ADULTES

1. Vue d'ensemble.
2. Durée du travail quotidien des adultes.
3. Repos hebdomadaire.
4. Agents des chemins de fer.
5. Conditions du travail dans les travaux de l'état, des départements et des communes, etc.
   Annexe. — Conditions du travail sur les réseaux de tramways ou de chemins de fer d'intérêt local.
6. Mines, minières et carrières.
7. Travail agricole.

1. — Vue d'ensemble.

France. Étranger.

France. — Le travail des adultes est surtout réglementé par des textes de droit *réel*, relatifs à la tenue des ateliers en vue de la sécurité et de l'hygiène[1]. Au point de vue purement *personnel*, il n'y a eu longtemps qu'une disposition législative sur la matière. C'est le décret-loi du 9 septembre 1848 qui fixe la durée du travail effectif au maximum de douze heures dans les usines et manufactures. Ce décret-loi a été modifié profondément par l'article 2 de la loi du 3o mars 1900. Des règlements d'administration publique

---

[1]. Pour ce qui concerne l'hygiène et la sécurité matérielles et morales des travailleurs, voir le paragraphe III.

successifs [1] avaient apporté des exceptions à la disposition générale du décret-loi.

Le décret du 28 mars 1902, portant règlement d'administration publique sur la durée du travail efféctif journalier des ouvriers adultes, conforme au décret-loi de 1848, a abrogé les décrets successifs et divers, rendus pour l'exécution de l'article 2 de la loi du 3o mars 1900.

Depuis, des arrêtés ministériels ont prescrit l'essai, puis généralisé la durée du travail journalier de huit heures dans des établissements de l'État [2]. Des lois et décrets spéciaux ont encore, dans les mines, dans les travaux de l'État, des départements et des communes, préconisé un temps de travail inférieur à celui de la loi du 3o mars 1900 [3]. Il semble qu'on tende à abaisser de plus en plus la durée du travail pour arriver à la journée de huit heures, si vivement revendiquée comme suffisante par les écoles socialistes.

Le repos hebdomadaire du dimanche n'est pas obligatoire ; les grands repos équivalents à un jour complet de repos existent pour certains corps d'employés et ouvriers, par exemple dans les chemins de fer.

Étranger. — Les dispositions de loi *personnelles,* relatives au travail proprement dit des adultes, deviennent nombreuses dans les législations des divers pays, et se réfèrent principalement à la durée du travail journalier et au repos du dimanche [4], notamment en Autriche, en Suisse, en Russie, aux États-Unis, en Allemagne, etc.

En *Belgique,* à part la loi sur le contrat de travail, aucun texte ne réglemente le travail des adultes, sauf en ce qui concerne le

---

1. Décrets des 17 mai 1851, 3 avril 1889 et 10 décembre 1899, et décret du 31 janvier 1866, spécial aux ateliers de filature de soie.

2. 1° Arrêté du ministre de la marine du 21 octobre 1902 et circulaire en date du même jour, adressée par le ministre de la marine aux vice-amiraux, commandant en chef, préfets maritimes à Toulon et à Lorient, au sujet de l'essai de la journée de huit heures dans certains établissements de la marine. — 2° Circulaire du ministre de la marine, en date du 7 janvier 1903, adressée aux vice-amiraux commandant en chef, préfets maritimes, directeurs des établissements de la marine hors des ports, au sujet de l'extension de la journée de huit heures à tous les arsenaux et établissements hors des ports.

3. L'étude des conditions du travail dans les travaux de l'État, des départements et des communes, est annexée à la protection des adultes,. comme s'y rattachant mieux qu'à toute autre matière.

4. Les dispositions intéressantes sont développées, à la suite des paragraphes : *Durée du travail quotidien des adultes,* et *Repos hebdomadaire.* Il ne s'agit ici que d'une vue d'ensemble.

travail des femmes nouvellement accouchées. Les *Pays-Bas* n'imposent que le repos du dimanche absolument. (*L. 1er mars 1815*.) — Presque aucune restriction en *Italie,* en *Espagne,* en *Portugal,* en *Suède,* en *Russie,* où le Code industriel règle minutieusement la conclusion, l'exécution, la rupture des contrats de louage, en *Danemark* (sauf le repos public des fêtes de l'Église nationale et le jour de la Constitution).

On a vu, au titre des femmes et des enfants, qu'en *Suisse* la loi du 23 mars 1877 s'applique à toutes les catégories d'ouvriers sans distinction d'âge ou de sexe. La législation fédérale accorde même sa protection contre le surmenage aux fonctionnaires, employés et ouvriers des compagnies de chemins de fer, ou de navigation à vapeur ou autres entreprises de transport; ils ne doivent que 12 heures au maximum ; le personnel employé sur les machines et dans le train a droit à un repos ininterrompu d'au moins 10 heures, et le reste du personnel, d'au moins 9 heures ou 8 heures, si le logement se trouve à la gare ou sur la voie ferrée. Ils ont droit à 52 jours de repos par an, dont 17 doivent être des dimanches. Ces mesures n'entraînent aucune diminution de salaire. De même, tous les cantons protègent le personnel des cafés et des hôtels [1].

En *Allemagne,* dans les fabriques qui occupent plus de 20 ouvriers, le Conseil fédéral a voté la « journée maxima sanitaire » de 12 heures au plus. Patrons et ouvriers se soumettent à des règlements d'atelier, visés par l'autorité locale, après consultation des ouvriers. Le travail des dimanches et jours fériés est interdit, en principe. Mais des exceptions sont faites selon les nécessités invoquées, à titre temporaire ou permanent.

En *Autriche,* la durée du travail effectif est limitée à 11 heures dans la grande industrie, coupées par un repos quotidien d'une heure et demie, applicable aussi à la petite industrie. Le chômage du dimanche est obligatoire. (*L. 8 mars 1885*.) En *Hongrie,* le repos est de 2 heures : une demi-heure avant midi, une heure à midi, une demi-heure le soir. Repos hebdomadaire obligatoire, en principe. (*L. 9-14 avr. 1891*.)

En *Norvège,* seul repos des dimanches, comme aussi en *Grande-Bretagne,* où la journée est restée fixée à 11 heures.

---

1. Voir ci-dessous la législation comparée, III. — HYGIÈNE ET SÉCURITÉ.

Aux *Etats-Unis*, la journée est descendue à 9 ou 10 heures, et souvent à 8 heures, par la poussée populaire, sans que les autorités interviennent, mais elles ont appliqué la journée de 8 heures à leurs ouvriers et aux facteurs des postes. Repos du dimanche obligatoire dans presque tous les États. Les ouvriers chôment volontairement les jours de fêtes légales.

En *Australie* et en *Nouvelle-Zélande,* la réglementation des heures de travail s'est faite par le marchandage collectif entre les syndicats et les patrons. Le gouvernement n'a fait que prescrire la journée de 8 heures pour ses chantiers et ateliers.

2. — Durée du travail quotidien des adultes.

Les douze heures. Exceptions générales, exceptions particulières. Relais ; équipes. Les huit heures. — Influence de la réduction de la journée de travail sur le rendement industriel. — *Législation comparée.*

Les douze heures. — D'après l'article 1er du décret-loi du 9 septembre 1848, la journée de l'ouvrier dans les manufactures et usines ne peut pas excéder douze heures de travail effectif[1]. Les usines et manufactures auxquelles s'applique cette loi sont toutes celles que définit la loi, abrogée d'ailleurs, du 22 mars 1841 sur le travail des enfants (*Circ. min. 25 nov. 1885*), savoir :

1° Tous les établissements à moteur mécanique ou à feu continu et leurs dépendances ;

2° Toute industrie occupant plus de vingt ouvriers réunis en atelier ;

3° Tous les établissements clos et couverts où s'exerce une industrie que son importance ne permet pas de considérer comme des ateliers domestiques. (*C. app. Paris, 12 déc. 1895.*)

Cette loi ne fut pas appliquée d'ailleurs, n'ayant pas de sanction, jusqu'au 16 février 1883, où fut votée une disposition chargeant le personnel de l'inspection d'en surveiller l'exécution.

Mais la loi du 30 mars 1900, article 2, sans abroger la loi de 1848,

---

1. L'article 1er de la loi du 9 septembre 1848, aux termes de laquelle la journée de l'ouvrier dans les usines et manufactures ne peut dépasser douze heures de travail effectif, ne comporte d'exception que dans le cas de force majeure dûment établie, notamment ceux prévus par le règlement du 17 mai 1851. (*Cass. ch. crim., 16 févr. 1901.*) Noter que le règlement du 17 mai 1851 a été abrogé et remplacé par le décret du 28 mars 1902.

y a ajouté des dispositions qui restreignent hors de mesure la possibilité d'application. En effet, aux termes de l'article 2 de la loi du 30 mars 1900, la journée des ouvriers, depuis le 1er avril 1902, ne peut excéder dix heures et demie de travail effectif, dans les établissements qui emploient, dans les mêmes locaux, des enfants, filles mineures et femmes, protégés par la loi du 2 novembre 1892, — durée à réduire à dix heures au 1er avril 1904.

Il faut entendre par « *les mêmes locaux* », l'ensemble des bâtiments, toits, emplacements d'un même établissement, où se fait le travail du personnel protégé, sinon dans les mêmes tables, aux mêmes étages, du moins dans tous les locaux où tous les efforts sont combinés en vue d'une même production.

Ainsi, le travail effectif de douze heures n'est plus permis que dans les établissements visés par la loi de 1841, et encore à la condition de n'employer que des hommes adultes. De plus, le champ d'application de la nouvelle loi se trouve étendu à tous les établissements industriels d'après la définition de la loi de 1892.

On admet que les dérogations autorisées pour les enfants, filles mineures et femmes par la loi du 2 novembre 1892, en ce qui concerne le travail de nuit, le repos hebdomadaire et la durée du travail — permanentes ou temporaires — sont *a fortiori* admises au profit des adultes.

Exceptions générales. — Le décret-loi de 1848 prévoyait des exceptions à la loi, qui furent fixées ensuite par des règlements d'administration publique (*Déc. 17 mai 1851, 31 janv. 1866, 3 avr. 1889, 10 déc. 1899*), lesquels permettaient de singuliers abus, notamment en ne limitant pas, parmi certaines exceptions autorisées, la prolongation de la durée du travail.

Le décret nouveau, en date du 28 mars 1902, en même temps qu'il a simplifié la réglementation par l'abrogation des décrets précités, en a supprimé aussi les imperfections.

Désormais la durée du travail effectif journalier des ouvriers adultes peut, pour les travaux désignés au tableau suivant et conformément à ses indications, être élevée au-dessus des limites respectivement fixées par l'article 1er de la loi du 9 septembre 1848, en ce qui concerne les établissements ou parties d'établissements industriels n'employant dans les mêmes locaux que des hommes adultes, et par l'article 2 de la loi du 30 mars 1900, en ce qui con-

cerne les établissements ou parties d'établissements industriels employant dans les mêmes locaux des hommes adultes et des enfants,
des filles mineures ou des femmes :

DÉSIGNATION DES TRAVAUX.	LIMITE D'AUGMENTATION de durée du travail effectif.
1º Travail des ouvriers spécialement employés dans une industrie quelconque à la conduite des fours, fourneaux, étuves, sécheries ou chaudières autres que les généra-teurs pour machines motrices, ainsi qu'au chauffage des cuves et bacs, sous la condition que ce travail ait un caractère purement préparatoire ou complémentaire, et ne constitue pas le travail fondamental de l'établisse-ment. Travail des mécaniciens et des chauffeurs employés au service des machines motrices.	Une heure et demie au delà de la limite assignée au travail général de l'éta-blissement ; deux heures le lendemain de tout jour de chômage.
2º Travail des ouvriers employés, après arrêt de la pro-duction, à l'entretien et au nettoyage des métiers ou autres machines productrices que la connexité des tra-vaux ne permettrait pas de mettre isolement au repos pendant la marche générale de l'établissement.	Une demi-heure au delà de la limite assignée au tra-vail général de l'établisse-ment.
3º Travail d'un chef d'équipe ou d'un ouvrier spécialiste dont la présence est indispensable à la marche d'un atelier ou au fonctionnement d'une équipe, dans le cas d'absence inattendue de son remplaçant et en attendant l'arrivée d'un autre remplaçant.	Deux heures au delà de la limite assignée au travail général de l'établissement.
4º Travail des ouvriers spécialemen. employés soit au ser-vice des fours, soit à d'autres opérations, quand le ser-vice ou les opérations doivent rester continus pendant plus d'une semaine.	Faculté illimitée pendant un jour pour permettre l'al-ternance des équipes, cette alternance ne pouvant avoir lieu qu'à une semaine d'in-tervalle au moins.
5º Travail des ouvriers spécialement employés soit à des opérations de grosse métallurgie (fonte, forgeage, lami-nage des métaux en grosses pièces et opérations con-nexes), soit à d'autres opérations reposant sur des réac-tions qui, techniquement, ne peuvent être arrêtées à volonté, lorsque les unes et les autres n'ont pu être ter-minées dans les délais réglementaires par suite de cir-constances exceptionnelles.	Deux heures, exception-nellement pour la grosse métallurgie, six heures la veille de tout jour de chô-mage.
6º Travaux urgents dont l'exécution immédiate est néces-saire pour prévenir des accidents imminents, organiser des mesures de sauvetage, ou réparer des accidents survenus soit au matériel, aux installations ou aux bâti-ments de l'établissement.	Faculté illimitée pendant un jour au choix de l'indus-triel ; les autres jours, deux heures au delà de la limite fixée par l'article 1er, § 1er, de la loi du 9 septembre 1848.
7º Travaux exécutés dans l'intérêt de la sûreté et de la défense nationales, sur un ordre du Gouvernement constatant la nécessité de la dérogation.	Limite à fixer, dans cha-que cas, de concert entre le Ministre du commerce et de l'industrie et le Ministre qui ordonne les travaux.
8º Travail du personnel des imprimeries typographiques, lithographiques et en taille douce.	Deux heures au delà de la limite fixée par l'article 1er, § 1er, de la loi du 9 septem-bre 1848. Maximum annuel : 100 heures.
9º Travail des ouvriers spécialement employés à la mou-ture des grains dans les moulins exclusivement action-nés par l'eau ou par le vent.	Deux heures au delà de la limite fixée par l'article 1er, § 1er, de la loi du 9 septem-bre 1848.

Les facultés d'augmentation de la durée du travail journalier accordées pour les enfants, les filles mineures et les femmes, en vertu de la loi du 2 novembre 1892, s'appliquent de plein droit aux ouvriers adultes employés dans les mêmes locaux.

Tout chef d'établissement qui veut user des facultés prévues aux articles précédents est tenu de faire connaître préalablement à l'inspecteur du travail la nature de la dérogation, le nombre d'ouvriers pour lesquels la durée du travail journalier sera augmentée, les heures de travail et de repos de ces ouvriers, celles de l'ensemble du personnel de l'établissement et les jours auxquels s'applique l'augmentation. Copie de cet avis sera affichée dans l'établissement.

Si cette augmentation est motivée soit par les circonstances exceptionnelles prévues au § 5 du tableau ci-dessus, soit par les travaux urgents prévus au § 6, l'avis doit être envoyé par exprès ou par télégramme à l'inspecteur du travail. Si la faculté ne lui paraît pas justifiée, celui-ci en avisera l'industriel.

Exceptions particulières. — Il va sans dire que ces dispositions sur la durée du travail de 12, 11, 10 heures et demie et 10 heures ne portent aucune atteinte aux usages et conventions qui, antérieurement, fixaient pour certaines industries la journée de travail à un nombre d'heures inférieur à douze ou dix, non plus qu'aux limitations spéciales en faveur de catégories déterminées de travailleurs imposées à diverses entreprises de transports en commun soumises au contrôle administratif (chemin de fer, tramways, etc...) dans le cas où le surmenage de leur personnel pourrait compromettre la sécurité du public qui utilise leurs services [1].

Relais; équipes. — Dans les établissements à personnel mixte, adultes, femmes et mineurs ont-ils droit aux mêmes repos aux mêmes heures ? et doivent-ils de même avoir les mêmes heures

1. Le Parlement est saisi de trois propositions de loi concernant la diminution des heures de travail, renvoyées à la Commission du travail :

1° Proposition de M. Vaillant, relative à l'établissement de la journée de 8 heures (et d'un salaire minimum) pour tous les employés et ouvriers de l'État. (27 juin 1898. Doc. parl. n° 115. *J. O.*, p. 1297.)

2° Proposition de MM. Ernest Roche et Rogers, concernant la diminution des heures de travail. (16 déc. 1898. Doc. parl. n° 540. *J. O.*, p. 544.)

3° Proposition de MM. Basly, etc., 8 heures dans les mines. (29 mars 1900. Doc. parl. n° 1564. *J. O.*, p. 780.)

d'entrée et de sortie? Le travail doit-il commencer, s'interrompre et cesser en même temps pour tous?

La question est importante ; et il n'est pas facile d'y répondre. Il semble que la volonté du législateur était formelle, ainsi que l'interprétation donnée par le ministre. Il n'y a qu'à lire les déclarations de M. Ricard, député, lors de la discussion de la loi de 1900. Elles sont vraiment catégoriques. Et on ne comprend guère que le pouvoir judiciaire ne les ait pas comprises. Aux termes d'une lettre ministérielle, au sujet de l'application de la loi du 30 mars 1900, une équipe de seuls adultes est soumise à la loi de 1848, et peut travailler pendant douze heures. L'affirmative ne faisait donc aucun doute. Et conformément à ceci, un premier arrêt de la Cour de cassation, en date du 26 janvier 1901, décidait que les ouvriers adultes employés dans les établissements industriels à personnel mixte sont au nombre des personnes qui doivent, aux termes de la loi du 30 mars 1900, être au repos, non seulement pendant le même nombre d'heures, mais aussi *aux mêmes heures ;* le travail, dans ces établissements, doit commencer, s'interrompre et cesser *aux mêmes heures* [1].

---

[1]. Voici la teneur de cet arrêt important :

La Cour, attendu qu'aux termes de l'article 1er de la loi du 30 mars 1900, les articles 3, 4 et 11 de la loi du 2 novembre 1892 sur le travail des enfants, des filles mineures et des femmes dans les établissements industriels sont modifiés ainsi qu'il suit :

« Art. 3. — Dans chaque établissement, sauf les usines à feu continu et les mines, minières ou carrières, les repos auront lieu aux mêmes heures pour toutes les personnes protégées par la présente loi » ;

Qu'aux termes de l'article 2, il est ajouté à l'article 1er du décret-loi des 9-14 septembre 1848 la disposition suivante :

« Toutefois, dans les établissements énumérés dans l'article 1er de la loi du 2 novembre 1892 qui emploient dans les mêmes locaux des hommes adultes et des personnes visées par ladite loi, la journée de ces ouvriers ne pourra excéder onze heures de travail effectif... » ;

Attendu que le procès-verbal visé au jugement constate en fait que, dans l'établissement visité par l'inspecteur départemental, deux ouvriers travaillaient de 5 heures du matin à 5 heures du soir, tandis que le surplus du personnel travaillait de 6 heures du matin à 6 heures du soir, avec repos de midi à 1 heure pour tout le personnel sans distinction ;

Qu'en cet état, pour écarter l'application de la disposition ci-dessus transcrite de l'article 3 modifié de la loi du 2 novembre 1892, le jugement prétend que les adultes hommes ne figurent pas au nombre des « personnes protégées » pour lesquelles la loi entend unifier non seulement la durée totale de la journée de travail, mais aussi la répartition du travail dans les limites de cette journée ; qu'à cet égard le jugement entend se fonder sur ce qu'aucun texte ne s'opposerait à ce que, quoique employés dans un établissement à personnel mixte, les ouvriers adultes commencent et cessent leur travail une heure plus tôt que le reste du personnel si, du reste, ces

Mais, depuis, la Cour de cassation a changé d'avis, et à vrai dire elle n'y a pas mis longtemps. Par un arrêt nouveau du 30 novembre 1901, bientôt suivi des arrêts des 2 janvier et 23 octobre 1902, à cette question : Le travail par équipes successives, discontinues et alternantes, autorisé, en principe, pour les adultes, leur devient-il interdit

---

ouvriers ne dépassent pas un total de onze heures, et s'ils ont leur repos à la même heure que les autres ;

Mais attendu, d'une part, qu'en édictant dans le cercle des prévisions qu'il régit que les repos auront lieu aux mêmes heures, le texte précité vise aussi bien le repos qui clôt la journée de travail que le repos qui la divise ; qu'il n'est pas exact de dire, avec le jugement entrepris, que des ouvriers, dont les uns cessent leur travail de 5 heures du soir à 5 heures du matin, et les autres de 6 heures du soir à 6 heures du matin, ont les mêmes heures de repos par cela seul que tous interrompent leur travail de midi à 1 heure ; qu'envisagée dans son esprit comme dans son but, la loi du 30 mars 1900 n'est obéie qu'autant que, sans distinction d'âge ni de sexe, et sous la seule réserve d'exceptions formelles, le travail pour tous, dans les établissements à personnel mixte, commence, s'interrompt et cesse aux même heures.

Et attendu, d'autre part, que les expressions : « personnes protégées par la présente loi », dans l'article 3 de la loi du 2 novembre 1892 modifié par l'article 1er de la loi du 30 mars 1900, ne peuvent s'entendre exclusivement des personnes protégées par la première de ces deux lois, quoique la seconde y incorpore le texte nouveau ;

Qu'il suffit, en effet, pour reconnaître la volonté du législateur de viser la loi même qu'il élaborait, de constater que, dans son second alinéa, l'article 3 précité et, de même, l'article 1er du décret de 1848 modifié par l'article 2 de la loi de 1900, emploient les mêmes expressions « la présente loi » lorsqu'ils font partir de la promulgation de la loi nouvelle les délais de deux années chacun à l'expiration desquels la durée de travail sera réduite à dix heures et demie puis à dix heures ;

D'où il suit également que les personnes qui, dans le troisième alinéa du même article 3 modifié de la loi du 2 novembre 1892, sont déclarées : « protégées par la présente loi », sont celles protégées par la loi modificative du 30 mars 1900 ;

Attendu que, par son article 2, cette loi ajoute à l'article 1er du décret-loi des 9-14 septembre 1848 une disposition d'après laquelle, dans les établissements énumérés en l'article 1er de la loi du 2 novembre 1892, qui emploient dans les mêmes locaux des hommes adultes et des personnes visées par ladite loi, la journée des ouvriers ne pourra excéder onze heures de travail effectif ; qu'ainsi les ouvriers adultes employés dans les établissements à personnel mixte sont, comme les jeunes ouvriers et ouvrières et les femmes, au nombre des personnes qui, protégées par la loi de 1900, doivent, aux termes de l'article 1er de cette loi modifiant l'article 3 de la loi de 1892, être au repos, non seulement pendant le même nombre d'heures, mais « aux mêmes heures ».

Attendu qu'au surplus l'unification du travail dans les établissements susvisés ne saurait être arbitrairement réduite au premier de ces deux termes sans méconnaître les vues essentielles qu'a poursuivies la loi du 30 mars 1900, lorsque, après avoir, dans son article 1er, fixé à onze heures la durée maxima du travail effectif des jeunes ouvriers et ouvrières jusqu'à l'âge de 18 ans et des femmes, et après avoir édicté la réduction successive de cette durée à dix heures et demie et dix heures, elle a, dans son article 2, ramené d'autre part à une même et identique durée de onze heures, devant subir aux mêmes échéances les mêmes réductions préfixées, le travail effectif des hommes adultes dans les locaux où ils sont employés avec des personnes visées par la loi du 2 novembre 1892 ;

D'où il suit qu'en déclarant non prévu par la loi le fait sur lequel il était appelé à statuer, le jugement a inexactement interprété les textes précités,

Par ces motifs, casse et annule, etc.

lorsqu'ils l'accomplissent dans les mêmes locaux que ceux où travaillent des femmes et des enfants et pendant tout ou partie de la
durée du travail de ces derniers ? elle répond : Non, attendu :

1° Que la loi du 3o mars 1900 modifie, par son article premier, les articles 3, 4 et 11 de la loi du 2 novembre 1892 et, par
son article 2, le décret du 9 septembre 1848 ; que ces deux dispositions distinctes s'incorporent respectivement dans les lois qu'elles
modifient et que, juridiquement, elles sont, entre elles, sans relation
nécessaire, sauf en ce qui concerne la durée de la journée de travail des adultes dans les établissements à personnel mixte, lorsqu'ils
travaillent dans les mêmes locaux que les personnes protégées par
la loi du 2 novembre 1892 ;

2° Que le décret de 1848, modifié, s'applique uniquement aux
ouvriers mâles et adultes et que la loi du 2 novembre 1892 reste,
suivant son titre, après la modification dont elle a été l'objet,
comme avant, exclusivement applicable au travail des enfants, des
filles mineures et des femmes dans les établissements industriels.

D'autre part, le travail, bien qu'effectué dans des bâtiments ou ateliers séparés, mais voisins les uns des autres, par des adultes et par
des femmes et enfants, doit-il être considéré, cependant, comme ayant
eu lieu « dans les mêmes locaux », suivant les termes du décret du
9 septembre 1848, modifié par l'article 2 de la loi du 3o mars 1900?

Non, encore, car par cette expression « mêmes locaux », qui a
eu pour but de restreindre l'application de l'article 2 de la loi du
3o mars 1900, on ne doit entendre, en effet, que l'atelier où le travail se fait simultanément et en commun, et qu'on ne saurait y
comprendre les ateliers séparés les uns des autres ou les bâtiments
voisins dans lesquels peuvent être effectués les travaux de tous les
ouvriers d'une usine ou manufacture [1].

Tel est le dernier état de la question. La loi du 3o mars 1900 est
écartée. Les prescriptions de cette loi qui touchent à la loi de 1848
et à celle de 1892, sont respectivement incorporées à ces lois. Par
suite la prohibition des équipes alternantes est inapplicable aux

---

1. Et cet arrêt encore aux termes presque identiques, car elle y tient :
« Par l'expression *mêmes locaux* qui a pour but de restreindre l'application de
l'article 2 de la loi du 3o mars 1900, on ne doit entendre que l'atelier où le travail
se fait simultanément et en commun et qu'on ne saurait y comprendre les ateliers
distincts et séparés d'une même usine. (*Cass. ch. crim., 20 févr. 1902.*)

adultes employés dans les établissements mixtes (*loi de 1848*), et les repos aux mêmes heures ne concernent que les seuls enfants et femmes (*loi de 1892*).

Ainsi jugé pour laisser à chacune des lois son domaine respectif. Elles n'ont pas à empiéter l'une sur l'autre. Était-ce là la pensée du législateur ? Il est plus que permis d'en douter [1].

Les huit heures. — La Chambre a voté la journée de huit heures pour les mineurs ; la proposition se trouve aujourd'hui devant le Sénat, qui n'en a pas abordé encore la discussion.

La journée de huit heures a été introduite dans ces dernières années dans plusieurs des établissements industriels de l'État. Elle a été mise à l'essai, dès le 16 septembre 1899, par le Ministre du Commerce, de l'Industrie, des Postes et des Télégraphes, dans les ateliers des postes du boulevard Brune, à Paris (ateliers de fabrication des timbres-poste, agence comptable, dépôt central et vérification du matériel, ateliers de constructions et de réparation du matériel postal). L'expérience fut ensuite étendue au Magasin régional des postes, puis, le 1er juillet 1900, à l'atelier d'électricité du Poste central de Paris.

La réforme fut rendue définitive par arrêté du 9 février 1901 dans les établissements du boulevard Brune ; elle le devint également le 1er mai 1901 pour le personnel ouvrier des équipes de la région de Paris, et le 24 septembre 1901 pour l'atelier d'électricité du poste central. La journée de huit heures fut également étendue, le 1er mars 1901, au personnel ouvrier des services d'installation et d'entretien des appareils téléphoniques de la région de Paris et, le 16 juillet 1901, au personnel de l'atelier de force motrice de l'Hôtel des Postes.

L'application et l'extension de la réforme a été facilitée par la bonne volonté des ouvriers, qui ont redoublé d'activité dans leur travail, de sorte que la production ne s'est pas ressentie sensiblement de la réduction de la journée de travail.

La journée de huit heures mise à l'essai le 1er novembre 1902 pour le personnel de la marine ouvrier des services suivants : atelier de la petite chaudronnerie (Toulon) ; direction de l'artillerie navale (Lorient), a été étendue à tous les arsenaux et établissements hors des ports, par circulaire du 7 janvier 1903 : « En raison des résultats très satisfaisants obtenus par l'essai de la journée de huit heures à l'atelier de la petite chaudronnerie de Toulon et à la direction d'artillerie de Lorient, j'ai décidé d'étendre cette

---

1. A propos de la discussion du budget du ministère du Commerce et de l'industrie, M. Mirman (*séance 5 nov. 1903*) a critiqué plusieurs points faibles des lois de 1892, 1893 et 1900, et notamment celui-ci. Le ministre lui a donné raison. La jurisprudence de la Cour de cassation est donc bien en contradiction avec l'esprit de la loi.

mesure à tous les arsenaux et établissements hors des ports », dit la circulaire ministérielle. Et elle ajoute :

« Afin de réaliser tous les effets qu'on est en droit d'attendre de cette nouvelle organisation, le personnel chargé de la direction et de la surveillance des ateliers devra s'astreindre à assister à la reprise ainsi qu'à la cessation du travail. »

Influence de la réduction de la journée de travail sur le rendement industriel. — C'est la question qui immédiatement se pose. Des expériences faites, il résulte que cette influence est insensible [1].

Voici un tableau comparatif des productions journalières moyennes, *ramenées à 100 ouvriers d'effectif*, d'une filature de schappe occupant 550 ouvriers, pour le mois de mars 1902 (la durée du travail journalier était encore de onze heures), et le mois d'avril 1902 (qui a inauguré la durée légale de dix heures et demie par jour) :

DATES.		PEIGNAGE.	FILATURE.	RETORDAGE.	PURGEAGE.	DÉVIDAGE.
		kilogr.	kilogr.	kilogr.	kilogr.	kilogr.
1re semaine.	de mars .	56	82	80	74	66
	d'avril . .	54	81	75	74	61
2e semaine.	de mars .	53	78	83	92	74
	d'avril . .	52	78	83	76	76
3e semaine.	de mars .	53	74	67	75	66
	d'avril . .	53	78	74	79	72
4e semaine.	de mars .	56	82	71	73	68
	d'avril . .	56	78	69	77	70
Moyenne générale.	pour mars	54	79	75	78	69
	pour avril.	54	79	76	76	70

---

1. On trouvera, dans le *Bulletin* de l'Office international (*juill.-sept. 1902*) une enquête assez complète sur la réduction de la journée de travail, expérimentée en Suisse, en Allemagne, en Autriche, en Italie, en Belgique, et qui peut servir de complément à la Législation comparée de cette matière ; on y verra en même temps que l'influence de la réduction de la journée de travail sur le rendement industriel est plutôt négative dans ces pays aussi bien qu'en France. Dans certaines industries même, les fabricants affirment que la réduction à 10 heures de la journée de 11 heures n'a pas amené de diminution dans la production, et qu'un nouvel abaissement à 9 heures ne produirait aucun déchet non plus (Bade, industrie de l'horlogerie).

Et, en définitive, on conclura de tout ceci que les arguments tirés de la nécessité de soutenir la concurrence internationale, pour n'admettre pas la réduction des heures de travail quotidien, n'ont aucune valeur, devant le mouvement international qui tend universellement à abaisser la durée du travail, — si même ces arguments ne peuvent être retournés contre leurs auteurs, devant la même quantité de production qui se manifeste nonobstant la réduction du temps de travail.

Mais il faut se garder de prétendre que moins on travaillera et plus on produira, ce qui serait pousser la thèse à l'absurde. Il y a évidemment une limite au-dessous de laquelle on ne pourra descendre, même avec un travail intensif et un outillage très perfectionné. Et c'est de cette limite dans la productivité que devra être rapprochée la limitation de la journée de travail, pour arriver à la plus grande production normale dans le temps le plus réduit. Il semble qu'on ne puisse pas descendre au-dessous de 8 à 9 heures.

Quant aux salaires, rien n'est plus instructif que la répercussion de la loi du 30 mars 1900, diminuant les heures de travail, sur les salaires des ouvrières d'une importante fabrique de bougies, en France, dont suit le détail.

1° *Coulerie.* — Dans cet atelier, les femmes travaillaient neuf heures et demie par jour avant la promulgation de la loi du 30 mars 1900, et elles étaient payées à la journée à raison de 2 fr. Depuis le 1er juillet 1900, elles sont aux pièces et ne travaillent plus que sept heures et demie ; elles gagnent en moyenne 2 fr. 21 c. par jour.

Leur salaire est donc aujourd'hui de 29 centimes et demi par heure, tandis qu'il était autrefois de 21 centimes. C'est donc une augmentation de 40 1/2 p. 100.

2° *Rognage.* — Dans cet atelier, les femmes travaillaient neuf heures et demie par jour avant la promulgation de la loi du 30 mars 1900, elles étaient payées aux pièces et gagnaient 2 fr. 23 c. par jour. Depuis le 1er juillet 1900, elles ne travaillent plus que sept heures et demie par jour ; elles sont toujours aux pièces et gagnent en moyenne 2 fr. 10 c.

Leur salaire est donc aujourd'hui de 28 centimes par heure, tandis qu'il était autrefois de 23 centimes et demi. C'est donc une augmentation de 19 p. 100.

3° *Pliage.* — Dans cet atelier, les femmes travaillaient dix heures par jour avant la promulgation de la loi du 30 mars 1900, elles étaient payées aux pièces et gagnaient 2 fr. 28 c. par jour. Depuis le 1er juillet 1900, elles ne travaillent plus que sept heures et demie par jour, elles sont toujours aux pièces et gagnent en moyenne 2 fr. 21 c.

Leur salaire est donc aujourd'hui de 29 centimes et demi par heure, tandis qu'il était autrefois de 22 centimes 8. C'est donc une augmentation de 29 1/2 p. 100.

4° *Étuis.* — Dans cet atelier, les femmes travaillaient neuf heures et demie avant la promulgation de la loi du 30 mars 1900 et elles étaient payées à la journée à raison de 2 fr. Depuis le 1er juillet 1900, elles sont aux pièces et ne travaillent plus que sept heures et demie, elles gagnent en moyenne 2 fr. par jour.

Leur salaire est donc aujourd'hui de 30 centimes par heure, tandis qu'il était autrefois de 21 centimes. C'est donc une augmentation de 43 p. 100.

En résumé, l'application de la loi du 30 mars 1900 dans cet établissement a eu pour résultat d'augmenter le prix de l'heure du travail féminin dans tous les ateliers, savoir :

Coulerie. — 29 centimes et demi à l'heure, au lieu de 21 centimes. Soit : 40 1/2 p. 100 d'augmentation.

Rognage. — 28 centimes à l'heure, au lieu de 23 centimes 5. Soit : 19 p. 100 d'augmentation.

Pliage. — 29 centimes et demi à l'heure, au lieu de 22 centimes 8. Soit : 29 1/2 p. 100 d'augmentation.

Étuis. — 30 centimes à l'heure au lieu de 21 centimes. Soit : 43 p. 100 d'augmentation.

Quant au salaire quotidien, malgré une *diminution de deux heures dans la durée du travail* (sept heures et demie, au lieu de neuf heures et demie), il a été augmenté de 10 1/2 p. 100 pour les ouvrières qui travaillaient à l'heure, avant la loi, et qui travaillent aux pièces depuis (*coulerie* et *étuis*).

Il a été très légèrement diminué (2 1/2 et 5 p. 100 pour les ouvrières qui travaillaient déjà aux pièces (*pliage* et *rognage*) ; mais ces ouvrières disposent maintenant pour les besoins de leur santé, de leur instruction ou de leur famille, de deux heures de loisir, dont la valeur ajoutée à leur salaire actuel l'élève, en fait, au-dessus de l'ancien.

Législation comparée. — La réglementation de la durée du travail quotidien des adultes présente aux *États-Unis* une diversité très grande. La matière n'est régie par aucune loi dans certains États : Alabama, Arizona, Arkansas, Delaware, Iowa, Kentucky, Mississipi. Montana, Nevada, New-Mexico, Caroline-Nord, Oregon, Tennessee, Virginie occidentale.

Il est d'autres États où la durée n'est réglementée qu'à défaut de clause y relative dans le contrat de travail. Ce sont :

1° Pour une durée de huit heures : Californie, Connecticut, Illinois, Indiana, Missouri, New-York, Pensylvanie, Wisconsin ;

2° Pour une durée de dix heures : Floride, Maine, Michigan, Minnesota, Nebraska, New-Hampshire ;

3° Du lever au coucher du soleil : Géorgie.

Une durée maxima est prévue législativement dans les travaux pour le compte du gouvernement et des communes et dans les établissements publics.

1° De huit heures : Californie, Colorado, Colombie, Idaho, Indiana, Kansas, la ville de Baltimore (Maryland), New-York, Ohio, Pensylvanie, Utah, Washington, Wyoming ;

2° De huit à neuf heures : Massachusetts ;

3° De neuf heures : Texas.

En vertu de la loi du 21 février 1899, chapitre 17, la journée de huit heures est réglementaire pour tous les ouvriers sans distinction, employés dans la Virginie occidentale, soit en régie, par l'État lui-même, soit par les entrepreneurs et leurs sous-traitants éventuels pour tous travaux ou fournitures concédés par adjudications publiques. Les contrevenants, fonctionnaires ou particuliers, sont passibles d'une amende pouvant aller jusqu'à 5 000 fr., ou d'un emprisonnement d'un jour à six mois.

Dans le Colorado, par la loi du 16 mars 1899, chapitre 103, la journée de huit heures est réglementaire pour tous les ouvriers occupés à la réduction et au raffinage des minerais et des métaux.

Des exceptions ne sont prévues que pour les cas de force majeure. Toute contravention est punie d'une amende de 250 à 500 fr., ou d'un emprisonnement d'un jour à six mois, ou encore des deux peines réunies.

En *Angleterre*, la loi du 17 avril 1901, a réduit de une heure la durée du travail dans les industries textiles. Dans le cas où les femmes et les enfants seraient employés dans un magasin par le même patron, en dehors de la durée du travail fixée pour la fabrique ou l'atelier, le patron doit en faire mention sur le registre général. Les heures supplémentaires, dans le cas où elles sont autorisées, ne peuvent avoir lieu que 50 jours par an au lieu de 60, et 3 jours par semaine au lieu de 5. L'emploi des enfants de moins de 12 ans dans une fabrique ou un atelier est interdit.

En *Allemagne,* des réponses à un questionnaire lancé par le chancelier de l'empire aux inspecteurs de l'industrie, sur l'opportunité de la réduction de la journée de travail, il ressort que les chefs d'entreprise vont d'eux-mêmes de l'avant pour la réduction des heures de travail journalier, notamment à Mayence, Oldenbourg, Lorraine, Bade, Hambourg, Hesse, Wurtemberg, Leipzig, dans certains districts prussiens, etc.

En *Suisse,* la législation cantonale a une tendance manifeste à abaisser de 11 à 10 heures la journée de travail, et même à 9 heures les veilles de dimanches et jours fériés. Tout fait prévoir qu'une revision de la loi fédérale sur les fabriques prescrira une durée plus courte de la journée de travail.

En *Espagne,* un décret, en date du 11 mars 1902, a fixé à huit heures la journée de travail dans les établissements de l'État. Le décret est ainsi conçu : « Afin de régulariser le travail des ouvriers dans les propriétés, mines, fabriques et autres établissements de l'État dépendant du ministère des finances et de fixer d'une façon uniforme et définitive le nombre d'heures qui doit constituer la journée de travail ; afin de déterminer la rétribution supplémentaire à accorder aux ouvriers lorsque, pour les besoins du service, il convient de prolonger la journée ordinaire, le Roi, et en son nom la Reine régente, décrète que la journée ordinaire de travail, dans tous les établissements ressortissant au ministère des finances sera de huit heures ; toute heure en plus sera payée au taux équivalent à un huitième du salaire journalier stipulé. »

En *Russie,* un arrêté du Ministre des finances, en date du 8 février 1902, recommande aux directeurs des distilleries d'alcool et dépôts d'eau-de-vie de l'État, qui relèvent de l'administration de l'accise, d'abaisser à 9 heures la durée de la journée de travail, considérant que « les essais auxquels on s'est livré dans quelques établissements, en vue d'expédier toute la besogne en moins de 10 heures par jour, ont montré que le travail, loin de diminuer sous le rapport de la quantité, s'est accru dans ce cas, tout en restant aussi bon qu'auparavant. Cela s'explique par ce fait que les ouvriers, occupés durant un nombre d'heures moindre, exécutent leur besogne avec moins de fatigue, partant, avec plus d'ardeur ».

3. — Repos hebdomadaire.

Repos du dimanche. — *Jurisprudence. Législation comparée.*
Repos de l'après-midi du samedi. — *Législation comparée.*

Repos du dimanche. — La loi du 18 novembre 1814, appliquée d'ailleurs plus ou moins strictement, interdisait tout travail et tout commerce extérieur aux particuliers, les dimanches et jours de fête légale. La loi du 12 juillet 1880, en l'abrogeant, a consacré le régime de la liberté des travaux privés. Le repos du dimanche n'est donc pas obligatoire, non plus que celui des jours fériés. En fait, l'habitude du chômage les jours de fête et les dimanches entre de plus en plus dans les mœurs de l'industrie. Environ 75 p. 100 des établissements chôment le dimanche complet ; parmi les autres, il en est beaucoup qui n'ouvrent que le matin[1].

---

1. Proposition de loi de MM. Zévaès, etc., députés, tendant à établir le repos hebdomadaire en faveur des employés de commerce et de magasin (6 avril 1900. Doc. parl. nº 1592. *J. O.,* p. 798). Renvoyée à la Commission du travail. Rapp. G. Berry, déposé le 16 janv. 1902 (doc. parl. nº 2881 ; *J. O.* p. 20). Séance du 27 mars 1902 : déclaration de l'urgence ; discussion, adoption. — Transmission au Sénat le 28 mars 1902 (doc. parl. nº 233 ; *J. O.* p. 409).

A signaler la loi du 6 juillet 1880 instituant le 14 juillet comme fête nationale, et la loi du 8 mars 1886 déclarant jours fériés légaux les lundis de Pâques et de Pentecôte.

JURISPRUDENCE. — A la suite de démarches faites par leurs employés, un grand nombre de marchands de confection au détail d'Amiens avaient pris l'engagement verbal, le 30 septembre 1901, de fermer leurs maisons de commerce les dimanches et jours de fête légale, à une heure de l'après-midi à partir du dimanche 3 novembre 1901. Contrairement à cet engagement, un des marchands, W..., tint sa maison de commerce ouverte le dimanche 3 novembre 1901, après une heure de l'après-midi. Cinq de ses confrères l'ayant assigné devant le tribunal de commerce en dommages-intérêts, le tribunal a rendu un jugement par lequel W..., n'ayant pas tenu ses engagements, a été convaincu de concurrence déloyale et condamné à payer des dommages-intérêts.

LÉGISLATION COMPARÉE. — *Suisse.* — La loi du 28 novembre 1901 sur le repos du dimanche dans le canton de Vaud considère comme jours de repos public, le dimanche, le Vendredi-Saint, l'Ascension et Noël, et dans ses titres III et IV, règle le repos dans l'industrie, le commerce et l'agriculture.

Les travaux industriels sont interdits, les jours de repos public, pour autant que cette interdiction ne résulte pas déjà de la loi fédérale sur les fabriques, savoir :

1° *Travaux extérieurs :* les terrassements, les fouilles, les constructions du génie civil et du bâtiment, les démolitions, le chargement, le déchargement et le transport des déblais, des matériaux de construction et des combustibles.

2° *Travaux intérieurs :* les travaux intérieurs bruyants et ceux de ces travaux, même non bruyants, dans lesquels sont occupés des employés ou ouvriers.

En dérogation aux prescriptions qui précèdent, peuvent être exécutés, les jours de repos public :

Sans permission spéciale : 1° le travail des boulangers, confiseurs et pâtissiers ; ce travail est limité toutefois, pour les ouvriers, à huit heures, d'un minuit à l'autre, sauf dans la période du 20 décembre au 2 janvier, inclusivement ; 2° le travail des bouchers, limité dans chaque localité par règlement de police ; 3° le transport des vivres chez la clientèle ; 4° le travail dans les salons de coiffeurs, dans les ateliers de photographie et dans les établissements de bains, le matin, jusqu'à l'heure fixée ci-dessus pour l'ouverture des magasins d'aliments ; 5° les travaux nécessaires pour rétablir sur terre ou sur eau la circulation interrompue par quelque accident.

Avec l'autorisation du Syndic : 1º les travaux sur les voies publiques et les cours d'eau, quand l'intérêt public ou la sécurité l'exigent ; 2º des travaux d'un caractère purement privé, en cas d'urgence exceptionnelle bien justifiée.

Avec l'autorisation du Conseil d'État : le travail dans les métiers qui exigent une exploitation continue.

Les employés et ouvriers des industries et commerces [1] non régis par la loi fédérale sur les fabriques doivent être librés de tout travail :

Dans les métiers à exploitation continue, un dimanche sur deux ; — dans les entreprises de transport par voitures, fiacres ou omnibus, un dimanche sur deux ou l'équivalent en une journée ou deux demi-journées dans la semaine ; — chez les horticulteurs, dans les magasins dont l'ouverture est autorisée, dans les établissements publics destinés à la vente en détail des boissons, un dimanche sur deux ou l'équivalent en une journée dans la semaine, ou deux demi-journées dont l'une au moins le dimanche. Les industries et commerces exploités dans les stations climatériques balnéaires peuvent obtenir du Conseil d'État la suspension partielle des congés ci-dessus, pendant trois mois au plus chaque année.

---

1. La même loi prévoit les repos dans le commerce. Voici, à titre de document, ces prescriptions :

Les magasins de commerce doivent être fermés les jours de repos public, sous réserve des exceptions suivantes : la fermeture des magasins n'est pas exigée le 31 décembre ou le jour de l'an quand l'un de ces jours est un dimanche. Les magasins d'aliments, soit les boulangeries, confiseries, pâtisseries, boucheries, charcuteries, magasins de comestibles et débits de lait, peuvent être ouverts, le matin, jusqu'à 9 heures en été (1er avril au 30 septembre) et jusqu'à 10 heures en hiver (1er octobre au 31 mars). Sauf les boucheries, ils peuvent être ouverts de nouveau, le soir, aux heures sanctionnées par la municipalité. Les pharmacies, les kiosques à journaux, les magasins exclusivement affectés à la vente des journaux, des fleurs naturelles, des cigares et tabacs peuvent être ouverts d'une manière permanente.

Les établissements publics destinés à la vente en détail des boissons doivent être fermés, les jours de repos public, jusqu'à onze heures du matin, sauf en ce qui concerne les voyageurs de passage et le déjeuner de pensionnaires habituels.

Sous réserve de ce qui précède, les heures d'ouverture et de fermeture des établissements publics sont fixées par les règlements communaux, conformément à la loi sur la vente en détail des boissons.

Le déballage, le colportage dans les propriétés particulières et les ventes aux enchères sont interdits les jours de repos public. — Sur la voie publique, l'étalage et le colportage peuvent être restreints et même interdits par l'autorité locale. — La vente, sur la voie publique, de confiseries, de pâtisseries et rafraîchissements, de fleurs naturelles et de fruits, dont l'autorisation est du ressort de la police locale, ne peut avoir lieu avant onze heures du matin.

Toutefois, des tolérances sont accordées. Sur la demande de la majorité des négo-

La surveillance des congés accordés aux employés et ouvriers les jours de repos public incombe à la municipalité à laquelle chaque patron doit fournir, trimestriellement, le tableau des congés accordés.

En *Allemagne*, le Conseil fédéral de l'Empire, par une ordonnance du 3 avril 1901, règle d'une manière uniforme les exceptions au repos du dimanche prescrit par la loi du 30 juin 1900, § 105, sur l'exercice des métiers. Il doit être tenu un registre du travail fourni le dimanche et les jours de fête; tout repos supprimé doit être remplacé. Des dispositions spéciales sont prises pour les exploitations qui utilisent comme moteur le vent ou une force hydraulique irrégulière.

L'ordonnance du 23 janvier 1902 sur le travail des employés et des apprentis dans les auberges et débits de boisson, rendue par le Conseil fédéral de l'Empire, en vertu du § 120 *e* de la *Gewerbeordnung*, contient les dispositions intéressantes qui suivent :

1° Dans les auberges et débits de boissons, il y a lieu d'accorder, sept fois par semaine, à tout employé et apprenti au-dessus de 16 ans, une période de repos ininterrompu d'au moins huit heures. La première période de repos peut s'ouvrir la semaine précédente, la septième se terminer la semaine suivante. — Pour les employés et apprentis au-dessous de 16 ans, la période de repos doit com-

---

ciants d'une même branche de commerce, la municipalité peut autoriser l'ouverture de magasins les jours de repos public et en fixer la durée, si elle juge cette mesure utile aux intérêts de la localité. L'autorisation peut être restreinte à la durée d'une saison ou à une partie seulement du territoire de la commune. Elle est révocable en tout temps. La municipalité peut également accorder des tolérances à l'occasion de fêtes locales.

Un règlement sur le repos dominical dans le commerce a été établi par la municipalité de Francfort-sur-le-Mein, en Allemagne. Dans le commerce, employés, ouvriers et apprentis ne peuvent, sous peine d'amendes allant jusqu'à 600 marks, être occupés d'une façon générale, en tant que les autorités compétentes ne souffrent point d'exceptions : le premier jour de la Noël, de Pâques et de la Pentecôte ; ils ne doivent travailler, les autres dimanches ou jours fériés, que pendant certaines heures et dans des conditions déterminées :

1° Dans les bureaux des fabriques, banques et maisons de gros, tout travail est interdit, excepté : les opérations commerciales se rattachant au transport par bateau ; le commerce en gros de la joaillerie ; des métaux, sauf le fer ; des articles de détail tout coton ou mi-laine (dans ce cas, repos de 11 heures à 1 heure).

2° L'exploitation des commerces de détail n'est autorisé, pour les denrées alimentaires, que jusqu'à 9 heures et demie du matin, et pour le reste entre 11 heures et 1 heure.

3° Il doit être accordé de temps à autre le deuxième dimanche à tout employé, sauf dans les exploitations ressortissant à l'alimentation, sous réserve de l'exécution de travaux susceptibles d'être autorisés, en conformité des lois.

Un règlement, dans le même sens, est en vigueur à Leipzig, ainsi que dans la ville de Brême. (*Déc. 3 mai 1901.*)

porter au moins neuf heures. Par voie d'arrêtés de police, cette période de repos plus étendue peut être prescrite également à l'égard des employés et apprentis au-dessus de 16 ans. — L'autorité administrative supérieure a la faculté de réduire jusqu'à sept heures la période de repos des employés et apprentis au-dessus de 16 ans, dans les hôtelleries des stations balnéaires et thermales, pendant la saison, mais non toutefois au delà de trois mois. A côté de cette période de repos, il doit être accordé chaque jour, en dehors du temps des repas, des pauses dans le travail, d'une durée totale d'au moins deux heures.

2° Le laps de temps entre deux périodes de repos, qui comprend aussi la préparation du travail proprement dit et les pauses, ne peut avoir qu'une durée de seize heures au plus, dans les cas prévus à l'alinéa 1er ci-dessus, § 1er ; de quinze heures au plus dans les cas prévus même alinéa, § 2 ; et de dix-sept heures au plus dans les cas prévus au § 3.

3° La prolongation des laps de temps spécifiés alinéa 2 peut être autorisée jusqu'à 60 fois par an et par établissement. Entrent, à cet égard, en ligne de compte tous les cas où cette prolongation n'a eu lieu même que pour un seul employé ou apprenti. Dans ces cas aussi, le travail doit être coupé chaque semaine par sept périodes de repos, de la durée prescrite alinéa 1°.

4° A la place d'une des périodes de repos ininterrompues qui doivent être accordées d'après l'alinéa 1°, il y a lieu d'accorder aux employés et apprentis, au moins une semaine sur trois, une période de repos ininterrompue de vingt-quatre heures au minimum. — Dans les·communes de plus de 20 000 habitants, cette période de repos sera accordée au moins une semaine sur deux. — Au cours des autres semaines où, par conséquent, une période de repos de vingt-quatre heures n'est pas de rigueur, il sera accordé, au moins une fois, en dehors du repos ininterrompu de la durée prescrite à l'alinéa 1°, un repos complémentaire ininterrompu d'au moins six heures, qui devra se placer entre 8 heures du matin et 10 heures du soir.

Les patrons sont tenus de dresser une liste nominative des employés et apprentis. Sur cet état seront portées, spécialement pour chaque employé ou apprenti, la date et la durée des périodes de repos accordées en conformité des dispositions de l'alinéa 4°. Les patrons qui usent du bénéfice des dispositions de l'alinéa 3° sont tenus de dresser un autre état sur lequel seront mentionnées les époques de l'année où il a été effectué du travail supplémentaire dans l'établissement. — Les mentions à inscrire d'après ces prescriptions, doivent l'être au plus tard le premier jour qui suit la fin de chaque semaine, pour la semaine écoulée. Les états seront présentés, sur leur demande, aux autorités et fonctionnaires compétents, afin qu'ils en prennent connaissance.

Le travail, le dimanche, est encore interdit en *Angleterre,* par l'édit de 1849, en *Autriche,* par la loi de 1885 et celle du 16 janvier 1895, en *Hollande,* par la loi du 1er mars 1815, en *Russie,* par la loi du 2 juin 1897, en *Hongrie,* pendant le service divin, par la loi de 1884, article 89, et en *Suisse,* par la loi de 1877.

Repos de l'après-midi du samedi. — En France, l'usage du repos de l'après-midi, ou, plus exactement, l'usage de cesser le travail de meilleure heure le samedi est assez peu répandu. Cependant certains établissements industriels le pratiquent.

Dans un premier groupe, le plus nombreux, l'usage du repos de l'après-midi du samedi est imposé par le recrutement même des ouvriers, qui, parce que les établissements sont en pleine campagne, viennent d'un rayon assez étendu, et ne rentrent chez eux qu'à la fin de la semaine, ayant logé cependant dans des dortoirs de l'établissement ou dans des chambres meublées du voisinage. La longueur du chemin à faire pour retourner chez eux les oblige à s'en aller de bonne heure.

Ces établissements sont surtout nombreux dans l'Ardèche (240) avec un personnel composé surtout d'enfants (3 612) et de femmes (5 626), contre 136 hommes, dans l'Isère (60) avec un personnel de 1 981 enfants, 5 171 femmes, 556 hommes, la Drôme (39), le Gard (25) et toujours avec la même forte proportion de femmes et d'enfants. L'heure du départ est très variable; 1 heure et demie, 2 heures et demie, 3 heures, 3 heures et demie.

Le second groupe des établissements qui pratiquent actuellement l'usage du repos dont il s'agit est tout entier constitué par des fabriques de cotonnades des départements : de la Loire (24) avec 2 997 hommes, 4 186 femmes, 477 enfants, et du Rhône (17) avec 1 948 hommes, 2 277 femmes, 446 enfants.

Dans ces établissements, la cessation du travail est générale pour tous les ouvriers ; elle est facultative seulement dans un petit tissage de Thizy.

L'origine de l'usage remonte à 1879. Il fut inauguré par un industriel de Roanne, dans le but de permettre aux ouvrières de s'occuper des soins du ménage, le samedi soir, de façon à pouvoir se conformer, le dimanche, aux prescriptions de leur religion. Cet industriel eut, jusqu'en 1889, peu d'imitateurs ; cette année-là, à la suite d'une grève générale de tous les ouvriers des cotonnades, ceux-ci demandèrent et obtinrent, de leurs patrons, le repos de l'après-midi du samedi.

Les ouvriers tiennent beaucoup à cet usage : lors de l'application de la disposition de la loi du 3o mars 1900, limitant à dix heures et demie la durée journalière du travail, primitivement fixée à onze heures, les industriels de Roanne voulurent compenser la réduction journalière d'une demi-heure, par la suppression du repos du samedi. Une grève s'ensuivit qui dura du 13 octobre au 5 novembre 1902, et qui aboutit à une transaction : les patrons consentirent à ne supprimer que douze fois par an le repos du samedi.

Le troisième groupe des établissements qui pratiquent le repos de l'après-midi du samedi, est formé par des établissements d'origine anglaise, américaine ou hollandaise. Il y a, en tout, 10 de ces établissements.

En résumé et en tenant compte de certains autres établissements épars sur tout le territoire, on estime que l'usage du repos de l'après-midi du samedi ne s'étend qu'à 0,14 p. 100 des établissements et à 1,32 p. 100 du personnel ouvrier. Cette proportion est un peu plus élevée si l'on ne considère que le personnel féminin (3,17 p. 100).

C'est depuis l'application de la disposition de la loi du 3o mars 1900, qui réduisit à 10 heures 1/2, à partir du 31 mars 1902, la limite légale de durée du travail dans les établissements à personnel mixte, que s'est dessiné, en France, dans le monde industriel, un assez fort mouvement en faveur de l'extension de cette coutume de l'après-midi du samedi grâce à la substitution d'un maximum hebdomadaire au maximum journalier édicté par la loi.

L'initiative du mouvement paraît avoir été prise par la Chambre de commerce de Belfort, qui s'est livrée à ce sujet à une enquête particulièrement intéressante.

M. Georges Kœchlin, grand industriel de la région, fit un rapport sur la question. La Chambre de commerce, consultée, adopta le 6 mai 1902, à l'unanimité des membres présents, le vœu suivant :

Que la loi du 3o mars soit ainsi modifiée :
Pour les ateliers dont le personnel ouvrier doit, à partir du 1er avril 1902, travailler dix heures et demie effectives par jour et, à partir du 1er avril 1904, dix heures effectives par jour, le travail sera de soixante heures par semaine.
Ces 60 heures seront réparties sur les six jours de la semaine suivant les intérêts et les convenances de chaque usine; mais, en aucun cas, la journée de travail effectif ne pourra excéder onze heures. Les chefs d'établissement devront déclarer par écrit à MM. les Inspecteurs du travail de quelle façon ces soixante heures de la semaine seront réparties, tant en hiver qu'en été. Des affiches indiquant la répartition seront placées dans les salles de l'usine.

De son côté, l'assemblée générale des Présidents de Chambres de commerce, réunie à Paris, le 5 mai 1902, émit le vœu suivant :

L'assemblée des Présidents des Chambres de commerce proteste contre la loi de 1900, dont l'application récente fait ressortir les graves et nombreux inconvénients. Elle émet le vœu que cette loi soit modifiée d'urgence en ce qui concerne les industries saisonnières et en plein air auxquelles on ne saurait appliquer une réglementation uniforme et absolue; que, *d'autre part, le maximum des heures de travail soit fixé par semaine et non par jour.*

Ce vœu fut reproduit textuellement par un grand nombre de Chambres de commerce. La Chambre d'Alger elle-même s'y associa, bien que la loi du 30 mars 1900 ne soit pas applicable à l'Algérie.

D'autres vœux émanèrent de divers groupements, associations et syndicats, tendant, en définitive, à ce que la loi du 30 mars 1900 soit modifiée, en sorte que les heures totales de travail de la semaine soient réparties sur les six jours suivant les intérêts et les convenances de chaque usine, tout chef d'entreprise restant libre de fixer la répartition du crédit d'heures qui lui est alloué par semaine, et d'adopter ou de ne pas adopter le chômage du samedi après-midi, sauf entente avec son personnel. Mais, dans aucun cas, la journée ne pourra dépasser onze heures pour les ateliers mixtes et douze heures pour les ateliers d'adultes. Les chefs d'entreprise feraient connaître aux inspecteurs du travail la répartition des heures du travail qu'ils auront adoptée et qu'ils seront tenus de faire afficher dans leurs ateliers.

D'autre part, le congrès régional des syndicats ouvriers de la région de l'Est qui s'est tenu récemment à Nancy a émis les vœux suivants :

Le repos du samedi ne peut être adopté que quand celui du dimanche sera obligatoire.

Ce repos ne doit pas être une cause de diminution de salaire pour les travailleurs des deux sexes. Il faut une entente entre les syndicats patronaux et ouvriers pour fixer un minimum légal de salaire.

La Commission permanente du Conseil supérieur du travail est actuellement saisie de la question de savoir s'il n'y aurait pas lieu de substituer une limite hebdomadaire à la limite journalière de durée du travail inscrite dans la loi du 30 mars 1900 [1]. Cette modification aurait pour objet de permettre aux chefs d'industrie de donner à leurs ouvriers et ouvrières le repos de l'après-midi du samedi.

LÉGISLATION COMPARÉE. — L'usage du repos de l'après-midi du samedi est très répandu en *Angleterre* et, d'une manière générale, dans tous les pays où le repos dominical est rigoureusement observé. Il répond dans ces pays à une véritable nécessité. Toutes les boutiques, tous les lieux de distraction étant fermés le dimanche, les ouvriers et les ouvrières profitent de l'après-midi du samedi pour faire leurs provisions et se distraire. Le repos de l'après-midi du samedi est même passé en Angleterre dans la loi : aux termes de la loi du 17 avril 1901 sur les fabriques et ateliers, qui ne fait que reproduire des dispositions antérieures, le travail industriel proprement dit doit cesser le samedi, dans les fabriques textiles, soit à midi, soit à midi et demi.

---

1. Il va de soi que cette limite hebdomadaire ne saurait être supérieure à six fois la limite journalière fixée par la loi. D'autre part, un maximum journalier serait imposé aux industriels en même temps que l'obligation d'afficher la répartition des heures de travail entre les différents jours de la semaine et de faire connaître cette répartition aux inspecteurs du travail.

En *Suisse*, la question du repos de l'après-midi dans les établissements industriels est actuellement à l'étude. Mais, à la différence des diverses propositions qui ont été émises à ce sujet en France et ne visent qu'à faciliter et non à imposer ce repos, le projet de loi dont est actuellement saisie l'Assemblée fédérale suisse a pour objet de le rendre obligatoire.

C'est l'Assemblée fédérale qui a pris l'initiative de la réforme en invitant, le 26 juin 1902, le Conseil fédéral à présenter un projet stipulant que « le samedi et la veille des jours fériés, il ne peut être travaillé que neuf heures au plus, en tout cas pas au delà de 5 heures après-midi, les travaux de propreté étant compris dans les heures régulières de travail ».

Le projet élaboré par le Conseil fédéral en exécution de cet arrêté a une portée générale. Il embrasse tous les ouvriers de fabrique suisses, sans distinction de sexe, ni d'âge. Il s'appliquerait, d'après les dernières statistiques, à 242 000 personnes. Actuellement, en vertu de la législation en vigueur, la durée du travail ne peut dépasser le samedi dix heures : peu d'établissements ont réduit la durée du travail ce jour-là à neuf heures, et beaucoup qui commencent le travail assez tard le matin, sont loin d'avoir épuisé à 5 heures du soir le maximum de neuf heures autorisé par le projet. Il en résulte que, dans la majeure partie des établissements, le projet aurait pour effet de réduire au moins d'une heure la durée du travail hebdomadaire, et cette réduction pourra atteindre deux et même deux heures et demie dans certaines industries des villes.

Le projet a pris certaines précautions pour empêcher les industriels de récupérer la réduction de la durée du travail qui résultera de la réforme. C'est ainsi que le projet interdit de faire commencer le samedi et la veille des jours fériés à une heure plus matinale que d'habitude.

En outre, il est interdit de prolonger la durée du travail en donnant aux ouvriers de l'ouvrage à faire à domicile.

Toutefois le projet prévoit un certain nombre d'exceptions. L'Assemblée fédérale avait d'ailleurs réservé dans son arrêté du 26 juin 1902 les dispositions de l'article 12 de la loi fédérale sur le travail dans les fabriques. Conformément à cette indication le projet excepte de l'application de ses prescriptions les travaux accessoires prévus par cet article et que peuvent exécuter les hommes et femmes mariés de plus de 18 ans après la fin de la journée de travail. Dans ces travaux accessoires ne rentrent pas les travaux journaliers hebdomadaires faits en vue d'entretenir la propreté des machines, des outils et des locaux et qui sont exécutés par les ouvriers de fabrique proprement dits. Le projet excepte également les exploitations qui doivent être maintenues en activité la nuit et le dimanche sans interruption. Il s'agit des usines à feu continu notamment.

Sud-Australie. — La loi sur la fermeture des magasins (*Early Closing Act, 1900*), qui est entrée en vigueur le 1ᵉʳ janvier 1901, s'applique au district électoral de Port-Adélaïde et à un certain nombre de districts voisins. Dans cette agglomération, dénommée « district boutiquier métropo-

Iitain », tóutes les boutiques, sauf celles qui sont exceptées par la loi (hôtels, restaurants, etc.), doivent fermer à 6 heures du soir les lundis, mardis et jeudis. Pour les autres jours, les commerçants peuvent ou bien fermer le mercredi à 1 heure de l'après-midi, le samedi à 9 heures du soir et le vendredi à 6 heures, ou bien fermer le vendredi à 9 heures du soir, le samedi à 1 heure de l'après-midi et le mercredi à 6 heures.

Des difficultés s'élevèrent surtout au sujet du choix laissé au commerçant et du sens qu'il fallait attacher à la fermeture de l'établissement. La loi ne faisait pas, en effet, au commerçant une obligation ni de notifier le choix qu'il avait fait, ni de fermer sa porte et de ne pas admettre le public après l'heure fixée pour la fermeture : il lui était seulement défendu de vendre ou de mettre en vente des marchandises autres que celles exceptées par la loi. Cette disposition offrait un large champ aux controverses. Une loi postérieure (*Early Closing Amendment Act, 1901*) a obligé tout boutiquier à notifier formellement son choix entre le mercredi ou le samedi pour la fermeture à 1 heure et à donner un demi-jour de congé à ses employés à partir de cette heure. Les autres heures de fermeture ne sont pas changées. Quant à l'heure de fermeture, la loi la définit : l'heure à laquelle doit cesser la vente ; elle autorise cependant en semaine le boutiquier ou son conjoint à tenir la boutique ouverte et à vendre avec l'assistance d'un membre de la famille jusqu'à 9 heures du soir, sauf les jours où la fermeture est fixée à 1 heure. En outre, quand le boutiquier a fermé sa boutique toute la journée un jour férié tombant un lundi, il n'est pas tenu de donner à ses employés la demi-journée de congé le mercredi ou le samedi qui suit. Les marchands de lait ont été ajoutés aux professions exceptées de la loi, sauf en ce qui concerne la demi-journée de congé. Enfin, les personnes de moins de 16 ans ne peuvent être employées plus de 25 heures par semaine, ni plus de 9 heures par jour sauf un jour par semaine où elles peuvent être employées 11 heures au plus. Des heures supplémentaires peuvent être autorisées par écrit par le Ministre.

Le nombre des boutiques enregistrées au 30 avril 1902 s'élevait à 2 318, sur lesquelles 1 518 avaient choisi le mercredi et 800 le samedi pour la demi-journée de congé. L'interprétation de l'expression « fermeture » (*closing time*) continue à soulever de graves difficultés. Beaucoup de commerçants, sous divers prétextes, continuent à tenir leurs boutiques ouvertes le jour de demi-congé avec des marchandises exposées comme les autres jours ; mais ils se défendent de tenir leurs boutiques ouvertes pour la vente. Il est cependant évident qu'ils ne restent pas ouverts toute une après-midi ou une soirée pour leur plaisir. Le résultat est que beaucoup de ceux qui s'étaient soumis à la loi ont adopté la même tactique pour se défendre contre leurs peu scrupuleux concurrents. Aussi l'Inspecteur en chef n'hésite pas à déclarer que la plupart des boutiquiers de bonne foi sont favorables à la demi-journée obligatoire et à la suppression de toutes les échappatoires qui permettent de faire de la fermeture légale une fermeture purement nominale. Pour lui, il estime que si la fixation d'une heure de fermeture n'entraîne pas la fermeture en fait des boutiques, qui doivent à partir de cette heure fermer leurs portes et cesser de vendre pour tout le reste du jour, les prescriptions légales ne peuvent être appliquées et qu'il est préférable d'y renoncer.

4. — Agents des chemins de fer.

Grandes Compagnies et Ceinture. Métropolitain de Paris. *Législation comparée.*

Grandes compagnies et Ceinture. — Sur les réseaux des chemins de fer la journée de travail a été réglementée par divers arrêtés du Ministre des travaux publics, selon les employés :

Ainsi pour les mécaniciens et chauffeurs, la journée de travail comporte en moyenne dix heures de travail effectif au plus, et dix heures de grand repos au moins, de telle sorte que dix jours consécutifs quelconques d'un roulement, comptés de minuit à minuit, ne contiennent pas plus de cent heures de travail effectif, et renferment un total de grand repos au moins égal à cent heures. Chaque période de travail doit être comprise entre deux grands repos, séparés par un intervalle d'au plus dix-sept heures, et ne pas comporter plus de douze heures de travail effectif. Est considéré comme grand repos, celui qui a une durée ininterrompue de dix heures au moins à la résidence de l'agent, et sept heures au moins hors de sa résidence. Tous les dix jours, en moyenne, il doit y avoir à la résidence un grand repos de trente heures au moins, sans que l'intervalle entre deux de ces repos consécutifs puisse être supérieur à vingt jours. Durant ces grands repos les agents sont dispensés de tout service et peuvent s'absenter de leur résidence. Ces jours de repos ne sont comptés que pour dix heures dans le calcul de la moyenne décadaire fixée plus haut. Toutefois, pour les agents dont le service ne comporte pas de découcher hors de la résidence, la durée des grands repos ci-dessus définis peut être réduite à vingt-quatre heures et le nombre total en peut être réduit à un par quinzaine en moyenne. Mais en aucun cas, les mécaniciens et chauffeurs ne peuvent invoquer la prolongation de la durée de leur travail pour abandonner le service public qu'ils sont chargés d'assurer. (*Arr. 4 nov. 1899,* modifié par *arr. 20 mai 1902.*)

Pour les agents des trains, la journée de service doit contenir, en moyenne, comptée sur quinze jours, dix heures de service effectif au plus et dix heures de grand repos au moins. L'intervalle de temps compris entre deux grands repos ininterrompus ne doit pas être supérieur à dix-sept heures. Cette période ne doit pas contenir plus de douze heures de service effectif; toutefois la durée du service effectif peut être augmentée d'une demi-heure au maximum, à la condition que la durée du grand repos soit portée à douze heures au moins. Sont considérés comme grands repos ceux ayant une durée ininterrompue de neuf heures au moins à la résidence et de sept heures au moins hors de la résidence; tous les quinze jours, en moyenne, comptée sur trente jours, il doit y avoir à la résidence un grand repos de vingt-quatre heures, avec dispense de tout service et faculté de s'absenter. En aucun cas, les agents ne peuvent invoquer la prolongation de la durée de leur travail pour abandonner le service public qu'ils sont chargés d'assurer [1]. (*Arr. 23 nov. 1899.*)

Pour les agents chargés de la surveillance, de l'entretien, du remaniement des voies la durée du travail effectif ne peut excéder douze heures par vingt-quatre heures.

Le grand repos journalier a une durée ininterrompue de neuf heures au moins, qui peut être réduite à huit heures pour les agents logés dans l'enceinte du chemin de fer. Cette durée est portée à dix heures au moins pour les agents qui, ayant leur femme garde-barrière, sont exposés à se lever la nuit à l'appel du public.

Un repos d'une heure environ est accordé aux agents vers le milieu de la journée pour leur repas qui est pris sur place. Il est accordé en outre, lorsque le travail effectif dépasse onze heures, un repos supplémentaire d'une demi-heure environ, soit le matin, soit l'après-midi.

La durée du service effectif des gardes-sémaphores, bloqueurs, aiguilleurs de pleine voie et des gardes-barrières en faction per-

---

1. La loi du 15 juillet 1845 punit d'un emprisonnement de 6 mois à 2 ans tout mécanicien ou conducteur, garde-frein, qui aura abandonné son poste pendant la marche du convoi. — Le décret du 1er mars 1901 porte que le chauffeur doit être capable d'arrêter sa machine, de l'alimenter et de manœuvrer les freins, et que nul ne peut être employé en qualité de mécanicien-conducteur du train ou de chauffeur, s'il ne produit des certificats de capacité délivrés dans les formes réglementaires. Un arrêté du 3 mai 1892 fixe les conditions d'admission.

manente aux barrières ne peut excéder douze heures par vingt-quatre heures.

Le grand repos journalier a une durée ininterrompue de neuf heures au moins, qui peut être réduite à huit heures pour les agents logés par la compagnie à proximité de leur poste.

Ces postes sont munis d'un abri chauffé où les agents peuvent prendre leurs repas.

Tous les agents chargés de la surveillance, de l'entretien, du remaniement des voies, les gardes-sémaphores, bloqueurs, aiguilleurs de pleine voie, gardes-barrières en faction permanente aux barrières, ont droit, chaque mois, à une journée ou à deux demi-journées de repos ; deux journées de repos au maximum afférentes à deux mois consécutifs peuvent être cumulées ; mais il ne doit y avoir, en aucun cas, un intervalle de deux mois sans journée de repos. Une journée de repos comprend tout l'intervalle s'étendant entre deux nuits de repos consécutives. Une demi-journée de repos commence ou finit vers le milieu de la journée habituelle de travail et doit précéder ou suivre immédiatement une nuit de repos. Durant ces journées ou demi-journées de repos, les agents sont dispensés de tout service et peuvent s'absenter de leur résidence. Enfin, dans les postes qui comportent service de nuit et service de jour desservis par des hommes, la période continue de service de nuit ne doit pas comprendre plus de quatorze nuits consécutives. Les agents alternant pour le service de jour et le service de nuit bénéficient, à chaque changement de service, d'un repos ininterrompu de vingt-quatre heures au moins.

Les postes de gardes-barrières, en faction permanente, et ceux de gardes-sémaphores peuvent être desservis, sans alternance, le jour par une femme et la nuit par un homme.

Ces agents ont droit, chaque mois, à un grand repos ininterrompu de trente-six heures. Dans le cas où les agents d'un même poste sont le mari et la femme, ils bénéficient simultanément de ce grand repos, pendant vingt-quatre heures, s'ils le désirent.

En aucun cas, et sous aucun prétexte, tous ces agents ne peuvent invoquer la prolongation de la durée de leur travail pour abandonner le service public qu'ils sont chargés d'assurer. Mais ils doivent rendre compte à leur chef aussitôt que possible de toutes les dérogations qui se sont produites au cours de leur travail. Ils peuvent également, pendant leurs repos ou leurs jours de congé, inscrire leurs observations sur le registre spécial ouvert dans les gares.

Les compagnies doivent afficher d'une façon apparente pour chaque station et pour chaque poste des tableaux indiquant les heures de service du personnel qui y est attaché. (*Arr. 10 oct. 1901.*)

Métropolitain de Paris. — Pour les mécaniciens chargés de la conduite des trains, machines et automotrices, pour les agents des trains, pour les agents des gares et stations dont le service peut intéresser la sécurité des manœuvres, la journée de travail doit contenir dix heures de travail effectif, et le service doit être organisé de telle sorte que chaque semaine, et pour chaque agent, le total des grands repos soit au moins de soixante-dix heures. Chaque période de travail doit être comprise entre deux grands repos (qui ont une durée ininterrompue de neuf heures au moins), séparés par un intervalle de dix-sept heures au plus.

Chaque semaine il doit y avoir un grand repos de vingt-quatre heures au moins, avec dispense, pour l'agent, de tout service, et faculté de s'absenter de sa résidence. Les grands repos de vingt-quatre heures ne sont comptés que pour dix heures dans le calcul du total hebdomadaire de soixante-dix heures.

En aucun cas et sous aucun prétexte, les agents ne peuvent invoquer la prolongation de la durée de leur travail pour abandonner le service public qu'ils sont chargés d'assurer. Mais ils doivent rendre compte à leur chef, aussitôt que possible, de toutes les dérogations qui se sont produites au cours de leur travail, en inscrivant leurs observations sur un registre spécial ouvert à cet effet dans chaque dépôt et dans chaque gare ou station. Et si le travail des agents excède les limites prescrites, la Compagnie doit en avertir le service du contrôle. (*Arr. Préf. Pol. 18 oct. 1901.*)

Législation comparée. — *Suisse.* — Loi fédérale du 19 décembre 1902 concernant la durée du travail dans l'exploitation des entreprises de transport et de communications :

Sont soumises à la présente loi : les entreprises de chemins de fer et de navigation à vapeur, l'administration des postes, celle des télégraphes, y

compris celle des téléphones, et les autres entreprises de transport et de
communications concédées par la Confédération ou exploitées directement
par elle. La loi est applicable aux personnes qui ont l'obligation de vouer
tout leur temps ou la majeure partie de leur temps au service d'exploitation de ces entreprises. — Sont réservées les dispositions de la loi sur les
fabriques.

La durée réelle du travail des fonctionnaires, employés et ouvriers ne
doit pas dépasser onze heures par jour. Le Conseil fédéral peut ordonner
que cette durée soit réduite lorsque des circonstances spéciales rendent
une réduction nécessaire.

La durée du repos ininterrompu est fixée à dix heures au moins pour
le personnel circulant des locomotives et des trains et à neuf heures au
moins pour le reste du personnel. Le repos de neuf heures pourra être
réduit à huit heures au moins lorsque l'employé demeure dans un bâtiment de l'entreprise situé à proximité de l'endroit où il travaille. Il est
permis de réduire à huit heures le repos de dix et de neuf heures si des
circonstances particulières l'exigent, ou s'il est ainsi possible d'accorder
aux employés des repos plus longs à leur domicile, à la condition qu'ils
puissent jouir d'un repos de dix ou de neuf heures tous les trois jours en
moyenne.

La journée de travail sera coupée en deux parties à peu près égales
par un repos d'une heure au moins. Le repos devra, autant que possible,
pouvoir être pris à domicile.

La durée des heures de présence, durant les 24 heures, est fixée au
maximum à 14 heures pour le personnel des locomotives et des trains, à
12 heures pour les femmes gardes-barrière et, pour le reste du personnel,
à 16 heures s'il loge dans un bâtiment de l'entreprise situé à proximité
de l'endroit où il travaille, à 15 heures dans le cas contraire. Les heures
de présence fixées à 14 et à 15 peuvent être portées à 16 si des circonstances particulières l'exigent, à la condition que les heures de présence
ne dépassent pas 14 ou 15 tous les trois jours en moyenne.

Il est interdit d'occuper des femmes dans le service ininterrompu de
nuit, c'est-à-dire de 11 heures du soir à 4 heures du matin. Réserve est
faite en ce qui concerne les employées du télégraphe, du téléphone, les
gardiennes, les surveillantes de cabinets de toilette, les femmes chargées
du nettoyage ou de services de même nature. Abstraction faite des gardes
de nuit proprement dits, le même employé ne peut être occupé au service
de nuit plus de quatorze jours par mois. Le travail de nuit, c'est-à-dire le
travail entre 11 heures du soir et 4 heures du matin, doit être calculé
avec une majoration de 25 p. 100 dans les tableaux de service.

Les fonctionnaires, employés et ouvriers ont, durant l'année, 52 jours
libres, convenablement répartis, dont 17 coïncideront en tout cas avec un
dimanche. La suspension du travail est de 24 heures; elle sera prolongée
de 8 heures au moins, si elle n'a pas été précédée, sans intervalle ou à
peu d'intervalle, du repos ininterrompu de 10 heures. Elle doit toujours

se terminer par un repos de nuit et être fixée de manière à permettre à l'employé d'en jouir à son domicile.

Tous les fonctionnaires, employés et ouvriers des entreprises de transport et de communications ont droit à un congé ininterrompu de huit jours au moins pris sur les 52 jours de repos par an. Après la 9e année de service ou la 33e année d'âge révolue, le personnel des chemins de fer principaux a droit à ce congé ininterrompu en sus des 52 jours de repos. Le congé sera prolongé d'un jour par trois ans de service en plus. Après la 10e année de service, le nombre des jours de repos par an, y compris le congé ininterrompu, est porté à 60 jours pour tous les autres fonctionnaires, employés et ouvriers des entreprises de transport et de communications. Les années de service mentionnées dans cet article courent dès l'entrée au service d'une entreprise de transport et de communications soumise aux dispositions de la présente loi. Aucune retenue ne peut être faite sur les salaires ou sur les traitements à raison des congés garantis par la présente loi.

Lorsque les repos exigés à l'alinéa 3 ne peuvent pas être utilisés à domicile et lorsque les repas doivent être pris à l'endroit où le service s'effectue, les entreprises sont tenues de mettre à la disposition du personnel des locaux chauffables et pourvus d'appareils pour réchauffer les mets, à moins que des difficultés particulières ne s'y opposent. En général, les locaux assignés aux fonctionnaires, employés et ouvriers, comme logement ou pour y séjourner pendant les heures de repos, doivent présenter toutes les conditions de salubrité nécessaires à la santé du personnel, être chauffables et offrir un certain confort.

L'ensemble du service des marchandises est interdit le dimanche, ainsi que les jours de fête générale : nouvel an, Vendredi-saint, Ascension et Noël. Le transport des marchandises et du bétail en grande vitesse demeure toutefois réservé.

Il est réservé aux cantons de désigner en outre quatre jours de fête par année pendant lesquels les marchandises en petite vitesse ne pourront être ni acceptées, ni livrées.

Lorsque des circonstances spéciales le rendent nécessaire, le Conseil fédéral est autorisé à déroger, par des mesures exceptionnelles, aux dispositions de la présente loi.

Le Conseil fédéral fera contrôler l'exécution de la présente loi par des organes spéciaux du département des postes et des chemins de fer. Pour faciliter ce contrôle, le personnel tiendra des cahiers de service.

Le Conseil fédéral édictera les prescriptions nécessaires dans le règlement d'exécution.

Les contraventions à la présente loi seront, à la requête du Conseil fédéral, punies par les tribunaux cantonaux d'une amende pouvant s'élever à 500 fr. et, en cas de récidive, à 1 000 fr. La peine est encourue alors même que l'employé aurait déclaré renoncer au repos garanti par la loi.

5. — Conditions du travail dans les travaux de l'État, des départements et des communes, etc.

Dispositions générales.

Marchés de travaux publics passés au nom de l'État : Conditions, marchandage, journée et salaires; infractions; Travaux des ponts et chaussées.

Marchés de travaux publics passés au nom des départements, communes, établissements publics de bienfaisance.

Algérie. — Application des décrets.

Législation comparée.

Annexe. — Conditions du travail sur les réseaux de tramways et les chemins de fer d'intérêt local.

Dispositions générales. — L'État, les départements et les communes, lorsqu'ils ont des travaux assez importants à faire exécuter par des particuliers, peuvent en confier l'entreprise de gré à gré ou bien par adjudication au rabais, c'est-à-dire par un marché avec publicité et concurrence où la préférence est donnée à la dernière offre, à l'entrepreneur qui se charge des travaux au prix le moins élevé, et aux associations ouvrières à égalité de rabais.

Marchés de travaux publics passés au nom de l'État. — Par un décret en date du 10 août 1899 (*J. O. 11 août*) les cahiers des charges des marchés de travaux publics ou de fournitures passés au nom de l'État, par adjudication ou de gré à gré, DEVRONT contenir des clauses par lesquelles l'entrepreneur s'engagera à observer certaines conditions en ce qui concerne la main-d'œuvre de ces travaux ou fournitures, dans les chantiers ou ateliers organisés ou fonctionnant eu vue de l'exécution du marché. Ces conditions sont inspirées par le grand principe de protection des travailleurs qui devient de plus en plus une doctrine d'État. Elles dépassent, les trois premières au moins, les obligations même que les lois du travail ont osé imposer au monde industriel, quand les parties sont des personnes privées. C'est là plus qu'une indication sur l'orientation protectrice de la législation du travail.

Conditions. — Ce sont les suivantes :

1° Assurer aux ouvriers et employés un jour de repos par semaine;

2° N'employer d'ouvriers étrangers que dans une proportion fixée par l'administration selon la nature des travaux et la région où ils sont exécutés ;

3° Payer aux ouvriers un salaire normal égal, pour chaque profession, et, dans chaque profession, pour chaque catégorie d'ouvriers, un taux couramment appliqué dans la ville ou la région où le travail est exécuté ;

4° Limiter la durée du travail journalier à la durée normale du travail en usage pour chaque catégorie, dans ladite ville ou région.

En cas de nécessité absolue, l'entrepreneur, avec l'autorisation expresse et spéciale de l'administration, pourra déroger aux clauses prévues par les 1re et 4e conditions. Mais en accordant ces tolérances, les termes du décret imposent — obligation nouvelle encore — une majoration de salaire dont le taux sera fixé par le cahier des charges, pour les heures supplémentaires de travail ainsi faites[1].

Dans les cas prévus à l'article 18, §§ 3 et 5, du décret du 18 novembre 1882, l'insertion des clauses et conditions ci-dessus énoncées sera facultative, c'est-à-dire quand il s'agit d'objets dont la fabrication est exclusivement attribuée à des porteurs de brevets d'inventions, et d'ouvrages et objets d'art et de précision, dont l'exécution ne peut être confiée qu'à des artistes ou industriels éprouvés.

Marchandage. — L'entrepreneur ne pourra céder à des sous-traitants aucune partie de son entreprise, à moins d'obtenir l'autorisation expresse de l'administration et sous la condition de rester personnellement responsable, tant envers l'administration que vis-à-vis des ouvriers et des tiers. Une clause du cahier des charges rappellera l'interdiction du marchandage, telle qu'elle résulte du décret du 2 mars 1848 et de l'arrêté du Gouvernement du 21 mars 1848.

Journée et salaires. — La constatation ou la vérification du taux normal et courant des salaires et de la durée normale et courante de la journée de travail sera faite par les soins de l'administration, qui devra :

1° Se référer, autant que possible, aux accords entre les syndicats patronaux et ouvriers de la localité ou de la région ;

---

1. C'est ce qui se produit dans le cas de travaux à exécuter pour une date qui ne peut être retardée, et notamment c'est ce qu'on a vu lors de l'achèvement des travaux en vue de l'Exposition de 1900 à Paris.

2° A défaut de cette entente, provoquer l'avis de commissions mixtes composées en nombre égal de patrons et d'ouvriers, et, en outre, se munir de tous rénseignements utiles auprès de syndicats professionnels, conseils de prud'hommes, ingénieurs, architectes départementaux et communaux et autres personnes compétentes.

Les bordereaux résultant de cette constatation devront être joints à chaque cahier des charges, sauf dans les cas d'impossibilité matérielle.

Ils seront affichés dans les chantiers ou ateliers où les travaux sont exécutés. Ils pourront être revisés, sur la demande des patrons ou des ouvriers, lorsque les variations dans le taux des salaires ou de la durée du travail journalier auront reçu une application générale dans l'industrie en cause.

Cette revision sera faite dans les conditions indiquées sous les numéros 1° et 2° ci-dessus. Une revision correspondante des prix du marché pourra être réclamée par l'entrepreneur ou effectuée d'office par l'administration, quand les variations ainsi constatées dans le taux des salaires ou la durée du travail journalier dépasseront les limites déterminées par le cahier des charges.

Lorsque l'entrepreneur aura à employer des ouvriers que leurs aptitudes physiques mettent dans une condition d'infériorité notoire avec les ouvriers de la même catégorie, il pourra leur appliquer exceptionnellement un salaire inférieur au salaire normal. La proportion maxima de ces ouvriers par rapport au total des ouvriers de la catégorie et le maximum de la réduction possible de leur salaire seront fixés par le cahier des charges.

Le cahier des charges devra aller jusqu'à stipuler que l'administration, si elle constate une différence entre le salaire payé aux ouvriers et le salaire courant déterminé conformément à ce qui vient d'être dit, indemnisera directement les ouvriers lésés au moyen de retenues opérées sur les sommes dues à l'entrepreneur et sur son cautionnement.

Infractions. — Lorsque des infractions réitérées aux conditions du travail auront été relevées à la charge d'un entrepreneur, le ministre pourra, sans préjudice de l'application des sanctions habituelles prévues au cahier des charges, décider, par voie de mesure générale, de l'exclure pour un temps déterminé ou définitivement des marchés de son département.

Travaux des ponts et chaussées. — Un arrêté du 16 février 1892, profondément modifié par l'arrêté du 30 septembre 1899, a réglementé obligatoirement d'une façon analogue les conditions imposées aux entrepreneurs des travaux des ponts et chaussées : défense de sous-traiter sans autorisation, règlement préfectoral pour la police des chantiers, durée du travail journalier, choix de commis, chefs d'atelier et ouvriers capables, liste nominative des ouvriers, taux normal et payement des salaires, soins, secours, indemnités aux ouvriers et employés, payements d'acomptes, etc., etc... L'arrêté du 28 septembre 1899 détermine les indemnités aux ouvriers malades, à leur famille, et à la veuve et aux enfants, le cas échéant, si l'ouvrier vient à décéder ; en plus, dans ce cas, l'entrepreneur paye les frais funéraires jusqu'à concurrence de 100 fr.

Marchés de travaux publics passés au nom des départements, communes, établissements publics de bienfaisance. — Les conditions sont identiquement les mêmes ; mais tandis que lorsqu'il est partie dans le marché, l'État les IMPOSE aux adjudicataires par des clauses dans les cahiers des charges, il LAISSE LIBRES les départements, communes et établissements publics de bienfaisance.

Il leur donne le moyen d'entrer dans cette voie [1]. Il ne pouvait les y contraindre, sans violer vraiment, étant donné le rigoureux régime de protection qu'il institue, le principe de la liberté des conventions entre parties.

Algérie. — Trois décrets identiques, en date du 21 mars 1902, ont rendu applicables à l'Algérie les dispositions concernant les conditions du travail dans les marchés de travaux publics passés au nom de l'État (*conditions obligatoires*), et au nom des départements et des communes, ainsi que des établissements de bienfaisance (*conditions facultatives*).

Ces trois décrets ne font que reproduire textuellement les décrets du 10 août 1899.

---

1. Les deux décrets qui concernent les départements et les communes, etc., sont semblables au décret qui concerne l'État, sauf un mot. Le mot : DEVRONT de celui-ci est remplacé par POURRONT dans ceux-là. Évidemment aussi, *Départements, communes, etc.*, remplacent *État ;* et *autorité compétente* remplace *ministre.*

Application des décrets. — Une circulaire ministérielle, adressée le 15 octobre 1901 aux préfets, leur demandait de faire connaître :

1° Les communes qui ont usé de la faculté que les décrets leur accordent et les difficultés qu'elles ont pu rencontrer ;

2° Les délibérations prises par le Conseil général de leur département relativement au même objet, les clauses qui ont été insérées dans les cahiers des charges des marchés départementaux, les difficultés qui ont été rencontrées dans l'application.

Il résulte des rapports des préfets que, pour 31 départements, les clauses du décret ont été insérées *en totalité* dans les cahiers des charges des travaux départementaux, soit à la suite d'un vote du Conseil général (19 départements), soit à la suite de décision de la commission départementale (12 départements). Dans 3 départements les Conseils généraux ont laissé aux préfets le soin de décider l'insertion des clauses dans les cahiers des charges. Dans 15 départements, le Conseil général n'a accepté l'insertion que d'une partie des clauses. Dans 8 départements, le Conseil général a pris une décision défavorable à l'insertion.

Pour les travaux communaux, généralement les municipalités sont avisées de la faculté de l'insertion de ces clauses par la voix du Recueil des actes administratifs. Dans 4 départements cependant, ceux des Côtes-du-Nord, de la Loire, du Haut-Rhin et de la Somme, les préfets n'acceptent les cahiers des charges des travaux communaux que s'ils contiennent les dispositions impératives du décret. D'autre part, le Conseil général des Bouches-du-Rhône a décidé de n'accorder de subvention, pour les travaux des communes, que si celles-ci appliquent pour ces travaux les clauses du décret du 10 août 1899.

Un nombre important de communes réparties entre 52 départements ont appliqué la *totalité* des clauses du décret. Un moins grand nombre n'en ont appliqué que partie.

Les rapports des préfets sont unanimes à constater l'absence de difficulté au cours de l'application des clauses des décrets pour les travaux départementaux et communaux.

En dehors des départements et des communes ayant émis un vote défavorable à l'application des clauses des décrets, c'est à l'absence de marchés importants que les préfets attribuent la non-application des clauses du décret.

Il résulte de tout ceci que les décrets Millerand qu'on a qualifiés de révolutionnaires et d'illégaux ne présentent rien de tel, et sont parfaitement acceptés dans le monde du travail.

Législation comparée. — Il ne faudrait pas croire d'ailleurs que ce régime soit spécial à la France. Divers gouvernements l'ont établi, et notamment le gouvernement royal de Belgique, l'Angleterre, la Colombie Britannique, pour les travaux subventionnés (*L. 21 juin*

1902), le Wurtemberg (*arr. 19 janv. 1903*), l'Espagne, le Canada [1], l'Italie.

Les cahiers des charges pour les travaux communaux, en *Belgique,* doivent indiquer les salaires *minima* à payer par les entrepreneurs qui sont soumis à la réparation des accidents. Le travail des dimanches et jours de fête est interdit, sauf exceptions, et doit être payé comme travail extraordinaire, un tiers en plus.

La durée du travail ne doit pas dépasser 10 heures entre 6 heures du matin et 7 heures et demie du soir. Les contraventions sont punies d'une amende de 5 à 100 fr.

En *Angleterre,* selon les districts, les entrepreneurs sont tenus de se soumettre aux unes ou aux autres des clauses concernant un minimum de salaire, l'interdiction du marchandage, l'emploi d'ouvriers formés et compétents, la durée du travail journalier, les sanctions à la non-observation des conditions relatives au salaire et à la durée du travail, l'affichage des contrats et règlements.

La ville de *Francfort-sur-le-Mein* a pris les dispositions suivantes, en ce qui concerne les ouvriers de l'administration communale :

Les ouvriers, d'après le genre de leurs occupations, sont répartis en cinq classes de salaire, et chacune de ces classes comprend à son tour six degrés différents de salaires. Pour l'augmentation des salaires, il est tenu compte des années de service, et elle est obtenue de trois ans en trois ans. Les ouvriers qui se font remarquer par une capacité de travail considérable et continuelle et par une conduite exemplaire peuvent passer, rapidement et au choix, dans une des classes supérieures de salaire. Les ouvriers des trois classes supérieures de salaires peuvent être engagés avec payement mensuel.

Lorsque l'administration municipale engage un ouvrier, elle lui fait connaître, au préalable, le genre et le montant du salaire qu'il touchera, les indemnités auxquelles, dans certains cas, il pourra avoir droit et les époques auxquelles le payement du salaire aura lieu. Pour les travaux à la pièce, la liste des prix courants est communiquée aux ouvriers.

La paye se fait, en général, par semaine et, la plupart du temps, le jeudi et le vendredi. Les ouvriers engagés au mois, au trimestre ou à l'année peuvent être payés mensuellement.

---

1. Voir *Bull. off.,* novembre 1900, pp. 110 et ss.

Les ouvriers aux pièces reçoivent, au jour de la paye du salaire hebdomadaire, des acomptes correspondant au montant du salaire hebdomadaire usuel. Tous les quinze jours pour le moins, une note établissant l'état de leur compte devra leur être remise.

Pour les heures supplémentaires, le salaire ordinaire correspondant à ces heures est majoré de 33,3 p. 100. Pour le salaire du dimanche et pour le travail de nuit, s'il n'entre pas dans le plan du service habituel, il est accordé une majoration de 33,3 à 50 p. 100.

Le salaire n'est payable, en général, que pour les jours où l'ouvrier a été occupé.

Le salaire des ouvriers engagés au mois, au trimestre ou à l'année ne subit aucune déduction pour les jours de fête qui tombent en semaine. Le salaire pour ces jours est également payé aux autres ouvriers âgés de 25 ans et comptant au moins douze mois d'occupation consécutive et s'ils ont travaillé la veille et le lendemain de ces fêtes.

Cette disposition est également applicable aux ouvriers qui travaillent aux pièces et ils touchent pour les jours de fête un salaire correspondant à la moyenne de leur salaire quotidien habituel.

Lorsque les ouvriers auxquels ces dispositions sont applicables sont appelés à faire une période d'instruction militaire, la ville ajoute, pour la durée de cette période, aux secours légaux que l'État accorde à leurs familles, un supplément dont le montant est réglé de manière à ce que, pour les périodes de moins de quinze jours, tout le salaire régulier du chef de famille et, pour les périodes de plus de quinze jours, les trois quarts de ce salaire restent à la disposition de sa famille.

Les ouvriers occupés par l'administration depuis trois ans peuvent, néanmoins, recevoir leur salaire intégral s'ils sont empêchés, pour des raisons justifiées, de faire leur service.

Le nombre de jours payables dans ces dernières conditions est de quatre au plus par an, pour l'ouvrier employé depuis plus de trois ans, et de six jours au plus pour l'ouvrier en service depuis plus de six ans.

Espagne. — Un régime de même tendance a été inauguré par le décret du 20 juin 1902, sur les conditions du contrat à remplir par les adjudicataires de travaux publics.

Dans toute adjudication de travaux publics à exécuter pour le compte de l'État, des gouvernements provinciaux ou des municipalités, dit ce décret :

1) On stipulera expressément, au contrat passé entre les ouvriers et l'adjudicataire, la durée dudit contrat, les causes qui pourront en amener la résiliation ou la suspension, la durée de la journée de travail et le taux du salaire quotidien ;

2) On soumettra tous les différends résultant de la non-exécution du contrat au comité local de réformes sociales qui pourra se constituer en tribunal d'arbitrage sous la présidence du représentant du gouvernement. Il pourra être fait appel de la décision du comité, conformément aux dispositions de la loi civile.

Les dispositions qui précèdent sont applicables aux contrats passés par l'État, les gouvernements provinciaux et les municipalités lorsque les travaux sont exécutés sous la surveillance d'un administrateur.

Les commissions provinciales ou les municipalités qui contreviendraient aux dispositions qui précèdent seraient considérées comme des administrateurs responsables, sans préjudice des autres poursuites auxquelles ladite infraction pourrait donner lieu.

ANNEXE. — Conditions du travail sur les réseaux de tramways et les chemins de fer d'intérêt local.

Généralités. — Les conseils généraux et les conseils municipaux ayant attiré, à diverses reprises, l'attention du ministre des travaux publics sur l'intérêt qu'il y aurait à insérer dans les cahiers des charges des concessions de tramways ou de chemins de fer d'intérêt local, des clauses destinées à réglementer les conditions du travail des employés et agents, une commission fut instituée en vue d'étudier cette question ; les conclusions de la commission établirent nettement qu'aucune disposition de loi ne s'opposait à l'insertion dans les cahiers des charges de semblables stipulations.

Par une circulaire du 21 février 1900, le ministre des travaux publics invita alors les préfets à surveiller la rédaction de ces clauses avec le souci de les maintenir dans l'esprit des décrets d'août 1899, et de les mettre en harmonie avec les conditions générales de l'exploitation en cause, chaque espèce devant faire l'objet d'un examen particulier et devant être soumise à l'administration du ministre.

En sorte qu'il y a aujourd'hui deux types différents pour les conditions du travail dont il s'agit. L'un se réfère au type des conditions du travail insérées dans les cahiers des charges des lignes concédées par une série de décrets dont les premiers datent du 30 mars 1899, antérieurs à la circulaire ministérielle du 21 février 1900, et qui ne tient donc pas compte des décrets d'août 1899, l'autre, au contraire, conformément à la circulaire susdite, a imposé aux concessionnaires des conditions en rapport avec les décrets d'août 1899.

De plus, un régime mixte a été inauguré, comportant des clauses de ces deux types; et enfin des compagnies n'ont aucune condition de travail à appliquer [1].

Premier type [2]. — C'est le type des décrets du 30 mars 1899.

L'exploitation devra être organisée de façon à satisfaire, pour les ouvriers et employés, aux prescriptions suivantes: un congé annuel de dix jours, sans retenue de salaire, sera accordé aux ouvriers et employés; le salaire intégral leur sera assuré pendant les périodes d'instruction militaire; les jours de maladie dûment constatés par un médecin désigné par la caisse instituée en vertu des dispositions ci-après, seront payés dans leur intégralité pendant quatre-vingt-dix jours et pour moitié pendant une seconde période de quatre-vingt-dix jours.

En cas d'accident survenu dans le travail, l'ouvrier recevra les indemnités fixées par la loi du 9 avril 1898. L'administration aura toujours le droit d'imposer les mesures de sécurité et d'hygiène reconnues nécessaires. Une commission sera délivrée, sous forme de contrat de louage, à tout employé ou ouvrier majeur des deux sexes ayant accompli vingt-quatre mois de service.

Relativement à l'organisation d'un service médical et d'un service d'assurance, le concessionnaire s'oblige: 1° à fournir à tout le personnel ouvrier des livrets à la Caisse nationale des retraites, les versements étant constitués à capital aliéné au moyen de 2 p. 100 de retenue sur le salaire des ouvriers et 6 p. 100 versés à leur nom par le concessionnaire; 2° à constituer une caisse spéciale qui sera gérée par les ouvriers et employés eux-mêmes, et recevra, sur les frais généraux, les allocations nécessaires pour assurer, en cas de maladie ou d'accidents, le service médical et pharmaceutique gratuit dans les limites fixées par l'article 4, paragraphe 2, de la loi du 9 avril 1898.

Le cahier des charges est muet sur la durée du travail et sur la question d'un minimum de salaire.

---

1. Le Nord-Parisien a des concessions régies les unes par le premier type, les autres par le second. Les tramways mécaniques des environs de Paris ont à la fois, suivant les lignes, le premier et le second type, et des concessions sans conditions de travail. Les tramways de Paris et département de la Seine ont le premier type et des concessions sans conditions de travail. Enfin, n'ont aucune condition de travail la Compagnie générale des Omnibus, le funiculaire de Belleville, Paris-Arpajon, le chemin de fer du bois de Boulogne.

2. Parmi les Compagnies du premier type, il faut citer: l'Ouest parisien, Vanves-Paris, les Chemins de fer nogentais.

Deuxième type ou type de 1900[1]. — Le concessionnaire devra, pour les travaux de construction de la ligne, soit introduire dans les marchés qu'il passera avec des entrepreneurs, soit appliquer lui-même des dispositions semblables aux dispositions insérées dans les cahiers des charges des marchés des travaux publics, par l'application des décrets du 10 août 1899 ; et organiser son exploitation de manière à satisfaire aux prescriptions ci-après :

1º Assurer aux ouvriers et employés un jour de repos périodique et un congé annuel sans que le nombre total des jours de repos et de congé puisse obligatoirement excéder soixante-quatre par an ;

2º N'employer que des ouvriers et employés de nationalité française ;

3º Accorder aux ouvriers et employés un salaire minimum de 5 fr. par jour de travail effectif ou des appointements de 150 fr. par mois. Le salaire intégral sera assuré pendant les périodes d'instruction militaire ;

4º La durée moyenne du travail effectif ne devra pas dépasser dix heures par jour ou soixante heures par semaine avec maximum de douze heures par jour, sous réserve des limitations plus strictes qui pourraient être imposées par le préfet de police au point de vue de la sécurité de l'exploitation.

En cas de nécessité absolue, le concessionnaire pourra déroger aux prescriptions ci-dessus avec l'autorisation expresse de l'administration ; les heures de travail supplémentaires faites dans ces conditions donneront lieu à une majoration de salaire. Les prescriptions ci-dessus pourront être revisées d'accord entre le ministre et le concessionnaire, les délégués élus par l'ensemble du personnel intéressé ayant été préalablement entendus.

En cas d'accident survenu dans le travail, l'ouvrier recevra les indemnités fixées par la loi du 9 avril 1898. L'administration aura toujours le droit d'imposer les mesures de sécurité et d'hygiène reconnues nécessaires.

Une commission sera délivrée sous forme de contrat de louage à tout employé ou ouvrier majeur des deux sexes ayant accompli vingt-quatre mois de services.

Pour inexécution des dispositions du présent article, le concessionnaire sera passible d'une amende qui sera fixée par le ministre des travaux publics et qui sera égale à la somme nécessaire pour indemniser les ouvriers lésés. Si des infractions graves et réitérées étaient constatées, le concessionnaire encourrait la déchéance.

Les obligations du concessionnaire sont les mêmes que dans le premier type, en ce qui concerne l'organisation d'un service médical et d'un service d'assurance contre les accidents.

---

1. Parmi les Compagnies du deuxième type : Rive gauche de Paris (Arcueil-Cachan-Luxembourg rectifié) ; Générale parisienne (Malakoff-les Halles, etc.) ; Est parisien ; M. Peter (Puteaux-Notre-Dame-de-Lorette) ; M. Durand (Saint-Ouen-Porte-Maillot et Suresnes-La Chapelle).

Réseaux urbains de province. — En province, peu de cahiers des charges contiennent des conditions du travail [1].

Mais quelques communes (*Cette, Nantes, Roanne, Bordeaux*) ont stipulé par des traités ou conventions des conditions du travail, en ce qui concerne :

1° *Durée maxima du travail :* Soixante-dix heures par semaine et douze heures par jour (*Roanne*); dix heures de travail effectif par vingt-quatre heures (*Bordeaux*);

2° *Repos :* Une journée à demi-solde après soixante heures de travail effectif (*Bordeaux*);

3° *Congés :* Douze jours par an rétribués (*Roanne*);

4° *Périodes militaires :* Demi-solde pendant ces périodes aux ouvriers et employés dont le traitement ne dépasse pas 2 000 fr. (*Roanne*);

5° *Minimum de salaire :* 100 fr. par mois (*Roanne*); 4 fr. par jour pour les conducteurs et manœuvres, 5 fr. pour les wattmen et autres employés (*Bordeaux*);

6° *Accidents du travail ; assurances :* Responsabilité absolue de la Compagnie conformément à la loi du 9 avril 1898 et obligation d'assurer toutes les personnes qu'elle emploiera (*Roanne*); droit à une demi-journée de salaire pendant toute la durée de l'incapacité, frais de médecin et de médicaments à la charge de la Compagnie (*Bordeaux*);

7° *Maladies ; caisses de secours :* La caisse est alimentée par : 1° un versement mensuel de 1 fr. 50 c. par la Compagnie au profit de tout ouvrier ou employé dont le traitement ne dépasse pas 2 000 fr. ; 2° le versement mensuel de 1 fr. 50 c. par les ouvriers et employés. — Participation facultative des ouvriers et employés, dont le traitement dépasse 2 000 fr., à la caisse de secours (versement mensuel de 1 fr. par la compagnie, de 2 fr. par l'ouvrier). — La caisse versera, en cas de maladie, demi-salaire ; le médecin et les médicaments sont gratuits (*Roanne*); organisation, par la Compagnie, d'un service médical gratuit (*Cette*);

8° *Caisses de retraites :* Obligation, pour les ouvriers et employés dont le traitement ne dépasse pas 2 000 fr. et se trouvant dans les conditions légales d'âge, de verser à la caisse des retraites 2 p. 100 au moins du salaire. — Obligation par la Compagnie de faire un versement équivalent, ne pouvant dépasser 4 p. 100 des salaires. — Les versements de la Compagnie à la caisse seront de la moitié de la somme déposée par l'ouvrier, sans qu'ils puissent dépasser 2 p. 100 du salaire (*Roanne*); versement annuel par la Compagnie de 8 p. 100 du montant du salaire de chacun de ses employés ou ouvriers, soit 2 p. 100 de retenue sur le salaire mensuel et 6 p. 100 de contribution de la Compagnie (*Bordeaux*); obligation de maintenir la caisse de retraites existant dans la nouvelle rétrocession (*Nantes*).

---

1. A citer le réseau Dijon à Saint-Seine-l'Abbaye, dont le concessionnaire a dû s'obliger : 1° à se conformer exactement, pour la durée du travail, aux prescriptions

6. — Mines, minières et carrières.

Condition des adultes.
Législation comparée.

Condition des adultes. — Nul ouvrier ne peut être admis dans les travaux des mines, minières ou carrières s'il est ivre ou malade (*art. 29, § 2, déc. 3 janv. 1813*). Nul ne peut être employé en qualité de maître-mineur ou chef particulier de travaux sous quelque dénomination que ce soit, s'il n'a travaillé comme mineur, charpentier, boiseur ou mécanicien, depuis trois années consécutives au moins (*ibid., art. 25*). Les chefs d'exploitation sont tenus de posséder un registre coté et parafé tous les mois par le maire, et visé par les ingénieurs des mines, lors de leur tournée. Ce registre sert de contrôle exact et journalier des ouvriers employés, et les ingénieurs font faire, pendant leurs visites, en leur présence, la vérification du contrôle des ouvriers (*ibid., art. 25 et 28*). Le maire peut faire cette vérification, quand il le juge convenable, et surtout quand il présume quelque danger pour les ouvriers employés aux travaux (*L. 21 avr. 1810, art. 47*). La durée du travail est réglementée conformément aux règles générales [1].

---

sur la matière imposées par le ministre des travaux publics aux compagnies de chemins de fer d'intérêt général ; 2° à assurer à tous ses agents commissionnés des retraites égales, à égalité de traitement, à celles attribuées sur le réseau de la Côte-d'Or par la Compagnie du Sud de la France ; 3° à commissionner ou à remercier tout employé, après un an de stage.

1. Rappel de la proposition de loi tendant à limiter à huit heures au maximum la journée de travail dans les mines, déposée par MM. Basly, etc..., députés, le 29 mars 1900 (Doc. parl. n° 1564 ; *J. O.*, p. 780). Renvoyée à la commission du travail.

La discussion du projet Basly est venue devant la Chambre le 5 février 1902, et l'article premier a été voté. En voici le texte :

« Six mois après la promulgation de la présente loi, la journée des ouvriers employés dans les travaux souterrains des mines de combustibles ne pourra excéder une durée de neuf heures, calculée depuis l'entrée dans le puits des derniers ouvriers descendant jusqu'à l'arrivée au jour des premiers ouvriers remontant.

« Au bout de deux ans, à partir de la date précitée, la durée de cette journée sera réduite à huit heures et demie, et au bout d'une nouvelle période de deux années, à huit heures.

« Dans les exploitations où la journée normale, actuellement déterminée conformément aux dispositions du paragraphe 1er, est comprise entre neuf heures et huit heures, sa durée ne pourra être élevée. »

La communication de cette proposition de loi, adoptée par la Chambre, a été faite au Sénat le lendemain.

Tout ouvrier qui, par sa désobéissance aux ordres du chef d'équipe, aurait compromis la sécurité des personnes ou la bonne exploitation du minerai peut être traduit devant le tribunal correctionnel, à peine de trois mois à deux ans de prison et de 50 à 600 fr. d'amende, en cas de mort d'un tiers, et de six jours à deux mois de prison et de 16 à 100 fr. d'amende, ou de l'une seulement de ces pénalités en cas de blessure simple, sans préjudice des dommages-intérêts s'il y a lieu.

Législation comparée. — *Autriche*. — Par la loi d'avril 1901, la durée du travail journalier, pour les ouvriers des exploitations houillères, occupés dans la mine, ne peut excéder neuf heures[1]. On calcule que la journée commence après la fin de la descente, pour se terminer une fois la sortie effectuée. Les périodes de repos résultant de la nature de l'exploitation, comme les autres pauses, doivent être comprises dans la journée de travail, hormis le cas où elles ont lieu à l'extérieur ; alors aussi, le temps nécessaire à la sortie et à la redescente relatives à ces pauses ne doit pas être compris dans la journée de travail.

Par exception, peut être également admise une plus longue journée de travail que celle de neuf heures jusqu'à concurrence de douze heures, avec une durée de travail effectif ne dépassant pas dix heures par jour, si, dans l'exploitation minière en cause, il était déjà établi, à l'époque de la promulgation de la loi, une journée de travail plus longue, et si l'introduction de la journée de neuf heures, ou, d'une façon générale, une réduction du temps de travail en usage jusqu'àlors, eu égard aux conditions techniques ou économiques régissant l'entreprise, en rendrait l'existence ultérieure impossible ou aléatoire.

Le bénéfice d'une telle exception peut être accordé soit pour l'ensemble des mineurs, soit pour certaines catégories d'entre eux.

L'autorisation à fin d'une pareille exception peut être délivrée, l'entrepreneur de la mine et le comité local des délégués ouvriers entendus (art. 23 de la loi du 14 août 1896, *Bulletin des lois* de l'Empire, n° 156), pour la durée d'existence des conditions d'exploi-

---

1. Les postes de douze heures et demie et le travail effectif de dix heures restent autorisés conformément à l'ancienne loi de 1884, pour les mines de métaux, de graphite, d'asphalte et de sel gemme.

tation mentionnées, en premier ressort, par l'intendance des mines, d'accord avec les autorités politiques du pays ; en dernier ressort, par le ministre de l'agriculture, d'accord avec celui de l'intérieur.

D'autre part, il est loisible au ministre de l'agriculture d'accorder aux exploitations minières situées à une grande altitude dans les contrées alpestres, le bénéfice de dérogations à la durée de la journée de travail, fixée à neuf heures, avec ce tempérament que la durée totale du travail fourni par un ouvrier dans une semaine ne saurait excéder cinquante-quatre heures.

L'intendance des mines a tous pouvoirs, en cas d'événements extraordinaires ou de besoins passagers pressants, pour autoriser des journées de travail supplémentaires, limitées quant à leur nombre et à leur durée.

Les dimanches, les travaux dans les mines doivent chômer. Seules sont exceptées les besognes qui, par leur nature, ne peuvent souffrir aucune interruption ou ne peuvent être entreprises qu'au moment où l'exploitation est arrêtée, par exemple : épuisement des eaux, ventilation, service des fourneaux de fusion, de grillage ou de carbonisation pour la houille ; surveillance des mines et travaux dans celles à sables mouvants ; travaux du fond et du jour pour le nettoyage et l'entretien des mines ; puis, le service des fours pour sels de soude et les occupations connexes ; enfin, avec l'assentiment de l'administration des mines, également les travaux de chargement à effectuer sans délai.

Le repos dominical commence au plus tard à 6 heures du matin — au même moment, d'ailleurs, pour l'ensemble du personnel, — et dure vingt-quatre heures pleines et entières, à compter de l'heure initiale.

Dans les cas de dangers pressants pour l'existence, la santé et la propriété, les dispositions relatives à la durée du travail ne sont point applicables.

L'administration des mines surveille l'observation des présentes prescriptions. Les infractions aux dispositions de la loi sont punies d'une amende de 200 florins au maximum [1].

En *Allemagne,* dans les carrières de pierres, les ouvriers employés aux opérations d'extraction de la pierre (percement, entaille,

---

1. Le florin vaut 2 fr. 50 c.

forage, établissement et remplissage des trous de mines, sautage
à la poudre, etc.), ne doivent pas travailler plus de dix heures
par jour. Dans les carrières et chantiers de taille des pierres, les
ouvriers employés au piquage ou autres façonnements complémentaires du grès ne doivent pas travailler plus de neuf heures par
jour. Des dérogations peuvent être autorisées pour les travaux à
entreprendre incontinent en cas de force majeure ou dans l'intérêt
public, mais chacune pour une durée maxima de deux heures par
jour, pour une période de quatorze jours au plus. (*Ordonn. du
20 mars 1902.*)

Dans l'*Inde Orientale,* la loi de 1901 sur les mines contient des
dispositions relatives à l'inspection et aux fonctionnaires des mines ;
elle établit les responsabilités des chefs d'exploitations et donne
aux inspecteurs les compétences nécessaires pour édicter, dans
chaque cas particulier, des prescriptions sur l'emploi des femmes
et des enfants et sur les mesures à prendre pour prévenir les accidents.

7. — Travail agricole.

Un courant d'opinion semble se manifester en faveur de la protection légale des travailleurs agricoles, de ceux qui se livrent purement aux travaux de la culture et de l'élevage.

Déjà, lors de la discussion de la loi du 2 novembre 1892, devant
la Chambre des députés il en avait été incidemment question[1]. Mais
cela n'avait rien de sérieux. C'était, de la part des adversaires de
la loi protectrice et humaine de 1892, traiter la question par l'absurde pour essayer de faire échouer le projet. Ce qui paraît plus
grave, ce sont les propositions de loi déposées devant le Parlement,

---

[1]. Extrait de la séance du 7 juillet 1890.

« *M. le comte de Kergariou.* — Le nombre d'heures du travail agricole est plus
grand que le nombre d'heures du travail industriel.

M. le Rapporteur. — Comment, mon cher collègue, pouvez-vous prétendre faire
une comparaison quelconque entre le travail agricole que le soleil et la nature rendent forcément intermittent, et le travail monotone et continu de l'usine ? Toute
comparaison est inadmissible !

M. de Kergariou. — Pendant l'été les ouvriers agricoles travaillent 14 heures
par jour.

M. Paulmier. — Du moment qu'on réglemente le travail industriel, on est conduit
à réglementer toute espèce de travail. »

et qui dénotent le symptôme d'une orientation nouvelle[1]. Que ces propositions de loi aient chance d'aboutir, c'est ce qui est plus que douteux ; et il est difficile de conclure, par assimilation de l'agriculture à l'industrie, par ce fait qu'il est très généralement admis aujourd'hui que l'État peut légitimement intervenir en faveur des ouvriers de l'industrie.

Considérons les constitutions naturelles du travail agricole.

A la belle saison, la besogne bat son plein. Le laboureur est à la tâche dès l'aube, et ne rentre qu'à la nuit tombante. Cela fait des journées de douze, quatorze, seize heures passées aux champs, sur lesquelles une heure au plus est réservée au repos. S'il n'y a pas travail de nuit, il y a au moins surmenage et la nature même des choses en fait une nécessité. Mais comme compensation, l'ouvrier des campagnes a l'inaction relative de l'hiver, qui lui laisse un repos pour refaire ses forces, s'il en est besoin. Telle n'est pas la situation de l'ouvrier de l'industrie, qui hiver comme été doit peiner.

---

1. Il est évident qu'il ne s'agit pas ici des diverses propositions ou projets de loi tendant à assurer la protection, sans réglementer le fond même des conditions du travail agricole. On ne peut qu'applaudir, par exemple, à toutes les bonnes intentions du législateur en faveur de mesures comme les suivantes :

Proposition de loi tendant à faciliter la constitution et le maintien de la petite propriété rurale (présentée par MM. Siegfried, etc., députés, le 11 mars 1897. Doc. parl. n⁰ 2336 ; J. O., p. 369) ;

Toutes les nombreuses propositions, en faveur du crédit agricole, concernant l'assurance, l'institution de Caisses nationales ou régionales, sociétés de crédit, etc. déposées, avec des titres divers, mais dans un but identique par MM. Calvet, sénateur (12 juillet 1895. Doc. parl. n⁰ 220 ; J. O., p. 397) ; M. G. Graux, député (2 mai 1899. Doc. parl. n⁰ 905 ; J. O., p. 1541), Laterrade, sénateur (12 mai 1899. Doc. parl. n⁰ 118 ; J. O., p. 357), Klotz, député (19 juin 1899. Doc. parl. n⁰ 1037 ; J. O., p. 2323), Fernand David, député (10 avril 1900. Doc. parl. n⁰ 1602 ; J. O., p. 819), etc.

On peut aussi louer, tout en en reconnaissant les difficultés d'application et les exigences, les propositions de loi de M. Vaillant, député, tendant l'une à instituer des délégués agricoles et un *salaire minimum* pour la protection du travail et des travailleurs agricoles (27 juin 1898. Doc. parl. n⁰ 118 ; J. O., p. 1285), — l'autre ayant pour objet : 1⁰ la reconstitution et l'extension du domaine agricole communal ; 2⁰ sa culture ; 3⁰ le prêt par la commune aux petits cultivateurs du matériel agricole communal ; 4⁰ la création d'un domaine industriel communal ; 5⁰ une atténuation du chômage (27 juin 1898. Doc. parl. n⁰ 117 ; J. O., p., 1284); la proposition de loi de M. Muteau, député, tendant à dispenser les ouvriers agricoles de la troisième année de service actif (15 juillet 1898. Doc. parl, n⁰ 167; J. O., p. 1338).

Toute cette législation en fermentation, qui fait honneur au législateur, malgré ce qu'elle dénote de fiévreux et d'incohérent parfois, est trop mêlée et trop diverse, pour qu'il n'en soit pas rejeté une grande part pour longtemps, si jamais même ce qui sera ajourné doit être discuté et pris en considération.

Quant à l'hygiène et à la salubrité, comment comparer la vie de l'usine, dans l'encombrement des machines et du personnel, dans l'air vicié et délétère, d'autant plus insalubre que la journée est plus avancée, par suite des émanations des appareils et des produits, et aussi par suite des êtres humains qui y respirent, comment comparer cette situation avec celle de l'ouvrier agricole, dont l'atmosphère est celle de la nature, constamment renouvelée par le jeu des forces physiques, au milieu de vastes terres presque inhabitées par contraste ?

Il ne faut pas oublier non plus que toute réglementation a besoin d'une sanction. Et quand bien même on prescrirait des dispositions pour protéger le travailleur des champs, quel corps d'inspecteurs pourrait visiter les six ou sept millions d'agriculteurs, soit qu'ils exploitent leur fonds propre, soit qu'ils se louent chez les autres ?

Ainsi, limitation de la durée du travail journalier, interdiction du travail de nuit et application des lois, si elles existaient, seraient également impossibles.

Cette solution négative empêche-t-elle d'intervenir en faveur de l'ouvrier agricole ? Non, sans doute, quand le travail agricole touche au travail industriel, comme c'est le cas à l'époque des battages du blé au moyen de machines. Non, de même, si jamais, au lieu de petits propriétaires, de grands chefs d'exploitation, particuliers ou sociétés, faisaient de l'agriculture, en modifiant le régime actuel de production, par exemple par l'industrialisation générale des procédés agricoles.

Mais le temps n'en étant pas venu pour la France, il n'y a pas lieu, semble-t-il, de réglementer, actuellement, le travail agricole.

Législation comparée. — En *Suisse,* les travaux agricoles sont suspendus les jours de repos public. Sont toutefois réservés : les soins à donner aux animaux domestiques et, chez les horticulteurs, les travaux indispensables à la conservation des cultures ; le travail strictement indispensable dans les laiteries et fromageries ; la protection et la rentrée des récoltes, en cas d'urgence. (*L. 28 nov. 1901.*)

Dans l'*Inde orientale,* la loi de l'Assam de 1901 règle la conclusion des contrats de louage de services, les conditions du travail des ouvriers de campagne de l'Assam, du Bengale, des provinces du nord-ouest, Oudh, du centre, du district de Goujam, ainsi que toute autre partie du pays que le Conseil d'État pourra spécifier. Ainsi, elle fixe à quatre ans la durée du contrat de travail qui doit être passé par écrit ; elle édicte un minimum de salaire et fixe à neuf heures au maximum la journée de travail. Les ouvriers doivent avoir un jour de repos par semaine. Les personnes s'occupant d'embauchage sont soumises, les unes à l'obligation de demander des concessions, les autres à celle de demander des certificats de légitimation. La loi contient une série de dispositions relatives au transport des ouvriers, à leur entretien, aux soins à donner aux malades. Un inspectorat d'État et un inspectorat local ont la mission de surveiller l'exécution de la loi et de présenter des rapports.

III. — HYGIÈNE ET SÉCURITÉ

1. — Vue d'ensemble.

Le législateur, par la loi du 2 novembre 1892 (*Sect. V, art. 12 à 16*) et le décret du 13 mai 1893, a prescrit les conditions spéciales d'hygiène et de sécurité que doivent présenter les établissements industriels dans lesquels sont employés des enfants, des filles mineures et des femmes. Ces dispositions, que l'on peut appeler *personnelles,* car elles visent directement les personnes, ont été complétées et étendues par la loi *réelle* du 12 juin 1893 et le décret du 10 mars 1894, sur la tenue des établissements industriels en général, et dont les mesures profitent à toutes les catégories d'ouvriers. .

Enfin la loi, toute récente, du 11 juillet 1903, en modifiant l'article 1ᵉʳ de la loi du 12 juin 1893, a singulièrement étendu le champ d'action de la loi de 1893 qui était resté jusqu'alors exclusivement industriel, et déborde désormais sur la vie commerciale et sur la petite industrie.

Ces textes n'ont rien innové, si ce n'est au point de vue de l'inspection, dont il sera parlé plus loin, à la législation sur les mesures de sécurité dans les mines, ni sur les appareils à vapeur, non plus qu'à la réglementation spéciale sur l'établissement des industries dangereuses (explosifs, hydrocarbures, dynamite), incommodes ou insalubres.

La loi du 9 avril 1898, modifiée par la loi du 22 mars 1902 concernant les responsabilités des accidents dont les ouvriers sont victimes, et les trois décrets du 28 février 1899, sur l'application des articles 26, 27 et 28 de cette loi, ont organisé la réparation civile des accidents, en faveur des ouvriers.

2. — Dispositions spéciales aux établissements qui emploient des enfants, filles mineures et femmes.

Travaux interdits. Surcharges. Travaux contraires aux bonnes mœurs ou blessant la moralité. Professions ambulantes. Tenue des ateliers et déclaration des accidents. — Travaux insalubres ou dangereux.
Application à l'Algérie des mesures de protection spéciales à l'égard des enfants, des filles mineures et des femmes.
Législation comparée.

Travaux interdits. — Les différents genres de travail présentant des causes de danger, ou excédant les forces, ou dangereux pour la moralité sont interdits aux femmes, filles et enfants, dans les conditions fixées par le décret fondamental du 13 mai 1893.

Sont interdits aux filles mineures, femmes et enfants au-dessous de 18 ans:

1º *Les travaux de graissage, nettoyage, visite, réparation des machines ou mécanismes en marche.*

Le patron n'est pas responsable, quand les protégés, malgré l'interdiction, sans ordre du patron, et sur leur propre initiative, se sont livrés à ces travaux, une blessure en fût-elle résultée (*Trib. simp. pol. Paris, 4 mai 1899*); mais il doit cependant exercer la surveillance nécessaire pour garantir les protégés contre leur imprudence et leur inexpérience, et prendre les précautions utiles quand il les appelle à manier des machines au repos, pour un simple nettoyage. (*Tr. simp. pol. Reims, 7 déc. 1895.*)

Les protégés, par suite des termes mêmes de cet article, ne peuvent être employés comme conducteurs ou aides-conducteurs de machines. (*Circ. min., 28 oct. 1900.*)

2° *Les travaux dans des ateliers où se trouvent des machines actionnées à la main ou par un moteur mécanique, et dont les parties dangereuses ne sont point couvertes de. couvre-engrenages, garde-mains et autres organes protecteurs.*

Ces organes protecteurs doivent empêcher les ouvriers de toucher involontairement, de leur poste de travail, les parties dangereuses, sans envelopper nécessairement celles-ci, et surtout sans rendre l'appareil lui-même inaccessible et impropre à son usage (*Circ. min., 1er févr. 1897*); mais ils doivent être fixes et non mobiles à volonté. (*Cass. 27 févr. 1899, annulant jugement du tribunal correctionnel d'Amiens, 23 nov. 1896.*)

3° *Le travail qui consiste à faire tourner des appareils en sautillant sur une pédale, ou à faire tourner des roues horizontales* [1].

Sont interdits aux enfants au-dessous de 16 ans :

1° *Pendant plus d'une demi-journée de travail, coupée d'ailleurs par un repos d'une demi-heure au moins, le travail qui consiste à tourner des roues verticales, même en cas de prolongation de la journée de travail pour les adultes, dans les corderies en plein air. (Lett. min., 20 mars 1894.)*

Ce travail occasionne, en effet, chez les enfants dont le développement n'est pas complet, des déformations des membres qui fatiguent et des incurvations de la colonne vertébrale.

---

1. Mode de travail très rare en pratique, si, pour sautiller sur une pédale, l'ouvrier est debout avec les deux pieds sur la pédale du métier pour l'actionner par le mouvement alternatif du sautillement. Le polissage des boîtes de montres par brosse mécanique actionnée par une pédale n'est pas interdit aux termes de cet article. (*Circ. min. 26 janvier 1897.*)

2° *Le travail qui consiste à actionner au moyen de pédales les métiers dits « à la main », mais non les métiers dits « tricoteurs à la main ». (Lett. min., 26 janv. 1897.)*

3° *Les travaux aux scies circulaires ou aux scies à rubans.*

Interdiction qui s'applique, en vertu des termes généraux du texte, aussi bien au pousseur qu'au tireur.

4° *Le travail des cisailles et autres lames tranchantes mécaniques.*

Ce sont, notamment, parmi ces machines :

Les planeurs, les raboteurs, les mortaiseurs, les fileteurs et tours divers — pour l'industrie des métaux. — Tous les raboteurs à lames métalliques, les planeurs, les trancheuses, les varlopeuses, les machines à lamer, à rainer, à faire les moulures, à diviser le bois, etc., etc. — pour l'industrie du bois. — Toutes les machines à trancher, hacher, découper dans les papeteries, ateliers de reliure et de cartonnage. — Et toutes les machines similaires dans les industries ou les manufactures diverses (tanneries, fabriques d'apprêts, chaussures, etc.).

5° *Le service des robinets à vapeur.*

Prohibition qui entraîne l'interdiction du service des chaudières à vapeur. (*Trib. simp. pol. Epernay, 22 mars 1900*) [*Circ. min., 28 oct. 1900.*]

6° *L'emploi de doubleurs, dans les ateliers où s'opèrent le laminage et l'étirage de la verge de tréfilerie, — à moins que le travail des doubleurs ne soit garanti par des appareils protecteurs.*

Ces travaux présentent des dangers de brûlure, de fracture ou d'amputation de membres.

7° *Les travaux exécutés à l'aide d'échafaudages volants pour la réfection ou le nettoyage des maisons.*

Il est interdit encore :

1° *Aux enfants de moins de 13 ans, dans les verreries, de cueillir et de souffler le verre ;*

2° *Aux enfants de 13 à 16 ans, de cueillir un poids de verre supérieur à 1 000 grammes ;*

3° *Aux enfants de moins de 16 ans, dans les fabriques de bouteilles et de verre à vitre, de se livrer au travail de soufflage par la bouche.*

Et à ceux de moins de 18 ans, dans les verreries où le soufflage se fait à la bouche, sera donné un embout personnel à chacun, afin d'éviter toute contagion de maladies.

4° *D'employer des filles de moins de 16 ans au travail des machines à coudre mues par des pédales,* à cause des dangers d'ébranlement nerveux et d'excitation génitale nuisibles à tous les points de vue.

Surcharges. — Les jeunes ouvriers et ouvrières au-dessous de 18 ans, employés dans l'industrie, ne peuvent porter, tant à l'intérieur qu'à l'extérieur[1] des manufactures, usines, ateliers et chantiers, des fardeaux d'un poids supérieur aux suivants :

Garçons au-dessous de 14 ans. . . . . 10 kilogr.
Garçons de 14 à 18 ans . . . . 15 —
Ouvrières au-dessous de 16 ans. . . . . 5 —
Ouvrières de 16 à 18 ans. . . . . 10 —

Il est interdit de faire traîner ou pousser par lesdits ouvriers et ouvrières, tant à l'intérieur des établissements industriels que sur la voie publique, par wagonnets circulant sur voie ferrée, par voitures à 3 ou 4 roues, dites placières, pousseuses, pousse-à-main, des charges supérieures aux suivantes (*Arr. min. 31 juil. 1894*)[2], déterminées comme équivalentes aux fardeaux qu'on porte :

	Wagonnets sur voie ferrée.	Voitures à 3 et à 4 roues, dites placières, etc.
Garçons au-dessous de 14 ans.	300 kilogr.	35 kilogr.
Garçons de 14 à 16 ans. . . .	500 —	60 —
Ouvrières au-dessous de 16 ans.	150 —	35 —
Ouvrières de 16 à 18 ans . . .	300 —	50 —

	Brouettes.	Voitures et charrettes à bras, etc., dites haquets, brancards, charretons.
Garçons seulement de 14 à 18 ans.	40 kilogr.	130 kilogr.

	Tricycles porteurs.
Garçons de 16 à 18 ans.	75 kilogr.

---

1. Les agents de police des villes, les gendarmes, gardes champêtres peuvent constater les contraventions, à l'extérieur des établissements industriels, et en dresser un procès-verbal, qu'ils adressent à l'Inspecteur pour les statistiques. (*Circ. min., 10 nov. 1894.*)

2. Ne s'applique pas aux mines, minières et carrières. (*Lett. min. 11 mai 1895.*)

Pour le traînage des fardeaux sans l'aide d'un véhicule, les inspecteurs ont un pouvoir d'appréciation selon l'espèce qu'ils auront sous les yeux. Ils interdiront de traîner les fardeaux sans véhicule lorsque l'effort leur paraîtra manifestement supérieur à celui qui est permis par le présent article. (*Lett. min. 27 oct. 1894.*)

Travaux contraires aux bonnes mœurs ou blessant la moralité. — Il est interdit d'employer des enfants, des filles mineures ou des femmes à la confection d'écrits, d'imprimés, affiches, dessins, gravures, peintures, emblèmes, images,.ou autres objets dont la vente, l'offre, l'exposition, l'affichage ou la distribution sont réprimés par les lois pénales comme contraires aux bonnes mœurs [1].

Il est également interdit d'occuper des enfants au-dessous de 16 ans et des filles mineures dans les ateliers où se confectionnent des écrits, imprimés, affiches, gravures, peintures, emblèmes, images ou autres objets qui, sans tomber sous l'application des lois pénales, sont cependant de nature à blesser leur moralité [2].

Les patrons ou chefs d'établissement doivent veiller au maintien des bonnes mœurs et à l'observation de la décence publique. (*L. 2 nov. 1892, art. 16.*)

Les inspecteurs du travail se trouvent aussi investis d'un pouvoir de contrôle sur des faits qui tombent d'ailleurs sous l'application de l'article 334 du Code pénal. .

On sait que les enfants des deux sexes, âgés de moins de 13 ans, ne peuvent être employés comme acteurs, figurants, etc., aux représentations données dans les théâtres et cafés-concerts sédentaires.

---

1. Est puni d'un emprisonnement de un mois à deux ans, et d'une amende de 16 à 3 000 fr., quiconque aura commis le délit d'outrage aux bonnes mœurs, par la vente, l'offre, l'exposition, l'affichage ou la distribution gratuite sur la voie publique ou dans les lieux publics, d'écrits, d'imprimés, autres que le livre, d'affiches, dessins, gravures, peintures, emblèmes ou images obscènes. (*L. 2 août 1882, art. 1er.*)

2. Ainsi, quand les écrits, imprimés, dessins, etc., ne tombent pas sous le coup des lois pénales, l'emploi des filles et femmes au-dessus de 18 ans est autorisé. La loi est libérale. Il serait curieux cependant, dans le cas de ce paragraphe, de se rendre exactement compte si ses prescriptions sont observées pour les mineurs de 16 ans, et si vraiment on n'en emploie pas au pliage, brochage, etc., de ces journaux illustrés, qui, sans tomber sous l'application des lois pénales, sont cependant de nature, non pas peut-être à blesser leur moralité — nous n'en sommes plus là — mais à la fausser et à l'avilir un peu plus, ce dont il n'est vraisemblablement nul besoin.

Professions ambulantes [1]. — Tout individu qui fera exécuter par des enfants de moins de 16 ans des tours de force périlleux ou des exercices de dislocation ; tout individu autre que les père et mère, pratiquant la profession d'acrobate, saltimbanque, charlatan, montreur d'animaux ou directeur de cirque, qui emploiera, dans ses représentations, des enfants âgés de moins de 16 ans ; et aussi les père et mère, exerçant les professions ci-dessus désignées, qui emploieraient dans leurs représentations leurs enfants âgés de moins de 12 ans, seront punis d'un emprisonnement de six mois à deux ans et d'une amende de 16 à 200 fr..

Les mêmes peines seront applicables :

1° Aux pères, mères, tuteurs ou patrons, et généralement toutes personnes ayant autorité sur un enfant ou en ayant la garde, qui auront livré soit gratuitement, soit à prix d'argent, leurs enfants, pupilles ou apprentis âgés de moins de 16 ans aux individus exerçant les professions ci-dessus spécifiées, ou qui les auront placés sous la conduite de vagabonds, de gens sans aveu ou faisant métier de la mendicité ;

2° Aux intermédiaires ou agents qui auront livré ou fait livrer lesdits enfants et à quiconque aura déterminé des enfants âgés de moins de 16 ans à quitter le domicile de leurs parents ou tuteurs, pour suivre des individus des professions susdésignées.

La condamnation entraînera de plein droit, pour les tuteurs, la destitution de la tutelle. Les père et mère pourront être privés des droits de la puissance paternelle.

Quiconque emploiera des enfants âgés de moins de 16 ans à la mendicité habituelle, soit ouvertement, soit sous l'apparence d'une profession, sera considéré comme auteur ou complice du délit de mendicité en réunion prévu par l'article 276 du Code pénal et sera puni des peines portées audit article : de six mois à deux ans d'emprisonnement. Dans le cas où le délit aurait été commis par les pères, mères ou tuteurs, ils pourront être privés des droits de la puissance paternelle, ou de la tutelle.

Tout individu exerçant l'une des professions susdites devra être

---

1. Loi du 7 décembre 1874, relative à la protection des enfants employés dans les professions ambulantes, modifiée par la loi du 19 avril 1898, sur la répression des violences, voies de fait, actes de cruauté et attentats commis envers des enfants. Rendues applicables à l'Algérie (*Décr. du 11 déc. 1903*).

porteur de l'extrait des actes de naissance des enfants placés sous
sa conduite et justifier de leur origine et de leur identité par la
production d'un livret ou d'un passeport — à peine, pour toute
infraction, d'un emprisonnement de un à six mois et d'une amende
de 16 à 50 fr.

En cas d'infraction à une seule des dispositions de la loi dont il
s'agit, les autorités municipales seront tenues d'interdire toutes représentations aux individus des professions désignées ci-dessus. Ces
autorités seront également tenues de requérir la justification de
l'origine et de l'identité de tous les enfants placés sous la conduite
de ces individus, par la production des actes de naissance, livrets ou
passeports. A défaut de cette justification, il en sera donné avis
immédiatement au parquet.

Toute infraction de cette nature commise à l'étranger à l'égard
de Français devra être dénoncée, dans le plus bref délai, par nos
agents consulaires aux autorités françaises, ou aux autorités locales, si les lois du pays en assurent la répression. Ces agents
devront, en outre, prendre les mesures nécessaires pour assurer le
rapatriement en France des enfants d'origine française.

Les circonstances atténuantes (*art. 463 C. pén.*) sont applicables
aux délits prévus et punis par la présente loi.

Tenue des ateliers et déclaration des accidents[1].— Les dispositions qui concernent ces sujets étant des dispositions générales seront
étudiées à leur place parmi celles de la loi du 12 juin 1893, qui les
reproduit en termes semblables et, on peut dire, mot pour mot, en
son article 2 (adde : *Déc. 10 mars 1894*) et en son article 11.

Il n'y a même plus lieu de discuter aujourd'hui si, oui ou non, la
mise en demeure est le préalable obligé du procès-verbal et des
poursuites aux infractions. La négative n'avait jamais été douteuse
pour les établissements qui emploient des femmes, des filles mineures et des enfants. Mais en ce qui concerne la protection des
adultes, la juridiction de la Cour de cassation avait hésité. (*Arrêts
des 28 mars 1896, 8 janv. 1897, 2 avr. 1897, 27 mai 1898.*) Une

---

1. Les modèles de déclaration d'accidents ont été annexés à un décret en date du
20 novembre 1893. Mais une circulaire ministérielle du 20 octobre 1903 recommande
d'utiliser les modèles du décret du 23 mars 1902. Voir la note 1, p. 392, et les modèles à : IV. Accidents, pages 540 et suivantes.

·circulaire ministérielle du 16 novembre 1900 invite désormais les, inspecteurs du travail à relever, sans mise en demeure préalable,: les contraventions à la tenue générale des ateliers, telle qu'elle est régie par l'article 2 de la loi du 12 juin 1893.

Travaux insalubres ou dangereux. — Les femmes, filles et enfants ne peuvent être employés dans les établissements insalubres ou dangereux, où l'ouvrier est exposé à des manipulations ou à des émanations préjudiciables à sa santé, que sous des conditions spécialement déterminées pour chacune des catégories de travailleurs.

1° Travaux et accès des ateliers affectés à ces travaux, interdits aux enfants au-dessous de 18 ans, aux filles mineures et aux femmes. (*Tableau A, Déc. 13 mai 1893,* modifié par les *Déc. 20 avr. 1899 et 3 mai 1900.*)

TRAVAUX.	RAISONS DE L'INTERDICTION.
Acide arsénique (Fabrication de l') au moyen de l'acide arsénieux et de l'acide azotique.	Danger d'empoisonnement.
Acide fluorhydrique (Fabrication de l').	Vapeurs délétères.
Acide nitrique (Fabrique de l').	Id.
Acide oxalique (Fabrique de l')	Danger d'empoisonnement, vapeurs délétères.
Acide picrique (Fabrication de l')	Vapeurs délétères.
Acide salicylique (Fabrication de l') au moyen de l'acide phénique.	Émanations nuisibles.
Acide urique (*V. Murexide*).	
Affinage des métaux au fourneau (*V. Grillage des minerais*).	
Aniline (*V. Nitrobenzine*).	
Arséniate de potasse (Fabrication de l') au moyen du salpêtre	Danger d'empoisonnement, vapeurs délétères.
Benzine (Dérivés de la) [*V. Nitrobenzine*].	
Blanc de plomb (*V. Céruse*).	
Bleu de Prusse (Fabrication du) [*V. Cyanure de potassium*].	
Cendres d'orfèvre (Traitement des) par le plomb. . .	Maladies spéciales dues aux émanations nuisibles.
Céruse ou blanc de plomb (Fabrication de la)	Id.
Chairs, débris et issues (Dépôts de) provenant de l'abatage des animaux	Émanations nuisibles, danger d'infection.
Chlore (Fabrication du)	Emanations nuisibles.
Chlorure de chaux (Fabrication du).	Id.

TRAVAUX.	RAISONS DE L'INTERDICTION.
Chlorures alcalins, eau de Javel (Fabrication de) . . .	Émanations nuisibles.
Chlorure de plomb (Fonderie de)	Id.
Chlorures de soufre (Fabrication des)	Id.
Chromate de potasse (Fabrication du).	Maladies spéciales dues aux émanations.
Cristaux (Polissage à sec des).	Poussières dangereuses.
Cyanure de potassium et bleu de Prusse (Fabrication de).	Danger d'empoisonnement.
Cyanure rouge de potassium ou prussiate rouge de potasse.	Id.
Débris d'animaux (Dépôts de) [V. Chairs].	
Dentelles (Blanchissage à la céruse des).	Poussières dangereuses.
Eau de Javel (Fabrication de l') [V. Chlorures alcalins].	
Eau-forte (V. Acide nitrique).	
Effilochage et déchiquetage des chiffons.	Poussières nuisibles.
Emaux (Grattage des) dans les fabriques de verre-mousseline.	Id.
Engrais (Dépôt et fabrique d') au moyen de matières animales.	Émanations nuisibles.
Équarrissage des animaux (Ateliers d')	Nature du travail, émanations nuisibles.
Étamage des glaces par le mercure (Ateliers d') . . .	Maladies spéciales dues aux émanations.
Fonte et laminage du plomb.	Id.
Fulminate de mercure (Fabrication du)	Émanations nuisibles.
Glaces (Etamage des) [V. Étamage].	
Grillage des minerais sulfureux (sauf le cas prévu au tableau C)	Id.
Huiles et autres corps gras extraits des débris de matières animales.	Id.
Litharge (Fabrication de la).	Maladies spéciales dues aux émanations.
Massicot (Fabrication du).	Id.
Matières colorantes (Fabrication des) au moyen de l'aniline et de la nitrobenzine	Émanations nuisibles.
Métaux (Aiguisage et polissage des[1])	Poussières dangereuses.
Meulières et meules (Extraction et fabrication des). .	Id.
Minium (Fabrication du)	Maladies spéciales dues aux émanations.
Murexide (Fabrication de la) en vase clos par la réaction de l'acide azotique et de l'acide urique du guano	Vapeurs délétères.
Nitrate de méthyle (Fabrique de)	Id.
Nitrobenzine, aniline et matières dérivant de la benzine (Fabrication de)	Vapeurs nuisibles.
Peaux de lièvre et de lapin (V. Secrétage).	

1. L'interdiction ne s'applique pas à l'aiguisage et au polissage par voie humide. (Lett. min. 25 avr. 1894.)

TRAVAUX.	RAISONS DE L'INTERDICTION.
Phosphore (Fabrication du)	Maladies spéciales dues aux émanations.
Plomb (Fonte et laminage du) [V. Fonte].	
Poils de lièvre et de lapin (V. Secrétage).	
Prussiate de potasse (V. Cyanure de potassium).	
Rouge de Prusse et d'Angleterre	Vapeurs délétères.
Secrétage des peaux ou poils de lièvre ou de lapin. .	Poussières nuisibles ou vénéneuses.
Sulfate de mercure (Fabrication du).	Maladies spéciales dues aux émanations.
Sulfure d'arsenic (Fabrication du).	Danger d'empoisonnement.
Sulfure de sodium (Fabrication du)	Gaz délétère.
Traitement des minerais de plomb, zinc et cuivre pour obtention des métaux bruts	Émanations nuisibles.
Verre (Polissage à sec du).	Poussières dangereuses.

2° Travaux et accès des ateliers affectés à ces travaux, interdits aux enfants au-dessous de 18 ans. (*Tableau B, Déc. 13 mai 1893, art. 15.*)

TRAVAUX.	RAISONS DE L'INTERDICTION.
Amorces fulminantes (Fabrication des)	Nécessité d'un travail prudent et attentif.
Amorces fulminantes pour pistolets d'enfants (Fabrication d').	Id.
Artifices (Fabrication des pièces d')	Id.
Cartouches de guerre (Fabrique et dépôts de) . . .	Id.
Celluloïd et produits nitrés analogues (Fabrication de).	Id.
Chiens (Infirmerie de).	Danger de morsures.
Chrysalides (Extraction des parties soyeuses des) . .	Émanations nuisibles.
Dynamite (Fabrique et dépôts de)	Nécessité d'un travail prudent et attentif.
Étoupilles (Fabrication d') avec matières explosives .	Id.
Poudre de mine comprimée[1] (Fabrication de cartouches de).	Id.

1. Les poudres au nitrate d'ammoniaque et à la nitronaphtaline rentrent dans cette catégorie.
Toutes manipulations de poudre sont interdites aux enfants au-dessous de 18 ans, et l'accès des ateliers leur est interdit. Mais ils peuvent entrer et travailler dans les ateliers où, seules, se fabriquent les enveloppes de cartouches, et y faire le collage et le découpage du papier et du carton pour la confection des boîtes ou des cartons de cartouches elles-mêmes, — si pourtant dans le même local ne s'effectue pas l'encartouchage de poudres. (*Lett. min., 24 janvier 1894*)

3° Établissements dans lesquels l'emploi des enfants au-dessòus de 18 ans, des filles mineures et des femmes est autorisé sous les conditions ci-spécifiées. (*Tableau C, Déc. 13 mai 1893, art. 16,* modifié par les *Déc. 21 juin 1897, 20 avr. 1899, 3 mai 1900.*)

ÉTABLISSEMENTS.	CONDITIONS.	MOTIFS.
Abattoirs publics et annexes.	Les enfants au-dessous de 16 ans ne seront pas employés dans les abattoirs publics et les annexes.	Dangers d'accidents et de blessures.
Albâtre (Sciage et polissage à sec de l').	Les enfants au-dessous de 18 ans ne seront pas employés lorsque les poussières se dégageront librement dans les ateliers.	Poussières nuisibles.
Acide chlorhydrique (Production de l') par la décomposition des chlorures de magnésium, d'aluminium et autres.	Les enfants au-dessous de 18 ans, les filles mineures et femmes ne seront pas employés dans les ateliers où se dégagent les Vapeurs et où l'on manipule les acides.	Dangers d'accidents.
Acide muriatique (*V. Acide chlorhydrique*).		
Acide sulfurique (Fabrication de l').	*Id.*	*Id.*
Affinage de l'or et de l'argent par les acides.	*Id.*	*Id.*
Allumettes chimiques (Dépôts d').	Les enfants au-dessous de 16 ans ne seront pas employés dans les magasins.	Danger d'incendie.
Allumettes chimiques (Fabrication des).	Les enfants au-dessous de 18 ans ne seront pas employés à la fusion des pâtes et au trempage.	Maladies spéciales dues aux émanations.
Argenture sur métaux (*V. Dorure et argenture*).		
Battage, cardage et épuration des laines, crins et plumes.	Les enfants au-dessous de 18 ans ne seront pas employés dans les ateliers où se dégagent des poussières.	Poussières nuisibles.
Battage des tapis en grand.	*Id.*	*Id.*
Battoir à écorces dans les villes.	*Id.*	*Id.*
Benzine (Fabrication et dépôt de) [*V. Huiles de pétrole, de schiste,* etc.].		

ÉTABLISSEMENTS.	CONDITIONS.	MOTIFS.
Blanc de zinc (Fabrication de) par la combustion du métal.	Les enfants au-dessous de 18 ans ne seront pas employés dans les ateliers de combustion et de condensation.	Poussières nuisibles.
Blanchiment (toile, papier, paille).	Les enfants au-dessous de 18 ans, les filles mineures et les femmes ne seront pas employés dans les ateliers où se dégagent le chlore et l'acide sulfureux.	Vapeurs nuisibles.
Boîtes de conserves (Soudure des).	Les enfants au-dessous de 16 ans ne seront pas employés à la soudure des boîtes.	Gaz délétères.
Boutonniers et autres emboutisseurs de métaux par moyens mécaniques.	Les enfants au-dessous de 18 ans ne seront pas employés dans les ateliers où se dégagent des poussières.	Poussières nuisibles.
Boyauderies.	Les enfants au-dessous de 18 ans, les filles mineures et les femmes ne seront pas employés au soufflage.	Danger d'affections pulmonaires.
Caoutchouc [1] (Application des enduits du).	Les enfants au-dessous de 18 ans, les filles mineures et les femmes ne seront pas employés dans les ateliers où se dégagent les vapeurs de sulfure de carbone et de benzine.	Vapeurs nuisibles.
Caoutchouc (Travail du) avec emploi d'huiles essentielles ou de sulfure de carbone.	Les enfants au-dessous de 18 ans, les filles mineures et les femmes ne seront pas employés dans les ateliers où se dégagent les vapeurs de sulfure de carbone.	Id.
Cardage des laines, etc. (V. Battage). Chanvre (Teillage du) en grand [V. Teillage]. Chanvre imperméable (V. Feutre goudronné).		
Chapeaux de feutre (Facation des).	Les enfants au-dessous de 18 ans ne seront pas employés lorsque les poussières se dégageront librement dans les ateliers.	Poussières nuisibles.
Chapeaux de soie ou autres préparés au moyens d'un vernis (Fabrication de).	Les enfants au-dessous de 18 ans ne seront pas employés dans les ateliers où l'on fabrique et applique le vernis.	Vapeurs nuisibles.
Chaux (Fours à).	Les enfants au-dessous de 18 ans ne seront pas employés dans les ateliers où se dégagent les poussières.	Poussières nuisibles.

1. L'interdiction ne s'applique pas au collage des bandes sur les étoffes ou vêtements de caoutchouc. (Décis. min. 21 nov. 1899.)

ÉTABLISSEMENTS.	CONDITIONS.	MOTIFS.
Chiffons (Dépôt de)[1].	Les enfants au-dessous de 18 ans ne seront pas employés au triage et à la manipulation des chiffons.	Poussières nuisibles.
Chromolithographie.	Les enfants au-dessous de 16 ans ne seront pas employés au bronzage à la machine.	Id.
Ciments (Fours à).	Les enfants au-dessous de 18 ans ne seront pas employés dans les ateliers où se dégagent des poussières.	Id.
Collodion (Fabrication du).	Les enfants au-dessous de 16 ans ne seront pas occupés dans les ateliers où l'on manipule les matières premières et les dissolvants.	Dangers d'incendie.
Cotons et cotons gras (Blanchisseries des déchets de).	Les enfants au-dessous de 18 ans, les filles mineures et les femmes ne seront pas employés dans les ateliers où l'on manipule le sulfure de carbone.	Vapeurs nuisibles.
Cordes d'instruments en boyaux (V. Boyauderies).		
Corne, os et nacre (Travail à sec des).	Les enfants au-dessous de 18 ans ne seront pas employés lorsque les poussières se dégageront librement dans les ateliers.	Poussières nuisibles.
Crins (Teintures des) [V. Teintureries].		
Crins et soies de porcs (V. Soies de porcs).		
Cuirs Vernis (Fabrication de) [V. Feutres et visières vernies].		
Cuivre (Trituration des composés du).	Les enfants au-dessous de 18 ans ne seront pas employés dans les ateliers où les poussières se dégagent librement.	Id.
Cuivre (Dérochage du) par les acides.	Les enfants au-dessous de 18 ans, les filles mineures et les femmes ne seront pas employés dans les ateliers où se dégagent les vapeurs acides.	Vapeurs nuisibles.
Déchets de soie (Cardage des).	Les enfants au-dessous de 18 ans ne seront pas employés dans les ateliers où les poussières se dégagent librement.	Poussières nuisibles.

1. L'interdiction ne s'applique qu'aux vieux chiffons bruts et secs et non lavés, — mais non aux chiffons humides, après qu'ils ont été lessivés et dégraissés à la sortie de l'essoreuse (Lett. min. 15 avr. 1897). Les retaillons et autres chiffons neufs ou lavés peuvent être triés et manipulés par les protégés, pourVu que le travail se fasse dans un local séparé, spécialement réservé à la manipulation des chiffons neufs. (Circ. min. 18 nov. 1895.)

ÉTABLISSEMENTS.	CONDITIONS.	MOTIFS.
Dorure et argenture.	Les enfants au-dessous de 18 ans, les filles mineures et les femmes ne seront pas employés dans les ateliers où se produisent des Vapeurs acides ou mercurielles.	Émanations nuisibles.
Eaux grasses (Extractions pour la fabrication des saVons et autres usages, des huiles contenues dans les).	Les enfants au-dessous de 18 ans, les filles mineures et les femmes ne seront pas employés dans les ateliers où l'on emploie le sulfure de carbone.	Id.
Écorces (Battoir à) [V. Battoir].		
Émail (Application de l') sur les métaux.	Les enfants au-dessous de 18 ans, les filles mineures et les femmes ne seront pas employés dans les ateliers où l'on broie et blute les matières.	Id.
Émaux (Fabrication d') aVec fours non fumivores.	Id.	Id.
Épaillage de laines et draps par la Voie humide.	Les enfants au-dessous de 18 ans, les filles mineures et les femmes ne seront pas employés dans les ateliers où se dégagent des Vapeurs acides.	Id.
Etoupes (Transformation en) des cordages hors de serVice, goudronnés ou non.	Les enfants au-dessous de 18 ans ne seront pas employés lorsque les poussières se dégageront librement dans les ateliers.	Poussières nuisibles.
Faïence (Fabrique de).	Les enfants au-dessous de 18 ans ne seront pas employés dans les ateliers où l'on pratique le broyage, le blutage.	Id.
Fer (Dérochage du).	Les enfants au-dessous de 18 ans, les filles mineures et les femmes ne seront pas employés dans les ateliers où se dégagent des Vapeurs et où l'on manipule des acides.	Vapeurs nuisibles.
Fer (GalVanisation du).	Id.	Id.
Feuilles d'étain.	Les enfants au-dessous de 16 ans ne seront pas employés au bronzage à la main des feuilles.	Poussières nuisibles.
Feutre goudronné (Fabrication du).	Les enfants au-dessous de 18 ans ne seront pas employés lorsque les poussières se dégageront librement dans les ateliers.	Id.
Feutres et Visières vernies (Fabrication de).	Les enfants au-dessous de 18 ans ne seront pas employés à la préparation et à l'emploi des Vernis.	Danger d'incendie et vapeurs nuisibles.
Filatures de lin.	Les enfants au-dessous de 18 ans, les filles mineures et les femmes ne seront pas employés lorsque l'écoulement des eaux ne sera pas assuré.	Humidité nuisible.
Fonderies de deuxième fusion de fer, de zinc, de cuivre.	Les enfants au-dessous de 16 ans ne seront pas employés à la coulée du métal.	Danger de brûlures.

ÉTABLISSEMENTS.	CONDITIONS.	MOTIFS.
Fourneaux (Hauts).	Les enfants au-dessous de 16 ans ne seront pas employés à la coulée du métal.	Danger de brûlures.
Fours à plâtre et fours à chaux (*V. Plâtre, Chaux*).		
Grès (Extraction et piquage des).	Les enfants au-dessous de 18 ans ne seront pas employés lorsque les poussières se dégageront librement dans les ateliers.	Poussières nuisibles.
Grillage des minerais sulfureux quand les gaz sont condensés et que les minerais ne renferment pas d'arsenic.	Les enfants au-dessous de 18 ans, les filles mineures et les femmes ne seront pas employés dans les ateliers où l'on produit le grillage.	Émanations nuisibles.
Grillage et gazage des tissus.	Les enfants au-dessous de 18 ans, les filles mineures et les femmes ne seront pas employés lorsque les produits de combustion se dégageront librement dans les ateliers.	*Id.*
Hauts fourneaux (*V. Fonderies*).		
Huiles de pétrole, de schiste et de goudron, essences et autres hydrocarbures employés pour l'éclairage, le chauffage, la fabrication des couleurs et vernis, le dégraissage des étoffes et autres usages (Fabrication, distillation, travail en grand d').	Les enfants au-dessous de 16 ans ne seront pas employés dans les ateliers de distillation et dans les magasins.	Danger d'incendie.
Huiles essentielles ou essences de térébenthine, d'aspic ou autres (*V. Huiles de pétrole, de schiste, etc.*).		
Huiles extraites des schistes bitumeux (*V. Huiles de pétrole, de schiste, etc.*).		
Jute (Teillage du) [*V. Teillage*].		
Liège (Usines pour la trituration du).	Les enfants au-dessous de 18 ans ne seront pas employés dans les ateliers où les poussières se dégagent librement.	Poussières nuisibles.
Lin (Teillage en grand du) [*V. Teillage*].		

ÉTABLISSEMENTS.	CONDITIONS.	MOTIFS.
Liquides pour l'éclairage (Dépôts de) au moyen de l'alcool et des huiles essentielles.	Les enfants au-dessous de 16 ans ne seront pas employés dans les magasins.	Danger d'incendie.
Marbres (Sciage ou polissage à sec des).	Les enfants au-dessous de 18 ans ne seront pas employés lorsque les poussières se dégageront librement dans les ateliers.	Poussières nuisibles.
Matières minérales (Broyage à sec des).	Id.	Id.
Mégisseries.	Les enfants au-dessous de 18 ans, les filles mineures et les femmes ne seront pas employés à l'épilage des peaux.	Danger d'empoisonnement.
Ménageries.	Les enfants au-dessous de 18 ans ne seront pas employés quand la ménagerie renferme des bêtes féroces ou venimeuses.	Danger d'accidents.
Moulins à broyer le plâtre, la chaux, les cailloux et les pouzzolanes.	Les enfants au-dessous de 18 ans ne seront pas employés quand les poussières se dégageront librement dans les ateliers.	Poussières nuisibles.
Nitrates métalliques obtenus par l'action directe des acides (Fabrication des).	Les enfants au-dessous de 18 ans, les filles mineures et les femmes ne seront pas employés dans les ateliers où se dégagent les vapeurs et où se manipulent les acides.	Vapeurs nuisibles.
Nitrates métalliques obtenus par l'action directe des acides (Fabrication des).	Les enfants au-dessous de 18 ans ne seront pas employés lorsque les poussières se dégageront librement dans les ateliers.	Poussières nuisibles.
Olives (Tourteaux d') [V. Tourteaux].		
Ouates (Fabrication des).	Id.	Id.
Papier (Fabrication du).	Les enfants au-dessous de 18 ans ne seront pas employés au triage et à la préparation des chiffons.	Id.
Papiers peints (V. Toiles peintes).		
Peaux, étoffes et déchets de laine (Dégraissage des) par les huiles de pétrole et autres hydrocarbures.	Les enfants au-dessous de 18 ans ne seront pas employés dans les ateliers où l'on traite par les dissolvants, où l'on trie, coupe et manipule les déchets.	Danger d'incendie, poussières nuisibles.
Peaux (Lustrage et apprêtage des).	Les enfants au-dessous de 18 ans ne seront pas employés lorsque les poussières se dégageront librement dans les ateliers	Id.
Peaux de lapin ou de lièvre (Éjarrage et coupage des poils de).	Id.	Id.

ÉTABLISSEMENTS.	CONDITIONS.	MOTIFS.
Pétrole (*V. Huiles de pétrole, etc.*).		
Pierre (Sciage et polissage de la).	Les enfants au-dessous de 18 ans ne seront pas employés lorsque les poussières se dégageront librement dans les ateliers.	Poussières nuisibles.
Pileries mécaniques de drogues.	*Id.*	*Id.*
Pipes à fumer (Fabrication des).	*Id.*	*Id.*
Plâtre (Fours à).	*Id.*	*Id.*
Poêliers, fournalistes, poêles et fourneaux en faïence et terre cuite (*V. Faïence*).		
Porcelaine (Fabrication de la).	*Id.*	*Id.*
Poteries de terre [1] (Fabrication de) avec fours non fumivores.	*Id.*	*Id.*
Pouzzolane artificielle (Fours à).	*Id.*	*Id.*
Réfrigération(Appareils de) par l'acide sulfureux.	Les enfants au-dessous de 18 ans, les filles mineures et les femmes ne seront pas employés dans les ateliers où se dégagent des vapeurs acides.	Émanations nuisibles.
Sel de soude (Fabrication du) avec le sulfate de soude.	*Id.*	*Id.*
Sinapismes (Fabrication des) à l'aide des hydrocarbures.	Les enfants au-dessous de 18 ans, les filles mineures et les femmes ne seront pas employés dans les ateliers où se manipulent les dissolvants.	Vapeurs nuisibles, danger d'incendie.
Soies de porcs (Préparation des).	Les enfants au-dessous de 18 ans ne seront pas employés lorsque les poussières se dégageront librement dans les ateliers.	Poussières nuisibles.
Soude (*V. Sulfate de soude*).		
Soufre (Pulvérisation et blutage du).	*Id.*	*Id.*
Sulfate de peroxyde de fer (Fabrication du) par le sulfate de protoxyde de fer et l'acide nitrique (nitrosulfate de fer).	Les enfants au-dessous de 18 ans, les filles mineures et les femmes ne seront pas employés dans les ateliers où se dégagent des vapeurs acides.	Vapeurs nuisibles.

1. L'interdiction ne s'applique pas aux ateliers de vernissage des poteries par trempage. (*Lett. min. 25 juin 1897.*)

ÉTABLISSEMENTS.	CONDITIONS.	MOTIFS.
Sulfate de protoxyde de fer ou couperose Verte (Fabrication du) par l'action de l'acide sulfurique sur la ferraille.	Les enfants au-dessous de 18 ans, les filles mineures et les femmes ne seront pas employés dans les ateliers où se dégagent des vapeurs acides.	Vapeurs nuisibles.
Sulfate de soude (Fabrication du) par la décomposition du sel marin par l'acide sulfurique.	Id.	Id.
Sulfure de carbone (Facation du).	Les enfants au-dessous de 18 ans ne seront pas employés dans les ateliers où se dégagent des Vapeurs nuisibles.	Vapeurs délétères, danger d'incendie.
Sulfure de carbone (Manufactures dans lesquelles on emploie en grand le).	Id.	Id.
Sulfure de carbone (Dépôts de).	Id.	Id.
Superphosphate de chaux et de potasse (Fabrication du).	Les enfants au-dessous de 18 ans, les filles mineures et les femmes ne seront pas employés dans les ateliers où se dégagent des Vapeurs acides et des poussières.	Émanations nuisibles
Tabacs (Manufactures de).	Les enfants au-dessous de 16 ans ne seront pas employés dans les ateliers où l'on démolit les masses.	Id.
Taffetas ou toiles vernis ou cirés (Fabrication de).	Les enfants au-dessous de 16 ans ne seront pas employés dans les ateliers où l'on prépare et applique les vernis.	Danger d'incendie.
Tan (Moulins à).	Les enfants au-dessous de 18 ans ne seront pas employés quand les poussières se dégageront librement dans les ateliers.	Poussières nuisibles.
Tanneries.	Id.	Id.
Tapis (Battage en grand des) [V. Battage].		
Teillage du lin, du chanvre et du jute en grand	Id.	Id.
Teintureries.	Les enfants au-dessous de 18 ans, les filles mineures et les femmes ne seront pas employés dans les ateliers où l'on emploie des matières toxiques.	Danger d'empoisonnement.
Térébenthine (Distillation et travail en grand de la) [V. Huiles de pétrole, de schiste, etc.].		
Toiles cirées (V. Taffetas ou toiles vernis).		

ÉTABLISSEMENTS.	CONDITIONS.	MOTIFS.
Toiles peintes (Fabrique de).	Les enfants au-dessous de 18 ans, les filles mineures et les femmes ne seront pas employés dans les ateliers où l'on emploie des matières toxiques.	Danger d'empoisonnement.
Toiles vernies (Fabrique de) [V. Taffetas ou toiles vernis].		
Tourteaux d'olives (Traitement des) par le sulfure de carbone.	Les enfants au-dessous de 18 ans, les filles mineures et les femmes ne seront pas employés dans les ateliers où l'on manipule le sulfure de carbone.	Émanations nuisibles.
Tôles et métaux vernis.	Les enfants au-dessous de 18 ans, les filles mineures et les femmes ne seront pas employés dans les ateliers où l'on emploie des matières toxiques.	Danger d'empoisonnement.
Vernis à l'esprit-de-vin (Fabrique de).	Les enfants au-dessous de 16 ans ne seront pas admis dans les ateliers où l'on prépare et manipule les vernis.	Danger d'incendie.
Vernis (Ateliers où l'on applique le) sur les cuirs, feutres, taffetas, toiles, chapeaux (V. ces mots).		
Verreries, cristalleries et manufactures de glaces.	Les enfants au-dessous de 18 ans, les filles mineures et les femmes ne seront pas employés dans les ateliers où les poussières se dégagent librement et où il est fait usage de matières toxiques.	Poussières nuisibles.
Vessies nettoyées et débarrassées de toute substance membraneuse (Atelier pour le gonflement et le séchage des).	Les enfants au-dessous de 18 ans, les filles mineures et les femmes ne seront pas employés au travail du soufflage.	Danger d'affections pulmonaires.
Visières vernies (Fabrique de) [V. Feutres et visières].		

Application à l'Algérie des mesures de protection spéciales à l'égard des enfants, des filles mineures et des femmes. — Par décret du 21 mars 1902, reproduisant la plupart des termes de la loi du 12 juin 1893 et des décrets qui en sont le prolongement, sont soumis aux dispositions suivantes les manufactures, fabriques, usines, chantiers, ateliers de tout genre, en Algérie, ainsi que leurs dépendances, les mines et carrières ; les théâtres, cirques, magasins et autres établissements similaires où il est fait emploi d'appareils mécaniques.

Sont seuls exceptés les établissements où ne sont employés que les membres de la famille sous l'autorité soit du père, soit de la mère, soit du tuteur. Néanmoins, si le travail s'y fait à l'aide de chaudières à vapeur ou de moteurs mécaniques, ou si l'industrie exercée est classée au nombre des établissements dangereux ou insalubres, ces établissements sont soumis aux mesures de sécurité et d'hygiène inscrites au présent décret.

Les enfants de nationalité française ou europ‘enne ne peuvent être employés par les patrons, ni admis dans les établissements énumérés avant l'âge de 13 ans révolus. Toutefois, les enfants munis du certificat d'études primaires institué par la loi du 28 mars 1882, peuvent être employés à partir de l'âge de 12 ans.

Les enfants indigènes occupés dans les établissements énumérés devront être renvoyés, s'il résulte d'un certificat médical que leur développement physique ne leur permet pas de supporter le travail industriel.

Les jeunes ouvriers et ouvrières, jusqu'à l'âge de 18 ans, ne peuvent être employés à un travail effectif de plus de dix heures et demie par jour. Cette durée de travail sera réduite à dix heures à partir du 31 mars 1904.

Un arrêté du gouverneur général détermine les conditions spéciales du travail des enfants de moins de 18 ans dans les travaux souterrains des mines.

Les enfants âgés de moins de 18 ans ne peuvent être employés dans les établissements énumérés plus de six jours par semaine, ni les jours de fête reconnus par la loi. L'obligation du repos hebdomadaire et les restrictions relatives à la durée du travail peuvent être temporairement levées, en cas de nécessité, par le fonctionnaire chargé du contrôle qui en rendra compte au gouverneur général de l'Algérie.

Les chefs d'industrie ou patrons devront tenir un registre sur lequel seront portés les noms et prénoms des enfants de nationalité française ou européenne, âgés de moins de 18 ans, ainsi que la date de leur entrée dans l'atelier et celle de leur départ. Ils seront tenus en outre de représenter à toute réquisition le bulletin de naissance de ces enfants.

Dans les établissements dans lesquels le travail ne se fait pas à l'aide d'un moteur mécanique ou qui n'emploient pas plus de 20 ouvriers, la tenue du registre ne sera pas obligatoire.

Il est interdit d'employer les enfants au-dessous de 18 ans, les filles mineures et les femmes : au graissage, au nettoyage, à la visite ou à la réparation des machines ou mécanismes en marche ; — dans les ateliers où se trouvent des machines actionnées à la main ou par un moteur mécanique, dont les parties dangereuses ne sont point couvertes de couvre-engrenages, garde-mains et autres organes protecteurs.

Il est interdit d'employer les enfants au-dessous de 16 ans : à faire tourner des appareils en sautillant sur une pédale ; — à faire tourner des roues horizontales ; — à tourner des roues verticales, plus d'une demi-journée de travail divisée par un repos d'une demi-heure au moins ; — à actionner au moyen de pédales les métiers dits à la main ; — à travailler aux scies circulaires ou aux scies à ruban ; — au travail des cisailles et

autres lames tranchantes mécaniques ; — au service des robinets à vapeur ;
— à des travaux exécutés à l'aide d'échafaudages volants pour la réfection
ou le nettoyage des maisons.

Les jeunes ouvriers ou ouvrières au-dessous de 18 ans ne peuvent
porter, traîner ou pousser, tant à l'intérieur qu'à l'extérieur des établissements et chantiers, des fardeaux d'un poids supérieur à l'usage normal de
leurs forces.

Il est interdit d'employer des filles au-dessous de 14 ans au travail des
machines à coudre mues par des pédales.

Il est interdit d'employer des enfants, des filles mineures ou des femmes
à la confection d'écrits, imprimés, affiches, dessins, gravures, peintures,
emblèmes, images ou autres objets dont la vente, l'offre, l'exposition,
l'affichage ou la distribution sont réprimés par les lois pénales comme
contraires aux bonnes mœurs, et, dans les ateliers où se confectionnent
les mêmes choses qui, sans tomber sous l'application des lois pénales, sont
cependant de nature à blesser leur moralité, les enfants au-dessous de
16 ans et les filles mineures ne peuvent être admis.

Les patrons doivent en outre veiller au maintien des bonnes mœurs et
à l'observation de la décence publique.

Les prescriptions relatives aux accidents, à la surveillance et à l'application du décret, aux sanctions et aux pénalités, sont les mêmes que pour
l'hygiène et la sécurité générale [1].

Législation comparée. — De nombreuses ordonnances protègent
en *Allemagne* le travail des femmes, des filles mineures et des
enfants.

C'est l'ordonnance du 23 janvier 1902 par laquelle, dans les
auberges et débits de boissons, il est interdit d'occuper des employés
et apprentis au-dessous de 16 ans, de 10 heures du soir à 6 heures
du matin. D'autre part, les employés et apprentis du sexe féminin
âgés de 16 à 18 ans, qui n'appartiennent pas à la famille du patron,
ne pourront être affectés au service du public durant cet intervalle
de temps.

Sont considérés comme employés et apprentis les personnes du
sexe masculin ou féminin occupées dans les auberges et débits de
boissons, au buffet ou à la préparation des mets froids, en qualité
de premiers garçons, garçons ou apprentis garçons, de cuisiniers
ou apprentis cuisiniers. Sont exceptées toutefois les personnes
employées principalement dans une exploitation commerciale ou

---

1. Voir à la suite de Hygiène et sécurité : Établissements industriels. Application
à l'Algérie.

de caractère professionnel quelconque, annexée à l'auberge ou au débit de boissons, en tant que la durée quotidienne de leur travail dans cette exploitation est soumise par ailleurs à des règlements d'Empire.

L'ordonnance du 31 janvier 1902, rendue par le Conseil fédéral, en vertu du paragraphe 139 de la *Gewerbeordnung,* a interdit le travail des femmes et des jeunes ouvriers dans les fabriques de chicorée actionnées d'une façon permanente par des moteurs, ainsi que dans les locaux y attenant où fonctionnent des étuves. Ces dispositions, entrées en vigueur le 1er avril 1902, sont valables pour une durée de dix ans.

L'ordonnance du 5 mars 1902 subordonne l'emploi d'ouvrières et de jeunes ouvriers dans les fabriques de sucre brut, les raffineries et sucateries (extraction du sucre des mélasses), aux restrictions suivantes : Interdiction de les occuper à la conduite des trémies de trempage et de lavage des betteraves, au service des monte-charges ainsi qu'aux transports dans des voitures lourdes ; interdiction de les laisser séjourner dans les emplis, les chambres de turbinage et de cristallisation, dans les séchoirs, salles des machines, de clairçage, de succion, de séchage des moufles de strontiane, et généralement dans tous les locaux de fabrication où règne une chaleur extraordinairement élevée.

L'ordonnance du 5 mars 1902 subordonne l'emploi d'ouvrières et de jeunes ouvriers dans les verreries, les ateliers de taille et gravure du verre ainsi que dans les souffleries de verre à de nombreuses dispositions relatives aux conditions d'admission au travail (notamment certificat de médecin), de durée du travail dans les ateliers à fritte (10 heures au plus de travail effectif journalier et 60 heures au plus par semaine avec pauses d'un total d'une heure au moins) et dans les ateliers où alternent la fritte et la fusion (60 heures par semaine avec période de repos entre deux journées de travail consécutives égale à la dernière journée terminée), etc., etc.

Une décision du conseil fédéral, en date du 24 avril 1903, a prorogé la durée de validité des dispositions sur l'emploi des ouvrières et des jeunes ouvriers dans les fabriques de cigares jusqu'au 1er mai 1905, ainsi que dans les fabriques de couleurs plombiques.

L'ordonnance du 27 mai 1902 subordonne l'emploi d'ouvrières

et de jeunes ouvriers dans les laminoirs et les forges aux principales restrictions qui suivent :

1° Il ne doit pas être occupé d'ouvrières à l'exploitation immédiate de ces établissements ; les enfants au-dessous de 14 ans ne doivent pas, de façon générale, être employés dans ces établissements.

2° Dans les laminoirs et les forges qui travaillent le fer ou l'acier à feu continu, avant que tout jeune ouvrier commence à travailler, un certificat d'un médecin qualifié par l'autorité administrative supérieure pour la délivrance de pareilles attestations, sera remis au patron, constatant que le développement corporel de l'ouvrier le met en état de travailler dans l'établissement sans danger pour sa santé. La journée de travail ne doit pas, y compris les pauses, durer plus de douze heures, et pauses non comprises, plus de dix heures. Chaque journée de travail doit être interrompue par des pauses d'une durée totale d'au moins une heure. Les interruptions de travail de moins d'un quart d'heure n'entrent pas, en règle générale, dans le décompte des pauses. Toutefois si, dans une exploitation, la besogne des jeunes ouvriers est peu pénible et comporte par sa nature même des interruptions procurant un repos suffisant, avec une telle fréquence que déjà, pour ces raisons seules, leur santé ne saurait être compromise, l'autorité administrative supérieure peut permettre à une semblable exploitation, sur demande et sous réserve du retrait en tout temps de cette autorisation, que ces interruptions de travail entreront dans le calcul de la durée totale d'une heure des pauses, alors même que les diverses interruptions durcront moins d'un quart d'heure. Lorsque les jeunes ouvriers sont occupés par équipes travaillant plus de huit heures, l'une des interruptions doit avoir toujours une durée d'au moins une demi-heure et se placer entre la fin de la quatrième et le commencement de la huitième heure du travail. La durée totale du travail ne doit pas, dans l'espace d'une semaine, non compris les pauses, excéder soixante heures. Lorsque l'exploitation marche jour et nuit, un roulement doit avoir lieu chaque semaine entre les équipes. Dans les exploitations marchant à raison de deux équipes par jour, le nombre des périodes de travail à fournir par les jeunes gens entre 8 heures et demie du soir et 5 heures et demie du matin (périodes de nuit) ne doit pas être de plus de six par semaine. Entre deux journées de travail doit trouver place un temps de repos d'au moins douze heures. N'est pas licite, pendant cette pause, l'emploi de jeunes gens à des besognes accessoires. Les dimanches et jours fériés, on ne doit pas travailler de 6 heures du matin à 6 heures du soir. Il n'est permis de travailler les dimanches, aux heures qui précèdent ou suivent ce laps de temps, que si un repos ininterrompu d'au moins 24 heures reste assuré aux jeunes gens avant le commencement ou après la fin de la période de travail. Pendant les pauses des adultes, il n'est pas permis d'occuper de jeunes ouvriers.

3° Aux laminoirs et aux forges qui profitent des exceptions admises ci-dessus paragraphe 2°, la liste des jeunes gens, à afficher dans les locaux de la fabrique, doit être établie de telle sorte que ceux occupés dans la même équipe forment une section distincte. S'il est accordé aux jeunes ouvriers des pauses régulières, le moment où elles commencent et finissent pour chaque section doit être consigné sur la liste par une mention spéciale. Si des pauses régulières ne sont pas accordées, point n'est besoin que la liste renferme d'indications au sujet des pauses. En leur lieu et place il sera annexé à la liste un tableau sur lequel on relatera, pendant ou immédiatemen après chaque période de travail, le commencement et la fin des pauses consenties. Le tableau doit renseigner, dans le cas du roulement entre deux équipes, au moins sur les quatorze dernières périodes de travail ; dans le cas d'un roulement entre trois équipes, au moins sur les vingt dernières périodes de travail. Le nom de celui qui inscrit les diverses mentions doit se trouver sur le tableau.

Ce tableau n'a pas besoin d'être établi à l'égard des jeunes ouvriers qui travaillent exclusivement aux trains de laminoirs ne marchant qu'à feu intermittent, pourvu que le four reçoive en l'espace de 24 heures, huit charges au minimum et ne soit pas rechargé pendant le travail aux trains de laminoirs.

Au surplus, certaines exploitations peuvent être dispensées par l'autorité administrative supérieure, sur leur demande et sous réserve du retrait en tout temps de cette dispense, de l'établissement du tableau pour des travaux déterminés, à énumérer en détail, et au cours desquels, en raison de leur nature dans une exploitation donnée, il se produit régulièrement, pour les jeunes ouvriers, au moins des pauses de la durée fixée au paragraphe 2°.

L'autorité administrative supérieure doit tenir, d'après un modèle

déterminé, une liste des établissements dispensés d'établir le tableau
prévu ci-dessus. Un extrait de cette liste embrassant l'année écoulée
sera produit jusqu'au 1er février de chaque année, par l'autorité territoriale centrale, au Chancelier de l'Empire.

4° Dans les laminoirs et les forges à feu continu doit être apposé,
à un endroit bien apparent, un tableau reproduisant en caractères
visibles les dispositions du paragraphe 1°.

Dans ceux des laminoirs et celles des forges qui profitent des
exceptions admises au paragraphe 2°, le tableau doit contenir, en
outre, les dispositions énoncées aux paragraphes 2° et 3°.

3. — Prescriptions « réelles » relatives aux établissements industriels [1].

A. — GÉNÉRALITÉS. Historique : grande industrie, ouvriers des petites industries
de l'alimentation, établissements commerciaux, loi nouvelle. Établissements soumis à la loi. Établissements non soumis à la loi (Travail à domicile, ateliers de
famille; guerre et marine ; établissements de l'État). Tenue générale. Règlements
d'administration publique.

B. — MESURES DE SALUBRITÉ. Propreté des ateliers. Atmosphère des ateliers. Poussières, gaz, vapeurs et buées. Propreté individuelle. Cabinets d'aisances, etc.

C. — MESURES DE SÉCURITÉ. Passages, barrières, portes et autres appareils isolateurs et préservateurs, Jurisprudence. — Marche et manipulation des machines.
Cas d'incendie. Installations électriques. Vêtements ajustés. Déclaration d'accidents.

D. — Application à l'Algérie des dispositions concernant l'hygiène et la sécurité des
travailleurs dans les établissements industriels.

A. — GÉNÉRALITÉS.

Historique. — *Grande industrie.* — En vertu de la loi de 1893,
les prescriptions « réelles » de salubrité, de sécurité et d'hygiène,
ne s'appliquaient que dans la grande industrie, aux manufactures,
fabriques, usines, chantiers, ateliers de tout genre et leurs dépendances [2] y compris ceux de l'État, des départements et des communes, et les ateliers de famille, les théâtres, cirques et magasins
et autres établissements similaires, où il est fait usage de moteurs
à vapeur ou mécaniques, ou classés comme industries dangereuses

---

1. Loi du 12 juin 1893 et décret fondamental du 10 mars 1894. Les règlements
intervenus par la suite seront signalés quand il y aura lieu.

2. Est dépendance d'une usine à gaz le lieu où l'ouvrier nettoie les becs alimen-
tés par l'usine, quoique éloigné du corps de l'usine. (*Tr. simp. pol. Belle-Isle-en-
Mer 17 août 1897.*)

ou insalubres ; étaient encore soumis à la loi, par application ou
par assimilation, les quais, terre-pleins, docks, etc...., où s'opèrent
le chargement et le déchargement des navires (*Décis. min. 29 nov.
1897*); les constructions d'immeubles (*Tr. simp. pol. Paris 4 janv.
1898*); les travaux de terrassements, autres que ceux des carrières
(*Lett. min. 16 juin 1894*); les chantiers de démolition[1] (*Tr. corr.
Le Mans, 23 nov. 1894*); les magasins dans lesquels il est fait emploi d'appareils mécaniques (*Lett. min. 15 févr. 1898*); les chantiers
de bois (*Cass. 2 avr. 1897*); les usines de force motrice (*Lett. min.
15 févr. 1898*).

Ainsi un grand nombre de travailleurs, échappaient à l'action
bienfaisante de la loi du 12 juin 1893, concernant l'hygiène et la
sécurité dans les établissements industriels.

C'étaient d'abord naturellement tous les travailleurs qui n'appartiennent pas à l'industrie proprement dite : ouvriers agricoles, domestiques et gens de service, employés de bureau, employés de
commerce ; mais aussi les ouvriers des petites industries de l'alimentation (boulangeries, pâtisseries, charcuteries, restaurants, épiceries, etc.), quand il n'est pas fait usage d'appareils mécaniques
dans les établissements où ils sont occupés, ainsi que les ouvriers
employés dans les ateliers de famille selon les conditions prévues
pour ces ateliers par les lois de 1892 et 1893 ; mais encore les
ouvriers du travail en chambre, des ateliers de famille, de l'industrie à domicile ; et enfin les ouvriers et employés des entreprises de
transport par voie de terre et de fer et par eau.

Il y avait dans cette différence de traitement tutélaire, entre catégories de travailleurs après tout aussi intéressants les uns que les
autres, une anomalie — pour ne pas dire une injustice — flagrante.
Car si l'on pouvait faire quelques réserves sur l'urgence et la nécessité de l'application de la loi du 12 juin 1893 aux différents travaux
exceptés, et notamment aux entreprises purement commerciales,
et même exclure délibérément le travail agricole, de prescriptions
concernant l'hygiène, il ne semble pas que, pour la plupart des
professions non soumises à la loi du 12 juin 1893, les abus fussent
moins nombreux que partout ailleurs dans l'industrie.

---

1. La loi du 12 juin 1893 ne s'applique pas aux personnes étrangères à un
chantier, qui ne doivent pas y entrer, si elles sont victimes de la chute des matériaux. (*Tr. simp. pol. Tinchebray 2 févr. 1897.*)

Le législateur, hypnotisé par les revendications d'un socialisme trop exclusif, ne considérait comme travailleurs, dans l'élaboration de ses réformes tutélaires, que les ouvriers de l'industrie, les ouvriers proprement dits. Il n'apercevait pas qu'il est d'autres travailleurs qui, pour ne point être nommés ouvriers, ont le droit, autant que les premiers, qu'on se préoccupe de leur condition matérielle et morale. Dans son idée fixe des établissements industriels, le législateur avait oublié qu'il est des établissements commerciaux, des professions n'ayant pas un caractère industriel, et qui méritent de n'être pas exceptés de la réglementation, aussi bien en ce qui concerne la protection des enfants, des filles mineures et des femmes, conformément à la loi du 2 novembre 1892, qu'en ce qui concerne les prescriptions générales d'hygiène et de sécurité de la loi du 13 juin 1893.

Il est vrai de dire, — et cet exemple unique, isolé, ne fait que corroborer la thèse émise, — que le législateur, sur le tard, s'était avisé que, contre la tradition, le patron et la clientèle barbares, forçant à rester debout tout le jour les employées des magasins et des boutiques, une mesure qui accorderait aux femmes un siège dont elles pourraient ou non disposer, serait bien accueillie, atténuerait les fatigues du travail. Et la loi du 30 décembre 1900 fut votée, première incursion légale de la protection dans le domaine commercial.

Mais les ouvriers de la petite industrie, mais les employés de commerce, mais le personnel des cafés, des hôtels, hommes et femmes surtout, à qui l'on demande un travail épuisant — que les législations d'empires et de royaumes réglementent, on le verra — le législateur de la République française n'avait pas songé à les protéger.

Il y a plus. Et en étudiant la loi de 1898-1902 sur les accidents, on pourra voir que, dans certains cas, les ouvriers agricoles sont parmi ceux qui en bénéficient, et il en est de même des ouvriers et employés des entreprises de transport.

Or, n'apparaissait-elle pas comme illogique, contradictoire et incohérente cette législation, qui fait bénéficier certaines professions des prescriptions de la loi réparatrice des accidents, sans avoir commencé par assujettir ces mêmes professions aux conditions générales d'hygiène et de sécurité, édictées précisément en vue d'éviter les risques d'accidents ?

Ouvriers des petites industries de l'alimentation. — Le Conseil d'État, par deux avis successifs, en date du 29 juin 1893 et du 22 mai 1894, déclarait qu'ils ne pouvaient être considérés comme se livrant à un travail industriel, mais qu'ils devaient être assimilés aux employés du commerce ou des professions se rattachant à la vie domestique.

Antérieurement à la décision qui, en 1894, a notifié aux inspecteurs du travail les avis du Conseil d'État, ceux-ci visitaient régulièrement les ateliers et laboratoires des petites industries de l'alimentation. Leurs rapports annuels avaient déjà signalé les conditions déplorables d'hygiène des locaux affectés au travail dans ces établissements, ainsi que des dépendances où étaient logés les apprentis et les ouvriers. M. Waddington, dans le rapport qu'il présentait à la Chambre des députés, le 13 décembre 1887, sur le projet de loi devenu la loi du 2 novembre 1892, déclarait que c'était « dans les boutiques, les magasins, où la fabrication et le travail se confondent avec la vente et le commerce » que se produisaient les plus graves abus.

L'enquête publiée en 1893, par les soins de l'Office du travail, confirme les faits signalés par les inspecteurs sur les conditions d'hygiène dans un certain nombre de ces établissements.

Récemment encore, les inspecteurs divisionnaires étaient appelés à donner, dans leurs rapports annuels pour l'année 1899, leur avis sur l'application éventuelle des lois de 1892 et de 1893 à ces industries. Si des réserves étaient faites par certains d'entre eux sur l'application intégrale de la loi de 1892, ils se prononçaient tous, par contre, pour l'application à ces professions de la loi du 12 juin 1893 [1].

Il y aurait évidemment injustice à généraliser les constatations faites par l'inspection du travail. Il n'en est pas moins vrai que,

---

1. L'inspecteur divisionnaire de la 1re circonscription de Paris déclare que « dans les pâtisseries et charcuteries, les cuisines et les laboratoires sont souvent installés dans des conditions hygiéniques déplorables au point de vue de la salubrité, à cause de leur aérage insuffisant ou de leur exiguïté, et au point de vue de la sécurité en cas d'incendie ».

Dans la 8e circonscription de Bordeaux, une enquête a été faite par les inspecteurs du travail sur les conditions de salubrité des ateliers de panification. Le rapport de l'inspecteur divisionnaire constate que « presque tous ces ateliers sont situés au sous-sol et généralement mal ventilés. Beaucoup ne possèdent pas de lieux d'aisances et c'est le sol de la cave qui absorbe les excréments. Les apprentis pâtissiers et restaurateurs partagent habituellement leur lit soit avec un apprenti, soit avec un ouvrier; les chambres dans lesquelles ils couchent sont des plus exiguës. Nous en avons trouvé, ajoute-t-il, qui ne présentaient que 6 à 7 mètres de surface et 10 mètres cubes d'air ».

dans nombre d'établissements, les règles les plus élémentaires d'hygiène et de sécurité ne sont pas observées et qu'il y avait urgence de faire cesser un état de choses également préjudiciable à la santé publique et à l'ouvrier lui-même.

Cette mesure était d'ailleurs énergiquement réclamée par les ouvriers intéressés. Dès 1895, des réclamations collectives se faisaient jour. En 1898, se produisait une nouvelle pétition adressée au Parlement et groupant environ 28 000 signatures. Enfin, dans un congrès tenu à Paris en 1900, les 28 syndicats d'ouvriers pâtissiers, cuisiniers et confiseurs adhérents au congrès réclamaient l'application à leur profession de la loi de 1893.

Les délibérations des commissions départementales qui se sont occupées des modifications à apporter à la loi de 1893 étaient également favorables à la mesure proposée [1].

Établissements commerciaux. — Si l'application de la loi du 12 juin 1893 aux professions commerciales ne présentait pas un caractère d'urgence aussi pressant, ce n'est pas que les conditions hygiéniques y soient cependant irréprochables ; l'aération et la ventilation n'y sont point toujours assurées, surtout dans les sous-sols souvent malsains où sont placés certains rayons ou bureaux. Des poussières se dégagent des étoffes ou autres produits manutentionnés.

Mais les plaintes des employés de commerce visaient tout particulièrement les conditions dans lesquelles sont logés certains d'entre eux.

Loi nouvelle. — C'est dans le but de remédier aux abus révélés par ces diverses enquêtes que, dès le mois de juin 1900, le Conseil supérieur du travail mettait à l'ordre du jour de sa session de 1901 la question de l'application de la loi du 12 juin 1893 à ces deux catégories de travailleurs.

De l'enquête à laquelle s'est livrée la Commission permanente du Conseil supérieur, et des comparutions qui ont eu lieu au cours de cette enquête, il résulte que si les ouvriers de l'alimentation et du

---

1. La Commission départementale de la Charente-Inférieure fort d'avis que la loi de 1893 devrait s'étendre aux petites industries de l'alimentation, ainsi qu'aux maisons de commerce. Les commissions du Cher et du Tarn se sont bornées à examiner l'extension de la loi aux petites industries de l'alimentation. La commission départementale du Gers demande que la loi soit appliquée aux magasins de vente, et celle du Lot aux ouvriers agricoles. Quant à la commission départementale de la Gironde, elle émet le vœu que « dans toutes les industries où cela est possible, on mette des sièges à la disposition des ouvriers et ouvrières, pour que ceux-ci puissent prendre un moment de repos lorsque le travail le permet ».

commerce envisageaient la protection légale comme éminemment désirable, les patrons, de leur côté, ne s'étaient point montrés radicalement opposés à ce que la loi de 1893 fût appliquée dans leurs ateliers. Sans doute, ils crurent devoir protester contre les affirmations qui tendaient à étendre à tous les membres de leur corporation des faits regrettables, mais qu'ils déclaraient purement individuels. Toutefois, ils se montrèrent disposés à appliquer à leurs ouvriers les prescriptions destinées à sauvegarder leur santé et leur sécurité.

En suite de quoi, d'un accord presque unanime, le Conseil supérieur proposa d'étendre le domaine de la loi du 12 juin 1893. Et s'inspirant des termes mêmes du vœu émis, M. Millerand déposa sur le bureau de la Chambre, alors qu'il était encore ministre du commerce, un projet de loi modifiant ou complétant *les articles 1er, § 1er; 2, § 3; 4, § 2, et 12, § 3* de la loi du 12 juin 1893 concernant l'hygiène et la sécurité des travailleurs dans les établissements industriels; ce projet de loi fut voté par le Parlement, et est devenu la loi du 11 juillet 1903, sur l'hygiène et la sécurité des travailleurs dans les établissements commerciaux et les établissements de l'État, applicable à la date du 11 octobre 1903.

Établissements soumis à la loi. — Sont soumis aux dispositions de la loi les manufactures, fabriques, usines, chantiers, ateliers [1] — laboratoires, cuisines, caves et chais, magasins, boutiques, bureaux, entreprises de chargement et de déchargement, et leurs dépendances, de quelque nature que ce soit, publics ou privés, laïques ou religieux, même lorsque ces établissements ont un caractère d'enseignement professionnel ou de bienfaisance. — Ces dispositions sont applicables aux théâtres, cirques [2] et autres établissements similaires où il est fait emploi d'appareils mécaniques.

L'assujettissement à la loi du 12 juin 1893 des petites industries de l'alimentation et du commerce a donc aujourd'hui force de loi.

Établissements non soumis à la loi. — Les établissements où ne sont employés que les membres de la famille sous l'autorité soit du père, soit de la mère, soit du tuteur, à la condition que le travail ne

---

1. L'addition entre tirets provient de la loi de 1903.

2. Le mot « magasins » qui venait après le mot « cirque », dans la loi de 1893 *art. 2*) a été placé à l'article 1er de la loi de 1903.

s'y fasse pas à l'aide de chaudière à vapeur ou de moteur mécanique, ou que l'industrie exercée ne soit pas classée au nombre des établissements dangereux ou insalubres, auquel cas l'inspecteur aura le droit de prescrire les mesures de sécurité et de salubrité à prendre, conformément à la loi.

Travail à domicile ; ateliers de famille. — Cette exception en faveur des *ateliers de famille* (ce qu'on appelle encore le *travail en chambre* ou *à domicile*) tend à faire revivre la petite industrie domestique sous la forme de manufacture à domicile. Les industriels, et notamment les tailleurs, pour échapper à la réglementation légale[1] qui ne s'applique qu'aux fabriques et usines, ont trouvé ce moyen ingénieux de faire travailler leurs ouvriers chez eux.

Cette innovation, sous son apparence débonnaire, pourrait être un bien pour l'ouvrier qui se trouve plus libre ainsi, travaillant aux heures qui lui conviennent, et plus heureux en restant dans sa famille.

Peut-être le verra-t-on un jour. Mais pour le moment il n'en est rien. Le *chambrelan* moderne, isolé dans l'organisation économique et sociale d'aujourd'hui où l'association est son arme défensive, reste en proie à la pire exploitation, obligé de subir les volontés du patron. Il n'y a qu'à interroger les ouvriers et ouvrières qui travaillent à domicile, à la confection, pour les grands magasins, pour se rendre compte de la scandaleuse exploitation dont ils sont l'objet. Avec peine, en travaillant quatorze et quinze heures par jour et nuit, ils arrivent à gagner 1 fr. ou 1 fr. 25 c. C'est les *weating-system,* le système de la sueur, comme on dit en Angleterre[2].

Et quand ils ne sont pas en relation directe avec le patron, ils y perdent encore le bénéfice que s'octroie l'intermédiaire.

De plus le chambrelan est privé de la protection des lois qui ont été

---

1. Le rapport présenté au président de la République par la commission du travail (*J. O.,* 26 sept. 1903) sur l'application de la loi du 2 novembre 1892, en 1902, est édifiant sur ce point. Des constatations mêmes des inspecteurs divisionnaires il résulte que les ateliers de famille s'étendent de plus en plus « et que ce n'est pas fortuitement, mais à dessein, en vue de se soustraire précisément à la loi ». On loue des métiers qu'on installe dans les logements, et, à tour de rôle, père, mère, enfants s'attellent au travail. C'est la résurrection des équipes et des relais. Ainsi s'établit une concurrence préjudiciable aux industriels assujettis aux lois. Aussi les récriminations s'élèvent-elles déjà, en vue de supprimer l'exception dont jouit l'atelier de famille. Où s'arrêtera la réglementation ? Voir à ce sujet la conclusion du volume.

2. En France, on a aussi une métaphore dans le même goût, qui n'est pas du meilleur peut-être, mais qui a le mérite d'être énergique ; c'est celle qui dit : « S'engraisser de la sueur de..... » — Le travail à domicile, *non réglementé,* fait, au

édictées en faveur du prolétariat industriel ; et il a surtout à subir les chômages et les mortes-saisons auxquels échappent, en général, les ouvriers de l'usine, que le chef d'industrie, ne serait-ce que pour rémunérer son capital en tout ou partie, a toujours intérêt à faire travailler.

Guerre et marine. — Pour les établissements de l'État dans lesquels l'intérêt de la défense nationale s'oppose à l'introduction d'agents étrangers au service, la sanction de la loi, qui d'ailleurs y est applicable, est exclusivement confiée aux agents désignés, à cet effet, par les ministres de la guerre et de la marine ; la nomenclature de ces établissements sera fixée par règlement d'administration publique.

Établissements de l'État. — Les articles de la loi concernant les procès-verbaux, les contraventions des inspecteurs du travail sont inapplicables aux établissements de l'État. Les inspecteurs y ont entrée, mais se bornent à faire des constatations que le ministre du commerce communique aux administrations intéressées dans des conditions à déterminer par règlement d'administration publique[1].

Tenue générale. — Les établissements industriels doivent être tenus dans un état constant de propreté et présenter les conditions d'hygiène et de salubrité nécessaires à la santé du personnel.

Ils doivent être aménagés de manière à garantir la sécurité des travailleurs. Dans tout établissement fonctionnant par des appareils mécaniques, les roues, les courroies, les engrenages, ou tout autre organe pouvant offrir une cause de danger, doivent être séparés des ouvriers, de telle manière que l'approche n'en soit possible que pour les besoins du service. Les puits, trappes et ouvertures doivent être clôturés. Les machines, mécanismes, appareils de transmission, outils et engins doivent être installés et tenus dans les meilleures conditions possibles de sécurité.

Les contraventions aux prescriptions ci-dessus sont relevées par les inspecteurs dans leurs procès-verbaux, sans mise en demeure préalable.

surplus, par la possibilité de le prolonger au delà de la limitation journalière des lois, par la faculté d'y employer des enfants, et aussi par le salaire avili qui le rétribue, une concurrence déloyale au travail *réglementé* des usines et manufactures. De nombreuses plaintes commencent à s'élever ; et on peut prévoir le temps où les ateliers de familles seront absolument soumis aux lois et décrets répressifs. Consulter le rapport sur l'application, en 1902, de la loi du 2 novembre 1892 (*J. O.* 26 sept. 1903) avec les doléances des industriels de certaines régions : Troyes, Nancy, Rouen, etc.

1. Additions de la loi de 1903.

Règlements d'administration publique. — L'article 3 de la loi
du 12 juin 1893 comme aussi de la loi du 11 juillet 1903 remettent
à des règlements d'administration publique le soin de déterminer :

1° Dans les trois mois de la promulgation de la loi, les mesures
générales de protection et de salubrité applicables à tous les établissements assujettis, notamment en ce qui concerne l'éclairage, l'aération ou la ventilation, les eaux potables, les fosses d'aisances,
l'évacuation des poussières et vapeurs, les précautions à prendre
contre les incendies, *le couchage du personnel*[1], etc. ;

2° Au fur et à mesure des nécessités constatées, les prescriptions
particulières relatives soit à certaines *professions,* soit à certains
modes de travail.

Il n'existe qu'un règlement fondamental de la première catégorie
jusqu'à ce jour : c'est le décret du 10 mars 1894, qui a subi d'ailleurs
de légères retouches subséquemment[2], sur les détails de la tenue
des ateliers au point de vue de l'hygiène et de la sécurité. Quant
aux règlements relatifs à des travaux spéciaux, il en a été promulgué un certain nombre, parmi lesquels le décret du 29 juin 1895
réglementant le travail dans les fabriques de vert de Schweinfurt,
le décret du 18 juillet 1902 réglementant l'emploi de la céruse dans
les travaux de peinture en bâtiment, le décret du 21 novembre
1902 interdisant dans l'industrie de la poterie d'étain l'opération
dite « pompage », etc.

Mise en demeure.—En ce qui concerne l'application de ces décrets,
les inspecteurs, avant de dresser procès-verbal en vue de la poursuite
contre les infractions commises, doivent mettre les chefs d'industrie
en demeure de se conformer aux prescriptions dudit règlement[3].

La loi du 11 juillet 1903 n'a pas encore reçu de règlements la
concernant, et par suite la mise en demeure ne peut être appliquée
à la petite industrie et au commerce[4].

---

1. Les italiques donnent les modifications et additions apportées par la loi de 1903.

2. Décret du 6 août 1902, notamment.

3. Mais, comme on va le voir, les articles 1er, 2, 3, 10, 12 et certaines autres
prescriptions même du décret du 10 mars 1894, où la mise en demeure est applicable, ressemblent beaucoup quant à l'esprit, sinon, quoique souvent, quant à la
lettre, à l'article 2 de la loi du 12 juin 1893, où la mise en demeure est inapplicable.
Il doit, en vertu de ce dualisme de formalités, se présenter en pratique des cas
singulièrement douteux en ce qui concerne la mise en demeure.

4. Dans la séance du 5 novembre 1903, à la Chambre, le ministre, répondant à
une question de M. Mirman, a fixé aux environs du 1er janvier 1904 l'apparition

B. — MESURES DE SALUBRITÉ.

Propreté des ateliers. — Les emplacements affectés au travail dans les manufactures, fabriques, usines, chantiers, ateliers de tous genres et leurs dépendances doivent être tenus en état constant de propreté[1].

Le sol sera nettoyé à fond au moins une fois par jour avant l'ouverture ou après la clôture du travail, mais jamais pendant le travail. Ce nettoyage sera fait soit par un lavage, soit à l'aide de brosses ou de linges humides, si les conditions de l'industrie ou de la nature du revêtement du sol s'opposent au lavage. Les murs et les plafonds seront l'objet de fréquents nettoyages ; les enduits seront refaits toutes les fois qu'il sera nécessaire.

Dans les locaux où l'on travaille des matières organiques altérables, le sol sera rendu imperméable, et toujours bien nivelé, les murs seront lavés aussi souvent qu'il sera nécessaire avec une solution désinfectante. Un lessivage à fond avec la même solution sera fait au moins une fois par an. Les résidus putrescibles ne devront jamais séjourner dans les locaux affectés au travail et seront enlevés au fur et à mesure.

Atmosphère des ateliers. — L'atmosphère des ateliers et de tous les autres locaux affectés au travail sera tenue constamment à l'abri de toute émanation provenant d'égouts, fossés, puisards, fosses d'aisances ou de toute autre source d'infection.

Dans les établissements qui déverseront les eaux résiduaires ou de lavage dans un égout public ou privé, toute communication entre l'égout et l'établissement sera munie d'un intercepteur hydrau-

---

d'un règlement d'administration publique relatif au commerce et à la petite industrie. En attendant, les inspecteurs se sont mis en mouvement afin que les chefs d'entreprise préparassent les moyens d'exécution ; en cas de graves insalubrités ou de résistance de la part des chefs d'entreprise, la loi doit être immédiatement appliquée.

Voir aussi, même LIVRE, au chapitre III, L'INSPECTION DU TRAVAIL, 2. *Attributions des inspecteurs*, p. 597.

1. Pendant le cours de l'année 1901, les prescriptions relatives à la propreté des ateliers ont fait l'objet de 939 mises en demeure et donné lieu à 34 contraventions.

lique, fréquemment nettoyé et abondamment lavé au moins une fois par jour.

Les travaux dans les puits, conduites de gaz, canaux de fumée, fosses d'aisances, cuves ou appareils quelconques pouvant contenir des gaz délétères ne seront entrepris qu'après que l'atmosphère aura été assainie par une ventilation efficace. Les ouvriers appelés à travailler dans ces conditions seront attachés par une ceinture de sûreté. L'air sera renouvelé durant le travail, s'il y a lieu, pour rester dans l'état de pureté nécessaire à la santé des ouvriers, et pendant les interruptions de travail pour les repos, alors que les ateliers sont évacués, l'air est entièrement renouvelé.

Les locaux fermés affectés au travail ne seront jamais encombrés ; le cube d'air par ouvrier ne pourra être inférieur à six mètres[1]. Ils seront largement aérés et, en hiver, convenablement chauffés[2]. (*Décr. 14 juill. 1901.*) Ces locaux et leurs dépendances, et notamment les passages et escaliers, seront convenablement éclairés.

§[r] **Poussières, gaz, vapeurs et buées.** — Les poussières ainsi que les gaz incommodes, insalubres ou toxiques seront évacués directement au dehors de l'atelier au fur et à mesure de leur production. Pour les buées, vapeurs, gaz, poussières légères, il sera installé des hottes avec cheminées d'appel ou tout autre appareil d'élimination efficace. Pour les poussières déterminées par les meules, les batteurs, les broyeurs et tous autres appareils mécaniques, il sera installé, autour des appareils, des tambours en communication avec une ventilation aspirante énergique. Pour les gaz lourds, tels que vapeurs de mercure, de sulfate de carbone, la ventilation aura lieu *per descensum ;* les tables ou appareils de travail seront mis en communication directe avec le ventilateur. La pulvérisation des matières irritantes ou toxiques, ou autres opérations, telles que le tamisage et l'emballage de ces matières, se feront mécaniquement en appareils clos. La nécessité d'un aérage fréquent s'impose dans tous ces cas[3].

[1.] En 1901, 160 contraventions ont été relevées de ce chef, la plupart dans les industries de la confection des fleurs et plumes, de la couture.

[2.] Le brasero est interdit dans les locaux fermés. (*Circ. min. 9 juill. 1903.*)

[3.] Ces termes (qui sont ceux de l'article 6) sont généraux et absolus et prescrivent l'évacuation de toutes les poussières, alors qu'ils ne prescrivent que l'évacuation des gaz incommodes, insalubres ou toxiques. (*Cass. 27 mai 1897.*)

La nécessité de ventiler les meules à émeri s'applique à tous les ateliers, quel

Est prévue aussi l'obligation de condenser et détruire les vapeurs, les poussières, les gaz incommodes et insalubres pour des industries à désigner par arrêté ministériel, qui n'a pas été rendu jusqu'à ce jour.

Propreté individuelle. — Les patrons mettront à la disposition de leur personnel les moyens d'assurer la propreté individuelle, vestiaires avec lavabos, ainsi que de l'eau de bonne qualité pour la boisson. Ils ne devront pas laisser prendre les repas dans les ateliers ou locaux affectés au travail.

Cabinets d'aisances, etc... — Les cabinets d'aisances ne devront pas communiquer directement avec les locaux fermés où seront employés des ouvriers. Ils seront éclairés et aménagés de façon à ne dégager aucune odeur (*Déc. 6 août 1902*). Le sol, les parois seront en matériaux imperméables, les peintures d'un ton clair. Il y aura au moins un cabinet pour cinquante personnes, et des urinoirs en nombre suffisant. Aucun puits absorbant, aucune disposition analogue ne pourront être établis qu'avec l'autorisation de l'Administration supérieure, et dans les conditions qu'elle aura prescrites.

---

que soit le nombre de meules (*Lett. min. 18 sept. 1896*), et quelles que soient les meules elles-mêmes, si elles occasionnent des poussières, qu'on peut enlever convenablement par une ventilation aspirante. (*Circ. min. 14 avr. 1898.*)

Pour réduire l'action des poussières sur les voies respiratoires, il peut être fait usage de masques protecteurs, respirateurs, etc., sans que l'emploi en soit imposé, mais cela n'empêche pas l'évacuation des poussières d'être obligatoire (*Lett. min. 7 déc. 1898*), notamment dans les industries où s'utilisent les peaux de lapin (*Lett. min. 18 nov. 1896*), dans le coupage des chiffons à la coupeuse mécanique ou à la main, lequel nécessite une ventilation énergique avec hottes et cheminées d'appel, à cause des quantités de poussière qui se dégagent des monceaux de chiffons que la machine déchiquète rapidement et sur un espace très restreint. De même doivent être bien aérés et ventilés les ateliers où l'on travaille à la tondeuse les laines d'effilochage ayant subi des teintures variées et dont on fait les tissus destinés à la confection des bérets. (*Décis. comité consult. arts et manuf. 2 mars 1900.*)

L'article 6 n'est pas applicable dans les ateliers où l'on fabrique les boutons avec le corozo par voie humide, mais il l'est dans les ateliers où, la fabrication ne se faisant pas au mouillé, les poussières, ne tombant plus, se dégagent librement (*Lett. min. 30 mai 1899*). Les poussières lourdes composées de matières organiques et de débris de chrysalides de vers à soie doivent être enlevées dans les peignages des déchets de soie, en installant autour des cardes des tambours en communication avec une ventilation aspirante énergique et s'exerçant *per descensum*. (*Lett. min. 12 nov. 1898.*)

C. — Mesures de sécurité.

Passages, barrières, portes et autres appareils isolateurs et préservateurs. — Les moteurs à vapeur, à gaz, les moteurs électriques, les roues hydrauliques, les turbines ne seront accessibles qu'aux ouvriers affectés à leur surveillance. Ils seront isolés par des cloisons ou barrières de protection. Les passages [1] entre les machines, mécanismes, outils mus par ces moteurs auront une largeur d'au moins 80 centimètres; le sol des intervalles sera nivelé. Les escaliers seront solides et munis de fortes rampes [2]. Les puits, trappes [3], cuves [4], bassins [5], réservoirs de liquides corrosifs ou chauds seront pourvus de solides barrières ou garde-corps.

Les échafaudages [6] seront munis, sur toutes leurs faces, de garde-corps [7] de 90 centimètres de haut.

Les monte-charges, ascenseurs, élévateurs seront guidés et disposés de manière que la voie de la cage du monte-charge et des contrepoids soit fermée; que la fermeture du puits à l'entrée des

---

1. Ne sont pas des passages, au sens de cet article, les petits espaces laissés libres autour d'une machine pour que l'ouvrier attaché spécialement à ladite machine puisse pénétrer quelquefois, selon les nécessités du service, et notamment en vue du nettoyage. Les passages sont les voies où l'on peut circuler effectivement pour aller d'un endroit à un autre à travers l'atelier. (*Lett. min. 24 déc. 1894.*)

2. Elles peuvent être mobiles, s'il est nécessaire pour procéder à certaines manutentions spéciales. (*Décis. min. 2 févr. 1900.*)

3. Les panneaux ou écoutilles des ponts de navires, les trous d'homme, ne peuvent être clôturés, en raison du service du bord; du moins peut-on les fermer par des couvertures mobiles et légères. (*Circ. min. 25 juin 1896.*)

La disposition de l'article 14 de la loi du 2 novembre 1892 est générale et tous les puits, trappes et ouvertures de descente doivent être clôturés sans distinction entre les puits abandonnés et ceux qui sont encore en exploitation. (*Cass. ch. crim., 5 juil. 1901.*)

N. B. — La disposition de l'article 14 de la loi du 2 novembre 1892, visant le personnel protégé, a été étendue à tous les établissements soumis à la loi du 12 juin 1893, par l'article 2 de cette loi.

4. La saillie de 0m,60 d'une cuve de savon n'est pas suffisante (*C. ap. Aix 20 juin 1895* confirmant. (*Tr. corr. Marseille 14 mai 1895.*)

5. L'excavation devant le foyer du générateur doit être protégée par un garde-fou solide. (*Tr. simp. pol. Langres 29 oct. 1897.*)

6. Sans restriction aucune, même pour la montée des matériaux. (*Tr. Amiens 24 août 1895.*)

7. S'applique aux chantiers de constructions navales (*Circ. min. 25 juin 1895*), à la protection des échafaudages aux flancs des torpilleurs en construction. (*Lett. min. 8 mai 1899.*)

divers étages ou galeries s'effectue automatiquement[1] ; que rien ne puisse tomber du monte-charge dans le puits. Pour les monte-charges destinés à transporter le personnel, la charge devra être calculée au tiers de la charge admise pour le transport des marchandises, et les monte-charges seront pourvus de freins, chapeaux, parachutes ou autres appareils préservateurs.

Toutes les pièces saillantes, mobiles et autres parties dangereuses des machines[2], et notamment les bielles, roues, volants, les courroies et câbles, les engrenages[3], les cylindres et cônes de friction ou tous autres organes de transmission qui seraient reconnus dangereux, seront munis de dispositifs protecteurs, tels que gaines et chéneaux de bois ou de fer, tambours pour les courroies et les bielles, ou de couvre-engrenage, garde-mains, grillages.

Les machines-outils à instruments tranchants, tournant à grande vitesse, telles que machines à scier, fraiser, raboter, hacher, les cisailles, coupe-chiffons et autres engins semblables seront disposés de telle sorte que les ouvriers ne puissent, de leur poste de travail, toucher involontairement les instruments tranchants[4]. Sauf le cas d'arrêt du moteur, le maniement sera toujours fait par le moyen de systèmes, tels que monte-courroie, porte-courroie, évitant l'emploi direct de la main.

On devra prendre autant que possible des dispositions telles qu'aucun ouvrier ne soit habituellement occupé à un travail quelconque dans le plan de rotation ou aux abords immédiats d'un volant, d'une meule ou de tout autre engin pesant et tournant à grande vitesse[5].

---

1. Une barre de sûreté mobile devant l'ouverture qui donne accès au monte-charge, et à tous les étages n'est pas suffisante. (*Trib. simp. pol. Samer 26 avril 1897.*)

2. Même les machines actionnées à la main. (*Circ. min. 3 avril 1900.*)

3. Ces prescriptions sont absolues. Et le patron est responsable de l'accident causé par un engrenage non protégé survenu à un ouvrier, quoique cet ouvrier se soit approché de l'organe non protégé en dehors des nécessités de son service ; cette circonstance ne constitue à la charge de l'ouvrier qu'une imprudence pouvant être considérée comme une faute plus ou moins grave dont le juge devra tenir compte dans la fixation des dommages-intérêts ; mais cette faute ne saurait effacer celle du patron. (*Cass. ch. civ., 10 mars 1902.*)

4. C'est à l'industriel qu'incombe le soin de rechercher les moyens propres à satisfaire aux obligations de protection qui, en général, lui sont imposées par le décret du 10 mars 1894, et il ne suffit pas de recouvrir les scies circulaires quand elles sont au repos. (*Lett. min. 27 mai 1896.*)

5. Quand il s'agit de meules travaillant par leur surface cylindrique, ou par leur

Jurisprudence. — L'isolement complet d'un moteur enfermé dans une cage dont la clef n'est confiée qu'à l'ouvrier chargé de sa surveillance ne dispense pas le chef d'industrie de se conformer à une mise en demeure prescrivant de protéger le volant du moteur. (*Cass. 27 mai 1898.*)

Les volants inférieurs des scies à ruban et les lames des scies circulaires doivent être protégés. (*Tr. simp. pol. Langon 29 oct. 1897.*)

L'affichage d'un avis interdisant le montage des courroies à la main pendant la marche du moteur ne suffit pas pour dégager la responsabilité du patron. (*C. ap. Lyon 6 janv. 1898.*)

Marche et manipulation des machines. — La mise en train et l'arrêt des machines devront toujours être précédés d'un signal convenu.

L'appareil d'arrêt des machines motrices sera toujours placé sous la main des conducteurs qui dirigent ces machines. Les contremaîtres ou chefs d'atelier, les conducteurs de machines-outils, métiers, etc., auront à leur portée le moyen de demander l'arrêt des moteurs [1].

Chaque machine-outil, métier, etc... sera en outre installé et entretenu de manière à pouvoir être isolé par son conducteur de la commande qui l'actionne (*Déc. 6 août 1902*).

Des dispositifs de sûreté devront être installés dans la mesure du possible pour le nettoyage et le graissage des transmissions ou mécanismes en marche. En cas de réparation d'un organe mécanique quelconque, l'arrêt devra être assuré par un calage convenable de l'embrayage ou du volant : il en sera de même pour les opérations de nettoyage qui exigent l'arrêt des organes mécaniques.

---

surface latérale, l'ouvrier est bien obligé de pousser dans le plan de rotation ou de rester aux abords immediats de leur surface latérale. Il y a donc lieu de n'exiger que le maximum de précautions compatibles, avec les nécessités de l'industrie.

Il a été fait 6 223 mises en demeure, et 586 procès-verbaux ont été dressés, de ce chef, en 1901.

Relativement aux meules tournant à grande vitesse, le Conseil d'hygiène a proposé (13 septembre 1901) de compléter ainsi l'article 12 du décret de 1894 :

« Toute meule artificielle doit être spécialement garantie contre les effets de la force centrifuge par la forme de sa monture ou environnée d'une enveloppe protectrice assez résistante et souple pour retenir les fragments en cas de bris. »

1. Boutons, robinets de commande, poignées, etc., la voix même, à la condition qu'elle puisse être entendue par le conducteur de la machine ; — et à moins que le débrayage de la courroie, lorsqu'elle est le seul moyen de transmission de la force motrice, en la faisant passer sur une poulie folle, n'arrête tout l'outillage. Encore faut-il que la courroie soit assez élevée pour ne pas risquer d'enlever un ouvrier passant dessous sur des caisses, etc... (*Circ. min. 15 nov. 1897.*)

Cas d'incendie. — Les sorties des ateliers sur les cours, vestibules, escaliers et autres dépendances intérieures de l'usine doivent être munies de portes s'ouvrant de dedans en dehors. Ces sorties, assez nombreuses pour permettre l'évacuation rapide de l'atelier, seront toujours libres et ne devront jamais être encombrées de marchandises, de matières en dépôt, ni d'objets quelconques. Le nombre des escaliers sera calculé de manière que l'évacuation de tous les étages d'un corps de bâtiment contenant des ateliers puisse se faire immédiatement. Dans les ateliers occupant plusieurs étages la construction d'un escalier incombustible pourra, si la sécurité l'exige, être prescrite par une décision du Ministère du commerce, après avis du comité des arts et manufactures. Les récipients pour l'huile ou le pétrole servant à l'éclairage seront placés dans des locaux séparés et jamais au voisinage des ateliers [1].

Installations électriques [2]. — Les machines dynamos devront être isolées électriquement. Elles ne seront jamais placées dans un atelier où des corps explosifs, des gaz détonants ou des poussières inflammables se manient ou se produisent. Les conducteurs électriques placés en plein air pourront rester nus; dans ce cas, ils devront être portés par des isolateurs de porcelaine ou de verre ; ils seront écartés des masses métalliques, telles que gouttières, tuyaux de descente, etc... A l'intérieur des ateliers, les conducteurs nus, destinés à des prises de courant sur leur parcours, seront écartés des murs, hors de la portée de la main et convenablement isolés. Les autres conducteurs seront protégés par des enveloppes isolantes. Toutes précautions seront prises pour éviter l'échauffement des conducteurs à l'aide de coupe-circuits et autres dispositifs analogues.

---

1. Les prescriptions de la loi n'étant édictées qu'en raison de la sécurité des personnes, tout ce que l'inspection peut exiger des Chefs d'industrie, ce sont des locaux d'où l'on puisse rapidement battre en retraite et facilement. Pour ce qui est des appareils extincteurs, pompes, etc..., c'est aux industriels, soucieux de leur fortune, à rechercher dans quelle mesure ils ont intérêt à s'en pourvoir. Mais on ne peut leur en faire un devoir impératif. (*Lett. min. 14 mai 1898.*)

2. Un décret du 15 mai 1888 sur les conducteurs d'électricité en général a été abrogé par la loi du 25 juin 1895, qui a rendu libre l'établissement des conducteurs électriques non destinés à la transmission des signaux ou de la parole, à la condition de ne pas emprunter la voie publique. C'est aux municipalités qu'il appartient de remédier aux inconvénients possibles, en rédigeant les cahiers des charges des compagnies qu'elles autorisent, au mieux de la sécurité publique.

Vêtements ajustés. — Les ouvriers et ouvrières qui ont à se tenir près des machines doivent porter des vêtements ajustés et non flottants. Les patrons ont l'obligation d'y veiller. (*Tr. simp. pol. Lille, 16 févr. 1895.*)

Déclaration d'accident. — Tout accident ayant occasionné une blessure à un ou plusieurs ouvriers ou employés, survenu dans un des établissements assujettis, industriels ou commerciaux [1], sera l'objet d'une déclaration par le chef de l'entreprise ou, à son défaut et en son absence, par son préposé. (*L. 2 nov. 1892, art. 15 ; L. 12 juin 1893, art. 11, et L. 9 avr. 1898, art. 11.*)

D. — APPLICATION A L'ALGÉRIE DES DISPOSITIONS CONCERNANT L'HYGIÈNE ET LA SÉCURITÉ DES TRAVAILLEURS DANS LES ÉTABLISSEMENTS INDUSTRIELS.

Par décret du 21 mars 1902, reproduisant la plupart des termes de la loi du 12 juin 1893 et des décrets qui en sont le prolongement, sont soumis aux dispositions suivantes, les manufactures, fabriques, usines, chantiers, ateliers de tous genres en Algérie ainsi que leurs dépendances, les théâtres, cirques, magasins et autres établissements similaires où il est fait emploi de moteurs mécaniques, mais non les mines, minières et carrières, ni les établissements où ne sont employés que les membres de la famille sous l'autorité du père ou de la mère, ou du tuteur, à moins que, dans ce dernier cas, le travail ne s'y fasse à l'aide de chaudières à vapeur ou de moteurs mécaniques, ou que l'industrie exercée ne soit classée au nombre des établissements dangereux ou insalubres.

Ces établissements doivent être dans un état constant de propreté et

---

1. Mais les accidents industriels font seuls l'objet de la loi spéciale du 9 avril 1898 (modifiée par la loi du 22 mars 1902), qui a organisé la réparation civile des accidents. La loi du 11 juillet 1903 ayant soumis certains établissements commerciaux aux obligations de la loi de 1893, sans qu'ils soient assujettis au risque professionnel, il n'y a lieu pour ceux-ci qu'à déclaration d'accident. Pour assurer l'exécution de la loi de 1898-1902, le décret nouveau du 23 mars 1902 donne les modèles de toutes les pièces prescrites pour les diverses formalités à remplir en cas d'accident. (Voir plus loin, IV. ACCIDENTS.) Une circulaire ministérielle (*23 oct. 1903*) préconise en général l'emploi des modèles, dans tous les cas, aussi bien commerciaux qu'industriels, bien que des formules annexées au décret du 20 novembre 1893 pris en exécution de l'article 11 de la loi de 1893 (et par suite de celle du 11 juillet 1903) aient été prévues spécialement, pour les déclarations d'accident à faire conformément à cette loi.

présenter les conditions d'hygiène et de salubrité nécessaires à la santé du personnel. Ils doivent être aménagés de manière à garantir la sécurité des travailleurs. Dans tout établissement fonctionnant par des appareils mécaniques, les roues, les courroies, les engrenages ou tout autre organe pouvant offrir une cause de danger, seront séparés des ouvriers de telle manière que l'approche n'en soit possible que pour les besoins du service. Les machines, mécanismes, appareils de transmission, outils et engins doivent être tenus dans les meilleures conditions possibles de sécurité.

L'atmosphère des ateliers et de tous les autres locaux affectés au travail sera tenue constamment à l'abri de toute émanation provenant d'égouts, fossés, puisards, fosses d'aisances ou de toute autre source d'infection.

Les travaux dans les puits, conduites de gaz, canaux de fumée, fosses d'aisances, caves ou appareils quelconques pouvant contenir des gaz délétères, ne seront entrepris qu'après que l'atmosphère aura été assainie par une ventilation efficace. Les ouvriers appelés à travailler dans ces conditions seront attachés par une ceinture de sûreté.

Les cabinets d'aisances ne devront pas communiquer directement avec les locaux fermés où seront employés les ouvriers.

Les poussières ainsi que les gaz incommodes, insalubres ou toxiques, seront évacués directement au dehors de l'atelier au fur et à mesure de leur production.

L'air des ateliers sera renouvelé de façon à rester dans l'état de pureté nécessaire à la santé des ouvriers.

Les moteurs à vapeur, à gaz, les moteurs électriques, les roues hydrauliques, les turbines ne seront accessibles qu'aux ouvriers affectés à leur surveillance. Ils seront isolés par des cloisons ou barrières de protection.

Les passages entre les machines, mécanismes, outils mus par ces moteurs auront une largeur d'au moins 0^m,80 ; le sol des intervalles sera nivelé.

Les escaliers seront solides et munis de fortes rampes.

Les puits, trappes, cuves, bassins, réservoirs de liquides corrosifs ou chauds seront pourvus de solides barrières ou garde-corps.

Les échafaudages seront munis sur toutes leurs faces de garde-corps de 0^m,90 de haut.

Tout accident ayant occasionné une blessure à un ou plusieurs ouvriers, survenu dans un des établissements mentionnés, sera l'objet d'une déclaration par le chef de l'entreprise, ou, à son défaut et en son absence, par son préposé.

Cette déclaration contiendra le nom et l'adresse de la victime, ainsi que des témoins de l'accident et fera connaître autant que possible ses causes et son degré de gravité. Elle sera, dans les vingt-quatre heures, adressée par le patron au juge de paix, qui en accusera réception et avisera aux mesures à prendre.

S'il existe un médecin résidant dans le rayon de 10 kilomètres, le patron devra faire appel aux soins de l'homme de l'art dans le délai maximum de quarante-huit heures à partir de l'accident, et adresser au juge de paix, dans les vingt-quatre heures de sa délivrance, un certificat médical indiquant l'état du blessé, les suites probables de l'accident et l'époque à laquelle il sera possible d'en connaître le résultat définitif.

Le juge de paix accusera réception du certificat.

Une copie de la déclaration et du certificat médical sera envoyée par le juge de paix au fonctionnaire des mines charge de la surveillance de l'entreprise.

4. — Mines, minières et carrières.

Prescriptions préventives. — Mesures en cas d'accident. — *Législation comparée.*

Prescriptions préventives. — De nombreux textes de lois remettent au corps de surveillance des mines le soin de prévenir les dangers que présentent les travaux de recherche ou d'exploitation des mines pour la conservation des édifices, la sûreté du sol, et la sécurité des individus. En observant la manière dont les travaux sont dirigés, en éclairant les concessionnaires sur les imperfections et les améliorations dont ils sont susceptibles, ils s'y efforcent d'une façon courante et continue. Si des causes viennent compromettre la sûreté publique, la conservation des puits, la solidité des travaux, celle des habitations de la surface ou la sécurité des ouvriers mineurs, les ingénieurs ou, à leur défaut, les contrôleurs, immédiatement prévenus par les exploitants ou concessionnaires, se rendent sur les lieux, dressent procès-verbal, en y indiquant les mesures propres à mettre fin aux causes de danger, et transmettent le tout au préfet, qui est aussi avisé par le maire en ses observations et propositions pour assurer la sécurité des ouvriers, et par le rapport du délégué, dont copie lui est transmise. (*L. 21 avr. 1810, 27 juil. 1880, 8 juill. 1890; Déc. 3 janv. 1813, 25 sept. 1882; ordon. 26 mars 1843.*)

En cas de danger imminent, les ingénieurs ont le droit d'adresser des réquisitions aux autorités locales (*Ordon. 26 mars 1843*) et le préfet ordonne telles dispositions nécessaires, les exploitants ou concessionnaires entendus. Si ceux-ci n'obtempèrent pas à l'arrêté préfectoral, à eux notifié, il y est pourvu d'office, à leurs frais, par les soins de l'ingénieur des mines.

Si la vie des hommes se trouve compromise par l'état de délabrement ou de vétusté de tout ou partie de l'exploitation, sans qu'on

puisse y faire utilement des réparations, du moins à l'avis de l'ingénieur, le préfet peut en ordonner la fermeture, quand l'exploitant
reconnaît le danger. S'il y a différend, le ministre des travaux publics
statue, sur le rapport des trois experts choisis, chacun, par le préfet,
l'exploitant, et le délégué (ou le juge de paix, s'il y a lieu).

Pour assurer et faciliter le contrôle et la surveillance de l'exploitation, le concessionnaire doit tenir un registre et un plan constatant
l'avancement journalier des travaux.

Les moyens propres à prévenir les explosions de grisou, l'emploi
de la dynamite, ont été réglementés par des lois, décrets et circulaires, rendus obligatoires pour tous les concessionnaires de mines [1].

Mesures en cas d'accident. — Les exploitants doivent entretenir
sur leurs établissements, et selon le nombre d'ouvriers et l'étendue
de l'exploitation, les médicaments et moyens de secours qui leur
sont indiqués par le ministre, et se conformer à l'instruction réglementaire approuvée par lui à cet effet.

Le ministre désigne, sur la proposition du préfet et le rapport du
directeur général des mines, celles des exploitations qui, à raison
de leur importance et du nombre d'ouvriers qu'elles emploient, doivent entretenir à leurs frais un chirurgien spécial [2]. Un seul chirurgien peut être attaché à plusieurs établissements à la fois, si ceux-ci
sont assez rapprochés ; son traitement est à la charge des propriétaires, proportionnellement à leur intérêt.

Au cas où un accident a eu lieu, qui aurait occasionné la mort
ou des blessures graves à un ou plusieurs ouvriers, l'exploitant, ou
les directeur, maître mineur, et autres préposés, sont tenus d'en
prévenir d'urgence le maire de la commune, le délégué de la circonscription, l'ingénieur des mines, et, à son défaut, le contrôleur,
qui doivent se rendre immédiatement sur les lieux et donner les
ordres nécessaires comme en cas de péril imminent. Les uns et les
autres dressent procès-verbal de l'accident, en indiquent les causes,
et le tout est transmis au préfet.

---

1. Loi du 8 mars 1875 ; déc. 28 oct. 1882, circ. min. 9 août 1880, 11 juin 1889,
28 janv. 1890, 19 nov. 1888.

2. Un arrêt du Conseil d'État du roi, du 14 mai 1604, décidait qu'un trentième
du produit net de chaque mine serait affecté à l'entretien d'un ou deux prêtres et
d'un chirurgien, et à l'achat de médicaments pour secourir les ouvriers blessés.

Même obligation quand l'accident compromet la sûreté des travaux, celle des mines ou des propriétés de la surface, et l'approvisionnement des consommateurs. Aux cas où ni ingénieurs, ni contrôleurs ne seraient présents, les maires ou autres officiers de police doivent nommer des experts qui visitent l'exploitation et dressent un procès-verbal.

Dès que les maires et autres officiers de police judiciaire ont été prévenus soit par les exploitants, soit par la voix publique, d'un accident arrivé dans une mine ou usine, ils sont tenus d'en prévenir d'urgence les autorités supérieures, et de prendre, conjointement avec les ingénieurs des mines, toutes les mesures pour en faire cesser le danger et en prévenir la suite ; ils peuvent, comme dans le cas de péril imminent, faire des réquisitions d'outils, chevaux, hommes, et donner les ordres nécessaires. L'exécution des travaux a lieu sous les ordres de l'ingénieur ou de ses suppléants, et, à leur défaut, sous la direction des experts délégués à cet effet.

Les exploitants voisins sont tenus de fournir, sauf indemnité, s'il y a lieu, et recours contre qui de droit, tous les moyens de secours qui sont à leur disposition, et peuvent, à cet effet, être requis par le maire et l'ingénieur. Les dépenses qu'exigent les secours donnés aux blessés, noyés ou asphyxiés, et la réparation des travaux sont à la charge des exploitants.

Les maires et autres officiers de police sont expressément tenus de se faire représenter les corps des ouvriers qui auraient péri par accident dans une exploitation, et de ne permettre leur inhumation qu'après procès-verbal dressé de l'accident, conformément à l'article 81 du Code civil et sous les peines édictées aux articles 358 et 359 du Code pénal (emprisonnement de six jours à deux mois, amende de 16 à 50 fr., et, en cas de récidive, emprisonnement de six mois à deux ans, et amende de 50 à 400 fr.). Lorsqu'il y a impossibilité de parvenir jusqu'au lieu où se trouvent les corps, les exploitants et autres ayants cause doivent faire constater cette circonstance par le maire ou un autre officier public, qui en dresse procès-verbal et le transmet au procureur de la République, à la diligence duquel, sur l'autorisation du tribunal, cet acte est annexé au registre de l'état civil.

De quelque manière que soit arrivé un accident, les ingénieurs des mines, maires et autres officiers de police doivent transmettre immédiatement leurs procès-verbaux au sous-préfet et au procureur de la République, qui les signent et les transmettent dans les délais prescrits.

Législation comparée. — *Allemagne*. — Les travaux dans les carrières et les chantiers de taille des pierres ont été réglementés, au point de vue de l'hygiène et de la sécurité, par l'ordonnance du 20 mars 1902, qui s'exprime ainsi :

Dans les carrières et les chantiers de taille des pierres (exploitations où l'on effectue en carrière la mise en œuvre complémentaire des blocs de pierre, consécutive au travail de premier dégrossissement), où travaillent régulièrement cinq ouvriers ou plus, il doit y avoir, pour abriter pendant la durée des repos les travailleurs occupés en plein air, des locaux assez spacieux et hermétiquement clos, éclairés de façon suffisante, munis d'un plancher étanche et chauffés en cas de froid ; avec des sièges, à raison d'un pour chaque ouvrier occupé en permanence, et même des appareils pour le chauffage des aliments. Les abris seront nettoyés tous les jours, ils ne doivent pas être utilisés comme dépôts ou resserres. Doivent aussi s'y trouver en nombre suffisant, des cabinets d'aisances répondant aux exigences de l'hygiène et de la décence. Quant aux carrières et chantiers de taille des pierres, où travaillent régulièrement moins de cinq ouvriers, la faculté est laissée aux autorités compétentes de prescrire par voie de décision ou d'ordonnance ou encore d'arrêtés de police des agencements de la nature de ceux visés ci-dessus.

A l'effet de garantir des intempéries les tailleurs de pierre travaillant en plein air, on élèvera des toits-abris au-dessus des blocs à ouvrer ou bien des baraquements. Ces derniers doivent pouvoir se fermer de trois côtés, et en particulier sur celui d'où vient surtout le vent.

Dans les carrières et les chantiers de taille des pierres, le patron mettra à la disposition des ouvriers de bonne eau potable ou des boissons appropriées. Les autorités peuvent ordonner que les patrons ne doivent pas permettre aux ouvriers d'apporter des spiritueux dans l'exploitation.

En ce qui concerne spécialement les ouvriers du grès, ils doivent être éloignés d'au moins deux mètres les uns des autres, lors du piquage ou des autres façonnements complémentaires du grès.

Afin d'éviter le plus possible la production de poussières, il est prescrit, sur les chantiers de taille des pierres, lors du travail du grès, et ce dans la mesure où le permettent les considérations d'ordre technique, d'entretenir dans un état d'humidité les blocs à ouvrer et, par un temps chaud et sec, également les emplacements du travail ainsi que les planchers des baraquements et des ateliers.

Les baraquements et ateliers seront débarrassés chaque jour de tous déchets et débris, et les planchers également nettoyés des poussières par un lavage suffisant.

L'eau nécessaire sera fournie par le patron.

Aux autorités est laissée la faculté de prendre des dispositions du genre de celles prévues pour les ouvriers du grès, également à l'égard des travailleurs occupés à extraire la dolerite ou d'autres pierres analogues qui produisent des poussières à vives arêtes.

Doit être apposée, dans un endroit bien en vue, une pancarte reproduisant en caractères apparents les prescriptions légales.

5. — Établissements dangereux, insalubres, incommodes. Explosifs, dynamite, hydrocarbures, etc.

Généralités.
Établissements dangereux. — Explosifs, dynamite; hydrocarbures; phosphore; abattoirs; usines à gaz. Vert de Schweinfurt. Blanc de céruse. Pompage.
Établissements insalubres. — Établissements incommodes. — Sanctions.

Généralités. — Les industries dont l'exercice présente des dangers pour la salubrité publique, la santé des habitants et peut être une gêne ou même un préjudice aux propriétés près desquelles elles viendraient à s'établir, ont été, en vertu de l'intérêt public, soumises à certaines conditions d'établissement.

Les règlements, édits, ordonnances, lettres patentes, coutumes qui les régissaient sous l'ancien régime, avec la plus grande diversité, de province à province, ont été unifiés par le décret du 15 octobre 1810, sur le rapport demandé à la section des sciences physiques et mathématiques de l'Institut. Ce décret a divisé les établissements en question en trois classes :

1° Les établissements dangereux, qui doivent être éloignés des habitations à cause des dangers d'incendie ou d'explosion qu'ils présentent, ou des maladies infectieuses que peuvent causer leurs émanations; telles les fabriques de poudres et explosifs, d'huiles minérales, d'encre d'imprimerie, de suif brun, de colle, d'acides divers, les abattoirs publics, etc., etc... ;

2° Les établissements insalubres, qu'il vaut mieux en éloigner, à raison des inconvénients graves, sinon des menaces continuelles de dangers que présenterait leur installation pour les voisins : forges, hauts fourneaux, fabriques de certains acides condensés, d'asphaltes et bitumes, de tabac, de chlore, etc... ;

3° Les établissements incommodes qui peuvent être placés auprès des habitations, mais qui restent soumis à la surveillance de la police, distilleries, fabriques d'ammoniaque, de bougies, de savon, dépôts de fromage, etc...

Le décret en donne l'énumération et les classes, avec l'indication des inconvénients qu'ils présentent, pour en expliquer le classement. De nombreux actes, dont la liste n'est pas close, en ont par la suite modifié plus ou moins légèrement la classification, au fur et à mesure des expériences nouvelles de l'industrie. (*Déc. 25 mars 1852, 3 mai 1886, 28 mars 1887, 5 mai 1888, 15 mars 1890, 26 janv. 1892, 13 avr. 1894, 6 juill. 1896, 24 juin et 17 août 1897, 29 juill. 1898, 19 juill. et 18 sept. 1899, 22 déc. 1900, 25 déc. 1901, et futura*[1].)

Établissements dangereux (1re classe). — L'autorisation nécessaire à leur établissement est donnée par le préfet (abattoirs exceptés, qui sont autorisés par délibération du conseil municipal), sur le motif de la demande, à laquelle est joint le plan des lieux et des constructions projetées, et qui est affichée par ses soins dans toutes les communes à 5 kilomètres de rayon, durant un mois, délai pendant lequel les maires et les particuliers sont admis à présenter des moyens d'opposition. Les maires doivent en outre procéder, auprès des voisins futurs, à une enquête *de commodo et incommodo*. Les oppositions sont examinées par le conseil de préfecture, qui donne son avis.

La distance de ces établissements aux habitations est laissée à l'appréciation de l'autorité, qui la constate pour que ceux qui, plus tard, feraient des constructions plus près ne soient pas admis à se plaindre. Les préfets sont guidés par les instructions contenues dans les circulaires ministérielles des 6 avril et 15 décembre 1852, qui leur prescrivent, l'une de prendre l'avis du conseil d'hygiène de l'arrondissement dans lequel l'établissement est projeté, l'autre les conditions d'exploitation qu'il est en usage d'exiger des divers établissements et surtout de ceux qui présentent le plus d'inconvénients pour le voisinage.

---

1. En voir la liste complète dans le Dictionnaire de M. Maurice Block.

Pour un résumé assez important, se reporter, dans le présent volume, aux tableaux A, B, C, pp. 359, 361 et 362 (A, première cl.; B, 2e cl.; C, 3e cl. assez exactement), annexés au décret du 13 mai 1893.

L'administration des forêts doit être consultée au sujet des ressources en bois de chauffage pour la formation des fours à chaux, à
plâtre, hauts fourneaux, fabriques de verreries, émaux, cristaux,
et l'administration des douanes, de même, pour les fabriques de
soude ou pour les fabriques projetées dans la ligne des douanes.

En cas de graves inconvénients pour la salubrité publique, la
culture ou l'intérêt général, les fabriques et ateliers peuvent être
supprimées par décret rendu en Conseil d'État, la police locale entendue, l'avis des préfets pris, et reçue la défense des manufacturiers ou fabricants.

Les établissements nouveaux, non compris dans les nomencla-
tures, sont classés par décret du Ministre du commerce et de
l'industrie, sans que les préfets puissent en déterminer le classement provisoire ; et, en attendant, la formation et l'exploitation de
l'usine sont suspendues au besoin.

Explosifs, dynamite[1]. — Toutes les matières explosibles rentrent dans
la catégorie des établissements dangereux. Elles sont donc soumises à la
même réglementation. Mais la demande faite est transmise par le préfet au
Ministre du commerce et de l'industrie qui, après avoir pris l'avis de ses
collègues de l'intérieur, des finances et de la guerre, peut donner l'autorisation par décret ; il en est de même pour le refus.

Tout fabricant de dynamite doit verser un cautionnement de 50 000 fr.
productif d'intérêt à 3 p. 100, et paye une redevance qui ne peut être supérieure à 1 fr. par kilogramme de dynamite, et est réglée annuellement
par le Ministre des finances, ainsi que les formalités de la perception[2].

L'emmagasinage, le transport et la vente des matières dangereuses sont
soumis aussi à des dispositions spéciales.

Tout détenteur d'explosifs, machines, engins meurtriers ou incendiaires
qui ne sera pas muni d'une autorisation et ne pourra expliquer ce fait par
des motifs légitimes pourra être puni de peines correctionnelles (*L. 18 déc.
1893*) : six mois à cinq ans de prison, et amende de 50 à 3000 fr.

Tout contrevenant aux lois et décrets sur la dynamite est passible d'un
emprisonnement de un mois à un an, et d'une amende de 100 à 10 000 fr.,
avec admission de circonstances atténuantes en ce qui touche la peine de
l'emprisonnement.

---

1. Dynamite : L. 8 mars 1875, Déc. 24 août 1875. Précautions à prendre sur
les voies navigables intérieures, dans les ports où viennent s'amarrer les bateaux
porteurs de matières dangereuses : Déc. 30 déc. 1887, mod. Déc. 2 sept. 1874 ;
Déc. 31 juill. 1875. — Déc. 22 oct. 1882, supprimant les escortes militaires pour
les transports par voie ferrée des poudres, dynamites, explosifs. (*Dalloz, Cod. lois
adm. et pol. 3.*)

2. Fixée à 2 fr. à l'origine, elle n'est plus que de 1 fr. (*Déc. 12 juin 1890.*)

La fermeture des usines, des dépôts ou débits de dynamite peut être prononcée comme celle des établissements dangereux.

Les explosifs, éther, sulfure de carbone, ne peuvent être présentés qu'à la clarté du jour aux bureaux d'octroi. (*Déc. 28 avril 1878.*)

Hydrocarbures. — Le décret du 19 mai 1873 range dans la première classe des établissements dangereux les usines où se fabriquent, se distillent, se travaillent en grand le pétrole et ses dérivés, les huiles de schiste et de goudron, les essences et autres hydrocarbures liquides pour le chauffage et l'éclairage, etc.

Pour ce qui concerne la conservation et la livraison, les règles en sont énoncées aux articles 9 à 14 de ce décret du 19 mai 1873, modifiés par les décrets du 12 juillet 1884, 20 mars 1885, 5 mars 1887.

Phosphore. — Le décret du 19 juillet 1895 qui réglemente l'industrie du phosphore contient surtout des dispositions de police concernant les rapports des industriels avec la Régie : déclarations des quantités possédées, etc.

Mais, en plus, les industriels doivent présenter la description de la fabrique, le régime de l'usine, quant aux jours et heures de travail ; et tout changement à ce sujet doit faire l'objet dans les quarante-huit heures d'une déclaration à la recette buraliste.

Suivent certaines prescriptions destinées à assurer l'hygiène générale et surtout le contrôle du fisc.

Abattoirs. — L'ordonnance du 15 avril 1838 range les abattoirs et tueries d'animaux parmi les établissements de la première classe, et les réglemente au point de vue des formalités et des règlements de leur installation. L'emploi des enfants de moins de 16 ans est interdit dans les abattoirs, et autorisé, sous certaines réserves, dans les tueries. Les autres prescriptions concernent la surveillance, la police, le nettoyage et la désinfection, ainsi que les taxes.

Usines à gaz. — Le décret du 9 février 1867 réglemente les conditions d'établissement des usines à gaz qui doivent être clôturées, par trois mètres de hauteur au moins ; installer à trente mètres de distance des habitations les ateliers de fabrication et les gazomètres ; être couvertes en matériaux incombustibles, etc. Elles sont soumises à l'inspection de l'autorité municipale.

Vert de Schweinfurt. — Dans les établissements où l'on fabrique l'acétoarsénite de cuivre, dit *vert de Schweinfurt*, les chefs d'industrie, directeurs ou gérants sont tenus, indépendamment des mesures générales prescrites par le décret du 10 mars 1894, de prendre les mesures particulières de protection et de salubrité suivantes:

1º Le sol et les murs des ateliers dans lesquels on fait la dissolution des produits employés, la précipitation et le filtrage du vert, seront fréquemment lavés et maintenus en état constant d'humidité. La même prescription sera appliquée aux parois extérieures des cuves ou autres vases servant à celles de ces opérations qui se font à une température inférieure à l'ébullition.

2º Les appareils dans lesquels les liqueurs sont portées à l'ébullition seront ou bien clos, ou au moins surmontés d'une hotte communiquant avec l'extérieur.

3º Le séchage du vert doit être pratiqué dans une étuve hermétiquement close, sauf le tuyau d'aération, et dans laquelle les ouvriers n'auront accès qu'après son refroidissement.

4º Les chefs d'industrie, directeurs ou gérants seront tenus de mettre à la disposition des ouvriers employés aux diverses opérations des masques, éponges mouillées ou autres moyens de protection efficace des voies respiratoires ; ils devront leur donner des gants de travail en toile pour protéger leurs mains. Les gants, éponges, masques, seront fréquemment lavés. Ils doivent fournir en outre de la poudre de talc ou de fécule pour que les ouvriers s'en couvrent les mains ainsi que les autres parties du corps particulièrement aptes à l'absorption des poussières.

5º Les chefs d'industrie, directeurs ou gérants, doivent fournir aux ouvriers des vêtements consacrés exclusivement au travail et susceptibles d'être serrés au col, aux poignets et aux chevilles. Ils assureront le lavage fréquent de ces vêtements.

6º Les chefs d'industrie, directeurs ou gérants, sont tenus d'afficher ces prescriptions dans un endroit apparent de leurs ateliers.

Une circulaire du ministre de la marine (*21 août 1902*) interdit l'emploi et la fourniture du vert arsenical en poudre dans les travaux et les marchés dépendant de son administration.

Blanc de céruse. — De graves maladies résultent, pour les ouvriers qui le manipulent, de l'emploi du blanc de céruse. Un premier projet de décret devait l'interdire dans tous les travaux d'impression, de rebouchage et d'enduisage, et dans tous les travaux de peinture à l'intérieur des bâtiments, après un délai évalué d'après les nécessités industrielles.

Le Conseil d'État, auquel le projet de décret fut soumis, conformément à la loi, a présenté contre ses dispositions des objections d'ordre juridique [1].

Dans ces conditions, et en attendant de présenter un projet de loi visant l'interdiction écartée par le Conseil d'État, et basée sur les raisons d'hygiène et de salubrité du texte primitif du décret, un décret nouveau du 18 juillet 1902 a réglementé l'emploi de la céruse dans les travaux de peinture en bâtiment.

Désormais la céruse ne peut être employée qu'à l'état de pâte dans les ateliers de peinture en bâtiment. Il est interdit d'employer directement avec la main les produits à base de céruse dans les travaux de peinture en bâtiment.

Le travail à sec au grattoir et le ponçage à des peintures au blanc de céruse sont interdits. Dans les travaux de grattage et de ponçage humides,

---

1. Le Conseil d'État a même, par un arrêt du 6 février 1903, annulé pour excès de pouvoirs un arrêté municipal (du maire de Montluçon) qui interdisait l'emploi de la céruse dans les travaux de peinture exécutés aussi bien pour le compte de la commune que pour le compte des particuliers.

et généralement dans tous les travaux de peinture à la céruse, les chefs d'industrie devront mettre à la disposition de leurs ouvriers des surtouts exclusivement affectés au travail, et en prescriront l'emploi. Ils assureront le bon entretien et le lavage fréquent de ces vêtements. Les objets nécessaires aux soins de propreté seront mis à la disposition des ouvriers sur le lieu même du travail. Les engins et outils seront tenus en bon état de propreté, leur nettoyage sera effectué sans grattage à sec.

Les chefs d'industrie seront tenus d'afficher le texte du présent décret dans les locaux où se font le recrutement et la paye des ouvriers.

Des circulaires diverses des ministres de l'intérieur (*11 juillet 1901*), de la guerre (*21 octobre 1901*) de l'instruction publique (*30 novembre 1901*), de la marine (*21 août 1902*) ont été adressées aux chefs de service sous leurs ordres afin que dans les travaux exécutés dans les établissements dépendant de leur département, ou pour le compte de leur administration, l'usage de couleurs ou enduits à base de blanc de céruse soit interdit, et que le blanc de zinc lui soit substitué.

Les marchés à passer pour l'exécution de ces travaux, soit de gré à gré, soit par adjudication, devront mentionner cette interdiction ; une clause spéciale sera inscrite à cet effet dans les cahiers des charges.

Pompage. — Dans l'industrie de la poterie d'étain, l'opération dite « pompage », consistant à aspirer avec la bouche à l'intérieur des pièces creuses pour s'assurer de leur étanchéité, est interdite. Les chefs d'industrie sont tenus de mettre à la disposition de leurs ouvriers les appareils nécessaires à l'essai des objets fabriqués. (*Décr. 21 nov. 1902.*)

Établissements Insalubres (2e classe). — Pour être autorisé à former ou établir des établissements de la 2e classe, l'entrepreneur adresse sa demande au sous-préfet de l'arrondissement, qui la transmet au maire de la commune de l'établissement projeté, en le chargeant de procéder à l'enquête *de commodo et incommodo*. Le sous-préfet, ces informations terminées, prend sur le tout un arrêté qu'il transmet au préfet, à qui il appartient d'autoriser ou de rejeter la demande.

Les oppositions contre l'autorisation sont indistinctement reçues devant le conseil de préfecture, sans délai, sauf recours, dans les trois mois de la notification de la décision attaquée, devant le Conseil d'État. Au cas de rejet, le recours du demandeur n'est possible que devant le Conseil d'État [1].

Il n'est pas nécessaire que les établissements de la 2e classe soient éloignés des habitations. Mais l'autorité administrative ne les auto-

---

1. Ces règles sont communes aux établissements de la 1re et de la 2e classe.

rise à s'établir auprès d'elles qu'après avoir acquis la certitude que les travaux qu'on y pratique ne peuvent incommoder les habitants du voisinage, ni leur causer des dommages.

Établissements Incommodes (3e classe). — C'est aux sous-préfets, après avoir pris préalablement l'avis des maires et de la police locale, qu'échoit le droit d'autoriser les établissements de la 3e classe. A Paris, le préfet de police statue après une sorte d'enquête *de commodo et incommodo,*

L'autorité administrative, bien que les établissements puissent être placés près des habitations, n'en est pas moins juge de la convenance de l'emplacement choisi. Tel établissement, situé dans un quartier excentrique, présenterait, en èffet, des inconvénients au centre d'une ville ou auprès des magasins de grand luxe[1].

Sanctions. — L'arrêté qui autorise l'installation d'un établissement dangereux, insalubre ou incommode, impose en même temps à l'exploitant certaines conditions, à peine, en cas de contravention, de 1 à 5 fr. d'amende (*art. 471 C. pén.*), et, pour la récidive, d'un emprisonnement de 3 jours (*art. 477 C. pén.*).

Mêmes pénalités contre ceux qui exploiteraient sans autorisation un établissement classé.

De plus la fermeture de l'établissement peut être prononcée.

6. — Appareils à vapeur.

A. — MESURES DE SURETÉ RELATIVES AUX CHAUDIÈRES PLACÉES A DEMEURE. Des épreuves. Soupapes de sûreté, manomètre et autres appareils de sûreté, niveau de l'eau.
B. — ÉTABLISSEMENT DES CHAUDIÈRES A VAPEUR PLACÉES A DEMEURE. Conditions. Catégories.
C. — AUTRES APPAREILS A VAPEUR. Chaudières de mines. Générateurs dont le produit dépasse le nombre 1 800. Locomobiles. Locomotives. Récipients.
D. — DISPOSITIONS GÉNÉRALES.
E. — SANCTIONS.

La loi du 12 juin (*art. 13*) n'a rien innové en ce qui concerne la surveillance des appareils à vapeur, qui restent régis par les décrets du 30 avril 1880 et 29 juin 1886.

---

1. C'est là d'ailleurs un fait qui n'est pas à craindre, les terrains dans les quartiers riches étant à des prix tels, que l'industriel ne peut songer à y fonder un établissement auquel l'espace est nécessaire, et qui lui coûterait trop cher à installer.

Il faut entendre par appareils à vapeur, assujettis aux prescriptions légales : 1° les générateurs[1] à vapeur (d'eau), autres que ceux placés à bord des bateaux ; 2° les récipients définis ci-après.

A. — Mesures de sureté relatives aux chaudières placées a demeure.

Des épreuves. — Aucune chaudière neuve ne peut être mise en service qu'après avoir subi l'épreuve réglementaire ci-après définie. Cette épreuve doit être faite chez le constructeur et sur sa demande.

Toute chaudière venant de l'étranger est éprouvée avant sa mise en service, sur le point du territoire français désigné par le destinataire dans sa demande.

Le renouvellement de l'épreuve peut être exigé de celui qui fait usage d'une chaudière :

1° Lorsque la chaudière, ayant déjà servi, est l'objet d'une nouvelle installation ;

2° Lorsqu'elle a subi une réparation notable ;

3° Lorsqu'elle est remise en service après un chômage prolongé.

A cet effet, l'intéressé devra informer l'ingénieur des mines de ces diverses circonstances. En particulier, si l'épreuve exige la démolition du massif du fourneau ou l'enlèvement de l'enveloppe de la chaudière et un chômage plus ou moins prolongé, cette épreuve pourra ne point être exigée, lorsque des renseignements authentiques sur l'époque et les résultats de la dernière visite, intérieure et extérieure, constitueront une présomption suffisante en faveur du bon état de la chaudière. Pourront être notamment considérés comme renseignements probants les certificats délivrés aux membres des associations de propriétaires d'appareils à vapeur par celles de ces associations que le ministre aura désignées.

Le renouvellement de l'épreuve est exigible également lorsque, à raison des conditions dans lesquelles une chaudière fonctionne, il y a lieu, pour l'ingénieur des mines, d'en suspecter la solidité.

Dans tous les cas, lorsque celui qui fait usage d'une chaudière

---

1. Les chaudières autoclaves à feu nu, employées dans certaines industries, doivent être considérées comme de véritables générateurs de vapeur. (*Circ. min.* 21 juill. 1880.)

contestera la nécessité d'une nouvelle épreuve, il sera, après une instruction où celui-ci sera entendu, statué par le préfet.

En aucun cas, l'intervalle entre deux épreuves consécutives n'est supérieur à dix années. Avant l'expiration de ce délai, celui qui fait usage d'une chaudière à vapeur doit lui-même demander le renouvellement de l'épreuve à peine de contravention.

L'épreuve consiste à soumettre la chaudière à une pression hydraulique supérieure à la pression effective qui ne doit point être dépassée dans le service. Cette pression d'épreuve sera maintenue pendant le temps nécessaire à l'examen de la chaudière dont toutes les parties doivent pouvoir être visitées. [V. p. 407 la Table donnant la température (en centigrades) de l'eau correspondant à une pression donnée en kilogrammes effectifs.]

Il convient donc, d'une façon générale, d'exiger l'enlèvement des enveloppes et la démolition des maçonneries (*Circ. min. 23 août 1887*). On peut ne pas l'exiger, lorsque des réparations ou des chômages, qui sont authentiquement prouvés, laissent supposer le bon état de la chaudière.

De même, lors de l'épreuve décennale, qui ne peut jamais être l'objet d'une dispense, *en aucun cas,* les maçonneries peuvent n'être pas démolies, à la condition qu'un agent d'une association de propriétaires d'appareils à vapeur assiste à l'opération, parcoure les carneaux pendant que l'appareil est en pression et le visite ensuite pour s'assurer que l'effort exceptionel auquel il a été soumis n'en a pas altéré la solidité; il l'atteste, s'il y a lieu, par un certificat spécial. La chaudière doit aussi rester étanche et ne pas subir de déformation permanente appréciable. (*Circ. 21 juillet 1880.*)

La surcharge d'épreuve par centimètre carré est égale à la pression effective (tension totale absolue de la vapeur, diminuée de la pression atmosphérique) sans jamais être inférieure à un demi-kilogramme ni supérieure à 6 kilogrammes.

L'épreuve est faite sous la direction de l'ingénieur des mines et en sa présence, ou, en cas d'empêchement, en présence du garde-mines opérant d'après ses instructions. Elle n'est pas exigée pour l'ensemble d'une chaudière dont les diverses parties, éprouvées séparément, ne doivent être réunies que par des tuyaux placés, sur tout leur parcours, en dehors du foyer et des conduits de flamme, et dont les joints peuvent être facilement démontés.

TABLE

Donnant la température (en degrés centigrades) de l'eau correspondant à une pression donnée (en kilogrammes effectifs).

VALEURS CORRESPONDANTES	
de la pression effective en kilogrammes.	de la température en degrés centigrades
0,5	111
1,0	120
1,5	127
2,0	133
2,5	138
3,0	143
3,5	147
4,0	151
4,5	155
5,0	158
5,5	161
6,0	164
6,5	167
7,0	170
7,5	173
8,0	175
8,5	177
9,0	179
9,5	181
10,0	183
10,5	185
11,0	187
11,5	189
12,0	191
12,5	193
13,0	194
13,5	196
14,0	197
14,5	199
15,0	200
15,5	202
16,0	203
16,5	205
17,0	206
17,5	208
18,0	209
18,5	210
19,0	211
19,5	213
20,0	214

Le chef de l'établissement où se fait l'épreuve fournit la main-d'œuvre et les appareils nécessaires à l'opération (pompe hydraulique).

Après qu'une chaudière ou partie de chaudière a été éprouvée avec succès, il y est apposé un timbre, indiquant, en kilogrammes par centimètre carré, la pression effective que la vapeur ne doit pas dépasser.

Les timbres sont poinçonnés et reçoivent trois nombres indiquant le jour, le mois et l'année de l'épreuve.

Un de ces timbres est placé de manière à être toujours apparent après la mise en place de la chaudière.

Les épreuves sont constatées par inscription au registre de l'ingénieur des mines et par procès-verbal délivré à l'intéressé (*Circ. min. 21 juillet 1880*) et dont les imprimés sont délivrés par les soins de l'administration. (*Circ. min. 7 et 24 fév. 1882.*)

Les ingénieurs n'ayant pas le droit de provoquer la réforme des chaudières qu'ils regardent comme dangereuses, dégagent leur responsabilité en mentionnant sur le procès-verbal ce qu'ils auraient pu constater de défectueux dans le fonctionnement de l'appareil, lors de l'épreuve.

Soupapes de sûreté, manomètre et autres appareils de sûreté, niveau de l'eau. — Chaque chaudière est munie de deux soupapes de sûreté, chargées de manière à laisser la vapeur s'écouler dès que sa pression effective atteint la limite maximum indiquée par le timbre règlementaire.

L'orifice de chacune des soupapes doit suffire à maintenir, celle-ci étant au besoin convenablement déchargée ou soulevée et quelle que soit l'activité du feu, la vapeur dans la chaudière à un degré de pression qui n'excède, pour aucun cas, la limite ci-dessus.

Le constructeur est libre de répartir, s'il le préfère, la section totale d'écoulement nécessaire des deux soupapes réglementaires entre un plus grand nombre de soupapes.

Toute chaudière est munie d'un manomètre en bon état placé en vue du chauffeur et gradué de manière à indiquer en kilogrammes la pression effective de la vapeur dans la chaudière.

Une marque très apparente indique sur l'échelle du manomètre la limite que la pression effective ne doit point dépasser.

La chaudière est munie d'un ajutage terminé par une bride de quatre centimètres ($0^m,04$) de diamètre et cinq millimètres ($0^m,005$) d'épaisseur disposée pour recevoir le manomètre vérificateur.

Chaque chaudière est munie d'un appareil de retenue, soupape ou clapet, fonctionnant automatiquement et placé au point d'insertion du tuyau d'alimentation qui lui est propre.

Chaque chaudière est munie d'une soupape ou d'un robinet d'arrêt de vapeur, placé, autant que possible, à l'origine du tuyau de conduite de vapeur, sur la chaudière même.

Toute paroi en contact par une de ses faces avec la flamme doit être baignée par l'eau sur sa face opposée.

Le niveau de l'eau doit être maintenu, dans chaque chaudière, à une hauteur de marche telle qu'il soit, en toute circonstance, à six centimètres (0^m,06) au moins au-dessus du plan pour lequel la condition précédente cesserait d'être remplie. La position-limite sera indiquée, d'une manière très apparente, au voisinage du tube de niveau mentionné à l'article suivant.

Les prescriptions énoncées au présent article ne s'appliquent point :

1° Aux surchauffeurs de vapeur distincts de la chaudière ;

2° A des surfaces relativement peu étendues et placées de manière à ne jamais rougir, même lorsque le feu est poussé à son maximum d'activité, telles que les tubes ou parties de cheminée qui traversent le réservoir de vapeur, en envoyant directement à la cheminée principale les produits de la combustion.

Chaque chaudière est munie de deux appareils indicateurs du niveau de l'eau, indépendants l'un de l'autre, et placés en vue de l'ouvrier chargé de l'alimentation.

L'un de ces deux indicateurs est un tube en verre, disposé de manière à pouvoir être facilement nettoyé et remplacé au besoin.

Pour les chaudières verticales de grande hauteur, le tube en verre est remplacé par un appareil disposé de manière à reporter en vue de l'ouvrier chargé de l'alimentation l'indication du niveau de l'eau dans la chaudière.

B. — ÉTABLISSEMENT DES CHAUDIÈRES A VAPEUR PLACÉES A DEMEURE.

Conditions. — Toute chaudière à vapeur destinée à être employée à demeure ne peut être mise en service qu'après une déclaration adressée par celui qui fait usage du générateur au préfet du département. Cette déclaration est enregistrée à sa date. Il en est donné acte. Elle est communiquée sans délai à l'ingénieur en chef des mines.

La déclaration fait connaître avec précision :

1° Le nom et le domicile du vendeur de la chaudière ou l'origine de celle-ci ;

2° La commune et le lieu où elle est établie ;

3° La forme, la capacité et la surface de chauffe ;

4° Le numéro du timbre réglementaire ;

5° Un numéro distinctif de la chaudière, si l'établissement en possède plusieurs ;

6° Enfin, le genre d'industrie et l'usage auquel elle est destinée.

Catégories. — *Les chaudières sont divisées en trois catégories.* — Cette classification est basée sur le produit de la multiplication du nombre exprimant en mètres cubes la capacité totale de la chaudière (avec ses bouilleurs et ses réchauffeurs alimentaires, mais sans y comprendre les surchauffeurs de vapeur) par le nombre exprimant, en degrés centigrades, l'excès de la température de l'eau correspondant à la pression indiquée par le timbre réglementaire sur la température de. 100 degrés, conformément à la table annexée. (V. p. 407.)

Si plusieurs chaudières doivent fonctionner ensemble dans un même emplacement et si elles ont entre elles une communication quelconque, directe ou indirecte, on prend, pour former le produit comme il vient d'être dit, la somme des capacités de ces chaudières.

Les chaudières sont de la première catégorie quand le produit est plus grand que 200 ; de la deuxième, quand le produit n'excède pas 200, mais surpasse 50 ; de la troisième, si le produit n'excède pas 50.

Les *chaudières de la première catégorie* doivent être établies en dehors de toute maison d'habitation et de tout atelier surmonté d'étages. N'est pas considérée comme un étage, au-dessus de l'emplacement d'une chaudière, une construction dans laquelle ne se fait aucun travail nécessitant la présence d'un personnel à poste fixe.

Il est interdit de les placer à moins de trois mètres (3^m) d'une maison d'habitation.

· Lorsqu'elles sont placées à moins de dix mètres (10ᵐ) d'une maison d'habitation, elles en sont séparées par un mur de défense.

Ce mur, en bonne et solide maçonnerie, est construit de manière à défiler la maison par rapport à tout point de la chaudière distant de moins de dix mètres (10ᵐ), sans toutefois que sa hauteur dépasse de un mètre (1ᵐ) la partie la plus élevée de la chaudière. Son épaisseur est égale au tiers au moins de sa hauteur, sans que cette épaisseur puisse être inférieure à un mètre (1ᵐ) en couronne. Il est séparé du mur de la maison voisine par un intervalle libre de trente centimètres (0ᵐ,30) de largeur au moins.

L'établissement d'une chaudière de première catégorie à la distance de dix mètres (10ᵐ) ou plus d'une maison d'habitation n'est assujetti à aucune condition particulière.

Les distances de trois mètres (3ᵐ) et de dix mètres (10ᵐ), fixées ci-dessus, sont réduites respectivement à un mètre cinquante centimètres et à cinq mètres, lorsque la chaudière est enterrée de façon à ce que la partie supérieure se trouve à un mètre (1ᵐ) en contrebas du sol, du côté de la maison voisine.

Lorsqu'un générateur de première catégorie est chauffé par les flammes perdues d'un ou de plusieurs fours métallurgiques, tout le courant des gaz chauds doit, en arrivant au contact des tôles, être dirigé tangentiellement aux parois de la chaudière. A cet effet, si les rampants destinés à amener les flammes ne sont pas construits de façon à assurer ce résultat, les tôles exposées aux coups de feu sont protégées, en face des débouchés des rampants dans les carneaux par des murettes en matériaux réfractaires, distantes des tôles d'au moins 0ᵐ,05 et suffisamment étendues dans tous les sens pour que les courants de gaz chauds prennent des directions sensiblement tangentielles aux surfaces des tôles voisines avant de les toucher (*Déc. 29 juin 1886, art. 2*).

Les *chaudières de la deuxième catégorie* peuvent être placées dans l'intérieur de tout atelier, pourvu que l'atelier ne fasse pas partie d'une maison d'habitation.

Les foyers sont séparés des murs des maisons voisines par un intervalle libre de 1 mètre au moins.

Les *chaudières de troisième catégorie* peuvent être établies dans un atelier quelconque, même lorsqu'il fait partie d'une maison d'habitation.

Les foyers sont séparés des murs des maisons voisines par un intervalle libre de 5o centimètres au moins.

Les conditions d'emplacement prescrites ci-dessus pour les chaudières à demeure, ne sont pas applicables aux chaudières pour l'établissement desquelles il aura été satisfait antérieurement au décret du 25 janvier 1865.

Si, postérieurement à l'établissement d'une chaudière, un terrain contigu vient à être affecté à la construction d'une maison d'habitation, celui qui fait usage de la chaudière devra se conformer aux mesures d'emplacement prescrites selon la catégorie, comme si la maison eût été construite avant l'établissement de la chaudière.

C. — Autres appareils a vapeur.

Chaudières des mines. — Elles sont soumises aux mêmes mesures générales de sûreté que les chaudières à demeure installées au niveau du sol, et en outre aux conditions que pourra prescrire le préfet, suivant le cas et sur le rapport de l'ingénieur des mines.

Générateurs dont le produit dépasse le nombre 1800. — Lorsque plusieurs générateurs sont groupés sur une conduite générale de vapeur, en nombre tel que le produit formé, comme il est dit plus haut, en prenant pour base du calcul le timbre réglementaire le plus élevé, dépasse le nombre 1800, les générateurs sont répartis par séries correspondant chacune à un produit au plus égal à ce nombre ; chaque série est munie d'un clapet automatique d'arrêt, disposé à éviter, en cas d'explosion, le déversement de la vapeur des séries restées intactes.

Locomobiles. — Sont considérées comme locomobiles les chaudières à vapeur qui peuvent être transportées facilement d'un lieu dans un autre, n'exigent aucune construction pour fonctionner sur un point donné et ne sont employées que d'une manière temporaire à chaque station.

Les mesures de sûreté ci-dessus indiquées sont applicables aux chaudières locomobiles.

Chaque chaudière porte une plaque sur laquelle sont gravés, en caractères très apparents, le nom et le domicile du propriétaire et un numéro d'ordre, si ce propriétaire possède plusieurs chaudières locomobiles.

Elle est l'objet de la déclaration prescrite. Cette déclaration est adressée au préfet du département où est le domicile du propriétaire.

L'ouvrier chargé de la conduite devra représenter à toute réquisition le récépissé de cette déclaration.

Locomotives. — Les machines à vapeur locomotives sont celles qui, sur terre, travaillent en même temps qu'elles se déplacent par leur propre force, telles que les machines des chemins de fer et des tramways, les machines routières, les rouleaux compresseurs, etc.

Elles sont soumises aux dispositions de l'épreuve, du timbre, des deux soupapes de sûreté, du manomètre, de l'appareil de retenue, des deux niveaux de l'eau, de la plaque d'identité, de la déclaration au préfet. Leur circulation est soumise à des règlements spéciaux.

Récipients. — Sont soumis aux dispositions suivantes les récipients de formes diverses, d'une capacité de plus de 100 litres, au moyen desquels les matières à élaborer sont chauffées, non directement à feu nu, mais par de la vapeur empruntée à un générateur distinct, lorsque leur communication avec l'atmosphère n'est point établie par des moyens excluant toute pression effective nettement appréciable.

Ces récipients sont assujettis à la déclaration au préfet.

Ils sont soumis à l'épreuve. Toutefois, la surcharge d'épreuve sera, dans tous les cas, égale à la moitié de la pression maximum à laquelle l'appareil doit fonctionner, sans que cette surcharge puisse excéder 4 kilogrammes par centimètre carré.

Ces récipients sont munis d'une soupape de sûreté réglée pour la pression indiquée par le timbre, à moins que cette pression ne soit égale ou supérieure à celle fixée pour la chaudière alimentaire.

L'orifice de cette soupape, convenablement déchargée ou soulevée au besoin, doit suffire à maintenir, pour tous les cas, la vapeur dans le récipient à un degré de pression qui n'excède pas la limite du timbre.

Elle peut être placée, soit sur le récipient lui-même, soit sur le tuyau d'arrivée de la vapeur, entre le robinet et le récipient.

Les dispositions précédentes s'appliquent également aux réservoirs dans lesquels de l'eau à haute température est emmagasinée, pour fournir ensuite un dégagement de vapeur ou de chaleur, quel qu'en soit l'usage.

D. — DISPOSITIONS GÉNÉRALES.

Le ministre peut, sur le rapport des ingénieurs des mines, l'avis du préfet et celui de la commission centrale des machines à vapeur, accorder dispense de tout ou partie des prescriptions qui précèdent dans tous les cas où, à raison soit de la forme, soit de la faible dimension des appareils, soit de la position spéciale des pièces contenant de la vapeur, il serait reconnu que la dispense ne peut pas avoir d'inconvénient.

Ceux qui font usage de générateurs ou de récipients de vapeur veilleront à ce que ces appareils soient entretenus constamment en bon état de service.

A cet effet, ils tiendront la main à ce que des visites complètes, tant à l'intérieur qu'à l'extérieur, soient faites à des intervalles rapprochés pour constater l'état des appareils et assurer l'exécution, en temps utile, des réparations ou remplacements nécessaires.

Ils devront informer les ingénieurs des réparations notables faites aux chaudières et aux récipients, en vue de l'exécution des prescriptions sur l'épreuve et la surcharge.

Les contraventions sont constatées, poursuivies et réprimées conformément aux lois.

En cas d'accident[1] ayant occasionné la mort ou des blessures, le chef de l'établissement doit prévenir immédiatement l'autorité chargée de la police locale et l'ingénieur des mines chargé de la surveillance. L'ingénieur se rend sur les lieux, dans le plus bref délai, pour visiter les appareils, en constater l'état et rechercher les causes de l'accident. Il rédige sur le tout :

1° Un rapport qu'il adresse au procureur de la République et

---

1. On a relevé, en 1901, 36 accidents occasionnés par l'emploi de la vapeur : 7 n'ont causé que des blessures légères ou des dégâts matériels ; aux 29 autres correspondent 27 tués et 35 blessés ayant eu plus de 20 jours d'incapacité de travail.

De 1897 à 1901 on compte, par 10 000 appareils en activité, une moyenne de 3 accidents, occasionnant 1,7 de morts et 2,1 de blessés.

dont une expédition est transmise à l'ingénieur en chef, qui fait parvenir son avis à ce magistrat.

2° Un rapport qui est adressé au préfet, par l'intermédiaire et avec l'avis de l'ingénieur en chef.

En cas d'accident n'ayant occasionné ni mort ni blessure, l'ingénieur des mines seul est prévenu, il rédige un rapport qu'il envoie, par l'intermédiaire et avec l'avis de l'ingénieur en chef, au préfet.

En cas d'explosion, les constructions ne doivent point être réparées et les fragments de l'appareil rompu ne doivent point être déplacés ou dénaturés avant la constatation de l'état des lieux par l'ingénieur.

Par exception, le ministre peut confier la surveillance des appareils à vapeur aux ingénieurs ordinaires et aux conducteurs des ponts et chaussées, sous les ordres de l'ingénieur en chef des mines de la circonscription.

Les appareils à vapeur qui dépendent des services spéciaux de l'État sont surveillés par les fonctionnaires et agents de ces services.

Les attributions conférées aux préfets des départements, en la matière, sont exercées par le préfet de police dans toute l'étendue de son ressort.

E. — Sanctions.

Les sanctions aux contraventions sur les appareils à vapeur ont été instituées par la loi du 2 juillet 1856, modifiée par la loi des 18-21 avril 1900 [1].

Est puni d'une amende de 100 à 1 000 fr. tout fabricant qui a livré une chaudière fermée ou toute autre pièce destinée à produire de la vapeur, sans qu'elle ait été soumise aux épreuves exigées, ainsi que le fabricant qui, après avoir fait dans ses ateliers des changements notables à une chaudière ou autre appareil, ne les a pas soumis de nouveau aux épreuves.

Est puni d'une amende de 50 à 500 fr. tout fabricant qui a livré un récipient à vapeur sans que ledit récipient ait été soumis aux épreuves prescrites par les règlements.

---

1. La loi de 1900 n'a laissé subsister de l'ancienne loi de 1856 que l'article 1er, et les articles concernant les bateaux à vapeur.

Est puni d'une amende de 25 à 500 fr. quiconque a fait usage d'une chaudière ou d'un récipient à vapeur sur lesquels ne seraient pas appliqués les timbres contatant qu'ils ont été soumis aux épreuves et vérifications prescrites par les règlements d'administration publique. Même pénalité pour quiconque, après avoir fait faire à une chaudière ou à un récipient à vapeur des changements ou réparations notables, a fait usage de l'appareil modifié ou réparé sans en avoir donné avis au préfet, ou sans qu'il ait été soumis de nouveau, dans le cas où le préfet l'aurait ordonné, à la pression d'épreuve correspondant au numéro du timbre dont il est frappé.

Est puni d'une amende de 25 à 500 fr. quiconque a fait usage d'une chaudière ou d'un récipient à vapeur, sans avoir fait la déclaration exigée par les règlements d'administration publique. L'amende est de 100 à 1 000 fr. si l'appareil dont il a été fait usage sans déclaration préalable n'est par revêtu des timbres prescrits.

Quiconque, après avoir fait la déclaration prescrite, fait usage d'une chaudière ou d'un récipient à vapeur, sans s'être conformé aux prescriptions des règlements, en ce qui concerne les appareils de sûreté, est puni d'une amende de 25 à 200 fr. ; et la même pénalité frappe quiconque continue à faire usage d'une chaudière ou d'un récipient à vapeur, alors que les appareils de sûreté et les dispositions du local ont cessé de satisfaire aux prescriptions réglementaires.

Le chauffeur ou le mécanicien qui a fait fonctionner une chaudière ou un récipient à vapeur à une pression supérieure au degré indiqué sur le timbre, ou qui a surchargé les soupapes d'une chaudière, faussé ou paralysé les autres appareils de sûreté, est puni d'une amende de 25 à 500 fr. et peut être, en outre, condamné à un emprisonnement de 3 jours à un mois. Et le propriétaire, le chef de l'entreprise, le directeur, le gérant ou le préposé par les ordres duquel a eu lieu la contravention prévue, est puni d'une amende de 100 à 1 000 fr. et est passible d'un emprisonnement de 6 jours à 2 mois.

Les contraventions aux règlements sur la police des appareils et bateaux à vapeur autres que celles qui sont frappées de peines spéciales par la loi du 21 juillet 1856, sont punies d'une amende de 16 à 100 fr., et, dans ce cas, les peines édictées par l'article 20 de la loi du 21 juillet 1856 sont applicables, s'il y a eu blessures ou mort d'homme.

En cas de récidive, outre l'élévation de peine de l'article 19 de la loi du 21 juillet 1856, l'affichage du jugement, aux frais du contrevenant et l'insertion dans les journaux peut être ordonnée.

Application aux contraventions aux règlements sur les appareils à pression de gaz et bateaux sur lesquels il en est fait usage.

Les circonstances atténuantes peuvent être admises pour toutes les contraventions.

7. — Législation comparée.

Grande industrie. — Allemagne, Autriche, Belgique, Danemark, Espagne, États-Unis, Italie, Finlande, Grande-Bretagne et Irlande, Australie et Nouvelle-Zélande, Hongrie, Luxembourg, Norvège, Pays-Bas, Portugal, Russie, Suède, Suisse.
Petite industrie et commerce. — Allemagne, Angleterre, Nouvelle-Zélande, Canada, Autriche, Belgique, États-Unis, Suisse, Hongrie.

Grande industrie. — Les règles même d'hygiène et de sécurité sont à peu près identiques dans tous les pays, pour le fond. Elles ne diffèrent que par le détail de l'application et des institutions.

Allemagne. — Les articles 120 *a* à 120 *e* du Code industriel protègent de la façon la plus complète les ouvriers de tout âge, pour l'hygiène, la salubrité et la moralité, en imposant aux chefs d'industrie toutes les mesures nécessaires, et compatibles avec la nature du travail ; à eux encore incombe le soin d'élaborer les règlements d'atelier dont le détail doit mettre en pratique les principes généraux d'hygiène et de sécurité énumérés à l'article 120 *a*. — L'assurance obligatoire contre la maladie (*L. 15 juin 1883 et 10 avr. 1892*) et contre les accidents (*L. 6 juill. 1884, 28 mai 1885, 5 mai 1886, 11-13 juill. 1887*) doit fonctionner conformément aux lois. — Des prescriptions spéciales peuvent être édictées par les états confédérés au sujet de certains établissements plus particulièrement dangereux, insalubres ou incommodes.

Et, en effet, on ne s'est pas contenté, en Allemagne, d'établir des règlements généraux d'hygiène et de sécurité touchant le travail industriel. Certaines industries ont été l'objet de réglementations minutieuses [1].

---

1. On en a déjà rencontré pour les carrières, et, quant aux ordonnances spéciales à certaines industries, elles sont déjà légion, on l'a vu, relativement au travail des femmes et des enfants.

Un exemple type est l'ordonnance du 1er mars 1902 sur l'installation et l'exploitation d'établissements pour la vulcanisation des articles de caoutchouc. En voici les principales dispositions :

Le plancher des ateliers où sont vulcanisés des articles de caoutchouc par l'emploi du sulfure de carbone ne peut se trouver à un niveau plus bas que le sol environnant. Ces ateliers doivent être pourvus de fenêtres qui donnent sur le plein air, puissent s'ouvrir dans leur moitié inférieure et permettent à l'atmosphère de se renouveler suffisamment. Les locaux doivent être aérés de façon efficace par des ventilateurs mécaniques. On peut, avec l'assentiment de l'autorité administrative supérieure, se passer de ventilateurs fonctionnant mécaniquement, en tant que l'on pourvoie d'une autre manière à une puissante aération.

Les ateliers de vulcanisation ne peuvent pas être utilisés comme pièces d'habitation, chambres à coucher et cuisines, non plus qu'à titre d'entrepôts ou de séchoirs ; il est également interdit de s'y livrer à des travaux autres que la vulcanisation. Le séjour, dans les ateliers de vulcanisation, d'autres ouvriers que les vulcanisateurs, ne doit pas être autorisé. Le nombre des personnes y travaillant doit être calculé de telle sorte qu'il revienne à chacune au moins 20 mètres cubes d'air.

Il n'est permis d'amener dans les ateliers de vulcanisation que les quantités de sulfure de carbone utiles pour les besoins de la journée. Le surplus des approvisionnements sera conservé dans des entrepôts spéciaux, séparés des ateliers. Les récipients destinés à recevoir le liquide vulcanisant doivent être de fabrication durable ; les récipients emplis seront, tant qu'ils seront inutilisés, tenus hermétiquement clos.

Les ateliers de vulcanisation et les séchoirs ne peuvent être chauffés que par la vapeur ou par circulation d'eau chaude, et l'éclairage artificiel de ces locaux ne peut avoir lieu qu'au moyen de lampes électriques à incandescence, munies d'ampoules protectrices. (Pour le chauffage et l'éclairage, des dérogations peuvent être autorisées par l'autorité administrative supérieure.)

Les machines servant à vulcaniser les longues bandes de caoutchouc (systèmes à cylindres) doivent, afin d'empêcher le plus possible le dégagement des vapeurs de sulfure de carbone dans les ateliers, être recouvertes d'un entourage (par exemple, d'une cage de verre), d'où l'air sera puissamment aspiré par un ventilateur mécanique. L'accès de l'espace entouré ne pourra être permis aux ouvriers que lors de dérangements dans la marche de l'exploitation. Dans les cas où l'entourage de la machine n'est pas praticable pour des raisons techniques, l'autorité administrative supérieure peut, en exigeant d'autres mesures de protection appropriées (en particulier, l'installation de la machine dans une salle ouverte, la limitation à deux jours par semaine seulement de la durée du travail des mêmes ouvriers occupés à la machine), autoriser des dérogations aux prescriptions du premier alinéa.

La vulcanisation de tous autres objets non désignés ci-dessus doit, en tant qu'elle n'a pas lieu en plein air, être effectuée sous des hottes protectrices (digesteurs, cages de verre), dans lesquelles l'ouvrier n'a besoin d'introduire que les mains, et qui préservent son visage des vapeurs. L'air doit être chassé des hottes par une puissante aspiration.

La prescription précédente s'applique également à la vulcanisation des parois aussi bien extérieures qu'intérieures des tuyaux de caoutchouc.

Lorsqu'ils vulcanisent les parois internes, on ne doit pas tolérer que les ouvriers aspirent avec la bouche le liquide vulcanisant.

Après avoir été trempés dans le liquide vulcanisant, les marchandises doivent non pas rester à air libre dans l'atelier de vulcanisation, mais être, ou gardées sous une hotte protectrice ventilée, ou transportées immédiatement dans des séchoirs spéciaux.

Les armoires à sécher ou autres séchoirs, dans lesquels les marchandises sont exposées, aussitôt après vulcanisation, à la chaleur artificielle, doivent être installés de telle sorte qu'il ne soit pas nécessaire d'y entrer pour déposer ou enlever les objets vulcanisés. L'accès des séchoirs, pendant leur fonctionnement, doit être interdit aux ouvriers.

Si la vulcanisation est effectuée au moyen de vapeurs de chlorure de soufre, les récipients ou chambres servant à leur dégagement doivent être agencés de telle sorte que ces vapeurs ne puissent s'échapper au dehors.

L'accès des chambres de vulcanisation ne doit être permis qu'après aération complète; elles ne doivent pas être utilisées pour des travaux autres que ceux nécessaires à l'opération précitée de la vulcanisation.

La vulcanisation par l'emploi du sulfure de carbone ou les autres occupations, pendant lesquelles les ouvriers sont exposés aux effets du sulfure de carbone, ne doivent pas durer plus de deux heures sans interruption, et par jour plus de quatre heures en tout; après que les ouvriers ont travaillé deux heures durant, il doit leur être accordé, avant la reprise du travail, une pause d'au moins une heure.

Les personnes au-dessous de 18 ans ne doivent pas, en règle générale, être employées à de semblables travaux.

Le patron est tenu de mettre à la disposition de tous les ouvriers employés aux travaux de vulcanisation par le sulfure des vêtements en nombre suffisant et appropriés à ces occupations. Il lui appartient, par des mesures d'ordre et de surveillance convenables, d'aviser à ce que les habits de travail soient conservés, tant qu'il n'en est pas fait usage, dans des locaux ad hoc.

Pour ces ouvriers, il doit y avoir, isolés des ateliers, des lavabos et des vestiaires, séparément pour l'un et l'autre sexe, — qui doivent être tenus en état de propreté et chauffés en hiver. Dans les lavabos et les vestiaires, il doit y avoir, en quantité suffisante, de l'eau, du savon et des essuie-mains.

Le patron est tenu de déléguer la surveillance de l'état sanitaire des ouvriers exposés aux influences du sulfure de carbone à un médecin agréé, dont le nom sera notifié à l'inspecteur du travail, et qui devra visiter les ouvriers au moins une fois par mois sur le lieu de l'exploitation, en s'attachant à saisir chez eux les premiers symptômes éventuels du sulfocarbonisme. Sur l'ordonnance du médecin, il y a lieu de tenir éloignés des travaux de vulcanisation par le sulfure, jusqu'à complète guérison seulement, les ouvriers présentant des symptômes de sulfocarbonisme, mais, d'autre part, à titre permanent, ceux qui se montrent particulièrement sensibles aux influences du sulfure de carbone.

Il incombe au patron de tenir un registre permettant de se rendre compte du roulement entre les ouvriers et de leur effectif, ainsi que de leur état sanitaire. Le patron est responsable de l'intégrité et de l'exactitude des mentions inscrites, en tant qu'elles ne le sont pas par le médecin. Ce registre de contrôle doit mentionner :

1º Le nom de celui qui le tient ; 2º le nom du médecin chargé de la surveillance de l'état sanitaire des ouvriers ; 3º les prénoms et nom de famille, l'âge, la demeure, la date d'entrée et de sortie de chacun des ouvriers, ainsi que la nature de son occupation ; 4º la date et le genre de la maladie de l'ouvrier ; 5º la date de la guérison ; 6º les dates et les résultats des visites médicales de caractère général prescrites.

Le patron devra prendre des dispositions visant les points suivants 1º l'interdiction aux ouvriers d'apporter des aliments dans les ateliers de vulcanisation ; 2º l'obligation pour les ouvriers de se servir des appareils de protection désignés, ainsi que des vêtements de travail qui leur sont affectés dans ceux des ouvrages pour lesquels le patron le prescrit ; 3º l'obligation pour les ouvriers de suivre les instructions qui les concernent arrêtées par le patron, en conformité du règlement.

Il y a lieu de stipuler dans les règlements à édicter, que les ouvriers qui contreviendront, en dépit d'avertissements répétés, aux règlements précités, peuvent être renvoyés avant expiration de la période fixée par leur contrat de travail et sans délai de congé. S'il existe pour une exploitation un règlement de travail, les dispositions précitées seront introduites dans ce règlement.

Dans tout atelier de vulcanisation de la nature spécifiée, il sera placé un écriteau signé, pour attestation de l'exactitude de sa teneur, par l'autorité de police locale et permettant de voir : 1º le cube d'air de l'atelier ; 2º le nombre des ouvriers que, par suite, il est permis d'y occuper.

Il faut citer encore l'ordonnance du 22 octobre 1902 qui est venue renouveler et modifier, en les précisant encore dans le détail et avec un esprit plus tutélaire, les dispositions d'une ordonnance du 28 janvier 1899, sur l'installation et l'exploitation des filatures de crins de cheval, des ateliers de préparation de poils et de soie, ainsi que des fabriques de brosses et de pinceaux.

Défense est faite d'employer les jeunes ouvriers à certains travaux ou manipulations des crins de cheval, de bœuf, des poils de chèvres. Les stocks de matières non désinfectées et soumises à la désinfection seront conservés dans des locaux spéciaux, fermés constamment à clef et ne pourront être introduits dans ces locaux, ni en être retirés que par ceux des passages et escaliers dont les ouvriers occupés à travailler les matières désinfectées, ou de provenance indigène, n'ont point l'usage. On ne devra pas transporter par ces passages et escaliers des matières désinfectées ou de provenance indigène.

Les opérations préliminaires à la désinfection, la désinfection elle-même ainsi que la mise en œuvre des matières non désinfectées ne doivent pas être pratiqués dans des locaux où des matières désinfectées ou de provenance indigène sont conservées ou travaillées.

Les locaux dans lesquels des matières soumises à la désinfection ou non désinfectées sont conservées ou travaillées, les places qui se trouvent devant leurs entrées ainsi que les passages et escaliers par lesquels les matières de cette catégorie sont transportées, seront tenus dans un état constant de propreté, etc., etc.

La loi du 10 mai 1903 a interdit l'emploi du phosphore dans la fabrication des allumettes chimiques.

C'est avec le même souci de réglementation minutieuse que le Conseil fédéral a élaboré l'ordonnance du 26 mai 1903, en vertu des articles 120 e et 139 a de la Gewerbeordnung, à l'effet de prévenir les maladies du plomb, dans les fabriques de couleurs plombiques : interdiction de manger dans les ateliers, de fumer, chiquer, priser, d'y apporter des aliments et boissons mêmes enfermés dans des paniers ; obligation de se laver les mains, le visage, de se rincer la bouche avant les repas, et au sortir des ateliers ; de porter des surtouts spéciaux pendant le travail, etc [1].

Autriche. — L'article 74 du Code industriel impose aux patrons l'obligation de munir les machines, engins dangereux, etc..., d'appareils protecteurs, destinés à éviter les accidents et d'assurer la propreté, l'éclairage, la ventilation des locaux, de remédier aux exhalaisons et poussières dangereuses, etc... L'assurance obligatoire contre la maladie (*L. 30 mars 1888 et 4 avr. 1889*), et contre les accidents (*L. 28 déc. 1887 et 20 juill. 1894*) doit également y fonctionner conformément aux lois.

Belgique. — L'arrêté royal du 21 septembre 1894 renferme la plupart des prescriptions de la réglementation française : propreté, lavage, désinfection, peinture, cimentage, résidus putrescibles, cube

---

1. La ville de Leipzig a pris, de même, un arrêté, du 15 juillet 1903.

d'air par ouvrier, aération, ventilation, eau potable, tisane hygiénique, repas hors de l'atelier, pour la salubrité, et les précautions à prendre à l'égard des mécanismes et engins dangereux, machines motrices, transmissions, pièces saillantes, machines-outils, monte-charges, ascenseurs, etc..., cuves et liquides corrosifs et brûlants, transmissions électriques, dangers d'incendie.

Le décret du 31 mai 1877 a arrêté la classification des établissements dangereux, insalubres ou incommodes.

Danemark. — La loi du 30 mars 1889, qui réglemente le travail des enfants, contient les prescriptions d'hygiène et de sécurité à eux applicables. La loi du 12 avril 1889, sur les mesures à prendre pour prévenir les accidents pouvant résulter de l'emploi des machines, reproduit les mesures à peu près communes à tous les pays. Les planchers voisins des machines doivent être sablés contre les dangers de glissade produits par l'huile de graissage.

En ce qui concerne l'encombrement des ateliers, la loi nouvelle du 1er juillet 1901 exige un minimum de 282 pieds cubes d'air par ouvrier et l'installation de ventilateurs mécaniques s'il est nécessaire. Les ateliers doivent être convenablement chauffés pendant la saison d'hiver et les patrons sont tenus de disposer des salles dans lesquelles les ouvriers pourront prendre leurs repas ; on doit également assurer dans ces salles une température convenable. Partout où cela sera praticable, des dispositions devront être prises pour permettre aux travailleurs de faire chauffer les aliments qu'ils apportent avec eux.

Espagne. — Il n'existe de prescriptions qu'en faveur des femmes, des adolescents et des enfants. La loi du 14 mars 1900 a créé divers comités provinciaux ou locaux, nommés par le ministre de la *gobernacion* (intérieur), chargés de veiller à ce que tout centre de travail soit dans des conditions de salubrité et d'hygiène et de discipline morale conforme aux bonnes mœurs. Un décret royal du 13 novembre 1900 détermine les conditions d'exécution de la loi du 14 mars 1900 [1].

États-Unis. — Les enfants et les femmes sont admis aux travaux insalubres ou dangereux, excepté au graissage et au nettoyage des

---

1. Voir Législation comparée : travail des femmes, des filles mineures et des enfants, ci-dessus.

machines en marche, — dans quelques États, — avant 18 ans. Les
prescriptions sur la tenue des ateliers, dans 13 États, sont identiques
à celles des autres pays, et dans 22 on exige des escaliers incombustibles ou échelles métalliques extérieures, pour l'évacuation en
cas d'incendie.

Italie. — Aucune loi spéciale. Les établissements sont soumis
seulement à certaines prescriptions édictées dans l'arrêté du 17 septembre 1886, en faveur des enfants, et à celles qu'imposent les autorités, en vertu des lois et règlements sur les établissements insalubres.

Finlande. — Les patrons doivent assurer la propreté, l'éclairage,
le chauffage et la ventilation des lieux de travail, préparer le sauvetage en cas d'incendie, et observer les prescriptions destinées à
prévenir les accidents. (*L. 15 avr. 1899.*)

Grande-Bretagne et Irlande. — Loi du 17 août 1901 sur les
fabriques et ateliers.

La législation anglaise concernant les fabriques et les ateliers se
composait des lois de 1878, 1883, 1891, 1895, 1897, qui, par leurs
dispositions diverses et leurs modifications successives, étaient devenues assez difficiles à consulter. L'ensemble de ces lois a été
refondu en une loi unique, formant un véritable code sur la matière. C'est la loi du 17 août 1901 sur les fabriques et ateliers.

Elle a apporté de nombreuses modifications à la législation précédemment existante. L'une des plus importantes est celle qui institue une procédure entièrement nouvelle pour l'établissement des
règlements sur les industries dangereuses et insalubres.

Auparavant une réglementation spéciale devait être faite pour
chaque fabrique ou atelier; il en résultait que des règlements différents s'appliquaient, suivant les endroits, à des industries analogues.
Chaque patron pouvait recourir à l'arbitrage au sujet de l'établissement de ces règlements, mais les ouvriers n'avaient aucun moyen
de faire entendre leur voix.

La nouvelle procédure, au contraire, donne à toutes les personnes
intéressées, ouvriers ou patrons, le droit ou le moyen de présenter
leurs objections.

Quand le secrétaire d'État juge qu'un mécanisme, outillage, un
procédé de fabrication ou une méthode particulière de travail, une
opération quelconque est insalubre ou dangereuse pour les travailleurs, il peut rédiger un projet de règlement à ce sujet. Il doit

publier ce projet et toute personne intéressée, patron ou ouvrier, peut adresser par écrit, au secrétaire d'État, les objections qu'elle élève.

Si le secrétaire d'État tient compte de ces objections et modifie son règlement, il doit le publier, ainsi modifié, de la même manière que précédemment. Si le secrétaire d'État ne se rend pas aux observations qui lui sont présentées, il doit, avant de faire définitivement son règlement, prescrire une enquête. Cette enquête doit être faite publiquement et toute personne intéressée peut y être entendue.

Le règlement, pour être définitif, doit être déposé sur le bureau des deux Chambres, qui ont un délai de quarante jours pour l'annuler. Le règlement ainsi établi devient applicable dans toutes les fabriques et ateliers dans lesquels le procédé de fabrication réputé dangereux ou insalubre est employé.

Les autres modifications apportées par la loi sont les suivantes :

Relativement à l'hygiène, la loi édicte des prescriptions concernant la ventilation des ateliers, l'écoulement des eaux sur les planchers, le cube d'air exigé dans le cas où les locaux de travail servent de dortoir pendant la nuit, la température des ateliers. Défense est faite de prendre les repas dans les ateliers où l'on met en œuvre des matières toxiques qui peuvent donner naissance à des poussières ou à des vapeurs.

Relativement à la sécurité, pour la première fois, des mesures sont prises au sujet des chaudières à vapeur, qui devront toutes être munies d'une soupape de sûreté, d'un manomètre et d'appareils indicateurs du niveau de l'eau. Toute chaudière doit être visitée à fond, au moins tous les quatorze mois, par une personne compétente. Il est défendu d'employer les enfants au nettoyage des machines ou des endroits placés sous les machines, sauf sous l'arbre de transmission. Il est interdit d'employer les adolescents au nettoyage des machines en marche. Les mesures à prendre pour permettre au personnel de s'échapper en cas d'incendie, sont développées.

Pour le travail à domicile, les patrons et entrepreneurs doivent adresser aux autorités du district la liste des personnes qu'ils emploient en dehors de l'atelier. Des mesures spéciales peuvent être prises par le conseil de district quand le travail à domicile est effectué dans des conditions dangereuses ou insalubres. Quand une maladie infectieuse a été signalée dans une maison, le conseil de district peut interdire de donner du travail à emporter à toute personne habitant ou travaillant dans cette maison.

Les prescriptions relatives à la location de force motrice, et qui imposaient certains devoirs au propriétaire, sont maintenant étendues aux exploitants dans certains cas. Les locations de force motrice sont, en outre, soumises à un certain nombre de prescriptions de la présente loi.

La loi prescrit des règles spéciales pour certains établissements : les boulangeries (usage des sous-sols interdit à partir de 1904, sauf autorisation après examen de la construction, clarté, ventilation), tissages du coton, fabriques à atmosphère humide ; extension des mesures concernant les docks à toutes les entreprises et appareils y fonctionnant ; voies ferrées, etc...

Enfin l'obligation est faite aux patrons de tenir un registre général où seront consignées les dispositions légales qui les concernent, de fournir des tableaux de leur personnel, etc., etc.

A signaler enfin le règlement du 19 juin 1903 sur la taille des limes à la main.

La police sanitaire est confiée à des autorités locales représentées par un comité d'hygiène (*Local board of health*), qui font appliquer les nombreuses lois sur la santé publique : *Act for promoting the public health*, 1848, *Local government Acts* de 1858, 1861, 1863, et surtout *Public health Act, 1875*, qui a remanié et codifié les prescriptions des lois antérieures, et dont les articles 91, 94, 95, 112, 114, etc..., énumèrent et réglementent les établissements incommodes, dangereux ou insalubres pour ceux qui y sont employés, avec les pénalités encourues par les contrevenants.

Australie et Nouvelle-Zélande. — Les prescriptions relatives à l'hygiène et à la sécurité dans l'industrie se trouvent éparses parmi les règlements mêmes du travail.

Hongrie. — L'article 88 de la loi du 18-21 mai 1884 défend d'exiger de l'ouvrier un travail excédant sa force physique et sa constitution ; les articles 94, 95, 98 et 114 prévoient le renvoi de l'ouvrier qui compromet la sécurité de l'établissement par son imprudence, ou qui est atteint d'une maladie contagieuse ou répugnante ; — autorisent son départ volontaire, si sa vie ou sa santé se trouvent compromises en cas de continuation du travail ou si le patron ou ses proches l'excitent ou excitent des membres de sa famille à des

actes immoraux; — imposent au patron l'obligation de donner à
ses ouvriers, s'il les loge, des habitations saines et convenables; —
forcent le patron à prendre et à exécuter dans ses ateliers toutes les
dispositions capables d'assurer l'hygiène et la sécurité des ouvriers.
Assurance obligatoire contre la maladie.

L'article 23 donne la liste des établissements dangereux et règle,
avec l'article 42, les formes de leur création. Par l'article 118 les patrons peuvent fournir aux ouvriers, avec leur consentement, des
soins médicaux et divers objets de première nécessité, autres que des
boissons spiritueuses, en déduction sur leurs salaires.

Luxembourg. — La loi du 15 juin 1903 autorise le gouvernement
à prendre les mesures nécessaires de sécurité et de salubrité des locaux industriels. Les inspecteurs du travail sont chargés de l'exécution de la loi et de la constatation des infractions.

Norvège. — La loi du 27 juin 1892 (art. 4 à 14) réglemente dans
les plus grands détails l'hygiène et la sécurité : sauvetage en cas
d'incendie, largeur des passages autour des machines, précautions
contre les explosions de gaz, propreté, nettoyage, peintures, graissage, clôturage, embrayage, débrayage, trappes, puits, caves, récipients, etc... etc... C'est l'une des plus complètes.

L'article 15 donne aux inspecteurs les pouvoirs les plus étendus
pour l'application de la loi.

Pays-Bas. — La loi du 2 juin 1875 réglemente et classifie les établissements dangereux ou insalubres. Divers projets de loi, dont
l'un déposé en 1893, doivent concourir à la législation sur l'hygiène
et la sécurité des établissements industriels.

Portugal. — C'est aux inspecteurs, dont les pouvoirs sont très
étendus, que la loi du 14 avril 1891 confère le soin, en ses articles 28, 29, 30, d'assurer l'hygiène et la sécurité des travailleurs.
C'est par des injonctions aux patrons qu'ils remédient à toutes les
défectuosités de machinisme présentant des causes de danger. Si
l'industriel n'obtempère pas aux injonctions des inspecteurs, il devient responsable des accidents qui peuvent survenir.

Russie. — Les établissements industriels sont placés en Russie
sous un régime d'étroite surveillance. C'est un des pays où les mesures d'hygiène et de sécurité, comme toutes les autres relatives au
travail, sont le plus étendues.

Tout récemment encore l'*Officiel* russe a publié une loi réglementant le service des chaudières dans les mines, d'après laquelle un ouvrier ne doit pas être chargé du service de plus de deux chaudières chauffées au charbon ou au bois; de plus de quatre chauffées à l'huile de naphte, et de plus de cinq chauffées au gaz. En même temps, des surveillants doivent être commis, à raison d'un par cinq chaudières.

Suède. — La loi du 10 mai 1889 sur la protection contre les dangers de l'industrie, prévoit toutes les mesures qui sont l'objet des lois similaires dans les autres pays, et de la façon la plus détaillée.

Suisse. — La loi fédérale du 24 mars 1877, en son article 2, oblige les industriels à prendre « pour protéger la santé des ouvriers et pour prévenir les accidents », toutes les mesures dont l'expérience a démontré l'opportunité. Suit le détail de ces mesures.

Les travaux dangereux, insalubres ou trop fatigants peuvent donner lieu à une réduction, fixée par le conseil fédéral, de la durée de la journée de travail. Ils peuvent être interdits aux adolescents et aux femmes enceintes. Les femmes ne peuvent jamais être employées au nettoyage des moteurs en marche, des transmissions et des machines dangereuses.

En outre, de nombreuses lois cantonales protègent en Suisse le personnel des hôtels et cafés. Cela est nouveau, presque unique encore, et la protection est poussée assez loin [1].

Petite industrie et commerce. — Alors qu'en France est toute récente la protection du travail dans la petite industrie et le commerce, les mesures tutélaires en faveur des ouvriers et employés de ces catégories ont déjà pullulé à l'étranger.

L'*Allemagne*, par la loi du 30 juin 1900, portant modification à la « Gewerbeordnung », a réglé strictement la situation des ouvriers et employés du commerce.

Dans les magasins de vente ouverts au public et les bureaux (comptoirs) et magasins de marchandises y attenant, un repos ininterrompu d'au moins dix heures doit être accordé aux employés, apprentis et ouvriers, une fois leur journée de travail terminée. Dans les communes de 20 000 habitants, le repos doit être d'au moins onze heures. Des règlements locaux fixent la durée du repos

---

1. On en trouvera le détail ci-dessous.

dans les localités plus petites. Pendant la durée du travail, il doit être accordé un repos de midi convenable, d'au moins une heure et demie pour le personnel qui prend ses repas hors du bâtiment où se trouve le magasin.

Les dispositions qui précèdent ne s'appliquent pas : 1° aux travaux urgents en vue d'empêcher la détérioration des marchandises ; 2° à l'inventaire légal, aux déménagements et nouvelles installations ; 3° et en outre pendant certains jours de tolérance, dont le nombre ne peut excéder trente par an.

De 9 heures du soir à 5 heures du matin, les magasins de vente doivent être fermés au public. Si, au moment de la fermeture, des clients se trouvent encore dans le magasin, ils peuvent être servis.

Les magasins de vente peuvent rester ouverts au public au delà de 9 heures du soir, et sans qu'il puisse être dérogé toutefois à la prescription du repos ininterrompu de dix heures :

1° Dans les cas de nécessité imprévue ;

2° Pendant quarante jours au plus, fixés par la police locale, sans toutefois dépasser 10 heures du soir ;

3° Sur l'autorisation de l'administration supérieure, dans les villes au-dessous de 2 000 habitants, ainsi que dans les communes rurales, lorsque, dans ces localités, les opérations commerciales ne s'effectuent, la plupart, qu'à certains jours de la semaine ou à certaines heures de la journée.

Pendant la durée de la fermeture obligatoire des boutiques, il est défendu de mettre en vente des marchandises sur les chemins, rues, places et autres lieux publics, comme aussi de maison en maison, sans commande préalable, qu'il s'agisse ici d'un commerce à une place fixe ou du colportage. Des exceptions peuvent être accordées par la police locale.

Sur la demande d'au moins deux tiers des patrons intéressés, l'administration supérieure, les autorités communales entendues, peut ordonner, pour une commune ou plusieurs communes voisines, la fermeture des magasins de vente, soit à certaines époques, soit pendant toute l'année, de 8 ou 9 heures du soir à 5 ou 7 heures du matin. Cette ordonnance peut s'appliquer, soit à certains genres de magasins, soit à tous les magasins à la fois.

Sur la demande d'au moins un tiers des patrons intéressés, l'administration supérieure peut les inviter, par la publicité d'usage

local ou par avis spécial, à se prononcer pour ou contre la fermeture des magasins, dans les conditions de l'alinéa précédent. Lorsque les deux tiers des votants se prononcent pour la fermeture,
l'autorité doit prendre des mesures à cet effet. Il appartient au Conseil fédéral de fixer la façon dont on déterminera le quorum à
atteindre par les propriétaires de magasins.

Pendant la durée de la fermeture obligatoire des boutiques, il est
interdit de vendre ou de proposer celles des marchandises qui y
sont débitées, sur les chemins, routes, places ou autres lieux publics,
comme aussi, sans commandes préalables, de maisons en maisons,
qu'il s'agisse ici d'un commerce à une place fixe ou du colportage.
Des exceptions peuvent être admises par la police locale. L'ordonnance du 25 janvier 1902 détermine la marche à suivre pour
obtenir la prorogation de l'heure de fermeture des magasins : nomination d'un commissaire enquêteur, examen de la liste des péti-
tionnaires et du bien-fondé des oppositions, d'autre part, constatation de la majorité des deux tiers.

Les autorités de police sont qualifiées pour édicter, par voie d'ordonnance, vis-à-vis de magasins déterminés, telles mesures apparemment praticables eu égard à la nature de l'établissement, et que
semble nécessairement comporter l'application des principes contenus au Code de commerce [1], tant au point de vue de l'installation
et de l'entretien des locaux, des dispositifs et appareils affectés à
l'exploitation, que sous le rapport de la réglementation de cette
exploitation.

Par un arrêté du Conseil fédéral, peuvent être édictées des prescriptions sur les conditions auxquelles doivent satisfaire les magasins, ateliers et dépôts de marchandises, et leur mode d'installation,
ainsi que les machines et appareils, afin de réaliser les principes
contenus au Code de commerce. En tant que de telles prescriptions
ne sont pas édictées par un arrêté du Conseil fédéral, elles peuvent
l'être par une ordonnance des autorités compétentes.

Les obligations du patron, dûment créées par le Code de com-

---

1. Le paragraphe 62, alinéa 1, du Code de commerce est ainsi conçu : « Le patron
est tenu d'installer et entretenir les magasins et les dispositifs et appareils affectés
à l'exploitation, comme aussi de régler l'ensemble des services et la durée du travail, de telle manière que la santé de l'employé soit, dans la mesure permise par la
nature de l'exploitation, à l'abri de tout danger, et que la moralité et la décence soient
sauvegardées. »

merce, s'imposent, dans la mesure convenable, pour les endroits où existe une école professionnelle reconnue par l'État ou la commune, à l'égard de la fréquentation d'un pareil établissement. Le patron doit tenir la main à ce qu'employés et apprentis au-dessous de 18 ans aillent à l'« école de perfectionnement professionnel », et surveiller leur assiduité aux cours.

Pour tout magasin où sont d'ordinaire occupés au moins vingt employés et apprentis, il y a lieu d'établir un règlement de travail dans les quatre semaines qui suivent l'ouverture de l'exploitation.

Les parties ne sauraient convenir, dans le contrat de travail, de motifs de renvoi ou de départ autres que ceux prévus dans le règlement du travail ou au Code de commerce.

Les amendes prononcées seront portées sur un état qui devra indiquer le nom de la personne punie, le jour de la peine, comme aussi le motif et le montant, et être soumis en tout temps, sur réquisition, à l'examen des autorités de police locales.

Les dispositions qui précèdent s'appliquent à l'exploitation des coopératives de consommation et autres sociétés.

La question de l'extension aux ateliers de famille, et à ceux notamment de l'industrie du vêtement, des prescriptions édictées pour les usines et manufactures, a été mise à l'étude après enquêtes.

En *Angleterre,* la loi de 1878 sur les fabriques et ateliers prescrit, en ses articles 34 à 36, en ce qui concerne les boulangeries établies dans une ville de plus de 5 000 habitants, les mesures suivantes :

1° Peinture à l'huile, vernissage, blanchiment à la chaux, de sept en sept ans, de tous les murs intérieurs, plafonds, voûtes, couloirs et escaliers et, en outre, lessivage à l'eau chaude et au savon au moins tous les six mois ;

2° Interdiction d'employer comme chambre à coucher aucune pièce située au même niveau que le fournil et faisant partie du même bâtiment, à moins qu'elle ne soit séparée de ce fournil par une cloison s'étendant du plancher au plafond et éclairée par une fenêtre extérieure et vitrée dont la loi détermine les dimensions. Sanction pénale : amende de 20 shillings, et, en cas de récidive, 5 livres.

La loi du 6 juillet 1895, ayant pour but d'amender et d'étendre la loi relative aux fabriques et ateliers, abroge tout ce qui limitait l'application de la loi aux localités de plus de 5 000 habitants. Et elle ajoute qu'« aucun sous-sol ne pourra être utilisé comme boulangerie, à moins qu'il n'ait été employé à cet usage avant la mise en vigueur de la loi ».

Une ordonnance du 11 décembre 1901 soumet l'obligation de donner la liste des ouvriers à domicile, ainsi qu'aux règlements sur le travail dans les établissements insalubres, édictés respectivement par les articles 107 et 108 de la *Factory and Workshop Act, 1901*, les industries à domicile suivantes : la fabrication, le nettoyage, le lavage, la transformation, l'ornementation, l'apprêtage, le raccommodage de vêtements ainsi que tous travaux similaires ; la fabrication, l'ornementation, le régalage et le finissage de la dentelle, des rideaux ou d'autres articles de passementerie ; la fabrication d'articles d'ébénisterie ou d'ameublement et les travaux de tapisserie ; la fabrication d'articles d'alfénide (alliage de cuivre, zinc et nickel) ; la fabrication de livres et la dépilation des fourrures.

Tous ces travaux sont aussi soumis aux dispositions de l'article 110 (interdiction du travail à domicile dans les locaux où règne une maladie contagieuse) de la Factory and Workshop Act, 1901.

L'ordonnance du 14 juillet 1902 rend applicables les dispositions des mêmes articles 107 (concernant les listes d'ouvriers à domicile) et 108 (sur le travail dans les établissements insalubres) aux catégories de travaux qui suivent : fabrication des câbles et des chaînes en fer et en acier, d'ancres et de chattes en fer et en acier d'engrenages, y compris les rouets, anneaux, boucles, boucles à rouleau, « mullin bits », caisses, etc., la fabrication de serrures, loquets et clefs.

Une ordonnance de la même date réglemente les tarifs d'après lesquels doivent être payés les ouvriers à domicile qui fabriquent des serrures, des loquets, des clefs, avec sanctions d'amende contre le patron qui contreviendrait aux prescriptions.

En *Nouvelle-Zélande*, d'après la loi de 1894 sur les magasins et employés de magasins, les magasins ou comptoirs doivent être tenus proprement ; ils seront protégés contre toute émanation provenant des égouts, latrines et contre toutes autres mauvaises odeurs ; ils seront ventilés d'une façon pratique et efficace. On aménagera des water-closets ou latrines en nombre suffisant et, si la maison occupe des personnes des deux sexes n'appartenant pas à la même famille et travaillant dans les mêmes locaux, il conviendra d'établir des water-closets spéciaux pour chaque sexe et bien séparés.

Au *Canada,* la loi d'Ontario fait des règlements pour assurer le bien-être physique des employés. Les boutiques doivent être bien aérées, exemptes d'émanations d'égouts, etc...; elles ne doivent pas être encombrées par des employés, lorsque le travail a lieu de manière à nuire à la santé des employés. Il doit y avoir aussi un nombre suffisant de latrines propres et bien aérées, avec des entrées séparées pour les hommes et pour les femmes.

De plus, outre ce qui est exigé relativement aux appareils de chauffage, il y aura dans chaque boutique ayant plus de deux étages de hauteur, dans chaque pièce au-dessus du rez-de-chaussée, ou dans autant de pièces ou pour autant de fenêtres dans chaque pièce que l'inspecteur jugera nécessaire, un câble en fer, bien fixé, n'ayant pas moins de trois quarts de pouce de diamètre et d'une longueur suffisante pour atteindre le sol, de la pièce où il est fixé. Dans le cas de danger particulier, en cas d'incendie dans une boutique ayant plus de trois étages de haut, le lieutenant gouverneur en conseil peut, au moyen d'un règlement, demander la construction d'appareils de sauvetage consistant en plates-formes en fer, en dehors de l'édifice avec des rampes et des escaliers à chaque étage, y compris le comble lorsqu'on s'en sert pour l'usage de la boutique ; il doit y avoir accès facile de l'intérieur de l'édifice aux escaliers.

En *Autriche,* la loi du 8 mars 1885, modifiant et complétant la loi sur l'industrie, comprend, sous la dénomination de travailleurs salariés (Hilfsarbeiter), sans distinction d'âge ni de sexe, tous les travailleurs qui sont régulièrement employés dans les entreprises, à savoir :

a) Les *commis* et ouvriers de métier, les *garçons de café et de restaurant,* les cochers dans les entreprises de transports, etc.

Tout chef d'entreprise est tenu d'installer et d'entretenir à ses frais tous les dispositifs concernant les locaux de travail, machines et appareils, qui, en tenant compte des conditions de l'industrie ou de l'établissement, sont nécessaires pour protéger la vie et la santé des travailleurs.

Entre autres devoirs, le chef d'entreprise doit avoir soin que, pendant tout le temps du travail, les locaux soient le plus possible, eu égard à la nature du travail, tenus propres et sans poussière, que l'air se renouvelle d'une manière proportionnée au nombre des ouvriers et au mode d'éclairage et remédie aux exhalaisons nuisibles, et, notamment, que dans les industries chimiques, l'exploitation et la manipulation soient organisées de la manière la moins préjudiciable à la santé des travailleurs.

En *Belgique*, par la loi du 2 juillet 1899, concernant la sécurité et la santé des ouvriers employés dans les entreprises industrielles et *commerciales*, le Gouvernement est autorisé à prescrire les mesures propres à assurer la salubrité des ateliers ou du travail et la sécurité des ouvriers dans les entreprises industrielles et *commerciales* dont l'exploitation présente des dangers, même lorsqu'elles ne sont pas classées comme dangereuses, insalubres et incommodes. Ces mesures peuvent être imposées tant aux ouvriers, s'il y a lieu, qu'aux patrons ou chefs d'entreprises. Le Gouvernement est également autorisé à prescrire la déclaration des accidents du travail qui surviennent dans ces entreprises.

Sont exceptées les entreprises où le patron ne travaille qu'avec des membres de sa famille habitant chez lui ou avec des domestiques ou gens de la maison.

Aux *États-Unis*, dans l'État du Missouri, en vertu de la loi du 29 mai 1899, concernant l'hygiène et la durée du travail dans les boulangeries, toutes chambres et tous bâtiments occupés par des boulangeries, pâtisseries ou confiseries, devront être pourvus d'égouts et de tuyaux de décharge de nature à assurer la propreté des locaux, ainsi que de baies d'aérage, de fenêtres et de ventilateurs propres à y maintenir une ventilation convenable. Les meubles et ustensiles seront disposés de telle sorte que les meubles et le plancher puissent être tenus dans un état de continuelle propreté; les water-closets ou fosses d'aisances ne pourront se trouver à l'intérieur des chambres à four, ni communiquer avec celles-ci. — La farine préparée devra être tenue dans des locaux parfaitement propres, secs et convenablement ventilés, disposés de telle sorte que le parquet, les bacs et les appareils destinés à l'emplacement de la farine puissent être aisément et complètement nettoyés. — Les locaux qui doivent servir de dortoirs aux personnes occupées dans lesdites boulangeries devront être distincts et séparés du local ou des locaux où la farine ou bien les substances analogues sont fabriquées ou emmagasinées, ou qui servent à emmagasiner la farine et les autres produits employés pour la préparation ou la fabrication desdites substances.

Aucun employeur ne pourra sciemment obliger, autoriser ou admettre un ouvrier à travailler dans ces ateliers quand cet ouvrier sera atteint de phtisie pulmonaire, de scrofule ou de maladie de la peau de nature contagieuse ; et toute personne occupée à la préparation ou à la manipulation desdits produits est requise, en vertu de la présente loi, de s'entourer des soins nécessaires de propreté au cours de son travail.

C'est le *labour commissioner* ou son adjoint qui surveille l'application de la loi. Un exemplaire en doit être affiché à une place bien en vue dans toute boulangerie ou confiserie.

A *New-York* (L. 13 mai 1897) les locaux servant à cuire le pain ou la pâtisserie doivent être drainés et ventilés convenablement.

Tout local employé à la fabrication de produits alimentaires au moyen de farine aura au moins 8 pieds de hauteur, et sera muni, si l'inspecteur du travail le juge utile, d'un parquet imperméable ; les murs en seront plâtrés. L'inspecteur pourra faire blanchir les murs et le plafond au moins tous les trois mois. Les produits fabriqués seront placés dans des locaux aérés et secs.

Il y aura un lavabo et des water-closets séparés du local où l'on cuit et de celui où l'on dépose les produits achevés. Il est défendu de dormir dans le local où l'on cuit. Les pièces destinées au repos seront séparées de celles où l'on fabrique ou dépose les produits. L'inspecteur pourra faire apporter les changements nécessaires aux locaux employés comme boulangeries.

En *Pensylvanie*, par la loi du 27 mai 1877, sur les boulangeries, les prescriptions concernant le drainage, plâtrage et entretien des locaux où l'on fabrique et emmagasine des produits fabriqués au moyen de la farine sont les mêmes que pour l'État de New-York.

Quant au travail à domicile la loi du 27 mars 1902, dans le *Maryland,* en a prononcé l'interdiction autrement que pour les membres d'une même famille, pour le vêtement, la lingerie, la pelleterie, les bourses en argent, les plumes et les fleurs artificielles, les cigares et cigarettes ; mais, dans le cas là, il n'en faut pas moins une permission des autorités qui peuvent la refuser, après inspection des lieux de travail, pour des raisons d'ordre sanitaire. Les maisons, qui veulent donner à l'industrie à domicile la confection des articles précités, doivent se procurer à cet effet, jusqu'au 1er juillet de chaque année, l'autorisation administrative et produire un état nominatif de leurs ouvriers en chambres; l'autorisation sera affichée sur le lieu du travail. Le personnel de l'inspection est augmenté à l'occasion de cette loi, qui, s'inspirant de celle de *Massachussets,* va d'ailleurs beaucoup plus loin, sous maint rapport.

La *Suisse* se signale particulièrement par la protection accordée au personnel des hôtels, auberges et cafés. Presque tous les cantons ont édicté des règlements tutélaires.

A *Bâle,* le surmenage du personnel est interdit. Les jeunes filles au-dessous de 18 ans, qui n'appartiennent pas à la famille du patron, ne doivent pas être employées au service.

Dans tout hôtel ou café, la besogne doit être distribuée de telle sorte, que 7 heures au moins de sommeil par 24 heures, sans interruption, soient assurées à tout le personnel. — Il a droit au moins à 6 heures de liberté par semaine, un après-midi. (*L. 19 déc. 1887.*)

A *Saint-Gall,* les personnes affectées spécialement à l'exploitation de cafés et d'hôtels peuvent être occupées, dans la mesure des nécessités du service, le soir, jusqu'à l'heure de la fermeture réglementaire, et même au delà, pendant les nuits où la police a permis à ces maisons de rester ouvertes. Néanmoins, il doit, en tout cas, être accordé au personnel 8 heures de repos pour le moins.

A supposer que le patron, eu égard à la bonne marche de sa maison, ne puisse donner congé à ses gens le dimanche, il est tenu de leur accorder une demi-journée au cours de la semaine. Pour les établissements, dans les stations thermales et balnéaires, et durant les mois d'été, il peut être dérogé à cette disposition avec l'agrément du conseiller gouvernemental.

Les jeunes filles au-dessous de 18 ans, qui n'appartiennent pas à la famille du patron, ne doivent pas être affectées à un service permanent. (*L. 18 mai 1893.*)

A *Glaris,* la loi du 8 mai 1897 reproduit l'article de Saint-Gall avec cette différence que la période de sommeil ininterrompue est portée à 9 heures.

A *Lucerne,* on est tenu d'accorder, dans tous les cas, aussi bien aux demoiselles de magasin qu'aux filles de salle, une période de repos de huit heures consécutives, à prendre la nuit, et en outre, de leur donner congé chaque semaine pendant une demi-journée (soit 5 heures au moins).

Les dimanches et jours fériés, elles doivent pouvoir disposer, dans la matinée, d'au moins 2 heures, pour l'accomplissement de leurs devoirs religieux. (*L. 29 nov. 1895.*)

A *Zurich,* le patron doit le logement à ses employés, s'ils n'habitent pas dans leur propre famille. — Il doit être accordé au personnel, entre 8 heures du soir et 8 heures du matin, pour le moins huit heures d'un repos ininterrompu ; en conséquence, il n'est pas permis de requérir d'eux un service quelconque, passé minuit. — Exceptions : pour tout le canton, la Saint-Sylvestre, etc... (*suit une liste de jours fériés*) ; pour les communes, les fêtes patronales et communales, foires, etc... ; pour les cafés respectifs, les divers motifs de réunion, tels que bals, clubs..., avec cette réserve que de pareilles occasions soient séparées par un intervalle d'au moins quarante-huit heures. Le patron doit, dans chaque cas, aviser à temps la police locale.

A tout employé, il doit être donné une fois la semaine, au moins six heures consécutives de liberté, entre 8 heures du matin et 8 heures du soir.

Les jeunes filles au-dessous de 20 ans révolus et n'appartenant pas à la famille du patron, ne doivent pas être affectées à un service permanent, non plus que les jeunes garçons au-dessous de 16 ans accomplis.

Tous les hôtels et cafés doivent être fermés à tout le monde, sauf aux voyageurs, les jours fériés, jusqu'à 11 heures du matin. Il est loisible aux communes d'appliquer cette disposition également aux dimanches ordinaires. (*L 31 mai 1896.*)

A *Neuchâtel,* repos minimum de neuf heures pour les filles de salle. Exclusion des jeunes filles au-dessous de 18 ans. — Pour les quatre dimanches du mois, deux matinées et deux après-midi de liberté. (*L. 19 mai 1896.*)

A *Berne,* dans tous les hôtels et cafés assujettis à la patente....., le personnel affecté exclusivement à l'exploitation doit être libre une demi-journée par semaine. Deux de ces demi-journées de congé doivent tomber un dimanche dans le courant du mois. — Sont exceptées les personnes qui, commises à la conduite des affaires, sont qualifiées pour représenter le patron dans telle ou telle

branche importante de la maison, ainsi que les personnes chargées
de la direction des cuisines.

A la requête écrite et dûment motivée d'un patron, la suspension
temporaire des jours de repos légaux peut être accordée pour certains services. Ces autorisations sont délivrées, pour une durée
maxima de 2 semaines, par le préfet; pour une plus longue période, par le conseiller du Gouvernement. En tout cas, il doit être
réservé aux employés au moins 6 heures consécutives de liberté, à
prendre le jour. — Le préfet n'a pas qualité pour délivrer deux autorisations successives, au sujet du même emploi, dans le cas où
leur validité serait, au total, de plus de 2 semaines. Il est tenu, pour
tout permis par lui délivré, d'aviser en même temps la direction de
l'intérieur. (*Règl. 26 nov. 1895.*)

En *Hongrie*, enfin, le Gouvernement a récemment élaboré, sur
les conditions du travail des employés de commerce, un projet de
loi dont voici les grandes lignes :

Tout d'abord, sous la dénomination : *Employés de commerce*
(*Handelsangestellte*), sont rangés, non seulement les employés
de magasins (*Handlungsgehilfen*), mais aussi les employés de bureaux et d'administrations privées (*Privatbeamte*).

La durée maxima du travail est fixée à 12 heures, sauf exceptions
prévues. Les heures supplémentaires comportent une rétribution
extraordinaire. Les dispositions préexistantes sur le repos dominical des ouvriers dans l'industrie s'étendent, pour les magasins ouverts au public, aux autres jours fériés. Le patron doit accorder à
son personnel un repos de midi convenable, et, d'autre part, un
congé payé d'au moins une semaine par an ou de 15 jours tous les
2 ans.

Les appointements seront payables au plus tard à la fin de
chaque mois. Le projet réglemente, d'ailleurs, le mode de participation des employés aux bénéfices, ainsi que les gueltes et autres
primes en usage.

Sont rigoureusement déterminées les conditions exceptionnelles
dans lesquelles l'employé peut quitter son patron ou bien être renvoyé sans délai de congé, et celles où, en cas, soit de renvoi, soit
de départ volontaire, il ne peut ouvrir un commerce à son compte.
La rupture du contrat de travail sans congé préalable, lorsqu'elle
est illégale, entraîne, pour la partie fautive, l'obligation de verser

à l'autre une indemnité. Dans le cas où elle est due à l'employé, elle est toujours équivalente, soit aux appointements qu'il aurait touchés jusqu'au terme de l'engagement contracté, soit à ceux qui correspondent au délai de congé réglementaire.

Les maladies ou accidents éventuels au cours du service n'empêchent point l'employé, mais seulement trois mois durant, de toucher son traitement. D'autre part, le patron peut, si le malade ou la victime est membre d'une caisse de maladies dans le sens de l'article de loi xiv, année 1891, défalquer des appointements le secours total versé par cette institution. Dans le cas d'une incapacité de travail permanente ou d'un décès, conséquence de quelque maladie, accident ou infirmité non imputable à une faute de l'employé, son patron est tenu de verser, à lui, à sa veuve ou à ses enfants orphelins, au moins la moitié ; après 10 ans de service, la totalité ; et après 20 ans, le double du traitement annuel.

Le patron peut infliger des amendes, à raison d'irrégularités et de négligences, mais leur totalité au cours d'un même mois ne saurait excéder le dixième des appointements mensuels.

Dans l'hypothèse d'une faillite de l'établissement, l'employé est privilégié, et il a recours à la fois sur le failli et son successeur légal, tous deux solidaires.

La loi s'applique aux employés actuellement en service ; leur contrat de louage, à établir désormais par écrit, doit être dressé dans un délai de soixante jours.

Les amendes pour infractions à la loi peuvent s'élever jusqu'à 600 couronnes.

On voit, par ce court résumé des législations étrangères, que la République française a été devancée, dans cette œuvre d'humanité relative à l'hygiène et à la sécurité des travailleurs, par nombre de peuples grands et petits, empires et monarchies, dont les constitutions ne portent pas en exergue la devise de toutes les démocraties : Fraternité.

La réglementation des industries en Allemagne est particulièrement abondante et minutieuse.

IV. — ACCIDENTS DU TRAVAIL. RÉPARATION CIVILE

1. La loi des 9 avril 1898-22 mars 1902.
2. Domaine d'application.
3. Indemnités.
4. Garanties de payement.
5. Procédure.
6. Législation comparée.

Jurisprudence. — La loi de 1898-1902 étant d'une mise en œuvre, à bien des points de vue, excessivement délicate, on trouvera, en notes à leur place, et à la suite de chaque paragraphe, d'importants et nombreux arrêtés de jurisprudence, destinés à éclairer la matière.

1. — La loi des 9 avril 1898-22 mars 1902.

Le risque professionnel. Historique. Date d'application. Colonies. La loi du 9 avril 1898 est d'ordre public. Affichage.
Principes généraux de la loi 1898-1902. Résultats bienfaisants.

Le risque professionnel. — Les responsabilités dont les ouvriers sont victimes dans leur travail ont été longtemps soumises au droit commun. Le Code civil, en la matière, était aussi simple que draconien, ne laissant à l'ouvrier, sous l'empire de l'article 1382, qu'un recours exceptionnel et incertain contre les risques que comporte l'exercice naturel de sa profession.

Blessé ou mortellement atteint, l'ouvrier — ses ayants droit en cas de décès, — n'avait droit à une indemnité que s'il réussissait à démontrer que le patron avait commis une faute [1]. Cette preuve judiciaire lui incombait dans des circonstances les plus difficiles, étant dans le dénuement et l'affaissement moral qui suivent l'accident, sans expérience de la procédure, et ne pouvant compter sur les témoignages sincères de camarades appelés à déposer contre le patron. Les procès qui en résultaient, aléatoires quant au résultat, étaient longs et onéreux. Aussi les victimes d'un accident, ou leurs ayants droit, transigeaient-elles, de guerre lasse, pour une somme dérisoire.

Et s'il est vrai, en revanche, dans le cas où la preuve de la faute

---

1. Voir notamment les arrêtés suivants : *Cass., 15 avr. 1889; 5 avr. 1894.* Une tendance nouvelle, dans le sens de la responsabilité légale ou du fait des choses, en vertu de l'article 1384 du Code civil, s'accuse cependant dans certains arrêts de Cours : *Douai, 11 nov. 1889; Orléans, 10 mai 1890,* lorsque la preuve est faite de la défectuosité de l'outillage.

du patron était administrée, que la réparation du préjudice subi
devait être intégrale — à moins qu'il n'y eût cependant, à la fois
faute du patron et faute de la victime, entraînant un partage de
responsabilité et, par voie de suite, une atténuation de l'indemnité —
d'autre part, combien de cas dans lesquels l'ouvrier se voyait déchu
de tout droit à une réparation ? Victime par exemple de sa propre
imprudence, si l'on peut appeler ainsi l'insouciance inévitable qu'a-
mènent avec soi l'habitude du péril, l'activité fébrile et la routine
du travail, il se voyait refuser tout dédommagement ; il était privé
de tout recours, dans les cas fortuits qui n'engagent aucune responsabilité définie, qui représentent plus de la moitié des accidents
industriels, et qui sont dus à des causes échappant à la raison
humaine, incapable de déjouer, même par les précautions les plus
attentives et les plus savantes, les coups de la fatalité aveugle, seule
responsable du malheur. En sorte que, sur dix accidents, à peine
un ou deux donnaient-ils ouverture à une pleine réparation [1].

Cette situation souverainement douloureuse et injuste pour les
travailleurs réclamait une réforme radicale. Elle avait été aggravée
par la transformation merveilleuse de l'industrie, l'emploi des moteurs et engins mécaniques et leur extension incessante, en un mot,
par l'universel développement des machines et les agglomérations
ouvrières, qui ont multiplié les risques et les dangers du travail
industriel.

L'application du droit commun de l'article 1382 ne répondait plus
à l'évolution économique du monde moderne. A une situation nouvelle il fallait un droit nouveau. Brisant les formules anciennes, le
législateur y a pourvu en introduisant dans cette matière le principe du *risque professionnel,* risque afférent à l'exercice d'une profession déterminée, indépendamment de la faute du patron ou de
l'ouvrier [2].

---

1. La statistique a permis d'établir que, sur 100 accidents, 25 peuvent être attribués à la faute de l'ouvrier, 20 à la faute du patron, 8 à la faute combinée du patron et de l'ouvrier, 47 à des cas fortuits ou de force majeure ou à des causes
indéterminées.

Bref, dans *72 accidents sur 100* le Code civil refusait à la victime tout dédommagement.

2. « Le risque professionnel a vaincu ou va achever de vaincre tous les obstacles
qui voulaient arrêter son essor foudroyant, tant il répond à un besoin universellement ressenti et comme à une sommation de la conscience humaine. » (A. Cheysson,
Rev. pol. et parl., 1895.)

Historique. — La doctrine du risque professionnel avant d'avoir conquis l'opinion et de s'être traduite en prescriptions législatives, a suscité de nombreuses controverses, de vives discussions, d'ardentes polémiques dans tous les pays. Aussi lui a-t-il fallu de longues années avant d'être acceptée d'abord par tous les grands peuples industriels d'Europe et approuvée en France.

Dès 1848, un membre du gouvernement, Vivien, aussi éminent comme jurisconsulte que comme homme politique, se risquait à introduire, en tant que ministre des travaux publics, dans son arrêté du 15 décembre, assez timidement, le principe du risque professionnel, déclarant qu'il « entendait assurer aux ouvriers employés dans le service des travaux publics, et, le cas échéant, à leurs familles, les secours dont ils pourraient avoir besoin par suite d'accidents survenus ou de maladies contractées dans les travaux ». Et pour motiver sa décision, il ajoutait que « les soins et les secours à donner aux ouvriers, en cas de maladies ou d'accidents éprouvés pendant les travaux, *constituent une charge réelle des entreprises, une dette imposée par les règles du droit* aussi bien que par la loi de l'humanité ».

Mais il fallait faire passer dans la législation générale ce principe, que Vivien formulait et sanctionnait par des mesures administratives, d'ailleurs sans lendemain, et dans le domaine restreint, seul, des entreprises de travaux publics. Des congrès ouvriers soulevèrent le douloureux problème de la réparation des accidents du travail, qui fut étudié au sein de congrès internationaux et semi-officiels de savants, d'ingénieurs, d'économistes, à Paris, à Berne, à Milan, à Bruxelles, jusqu'au jour où, en 1880, un député, ancien ouvrier lui-même, M. Martin Nadaud, se décida à porter la question devant la Chambre française.

Deux ans après, M. F. Faure reprenait la proposition de Martin Nadaud, proclamant la théorie du risque professionnel en termes qui résument et confirment toute la doctrine : « C'est à notre avis, disait-il dans l'exposé des motifs, en matière de travail, une idée erronée de subordonner à la preuve de la faute la réparation du dommage causé par un accident ; *dans la plupart des cas, il n'y a, à proprement parler, ni faute du patron, ni faute de l'ouvrier. Tout travail a ses risques. Les accidents sont la triste, mais inévitable conséquence du travail même.* »

Ce qui n'empêche pas que pour mettre en œuvre et en action

l'idée ainsi formulée de vieille date, il a fallu à la France les lentes
élaborations des commissions parlementaires, les suggestions répétées de congrès internationaux, l'émulation des législations germa-
niques qui les premières ont abordé sur une grande échelle les
difficultés pratiques du problème et couru les risques de l'expérimentation ; notamment : l'Allemagne (1884), l'Autriche (1885), la
Norvège (1894), l'Angleterre (1897), qui adoptaient peu à peu, avant
nous, une législation spéciale en matière d'accidents. Il a fallu enfin
la poussée de l'opinion publique pour incliner la résistance des
intérêts coalisés devant la justice de revendications fondées et devant
l'œuvre de réparation sociale.

L'œuvre législative des Parlements a pris près de vingt années,
pour aboutir à la loi du 9 avril 1898[1] « concernant les responsabilités
des accidents dont les ouvriers sont victimes dans leur travail ».

Cette loi s'est inspirée de l'esprit des législations étrangères, et,
en particulier, des lois allemande, suisse, et anglaise surtout (*Notice
of accidents Act 1894, 57, et 38 Vict. ch. 28*).

Malheureusement, elle s'est ressentie, dans son unité, des vingt
années qu'a duré l'élaboration. Remaniée à diverses reprises et à
des points de vue contraires, elle a gardé quelques traces de ces
divergences successives et, dès sa mise en vigueur, a donné prise
à quelques critiques de lacunes, d'obscurité, de contradiction. Après
trois années d'expérience, des propositions de lois venues de tous
les groupes parlementaires en amenèrent la revision devant la
Chambre et le Sénat.

Ces propositions étaient, d'une façon générale, de trois sortes,
ayant pour objet, respectivement :

1° De relever les tarifs ;

2° D'étendre la loi à des catégories nouvelles de professions ;

3° D'y apporter simplement des retouches de détail et des éclaircissements du texte.

La Commission d'assurance et de prévoyance sociales ne retint
de ces propositions que les dernières[2].

---

1. Votée le 19 mars 1898 par le Sénat et le 26 mars par la Chambre.

2. M. Mirman, chargé de faire un rapport sur les décisions prises, développait
ainsi les imperfections de la loi de 1898, qui avaient retenu l'attention de la Commission : « Par ces conflits de juridiction, par ces contradictions de jurisprudence, par
toutes les lenteurs et incertitudes qui en résultent, les travailleurs se trouvent, en trop
de circonstances, privés encore aujourd'hui des avantages que le Parlement a voulu

Les discussions engagées devant le Parlement, vers la fin de la législature 1898-1902, et qui ne touchèrent du reste point aux principes fondamentaux du droit nouveau, aboutirent à la loi du 22 mars 1902, « modifiant divers articles (les articles 2, 7, 11, 12, 17, 18, 20, 22) de la loi du 9 avril 1898, concernant les responsabilités des accidents dont les ouvriers sont victimes dans leur travail ».

Date d'application. — Promulguée le 9 avril 1898, et publiée au *Journal officiel* du lendemain, complétée par une série de décrets et arrêtés destinés à en assurer aussi bien qu'à en faciliter l'application, la loi devait être mise à exécution à partir du 1er juin 1899, mais le point de départ de son application s'est trouvé reporté au 1er juillet, en vertu de la loi du 24 mai 1899 édictée en vue de permettre aux chefs d'industrie de s'assurer à une caisse d'État contre les risques encourus à l'occasion des accidents entraînant la mort ou une incapacité permanente [1].

Colonies. — La loi de 1898 peut être rendue applicable à l'Algérie et aux Colonies françaises par un règlement d'administration publique qui déterminera les conditions de l'application.

---

inscrire pour eux dans la loi ; à cet égard, l'œuvre de 1898 n'a pas produit le plein effet qu'on en pouvait et qu'on en doit attendre ; la Chambre est trop attachée à cette œuvre démocratique pour risquer de la compromettre ; aussi sommes-nous convaincus que la Commission traduit fidèlement sa pensée en sériant d'abord, comme elle l'a décidé, les diverses propositions à elle soumises, en réservant pour un très prochain débat celles qui touchent à la question d'assujettissement, et en adressant aussi l'appel le plus pressant à tous les membres des deux assemblées pour que le projet actuel aboutisse dans le plus bref délai.

« Ces propositions, peut-on dire, aménagent la loi ; elles ont pour but de rectifier certains articles dont le texte imprécis a donné naissance aux jurisprudences les plus contradictoires, de faire disparaître certains conflits d'attribution dont la présence produit dans la mise en œuvre de la loi les flottements les plus regrettables ; le projet que nous avons élaboré avec soin et que nous présentons à la Chambre est destiné avant tout à garantir la bonne application de la loi, à assurer l'exécution de la volonté du législateur de 1898. »

1. L'article 2 de cette dernière loi porte, en effet, que la loi du 9 avril 1898 ne sera appliquée qu'un mois après le jour où la Caisse des accidents aura publié ses tarifs au *Journal officiel* et admis les industriels à contracter des assurances ; le même article ajoute qu'en aucun cas la prorogation ne pourra excéder le 1er juillet 1899. Or, les tarifs susvisés ont été publiés au *Journal officiel* du 27 mai, et une note qui y est annexée porte que les demandes des chefs d'entreprises, qui veulent contracter une assurance, sont reçues à partir du 1er juin.

Voir plus loin : *Caisse nationale d'assurances*, p. 523.

La loi du 9 avril 1898 est d'ordre public. — Toutes conventions contraires aux dispositions qu'elle édicte sont nulles de plein droit, qu'elles soient faites lors du contrat de louage ou ultérieurement, et même si elles tendaient à majorer le montant des indemnités prévues [1], et les ouvriers ou employés victimes d'accidents du travail survenus dans les industries assujetties à la loi ne peuvent se prévaloir, pour obtenir les indemnités auxquelles les accidents donnent droit, de dispositions autres que celles édictées par la loi elle-même.

La loi indique limitativement les dérogations qu'elle autorise à ses prescriptions.

Quoique d'ordre public, la loi de 1898 n'est cependant pas rétroactive, et ne s'applique pas aux accidents survenus avant sa mise en vigueur, qui restent soumis au droit commun de l'article 1382 du Code civil. Cette solution s'étend à toutes les dispositions de la loi de 1898, formalités et procédure ainsi qu'aux modifications apportées par la loi du 22 mars 1902.

Quant aux modifications de détail apportées par la loi du 22 mars 1902, d'ordre public de même, elles ne sont applicables, sans rétroactivité, qu'à la date de leur promulgation.

Affichage. — Les chefs d'entreprise sont tenus, sous peine d'amende [2], de faire afficher dans chaque atelier la loi de 1898-1902 et

---

1. C'est ce qui résulte du moins du rejet d'un amendement qui tendait à rendre le cas licite. (*Sénat, 19 mars 1898. J. o. p. 350.*)

Et même serait sans valeur toute transaction destinée, après l'accident, à établir les allocations des indemnités sur d'autres bases que les bases légales; elle laisserait à l'ouvrier, malgré son acquiescement, son droit absolu de demander en justice ce qui lui était légalement dû.

Sont, en conséquence, conformes à l'esprit de la loi, les jugements suivants :

— Les dispositions de la loi du 9 avril 1898 sont d'ordre public et l'ouvrier ne pourrait donc accepter une transaction même avantageuse, ni en prendre acte en justice. (*Tr. civ. Avesnes, 3 mai 1900.*)

— Le tribunal homologuera les transactions intervenues sur les bases de la loi entre les parties qui ne s'étaient pas accordées en conciliation. (*Tr. civ. Dax, 9 mars 1900.*)

— Toute demande tendant à obtenir d'autres garanties que celles de la loi devra être rejetée. (*Tr. civ. Nice, 3 janv. 1900, et Tr. civ. Dunkerque, 2 févr. 1900.*)

— Cependant, la loi du 9 avril 1898 n'est pas applicable à l'ouvrier qui, lors du contrat de louage, s'est fait engager en donnant des renseignements faux, en trompant par exemple le patron sur son âge et commettant ainsi un véritable vol. (*Cass. 2 déc. 1901.*)

2. Voir : INSPECTION DU TRAVAIL : *Sanctions et pénalités.*

les règlements d'administration relatifs à·son exécution, notamment
ceux qui sont, au regard des ouvriers, le complément indispensable
de la loi[1], sinon ceux qui n'intéressent pas immédiatement les ouvriers[2]. (*Déc. min. 2 févr. 1900.*)

Principes généraux de la loi 1898-1902. — L'idée inspiratrice
de la loi 1898-1902, c'est, nous l'avons vu, celle du risque professionnel.

En vertu du risque professionnel, le chef d'industrie est *de plein
droit* responsable de l'accident, en dehors de toute idée de faute.
Dès lors, plus de recherches de la cause de l'accident, plus de litige sur la responsabilité : l'entreprise même, considérée dans son
impersonnalité, assume la réparation de l'accident occasionné par
la production, comme tous les autres frais de cette production, et
l'incorpore avec eux au prix de revient. L'ouvrier n'a plus de risque
personnel à subir, de preuves à administrer. Comme son travail
le constitue créancier du salaire, tout accident de travail le fait
créancier d'une indemnité.

Mais par une juste compensation qu'il fallait admettre sous peine
de faire supporter à l'industrie une charge trop lourde, l'indemnité
n'est que partielle. Par une sorte de transaction, le législateur, s'il
a permis à l'ouvrier d'être *toujours* indemnisé, ramène, par contre,
au profit du patron, l'indemnité à une *moyenne,* inférieure à la réparation totale du préjudice causé. Et l'indemnité est aussi établie
à forfait, d'après un tarif qui a pour base le salaire de la victime,
afin de ne pas abandonner au juge l'évaluation du dommage, et
selon les conséquences possibles des accidents qu'il classe en quatre
catégories : 1° les accidents qui entraînent une incapacité temporaire, c'est-à-dire guérissables ; 2° les accidents qui entraînent l'incapacité permanente, mais partielle ; 3° les accidents qui entraînent
l'incapacité permanente et absolue ; 4° les accidents suivis de mort.

Donc transaction et forfait, basés sur le principe du risque professionnel, tels sont les caractères des indemnités dues aux ouvriers
victimes d'accidents.

---

1. Par exemple le décret du 28 février 1899 relatif à l'exécution de l'article 26
de la loi.

2. Par exemple les décrets du 28 février 1899 relatifs à l'exécution des articles 27
et 28 de la loi.

Toutes les infortunes résultant du travail seront désormais secourues dans la mesure compatible avec le souci de ménager les forces des chefs d'entreprise. Les rapports entre le capital et le travail deviennent ainsi plus équitables, et on a pu dire avec raison que la loi, qui les établit sur ces bases nouvelles, a fait œuvre d'humanité et réalisé, au point de vue social, un progrès considérable.

Mais le législateur n'a pas été satisfait par le seul fait d'avoir constitué créancier d'une indemnité l'ouvrier victime d'un accident; il a tenu à lui assurer le recouvrement de sa créance, le payement de l'indemnité. Sans aller jusqu'à imposer l'assurance obligatoire, il a, par l'établissement d'une taxe additionnelle, à la charge de l'ensemble des industriels assujettis à la loi[1], institué un fonds spécial garant de l'insolvabilité éventuelle du chef de l'entreprise ou de son assureur, et administré par l'État lui-même.

En résumé, la loi de 1898-1902 est une loi de *responsabilité* et de *garantie*.

Enfin, le Parlement a entendu abréger et simplifier notablement la procédure en matière d'accidents[2]. Les juges de paix ont une compétence illimitée et en dernier ressort pour les cas d'incapacité temporaire. En cas de mort ou d'incapacité permanente, les enquêtes judiciaires sont faites dans des délais très courts ; les tribunaux statuent après une procédure sommaire ; les délais d'appel sont réduits et les arrêts doivent être rendus dans un délai préfixé ; l'assistance judiciaire est accordée dans tous les cas et de plein droit à la victime ou à ses ayants droit devant la justice de paix, le tribunal civil et la cour d'appel ; exemption des droits de timbre et d'enregistrement est faite pour tous les jugements et actes faits ou rendus en vertu et pour l'exécution de la loi.

Tels sont les principes, et telle est, dans ses lignes très générales, l'économie de la législation nouvelle.

Résultats bienfaisants. — Elle a produit dans le monde du travail les plus heureux résultats. Et non point seulement par le but

---

1. Voir en ce qui concerne cette taxe additionnelle (sur laquelle il y a fort à redire), à 4. GARANTIES DE PAYEMENTS, le paragraphe : *Fonds de garantie.*

2. Les formes spéciales de la procédure nouvelle inaugurées par la loi du 9 avril 1898 sont prescrites à peine de nullité, notamment la déclaration exigée par l'article 11, l'enquête prescrite par les articles 12 et 13, et la tentative de conciliation demandée par l'article 16. (*C. ap. Montpellier, 29 mars 1901.*)

immédiat qu'elle se propose, d'assurer aux victimes d'accidents les moyens de ne pas rester sans ressources pour cause de chômage ou d'invalidité. Elle a eu sur la fréquence des accidents eux-mêmes la répercussion la plus heureuse [1].

Ayant un intérêt pécuniaire à éviter les accidents, les industriels ont été sollicités d'étudier les mesures préventives des accidents, et de les appliquer, dans des conditions de bonne volonté que la loi du 12 juin 1893, même avec les sanctions qu'elle édicte, ne pouvait se flatter d'obtenir jamais.

On verra d'ailleurs, par certaines hésitations et souvent par les nombreuses contradictions de la jurisprudence, que des améliorations de détail à la loi sont encore nécessaires [2].

Il est aussi des réformes de fond qui sont à tous points de vue désirables [3].

---

1. Ainsi, alors qu'en 1898, du 1er juillet, date de la mise en vigueur de la loi, au 31 décembre, les accidents suivis de mort se chiffraient par 899 (soit 1 798 comme moyenne de l'année), en 1900, ils étaient au nombre de 1 735, et tombaient en 1901 à 1 524.

Voici, au surplus, pour l'année 1902, une statistique des accidents du travail d'après les ordonnances et les jugements rendus en vertu de l'article 16 de la loi, dans les branches suivantes de l'industrie : agriculture et forêts ; industries extractives (mines, minières, salines, carrières) ; alimentation (meuneries et minoteries, sucreries et raffineries, distilleries, brasseries et malteries, etc.) ; industries chimiques (usines à gaz, teintures, blanchiment, apprêt, nettoyage) ; papier, industrie du livre, caoutchouc ; textiles ; cuirs et peaux ; bois ; métaux et métallurgie ; travaux publics et bâtiments ; pierres et terres à feu (chaufournerie, briqueterie, céramique, verrerie) ; manutentions et transports (chargements et déchargements, docks, etc.) ; autres industries :

Nombre des personnes tuées ou blessées :

Hommes. .	de moins de 16 ans.	321	
	de 16 ans et plus.	11 405	Total . . . 12 241.
Femmes. .	de moins de 16 ans.	68	
	de 16 ans et plus.	447	

Cas de mort : 1 613.

Cas d'incapacité permanente	totale	198
	partielle	10 430
Nombre pour le cas de mort.	des conjoints.	1 249
	des enfants	1 847
	des ascendants	245

2. On verra notamment que l'établissement du salaire de base offre parfois de grosses difficultés, ainsi que la séparation entre l'indemnité journalière et la rente subséquente ; qu'en ce qui concerne la constitution du fonds de garantie, la nomenclature des professions soumises à la taxe additionnelle ne concorde pas avec les professions assujetties à la loi. Au point de vue de la procédure la compétence respective des juges de paix et des tribunaux civils est mal délimitée.

3. Les plus importantes sont celles qui tendent à rendre l'assurance obligatoire, et à étendre à tout le monde du travail (industrie, commerce, agriculture) la doctrine du risque professionnel, sans parler de la procédure à hâter.

De nombreuses propositions de loi ont été déposées devant le Parlement, et, malgré les lenteurs et les obstacles qu'elles rencontrent, il ne faut pas désespérer qu'un prochain avenir les réalise [1].

Il s'agit maintenant de mettre en pleine lumière et de commenter les divers articles de la loi de 1898-1902, en les groupant avec ordre dans un cadre comportant un développement assez bref et très complet.

2. — Domaine d'application.

Vue d'ensemble. Professions assujetties. Comité consultatif des assurances contre les accidents du travail. Non-assujettissement au régime du risque professionnel. Accidents indemnisés. Employés bénéficiaires. Employeurs responsables.

Vue d'ensemble. — Et d'abord à quelles professions s'applique la législation nouvelle? Quels sont les accidents indemnisés? Quels sont les employés bénéficiaires? Quels sont les employeurs responsables? Telles sont les premières questions qui se posent pour délimiter le champ d'action du risque professionnel, car la loi ne s'étend pas indistinctement à toute la classe des travailleurs, non plus qu'à tous les travaux, ni à tous les accidents, d'une nature quelconque, dont les ouvriers ou les employés peuvent être victimes.

« Les accidents survenus par le fait du travail, ou à l'occasion du travail, aux ouvriers et employés occupés dans l'industrie du bâtiment, les usines, manufactures, chantiers, les entreprises de transport par terre et par eau, de chargement et de déchargement, les magasins publics, mines, minières, carrières, et, en outre, dans toute exploitation ou partie d'exploitation dans laquelle sont fabriquées ou mises en œuvre des matières explosives, ou dans laquelle il est fait usage d'une machine mue par une force autre que celle de l'homme ou des animaux, donnent droit au profit de la victime ou de ses représentants, à une indemnité à la charge du chef d'entreprise, à la condition que l'interruption de travail ait duré plus de quatre jours.

« Les ouvriers qui travaillent seuls d'ordinaire ne pourront être assujettis à la présente loi par le fait de la collaboration accidentelle d'un ou de plusieurs de leurs camarades. »

Ainsi s'exprime l'article 1er de la loi de 1898-1902, qui répond aux questions posées. Il est important et mérite d'être analysé.

---

1. Elles sont signalées en notes, après chaque paragraphe.

Professions assujetties. — Ce sont, d'après l'article 1ᵉʳ :

1° L'*industrie du bâtiment*, c'est-à-dire toutes les industries qui se rattachent à la construction des édifices : taille de pierre, maçonnerie, charpenterie, menuiserie, couverture, peinture, serrurerie, vitrerie, plomberie, zinguerie, etc...;

2° Les *usines et manufactures*. La différence entre ces deux sortes d'établissements est assez difficile à fixer.

D'une manière générale, l'*usine* est un établissement où se préparent les matières premières en vue de leur application à des usages industriels, et la *manufacture* un établissement où se transforment les matières premières avec lesquelles se fabriquent des objets déterminés.

« Les *ateliers* sont compris dans les mots *usines et manufactures* [1] », car la loi de 1898 tend à « assujettir toutes les entreprises ou exploitations industrielles ».

En définitive, la nuance étant déjà plus que délicate entre les mots *manufactures* et *usines*, et le législateur n'ayant pas songé à la faire pour ne pas en restreindre la signification, on peut penser qu'en réalité, sous cette rubrique générale, hors de toutes démarcations artificielles, il a entendu assujettir indistinctement toutes les industries de transformation, quelle que soit la dimension, vaste ou restreinte, de leur cadre, usine, manufacture, atelier, fabrique, etc. ; quel que soit le nombre, considérable ou réduit, des ouvriers employés, du moment que s'y rencontrent, à l'état normal, un ouvrier et un patron liés par un contrat de travail, en vue d'une opération industrielle, c'est-à-dire, une opération réalisant des *transformations* de matière en vue d'un gain. C'est ainsi que sont soumis à la loi les

---

1. C'est la réplique même du rapporteur de la loi à l'interpellation formelle d'un sénateur, M. Buffet : « Et les ateliers ? » réplique à laquelle le rapporteur répondit : « La loi ne peut statuer que dans des termes généraux et ne peut que poser des principes ; ... nous réservons aux tribunaux le soin d'apprécier. » (*Sénat, séance 20 mars 1896.*) Aussi la jurisprudence a-t-elle varié ; ainsi les cours d'appel de Lyon et d'Angers ont décidé que la loi s'appliquait aux ateliers de *maréchaux ferrants* et de *charrons*, alors que le tribunal civil de Coutances est d'avis que le petit atelier de *serrurerie* n'est pas visé par l'article 1ᵉʳ (le trib. civ. de Reims est d'avis contraire). Ces hésitations de la jurisprudence ne viendraient-elles pas et de la réponse même du rapporteur de la loi au Sénat, et de l'hésitation d'une circulaire ministérielle (*10 juin 1899*) qui déclare la question « douteuse » et laisse aux tribunaux le soin de la « trancher » ?

L'esprit de la loi est, à mon avis, d'assujettir les ateliers lorsqu'il y est fait usage de moteurs mécaniques, qui rendent alors le travail « dangereux », et conciliable avec la doctrine du risque professionnel.

ateliers .de carrosserie, charron-forgeron, couturier, ébénisterie, tonnellerie, chapellerie, peintres en voitures, sellerie, tapisserie, boucheries avec tuerie, charcuteries, boulangeries, etc... « toutes les fois que leur exploitation n'est pas exclusivement limitée au *débit* de produits reçus tout préparés pour la vente » ;

3° Les *chantiers*, c'est-à-dire, en dehors et au delà des divers chantiers visés dans l'industrie du bâtiment, les groupements, dans des emplacements déterminés, d'un certain nombre d'ouvriers employés à la préparation ou à la manutention de matériaux, d'approvisionnements qui présentent des conditions d'exploitation et de risques analogues à celles des chantiers de bâtiment, soit en vue de terrassements ou de travaux quelconques : construction de ponts, de canaux, de voies de fer, de routes, etc..., soit en vue d'un commerce en gros, tels que les chantiers d'emballage, de marchands de bois, de charbons, de fers, les entrepôts de pétrole, de vins, etc...[1] ;

4° Les *entreprises de transport par terre et par eau, de chargement et de déchargement,* c'est-à-dire le roulage et le camionnage sur route, par chemins de fer, la navigation sur la mer [2], sur les fleuves et canaux, y compris les flottages par radeaux, le remorquage, et les transports par omnibus, tramways et diligences, le chargement et le déchargement des véhicules, quels qu'ils soient, y compris les navires dans les ports maritimes et fluviaux [3] ;

Toutefois, il faut qu'il s'agisse d'une entreprise, c'est-à-dire d'opérations spécialisées par un industriel dans un but de lucre, et au compte d'un tiers. L'agriculteur ou le chef d'une exploitation non assujettie [4] ne tomberait pas sous l'empire de la loi pour le transport [5],

---

1. La cour d'appel de Montpellier a décidé que la loi s'appliquait aux *machinistes* employés dans les théâtres au service des décors.

2. Ne s'étend pas aux *transports maritimes,* pour les ouvriers, employés et marins couverts, en cas d'accidents, par la *Caisse de prévoyance des marins,* définis par une loi spéciale, celle du 21 avril 1898.

3. Travaux préparatoires.

4. Un industriel quelconque déjà assujetti, et qui en outre assure directement le transport de ses marchandises, ou de ses produits, est assujetti aussi pour ses opérations accessoires de transport, bien qu'à vrai dire il n'y ait pas entreprise de transports.

5. Doit être considéré, au moins momentanément, comme entrepreneur de transports, et, comme tel, soumis aux dispositions de la loi du 9 avril 1898, le cultivateur qui fait, pendant plusieurs mois consécutifs, une série de charrois de pierres à chaux, pour le compte d'un extracteur qui les fait conduire à ses acheteurs moyennant un prix convenu pour le mètre cube. (*Tr. civ. Montdidier.*)

le chargement ou le déchargement de ses produits ou des matières qui lui sont nécessaires, à moins qu'il n'employât des voitures ou des appareils mus par une force autre que celle de l'homme ou des animaux ;

5° Les *magasins publics*. La loi a assujetti les docks, magasins généraux, monts-de-piété, les salles de ventes publiques et les entrepôts de douane ;

6° Les *mines, minières et carrières* [1] ;

7° *Toute exploitation ou partie d'exploitation dans laquelle sont fabriquées ou mises en œuvre des matières explosives, ou dans laquelle il est fait usage d'une machine mue par une force autre que celle de l'homme ou des animaux.*

La première de ces dispositions, relative aux matières explosives, ne s'étend pas aux simples négociants qui ne font qu'acheter, entreposer ou vendre des matières explosives, pas plus qu'à tous ceux qui font simplement *emploi* de ces substances [2]. Les mots *mettre en œuvre* signifient : manipuler, transformer, au point de vue industriel.

La seconde de ces dispositions, relative aux emplois de moteurs inanimés, vise les entreprises commerciales ou agricoles qui, en elles-mêmes, ne sont point assujetties au risque professionnel, mais qui en deviennent justiciables dès qu'elles font appel pour leur exploitation aux procédés de l'industrie.

Pour l'agriculture, cet assujettissement a été restrictivement défini par la loi du 30 juin 1899 [3] dont l'article unique est ainsi conçu : « Les accidents occasionnés par l'emploi de machines agricoles mues par des moteurs inanimés et dont sont victimes, par le fait ou à l'occasion du travail, les personnes, quelles qu'elles soient [4], occupées à la conduite ou au service de ces moteurs ou machines, sont à la charge de l'exploitant dudit moteur. — Est considéré comme ex-

---

1. Définies dans les articles 1 à 4 de la loi du 21 avril 1810.

2. Par exemple, la loi ne s'appliquerait pas à un établissement par cela seul qu'on y ferait usage du gaz ou de l'acétylène comme mode d'éclairage.

3. L'action de la loi de 1899 et celle de la loi de 1898 ne peuvent se cumuler. (Cass., 6 août 1902.)

4. Par exemple non seulement les mécaniciens et chauffeurs chargés de la direction et de la conduite du moteur, les ouvriers agricoles salariés spécialement affectés au service de la batteuse, mais encore les personnes étrangères a l'exploitation, soit de la machine, soit du domaine, les amis, parents ou voisins qui, très souvent en ces sortes de circonstances, viennent, à titre gracieux et simplement à charge de réciprocité, prêter leur concours momentané à l'opération.

ploitant, l'individu ou la collectivité[1] qui dirige le moteur[2] ou le
fait diriger par ses préposés[3]. — Si la victime n'est pas salariée[4] ou
n'a pas de salaire fixe, l'indemnité due[5] est calculée, selon les tarifs
de la loi du 9 avril 1898, d'après le salaire moyen des ouvriers agricoles de la commune[6].

Ainsi, d'après cette loi, le rayon d'assujettissement correspond au
rayon d'action immédiate de la machine, et aux risques directs de
cet emploi, et ne s'étend pas aux travaux agricoles multiples qui
s'effectuent en même temps dans les champs ou les locaux de la
ferme, et distincts du battage[7].

---

1. Syndicat agricole, commune, etc...
— La loi du 9 avril 1898 est applicable aux communes qui sont responsables, aux
termes de cette loi, des accidents survenus aux ouvriers travaillant pour leur compte ;
et les lois des 13 juillet 1834 et 5 avril 1884, en tant qu'elles prescrivent qu'une
action contre une commune doit être précédée de l'envoi d'un mémoire au préfet,
ne sont pas incompatibles avec la procédure de la loi du 9 avril 1898, qui ne les a
donc pas abrogées, et ces formalités s'imposent à l'ouvrier actionnant la commune.
(*Tr. civ. Seine, 7 juill. 1900.*) Ce jugement n'est qu'une application directe de
l'article 18, § 2 de la loi de 1898-1902.
2. Le propriétaire du sol ou le fermier, s'ils ne sont pas en même temps propriétaires du
moteur, ne sont donc pas responsables des accidents qui se produisent sur leur terrain.
3. Pour tous les agriculteurs qui n'exploitent point eux-mêmes à leur compte les
moteurs de machines agricoles dont ils usent, la loi du 30 juin 1899 a substitué à
la responsabilité générale du chef d'entreprise agricole la responsabilité spéciale de
l'exploitant du moteur, faisant ainsi, de plein droit, en matière agricole, une sous-
entreprise responsable dans l'entreprise irresponsable. C'est là une brèche aux principes de la législation de 1898 ; et le législateur s'y est résolu, sans doute, dans le
désir de réduire au minimum la responsabilité agricole.
4. C'est là, soit dit en passant, encore une exception remarquable, sinon injus-
tifiée, à la conception générale du risque professionnel, qui suppose l'existence d'un
contrat de travail entre un patron et un ouvrier, et la liquidation d'indemnités en
fonction d'un salaire qu'elles remplacent partiellement.
5. Voir plus loin: 3. INDEMNITÉS: *Salaire de base.*
6. En dehors du cas ci-dessus déterminé, la loi du 9 avril 1898 n'est pas applicable à l'agriculture (*In fine*, loi citée). Les autres accidents agricoles restent donc
soumis au droit commun, comme tous les accidents non assujettis à la loi de 1898-1902.
En ce qui concerne la Caisse nationale d'assurance contre les accidents, les difficultés relatives à l'assurance des exploitants de batteuses agricoles ont été résolues
par une circulaire du directeur général de la Caisse des dépôts et consignations en
date du 25 juillet 1899.
7. JURISPRUDENCE. — L'ouvrier agricole blessé en tombant d'une meule de paille
qu'il élevait dans une grange voisine de la cour de la ferme où fonctionne une batteuse ne travaille pas dans le rayon d'action de la machine et ne peut donc exciper
de la loi du 30 juin 1899. (*Tr. civ. Limoges, 29 déc. 1899.* Confirmé en appel, *Limoges, 13 févr. 1900.*)
— Ni l'ouvrier tombé en se réveillant d'une meule de paille sur laquelle il s'était
endormi pendant une suspension de travail. (CASS., *5 janv. 1903.*)
— Ni l'ouvrier blessé en tombant d'une voiture d'où il passait les gerbes à la batteuse. (*C. ap. Caen, 31 juill. 1900;* CASS., *5 févr., 15 et 24 déc. 1902.*)
— L'exploitant d'une batteuse à l'encontre de qui il n'est pas établi qu'il a de-

Quant aux *entreprises commerciales* qui, par l'emploi de moteurs inanimés, introduisent chez elles la mécanique industrielle, elles se mettent, dans leur ensemble, sur le même pied qu'une exploitation industrielle, et, par suite, emportent leur assujettissement intégral. Tel est le principe, mais qui appelle un tempérament. Car si, dans des circonstances données, l'état des lieux, l'agencement des locaux, la distribution du travail permettent de distinguer nettement de l'ensemble de l'exploitation commerciale la « partie » de cette exploitation où fonctionne le moteur, si cette partie apparaît comme une sorte de compartiment étanche, sans mélange de personnel et sans rayonnement de risque, l'assujettissement est restreint par exception à cette « partie » d'exploitation, sans englober l'exploitation tout entière.

Telles sont strictement, d'après l'article 1er de la loi de 1898-1902, les professions assujetties. Elles comprennent toutes les entreprises industrielles, et s'étendent aux entreprises commerciales et agricoles dès qu'elles exposent les ouvriers à des risques analogues à ceux de l'industrie proprement dite.

---

mandé l'aide de la victime et qui n'avait nul besoin de son concours, est étranger à l'accident, n'est pas tenu d'en faire la déclaration et doit être mis hors de cause. (*C. ap. Angers, 16 janv. 1900.*)

— L'accident causé par une batteuse à l'ouvrier chauffeur employé habituellement par l'agriculteur en cette qualité reste à la charge de son patron ordinaire, sans que la responsabilité de l'exploitant de la batteuse puisse être invoquée. (*Même jugement.*)

— Mais cet ouvrier qui s'est imprudemment et sans l'ordre de son patron exposé à un danger qu'il connaissait a commis une faute inexcusable. (*Même jugement.*)

— L'accident survenu pendant son travail à l'ouvrier occupé au service d'une batteuse, mais qui aurait pu survenir dans tout autre travail agricole, n'est pas régi par la loi du 30 juin 1899. (*Tr. civ. Saint-Calais, 25 juin 1900.*)

— Ni l'accident survenu à l'ouvrière occupée à recevoir la paille à la sortie de la machine et qui a été blessée par la fourche d'une autre ouvrière. (*C. ap. Rennes, 26 juill. 1900 ; Poitiers, 4 mars 1901.*)

— L'agriculteur qui se sert accessoirement ou accidentellement d'une machine n'est pas assujetti. (*Tr. civ. Seine, vac. 6 oct. 1900.*)

— La responsabilité de l'agriculteur, dans un accident causé par une batteuse qui ne lui appartient pas, ne peut être établie que d'après le droit commun, et l'ouvrier qui l'invoque doit prouver la faute de l'agriculteur. (*Tr. civ. Angers, 12 déc. 1899.* Réformé en appel : *Angers, 16 janv. 1900.*)

— L'ouvrier agricole, blessé pendant le transport d'une batteuse d'une exploitation à une autre, n'est pas fondé à réclamer au propriétaire de la machine les indemnités de la loi. (*Tr. civ. Montauban, 22 mars 1900 ; Cass., 6 janv. 1903.*)

— Ni l'ouvrier agricole blessé en transportant les bottes de paille et en faisant les meules dans une grange voisine de la cour de la ferme où fonctionne une batteuse. (*Tr. civ. Senlis, 1er août 1900.*)

Noter qu'une proposition de loi a été déposée par M. Mirman, député (*16 déc. 1900*), tendant à généraliser, en matière d'accidents agricoles, le principe du risque professionnel, et à organiser un système d'assurance obligatoire contre les accidents du travail agricole.

Pour saisir toute la portée et tout le sens, pour traduire l'esprit juste, pour éclairer la conception définitive de la législation nouvelle, il n'est pas inutile de remonter à la source des discussions parlementaires sur la matière. L'élaboration de la loi de 1898 a duré près de vingt ans ; et s'il est vrai qu'à ses débuts la théorie du risque professionnel ne se réclamait que des périls propres aux développements mécaniques de la grande industrie, par contre, au cours des débats et à leur lumière, l'application de l'idée nouvelle s'est insensiblement élargie. Si le texte s'est à peine modifié dans sa forme, la pensée du moins de la loi a pris une extension progressive, donnant aux expressions primitives une ampleur sans cesse accrue, à mesure qu'une logique inévitable développait les conséquences des prémisses posées. Les votes définitifs du législateur prouvent avec évidence que le champ et le rayonnement de la théorie du risque professionnel se sont étendus à tous les accidents du travail industriel.

Pour se convaincre de cette tendance continue et manifeste, de cette évolution automatique, il suffit de relever dans les travaux parlementaires quelques déclarations significatives.

« Aujourd'hui, disait en 1895 le rapporteur de la Commission du Sénat, après quinze années d'études, on doit reconnaître que *toute limitation entre les différentes industries serait absolument arbitraire, partant injuste.* » Et il ajoutait, en soutenant une énumération identique à celle du texte actuel, que la Commission n'entendait « soustraire à l'application de la loi » que « les patrons qui, pendant la saison correspondant à la période de la plus grande activité de leur profession, n'emploient *pas plus de trois ouvriers* », maximum porté à *cinq* dans la discussion, de sorte qu'alors l'article 1er était applicable à « tous les ouvriers employés dans les usines, manufactures et chantiers..., *sauf ceux des industries qui emploient moins de cinq ouvriers* ». Mais cette unique exception a elle-même disparu depuis du texte définitif et on ne voit pas de quelle autorité on pourrait l'y rétablir. Et il répétait enfin dans la séance du 25 novembre 1895 :

« Je tiens à rappeler au Sénat qu'en votant l'article 1er, qu'il n'a adopté qu'à la suite de longs débats, et il ne l'a fait qu'après avoir entendu sa Commission lui *déclarer de la façon la plus formelle que,* dans sa pensée, *l'industrie tout entière se trouvait englobée* dans l'énumération de l'article 1ᵉʳ..., *le texte de la Commission n'est point limitatif;* il est énonciatif, et *toute l'industrie y est comprise...* Il est vrai qu'on s'est livré à l'énumération de certaines industries; mais il est aisé de comprendre le but unique et l'intérêt de cette énumération : elle a été faite parce qu'on a craint que ces industries ne pussent être considérées comme s'exerçant dans des manufactures, des usines, des chantiers; *tel aurait pu être le cas* des entreprises de transport, de chargement et de déchargement, des magasins publics, des mines, minières et carrières; le texte de l'article 1ᵉʳ est donc aussi large que possible. »

Bref, et d'une manière générale, on peut donc dire que la loi est applicable à tous les travaux industriels dont le but est de réaliser un gain et auxquels convient par suite la qualification légale d'*entreprises.*

Et si l'on veut aller au fond des choses, ne peut-on pas dire que l'assujettissement partiel, dans les cas déterminés ci-dessus, des entreprises commerciales et agricoles, est une confirmation de l'assujettissement intégral de l'industrie, dont le législateur, allant jusqu'au bout de la doctrine du risque professionnel, a recherché les manifestations et les analogies dans ses domaines non assujettis en général et normalement [1] ?

JURISPRUDENCE. — 1. L'industriel dont l'usine ne fonctionne pas toute l'année et qui, pour utiliser son attelage pendant la période de chômage, le loue à un tiers, est responsable des accidents survenus, pendant cette période, au cocher chargé de conduire cet attelage, qui n'a pas cessé d'être son préposé. (*Tr. civ. Narbonne, 13 févr. 1900.*)

2. Le patron de l'usine est responsable des accidents survenus dans son travail au cocher qui conduisait tous les matins la voiture de l'usine, alors même que ce cocher serait payé comme domestique par un autre que le patron. (*Tr. civ. Lille, 8 nov. 1900.*)

3. L'accident survenu à l'aide-cocher livreur au service d'une entreprise industrielle est régi par la loi du 9 avril 1898 (*C. ap. Paris, 15 déc. 1900*), ainsi que l'accident survenu à un manœuvre embauché par un cocher de l'entreprise pour exécuter un déchargement de marchandises dans une gare, quand l'usage de la maison est de rembourser aux cochers le prix des aides qu'ils ont requis. (*C. ap. Paris, 10 juill. 1903.*)

---

1. Un amendement de M. Ferrette, député (*20 mai 1901*), étendant le bénéfice de la loi à toutes les entreprises tant industrielles que commerciales, et de même, une proposition de loi de M. Mirman (*10 juin 1902*), rapport sommaire de M. Dubuisson, ont été renvoyés à la Commission, qui a adopté.

4. Les entreprises de transport qui rémunèrent les cochers qu'elles emploient par les salaires dits « à la moyenne » sont responsables, aux termes de la loi, des accidents survenus à leurs cochers. (*Just. P. Paris, 7 juin 1900;* Cass., *23 juin 1903.*)

5. Le mot « chantier » de l'article 1er de la loi comprend les chais des marchands de vins en gros. (*Tr. comm. Seine, 27 avr. 1900; C. ap. Paris, 5 janv. 1901; Tr. s. pol. Pantin, 17 avr. 1900.*)

· *Solutions contraires.* — Le marchand de vins en gros qui ne fait de transport que pour les besoins de son commerce n'est pas assujetti. (*Tr. comm. Troyes, 19 mars 1900; Tr. civ. Chartres, 8 août 1900; Narbonne, 23 oct. 1900; Perpignan, 25 oct. 1900.*)

Le marchand de vins en gros n'est pas responsable, aux termes de la loi du 9 avril 1898, de l'accident survenu par asphyxie à son ouvrier occupé au nettoyage d'une cuve. (*Tr. civ. Chalon-sur-Saône, 27 févr. 1900.* Confirmé en appel : *Dijon, 13 juin 1900.*)

6. Les mareyeurs sont assujettis. (*Just. P. Boulogne, 12 mai 1900.* Réformé en appel ; les mareyeurs ne sont pas assujettis, même pour les transports accessoires à leur commerce, *Tr. civ. Boulogne, 7 déc. 1900.*)

7. Le patron marchand de vins en gros d'un charretier-livreur tué en descendant une pièce de vin dans la cave d'un épicier, en compagnie de trois autres ouvriers de la même maison, est assujetti, quand les manipulations effectuées dans une entreprise commerciale pour la réception, l'emmagasinement, le conditionnement, l'expédition et la livraison de marchandises d'un poids considérable exposent des ouvriers à un ensemble de risques professionnels de même nature que ceux qui se rencontrent à la fois dans les chantiers, les entreprises de chargement et de déchargement et les magasins publics ; quand ce caractère industriel est confirmé par la disposition des locaux, le nombre des ouvriers, l'importance de l'aménagement des approvisionnements ; et l'établissement considéré doit être classé parmi les « chantiers » auxquels s'applique la loi du 9 avril 1898. (*C. Paris, 12 janv. 1901.*)

8. Le boulanger est assujetti (*Just. P. Montauban, 23 juill. 1900*), ainsi que le bijoutier (*Tr. civ. Seine, 31 déc. 1901.* Confirmé en appel : *27 févr. 1901*), le cordier (*C. ap. Lyon, 8 mars 1902*), le distillateur (*Tr. civ. Bourgoin, 29 mars 1901*), l'entrepreneur de laiterie (*Tr. civ. Rochefort, 6 mars 1900*), le fabricant de colle à clarifier (*Just. P. Lille, 12 févr. 1902*), le ferblantier (*Tr. civ. Remiremont, 17 juill. 1902*), le forgeron (*Tr. civ. Seine, 7 juin 1901; C. ap. Angers, 13 mars 1901*).

Comité consultatif des assurances contre les accidents du travail.

— Il est constitué auprès du ministre du commerce un Comité consultatif des assurances du travail dont l'organisation est réglée par arrêté du ministre[1].

---

1. Ce sont les termes mêmes de l'article 16 du *décret du 28 février 1899* qui crée ce nouvel organe ; voici la suite de l'article : « *le Comité doit être consulté dans*

Parmi les attributions de ce Comité, il faut relever ici les *Avis* qu'il est appelé à donner sur les principales difficultés nées de la première application de la loi. Ces *Avis* qui, pour la plupart, ont reçu la ratification ministérielle et la publicité officielle, ne sauraient, de toute évidence, imposer une solution aux justiciables, encore moins aux juges. Du moins, étudiés aux sources de la législation nouvelle par ceux qui ont la charge d'en assurer l'application, discutés par les hommes les plus versés dans les questions en débat, ils présentent des garanties de clairvoyance et d'interprétation fidèle, qui avertissent les intéressés de la pensée présumée du législateur et peuvent donner aux tribunaux eux-mêmes une orientation. Tel est le vrai caractère des avis du comité consultatif.

C'est ainsi que tombent sous le coup de la loi de 1898-1902, d'après le Comité consultatif, les entreprises suivantes :

1° La Société coopérative de production, réalisant une production industrielle, payant des salaires aux sociétaires employés ou à ses auxiliaires, car elle doit être considérée comme un « chef d'entreprise » (*Avis 31 mai 1899*) ;

2° Les coupes de bois, entreprises de transport, ou chantiers, les entrepôts de bois, même sans sciage permanent (*Avis 21 juin 1899*) ;

3° La location de futailles comportant arrimage et réparation des fûts à louer, et fabrication de futailles neuves (*Avis 12 juill. 1899*) ;

4° Les Sociétés coopératives de consommation, seulement si elles

---

les cas spécifiés par le présent décret, et par les décrets du même jour, rendus en exécution des articles 26, (27) et 28 de la loi du 9 avril 1898. Il peut être saisi par le ministre de toutes autres questions relatives à l'application de ladite loi. »

Le Comité consultatif a été institué par arrêté du 1er mars 1899, modifié lui-même, quant à la composition du Comité, par arrêté du 10 octobre 1900. Il se compose de vingt-quatre membres, parmi lesquels : deux sénateurs, trois députés, le président du tribunal de commerce de la Seine, le président de la Chambre de commerce de Paris, l'actuaire de la Caisse des dépôts et consignations, un président ou administrateur de société d'assurances mutuelles contre les accidents, le président du syndicat des compagnies d'assurances à primes fixes contre les accidents, un ouvrier membre du Conseil supérieur du travail, le président d'un syndicat professionnel ouvrier, le directeur de l'assurance et de la prévoyance sociales, le directeur du travail, le conseiller d'État, directeur de l'enseignement technique, etc...

Certains membres sont nommés par le ministre, pour quatre ans. Les membres sortants peuvent être renommés. Sont remplacés immédiatement les membres du Comité qui perdent la qualité en raison de laquelle ils avaient été nommés.

Le ministre nomme le président du Comité parmi ses membres et désigne les secrétaires. En cas de partage, la voix du président est prépondérante.

Le Comité peut, avec l'autorisation spéciale du ministre, procéder à des enquêtes et entendre les personnes qu'il jugerait en état de l'éclairer sur les questions qui lui sont soumises.

possèdent des chantiers d'approvisionnements, si elles se livrent à
des fabrications, ou si elles font emploi de moteurs inanimés (*Avis
29 nov. 1899*);

5° Les entreprises commerciales ou agricoles usant de voitures
automobiles (*Avis 13 déc. 1899*);

6° Les établissements municipaux d'assistance par le travail, toutes
les fois que les travaux y exécutés sont assujettis à l'égard des autres
chefs d'entreprise (*Avis 20 déc. 1899*);

7° Les armateurs à l'égard des inscrits maritimes, à qui ils font
exécuter des travaux assujettis, en dehors de leur embarquement,
et à l'égard des non-inscrits maritimes qu'ils emploient à bord des
paquebots, embarcations et tous autres bâtiments autres que les
bâtiments de guerre ou de plaisance (*Avis 24 janv. 1900*);

8° Les laboratoires qui se chargent d'analyses industrielles moyennant rétribution (*Avis 7 mars 1900*)[1];

9° Les fabricants de dentelles et broderies à la main, et les cou-
turiers (*Avis 7 mars 1900*);

10° Les métreurs-vérificateurs occupant leurs employés dans l'industrie du bâtiment (*Avis 4 avr. 1900*);

11° Les sécheries de morues, comportant des transformations
d'ordre industriel (*Avis 24 oct. 1900*);

12° Les cultivateurs, effectuant accidentellement des transports
pour des tiers, si ces transports ont fait l'objet d'une convention,
écrite ou verbale, comportant, avec l'allocation de prix, la responsabilité légale du transporteur (*Avis 20 févr. 1901*).

Non-assujettissement au régime du risque professionnel. — Si
toute l'industrie se trouve soumise à la loi, il n'en va pas de même
des travaux qui, pour être matériellement analogues aux travaux de
telle industrie, ne sont pas économiquement des travaux industriels.
C'est ainsi qu'un laboratoire de physique ou de chimie annexe à
une faculté, malgré les risques d'explosion ou d'intoxication qu'il
présente, ne peut être considéré comme un établissement industriel.
Et de même pour une école technique où les travaux des élèves ont
un but exclusif d'enseignement.

---

1. Est assujetti le directeur d'un établissement zoologique, en raison des accidents
survenus aux ouvriers occupés à construire ou démolir son établissement. (*Tr. civ.
Nancy, 13 mars 1901.*)

Il semble également que la loi ne doive pas s'appliquer au travail des détenus dans les prisons, ou des personnes internées dans un asile d'aliénés.

Voici enfin quelques avis du Comité consultatif, excluant du domaine de la loi certaines professions :

1° Les voyageurs de commerce en alcool (*31 mai 1899*) ;

2° Les ostréiculteurs n'exploitant pas la fabrication des boîtes ou paniers d'emballage ou autre fabrication annexe, non assujettie à la loi (*24 janv. 1900*) ;

3° Les établissements de bains ne faisant pas usage de machines mues par une autre force que celle de l'homme ou des animaux (*7 mars 1900*) ;

4° Les hôtels et auberges sans entreprise de transports (*4 avr. 1900*);

5° Les marchands de bestiaux qui ne font point le transport de bestiaux pour des tiers (*24 oct. 1900*) ;

6° Les pharmaciens qui ne fabriquent ni matières premières pharmaceutiques, ni spécialités (*Ibid.*) ;

7° L'exploitation des champignonnières, n'employant pas de moteur inanimé (*7 nov. 1900*).

JURISPRUDENCE. — La rédaction de l'article 1er de la loi du 9 avril 1898 ne permet pas de trouver dans l'existence de risques inhérents à une profession la raison unique et déterminante de son assujettissement. Malgré les risques professionnels certains qu'elle entraîne, l'*entreprise d'affichage*, où l'on ne manufacture ni ne transforme quoi que ce soit, ne saurait être considérée comme rentrant dans l'industrie du bâtiment, avec laquelle aucune assimilation n'est possible, et n'est d'ailleurs comprise dans aucune des autres exploitations énumérées par l'article 1er de ladite loi. En vain objecterait-on que « l'entrepreneur de la pose et de la conservation des affiches » est compris dans l'énumération des professions passibles de la taxe additionnelle à la contribution des patentes en vertu de l'article 25 de la loi. Cette réglementation sujette, au point de vue fiscal, au recours contentieux devant les tribunaux administratifs compétents, laisse entier le pouvoir d'appréciation des tribunaux de l'ordre judiciaire pour l'application de la loi à chacune des entreprises particulières faisant l'objet d'un litige. Au surplus, l'assujettissement engageant la garantie de l'État, au cas d'insolvabilité des débiteurs de rentes, est déterminé par les termes de la loi, sans pouvoir être modifié par la convention des parties et spécialement par le fait, de la part du chef d'entreprise, de souscrire une police d'assurance contre les accidents du travail. (*C. ap. Paris, 6 juin 1902.*)

2. Le marchand de charbon qui n'est que commerçant n'est pas assujetti, même pour ses transports. (*Tr. civ. Lyon, 3e ch., 8 déc. 1900.*)

3. N'est pas soumis au régime de la loi du 9 avril 1898 l'atelier où est fait un triage de chiffons. (*C. ap. Limoges et* CASS., *20 juin 1902.*)

La loi du 9 avril 1898 ne vise que les entreprises industrielles et non celles où l'on ne fait subir à la matière première aucune transformation en vue de l'approprier au commerce, comme le marchand de peaux, chiffons, os et métaux.

4. L'épicier en gros n'est pas assujetti et n'est pas responsable, aux termes de la loi du 9 avril 1898, de l'accident survenu à son garçon livreur. (*Tr. civ. Seine, 12 juin 1900.*)

5. Le négociant en grains n'est pas assujetti (*Tr. comm. Amiens, 3 avr. 1900*), ni le tonnelier (*Tr. civ. Cognac, 3 avr. 1900*), ni le maréchal ferrant[1] (*Just. P. Paris 8e arr., 10 mai 1900; Tr. civ. Seine, vac., 4 oct. 1900; C. ap. Aix, 4e ch., 17 nov. 1900*), ni le patron d'un petit atelier de serrurerie (*Tr. civ. Coutances, 12 avr. 1900*), ni le marchand de bicyclettes (*Tr. civ. Fontainebleau, 29 nov. 1900*).

6. La profession d'élagueur d'arbres ou de jardins n'est pas assujettie. (*C. ap. Rouen, 11 avr. 1900; CASS., ch. req., 8 mai 1901.*)

7. La coupe de bois et la mise en œuvre d'une exploitation forestière n'entraînent pas assujettissement à la loi du 9 avril 1898. (*Tr. s. pol. Saint-Fargeau, 21 sept. 1900; Tr. civ. Saint-Dié, 1er juin 1900; Grenoble, 25 oct. 1900.*)

Solution contraire. — *Tr. civ. Tulle, 29 mai 1900.* Confirmé en appel : *Limoges, 7 nov. 1900; Tr. civ. Seine, 3 oct. 1900.*

8. La profession de boucher ne rentre dans aucune des catégories énumérées par la loi et n'est donc pas assujettie. (*Tr. S. pol. Angers, 30 nov. 1899; Just. P. Paris, 20 déc. 1900*), ni une charcuterie avec tuerie. (CASS. *3 mars 1903*).

9. L'aubergiste est un commerçant et n'est pas assujetti aux dispositions de la loi. (*Tr. comm. Saint-Étienne, 10 janv. 1900.*)

10. Les qualités de patron et d'ouvrier se confondent chez les membres des sociétés coopératives de production qui ne sauraient donc être assujettis à la loi du 9 avril 1898. (*Just. P. la Roche-sur-Yon, 17 sept. 1900; Tr. civ. Corbeil, 21 janv. 1903; C. ap. Paris, 1er août 1903.*)

11. N'est pas assujetti le patron qui employait un ouvrier au broyage des pommes à cidre pour sa consommation personnelle.

La réparation des accidents du travail non assujettis à la loi de 1898-1902[2] est régie par le droit commun (*art. 1382 et s. C. civ.*).

---

1. L'arrêt qui déclare qu'un atelier de maréchal ferrant n'est pas assujetti doit établir qu'il n'est pas un établissement industriel. (CASS., *3 août 1903.*)

2. Ont été donnés les principes généraux qui doivent servir de guides dans la question de savoir si une profession est ou non assujettie. Suivent aussi quelques exemples particuliers plus ou moins typiques. Pour plus amples détails, consulter les nombreux paragraphes *Jurisprudence.*

Au surplus, dans l'intérêt des victimes, on doit leur recommander, toutes les fois

JURISPRUDENCE. — 1. La veuve qui agit en indemnité, par l'action de la loi du 9 avril 1898, ne peut, par la même action, réclamer subsidiairement la réparation de l'article 1382 du Code civil. (*Tr. civ. Dijon, 15 févr. 1900.*)

2. Le demandeur, victime d'un accident, ne saurait être admis, dans la même instance, à exercer cumulativement l'action spéciale fondée sur la loi du 9 avril 1898 et l'action de droit commun fondée sur l'article 1382 du Code civil. Car, s'il est un ouvrier au service du défendeur, l'article 1er de la loi de 1898 lui interdit toute autre action que celle dérivant de cette loi, et s'il ne l'est pas, il ne peut se pourvoir que suivant les règles du droit commun. (*Tr. civ. Gray, 26 févr. 1902.* Confirmé en appel : *Besançon.*)

Accidents Indemnisés. — Et d'abord il faut entendre par *accident* une lésion corporelle provenant de l'action soudaine et violente d'une cause extérieure, par exemple : une chute, une explosion, un choc, une fracture, l'asphyxie accidentelle, etc. ; il ne saurait s'agir des maladies professionnelles provenant d'une cause lente et durable, telle que l'air vicié des locaux, la manipulation de matières vénéneuses, l'absorption de poussières et de gaz nuisibles, résultat de l'exercice normal de la profession, et qui peuvent faire, à la longue, de l'ouvrier un invalide.

Le législateur, en excluant d'une façon générale la maladie de la réparation qu'il accorde au risque professionnel, s'est laissé guider par de seules considérations pratiques. Il lui a paru difficile de déterminer dans quels cas spéciaux une maladie chez l'ouvrier pourrait être mise au compte de la profession. Il a craint que, dans cette détermination plus que délicate de la maladie professionnelle, l'erreur ou la fraude ne fissent porter aux entreprises industrielles des charges imméritées et trop lourdes.

Ce faisant, et pour éviter des réparations injustifiées, le législateur est tombé dans l'excès contraire. Il a fait à toute une catégorie d'ouvriers une situation inique.

On comprend, à la rigueur, qu'il ait exclu certaines maladies communes à tous les individus, quelle que soit leur profession : l'anémie, la tuberculose, les phénomènes nerveux ou autres, les troubles divers des différents organes dus à des causes extérieures ou héréditaires, rhumatismes, etc., bien que la plupart de ces maux puissent se développer à la longue chez l'ouvrier ou s'aggraver, s'il en porte les symptômes, par l'exercice de sa profession dans des lieux malsains, humides, exposés à toutes les sautes de température, au milieu des substances délétères qu'il manie[1], dans l'air

---

qu'un accident du travail surviendra, qui pourrait donner lieu à discussion, de remplir les formalités de déclaration exposées plus loin (voir 5. PROCÉDURE : *Déclaration des accidents*), afin de permettre aux tribunaux de se prononcer sur le cas.

1. L'eczéma des mains, ayant son origine dans la manipulation prolongée de substances malsaines, est une maladie professionnelle et ne donne pas lieu, par

vicié qu'il respire[1]. Et il semble que tous ces risques, quand ils sont subis, méritent, en bonne justice, une réparation.

Mais il y a plus. Il est de certaines maladies dont la cause est absolument professionnelle : l'intoxication par le plomb, ou saturnisme ; par le mercure, ou hydrargyrisme, et par l'arsenic, si fréquente dans les industries de métaux, de peinture ; l'intoxication par le phosphore, ou nécrose, chez les allumettiers ; l'intoxication par le traitement des peaux, laines et crins d'animaux, ou septicémie charbonneuse, etc. ; ce sont bien là des maladies déterminées directement par l'exercice de la profession[2] et qui, apparemment, devraient être comprises parmi les accidents, et, comme eux, entraîner de plein droit la responsabilité de l'industrie[3].

conséquent, à l'application de la loi du 9 avril 1898 (*Just. P. Paris, 12 déc. 1900*), et de même une bourse séreuse du genou (CASS., *23 juill. 1902*). Cependant il a été jugé que le durillon forcé ne saurait être considéré comme une maladie professionnelle, et donne lieu à un règlement d'accident du travail. (*Just. P. Paris, 2 août 1900.*)

1. D'ailleurs, il n'eût pas été impossible de vaincre la difficulté d'application, en imposant aux ouvriers un examen médical qui eût fixé leur état physiologique, à leur entrée au travail. Des examens subséquents, de loin en loin, successivement, pourraient intervenir, et diminueraient ainsi, rendraient à peu près nuls les risques d'erreur ou de fraude sur la véritable cause de la maladie. Des certificats médicaux, dûment légalisés et entourés de toutes les garanties désirables par des formalités rigoureuses, eussent fait foi entre les mains de l'ouvrier. Il ne faut pas opposer vraiment qu'il y ait là, pour la pratique, des complications insurmontables. Nous n'en sommes plus à une formalité près.

2. A citer encore, parmi les maladies professionnelles, le mal des bassines, dans les magnaneries, la fièvre de la fonte, dans les fonderies de laiton et zingueries, l'ankylostomasie produite par un parasite intestinal chez les mineurs (l'ankylostome duodénal) qui cause des troubles très graves, aboutissant à la déchéance physique, à l'incapacité totale ou partielle, et parfois même entraîne la mort.

Le XIe Congrès international d'hygiène ou de démographie, tenu à Bruxelles (2-8 sept. 1903), s'est occupé notamment de l'ankylostomasie et a émis des vœux pour que des mesures spéciales soient imposées dans les travaux souterrains des mines, contre la possibilité de contagion de cette maladie, — et de même aussi au sujet de l'intoxication par le plomb, par le traitement des peaux, laines, tissus, et de la tuberculose.

3. N'est-ce pas ce qui existe déjà en France, pour les marins, en vertu de la loi du 21 avril 1898, pour les sapeurs-pompiers qui, en service commandé, contracteraient une maladie entraînant une incapacité absolue et permanente? (*Loi de fin. 13 avr. 1898 et décr. 12 juill. 1899.*) — En Angleterre, aux termes de la loi de 1901, article 73, sur les fabriques et ateliers, tout médecin constatant un cas d'intoxication par le plomb, le phosphore, l'arsenic ou le mercure, ou de septicémie charbonneuse — qu'il suppose avoir été contracté dans une fabrique ou un atelier — doit en aviser l'inspecteur en chef des fabriques. Les officiers d'état civil de district sont tenus d'adresser au même inspecteur le double des certificats de décès attribués directement ou indirectement à l'un des cas d'empoisonnement ci-dessus énumérés.

Amendement de M. Vaillant, présenté le 3 juin 1901 : « Les maladies professionnelles sont comprises dans les accidents du travail, et visées comme telles par la présente loi. La tuberculose de l'ouvrier et de l'employé est tenue pour maladie professionnelle. » Renvoi à la Commission du travail. Proposition identique de M. Breton, député (*5 déc. 1901*). Une motion a été adoptée, invitant le gouvernement à constituer une commission extra-parlementaire pour dresser la liste des maladies professionnelles.

Cependant si un accident léger, survenu par le fait du travail, subit une aggravation par suite d'insalubrité ou d'infection de l'industrie, la loi de 1898-1902 reprend son empire, et, en général, le risque professionnel s'applique non seulement aux conséquences directes de l'accident, mais encore aux conséquences indirectes [1].

Il faut donc, pour que l'accident entraîne l'application du risque professionnel, *qu'il soit survenu par le fait ou à l'occasion du travail* ou qu'il s'y rattache par un lien plus ou moins étroit [2]. Cette condition étant remplie, du moment où l'ouvrier arrive à l'atelier pour se mettre à la disposition du chef d'entreprise jusqu'au moment où il reprend sa liberté, il est couvert par la loi, quel que soit le lieu du travail ou la nature de l'accident.

Qu'il soit blessé au siège de l'entreprise, dans un chantier extérieur, ou dans une mission dont il a été chargé, chez le client où son travail l'appelle, ou pendant le trajet et les déplacements nécessaires, que l'accident provienne d'un fait évitable ou inévitable ou tel qu'il eût pu se produire un jour de chômage, peu importe. Il survient à l'occasion du travail.

Même dans les cas fortuits qui déjouent les prévisions humaines, mais qui ont leur cause dans le fonctionnement de l'exploitation, la loi est applicable, car c'est précisément là le principal objet de la

---

1. Il a été jugé notamment que la paralysie consécutive à un accident, l'altération des facultés intellectuelles (perte de la mémoire), à la suite d'une commotion violente, donnaient droit à réparation. (*Tr. civ. Dijon.*) La victime fera bien de s'entourer de toutes les garanties pour prouver qu'il y a relation de cause à effet entre le travail et l'accident et ses suites.

2. C'est cette relation plus ou moins étroite, ce rapport de cause à effet, qu'il s'agira d'établir dans certains états morbides équivoques, pour que les tribunaux, juges souverains d'après les circonstances du fait, concluent ou non à l'accident avec la réparation qui lui est due. (*Cass. 19 janv. 1903.*)

Et tel est le cas pour la hernie, que certaines décisions considèrent, non point comme une maladie, mais comme le résultat d'un accident donnant droit aux indemnités de la loi (*Tr. civ. Nancy, 21 mai 1900 ; Valenciennes, 26 juill. 1900 ; Lille, 8 nov. 1900, etc.*), mais l'ouvrier qui réclame les indemnités de la loi parce qu'il est atteint de hernie doit prouver que cette affection est résultée de son travail. (*Tr. civ. Saint-Étienne, 21 mai 1900 ; Valenciennes, 10 août 1900 ; Aubusson, 14 août 1900, etc.*)

Jugements fort sages, car la hernie peut provenir de la conformation corporelle, et elle est alors une infirmité, une tare physiologique, dont le travail n'est pas cause, ou bien d'un effort accidentel et violent — *hernie de force* — et elle est alors un accident. Au surplus, même chez le prédisposé, elle peut se produire à l'occasion du travail, et constitue, par suite, une incapacité de travail partielle et permanente.

C'est encore en prouvant la relation de cause à effet que même dans les cas d'accidents aggravés par suite de débilité ou d'infirmités constitutionnelles, la victime

loi de soustraire l'ouvrier aux conséquences de ces risques et des dangers inévitables qu'entraîne l'exercice de l'industrie[1].

Dans les cas de *force majeure* étrangers à l'exploitation, foudre, inondation, tremblement de terre, le dommage qui en résulte n'est pas garanti par le risque professionnel, à moins que les effets de l'événement de force majeure n'aient été aggravés, pour les ouvriers ou employés, par l'exercice de l'industrie dans laquelle ils sont occupés.

Lorsque l'accident a été *intentionnellement provoqué* par l'ouvrier, celui-ci n'a droit à aucune réparation ; et, dans le cas de *faute inexcusable* de l'ouvrier ou du patron, les tribunaux n'ont que la faculté de diminuer le taux de l'indemnité, ou de l'augmenter, en restant dans la limite fixée par la loi[2].

---

pourra ne rien perdre des indemnités de la loi, s'il s'élève des contestations au nom des *affections antérieures*. (*C. ap. Paris, 8 févr., 22 mars, 30 juill. 1902.*)

Examiner encore les jugements suivants :

Le patron n'est tenu d'indemniser l'ouvrier que des suites de l'accident et peut être autorisé à prouver que la prolongation de l'incapacité est due à une affection antérieure de la victime, telle que l'albuminurie. (*Just. P. Le Mans, 4 mai 1900.*)

... Mais s'il ne rapporte pas cette preuve, il devra l'indemnité pour toute la durée de l'incapacité. (*Just. P. Le Mans, 18 mai 1900.*)

Le patron n'est même pas fondé à prétendre démontrer que la guérison a été retardée par une affection antérieure. (*Just. P. Le Havre, 11 avr. 1900.*)

L'état d'alcoolisme de la victime, fût-il établi, ne déchargerait pas le patron de sa responsabilité sous le prétexte que l'ouvrier a succombé non des suites de sa blessure, mais à cause de ses habitudes d'intempérance. (*Tr. civ. Orléans, 8 août 1900.* Confirmé en appel : *8 déc. 1900.*)

Le patron ne saurait prétendre diminuer la pension de l'ouvrier frappé de cécité par suite d'un accident de travail, sous le prétexte que cet ouvrier était déjà borgne antérieurement à l'accident. (*Tr. civ. Seine, 4e ch., 2 juin 1900.*)

Le patron ne saurait prétendre, sous le prétexte que les conséquences de l'accident ont été aggravées par une affection antérieure, diminuer la réduction que subit le salaire au cas d'incapacité permanente partielle ; la réduction du salaire reçu au moment de l'accident est la base nécessaire du règlement de l'indemnité. (*Tr. civ. Besançon, 5 avr.; Marvejols, 26 oct. 1900; Cass., 23 juill., 10 déc. 1902.*)

Solution contraire. — Le tribunal tiendra compte, dans l'appréciation de la réduction de salaire, de l'état de maladie antérieur de la victime et recherchera la part de l'incapacité qui résulte de la maladie et celle qui résulte de l'accident. (*Tr. civ. Limoux, 13 nov. 1900; C. ap. Chambéry, 19 nov. 1900.*)

1. C'est ainsi que plusieurs tribunaux ont compris l'*insolation* parmi les risques professionnels donnant lieu à indemnité. (*Tr. civ. Versailles, 20 déc. 1900; Tr. civ. Saumur, 23 nov. 1899; Jus'. P. Villejuif, 26 sept. 1899.*)

D'autres tribunaux décident que « l'insolation est assimilable à un cas de force majeure et ne donne pas droit aux indemnités de la loi ». (*Tr. civ. Bayonne, 20 mars 1900; Rennes, 23 mars 1900.*)

La Cour de cassation a décidé qu'en principe la loi de 1898 ne s'applique aux accidents dus à la force de la nature, et survenus pendant le travail, que si le travail a contribué à mettre ces forces en mouvement ou qu'il en a aggravé les effets. (*Cass., 10 déc. 1902.*)

2. Voir plus loin : 3. INDEMNITÉS. *Faute inexcusable.*

Enfin, l'accident doit, pour donner lieu à réparation, être subi par les bénéficiaires de la loi bien entendu, et l'incapacité de travail qui en résulte doit avoir pour conséquence une *interruption de travail d'au moins quatre jours.*

Jurisprudence. — 1. La preuve du caractère professionnel de l'accident est à la charge de l'ouvrier qui devra établir, en cas de contestation, que l'accident est survenu dans le travail ou à l'occasion du travail (*Just. P. Paris, 21 mars 1900*), et, en général, la preuve du caractère professionnel de l'accident incombe au demandeur (Cass., *10 juin 1902; 23 juill. 1902; 19-28 janv. 1903*), par exemple quand la victime est employée à des travaux commerciaux et industriels à la fois (Cass., *18 févr. 1903*).

2. L'accident survenu pendant le travail est présumé accident du travail jusqu'à la preuve contraire, qui est à la charge du patron. (*Tr. civ. Saint-Quentin, 7 mars.* Confirmé en appel : *Amiens, 26 juin ; Tr. civ. Lorient, 26 juin ; Brive, 1er août 1900 ;* Cass., *17 févr. 1902.*)

3. Les accidents dus à la force majeure ne tombent pas sous l'application de la loi du 9 avril 1898 : tel serait le cas de l'ouvrier foudroyé pendant son travail. (*Tr. civ. Bourg, 30 janv. 1900.*)

4. ...ou de l'ouvrier tué dans un incendie et qui s'est rendu sur les lieux du sinistre de son propre mouvement. (*Tr. civ. Melun, 31 janv. 1900.*) *Solution contraire : C. ap. Nancy, 21 nov. 1902.*

5. L'accident causé par la pure curiosité de la victime n'est pas un accident du travail et n'est pas régi par la loi du 9 avril 1898 : par exemple, l'accident survenu à l'ouvrier qui s'est approché, par curiosité, d'une machine électrique (*Tr. civ. Le Havre, 18 janv. 1900*), ou à la suite d'un pari (*Tr. civ. Brives, 23 mai 1900*).

6. L'accident survenu à la victime qui se rendait à son travail n'est pas un accident du travail, surtout si les règlements lui interdisaient de passer par l'endroit où l'accident s'est produit. (*Tr. civ. Versailles, 25 janv. 1900; Le Havre, 10 mai 1901 ; Seine, 7 mai,* Cass., *25 févr. 1902, 2 mars 1903.*)

7. L'ouvrier charretier blessé par son fusil emporté sans nécessité n'est pas victime d'un accident du travail. (*Tr. civ. La Réole, 21 mars 1900.*)

8. Le patron ne saurait échapper aux obligations de la loi par le motif que l'ouvrier se serait refusé à subir une deuxième opération, et qu'il ne serait pas possible de savoir, par suite, si son incapacité provient de l'accident ou de son refus. (*Tr. civ. Vannes, 9 août 1900.*)

9. L'accident survenu à l'ouvrier tamponné par une locomotive tandis qu'il se rendait par la voie du chemin de fer à la gare où il devait travailler, est survenu à l'occasion du travail. (*Tr. civ. Montluçon, 22 juin 1900.*)

10. Le chef d'entreprise est responsable de l'accident survenu à son ouvrier qui, ayant demandé un acompte sur sa paye, est renversé par un tramway en allant, sur l'ordre d'un commis, chercher la monnaie nécessaire chez un marchand de vin. L'ouvrier exécutant un ordre est couver par le risque professionnel. (*C. ap. Paris, 17 juill. 1903.*)

Solution contraire. — L'ouvrier frappé par un accident en se rendan.
de l'usine à son domicile n'est pas victime d'un accident du travail et n'a
pas droit aux indemnités de la loi, même si le patron l'avait chargé d'une
mission, telle que de porter un sac de charbon à une ouvrière malade.
(*Tr. civ. Grenoble, 1ʳᵉ ch., 27 juin 1900.*)

11. L'ouvrier qui prétend avoir été victime d'un accident en déchar-
geant des marchandises n'a droit à aucune indemnité quand l'enquête
établit que le travail commandé n'était pas dangereux ou pénible à l'excès.
(*Cass., 16 juill. 1903.*)

12. L'armateur est responsable, aux termes de la loi du 9 avril 1898, de
l'accident survenu à l'ouvrier classeur qui, pour rechercher un colis manquant, s'est rendu sur le navire où il lui était interdit de pénétrer, et le
patron soutiendrait en vain que l'accident n'est pas survenu sur le lieu du
travail de l'ouvrier. (*Tr. civ. Le Havre, 12 mai 1900.*)

13. Pour que l'accident soit survenu par le fait ou à l'occasion du
travail, il faut qu'il se soit produit dans le travail industriel de l'ouvrier ;
l'ouvrier d'industrie qu'on a chargé de faire partir des bombes dans
une fête publique et qui a été blessé dans ce travail n'a pas droit aux
indemnités de la loi du 9 avril 1898 (*Tr. civ. Saint-Gaudens, 12 mars
1900*) ; l'ouvrier blessé en accomplissant, sans ordre, un travail dangereux
pour lequel il n'avait pas été embauché, n'a pas droit aux indemnités de la
loi du 9 avril 1898 (*Tr. civ. Boulogne, 26 juill. 1900 ; Cass. 3 mars 1903*).

14. L'accident survenu à l'ouvrier industriel détaché pour la journée à
un travail agricole, tel que le transport d'instruments de vendanges, n'est
pas régi par la loi du 9 avril 1898. (*Tr. civ. La Réole, 21 mars 1900.*)

15. N'est pas régi par la loi du 9 avril 1898, l'accident survenu à l'ouvrier occupé à un travail étranger à sa profession ; par exemple, l'ouvrier
briquetier exceptionnellement occupé à repeindre un mur. (*Tr. civ. Yvetot,
21 juin 1900.*)

16. Mais les chantiers et entreprises de constructions sont réunis en fait
par un échange inévitable de services et par l'emploi d'un matériel commun, et l'ouvrier maçon blessé en participant à un travail de menuiserie
peut agir par l'action de la loi du 9 avril 1898 contre son propre patron,
même si l'ordre n'est pas venu de celui-ci, et sauf recours contre le tiers
responsable. (*Tr. civ. Seine, 4ᵉ ch., 2 juill. 1900.*)

17. L'ouvrier blessé accidentellement pendant son travail a droit aux
indemnités de la loi, même si l'accident résulte du fait d'un autre ouvrier
(*Tr. civ. Valenciennes, 25 mai 1900.* Confirmé en appel : *Douai, 1ʳᵉ ch.,
7 août 1900*), par exemple d'un projectile lancé par une ouvrière dont le
travail imposait le voisinage (*Cass., 23 avr. 1902*), ou par chute en poursuivant un autre ouvrier qui lui avait enlevé son béret à son poste de travail (*Cass. 8 juill. 1903*).

18. L'accident connu sous le nom de « coup de fouet » est un accident
professionnel (*Just. P Paris, 19 sept. 1900*), ainsi que le « coup de rou-
lis » à bord d'un paquebot (*Tr. civ. Le Havre, 13 juin 1902*).

19. L'ouvrier blessé pendant qu'il circulait dans le chantier est victime d'un accident du travail. (*C. ap. Besançon, 24 oct. 1900.*)

20. L'ouvrier frappé d'une attaque d'apoplexie survenue pendant son travail, peu après une chute sans gravité, n'est pas victime d'un accident du travail, si la relation entre la chute accidentelle et l'attaque n'est pas établie. (*Tr. civ. Grenoble, 23 juill. 1900.*)

21. L'accident survenu sur le lieu du travail durant une interruption régulière, momentanée, et pendant laquelle l'ouvrier reste soumis aux règlements du chantier, est un accident du travail (*Tr. civ. Saint-Étienne, 29 oct. 1900; C. ap. Rouen, 26 déc. 1900, et* CASS., *ch. civ., 23 avr. 1902*)[1], ainsi que l'accident dû à l'état d'insécurité occasionnelle du chantier (CASS., *28 avr. 1902*).

22. Les soldats du génie détachés sur le réseau de l'État en vue d'apprendre le service des voies ferrées ne sont pas les agents ou employés de l'administration des chemins de fer de l'État, qui ne saurait être recherchée à raison des accidents qui peuvent leur survenir dans ce service. (*Tr. civ. Vendôme, 10 févr. 1900.*)

23. L'intérêt que peut avoir une partie à rechercher si un décès subit à été ou non la conséquence d'un accident n'est pas suffisant pour justifier une demande en autorisation d'exhumation. (*Tr. civ. Seine, 3 févr. 1900.*)

Employés bénéficiaires. — Tout le personnel d'une entreprise assujettie peut se prévaloir du risque professionnel sans aucune différence entre les divers emplois : ouvriers, contremaîtres, employés, ingénieurs ou apprentis, charretiers, etc., sans distinction de sexe, de salaire ou de nationalité[2], *à condition toutefois que l'ouvrier ou l'employé relèvent directement du chef d'industrie.* L'ouvrier qui exécute chez lui des travaux à la tâche, en dehors de la surveillance de celui qui l'emploie, n'a aucune action contre ce

---

1. Voici les attendus de la Cour de cassation : « Attendu que B..., ouvrier de N..., entrepreneur de travaux publics exécutés dans le port des Sables-d'Olonne, se trouvait, le 30 septembre 1900, occupé depuis un temps assez prolongé pour qu'il dût, vers minuit, prendre quelque nourriture ; qu'il se retira dans le baraquement des machines pour y faire son repas et qu'il sortit pour en jeter les restes au dehors ; qu'il s'engagea alors sur la jetée, comprise, en cette partie, dans le chantier ; que les bords n'en étaient pas pourvus de barrières et que le défaut d'éclairage y rendait la circulation dangereuse ; que Barré tomba dans le chenal en ce moment à sec et s'y blessa ;

« Attendu que de ces constatations il résulte que le travail a été l'occasion de l'accident arrivé à Barré ; que cet accident est survenu, en effet, dans le lieu et à l'heure du travail et qu'il est dû au défaut d'éclairage du chantier. »

2. Cependant on verra que l'importance du salaire et la nationalité influent sur le règlement de l'indemnité.

dernier, pas plus que l'ouvrier qui loue son travail à un particulier, car il est alors son propre patron, et personne ne le commande dans son travail.

Les *ouvriers détachés à l'étranger,* pour des travaux temporaires, par des entreprises assujetties ayant leur siège en France, bénéficient des avantages de la loi 1898-1902, en cas d'accidents à eux survenus dans les termes de ladite loi [1]. (*Avis du Comité consultatif, 7 mars 1900.*)

Enfin (*art. 32 de la loi*), sont exceptés des dispositions de la loi de 1898-1902 : 1° les ouvriers, apprentis et journaliers appartenant aux ateliers de la marine ; 2° les ouvriers immatriculés des manufactures d'armes dépendant du ministère de la guerre [2].

Employeurs responsables. — Ce sont ceux qui sont effectivement « chefs d'entreprise », c'est-à-dire qui dirigent l'exploitation ou l'industrie, qui en assument la responsabilité, et qui en recueillent les bénéfices, depuis les grandes sociétés qui ont dans leur dépendance un personnel considérable, jusqu'au petit patron qui n'emploie qu'un nombre restreint d'ouvriers, entreprises privées ou en-

---

1. Il y a lieu de noter toutefois que, dans cette hypothèse, s'il est désirable, pour répondre au vœu du législateur, que la cause, la nature, les circonstances et les suites probables de l'accident soient établies sur les lieux, dans le délai le plus rapproché, aucune disposition de la loi ne paraît astreindre le chef d'entreprise à la déclaration prévue par l'article 11, ni le rendre passible de poursuites par application de l'article 14, pour défaut de déclaration.

Quant au magistrat compétent pour procéder à l'enquête prévue par les articles 12 et 13, c'est le juge de paix du canton où se trouve le siège de l'exploitation qui a détaché l'ouvrier à l'étranger. Le juge de paix doit, dans ce cas, agir aussitôt qu'il a été saisi, soit par une déclaration spontanée du chef d'entreprise, soit par une déclaration de la victime ou de ses ayants droit. Il ne pourrait invoquer le défaut de transmission du dossier par le maire pour s'abstenir de commencer l'enquête.

JURISPRUDENCE. — La loi de 1898 s'applique aux accidents dont les ouvriers sont victimes dans les diverses succursales ou chantiers industriels où le patron peut les employer, pourvu que le contrat de travail soit intervenu en France et entre Français. L'article 34 de la loi ne vise que les industries locales des colonies ; on ne saurait l'étendre aux ouvriers français envoyés aux colonies par leur patron en vertu d'un contrat passé en France. (*C. ap. Rennes, 22 déc. 1902.*)

2. En plaçant ce personnel sous le régime de la loi concernant les accidents, on lui aurait fait une situation moins avantageuse que celle dont il jouissait déjà.

Dans le langage du Code de commerce, l'expression « entreprise de transports par terre et par eau » ne s'applique pas aux transports maritimes. La loi de 1898 ne s'applique pas aux inscrits maritimes, non plus qu'aux non-inscrits employés à bord des bâtiments de commerce. (*CASS., 2 févr. 1903.*)

treprises publiques de l'État, des départements, des communes et des établissements publics [1].

Le particulier qui emploie directement des ouvriers pour édifier ou réparer sa maison, cuire son pain, blanchir son linge, conduire sa voiture ou ses charrois, manœuvrer son yacht ou son automobile, n'est pas un « chef d'entreprise », et n'est point assujetti au risque professionnel [2].

Mais le chef d'entreprise n'est responsable qu'en ce qui concerne les victimes d'accidents auxquelles il était lié par un contrat de travail, qu'il employait directement à son compte, sans qu'il y ait lieu de distinguer entre les différentes modalités que le contrat peut assigner au payement du salaire [3].

---

1. Sont assujetties les personnes morales, comme l'État, le département, la commune, mais non la commune à l'occasion de travaux qui, bien que présentant quelque utilité pour elle, ont pour cause essentielle l'intention de secourir les indigents (*C. ap. Poitiers, 16 juin 1902*) ; — est assujetti aussi l'établissement de bienfaisance organisé, pour subvenir aux charges de l'œuvre, en un véritable atelier industriel. (*C. ap. Paris, 29 mai 1902.*) Voir note 1, p. 452.

2. « Cette distinction fondamentale ne présente guère de difficultés d'application que pour les personnes morales, notamment l'État, les départements et les communes. A se placer au point de vue purement théorique, la commune, par exemple, qui construit des écoles, pave des rues, entretient ses canalisations ou ses chemins, paraît se borner à faire en grand ce que ferait sur une moindre échelle un simple particulier, sans esprit de commerce ni de lucre. Mais à tenir plutôt compte des réalités pratiques, on ne peut méconnaître que ces opérations, par leur importance et leur aménagement, se distinguent singulièrement de celles des particuliers ; que, le plus souvent, elles sont confiées à des adjudicataires ; que ces adjudicataires sont alors, sans contestation possible, assujettis au risque professionnel ; que la commune, lorsqu'elle est amenée à effectuer par elle-même certaines de ces opérations et à substituer son action à l'intervention ordinaire des entrepreneurs, emploie les mêmes ouvriers aux mêmes travaux avec les mêmes risques ; qu'il semblerait anormal de lui laisser le pouvoir excessif de rendre, à son gré, la loi applicable ou inapplicable à ces ouvriers, suivant qu'elle opterait pour l'entreprise ou la régie. On doit dès lors la tenir pour assujettie, toutes les fois qu'elle fait exécuter directement des travaux emportant assujettissement pour les entrepreneurs qui en prendraient charge. La même interprétation s'étend naturellement aux départements, à l'État et à toutes les autres personnes civiles qu'il semble malaisé, au regard de la loi sur les accidents, de confondre avec de simples particuliers et qui, on peut l'ajouter, doivent l'exemple moral de l'application de cette loi. » (M. Georges Paulet, directeur de l'Assurance et de la Prévoyance sociales au Ministère du Commerce [*Rapport présenté au Congrès international des accidents du travail et des assurances sociales en 1900*].)

3. Ce sera d'ailleurs souvent difficulté d'espèce de décider si l'ouvrier victime d'accident travaillait réellement au compte du patron comme ouvrier aux pièces, ou à son propre compte comme façonnier ou petit entrepreneur, ou bien si, d'un autre côté, il avait vis-à-vis du chef d'entreprise la situation juridique de préposé ou de sous-traitant.

Le tribunal civil de la Seine (*2 juill. 1900*) et la cour d'appel de Bourges (*7 févr. 1900*) ont décidé que, dans le cas d'un ouvrier prêté à un tiers par son patron, ce

Il faut, au surplus, que réellement « chef d'entreprise », le patron ait cette situation normalement, de façon habituelle, car l'article 1er *in fine* de la loi ne fait d'exception que pour l'ouvrier qui, *travail- -lant seul d'ordinaire,* s'adjoint *accidentellement* un ou plusieurs de ses camarades. Cette collaboration accidentelle ne suffit pas pour lui conférer la qualité de patron, qui suppose des rapports durables de direction d'un côté et de subordination de l'autre.

Ainsi et en résumé, dès que dans une entreprise assujettie survient l'accident de travail indemnisable, tel qu'il a été défini, la responsabilité du chef d'entreprise entre en jeu de plein droit [1].

Comment va-t-elle se réaliser? Par le payement, automatique pour ainsi dire, de différentes indemnités, ci-après désignées.

JURISPRUDENCE. — 1. La responsabilité du patron n'est pas engagée par l'accident survenu à son ouvrier dans le travail que celui-ci accomplissait pour son propre compte et malgré la défense du patron, spécialement au cas du valet d'écurie qui, dans ces conditions, aidait au déchargement de bagages. (*Tr. civ. Autun, 6 févr. 1900.*)

2. .....ni par l'accident survenu à l'ouvrier qui a interrompu son travail pour aider les ouvriers d'une autre entreprise.(*Tr. civ. Lyon, 23 févr. 1900.*)

3. La personne qui a traité à forfait avec un entrepreneur de déménagements est responsable, comme employeur, des accidents survenus aux ouvriers pendant ce déménagement. (*Tr. civ. Les Sables-d'Olonne, 17 juill. 1900.*)

4. Le patron qui ne débauche pas un ouvrier en état d'ivresse est responsable de l'accident qui pourrait arriver à cet ouvrier, et s'il est vrai qu'il y a faute inexcusable de sa part, cette faute ne peut entraîner que réduction de l'indemnité ou de la rente. (*C. ap. Paris, 5 nov. 1902.*)

5. L'ouvrier travaillant seul d'ordinaire et qui a embauché exceptionnellement d'autres ouvriers n'est pas un entrepreneur et n'est pas respon-

---

dernier est seul responsable de l'accident survenu à cet ouvrier, qui ne cesse pas d'être sous l'autorité de son patron. Le patron d'un ouvrier est celui qui paye son salaire. Voici, au surplus, le texte de l'arrêt :

« Attendu que Charbonneau était au service de Delage ; qu'ayant été mis par Delage, même à titre gratuit, à la disposition de Bouchaud pour effectuer un déménagement, il n'a pas cessé pour cela d'être sous l'autorité de son patron ; qu'en effet, Bouchaud n'est point un patron ; qu'ayant besoin momentanément des services d'un ouvrier déménageur, il ne pouvait même être considéré comme un patron vis-à-vis de Charbonneau, avec lequel il n'avait pas fait un contrat de louage de services ; qu'ainsi, Delage *doit supporter les risques de l'accident survenu dans le travail auquel Charbonneau s'est livré chez Bouchaud.,.* etc. »

1. Voir plus loin, à la fin de 3 : INDEMNITÉS, la mise en cause des tiers responsables, p. 506.

sable, aux termes de la loi du 9 avril 1898. (*Tr. civ. Les Andelys, 24 juill. 1900.*)

6. L'ouvrier qui, bien qu'embauchant d'autres ouvriers et leur payant leurs salaires afin d'exécuter un travail pour le compte d'un tiers, ne fait que transmettre à ces ouvriers les sommes qu'il reçoit lui-même à cet effet, et qui n'est pas intéressé dans l'affaire où il est occupé, est un ouvrier et non un entrepreneur, et celui qui l'emploie lui doit, en cas d'accident, les indemnités de la loi. (*Tr. civ. Arras, 2 mai 1900.* Confirmé en appel : *Douai, 25 juill. 1900.*)

7. L'ouvrier qui dirige un certain nombre d'autres ouvriers dans l'exécution d'un travail pour un tiers, mais qui reste lui-même sous les ordres et l'autorité du patron ou de ses agents, n'est pas entrepreneur et n'est pas responsable, en cette qualité, des accidents survenus aux ouvriers qu'il dirige. (*Tr. civ. Tulle, 29 mai 1900; Rouen, 22 juin 1900.*)

8. Le maître de l'ouvrage n'est pas responsable d'accidents survenus à la suite d'un travail exécuté en dehors de sa surveillance et de sa direction. (Cass., ch. civ., 6 août 1902[1].)

9. L'exploitant d'une scierie qui fait exécuter dans son atelier un ouvrage étranger à sa profession est dans la situation d'un propriétaire pour qui sont effectués des travaux qu'il ne dirige pas, et qui n'est pas responsable de l'accident. (*Tr. civ. Marseille, 2e ch., 15 juin 1900.*)

10. L'association de deux ouvriers, en l'espèce scieurs de long, pour effectuer en commun un travail aux pièces, ne saurait leur donner la qualité de chef d'industrie. (*Tr. civ. Saint-Yrieix, 3 oct. 1900.*)

11. .....non plus que la faculté qui leur aurait été laissée de choisir pour se faire aider un ouvrier payé par eux. (*Tr. civ. Saint-Yrieix, 31 oct. 1900.*)

12. .....surtout si le patron a pris la direction du travail, spécialement au moment même de l'accident. (*Tr. civ. Saint-Yrieix, 31 oct. 1900.* Confirmé en appel : *Limoges, 19 déc. 1900.*)

13. Le fait que la victime recevait un salaire journalier ne suffit pas à lui donner la qualité d'ouvrier ; est entrepreneur celui qui paye la patente, fournit les matériaux et dirige son travail. (*Tr. civ. Sarlat, 27 nov. 1900.*)

14. L'ouvrier qui fournit, en même temps que ses services, son cheval et sa voiture pour effectuer des transports, est un ouvrier et non un entrepreneur. (*C. ap. Pau, 13 déc. 1900; Cass., 25 juin 1902.*)

---

1. « Attendu, dit la Cour, que l'arrêt attaqué constate que B... et R..., scieurs de long, qui travaillaient dans une coupe de bois pour le compte de T..., ne recevaient de lui aucun ordre ; que non seulement ils travaillaient à leurs pièces, mais à leur gré, comme ils l'entendaient, sans prendre l'avis de personne ; »
Et le jugement suivant :
Une Compagnie de chemins de fer contre qui aucune faute n'est établie n'est pas responsable, à l'égard de l'entrepreneur, des accidents survenus à l'ouvrier travaillant sur la voie. (*Tr. civ. Le Havre, 5 avr. 1900.* Confirmé en appel : *Rouen, 11 juill. 1900.*)

15. Dans l'exécution des travaux publics, sous la surveillance des agents
de l'administration, l'entrepreneur qui a embauché un ouvrier et le paye
pour travailler sur ses chantiers, est le chef d'entreprise responsable en
cas d'accident survenu à cet ouvrier. (CASS., *6 juill. 1903.*)

3. — Indemnités.

Généralités. Taux des pensions ou indemnités. Calcul des rentes et indemnités ; salaire de base. Forme de l'indemnité. Apprentis et ouvriers mineurs ; salaires
supérieurs à 2 400 fr. Provisions. Payement. Point de départ. Cumul de pensions. Faute inexcusable. Revision des indemnités. Action contre les tiers.

Généralités. — Les accidents peuvent avoir des conséquences
plus ou moins graves et, par suite, ne peuvent donner droit, comme
réparation, à l'allocation d'égales indemnités. Le législateur les a
classés dans quatre catégories, selon qu'ils entraînent :

1º Une incapacité absolue et permanente ;

2º Une incapacité partielle et permanente ;

3º Une incapacité temporaire ;

4º La mort de la victime.

Le chef d'entreprise supporte d'abord les *frais d'extrême urgence :* ce sont, en cas de mort, les frais funéraires, qui sont évalués au maximum à la somme de 100 fr., et, dans tous les cas[1], en
entier, les frais médicaux et pharmaceutiques. Mais, si l'ouvrier
blessé choisit lui-même son médecin et son pharmacien, la loi,
pour éviter les abus, a décidé que le chef d'entreprise ne serait
tenu que jusqu'à concurrence de la somme fixée par le juge de
paix, conformément aux tarifs adoptés dans chaque département
en exécution de la loi du 15 juillet 1893 sur l'assistance médicale
gratuite (*art. 4*)[2].

---

1. Voir ci-dessous, en cas d'incapacité temporaire, un tempérament à cette obligation, quand le chef d'entreprise a affilié ses ouvriers à certaines sociétés de secours
mutuels, et qu'il a pris à sa charge une quote-part de la cotisation.

2. Cette disposition soulève deux difficultés, parce qu'elle présente deux lacunes :
1º Elle ne règle pas la base des remboursements dus *au cas d'hospitalisation*
des victimes. On peut, dans ce cas, en effet, se demander si les frais réclamés par
les hôpitaux pour le prix des journées de traitement, prix qui comprend, d'une
part, les frais de soins chirurgicaux, médicaux et pharmaceutiques, et, d'autre part,
les frais accessoires de logement et de nourriture, sont intégralement à la charge
des chefs d'entreprise ?

D'après un avis du Comité consultatif du 10 janvier 1900, le chef d'entreprise doit
la totalité des frais d'hospitalisation, à moins que la victime, refusant les frais médi-

JURISPRUDENCE. — 1. L'ouvrier blessé qui choisit lui-même son médecin supportera les frais de délivrance du certificat médical, s'il est établi que ces frais auraient été évités par l'acceptation de l'assistance du médecin offert par le patron. (*Just. P. Marseille, 10 oct. 1899.*)

2. L'ouvrier a la faculté de choisir son pharmacien et le juge de paix appliquera alors le tarif départemental comme au cas de choix du médecin. (*Même jugement.*)

3. L'ouvrier n'est pas fondé à réclamer une somme globale représentant les frais médicaux et pharmaceutiques : il est tenu d'en fournir la justification. (*Tr. civ. Narbonne, 6 juin 1900.*)

4. Les soins dentaires, tels que réparation et pose de dents, sont compris dans les frais médicaux et pharmaceutiques et dus par le patron. (*Just. P. Courbevoie, 8 mai 1900.*)

Solution contraire. — La fourniture de l'appareil permettant à l'ouvrier de se servir du membre mutilé ne rentre pas dans les frais médicaux et pharmaceutiques. (*Tr. civ. Chalon-sur-Saône, 20 mars 1900;* CASS., *25 juin 1902.*)

5. Les frais dus au médecin pour opérations chirurgicales ne sauraient

---

caux et pharmaceutiques assurés par l'entreprise, n'ait elle-même fait choix de l'hospitalisation, par application du second alinéa de l'article 4 de la loi. Il y a à cela de bonnes raisons. L'hospitalisation est en effet la meilleure sauvegarde de la vie et du rétablissement de la victime, le plus sûr moyen pour le patron ou pour son assureur d'accélérer la guérison et de conjurer les suites coûteuses de blessures insuffisamment traitées. Le départ entre les frais d'entretien et les frais médicaux et pharmaceutiques est presque toujours irréalisable, les premiers, pour un malade, se confondant très souvent avec les seconds. Il y a plus : comme le traitement du blessé à l'hôpital ne le dispense pas de l'entretien de sa famille, il a droit à l'indemnité de demi-salaire journalier, dont il va être question, au cas d'incapacité temporaire, car les soins donnés par l'hôpital remplacent, en définitive, dans leur ensemble, ceux que la patron avait charge de ménager directement à l'ouvrier blessé ; et il n'y a point raison de le décharger des frais qu'ils entraînent. Au surplus, si les hôpitaux semblent en droit de réclamer intégralement aux patrons ou à leurs assureurs le prix des journées d'hôpital, ils sont en devoir de modérer ce prix autant qu'il leur est possible, lorsqu'il s'agit de victimes d'accidents. Ils apparaîtraient infidèles à leur mission primordiale d'assistance, s'ils ne réduisaient point en pareil cas leur créance au strict minimum, s'ils pouvaient être suspectés d'alléger leurs charges générales en tirant parti des nouvelles responsabilités assignées à l'industrie et si, en décourageant les chefs d'entreprises et les assureurs par des exigences injustifiées, ils leur laissaient motif ou prétexte d'éviter les hospitalisations, au grand dommage de la santé des victimes et de la bonne exécution de la loi ;

Jurisprudence. — L'ouvrier hospitalisé n'est nullement assimilable à l'ouvrier qui a choisi son médecin et son pharmacien ; le patron est tenu intégralement des frais d'hospitalisation, et ne serait pas fondé à prétendre distinguer, dans la somme qu'ils représentent, les frais médicaux et pharmaceutiques et ceux de subsistance et de séjour. (*Just. P. Le Havre, 21 nov. 1899.*)

Solution contraire en ce qui concerne les frais de nourriture : Just. P. Donzenac, 6 oct. 1900; Boulogne-sur-Mer, 5 janv. 1901; Tr. civ. Toulouse, 28 déc. 1900, — au moins pour le cas de l'ouvrier célibataire qui ne peut soutenir que cette

être compris dans les frais d'hospitalisation et sont dus cumulativement par le patron. (*Just. P. Cerisay, 27 mars 1900.*)

6. Le patron, tenu des frais médicaux et pharmaceutiques, est obligé indistinctement envers l'ouvrier, le médecin et le pharmacien : ceux-ci ont donc contre lui une action directe pour le payement de ces frais. (*Just. P. Le Havre, 21 nov. 1899.*)

7. Et cette action sera portée devant le juge de paix jugeant en dernier ressort, seul compétent pour le règlement des frais médicaux et pharmaceutiques. (*Même jugement.*)

8. Le tribunal peut réduire d'office le chiffre réclamé par une partie pour frais médicaux, même si ce chiffre n'est pas contesté par l'autre partie. (*Tr. civ. Moulins, 5 juin 1900.*)

9. Le juge ne pourra pas ajouter à la rente une prestation supplémentaire annuelle pour fourniture et renouvellement d'un appareil orthopédique. (*Cass., 25 juin 1902,* cassant jugement *C. ap. Pau, 13 déc. 1900.*)

10. Restent à la charge de l'ouvrier les honoraires du deuxième médecin appelé par l'ouvrier lui-même, après qu'un premier médecin, dont il avait accepté les soins, a conclu à la guérison. (*Just. P. Mâcon, 20 juin 1900.*)

---

partie supplémentaire serait à l'entretien de sa famille. (*Tr. civ. Lons-le-Saunier, 24 juill. 1900.*)

— Le patron est débiteur cumulativement de l'intégralité des frais d'hospitalisation et de l'indemnité journalière. (*Tr. civ. Nancy, 2 juill. 1900.* Confirmé en appel : *28 nov. 1900.*)

— Le patron qui ne paye pas d'indemnité journalière pour les dimanches et jours fériés est débiteur pour ces jours-là, et pour ces jours-là seulement, de la somme intégrale des frais d'hospitalisation ; pour les autres, il ne devra que la partie de ces frais qui représente les frais médicaux, l'autre partie représentant la nourriture et l'entretien. (*Just. P. Pont-d'Ain, 30 juin 1900.*)

— La victime d'un accident du travail à qui la loi assure diverses indemnités, ne saurait être considérée comme privée de ressources ; la procédure spéciale du recours des hospices au cas d'admission des indigents n'est donc pas applicable au cas d'hospitalisation d'une victime d'accident du travail. (*Just. P. Le Havre, 21 nov. 1899.*)

2° La seconde difficulté provient de ce que l'article 4 n'a point prévu le tarif applicable dans les départements, assez nombreux, où n'ont point encore été arrêtés les tarifs d'assistance médicale gratuite prévus par la loi du 15 juillet 1893.

Tant que cette lacune ne sera pas comblée, dans tous les départements où n'existent point ces tarifs, le juge de paix aura nécessairement un pouvoir discrétionnaire. Il en usera au vœu de la loi, si, laissant de côté les taux d'honoraires médicaux à l'usage de la clientèle bourgeoise, que le législateur a implicitement écartés, il se rapproche des prix localement demandés par les médecins à leur clientèle ouvrière, ou bien des tarifs fixés par les municipalités ou les bureaux de bienfaisance pour les visites médicales assurées à domicile par mesure d'assistance publique. Voici, au surplus, divers jugements à ce sujet :

Le tarif de l'assistance médicale gratuite n'existant pas dans le département de la Seine, il y a lieu d'appliquer les tarifs d'usage pour fixation du taux des visites médicales (*Just. P. Paris, 22 déc. 1899, 31 janv. 1900*), — par exemple le tarif de la société de secours mutuels de la localité (*Just. P. Courbevoie, 8 mai 1900*), — ou les tarifs des départements voisins, tel que celui du Nord (*Just. P. Paris, 15 oct. 1900*).

11. L'ouvrier ne serait pas fondé à réclamer le remboursement des frais d'un traitement thermal nécessité par l'accident. (*Tr. civ. Narbonne, 16 mai 1900, 7 juin 1900.*)

12. L'hospice a une action directe pour le payement de ces frais contre le patron. (*Just. P. Boulogne-sur-Mer, 5 janv. 1901.*)

13. Le patron ne saurait exiger que la victime dont l'état reste longtemps incertain suive un traitement déterminé avant la fixation définitive de la rente. (*Tr. civ. Louviers, 15 juin 1900.*)

14. Le patron n'est pas fondé à invoquer l'insuffisance du traitement médical choisi par la victime. (*Tr. civ. Valenciennes, 6 juill. 1900.*)

15. Le patron ne saurait échapper aux obligations de la loi par le motif que l'ouvrier se serait refusé à subir une deuxième opération, et qu'il ne serait pas possible de savoir, par suite, si son incapacité provient de l'accident ou de son refus. (*C. ap. Douai, 14 nov. 1900.*)

Taux des pensions ou indemnités (*art. 3*). — Au premier élément de réparation vient s'en joindre un autre, de beaucoup le plus important, qui consiste dans l'allocation de pensions ou d'indemnités. Il convient, pour le taux, de distinguer selon la catégorie de l'accident, en raison de sa gravité.

I. — *Incapacité absolue et permanente.* — C'est l'incapacité qui rend l'ouvrier impotent et l'empêche de se livrer à tout jamais à un travail utile quelconque (*C. ap. Bordeaux, 29 juin 1900*); par exemple, la perte de la vue.

JURISPRUDENCE. — 1. La victime qui a subi l'amputation du bras droit est atteinte d'une incapacité permanente absolue (*Tr. civ. Versailles, 11 janv. 1900*), ainsi que l'ouvrier frappé d'une impotence absolue du bras gauche (*Tr. civ. Tulle, 8 déc. 1900*), ou amputé de la jambe droite, avec fracture de la jambe gauche (*C. ap. Douai, 5 avr. 1900*), ou frappé d'épididymite double (*Tr. civ. Lille, 11 mai 1902*), ou d'hystéro-traumatisme, jusqu'à amélioration constatée de son état (*C. ap. Douai, 25 mars 1902*)[1].

2. Certains jugements de première instance, réformés en appel, avaient classé l'amputation de la jambe parmi les incapacités permanentes absolues. (*Tr. civ. Lure, 21 mars 1900. Réformé en appel: Besançon, 6 mai 1900; Tr. civ. Bordeaux, 28 mars 1900. Réformé en appel: 29 juin 1900.*)

3. Le patron ne saurait prétendre que l'ouvrier déjà privé d'un de ses organes n'est pas atteint d'une incapacité permanente absolue au cas d'un nouvel accident le privant de l'organe lui restant, notamment en ce qui concerne l'ouvrier déjà borgne qui devient aveugle. (*Cass., 23 juill., 10 déc. 1902.*)

---

1. Voir ci-dessous: II. Incapacité partielle et permanente: *Jurisprudence.*

La victime a droit, à partir de la décision judiciaire qui fixe sa situation, à une pension viagère égale aux deux tiers de son salaire annuel.

II. — *Incapacité partielle et permanente.* — C'est l'incapacité qui ne fait pas disparaître totalement la puissance de travail et de gain de la victime, mais la diminue simplement, et, si elle l'arrache à sa profession, lui laisse encore le moyen de se livrer à un autre travail industriel ; c'est, par exemple, la perte d'un œil, d'un membre, certaines mutilations graves de la main.

Dans ce cas, la pension allouée est égale *à la moitié de la réduction* que l'accident fait subir au salaire.

Le législateur a laissé aux tribunaux un certain pouvoir d'appréciation, que l'on comprend. La jurisprudence tend à établir certaines proportions selon la gravité de l'incapacité partielle subie, et qui a des conséquences différentes, en raison même de l'accident, et aussi en raison de la profession de la victime [1].

JURISPRUDENCE. — 1. La perte d'un œil est en tous cas une cause d'incapacité permanente partielle. (*Tr. civ. Grenoble, 19 janv. 1900; Narbonne, 23 janv. 1900; Villefranche, 27 janv. 1900; Mirande, 17 mai 1900.*)

2. ...et le débiteur de la rente ne serait pas fondé à prétendre prouver que la victime n'en subit pour l'exercice de sa profession aucune incapacité ni aucune diminution de salaire. (*Tr. civ. Grenoble, 19 janv. 1900.*)

3. L'amputation de la main gauche entraîne une incapacité permanente partielle, mais non absolue. (*Tr. civ. Besançon, 1er févr. 1900.*)

4. Même solution pour l'amputation du bras droit (*Tr. civ. La Châtre, 1er févr. 1900; C. ap. Poitiers, 27 déc. 1899; Aix, 25 mai 1900*), du bras gauche (*Tr. civ. La Roche-sur-Yon, 31 juill. 1900*) et de la jambe gauche ou droite (*C. ap. Besançon, 5 mai 1900; Bordeaux, 29 juin*

---

1. Ainsi la perte d'un œil est plus préjudiciable à un ouvrier ajusteur qu'à un manœuvre. Réciproquement, un manœuvre subit un préjudice plus considérable qu'un ajusteur, par l'amputation de la jambe.

La Cour de Cassation, par deux arrêts en date des 26 novembre 1901 et 7 janvier 1902, a consacré cette idée.

Voici, pour quelques cas, les proportions dans lesquelles les salaires ont été réduits à la suite d'accidents ayant entraîné des incapacités permanentes et partielles :

Perte d'un œil.	25 à 75 p. 100.
Amputation d'une jambe	50 à 95 —
Amputation d'un bras	60 à 80 —
Amputation d'une main	50 à 75 —
Amputation d'un doigt ou d'une phalange	10 à 25 —
Amputation des doigts de pied	10 à 15 —

1900, Tr. civ. Angoulême, 23 janv. 1901), et pour la perte de deux doigts (*Tr. civ. Dôle, 29 déc. 1899*).

5. La perte du poignet droit peut être, suivant les circonstances, une cause d'incapacité permanente absolue ou partielle. (*Tr. civ. Dijon, 18 janv. 1900.*)

6. L'accident qui met la victime dans l'impossibilité de se servir du bras et de la main gauche la frappe-d'une incapacité permanente partielle, mais non absolue. (*Tr. civ. Péronne, 16 janv. 1900.*)

7. La déformation de l'extrémité unguède de l'index qui laisse intacte l'articulation de la troisième phalange avec la deuxième n'est qu'une incapacité temporaire et non une incapacité permanente partielle. (*Tr. civ. Le Havre, 11 janv. 1900, et Toulon, 23 janv. 1900.*)

8. L'opération du trépan laisse la victime dans un état d'incapacité au moins permanente partielle (*Tr. civ. Chambéry, 11 janv. 1900*), ainsi que la varicocèle (*Tr. civ. Besançon, 13 mars 1902*).

9. L'amputation des deux premières phalanges de l'index de la main droite est une cause d'incapacité permanente partielle. (*Tr. civ. Limoux, 1er août 1900.*)

10. L'ankylose du pouce est une cause d'incapacité permanente partielle. (*Tr. civ. Corbeil, 20 juill. 1900 ; C. ap. Nancy, 1er mars 1900.*)

11. L'amputation du doigt auriculaire de la main droite est une cause d'incapacité permanente partielle (*Tr. civ. Bernay, 19 juin 1900*. Confirmé en appel : *Rouen, 8 août 1900*), et en général d'un doigt de la main droite (*C. ap. Montpellier, 6 mars 1900*).

12. La perte d'une partie de la troisième phalange de l'annulaire de la main gauche est une cause d'incapacité permanente partielle. (*Tr. civ. Lyon, 7 août 1900.*)

13. L'écrasement de l'extrémité du pouce et du petit doigt de la main gauche n'est pas une cause d'incapacité permanente absolue (*Tr. civ. Briey, 10 mai 1900*), non plus que l'écrasement des extrémités de trois doigts (*Tr. civ. Saint-Amand, 27 déc. 1900*).

14. L'ankylose des doigts de pied qui gêne la victime dans sa marche sans diminuer sa capacité professionnelle est une cause d'incapacité permanente partielle. (*Tr. civ. Narbonne, 25 juill. 1900.*)

15. La perte de plusieurs dents n'est pas une cause d'incapacité permanente partielle. (*Tr. civ. Seine, 4 août 1900.*)

16. Lorsque la cause n'est pas en état, et qu'une expertise est nécessaire pour déterminer si l'incapacité est temporaire ou permanente, l'indemnité journalière continue à être servie. (*Tr. civ. Mende, 9 janv. 1900.*)

17. Tout règlement d'incapacité permanente est précédé d'une période d'incapacité temporaire pendant laquelle l'indemnité journalière doit être servie. (*Just. P. Paris, 1er déc. 1899 ; Tr. civ. Vervins, 5 janv. 1900 ; Le Havre, 11 janv. 1900; Villefranche, 27 janv. 1900 ; Besançon, 1er févr. 1900 ; La Châtre, 1er févr. 1900 ; C. ap. Besançon, 14 et 28 févr. 1900 ; Douai, 26 févr. 1900.*)

18. Le patron n'est pas fondé à soutenir qu'il a indemnisé l'ouvrier atteint d'incapacité permanente partielle en l'embauchant de nouveau avec le même salaire qu'avant l'accident, et le tribunal doit, cependant, évaluer la diminution de salaire que représente l'incapacité et régler l'indemnité sur cette base. (*Tr. civ. Valenciennes, 23 nov. 1899; Prades, 6 déc. 1899; Lille, 28 déc. 1899.*)

III. — *Incapacité temporaire.* — C'est l'incapacité causée par une lésion complètement guérissable, quel que soit le temps nécessaire à cette guérison; l'ouvrier, au bout d'un certain délai, peut recouvrer sa pleine capacité professionnelle.

Dans ce cas, jusqu'à ce qu'il soit en état physique de reprendre son travail, l'ouvrier a droit « à une indemnité journalière égale à la moitié du salaire touché au moment de l'accident[1] ».

L'indemnité n'est due toutefois que si l'incapacité de travail a duré plus de quatre jours, et, même dans ce cas, elle n'est due qu'à compter du cinquième jour[2]. Elle est due pour chaque jour, y compris les dimanches et jours fériés, et doit être calculée sans aucune réduction à raison des chômages ou interruptions qui peuvent se produire dans le travail industriel[3].

JURISPRUDENCE. — 1. Si, dans sa demande introductive d'instance, l'ouvrier a fixé le nombre des journées d'incapacité pour lesquelles il réclame l'indemnité journalière ou la somme même de cette indemnité, le juge ne

---

1. Quand l'ouvrier était payé à la journée ou à l'heure, il a droit à une indemnité égale à la moitié du salaire gagné la veille de l'accident. Quand il était payé par huitaine, par quinzaine, quand il travaillait aux pièces, sa paye est ramenée à la journée de travail unitaire et on lui alloue la moitié du montant de cette journée. (Voir ci-après : *Calcul des rentes et indemnités. Salaire de base.*)

2. Le droit à l'indemnité journalière part en tous cas du cinquième jour après l'accident, et il importe peu qu'un des quatre premiers jours soit un dimanche ou un jour férié. (*Tr. civ. Alais, 8 févr. 1900.*)

— Le jour de l'accident ne doit pas être compris dans le compte des quatre premiers jours d'incapacité, l'indemnité qui serait servie pour ce jour ne pouvant se cumuler avec le salaire entier que doit le patron. (*Just. P. Marseille, 10 oct. 1899.*)

3. Ainsi l'a décidé, en se fondant sur les travaux préparatoires de la loi, un arrêt de la chambre civile de la Cour de cassation du 27 mars 1901, qui a tranché une question vivement controversée. Voici, pour mémoire, quelques arrêts de l'ancienne jurisprudence :

L'indemnité journalière est due pour les dimanches et jours fériés, sans qu'il y ait lieu de rechercher si le chantier où travaillait la victime était à ces jours ouvert ou fermé. (*Just. P. Paris, 1er et 6 déc. 1899, 24 janv. et 7 mars 1900 ; Just. P. Donzenac, 6 oct. 1900; Darnetal, 9 oct. 1900 ; C. ap. Besançon, 14 nov. 1900; Chambéry, 8 déc. 1900.*)

Solution contraire. — L'indemnité journalière n'est due que pour les jours ou-

peut lui attribuer une indemnité plus élevée, même si le rapport de l'expert commis indiquait une durée d'incapacité plus longue que la demande de la victime. (*Just. P. Paris, 23 nov. 1899; Tr. civ. Montreuil, 27 juill. 1900; Chambéry, 2 déc. 1900.*)

2. L'ouvrier qui a été soigné chez son patron quelques jours après l'accident et a touché pour ces journées son salaire normal est censé avoir consenti une convention particulière pour le règlement des journées passées ainsi chez le patron et de celles-là seulement : cette convention est obligatoire pour les parties et le patron ne serait pas fondé à prétendre diminuer par ce motif l'indemnité journalière due pour les jours qui ont suivi le départ. (*Tr. civ. Toulouse, 29 déc. 1899.*)

3. L'ouvrier embauché pour une demi-journée et blessé au cours de ce travail ne peut prétendre toucher le salaire intégral de cette demi-journée. (*Cons. prud. Le Havre, 27 avr. 1900.*)

4. L'indemnité journalière doit être servie jusqu'au jour du jugement fixant la rente, sans que le patron puisse invoquer sa libération pour cause de consolidation de la blessure. (*Just. P. Chablis, 12 avr. 1900.*)

5. L'indemnité journalière précédant le règlement d'incapacité permanente doit être servie jusqu'au jour du règlement définitif, ce qui s'entend du jour du jugement du tribunal civil, même frappé d'appel. (*Just. P. Paris, 17e arr., 15 oct. 1900.*)

6. L'ouvrier qui a repris son travail et qui a été obligé de l'abandonner de nouveau à cause de sa blessure n'a plus droit à un nouveau service d'indemnité journalière et ne peut agir que par voie de demande de provision. (*C. ap. Besançon, 6 juin 1900.*)

7. Le patron qui a refusé de payer l'indemnité journalière peut être condamné de ce fait à des dommages-intérêts. (*Just. P. Villejuif, 20 sept. 1899.*)

---

vrables, et n'est pas due par conséquent pour les dimanches et jours fériés (*Just. P. Marseille, 10 oct. 1899; Pont-d'Ain, 30 juin 1900; Tr. civ. Montreuil, 27 juill. 1900; Saint-Dié, 23 août 1900; Nantua, 24 août 1900*), au moins à l'ouvrier payé à la journée, et pour qui les dimanches ne sont pas jours de travail (*Just. P. Marseille, 2 sept. et 2 déc. 1899; et Tr. civ. Alais, 8 févr. 1900*).

Le Comité consultatif a pleinement confirmé cette doctrine, touchant l'indemnité journalière, qui doit être payée même à l'apprenti qui ne reçoit aucune rétribution. Dans ce cas, le salaire servant de base (*voir ci-après*) à la fixation de l'indemnité ne peut être inférieur au salaire le plus bas de l'ouvrier valide de la catégorie à laquelle l'apprenti se destine et se prépare. La limitation prévue par le second alinéa de l'article 8 de la loi du 9 avril 1898 ne lui est point opposable. (*Avis du 7 février 1900.*)

En vérité, ce que la loi a voulu attribuer à la victime d'accident, ce n'est pas la correspondance d'une moyenne de salaire fictive entre les jours ouvrables et les jours chômés, c'est une indemnité journalière, permettant d'attendre la reprise du travail, et cette indemnité, elle l'a fixée sur la base qui prêtait le moins à discussion, sur le salaire effectif de la journée de travail précédant la journée de l'accident.

Aussi, est-il assez bizarre l'arrêt du juge de paix de Lille, en date du 28 mars 1900, qui dit que « l'ouvrier atteint d'une incapacité temporaire partielle (?) ne saurait prétendre toucher l'indemnité journalière pendant toute la longue durée de cette incapacité non absolue ».

8. L'artifice de la victime qui obtient le payement de l'indemnité journalière, en simulant la prolongation de l'incapacité, est une escroquerie. (*C. ap. Douai, 14 oct. 1900.*)

De plus, la loi permet au chef d'entreprise de se décharger, pendant les 60, 80 ou 90 premiers jours de l'accident, de l'obligation de payer aux victimes les frais de maladie et l'indemnité temporaire, à la condition de justifier :

1° Qu'il a affilié ses ouvriers à une société de secours mutuels dont les statuts renferment les clauses spéciales comprises dans un statut-type [1] approuvé par le Ministre de l'intérieur ;

2° Qu'il a pris à sa charge une quote-part de la cotisation, fixée d'un commun accord entre lui et ses ouvriers, mais qui ne doit jamais être inférieure au tiers de cette cotisation ;

3° Que la société assure à ses membres, en cas de blessures, pendant 30, 60 ou 90 jours, les soins médicaux et pharmaceutiques et une indemnité journalière. Si l'indemnité journalière servie par la

---

1. Ces statuts-types ont été déterminés par l'arrêté du 16 mai 1899. La convention passée entre les chefs d'entreprise et les sociétés à l'effet de prendre à forfait, en cas d'accidents entraînant une incapacité temporaire, la charge de payer à ceux de leurs membres participants occupés par les chefs d'entreprise les frais de maladie et l'indemnité journalière ou partie seulement de cette indemnité (et la convention peut aussi stipuler le payement des mêmes frais ou indemnités en cas d'accidents entraînant la mort ou une incapacité permanente, mais alors la société est soumise aux prescriptions concernant la réserve et le cautionnement dont il est parlé plus loin), cette convention est passée par le conseil, sous réserve de l'approbation par l'assemblée générale. Elle est conclue pour une durée de ... et se poursuit par toute reconduction sauf aux intéressés à la dénoncer dans un délai de ...

Les chefs d'entreprise peuvent affilier aux sociétés, avec leur consentement et sans condition de durée de résidence, ceux de leurs ouvriers et employés qui n'en sont point encore membres participants. Les allocations des chefs d'entreprises sont calculées en vue de couvrir entièrement les charges supplémentaires qu'assurent les sociétés en vertu de la convention, sans pouvoir être inférieures au tiers du montant des cotisations statutaires pour les secours en cas de maladie et pour les frais de gestion des sociétés. Les allocations sont payables par les chefs d'entreprises tous les ... (quinzaines, mois, trimestres, etc.) et d'avance.

Les sociétés doivent alors les indemnités de la loi, en cas d'accident, mais si l'indemnité journalière n'atteint pas la moitié du salaire, le complément est payé aux victimes soit par les chefs d'entreprises, soit par les sociétés moyennant remboursement par ceux-ci, soit directement par les sociétés si elles ont consenti cette charge supplémentaire dans la convention. Les frais et indemnités dus au delà du délai spécifié par la convention et jusqu'au moment de la guérison, de l'entrée en jouissance d'une pension ou du décès sont payés soit directement par les chefs d'entreprise, soit par les sociétés à charge de remboursement par ceux-ci.

Les sociétés doivent tenir leurs obligations, même si les participants n'ont pas payé leur cotisation personnelle et statutaire.

société est inférieure à la moitié du salaire quotidien de la victime, le chef d'entreprise est tenu de lui verser la différence.

, L'article 6 de la loi, répondant au même ordre d'idées, vise plus spécialement les exploitants de mines, minières ou carrières.

Une loi du 29 juin 1894 a prévu et réglé, pour les entreprises d'exploitation de mines, minières ou carrières la constitution de caisses ou de sociétés de secours. Les chefs d'entreprise sont tenus d'y contribuer par une quote-part égale à la moitié des cotisations des ouvriers. Il leur suffira, pour se décharger des frais et indemnités mentionnés dans l'article 5 de la loi du 9 avril 1898, de verser à ces caisses une subvention annuelle. Le montant et les conditions de la subvention devront être acceptés par les sociétés et approuvés par le Ministre des travaux publics.

Ces dispositions relatives aux exploitants de mines, minières ou carrières, s'appliqueront à tous autres chefs d'industrie, qui auront créé, en faveur de leurs ouvriers, des caisses particulières de secours en conformité du titre III de la loi du 29 juin 1894. Dans ce cas, le montant et les conditions de la subvention annuelle destinée à les exonérer seront soumis à l'approbation du Ministre du commerce et de l'industrie [1].

IV. — *Décès de la victime.* — Si enfin l'accident a entraîné la mort, il donne droit (outre l'allocation, s'il y a lieu — c'est-à-dire si l'ouvrier a survécu quelques jours — de l'indemnité journalière) à des rentes qui viendront en aide à la famille, généralement sans ressources, du défunt. La loi détermine la proportion et les conditions de ces rentes aux ayants droit, d'après le salaire annuel de la victime, et dans l'ordre suivant, en distinguant trois catégories : *a)* le conjoint, *b)* les enfants, *c)* les ascendants et les descendants autres que les enfants [2].

---

1. Consulter, au surplus, la circulaire du ministre des travaux publics en date du 5 mai 1899.

2. L'allocation d'une pension aux conjoint et enfants a fait craindre que les ouvriers pères de famille ne trouvent difficilement à s'embaucher. Cela est possible dans le cas des industriels, petits patrons, qui restent leur propre assureur. Mais c'est une infime minorité. Quant aux compagnies d'assurances, elles fixent leur prime sans se soucier de l'état civil des ouvriers. Le danger n'existe donc pas de leur côté. Il faut dire aussi que les accidents suivis de mort ne constituent que 2 p. 100 des accidents industriels, ce qui ne peut guère arrêter un patron dans le choix de ses ouvriers. Au surplus, le célibataire peut avoir à sa charge des ascendants qui auraient droit aux indemnités de la loi. Et à moins que le patron ne fasse

a) Le conjoint. — Une rente viagère égale à 20 p. 100 du salaire annuel de la victime est due au conjoint survivant non divorcé ou séparé de corps, à la condition que le mariage ait été contracté antérieurement à l'accident [1].

En cas de nouveau mariage, le conjoint cesse d'avoir droit à la rente mentionnée ci-dessus : il lui est alloué, dans ce cas, le triple de cette rente à titre d'indemnité totale.

Il en est de même pour les ouvriers étrangers qui, après liquidation de la rente, cessent de résider sur le territoire français.

Enfin, quand l'*ouvrier étranger* est victime d'un accident mortel, ses ayants droit ne peuvent obtenir une indemnité que si, au moment de l'accident, ils avaient leur résidence en territoire français [2].

b) Les enfants. — La pension varie selon que les ayants droit restent orphelins de père et de mère ou qu'ils ont encore un de leurs auteurs.

Dans le premier cas, chacun des enfants reçoit une rente calculée sur le salaire de la victime, à raison de 20 p. 100. L'ensemble de ces rentes ne saurait toutefois dépasser 60 p. 100 du salaire.

Dans le second cas, la rente est de 15 p. 100 du salaire, s'il n'y a qu'un enfant ; de 25 p. 100, s'il y en a deux ; de 35 p. 100, s'il y en a trois et de 40 p. 100, s'il y en a quatre ou un plus grand nombre. Cette rente s'ajoute à celle allouée au conjoint survivant ; on peut

---

des enquêtes sur la situation de famille des ouvriers, on ne voit pas comment il échapperait aux responsabilités légales d'un côté ou d'un autre. La vérité, c'est que le danger dont on se plaint a été démesurément grossi par des adversaires de la loi à qui elle déplaisait, et qui cherchaient toutes les raisons de la faire échouer.

1. Le conjoint survivant, séparé de fait seulement, a droit aux indemnités de la loi, sans qu'il soit tenu d'établir qu'il recevait des subsides du conjoint décédé. (*Tr. civ. Le Havre, 12 mai 1900.*)
— La pension de retraite que touchait l'ouvrier décédé par suite d'accident ne saurait être comprise dans le salaire qui sert de base au calcul de la rente attribuée à la veuve. (*Tr. civ. Uzès, 30 mai 1900.*)

2. On a prétendu que cette disposition était favorable à l'embauchage d'ouvriers étrangers, et en même temps que la condition de résidence mettait ceux qui ne sont pas résidents dans l'impossibilité de réclamer une indemnité. Il y a une petite part de vérité dans ces assertions, mais qui n'a pas le caractère de gravité qu'on s'est plu à lui attribuer.

Une proposition de M. Mirman (*27 juin 1893*) tend à obliger les industriels à verser à la Caisse des retraites une somme à forfait, quelle que soit la situation de famille ou la nationalité de l'assuré. La Chambre a voté, le 3 juin 1901, un texte de loi admettant au bénéfice de la loi les étrangers dont, dans leur pays, les lois établiraient la réciprocité pour les Français.

Peut-être, plus tard, se produira-t-il une modification législative, que facilite-

donc arriver à une allocation totale représentant 60 p. 100 du salaire ; ce chiffre n'est jamais dépassé.

JURISPRUDENCE. — 1. En cas d'accident suivi de mort, l'enfant déjà conçu ne doit pas être compté d'ores et déjà au nombre des ayants droit à indemnité. (*Tr. civ. Dunkerque, 2 mars 1900 ; Arras, 29 mars 1900.*)

.....et le droit à la rente est fixé sur la tête de l'enfant conçu avant l'accident, sous la condition qu'il naîtra viable. (*Tr. civ. Seine, 10 oct. 1900.*)

2. Du jour où l'aîné des enfants mineurs de la victime aura atteint l'âge de 16 ans, la rente de l'autre sera calculée comme s'il était fils unique. (*Tr. civ. Vannes, 26 juill. 1900.*)

Si la victime laisse des enfants d'un premier lit concourant avec le conjoint survivant, il semble que les pensions leur revenant doivent être, s'il y a lieu, réduites à 40 p. 100, de telle sorte que le conjoint conserve sa rente sans diminution et que la charge du débiteur ne dépasse pas le chiffre maximum de 60 p. 100 du salaire.

Dans l'hypothèse où il y aurait à la fois des enfants nés les uns d'un premier, et les autres d'un second mariage de la victime, la pension du conjoint survivant serait encore respectée ; la pension allouée à chaque groupe d'enfants en conformité des dispositions de la loi subirait une réduction proportionnelle destinée à ramener l'allocation totale dans la limite du maximum ci-dessus indiqué.

---

ront des accords internationaux, à mesure que le développement parallèle des législations ouvrières permettra d'accorder des réciprocités conventionnelles, ainsi que l'a supposé le gouvernement impérial allemand. Pour le moment, la condition de résidence doit être remplie ; et le service de la pension serait continué, même si les étrangers retournaient plus tard dans leur pays.

JURISPRUDENCE. — La condition de résidence en territoire français, imposée aux représentants d'un ouvrier étranger, s'entend non d'un domicile de droit, mais d'une résidence de fait (*Tr. civ. Nice, 2 janv. 1901*), et l'ouvrier qui, tous les jours, traverse la frontière pour venir travailler en France, est considéré comme habitant à l'étranger (*C. ap. Toulouse, 6 août 1901*).

— Le débiteur de la rente d'un ouvrier étranger ne saurait lui offrir le capital égal à trois fois cette rente si cet ouvrier n'a pas cessé en fait de résider sur le territoire français, eût-il été frappé d'expulsion. (*Tr. civ. Narbonne, 8 nov. 1900.*)

— Les représentants de l'ouvrier étranger qui ne résidaient pas sur le territoire français au moment de l'accident et qui, par suite, n'ont droit à aucune indemnité en vertu de la loi du 9 avril 1898, ne sont pas davantage fondés à prétendre exercer l'action de l'article 1382 du Code civil. (*Tr. civ. Seine, 7 nov. 1900.*)

— L'ouvrier étranger qui ne résidait pas en France au moment de l'accident est assimilable à celui qui a cessé d'y résider depuis l'accident : il sera donc indemnisé par le payement d'un capital égal à trois fois la rente, et il importe peu que cet ouvrier ait depuis l'accident loué une maison en France, si d'ailleurs il ne justifie pas avoir obtenu l'autorisation d'y établir domicile. (*C. ap. Douai, 14 nov. 1900.*)

JURISPRUDENCE. — Jugé que si la victime laisse après décès une veuve et plusieurs enfants de deux lits, la pension attribuée à la veuve ne fait pas obstacle et ne limite pas dans son chiffre les pensions accordées par la loi aux enfants, quel que soit le chiffre qu'atteignent les rentes. (*Tr. civ. Nantes, 18 juin 1900.*)

Solution contraire. — Le total des rentes ne pourra jamais dépasser 60 p. 100 du salaire annuel, et c'est sur les rentes des enfants que portera la réduction. (*C. ap. Rennes, 22 janv. 1901.*)

c) *Les ascendants et les descendants.* — Ils n'ont droit à une pension que dans le cas où la victime ne laisse ni conjoint survivant, ni enfants mineurs de 16 ans. Chacun des ascendants ou descendants peut prétendre alors à une rente (viagère pour les ascendants, viagère et temporaire jusqu'à seize ans pour les descendants), *sous condition* de justifier qu'au moment de l'accident il était effectivement « à la charge » de la victime, c'est-à-dire qu'il en recevait, en droit ou en fait, des « aliments », question qui relève de l'appréciation des tribunaux.

Il est alloué à chacun des ayants droit une rente égale à 10 p. 100 du salaire annuel de la victime, sans que le total puisse être supérieur à 30 p. 100. Si ce chiffre était dépassé, chaque rente subirait une réduction proportionnelle.

La présence d'un conjoint divorcé ou séparé de corps n'enlèverait pas aux ascendants ou aux descendants leur droit à une indemnité. Il en serait de même dans le cas où la victime ne laisserait que des enfants tous majeurs de seize ans.

JURISPRUDENCE. — Les circonstances de fait qui établissent que l'ascendant était ou non à la charge de la victime sont de l'appréciation souveraine du juge du fond. (CASS., *23, 29 oct. 1901, 10 avr. 1902, 24 avr. 1903.*)

1. Le fait que la victime remettait son salaire à ses parents ne suffit pas à établir que ceux-ci étaient à sa charge. (*Tr. civ. Nantes, 21 déc. 1899; 15 nov. 1900; Le Havre, 11 janv. 1900; Saint-Dié, 1er juin 1900 ; Bourgoin, 21 nov. 1900.*)

2. ...le tribunal peut retenir d'autres éléments d'appréciation, tels que l'âge et la situation des parents (*Tr. civ. Nantes, 21 déc. 1899; C. ap. Douai, 7 avr. 1900*), et admettre sur ce point une présomption qui résulterait des faits de la cause (*Tr. civ. Seine, 17 nov. 1900*).

3. ...et l'ascendant qui prétend avoir droit à la pension doit faire la preuve qu'il était à la charge de la victime. (*Tr. civ. Le Havre, 11 janv. 1900.*)

4. N'est pas à la charge de la victime l'ascendant chez qui elle ne logeait

pas et à qui elle n'a jamais fourni de secours alimentaires. (*Tr. civ. Nancy, 17 janv. 1900.*)

Solution contraire. — Le tribunal peut estimer que l'ascendant était à la charge de la victime, sans que celle-ci fût soumise à l'obligation alimentaire. (*Tr. civ. Nantes, 21 déc. 1899 ; Valenciennes, 14 juin 1900 ; Bourgoin, 21 nov. 1900.*)

5. ...ni l'ascendant valide, exerçant une profession et non domicilié avec la victime. (*Tr. civ. Valenciennes, 22 févr. 1900.*)

6 ...ni l'ascendant qui n'aurait certainement pas été en droit de réclamer à la victime des aliments dans les termes de l'article 206 du Code civil. (*Tr. civ. Corbeil, 31 janv. 1900.*)

7. Pour déterminer si l'ascendant était à la charge de la victime, il faut examiner sa situation au moment de l'accident, sans tenir compte des changements possibles qui auraient pu l'obliger à recourir ultérieurement à l'aide de la victime. (*Tr. civ. Avesnes, 17 févr. 1900.*)

8. Pour que l'ascendant ait droit à la rente, il suffit qu'il soit établi qu'il était, même dans une mesure partielle, à la charge de la victime, sans que les tribunaux puissent proportionner le tarif de la rente à la mesure de la contribution alimentaire que l'ascendant était en droit d'exiger. (*Tr. civ. Nîmes, 16 juin 1900.*)

9. N'est pas à la charge de la victime, l'ascendant de l'apprenti qui ne recevait que des rémunérations insuffisantes pour lui permettre de subvenir à son propre entretien. (*Tr. civ. Lourdes, 3 juill. 1900.*)

10. Le juge ne saurait réduire la pension de l'ascendant qui était à la charge de la victime, sous le prétexte que cet ascendant était à la charge de plusieurs enfants. (*Valenciennes, 17 nov. 1899.* Confirmé en appel : *Douai, 29 mai 1900 ; Rouen, 26 déc. 1900.*)

11. Le tribunal pourra retenir comme un des éléments de l'état de besoin où doit se trouver l'ascendant, la circonstance qu'il a lui-même plusieurs descendants à sa charge. (*C. ap. Rouen, 5 déc. 1900.*)

12. L'ascendant qui occupe son fils dans des travaux qu'il entreprend pour le compte d'un entrepreneur ne peut réclamer à celui-ci une pension à cause du décès de son fils. (*Cass., 10 déc. 1902.*)

13. Le droit à la rente de l'ascendant à la charge de la victime est analogue au droit aux aliments des articles 205 et suivants du Code civil et comporte les mêmes justifications. (*Tr. civ. Besançon, 17 juill. 1900.*)

14. ...et par suite la mère d'un enfant naturel n'a pas droit à la rente de l'ascendant à la charge, puisqu'elle n'aurait pu invoquer l'obligation alimentaire. (*Tr. civ. Dax, 9 août 1900.*)

15. La mère d'un enfant naturel non reconnu avant l'accident ne saurait prétendre à la pension due à l'ascendant à la charge de la victime, en se fondant sur la possession d'état d'ascendant naturel. (*Tr. civ. Montauban, 16 févr. 1900 ; Nantes, 8 juin 1900 ; Cambrai, 5 juill. 1900 ; Dax, 9 août 1900.*)

16. L'existence d'un enfant naturel empêche le droit à la rente de se fixer sur la tête d'un ascendant. (*Tr. civ. Béthune, 10 mai 1900.*)

Calcul des rentes et indemnités; salaire de base. — On a vu
que toutes les rentes et indemnités sont calculées, quels qu'en
soient les bénéficiaires, dans des proportions variables, sur le montant du salaire de la victime. La détermination de ce salaire, qui
sert de base à l'indemnité ou à la rente, varie selon que l'accident
a entraîné la mort ou une incapacité permanente, ou bien qu'il a
seulement pour effet d'infliger à la victime une incapacité temporaire.

1° *Accident suivi de mort ou d'une incapacité permanente.* —
L'indemnité est alors accordée sous la forme d'une pension annuelle;
elle doit donc avoir pour base le salaire annuel [1].

Le salaire s'entend de tout ce qui est alloué à l'ouvrier en représentation de son travail, soit en argent, soit en nature [2]. La partie
du salaire payée en nature est évaluée selon l'usage du lieu.

---

1. Le tribunal peut estimer le salaire antérieur à l'accident non pas seulement
sur la dernière année, mais par les renseignements qu'il peut avoir sur les années
précédentes. (*Tr. civ. Sancerre, 26 déc. 1899.*)
— *Jugé* que le tribunal a la faculté de réduire la rente au cas où l'état de la victime aurait été aggravé par sa négligence à se conformer aux prescriptions du médecin. (*Tr. civ. Nanterre, 17 juill. 1900.*)

2. L'évaluation des prestations en nature doit être comprise dans le calcul du salaire de base. (*Tr. civ. Seine, 2 oct. 1900.*)
— C'est ainsi que la Cour d'appel de Bourges (*26 nov. 1900*) a décidé que les primes
allouées aux ouvriers des compagnies de chemins de fer pour entretien des machines ou pour économie de combustible représentent la rémunération d'un surcroît de travail, et que par suite elles entrent dans l'évaluation du salaire de
base; et le tribunal civil d'Arras (*14 août 1900*) fait entrer dans le calcul du salaire
de base les prestations de charbon, accordées par certaines compagnies minières
en vertu de leurs propres règlements, ce combustible fût-il sans valeur pour la compagnie.
— De même les pourboires peuvent entrer en compte pour l'évaluation du salaire,
lorsqu'il est certain que le patron les considérait comme un gain assuré et fixe et
en tenait compte par une diminution du salaire qu'il payait, par exemple, dans le
cas d'un charretier livreur d'un marchand de vins pour descente de fûts en cave
(*C. ap. Paris, 5 janv. 1901*); mais les pourboires, qui sont aléatoires, et dont il
est impossible de fixer la quotité, n'entrent pas dans le salaire de base (*Tr. comm.
Saumur, 23 nov. 1901; Pont-Audemer, 7 août 1900; C. ap. Paris, 5 janv.
1901*).
— Mais les gratifications purement gracieuses, telles que la concession à l'ouvrier
meunier d'un sou par sac de blé transporté, n'entrent pas dans le calcul du salaire
de base (*Tr. civ. Évreux, 6 févr. 1900.* Confirmé en appel: *Rouen, 11 avr. 1900*),
non plus que les droits dits de portage, qui ont un caractère aléatoire (*C. ap. Douai,
25 juin 1900*).
— L'évaluation de la nourriture fournie à l'ouvrier avec persistance et régularité
doit entrer dans le calcul du salaire de base, sans que le patron puisse invoquer le
caractère purement gracieux de cette prestation. Et cette évaluation sera faite souverainement par les tribunaux d'après les usages du lieu, sans qu'on puisse opposer

Les retenues faites sur le salaire de l'ouvrier à titre quelconque (caisses des retraités, caisses de secours, amendes, etc.) doivent être comprises dans le calcul du salaire de base, comme si l'ouvrier les avait réellement touchées[1].

Il en est de même des indemnités de résidence ou de logement[2].

La jurisprudence est hésitante sur les indemnités de déplacement[3].

---

au patron l'évaluation qu'il en aurait faite lui-même dans son contrat d'assurances. (*C. ap. Rouen, 11 avr. 1900.*)

— Le patron n'est pas fondé à refuser de comprendre dans le salaire journalier la somme représentant la nourriture qu'il aurait donnée exceptionnellement à l'ouvrier le jour de l'accident. (*Just. P. Jarnac, 10 avr. 1900.*)

— Malgré un jugement favorable du tribunal civil de Laval (*3 févr. 1900*), on peut dire que la jurisprudence tend à décider que l'indemnité pour charges de famille, qui est attribuée par un règlement général du patron, dont peuvent bénéficier tous ses ouvriers, ne constitue pas pour ceux-ci un droit et ne doit pas être comprise dans le calcul du salaire de base (*Tr. civ. Bayeux, 12 juill. 1900.* Confirmé en appel : *Caen, 6 déc. 1900 ; C. ap. Angers, 19 mai 1900*).

— Enfin l'autorisation donnée par le patron à ses ouvriers d'emporter parfois des débris de bois ne saurait être considérée comme une prestation en nature dont l'évaluation doit être comprise dans le salaire de base. (*Tr. civ. Arbois, 11 sept. 1900.*)

1. Les retenues sur les salaires pour versements à la Caisse des retraites ou à une Caisse de secours ou pour amendes et outils doivent être comprises dans le calcul du salaire de base comme si elles avaient été directement versées à l'ouvrier (*Tr. civ. Valenciennes, 17 nov. 1899 ; Sarlat, 13 déc. 1899*), — et aussi la retenue pour assurance en vue d'une indemnité contractuelle (*Tr. civ. Alais, 5 janv. 1900*).

2. L'indemnité de résidence représente un supplément de salaire et doit être comprise dans le calcul du salaire de base. (*Tr. civ. Étampes, 15 janv. 1901.*)

Solution contraire : Tr. civ. Narbonne, 2 janv. 1901.

— L'indemnité de logement représente un supplément de rémunération et doit être comprise dans le calcul du salaire de base (*Tr. civ. Briey, 15 févr. 1900 ; Toulouse, 19 mai 1900*), — à moins que le logement ne soit concédé en vertu d'un contrat de louage immobilier, le prix fût-il inférieur à la valeur locative (*Tr. civ. Arras, 14 août 1900*).

3. L'indemnité de déplacement régulièrement payée à l'ouvrier représente en réalité une augmentation de salaire et doit donc être comprise tout entière dans le calcul du salaire de base. (*Tr. civ. Laval, 3 févr. 1900 ; Bayeux, 12 juill. 1900.* Confirmé en appel : *Caen, 6 déc. 1900 ; Tr. civ. Corbeil, 9 août 1900 ; Étampes, 15 janv. 1901 :* CASS., *21 janv 1903.*)

Solution différente. — Le juge a le pouvoir d'apprécier quelle est la part de cette indemnité qui constitue pour l'ouvrier un bénéfice net. (*Tr. civ. Nancy, 18 oct. 1899 ; Dijon, 18 janv. 1900.*)

Solution contraire. — L'indemnité de déplacement n'a pas le caractère d'un supplément de salaire et ne saurait par conséquent être comprise dans le salaire de base (*Tr. civ. Lyon, 30 nov. 1900 ; Narbonne, 2 janv. 1901*), au moins dans le calcul du salaire de l'ouvrier d'une Compagnie de chemins de fer dont les règlements disposent que les indemnités de déplacement des employés supérieurs ne peuvent être plus élevées que les frais réellement effectués, et admettent le système de l'abonnement pour les employés subalternes (*C. ap. Lyon, 15 juin 1900*).

— Le tribunal peut estimer d'après les circonstances que l'indemnité de déplacement représente uniquement le remboursement de dépenses de nourriture et qu'elle ne doit pas par conséquent être comprise dans l'évaluation du salaire de base. (*Tr. civ. Bourges, 7 juin 1900.* Confirmé en appel : *26 nov. 1900.*)

Lorsque l'ouvrier a été employé dans l'industrie pendant les douze mois qui ont précédé l'accident, le salaire comprend, aux termes de l'article 10, « la rémunération effective qui lui a été allouée pendant ce temps[1] ».

L'emploi des mots « rémunération effective » soulève une difficulté. Doit-on en conclure qu'en cas de chômage de l'ouvrier, par exemple pour cause de maladie, il n'y aurait pas à tenir compte du salaire que 'la victime aurait pu gagner pendant la durée du chômage ? Cette solution, rigoureusement conforme au texte, peut être combattue par des arguments tirés des travaux préparatoires. Dans son rapport au Sénat, M. Thévenet a exprimé l'opinion qu'on remplacera le salaire qui a manqué pendant l'interruption du travail, par une appréciation ayant pour base le salaire gagné pendant le reste de l'année.

D'une façon générale, on peut dire que tout chômage indépendant de la volonté de l'ouvrier entre dans l'évaluation du salaire de base.

Aussi, les juges de paix doivent-ils avoir soin, en procédant à l'enquête prévue par les articles 12 et 13, de recueillir des renseignements sur la durée et les causes des chômages éprouvés par l'ouvrier pendant les douze derniers mois.

JURISPRUDENCE. — 1. Les journées de chômage volontaire (*Tr. civ. Alais, 5 janv. 1900*), ou dont la cause est normale et prévue, telle que le froid, les intempéries ou des indispositions de courte durée, n'entrent pas dans le calcul du salaire de base. (*C. ap. Aix, 3 août 1900.*)

2. Les journées de chômage provenant de causes accidentelles absolument indépendantes de la volonté de l'ouvrier doivent être évaluées et entrer dans le calcul du salaire de base. (*Tr. civ. Hazebrouck, 16 mars 1900 ; Chalon-sur-Saône, 20 mars 1900.*)

3. La grève peut être une cause de chômage volontaire ou involontaire, et il appartient aux tribunaux de rechercher pour le calcul de base si les circonstances de la grève auraient ou non permis à l'ouvrier de travailler. (*C. ap. Dijon, 3 juill. 1900 ; Tr. civ. Arras, 1er juill. 1903.*)

4. Le salaire de base de la victime d'accident qui a accompli une période de service militaire pendant l'année qui a précédé l'accident doit être aug-

---

1. A la différence de l'indemnité journalière, le salaire de base pour la fixation de la rente est calculé sur la rémunération effectivement reçue par l'ouvrier dans l'année qui a précédé l'accident, le salaire eût-il été augmenté dans les derniers mois. (*Tr. civ. Les Andelys, 30 oct. 1900.*)

menté de la rémunération moyenne des ouvriers de même catégorie pendant cette période. (*Tr. civ. Valenciennes, 17 nov. 1899; C. ap. Besançon, 8 août 1900.*)

Lorsque l'ouvrier est occupé depuis moins de douze mois dans une industrie fonctionnant régulièrement toute l'année, le salaire annuel s'entend de la rémunération effective qu'il a reçue depuis son entrée dans l'établissement, augmentée de la rémunération moyenne qu'ont reçue, pendant la période nécessaire pour compléter les douze mois, les ouvriers de la même catégorie, « sans qu'il y ait à à faire de distinction, suivant la nature, la cause ou la durée de leurs engagements[1]. »

JURISPRUDENCE. — 1. Le tribunal calculera le salaire de la victime occupée dans l'usine depuis moins d'un an sur son salaire réel au moment de l'accident, si d'ailleurs la victime n'est pas dans les mêmes conditions d'expérience et d'âge que les autres ouvriers de même catégorie. (*Tr. civ. Gray, 20 nov. 1900.*)

2. Le salaire de base de la victime qui était occupée à un autre travail dans la même usine moins d'un an avant l'accident est arbitré par le tribunal sur la base de son salaire au moment de l'accident. (*Tr. civ. Chalon-sur-Saône, 15 mai 1900.*)

Certaines industries, comme les fabriques de sucre, ne travaillent qu'une partie de l'année. Il en est d'autres qui, ouvertes toute l'année, ne fonctionnent pas pendant tous les jours de la semaine. Dans ces divers cas, où le travail n'est pas continu, on obtient le salaire de base en ajoutant au salaire alloué à l'ouvrier le gain qu'il a réalisé pendant le temps du chômage. Ce gain comprend non seulement ce que l'ouvrier a pu gagner en travaillant pour autrui, mais encore les bénéfices qu'il a réalisés en travaillant pour son propre compte, par exemple en cultivant son champ s'il est propriétaire.

JURISPRUDENCE. — 1. Dans les industries sujettes à la morte-saison, la base de salaire de l'ouvrier comprend, outre les sommes qu'il a gagnées dans l'entreprise où l'accident est survenu, le gain réalisé pendant la période de morte-saison (*Tr. civ. Nancy, 13 juill. 1900; Vesoul, 14 nov. 1899*), et le salaire de base de l'ouvrier qui a été embauché postérieurement au début de la période d'activité, comprendra en plus le salaire moyen reçu

---

1. CASS., 2 juin 1902.

par les ouvriers de même catégorie depuis le début de cette période. (*Tr. civ. Vesoul, 14 nov. 1900.*)

2. Le salaire de base de l'ouvrier qui n'a travaillé qu'une partie de l'année dans une usine où le travail est continu et qui, pendant le reste de l'année est occupé à des travaux agricoles, est calculé d'après le salaire moyen des ouvriers de même profession occupés toute l'année à l'usine. (*Tr. civ. Narbonne, 30 janv. 1900.*)

3. Le salaire de base de l'ouvrier occupé pendant une partie de l'année comprend le gain réalisé par l'ouvrier pour un travail non salarié exécuté pour son propre compte, exemple par la culture de ses propriétés (*Tr. civ. Mâcon, 8 août 1900*) ou pour le compte d'autrui (*Tr. civ. Arras, 29 mars 1900*).

Solutions différentes ou contraires. — 1. Jugé que le salaire de base de l'ouvrier occupé dans une entreprise qui ne fonctionne que deux mois de l'année est calculé seulement sur la somme que l'ouvrier a réellement touchée pour ces deux mois de travail. (*Tr. civ. Uzès, 30 mai 1900.*)

2. Ne peuvent être considérés comme gains de l'ouvrier et entrer dans le salaire de base, ceux que la victime n'aurait pas acquis en qualité d'ouvrier, par exemple les bénéfices qu'elle fait comme fermier. (*Tr. civ. Angoulême, 23 janv. 1901.*)

3. Le salaire de base est déterminé sans tenir compte des gains que l'ouvrier peut faire en dehors de l'usine où il est employé et qui fonctionne régulièrement. (*Tr. civ. Épinal, 31 mai 1900.*)

4. Le gain de l'ouvrier dont le travail n'est pas continu est apprécié souverainement par le tribunal dans le calcul du salaire de base. (*Tr. civ. Limoges, 26 janv. 1900; Dunkerque, 31 janv. 1900.*)

5. Le salaire de base des ouvriers occupés moins de douze mois avant l'accident doit s'entendre de la rémunération *effective* qu'ils ont reçue depuis leur entrée dans l'entreprise, augmentée de la rémunération moyenne qu'ont reçue pendant la période complémentaire des douze mois les ouvriers de la même catégorie. (*Cass., 13 juill. 1903.*)

2° *Accident suivi d'une incapacité temporaire.* — L'ouvrier atteint d'une incapacité temporaire a droit à une indemnité quotidienne pendant la durée du chômage qui lui est imposé. C'est le salaire touché au moment de l'accident qui sert de base à cette indemnité [1].

Lorsque le salaire varie d'un jour à l'autre, ce qui peut se produire fréquemment, notamment lorsque le travail est payé à la

---

1. Le juge de paix n'a pas la faculté de majorer l'indemnité journalière qu'il règle à raison de la faute inexcusable du patron, cette majoration ne s'appliquant qu'aux rentes et pensions. (*Just. P. Paris, 6 et 22 déc. 1899.*)

— L'indemnité journalière déjà accordée par le juge de paix en cas d'incapacité permanente ne doit pas se défalquer de la rente accordée ultérieurement et qui court du jour de l'accident. (*C. ap. Besançon, 14 févr. 1900.*)

tâche, le salaire de base sera une moyenne établie sur un nombre de jours suffisant pour que le résultat représente, aussi exactement que possible, les ressources dont l'ouvrier disposait quotidiennement au moment de l'accident.

JURISPRUDENCE. — 1. Le patron n'est pas fondé à soutenir qu'il ne doit pas d'indemnité à l'ouvrier atteint d'incapacité permanente partielle, qui peut accomplir après l'accident le même travail auquel il était occupé auparavant. (*Tr. civ. Prades, 6 déc. 1899 ; C. ap. Paris, 5 janv. 1901.*)

2. ....ni qu'il a indemnisé l'ouvrier atteint d'une telle incapacité en l'embauchant de nouveau avec le même salaire qu'avant l'accident. (*Tr. civ. Valenciennes, 24 nov. 1899 ; Lille, 28 déc. 1899, C. ap. Paris, 4 août 1900 ; Tr. civ. Saint-Dié, 23 août 1900 ; Lyon, 27 oct. 1900 ; Les Andelys, 30 oct. 1900 ; Lorient, 6 nov. 1900 ; Pontoise, 14 nov. 1900 ; Cass., 6 et 26 nov. 1901.*)

3. Cette proposition, de la part du patron, aurait le caractère d'une transaction et ne pourrait intervenir qu'après la fixation de l'indemnité. (*Tr. civ. Marseille, 25 janv. 1900 ; Rouen, 2e ch., 25 mai 1900.*)

4. Et le tribunal doit évaluer la diminution de salaire que représente l'incapacité et régler l'indemnité sur cette base, sans tenir compte de l'action plus ou moins considérable que l'état antérieur de la victime a pu exercer sur les conséquences directes et actuelles de l'accident. (*Cass., 10 déc. 1902.*)

Solution contraire. — Jugé que pour apprécier s'il y a réduction de salaire et, par conséquent, incapacité permanente partielle et la quotité de cette diminution, le tribunal doit considérer non les diverses circonstances qui pourront influer sur l'incapacité de l'ouvrier, mais uniquement le chiffre de son salaire avant et après l'accident, et, par conséquent, l'ouvrier repris après l'accident, aux mêmes conditions et au même salaire, n'est pas atteint d'incapacité permanente et n'a pas droit à la rente. (*Tr. civ. Toulon, 23 janv. 1900.*)

5. La réduction que l'accident fait subir au salaire doit être appréciée d'après le degré d'infériorité résultant pour l'ouvrier de l'accident et non d'après des circonstances passagères, telles que la générosité du patron, ou l'inertie ou la mauvaise chance de l'ouvrier dans la recherche d'un emploi. (*Tr. civ. Saint-Quentin, 5 janv. 1900 ; Valenciennes, 21 févr. 1900 ; Dôle, 5 juill. 1900 ; Amiens, 20 oct. 1900 ; C. ap. Chambéry, 19 nov. 1900 ; Cass., janv. 1902, 19 janv. 1903.*)

6. Le tribunal peut tenir compte, dans l'appréciation de la réduction, de ce que l'ouvrier n'a pas encore fourni la quantité de travail qu'il pourra désormais accomplir. (*Tr. civ. Neufchâteau, 23 nov. 1899 ; Nancy, 30 oct. 1900.*)

7. Le patron ne saurait davantage être fondé à soutenir que le salaire réduit qu'il paye à l'ouvrier conservé après l'accident est la base du calcul de la réduction du salaire. (*Tr. civ. Les Andelys, 20 févr. 1900 ; C. ap. Besançon, 4 juill. 1900 ; Tr. civ. Rouen, 10 août 1900.*)

8. Mais si ce salaire n'est pas la base du calcul, il en est un des éléments les plus essentiels. (*C. ap. Rouen, 14 août 1900.*)

. 9. La réduction de salaire de l'ouvrier payé à la journée ne doit pas être calculée sur son salaire journalier, mais sur le salaire annuel effectivement payé l'année précédente (*Tr. civ. Briey, 15 févr. 1900.*)

10. Le gain mensuel ou annuel de l'ouvrier travaillant à la journée s'obtient en multipliant le salaire journalier par le total de ses journées de travail effectif. (*Tr. civ. Besançon, 21 déc. 1899; Seine, 6 janv.; Bordeaux, 21 mai; Lyon, 30 nov.; C. ap. Chambéry, 8 déc. 1900.*)

11. ...ou par le chiffre fixe de 300 jours. (*Tr. civ. Baume-les-Dames, 28 févr. 1900; Saint-Amand, 27 déc. 1900.*)

12. Pour calculer le salaire annuel de l'ouvrier dont le salaire journalier est connu, le tribunal recherchera si la profession de l'ouvrier comporte ou non un travail de tous les jours, y compris les dimanches et jours fériés (*Tr. civ. Bellac, 31 mai; Bayonne, 12 juin; Pont-Audemer, 7 août 1900*), ...et le tribunal pourra rechercher, pour en tenir compte, le nombre de dimanches et jours fériés où l'ouvrier a travaillé (*Tr. civ. Rouen, 10 août 1900*).

13. Le salaire de base de l'ouvrier dont les salaires sont versés entre les mains d'une association d'ouvriers qui les répartit inégalement entre ses membres est le salaire moyen que le patron verse à ses ouvriers et non le salaire que l'ouvrier a réellement touché d'après ses conventions avec l'association dont il fait partie. (*C. ap. Dijon, 13 juin 1900.*)

14. La rémunération « effective » visée par l'article 10 de la loi du 9 avril 1898 doit comprendre les prestations de toutes sortes que peut recevoir l'ouvrier, mais il n'y a pas lieu d'en exclure les sommes volontairement abandonnées par l'ouvrier à tout autre qu'au patron.

Le salaire qui sert de base à l'indemnité temporaire est celui d'une journée de travail normal et régulier et non celui d'une journée quelconque plus ou moins productive.

Pour calculer le salaire quotidien lorsqu'il est question d'un travail à la tâche, il faut prendre le gain d'un travail correspondant à la période convenue (quinzaine dans l'espèce) de travail normal régulièrement accompli, et réglé à l'époque la plus voisine de l'accident, puis diviser la somme constitutive de ce gain par le nombre de jours de travail qui sont entrés dans la composition de la période; le quotient obtenu est le salaire de base affecté au calcul de l'indemnité journalière. (*C. ap. Dijon, 13 juin 1900.*)

15. La circonstance que les ouvriers de la même catégorie que la victime ont été augmentés depuis l'accident ne suffit pas à justifier une augmentation correspondante du salaire de base. (*Tr. civ. Senlis, 1er mai 1900.*)

16. Le tribunal ne saurait tenir compte dans l'appréciation du salaire de base de la probabilité d'augmentation prochaine du salaire de l'ouvrier. (*Tr. civ. Bordeaux, 7 mai 1900; Pontoise, 24 nov. 1900.*)

17. D'après l'article 3 de la loi du 9 avril 1898, l'indemnité journalière se calcule sur le salaire journalier, touché au moment de l'accident, tandis que le chiffre de la rente est déterminé par le salaire effectif des douze

mois écoulés avant l'accident. Le salaire journalier moyen déduit de ce salaire annuel peut donc être différent du premier sans contradiction. (Cass., *3 déc. 1900.*)

' *Ouvrier agricole.* — Le salaire de base de l'*ouvrier agricole* est le salaire qu'il reçoit non de l'agriculteur, mais de l'exploitant de la machine qui a causé l'accident. (*Tr. civ. Angers, 12 déc. 1899.*)

Et si l'exploitant ne paye aucun salaire à l'ouvrier, le salaire de base sera le salaire moyen des ouvriers agricoles de la commune. (*Même jugement.* Réformé en appel : *Angers, 16 janv. 1900.*)

Apprentis et ouvriers mineurs [1]. — En ce qui concerne l'ouvrier mineur de 16 ans et l'apprenti salarié ou non, le salaire de base ne doit pas être inférieur au salaire le plus bas des ouvriers valides de la même catégorie employés dans l'industrie [2].

Toutefois, l'indemnité temporaire de l'ouvrier âgé de moins de 16 ans ne peut pas dépasser le montant de son salaire. L'apprenti ne saurait être soumis à cette limitation puisqu'il n'est pas payé ; il touchera donc quelquefois une indemnité supérieure à celle de l'ouvrier mineur de 16 ans.

JUISPRUDENCE. — 1. L'apprenti doit être indemnisé sur les bases indiquées par la loi, même s'il ne touchait aucun salaire (*Just. P. Mâcon, 20 juin 1900; Tr. civ. Uzès, 19 juill. 1900*), et il ne serait pas fondé à prétendre calculer son salaire de base sur celui qu'il aurait touché dans une profession future mais incertaine, par exemple dans le corps des mécaniciens de la flotte où il n'était pas encore reçu (*Tr. civ. Uzès*).

2. Les représentants de l'ouvrier mineur de 16 ans ne seraient pas fondés à prétendre calculer son salaire d'après celui des ouvriers majeurs de 21 ans, s'il en est de même catégorie que la victime, majeurs de 16 ans, mais mineurs de 21 ans. (*Tr. civ. Chalon-sur-Saône, 20 mars 1900.* Confirmé en appel : *Dijon, 23 juill. 1900.*)

3. Le salaire de base servant à la fixation de la rente du mineur de 16 ans est le salaire des ouvriers parvenus à la maturité de leurs forces, et non des ouvriers d'un âge à peine supérieur à celui de la victime (*Tr. civ. Rochechouart, 18 mai 1900.* Confirmé en appel : *Limoges, 16 juill. 1900; C. ap. Rennes, 26 déc. 1900*) et le tribunal a la faculté de majorer la rente de l'ouvrier mineur de 16 ans qui pourra ainsi se trouver supérieure à la rente qui serait fixée sur le salaire le plus bas des ouvriers valides de même catégorie. (*Tr. civ. Rochechouart.* Confirmé en appel : *Limoges.*)

---

1. L'artifice de l'ouvrier, mineur de 18 ans, qui fait croire au patron qu'il a dépassé cet âge, vicie gravement le contrat de travail. (Cass., 2 déc. 1901.)

2. Comparer plus haut avec la loi du 30 juin 1899 concernant les accidents des machines agricoles survenus à des victimes non salariées.

Au surplus, la détermination du salaire de base pourra donner lieu dans certains cas à des difficultés d'interprétation qu'il appartiendra aux tribunaux de trancher.

JURISPRUDENCE. — 1. L'indemnité journalière d'un ouvrier travaillant à l'heure est calculée sur le salaire réel qu'il a touché et qui doit être recherché, et non sur le salaire normal d'un ouvrier ayant accompli une année entière sans chômages dans l'entreprise. (*Just. P. La Clayette, 7 avr. 1900.*)

2. L'indemnité journalière de l'ouvrier payé au mois peut être calculée sur la somme globale due pour un mois, spécialement au cas où il est dû à l'ouvrier une indemnité pour un mois ne comptant que vingt-huit jours. (*Just. P. Courbevoie, 20 mars 1900.*)

3. L'indemnité journalière de l'ouvrier payé par quinzaine et d'après les produits de son travail est calculée non sur le salaire auquel il a droit pour la journée la plus rapprochée de l'accident, mais sur la moyenne de la dernière quinzaine. (*Tr. civ. Chalon-sur-Saône, 13 mars 1900.* Confirmé en appel : *Dijon, 13 juin 1900.*)

Salaires supérieurs à 2 400 fr. — Lorsque le salaire annuel dépasse 2 400 fr., le tarif établi par la loi ne fonctionne pleinement que jusqu'à concurrence de cette somme. Au delà, l'ouvrier n'a droit, à moins de convention contraire, élevant le chiffre de la quotité, qu'au quart des rentes et indemnités stipulées ci-dessus. Cette disposition a pour objet d'alléger les charges de l'industrie, tout en fournissant à la victime ce qui lui est indispensable pour assurer sa subsistance et celle de sa famille.

JURISPRUDENCE. — La réduction d'indemnité prévue à l'article 2 pour les ouvriers dont le salaire annuel dépasse 2 400 fr. est applicable à l'indemnité journalière.

... même au cas où l'ouvrier est payé à la journée et où son salaire journalier, multiplié par le nombre de jours ouvrables, donne un salaire annuel supérieur à 2 400 fr. (*Just. P. Paris, 7 mai 1900 ; Cette, 16 mai 1900.*)

Forme de l'indemnité. — Ainsi assise sur le salaire de base, l'indemnité due en cas d'accident à la victime ou à ses ayants droit, lui est allouée sous la forme d'une pension, qui doit être payée *par trimestre* ; elle est de plus *incessible* et *insaisissable*[1]. Le législateur

---

1. Sans réserve ni doute pour les rentes, et le patron ne peut même retenir sur les rentes les dépens d'appel auxquels serait condamné l'ouvrier (*Tr. civ. Saint-*

à craint qu'un capital versé à des personnes généralement peu expérimentées, ne fût aisément dissipé, tandis qu'une pension fournit à qui la reçoit une ressource assurée.

Les rentes ne peuvent être transformées en capital, ni par l'accord des parties, ni par la décision du juge[1], ni avant, ni après la liquidation, car la disposition est d'ordre public ; toute convention contraire est nulle, et la loi a pris soin de déterminer elle-même les dérogations permises, qui, dans l'espèce, sont les suivantes[2] :

1° Peut être remplacée par un capital, soit en vertu d'un jugement, soit en vertu de la convention des parties, toute rente qui n'excède pas 100 fr. (*art. 21, § 2*), même s'il s'agit de conjoints non remariés[3] ;

JURISPRUDENCE. — Jugé que l'ouvrier qui a consenti à la conversion de la rente en capital, en reconnaissant dans la transaction même qu'il ne pouvait avoir droit à une rente supérieure à 100 fr., n'est pas fondé à invoquer ultérieurement la nullité de la convention, si le tribunal juge en effet que la rente à laquelle il aurait eu droit n'aurait pas dépassé 100 fr. (*Tr. civ. Nancy, 28 mai 1900.*)

— Jugé que le tribunal peut sanctionner une convention résultant de l'accord des parties en justice et rachetant la rente inférieure à 100 fr. et, de plus, tout ce qui peut être dû à raison de l'incapacité, par le versement d'un capital. (*Tr. civ. Briey, 5 sept. 1900.*)

2° Les parties peuvent, après détermination du chiffre de l'indemnité, décider que le service de la pension sera suspendu et remplacé, tant que l'accord subsistera, par un autre mode de réparation (*art. 21, § 1er*), par exemple par l'octroi à l'ouvrier d'une place de surveillant ou autre. Cette convention ne crée d'ailleurs

---

Étienne, 15 déc. 1902) ; mais, pour les indemnités temporaires, la jurisprudence hésite.

Témoin le jugement suivant :

A la différence des rentes, l'indemnité temporaire est saisissable, pour partie, comme le salaire même de l'ouvrier. (*Just. P. La Ferté-Saint-Aubin, 25 oct. 1900.*)

1. Le tribunal ne saurait imposer au patron l'obligation d'acheter un titre de rente au nom de la victime. (*C. ap. Rouen, 26 déc. 1900.*)

2. Rappelons ici simplement le remplacement de plein droit, par un capital triple, comme on l'a dit plus haut, des rentes liquidées au profit des veuves qui viennent à se remarier ou d'ouvriers étrangers qui cessent de résider sur le territoire français.

3. Avis du comité consultatif (*20 févr. 1901*). L'article 21 de la loi de 1898-1902, dans son paragraphe 2, contient une référence à l'article 3, paragraphe A, mais qui ne vise, — il ne faut pas s'y tromper, — que le *second alinéa* de ce paragraphe A.

qu'un état de choses essentiellement provisoire, susceptible de
cesser, à tout instant, par la volonté d'une seule des parties ;

3° Lors du règlement définitif de la rente viagère, après le délai
de revision de trois ans, prévu[1] par l'article 19, la victime peut demander que le quart au plus du capital nécessaire[2] à l'établissement de cette rente lui soit attribué en espèces. Mais cette demande
doit être faite devant le tribunal, qui apprécie souverainement et
qui statue en chambre du Conseil, si la conversion est conforme à
l'intérêt sagement entendu de la victime (*art. 9*, § 1er) ;

4° La même procédure s'applique si la victime demande, comme
elle en a le droit, toujours après l'expiration du délai de revision,
que le capital nécessaire à l'établissement de la rente, ou ce capital
réduit du quart au plus, comme il est dit ci-dessus, serve à constituer sur sa tête une rente viagère, réversible pour moitié au plus
sur la tête de son conjoint. La charge incombant au débiteur ne
doit pas être aggravée ; la rente viagère sera donc, en pareil cas,
diminuée (*art. 9*, § 2).

Provisions. — L'ouvrier victime d'un accident se trouve très souvent,
dès qu'il ne touche plus de salaire, dans la gêne ; il a vécu au jour le jour ;
il n'a pas d'économies ; de plus, le règlement des indemnités auxquelles il
pourra avoir droit peut prendre du temps. La cause n'est pas en état ; le
tribunal surseoit à statuer. Comment l'ouvrier vivra-t-il, en attendant ?

Les tribunaux lui alloueront une certaine somme, une provision, que
payera le chef d'entreprise, en attendant le jugement définitif.

1. Une provision peut être accordée par le tribunal, même quand le
patron invoque la faute inexcusable de l'ouvrier, mais, dans ce cas, elle ne
préjuge nullement le fond. (*Tr. civ. Le Havre, 14 déc. 1899.*)

2. La provision ne peut être accordée que lorsque la cause n'est pas en
état. (*Tr. civ. Saumur, 23 nov. 1899 ; Tonnerre, 4 janv. 1900 ; Pont-Audemer, 7 août 1900.*)

Solution contraire. — Jugé que le tribunal pourra attribuer la provision
que les parties acceptent, sans conclure au payement de l'indemnité journalière. (*Tr. civ. Fontainebleau, 22 mars 1900.*)

3. Jugé que le tribunal pourra, tout en réglant la rente, accorder à la
victime une provision supplémentaire, à raison de son âge et de son état
d'indigence. (*Tr. civ. Fontainebleau, 26 déc. 1900.*)

---

1. Voir plus loin : *Revision des indemnités ;* la revision est toujours possible à
l'expiration d'un délai de trois ans, en cas d'aggravation ou d'atténuation de l'accident ou de ses suites.

2. Le capital est calculé d'après les tarifs dressés pour les victimes d'accidents
par la Caisse des retraites pour la vieillesse.

4. La demande d'indemnité journalière introduite par l'ouvrier alors que le tribunal est saisi d'une demande en règlement d'incapacité permanente n'a pas le caractère d'une provision ; elle en est entièrement distincte et le juge de paix est compétent pour procéder à ce règlement. (*Just. P. Paris, 6 déc. 1899 ; Lyon, 2 févr. 1900 ; Paris, 7 mars 1900.*)

Solution contraire. — Une telle demande a le caractère d'une provision : elle est donc de la compétence du tribunal civil et le juge de paix ne saurait en connaître. (*Just. P. Paris, 5, 23 et 26 janv. 1900 ; Courbevoie, 6 févr. 1900 ; Tr. civ. Narbonne, 18 ju'll. 1900.*)

5. La provision accordée par le tribunal, même si elle est servie journellement, ne peut se cumuler avec l'indemnité journalière. (*Tr. civ. Chalon-sur-Saône, 22 nov. 1899.*)

Solution contraire. — La provision accordée par le tribunal, lorsque la cause n'est pas en état, doit être servie cumulativement avec l'indemnité journalière. (*C. ap. Paris, 5 janv. 1901.*)

6. Le président du tribunal, statuant en référé, n'a pas compétence pour allouer des provisions. (*Tr. civ. Seine, référés, 6 nov. 1900.*)

Payement. — 1° *Indemnités journalières.* — La loi ne fixe pas la date de leur payement. La jurisprudence décide que, dans le silence de la loi, les époques de payement peuvent être équitablement fixées aux époques usitées pour le payement des salaires dans l'industrie à laquelle appartient la victime. (*Just. P. Paris, 6 déc. 1899.*)

2° *Rentes.* — Elles sont payables par trimestre[1]. Mais sont-elles payables d'avance ? Les tribunaux décident généralement que les rentes sont payables à terme échu[2], — et au domicile du débiteur[3].

---

1. Ainsi jugé : *Tr. civ. Mirande, 17 mai 1900.*
— Cependant le tribunal peut décider que la rente sera payable mensuellement (*Tr. civ. Rochechouart, 18 mai 1900.* Réformé en appel : *Limoges ; Tr. civ. Saint-Étienne, 2 mai 1900*), — ou même semestriellement. (*Tr. civ. Seine, 7 juill. 1900.*)

2. Tr. civ. Nantes, 27 nov. 1899 ; Besançon, 21 déc. 1899 ; Narbonne, 23 janv. 1900 ; Lyon, 24 févr. 1900 ; Baume-les-Dames, 28 févr. 1900 ; C. ap. Besançon, 28 févr. 1900 ; Tr. civ. Orléans, 25 avr. 1900 ; Villefranche, 13 juill. 1900 ; Pont-Audemer, 7 août 1900 ; Lorient, 6 nov. 1900 ; Aubusson, 7 nov. 1900 ; Limoux, 13 nov. 1900 ; Lyon, 13 nov. 1900 ; C. ap. Paris, 23 juin 1900 ; Lyon, 25 juill. 1900 ; Paris, 4 août 1900 ; Pau, 13 déc. 1900, Cass. 28 juill. 1902.
Solution différente. — Si les parties acceptent le payement d'avance des arrérages, le tribunal n'a plus qu'à sanctionner cet accord. (*Tr. civ. Remiremont, 9 août 1900.*)
— Les tribunaux ont le pouvoir d'apprécier, suivant les circonstances, si la rente doit être payée d'avance ou à terme échu (*Tr. civ. Nancy, 11 et 12 déc. 1899 ; Dijon, 18 janv. 1900 ; Villefranche, 27 janv. 1900*), — au moins au cas où aucun motif particulier ne justifierait le payement d'avance. (*C. ap. Chambéry, 8 déc. 1900.*)
Solution contraire. — La rente est due par trimestre et d'avance. (*Tr. civ. Villefranche, 2 juill. 1900 ; Fontainebleau, 22 mars 1900.* Réformé en appel : *Paris, 23 juin 1900 ; Tr. civ. Montpellier, 11 mai 1900 ; Marseille, 25 mai 1900 ; Bar-le-Duc, 27 juin 1900 ; Senlis, 24 juill. 1900 ; Saint-Yrieix, 31 oct. 1900.*)

3. La rente est payable au domicile du rentier. (*Tr. civ. Clermont, 8 août 1900.*)

Le crédi-rentier ne peut d'ailleurs exiger les arrérages de sa rente qu'en justifiant (*art. 1893 C. civil*), s'il est besoin, de son existence, par toutes preuves de droit, notamment par la production d'un certificat de vie[1]. (*Avis 20 févr. 1901, Com. consult.*)

Point de départ. — 1° *Indemnité journalière.* — La loi dit expressément en son article 3, § 4, que l'indemnité journalière part du cinquième jour. Ainsi jugé par les juges de paix de Courbevoie (*20 mars 1900*), Morestel (*5 juin 1900*).

Pourtant la question est controversée. Le juge de paix de Saint-Galmier a jugé (*4 déc. 1899*) que l'indemnité journalière pour incapacité ayant duré plus de quatre jours est due du jour de l'accident.

Il faut s'en tenir aux termes mêmes de la loi.

2° *Rentes.* — La question est beaucoup moins simple à régler que la précédente. Aussi les décisions contradictoires des tribunaux ne se comptent-elles plus.

JURISPRUDENCE. — 1. Le point de départ de la rente ne sera donc pas le jour de l'accident. (*Tr. civ. Nancy, 12 déc. 1899; Narbonne, 13 févr. 1900; Lyon, 24 févr. 1900; Nantua, 24 août 1900; C. ap. Pau, 13 déc. 1900.*)

2. ...mais le moment fixé par l'appréciation du juge où il a été certain que l'incapacité est permanente, c'est-à-dire le jour de la consolidation de la blessure. (*Tr. civ. Nancy, 12 déc. 1899; Villefranche, 27 janv. 1900; Besançon, 1er févr. 1900; C. ap. Besançon, 14 févr. 1900; Tr. civ. Chalon-sur-Saône, 2 mai 1900; Montluçon, 13 juill. 1900.*)

3. ...ou le jour de la demande en règlement d'indemnité. (*Tr. civ. Narbonne, 13 févr. 1900; Nantua, 24 août 1900.*)

4. ... ou le jour du règlement définitif (*Tr. civ. Chambéry, 11 janv. 1900; La Châtre, 1er févr. 1900; Avesnes, 2 juin 1900; Aubusson, 7 nov. 1900; C. ap. Pau, 13 déc. 1900.*)

5. ...ou le jour où l'ouvrier sera capable de reprendre le travail d'après l'avis du médecin. (*Tr. civ. Lyon, 24 févr. 1900; Lorient, 6 nov. 1900.*)

6. ...ou même l'époque, fixée équitablement par le tribunal, où les indemnités déjà remises à la victime ne la couvrent plus des conséquences du sinistre. (*Tr. civ. Tournon, 28 déc. 1899; C. ap. Montpellier, 29 mars 1900.*)

7. ...et si l'indemnité journalière a continué à être servie après la consolidation, les sommes ainsi versées seront imputées sur la rente. (*Tr. civ.*

---

1. Les maires sont tenus de les délivrer sans frais. (*Déc. 6 mars 1791, art. 2, et loi 1898-1902, art. 29.*)

Chalon-sur-Saône, 20 mars, 2 et 15 mai 1900 ; Nevers, 14 mai 1900 ; Bordeaux, 22 mai 1900 ; C. ap. Besançon, 11 juill. 1900.)

8. La date du règlement définitif s'entendra, au cas où la décision des premiers juges aura été frappée d'appel, du jour de la décision rendue en dernier ressort. (*C. ap. Douai, 22 févr. 1900 ; Aix, 25 mai 1900 ; Douai, 30 mai 1900.*)

9. Mais si la victime a fixé dans ses conclusions une date antérieure à celle du jugement définitif et renonce par là au payement de l'indemnité journalière à la date qu'elle a fixée, le tribunal ne saurait lui accorder plus qu'elle ne demande et acceptera comme point de départ de la rente la date portée aux conclusions de la victime. (*Tr. civ. Chambéry, 11 août 1900.*)

10. Si le tribunal ne peut statuer sur la demande d'indemnité journalière parce qu'elle est indéterminée, il aura la faculté de faire courir la rente du jour de l'accident. (*Tr. civ. Castres, 23 mai 1900.*)

Solution contraire. — Jugé que le point de départ de la rente est le jour de l'accident. (*Tr. civ. Dôle, 29 déc. 1899.* Réformé en appel : *Besançon, 14 févr. 1900 ; Tr. civ. Narbonne, 30 janv. 1900 ; Angers, 12 févr. 1900 ; Valenciennes, 21 févr., Bordeaux, 28 mars, et Senlis, 25 juill. 1900.*)

...au moins pour la victime qui n'a pas reçu en fait d'indemnité journalière. (*Tr. civ. Gray, 29 nov. 1900.*)

...et si une indemnité journalière a déjà été accordée par le juge de paix, elle doit se défalquer de la rente accordée ultérieurement. (*Tr. civ. Bordeaux, 28 mars 1900.*)

Au fond, et à y regarder d'un peu près, ces jugements ne sont pas aussi contradictoires qu'ils apparaissent. Et on aperçoit assez bien dans quel sens la jurisprudence tend à s'établir. Un accident étant survenu, et tant qu'on ne sait au juste quelle suite il comportera, l'indemnité journalière intervient ; mais dès que la situation de la victime est réglée, et si l'accident entraîne la mort ou l'incapacité permanente et absolue, le point de départ de la rente est le jour de la mort ou de la consolidation de la blessure, le jour où le caractère de la blessure est devenu certain (Cass., *17 janv., 30 juill., 30 déc. 1902, 19 janv. 1903*), quitte à défalquer le montant des indemnités journalières déjà servies, ou à les servir encore, mais à titre de provision qui sera imputée sur les arrérages de la rente. (Cass., *17 févr. 1903.*)

Cumul de pensions. — Des ouvriers, comme ceux des Compagnies de chemins de fer par exemple, qui bénéficient déjà d'une pension de retraite, peuvent-ils, en cas d'accidents, cumuler les pensions qui leur sont allouées par les Compagnies avec les rentes

auxquelles la loi de 1898-1902 leur donne droit ? Les tribunaux
qui ont eu à se prononcer les premiers sur la question ont admis
ou non le cumul des pensions de retraite et des rentes selon que
les versements à la Caisse nationale des retraites ont été prélevés
ou non sur les bénéfices des Compagnies, c'est-à-dire faits ou non
par elles[1].

Mais les divergences de la jurisprudence et ses distinctions
n'existent plus, et désormais la théorie qui prévaut est que la pension de retraite due par les Compagnies de chemins de fer aux
veuves de leurs ouvriers ou aux ouvriers eux-mêmes doit être
servie cumulativement avec la rente de la loi du 9 avril 1898 : et la
Compagnie soutiendrait en vain que cette loi a fait disparaître
toutes conventions antérieures et par conséquent le droit contrac-
tuel à la pension. (*Tr. civ. Narbonne, 2 janv. 1901 ; Étampes,
15 janv. 1901, C. ap. Bourges, 26 nov. 1900 ; Pau, 21 févr. 1902,*
réformant des jugements de première instance qui n'admettent pas
le cumul ; et surtout Cass., *4 mars 1903.*)

Faute inexcusable. — Nous avons vu que diverses exceptions
de détail affectent le mode d'attribution ou de service des indem-

---

1. Comparer notamment les distinctions des deux arrêts suivants :
— Dans le cas où une Compagnie de chemins de fer fait au profit de ses agents commissionnés, à la Caisse nationale des retraites pour la vieillesse, des versements leur
donnant droit à une rente viagère, à partir de leur admission à la retraite, *versements prélevés, non point sur le salaire des agents, mais sur les bénéfices de la
Compagnie,* celle-ci aurait été fondée, avant la loi du 9 avril 1898, et sous l'empire
de l'article 1382 du Code civil, à se prévaloir de l'existence de la rente viagère de
la Caisse nationale des retraites pour faire réduire d'autant le chiffre des dommages-
intérêts par elle encourus envers un agent victime d'un accident.
Et la Compagnie conserve le même droit sous l'empire de la loi du 9 avril 1898,
d'autant que la pension de la Caisse nationale des retraites et la rente allouée par la loi
de 1898 concourent l'une et l'autre au même but, qui consiste à atténuer les conséquences de l'invalidité de l'ouvrier, victime de l'accident. (*Tr. Bourges, 7 juin 1900.*
Réformé en appel : *26 nov. 1900.*)
— Dans le cas où une Compagnie de chemins de fer, en vertu d'un règlement dûment
approuvé, alloue à ses agents et à leurs veuves une pension de retraite au moyen
d'un fonds de réserve constitué par des retenues sur les traitements et par une subvention de la Compagnie, la veuve d'un agent victime d'un accident aurait pu, avant la
loi du 9 avril 1898, toucher sa pension de retraite et user du droit que lui conférait
l'article 1382 du Code civil de demander une indemnité, ces deux droits ne pouvant
être confondus.
A cet égard, la loi du 9 avril 1898 n'a pas changé la situation, et la veuve de l'a-
gent, victime d'un accident, a droit à la fois, et à la pension de retraite et à la rente
allouée par la loi de 1898 ; il y a là deux créances distinctes, ayant deux origines différentes, l'une dérivant d'un contrat, l'autre de la loi. (*C. ap. Toulouse, 28 juin 1900.*)

nités, sans atteindre la quotité initiale du capital mis à la charge
du chef d'entreprise, en raison des suites de l'accident et du salaire
de la victime. La mesure de la réparation due ne peut s'en trouver
altérée.

Cette réparation elle-même, au contraire, disparaît, ou s'aggrave,
ou s'atténue, dans les cas suivants :

1° Elle disparaît complètement lorsque la victime de l'accident,
française ou étrangère, ne laisse ni conjoint, ni enfant, ni ascendants ou descendants à sa charge, habiles à la représenter pour
l'obtention d'une rente ; ou bien lorsque, la victime de l'accident
étant étrangère, ses ayants droit ne résidaient point en territoire
français lors de l'accident ; ou enfin lorsque la victime a « intentionnellement » provoqué elle-même l'accident. (Cass., *8 juill. 1903.*)

2° Elle s'aggrave ou s'atténue lorsqu'il y a « *faute inexcusable* ».
Selon que cette faute est imputable au chef d'entreprise ou à la
victime, elle peut élever, suivant les cas, les indemnités jusqu'à
l'intégralité du salaire ou les abaisser jusqu'à des rentes illusoires,
d'un franc par exemple [1].

Pour qu'il y ait faute vraiment inexcusable au sens de la loi, il ne
suffit pas que le patron ait transgressé des prescriptions légales ou
administratives, omis des précautions possibles, manqué, même
gravement, de prévoyance ou de diligence. Il ne suffit pas davan-

---

1. De longues et brillantes discussions, dans les congrès divers comme dans les
parlements, ont mis longtemps aux prises les partisans et les adversaires de la
faute lourde, les moralistes qui tenaient pour les sanctions de la responsabilité personnelle et les logiciens qui réclamaient, au nom du risque professionnel, l'intégralité de ses conséquences ; les chambres françaises, après des discussions répétées, ont
clos le débat, en ce qui les concernait, par un compromis, qui n'est peut-être pas
pour contenter pleinement un philosophe, mais qui, s'il est bien interprété par la
Jurisprudence, peut donner dans la pratique des résultats satisfaisants.

La loi reconnaît implicitement que la faute lourde du patron ou de l'ouvrier est,
en principe, incorporée au risque professionnel. Elle n'en tient aucun compte en cas
d'incapacité temporaire, et, en matière de rentes, elle ne lui sacrifie qu'en partie la
fixité des indemnités forfaitaires, sans que la créance de l'ouvrier puisse jamais
s'en trouver abolie, ni que la dette du patron en puisse être élevée au delà du
montant du salaire, ou de la réduction de salaire, même si le dommage réel se
rencontre supérieur.

Encore n'admet-elle pas d'exception aux conséquences du risque professionnel pour
la faute lourde, telle qu'elle était naguère comprise, mais seulement pour la faute
inexcusable.

En substituant, dans le texte final, à la formule classique de « faute lourde » la
formule nouvelle de « faute inexcusable », le législateur a certainement voulu, malgré l'apparente et inévitable synonymie des mots, indiquer et imposer au juge une
restriction plus grande.

tage que l'ouvrier ait été maladroit, inattentif, imprudent, intem
pérant, qu'il ait enfreint un ordre ou un règlement. Il faut que, de
la part du patron ou de l'ouvrier, il y ait quelque chose de plus
qu'une faute passive, si grave, si lourde, si grossière soit-elle ; il
faut qu'il y ait un acte conscient, allant jusqu'au mauvais vouloir,
confinant au dol et, pour tout dire, se rapprochant de la faute
intentionnelle et tendant à se confondre avec elle[1].

JURISPRUDENCE. — *Faute inexcusable du patron.* — 1. Le patron qui
n'a pas muni ses machines d'un appareil protecteur n'est pas, par cette
seule circonstance, dans un cas de faute inexcusable (*Tr. civ. Villefranche-sur-Saône, 13 juill. 1900 ; Seine, 4 août 1900, 8 sept. 1900; Pontoise,
14 nov. 1900*), — même dans le cas où il occuperait à une machine dangereuse, non munie d'organes protecteurs, un ouvrier qui n'en connaît pas
le fonctionnement (*C. ap. Nancy, 30 avr. 1900*).

2. La faute inexcusable du patron résulte de l'oubli de toute précaution
pour un travail de fouille en terrain mouvant. (*Tr. civ. Pont-l'Évêque,
28 juin 1900. Confirmé en appel : Caen, 19 nov. 1900.*)

3. ...ou du défaut d'étayage de terrains mouvants. (*Tr. civ. Toulouse,
24 nov. 1900.*)

4. N'a pas commis la faute inexcusable, le patron qui, dans un but de charité, a ouvert ses ateliers à un enfant de 13 ans. (*C. ap. Douai, 14 nov. 1900.*)

5. Le patron n'est pas en état de faute inexcusable pour n'avoir pas
obligé l'ouvrier à mettre des lunettes. (*Tr. civ. Seine, 10 oct. 1900 ; Lorient, 6 nov. 1900.*)

6. L'ignorance ou l'erreur du patron sur le danger de l'appareil industriel ne suffit pas pour établir sa faute inexcusable. (*Tr. civ. Nantes, 27 nov.
1899.*)

7. ...dont le caractère est d'être quasi dolosive. (*Tr. civ. Nantes, 27 nov.
1899 ; Alais, 16 janv. 1900.*)

8. ...non plus que l'omission de précaution de la part des préposés du
patron, telle que celle qui consiste à ne pas s'assurer que le crochet servant à rattacher à un câble un bloc de pierre qu'on élève au sommet d'un
bâtiment n'était pas engagé à fond dans la boucle du câble. (*Tr. civ. Beauvais, 11 janv. 1900.*)

9. La faute inexcusable du patron résulte de l'inobservation des règlements publics établis en vue de la sécurité des ouvriers dans une carrière.
(*Tr. civ. Château-Thierry, 17 janv. 1900.*)

10. Le seul usage d'une machine reconnue dangereuse, telle que la ma-

---

1. Le cas de l'ouvrier qui se suicide est assimilable à celui de l'ouvrier qui a intentionnellement provoqué l'accident. (*Tr. civ. Seine, 17 mars 1900.*)

L'appréciation qu'une Cour d'appel fait d'une faute en la déclarant inexcusable
est souveraine et échappe au contrôle de la Cour de cassation. (*Tr. civ. Montluçon,
16 juin; C. ap. Lyon, 23 juill. 1900, et CASS., 21 janv. 1903.*)

chine dite « *presse à friction* », dont l'emploi n'a d'ailleurs pas été prohibé par l'Inspection du travail, n'est pas un élément suffisant pour établir la faute inexcusable du patron. (*Tr. civ. Chalon-sur-Saône, 22 nov. 1900.*)

11. La faute inexcusable du patron peut résulter du fait des préposés du patron. (*Tr. civ. Florac, 23 mars 1900*)

Solution contraire. — La faute inexcusable est personnelle : elle doit être le fait du patron ; les fautes des préposés ne peuvent jamais être considérées comme des éléments de majoration. (*Tr. civ. Marseille, 17 janv. 1900*)

12. ...spécialement, un accident survenu par suite du surmenage imposé à un agent des compagnies de chemins de fer entraîne la faute inexcusable de la compagnie. (*Tr. civ. Saint-Sever, 6 avr. 1900.*)

13. ...et même si les juges estiment qu'il n'y a pas surmenage, mais faute inexcusable d'un agent de la compagnie, celle-ci est responsable de la faute inexcusable de son agent (*C. ap. Pau, 2 août 1900*), — mais la réunion de plusieurs fautes excusables ne constitue pas la faute inexcusable (*Cass., 8 juill. 1903*).

14. La faute inexcusable ne peut résulter que du patron lui-même ou des personnes qu'il s'est substituées dans la direction, mais non du fait des autres ouvriers du patron. (*Tr. civ. Lyon, 22 juin 1900.*)

15. La faute inexcusable du patron ne résulte pas nécessairement de l'inobservation des règlements publics. (*Tr. civ. Brest, 31 janv. 1900.*)

16. La compagnie de chemins de fer qui n'a pas établi de signaux de couverture pour protéger les ouvriers travaillant sur la voie a commis la faute inexcusable. (*Tr. civ. Céret, 13 mars 1900; C. ap. Besançon, 2 juill. 1902.*)

17. Le patron qui a fait nettoyer par un ouvrier une machine en marche a commis la faute inexcusable. (*Tr. civ. Valenciennes, 3 mai 1900.*)

18. Le patron charretier qui a donné l'ordre de graisser les roues d'un tombereau lourdement chargé n'a pas commis la faute inexcusable. (*Tr. civ. Toulon, 12 juin 1900.*)

19. Le patron n'est pas en état de faute inexcusable pour avoir fait travailler à une machine dangereuse un ouvrier qui n'en connaissait pas le fonctionnement. (*Tr. civ. Nancy, 20 avr.* Confirmé en appel : *7 août 1900.*)

20. Le patron papetier n'a pas commis la faute inexcusable pour n'avoir pas adapté au devant des cylindres apprêteurs un troisième rouleau dit « rouleau engageur ». (*Tr. civ. Corbeil, 3 août 1900.*)

21. La faculté de majorer les indemnités en cas de faute inexcusable du patron ne s'applique pas aux indemnités journalières, mais seulement aux rentes et pensions. (*Just. P. Paris, 6 et 22 déc. 1899.*)

22. Le juge de paix ne pourra donc que rejeter une demande en majoration pour cette cause, introduite dans un règlement d'indemnité journalière. (*Just. P. Paris, 6 déc. 1899.*)

23. Et la victime qui, pendant le cours de l'instance, prétend au bénéfice de la majoration ne peut agir que par voie de demande de provision devant le tribunal civil. (*Just. P. Paris, 22 déc. 1899.*)

Faute inexcusable de l'ouvrier. — 1. La désobéissance aux ordres formels et aux avertissements réitérés du patron et du contremaître met la victime en état de faute inexcusable. (*Tr. civ. Dunkerque, 2 févr. 1900 ; Saint-Yrieix, 31 oct. 1900.* Confirmé en appel : *Limoges, 19 déc. 1900.*)

2. L'ouvrier qui a été victime d'un accident en faisant un acte que son patron venait de lui interdire n'est pas, par cela seul, en état de faute inexcusable. (*Tr. civ. Uzès, 30 mai 1900.*)

3. La faute inexcusable de l'ouvrier ne peut être invoquée qu'en cas d'incapacité permanente, et lorsqu'il est certain qu'il y a incapacité permanente. (*Tr. civ. Le Havre, 14 déc. 1899.*)

4. L'imprudence de l'ouvrier charretier qui a passé la main entre les rayons d'une roue pour égaliser le chargement de la voiture, ne constitue pas à sa charge une faute inexcusable. (*Tr. civ. Narbonne, 21 févr. 1900.*)

5. L'inobservation des règlements publics de voirie sur la conduite des voitures constitue la faute inexcusable à la charge de l'ouvrier de l'entreprise de transports. (*Tr. civ. Narbonne, 13 févr. 1900 ; Lyon, 5 avr. 1900*); — ainsi que pour le mécanicien le fait de faire marcher son train à une vitesse supérieure à celle autorisée par les règlements. (*Cass., 21 janv. 1903.*)

6. L'ouvrier chauffeur qui s'est imprudemment et sans l'ordre de son patron exposé au risque, qu'il connaissait, d'un accident causé par une batteuse, a commis une faute inexcusable. (*C. ap. Angers, 16 janv. 1900.*)

7. L'ouvrier qui a été blessé pour n'avoir pas fait usage du bâton réglementaire pour enlever les laines tombées sous la machine dite « *le loup* » a commis la faute inexcusable qui autorise le tribunal à diminuer sa pension. (*Tr. civ. Beauvais, 11 janv. 1900.*)

Solution contraire. — Une telle imprudence ne constitue pas nécessairement la faute inexcusable, et le tribunal pourra retenir d'autres circonstances : le jeune âge de la victime. (*Tr. civ. Vesoul, 26 juin 1900.*)

8. L'ouvrier n'a pas commis la faute inexcusable pour s'être prématurément approché des trous de mine, alors surtout que l'on peut reprocher au patron de n'avoir pas, sur ce point, établi une rigoureuse discipline de chantier. (*Tr. civ. Brives, 8 août 1900.*)

9. L'ouvrier blessé en se servant d'un monte-charge dont l'usage lui aurait été interdit par le règlement de l'usine n'aurait pas commis la faute inexcusable. (*Tr. civ. Lille, 3 mai 1900.*)

10. L'ouvrier qui a essayé de dégorger une batteuse avant qu'elle ne fût complètement arrêtée n'a pas commis la faute inexcusable. (*Tr. civ. Valence, 27 avr. 1900.*)

11. L'ouvrier qui a essayé d'arrêter une scie circulaire en marche a commis la faute inexcusable. (*Tr. civ. Nevers, 14 mai 1900.*)

12. L'ouvrier puisatier, victime d'un accident provoqué par une manœuvre dont il ne pouvait ignorer le danger, a commis la faute inexcusable. (*Tr. civ. Laon, 21 mai 1900.*)

13. A commis la faute inexcusable l'ouvrier couvreur, tombé d'un toit,

qui dissimulait sur lui deux feuilles de zinc dérobées. (*Tr. civ. Moulins, 5 juin 1900.*)

14. N'a pas commis la faute inexcusable l'ouvrier qui travaillait dans une gare et qui a négligé de se faire guider sur les voies par un surveillant, comme le prescrit le règlement. (*Tr. civ. Montluçon, 22 juin 1900.*)

15. L'état d'ivresse, fût-il établi, ne constituerait pas la faute inexcusable à la charge de l'ouvrier. (*C. ap. Orléans, 8 déc. 1900.*)

Solutions contraires. — L'ivresse manifeste dans le travail constitue la faute inexcusable. (*C. ap. Paris, 7e ch., 24 nov. 1900.*)

Pour que l'état d'ivresse ait mis la victime en état de faute inexcusable, il faudrait en tous cas qu'il eût été la cause certaine et directe de l'accident. (*Tr. civ. Nancy, 13 juill. 1900.* Confirmé en appel : *20 déc. 1900.*)

Revision des indemnités [1]. — Le législateur a prévu le cas où l'état de la victime, d'après lequel l'indemnité a été fixée, viendrait à se modifier. Il a décidé qu'il serait alors loisible au chef d'industrie ou à la victime, selon l'événement, de remettre en question le chiffre de l'indemnité.

L'exercice de ce droit est d'ailleurs limité à un laps de trois années à partir de l'accord intervenu entre les parties ou de la décision judiciaire [2].

Jusqu'à l'expiration de ce délai, rien n'est définitif. Lorsque cette période transitoire a pris fin, la victime reçoit son titre de pension, et, désormais, quoi qu'il advienne, aucune réclamation n'est plus admise.

Le chef d'entreprise peut demander la revision de la convention ou de la décision fixant l'indemnité, lorsque l'état de la victime se modifie de telle sorte qu'une infirmité, qu'on avait crue permanente, disparaît, ou qu'une incapacité, qui paraissait devoir être absolue, fait place à une invalidité partielle.

La revision peut être provoquée par la victime dont l'incapacité s'est aggravée, ou par ses représentants, si elle succombe à ses blessures.

La demande n'est fondée que dans le cas où l'aggravation ou le décès est une conséquence directe de l'accident.

---

1. La revision ne peut frapper que la rente, et la victime ne serait pas fondée à réclamer, par l'action en revision, une nouvelle indemnité journalière. (*Tr. civ. Bernay, 13 nov. 1900.*)

2. La demande en revision est une action nouvelle et doit être précédée d'un préliminaire de conciliation. (*Tr. civ. Toulouse, 28 déc. 1900.*)

Action contre les tiers. — Le législateur a réglé d'une façon exclusive les rapports entre patrons et ouvriers à l'occasion des accidents du travail.

Il ne leur permet pas de sortir du cadre qu'il a tracé : c'est ainsi que l'ouvrier ne pourrait pas renoncer à se prévaloir des dispositions de la loi et réclamer, en vertu de l'article 1382 du Code civil, une plus forte indemnité que celle résultant du tarif dont les éléments ont été précédemment exposés.

Mais cette règle ne s'applique pas aux rapports entre la victime et les personnes autres que les chefs d'industrie, leurs préposés ou leurs ouvriers, qui seraient responsables de l'accident dans les termes du droit commun.

L'article 7 de la loi de 1898-1902 dit : « Indépendamment de l'action résultant de la présente loi, la victime ou ses représentants conservent, contre les auteurs de l'accident, autres que le patron ou ses ouvriers et préposés, le droit de réclamer la réparation du préjudice causé, conformément aux règles du droit commun.

« L'indemnité qui leur sera allouée exonérera à due concurrence le chef de l'entreprise des obligations mises à sa charge. Dans le cas où l'accident a entraîné une incapacité permanente ou la mort, cette indemnité devra être attribuée sous forme de rentes servies par la Caisse nationale des retraites.

« En outre de cette allocation sous forme de rente, le tiers reconnu responsable pourra être condamné, soit envers la victime, soit envers le chef de l'entreprise, si celui-ci intervient dans l'instance, au payement des autres indemnités et frais.

« Cette action contre les tiers responsables pourra même être exercée par le chef d'entreprise, à ses risques et périls, au lieu et place de la victime ou de ses ayants droit, si ceux-ci négligent d'en faire usage. »

C'est un surcroît de garantie pour les ouvriers et d'assurance pour les chefs d'entreprise.

JURISPRUDENCE. — 1. Dans le cas où il serait établi que l'accident est le fait d'un tiers, l'ouvrier aurait le choix entre deux actions : l'action de la loi-accidents contre son patron, et l'action en dommages-intérêts contre le tiers auteur, mais en aucun cas il ne pourrait prétendre cumuler le bénéfice de ces deux actions ; il n'est plus admis à intenter l'une, s'il a été déjà indemnisé par l'autre. (*Just. P. Neuilly, 3 janv. 1900.*)

2. L'action du patron contre le tiers responsable de l'accident n'est pas connexe à l'action de l'ouvrier contre le patron, et n'est pas régie par les mêmes dispositions légales : elle peut donc être exercée indépendamment de toute demande en indemnité de l'ouvrier contre le patron et avant même cette demande. (*Tr. civ. Seine, 16 févr. 1900.*)

3. Le patron ne pourrait même pas demander que le tiers auteur soit maintenu en cause pour que le jugement obtenu par l'ouvrier soit commun avec lui. Et le patron, ainsi subrogé aux droits de son ouvrier, devra agir contre le tiers auteur par voie directe et principale et non par voie de recours en garantie. (*Tr. civ. Le Havre, 22 juin ; Seine, 18 sept. 1900.*)

4. L'entrepreneur principal, dans un accident causé par le fait de ses ouvriers à un ouvrier du sous-entrepreneur, ne peut être actionné que d'après le droit commun : le tribunal compétent est donc celui du domicile du défendeur, non celui du lieu de l'accident. (*Tr. civ. Saint-Calais, 12 janv. 1900.*)

5. L'ouvrier est, aux termes du droit commun, maître de son action envers le tiers responsable de l'accident dont il a été victime ; il peut donc transiger avec lui sans que son patron soit fondé à lui faire un grief de ce qu'il est privé de tout recours contre ce tiers. La loi de 1898 n'édicte aucune déchéance contre la victime qui a transigé avec le tiers responsable de l'accident ; son patron devait veiller à la sauvegarde de ses intérêts et ne peut invoquer les dispositions contenues dans l'article 2037 du Code civil. Le patron ne saurait invoquer une transaction intervenue entre la victime et le tiers responsable de l'accident et à laquelle il est resté étranger, pour fixer le montant des indemnités qu'il doit à la victime. (*C. ap. Paris, 27 juin 1903.*)

4. — Garanties de payement.

Généralités. Conditions de payement des indemnités dues, et non payées lors de leur exigibilité. Fonds de garantie. Sociétés d'assurances mutuelles ou à primes fixes. Syndicats de garantie. Caisse nationale d'assurances. Polices d'assurances. Surveillance et contrôle.

Généralités. — Si la loi de 1898-1092 n'était qu'une loi de responsabilité, il faudrait ici en continuer l'étude par tout ce qui concerne la procédure nouvelle : déclaration des accidents, enquête, magistrats compétents, prescription, etc..., en suivant l'ordre même des articles de la loi. Mais elle est aussi une loi de garantie et d'assurance. Aussi, croyons-nous logique, après avoir passé en revue la détermination et le règlement des indemnités, de montrer comment le législateur s'est préoccupé d'assurer aux victimes d'accidents du travail le recouvrement des créances qui leur sont dues, afin que l'application de la responsabilité patronale, ou plutôt du risque professionnel, soit réellement effective et non point illusoire, et que, dans tous les cas, les ayants droit aux indemnités ou aux rentes prévues par la loi de 1898-1902 soient parés contre l'insolvabilité éventuelle du chef d'entreprise ou de ses représentants, y compris l'assureur[1]. Car bien que le régime des mutualités obligatoires n'ait pas prévalu auprès du législateur il a tenu cependant, après avoir assuré aux ouvriers victimes d'accidents le payement des indemnités dues, ce qui était l'essentiel, à réglementer un système d'assurances en faveur des chefs d'entreprise qui peuvent l'adopter à leur gré, et qui a le double avantage de leur servir de « couverture » et de ne leur demander en somme que des primes assez modiques par suite de la totalisation des risques et l'absence de bénéfices de gestion. En tout état de cause, la victime de l'accident ou ses ayants droit sont toujours certains de toucher les indemnités et les rentes régulièrement liquidées à leur profit.

1° *Garantie.* — En ce qui concerne les *frais d'extrême urgence,* c'est-à-dire les créances relatives aux frais médicaux, pharmaceutiques ou funéraires ainsi que les indemnités allouées en cas d'incapacité temporaire, l'ayant droit jouit du privilège de l'article 2101 du Code civil sur la généralité des biens du chef d'industrie. Ce privilège est inscrit sous le n° 6, après celui accordé pour les fournitures de subsistances au débiteur et à sa famille (*art. 23*).

Les créances de cet ordre étant modiques et devenant liquides à bref délai, on peut tenir pour absolument exceptionnels les cas où l'actif du débiteur ne suffirait pas à y faire face[2].

Quant aux *rentes viagères,* qui, par leur importance et leur exigibilité lointaine, se trouveraient exposées à de tout autres risques de non-payement, la loi a organisé en leur faveur une garantie plus complète, et elle met ainsi les créanciers à l'abri de tout danger. En effet, à défaut, soit par les chefs d'entreprise débiteurs, soit

---

1. L'ouvrier n'a pas, sous le régime de la loi du 9 avril 1898, d'action directe contre l'assureur de son patron. (*Tr. civ. Seine, 21 mai 1900.*)

— L'ouvrier, ne pouvant se prévaloir d'aucune autre disposition que celles de la loi de 1898, n'est pas fondé à réclamer le payement de l'indemnité prévue par une police collective qui aurait été contractée par le patron. (*Tr. civ. Montpellier, 12 juill. 1900.*)

2. L'action directe du tiers, médecin, pharmacien ou hospice, qui a fait l'avance des frais médicaux ou pharmaceutiques, contre le patron, est de la compétence du juge de paix jugeant en dernier ressort. (*Just. P. Le Havre, 21 nov. 1899.*)

par les sociétés d'assurances à primes fixes ou mutuelles, ou les
syndicats de garantie liant solidairement tous leurs adhérents, de
s'acquitter, au moment de leur exigibilité, des indemnités mises à
leur charge à la suite d'accidents *ayant entraîné la mort ou une
incapacité permanente de travail*, le payement en est assuré aux
intéressés par les soins de la Caisse nationale des retraites pour la
vieillesse, au moyen d'un fonds spécial de garantie constitué comme
il sera dit plus loin[1], et dont la gestion est confiée à ladite Caisse
(*art. 24*). La Caisse exerce ensuite son recours contre les chefs
d'entreprise débiteurs, pour le compte desquels des sommes ont
été payées par elle, ou, en cas d'assurance du chef d'entreprise,
contre l'assureur, sans recours contre le chef de l'entreprise[2].

De plus, bien que le versement du *capital représentatif* des pensions allouées en vertu de la loi ne puisse être en général exigé
des débiteurs, les débiteurs qui désirent se libérer en une fois
peuvent verser le capital représentatif de ces pensions à la Caisse
nationale des retraites, qui a établi à cet effet, dans les six mois
de la promulgation de la loi, un tarif tenant compte de la mortalité
des victimes d'accidents et de leurs ayants droit.

Mais surtout, lorsqu'un chef d'entreprise cesse son industrie, soit
volontairement, soit par décès, liquidation judiciaire ou faillite,
soit par cession d'établissement, le capital représentatif des pensions à sa charge devient exigible de plein droit et doit être versé

---

1. Au paragraphe : *Fonds de garantie.*

2. Divers décrets en date du 28 février 1899 déterminent les conditions d'organisation et de fonctionnement du service conféré par les dispositions précédentes à
la Caisse nationale des retraites et, notamment, les formes du recours à exercer
contre les chefs d'entreprise débiteurs ou les sociétés d'assurances et les syndicats
de garantie, ainsi que les conditions dans lesquelles les victimes d'accidents ou
leurs ayants droit seront admis à réclamer à la Caisse le payement de leurs indemnités.

Nous ne nous occupons dans ce chapitre que de ces dernières et des sociétés
d'assurance et syndicats de garantie, au point de vue seulement des ouvriers
et patrons. Ce qui concerne tout spécialement la Caisse nationale est développé
plus loin, au chapitre général des institutions de prévoyance, et notamment le recours dont il s'agit ici, à la page 761.

Disons seulement qu'en matière d'accidents l'hypothèque judiciaire disparaît en
principe, et que les seules décisions emportant hypothèque sont celles rendues au
profit de la Caisse nationale des retraites pour la vieillesse, lorsqu'elle exerce son
recours pour le remboursement de ses avances contre les chefs d'entreprise ou les
compagnies d'assurance et les syndicats de garantie, et elle jouit alors du privilège
de l'article 2102 du Code civil sur certains meubles, comme le bailleur, le créancier
gagiste, le vendeur, etc.

à la Caisse nationale des retraites. Ce capital est déterminé, au jour de son exigibilité, d'après le tarif visé au paragraphe précédent.

Toutefois, le chef d'entreprise ou ses ayants droit peuvent être exonérés du versement de ce capital, s'ils fournissent les garanties suivantes, déterminées par le décret du 28 février 1899 :

a) Soit du versement de ce capital à une des sociétés d'assurances mutuelles ou à primes fixes, dont il va être parlé plus loin ;

b) Soit de l'immatriculation d'un titre de rente pour l'usufruit au nom des titulaires de pensions, le montant de la rente devant être au moins égal à celui de la pension ;

c) Soit du dépôt à la Caisse des dépôts et consignations, avec affectation à la garantie des pensions, des titres spécifiés pour le placement des réserves des sociétés [1]. La valeur de ces titres, établie d'après le cours moyen de la Bourse de Paris au jour du dépôt, doit correspondre au chiffre maximum qu'est susceptible d'atteindre le capital constitutif exigible par la Caisse nationale des retraites. Elle peut être revisée tous les trois ans à la valeur actuelle des pensions, d'après le cours moyen des titres au jour de la revision ;

d) Soit de l'affiliation du chef d'entreprise à un syndicat de garantie liant solidairement tous ses membres et garantissant le payement des pensions ;

e) Soit, en cas de cession d'établissement, de l'engagement pris par le cessionnaire, vis-à-vis du directeur général de la Caisse des dépôts et consignations, d'acquitter les pensions dues et de rester solidairement responsable avec le chef d'entreprise.

Bref, l'ouvrier a la certitude d'être toujours payé.

2° *Assurance*. — Le chef d'entreprise responsable a, de son côté, la liberté d'assurer ce payement comme il l'entend[2] et le choix entre les diverses combinaisons suivantes :

a) Adhésion à une société d'assurances mutuelles, sans capital social, mettant en commun, sous le contrôle financier de l'État, les risques des mutualistes et les couvrant, suivant des tarifs librement

---

1. Voir plus loin, Sociétés d'assurances mutuelles et à primes fixes : *Réserves*, p. 520, les titres et placements autorisés.

2. La clause de la police qui exclut de l'assurance les ouvriers déjà atteints d'une infirmité grave et permanente n'exclut pas les ouvriers qui auraient antérieurement perdu un œil. (*Tr. civ. Carcassonne, 31 janv. 1900.*)

établis, par des cotisations proportionnelles, finalement réduites ou grossies en raison des sinistres survenus ;

b) Souscription d'une police consentie par une compagnie d'assurances à primes fixes, également contrôlée par l'État et admise à prendre commercialement la charge des risques, contre l'engagement de payer des primes préalablement fixées, aux taux et conditions librement débattus entre les parties ;

c) Adhésion à un syndicat de garantie autorisé par l'État entre chefs d'entreprise assujettis, liant tous ses membres dans une responsabilité solidaire, réduisant au minimum les frais de gestion, pouvant échapper aux frais d'accumulation de capitaux et se borner à une répartition successive des payements dus, avec aval réciproque de tous les adhérents ;

d) Enfin, assurance à la Caisse nationale d'assurances contre les accidents, réorganisée par une loi du 24 mai 1899, pour réserver un refuge aux risques que rejetterait l'assurance libre et pour opposer, le cas échéant, aux prétentions de cette assurance le frein d'une concurrence officielle[1]. Cette concurrence n'a d'ailleurs pas de monopole et elle est légalement astreinte à équilibrer ses dépenses avec ses primes.

Quel que soit au surplus le mode d'assurance qu'il ait choisi, tout assujetti, dès qu'il s'assure, est affranchi de toute préoccupation et dégagé de toute dette. S'il a pour assureur la Caisse nationale d'assurances, il a l'État pour garant direct. S'il est assuré par une société mutuelle d'assurances ou par une compagnie d'assurances à primes fixes fonctionnant régulièrement sous le contrôle administratif, le payement de sa cotisation ou de sa prime entraîne son entière libération dans les termes de son contrat. Que la société devienne insolvable, que le fonds commun de garantie, payant à sa place aux ouvriers les arrérages échus, ait à opérer le recouvrement de ces avances, peu lui importe : il est toujours à l'abri de ce recouvrement. En s'assurant dans les conditions prévues par la loi, il a définitivement substitué, au regard des reprises possibles du fonds commun, la responsabilité de l'assureur à sa propre responsabilité, pour tous les sinistres corrélatifs au risque professionnel[2].

---

1. Voir à ce propos le paragraphe : *Caisse nationale d'assurances*, p. 522.
2. Sur les 333 533 patrons assurés ou affiliés à des syndicats de garantie, à la date du 31 décembre 1901, dernière statistique faite,
262 200 seraient assurés à des compagnies à primes fixes ;
70 792 — à des sociétés mutuelles ou des syndicats ;
538 — à la Caisse nationale.
Les entreprises puissantes (chemins de fer, métallurgie, etc.) sont leurs propres assureurs.

Le chef d'entreprise subit définitivement la dépense des primes, sans pouvoir se récupérer de tout ou partie de ces primes, par voie de retenues sur les salaires. Et toute convention qui tendrait à faire supporter à l'ouvrier les charges de l'assurance est nulle de plein droit [1].

Conditions de payement des indemnités dues, et non payées lors de leur exigibilité. — a) Tout bénéficiaire d'une indemnité liquidée selon la procédure de la loi 1898-1902, à la suite d'un accident ayant entraîné la mort ou une incapacité permanente de travail, qui n'aura pu obtenir le payement, lors de leur exigibilité, des sommes qui lui sont dues [2], doit en faire la déclaration au maire de la commune de sa résidence.

1. JURISPRUDENCE. — Les contestations relatives aux retenues sur les salaires sont de la compétence du conseil de prud'hommes. (*Cons. prud. Orléans, 26 janv. 1900.*)
— La prétention du patron de retenir le montant de la prime d'assurance sur le salaire de ses ouvriers n'est pas fondée. (*Cons. prud. Seine, 23 sept. 1899 ; Toulon, 22 déc. 1899 ; Marseille, 2 janv. 1900 ; Limoges, 22 janv. 1900 ; Morlaix, 14 déc. 1900.*)
— ...alors même qu'ils auraient laissé passer, sans élever de réclamation, un grand nombre de règlements de comptes. (*Cons. prud. Nîmes, 6 juin 1900.*)
— ...et les ouvriers peuvent exiger le remboursement de la somme retenue. (*Cons. prud. Saint-Nazaire, 25 août 1899 ; Marseille, 2 janv. 1900 ; Morlaix, 14 déc. 1900.*)
— ...et même avoir droit cumulativement à des dommages-intérêts. (*Cons. prud. Limoges, 22 janv. 1900.*)
— L'ouvrier qui se refuse à subir une retenue sur son salaire pour l'assurance ne sort pas de son droit et le patron qui le renvoie pour ce fait peut être condamné à des dommages-intérêts. (*Cons. prud. Reims, 20 août 1899 ; Seine, 2 sept. 1899.*)
— La convention même par laquelle l'ouvrier autorise son patron à prélever une retenue sur le salaire pour assurance est contraire à la loi, aux termes de l'article 30 ; l'ouvrier peut donc en tout temps invoquer la nullité de cette convention et demander le remboursement des sommes indûment retenues. (*Cons. prud. Dijon, 16 déc. 1899 ; Just. P. Paris, 21 nov. 1900 ; Cons. prud. Morlaix, 14 déc. 1900.*)
— ...et le patron objecterait en vain que la retenue sur les salaires n'est ni prévue ni réglementée par la loi du 9 avril 1898 ; elle est en réalité implicitement interdite par les articles 1, 5 et 6. (*Cons. prud. Dijon, 16 déc. 1899. Solution contraire : Cons. prud. La Rochelle, 21 sept. 1900.*)
— Est valable la convention par laquelle l'ouvrier consent à subir une retenue sur son salaire pour l'assurance, s'il est spécifié que cette assurance est affectée spécialement à couvrir l'indemnité journalière des quatre premiers jours. (*Cons. prud. Le Havre, 3 nov. 1899.*)
— Le conseil de prud'hommes pourra ordonner la restitution des sommes retenues pour l'assurance affectée spécialement à couvrir l'indemnité journalière des quatre premiers jours si la retenue est hors de proportion avec les risques de cette assurance pour les quatre premiers jours. (*Cons. prud. Seine, 29 sept. 1900.*)
2. JURISPRUDENCE. — Quand une compagnie d'assurances est tombée en faillite, la Caisse nationale des retraites a le droit d'intervenir dans les instances engagées entre la victime et le patron assuré à ladite compagnie, et peut contrôler l'exactitude des allégations de l'ouvrier victime et discuter l'importance des blessures dont il se prétend atteint. Elle n'est pas tenue de payer le demi-salaire. (*Tr. civ. Seine, 23 janv. 1903.*)
— Les juges doivent, en déterminant le capital des rentes allouées en vertu de la loi de 1898, se fonder sur les tarifs établis par la Caisse nationale des retraites en exécution de cette loi. (*CASS., 2 mars 1903.*)

b) La déclaration est faite soit par le bénéficiaire de l'indemnité ou son représentant légal, soit par un mandataire ; elle est exempte de tous frais.

c) La déclaration doit indiquer :

1º Les nom, prénoms, âge, nationalité, état civil, profession, domicile du bénéficiaire de l'indemnité ;

2º Les nom et domicile du chef d'entreprise débiteur ou la désignation et l'indication du siège de la société d'assurances ou du syndicat de garantie qui aurait dû acquitter la dette à ses lieu et place ;

3º La nature de l'indemnité et le montant de la créance réclamée ;

4º L'ordonnance ou le jugement en vertu duquel agit le bénéficiaire ;

5• Le cas échéant, les nom, prénoms, profession et domicile du représentant légal du bénéficiaire ou du mandataire.

d) La déclaration, rédigée par les soins du maire, est signée par le déclarant.

Le maire y joint toutes les pièces qui lui sont remises par le réclamant à l'effet d'établir l'origine de la créance, ses modifications ultérieures et le refus de payement opposé par le débiteur : chef d'entreprise, sociétés d'assurances ou syndicat de garantie.

e) Le récépissé de la déclaration et des pièces qui l'accompagnent est remis par le maire au déclarant.

La déclaration et les pièces produites à l'appui sont transmises par le maire au directeur général de la Caisse des dépôts et consignations dans les vingt-quatre heures.

f) Le directeur général de la Caisse des dépôts et consignations adresse, dans les quarante-huit heures à partir de sa réception, le dossier au juge de paix du domicile du débiteur, en l'invitant à convoquer celui-ci d'urgence par lettre recommandée.

g) Le débiteur doit comparaître au jour fixé par le juge de paix soit en personne, soit par mandataire.

Il lui est donné connaissance de la réclamation formulée contre lui.

Procès-verbal est dressé par le juge de paix des déclarations faites par le comparant, qui appose sa signature sur le procès-verbal.

h) Le comparant qui ne conteste ni la réalité, ni le montant de la créance, est invité par le juge de paix soit à s'acquitter par-devant lui, soit à expédier au réclamant la somme due au moyen d'un mandat-carte et à communiquer au greffe le récépissé de cet envoi.

Cette communication doit être effectuée au plus tard le deuxième jour qui suit la comparution devant le juge de paix.

Le juge de paix statue sur le payement des frais de convocation.

Il constate, s'il y a lieu, dans son procès-verbal la libération du débiteur.

i) Dans le cas où le comparant, tout en reconnaissant la réalité et le montant de sa dette, déclare ne pas être en état de s'acquitter immédiatement, le juge de paix est autorisé, si les motifs invoqués paraissent légitimes, à lui accorder pour sa libération un délai qui ne peut excéder un mois.

Dans ce cas, en vue du payement immédiat prévu au § *m,* le procès-verbal dressé par le juge de paix constate la reconnaissance de dette et l'engagement pris par le comparant de se libérer dans le délai qui lui a été accordé au moyen soit d'un versement entre les mains du caissier de la Caisse des dépôts et consignations à Paris ou des préposés de la Caisse dans les départements, soit de l'expédition d'un mandat-carte payable au caissier général à Paris.

 j) Si le comparant déclare ne pas être débiteur du réclamant ou n'être que partiellement son débiteur, le juge de paix constate dans son procès-verbal le refus total ou partiel de payement et les motifs qui en ont été donnés.

Il est procédé pour l'acquittement de la somme non contestée suivant les dispositions des §§ *h* ou *i*, tous droits restant réservés pour le surplus.

k) Au cas où le débiteur convoqué ne comparaît pas au jour fixé, le juge de paix procède dans la huitaine à une enquête à l'effet de rechercher :

1º Si le débiteur convoqué n'a pas changé de domicile ;

2º S'il a cessé son industrie soit volontairement, soit par cession d'établissement, soit par suite de faillite ou de liquidation judiciaire et, dans ce cas, quel est le syndic ou le liquidateur, soit par suite de décès et, dans l'affirmative, par qui sa succession est représentée.

Le procès-verbal dressé par le juge de paix constate la non-comparution et les résultats de l'enquête.

l) Dans les deux jours qui suivent soit la libération immédiate du débiteur, soit sa comparution devant le juge de paix au cas où il a refusé le payement ou obtenu un délai, soit la clôture de l'enquête dont il est question en l'article précédent, le juge de paix adresse au directeur général de la Caisse des dépôts et consignations le dossier et y joint le procès-verbal par lui dressé.

m) Dès la réception du dossier, s'il résulte du procès-verbal dressé par le juge de paix que le débiteur n'a pas contesté sa dette, mais ne s'en est pas libéré, ou si les motifs invoqués pour refuser le payement ne paraissent pas légitimes, le directeur général de la Caisse des dépôts et consignations remet au réclamant ou lui adresse par mandat-carte la somme à laquelle il a droit. Il fait parvenir également au greffier de la justice de paix le montant de ses déboursés et émoluments.

Il est procédé de même, si le débiteur ne s'est présenté devant le juge de paix et si la réclamation du bénéficiaire de l'indemnité paraît justifiée.

n) Dans le cas où les motifs invoqués par le comparant pour refuser le payement paraissent fondés ou, en cas de non-comparution, si la réclamation formulée par le bénéficiaire ne semble pas suffisamment justifiée, le directeur général de la Caisse des dépôts et consignations renvoie, par l'intermédiaire du maire, au réclamant le dossier par lui produit en lui laissant le soin d'agir contre la personne dont il se prétend le créancier, conformément aux règles du droit commun.

Le montant des déboursés et émoluments du greffier est, en ce cas, acquitté par les soins du directeur général et imputé sur les fonds de garantie.

Fonds de garantie. — Pour la constitution du fonds spécial de garantie, il est ajouté au principal de la contribution des patentes des industriels assujettis au risque professionnel quatre centimes additionnels. Le principal destiné à servir de base au calcul des centimes additionnels est, à l'égard des patentables qui exercent plusieurs professions ne rentrant pas toutes dans la catégorie de celles qui sont visées par l'article 1er de la loi de 1898-1902, déterminé en considérant ces patentables comme n'exerçant que les professions prévues audit article. Il est perçu sur les mines une taxe de cinq centimes par hectare concédé. Ces taxes peuvent être, suivant les besoins, majorées ou réduites par la loi de finances [1].

---

1. La nomenclature des professions taxées a été dressée par ordre alphabétique, à la suite de la Circulaire du ministre du commerce, en date du 8 juin 1901.

Elle est imposée à un grand nombre de patentés qui ne tombent pas sous le coup de la loi de 1899-1902. Aussi les contribuables ainsi frappés s'élèvent-ils avec une légitime apparence de raison contre cette circulaire.

Tous les ans, à la tribune du Parlement, les députés se font l'écho de ce mécontentement.

Ci-joint un extrait de la séance de la Chambre du 3 juillet 1903 :

M. Rudelle. — L'année dernière, j'ai appelé l'attention de M. le directeur des contributions directes sur les centimes et taxes assimilées provenant de l'application de la loi du 5 avril 1898. L'administration perçoit les 4 centimes prévus par cette loi pour former le fonds de garantie des accidents du travail sur une série de contribuables qui, en réalité, ne sont pas assujettis à la loi. M. le directeur m'avait promis de modifier cette situation par une circulaire que je n'ai pas encore vue. Je demande que les engagements pris soient tenus.

M. Mirman. — L'administration des contributions directes n'est pas qualifiée pour imposer ou dégrever tel ou tel chef d'entreprise. La liste des professions auxquelles la loi de 1898 est applicable a été arrêtée par le ministre du commerce, après entente avec le ministre des finances. Il est exact que le Conseil d'État a considéré que certaines professions figurant dans cette liste pouvaient n'être pas assujetties, mais, la jurisprudence administrative ne liant pas les tribunaux civils, des conflits peuvent surgir.

Il n'y a qu'un moyen de remédier à cette situation, c'est de donner une plus large extension à la loi de 1898.

M. Rudelle. — C'est aussi mon avis.

M. Mirman. — La Commission du travail a déposé un rapport dans ce sens ; j'espère que la Chambre l'examinera prochainement.

M. Payelle, directeur général des contributions directes, commissaire du Gouvernement. — La Circulaire que je m'étais engagé à envoyer aux services est du 21 mars 1903 ; je suis prêt à la communiquer à M. Rudelle. Les termes n'ont pu en être arrêtés qu'après avoir reçu l'avis du ministre du commerce, qui est seul compétent. Depuis l'établissement de la liste de 1901, des décisions ont été rendues et par la Cour de cassation et par le Conseil d'État. La circulaire n'a pu que signaler aux directeurs ces décisions d'espèces, sans pouvoir en tirer de conclusions d'ordre général. J'estime toutefois que telle qu'elle est conçue, elle donne satisfaction au vœu exprimé l'an dernier par M. Rudelle.

Toutes ces plaintes restent vaines. Une circulaire du directeur des contributions directes, en date du 13 mai 1901, transmettant la liste des professions taxées, dit

Outre les taxes ainsi recouvrées, les recettes du fonds de garantie comprennent : 1° les intérêts du fonds de roulement qui sont les sommes liquides reconnues nécessaires pour en assurer le fonctionnement[1] ; 2° les revenus et arrérages et le produit du remboursement des valeurs acquises, et certains autres recouvrements effectués sur des débiteurs d'indemnités à la suite de poursuites entraînant des dépens.

Les dépenses du fonds de garantie comprennent : 1° les sommes payées aux bénéficiaires des indemnités ; 2° les sommes versées sur des livrets individuels à la Caisse nationale des retraites individuelles et représentant les capitaux de pensions exigibles dans les cas où, conformément au § 3 de l'article 28 de la loi 1898-1902, un chef d'entreprise cesse son industrie, soit volontairement, soit par décès, liquidation judiciaire ou faillite ; 3° le montant des frais de toute nature auxquels donne lieu le fonctionnement du fonds de garantie.

Les ressources du fonds de garantie sont employées dans les conditions prescrites par l'article 22 de la loi du 20 juillet 1886[2].

Le fonds de garantie fait l'objet d'un compte spécial ouvert à la Caisse des dépôts et consignations. Le ministre du commerce adresse au Président de la République un rapport annuel, publié au *Journal officiel,* sur le fonctionnement général du fonds de garantie.

----

qu'elle contient la nomenclature *définitive* des professions passibles de la taxe additionnelle. Et elle a beau ajouter que cette nomenclature n'est *ni impérative, ni limitative,* les agents des contributions s'en tiennent à ce qui est écrit et poursuivent le paiement de la taxe chez les patentés désignés. Il n'y a de recours pour ceux-ci que devant la juridiction administrative. Voici notamment deux arrêts du Conseil d'État :

— La loi du 9 avril 1898 sur les accidents du travail, en ce qui concerne la taxe sur la constitution du fonds de garantie, n'est pas applicable à l'agriculture, dans tous les cas où il n'est pas fait emploi de machines mues par des moteurs inanimés.

Spécialement, doit être considéré comme non soumis à la taxe établie additionnellement à la patente, un marchand de bois exploitant des coupes de bois sans faire usage des machines précitées.

— Les fabricants de fleurs artificielles ou les modistes ne sont point assujettis à la taxe établie additionnellement à la patente par l'article 25 de la loi du 9 avril 1898 sur les accidents, la nature des opérations effectuées par eux et les conditions de leur exploitation ne permettant pas de considérer leurs établissements comme des manufactures, dans le sens de l'article 1er de ladite loi. (*Cons. Ét., 21-28 févr. 1902.*)

— Voir aussi, à ce sujet, et à la suite de cet arrêt, les excellents développements de M. R. Léger, auditeur au Conseil d'État (*Rev. gén. d'adm.*, avr. 1903, pp. 224 et ss.). Mais cette situation est intolérable pour les justiciables, forcés de recourir à des procès devant les juridictions administratives. Il n'y a qu'un moyen de réformer cet état de choses : ou modifier la nomenclature de la circulaire, ou étendre le champ d'application de la loi de 1898-1902. — Au surplus, cette réglementation laisse entier le pouvoir d'appréciation des tribunaux judiciaires pour l'application de la loi a chacune des entreprises particulières faisant l'objet d'un litige soumis à leur juridiction. (*C. ap. Paris, 6 juin 1902.*)

1. L'intérêt est calculé à un taux égal à celui adopté par le compte courant ouvert à la Caisse des dépôts et consignations dans les écritures du Trésor public.

2. En placements de tout repos.

Sociétés d'assurances mutuelles ou à primes fixes[1]. — Toutes les Sociétés qui pratiquent, dans les termes de la loi de 1898-1902, l'assurance mutuelle ou à primes fixes contre le risque des accidents du travail, ayant entraîné la mort ou une incapacité permanente, sont astreintes, pour ce risque, on l'a vu, au versement d'un cautionnement et à la constitution d'importantes réserves entre leurs mains.

I. — *Cautionnements.* — Les *Sociétés d'assurances à primes fixes,* françaises ou étrangères, indépendamment des garanties spécifiées aux articles 2 et 4 du décret du 22 janvier 1868 et de la réserve mathématique[2], doivent justifier de la constitution préalable d'un cautionnement fixé d'après des bases que détermine le ministre, sur l'avis du Comité consultatif des assurances contre les accidents du travail, et affecté, par privilège, au payement des pensions et indemnités.

a) Le cautionnement dont la constitution préalable est ainsi prévue doit représenter pour les sociétés françaises :

1º La première année de fonctionnement sous le régime du décret du 28 février 1899 : 400 000 fr. ;

2º Les années ultérieures, 2 p. 100 du total des salaires ayant servi de base aux assurances pendant la dernière année, sans que toutefois la somme ainsi calculée puisse être inférieure à 400 000 fr., ni supérieure à 2 millions.

b) Si la société, d'après ses statuts, n'assure que des ouvriers d'une même profession ou de plusieurs professions présentant un risque identique, le cautionnement doit représenter, sauf application du minimum et du maximum fixés à l'article précédent, une fois et demie la valeur des primes brutes à verser pour couvrir le risque d'accidents ayant entraîné la mort ou une incapacité permanente, à moins toutefois que la prime adoptée par la société ne se trouve inférieure à la prime déterminée par arrêté ministériel, en exécution du dernier alinéa de l'article 6 du décret du 28 février 1899[3]. Dans ce dernier cas, la prime déterminée par l'arrêté ministériel sert de base au calcul du cautionnement.

c) Pour les sociétés dont les statuts stipulent que les capitaux constitutifs de toutes les rentes ou indemnités prévues par la loi de 1898-1902 en cas d'accidents ayant entraîné la mort ou une incapacité permanente doivent être immédiatement versés à la Caisse nationale des retraites, le cautionne-

---

1. Décret du 28 février 1899.
2. Voir ci-dessous : page 521, note 1.
3. Voir ci-dessous : Sociétés d'assurances mutuelles.

ment ne doit représenter que la moitié des sommes spécifiées, §§ *a* ou *b*, suivant les cas, le minimum étant alors réduit à 200 000 fr., et le maximum à 1 million.

d) Pour les sociétés étrangères, le cautionnement est fixé sur les bases respectivement déterminées, §§ *a, b* et *c,* avec majoration de 50 p. 100, le minimum étant alors de 600 000 fr. ou de 300 000 fr. et le maximum de 3 millions ou de 1 500 000 fr. suivant le cas.

Le cautionnement est constitué, dans les quinze jours de la notification du ministre, à la Caisse des dépôts et consignations, en valeurs énumérées plus loin [1]. Il est revisé chaque année. Les titres sont estimés au cours moyen de la Bourse de Paris au jour du dépôt.

Le cautionnement est versé au lieu où la Société a son siège principal, dans les conditions déterminées par les lois et règlements en vigueur sur la consignation des valeurs mobilières. Les intérêts des valeurs peuvent être retirés par la Société. Il en est de même, en cas de remboursement des titres avec primes ou lots, de la différence entre le prix de remboursement et le cours moyen à la Bourse de Paris, au jour fixé pour le remboursement, de la valeur sortie au tirage.

Le montant des remboursements, déduction faite de cette différence, doit être immédiatement remployé en achats de valeurs visées plus loin [2], sur l'ordre de la société, ou d'office en rentes sur l'État, si la société n'a pas donné d'ordres dans les quinze jours de la notification de remboursement faite, sous pli recommandé, par la Caisse des dépôts et consignations.

Il en est de même pour les fonds provenant d'aliénations de titres demandées par la société.

Les valeurs déposées ou les valeurs acquises en remploi de ces valeurs ne peuvent être retirées que : 1° dans le cas où le cautionnement exigible a été fixé, pour l'année courante, à un chiffre inférieur à celui de l'année précédente et jusqu'à concurrence de la différence; 2° dans le cas où la société, ayant versé à la Caisse nationale des retraites les capitaux constitutifs des rentes et indemnités assurées, justifie qu'elle a complètement rempli toutes ses obligations. Dans les deux cas, une décision du ministre du commerce est nécessaire.

---

1. Comme pour la réserve mathématique dont il est question ci-dessous.
2. *Idem.*

Les *sociétés d'assurances mutuelles* sont soumises aux mêmes garanties que les sociétés à primes fixes.

Toutefois, le cautionnement qu'elles ont à verser est réduit de moitié pour celles des sociétés dont les statuts stipulent :

1° Que la société ne peut assurer que tout ou partie des risques prévus par l'article 3 de la loi du 9 avril 1898 ;

2° Qu'elle assure exclusivement soit les ouvriers d'une seule profession, soit les ouvriers de professions appartenant à un même groupe d'industries, d'après une classification générale arrêtée à cet effet par le ministre du commerce, après avis du comité consultatif[1] ;

3° Que le maximum de contribution annuelle dont chaque sociétaire est passible pour le payement des sinistres est au moins double de la prime totale fixée par son contrat pour l'assurance de tous les risques, et triple de la prime partielle déterminée par le Ministre du commerce, après avis du comité consultatif, pour les mêmes professions et pour les risques définis à l'article 23 de la loi, c'est-à-dire les risques d'incapacité temporaire.

Un arrêté ministériel en date du 30 mars 1889 a déterminé, pour cent francs de salaire assurés, les primes prévues ci-dessus pour la plupart des professions[2].

---

1. Cette classification par groupes est la suivante :

1° Mines et minières ;

2° Industries agricoles et forestières. Meunerie. Sucrerie. Distillerie. Industries se rapportant à l'alimentation ;

3° Hauts fourneaux. Forges et aciéries. Travail des métaux. Mécanique. Chaudronnerie. Fonderie.

4° Produits chimiques et dérivés. Usines d'éclairage et d'électricité. Cuirs et peaux. Papier et industries de transformation. Imprimerie ;

5° Carrières. Matériaux de construction. Bâtiment. Chantiers. Travaux publics ;

6° Travail du bois. Ébénisterie. Tabletterie. Brosserie. Vannerie. Article de Paris ;

7° Poterie. Céramique. Verrerie ;

8° Industries textiles. Habillement ;

9° Transports par terre et par eau. Entreprises de chargement et de déchargement. (*Arrêté minist., 30 mars 1899.*)

Au point de vue de l'application de cet arrêté, lorsqu'une industrie emploie accessoirement pour son exploitation des ouvriers appartenant à une profession comprise dans un autre groupe que l'industrie principale, ces ouvriers peuvent être néanmoins assurés à la même mutualité.

2. Ces primes, qui devaient être revisées pour 1900, ont été maintenues par des arrêtés successifs pour 1900, 1901, 1902, 1903, et restent maintenues pour 1904 provisoirement. (*Arr. min. 30 nov. 1903.*) Elles sont donc applicables jusqu'à nouvel ordre. Pour les professions non déterminées au tableau, la prime sera fixée, le cas échéant, par décision ministérielle spéciale, d'après l'analogie des risques. Il con-

S'il est justifié que les primes provisoirement déterminées par
l'arrêté ministériel du 30 mars 1899, en exécution de l'article 6
du décret du 28 février 1899 et de l'article 2 de l'arrêté du
29 mars suivant, sont supérieures au risque moyen majoré de 20
p. 100, des décisions ministérielles spéciales peuvent autoriser, pour
les professions intéressées, la substitution de la prime brute réelle
à la prime déterminée par l'arrêté[1].

Ces décisions sont prises après avis d'une commission, composée
de cinq membres, choisis par le ministre parmi les membres du
Comité consultatif des assurances contre les accidents du travail

_____

vient d'ajouter que les primes provisoires déterminées par cet arrêté ne sont pas des
primes *réelles*. Elles sont *exclusivement* destinées à mesurer la valeur de l'engagement à prendre par les membres des sociétés d'assurances mutuelles professionnelles pour constituer le *fonds de garantie* prévu par l'article 29 du décret du
22 janvier 1868 et fixé par l'article 6 du décret du 28 février 1899.

Elles représentent non la *cotisation effective* des sociétaires, qui reste librement
calculée par eux, mais le tiers du *maximum* de contribution annuelle qui pourrait
théoriquement leur être demandée, si leurs prévisions se rencontraient inférieures
aux risques réels.

Ces bases provisoires d'engagement peuvent, d'ailleurs, toujours être revisées, tant
qu'un nouvel arrêté ne viendra pas abroger ou modifier l'arrêté du 5 mai 1899, si
les intéressés démontrent qu'elles sont supérieures aux besoins.

Il convient de rappeler, au surplus, que l'arrêté provisoire du 30 mars 1899 a
été exclusivement préparé au point de vue de l'application immédiate de l'article 6
du décret du 28 février 1899 aux risques les plus usuels : on ne saurait donc considérer la liste qu'il contient comme une liste des professions assujetties à la loi.

C'est en ce sens que s'est prononcée la Cour d'appel de Paris dans un arrêt en
date du 28 novembre 1901, qui mérite d'être signalé :

« Considérant que l'article 1er de la loi du 9 avril 1898, dit la Cour, détermine
en termes généraux les entreprises assujetties à ces dispositions ; que le législateur
de 1898 n'a pas, comme on l'a fait en Allemagne et en Autriche, délégué au pouvoir réglementaire de l'Administration le soin d'établir la classification des professions diverses soumises à la législation nouvelle du travail, fondée sur le risque professionnel ;

« Considérant qu'on ne saurait admettre, comme le prétend l'appelant, que l'arrêté
du ministre du commerce, en date du 30 mars 1899, contient à cet égard une énumération légalement obligatoire pour l'interprétation des termes de l'article 1er susvisé ; que cet arrêté, fixant les primes afférentes à l'assurance des risques d'un certain nombre de professions qu'il énumère, a été pris en exécution de l'article 6
du décret du 28 février 1898, rendu en vertu des pouvoirs délégués aux règlements
d'administration publique par l'article 27 de la loi, notamment quant à la détermination des réserves ou cautionnements devant être imposés aux compagnies d'assurances mutuelles ;

« Que, limitée à son objet légal, cette réglementation administrative laisse entier
le pouvoir d'appréciation des tribunaux de l'ordre judiciaire pour l'application de la
loi à chacune des entreprises particulières faisant l'objet d'un litige soumis à leur
juridiction, etc. »

1. L'arrêté du 5 mai 1899 fixait le délai de la substitution au 1er janvier 1900.
Cet arrêté *provisoire* a été maintenu. Je pense donc que le délai court toujours et
qu'il ne doit pas être tenu compte de cette date de 1900.

(*arr. minist. 5 mai 1899, art. 2*), qui apprécie la valeur des statistiques ou documents produits.

Pour les *sociétés d'assurances dont les statuts limitent les opérations aux exploitations agricoles, viticoles et forestières*, ainsi qu'aux entreprises industrielles y annexées, sous condition que ces dernières ne soient point assujetties à la patente et fassent l'objet de polices spéciales, le cautionnement est fixé :

1° Pour la première année de fonctionnement sous le régime dudit décret, à 40 000 fr. ;

2° Pour les années ultérieures, à une somme correspondant à 10 centimes par hectare d'immeubles agricoles et à 2 p. 100 du total des salaires assurés dans les entreprises annexes, sans que ladite somme puisse toutefois être inférieure à 40 fr. ni supérieure à 200 000 fr.

Le cautionnement peut être réduit de moitié dans le cas où la société, d'après ses statuts, n'assure que des ouvriers d'une même profession ou de plusieurs professions présentant un risque identique, le minimum étant alors réduit à 20 000 fr. et le maximum à 100 000 fr. (*Arr. minist. 5 mai 1899, art. 1er.*)

II. — *Réserves.* — Les sociétés anonymes d'assurances à primes fixes et les sociétés d'assurances mutuelles sont tenues de justifier, dès la deuxième année d'exploitation, de la constitution d'une *réserve mathématique* ayant pour minimum de valeur le montant des capitaux représentatifs des rentes et indemnités à servir à la suite d'accidents ayant entraîné la mort ou une incapacité permanente [1].

Les capitaux représentatifs sont calculés d'après un barème minimum déterminé par le ministre du commerce, après avis du comité consultatif [2].

---

1. On a vu, à la *Garantie*, que les créances pour pensions ou indemnités sont, tout d'abord, privilégiées sur le cautionnement ou la réserve dont la constitution est imposée aux sociétés d'assurances mutuelles ou à primes fixes, auxquelles le chef d'industrie a pu s'adresser pour se couvrir du risque professionnel.

La réserve se distingue du cautionnement en ce qu'elle a pour objet de faire face aux risques déjà liquidés, alors que le cautionnement a trait aux risques non encore réalisés. La réserve peut donc être calculée d'une façon en quelque sorte mathématique, puisqu'elle répond à des charges connues ; les titulaires des pensions ou des indemnités temporaires sont sûrs d'y trouver, à tout événement, une somme suffisante pour les désintéresser. Le cautionnement ne peut être établi qu'approximativement, d'après un calcul de probabilités.

2. Le barème qui devrait être arrêté chaque année a été fixé par arrêté ministériel du 30 mars 1899. Il a été maintenu provisoirement pour 1900, 1901, 1902,

Cette réserve reste aux mains de la société et ne peut être placée que dans les conditions suivantes :

1° Pour les deux tiers au moins de la fixation annuelle, en valeurs de l'État ou jouissant d'une garantie de l'État ; en obligations négociables et entièrement libérées des départements, des communes et des chambres de commerce ; en obligations foncières et communales du Crédit foncier ;

2° Jusqu'à concurrence du tiers au plus de la fixation annuelle, en immeubles situés en France et en premières hypothèques sur ces immeubles, pour la moitié au maximum de leur valeur estimative ;

3° Jusqu'à concurrence d'un dixième, confondu dans le tiers précédent, en commandites industrielles ou en prêts à des exploitations industrielles de solvabilité notoire.

Pour la fixation prévue au paragraphe 1er du présent article, les valeurs mobilières sont estimées à leur prix d'achat. Si leur valeur totale descend au-dessous de ces prix de plus d'un dixième, un arrêté du Ministre du commerce oblige la société à parfaire la différence en titres nouveaux, dans un délai qui ne peut être inférieur à deux ans ni supérieur à cinq ans.

Les immeubles sont estimés à leur prix d'achat ou de revient ; les prêts hypothécaires, les commandites industrielles ou les prêts à des sociétés industrielles, aux prix établis par actes authentiques.

Si les sociétés d'assurances ne font point elles-mêmes le service des rentes et indemnités attribuables aux termes de la loi 1898-1902 pour les accidents ayant entraîné la mort ou une incapacité permanente de travail et si elles opèrent immédiatement le versement des capitaux constitutifs de ces rentes et indemnités à la Caisse nationale des retraites, il n'y a pas lieu pour elles à constitution de réserve mathématique.

Si ces sociétés versent seulement, dans les conditions susdésignées, une partie des capitaux constitutifs dont il s'agit, leur réserve mathématique est réduite proportionnellement.

Syndicats de garantie. — Les syndicats de garantie prévus par la loi de 1898-1902 lient solidairement tous leurs adhérents pour le

---

1903 et 1904 encore (*Arr. min. 3o nov. 1903*) ; il a été inséré au *Journal officiel* du 8 avril 1899, avec une note ·explicative pour en faciliter l'usage, par des exemples.

payement des rentes et indemnités attribuables en vertu de la
même loi à la suite d'accidents ayant entraîné la mort ou une incapacité permanente.

La solidarité ne prend fin que lorsque le syndicat de garantie a
liquidé entièrement ses opérations soit directement, soit en versant
à la Caisse nationale des retraites l'intégralité des capitaux constitutifs des rentes et indemnités dues.

La liquidation peut être périodique.

Ces syndicats de garantie doivent comprendre au moins 5 000
ouvriers assurés et 10 chefs d'entreprise adhérents, dont 5 ayant au
moins chacun 300 ouvriers.

Le fonctionnement de chaque syndicat est réglé par des statuts,
qui doivent être soumis, avant toute opération, à l'approbation du
Gouvernement.

Il est statué par décret rendu en Conseil d'État sur le rapport du
Ministre du commerce, après avis du comité consultatif des assurances contre les accidents du travail, au vu des actes souscrits et des
pièces justifiant des conditions et des engagements prévus ci-dessus.

Le décret portant approbation des statuts règle :

1° Le fonctionnement de la surveillance et du contrôle, dans des
conditions analogues à celles qui sont appliquées aux sociétés d'assurance ;

2° Les conditions dans lesquelles l'approbation peut être révoquée
et les mesures à prendre, en ce cas, pour le versement des capitaux constitutifs des pensions et indemnités en cours ;

Les contributions pour frais de surveillance sont fixées d'après le
montant du cautionnement auquel serait astreinte une société d'assurance pour le même chiffre de salaires assurés.

Caisse nationale d'assurances. — Le système d'assurances contre
les accidents par les mutualités libres, les syndicats de garantie et
par les compagnies commerciales d'assurances faillit faire manquer
son but à la loi de 1898. L'assurance mutuelle, gênée par les règlements d'administration publique, et ne disposant que de capitaux
restreints, ne pouvait lutter contre la concurrence des compagnies
commerciales d'assurances maîtresses d'énormes capitaux, et capables de monopoliser en quelque sorte l'assurance, et, par suite,
d'élever à leur gré, si elles s'entendaient, les primes d'assurances.

Pour éviter cet écueil, le législateur vota, non sans obstacle, la loi du 24 mai 1899, étendant, aux risques prévus par la loi du 9 avril 1898 pour les accidents ayant entraîné la mort ou une incapacité permanente, absolue ou partielle, les opérations de la Caisse nationale d'assurances en cas d'accidents, créée en 1868.

L'État, devenant officiellement assureur, força les compagnies privées d'assurances à ne pas dépasser ses propres prétentions, et fut le régulateur au marché des assurances.

Le décret du 14 août 1900 a approuvé les tarifs établis par la Caisse nationale, sous réserve de la faculté pour la Caisse de réduire ou de majorer les primes qui y figurent de 30 p. 100 de leur valeur en général et de 60 p. 100 pour les mines ou minières, — en raison des conditions particulières d'exploitation des entreprises assurées.

Pour les entreprises non dénommées au tarif, les primes sont déterminées par assimilation avec les entreprises dénommées qui présentent des risques analogues.

Applicable à partir du 15 septembre 1900, le tarif a été prorogé, par décret du 4 septembre 1901, jusqu'au 31 décembre 1904.

Polices d'assurances. — Entre le vote de la loi de 1898 et sa mise en vigueur, qui a été retardée, on le sait, ou au moins jusqu'à la loi du 24 mai 1899, les industriels, pour parer aux risques dont leurs entreprises allaient devenir responsables, s'assurèrent aux compagnies privées, en l'absence de toute caisse officielle non encore créée. Or, ces compagnies, maîtresses du marché, avaient majoré fortement leurs primes ; leurs exigences étaient abusives.

La loi du 22 juin 1899 — loi rigoureuse, loi d'exception, mais à tous égards nécessaire — vint tirer d'une situation injuste, et de l'exploitation dont ils étaient l'objet de la part des compagnies d'assurances, les industriels pris d'ailleurs au dépourvu par la loi de 1898 et les décrets réglementaires.

Elle est ainsi conçue dans son article unique :

« Pendant une période d'un an à partir du jour de la promulgation de la présente loi, les polices d'assurances — accidents concernant les industries prévues à l'article 1er de la loi du 9 avril 1898, et antérieures à cette loi — pourront être dénoncées par l'assureur ou par l'assuré au moyen d'une déclaration au siège social ou chez l'agent local dont il sera donné récépissé, ou par un acte extrajudiciaire.

« Les polices non dénoncées dans ce délai seront régies par le droit commun. »

Le délai d'un an permettait aux industriels de se rendre compte de l'étendue des risques assurés et de faire la comparaison avec les primes à verser.

En laissant cependant régir par le droit commun les polices non dénoncées dans ce délai, le législateur a permis au pouvoir judiciaire de décider même si, pour une cause de dol ou d'erreur, le contrat d'assurance pourrait être ou non résilié ou annulé.

JURISPRUDENCE. — 1. La faculté de résiliation des polices d'assurance résultant de la loi du 30 juin 1899 ne s'applique qu'aux assurances collectives. (*Tr. com. Seine, 12 déc. 1899.*)

2. ...et l'assuré ne serait nullement fondé à invoquer les dispositions de cette loi pour justifier un refus de payement et prétendre à la résiliation d'une police d'assurance individuelle. (*Just. P. Paris, 8 déc. 1899.*)

3. L'entrepreneur de transports qui a souscrit, antérieurement à la loi, deux polices : l'une le couvrant de risques qui pourraient survenir à ses préposés, l'autre des risques causés aux tiers par ses chevaux et voitures, ne peut prétendre à la résiliation de cette dernière police en vertu de la loi du 29 juin 1899. (*Tr. com. Seine, 12 déc. 1899.*)

Solution contraire. — Une police antérieure à la loi et portant une double assurance, l'une collective, l'autre individuelle contre la responsabilité civile, et ne comportant aucune prime distincte, est résiliée entièrement, et pour les deux assurances, par la dénonciation. (*Tr. com. Seine, 5 déc. 1899; Tr. civ. Les Andelys, 6 nov. 1900.*)

4. A le caractère d'une assurance collective et par conséquent résiliable dans les conditions de la loi du 29 juin 1899, la police qui assure les ouvriers d'un patron, alors même qu'au moment du contrat le patron aurait travaillé seul avec son fils. (*Tr. com. Seine, 6 oct. 1900.*)

5. La police individuelle annexe qui garantissait l'industriel contre les risques résultant du recours des ouvriers victimes d'accidents sous le régime de l'article 1382 du Code civil, n'est pas résiliée de plein droit à la date du 1er juillet 1899, date inaugurale du nouveau régime. (*Tr. com. Seine, 8 sept. 1900.*)

6. Les primes perçues par anticipation sur l'époque postérieure à la loi du 29 juin 1899 donnent lieu au remboursement par la compagnies d'assurances. (*Tr. civ. Lyon, 20 juin 1900.*)

7. L'assuré est libéré de l'obligation de payer les primes au jour de la résiliation nonobstant la clause stipulant que les primes sont dues d'avance. (*Tr. com. Rouen, 16 févr. 1900 ; Arles, 8 mai 1900.*)

8. L'assuré prétendrait vainement faire remonter l'effet de la résiliation jusqu'à la date de la loi du 29 juin 1899. (*Tr. com. Seine, 22 juin 1900.*)

9. La société d'assurance qui refuse un récépissé de déclaration et de résiliation et oblige ainsi l'assuré à recourir à la dénonciation par acte extrajudiciaire peut être condamnée à des dommages-intérêts à raison de la dépense qu'elle a ainsi, de son fait, causée à l'assuré. (*Just. P. Paris, 27 déc. 1899.*)

10. L'agriculteur ne serait pas fondé à invoquer la résiliation de la police collective en vertu de la loi du 29 juin 1899. (*Tr. civ. Seine, 1ᵉʳ mai 1900.*)

11. La police souscrite par un aubergiste qui n'est pas soumis à la loi n'est pas résiliée par la dénonciation en vertu de la loi du 29 juin 1899, surtout si cet aubergiste n'emploie pour un service de transport qu'un ouvrier travaillant seul d'ordinaire. (*Tr. com. Saint-Étienne, 10 janv. 1900.*)

12. La police d'assurance, antérieure à la loi du 9 avril 1898, du marchand de vins en gros, est résiliée dans les. conditions de la loi du 29 juin 1899, alors même que l'assujettissement de l'assuré ne serait pas certain. (*Tr. com. Saint-Dizier, 6 avr. 1900.*)

13. L'assuré qui n'a pas payé sa prime à l'échéance ne sera débiteur que de la partie de la prime afférente au temps écoulé entre l'échéance et la dénonciation.

Solution contraire. — La prime échue est due intégralement. (*Just. P. Paris, 20 déc. 1900.*)

14. L'assuré est libéré de l'obligation de payer les primes au jour de la résiliation nonobstant la clause stipulant que les primes sont dues d'avance. (*Tr. com. Seine, 26 févr. 1900 ; Lyon, 30 oct. 1900.*)

· *Solution contraire.* — L'assuré qui a accepté la clause du payement anticipé de la prime est tenu de la payer malgré dénonciation postérieure. (*Tr. com. Seine, 3 nov. 1899 ; 29 déc. 1899 ; Châlons-sur-Marne, 31 janv. 1900 ; Seine, 10 avr. 1900 ; 30 juin 1900.*)

15. La résiliation en vertu de la loi du 29 juin 1899 opère au jour même de la dénonciation, et la compagnie d'assurances prétendrait vainement que le contrat doit suivre son effet jusqu'à l'expiration de l'année en cours. (*Tr. com. Seine, 8 janv. 1900.* Confirmé en appel : *Paris, 20 déc. 1900 ; Tr. com. Seine, 31 janv. 1900, 14 déc. 1900.*)

16. La police antérieure à la loi qui assure les ouvriers contre les risques des accidents industriels et qui, par un avenant, couvre le patron, moyennant une prime distincte, de sa responsabilité civile à l'égard de ses ouvriers et à raison des mêmes accidents, est résiliée entièrement par la dénonciation faite en vertu de la loi du 29 juin 1899, sans que la compagnie d'assurances soit fondée à distinguer pour la résiliation entre l'une et l'autre partie du contrat. (*Tr. com. Seine, 8 janv. 1900.*)

17. Les polices qui peuvent être résiliées en vertu de la loi du 29 juin sont les polices antérieures à la loi du 1ᵉʳ juillet 1899, date d'entrée en application de la loi et non celles antérieures au 9 avril 1898, date de la loi elle-même. (*Tr. com. Seine, 5 déc. 1899 ; 3 nov. 1900.*)

Solution contraire. — La faculté de résiliation dans les termes de la loi du 29 juin 1899 ne s'applique qu'aux polices souscrites antérieurement à la promulgation de la loi du 9 avril 1898 ; une police postérieure ne saurait être résiliée dans ces conditions, même si elle a été souscrite avant la date d'entrée en application de la loi. (*Tr. civ. Pau, 15 nov. 1900.*)

18. La tacite reconduction d'un contrat d'assurance, survenue postérieurement à la loi du 9 avril 1898, n'opère pas comme un nouveau con-

trat et n'a pas l'effet d'engager l'assuré pour une nouvelle période fixe. (*Tr. civ. Seine, 3 janv. 1900 ; 6 juin 1900.*)

19. La loi du 29 juin 1899 a fixé les formes nécessaires à la résiliation ; la dénonciation par lettre recommandée ne suffit pas en conséquence à opérer la résiliation. (*Just. P. Tours, 15 juin 1900 ; Tr. com. Seine, 12 févr. 1900 ; Tr. civ. Seine, 14 déc. 1900.*)

20. Et si l'assuré a dénoncé la police successivement par lettre recommandée et par acte extrajudiciaire, la résiliation ne produira effet qu'à la date de ce dernier acte, seul opérant. (*Just. P. Lyon, 9 mars 1900.*)

21. En faisant d'ailleurs connaître son intention de dénonciation par acte extrajudiciaire après lettre recommandée, l'assuré a lui-même reconnu que le premier moyen ne suffisait pas. (*Just. P. Lyon, 9 mars 1900.*)

Solution contraire. — La résiliation produit effet à dater du jour où elle a été connue, c'est-à-dire à dater du jour de la réception de la lettre recommandée. (*Tr. civ. Seine, 12 déc. 1899 ; Auxerre, 14 mars 1900 ; Aurillac, 12 avr. 1900 ; Fontainebleau, 22 nov. 1900.*)

22. ...si d'ailleurs la compagnie d'assurances a répondu à la dénonciation par un accusé de réception. (*Tr. civ. Les Andelys, 6 nov. 1900.*)

23. Le patron assuré par une police antérieure à la loi ne saurait appeler en garantie la compagnie d'assurances que par une action distincte de celle introduite par l'ouvrier, conformément à la loi du 9 avril 1898. (*Tr. civ. Seine, 12 mai 1900.*)

Surveillance et contrôle. — Les compagnies d'assurances mutuelles ou à primes fixes contre les accidents, françaises ou étrangères, sont soumises à la surveillance et au contrôle de l'État ; les syndicats de garantie sont soumis à la même surveillance.

Les frais de toute nature résultant de la surveillance et du contrôle seront couverts au moyen de contributions proportionnelles au montant des réserves ou cautionnements, et fixés annuellement, pour chaque compagnie ou association, par arrêté du Ministre du commerce.

Les sociétés d'assurances mutuelles ou à primes fixes qui assurent d'autres risques que celui résultant de l'application de la loi de 1898-1902 pour le cas de mort ou d'incapacité permanente, ou qui assurent concurremment un risque analogue dans les pays étrangers doivent établir, pour les opérations se rattachant à ce risque en France, une gestion et une comptabilité distinctes.

Toutes les sociétés doivent communiquer immédiatement au ministre du commerce dix exemplaires de tous les règlements, tarifs, polices, prospectus et imprimés distribués ou utilisés par elles.

Les polices doivent :

1° Reproduire textuellement les articles 3, 9, 19 et 30 de la loi du 9 avril 1898 ;

2° Spécifier qu'aucune clause de déchéance ne pourra être opposée aux ouvriers créanciers ;

3° Stipuler que les contrats se trouveraient résiliés de plein droit dans le cas où la société cesserait de remplir les conditions fixées par la loi et le décret.

Les sociétés doivent produire au Ministre du commerce, aux dates fixées par lui :

1° Le compte rendu détaillé annuel de leurs opérations, avec des tableaux financiers et statistiques annexes dans les conditions déterminées par arrêté ministériel, après avis du comité consultatif. Ce compte rendu doit être délivré par les sociétés intéressées à toute personne qui en fait la demande, moyennant payement d'une somme qui ne peut excéder 1 fr. ;

2° L'état des salaires assurés et l'état des rentes et indemnités correspondant au chiffre spécifié à l'article 1er, ainsi que tous autres états ou documents manuscrits que le ministre juge nécessaires à l'exercice du contrôle. Elles sont soumises à la surveillance permanente de commissaires-contrôleurs, sous l'autorité du ministre du commerce, et peuvent être en outre contrôlées par toute personne spécialement déléguée à cet effet par le ministre.

Les commissaires-contrôleurs sont recrutés [1] dans les conditions

---

1. Décret du 31 mars 1899 : Les commissaires-contrôleurs des sociétés d'assurance contre les accidents du travail sont recrutés au concours.

Les concours ont lieu suivant les besoins du service. Un arrêté ministériel détermine la date des épreuves et le délai dans lequel les demandes d'admission doivent être adressées au Ministère du commerce. Le même arrêté fixe le nombre des places mises au concours et leur répartition entre les candidats ayant respectivement satisfait à l'une ou à l'autre des épreuves écrites prévues ci-après au choix du candidat.

Nul ne peut être admis à prendre part au concours :

1° S'il ne justifie de la qualité de Français ;

2° S'il n'est âgé de plus de vingt-cinq ans et de moins de cinquante ans au 1er janvier de l'année pendant laquelle s'ouvre le concours.

Nul candidat ne peut être admis à prendre part à plus de deux concours.

Les demandes d'admission au concours doivent être accompagnées :

1° D'un extrait de naissance ;

2° D'un certificat de moralité dûment légalisé et d'un extrait du casier judiciaire, ces deux pièces datant de moins de trois mois ;

3° D'un acte constatant que le candidat a satisfait à la loi sur le recrutement ou,

déterminées par arrêté du ministre du commerce, après avis du comité consultatif.

---

en cas d'exemption du service militaire, d'une pièce faisant foi de cette exemption et de ses causes ;

4° D'une note signée du candidat et faisant connaître les études auxquelles il s'est livré, ainsi que les différents emplois successivement occupés par lui ;

5° Si le candidat appartient ou a appartenu à un service public, d'un relevé certifié de ses services ;

6° Des diplômes, brevets ou certificats que le candidat aurait obtenus, ou de copies certifiées de ces pièces.

Le ministre arrête la liste des candidats admis à concourir après avis d'une commission instituée pour chaque concours et composée :

1° De deux fonctionnaires du ministère du commerce, dont l'un président ;

2° De deux membres du Comité consultatif des assurances contre les accidents du travail.

Les membres de cette commission sont nommés par le ministre, qui désigne le président. La Commission statue à la majorité des voix. En cas de partage, son avis est considéré comme défavorable à l'admissibilité.

Les épreuves ont lieu au ministère du commerce et sont distribuées comme suit :

1° Épreuves écrites :

Coefficients.

A. — Rapport administratif (sur une question d'ordre général se rattachant à l'application de la législation sur les accidents du travail). 3

B. — Composition de comptabilité (Principes généraux de la comptabilité. Comptabilité spéciale des assurances) 2

C. — Au choix du candidat, d'après la déclaration faite par lui dans sa demande d'admission au concours :

Composition juridique (Principes généraux de droit civil, commercial et administratif. Législation des accidents du travail, des assurances, des sociétés, des liquidations judiciaires et des faillites). . . . . ⎫
    Ou bien :   ⎬ 2
Composition financière (Théorie générale des opérations financières à long terme. Assurances sur la vie. Assurances contre les accidents). . .⎭

Épreuve orale (sur deux sujets tirés au sort une heure avant les interrogations parmi les matières des épreuves écrites obligatoires pour le candidat et préparés sans aucun livre ni document) 2

3° Appréciation des titres, des certificats et de la carrière du candidat, dans leur rapport avec les fonctions de commissaire-contrôleur . . 2

Total 11

Chacune des épreuves est appréciée par une note qui varie de 0 à 20 et qui est affectée du coefficient ci-dessus déterminé.

Nul candidat ne peut être déclaré admissible s'il n'a obtenu au moins la moitié du maximum des points pour chacune des épreuves et en même temps un total de 154 points.

Si plusieurs candidats ont, dans ces conditions, le même total de points, la priorité est assurée à celui d'entre eux qui a obtenu le plus grand nombre de points pour le *Rapport administratif.*

Le jury de chaque concours est composé :

1° De deux fonctionnaires du ministère du commerce, dont l'un président ;

2° D'un professeur de faculté de droit ;

3° D'un membre agrégé de l'Institut des actuaires français ;

4° D'un professeur de comptabilité dans une école supérieure de commerce reconnue par l'État.

Les membres du jury sont nommés par le ministre, qui désigne le président. —

Ils prêtent serment de ne pas divulguer les secrets commerciaux dont ils auraient connaissance dans l'exercice de leurs fonctions.

Ils sont spécialement accrédités, pour des périodes fixées, auprès des sociétés qu'ils ont mission de surveiller.

Ils vérifient, au siège des sociétés, l'état des assurés et des salaires assurés, les contrats intervenus, les écritures et pièces comptables, la caisse, le portefeuille, les calculs des réserves et tous les éléments de contrôle propres, soit à établir les opérations dont résultent des obligations pour les sociétés, soit à constater la régulière exécution tant des statuts que des prescriptions contenues dans le décret du 22 janvier 1868, dans le décret du 31 mars 1899 et dans les arrêtés ministériels qu'il prévoit.

Ils se bornent à ces vérifications et constatations, sans pouvoir

---

Le jury statue à la majorité des voix. En cas de partage, la voix du président est prépondérante.

Dans les cinq jours de la clôture des épreuves, le procès-verbal du concours et la liste de classement sont soumis au ministre, qui prononce l'admissibilité suivant l'ordre de classement et pourvoit, au fur et à mesure des besoins, à la nomination de commissaires-contrôleurs adjoints.

Nul ne peut être nommé commissaire-contrôleur qu'après un stage d'une année dans les fonctions de commissaire-contrôleur adjoint.

Cette année expirée, le commissaire-contrôleur adjoint cesse son service si, au vu de ses principaux rapports et travaux, le ministre ne le nomme pas commissaire-contrôleur.

Par dérogation aux dispositions qui précèdent, en vue de permettre l'exécution du service au 1er juin 1899, les nominations avant cette date ont été arrêtées par le ministre à la suite d'un concours sur titres, jugé par une commission constituée dans les conditions prévues ci-dessus.

D'après l'arrêté ministériel du 9 avril 1899 :

Le cadre des commissaires-contrôleurs des sociétés d'assurance contre les accidents du travail est fixé par le ministre, suivant les besoins du service. Il comporte les classes et émoluments ci-après :

Commissaire-contrôleur adjoint 4 500 fr. ;
Commissaire-contrôleur de 4e classe, 6 000 fr. ;
Commissaire-contrôleur de 3e classe, 7 000 fr. ;
Commissaire-contrôleur de 2e classe, 8 000 fr. ;
Commissaire-contrôleur de 1re classe, 10 000 fr. ;
Ces émoluments ne sont point soumis à retenues pour pensions civiles.

A l'expiration de leur première année de service, les commissaires-contrôleurs adjoints sont l'objet d'un rapport adressé par leur chef de service au ministre. Ce rapport rend compte de leurs aptitudes, de leur conduite et de leur manière de servir ; il est accompagné de leurs principaux travaux.

Le ministre statue dans les conditions prévues par l'arrêté du 31 mars 1899.

La nomination à l'emploi de commissaire-contrôleur se fait à la dernière classe de cet emploi. Les avancements de classe ont lieu au choix et sont effectués d'une classe à la classe immédiatement supérieure. Nul ne peut être promu s'il ne compte au moins trois ans d'exercice dans la classe qu'il occupe. Les avancements sont effectués d'après un tableau d'avancement arrêté à la fin de chaque année par le

donner aux sociétés aucune instruction ni apporter à leur fonctionnement aucune entrave. Ils rendent compte au ministre du commerce, qui seul prescrit, dans les formes et délais qu'il fixe, les redressements nécessaires.

A l'aide des rapports de vérification et des contre-vérifications auxquelles il peut faire procéder soit d'office, soit à la demande des sociétés intéressées, le ministre du commerce présente chaque année au Président de la République un rapport d'ensemble établissant la situation de toutes les sociétés soumises à la surveillance. Il adresse, le cas échéant, à chacune des sociétés les injonctions nécessaires et la met en demeure de s'y conformer.

Il est constitué auprès du ministre du commerce un « Comité consultatif des assurances contre les accidents du travail » dont l'organisation est réglée par arrêté du ministre. Ce comité doit être consulté dans les cas spécifiés par divers décrets. Il peut être saisi par le ministre de toutes autres questions relatives à l'application de la loi.

---

ministre après avis du conseil spécial. Ce tableau n'est valable que pour les promotions à faire pendant l'année suivante.

Les tournées d'inspection et les séances de service au ministère sont réglées par le ministre, sur la proposition du chef de service.

Un congé d'un mois, au maximum, avec émoluments, peut être accordé chaque année.

Les mesures disciplinaires applicables aux commissaires-contrôleurs-adjoints et aux commissaires-contrôleurs sont les suivantes :

La réprimande ministérielle ;

La retenue d'émoluments, sans que cette retenue puisse excéder la moitié desdits émoluments pendant deux mois au plus ;

La révocation.

La première de ces mesures est prononcée directement par le Ministre, sur le rapport du chef de service.

Les deux autres sont prononcées par le Ministre, après avis d'un conseil spécial composé du chef de service, d'un autre fonctionnaire de l'administration centrale du Ministère du commerce, du chef du cabinet et du commissaire-contrôleur le plus ancien dans la classe la plus élevée. Le Ministre préside ce conseil ou en désigne le président. L'intéressé doit être entendu par le conseil dans ses moyens de défense ou dûment appelé. Le procès-verbal de la séance dans laquelle l'intéressé a comparu ou, s'il y a lieu, sa défense écrite, accompagne le rapport soumis au Ministre par le conseil.

Les commissaires-contrôleurs et les commissaires-contrôleurs adjoints doivent avoir leur résidence dans le département de la Seine ou dans le département de Seine-et-Oise. Ils ne peuvent remplir aucun autre emploi ni se livrer à aucun travail rémunéré sans l'agrément de l'administration.

Les inspections à Paris, dans le département de la Seine ou dans le département de Seine-et-Oise ne comportent pas de frais de tournée. Pour les inspections dans les autres départements, les frais de déplacement et de séjour sont déterminés par décision ministérielle et réglés sur états justificatifs.

Le décret du 22 janvier 1868 demeure applicable aux sociétés en toutes celles de ses dispositions qui ne sont pas contraires aux dispositions nouvelles.

Chaque année, avant le 1ᵉʳ décembre, le ministre du commerce arrête, après avis du Comité consultatif, et publie au *Journal officiel* la liste des sociétés mutuelles ou à primes fixes, françaises ou étrangères, qui fonctionnent dans les conditions prévues par la loi de 1898-1902 et les décrets qui s'y rapportent [1].

Dès que, après fixation du cautionnement, dans les conditions déterminées ci-dessus, chaque société a effectué à la Caisse des dépôts et consignations le versement du montant de ce cautionnement, mention de cette formalité est faite au *Journal officiel* par les soins du ministre du commerce.

Les sociétés étrangères doivent accréditer auprès du ministre du

---

[1]. Par arrêté ministériel du 30 novembre 1903, les sociétés autorisées sont :

a) Sociétés françaises d'assurances mutuelles contre les accidents du travail :

La Préservatrice, 18, rue de Londres, à Paris.

La Mutuelle générale française, 19 et 21, rue Chanzy, au Mans (Sarthe).

La Caisse syndicale d'assurance mutuelle des industries textiles de France, 11, rue de Milan, à Paris.

La Caisse syndicale d'assurance mutuelle des forges de France, 11, rue de Milan, à Paris.

L'Union industrielle, 4, rue Lanterne, à Lyon.

Le Syndicat du Nord, 30, rue des Lignes, à Roubaix (Nord).

La Mutualité industrielle, 36, rue de Berlin, à Paris.

L'Association industrielle des travailleurs français, 16, boulevard Chasles, à Chartres (Eure-et-Loir).

La Participation, 92, rue de Richelieu, à Paris.

La Caisse syndicale d'assurance mutuelle des agriculteurs de France, 3 bis, rue d'Athènes à Paris.

L'Auxiliaire, 41, rue Mercière, à Lyon.

La Caisse des entrepreneurs, 5 bis, rue Noël, à Reims (Marne).

La Caisse syndicale mutuelle, 94, rue Nationale, à Armentières (Nord).

La Caisse syndicale d'assurance mutuelle des industries sucrières de France, 11, rue de Milan, à Paris.

La Responsabilité agricole, 58, boulevard de Magenta, à Paris.

L'Alimentation, 24, rue de Richelieu, à Paris.

b) Sociétés françaises d'assurances à primes fixes contre les accidents du travail :

L'Abeille, 57, rue Taitbout, à Paris.

Le Patrimoine, 59, rue Taitbout, à Paris.

La Préservatrice (compagnie anonyme), 18, rue de Londres, à Paris.

La Prévoyance, 23, rue de Londres, à Paris.

L'Urbaine et la Seine, 37, rue Le Peletier, à Paris.

Le Secours, 15, rue des Pyramides, à Paris.

La Foncière, 48, rue Notre-Dame-des-Victoires, à Paris

commerce et de la Caisse des dépôts et consignations un agent spécialement préposé à la direction de toutes les opérations faites en France pour les assurances visées à l'article 1er.

Cet agent représente seul la société auprès de l'Administration. Il doit être domicilié en France.

Le Soleil-Sécurité générale, 23, rue de Mogador, à Paris.

La Providence, 12, rue de Grammont, à Paris.

La Paix, 4, rue de la Paix, à Paris.

La Flandre, 20, rue des Lignes, à Roubaix (Nord).

L'Union industrielle du Nord, 50, boulevard de la Liberté, à Lille (Nord).

La Compagnie générale d'assurances contre les accidents, 53 bis, rue de Châteaudun, à Paris.

La Thémis, 59, place Saint-Ferréol, à Marseille.

La Gauloise, 15, rue de Choiseul, à Paris.

La Conservatrice, 37, rue Lafayette, à Paris.

La Garantie, 49, rue Taitbout, à Paris.

c) Sociétés étrangères d'assurances contre les accidents du travail :

La Société suisse d'assurances contre les accidents, à Winterthur (Suisse), ayant son siège, pour les assurances pratiquées en France, 15, rue de la Chaussée-d'Antin, à Paris.

La Zurich, compagnie générale d'assurances contre les accidents et la responsabilité civile, à Zurich (Suisse), ayant son siège, pour les assurances pratiquées en France, 14, rue Favart, à Paris

The Ocean Accident and guarantee corporation, à Londres, ayant son siège, pour les assurances pratiquées en France, 109, rue Montmartre, et 128, rue Réaumur, à Paris.

La Union et le Phénix espagnol, à Madrid, siège en France, 66, rue de la Chaussée-d'Antin, à Paris.

Toute autre société qui pratiquerait l'assurance des risques prévus par la loi du 9 avril 1898, avant d'avoir déposé le cautionnement réglementaire, serait passible des peines édictées par les articles 471 et 474 du Code pénal, ainsi que l'a rappelé la circulaire du garde des sceaux aux procureurs généraux, en date du 12 août 1899, publiée au Journal *officiel du 20 août suivant.*

L'arrêté du 30 novembre 1903 ne contient plus certaines sociétés précédemment autorisées. Quelle garantie reste-t-il alors aux assurés auprès des compagnies rayées de la liste officielle? La question a ému le Parlement. Le Sénat et la Chambre ont adopté chacun un texte différent pour parer à ce fait. Voici le texte du Sénat : « Pour l'année 1903 et en ce qui concerne les accidents survenus dans les dix jours consécutifs à la publication au *Journal officiel* de l'arrêté ministériel mettant fin au fonctionnement d'assurances visées par (l'article 27 de) la loi du 9 avril 1898, les rentes dues à raison desdits accidents seront exceptionnellement constituées par la Caisse nationale des retraites au moyen du fonds de garantie. » C'est ce texte qui a été promulgué comme loi, à la date du 2 décembre 1903, et dans les termes mêmes qui précèdent, auxquels on a ajouté seulement l'addition entre parenthèses.

5. — Procédure.

Vue d'ensemble. — Pour mettre en action les droits des victimes, la loi de 1898-1902 a organisé une procédure spéciale, qui se rattache d'ailleurs à notre législation générale sur la procédure civile, le Parlement ayant écarté, après de longues discussions, l'institution de juridictions spéciales.

Cette procédure, qui a soulevé de nombreuses difficultés, et qui est assez délicate, comprend les formalités générales suivantes :

1° Tout accident doit, sous une sanction pénale, être déclaré dans les quarante-huit heures par le chef d'entreprise, à la mairie ;

2° Le juge de paix doit ouvrir une *enquête* d'office, s'il y a mort ou présomption d'incapacité permanente, afin de réunir tous les éléments propres à éclairer la religion du président, chargé, comme nous allons le voir, d'une mission de conciliation, ou du tribunal, lorsque les parties n'ont pu se mettre d'accord ;

3° Les actions en indemnités sont portées devant deux juridictions : les justices de paix et les tribunaux de première instance. Les victimes ou leurs ayants droit ont de plein droit le bénéfice de l'assistance judiciaire. La procédure est abrégée en première instance et en appel. La loi éteint l'action en indemnité par une prescription d'un an, et permet une procédure de revision des indemnités, si pendant les trois années consécutives à la liquidation de l'indemnité, les suites de l'accident se sont atténuées ou aggravées.

La procédure se divise donc en trois parties :

La déclaration des accidents, l'enquête et la procédure proprement dite, c'est-à-dire la procédure devant les tribunaux.

Déclaration des accidents. — *Article 11.* — « Tout accident ayant occasionné une incapacité de travail doit être déclaré dans les quarante-huit heures, non compris les dimanches et jours fériés, par le chef d'entreprise ou ses préposés, au maire de la commune, qui en dresse procès-verbal et en délivre immédiatement récépissé.

« La déclaration et le procès-verbal doivent indiquer, dans la forme réglée par décret, les noms, qualité et adresse du chef d'entreprise, le lieu précis, l'heure et la nature de l'accident, les circonstances dans lesquelles il s'est produit, la nature des blessures, les noms et adresses des témoins.

« Dans les quatre jours qui suivent l'accident, si la victime n'a pas repris son travail, le chef d'entreprise doit déposer à la mairie, qui lui en délivre immédiatement récépissé, un certificat de médecin indiquant l'état de la victime, les suites probables de l'accident et l'époque à laquelle il sera possible d'en connaître le résultat définitif.

« La déclaration pourra être faite dans la même forme par la victime ou ses représentants jusqu'à l'expiration de l'année qui suit l'accident.

« Avis de l'accident, dans les formes réglées par décret, est donné immédiatement par le maire à l'inspecteur départemental du travail ou à l'ingénieur ordinaire des mines chargé de la surveillance de l'entreprise.

« L'article 15 de la loi du 2 novembre 1892 et l'article 11 de la loi du 12 juin 1893 cessent d'être applicables dans les cas visés par la présente loi. »

JURISPRUDENCE[1]. — 1. La procédure de la loi n'est pas établie à peine de nullité et, en cas d'absence de déclaration et d'enquête, la victime pourra être admise à prouver, par d'autres éléments de procédure, son droit à indemnité en vertu de la loi sur les accidents.

2. Cependant, certains tribunaux ont décidé qu'en l'absence de toute déclaration d'accident, la victime n'a aucune action à raison de l'accident, celle de la loi de 1898 lui étant fermée par le vice initial de la procédure, et cette loi elle-même lui interdisant toute autre action. (*Tr. civ. Lille, 28 déc. 1899 ; C. ap. Nîmes, 10 août 1900.*)

3. En l'absence de déclaration, la preuve d'un accident doit être fournie par le demandeur, suivant les règles du droit commun. (*Just. P. Paris, 7 févr. 1900.*)

…et l'ouvrier qui prétend que l'incapacité qu'il subit est la conséquence d'un accident non déclaré succombera s'il n'en fournit la preuve. (*Même jugement.*)

4. Le défaut de déclaration entraîne en tous cas contravention, sans qu'il y

---

1. Les jugements ci-contre montrent de quelle importance est la déclaration d'accident, au point de vue même de la réparation qu'on est en droit d'attendre en vertu de la loi.

uit lieu de rechercher si la victime a pu reprendre son travail avant l'expiration du délai imparti pour la déclaration. (*Tr. s. pol. Paris, 4 mai 1900.*)

5. Le patron n'est pas obligé à la déclaration s'il pense à bon droit que l'accident n'est pas survenu à l'occasion du travail. (*Tr. s. pol. Poncin, 30 avr. 1900.*)

6. ...ni s'il a pu ignorer l'accident, alors, par exemple, que les suites de l'accident n'ont pas apparu immédiatement. (*Tr. s. pol. Troyes, 23 mars 1900.*)

7. L'ouvrier ne saurait soutenir que le patron qui a fait déclaration de l'accident s'est par là même reconnu assujetti à la loi. (*C. ap. Rouen, 11 avr. 1900 ; Tr. civ. Saint-Dié, 1ᵉʳ juin 1900 ; Lyon, 8 déc. 1900.*)

8. Mais la circonstance de la déclaration pourra être retenue comme un indice que le patron ne s'est pas cru d'abord en droit de discuter sa responsabilité. (*Tr. civ. Perpignan, 31 oct. 1899 ; Tulle, 29 mai 1900.*)

9. Le patron blessé dans le même accident que son ouvrier est empêché par cas de force majeure de déclarer l'accident, et ne saurait être poursuivi pour défaut de déclaration. (*Tr. s. pol. Audenge, 7 déc. 1899.*)

Accidents à déclarer. — L'article 11 étant évidemment en corrélation avec l'article 1ᵉʳ, ne sont soumis à la déclaration que les accidents survenus par le fait ou à l'occasion du travail, aux ouvriers et employés occupés dans les entreprises assujetties, et ayant occasionné une incapacité de travail ou, à plus forte raison, la mort.

Sous le régime des lois des 2 novembre 1892 et 12 juin 1893 et en vertu des dispositions expresses des deux règlements d'administration publique intervenus pour l'exécution de ces lois, aux dates des 21 avril et 20 novembre 1893, les déclarations étaient limitées aux accidents qui paraissaient devoir entraîner une incapacité de travail « de trois jours au moins ». Rien dans le texte de la loi nouvelle n'autorise une pareille limitation, et le décret du 30 juin 1899 a dû rester muet à cet égard.

Sans aller jusqu'à soutenir que la déclaration devient obligatoire pour les accidents sans aucune gravité, n'exigeant, par exemple, qu'une interruption de travail de quelques heures, il est prudent d'indiquer aux chefs d'entreprise que leur propre intérêt leur commande, en cas de doute, de remplir la formalité de la déclaration. Même pour les accidents d'apparence d'abord insignifiante, telle conséquence peut se développer ou telle complication survenir, qui entraîne finalement une interruption de travail de plus de quatre jours. Dans ce cas, et si la déclaration n'a pas été au préalable et régulièrement effectuée dans le délai légal, le chef d'entreprise se trouvera, de ce seul fait, constitué en faute et passible d'une pénalité.

S'il se rencontrait, au contraire, qu'un accident n'ayant entraîné sur-le-champ aucune interruption de travail, aboutissait directement à une incapacité ultérieure, le chef d'entreprise n'aurait évidemment point à se reprocher alors l'absence de déclaration, et le délai imparti pour la faire ne devrait courir, à son encontre, qu'à partir du jour où se produirait l'incapacité de travail effective.

Le chef d'entreprise est astreint à la déclaration pour tous les accidents atteignant le personnel appelé à bénéficier de la loi, quel que soit le lieu où les accidents se sont produits.

Les lois des 2 novembre 1892 et 12 juin 1893 ne prescrivaient la déclaration que pour les accidents survenus dans les établissements qu'elles visaient. L'article 11 de la loi de 1898, comme son article 1er, a une portée plus large. Il implique obligation de déclaration pour tous les accidents « survenus par le fait du travail, ou à l'occasion du travail », et, par conséquent, aussi bien pour les accidents survenus dans un travail extérieur, au domicile des clients de l'entreprise, ou dans une course commandée, que pour les accidents survenus au siège même ou dans les chantiers de l'entreprise.

Par contre, le chef d'entreprise ne serait point tenu à la déclaration, en vertu de la loi de 1898, si la victime de l'accident n'était pas un des bénéficiaires de la loi ; par exemple, s'il s'agissait d'un tiers blessé dans son usine ou sur ses chantiers. Il n'y serait pas tenu davantage si l'accident n'était évidemment pas un accident du travail : par exemple si la victime succombait à un anévrisme ou était blessée dans une rixe, sauf à elle bien entendu, ou à ses ayants droit, à user, le cas échéant, de son droit direct de déclaration, si la cause ou le caractère de l'accident se trouvaient contestés entre les parties.

Du lieu de la déclaration. — La déclaration doit être faite au maire de la commune où l'accident s'est produit.

La localisation de l'accident et, par suite, la détermination de la mairie où la déclaration doit être effectuée n'offrira le plus souvent aucune difficulté.

Il se peut cependant, en matière d'accidents de roulage et surtout en matière d'accidents de chemins de fer, que l'accident n'apparaisse qu'après coup, souvent même à une grande distance du lieu où il s'est vraisemblablement produit. Dans ce cas, c'est à la mairie de la commune où il est reconnu, ou bien à la mairie de la commune où a lieu le premier arrêt que la déclaration devient obligatoire, car le vœu non équivoque du législateur est que le maire et, le cas échéant, par voie de conséquence, le juge de paix saisis se trouvent être les magistrats les plus rapprochés du théâtre de l'accident et les mieux à même, dès lors, au moins d'une manière générale, de provoquer ou de vérifier les premières constatations.

Quant aux accidents survenus dans une mine, minière ou carrière s'étendant sous le territoire de plusieurs communes, ils devront être déclarés à la mairie de la commune où sont situés les bâtiments d'exploitation, par analogie avec la mesure qu'édicte le décret du 3 mai 1811 (art. 21) en matière de redevances minières.

Il ne faut point enfin perdre de vue que, dans la commune où la déclaration doit être faite, le maire a seul qualité pour la recevoir

régulièrement. Une déclaration faite à un commissaire de police ou
à tout autre fonctionnaire administratif ne mettrait pas le chef de
l'entreprise intéressé à l'abri d'une contravention.

De même, la déclaration à la mairie ne demeurerait pas moins
obligatoire si l'autorité judiciaire avait déjà, par ailleurs, connaissance
officielle de l'accident ou si elle en avait été informée, par exemple,
au cas de présomption d'homicide ou de blessures par imprudence.

Le texte de l'article 11 de la loi est absolument formel ; nul
autre que le maire ou ses représentants ne peut donner récépissé
valable des déclarations d'accidents et décharger, au regard de
cette prescription, le chef d'entreprise assujetti.

Du déclarant. — L'obligation de la déclaration pèse sur « le chef
d'entreprise ou ses préposés ».

Aux termes de l'article 15 de la loi du 2 novembre 1892 et de l'article 11
de la loi du 12 juin 1893, cette obligation incombait essentiellement au
chef d'entreprise lui-même. C'était seulement « à son défaut et en son
absence » qu'elle retombait sur « son préposé ».

Les termes de la loi nouvelle sont beaucoup moins étroits. D'une part, le
chef d'entreprise, sans avoir à justifier d'aucun empêchement, peut toujours
se dispenser d'une déclaration personnelle. D'autre part, il peut déléguer le
soin de la faire à l'un quelconque de « ses préposés », c'est-à-dire des chefs
de service ou des contremaîtres dépendant de lui, pourvu que le maire appelé
à la recevoir n'ait pas de raison sérieuse de discuter la qualité du déclarant.

La distinction faite par les textes antérieurs semble devoir toutefois
être retenue, avec le texte nouveau de l'article 11 et de l'article 14, en ce
qui concerne seulement la responsabilité pénale encourue au cas d'absence
de déclaration régulière.

« A défaut » du chef d'entreprise empêché, c'est bien son « préposé »,
c'est-à-dire le chef immédiat de l'exploitation ou partie d'exploitation dans
laquelle l'accident s'est produit qui demeurerait personnellement passible
des peines prévues par la loi.

« Obligatoire » pour le chef d'entreprise et son délégué, la déclaration
d'accident est « facultative » pour la victime elle-même ou ses représentants.
Cette faculté ne peut d'ailleurs s'exercer que dans les conditions déterminées pour la déclaration imposée au chef d'entreprise.

Elle appartient soit à la victime elle-même, soit à ses représentants, au
sens le plus large du mot, c'est-à-dire à ses ayants droit, à ses ayants droit
éventuels, à ses parents ou même à ses amis ou voisins, pourvu que le
maire soit mis suffisamment à même d'apprécier que la déclaration est
réellement faite en son nom ou dans son intérêt.

On peut ajouter qu'en dehors de cas tout à fait exceptionnels, dont il pourrait seul rester juge, le maire n'aurait point à recevoir, en outre de la déclaration du chef d'entreprise, plus d'une déclaration émanant soit de la victime, soit de ses représentants.

Du délai imparti pour la déclaration. — La loi donne un délai de quarante-huit heures pour la déclaration d'accident, quelle qu'en soit la gravité. Le délai est prorogé à raison des fêtes légales ou des jours fériés qui peuvent le traverser.

Le délai court d'heure à d'heure à partir du moment de l'accident ; s'il y a un ou plusieurs jours fériés dans l'intervalle, ce délai est augmenté d'autant de fois vingt-quatre heures [1].

D'autre part, la production du certificat médical n'est plus exigée au moment de la déclaration, depuis les modifications apportées par la loi du 22 mars 1902. Le législateur a voulu ainsi rendre la formalité de la déclaration plus simple et plus rapide, en même temps qu'éviter aux exploitants, pour les accidents n'ayant aucune suite grave, la perte de temps et les frais que peut impliquer la production du certificat médical.

Le chef d'entreprise a dès lors deux obligations nettement distinctes : 1° pour toutes les victimes, quelle que soit la durée de l'incapacité de travail résultant de l'accident, déclaration à la mairie dans les quarante-huit heures ; 2° pour celles de ces victimes qui n'ont pas repris leur travail dans les quatre jours de l'accident, production à la mairie d'un certificat médical destiné à compléter les indications contenues dans la déclaration initiale. C'est donc au plus tard le quatrième jour à compter de l'accident qu'il y a lieu de se préoccuper de l'établissement du certificat médical pour que ce certificat puisse être déposé ledit jour à la mairie. Rien ne s'oppose d'ailleurs à ce que le certificat médical soit dès l'abord joint à la déclaration ; mais, dans ce cas, la déclaration n'en doit pas moins être produite dans les quarante-huit heures de l'accident.

Remarquons que la défalcation des dimanches et jours fériés, applicable au délai de quarante-huit heures pour la remise de la déclaration, n'est point applicable au délai de quatre jours pour la production du certificat médical.

En ce qui concerne la déclaration facultative de la victime ou de

---

1. La déclaration tardive de la victime n'entraîne pas la nullité de son action. (*Trib. civ. Châteauroux, 27 nov. 1900.*)

ses représentants, le législateur de 1898 n'avait pas assigné de délai à cette déclaration. La loi de 1902 a fixé un délai d'une année à compter de l'accident.

De la forme et du contenu de la déclaration [1]. — Le décret du

---

MODÈLE I.

Déclaration d'accident du travail (a).
(Art. 11 de la loi du 9 avril 1898, modifié par la loi du 22 mars 1902.)

(1) Indiquer les nom, prénoms, profession et adresse soit du chef d'entreprise, s'il fait la déclaration lui-même, soit de son préposé, en mentionnant son emploi dans l'entreprise, soit des représentants de la victime, en mentionnant à quel titre ils la représentent (père, mère, conjoint, enfant, mandataire, etc.). Si la déclaration est faite par la victime elle-même, indiquer ici les renseignements prévus ci-après sous le n° 3.

(2) Indiquer la nature de l'établissement et son adresse, ainsi que le lieu précis où l'accident s'est produit.

(3) Indiquer les nom, prénoms, âge, sexe, profession et adresse de la victime.

(4) Spécifier l'engin, le travail, le fait qui a occasionné l'accident.

(5) Préciser la nature des blessures : fracture de la jambe, contusions, lésions internes, asphyxie, etc. Spécifier s'il y a eu décès.

(6) Indiquer les noms, professions et adresses.

(7) Titre et siège du syndicat de garantie, de la société mutuelle ou de la compagnie à primes fixes qui assure le chef d'entreprise. S'il n'y a pas d'assureur, le déclarer expressément.

Le soussigné, (1)
déclare à M. le maire de la commune d
canton d
arrondissement d
département d
conformément à l'article 11 de la loi du 9 avril 1898, modifié par la loi du 22 mars 1902, qu'un accident ayant occasionné une incapacité de travail est survenu le

à   heure
dans (2)
à (3)
L'accident a été occasionné par la cause matérielle (4) ci-après, dans les circonstances suivantes :

L'accident a produit les blessures suivantes : (5)

Les témoins de l'accident sont (6) :

Je déclare être assuré contre les accidents du travail par la société ci-après : (7)

Fait à   , le   190 .

(*Signature du déclarant.*)

(a) Cette déclaration doit être remise à la mairie par le chef d'entreprise ou son préposé dans les quarante-huit heures de l'accident, non compris les dimanches et jours fériés. Dans les quatre jours qui suivent l'accident, si la victime n'a pas repris son travail, le chef d'entreprise ou son préposé doit, en outre, déposer un certificat de médecin indiquant l'état de la victime, les suites probables de l'accident et l'époque à laquelle il sera possible d'en connaître le résultat définitif (Modèle IV).
Si la déclaration est faite par la victime ou ses ayants droit, le certificat médical doit être joint à la déclaration.

23 mars 1902 les a réglés, ainsi que toutes les autres pièces de la procédure.

, La formule de déclaration à employer correspond exactement au procès-verbal à dresser par le maire. Cette concordance est d'autant plus nécessaire que la mairie ne conserve pas la déclaration, qu'elle doit transmettre en original au juge de paix.

Les indications mentionnées sur cette formule sont celles que prévoit l'article 11. Elles sont strictement obligatoires pour le déclarant, qui ne peut se dispenser de les fournir *intégralement* et *dans la forme prescrite*. Les tempéraments qu'admettait la circulaire du 21 août 1899 et la condescendance des mairies à recevoir des déclarations incomplètes ou différentes du modèle réglementaire ne sont plus admissibles maintenant que le contenu et la forme même des déclarations se trouvent déterminés par le législateur lui-même ou en vertu de sa délégation spéciale.

Il n'est jamais loisible aux maires d'opposer leurs appréciations aux énonciations des déclarants et de se substituer ainsi au juge, qui seul peut statuer. Ils doivent tout particulièrement s'abstenir d'écarter les déclarations faites dans des cas où l'assujettissement de l'entreprise à la loi du 9 avril 1898 leur semblerait faire doute, ce doute ne pouvant être levé, le cas échéant, que par l'autorité judiciaire.

Du certificat médical [1]. — Le certificat médical a constitué

MODÈLE IV.

Dépôt de certificat médical.
(Art. 11 de la loi du 9 avril 1898, modifié par la loi du 22 mars 1902.)

(1) Indiquer les nom, prénoms, profession et adresse, soit du chef d'entreprise, s'il fait la déclaration lui-même, soit de son préposé, en mentionnant son emploi dans l'entreprise.

(2) Indiquer les nom, prénoms, âge, sexe, profession et adresse de la victime.

(3) Nom et adresse.

Le soussigné (1)
remet à M. le maire de la Commune d
canton d
arrondissement d
département d
pour être joint à la déclaration faite le
de l'accident survenu le
à (2)

un certificat du docteur (3)

indiquant l'état de la victime, les suites probables de l'accident et l'époque à laquelle il sera possible d'en connaître le résultat définitif.

Fait à   , le   190 .
(Signature du déposant.)

jusqu'en 1902 le complément immédiat de la déclaration. Le législateur a voulu dispenser désormais le chef d'entreprise de cette formalité assez coûteuse, pour les menus accidents qui le plus souvent ne nécessitent pas l'appel d'un médecin et, en tout cas, d'après le texte actuel de la loi, ne donnent à la victime aucun droit à indemnité.

Le certificat médical à produire quand la victime n'a pas repris son travail dans les quatre jours qui suivent l'accident doit indiquer, comme précédemment, *l'état de la victime, les suites probables de l'accident et l'époque à laquelle il sera possible d'en connaître le résultat définitif.*

Les médecins appelés à établir ces certificats n'ayant pas pris l'habitude de les rédiger dans l'ordre indiqué par la loi et avec des précisions suffisantes, et un trop grand nombre de certificats se bornant à des constatations trop vagues ou à des prévisions sans portée, les chefs d'entreprise ne doivent pas perdre de vue qu'ils sont responsables de la régularité des certificats médicaux exigibles à l'appui de leurs déclarations et qu'ils n'échappent pas aux sanctions de l'article 14, lorsque ces certificats ne répondent pas aux prescriptions du troisième alinéa de l'article 11.

Rien d'ailleurs ne saurait décharger le chef d'entreprise de la production du certificat médical régulier à ses frais et, au cas exceptionnel où il ne pourrait l'obtenir du médecin de son choix, il aurait à s'adresser à la justice pour se mettre en règle avec la loi[1]. Dans un avis du 7 février 1900, le comité consultatif des assurances contre les accidents du travail estime, en effet, que, « en cas de refus du certificat médical par les médecins voisins du théâtre de l'accident, le chef d'entreprise doit demander au juge de paix désignation d'un médecin par justice pour l'établissement du certificat légal ».

Il en est évidemment de même de la victime de l'accident et de ses représentants si, usant de la faculté réservée par la loi, ils prennent l'initiative de la déclaration d'accident[2].

---

1. Les frais du certificat médical nécessaire pour l'hospitalisation de la victime sont à la charge du patron aussi bien que ceux du certificat médical prévu par la loi. (*Just. P. Cerisay, 27 mars 1900.*)

2. L'ouvrier blessé qui choisit lui-même son médecin supportera les frais de délivrance du certificat médical, s'il est établi que ces frais auraient été évités par l'acceptation de l'assistance du médecin offert par le patron. (*Just. P. Marseille, 10 oct. 1899.*)

Ainsi se trouvent rassurées toutes les appréhensions qui pouvaient se faire jour, et ainsi tombe tout prétexte aux refus de concours des médecins pour l'exécution régulière de cette importante disposition de la loi.

Les médecins des hôpitaux doivent, sur ce point, l'exemple à leurs confrères et ils ne sauraient refuser les certificats de l'espèce aux blessés admis dans leurs services, quand les chefs d'entreprise intéressés ne se trouvent point à même d'en provoquer directement l'établissement par des médecins de leur choix.

Des récépissés [1]. — Les récépissés de déclaration et de certificat

1.

MODÈLE II.

DÉPARTEMENT
d
———

ARRONDISSEMENT
———

d   CANTON
———

(1) Nom et prénoms.
(2) Nom et prénoms du déclarant.
(3) Nom, prénoms et adresse de la victime.

RÉPUBLIQUE FRANÇAISE.
———

MAIRIE D
———

Récépissé de déclaration d'accident du travail.
(Art. 11 de la loi du 9 avril 1898, modifié par la loi du 22 mars 1902.)

Nous, soussigné (1)
maire de la commune d
donnons récépissé à M. (2)
de la déclaration de l'accident survenu le
à (3)
qu'il a déposée ce jour à la mairie, à   heure .

Fait à   , le   190 .
(*Signature.*)

MODÈLE V.

DÉPARTEMENT
l
———

ARRONDISSEMENT
l
———

CANTON
———

(1) Nom et prénoms.
(2) Nom et prénoms du déclarant.
(3) Nom, prénoms et adresse de la victime.

RÉPUBLIQUE FRANÇAISE
———

MAIRIE DE
———

Récépissé de certificat médical.
(Art. 11 de la loi du 9 avril 1898, modifié par la loi du 22 mars 1902.)

Nous, soussigné (1)
maire de la commune d
donnons récépissé à M. (2)
du certificat médical relatif à l'accident survenu à (3)
qu'il a déposé ce jour à la mairie, à   heure , pour être joint à la déclaration reçue le

Fait à   , le   190 .
(*Signature.*)

médical doivent être faits selon les formules que les maires remplissent rigoureusement dans les formes réglementaires.

Les maires ne sauraient notamment apposer, sans inconvénient, leur signature sur les formules ou talons différents que les chefs d'entreprise leur présenteraient tout préparés et dont la remise pourrait engager leur responsabilité administrative.

Les récépissés doivent être délivrés au déclarant séance tenante, au reçu de sa déclaration. Rien n'autorise le maire à refuser aux intéressés, ne fût-ce que pendant quelques heures, la preuve qu'ils ont obtempéré aux prescriptions de la loi.

En disposant, d'autre part, comme dans les lois de 1892 et 1893, que le récépissé serait « remis » au déclarant, le législateur de 1898 a écarté l'hypothèse de récépissés délivrés comme de déclarations faites par voie postale. .

Lorsque le chef d'entreprise juge bon d'annexer le certificat médical à sa déclaration ou lorsqu'il s'agit d'une déclaration facultative de l'ouvrier que doit toujours accompagner le certificat médical, le maire doit délivrer simultanément les deux récépissés afférents aux deux pièces produites.

Du procès-verbal. — A la suite de la réception de la déclaration souscrite par le chef d'entreprise, le maire doit dresser procès-verbal de cette déclaration, qui, ainsi, prend date, par cet enregistrement administratif.

Il ne diffère de cette déclaration que sur un point. Il constate l'accomplissement des devoirs imposés au maire en ce qui concerne :

1° La délivrance du récépissé au déclarant ;

2° L'envoi, s'il y a lieu, à la justice de paix des pièces spécifiées par le premier alinéa de l'article 12 de la loi.

Les maires dressent les procès-verbaux de déclaration d'accidents, non sur des feuilles volantes, mais sur des registres spéciaux, tenus sans blancs.

Les procès-verbaux demeurent ainsi, avec les pièces originales y annexées, à la disposition de l'autorité judiciaire et, le cas échéant, du service de l'inspection du travail, en vue des recherches ou des statistiques ultérieures.

La communication de ces registres est refusée au public. Les intéressés seuls peuvent obtenir connaissance du procès-verbal qui les concerne[1]. Par intéressés, il faut entendre exclusivement le chef d'entreprise ou son préposé, la victime ou ses représentants.

De l'avis au service d'inspection. — La formule d'avis doit être adressée par les maires pour tous les accidents déclarés, même si ces accidents concernent des industries non soumises à l'inspection, telles que les entreprises de chargement et de déchar-

---

MODÈLE III.

DÉPARTEMENT

d

ARRONDISSEMENT

d

CANTON

d

---

(1) Nom et prénoms.

(2) Indiquer les nom, prénoms, profession et adresse soit du chef d'entreprise, s'il fait la déclaration lui-même, soit de son préposé, en mentionnant son emploi dans l'entreprise, soit des représentants de la victime, en mentionnant à quel titre ils la représentent (père, mère, conjoint, enfant, mandataire, etc.).
Si la déclaration est faite par la victime elle-même, indiquer ici les renseignements prévus ci-après sous le n° 4.

(3) Indiquer la nature de l'établissement et son adresse, ainsi que le lieu précis où l'accident s'est produit.

(4) Indiquer les nom, prénoms, âge, sexe, profession et adresse de la victime.

(5) Spécifier l'engin, le travail, le fait qui a occasionné l'accident.

(6) Préciser la nature des blessures : fracture de la jambe, contusions, lésions internes, asphyxie, etc. Spécifier s'il y a eu décès.

(7) Indiquer les noms, profession et adresse.

RÉPUBLIQUE FRANÇAISE

MAIRIE D

Procès-verbal de déclaration d'accident du travail.

(Art. 11 de la loi du 9 avril 1898, modifié par la loi du 22 mars 1902.)

Nous, soussigné (1)
maire de la commune d
avons reçu le   heure
de M. (2)

en exécution de l'article 11 de la loi du 9 avril 1898, modifié par la loi du 22 mars 1902, une déclaration relative à un accident survenu le
à   heure   dans (3)
à (4)

Cette déclaration constate :

1° Que l'accident a été occasionné par la cause matérielle (5) ci-après, dans les circonstances suivantes :

2° Que l'accident a produit les blessures suivantes (6) :

3° Que les témoins de l'accident sont (7) :

La déclaration, dont récépissé a été délivré séance tenante au déclarant, a été annexée au présent procès-verbal pour être transmise à la justice de paix dans le délai prescrit par la loi (a).

Fait et arrêté le présent procès-verbal les jour, mois et an que dessus.

(Signature du maire.)

(a) Si la déclaration est faite par la victime ou ses ayants droit, le procès-verbal fait en outre mention du dépôt du certificat médical, qui doit être joint à la déclaration.

gement ou les exploitations agricoles faisant emploi de moteurs inanimés. Le texte de l'article 11 ne permet aucune distinction [1].

Il y a lieu d'appeler particulièrement l'attention des maires sur l'obligation qui leur est faite d'indiquer sur l'avis la durée probable d'incapacité de travail, d'après les énonciations du certificat médical, et de mettre le plus de précision possible dans ce renseignement, qui peut utilement guider l'action du service de l'inspection.

En vue d'alléger tout ensemble le travail des maires et celui des

---

[1]

MODÈLE VII.

DÉPARTEMENT
d

ARRONDISSEMENT
d

CANTON
d

(1) Nom et prénoms.

(2) L'inspecteur départemental du travail en résidence à
ou : l'ingénieur ordinaire des mines en residence à

(3) Indiquer le nom, la qualité et l'adresse du déclarant.

(4) Indiquer la nature de l'établissement et son adresse, ainsi que le lieu précis où l'accident s'est produit.

(5) Indiquer les nom, prénoms, âge, sexe, profession et adresse de la victime.

(6) Spécifier l'engin, le travail, le fait qui a occasionné l'accident.

(7) Préciser la nature des blessures . fracture de la jambe, contusions, lèsions internes, asphyxie, etc.

(8) Indiquer les noms, professions et adresses.

(9) Si la victime est décédee, le spécifier expressément ; sinon, indiquer autant que possible la durée probable d'incapacité de travail d'après le certificat médical.

RÉPUBLIQUE FRANÇAISE

MAIRIE D

Avis de déclaration d'accident du travail.

TRANSMIS AU SERVICE D'INSPECTION (a)

(Art. 11 de la loi du 9 avril 1898, modifié par la loi du 22 mars 1902.)

Nous, soussigné (1)
maire de la commune d
avisons M. (2)
que nous avons reçu le   à   heure
de (3)
une déclaration d'accident survenu le
à   heure
dans (4)
à (5)

Cette déclaration constate :

1º Que l'accident a été occasionné par la cause matérielle (6) ci-après, dans les circonstances suivantes :

2º Que l'accident a produit les blessures suivantes (7)

3º Que les témoins de l'accident sont (8) :

Le certificat médical indique comme suites probables de l'accident (9) :

Fait à   , le   190 .

(*Signature.*)

(a) Cette transmission à l'inspecteur départemental du travail ou à l'ingénieur ordinaire des mines, suivant le cas, doit être faite dans le même délai que la transmission au juge de paix (modèle VI). Elle n'est faite toutefois que pour les seuls accidents ayant été suivis de décès ou ayant donné lieu à production d'un certificat médical.

inspecteurs, la transmission d'avis au service d'inspection n'est d'ailleurs effectuée que pour les seuls accidents *ayant été suivis de . décès* ou *ayant donné lieu à production de certificat médical.*

Cette transmission doit se faire dans le même délai que celle de l'avis au juge de paix, c'est-à-dire dans les vingt-quatre heures qui suivent le dépôt du certificat et, en tout cas, au plus tard dans les cinq jours qui suivent la déclaration de l'accident.

Les maires doivent aussi veiller attentivement à la répartition de ces avis, suivant les cas, entre les inspecteurs du travail et les ingénieurs des mines.

Doivent être seuls adressés aux ingénieurs ordinaires des mines préposés à la surveillance administrative des établissements où les accidents se sont produits :

1° Les avis d'accidents survenus dans les mines, minières et carrières ou leurs dépendances légales, suivant les conditions rappelées par la circulaire du 11 juillet 1899 ;

2° Les avis d'accidents déclarés comme provenant d'*appareils à vapeur,* pourvu que ces appareils ne se trouvent point en service dans l'enceinte des chemins de fer. Les ingénieurs des mines devront d'ailleurs immédiatement, d'après les instructions reçues du Ministre des travaux publics, faire le départ, qu'on ne pouvait demander aux maires, entre ceux de ces avis afférents à des accidents dus aux « générateurs » et aux « récipients » placés sous leur surveillance par le décret du 30 avril 1880, et ceux qui concernent les accidents dus à tout autre appareil : ils gardent les premiers, en vue de la préparation des rapports dont l'article 13 leur impose la rédaction à bref délai ; ils renvoient les autres, sans retard, à l'inspecteur départemental du travail.

Tous les autres avis (y compris ceux qui correspondent à des accidents provenant d'appareils à vapeur dans l'enceinte des chemins de fer) doivent être adressés à l'inspecteur départemental du travail.

En dehors des cas où, suivant la prévision du dernier alinéa de l'article 11 de la loi de 1898, les articles 15 de la loi du 2 novembre 1892 et 11 de la loi du 12 juin 1893, modifiée par la loi du 11 juillet 1903, se trouveraient encore applicables, la transmission faite désormais par les maires au service d'inspection diffère, en la forme, de celle qui était faite antérieurement. (Voir cependant la circulaire ministérielle du 23 octobre

1903 dont il est parlé, p. 392, note 1.) Le service d'inspection ne recevra plus la déclaration du chef d'entreprise, ni le certificat médical, dont les décrets des 21 avril et 20 novembre 1893 lui avaient assuré la possession : d'après les dispositions nouvelles de la loi de 1898, la première de ces pièces doit rester aux archives de la mairie et la seconde est destinée, le cas échéant, à la justice de paix.

Mais, au fond, le nouveau modèle d'*Avis,* tel que l'a remanié le décret du 18 août 1899, fournit au service d'inspection tous les renseignements qu'il recevait autrefois. Les inspecteurs du travail continueront donc à disposer des mêmes éléments d'investigation et d'enquête que par le passé dans la mission qui leur est dévolue.

Avis à la justice de paix [1]. — Dans les vingt-quatre heures qui suivent le dépôt du certificat, et au plus tard dans les cinq jours qui suivent la déclaration de l'accident, le maire transmet au juge de paix du canton où l'accident s'est produit la déclaration et soit le certificat médical, soit l'attestation qu'il n'a pas été produit de certificat.

---

[1]

MODÈLE VI.

DÉPARTEMENT

ARRONDISSEMENT

CANTON

RÉPUBLIQUE FRANÇAISE

MAIRIE D

Transmission de pièces à la justice de paix

POUR ENQUÊTE (a).

(Art. 12 de la loi du 9 avril 1898, modifié par la loi du 22 mars 1902.)

(1) Nom et prénoms.
(2) Date de la déclaration.
(3) Nom, adresse et qualité du déclarant.
(Si la déclaration est faite par la victime elle-même, indiquer ici les renseignements prévus sous le no 5.)
(4) Date et heure de l'accident.
(5) Nom, prénoms et adresse de la victime.
(6) Désignation et adresse de l'établissement.
(7) Formule à rayer suivant le cas.

Nous, soussigné (1)
maire de la commune d
transmettons avec la présente à M. le juge de paix du canton d
la déclaration faite à notre mairie le (2)
à   heure   par (3)
au sujet d'un accident survenu le (4)
à (5)
occupé dans (6)

Ci-joint le certificat médical déposé le
pour être annexé à la déclaration susvisée (7).

(*ou :*) Nous certifions qu'il n'a pas été déposé de certificat médical dans le délai prévu par la loi (7).

Fait à   , le   190 .

(*Signature.*)

(a) Cette déclaration doit être faite dans les vingt-quatre heures qui suivent le dépôt du certificat, et au plus tard dans les cinq jours qui suivent la déclaration.

Il doit faire cette transmission, dans tous les cas, sans se préoccuper des conclusions du certificat médical, ni se faire juge, sous quelque prétexte que ce soit, de l'opportunité de la transmission, et même lorsqu'il n'y a pas eu production du certificat médical, sauf à attester dans l'avis cette absence de certificat.

Cet envoi au juge de paix comprend les pièces originales. Il doit être effectué dans les délais que la loi a pris soin de spécifier, c'est-à-dire, en principe, *dans les vingt-quatre heures qui suivent le dépôt du certificat ;* s'il n'y a point eu production de certificat médical, « dans les cinq jours qui suivent la déclaration de l'accident ».

Ces transmissions, comme les envois d'avis au service de l'inspection, doivent être rigoureusement effectués dans le délai indiqué aux modèles, c'est-à-dire, en principe, « le jour même de la déclaration d'accident ». C'est seulement lorsque la déclaration a été faite.dans l'après-midi que la mairie a la faculté de remettre les envois correspondants à la « matinée du lendemain ».

Les maires doivent n'user que le moins possible de ces délais et prendre l'habitude d'assurer, autant que possible, dans une opération simultanée la réception des déclarations et l'envoi de toutes les pièces corrélatives. Le travail administratif des mairies s'en trouverait en réalité simplifié, en même temps que serait accrue la rapidité des transmissions.

Or, cette rapidité est indispensable pour que les ingénieurs des mines puissent établir, le cas échéant, leur rapport dans le court délai que leur assigne l'article 13, pour que les juges de paix puissent commencer sans retard leurs enquêtes, dont la promptitude multipliera les résultats, et pour que les inspecteurs du travail soient en mesure de relever, s'ils le jugent utile, sur le lieu de l'accident des indications encore assez précises pour permettre d'en prévenir le retour.

Enquête du juge de paix. — Lorsque, d'après le certificat médical, produit comme il a été dit, ou transmis ultérieurement par la victime à la justice de paix, la blessure paraît devoir entraîner la mort ou une incapacité permanente, absolue ou partielle de travail, ou lorsque la victime est décédée, le juge de paix, dans les vingt-quatre heures, procède à une enquête à l'effet de rechercher :

1° La cause, la nature et les circonstances de l'accident ;

2° Les personnes victimes et le lieu où elles se trouvent, le lieu et la date de la naissance ;

3° La nature des lésions ;

4° Les ayants droit pouvant, le cas échéant, prétendre à une indemnité, le lieu et la date de leur naissance ;

5° Le salaire quotidien et le salaire annuel des victimes [1] ;

6° La société d'assurance à laquelle le chef d'entreprise était assuré ou le syndicat de garantie auquel il était affilié.

Les allocations tarifées pour le juge de paix et son greffier en exécution de l'article 29 de la loi et de l'article 31 de la loi de finances du 13 avril 1900 sont avancées par le Trésor (*art. 12*).

On voit quelle est l'importance de cette enquête. Elle sert de base au règlement amiable ou judiciaire qui intervient ultérieurement entre le chef d'industrie et la victime [2].

Commencées dans les vingt-quatre heures de la réception des pièces transmises par le maire, par suite même de ce court délai, les constatations sont faites avant qu'il se soit produit dans l'état des lieux des modifications qui rendraient les recherches plus laborieuses. Au lendemain de l'accident, les témoignages seront également plus précis.

Si on l'envisage dans ses grandes lignes, on aperçoit que l'enquête a pour objet de fournir une réponse aux questions ci-après : l'accident est-il régi par la loi du 9 avril 1898 ? quelles suites aura-t-il pour la victime ? quelle sera la base des pensions ou indemnités et quels sont les ayants droit ?

Au surplus, le législateur a pris soin d'indiquer lui-même au magistrat instructeur tous les points sur lesquels doivent porter ses investigations.

Reprenons l'une après l'autre chacune de ces dispositions :

Cause, nature et circonstances de l'accident. — Le risque professionnel n'est encouru que si l'accident est survenu par le fait du travail ou à l'occasion du travail. La détermination de la cause et de la nature de l'accident est donc essentielle.

Il conviendra aussi de rechercher s'il y a eu faute soit de l'ou-

---

1. Les déclarations de salaires faites par l'ouvrier à l'enquête ou en conciliation n'ont nullement le caractère d'un contrat et elles peuvent être valablement complétées dans des conclusions en cours d'instance. (*C. ap. Grenoble, 1re ch., 8 août 1900.*)

2. Une partie ne saurait prétendre qu'une demande d'enquête introduite en cours d'instance est irrecevable, sous prétexte que, dans la procédure de la loi, l'enquête préalable est seule possible. (*Tr. civ. Versailles, 20 déc. 1900.*)

vrier, soit du chef d'industrie ou de ses préposés et de mettre en lumière toutes les circonstances qui sont de nature à permettre d'apprécier la gravité de cette faute. On sait, en effet, que la faute inexcusable de l'ouvrier ou du chef d'industrie peut entraîner une majoration ou une diminution du chiffre de la pension, et que la faute intentionnelle de la victime la prive de tout droit à une indemnité.

Les faits susceptibles de constituer des fautes sont trop nombreux et trop variables pour qu'il soit possible de les préciser. Ils consisteront fréquemment dans l'inobservation des règlements, l'absence de précautions, un vice de construction ou la défectuosité de l'outillage.

Enfin, il ne sera pas inutile de rechercher si l'accident ne se rattache pas à une faute commise par un tiers contre lequel l'ouvrier ou le chef d'industrie, subrogé aux droits de la victime, pourrait exercer, le cas échéant, une action en dommages-intérêts en vertu de l'article 1382 du Code civil.

La détermination des circonstances de l'accident (circonstances de temps et de lieu) a son importance, toujours pour permettre de savoir si le risque professionnel est encouru. L'heure et le lieu où l'accident s'est produit et l'occupation de l'ouvrier en ce moment feront ressortir s'il existe ou non une relation entre le fonctionnement de l'industrie et l'accident.

Après avoir établi en quel lieu (dans l'établissement ou en dehors de l'établissement) l'ouvrier ou l'employé a été blessé, le juge enquêteur recherchera donc si la victime était dans ce lieu, soit pour son travail normal, soit pour l'exécution d'un ordre qui lui aurait été donné ou d'une mission qui lui aurait été confiée.

Personnes victimes et lieu où elles se trouvent. — Cette recherche doit être la première préoccupation du juge de paix. La victime et, en cas de décès, ses représentants sont, en effet, appelés à l'enquête.

Lorsque la victime est dans l'impossibilité de se déplacer, le juge de paix est tenu de se rendre auprès d'elle pour recevoir sa déclaration et constater son état.

Cette prescription ne pourra pas être remplie par le magistrat instructeur en personne, lorsque la victime aura été transportée dans un autre canton. Dans ce cas, le juge chargé de l'enquête adressera à son collègue compétent une commission rogatoire dans laquelle il lui donnera toutes les indications nécessaires pour que ce dernier puisse remplir utilement son mandat. Il y joindra le certificat médical : la lecture de cette pièce, rapprochée de la constatation de l'état actuel du blessé, permettra au juge commis de savoir s'il convient de procéder à une expertise médicale. Il ne lui serait d'ailleurs possible d'ordonner cette mesure que si la commission rogatoire l'y autorisait.

Nature des lésions. — Le magistrat instructeur constatera dans son procès-verbal les lésions subies par le blessé. Il vérifiera si le certificat médical, qui lui a été transmis par le maire, rend suffisamment compte de l'état de la victime et des suites probables de l'accident.

Dans le cas où il le jugerait insuffisant, la loi l'autorise à désigner un médecin qui procédera à un nouvel examen, après avoir prêté serment.

Le médecin sera invité à décrire les lésions, à indiquer la date probable à laquelle la blessure sera consolidée, à dire s'il en résultera une incapacité permanente ou seulement une incapacité temporaire.

· Dans le cas d'incapacité permanente partielle, le rapport s'expliquera sur la diminution d'aptitude au travail qui sera éprouvée par la victime ; en cas d'incapacité temporaire, il indiquera la date probable de la guérison.

Le juge de paix n'usera qu'avec une grande réserve de la faculté qui lui est laissée de faire appel à un médecin. Le plus souvent, l'expertise n'aura aucune utilité et il conviendra de s'en tenir au certificat initial. La commission d'un médecin ne sera vraiment nécessaire que dans le cas où ce certificat n'aurait pas été dressé. On est encore trop près de l'accident pour que l'homme de l'art puisse se prononcer en connaissance de cause sur ses conséquences.

Les ayants droit. — Cette recherche s'impose en toute hypothèse, même lorsque la victime ne paraît pas en danger de mort. L'événement peut, en effet, tromper les premières prévisions.

Rappelons que les ayants droit sont : 1° le conjoint survivant, non divorcé ou séparé de corps, les enfants légitimes et les enfants naturels reconnus avant l'accident, lorsque ces enfants ont moins de seize ans ; 2° à défaut des personnes ayant les qualités qui viennent d'être indiquées, les ascendants et les descendants mineurs de seize ans qui étaient à la charge de la victime.

Le juge de paix devra donc rechercher la date de naissance des enfants et petits-enfants et se renseigner sur les circonstances établissant que la victime avait charge d'ascendants ou de descendants.

Forme de l'enquête. — L'enquête a lieu contradictoirement dans les formes prescrites par les articles 35, 36, 37, 38 et 39 du Code de procédure civile, en présence des parties intéressées ou celles-ci convoquées d'urgence par lettre recommandée.

Lorsque le chef d'industrie, la victime ou ses ayants droit, régulièrement convoqués, ne se rendent pas à cette convocation ou ne se font pas représenter, il est passé outre à l'enquête [1].

La loi fait un devoir au juge de paix de se rendre auprès de la victime lorsque celle-ci est dans l'impossibilité de se déplacer. Dans le cas contraire, elle s'en remet au magistrat enquêteur en ce qui touche l'opportunité d'un transport. Cette faculté résulte de l'application à notre matière de l'article 38 du Code de procédure civile, ainsi conçu : « Dans tous les cas où la vue du lieu peut être utile pour l'intelligence des dépositions..., le juge de paix se transportera, s'il le croit nécessaire, sur le lieu, et ordonnera que les témoins y seront entendus. » L'utilité du transport apparaît principalement lorsqu'il y a à faire des constatations matérielles.

Les témoins sont convoqués par les procédés les plus simples, afin d'éviter des frais inutiles. Un avertissement transmis verbalement ou une simple lettre suffit. Le juge de paix n'a recours à une citation par huissier que dans le cas où il est indispensable d'entendre une personne qui ne se serait pas rendue à une simple convocation.

Les articles 35, 36, 37 et 39 du Code de procédure civile doivent être observés pour l'audition des témoins.

Lorsque le certificat médical ne lui paraît pas suffisant, le juge de paix peut désigner un médecin pour examiner le blessé.

Le juge de paix peut commettre un expert pour l'assister dans l'enquête. Le rôle de l'expert consiste, en principe, à fournir les explications techniques nécessaires pour rendre plus intelligibles les déclarations des témoins. Rien ne s'oppose d'ailleurs à ce que le magistrat lui donne une mission plus étendue et le charge de dresser un procès-verbal renfermant un plan des lieux, toutes constatations utiles et des conclusions sur des questions spéciales. Toutefois, il est recommandé aux juges de paix de ne recourir à l'intervention d'un expert que s'il y a utilité manifeste. Il leur est facile de dresser un plan sommaire qui sera le plus souvent très suffisant et de recueillir en personne les renseignements techniques indispensables.

---

1. L'exploitant d'une batteuse qui n'a pas fait de déclaration d'accident et qui, pour cette raison, n'a pas été convoqué par le juge de paix dès le début de l'enquête, ne peut invoquer la nullité de cette enquête, sous prétexte qu'elle n'a pas été contradictoire à son égard. (*Tr. civ. Angers, 12 déc. 1899.* Réformé en appel : *16 janv. 1900.*)

L'article 12 de la loi prévoit trois hypothèses dans lesquelles cette recommandation d'ordre général se transforme en une interdiction absolue. Il n'y a pas lieu à nomination d'expert lorsque l'accident s'est produit :

1° Dans les entreprises privées administrativement surveillées, qui comprennent les mines, minières ou carrières, les chemins de fer privés et les appareils à vapeur [1] ;

2° Dans les entreprises de l'État placées sous le contrôle d'un service distinct du service de gestion. L'administration des chemins de fer de l'État rentre seule dans cette catégorie ;

3° Dans les établissements nationaux où s'effectuent des travaux que la sécurité publique oblige à tenir secrets. Les établissements de la Guerre et de la Marine affectés à la fabrication de la poudre, des canons ou des armes de guerre entrent dans cette catégorie.

Le juge de paix reçoit et annexe à son procès-verbal un exemplaire du rapport dressé soit par les fonctionnaires chargés de la surveillance et du contrôle des établissements susvisés, soit en matière d'exploitations minières, par les délégués à la sécurité des ouvriers mineurs. Il aura soin de réclamer cet exemplaire s'il se produit un retard dans sa transmission.

Les circonstances de l'accident seront très variables ; il peut se faire qu'il y ait présomption de crime ou de délit et que le ministère public ait requis l'ouverture d'une information. Il ne faut pas que les deux enquêtes, qui sont alors menées parallèlement, puissent se gêner et s'entraver. Le juge de paix devra restreindre son enquête : tout ce qui a trait à la cause de l'accident, aux personnes victimes et à la nature des lésions, sera complètement élucidé par le juge d'instruction ; le juge de paix n'aura, par suite, à se préoccuper que de la détermination des ayants droit et du calcul du salaire quotidien et du salaire annuel de la victime.

L'enquête, commencée dans les vingt-quatre heures qui suivent la réception de la déclaration, doit être close, au plus tard, dans les dix jours à partir de l'accident, sous réserve des cas d'impossibilité matérielle dûment constatés dans le procès-verbal.

---

1. Les appareils à vapeur, soumis au contrôle des ingénieurs des mines, sont donc administrativement surveillés et rentrent dans la catégorie des entreprises pour lesquelles il n'y a pas lieu à nomination d'expert après accident. (*Tr. civ. Nantes, 27 nov. 1899.*)

Après la clôture des opérations, le procès-verbal dressé par le juge de paix est déposé au greffe de la justice de paix. Les parties intéressées, averties de ce dépôt par lettre recommandée, peuvent, pendant un délai de cinq jours, venir prendre connaissance de l'enquête et se faire délivrer des extraits ou même des expéditions, affranchis du timbre et de l'enregistrement.

Le dossier est transmis au président du tribunal civil, à l'expiration du délai de cinq jours.

Sanctions pénales. — Le législateur, comprenant l'importance particulière des prescriptions qu'il édicte dans l'article 11, a d'ailleurs pris soin, dans l'article 14, de leur réserver une sanction pénale. Toute contravention à ces prescriptions est punissable d'une amende de 1 fr. à 15 fr. et, en cas de récidive, d'une amende de 16 à 300 fr. Cette sanction ne doit point rester ignorée des maires, qui sont le mieux à même d'en provoquer l'application aux chefs d'entreprise notoirement réfractaires ou négligents.

L'article 463 du Code pénal (admission de circonstances atténuantes) est applicable aux contraventions prévues.

Procédure proprement dite. — *Compétence.* — Les articles 15 et 16 de la loi attribuent la connaissance des litiges au juge du lieu de l'accident[1]. Cette compétence *ratione loci,* qui déroge au droit commun, se justifie par les facilités qu'elle donne pour l'instruction et l'accélération des procès.

Les actions sont portées, selon la nature de l'indemnité réclamée, devant le juge de paix ou devant le tribunal civil[2].

Le juge de paix connaît de toutes les demandes relatives aux

---

1. Sauf pour l'accident survenu à un ouvrier à l'étranger, qui ne peut vraiment être justiciable des tribunaux non français. La compétence est celle des juges du domicile de l'assujetti responsable. (*Tr. civ. Alais, 27 juin 1903.*)

2. Les contestations relatives aux accidents du travail échappent à la juridiction du Conseil de prud'hommes. (*Cons. prud. Orléans, 26 janv. 1900.*) — Le conseil, saisi d'une demande en indemnité de chômage pour blessure, se déclare d'office incompétent. (*Cons. prud. Seine, 19 sept. 1899.*)

— Les tribunaux de commerce sont en tous cas incompétents pour connaître des différends auxquels peuvent donner lieu, même envers les tiers, les accidents du travail. (*Tr. comm. Marseille, 8 mai 1900.*)

On a vu cependant que les conseils de prud'hommes connaissent des contestations relatives aux retenues sur les salaires touchant les primes d'assurance, et les tribunaux de commerce des contestations relatives aux polices d'assurances.

frais de maladie, aux frais funéraires et aux indemnités temporaires. Par une seconde dérogation au droit commun, ses décisions sont rendues *en dernier ressort* à quelque chiffre que la demande puisse s'élever. Elles sont seulement susceptibles d'opposition lorsqu'elles ont été rendues par défaut. Elles peuvent aussi être attaquées par la voie de recours en cassation pour excès de pouvoir [1].

JURISPRUDENCE. — 1. Le règlement des frais funéraires est de la compétence du juge de paix et le tribunal civil qui en serait saisi se déclare incompétent. (*Tr. civ. Saint-Yrieix, 31 oct. 1900; Bourgoin, 21 nov. 1900; Lyon, 28 mars et 30 nov. 1900.*)

Solution contraire. — Le tribunal civil est compétent pour le règlement des frais funéraires. (*Tr. civ. Bourg, 3 avr. 1900; Dijon, 28 juill. 1900.*)

2. Les demandes en payement de frais médicaux et pharmaceutiques sont en tous cas de la compétence du juge de paix, alors même que le tribunal civil serait saisi accessoirement d'une demande en règlement d'incapacité permanente partielle. (*Tr. civ. Beauvais, 11 janv. 1900; Lyon, 24 févr. 1900.*)

3. ...et le tribunal civil qui en est saisi, accessoirement à une demande d'incapacité permanente, se déclarera incompétent. (*Tr. civ. Beauvais, 11 janv. 1900; Lyon, 24 févr. 1900; Paris, 21 mars 1900; Lons-le-Saunier, 26 juill. 1900; Vannes, 2 nov. 1900; Chambéry, 2 déc. 1900; Saint-Amand, 27 déc. 1900.*)

4. ...alors même qu'il retiendrait à bon droit le règlement d'indemnité journalière. (*C. ap. Besançon, 14 févr. 1900; Lons-le-Saunier, Vannes, Chambéry, mêmes jugements.*)

Solution contraire. — La demande de payement des frais médicaux et pharmaceutiques introduite par la victime accessoirement à une demande principale de rentes et indemnités, est de la compétence du tribunal civil. (*Tr. civ. Sancerre, 26 déc. 1899.*)

5. Le règlement d'indemnité journalière est de la compétence du juge de paix. (*Just. P. Paris, 1er déc. 1899; Lyon, 2 févr. 1900; Tr. civ. Angers, 12 déc. 1899; Vervins, 5 janv. 1900; Toulon, 23 janv. 1900; C. ap. Douai, 26 févr. 1900; Tr. civ. Avesnes, 2 juin 1900.*)

6. ...alors même qu'il serait introduit au tribunal civil sous la forme d'une demande en provision alimentaire. (*Tr. civ. Seine, 6 nov. 1900.*)

7. Et le juge de paix procédera à ce règlement, alors même qu'une demande en fixation de rente viagère aurait été introduite et serait pendante devant le tribunal civil. (*Just. P. Paris, 6 déc. 1899; Lyon, 2 févr. 1900; Paris, 7 mars 1900.*)

Solution contraire. — Le tribunal civil saisi à la suite d'une déclaration

1. Conformément à la loi du 23 mai 1838, article 15. Comparer: CASS. civ., 29 janv., 16 déc. 1901, et 22 janv. 1902.

d'incapacité permanente est seul compétent pour assurer le règlement de toutes les conséquences de l'accident (*Tr. civ. Narbonne, 13 et 21 févr. C. ap. Angers, 16 janv. 1900*, Cass., *21 janv. 1903*); — la demande en règlement d'indemnité journalière introduite devant le juge de paix ne peut qu'être rejetée. (*Just. P. Paris, 5, 23 et 26 janv. 1900; Courbevoie, 6 févr. 1900; Tr. civ. Mirande, 17 mai 1900; Corbeil, 2 août 1900; Toulouse, 28 déc. 1900; C. ap. Lyon, 14 déc. 1900.*)

8. Le juge de paix doit en tout cas régler l'indemnité journalière, alors même que son incompétence serait invoquée à raison de ce que le tribunal civil sera saisi d'une exception tirée de la faute intentionnelle de l'ouvrier. (*Just. P. Neuilly-sur-Seine, 25 avr. 1900.*)

9. Le juge de paix est incompétent pour trancher la question de l'existence même de l'accident au cas d'incapacité permanente, et l'exception de litispendance soulevée auprès du tribunal civil sous le prétexte que le juge de paix est déjà saisi de cette question, sera par conséquent rejetée. (*Tr. civ. Saint-Étienne, 20 mars 1900.*)

10. L'ouvrier atteint d'une incapacité permanente ne peut réclamer devant le juge de paix l'attribution de l'indemnité journalière, alors qu'il est certain que l'indemnité est permanente, mais que le tribunal n'a pas encore statué (*Just. P. Villejuif, 14 août 1900*), et, d'une façon générale, le juge de paix doit se déclarer incompétent en cas de contestation sur le caractère personnel de l'accident qui entraînerait une incapacité permanente. (Cass., *3 févr. 1902.*)

Les demandes tendant à l'allocation de pensions, c'est-à-dire toutes les demandes autres que celles relatives aux frais de maladie, aux frais funéraires et aux indemnités temporaires, sont soumises au tribunal civil du lieu de l'accident. Les jugements sont susceptibles d'appel, conformément au droit commun. La voie de l'opposition et celle du recours en cassation restent également ouvertes comme en toute autre matière.

Les tribunaux de première instance ont encore à connaître des demandes en revision des indemnités.

Devant les juges de paix. — Bien que l'intention du législateur ait été de hâter la solution des litiges, il n'est pas douteux qu'à défaut d'une dérogation expresse sur ce point, l'instance doive être précédée de la tentative de conciliation prescrite par l'article 17 de la loi du 25 mai 1838. C'est surtout en cette matière qu'il convient de ne rien négliger pour amener entre les parties un arrangement amiable [1].

---

1. L'absence d'un avertissement en conciliation n'entraîne pas la nullité de la citation en justice de paix pour règlement d'incapacité temporaire. (*Just. P. Courbevoie, 20 mars 1900.*)

Aucune des indemnités déterminées par la loi ne peut être attribuée à la victime qui a intentionnellement provoqué l'accident. Mais le juge de paix n'a pas à rechercher s'il y a eu faute, même inexcusable, du chef d'industrie ou de l'ouvrier ; cette circonstance est sans influence sur le chiffre de la condamnation.

La procédure est suivie conformément aux règles du droit commun renfermées dans le livre Ier du Code de procédure civile.

Les décisions du juge de paix ne sont pas susceptibles d'appel [1]. Il n'est rien innové en ce qui concerne les jugements par défaut et les oppositions.

JURISPRUDENCE. — 1. Le tribunal civil qui juge que l'accident dont le règlement lui est soumis n'entraînera qu'une incapacité temporaire et non permanente, n'est pas compétent pour régler l'indemnité journalière et renvoie les parties à se pourvoir, à cet effet, devant le juge de paix. (*Tr. civ. Brioude, 23 mai 1900 ; Lyon, 26 mai 1900 ; Narbonne, 15 nov. 1900.*)

2. L'allocation de l'indemnité journalière préjugerait le fond ; elle ne peut être accordée. (*Tr. civ. Narbonne, 6 juin 1900.*)

3. Le règlement d'incapacité temporaire est de la compétence exclusive du juge de paix ; le tribunal civil saisi d'une demande de règlement d'incapacité permanente partielle et qui juge qu'il n'y a lieu qu'à règlement d'incapacité temporaire se déclarera donc incompétent (*Tr. civ. Le Havre, 11 janv. 1900*), au besoin d'office, si l'incompétence n'est pas invoquée par les parties. (*Tr. civ. Toulon, 23 janv. 1900 ; C. ap. Douai, 18 janv., 26 févr., 25 juill. 1900 ; Tr. civ. Saint-Amand, 27 déc. 1900.*)

4. Mais, si l'incompétence est invoquée par l'une des parties, le tribunal, saisi par l'autre d'une demande d'indemnité journalière, renverra les parties à se pourvoir devant le juge de paix. (*Tr. civ. Angers, 12 déc. 1899.* Confirmé en appel : *Angers, 16 janv. 1900.*)

Solution contraire. — Si les parties ne soulèvent pas l'exception d'incompétence, le tribunal réglera en tous cas à la fois les indemnités journalière et d'incapacité permanente. (*Tr. civ. Valenciennes, 23 nov. 1899 ;* Réformé en appel : *Douai, 18 janv. 1900 ; Tr. civ. Tonnerre, 4 janv. 1900 ; Seine, 13 janv. 1900 ; Villefranche, 2 févr. 1900 ; C. ap. Besançon, 28 févr. 1900 ; Tr. civ. Narbonne, 18 juill. 1900 ; Lons-le-Saunier, 24 juill. 1900 ; C. ap. Chambéry, 8 déc. 1900.*)

5. Le tribunal civil, saisi à la suite d'une déclaration d'incapacité permanente, pourra même réformer, en appel, des jugements de justice de paix. (*Tr. civ. Dôle, 13 avr. 1900.* Sol. contraire, *C. ap. Douai, 22 févr. 1900.*)

6. Le tribunal civil saisi simultanément de deux demandes, l'une en

---

1. Sauf si, outre la question d'indemnité journalière, elles tranchent les contestations relatives à la compétence et à l'application de la loi. (CASS., *27 oct. 1902.*)

payement d'une rente, l'autre en payement du demi-salaire, est compétent pour statuer sur la deuxième comme sur la première. (Cass., *21 janv. 1903.*)

7. Les attributions de juridiction de la loi du 9 avril 1898 ne sont pas d'ordre public ; si donc les parties ne soulèvent pas l'exception d'incompétence, le tribunal est compétent pour régler à la fois les indemnités journalière et d'incapacité permanente. (*Tr. civ. Valenciennes, 23 nov. 1899 ; Tonnerre, 4 ; Seine, 13 ; Villefranche, 27 janv. ; Alais, 8 févr. 1900.*)

Mais, si l'incompétence est invoquée par l'une des parties, le tribunal saisi d'une demande d'indemnité journalière renverra les parties à se pourvoir. (*Tr. civ. Angers, 12 déc. 1899.*)

8. Si l'une des parties demande acte au tribunal civil de ce qu'elle entend se pourvoir devant le juge de paix pour le règlement de l'indemnité journalière, le tribunal lui en donne acte, sans qu'il en puisse résulter qu'il se reconnaisse d'ores et déjà incompétent. (*Tr. civ. Yvetot, 28 juin 1900.*)

9. L'action de l'hospice qui réclame au patron tous les frais d'hospitalisation de l'ouvrier blessé est de la compétence du tribunal civil. (*Tr. civ. Rouen, 29 mai 1900.*)

10. La victime qui, pendant le cours de l'instance, prétend bénéficier de la majoration pour faute inexcusable du patron, ne peut agir que par voie de demande de provision devant le tribunal civil. (*Just. P. Paris, 22 déc. 1899.*)

11. En cas d'incertitude sur le caractère temporaire ou permanent de l'incapacité, le tribunal civil surseoira à statuer sur la question de compétence en matière d'indemnité temporaire et de frais médicaux dont la solution dépend du caractère de l'incapacité. (*Tr. civ. Marvejols, 19 oct. 1900.*)

12. L'attribution d'indemnité pour frais et démarches occasionnés par l'instance est de l'appréciation souveraine du juge de paix et ne saurait donner ouverture à un pourvoi en cassation. (Cass., *29 janv. 1901.*)

Tribunaux de première instance. — Les affaires sont jugées en suivant la procédure des matières sommaires.

L'enquête une fois parvenue au président, a lieu le préliminaire de conciliation. Dans les cinq jours à partir de la transmission du dossier de l'enquête, ce magistrat convoque les parties intéressées.

Cette convocation est faite soit par lettre recommandée, soit par l'intermédiaire du maire ou du commissaire de police. La forme importe peu ; il suffit que les intéressés soient prévenus en temps utile.

Chacune des parties peut se faire représenter, si elle le juge convenable. Cette faculté n'est pas, à la vérité, expressément accordée par la loi aux chefs d'industrie ; mais on ne saurait, dans le silence

du texte, la refuser à la victime, d'autant que celle-ci sera quelquefois dans l'impossibilité de se présenter.

Il est vraisemblable qu'un accord interviendra fréquemment,
grâce à la haute autorité du président du tribunal et à sa connaissance des faits, puisée dans l'examen des pièces de l'enquête. Lorsque ce résultat est obtenu, le président rend une ordonnance qui
donne acte aux parties de leur accord. Dans le cas contraire, l'affaire est renvoyée à l'audience, et le tribunal est saisi au moyen
d'une assignation délivrée par huissier.

JURISPRUDENCE. — 1. L'accord des parties en conciliation fixe l'indemnité, et l'ouvrier n'aurait pas d'action pour en obtenir la revision en dehors
du cas de l'article 19, spécialement par le motif que les pourboires
n'auraient pas été compris dans le salaire de base. (*Tr. civ. Albi, 30 nov.
1900.*)

2. N'est pas recevable l'appel formé contre une ordonnance de conciliation du président qui s'est borné à constater la non-conciliation des parties.
(*C. ap. Dijon, 19 déc. 1900.*)

3. L'ordonnance du président constatant la conciliation n'a pas de caractère juridictionnel, et une contestation peut être élevée sur cette ordonnance, même après les délais d'appel. (*Tr. civ. Dunkerque, 2 mars 1900.*
Confirmé en appel : *Douai, 19 juin 1900.*)

4. L'ordonnance du président ne doit pas être revêtue de la formule exécutoire. (*Tr. civ. Dunkerque, 2 mars 1900.*)

5. Le patron n'est pas admis à discuter, même pour cause d'erreur matérielle, un règlement fixé par l'ordonnance du président, après conciliation et accord sur la fixation du salaire de base. (*Tr. civ. Dax, 8 mars
1900.*)

6. Si le patron, d'accord avec la victime, s'engage en justice à faire les
frais d'un traitement thermal qui peut amener la guérison, le tribunal
pourra surseoir à statuer jusqu'à la fin du traitement qui doit fixer le caractère de l'incapacité. (*Tr. civ. Narbonne, 20 nov. 1900.*)

Toutes les fois qu'une expertise médicale sera ordonnée, soit par
le juge de paix, soit par le tribunal ou par la cour d'appel, l'expert
ne pourra être le médecin qui a soigné le blessé, ni un médecin
attaché à l'entreprise ou à la société d'assurance à laquelle le chef
d'entreprise est affilié. C'est là une garantie de plus d'impartialité.

Les jugements du tribunal civil sont susceptibles d'opposition et
d'appel, selon les règles du droit commun.

L'opposition n'est recevable, en cas de défaut, faute de constituer
avoué, sous réserve des dispositions de l'article 449 du Code de

procédure civile [1], que dans le délai de *quinze jours* à partir de la signification du jugement à personne. Lorsque le jugement est rendu par défaut, faute de conclure, l'opposition continue à être régie par l'article 157 du Code de procédure civile.

L'appel doit être interjeté dans les trente jours ; ce délai part de la date du jugement si la décision est contradictoire, et du jour où l'opposition n'est plus recevable, si elle a été rendue par défaut.

La cour statue d'urgence dans le mois de l'acte d'appel. Les parties peuvent se pourvoir en cassation.

JURISPRUDENCE. — 1. La demande d'indemnité journalière n'est pas une demande nouvelle et peut être introduite en appel si le montant de cette indemnité joint à celui de la rente sollicitée n'excède pas le chiffre des allocations réclamées devant les premiers juges. (*C. ap. Orléans, 30 mai 1900.*)

Solution différente. — La partie qui prend en appel des conclusions sur l'indemnité journalière sans avoir émis sur ce point aucune prétention en première instance, introduit une demande nouvelle, irrecevable sur l'appel du jugement. (*C. ap. Nancy, 20 déc. 1900.*)

2. Le délai d'appel fixé par la loi du 9 avril 1898 est fixe et ne peut pas être augmenté du délai des distances. (*C. ap. Agen, 7 août 1900.*)

3. Est irrecevable l'appel formé dans les huit jours d'un jugement sur accident du travail. (*C. ap. Lyon, 5 nov. 1900 ; Grenoble, 14 nov. 1900 ; Toulouse, 22 janv. 1901.*)

Solution contraire. — La disposition de l'article 449 du Code civil n'est pas applicable en la matière et l'appel est recevable. (*C. ap. Paris, 5 janv. 1901 ; Nancy, 15 janv. 1901.*)

4. L'appel est recevable en tous cas si le jugement attaqué était exécutoire par provision. (*C. ap. Paris, 5 janv. 1901.*)

5. L'ouvrier qui réclame une pension exagérée est condamné aux dépens. (*Tr. civ. Arbois, 11 sept. 1900 ; 18 oct. 1900 ; Lyon, 13 nov. 1900.*)

6. Le directeur technique d'une mine appartenant à une société anonyme, qui a représenté cette société dans la procédure à la suite d'un accident, la représente valablement et sans mandat spécial dans la procédure de la fixation de la rente. (*Tr. civ. Belfort, 12 avr. 1900.*) — Réformé en appel ainsi : une société anonyme propriétaire d'une usine n'est pas liée par le fait de son directeur technique qui a comparu à une procédure de fixation de rente sans mandat spécial à cet effet, et sans que les administrateurs aient été convoqués par le président. (*C. ap. Besançon, 11 juill. 1900.*)

---

1. L'article 449 du Code de procédure civile porte interdiction de relever appel dans la huitaine de la prononciation.

Mais, la cause n'étant pas en état, si le tribunal sursoit à statuer, et par suite l'indemnité journalière continuant à être servie, s'il a condamné, en attendant, le chef d'entreprise à payer une provision, sa décision sur ce point est exécutoire nonobstant appel.

7. Est condamnée aux dépens la partie qui offre une rente dérisoire. (*Tr. civ. Lectoure, 3 janv. 1900.*)

8. ...ou insuffisante. (*Tr. civ. Saint-Quentin, 5 janv. 1900 ; Lorient, 6 nov. 1900.*)

9. ...même si la demande de l'autre partie est exagérée. (*Tr. civ. Saint-Omer, 8 févr. 1900.*)

10. ...ou la partie dont les offres ne sont pas réelles (*Tr. civ. Besançon, 1er fév. 1900*), ou sont tardives (*Tr. civ. Lyon, 30 nov. 1900*).

11. ...ou qui ne fait qu'à l'audience des offres suffisantes. (*Tr. civ. Lons-le-Saunier, 8 juin 1900.*)

12. La conciliation devant le président est une transaction : le patron n'est donc pas fondé à demander que les dépens du procès soient mis à la charge de la veuve qui ne s'est pas conciliée devant le président et qui n'avait pas capacité pour transiger au nom de ses enfants mineurs. (*Tr. civ. Vannes, 22 juin 1900.*)

13. Dans un litige sur un règlement d'indemnité journalière, la partie qui ne prouve pas qu'elle a offert de payer les sommes par elle dues est condamnée aux dépens. (*Just. P. Marseille, 10 oct. 1899.*)

14. L'ouvrier qui conclut à ce que le patron soit condamné non seulement à lui payer les indemnités de la loi, mais à l'indemniser du préjudice causé, à raison d'une retenue qu'il subissait à cet effet sur son salaire, introduit une demande nouvelle qui nécessite une nouvelle instance. (*Tr. civ. Trévoux, 14 août 1900.*)

Prescriptions. — L'action en indemnité prévue par la loi se prescrit par un an à dater du jour de l'accident ou de la clôture de l'enquête du juge de paix, ou de la cessation du payement de l'indemnité temporaire.

On a voulu, au point de vue de la paix sociale, que les questions qui naissent des accidents industriels fussent résolues dans un bref délai. Il est également nécessaire de ne pas laisser les chefs d'industrie sous le coup de réclamations tardives et par cela même suspectes. La présomption de responsabilité qui pèse sur eux trouve sa contre-partie dans une courte prescription.

L'article 55 de la loi du 10 août 1871 et l'article 124 de la loi du 5 avril 1884 ne sont pas applicables aux instances suivies contre les départements ou les communes, en exécution de la présente loi.

La demande en revision de l'indemnité fondée sur une aggravation ou une atténuation de l'infirmité de la victime ou son décès par suite des conséquences de l'accident, est ouverte pendant trois ans à dater de l'accord intervenu entre les parties ou de la décision définitive.

Le titre de pension n'est remis à la victime qu'à l'expiration des trois ans.

JURISPRUDENCE. — 1. L'introduction d'une demande d'indemnité jou:nalière interrompt la prescription de l'action en règlement d'incapacité permanente. (*Tr. civ. Fontainebleau, 26 déc. 1900.*)

2. La prescription de l'action en indemnité pour incapacité permanente est interrompue par la seule comparution en conciliation, alors même que l'ordonnance n'aurait été rendue qu'après le délai d'un an. (*Tr. civ. Lyon, 28 déc. 1900.*)

3. La prescription de l'article 18 de la loi du 9 avril 1898 est acquise contre l'ouvrier qui, victime d'un accident du travail avant la promulgation de la loi du 22 mars 1902, a attendu plus d'un an après son accident pour introduire sa demande en payement de la rente viagère. La demande en payement de l'indemnité de demi-salaire pour cause d'incapacité temporaire n'est pas interruptive de prescription de la demande en payement de rente viagère. (*Tr. civ. Seine, 2 juill. 1902;* CASS., *1ᵉʳ avr., 20 mai, 24 juin 1903.*)

4. La prescription est suspendue par l'ignorance de fait ou de droit de l'ouvrier (*C. ap. Angers, 23 juin 1902; Rennes, 27 mai 1902*); par l'ordonnance de clôture de l'enquête du juge de paix, non suivie de transmission du procès-verbal au président du tribunal, jusqu'à la réouverture de l'enquête (*C. ap. Paris, 10 avr. 1902*); par la minorité (*Tr. civ. Besançon, 6 juin 1901; C. ap. Grenoble, 19 mai 1902*); solution contraire (*Tr. civ. Aix, 27 janv. 1902*); par l'accord des parties pour la remise de la tentative de conciliation à une date ultérieure (*C. ap. Paris, 10 avr. 1902*).

...mais elle n'est pas suspendue pendant l'accomplissement des formalités de procédure imposées par la loi (*C. ap. Paris, 27 juin 1902*).

5. La prescription est interrompue par la déclaration d'accident faite par l'ouvrier à la mairie (*C. ap. Limoges, 5 mai 1902*); par l'enquête du juge de paix (*C. ap. Bordeaux, 14 mai 1901 ;* CASS., *29 avr. 1903*); par l'introduction d'une demande d'indemnité journalière (*Tr. civ. Fontainebleau, 26 déc. 1900*); par les diligences de l'ouvrier pour sauvegarder ses droits, alors même que la procédure serait irrégulière (*Tr. civ. Versailles, 30 avr. 1901 ; C. ap. Douai, 28 avr. 1902*); par l'offre d'une rente à l'enquête (*C. ap. Douai, 14 mai 1901*); par la seule comparution en conciliation (*Tr. civ. Angoulême, 23 janv. 1901*); par la reconnaissance de l'accident à l'enquête (*C. ap. Caen, 6 févr. 1901; Rennes, 27 mai 1902*); par le payement de l'indemnité journalière (*C. ap. Rouen, 6 avr. 1901*).

...mais non par l'action introduite en vertu de l'article 1382 du Code civil. (CASS., *17 déc. 1902.*)

Assistance judiciaire. — Le bénéfice de l'assistance judiciaire est accordé de plein droit, sur le visa du procureur de la République, à la victime de l'accident ou à ses ayants droit devant le président du tribunal civil et devant le tribunal.

Le procureur de la République procède comme il est prescrit à l'article 13 (§§ 2 et suivants), de la loi du 22 janvier 1851, modifiée par la loi du 10 juillet 1901.

La loi du 22 janvier 1851 réserve l'assistance judiciaire à nos nationaux, lorsqu'il est établi que leurs ressources sont insuffisantes pour leur permettre d'exercer leurs droits en justice. Par dérogation à ces règles, dans la matière régie par la loi de 1898-1902, l'assistance judiciaire est accordée toujours et de plein droit à la victime de l'accident ou à ses ayants droit ; il n'y a pas lieu de se préoccuper de leur nationalité, non plus que de leur situation pécuniaire, qui sera, d'ailleurs, généralement fort précaire.

Ce bénéfice s'applique aux instances devant la justice de paix ou le tribunal civil, ainsi qu'à tous les actes d'exécution et aux contestations incidentes à toutes les décisions judiciaires.

Devant les justices de paix, il suffit que la victime de l'accident s'adresse au juge de paix pour exercer son droit à l'assistance. Après s'être assuré que l'on est bien sous l'empire de la loi du 9 avril 1898, ce magistrat invite le syndic des huissiers à désigner l'huissier qui prêtera son ministère à l'assisté (*art. 13, § 4, de la loi du 22 janvier 1851*). Il devra faire parvenir au receveur de l'enregistrement un avis destiné à suppléer à l'envoi d'un extrait de la décision du bureau, prescrit, en matière ordinaire, par le dernier alinéa de l'article 13 de la loi de 1851.

Devant les tribunaux civils, le président du tribunal adresse au procureur de la République, dans les trois jours de la comparution des parties, un extrait de son procès-verbal de non-conciliation ; il y joint les pièces de l'affaire.

Le procureur vérifie si la demande est formée en vertu de la loi du 9 avril 1898 ; il est, de plus, chargé de remplir la mission conférée au président du tribunal par l'article 13 de la loi du 22 janvier 1851. C'est à lui qu'incombe le soin de faire désigner l'avocat, l'avoué et l'huissier qui prêteront leur ministère à l'assisté. Il doit aussi transmettre un avis au receveur de l'enregistrement.

L'assistance judiciaire s'applique à toutes les demandes soumises au tribunal qui ont pour objet soit le règlement des indemnités, soit leur revision, soit l'attribution en espèces à la victime du quart au plus du capital nécessaire à l'établissement de la rente qui lui est allouée, soit enfin la constitution d'une rente réversible sur la tête du conjoint.

Le bénéfice de l'assistance judiciaire s'étend de plein droit aux instances devant le juge de paix, à tous les actes d'exécution mobilière et immobilière et à toute contestation incidente à l'exécution des décisions judiciaires. L'assisté devra faire determiner par le bureau d'assistance judiciaire de son domicile la nature des actes et procédure d'exécution auxquels l'assistance s'appliquera.

De plus, l'enquête étant faite d'office par l'autorité judiciaire, les frais qu'elle nécessite doivent être nécessairement avancés par le Trésor. Il ne saurait en être autrement sous peine d'aboutir à une impossibilité d'exécution.

L'article 14, § 8, de la loi du 22 janvier 1851, relatif aux frais avancés par le Trésor et applicable à l'enquête du juge de paix, vise les frais de transport des juges, des officiers ministériels et des experts, les honoraires de ces derniers et les taxes des témoins. Or, l'enquête du juge de paix entraînera d'autres dépenses pour la convocation des témoins et l'envoi de lettres recommandées aux parties intéressées. Par extension des dispositions de l'article 14 prérappelé, ces dépenses seront également supportées par le Trésor, sauf son recours en cas de condamnation prononcée contre l'adversaire de l'assisté.

Ce recours, qui s'exercera conformément aux dispositions des articles 17 et 18 de la loi de 1851, comprendra également les émoluments dus aux officiers ministériels. A cet effet, les frais de l'enquête entreront dans les dépens de l'instance en règlement d'indemnité suivie devant le tribunal.

Le bénéfice de l'assistance judiciaire s'applique de plein droit à l'*acte* d'appel. Le premier président de la cour, sur la demande qui lui sera adressée à cet effet, désignera l'avoué près la cour dont la constitution figurera dans l'*acte* d'appel, et commettra un huissier pour le signifier.

En étendant le bénéfice de l'assistance judiciaire aux *actes d'exécution*, la loi de 1898-1902 a comblé, dit-on, dans la matière spéciale qu'elle a pour objet de régler, une lacune signalée depuis longtemps, car le jugement ou l'arrêt de condamnation obtenu par l'assisté est inutile souvent entre ses mains, ses ressources ne lui permettant pas d'en poursuivre l'exécution et tout crédit lui étant refusé. Mais ces difficultés ne sont pas évitées à l'ouvrier, victime d'un accident industriel, ou à ses ayants droit. Le procureur de la République, il est vrai, visera leur titre après s'être assuré qu'il est régulier et que la matière est régie par la loi ; il procédera ensuite, au lieu et place du président du tribunal, ainsi qu'il est prescrit par l'article 13 de la loi du 22 janvier 1851. Et puis, à quoi tout cela aboutira-t-il ?

L'article 22 de la loi de 1898-1902 ne parle ni des instances d'appel, ni des pourvois devant la Cour de cassation. Ici, le droit commun reprend son empire. (*Art. 9, §§ 2 et 3, L. 22 janv. 1851.*) La victime de l'accident qui se pourvoit devant le bureau d'assistance judiciaire pour en obtenir le bénéfice en vue de *toute la procédure* d'appel n'est que dispensée de fournir les pièces justificatives de son indigence. Et alors, la belle affaire, si, ayant pu signifier gratuitement qu'elle faisait appel, elle ne peut, n'ayant plus de plein droit l'assistance judiciaire, poursuivre l'instance d'appel ! L'assistance judiciaire bornée aux actes d'exécution est un leurre pour l'ouvrier qui ne jouit de l'assistance, sur appel émis ou sur pourvoi formé par lui, qu'autant que l'admet le bureau des cours d'appel ou de cassation.

L'ouvrier ou l'employé, victime d'un accident, continue à jouir du bénéfice de l'assistance judiciaire sur l'appel interjeté contre lui, dans le cas même où il se rendrait incidemment appelant. Il continue pareillement à en jouir sur le pourvoi en cassation formé contre lui.

Gratuité des actes, du timbre et de l'enregistrement. — Les procès-verbaux, certificats, actes de notoriété, significations, jugements et autres actes faits ou rendus en vertu et pour l'exécution de la présente loi, sont délivrés gratuitement, visés pour timbre et enregistrés gratis lorsqu'il y a lieu à la formalité de l'enregistrement. Un décret du 5 mars 1899 détermine les émoluments des greffiers de justice de paix pour leur assistance et la rédaction des actes de notoriété, procès-verbaux, certificats, significations, jugements, envois de lettres recommandées, extraits, dépôts de la minute d'enquête au greffe, et pour tous les actes nécessités par l'application de la loi, ainsi que les frais de transport auprès des victimes et d'enquête sur place.

Une circulaire ministérielle, en date du 10 octobre 1899, concerne le remboursement des frais d'envoi de convocation par lettre recommandée pour tentative de conciliation devant le président.

Le décret du 31 mai 1900 règle les frais de transport des juges de paix en matière d'accidents du travail [1].

---

1. Lorsque le juge de paix se transporte à plus de deux kilomètres du chef-lieu de canton pour l'exécution de la loi du 9 avril 1898, il lui est alloué :

1° Par kilomètre parcouru, en allant et en revenant, si le transport est effectué par chemin de fer, 0 fr. 20 c. ; si le transport a lieu autrement, 0 fr. 40 c. ;

2° Une indemnité de 4 fr.

Si les opérations exigent un déplacement de plus d'une journée, l'indemnité est de 6 fr. par journée.

6. — Législation comparée.

Vue d'ensemble. États-Unis, Angleterre, Danemark, Espagne, Allemagne, Luxembourg, Autriche, Hollande, Grèce, Russie, Finlande. Tableau comparé et synoptique.

Vue d'ensemble. — La doctrine du risque professionnel tend à prévaloir désormais dans les législations des différents pays. Il n'en est plus que fort peu où la réparation des accidents du travail n'a donné lieu à aucune législation spéciale, et reste soumise par conséquent aux principes de droit commun en matière d'accidents, le patron ne pouvant être tenu de réparer l'accident survenu à un de ses ouvriers que lorsque celui-ci fait la preuve que l'accident est dû à la faute, à la négligence du patron ou d'une personne dont le patron est responsable. C'était le système français avant la loi de 1898, et qui régit encore les accidents du travail non assujettis à cette loi.

Et c'est le système qui prévaut encore en Belgique, où, sauf l'article 11, § 3, de la loi du 20 mars 1900 sur le contrat de travail, aux termes duquel « le chef d'entreprise a l'obligation de veiller avec la diligence d'un bon père de famille et malgré toute convention contraire, à ce que le travail s'accomplisse dans des conditions convenables au point de vue de la sécurité et de la santé de l'ouvrier, et que les premiers secours soient assurés à celui-ci en cas d'accident », aucun texte ne consacre formellement la responsabilité patronale [1].

C'est encore, dans bien des cas, le système en vigueur aux États-Unis, où les lois particulières de nombre d'États tendent seulement soit à diminuer les risques d'accidents (loi sur le travail dans les mines, les chemins de fer, les fabriques), soit à établir la responsabilité pécuniaire du patron dans les accidents imputables à sa négligence ou à la faute de ses subordonnés. Vingt-cinq États environ ont adopté des lois modifiant les principes du droit commun sur la négligence du patron; les autres se bornent à appliquer le droit commun [2].

---

1. Il est vrai qu'un projet de loi, tendant à consacrer le principe du risque professionnel, avec assurance obligatoire, est en suspens devant le Parlement belge, en faveur des ouvriers et apprentis de l'industrie régis par la loi du 10 mars 1900 sur le contrat de travail.

2. En ce qui concerne le droit commun, les principes généralement adoptés par les tribunaux de l'Union dans les accidents du travail sont les suivants :

Le patron est responsable des accidents imputables à sa négligence, c'est-à-dire

En *Suisse*, les lois fédérales des 25 juin 1881 et 26 août 1887 posent expressément la présomption de la faute du patron et mettent à sa charge la réparation totale du préjudice, s'il ne prouve la faute de la victime, ou d'un tiers, ou le fait de force majeure. Responsable aussi des cas fortuits, il ne doit d'ailleurs qu'une indemnité dérisoire [1].

Quant aux pays où la réparation des accidents a pour base la doctrine du risque professionnel, c'est-à-dire où, l'accident du travail étant considéré comme un risque inhérent à l'exercice de la profession industrielle, la réparation doit être mise à la charge de cette profession, on peut les classer en trois catégories :

Dans la première prennent place les pays qui ont simplement

---

lorsqu'il a agi imprudemment, négligé ou oublié de prendre les précautions d'usage. Il doit donner à ses ouvriers des machines, outils, matériaux dont le maniement n'offre pas de danger, ou si la nature du travail l'exige, prendre les mesures que dicte la prudence. Il n'est pas responsable des accidents survenus aux ouvriers d'un de ses soumissionnaires dont il n'a pas directement contrôlé le mode de travail.

Une fois ces précautions prises, l'ouvrier court tous les risques inhérents à son emploi ; il ne peut réclamer une indemnité pour un accident survenu dans un travail dont on lui a fait voir le danger, ou qu'il est censé savoir dangereux. Toutefois, il a droit à un recours si l'accident est causé par des machines, par le mode de travail adopté, etc., s'il n'a pas été mis en garde au préalable. — Le patron est responsable des accidents causés par la négligence de toute personne à qui il a délégué ses pouvoirs, et, *en général*, de ceux causés par la faute d'un autre ouvrier.

L'ouvrier victime d'un accident imputable à la négligence d'un patron ne peut réclamer une indemnité s'il y a en même temps faute de sa part, à moins que le patron ayant eu connaissance du danger offert par le travail ait négligé de prendre aussitôt les précautions nécessaires, ou ait laissé se produire l'accident. Enfin, le patron ne peut, par contrat passé avec l'ouvrier, dégager sa responsabilité pour les accidents a venir.

1. Un projet de loi voté par l'Assemblée fédérale, le 5 octobre 1899, instituant l'assurance obligatoire, sur les principes de la législation allemande, a été rejeté par un referendum, le 20 mai 1900. Le projet refondu a été de nouveau déposé.

La Suisse a, de plus, une loi fédérale du 28 juin 1901, relative à l'assurance des militaires contre la maladie et les accidents.

Elle renferme des dispositions concernant l'allocation : 1º d'une rente annuelle d'invalidité qui, en cas d'incapacité totale permanente, équivaudra normalement au produit des 70 p. 100 du salaire journalier, multipliés par 300, mais qui, si les ouvriers frappés d'incapacité de travail complète se trouvent en même temps dans un état d'indigence, pourra être portée à 100 p. 100 du salaire annuel ; 2º d'une indemnité pour frais d'enterrement, en cas de décès de l'assuré ; 3º dans cette même hypothèse, d'une rente servie aux veuve et orphelins, et dont le montant sera égal aux 40 p. 100 (s'il y a des enfants de moins de 18 ans, aux 63 p. 100) du salaire annuel de la victime ; 4º d'une rente à ses père et mère, à ses frères et sœurs et, le cas échéant, à ses grands-parents, s'il n'y a ni femme ni enfants. Les frais, du chef de l'assurance militaire contre les accidents et l'invalidité, sont couverts comme ceux de l'assurance des militaires contre la maladie, par la Confédération, mais toujours sous la même réserve à l'égard des cantons que celle formulée au regard du fonctionnement de l'assurance-maladie ordinaire. La somme à inscrire annuellement dans le budget pour l'assurance-invalidité doit être au moins de 500 000 fr.

consacré le principe du risque professionnel, sans se préoccuper de garantir la victime contre l'insolvabilité du patron. Ce sont notamment l'Angleterre, le Danemark, les colonies australiennes où la loi se borne à donner à la victime un privilège sur les sommes qui peuvent être dues à un patron[1], la Colombie britannique où la victime a un privilège sur l'actif dû au patron par les compagnies d'assurances, l'Espagne où la loi du 30 janvier 1900 est absolument muette à ce sujet.

Une deuxième catégorie comprend les pays où l'on a pensé que pour sa propre garantie le patron devait assurer ses ouvriers contre les accidents, mais où l'on a laissé l'assurance facultative. C'est le système français où, comme on le sait, l'ouvrier a une créance privilégiée sur les biens du patron pour l'indemnité qui lui est due en cas d'incapacité temporaire, et la garantie de la Caisse nationale des retraites en cas d'incapacité permanente ou de décès. C'est aussi le système de la Suède, où la loi prévoit la création, par l'État, d'un établissement royal d'assurance.

Enfin, dans la troisième catégorie rentrent tous les États qui édictent l'assurance obligatoire, quelle que soit d'ailleurs la diversité des systèmes adoptés à cet égard. Ce sont notamment l'Allemagne, l'Autriche, la Norvège, la Finlande[2], la Roumanie (*L. 1895*), l'Italie, la Hollande, la Grèce, la Russie, le Luxembourg.

En *Allemagne*, la loi tient collectivement responsables de l'indemnité tous les patrons d'une même industrie groupés en associations mutuelles; en *Autriche* cette responsabilité incombe aux associations territoriales de patrons et d'ouvriers supportant les charges dans les proportions respectives de 90 p. 100 et de 10 p. 100.

L'assurance est faite et garantie par l'État en *Norvège* (établissement central d'assurance, *L. 23 juill. 1894* modifiée le *6 août 1897*), en Finlande (*L. 5 déc. 1895*), en *Hollande* (banque royale d'assurance, *L. 2 janv. 1901*). En *Italie* l'assurance est faite, excepté pour les compagnies de chemins de fer, soit par la Caisse nationale d'assurance (travaux de l'État, des provinces et communes), soit par des sociétés privées autorisées, soit par des syndicats d'assurance

---

1. Consulter la loi du 19 février 1902 de l'Australie occidentale (*Bull. off. intern.*, oct. 1902) ainsi que celle du 21 juin 1902 de la Colombie britannique.

2. Une loi finlandaise du 9 octobre 1902 comporte pour l'armateur la réparation obligatoire des blessures corporelles qui atteignent le matelot dans sa profession.

mutuelle de patrons occupant ensemble au moins 4 000 ouvriers et fournissant à la caisse des dépôts le cautionnement prévu, soit par des caisses autorisées pouvant pourvoir d'un façon permanente aux risques d'au moins 500 ouvriers et fournissant les garanties requises.

En *Russie,* la loi impose au Trésor l'obligation de verser des indemnités aux victimes d'accidents dans les mines ou fabriques de l'État.

Mais quel que soit le système adopté au regard de la garantie et de l'assurance, dans tous les pays où fonctionne la théorie du risque professionnel, le patron est tenu responsable de tous les accidents du travail qui ne sont pas imputables à la faute volontaire ou à la malveillance de l'ouvrier. Les patrons doivent collectivement ou individuellement, selon les pays, supporter la charge de l'assurance. Les indemnités payées ainsi directement par l'employeur sont en fin de compte supportées par la collectivité sous forme d'augmentation du prix des produits manufacturés. Afin de permettre aux patrons de se décharger de ces frais et de pouvoir, en connaissance de cause, répartir ces risques au compte des frais généraux, ces lois prescrivent le taux des indemnités à payer pour les divers accidents, depuis ceux entraînant une incapacité de travail temporaire jusqu'à ceux qui ont causé la mort.

Ces lois ne s'appliquent, en général, qu'aux industries les plus dangereuses (mines, carrières, transports, bâtiment, constructions mécaniques, fabriques employant des moteurs mécaniques ou occupant plus d'un certain nombre d'ouvriers). La loi allemande, la première en date, a été successivement étendue à toutes les industries (excepté aux petits artisans, employés de magasins, domestiques); elle est actuellement celle dont l'étendue est le plus considérable.

Dans trois pays, *Roumanie, Grèce* et *Russie,* la loi ne vise respectivement que les mines, les mines et hauts fourneaux, les mines et fabriques de l'État.

Au *Japon,* l'ordonnance impériale n° 191 (en vigueur depuis le 1er septembre 1902) accorde aux ouvriers des arsenaux et familles d'ouvriers décédés une rente annuelle et une indemnité, lorsque, par suite d'un accident survenu ou d'une maladie contractée dans l'exercice de ses fonctions, l'ouvrier a perdu l'usage d'un ou plusieurs membres, et est ainsi devenu inapte au travail, ou, lorsqu'il meurt sans avoir touché de rente annuelle, à sa famille, par ordre de préséance d'héritage, et ensuite en faisant passer les femmes après les hommes et les personnes âgées avant les jeunes gens.

Dans tous les pays, excepté l'Italie, où l'assurance est obligatoire, la loi porte que la victime recevra une pension plutôt qu'un capital; la pension représente d'ordinaire un tant pour cent du salaire moyen.

États-Unis. — Parmi les lois spéciales votées par les divers États, on sait que les unes se bornent à énoncer simplement ou à développer plus ou moins les principes du droit commun; d'autres adoptent des dispositions tout à fait différentes. Beaucoup d'États, précisant en cela le droit commun, ont par des actes législatifs cherché à protéger l'existence et la santé des ouvriers et imposé de ce chef aux patrons certaines obligations; de ce nombre sont les lois réglementant le travail dans les usines, les fabriques (aération, entourage des machines, appareils de sauvetage, heures de travail, etc.) et les chemins de fer (appareils de sauvetage, etc.). Ainsi dans vingt et un États, un territoire, et dans la législation fédérale, il est stipulé tout au moins que le patron qui aura négligé ou refusé de se conformer aux prescriptions de ces lois sera responsable des accidents du travail à moins qu'il ne puisse établir la faute de l'ouvrier (Arkansas, Californie, Colorado, Illinois, Indiana, Iowa, Kansas, Massachusetts, Michigan, Minnesota, Missouri, Nebraska, New-Jersey, Caroline-Nord, Ohio, Pensylvanie, Rhode-Island, Washington, Wisconsin, Wyoming, district de Colombie, territoire du Nouveau-Mexique). La plupart de ces lois, dont la première a été votée en 1872 (Californie) et la dernière en 1897 (Caroline-Nord), autorisent la victime à demander par voie judiciaire une indemnité au patron; toutefois, elles ne déclarent presque jamais explicitement que le patron est « responsable ». C'est là rester dans le droit commun; toutefois comme en droit commun on ne peut réclamer une indemnité pour un accident mortel, quelques États (Colorado, Illinois, Indiana, etc.) autorisent un recours en cas de décès de la victime.

Cinq États (Californie, Minnesota, Montana, Dakota-Nord, Dakota-Sud) ont voté des lois identiques appliquant le droit commun dans les relations de patron à employé. « Le patron doit dédommager celui qu'il emploie de toutes les dépenses ou pertes subies dans l'exercice de son travail ou en exécutant les ordres qu'il reçoit et qu'il considère comme conformes à la légalité. Toutefois, il ne devra aucune compensation pour pertes provenant des risques inhérents au travail ou causées par un tiers employé dans la même entreprise qu'il aura choisi à la légère. »

Plusieurs États ont modifié les principes du droit commun sur la responsabilité des patrons pour des accidents causés par la négligence d'un ouvrier ou co-employé.

Dans dix-sept d'entre eux (Géorgie, Iowa, Montana, Kansas, Wisconsin, Massachusetts, Minnesota, Floride, Mississipi, Texas, Nouveau-Mexique, Arkansas, Caroline-Nord et Sud, Missouri, Dakota-Nord), la loi ne concerne que les accidents survenus à des employés au service d'une compagnie de chemins de fer. Dans six autres (Alabama, Massachusetts, Indiana, Colorado, Utah, Mississipi, New-York) le législateur, allant plus loin, a étendu cette modification à presque toutes les catégories d'ouvriers. La loi d'Alabama (1885) est, en substance, la répétition de la loi anglaise de 1880 ; elle s'applique à tous les ouvriers sans exception. Elle autorise l'ouvrier, victime involontaire d'un accident causé par la négligence d'une des personnes qu'elle énumère, à demander une indemnité « tout comme s'il était un étranger non au service du patron ». En cas de mort, les ayants droit peuvent intenter également une action judiciaire.

La loi de Massachusetts (1887) fait exception pour les domestiques et les ouvriers agricoles et limite le maximum de l'indemnité ; celle d'Indiana (1893) ne vise que les compagnies incorporées et non les patrons individuels et prévoit l'indemnité en cas de décès ; celle du Colorado (1893) vise tous les patrons, limite l'indemnité et rend les patrons responsables d'accidents arrivés aux ouvriers d'un de ses soumissionnaires ; en outre, elle stipule que l'employé qui, par sa négligence, a causé l'accident, sera co-responsable, et pourra être condamné à une partie des dommages. La loi de l'Utah enfin (1896) s'applique à tous les patrons. La loi du Mississipi, telle que modifiée en 1898, vise les ouvriers au service de toute corporation et distingue, dans une entreprise, diverses catégories de travaux : un employé n'est pas responsable de la faute d'un ouvrier employé à une autre catégorie de travail. Elle autorise une action judiciaire en cas de mort de la part des ayants droit.

La loi de New-York du 15 avril 1902 stipule que tout ouvrier victime involontaire d'un accident « imputable à la négligence du patron ou d'un de ses agents, a les mêmes droits à l'indemnité que s'il n'avait pas été au service du patron », en cas de mort (les héritiers peuvent intenter une action judiciaire), et porte que le patron qui aura versé à une caisse d'assurance mutuelle ou de secours pourra obtenir la réduction de l'indemnité qu'il doit payer à la victime « en établissant la proportion existant entre ses cotisations et le secours en espèces touché par la victime en vertu des cotisations versées par lui [1] ».

La loi du 17 juin 1901, dans le Connecticut, par des dispositions spéciales, a posé expressément le principe de la responsabilité pour *culpa in eligendo*.

Afin de dégager leur responsabilité soumise au droit commun ou aux lois spéciales en cas d'accident, les patrons ont pris plus ou moins l'habitude d'exiger de l'ouvrier, avant de l'embaucher, un engagement par lequel il renonce à invoquer cette responsabilité. Cette pratique est généralement condamnée par les tribunaux américains. Deux États (Géorgie, 1896, et Massachusetts, 1894) ont interdit par des lois spéciales tous les contrats de ce genre, tandis que l'Ohio (1890) ne les défend que dans les chemins de fer [2].

En outre, treize États ont introduit dans leurs lois sur la responsabilité une clause déclarant nul tout contrat limitatif ou restrictif; trois d'entre eux interdisent tout « règlement » à ce sujet.

Enfin l'État d'Ohio (1898) a édicté que le fait, pour un ouvrier, de s'affilier à une société de secours fondée ou subventionnée par le patron, et de recevoir de cette société des indemnités en cas d'accident, ne le prive pas de son droit d'invoquer la responsabilité du patron.

---

1. Par suite de la multiplicité des lois votées par les États, de la diversité des jugements rendus par les divers tribunaux et par suite, enfin, de la variété des cas qui peuvent se présenter, le résultat des actions judiciaires intentées pour obtenir une indemnité en cas d'accident est toujours difficile à prévoir. C'est pour cela que l'ouvrier préfère souvent transiger ou renoncer à une action plutôt que de courir les chances d'un procès, avec ses frais et son aléa ; c'est pour cela aussi que bien souvent les patrons se voient intenter un procès long et coûteux que rien ne justifie.

On ne peut dire si, pour remédier à l'état de choses actuel, on adoptera le système de réparation, appliqué en Angleterre et en Allemagne, ou si l'on préférera en Amérique une méthode différente ; en tout cas, aucun État de l'Union ne s'en est jusqu'ici préoccupé. Il est plus que probable que si la législation actuelle doit être un jour modifiée radicalement, l'initiative de cette réforme appartiendra aux États et non pas au Congrès fédéral.

2. Cette loi a été déclarée anticonstitutionnelle par la Cour des plaids de Warren County.

Angleterre. — Dès 1878, une loi (*art. 31 et 32*) donne les formalités des déclarations d'accidents. Quant à la réparation civile des accidents, elle a été réglée d'abord par la loi du 7 septembre 1880 sur la responsabilité des patrons, née de la loi Campbell de 1846 (*9 et 10 Vict. Ch. 93*) qu'a refondue et modifiée la loi du 6 août 1897, étendue à l'agriculture par la loi du 30 juillet 1900 [1].

Les industriels qui, jusqu'en 1897, n'étaient civilement responsables que de leur propre faute lourde, pas même de celle de leurs préposés, sauf dans des éventualités limitées dont la preuve incombait à la victime, sont dorénavant tenus comme responsables civilement de tous les accidents industriels dans les entreprises énumérées par la loi, même ceux fortuits et de force majeure ; et même de ceux imputables à leurs sous-traitants, ouvriers ou préposés et à des tiers, sauf le recours contre ceux-ci.

Il est seulement nécessaire que l'accident ait causé une incapacité de travail même partielle de deux semaines au moins et qu'il ne soit pas imputable à la faute lourde de l'ouvrier.

Le taux de l'indemnité est fixé à forfait, et une procédure arbitrale à bon marché doit régler toutes les actions basées sur la nouvelle loi et les difficultés qui peuvent nécessiter son interprétation.

Les ouvriers conservent d'ailleurs le droit de s'adresser aux tribunaux dans les conditions fixées par les lois antérieures pour les accidents dont la réparation est prévue par ces lois, et si la victime est déboutée de sa demande ; dans ce dernier cas, elle peut être indemnisée par voie subsidiaire par le tribunal, en vertu de la loi

---

1. Ainsi conçue : « A dater de l'entrée en vigueur de la présente loi, la loi de 1897 sur la réparation des accidents du travail s'appliquera au travail d'ouvriers occupés dans l'agriculture par un patron qui emploie habituellement un ou plusieurs ouvriers à un tel travail. Si un tel patron traite avec un tâcheron pour l'exécution d'un travail agricole par ce tâcheron ou sous sa direction, la loi de 1897 sur la réparation des accidents du travail s'appliquera à l'égard d'un ouvrier occupé à un tel travail comme si ce patron était un « entrepreneur » au sens de la loi susvisée, c'est-à-dire que le patron est responsable de ses préposés.

Toutefois, si le tâcheron fournit et emploie un matériel actionné par une force mécanique pour le battage, le labourage ou un autre travail agricole, ce tâcheron, et lui seul, sera, en vertu de la présente loi, tenu au payement d'une indemnité à un ouvrier occupé par lui à un tel travail.

Si un ouvrier est occupé par le même patron principalement à un travail agricole, mais en partie ou occasionnellement à un autre travail, la loi s'appliquera également à l'occupation de l'ouvrier dans cet autre travail.

L'expression « agriculture » comprend l'horticulture, la sylviculture et l'usage de la terre en vue de tout objet d'économie rurale, y compris la garde ou l'élevage du bétail, des volailles ou des abeilles et la culture de fruits ou de légumes.

nouvelle ; mais l'ouvrier peut alors supporter les frais qui auraient été évités s'il avait recouru d'abord à la procédure arbitrale.

Au régime établi par la loi les intéressés peuvent substituer celui de l'*assurance volontaire* organisée par le libre accord des patrons et des ouvriers sous la surveillance et avec le consentement du *Registrar* des *friendly societies,* à condition que ce fonctionnaire atteste par certificat que le système proposé est aussi favorable aux ouvriers que les dispositions de la loi. En cas de déconfiture du patron, les ouvriers ont un privilège sur les sommes qui lui sont dues par l'assureur.

Les industries auxquelles s'applique la loi, énumérées et définies en détail, englobent « tout emploi direct ou indirect par l'État dans tous les cas où elle s'appliquerait à un patron particulier » mais non au service militaire ou naval.

La loi de septembre 1900 : *Railway employment prevention of accidents Act,* autorise le ministre du commerce à régler par des arrêtés certains objets énumérés dans une Annexe (*Schedule*), à l'effet d'écarter ou de diminuer les dangers et les risques inhérents à l'exploitation des chemins de fer. Ces règlements peuvent aussi viser d'autres travaux non spécifiés dans l'énumération, si le Ministre considère qu'ils comportent un danger véritable, et s'il en a dûment saisi les compagnies en les mettant à même de diminuer ou d'écarter ce danger ou ce risque.

Ces diverses lois, et surtout celle de 1897, en consacrant le principe du risque professionnel et en donnant le détail des indemnités forfaitaires dues en cas d'accidents, et suivant leur gravité, ont laissé l'assurance facultative, et n'ont pas institué de garantie contre l'insolvabilité éventuelle du chef d'entreprise. En sorte que les victimes n'ont de privilège que sur les biens du patron débiteur, et, si celui-ci s'est assuré, sur l'indemnité d'assurance.

Le système anglais est donc tout à fait préjudiciable aux ouvriers.

Aussi les Trade-Unions, dans leur Congrès de Londres, en septembre 1902, ont émis des vœux tendant à modifier complètement le système de la garantie pour aboutir à l'obligation de l'assurance.

Danemark. — La loi du 15 janvier 1898 assujettit les exploitations industrielles, mines, carrières, chantiers de construction, entreprises de transports, magasins et entrepôts, et, en général, toute exploitation sou-

mise à l'inspection des fabriques. Sont exclues toutes personnes dont le
gain annuel dépasse 2 400 couronnes (3 000 fr. environ). Les accidents
causés soit volontairement, soit par négligence grave, ne donnent pas droit
à indemnité.

En cas d'incapacité absolue dont les conséquences définitives ne sont pas
encore fixées, il est alloué au blessé, à partir de la fin de la 13e semaine,
une indemnité journalière égale à 3/5 du salaire quotidien (minimum 1 couronne, ou 1 fr. 38 c. ; maximum 2 couronnes, par jour). Si l'incapacité est
partielle, l'indemnité est réduite en raison de la capacité de travail restante.

Quand l'incapacité est permanente, il est alloué un capital égal à six
fois le salaire annuel (minimum 1 800 couronnes, maximum 4 800 couronnes), pour l'incapacité absolue ; pour l'incapacité partielle, égale à une
fraction de la somme précédente, calculée en raison de la capacité de travail conservée, avec, en plus, une indemnité journalière pour une période
de 13 semaines, à raison de 3/5 du salaire quotidien, déduction faite de
l'allocation journalière déjà attribuée pour incapacité temporaire. Les blessés âgés de plus de 30 ans et de moins de 55 ans peuvent demander la
transformation en rente viagère du capital qui leur est dû.

Quand l'accident entraîne la mort, les ayants droit reçoivent une indemnité funéraire de 50 couronnes et une somme égale à quatre fois le salaire
annuel du défunt, avec minimum de 1 200 couronnes et maximum de
3 200 couronnes. Le Conseil d'assurance ouvrière détermine le mode suivant lequel cette somme doit être partagée entre les ayants droit.

Le chef d'entreprise peut rester son propre assureur. Il est, dans ce cas,
garant des indemnités, et les victimes d'accidents ainsi que leurs ayants
droit ont leur créance privilégiée en vertu de la loi sur les faillites. Mais
il peut se décharger de son risque, en s'assurant à une société d'assurance
mutuelle ou anonyme reconnue et approuvée par l'État, et sans pouvoir
faire supporter à l'ouvrier tout ou partie de l'assurance.

Le Conseil d'assurance ouvrière (composé d'un président et de deux
membres dont l'un médecin, nommés par le roi, de deux patrons, désignés
par le Ministre de l'intérieur, et de deux ouvriers appartenant aux exploitations assujetties, élus par les membres des caisses de maladie) reçoit les
déclarations d'accidents et fixe les indemnités en capital, les indemnités
ournalières étant déterminées par accord entre les parties intéressées, et
si l'accord n'intervient pas, le Conseil alors statue en dernier ressort.

Espagne. — La loi du 30 janvier 1900 commence par définir l'accident:
toute blessure dont est victime l'ouvrier à l'occasion ou par suite du travail exécuté pour le compte d'autrui. Le patron (individu ou société, propriétaire de l'entreprise, de l'exploitation ou de l'industrie où se fait le
travail) est responsable des accidents survenus à ses ouvriers en raison et
dans l'exercice de leur profession ou durant l'exécution du travail en cours,
sauf ceux dus à un cas de force majeure, étranger au genre de travail en

cause. Le champ du risque professionnel est à peu près le même qu'en France ; il comprend en plus l'entretien des rues, ruisseaux et égouts.

Pour l'accident entraînant une incapacité temporaire, l'indemnité allouée est égale à la moitié du salaire journalier, depuis le jour même de l'accident jusqu'à celui où la victime peut reprendre son travail ; et si le délai dépasse un an l'indemnité est réglée comme dans le cas d'incapacité permanente.

L'indemnité pour incapacité permanente absolue est équivalente au salaire de deux années, et de 18 mois quand l'incapacité, concernant la profession ordinaire de l'ouvrier, lui permet de se livrer à toute autre occupation.

Dans le cas d'incapacité permanente partielle, quant à la profession ordinaire de la victime, le patron peut, à son choix, employer l'ouvrier, contre payement d'un salaire égal, à un autre travail compatible avec son état, ou bien lui allouer une indemnité égale à une année de salaire.

Le patron est tenu aussi des soins médicaux et pharmaceutiques.

Si l'accident amène la mort de l'ouvrier, le patron supporte les frais d'enterrement (100 fr. au maximum), et, de plus, doit indemniser la veuve, les descendants légitimes mineurs de moins de 16 ans et les ascendants :

1º Par une somme égale à la moitié du salaire journalier que touchait la victime, en deux ans, si elle laisse une veuve et des enfants ou des petits-fils qui se trouvaient à sa charge ; ou par une somme égale à 40 p. 100 du salaire annuel de la victime ;

2º Par une somme égale à 18 mois de salaire si, homme ou femme, elle laisse seulement des fils ou des petits-fils ;

3º Par une année de salaire à la veuve sans fils ni autres ascendants du défunt ; ou par une somme égale à 20 p. 100 du salaire annuel ;

4º Par 10 mois de salaire aux ascendants de la victime, si elle ne laisse ni veuve, ni descendants, et si les ascendants sont sexagénaires et sans ressources, et dans le cas où ils sont deux et plus. S'il ne reste qu'un ascendant l'indemnité est de la valeur du salaire de sept mois ; ou bien par une somme égale à 10 p. 100 du salaire annuel pour chacun des descendants, mais sans que le total des pensions dépasse 30 p. 100 du salaire. Ces dispositions s'appliquent aussi si la victime est une femme ;

5º Les indemnités fixées par la loi peuvent être augmentées de moitié s'il n'a pas été tenu compte dans l'établissement ou l'entreprise des mesures de précaution édictées par une commission technique pour prévenir les accidents.

Le salaire comprend tout ce que touchait l'ouvrier en espèces ou autrement, et ne peut être estimé au-dessous de 1 fr. 50 c.

Enfin les patrons ont la faculté de se décharger des obligations légales en assurant à leurs frais l'ouvrier contre les risques à une compagnie d'assurances dûment constituée et autorisée, mais toujours à la condition que la somme reçue par l'ouvrier ne soit pas inférieure à celle que lui alloue la loi.

Suède. — La loi du 24 avril 1901 est manifestement inspirée de la loi française.

L'obligation de payer une indemnité à l'ouvrier blessé par suite d'accident du travail, ou, en cas de mort, aux ayants droit de la victime, s'étend aux chefs d'entreprise appartenant à l'une quelconque des industries ci-après :

Exploitations forestières, exploitations de glace et de tourbe et, en général, toutes industries extractives, fabriques, chantiers de construction navale, chemins de fer, tramways, bâtiment, pavage, terrassement, canalisation d'eau, de gaz ou d'électricité.

Les indemnités sont les suivantes :

1º En cas d'incapacité de travail temporaire d'une durée de plus de 60 jours à partir de l'accident, une couronne à titre de secours de chômage à partir du début du 61e jour jusqu'à ce que le blessé ait recouvré sa capacité de travail, ou que l'incapacité ou la réduction de la capacité de travail aient acquis un caractère permanent, ou que la mort soit survenue ;

2º En cas d'incapacité permanente de travail, totale ou partielle, une pension annuelle de 300 couronnes, dans le premier cas ; dans le second cas, une pension moindre correspondant à la réduction de la capacité de travail ; toutefois, il ne doit pas être alloué de pension dans le cas où la capacité de travail n'a pas été réduite d'au moins un dixième ;

3º En cas de mort, dans le délai de deux ans, à partir de l'accident : a) une indemnité funéraire se montant à 60 couronnes ; b) une pension à la veuve de 120 couronnes ; c) à chaque enfant né avant l'accident ou qui vient de naître après l'accident d'un mariage contracté avant l'accident, une pension de 60 couronnes jusqu'à l'âge de 15 ans révolus. Si les pensions de veuve et d'orphelins réunies dépassent le chiffre de 300 couronnes, elles seront réduites proportionnellement.

Le secours temporaire de chômage est payable par semaine ; les rentes aux blessés et aux ayants droit des décédés sont payables par trimestre.

Il est institué par l'État un *Établissement royal d'assurance,* destiné à l'assurance des ouvriers en vue du payement des indemnités prévues par la présente loi. Les frais de gestion de cet établissement incombent à l'État.

L'adhésion des chefs d'entreprise à l'Établissement royal d'assurance n'est pas obligatoire. Mais le fait pour un chef d'entreprise d'assurer ses ouvriers auprès de l'Établissement royal l'affranchit de la responsabilité aux termes de la présente loi. Sans être assuré, tout chef d'entreprise peut, d'ailleurs, au moment où commence pour lui, par suite d'un accident survenu, l'obligation de payer une pension, s'affranchir de l'obligation en achetant la pension, c'est-à-dire en versant le montant du capital représentatif à l'Établissement royal d'assurance.

En cas de faillite, de liquidation ou de cession d'entreprise, la garantie correspondant à la créance d'une pension doit être constituée en capital et versée à l'Établissement royal d'assurance.

Le droit à indemnité doit, sous peine de forclusion, être invoqué, par voie de citation ou par demande de recours à un arbitrage, dans un délai de deux ans à l'encontre du chef d'entreprise et de trois ans à l'encontre de l'Établissement royal d'assurance, à dater de l'accident ou du décès de la victime, s'il s'agit d'un accident mortel.

Les contestations relatives aux indemnités sont soumises au tribunal de première instance de la localité où l'accident est survenu ou de celle où le défendeur a son domicile.

Allemagne. — La loi d'assurance du 6 juillet 1884 a aboli en ce qui concerne l'industrie, la loi du 7 juin 1871 (*Haftpflichtgesetz*) qui était le droit commun, et substitué le régime du risque professionnel et de l'assurance obligatoire à la responsabilité par suite de faute du patron. La loi du 21 mai 1885 a étendu l'assurance obligatoire aux industries de transports, à la navigation intérieure, aux entreprises de l'État; la loi du 5 mai 1886, aux exploitations forestières et agricoles; la loi du 11 juillet 1887, aux chantiers de constructions; la loi du 13 juillet 1887, aux marins des bâtiments autres que ceux de pêche et à divers ouvriers et employés des ports.

Enfin la loi du 30 juin 1900 est venue refondre complètement toutes ces lois et en former un Code d'assurance contre les accidents du travail en même temps qu'elle a étendu le champ de l'assurance à certaines branches de l'industrie, ou parties d'exploitation qui échappaient aux lois antérieures : certaines brasseries et divers travaux de construction, de serrurerie, d'abatage d'arbres, de magasinage et de manutention annexés à des entreprises commerciales, — ainsi qu'aux travaux domestiques accomplis par les ouvriers en dehors de leur travail industriel. Enfin la loi du 2 juin 1902 réglemente l'assurance des fonctionnaires à la suite d'accidents d'exploitations.

Par le système de l'assurance obligatoire, l'ouvrier victime d'un accident, ou ses représentants, a droit à une indemnité, et l'établissement collectif qui en supporte la charge n'a de recours contre l'auteur de l'accident, quel qu'il soit, qu'en prouvant la préméditation, ou suivant des modalités semblables.

Sont obligatoirement assurés tous ouvriers et employés dans l'industrie dont le salaire ne dépasse pas 3 000 marks. Les pêcheurs et artisans travaillant pour leur compte, les petits patrons de l'industrie dont le profit annuel ne dépasse pas 3 000 marks ont la faculté de s'assurer, s'il leur plaît ; et même l'assurance peut être décrétée obligatoire par le conseil de la corporation. Et de plus, pour les patrons dont le profit dépasse 3 000 marks et pour certaines catégories d'employés la possibilité de l'assurance peut leur être donnée par les statuts corporatifs.

On voit le rôle que joue le système corporatif dans la réparation des accidents en Allemagne. L'assurance est réalisée, à la charge des seuls patrons, par des mutualités corporatives composées d'industries similaires, appelées corporations d'assurance (*Berufsgenossenschaften*), à personnalité civile, et s'administrant elles-mêmes, par des conseils dont la triple mission consiste à prendre des mesures pour prévenir les accidents et réduire ainsi les risques, à fixer l'indemnité due aux victimes, conformément au tarif légal, et à répartir[1] les indemnités au prorata des salaires, du nombre des ouvriers, et proportionnellement au tarif de risque de chaque industrie.

La responsabilité corporative fonctionne ainsi sous le contrôle direct de l'État par l'institution de l'Office impérial des assurances qui a son siège à Berlin.

Quand un accident se produit, le patron saisit lui-même la corporation responsable ; une enquête est ouverte, après laquelle le Conseil d'administration statue sur le taux de l'indemnité.

La rente d'incapacité permanente totale fixée normalement aux deux tiers du salaire du blessé, est élevée jusqu'au montant intégral du salaire dans le cas où la victime se trouve dénuée de ressources et incapable de subsister sans aide étrangère. De plus les corporations peuvent élever temporairement au maximum de 100 p. 100 du salaire les rentes des blessés privés de tout travail par suite de causes indépendantes de leur volonté. L'indemnité funéraire en cas de décès est portée à 50 marks. Les rentes d'orphelins de père ou de mère sont élevées par tête, uniformément à 20 p. 100 du salaire du défunt. Les petits-enfants de la victime, orphelins de père et de mère, ont droit à la même rente que les enfants. En cas d'incapacité

---

1. Le système de la répartition (*Umlagenverfahren*) consiste à ne répartir que les rentes allouées dans l'année précédente, entre les diverses industries. Un tant pour cent s'ajoute, affecté à la constitution d'un fonds de réserve, de façon à pourvoir aux fluctuations possibles des primes, et à réaliser la *prime moyenne constante*.

permanente partielle, l'indemnité peut être allouée en capital, à la condition que la rente équivalente ne dépasse pas 15 p. 100 du salaire. Les rentes qui ne dépassent pas 60 marks sont payables trimestriellement.

La loi de juin 1900 apporte encore quelques modifications aux lois antérieures, relativement aux médecins et aux avocats ainsi qu'aux tribunaux arbitraux qui sont fusionnés avec ceux de l'assurance contre l'invalidité en ce qui concerne la compétence sur les indemnités et qui reçoivent le nom de « tribunaux arbitraux pour l'assurance ouvrière ».

Enfin les corporations peuvent créer désormais des caisses de pensions en faveur des employés des entreprises associées et aussi en faveur des patrons eux-mêmes, membres des corporations.

Luxembourg[1]. — L'assurance obligatoire a été instituée par la loi du 5 avril 1902.

Elle s'étend aux fabriques, aux entreprises de bâtiment, de travaux publics, d'expédition et de magasinage, aux mines et aux carrières, aux entreprises de transport de toute nature, aux travaux en régie effectués pour le compte de l'État, aux exploitations par l'État du télégraphe et du téléphone, — quand les entreprises occupent cinq ouvriers au moins, ou alors quand elles présentent un danger spécial, quel que soit le nombre de leurs ouvriers.

L'objet de l'assurance est d'allouer une indemnité pécuniaire aux victimes d'accidents et à leurs ayants droit.

En cas d'incapacité de travail, à partir de la 14e semaine qui suit l'accident, l'indemnité comprend : 1° la gratuité des frais de traitement et des médicaments ; 2° une pension, égale aux 2/3 du salaire annuel du blessé, si l'incapacité est totale, moindre et dépendant du degré de capacité conservée, si l'incapacité de travail n'est que partielle. Aussi longtemps que le blessé est, en fait et involontairement, sans travail, la rente partielle peut être majorée temporairement jusqu'à concurrence de la rente totale.

En cas de mort, il est alloué : 1° une indemnité funéraire égale au 1/15 du salaire annuel, qui doit être au moins de 40 fr., sans pouvoir dépasser 80 fr. ; 2° une pension aux ayants droit, à raison de 20 p. 100 du salaire du défunt pour la veuve, 20 p. 100 pour chaque enfant légitime jusqu'à l'âge de 15 ans accomplis, 20 p. 100 aux ascendants (ensemble) et 20 p. 100 aux petits-enfants (ensemble), orphelins de père et de mère. Le total de ces

---

1. Pour le texte *in extenso*, consulter le *Bulletin de l'office international du travail, juin 1902*, ainsi que pour les lois grecque du 21 février 1901, hollandaise du 2 janvier 1901, suédoise du 24 avril 1901, suisse du 28 juin 1901, et pour le règlement provisoire russe du 15-28 mai 1901.

pensions ne peut dépasser 60 p. 100 du salaire et est, éventuellement, réduit proportionnellement.

En cas de remariage, la veuve reçoit 60 p. 100 du salaire annuel du défunt, à titre d'indemnité une fois payée.

Pendant les 13 premières semaines de l'incapacité de travail, le blessé est à la charge des caisses de secours en cas de maladie.

L'assurance est réalisée par le groupement en mutualité de tous les chefs d'entreprise du Grand-Duché, visés par la loi. Cette association porte le nom d'*Association d'assurance contre les accidents*. Elle a à sa tête un comité directeur, composé d'un président, de 4 membres au moins et de 6 membres au plus. Le président est nommé par le Gouvernement; les autres membres sont élus par l'assemblée générale. Des délégués ouvriers peuvent être adjoints au comité directeur ; cette adjonction est obligatoire lorsque cet organe est appelé à déterminer les indemnités ou à élaborer des règlements sur les mesures préventives contre les accidents.

L'association pourvoit aux dépenses de l'assurance par le payement de primes annuelles proportionnelles aux salaires distribués dans chaque entreprise et à un coefficient de risques, variable selon la nature de l'entreprise. La prime est calculée de manière à subvenir aux dépenses de l'exercice, à constituer le capital représentatif des rentes concédées pendant l'exercice, à couvrir les frais d'administration et à constituer un fonds de réserve.

Le fonds de réserve de l'association est alimenté par un prélèvement annuel de 5 p. 100 du montant des charges, jusqu'à ce que ce fonds ait atteint la valeur moyenne des dépenses des trois derniers exercices.

L'association est soumise à l'autorité du Gouvernement, qui veille à l'observation des prescriptions légales et statutaires.

La détermination du montant des indemnités revenant aux victimes d'accidents ou à leurs ayants droit est effectuée d'office, aussitôt que possible, par les organes de l'association, avec le concours des délégués ouvriers, nommés à l'élection par les membres des caisses de maladie.

Les contestations relatives aux indemnités sont tranchées par le juge de paix. Dans toutes ces causes, le juge de paix est assisté d'un délégué patron et d'un délégué ouvrier ayant voix délibérative.

La surveillance des entreprises, au point de vue de l'exécution des règlements préventifs contre les accidents qui seront élaborés par l'association, est dévolue au comité directeur et à ses mandataires locaux. A la requête du comité directeur, l'ingénieur des mines et les inspecteurs du travail pourront être chargés de la surveillance.

Autriche. — La loi du 28 décembre 1887, étendue et complétée par la loi du 18 mai 1894, a institué un régime analogue à celui de l'Allemagne. Il s'en distingue sur plusieurs points cependant.

La mutualité corporative est remplacée par des circonscriptions de province, comprenant chacune toutes les industries de la province. Les appels sont portés devant les tribunaux civils. Les ouvriers participent pour une part et dans certains cas aux charges de l'assurance.

Le système financier autrichien est la *capitalisation* ou *couverture* [1] (*Deckungsverfahren*).

Il a été créé au ministère du commerce une « Commission technique de prévention des accidents du travail », pour fournir un avis au Gouvernement sur toutes les questions qui concernent la sauvegarde de l'existence et de la santé des travailleurs industriels soumis aux obligations de l'assurance ouvrière.

La Commission se compose de l'inspecteur général du travail dans l'industrie, et de 16 à 20 membres, nommés par le ministre du commerce parmi les ingénieurs et les hygiénistes, dans le personnel des établissements d'assurance contre les accidents du travail, et enfin parmi les entrepreneurs et ouvriers des exploitations industrielles assujetties à l'obligation de l'assurance. Les fonctions sont gratuites mais les membres ouvriers touchent une indemnité pour le salaire dont ils sont privés en les remplissant.

La Commission donne son avis sur les questions qui lui sont soumises par le ministre, mais, en plus, elle peut, de sa propre initiative, formuler des propositions sur les sujets qui rentrent dans sa compétence. Elle a également la faculté de constituer dans son sein des comités techniques pour l'examen préalable de certaines matières, objets de ses délibérations.

Le ministre du commerce, sur la demande de la Commission, peut appeler des personnes d'une compétence spéciale à prendre part, en qualité d'experts, avec voix délibérative, aux séances des comités et à celles de la Commission.

Hollande. — La loi du 2 janvier 1901 soumet au risque professionnel et à l'assurance obligatoire toutes les industries, sauf l'agriculture, l'horticulture, l'industrie forestière, le transport des passagers et des marchandises sur des navires autres que ceux qui font le cabotage national ou qui naviguent à l'intérieur, la pêche sur la mer, le commerce par bateaux de moins de 20 tonneaux, non actionnés par une force mécanique.

Il est créé une caisse nationale d'assurance dirigée par 3 administrateurs, sous le contrôle d'un conseil de surveillance de 6 ou 9 membres dont un tiers se compose de patrons et un autre tiers d'ouvriers. Le Conseil d'administration arrête le montant des indemnités qui sont payées par l'intermédiaire de l'administration des postes. Les appels sont portés de-

---

1. En totalisant les cotisations, on constitue le capital nécessaire au service des rentes.

vant un conseil des appels et en dernier ressort devant un conseil national
des appels où sont représentés les patrons et les ouvriers.

Il est institué également des inspecteurs chargés de surveiller l'application de la loi, et des commissions locales qui doivent prendre les intérêts
des assurés, introduire les appels et rechercher s'il n'y a pas lieu de reviser
les indemnités accordées.

Quand un accident s'est produit, l'ouvrier reçoit gratuitement les soins
médicaux.

Si, par suite de l'accident, l'ouvrier n'a pu reprendre son travail au bout
de trois jours, il reçoit, en plus de l'assistance médicale, une indemnité
temporaire à partir du jour de l'accident et jusqu'au 43ᵉ jour, égale à
70 p. 100 de son salaire journalier.

Si, au bout de six semaines, l'ouvrier n'est pas rétabli, il recevra alors
une pension pendant tout le temps de son incapacité : 70 p. 100 de son
salaire journalier, si l'incapacité est totale ; une pension variable, suivant
gravité, si son incapacité n'est que partielle.

Quand l'ouvrier est mort à la suite de l'accident, la Caisse devra payer :

Pour les frais funéraires, 30 fois le salaire d'une journée ; à la veuve,
une pension égale à 30 p. 100 du salaire, jusqu'à sa mort ou à son remariage ;

Au mari, s'il était à la charge de sa femme, une pension n'excédant pas
30 p. 100 du salaire, jusqu'à sa mort ou à son remariage ;

A chaque enfant, 15 p. 100 du salaire, et 20 p. 100 s'il est orphelin, à
payer jusqu'à l'âge de 16 ans ;

Aux parents, ou grands-parents, s'ils étaient à la charge du défunt, une
pension viagère n'excédant pas 30 p. 100 du salaire ;

Aux petits-enfants qui étaient à sa charge, une pension n'excédant pas
20 p. 100, jusqu'à leur seizième année ;

Aux beaux-parents à la charge du défunt, une pension viagère n'excédant
pas 30 p. 100 du salaire.

Quand le veuf ou la veuve se remarient, la pension cesse, et on leur
donne une somme de une à deux fois leur pension annuelle, à titre de règlement définitif.

Toutes ces pensions totalisées ne peuvent excéder 60 p. 100 du salaire
de l'ouvrier ; on commence par satisfaire aux droits du conjoint survivant
et des enfants ; on alloue ensuite des pensions aux autres bénéficiaires, suivant l'ordre dans lequel ils ont été cités.

Si les pensions à allouer au conjoint et aux enfants dépassent 60 p. 100,
on les réduit proportionnellement.

Tous les calculs sont basés sur le salaire journalier, dimanches et fêtes
exceptés ; tout salaire journalier supérieur à 4 gulden (8 fr. 335) est réduit
à cette somme pour les calculs.

Il n'y a lieu à aucune indemnité ni pension quand il est prouvé que l'accident a été intentionnel ; si l'accident est imputable à l'état d'ivresse de
la victime, l'ouvrier n'a droit qu'à la moitié des indemnités temporaire ou

permanente et, si cet accident est suivi de mort, ses survivants n'ont aucun droit aux pensions.

Les fonds nécessaires pour couvrir les dépenses de la présente assurance contre les accidents sont fournis entièrement par les patrons, auxquels il est interdit de faire des retenues sur les salaires, à cette occasion. Ils sont obligés d'avoir des livres de paye régulièrement tenus, pour servir de base au calcul des primes et des indemnités. Le patron peut remplir ses obligations par l'un des trois moyens suivants :

1º Payer des primes régulières à la Caisse nationale d'assurance d'après le montant de ses rôles de paye et le coefficient de risque attribué à son industrie. Les salaires supérieurs à 4 gulden (8 fr. 335) ne sont comptés que pour cette somme ;

2º Se faire autoriser, en versant un cautionnement à la Caisse nationale d'assurance, à effectuer lui-même le payement des indemnités prescrites ;

3º Transférer sa responsabilité à une compagnie d'assurances, à condition que celle-ci ait versé un cautionnement à la Caisse nationale d'assurance.

Les pensions allouées sont inaliénables et insaisissables jusqu'à concurrence de 262 gulden (540 fr.).

Grèce. — Par la loi du 21 février 1901, applicable exclusivement aux ouvriers employés dans les mines, minières et carrières, et dans les établissements métallurgiques, une indemnité est accordée au blessé pour tout accident survenu dans le travail et ayant causé une incapacité de travail de plus de quatre jours. Si l'incapacité dure moins de trois mois, le chef d'entreprise est tenu de payer au blessé une indemnité journalière égale à la moitié de son salaire quotidien. Si l'incapacité dure plus de trois mois, le payement est pour moitié à la charge du chef d'entreprise et pour moitié à la charge de la caisse de secours instituée en 1882, qui prend le nom de « Caisse des mineurs » et qui sera désormais régie par les dispositions de la présente loi.

En cas d'incapacité totale, ou de perte d'une main ou d'un pied, la rente allouée est égale à la moitié du salaire de la victime ; en cas d'incapacité partielle, la rente est égale au tiers du salaire. Cette rente est payée par mois et d'avance ; elle prend cours à la fin des trois premiers mois qui sont à la charge du chef d'entreprise.

En cas de décès de la victime, la rente est réversible pour les 3/4 de son montant sur la tête de la veuve et des enfants, qui se la partagent par parties égales ou, à leur défaut, sur la tête des ascendants. Lorsque la victime laisse un seul ayant droit, la rente de l'ayant droit est la moitié de celle du défunt.

Si le blessé meurt avant que la rente à laquelle il a droit n'ait été fixée, la rente des ayants droit prend cours à partir du jour du décès, et elle est calculée en supposant que la rente du défunt était une pension d'incapacité totale.

Les frais médicaux et pharmaceutiques sont à la charge du chef d'entreprise pendant les trois premiers mois de l'accident. En cas de mort, le chef d'entreprise supporte les frais funéraires, dont le montant est fixé à 60 drachmes.

La Caisse des mineurs est alimentée par les recettes suivantes :

1 p. 100 du produit net des mines, minières et carrières, et des établissements métallurgiques ; le produit des amendes prévues par la loi ; les contributions des sociétés de secours mutuels.

La Caisse est gérée par le ministre de l'intérieur et ses revenus sont perçus comme les impôts publics.

Les rentes de blessés ou d'ayants droit sont payées aux bénéficiaires par les chefs d'entreprise responsables, la moitié devant être remboursée par la Caisse des mineurs. En cas de non-exécution de ses engagements par le chef d'entreprise, la Caisse des mineurs paye la rente et recouvre son dû par voie de contrainte, avec une amende égale au dixième du principal. En cas de faillite ou de déconfiture de l'entreprise, la Caisse des mineurs est chargée d'assurer le payement des rentes. Sa créance sur les biens du chef d'entreprise débiteur est privilégiée ; elle vient immédiatement après le privilège stipulé au § 3 de l'article 940 du Code civil.

Russie. — Le règlement provisoire du 15-28 mars 1900 assure à tous les ouvriers des mines et manufactures de l'État victimes d'accident ou de maladie professionnelle, ou à leur famille, des rentes dont le payement incombe directement au Trésor. Suivant que l'ouvrier est frappé d'incapacité par suite d'accident ou de maladie professionnelle, ou qu'il meurt des conséquences, le taux, fixé d'après un tarif basé sur la gravité de l'accident ou de la maladie, s'élève au maximum, dans le premier cas, aux deux tiers du salaire annuel moyen, ou encore aux deux tiers de la différence entre le salaire gagné avant et celui gagné après l'accident ; dans le second cas, à la moitié de la pension à laquelle avait droit la victime, pour la veuve, un sixième de cette pension pour chacun des deux premiers enfants, et un tiers pour chaque enfant en sus de ce nombre.

Le juge n'a qu'à appliquer le tarif, mais peut refuser de condamner le patron si la faute de celui-ci ou de ses préposés n'est pas démontrée.

Il vient de se former à Ivanovo-Voznessensk, en Russie, sous les auspices des autorités impériales, une association patronale d'assurance contre les accidents du travail, qui est la première de ce genre dont on ait autorisé la constitution en Russie.

Cette association groupe 34 industriels employant ensemble environ

4o 000 ouvriers, dans les gouvernements de Vladimir et de Kostroma, et payant une cotisation annuelle pour chaque ouvrier ou employé gagnant moins de 4 75o fr. par an.

L'association se propose de verser une indemnité à tout ouvrier victime d'un accident survenu pendant le travail, excepté quand il y a cas de force majeure, négligence ou malveillance de la part de l'ouvrier.

Les indemnités sont fixées comme suit (toutes les fois que l'accident n'a pas donné lieu à procédure et à jugement) :

En cas d'incapacité totale de travail, la victime reçoit jusqu'à sa mort, ou tant qu'elle demeure incapable de travail, une pension égale au montant de son salaire annuel, si ce dernier n'excède pas 791 fr. 65 c. ; si l'ouvrier gagnait plus que cette somme, sa pension devient égale aux trois quarts de son salaire s'il est marié, ou égale aux deux tiers seulement s'il est célibataire.

En cas de mort de la victime, son conjoint survivant reçoit une pension variant entre 3o et 5o p. 100 des salaires annuels du défunt, suivant que ce dernier gagnait plus de 791 fr. ou moins de 475 fr. par an. Chaque enfant a droit en outre, jusqu'à l'âge de 15 ans, à une pension calculée d'après les salaires de la victime, sans que cependant le total des pensions touchées par une même famille puisse dépasser le salaire annuel du défunt ou être inférieur à 475 fr. Les pensions peuvent être remplacées par une somme versée une fois pour toutes.

Aux termes du règlement, le conseil exécutif de l'Association doit prescrire les mesures préventives à prendre contre les accidents, en dehors de celles édictées par la loi; il est autorisé, le cas échéant, à imposer des cotisations plus élevées à tout sociétaire qui enfreindrait ces prescriptions.

Finlande. — La loi du 5 décembre 1895 astreint à l'obligation de l'assurance les chefs d'entreprise de la grande industrie et des transports, mais seulement pour les accidents entraînant la mort ou une incapacité permanente. Les chefs d'entreprise sont libres de choisir entre les compagnies d'assurances autorisées à cet effet celle qui leur convient. La loi ne concerne ni la petite industrie, ni la construction des maisons particulières dans les campagnes et les maisons à un seul étage dans les villes, ni l'agriculture, ni les marins.

L'indemnité pour incapacité temporaire est, à partir du 7e jour après l'accident, et par jour, égale à 60 p. 100 du salaire journalier moyen sans qu'elle puisse dépasser 2 marks 5o pennis (2 fr. 5o c.) ; si l'accident ne cause qu'une diminution temporaire du salaire, l'indemnité est réduite en proportion du salaire conservé. En cas de mort, une rente égale à 20 p. 100 du salaire annuel de l'ouvrier tué, et une rente égale à 10 p. 100 du salaire à chaque enfant de moins de 15 ans, sans toutefois que l'ensemble de ces rentes puisse dépasser 4o p. 100 du salaire.

Le salaire annuel entrant en ligne de compte pour la fixation des rentes ne peut dépasser 720 marks, ni tomber au-dessous de 3oo marks.

TABLEAU COMPARÉ DE QUELQUES LÉC

PAYS et date de la loi.	INDEMNISATION de tous les accidents du travail, excepté en cas de :	CARACTÈRE de l'assurance.	MAXIMUM des salaires sur lesquels sont calculées l'indemnité et les primes.	
ALLEMAGNE. 6 juillet 1884. Refondue le 3o juin 1900.)	Faute intentionnelle ou malveillance de l'ouvrier.	Obligatoire.	1 875 fr. par an ; 1/3 au-dessus de cette somme.	Des
AUTRICHE. 28 décembre 1887.	D°.	D°.	3 000 fr. par an.	Des p. VI 10
FINLANDE. 5 décembre 1895.	Faute intentionnelle ou négligence inexcusable de la victime ; faute volontaire d'un tiers étranger à la direction des travaux ; force majeure ou circonstance étrangère au travail.	D°.	720 fr. par an au minimum (non applicable aux mineurs) : 3oo fr.	Des
DANEMARK. 7 janvier 1898.	Faute intentionnelle ; négligence grave.	D°.	Maximum : 3 331 fr. 70 c. ; minimum : 416 fr. 45 c. par an.	
ITALIE. 17 mars 1898.	S'il y a faute intentionnelle, le patron ou la Compagnie d'assurance peut se faire rembourser les sommes versées.	Obligatoire.	2 000 fr. par an au maximum.	Des

1. Étendu à l'agriculture, comme on le sait.
2. La victime touche pendant les 13 premières semaines : 5o p. 100 de son salaire quotidien (3
)o° jour, 16 2/3 p. 100 en plus sur la Caisse-accident.
3. La Caisse-maladie paye 60 p. 100 du salaire du 3e au 28e jour comme indemnité de maladie.
4. Si la victime n'est pas assurée contre la maladie, le patron paye les frais de maladie et

RÉPARATION DES ACCIDENTS DU TRAVAIL.

Incapacité totale temporaire (p. 100 du salaire quotidien).	Incapacité permanente totale (p. 100 du salaire annuel).	INDEMNITÉS ALLOUÉES (Y compris, en général, les frais de traitement médical) en cas de :				
				Décès.		
		Indemnité funéraire.	Veuve.	Enfants au-dessous de 15 ans.	Ascendants.	
66 2/3.	66 2/3.	1/15 du salaire annuel (minimum 62 fr. 5o c.).	20 p. 100.	20 p. 100 chaque enfant.	20 p. 100. du salaire annuel.	60 p. 100
6o.	6o.	Variable, selon les usages locaux (maximum 62 fr. 5o c.).	Do.	15 p. 100 ; chaque enfant, orphelins, 20 p. 100.	Do.	5o p. 100
60 (maximum o fr. 5o c. par jour).	6o (après 120 jours ou avant si les soins médicaux ont cessé).	»	Do.	Chaque enfant, 10 p. 100 ; orphelin, 20 p. 100.	»	4o p. 100
60 (minimum 1 fr. 4o c. ; maximum 2 fr. 8o c. par jour).	Capital égal au salaire des 6 dernières années (maximum 6 720 fr. ; minimum 2 520 fr.).	7o fr.	Capital égal au salaire des 4 dernières années (minimum : 1 68o fr.).			4 48o fr.
5o.	Capital égal à 5 ans de salaire (minimum 3 ooo fr.).	»	Capital égal au salaire de 5 ans. A défaut d'héritiers, l'indemnité est versée à un fonds spécial de secours qui sert à payer les indemnités dues par les patrons insolvables.			»

isse d'assurance-maladie (alimentée pour 2/3 par les ouvriers et 1/3 par les patrons), et, du 29e a

ndant les 4 premières semaines.

PAYS et date de la loi.	INDEMNISATION de tous les accidents du travail, excepté en cas de :	CARACTÈRE de l'assurance.	MAXIMUM des salaires sur lesquels sont calculées l'indemnité et les primes.
FRANCE. 9 avril 1890-22 mars 1902.	Faute intentionnelle. — .Les tribunaux peuvent réduire l'indemnité s'il y a eu faute inexcusable.	Facultative.	2 400 fr. par an e 1/4 au-dessus d cette somme.
ESPAGNE 30 janvier 1900.	Cas de force majeure.	D⁰.	1 fr. 50 c. par jour a₁ minimum.
HOLLANDE. 2 janvier 1901.	Faute intentionnelle.. — S₁ l'accident a été causé par son état d'ivresse, la vic-time ne reçoit que la moitié de l'indemnité ; rien n'est alloué à ses héritiers.	Obligatoire.	»
LUXEMBOURG. 5 avril 1902.	Faute intentionnelle ou mal-veillance de l'ouvrier.	Obligatoire.	»
COLOMBIE BRITANNIQUE. 21 juin 1902.	Faute grave intentionnelle.	Facultative.	

1. Le patron peut, à son choix, payer un capital ou des annuités n'e

		INDEMNITÉS ALLOUÉES (Y compris, en général, les frais de traitement médical) en cas de :					
Incapacité totale temporaire (p. 100 du salaire quotidien).	Incapacité permanente totale (p. 100 du salaire annuel).	Décès.		Indemnités à la famille de la victime.			
		Indemnité funéraire.	Veuve.	Enfants au-dessous de 15 ans.	Ascendants.	Maximum.	

Incapacité totale temporaire	Incapacité permanente totale	Indemnité funéraire.	Veuve.	Enfants au-dessous de 15 ans.	Ascendants.	Maximum.
5o.	66 2/3.	100 fr. (maximum).	20 p. 100.	15 p. 100, 25 p. 100, 35 p. 100, 40 p. 100 s'il y a 1, 2, 3, 4 enfants au-dessous de 16 ans.	10 p. 100 à chacun (maximum 3o p. 100).	6o p. 100.
e-	5o.	Capital égal à 2 ans de salaire.	100 fr. (maximum).	Capital égal au salaire de : 1 an (pour la veuve sans enfants).	18 mois (chaque enfant au-dessous de 16 ans).	6 mois pour 1, 10 mois pour 2 ou plus.	2 ans de salaire ou annuité égale à 40 p. 100 [1].

5o p. 100 du salaire hebdomadaire (minimum 9 fr. 47 c. ; maximum 25 fr. 25 c. ; maximum total. 7 574 fr.).   1 260 fr. (si pas d'héritiers)

70.	70.	3o fois le salaire quotidien.	3o p. 100.	15 p. 100.	3o p. 100.	6o p. 100.

66 2/3 du salaire annuel.	66 2/3.	1/15 du salaire annuel (minimum 4o fr. ; maximum 8o fr.).	20 p. 100.	20 p. 100.	20 p. 100.	6o p. 100.

5o p. 100 du salaire hebdomadaire (maximum : 5o fr. et en tout 7 5oo fr.).   mum o fr. pas rents).   ux personnes vivant totalement du salaire, capital égal au total des salaires des 3 dernières années (minimum : 5 ooo fr.).   10 000

[1] p. 100 à la veuve, 10 p. 100 à chaque ascendant).

CHAPITRE II

APPLICATION DES LOIS SUR LE TRAVAIL.
CONTRÔLE ET SANCTIONS

I. — L'INSPECTION DU TRAVAIL

1. Organisation du service de l'inspection.
2. Attributions des inspecteurs.
3. Commissions et comités.
4. Mines, minières et carrières.
5. Chemins de fer.

1. — Organisation du service de l'inspection.

Justification. Régions et inspecteurs. Concours.

Justification. — Les lois sur le travail industriel, en rompant avec le régime de liberté abusive, en limitant les droits respectifs des patrons et des ouvriers, risquaient fort, par ce fait même, de ne jamais être adoptées où même respectées, comme il arriva pour la loi de 1841 ; elles seraient donc inutiles, et ne mériteraient pas l'effort social qu'elles ont nécessité, si, en même temps qu'on les élaborait, on n'avait prévu l'obligation d'en assurer la stricte observance. A cet effet, le Législateur, dès 1874, profitant de l'expérience de la loi de 1841 restée lettre morte, créait et organisait d'une façon complète et uniforme dans la France entière le corps des inspecteurs du travail, qui, réorganisé par les articles 17 à 21 de la loi de 1892 et les décrets d'application des 13 et 27 décembre suivant et du 18 décembre 1893, a vu, avec les lois nouvelles, s'étendre ses attributions et ses devoirs.

Un décret du 10 mai 1902, abrogeant les décrets antérieurs a réorganisé, une fois de plus, le service.

Régions et inspecteurs. — La France est divisée par régions en 11 circonscriptions industrielles[1], à la tête desquelles se trouvent respectivement 11 inspecteurs divisionnaires. Dans ces circonscriptions sont répartis, placés sous leur autorité et chargés d'une section par arrêté ministériel, 110 inspecteurs ou inspectrices départementaux, y compris les stagiaires, les inspectrices, n'étant encore que dans quelques grandes villes : Paris, Marseille, Lyon, Bordeaux, Lille, Rouen, Le Havre, etc.

Les inspecteurs et inspectrices départementaux sont d'abord stagiaires, avec un traitement de 2 400 fr. par an, et ne deviennent titulaires qu'après un stage d'un an.

Il existe cinq classes d'inspecteurs et d'inspectrices départementaux.

La 5e classe	reçoit un traitement de	3 000 fr.
La 4e —	12 inspectrices, 57 inspecteurs au minimum (y compris les stagiaires).	3 500
La 3e —	18 inspecteurs au maximum, 4 inspectrices au maximum.	4 000
La 2e —	8 inspecteurs au maximum ; 3 inspectrices au maximum, dont 1 au maximum de 1re classe .	4 500
La 1re —	8 inspecteurs au maximum . . .	5 000

Les inspecteurs divisionnaires sont répartis en trois classes :

La 3e classe	4 inspecteurs au minimum, reçoit un traitement de	6 000 fr.
La 2e —	3 inspecteurs au maximum . . .	7 000
La 1re —	3 inspecteurs au maximum . . .	8 000

Tous les traitements sont soumis à la retenue de la loi du 9 juin 1853, pour les pensions civiles.

Les inspecteurs et inspectrices ne peuvent être élevés de classe qu'après trois ans de service dans la classe immédiatement inférieure ; leur classement est personnel.

---

1. Le décret du 10 mai 1902, qui délimite ces circonscriptions, indique les départements placés dans ces circonscriptions, le nombre d'inspecteurs ou inspectrices départementaux, soit qu'il y en ait plus d'un dans des départements industriels importants, soit qu'au contraire un seul inspecteur ait plusieurs départements, et détermine les résidences obligatoires des inspecteurs divisionnaires et départementaux. D'ailleurs, il n'est pas rare que des décrets modifient provisoirement les circonscriptions.

La délimitation actuelle et jusqu'à nouvelles modifications des circonscriptions attribuées aux inspecteurs divisionnaires, le lieu de leurs résidences, l'indication du département ou des départements inspectés par les inspecteurs ou inspectrices dépar-

Les inspecteurs divisionnaires sont nommés au choix parmi les inspecteurs départementaux appartenant au moins à la 2ᵉ classe.

tementaux, les lieux de résidence de ces inspecteurs ou inspectrices sont inscrits au tableau suivant :

CIRCON-SCRIPTIONS.	DÉPARTEMENTS.	NOMBRE des inspecteurs et inspectrices départementaux.	RÉSIDENCES des inspecteurs départementaux.	RÉSIDENCES des inspecteurs divisionnaires.
Iʳᵉ.	Seine.	14 inspecteurs .	Paris.	Paris.
		14 inspectrices .		
	Seine-et-Oise, Seine-et-Marne	2 inspecteurs .		
2ᵉ.	Loiret, Cher et Loir-et-Cher.	Idem	Orléans, Bourges. . . .	Limoges.
	Indre-et-Loire.	1 inspecteur. .	Tours.	
	Indre, Vienne.	Idem	Poitiers.	
	Haute-Vienne.	Idem	Limoges	
	Allier, Creuse.	Idem	Montluçon	
3ᵉ.	Yonne, Nièvre	Idem	Nevers	Dijon.
	Aube, Hᵗᵉ-Marne, Côte-d'Or, Hᵗᵉ-Saône, terri-toire de Belfort, Doubs, Jura et Saône-et-Loire.	5 inspecteurs .	Troyes, Dijon, Belfort, Besançon, Chalon-sur-Saône	
4ᵉ.	Aisne, Ardennes, Marne, Meuse, Meurthe-et-Mo-selle et Vosges	8 inspecteurs .	Saint-Quentin, Reims, Mézières, Bar-le-Duc, Nancy, Épinal	Nancy.
5ᵉ.	Nord, Pas-de-Calais et Somme.	13 inspecteurs .	Lille, Roubaix, Tour-coing, Valenciennes, Avesnes, Cambrai, Douai, Dunkerque, Ca-lais, Boulogne, Arras, Amiens.	Lille.
		1 inspectrice.		
6ᵉ.	Oise, Seine-Inférieure, Eure, Eure-et-Loir, Orne, Calvados et Man-che.	7 inspecteurs .	Creil, Beauvais, Rouen, Le Havre, Elbeuf, Char-tres, Caen	Rouen.
		1 inspectrice. .		
7ᵉ.	Ille-et-Vilaine, Côtes-du-Nord	1 inspecteur. .	Rennes.	Nantes.
	Sarthe, Mayenne	Idem	Le Mans	
	Loire-Inférieure, Vendée.	2 inspecteurs	Nantes.	
		1 inspectrice.		
	Maine-et-Loire, Deux-Sèvres	1 inspecteur. .	Angers.	
	Finistère, Morbihan. . . .	Idem	Lorient.	
8ᵉ.	Charente-Infér., Gironde.	2 inspecteurs	Bordeaux.	Bordeaux.
	Lot-et-Garonne, Landes, Gers, Basses-Pyrénées, Hautes-Pyrénées . . .	Idem	Agen, Pau	
	Charente, Dordogne, Corrèze, Lot	Idem	Angoulême, Cahors. . .	
9ᵉ.	Aude, Pyrénées-Orient. .	1 inspecteur. .	Carcassonne	Toulouse.
	Hérault.	Idem	Montpellier.	
	Aveyron, Cantal, Lozère.	Idem	Rodez	
	Tarn.	Idem	Castres.	
	Haute-Garonne, Tarn-et-Garonne, Ariège . . .	2 inspecteurs .	Toulouse	
10ᵉ.	Bouches-du-Rhône, Var, Alpes-Maritim., Corse.	4 inspecteurs	Marseille, Nice	Marseille.
		1 inspectrice	Marseille.	
	Vaucluse, Basses-Alpes.	1 inspecteur. .	Avignon	
	Drôme, Hautes-Alpes . .	Idem	Valence	
	Gard.	Idem	Nîmes	
	Ardèche	Idem	Privas	
11ᵉ.	Rhône, Isère, Ain. . . .	4 inspecteurs	Lyon, Grenoble. . . .	Lyon.
		1 inspectrice.	Lyon.	
	Haute-Savoie, Savoie . .	1 inspecteur. .	Chambéry	
	Puy-de-Dôme, Loire, Haute-Loire.	4 inspecteurs .	Saint-Étienne, Roanne, Clermont-Ferrand. . .	

Des frais de déplacements sont alloués aux inspecteurs et aux inspectrices[1].

L'indemnité de séjour pour les uns et les autres est de 15 fr. par jour.

Les inspecteurs et inspectrices de la Seine sont soumis à d'autres tarifs[2].

Les inspecteurs et inspectrices doivent, autant que possible, se servir des voies de fer qui présentent une économie réelle de temps et d'argent. L'indemnité de 15 fr. pour frais de séjour n'est acquise entièrement à l'inspecteur que lorsque celui-ci a été forcé de coucher en dehors de sa résidence[3].

Il n'y a enfin aucune indemnité de séjour allouée pour la visite d'établissements situés dans la ville qui sert de résidence à l'inspecteur ou dans la banlieue immédiate.

Les frais de transport par mer, entre Marseille et la Corse, sont remboursés aux inspecteurs d'après le prix des places en 1re classe.

Les états de frais de déplacement doivent être adressés au ministre en double exemplaire[4].

Il est alloué aux inspecteurs divisionnaires des frais de bureau fixés à 2 200 fr. pour l'inspecteur divisionnaire de la première circonscription, à 1 800 fr. pour l'inspecteur divisionnaire de la cinquième circonscription et à 1 500 fr. pour les autres inspecteurs divisionnaires.

Toutes les nominations sont faites par le ministre du commerce et de l'industrie.

---

1. A raison de :

Voies de fer : 0 fr. 12 c. par kilomètre (prix de la place en 1re classe) ;

Voies de terre : 0 fr. 50 c. le kilomètre pour les inspecteurs divisionnaires ;

Voies de fer : 0 fr. 08 c. par kilomètre (prix de la place en 2e classe) ;

Voies de terre : 0 fr. 50 c. le kilomètre pour les inspecteurs départementaux et les inspectrices.

2. L'inspecteur divisionnaire résidant à Paris reçoit pour frais de tournées dans le département de la Seine une indemnité fixe de 3 000 fr. par an. Ses frais de tournée en Seine-et-Marne et Seine-et-Oise lui sont remboursés sur le même taux qu'aux autres inspecteurs divisionnaires.

Les inspecteurs départementaux de la Seine reçoivent une indemnité fixe de 600 fr., pour déplacements dans l'enceinte de Paris ; l'indemnité est de 900 fr. pour les inspecteurs attachés au service de la banlieue.

3. S'il rentre le soir même à son domicile, il ne doit compter qu'une demi-journée.

4. Ceux des inspecteurs et inspectrices départementaux sont contrôlés et certifiés exacts par les inspecteurs divisionnaires. Ces états doivent être produits tous les mois ou tous les trois mois ; il est indispensable qu'ils parviennent à l'administration centrale avant le 7 du mois, afin que l'ordonnancement des sommes dues aux inspecteurs puisse être effectué rapidement. (*Circ. min. 16 nov. 1895.*)

Dans les départements autres que celui de la Seine où les conditions de service l'exigent, les frais de tournées alloués sur état aux inspecteurs et inspectrices peuvent être remplacés par des indemnités fixes réglées par arrêté ministériel.

Les déplacements des inspecteurs hors de leur circonscription ou section, nécessités par les besoins du service, sont comptés comme frais de tournées et réglés sur état aux mêmes tarifs.

Les inspecteurs du travail, quand, à leur entrée en fonctions, ils
se font installer par le préfet du département où se trouve leur résidence, prêtent entre ses mains le serment professionnel, et en plus
le serment de ne point révéler les secrets de fabrication, et, en général, les procédés d'exploitation dont ils pourraient prendre connaissance dans l'exercice de leurs fonctions. Toute violation de ce serment
est punie d'un emprisonnement de un à six mois et d'une amende
de 100 à 500 fr., conformément à l'article 318 du Code pénal.

Concours. — Pour être nommé inspecteur du travail il faut
satisfaire aux conditions et aux concours déterminés par l'arrêté
ministériel du 22 décembre 1893, légèrement modifié en 1899. Le
recrutement n'a lieu exclusivement que par la voie du concours.

Nul n'est admis à concourir : 1° s'il ne justifie de la qualité de Français ;
2° S'il n'a accompli sa vingtième année au moins et sa trente-cinquième
année au plus au 1er janvier de l'année pendant laquelle a été pris l'arrêté
ministériel ouvrant le concours. Aucune dispense d'âge n'est accordée.

Les concours ont lieu suivant les besoins du service ; le nombre des places
mises au concours et la date des examens sont fixés par arrêté ministériel.

Cet arrêté fixe la date à laquelle les demandes d'admission doivent être
parvenues au ministère du commerce, de l'industrie, des postes et télégraphes [1].

La commission de classement est présidée par le ministre du commerce,
de l'industrie, des postes et des télégraphes, ou, à son défaut, par le directeur du travail.

Elle comprend en outre : le chef de bureau de l'inspection du travail,

---

1. Le ministre du commerce, de l'industrie, des postes et télégraphes arrête
après avis de la Commission supérieure la liste des candidats admis à concourir.

Le même candidat ne peut pas être admis à plus de deux concours.

Le jury attribue en outre à chaque candidat une note dans laquelle il tient compte
tant des antécédents de sa pratique industrielle, que des garanties qu'il présente pour
exercer avec autorité les fonctions d'inspecteur.

Nul ne peut être déclaré admissible s'il n'a obtenu à la fois plus du quart de chaque
maximum partiel et un total d'au moins 65 p. 100 du maximum général, soit 260 points
pour les inspecteurs, et 208 points pour les inspectrices.

Si plusieurs candidats ont le même nombre total de points, la priorité est assurée à
celui des candidats qui a obtenu le plus grand nombre de points pour la composition
se rattachant à l'application des lois réglementant le travail.

Les épreuves écrites sont subies à Paris, Tours, Dijon, Nancy, Lille, Rouen, Nantes,
Bordeaux, Toulouse, Marseille et Lyon, sous la surveillance d'un inspecteur divisionnaire du travail et d'un conseiller de préfecture désigné par le préfet, dans un local
désigné à cet effet. Les épreuves orales ont lieu à Paris devant la commission d'examen nommée par le ministre du commerce et de l'industrie.

Le programme des concours comprend : 1° des éléments d'hygiène industrielle
(atmosphère du travail : aérage et ventilation ; vapeur, gaz et poussières mêlées à

les onze inspecteurs divisionnaires du travail, trois membres ouvriers élus du Conseil supérieur du travail nommés pour un an au mois de janvier par arrêté ministériel. En cas de partage des voix, celle du président sera prépondérante. (*Déc. 7 janv. 1903.*)

2. — Attributions des inspecteurs.

Devoirs généraux. Droits des inspecteurs. Contraventions et procès-verbaux. Mise en demeure. Régime de l'Algérie.

Devoirs généraux. — Les inspecteurs du travail sont chargés d'assurer l'exécution des lois du 2 novembre 1892 sur le travail des enfants, des filles mineures et des femmes; des 9 septembre 1848 et 30 mars 1900 sur le travail des adultes; du 7 décembre 1874 sur la protection des enfants employés dans les professions ambulantes; du 12 juin 1893 sur l'hygiène et la sécurité des travailleurs dans les établissements industriels; des articles 11 et 31 sur la déclaration des accidents et l'affichage des lois et décrets qui les concernent; des lois du 9 avril 1898-22 mars 1902, du 29 décembre 1900 sur les conditions du travail des femmes employées dans les magasins, boutiques et autres locaux en dépendant; et aussi des loi du 2 avril et décret du 28 mai 1902, en ce qui concerne l'attribution des primes à la sériciculture, dans les filatures à soie.

L'exécution des lois, en ce qui concerne purement l'exploitation des mines, minières et carrières ne relève pas de leurs attributions[1],

---

l'air; action de la chaleur et du froid. Mises en œuvre : matières irritantes; matières toxiques; matières infectieuses et putrescibles; industries principales qui les emploient; dangers de leur élaboration et de leur maniement; mesures spéciales de précaution pour les éviter ou s'en prémunir. Hygiène générale des établissements industriels; accidents du travail); 2° des éléments de mécanique générale et appliquée et précautions à prendre dans l'installation des ateliers (notions sommaires sur les objets suivants : le levier, la poulie, le plan incliné, le treuil, les moufles et la vis. Roulage et traînage. Appareils de levage, monte-charge, freins. Moteurs hydrauliques, à vapeur, à gaz, à pétrole, électriques. Leurs principaux organes. Principales machines-outils. Arbres de transmission, courroies, engrenages, embrayages. — Généralités sur la combustion. Fours, cheminées. — Mesures de protection contre les divers accidents des fabriques et notamment dans l'emploi des machines-outils et de l'électricité dynamique); 3° éléments de droit pénal.

1. Mais tout ce qui n'a pas, avec l'exploitation des mines, une liaison matérielle immédiate, comme les travaux de taille, de sciage des pierres, ardoises, marbres, qui ne constituent plus l'extraction même, mais les fours à chaux, les ateliers de cuisson et de blutage du plâtre, les briqueteries, tuileries, sont et restent sous le contrôle des inspecteurs.

non plus que les travaux purement agricoles et le travail scientifique[1].

Les inspecteurs divisionnaires dirigent, contrôlent et centralisent
le service des inspecteurs et inspectrices départementaux placés
sous leur autorité. Ils servent d'intermédiaire entre eux et le ministre
pour les instructions relatives à l'application des lois. Ils peuvent,
soit accompagner les inspecteurs sous leurs ordres dans certaines
de leurs visites, soit les refaire après eux pour contrôler le service.
Ils donnent des notes à leurs subordonnés et les transmettent au
ministre. De plus, ils se réservent les inspections délicates dans
certains établissements de l'État ou de bienfaisance, les enquêtes
en cas d'accidents graves. Quel que soit l'accident, ils en sont
immédiatement informés par les maires, et en rendent compte au
ministre dans un rapport annuel. (*L. 12 juin 1893, art. 10 et 11*.)

Les inspecteurs départementaux surveillent et inspectent aussi
souvent que possible les établissements industriels, soit de nuit,
soit de jour, de façon à ce que, grâce à leur vigilance permanente,
on ne puisse songer à éviter ou enfreindre les lois. Ils adressent,
avant leurs tournées, à leur divisionnaire, l'itinéraire de leur inspection, et tous les mois, un état des visites faites, avec mention
spéciale des visites de nuit. Ils doivent, lors de leur tournée, se
munir de la carte personnelle délivrée par l'administration, des
registres d'inscriptions conformes au modèle adopté, des affiches
de la loi et des règlements d'administration publique dont un exemplaire doit être remis aux industriels lors d'une première visite, en
un mot de toutes les pièces nécessaires à faire connaître leur identité
et à faciliter l'accomplissement de leurs fonctions.

Les inspecteurs doivent toute leur activité au service de l'État.

Ils donnent les conseils qui leur sont demandés sur l'application de la
loi, mais ils doivent laisser aux industriels la responsabilité des mesures à
prendre et ne pas leur fournir des plans d'installation. (*Lett. min., 24 déc.
1894.*)

Ils ne doivent pas se livrer à des opérations commerciales qui pourraient
faire suspecter leur désintéressement, et la conscience de leur administration. (*Circ. min., 15 mai 1897*).

---

2. Quant au travail domestique, quant aux ateliers de famille, les inspecteurs doivent bien exercer sur eux une surveillance effective, s'ils veulent savoir s'il y est fait
ou non usage de moteurs mécaniques.

Ils ne peuvent accepter d'être experts dans des affaires qui touchent à leurs positions, et toute autre semblable mission ne peut être remplie par eux qu'avec l'autorisation de l'administration. (*Lett. minist., 9 nov. 1896.*)

Surtout ils ont le devoir de se mettre en rapport avec les délégués des syndicats professionnels, pour connaître par eux des infractions aux lois. (*Circ. minist., 19 janv. 1900.*)

Ils peuvent assister aux congrès où les questions industrielles sont discutées, en se tenant sur la plus grande réserve d'ailleurs, et notamment si on critique les lois dont ils doivent assurer l'exécution. (*Décis. min., 27 avr. 1899*[1].)

Dans les circonscriptions où se trouvent des inspecteurs et des inspectrices, les premiers inspectent tous les établissements mixtes ou non où l'on fait usage de moteurs mécaniques, les secondes ont la surveillance des ateliers à personnel exclusivement féminin, et où il n'existe pas de moteurs mécaniques.

Les inspecteurs ont encore pour mission, en dehors de la surveillance qui leur est confiée, d'établir la statistique des conditions du travail industriel dans la région qu'ils sont chargés de surveiller, afin d'éclairer l'administration centrale sur les réformes possibles. Un rapport d'ensemble, résumant ces communications, est publié tous les ans par les soins du Ministre du commerce et de l'industrie (*L. 2 nov. 1892, art. 21*) et en particulier ils doivent fournir en outre, chaque année, des rapports circonstanciés sur l'application de la loi du 12 juin 1893, sur l'hygiène et la sécurité des travailleurs, dans toute l'étendue de leurs circonscriptions. Ces rapports mentionnent les accidents dont les ouvriers ont été victimes et leurs causes. Ils contiennent les propositions relatives aux prescriptions nouvelles qui seraient de nature à mieux assurer la sécurité du travail. — Un rapport d'ensemble, résumant ces communications, devrait être publié tous les ans par les soins du Ministre du commerce et de l'industrie. Il ne l'a été, pour la première fois, qu'en 1900. (*L. 12 juin 1893, art. 10.*)

Droits des inspecteurs. — Les inspecteurs et inspectrices ont le droit, sur présentation de leur carte de service, de pénétrer, même

---

1. Un inspecteur du travail ne peut pas accepter les fonctions de délégué cant nal. Il n'y a pas d'inconvénient à ce qu'un inspecteur se réserve la propriété de son invention par l'obtention d'un brevet. (*Lett. min., 19 juill. 1897.*)

en dehors des heures de travail, et sans être accompagnés d'un agent local, dans les établissements industriels où ils ont mission de surveiller l'application de la loi, et dans les dépendances.

Ils peuvent interroger le personnel protégé, requérir la production des livrets individuels, du registre prescrit par la loi, des certificats d'aptitude physique, des règlements intérieurs de l'usine, et de toutes les pièces nécessaires à l'exercice de leur contrôle.

JURISPRUDENCE. — Le refus d'un patron de laisser pénétrer la nuit un inspecteur du travail dans un local où travaillent des ouvrières est passible de condamnation. (*Tr. corr. Épernay.*)

Les inspecteurs du travail n'ont entrée la nuit dans les établissements industriels que lorsque le travail y est organisé de jour et de nuit ou lorsqu'ils ont recueilli des indices leur permettant de croire à une contravention. (*Cass. cr., 12 juill. 1902.*)

Ils peuvent toujours requérir un examen médical de tous les enfants au-dessous de 16 ans, déjà admis dans les établissements, à l'effet de constater si le travail dont ils sont chargés excède leurs forces, et, si le fait est constaté par l'un des médecins du service des certificats d'aptitude physique, ils ont le droit d'exiger le renvoi de l'enfant de l'établissement, après examen contradictoire si les parents le réclament.

L'inspecteur du travail étant chargé d'un service public, peut, si on fait obstacle à l'accomplissement de ses services, sommer le commissaire de police, le juge de paix ou son suppléant, et à défaut le maire, de requérir la force publique à l'effet de lui prêter main-forte ; au point de vue des outrages, violences, voies de fait, il est assimilé aux officiers de police judiciaire. (*L. 12 juin 1893, art. 12.*)

En tant que fonctionnaire public, il ne peut prendre aucun intérêt, direct ou indirect, dans les industries dont il a la surveillance, sous les peines édictées à l'article 175 du Code pénal[1]. La corruption ou tentative de corruption à son égard sont punies des peines portées aux articles 177 et 179 du Code pénal[2].

---

1. Emprisonnement de 6 mois à 2 ans ; amende du douzième au quart des restitutions et des indemnités, et destitution.

2. 200 fr. au minimum ; et, en cas de contrainte : amende de 100 à 300 fr. et emprisonnement de 3 à 6 mois.

Contraventions et procès-verbaux. — Les contraventions à la loi sont constatées par les procès-verbaux des inspecteurs qui font foi jusqu'à preuve du contraire. Les procès-verbaux mentionnent chaque contravention, rappellent l'article qui s'y rapporte, donnent des indications sommaires[1] sur les incidents et reproduisent les explications fournies par l'industriel.

Les procès-verbaux doivent être visés pour timbre et enregistrés en débet dans les quatre jours de leur clôture, au bureau de la résidence de l'inspecteur ou du lieu où la contravention a été constatée, à peine d'amende contre l'inspecteur. (*Circ. min., 29 sept. 1894*[2].)

Les procès-verbaux sont dressés en double exemplaire dont l'un est envoyé au préfet du département et l'autre au Parquet, toutes les règles de droit commun restant en vigueur quant à la constatation et à la poursuite des infractions commises[3]. (*L. 2 nov. 1892, art. 20, §§ 2, 3, 4, et L. 12 juin 1893, art. 5, identiques.*)

Mise en demeure. — En matière de contraventions aux règlements d'administration publique rendus pour l'application de la loi du 12 juin 1893, sur l'hygiène et la sécurité des travailleurs, les inspecteurs doivent mettre les chefs d'industrie[4] en demeure de se conformer aux prescriptions réglementaires[5].

---

1. Sommaires ? Voir l'arrêt suivant :
Jurisprudence. — Atelier. — Procès-verbal. — Constatations insuffisantes.
C'est à bon droit que le juge de police relaxe un prévenu de contravention à la loi du 2 novembre 1892, lorsque le procès-verbal ne précise aucune circonstance dont on puisse induire que le local dans lequel a pénétré l'inspecteur du travail présente les caractères de l'*atelier* organisé au sens de ladite loi. (*Cass. ch. crim., 16 mai 1902.*)

2. Pour la procédure, voir *Circ. min., 30 oct. 1895.*

3. C'est-à-dire que l'officier de police judiciaire peut relever aussi les contraventions au même titre que les inspecteurs.

4. Et non point les propriétaires. L'inspecteur ne connaît que le chef industriel, quel que soit le titre auquel il occupe les locaux qui servent à son industrie (*Lett. min., 16 déc. 1895*). Et en cas de procès sur les frais possibles de travaux à exécuter, ceux-ci doivent être exécutés sans attendre l'issue du procès (*Lett. min., 18 nov. 1897*, en réponse à un architecte, désigné comme expert par le président du tribunal civil, avec la mission de rechercher à qui devait incomber, du propriétaire ou des locataires, la dépense occasionnée par les transformations que les industriels doivent exécuter et dont ils ne contestent pas l'utilité).

5. Se reporter aussi à : III. HYGIÈNE ET SÉCURITÉ, au § *Règlements d'administration publique* et à la note 3, p. 384.

JURISPRUDENCE. — La loi du 12 juin 1893, sur l'hygiène et la sécurité des travailleurs, en imposant aux établissements régis par la loi du 2 novembre 1892, qui emploient des mineurs et des femmes, des règles en partie prescrites par cette loi, ne subordonne la constatation et la poursuite des infractions à une mise en demeure préalable que pour celles de ces infractions dont elle confie la détermination ultérieure au pouvoir réglementaire. Cette mise en demeure n'est pas applicable quand il s'agit d'infractions formellement déterminées par la législation antérieure encore en vigueur. (*Cass.*, *12 juin 1896. Annulation, sur le pourvoi du ministère public, d'un jugement du tribunal de simple police de Tourcoing, en date du 9 janv. 1895.*)

Cette mise en demeure est faite par écrit sur le registre de l'usine ; elle doit être datée et signée, indiquer les contraventions relevées[1], et fixer un délai, jamais inférieur à un mois, à l'expiration duquel ces contraventions devront avoir disparu.

Dans les quinze jours qui suivent la mise en demeure, le chef d'industrie adresse, s'il le juge convenable, une réclamation[2] au Ministre du commerce et de l'industrie[3], qui, dans le cas où l'obéissance à la mise en demeure nécessite des transformations[4] importantes portant sur le gros œuvre de l'usine, peut accorder à l'industriel, après avis conforme du Comité des arts et manufactures, un délai dont la durée, dans tous les cas, ne dépassera pas dix-

---

1. Les inspecteurs doivent, dans leurs mises en demeure, viser les prescriptions des décrets qui n'ont pas été observés et préciser les contraventions qui ont été relevées, et cela pour que la contravention soit parfaitement caractérisée si elle doit faire l'objet de poursuites judiciaires, et aussi pour que l'industriel ne puisse se plaindre de ne pouvoir, faute d'explications, se mettre en règle avec la loi. (*Circ. min.,* *13 avr. 1898.*)

2. En joignant à sa réclamation copie de la mise en demeure, ainsi que les documents, notes, plans des ateliers et des machines, etc., de nature à éclairer le comité. (*Circ. min., 24 nov. 1896.*)

3. L'inspecteur départemental doit fournir, à la suite des réclamations relatives aux mises en demeure, un rapport qui reproduise *in extenso* le texte de la mise en demeure inscrite sur le registre d'usine. (*Lett. min., 22 sept. 1898.*)

4. *Jurisprudence.* — L'inexécution de travaux prescrits par l'inspecteur du travail en vertu de l'article 6 de la loi du 12 juin 1893 constitue une contravention continue. Le point de départ de la prescription doit dès lors être fixé non à l'expiration du délai imparti pour l'exécution desdits travaux, mais à la date du procès-verbal dressé postérieurement contre le prévenu qui n'a pas obtempéré à la mise en demeure.

L'amnistie de l'article 1, § 6, de la loi du 27 décembre 1900 ne s'applique pas aux contraventions à l'article 6 de la loi du 12 juin 1893 commises antérieurement au 15 décembre 1900 si les contraventions se sont continuées et ont été constatées après cette date. (*Cass. ch. crim., 16 mai 1902.*)

huit mois. Notification de la décision est faite à l'industriel dans la forme administrative ; avis en est donné à l'inspecteur.

Régime de l'Algérie. — Les ingénieurs et contrôleurs des mines sont chargés de surveiller l'application des prescriptions dévolues aux inspecteurs en France.

Ils sont placés, pour ce service, sous l'autorité du gouverneur général de l'Algérie. Ils ont entrée dans tous les établissements visés. Ils peuvent se faire représenter le registre et les bulletins de naissance prescrits.

Toutefois, le gouverneur général pourra, dans le cas où cette mesure lui paraîtrait nécessaire, dispenser des visites du service les ateliers où sont exercées certaines industries indigènes.

Les contraventions sont constatées par les procès-verbaux des ingénieurs et contrôleurs qui font foi jusqu'à preuve contraire. Ces procès-verbaux sont dressés en double exemplaire, dont l'un est envoyé au gouverneur général et l'autre déposé au parquet.

Les dispositions ci-dessus ne dérogent point aux règles en vigueur en Algérie, quant à la constatation et à la poursuite des infractions au décret.

Le gouverneur général de l'Algérie adressera chaque année au Ministre du commerce et de l'industrie, un rapport sur l'exécution du décret et les modifications dont il serait susceptible.

En ce qui concerne l'application des dispositions du décret et dans les arrêtés du gouverneur général prévus ci-dessous, les ingénieurs et contrôleurs, avant de dresser procès-verbal, mettront les chefs d'industrie en demeure de se conformer aux prescriptions desdits règlements et arrêtés.

Cette mise en demeure sera faite par écrit sur un registre qui devra être tenu constamment à la disposition du service : elle sera datée et signée, indiquera les contraventions relevées et fixera un délai à l'expiration duquel ces contraventions devront avoir disparu. Ce délai ne sera jamais inférieur à un mois.

Dans les quinze jours qui suivent cette mise en demeure, le chef d'industrie adresse, s'il le juge convenable, une réclamation au gouverneur général.

Ce dernier peut, après avoir pris, s'il y a lieu, l'avis du conseil d'hygiène du ressort, modifier la mise en demeure ou proroger le délai imparti pour son exécution.

Notification de la décision est faite à l'industriel dans la forme administrative. Avis en est donné à l'ingénieur.

Au fur et à mesure des nécessités constatées, des arrêtés pris par le gouverneur général, après avis des conseils d'hygiène, détermineront les prescriptions particulières relatives soit à certaines industries, soit à certains modes de travail.

3. — Commissions et comités.

Commission supérieure du travail dans l'industrie. Commissions départementales. Comités de patronage. Comité du travail sur le réseau des chemins de fer de l'État.

La loi du 2 novembre 1892 a créé d'autres organismes spéciaux pour l'application de cette loi, avec d'autres attributions encore qui se rattachent à l'inspection du travail. Ce sont :

I. — **La commission supérieure du travail dans l'industrie,** composée de 9 membres dont les fonctions sont gratuites. Cette commission, établie auprès du Ministre du commerce et de l'industrie, comprend deux sénateurs, deux députés élus par leurs collègues et 5 membres nommés pour une période de 4 ans par le Président de la République.

Ses attributions sont de trois sortes ; elle est chargée :

1° De veiller à l'application uniforme et vigilante de la loi du 2 novembre 1892. Tous les ans son président fait un rapport sur les résultats généraux de l'inspection et sur les faits relatifs à l'exécution de la loi, rapport adressé au Président de la République et qui paraît à l'*Officiel*, dans le mois de son dépôt [1] ;

2° De donner son avis sur les règlements à faire et généralement sur les diverses questions intéressant les travailleurs protégés, — avis qui doit obligatoirement lui être demandé, mais qui ne lie pas le gouvernement ;

3° D'arrêter les conditions d'admissibilité des candidats à l'inspection divisionnaire et départementale et le programme du concours.

II. — **Les commissions départementales** dont la création est livrée à l'appréciation des conseils généraux, et dont les attributions consistent à présenter, sur l'exécution de la loi et les améliorations dont elle serait susceptible, des rapports qui sont transmis au Ministre et communiqués à la commission supérieure. C'est aussi

---

1. Le Ministre du commerce et de l'industrie reprend d'ailleurs ces rapports annuels pour les publier en volumes, en y joignant les rapports des inspecteurs divisionnaires du travail et des ingénieurs en chef des mines.

le conseil général qui en choisit les membres, fixe leur nombre, mais les inspecteurs divisionnaires et départementaux, les président et vice-président du conseil de prud'hommes du chef-lieu ou du principal centre industriel du département, et, s'il y a lieu, l'ingénieur des mines, font partie de droit de ces commissions, dans leurs circonscriptions respectives. En sorte que les inspecteurs divisionnaires et les inspecteurs départementaux chargés de plusieurs départements sont membres des commissions de chacun des départements, s'il en existe.

Dans les départements où existent plusieurs conseils de prud'hommes, dont un au chef-lieu, et une seule commission départementale, les membres prud'hommes de la commission sont ceux du conseil du chef-lieu, et s'il existe plusieurs conseils dans le chef-lieu, tous les présidents et vice-présidents sont membres de droit de la commission. S'il existe plusieurs commissions, le conseil général répartit les prud'hommes entre elles, de façon qu'elles aient au moins chacune un président et un vice-président de conseil de prud'hommes. (*Inst. génér. aux préfets, 20 déc. 1892.*)

Les inspecteurs du travail peuvent prendre part aux délibérations et aux votes émis par la commission, mais il leur est recommandé d'observer, quand il y a lieu, la plus grande réserve. (*Lett. min., 14 oct. 1899.*)

Les commissions départementales ne doivent pas s'ériger en juges de la conduite des inspecteurs du travail. Elles ne peuvent que présenter des vœux sur les modifications qui leur paraîtraient bonnes à apporter à la législation (*Lett. min., 22 mars, 13 sept., 16 nov. 1897*). Elles sont invitées aussi à admettre *en nombre égal* dans leur sein des représentants d'ouvriers et de patrons. (*Circ. min., 17 août 1899.*)

En 1901, les commissions départementales se sont réunies dans 29 départements[1], au lieu de 39 en 1900. Le nombre des réunions a varié de 11 (Gironde) à 1. La plupart des commissions n'ont tenu qu'une séance.

Dans presque toutes les commissions, les patrons et les ouvriers sont représentés : il n'y a guère aujourd'hui que deux ou trois conseils généraux qui ne se soient pas conformés à la circulaire ministérielle du 17 août 1899 les invitant à appeler au sein de ces assemblées des représentants des patrons et des ouvriers. La circulaire ministérielle du 30 avril 1900, invitant les conseils généraux à voter des crédits pour indemniser les membres ouvriers des commissions départementales de leurs frais de déplacement, a reçu son exécution dans 50 départements.

En ce qui concerne la convocation des commissions, le Ministre du com-

---

1. Allier, Ardèche, Calvados, Charente-Inférieure, Cher, Côte-d'Or, Drôme, Gard, Haute-Garonne, Gers, Gironde, Hérault, Indre, Loir-et-Cher, Lot, Manche, Marne, Meurthe-et-Moselle, Meuse, Nièvre, Nord, Pas-de-Calais, Puy-de-Dôme, Basses-Pyrénées, Seine, Seine-et-Marne, Somme, Tarn, Vaucluse.

merce a estimé que, devant le silence de la loi, c'était aux assemblées elles-mêmes à fixer les règles à suivre à cet égard ; il a décidé qu'en l'absence de dispositions spéciales il appartenait au préfet de prendre l'initiative de la convocation.

Voici l'énumération des vœux les plus importants formulés par diverses commissions départementales :

Abaissement de l'âge d'admission à 12 ans sans condition ; suppression de l'exception relative au travail des enfants de moins de 13 ans dans les établissements de bienfaisance ; fixation hebdomadaire de la limite de la durée du travail ; fixation des repos interruptifs de la journée de travail à un quart d'heure au moins ; suppression·des dérogations au travail de nuit ; interdiction pour les femmes de faire des travaux de typographie, en raison des dangers d'intoxication saturnine qu'ils présentent ; extension de la loi de 1892 à diverses catégories d'employés et ouvriers ; augmentation du nombre des inspecteurs ;.etc.

En 1900, elles avaient formulé les vœux suivants :

Extension des lois protectrices du travail aux ouvriers employés dans l'industrie de l'alimentation ; augmentation du nombre des inspecteurs et des inspectrices, et leur recrutement par l'élection, après examen ; abrogation du décret du 17 mai 1851 ; production par les patrons de nouveaux documents permettant de vérifier la durée du travail journalier ; extension des attributions des commissions départementales à toutes les lois concernant le travail dans l'industrie ; limitation égale de la durée du travail de tous les ouvriers ; élévation à treize ans, sans exception, de l'âge d'admission dans les ateliers ; suppression absolue du travail de nuit pour les femmes ; suppression du paragraphe 6 de l'article 2 de la loi de 1892 admettant, dans les établissements de bienfaisance, des enfants au-dessous de treize ans ; création d'écoles professionnelles d'apprentis, etc.

III. — **Des comités de patronage** institués par le conseil général dans chaque département [1].

Comités du travail sur le réseau des chemins de fer de l'État.

— Par arrêté du Ministre des travaux publics, en date du 13 février 1901, il a été institué sur le réseau de l'État un comité du travail des chemins de fer, pour chacun des arrondissements d'exploitation du réseau. Ces comités siègent à Tours, à Nantes et à Saintes.

Les comités du travail ont pour mission de veiller à l'exécution des lois, décrets, arrêtés ministériels et règlements concernant les heures de travail et de repos des mécaniciens et chauffeurs, des agents des trains, des agents des gares, stations et haltes, dont le service peut intéresser la sécurité des trains et des manœuvres, ainsi que des agents et ouvriers de la voie, des ateliers, des établissements relevant du service des approvisionnements généraux, et, généralement, de veiller à l'application de toutes les dispositions législatives et réglementaires concernant le travail.

---

1. Voir : CONTRAT D'APPRENTISSAGE, p. 257.

Chaque comité du travail des chemins de fer est composé ainsi qu'il suit :

L'ingénieur en chef du service de l'inspection générale (exploitation technique), président ; — les contrôleurs du travail du réseau, avec voix délibérative pour les questions concernant leurs subdivisions ; — l'inspecteur principal de l'exploitation des chemins de fer de l'État ; — l'ingénieur de la voie et des bâtiments ; — le chef de traction ; — l'ingénieur des ateliers ; — le garde-magasin du service des approvisionnements généraux ; — le chef de division du personnel de la direction ; — un agent des trains de l'arrondissement ; — un agent des gares, stations et haltes de l'arrondissement ; — un agent ou un ouvrier du service des voies et des bâtiments de l'arrondissement ; — un agent ou un ouvrier des dépôts et réserves de l'arrondissement ; — un agent ou un ouvrier des ateliers et postes de visite de l'arrondissement ; — un agent ou un ouvrier du service des approvisionnements généraux.

Les délégués des agents et ouvriers sont élus pour trois ans par les agents et ouvriers de la catégorie à laquelle ils appartiennent dans l'arrondissement. — Lors de l'élection de chacun de ces délégués, il est procédé à l'élection d'un délégué suppléant. — L'inspecteur principal, l'ingénieur de la voie, le chef de traction, l'ingénieur des ateliers, le chef de la division du personnel et le garde-magasin sont remplacés, en cas d'empêchement, par leur adjoint ou par le fonctionnaire ou l'agent désigné pour les suppléer dans leur service ; les délégués sont remplacés par leurs suppléants.

Les membres du comité qui, pour une cause quelconque, cessent d'appartenir au réseau, cessent de plein droit de faire partie des comités. — Si une vacance vient à se produire parmi les délégués dans l'année qui précède le renouvellement général des comités, il n'est pourvu au remplacement qu'à l'époque du renouvellement.

Sont électeurs et éligibles tous les agents et ouvriers compris dans les catégories énumérées à l'article 3, en fonctions depuis au moins six mois au moment de l'élection. — Les délégués nommés par les agents et ouvriers sont, à l'expiration de leur mandat, inéligibles pendant une période de trois années.

Le mode de l'élection des délégués et de leurs suppléants, leurs frais de déplacement et toutes les questions relatives à l'exécution de l'arrêté sont réglementés par des décisions du directeur des chemins de fer de l'État.

Chaque comité se réunit sur convocation de son président une fois au moins par semestre, sauf décision ministérielle contraire. — Le président transmet dans les trois jours copie des délibérations du comité au Ministre des travaux publics et au directeur des chemins de fer de l'État.

4. — Mines, minières et carrières.

Ingénieurs des mines. Contrôleurs des mines. Délégués mineurs : attributions ; expertises ; élections (*Jurisprudence*) ; durée des fonctions ; indemnités ; législation proposée. — *Législation comparée.*

Ingénieurs des mines. — C'est aux ingénieurs des mines qu'est dévolue la surveillance en ce qui concerne les mesures utiles à la conservation des édifices et du sol, et aussi à la sécurité des ouvriers. (*L. 21 avr. 1810, art. 47.*)

Les ingénieurs en chef sont chargés de l'exécution tant des lois et règlements que des prescriptions ordonnées par l'administration supérieure ou préfectorale. Ils dénoncent à celle-ci ou au ministère public, s'il y a lieu, les infractions ; ils font des tournées d'inspection et contrôlent la surveillance exercée par les ingénieurs ordinaires. Ils donnent leur avis motivé sur les demandes en concession, permission, etc., sur les questions d'art et sur tous les objets contentieux pour lesquels ils sont consultés par les autorités compétentes.

Les ingénieurs ordinaires, placés sous les ordres des ingénieurs en chef, dressent procès-verbal des contraventions, préparent l'instruction des affaires, surveillent les travaux, recueillent et transmettent tous les renseignements relatifs aux exploitations, vices, abus ou dangers. Ils constatent les accidents, doivent en rechercher les causes et les signaler aux autorités administratives ou judiciaires.

Contrôleurs des mines. — Les inspecteurs sont aidés dans leur mission par des agents appelés autrefois gardes-mines (*Arr. min. 18 janv. 1840 et Déc. 24 nov. 1851*) et aujourd'hui, depuis le décret du 13 février 1890, *contrôleurs des mines.* Ces agents sont choisis, autant que possible, parmi les maîtres-mineurs, gouverneurs ou directeurs de mines, les contremaîtres d'ateliers, d'usines, et les élèves des écoles professionnelles (*Déc. 24 déc. 1851, art. 34*), et leur cadre est fixé par le ministre, d'après les besoins du service et en raison des crédits ouverts au budget (*Déc. 28 mars 1852*). Ils étaient divisés en 6 classes (*Déc. 17 juill. 1856*), mais la 5e classe a disparu[1]. Ils sont nommés par le Ministre[2], à la suite d'examens[3].

Ils sont plus spécialement chargés de la surveillance des exploitations minières de toute nature, des sources d'eaux minérales et des appareils à vapeur, du contrôle de l'exploitation technique et du matériel des chemins de fer.

Inspecteurs et contrôleurs, lors de leurs tournées, doivent viser le registre spécial fourni par l'exploitant, et peuvent se faire accompagner par le délégué mineur de leur circonscription. (*L. 8 juill. 1890, art. 3.*)

Délégués mineurs. — Des délégués à la sécurité des ouvriers mineurs ont été institués obligatoirement pour visiter les travaux souterrains de toutes les mines, minières et carrières, dans le double but exclusif d'en examiner : 1° les conditions de sécurité pour le personnel qui y est occupé ; 2° et, en cas d'accident, les conditions dans lesquelles il s'est produit. (*L. 8 juill. 1890, art. 1er[4].*)

Peuvent seuls être dispensés de délégués, par un arrêté préfectoral, rendu sur le rapport des ingénieurs des mines, toute concession de mine, ou tout ensemble de concession de mines contiguës,

---

1. Les traitements sont les suivants, qui sont successivement augmentés :
De 1/12 Contrôleurs principaux. 2 800 fr.
De 2/12 Contrôleurs 1re classe . 2 400 fr.
De 3/12   —   2e   —   2 100 fr.
   —   —   3e   —   1 800 fr.
   —   —   4e   —   1 500 fr.
(*Décr. 26 nov. 1875.*)
2. Et révocables par lui.
3. Il faut pour s'y présenter être Français, âgé de 21 ans au moins et de 30 ans au plus.
Les militaires, porteurs d'un congé régulier, sont admis à concourir jusqu'à 35 ans.
Peuvent être nommés sans examen préalable : les élèves brevetés des écoles des mines de Paris et de Saint-Étienne, et les trois premiers élèves sortant annuellement des écoles des maîtres-mineurs d'Alais et de Douai, sous les mêmes conditions d'âge. (*Décr. 2 janv. 1883.*)
4. Loi présentée par MM. Waldeck-Rousseau, Reyneau et autres députés, à la suite d'un vœu émis en octobre 1882 par la chambre syndicale des mineurs de Saint-Étienne. « Le contrôle des ingénieurs des mines et de leurs subordonnés sera plus efficace lorsqu'il s'exercera concurremment avec celui d'un délégué pris parmi les ouvriers dont les existences sont en jeu, et partageant d'autant mieux leurs préoccupations qu'il doit partager les mêmes dangers. » (*Exposé des motifs, 1882.*)
Votée et promulguée, elle a été suivie d'une autre loi en date du 1er août 1890, pour en réglementer le fonctionnement, et de deux circulaires des 9 et 19 juillet 1890.

ou tout ensemble de travaux souterrains de minières ou carrières qui, dépendant d'un même exploitant, emploierait moins de 25 ouvriers travaillant au fond [1].

Les exploitations de mines, minières et carrières à ciel ouvert, peuvent, en raison des dangers qu'elles présentent, être assimilées aux exploitations souterraines pour l'application de la loi sur les délégués mineurs, par arrêté préfectoral, rendu sur le rapport des ingénieurs des mines. (*Art. 18, L. 8 juill. 1890.*)

Attributions. — Les délégués sont choisis et élus par les autres ouvriers. Chaque délégué et son suppléant exercent leurs fonctions dans une circonscription souterraine, dont les limites sont déterminées par un arrêté du préfet, rendu sous l'autorité du Ministre des travaux publics, après rapport des ingénieurs des mines, l'exploitant entendu.

Une circonscription est constituée par tout ensemble de puits, galeries et chantiers dépendant d'un même exploitant, et dont la visite détaillée n'exige pas plus de six jours. Les exploitations plus grandes sont subdivisées en 2, 3, etc., circonscriptions, selon que la visite n'exige pas plus de 12, 18, etc., jours. Un même arrêté statue sur la dénomination des diverses circonscriptions entre lesquelles est aussi divisé, s'il y a lieu, l'ensemble des puits, galeries et chantiers voisins, dépendant d'un même exploitant, sous le territoire d'une même commune ou de plusieurs communes contiguës [2]. A toute époque le préfet peut, par suite de changements survenus dans les travaux, modifier, sur le rapport des ingénieurs des mines, l'exploitant entendu, le nombre et les limites des circonscriptions. A l'arrêté préfectoral est annexé un plan fourni par l'exploitant en triple expédition, sur la demande du préfet, donnant la délimitation de chaque circonscription et portant les limites des communes sous le territoire desquelles elle s'étend. L'arrêté préfectoral est notifié, dans la huitaine, à l'exploitant, auquel est remis, en même temps,

---

1. Les préfets ne doivent pas hésiter à refuser la dispense à toute exploitation, même employant moins de 25 ouvriers, qui présenterait des causes de dangers, par sa nature ou la manière dont elle est conduite. (*Circ. min. 9 juill. 1890.*)

2. Pour de plus amples détails sur les règles à suivre pour déterminer les limites des circonscriptions des délégués mineurs, et pour fixer les bases des indemnités à leur accorder, pour les élections, etc., lire la circulaire du ministre des travaux publics en date du 9 juillet 1890, publiée par le *Bulletin du ministère des travaux publics,* juillet 1890.

un des plans annexés. Ampliation de l'arrêté préfectoral, avec l'un des plans, reste déposée à la mairie de la commune qui est désignée, dans l'arrêté, parmi celles sous lesquelles s'étendent les circonscriptions que délimite cet arrêté ; elle y est tenue, sans déplacement, à la disposition des intéressés.

Le délégué doit visiter deux fois par mois tous les puits, galeries et chantiers de sa circonscription, ainsi que les appareils servant à la circulation et au transport des ouvriers. Il doit procéder, sans délai, à la visite des lieux où est survenu un accident ayant occasionné la mort ou des blessures graves à un ou plusieurs ouvriers, ou pouvant compromettre la sécurité des ouvriers. Avis de l'accident doit être donné sur-le-champ au délégué par l'exploitant [1].

Le délégué, dans ses visites, est tenu de se conformer à toutes les mesures prescrites par les règlements en vue d'assurer l'ordre et la sécurité dans les travaux.

Le délégué inscrit sur le registre [2], le jour même, et au plus tard le lendemain, les observations relevées, les heures auxquelles il a commencé et terminé sa visite et son itinéraire. L'exploitant peut consigner ses observations et dires, en regard de ceux du délégué. Copies des uns et des autres sont immédiatement et respectivement envoyées par les auteurs au préfet, qui les communique aux ingénieurs des mines.

Le délégué est tenu d'accompagner l'ingénieur ou le contrôleur des mines sur la réquisition qu'ils lui en font.

Le délégué suppléant ne peut remplacer le titulaire dans ses fonctions, qu'en cas d'empêchement motivé de celui-ci, qui a dû en donner avis tant à l'exploitant qu'au suppléant.

Expertises. — Lorsqu'il y a lieu de recourir à une expertise, en cas de différend sur des réparations à faire, entre l'ingénieur et l'exploitant, trois experts sont nommés pour procéder aux vérifications nécessaires, l'un par le préfet, le second par l'exploitant. Le troisième est, de droit, le délégué mineur de la circonscription, ou bien, s'il n'existe pas de circonscription, il est désigné par le juge de paix. Si la vérification intéresse plusieurs circonscriptions, les délé-

---

1. Mais non d'un accident sans gravité, provenant d'une cause qui ne met pas en jeu la sécurité des ouvriers.

2. Ce registre, constamment tenu sur le carreau de l'exploitation, est à la disposition des ouvriers. (*Loi 1890, art. 3.*)

gués de ces circonscriptions nomment parmi eux le troisième expert. (*L. 8 juill. 1890, art. 14,* modifiant *Déc. 3 janv. 1813, art. 7, § 3.*)

Élections. — Le délégué et son suppléant sont élus au scrutin de liste.

Sont électeurs dans une circonscription les ouvriers qui y travaillent au fond, s'ils sont Français et jouissent de leurs droits politiques et s'ils sont inscrits sur la feuille de la dernière paye effectuée pour la circonscription avant l'arrêté de convocation des électeurs.

Sont éligibles dans une circonscription, s'ils savent lire et écrire, et s'ils n'ont jamais encouru de condamnation pour infraction aux dispositions de la loi sur les délégués mineurs, de la loi du 21 avril 1810, du décret du 3 janvier 1813, des articles 414 et 415 du Code pénal :

1° Les électeurs âgés de 25 ans accomplis, travaillant au fond [1], depuis cinq ans au moins, même non continus (*C. Ét. 14 mai 1891; élect. de Brunay*), dans la circonscription ou dans l'une des circonscriptions voisines dépendant du même exploitant ;

2° Les anciens ouvriers domiciliés dans la commune, sous le territoire desquelles s'étend l'ensemble des circonscriptions comprises avec la circonscription en question dans le même arrêté de délimitation, s'ils sont âgés de 25 ans accomplis, Français, jouissant de leurs droits politiques, s'ils ont travaillé au fond pendant cinq ans au moins dans les circonscriptions comprises dans l'arrêté précité, s'ils n'ont pas cessé d'y être employés depuis plus de dix ans soit comme ouvrier du fond, soit comme délégué ou suppléant ; et s'ils ne sont pas déjà délégués pour une circonscription quelconque alors même qu'au moment de l'élection ils seraient employés comme ouvriers dans une mine dépendant d'une autre circonscription. (*C. Ét., 20 juin 1891.*)

Pendant les cinq premières années qui suivent l'ouverture à l'exploitation d'une nouvelle circonscription, peuvent être élus les électeurs justifiant de cinq ans de travail au fond, dans une mine, minière ou carrière souterraine de même nature.

---

1. Un employé à la surveillance des ouvriers dans le fond de la mine ne peut être considéré comme un ouvrier. (*C. Et. 14 mai 1891; élect. de Salles et de Montalay.*)

Jurisprudence. — N'est pas éligible dans une circonscription, bien que la concession comprenne la commune où il est domicilié, un ancien ouvrier, alors qu'en fait le concessionnaire n'a commencé aucune exploitation dans le territoire de cette commune, ou a abandonné l'exploitation qu'il y avait entreprise.

Un ancien ouvrier, candidat, domicilié dans une commune où un concessionnaire exploite une mine autre que celle formant la circonscription où il a été élu, n'est pas fondé à soutenir que le préfet était obligatoirement tenu de réunir dans la même circonscription ces deux exploitations, alors qu'il n'établit pas qu'elles doivent être considérées comme voisines dans le sens de l'article 1er, § 3.

Un maître mineur n'est pas éligible alors même qu'il a été inscrit à tort sur la liste électorale. (*C. Ét., 11 mars 1892.*)

La *liste électorale* est dressée en trois exemplaires par l'exploitant, lorsque, des élections devant avoir lieu, le préfet convoque les électeurs par arrêté ; l'exploitant remet, dans les huit jours, cette liste au maire de chacune des communes sous lesquelles s'étend la circonscription. Le maire fait immédiatement afficher cette liste à la porte de la mairie et dresse procès-verbal de cet affichage ; il envoie les deux autres exemplaires au préfet et au juge de paix avec copie du procès-verbal d'affichage. Dans le même délai de huit jours, l'exploitant fait afficher ladite liste aux lieux habituels pour les avis donnés aux ouvriers, et remet les cartes électorales au maire de la commune désignée comme lieu de vote. Ces cartes, déposées à la mairie, seront retirées par les électeurs. — Si l'exploitant ne fait pas afficher la liste électorale et ne la remet pas aux maires, ainsi que les cartes électorales, dans les délais et conditions ci-dessus prévus, le préfet fait dresser et afficher cette liste et assure la distribution des cartes électorales, le tout aux frais de l'exploitant, sans prejudice des peines qui pourront être prononcées contre ce dernier pour contravention à la loi.

En cas de réclamation des intéressés, le recours doit être formé cinq jours au plus après celui où l'affichage a été effectué par le maire le moins diligent, devant le juge de paix, qui statue d'urgence et en dernier ressort[1]. Si une circonscription s'étend sous deux ou plusieurs cantons, le juge de paix compétent est celui dont le can-

---

. 1. Les réclamants non inscrits sur la liste, à qui le juge de paix reconnaît la qualité d'électeurs, se présentent au vote munis d'une lettre de ce magistrat ou d'un certificat délivré par le greffier.

ton comprend la mairie de la commune désignée comme lieu de vote. (*L. 8 juill. 1890, art. 7*, modifié par *L. 25 mars 1901*.)

L'arrêté préfectoral qui convoque les électeurs d'une circonscription est publié et affiché dans les communes sous le territoire desquelles s'étend la circonscription, quinze jours au moins avant l'élection, qui doit toujours avoir lieu un dimanche ; il fixe les heures auxquelles s'ouvre et se ferme le scrutin ; il désigne la commune, comprise parmi celles sous les territoires desquelles s'étend la circonscription, à la mairie de laquelle doit avoir lieu le vote. (*Ibid., art. 8.*)

Le *bureau électoral* est présidé par le maire [1], qui prend comme assesseurs le plus âgé et le plus jeune des électeurs présents au moment de l'ouverture du scrutin, et, à défaut d'électeurs présents ou consentant à siéger, deux membres du conseil municipal. Chaque bulletin porte deux noms, avec l'indication de la qualité de délégué ou de suppléant pour chaque candidat [2]. Le vote a lieu, sous peine de nullité, sous enveloppe d'un type uniforme déposé à la préfecture. Nul n'est élu au premier tour de scrutin, s'il n'a obtenu la majorité des suffrages exprimés et un nombre de voix au moins égal au quart du nombre des électeurs inscrits [3]. En cas d'égalité de suffrages, le plus âgé des candidats est élu. Si un second tour de scrutin est nécessaire, il y est procédé le dimanche suivant dans les mêmes conditions de forme et de durée. (*Ibid., art. 9.*)

Avant de déposer son vote, l'électeur doit passer par un compartiment d'isolement, où il puisse mettre son bulletin sous enveloppe. L'exploitant ne peut se faire représenter simultanément dans le lo-

---

1. Moyennant délégation par arrêté, le maire peut se faire remplacer par un adjoint. (*L. munic. 5 avr. 1884, art. 82.*)

2. Un bulletin portant un nom de candidat autre que le sien, mais sous lequel il a toujours été connu dans la mine, et porté d'ailleurs sur son livret d'ouvrier, doit être attribué à ce candidat. (*C. d'Ét., 21 nov. 1891.*)

Les bulletins, qui, lorsqu'il s'agit de la nomination double d'un délégué et d'un suppléant, ne portent qu'un nom, ou même deux noms, mais sans l'indication des qualités de délégué pour l'un et de suppléant pour l'autre, ne peuvent être comptés. (*Circ. minist. 19 juill. 1890.*) Il appartient d'ailleurs au juge de l'élection d'apprécier si un bulletin contient une désignation suffisante pour permettre de l'attribuer à quelqu'un. Par exemple, un bulletin portant soit le nom d'un seul candidat qui a obtenu de nombreux suffrages comme délégué, soit ce nom suivi du nom d'un autre ouvrier, qui n'a obtenu aucun autre suffrage, peut être attribué à ce candidat pour l'élection en qualité de délégué. (*C. Ét. 3 juill. 1891.*)

3. Les bulletins blancs n'entrent pas en compte dans le calcul des votes exprimés.

cal du vote, pendant les opérations électorales, par plus de deux personnes. (*L. 25 mars 1901*, complétant l'*art. 9.*)

Après le dépouillement du scrutin, le président proclame le résultat du vote; il dresse et transmet au préfet le procès-verbal des opérations. (*Ibid., art. 12.*)

L'*annulation d'une élection* peut être prononcée si les candidats élus ont influencé le vote en promettant de s'immiscer dans des questions ou revendications étrangères à l'objet des fonctions de délégué, telles qu'elles sont définies par l'article 1ᵉʳ de la loi [1]. Les protestations soit des électeurs, soit des exploitants, doivent être consignées au procès-verbal, ou adressées, à peine de nullité, dans les trois jours qui suivent l'élection, au préfet qui en accuse réception. En cas de protestation, ou si le préfet estime que les conditions prescrites par la loi ne sont pas remplies, le dossier est transmis, au plus tard le cinquième jour après l'élection, au conseil de préfecture, qui doit statuer dans les huit jours suivants. En cas d'annulation, il est procédé à l'élection dans le délai d'un mois. (*Ibid., art. 12.*)

Ceux qui, soit par voies de fait, violences, menaces, dons ou promesses, soit en faisant craindre à un électeur de perdre son emploi, d'être privé de son travail, ou d'exposer à un dommage sa personne, sa famille ou sa fortune, auront influencé le vote, seront punis d'un emprisonnement d'un mois à un an, et d'une amende de 100 à 2 000 fr. L'article 463 du Code pénal pourra être appliqué, c'est-à-dire que la peine pourra être modérée par l'admission de circonstances atténuantes. (*Ibid., art. 18.*)

Durée des fonctions. — Les délégués et les délégués suppléants sont élus pour trois ans et doivent continuer leurs fonctions tant qu'ils n'ont pas été remplacés. A l'expiration des trois ans, il est procédé à de nouvelles élections dans le délai d'un mois, ainsi que pour toute vacance qui se produirait dans le cours des trois ans; mais le nouvel élu, dans ce cas, n'est nommé que pour le temps qui reste à courir jusqu'au terme qui était assigné à celui qu'il remplace. Il est procédé aussi à de nouvelles élections pour les circonscriptions qui sont créées ou modifiées. (*Ibid., art. 13.*)

Tout délégué ou délégué suppléant peut, pour négligence grave

---

1. Une simple promesse faite dans les affiches est suffisante pour motiver l'annulation d'une élection de délégué mineur. (*C. Ét. 31 juill. 1891.*)

ou abus dans l'exercice de ses fonctions, ou à la suite de condamnations prononcées en vertu des articles 414 et 415 du Code pénal (atteintes graves par violence, etc..., à la liberté du travail), être suspendu pendant trois mois au plus par arrêté du préfet, pris, après enquête, sur avis motivé des ingénieurs des mines, et le délégué entendu. L'arrêté de suspension est, dans la quinzaine, soumis par le préfet au ministre des travaux publics, lequel peut lever ou réduire la suspension, et, s'il y a lieu, prononcer la révocation du délégué qui, alors, ne peut être réélu avant un délai de trois ans. (*Ibid., art. 15.*)

Indemnités. — Les délégués, étant ouvriers en même temps, perdraient, par leurs fonctions, nombre de journées de travail. Aussi la loi prescrit-elle de leur payer, au compte du Trésor, les visites auxquelles ils sont tenus, comme journées de travail, aussi bien que les visites supplémentaires, à la suite d'accidents ou pour accompagner les ingénieurs ou contrôleurs.

Au mois de décembre de chaque année, le préfet, sur l'avis de l'ingénieur des mines et sous l'autorité du ministre des travaux publics, fixe, pour l'année suivante et pour chaque circonscription, le nombre maximum de journées que le délégué doit employer à ses visites et le prix de la journée. Il fixe également le minimum de l'indemnité mensuelle pour les circonscriptions comprenant au plus 120 ouvriers. Dans les autres cas, l'indemnité à accorder aux délégués, pour les visites mensuelles réglementaires, ne peut être inférieure au prix de dix journées de travail par mois. (*Ibid., art. 16.*)

Le délégué dresse mensuellement un état des journées employées aux visites, tant par lui-même que par son suppléant. Cet état est vérifié par les ingénieurs des mines et arrêté par le préfet. La somme due à chaque délégué lui est payée par le Trésor, en mandat mensuel délivré par le préfet. Les frais avancés par le Trésor sont recouvrés sur les exploitants, comme en matière de contributions directes. (*Ibid., art. 16.*)

Législation proposée. — *Proposition de loi* tendant à rendre la loi du 30 juin 1894 applicable aux délégués à la sécurité des ouvriers mineurs, déposée par M. Basly, député, le 27 février 1895. (Doc. parl., n° 1198; *J. O.* p. 225.) Renvoyée à la Commission du travail. Urgence déclarée. Rapport Lacombe, 30 mars 1895. (Doc. parl. n° 1260; *J. O.* p. 347.) Délibération et adoption, 21 décembre 1895. Transmission au Sénat, 23 décembre 1895.

(Doc. parl. n° 62 ; *J. O.* p. 546.) Rapport Félix Martin, 14 décembre 1896.
(Doc. parl. n° 45 ; *J. O.* p. 396.) Déclaration d'urgence, délibération et
adoption, le 2 février 1897. Retour à la Chambre, le 20 juin 1898. (Doc.
parl. n° 80 ; *J. O.* p. 1172.)

Projet de loi portant modification à la loi du 8 juillet 1890, sur les délégués à la sécurité des ouvriers mineurs, présenté par le ministre des travaux publics, le 6 avril 1898. (Doc. parl. n° 249 ; *J. O.* p. 47.) Renvoyé à
une commission spéciale.

Proposition de loi de MM. Basly, Lamendin et Defontaine, déput's
(7 juillet 1898), adoptée après les deux délibérations des 8-23 décembre
1898 et 30 juin 1899, transmise au Sénat le 3 juillet 1899 (Doc. parl. n° 202 ;
J. O. p. 427), et *Proposition de loi* de M. Basly (21 mars 1899 ; Doc. parl.
n° 836 ; *J. O.* p. 940), renvoyée à la Commission du travail, rapport
Rose, 22 février 1900 (Doc. parl. n° 1453 ; *J. O.* p. 559), tendant toutes
les deux à modifier la loi du 8 juillet 1890, sur les délégués à la sécurité des
ouvriers mineurs.

Législation comparée. — *Allemagne.* — La direction des mines
royales de Saarbruck a publié, le 15 décembre 1902, l'arrêté suivant
concernant la *collaboration des ouvriers à l'inspection des mines :*

Les *hommes de confiance,* élus par les ouvriers pour les diverses inspections minières (sièges d'exploitation), sont autorisés, à
partir du 1er janvier 1903, en tant qu'ils appartiennent à des quartiers de porion du fond, à inspecter au point de vue de la sécurité
des ouvriers et dans les conditions prescrites aux paragraphes II-IV,
les quartiers de porion par lesquels ils ont été élus, ainsi qu'à se
renseigner sur les accidents survenus dans ces quartiers.

L'inspection du quartier doit être faite une fois par mois.
L'homme de confiance choisit le jour de l'inspection. Il doit faire
part de son désir au porion du quartier à inspecter au plus tard le
soir qui précède l'inspection. Il est accompagné par ledit porion ou
un autre fonctionnaire de la mine. L'inspection doit autant que
possible porter sur tous les chantiers du quartier. L'homme de confiance doit, lors de l'inspection, se borner rigoureusement à examiner les travaux et laisser de côté tout ce qui n'entre pas dans ce
programme. Il n'a pas le droit de prescrire de mesures.

A la fin de son inspection, l'homme de confiance doit inscrire
ses observations et remarques dans un « registre de visite des
hommes de confiance » déposé chez le porion chef, ou en faire
dresser procès-verbal par le porion chef.

L'homme de confiance est autorisé, en cas d'accident survenu dans son quartier de porion, à aller se renseigner sur place, en compagnie du porion ou d'un autre fonctionnaire de la mine, sur la cause, la gravité et les conséquences de l'accident, et à inscrire ses observations dans le registre prévu au paragraphe précédent.

Le registre de visite des hommes de confiance est examiné après chaque inspection par le porion chef qui, soit donne suite aux propositions éventuelles de l'homme de confiance, soit communique le registre pour décision au directeur de la mine. Si le directeur ne croit pas non plus pouvoir donner suite aux propositions de l'homme de confiance, il transmet le registre pour décision définitive au président de la Direction des mines royales à Saarbruck.

L'homme de confiance reçoit une somme de 5 marks pour le poste qu'il consacre à l'inspection de son quartier de porion ; si, comme dans le cas d'accidents, sa visite ne dure pas un poste entier, il reçoit une fraction correspondante de cette indemnité.

5. — Chemins de fer.

La surveillance de l'exécution des prescriptions relatives au travail des agents des chemins de fer, qui appartenait, dans chaque réseau, aux termes de l'article 7 du décret du 30 mai 1895, au service du contrôle de l'exploitation technique de ce réseau, est exercée dorénavant, en vertu du décret du 11 mars 1902, pour l'ensemble de tous les réseaux d'intérêt général, par un ingénieur en chef des ponts et chaussées ou des mines, chef de service, qui relève directement du ministre des travaux publics.

Le contrôle du travail est exercé, sous les ordres de l'ingénieur en chef : 1° par les ingénieurs ordinaires des ponts et chaussées et des mines affectés au service du contrôle, qui, pour cette partie du service, dépendront de l'ingénieur en chef du contrôle du travail ; 2° par des contrôleurs du travail des chemins de fer, placés sous les ordres de l'ingénieur en chef du contrôle.

Les contrôleurs du travail des chemins de fer sont spécialement chargés de surveiller l'exécution des prescriptions concernant la réglementation du travail des agents de chemins de fer. Ils sont recrutés, par voie de concours, parmi les agents ou anciens agents des services actifs des compagnies ou du réseau de l'État, ayant été commissionnés pendant cinq ans au moins. Ils doivent être âgés de 28 ans au moins et de 34 ans au plus dans le cours de l'année où ils seront admis à concourir. Toutefois, cette limite sera reculée jusqu'à 39 ans pour les conducteurs des ponts et chaussées et contrôleurs des mines qui, en outre de cinq ans de services comme agents commissionnés dans une compagnie ou un réseau d'État, compteraient au moins cinq années de services à l'État. Les candidats ne seront admis à concourir qu'en vertu d'une décision du ministre, rendue, après examen de leurs titres par une commission spécialement établie à cet effet. Un arrêté ministériel fixe également les conditions et le programme de l'examen [1].

II. — SANCTIONS ET PÉNALITES

Travail des femmes, des filles mineures, des enfants dans l'industrie, et des femmes dans les magasins. Durée du travail des adultes. Hygiène et sécurité des ateliers. Accidents. Obstacles à l'accomplissement des devoirs des inspecteurs. Loi Bérenger. Circonstances atténuantes. Prescription. Régime de l'Algérie. Mines, minières et carrières.

Travail des femmes, des filles mineures et des enfants dans l'industrie, et des femmes dans les magasins, etc. [2] — Poursuites devant le tribunal de police, amende de 5 à 15 fr. la première fois,

---

1. Les contrôleurs du travail des chemins de fer, divisés en quatre classes, reçoivent les traitements ci-après :

Contrôleur principal du travail des chemins de fer . . . 4 500 fr.
Contrôleur de 1re classe 4 000
Contrôleur de 2e classe 3 500
Contrôleur de 3e classe 3 000

Ils ne peuvent être élevés à une classe supérieure, s'ils ne comptent au moins trois ans de grade dans la classe inférieure. Les contrôleurs du travail des chemins de fer sont nommés et promus par le ministre. Ils sont soumis, au point de vue disciplinaire, aux mêmes règles que les conducteurs des ponts et chaussées. Ils ne peuvent être maintenus en fonctions au delà de 65 ans.

En cas de besoin, les fonctions de contrôleur du travail des chemins de fer pourront être confiées à des conducteurs des ponts et chaussées ou à des contrôleurs des mines, qui en seraient chargés, soit spécialement, soit à titre accessoire. Les contrôleurs du travail en fonctions ont été maintenus en service avec les attributions nouvelles.

2. Pour les pénalités relatives au contrat d'apprentissage, voir p. 257, à l'étude même de ce contrat ; et pour les pénalités relatives aux professions ambulantes et aux violences, attentats, etc., contre les enfants, voir p. 357 : Professions ambulantes.

sans admission de circonstances atténuantes[1], et autant de fois[2] qu'il y a de personnes employées contrairement aux prescriptions de la loi. Mais la peine n'est applicable que si l'infraction à la loi est le résultat d'une erreur provenant de la production d'actes de naissance, livrets ou certificats contenant de fausses énonciations ou délivrés pour une autre personne[3].

Les chefs d'industries, de magasins, de boutiques, et autres locaux en dépendant sont civilement responsables des condamnations prononcées contre leurs directeurs et gérants[4].

En cas de récidive, le contrevenant est poursuivi devant le tribunal correctionnel et puni d'une amende de 16 à 100 fr. Il y a récidive

---

1. *Pas de circonstances atténuantes* à l'article 26 de la loi du 2 novembre 1892 qui fixe le minimum de l'amende à 5 fr. Et en ne condamnant qu'à 1 fr. d'amende, le juge fait une fausse application de l'article 463 du Code pénal. (*Cass., 2 avr. 1898*, annulant un jugement de *simple police de Bollene, du 16 nov. 1896, et Circ. Garde des sceaux aux Procureurs généraux, 28 avr. 1894.*)

2. *Cumul des peines.* — Plusieurs contraventions à la loi de 1892, même commises à l'égard d'une seule personne, doivent être punies d'autant d'amendes distinctes, la prohibition du cumul des peines étant inapplicable aux contraventions de simple police. L'article 26 de la loi fixe le minimum de l'amende à 5 fr. et ne prévoit pas l'application de l'article 463 du Code pénal sur les circonstances atténuantes : le juge ne peut donc condamner à 1 fr. d'amende. (*Cass., 9 déc. 1895.*) Il doit être prononcé autant d'amendes qu'il y a de contraventions du chef d'une même personne employée.

Et de même lorsqu'il est relevé des infractions aux dispositions légales relatives à l'emploi des ouvriers protégés, le nombre des amendes partielles à additionner pour former l'amende totale se détermine par le nombre de personnes soumises à un emploi régulier, sans cependant multiplier par le nombre des journées d'emploi dans des conditions illégales. (*Cass., 31 mars 1898.*)

L'emploi d'un enfant âgé de moins de 12 ans, et l'emploi d'un enfant de 12 à 13 ans non munis tous deux des certificats réglementaires constituent dans les deux cas trois contraventions : 1° emploi d'un enfant avant l'âge prescrit par la loi ; 2° défaut du livret ; 3° défaut d'inscription. (*Lett. minist., 8 oct. 1895.*)

3. La responsabilité du patron est dégagée par ce fait que sa bonne foi a été surprise. Mais les auteurs des falsifications ou fraudes tombent sous le coup des articles 150 et 158 du Code pénal.

4. La responsabilité pénale incombe aux directeurs ou gérants des ateliers ou de l'usine, chefs immédiats du service où les infractions ont eu lieu (*Tr. civ. Paris, 16 févr. 1895*), à moins cependant que le chef d'industrie, bien qu'éloigné des ateliers ou de l'usine, n'ait pas d'agents intermédiaires, gérants ou directeurs d'ateliers ou d'usines, auquel cas les responsabilités pénale et civile se confondent sur sa tête. (*Cass., 8 mai 1897.*)

L'article 26 de la loi du 2 novembre 1892 soumet à la responsabilité pénale des contraventions le chef immédiat du service où l'infraction a eu lieu, et, à défaut d'agents intermédiaires, cette responsabilité se confond avec la responsabilité civile sur la tête du chef d'industrie. En conséquence, celui-ci est responsable pénalement des infractions commises à l'occasion de l'emploi des enfants, même à son insu, par des tâcherons ou des entrepreneurs occupés aux usines, alors que la surveillance des travaux et la responsabilité de l'observation des prescriptions légales lui incombaient, en qualité de directeur. (*Cass. crim., 24 janv. 1902.*)

lorsque dans les douze mois antérieurs au fait poursuivi le contrevenant a déjà subi une contravention identique, c'est-à-dire quand il s'agit de contravention à la même prescription de la loi, même dans des conditions différentes [1]. La peine est appliquée autant de fois qu'il y a de nouvelles contraventions. Mais, ici, les tribunaux correctionnels peuvent admettre des circonstances atténuantes (*art. 492, C. pén.*), sans cependant que l'amende en aucun cas, pour chaque contravention, puisse être inférieure à 5 fr. Le tribunal peut, en outre, suivant les circonstances, en cas de récidive, ordonner l'affichage du jugement et son insertion, aux frais du contrevenant, dans un ou plusieurs journaux du département. (*L. 2 nov. 1892, art. 26, 27 et 28.*)

Durée du travail des adultes. — Poursuites devant le tribunal correctionnel et amende de 5 à 100 fr. par ouvrier indûment employé (*L. 9 sept. 1848, art. 4*), et même dans le cas d'infraction aux dispositions de la loi de 1900, incorporées dans la loi de 1848, abaissant à dix heures et demie puis à dix heures la durée de la journée de travail pour les adultes travaillant dans les établissements mixtes. (*Cass., 27 et 28 déc. 1901* [2].)

Hygiène et sécurité des ateliers. — En ce qui concerne la protection accordée aux enfants, aux filles mineures et aux femmes, les pénalités aux contraventions sont les mêmes que ci-dessus, dans les mêmes conditions [3].

A un point de vue plus général et quand les individus ne sont pas personnellement en cause [4], c'est-à-dire lorsqu'il s'agit de me-

---

1. Si le tribunal correctionnel était saisi et si la récidive, au sens de la loi de 1892, venait à ne pas être prouvée, alors, en constatant qu'en effet la récidive n'existe pas, il peut rester saisi pour le fait même de la contravention, et ne prononcer que des peines de simple police. (*Tr. corr. Toulouse, 19 juin 1893.*)

2. Conformément à la dernière interprétation donnée de la loi du 30 mars 1900 par la Cour de cassation, comme il a été dit à propos du travail par équipes dans les établissements mixtes, au TRAVAIL DES ADULTES, pp. 309-312.

3. Au cas d'infraction aux bonnes mœurs, par exemple, prévu par l'article 16 de la loi du 2 novembre 1892, l'amende doit être appliquée autant de fois qu'il y a de témoins, d'acteurs ou de victimes. (*Tr. pol. Saint-Chamond, 2 janv. 1896.*)

4. C'est qu'en effet la loi du 2 novembre 1892 prescrit (art. 26-28) des mesures d'hygiène spéciales aux enfants, filles mineures et femmes, tandis que la loi du 13 juin 1893 s'applique, pour le bien matériel et moral de tous les ouvriers *indistinctement*, aux locaux, vise la tenue des locaux. La première, pourrait-on dire, est subjective, ou personnelle, et la seconde objective, ou réelle. Voir note 3, p 384.

sures objectives d'hygiène, de salubrité et de sécurité, les pénalités sont régies par la loi du 12 juin 1893 de la manière suivante :

Les chefs d'industrie, directeurs, gérants ou préposés, qui contreviendraient à la loi et aux règlements d'administration publique relatifs à son exécution, seraient poursuivis devant le tribunal de simple police et punis d'une amende de 5 à 15 fr. L'amende est appliquée autant de fois qu'il y a de contraventions distinctes constatées par le procès-verbal [1], sans toutefois que le total des amendes puisse excéder 200 fr.

Les chefs d'industrie sont civilement responsables des condamnations prononcées contre leurs directeurs, gérants ou préposés [2]. Le jugement fixe, en outre, le délai dans lequel doivent être exécutés les travaux de sécurité et de salubrité imposés par la loi [3]. En cas de non-exécution des travaux dans ce délai, l'affaire est, sur un nouveau procès-verbal, portée devant le tribunal correctionnel qui peut, après une nouvelle mise en demeure restée sans résultat, ordonner la fermeture de l'établissement.

Le jugement est susceptible d'appel [4] ; la cour statue d'urgence.

En cas de récidive dans les douze mois, le contrevenant serait poursuivi devant le tribunal correctionnel et puni d'une amende de 50 à 500 fr. sans que la totalité des amendes puisse excéder 2 000 fr. (*L. 12 juin 1893, art. 7, 8, 9.*)

Il y a récidive, aux termes de la loi de 1893, non pas en cas, dans les douze mois, de contravention identique, comme pour la loi de 1892, mais lorsque, pendant les douze mois antérieurs au fait qui a

---

1. Huit contraventions parce que huit ouvrières étaient employées dans une filature de soie où l'industrie avait établi des hottes en toile d'emballage qui ne recueillaient pas les buées d'une façon efficace et les versaient dans l'atmosphère de l'atelier (*Tr. s. pol. Bollène, 3 mai 1897*). Mais c'est là sans doute, pour la loi de 1893, qui s'applique aux faits, plutôt qu'aux personnes, une interprétation abusive. Le nombre d'ouvriers n'a pas à intervenir, mais seulement le nombre d'inobservations de prescriptions.

2. Voir note 4, p. 620.

3. Si les travaux sont importants. S'il ne s'agissait que d'une mesure facile à exécuter rapidement, comme une barrière à placer, le tribunal peut ne pas fixer de délai, et le fait, par l'industriel, de ne pas faire disparaître immédiatement la contravention, pourrait être l'objet d'une nouvelle contravention. (*Instr. génér., 27 mars 1894.*)

4. Le délai, pour se pourvoir en cassation, en matière de simple police, est de trois jours francs (*C. inst. crim. et Cass., 20 janv. 1883*) ; mais dans le cas de fermeture de l'établissement, le délai est de 10 jours à dater de la lecture du jugement, ou de la signification, s'il est rendu par défaut ; ce délai est suspensif de l'exécution du jugement.

motivé la poursuite, l'industriel a été condamné pour une violation quelconque de la loi ou des règlements d'administration publique.

Accidents. — Les contraventions relatives à la déclaration des accidents sont punies d'une amende de 1 à 15 fr. et, en cas de récidive dans l'année, de 16 à 300 fr., avec admission de circonstances atténuantes, s'il y a lieu. Les contraventions relatives à l'affichage sont punies d'une amende de 1 à 15 fr. et, en cas de récidive dans l'année, de 16 à 100 fr., sans admission de circonstances atténuantes.

Obstacles à l'accomplissement des devoirs des inspecteurs. — Est puni d'une amende de 100 à 500 fr. quiconque aura mis obstacle à l'accomplissement des devoirs d'un inspecteur[1]. En cas de récidive l'amende est portée de 500 à 1 000 fr. Les outrages proférés contre un inspecteur par paroles, gestes ou menaces peuvent être punis d'un emprisonnement de six jours à un mois et d'une amende de 16 à 200 fr., les violences et voies de fait d'un emprisonnement d'un mois à trois ans et d'une amende de 16 à 200 fr. (*Cod. pén. art. 224 et 230.*)

Loi Bérenger. — Inapplicable en matière de contraventions de simple police (*Cass. 5 mars 1892 et 29 juill. 1892*), la loi Bérenger (26 mars 1891) s'applique en cas de récidive et quand il s'agit d'obstacles à l'accomplissement des devoirs de l'inspecteur ; à la condition cependant que l'inculpé n'ait pas subi de condamnation antérieure à la prison pour crime ou délit. Le bénéfice de cette loi n'est d'ailleurs que provisoire, car, en cas de condamnation dans le délai de cinq ans, pour crime ou délit de droit commun, la première peine doit être exécutée sans se confondre avec la seconde.

Circonstances atténuantes. (*C. pén., art. 463.*) — Elles sont admises dans tous les cas, en faveur de la loi de 1893, alors qu'elles

---

1. Le refus de laisser pénétrer dans un établissement les inspecteurs es' passible de l'amende, que ce soit un théâtre ou un salon d'essayage (*Tr. comm. Marseille, 11 et 18 juin 1895*), et, en général, le refus de communication des pièces, quand elles existent (quand elles n'existent pas, il n'y a que simple contravention), dont l'inspecteur peut demander la présentation, comme aussi de fausses déclarations y tendant, ou de fraudes quelconques.

L'amende peut frapper non seulement le directeur ou contremaître de l'usine, mais aussi *tout* contremaître, préposé, ouvrier, etc. (interprétation du mot *quiconque*) qui entraverait ou tenterait d'entraver un inspecteur dans ses fonctions.

ne le sont pas en faveur de la loi de 1892. L'amende de 5 fr. peut donc être abaissée à 1 fr.

Prescription. — Les infractions punies par le tribunal de simple police sont des contraventions ; l'action publique à leur égard se prescrit par une année et l'excuse de la bonne foi ne peut être invoquée, sauf dans le cas d'erreur sur les actes de naissance, livrets ou certificats des protégés. (*L. 2. nov. 1892, art. 26*[1].)

Les infractions punies par le tribunal correctionnel sont des délits : l'excuse de la bonne foi peut être invoquée, et les circonstances atténuantes sont applicables. L'action publique se prescrit par trois années.

Régime de l'Algérie. — Les manufacturiers, directeurs ou gérants d'établissements visés dans le présent décret, qui auront contrevenu à ses dispositions, seront poursuivis devant le tribunal de simple police et passibles d'une amende de 5 à 15 fr. Aucune peine ne sera appliquée s'il est établi que l'industriel a été induit en erreur sur l'âge de la personne employée. Les chefs d'industrie seront civilement responsables des condamnations prononcées contre leurs directeurs ou gérants.

En cas de récidive, le contrevenant sera toujours condamné au maximum de l'amende. Il y a récidive, lorsque, dans les douze mois antérieurs au fait poursuivi, le contrevenant a déjà subi une condamnation pour une contravention de même nature. — En cas de pluralité de contraventions entraînant ces peines de la récidive, l'amende sera appliquée autant de fois qu'il aura été relevé de nouvelles contraventions. Les peines prononcées dans ces deux cas ne font pas obstacle aux autres peines encourues, notamment en vertu des articles 319 et 320 du Code pénal, non plus qu'à toute responsabilité civile.

Les patrons ou chefs d'industrie seront tenus de faire afficher le présent décret d'une manière apparente dans leur établissement ; néanmoins, en cas d'infraction à cette disposition particulière, l'amende sera de 1 à 5 fr. sans pouvoir excéder ce dernier chiffre, même en cas de récidive.

Mines, minières et carrières. — Les infractions aux lois et règlements généraux sur les mines, aux règlements particuliers et aux injonctions de l'autorité publique, sont dénoncées et constatées comme les contraventions en matière de voirie et de police. Les procès-verbaux sont affirmés dans les formes et délais prescrits par la loi. (*L. 21 avr. 1810, art. 93 et 94.*) Les poursuites ont lieu

---

1 Voir note 3, p. 620.

comme pour les délits forestiers (*Ibid.*, *art. 95*). Renvoyés devant les tribunaux de police correctionnelle, les contrevenants sont passibles d'un emprisonnement de 6 jours à 5 ans (*C. pén.*, *art. 40*) et d'une amende de 100 à 500 francs (*Ibid.*, *art. 96*). En cas de récidive, l'amende peut être portée au double (*Ibid.*); il y a récidive quand une contravention aux lois et règlements sur les mines a été l'objet d'une condamnation dans les douze mois précédant le fait nouveau poursuivi (*Dijon, 9 juill. 1862*)[1]. — Les peines d'amende peuvent être cumulées, mais non celles de l'emprisonnement (*Cass., 21 nov. 1878*). La bonne foi ne peut servir d'excuse. Les circonstances atténuantes ne sont pas admises. Les tribunaux correctionnels peuvent, outre la peine proprement dite, ordonner la cessation des travaux illégalement entrepris, ou la démolition d'ouvrages indûment établis par les concessionnaires (*Cass., 17 janv. 1835*). Mais ils n'ont pas le droit de prononcer la confiscation des matériaux.

Tout ouvrier qui, par insubordination ou désobéissance envers le chef des travaux, contre l'ordre établi, compromettrait la sûreté des personnes ou des choses, tomberait sous le coup des peines portées à la loi du 21 avril 1810. Il serait, en outre, poursuivi conformément aux articles 319 et 320 du Code pénal[2], si ses actes occasionnaient un accident suivi de mort ou de blessures. (*Déc. 3 janv. 1813, art. 22 et 30.*)

De même seraient traduits devant les tribunaux correctionnels, au titre des mêmes articles, les exploitants, propriétaires, directeurs, etc..., si l'accident était occasionné par des infractions aux règlements, ou l'inobservation d'adresse, de prudence, d'attention qui sont de règle générale et de droit commun. (*Ibid.*, *art. 22; Cass., 20 avr. 1855 et 31 mars 1865.*)

L'action se prescrit par trois mois à dater du jour où les délits ont été constatés, quand les procès-verbaux désignent les délinquants, et, quand les délinquants n'y sont pas désignés, par six mois. (*Cod. forest.*, *art. 185.*)

---

1. La peine de l'emprisonnement, selon la jurisprudence, peut être prononcée à une première contravention. (Douai, 17 janv. 1882 ; Valenciennes, 15 mars 1878 et 3 nov. 1883.) Cependant, certains auteurs ne l'admettent qu'en cas de récidive, en se basant sur les termes de l'article 96 de la loi du 20 avril 1810.

2. Emprisonnement de 3 mois à 2 ans, amende de 50 à 600 fr. pour homicide par imprudence. Emprisonnement de 6 jours à 2 mois, et amende de 16 à 100 fr. ou l'une des deux peines seulement, s'il n'y a pas mort d'homme.

Quant aux délégués mineurs, quiconque apporterait une entrave
à leurs fonctions ou contreviendrait aux dispositions de la loi du
8 juillet 1890 serait poursuivi et puni conformément à la loi du
21 avril 1810, c'est-à-dire serait passible d'un emprisonnement qui
ne peut excéder la durée fixée par le Code de police correctionnelle (soit six jours à cinq ans, *Cod. pén.*, *art. 40*) et d'une
amende de cent à cinq cents francs, double au cas de récidive.
Les circonstances atténuantes, dans le silence de la loi, ne peuvent
être admises. Il s'ensuit que ces peines peuvent frapper aussi bien
les exploitants et les délégués qui ne se conforment pas à toutes
les prescriptions de la loi, que ceux des ouvriers, exploitants ou
autres, qui gêneraient la mission des délégués.   .

III. — LÉGISLATION COMPARÉE [1]

Belgique, Pays-Bas; Allemagne, Autriche, Hongrie, Luxembourg, Danemark, Russie, Angleterre, Australie et Nouvelle-Zélande.

Tous les pays qui ont réglementé le travail ont aussi édicté des mesures
pour en assurer l'application. Les principaux traits des diverses législations
sont communs. Il n'y a que les détails qui diffèrent suivant les mœurs même
des peuples.

La *loi belge* ressemble étonnamment aux lois françaises. On y retrouve
les mêmes obligations pour les industriels des livrets individuels, du registre d'inscription, de l'affichage ; un corps d'inspecteurs du travail résidant en province, dans des circonscriptions et des résidences fixées par le
gouvernement. Ils sont assermentés et ont identiquement les mêmes attributions que les inspecteurs français. Les pénalités, si elles ne sont pas
au même taux que chez nous, sont établies de la même façon.

Les *Pays-Bas,* où les inspecteurs relèvent du ministre de la justice,
l'*Italie,* où la haute surveillance est dévolue au ministre de l'intérieur, agis-

---

1. Les principes de toutes les législations étrangères, en ce qui concerne l'inspection, sont identiques. La loi autrichienne, résumée, peut en donner le type, à quelques détails près. Il n'est fait mention ici que des dispositions intéressantes, quelle
qu'en soit d'ailleurs la raison ; et l'étude n'en est donc pas très approfondie. D'ailleurs, un grand nombre de dispositions intéressant l'inspection, l'application des lois
sur la protection des travailleurs, ainsi que les sanctions afférentes, ont été développées précédemment, au cours de la Législation comparée des chapitres sur le travail
des femmes, des filles mineures, des enfants, et sur l'hygiène et la sécurité, avec les
textes et règlements généraux des pays étrangers.

sant de concert avec celui de l'agriculture, de l'industrie et du commerce, l'*Espagne*, avec ses jurys mixtes de patrons, d'ouvriers, de maîtres d'école et de médecins, sous la présidence du juge municipal, le *Portugal*, la *Suisse*, ont des législations plus ou moins complètes et bien organisées, mais qui, toutes, prescrivent des moyens efficaces pour l'application des lois.

L'*Allemagne* compte 230 agents de l'inspection : conseillers d'industrie au traitement de 4 200 à 6 000 marks, inspecteurs (3 600 à 4 820 marks), inspecteurs adjoints, *Assistenten* (2 400 à 3 600 marks). La violation du repos du dimanche est punie d'une amende de 600 marks. Les corporations d'assurance peuvent faire contrôler par des délégués spéciaux, dénommés *hommes de confiance*, l'observation de tous les règlements sur la prévention d'accidents, et toute entrave à leur mission entraîne une amende de 300 marks.

En *Autriche-Hongrie,* les inspecteurs, nommés aux termes de la loi du 17 juin 1883 pour en surveiller l'exécution, doivent visiter tous les établissements importants au moins une fois par an, en dresser la liste et la tenir au courant, faire des enquêtes sur tous les accidents, surveiller les écoles d'apprentissage, et recueillir divers renseignements statistiques sur les salaires et la condition des travailleurs. Ils adressent sur toutes ces questions des rapports au ministre du commerce.

Les inspecteurs peuvent visiter les usines dans toutes leurs parties et en tout temps, sous certaines réserves ayant pour but d'éviter la divulgation des secrets industriels. Les patrons et ouvriers sont dans l'obligation légale de fournir aux inspecteurs les renseignements qu'ils demandent. L'inspecteur signale au patron les inconvénients qu'il a constatés et le remède qu'il propose. Si le nécessaire n'est pas fait, il en réfère à l'autorité compétente. Il dresse un procès-verbal de chacune de ses visites d'atelier et l'adresse au ministre du commerce. Il n'a pas d'attributions exécutives.

Les contraventions sont punies d'amendes ne dépassant pas 100 florins, 200 fr. environ. Dans le cas de dommages aux personnes, l'amende peut atteindre 300 florins, sans préjudice des actions civiles ou criminelles. Une amende spéciale punit toute résistance aux inspecteurs dans l'exercice de leurs fonctions.

En vertu de la loi de finances du 23 juin 1901, le personnel de l'inspection comprend : 1 inspecteur central, 6 inspecteurs principaux, 13 inspecteurs de 1re classe, 15 de 2e classe, et 25 commissaires. L'Autriche divisée, au 1er août 1901, au point de vue de l'inspection du travail, en 24 sections territoriales, a vu ce nombre porté à 29 (*arr. min. 16 juin 1902*), puis à 35 (*L. 31 mai 1903*), avec progression parallèle du nombre d'inspecteurs.

La loi votée en *Hongrie* sur la sécurité et l'inspection des ateliers industriels vise la disposition des engins mécaniques, leur fonctionnement, les barrières qui doivent les entourer, l'emploi de respirateurs pour la manutention des substances toxiques, l'obligation d'entretenir une provision de bandages et de médicaments et de prévoir des mesures spéciales pour le cas d'incendie. Quant au service de l'inspection, objet d'une réorganisation radicale depuis le 1er avril 1901, par sa fusion avec l'inspection spéciale des chaudières, il comprend un personnel de 43 inspecteurs répartis entre 17 districts.

Au *Luxembourg,* la loi du 22 mai 1902 permet de nommer des inspecteurs et inspectrices du travail, rétribués dans les limites des sommes allouées par le budget. Pour le détail la loi est analogue à la loi française : les inspecteurs ont les mêmes droits et devoirs, et, en plus, ont la surveillance des lois et règlements sur la cessibilité et la saisissabilité et sur la procédure de saisie-arrêt des salaires et petits traitements des ouvriers et employés.

Le *Danemark* a des *inspecteurs de fabrique* au traitement de 3 600 à 4 800 couronnes, et 1 600 à 2 200 couronnes, la *Suède* et la *Norvège* aussi, en même temps que des comités de salubrité, dont les conseils municipaux font l'office dans les campagnes.

Le personnel de l'inspection du travail est organisé en département de l'industrie à la tête duquel est placé un directeur nommé par le roi, avec deux secrétaires, dont l'un spécialisé dans les sciences sociologiques et économiques et l'autre spécialisé dans les sciences techniques. Le directeur a sous ses ordres les inspecteurs nommés par le ministre de l'intérieur, qui peuvent être de l'un ou l'autre sexe, et dont le nombre sera fixé chaque année dans la loi du budget, le ministre de l'intérieur étant autorisé, dans l'intervalle, à nommer jusqu'à 20 inspecteurs. Le nouveau département de l'industrie a le droit de demander aux patrons de fournir, en vue des statistiques, des rapports sur le nombre, le sexe, l'âge, l'état de santé et les salaires de leurs ouvriers, ainsi que sur le nombre, la nature et les dimensions des machines qu'ils emploient. (*Loi 1er juill. 1901.*)

La *Russie* compte 143 inspecteurs aux pouvoirs plus ou moins étendus selon qu'ils opèrent respectivement dans les 18 gouvernements les plus industriels, où leurs attributions et leurs droits sont à peu près les mêmes que ceux de nos inspecteurs, et dans les autres 42 gouvernements, où ils ne font appliquer que les dispositions de la loi de 1886, concernant le contrat de louage du travail industriel.

En *Angleterre,* le service de l'inspection remonte à 1833, par la création de 4 inspecteurs au traitement de 25 000 fr. chacun. Aujourd'hui le service y compte 83 agents. L'inspecteur en chef au traitement de 30 000 fr. par an, en résidence à Londres, est placé sous les ordres directs du ministre, et a sous son autorité 5 inspecteurs généraux (de 15 000 à 20 000 fr.), qui centralisent l'action des inspecteurs (7 500 à 12 500 fr.) et sous-inspecteurs (5 000 à 5 500 fr.) répartis à travers le Royaume. Des inspecteurs auxiliaires sont recrutés dans la classe ouvrière même (2 500 à 5 000 fr.) et sont chargés de l'inspection des ateliers d'artisan. La seule condition pour la nomination des inspecteurs est qu'ils n'aient aucun intérêt direct ou indirect dans l'industrie. Leurs attributions sont similaires à celles des inspecteurs de tous les autres pays. Ils peuvent désigner une horloge publique sur laquelle on devra régler l'emploi du temps dans l'usine En outre, la police sanitaire est confiée à des autorités locales représentées par un comité d'hygiène (*Local board of health*), qui font appliquer les nombreuses lois sur la santé publique : *Act for promoting the public health,* 1848, *Local government Acts* de 1858, 1861, 1863, et surtout *Public health Act,* 1875, qui a remanié et codifié les prescriptions des lois antérieures, et dont les articles 91, 94, 95, 112, 114, etc., énumèrent et réglementent les établissements incommodes, dangereux ou insalubres pour ceux qui y sont employés, avec les pénalités encourues par les contrevenants.

En ce qui concerne spécialement les ateliers, le secrétaire d'État peut y déléguer des inspecteurs du travail avec l'autorité qui appartient aux comités d'hygiène, et ces inspecteurs ont alors pleins pouvoirs pour les dispositions de désinfection, nettoyage, blanchissage à la chaux, surpeuplement des locaux de travail, ventilation, enlèvement des poussières, peintures, isolement des engins dangereux, précautions pour le sauvetage en cas d'incendie.

L'*Australie* et la *Nouvelle-Zélande* ont une législation réglée sur les principes de celle de l'Angleterre[1].

Par la loi du 22 mai 1902 sur l'inspection du travail industriel, le Gouvernement du Luxembourg est autorisé à nommer un ou plusieurs inspecteurs et une inspectrice du travail, qui seront rétribués dans les limites des sommes allouées par le budget.

Leur organisation et leurs attributions seront déterminées par le gouvernement.

Toutefois la surveillance de l'exécution des lois et règlements sur le travail des femmes et enfants, de celle des établissements dangereux, insalubres ou incommodes, ainsi que celle des lois sur la cessibilité et l'insaisissabilité et sur la procédure de saisie-arrêt des salaires et petits traitements des ouvriers et employés, forment partie intégrante de leur mission, tandis que la surveillance des chaudières à vapeur peut en faire partie par dérogation à la loi du 14 mai 1874.

L'inspection des mines, minières et carrières restera confiée au personnel de l'administration des mines.

Les inspecteurs de travail ont entrée dans tous les établissements industriels : ainsi que dans les usines, manufactures, mines, minières et carrières, chantiers, ateliers et leurs dépendances, de quelque nature que ce soit,

---

1. A ceux que la Législation étrangère intéresserait, on ne peut que recommander tout spécialement ici la publication de l'Office du travail : *Hygiène et sécurité des travailleurs dans les établissements industriels,* présentée par M. C. Moron, directeur de l'Office du travail, ouvrage particulièrement intéressant par ses études en raccourci et très complètes de la législation ouvrière dans tous les pays, — et d'autant plus saisissant, — comme aussi le compte rendu du Congrès international, tenu en 1900, pour la protection légale des travailleurs.

publics ou privés, même lorsque ces établissements ont un caractère d'enseignement professionnel ou de bienfaisance.

Ils ont le droit d'enquête et celui de faire des visites la nuit, lorsque ces établissements soumis à leur surveillance sont en activité, — le tout conformément aux règles à établir par un règlement d'administration publique.

Ils peuvent se faire représenter les registres prescrits par la loi ou par les règlements d'administration publique, ainsi que les livrets et les règlements intérieurs.

Avant d'entrer en fonctions, les inspecteurs du travail et les délégués ouvriers prêteront serment de ne point révéler les secrets de fabrication et en général les procédés d'exploitation dont ils pourront prendre connaissance dons l'exercice de leurs fonctions.

Les contraventions aux lois et règlements dont la surveillance leur est confiée seront constatées par les procès-verbaux des inspecteurs, qui font foi jusqu'à preuve contraire.

Ces procès-verbaux sont dressés en double exemplaire, dont l'un est envoyé au Gouvernement et l'autre déposé au parquet.

ANNEXE. — Vérification des poids et mesures.

Système légal des poids et mesures. Vérificateurs. De la vérification. Des contraventions. Droits de vérification. Bureau national des poids et mesures. Bureau international.

Système légal des poids et mesures. — On sait que diverses lois ont, depuis 1790, interdit dans le commerce, l'usage, à peine d'amende de 11 à 15 fr., et dans les actes publics, affiches, annonces, registres, etc., les dénominations, à peine de 20 fr. d'amende pour les officiers publics, et de 10 fr. pour les autres contrevenants, de poids et mesures autres que ceux du système métrique. Un personnel d'agents spéciaux, appelés vérificateurs des poids et mesures, est chargé de constater les contraventions, sans préjudice du droit qu'ont les officiers de police de constater les fraudes commises au moyen de poids et mesures.

Vérificateurs. — Le nombre des vérificateurs est fixé à un maximum de quatre cents (*Déc. 7 janv. 1887*). Ils sont nommés par le ministre du commerce et de l'industrie. Il y a trois ordres de vérificateurs :

1º Les vérificateurs adjoints, nommés au traitement de 1 500 fr., après avoir satisfait à un examen public, entre 25 et 36 ans. Un tiers des emplois vacants est réservé aux anciens sous-officiers. Les nominations se font selon les besoins du service ;

2° Les vérificateurs titulaires, répartis en cinq classes :

La 1re classe comptant 38 vérificateurs au traitement de 3 000 fr.

2e	—	45	—	2 600
3e	—	70	—	2 300
4e	—	95	—	2 000
5e	—	96	—	1 800

Ils sont pris parmi les vérificateurs adjoints ayant au moins 2 ans de service, débutent dans la 5e classe, et sont promus de classe en classe après un minimum de 3 ans dans chacune. Ils sont placés dans les départements divisés en circonscriptions par le ministre, et à la tête de ces circonscriptions.

Le ministre, si le service l'exige, peut aussi nommer des vérificateurs adjoints dans ces circonscriptions avec les mêmes attributions que les titulaires.

Les vérificateurs prêtent serment[1] devant le président de 1re instance de l'arrondissement pour lequel ils sont commissionnés, une première fois, et s'ils changent de résidence ne sont tenus que de faire viser leur commission et leur acte de service au greffe du tribunal dans le ressort duquel ils sont envoyés.

Les vérificateurs titulaires et adjoints reçoivent des indemnités annuelles de déplacement, de frais de bureau, d'entretien et de transport des instruments de vérification, de confection des matrices des rôles, frais réglés par abonnement d'après l'importance et l'étendue de leur circonscription. L'administration se charge des frais de location des bureaux de vérifications ;

3° Les vérificateurs en chef, au traitement de 4 000 à 5 000 fr., avec une indemnité annuelle de 2 000 fr. pour frais de bureau et de tournées, sont choisis parmi les vérificateurs ayant au moins 10 ans de service.

Ils sont chargés de l'inspection et du contrôle du service dans chacune des cinq circonscriptions régionales qui divisent la France. Les résidences de ces cinq vérificateurs sont respectivement : *Paris* (Seine, Seine-et-Oise, Seine-et-Marne, Seine-Inférieure, Eure, Oise, Eure-et-Loir, Loiret, Yonne, Cher, Nièvre, Allier) ; *Tours* (Finistère, Côtes-du-Nord, Morbihan, Ille-et-Vilaine, Manche, Calvados, Orne, Mayenne, Sarthe, Loire-Inférieure, Maine-et-Loire, Indre-et-Loire, Loir-et-Cher, Vendée, Deux-Sèvres, Vienne, Indre, Haute-Vienne, Creuse) ; *Bar-le-Duc* (Nord, Pas-de-Calais, Somme, Aisne, Ardennes, Marne, Meuse, Meurthe-et-Moselle, Aube, Haute-Marne, Vosges, Côte-d'Or, Haute-Saône, Saône-et-Loire, Jura, Doubs, Haut-Rhin) ; *Bordeaux* (départements du bassin de la Garonne et les Charentes, Aude, Pyrénées-Orientales, Hérault) ; *Avignon* (Puy-de-Dôme, Loire, Haute-Loire, Lozère, Corse et départements du bassin du Rhône).

---

1. Le serment est exempt du droit de greffe ; mais il est dû 1 fr. par rôle pour les expéditions, et 15 fr. pour le droit d'enregistrement.

De la vérification. — *Étalons et poinçons.* — Des étalons poinçonnés au dépôt des prototypes vérifiés tous les 10 ans, fabriqués sur l'ordre du ministre, avec des marques pour chaque année, sont déposés, avec un poinçon particulier à chacun, dans tous les bureaux de vérification. Cet assortiment est conservé par les vérificateurs sous la surveillance et la responsabilité des préfets et des sous-préfets ; l'inventaire doit en être tenu à jour.

Le décret du 16 juin 1839 a déterminé la forme des poids et mesures autorisés et les matières de leur fabrication. Le décret du 24 avril 1900 a autorisé, pour le mesurage du lait, des mesures en fer-blanc cylindriques, munies à l'intérieur d'un tube gradué en cristal.

Vérification première. — Avant d'être livrés au commerce, les poids et mesures sont vérifiés et poinçonnés de la marque primitive et du numéro d'ordre, et doivent porter, sauf autorisation s'ils sont trop petits, le nom que leur affecte le système métrique. Les mesures non poinçonnées sont considérées comme fausses.

Vérification périodique. — Le décret du 26 février 1873 dans les tableaux A et B y annexés, donne la liste des commerces, industries, professions assujettis à la vérification, ainsi que la série des poids et mesures dont doivent être pourvus ces assujettis, qui sont tenus de présenter leurs séries à la vérification périodique annuelle, constatée alors par un poinçon.

Des tableaux additionnels, paraissant tous les trois ans, sous forme de décret, ajoutent les commerces, industries, professions non prévus et nouvellement créés qui devraient se soumettre à la vérification.

Les préfets règlent l'ordre de vérification des communes, et les vérificateurs suivent l'itinéraire prescrit, se présentent chez les assujettis, font la vérification et poinçonnent. Ils prennent note du tout sur un registre portatif et font signer les assujettis.

Ils peuvent, soit d'office, soit sur réquisition des procureurs, préfets et sous-préfets, se présenter chez les assujettis, mais leurs visites ne peuvent avoir lieu, avant ou après le soleil, que s'ils sont accompagnés du juge de paix ou d'un officier de police.

Officiers publics. — Les maires, adjoints, commissaires et inspecteurs de police doivent visiter les établissements assujettis pour s'assurer du fidèle usage et du bon état des poids et mesures. Les balances montées doivent être assimilées aux poids et mesures.

Des contraventions. — Les vérificateurs qui constatent une contravention en dressent procès-verbal dans les 24 heures, à peine de nullité, par prescription ; le procès-verbal doit être écrit, signé par eux, et affirmé au plus tard, le lendemain, devant le maire ou l'adjoint de la commune de leur résidence ou de l'infraction.

Les procès-verbaux font foi jusqu'à preuve contraire. Ils sont enregistrés dans les quinze jours qui suivent celui de l'affirmation, visés pour timbre et enregistrés en débet, sauf recours des droits contre le condamné.

Les vérificateurs saisissent les poids et mesures non en règle et les déposent à la mairie, et font connaître les circonstances de la possession et de l'usage. Ils peuvent requérir, pour les accompagner, les maires, juges de paix, commissaires de police ou gardes champêtres.

L'article 423 du Code pénal punit d'un emprisonnement de trois mois à un an et d'une amende de 5o fr. au minimum quiconque cherche à tromper sur la quantité de la marchandise.

Droits de vérification. — La vérification première des poids et mesures neufs ou rajustés est gratuite.

Les droits de vérification périodique sont perçus selon les tarifs d'un tableau annexé au décret du 17 décembre 1894, et varient entre o fr. o5 c. (poids de 1 gr. en cuivre, décilitres et centilitres en fer-blanc) et 5 fr. (pont à bascule de 5 000 kilogr. avec augmentation de 1 fr. par 1 000 kilogr. ou fractions en sus) en passant par o fr. 70 c. (5o kilogr.), 1 fr. 25 c. (balance-bascule de 100 à 200 kilogr.), 2 fr. (double hectolitre), 3 fr. (romaine de 201 à 1 000 kilogr.).

La vérification et le poinçonnage des poids et mesures des bureaux d'octroi et établissements publics de bienfaisance et autres, et des particuliers non assujettis, sont faits gratuitement.

Bureau national des poids et mesures. — Créé par le décret du 8 octobre 1880, il se compose de 14 membres, nommés par le ministre du commerce et de l'industrie. Son rôle est d'établir et de résoudre toutes les questions relatives à la métrologie usuelle et scientifique. Il se prononce sur l'admission au poinçonnage et à la vérification des nouveaux instruments, et procède, tous les cinq ans, à des comparaisons précises entre les différents prototypes du mètre et du kilogramme, déposés dans les établissements scientifiques.

Bureau international. — Créé en France, à la suite d'une conférence diplomatique tenue à Paris en mars 1875, avec les représentants de 17 États, il est installé à Saint-Cloud, dans le pavillon de Breteuil, et fonctionne, après avoir été reconnu d'utilité publique, sous la direction et la surveillance d'un comité international placé lui-même sous l'autorité d'une conférence présidée par le président en exercice de l'Académie des sciences et formée des délégués des gouvernements contractants.

Il est entretenu à frais communs par les 17 États signataires de la convention.

Son rôle consiste à établir de nombreuses comparaisons entre les prototypes différents du mètre et du kilogramme, et à hâter la confection d'étalons métriques dans des conditions de garantie certaine, pour les distribuer aux puissances contractantes et aux autres, à la charge d'en faire le remboursement à la section française qui a fait l'avance pour les établir.

CHAPITRE III

LES INSTITUTIONS DE PRÉVOYANCE

———

I. — CONSIDÉRATIONS GÉNÉRALES

Incertitude du lendemain pour les travailleurs. L'épargne. Assurance et mutualité.
Vue d'ensemble sur les institutions de prévoyance.

Incertitude du lendemain pour les travailleurs. — Malgré les
multiples et successives interventions de l'État, d'autorité en leur
faveur, les travailleurs restent dans une situation en général très
précaire. Il est vrai, la protection du salaire, la législation relative
au droit de coalition, au contrat d'association, aux syndicats professionnels, à la conciliation et à l'arbitrage, de même que les lois
réglementant *personnellement,* d'une part, le travail des enfants,
des filles mineures, des femmes et des adultes, et les prescriptions
réelles, d'autre part, impératives, sur la tenue des ateliers au point
de vue de la salubrité, de l'hygiène, de la sécurité, et surtout la
réparation des accidents industriels, en un mot et en bloc, toutes
les mesures tutélaires qui viennent d'être développées, ont eu, sur
la condition juridique, matérielle et morale des travailleurs la
répercussion la plus heureuse, et bien que tout ne soit pas achevé
dans cet ordre de faits.

Mais, ainsi, assez tranquille au jour le jour, l'ouvrier sent le
lendemain gros de menaces. Soumis, comme le commun des
hommes, à tous les risques généraux de l'existence, il a à redouter en plus ceux qui résultent plus spécialement de la vie industrielle : chômage, maladie, invalidité non encourue par accident,
vieillesse, mort.

Comment se mettra-t-il à l'abri, — lui et les siens, — de ces risques
multiples, qui, s'il les encourt, deviennent une source de misères ?

Quels moyens, dans l'état actuel du monde économique et social, lui sont offerts pour remédier à sa situation douloureuse ?

Il a pour se garantir ce qu'on a appelé les institutions de prévoyance.

Certes, elles sont nombreuses : caisses d'épargne de toutes sortes, syndicales ou patronales, privées ou publiques, sociétés de secours mutuels, coopératives de consommation, habitations à bon marché, associations et œuvres sans nombre nées de l'initiative individuelle ou collective, réglementées ou non, et souvent subventionnées par l'État, organisations officielles même, les institutions de prévoyance ont pullulé, — et sans qu'on ose affirmer qu'elles puissent en grande partie [1] parer, même pour l'ouvrier laborieux et économe, aux effets désastreux des risques que la vie industrielle, à côté des autres, lui fait courir.

L'épargne. — C'est évidemment l'épargne qui apparaît à la base de toute œuvre de prévoyance ; l'argent servant à acheter, à payer tout ce qui est nécessaire à l'existence, il faut à l'ouvrier de l'argent. Tant qu'il travaille, il en gagne, tout va bien. Qu'il vienne à chômer, pour un motif quelconque, n'étant plus payé, de quoi vivra-t-il ? De ses économies, de l'argent qu'il aura su mettre de côté.

Et c'est l'épargne, ainsi, qui, depuis longtemps, a été préconisée comme le moyen pour le travailleur, comme pour tout le monde, de se couvrir des risques de l'existence.

C'est là une prétention spécieuse, naïve ou cynique.

Les ressources pécuniaires de l'ouvrier, — et l'État peut-il l'empêcher vraiment ? — sont toujours en somme assez modiques. Son salaire est tel, nécessaire et à peine suffisant aux besoins immédiats, jour après jour, qu'il lui est à peu près impossible de mettre de l'argent de côté [2].

---

1. Je dis : *grande*, car je ne veux pas nier tout, devant l'effort social de tout notre siècle.

2. C'est là une vérité générale. Je ne discute pas du particulier. D'ailleurs, si l'ouvrier était assez payé, on ne verrait pas pourquoi tant de femmes et d'enfants déserteraient le foyer et iraient à l'usine, — sans y être forcés par l'insuffisance du salaire, qu'il faut grossir, du père de famille.

Le moyen radical, dira-t-on, serait alors d'élever le taux des salaires ? Sans doute, mais c'est là une mesure qui ne se décrète pas. A-t-on assez crié à l'illégalité contre les fameux décrets Millerand d'août 1899, pour une pauvre petite clause où

Et si même par des prodiges de sobriété et de privations, le travailleur réussit, sur son salaire à peine suffisant, à réaliser quelques économies, peut-on prétendre qu'elles ne resteront pas impuissantes ? Elles ne constitueront jamais qu'un capital insignifiant, à la merci des premiers frais extraordinaires pour l'engloutir, et qui, s'il peut rester placé et aux conditions les moins désavantageuses, ne rapportera jamais qu'un intérêt dérisoire.

Assurance et mutualité. — A côté de l'épargne individuelle, isolée, il y a, il est vrai, l'épargne collective, qui l'emporte à tous égards sur la première. Par la concentration des cotisations, même modiques, pourvu que nombreuses, l'épargne collective peut arriver à faire face à certains risques. C'est sur elle que repose l'assurance, qui procède de l'esprit même de l'association.

L'assurance est le contrat par lequel l'un des contractants (société, ou individu) appelé assureur s'engage envers l'autre contractant, l'assuré, à l'indemniser sous certaines conditions, des dommages que certains risques déterminés (incendie, mort, naufrage, maladie, etc...) peuvent lui faire subir [1].

---

l'on avait cru découvrir, sous les mots de « taux *normal* des salaires », l'obligation, par autorité d'État, de payer un *minimum* de salaire !

Ce qui est possible en ceci, semble-t-il, a été tenté ; on l'a vu, soit par la coopération de production, qui, en supprimant les intermédiaires, laisse à la main-d'œuvre tous les gains de l'entreprise, — soit par les clauses de participation aux bénéfices, inscrites au contrat de travail. De plus, la coopération de consommation, les habitations à bon marché, comme on s'en doute et comme on le verra, ainsi que des œuvres similaires, en permettant la vie à meilleur compte, bonifient, en définitive, le salaire.

L'école socialiste révolutionnaire, qui a du moins la franchise de ses opinions et la netteté audacieuse des remèdes, propose la suppression du salariat. Mais voilà, si c'est possible, qui est plus aise à souhaiter qu'à réaliser. Et à vrai dire, il n'est pas prouvé que l'augmentation des salaires, quoique ce doive être là une facilité, pas plus que la suppression du salariat, engendrent nécessairement la possibilité pour le travailleur de se pourvoir pécuniairement contre les effets des risques industriels ou généraux. Il ne faut pas trop compter sur des transformations radicales et subites de l'organisation économique et sociale, lesquelles, comme par un coup de baguette magique, lèveraient toutes les angoisses du monde salarié du travail. Il n'est pas possible de faire table rase des conditions sociales au milieu desquelles on doit agir, ni d'oublier le temps où l'on vit pour résoudre ce problème complexe dont le but est d'assurer le lendemain du travailleur, de le garantir contre la misère, quand il ne peut pas ou plus travailler, et sa famille avec lui, — et sans lui, s'il vient malheureusement à mourir.

1. Les diverses manifestations de l'activité humaine étant sans nombre, les contrats d'assurance peuvent porter sur les objets les plus variés : incendie, mort, maladie, chômage, naufrage, accident, vol, grêle, gelée, vieillesse, etc., etc.

L'assurance, en général, en répartissant sur un grand nombre de têtes les crises individuelles, en rend le poids léger pour chacun. Basée sur la loi des grands nombres, elle permet d'enchaîner le hasard par le calcul, et de substituer la certitude d'un modique sacrifice annuel à l'éventualité toujours menaçante d'une catastrophe qui, — sans l'interposition du bouclier formé par la collectivité, — écraserait les individus frappés en plein cours de vie.

Il y a deux systèmes d'assurances avec combinaisons multiples :

1° L'assurance *à prime fixe*, dans laquelle l'assuré se garantit des risques éventuels en payant une prime calculée d'avance à une société constituée dans ce but, qui prend à son compte les sinistres survenus. Cette assurance qui comporte l'hypothèse d'un bénéfice réalisé au profit de l'assureur a fait naître l'industrie des compagnies d'assurances.

Les primes sont à ce point élevées, — pour assurer les risques graves, comme la vieillesse ou la vie, — qu'un ouvrier n'a pas à songer à s'assurer ainsi.

2° L'assurance *mutuelle*, l'une des formes multiples de l'association, comportant la coopération de tous pour garantir chacun des risques que la nature des choses fait subir.

Dans ce système tous les membres de l'association sont à la fois assureurs et assurés ; ils participent individuellement, et dans la proportion de leurs propres risques au payement de tous les dommages subis par la généralité ; et réciproquement, ils sont indemnisés par l'ensemble de l'association si l'un des accidents prévus par le contrat vient à les frapper.

L'assurance mutuelle a incontestablement donné d'appréciables résultats [1].

---

1. On trouvera plus loin, au paragraphe *Sociétés de secours mutuels*, des détails généraux sur les résultats d'assurance mutuelle pendant trois années (*1899-1903*).

A un point de vue plus étroit, voici, en ce qui concerne la *Fédération du livre*, l'une des associations les mieux organisées dans le service des secours, quelques chiffres intéressants pour les années 1901 et 1902, comparées par trimestre.

L'indemnité de chômage et de maladie, comme service fédéral, ne fonctionne que depuis 1901. Elle est fixée à 12 fr. par semaine, déduction faite des gains qu'a pu faire le fédéré chômeur. Ont droit à l'indemnité les chômeurs faisant partie de la Fédération depuis un an au moins, après un versement de 12 cotisations mensuelles. L'indemnité est de 0 fr. 75 c. par mois payable dès le premier jour de la déclaration. Un chômage de moins de quatre jours n'occasionne aucune indemnité. Le ma-

Mais quoi ! parce que, grâce aux souscriptions de leurs charitables membres honoraires ainsi qu'aux subventions officielles, les

ximum de l'indemnité est fixé à 72 fr. par année comptée du 1er janvier au 31 décembre.

I. — Indemnités de chômage.

1° Dépenses.

TRIMESTRES.	1902.	1901.	AUGMENTATION en 1902.
Premier	5 388f 70c	5 352f 75c	35f 95c
Deuxième	7 947 85	5 625 90	2 321 95
Troisième.	18 355 65	11 320 40	7 035 25
Quatrième	12 099 80	7 292 70	4 807 10
	43 792f 00c	29 591f 75c	14 200f 25c

2° Nombre des bénéficiaires.

TRIMESTRES.	NOMBRE MOYEN des fédérés		FÉDÉRÉS indemnisés		POURCENTAGE	
	en 1902.	en 1901.	en 1902.	en 1901.	en 1902.	en 1901.
Premier	10 673	9 756	231	178	2,16	1,83
Deuxième . . .	10 508	9 913	327	251	3,11	2,54
Troisième. . . .	10 318	9 926	634	379	6,14	3,82
Quatrième . . .	10 714	10 362	461	297	4,30	2,87
Année . . .	10 592	9 989	1 052	785	9,93	7,86

3° Nombre moyen des journées de chômage.

TRIMESTRES.	PAR FÉDÉRÉ indemnisé		PAR FÉDÉRÉ indemnisé ou non	
	en 1902.	en 1901.	en 1902.	en 1901.
Premier	11,66	15,03	0,25	0,27
Deuxième	12,15	11,20	0,38	0,29
Troisième.	14,47	14,93	0,89	0,57
Quatrième	13,12	12,27	0,56	0,35
Année	18,45	18,84	2,06	1,48

Enfin, le nombre des fédérés ayant épuisé l'indemnité statutaire de 72 fr., pour le
chômage seulement, s'est élévé en 1902 à 276.

II. — Indemnité de maladie.

1° Dépenses.

TRIMESTRES.	1902.	1901.	AUGMENTATION en 1902.
Premier	21 027f 90c	15 303f 95c	5 723f 95c
Deuxième	15 075 30	11 628 75	3 446 55
Troisième.	14 152 75	12 849 75	1 303 00
Quatrième	13 788 45	10 779 20	3 009 25
Année.	64 044f 40c	50 561f 65c	13 482f 75c

2° Nombre des bénéficiaires.

TRIMESTRES.	NOMBRE MOYEN de fédérés		MALADIES indemnisées		POURCENTAGE	
	en 1902.	en 1901.	en 1902.	en 1901.	en 1902.	en 1901.
Premier	10 673	9 756	694	492	6,50	5,04
Deuxième . . .	10 508	9 913	573	436	5,45	4,39
Troisième. . . .	10 318	9 926	494	454	4,78	4,57
Quatrième . . .	10 714	10 362	503	398	4,69	3,83
Année . . .	10 592	9 989	1 725	1 418	16,28	14,49

sociétés de secours mutuels arrivent à distribuer des secours modiques à leurs adhérents malades ou en chômage, et encore heu-

3° *Nombre moyen de journées de maladie.*

TRIMESTRES.	PAR FÉDÉRÉ indemnisé		PAR FÉDÉRÉ indemnisé ou non	
	en 1902.	en 1901.	en 1902.	en 1901.
Premier	15,15	15,55	0,98	0,78
Deuxième	13,15	13,33	0,71	0,58
Troisième	14,36	14,15	0,68	0,64
Quatrième	13,70	13,79	0,64	0,52
Année	17,16	17,82	3,02	2,52

Le nombre des fédérés qui ont épuisé, en 1902, pour la maladie seulement, l'indemnité statutaire de 72 fr., s'est élevé à 338. 135 fédérés ont été indemnisés à la fois pour chômage et pour maladie, et 36 ont épuisé l'indemnité statutaire par suite de chômage et de maladie.

III. — Viaticum ou secours de route aux chômeurs.

Le viaticum a entraîné, en 1902, une dépense totale de 11 963 fr. 30 c. contre 9 890 fr. en 1901, soit une augmentation de 3 073 fr. 30 c.

IV. — Résultats financiers des indemnités.

Le service de l'indemnité de chômage et de maladie, qui a coûté 107 836 fr. 40 c. en 1902, est assuré par la Fédération de la façon suivante. Dès le 1er janvier 1900, les sections de la Fédération s'imposèrent une cotisation mensuelle supplémentaire de 0 fr. 50 c. par membre. Le service n'ayant commencé à fonctionner que le 1er janvier 1901, les cotisations supplémentaires recueillies en 1900 constituent une réserve qui s'élevait, à la fin de 1900, à près de 54 000 fr. Depuis le 1er avril 1902, la cotisation mensuelle a encore été augmentée de 0 fr. 25 c. à la suite d'un vote des sections, qui eut lieu le 10 mars 1902, ce qui porte à 0 fr. 75 c. par mois les charges supplémentaires qui ont été imposées à chaque sociétaire du fait du fonctionnement du nouveau service, soit donc en tout 1 fr. 50 c. par mois.

La nouvelle cotisation n'a pas encore suffi pour couvrir les dépenses occasionnées par le service ainsi que le montre le tableau suivant qui donne la dépense par fédéré en 1901 et en 1902.

	ANNÉE 1901.		ANNÉE 1902.	
	Pour l'année.	Par mois.	Pour l'année.	Par mois.
	fr. c.	fr. c.	fr. c.	fr. c.
Chômage.	2 96	0 247	4 13	0 344
Maladie.	5 06	0 421	6 04	0 503
Ensemble.	8 02	0 668	10 17	0 847

D'une année à l'autre et pour l'ensemble des indemnités payées, l'augmentation de la dépense par fédéré est donc de 0 fr. 18 c. par mois et de 2 fr. 15 c. pour l'année dernière. La dépense mensuelle ressortant à 0 fr. 847 et la partie de la cotisation fédérale théoriquement destinée à couvrir les frais des indemnités ne s'élevant qu'à 0 fr. 75 c., il en résulte pour les recettes une insuffisance mensuelle de 0 fr. 097 et de 1 fr. 164 pour l'année entière. Et encore, pendant le premier trimestre de 1902, la cotisation supplémentaire n'était que de 0 fr. 50 c. au lieu de 0 fr. 75 c. Il en résulte un déficit total de 20 508 fr. 65 c., sensiblement égal à celui de l'année précédente (20 127 fr. 49 c.).

La réserve, constituée en 1900 et représentée par 107 387 cotisations à 0 fr. 50 c., soit 53 693 fr. 50 c., n'est plus aujourd'hui que de 12 967 fr. 45 c., que l'année 1903

reuses si elles s'en tirent sans déficit, à faire les frais funéraires des membres décédés, et, le tiers environ, à servir à quelques-uns de ceux qui survivent des pensions de retraite de 72 fr.[1], va-t-on prétendre que l'assurance mutuelle, telle qu'elle est pratiquée en France, est le prompt remède qui doit sauver de l'incertitude du lendemain la masse des travailleurs en attente ?

Vue d'ensemble sur les institutions de prévoyance. — Quoi qu'il en soit, les institutions de prévoyance, malgré leurs imperfections et leurs lacunes, qui en rendent trop peu efficaces les effets, et en dépit même des combinaisons qu'elles offrent, jouissent aujourd'hui d'une des organisations les plus complètes et les plus fortes.

On peut les classer en trois groupes généraux selon le but qu'elles se proposent[2].

Le premier groupe, sous le nom d'ensemble de caisses d'épargne, ne visant que l'épargne en soi, comprend toutes les organisations qui reçoivent des dépôts de numéraire, aussi modiques que ce soit, pour les garder à la volonté du déposant, et leur faire rapporter un intérêt, formant un capital disponible selon les besoins.

Sociétés en participation d'épargne, se berçant de l'espoir à peu près chimérique de lots à gagner ; caisses d'épargne privées indépendantes, mais soumises au seul contrôle de l'État ; caisse nationale d'épargne, avec ses livrets scolaires ; caisses d'épargne, en un mot, qui attendrissent les bonnes âmes et reçoivent les encouragements des philanthropes, toutes ces institutions et les analogues, si elles permettent aux travailleurs d'y verser sans formalités trop gênantes,

---

doit absorber vraisemblablement. Cette situation a ému les fédérés. Le Congrès régional de Lyon s'est prononcé nettement pour une restriction des frais de maladie. C'est au Congrès fédéral à trouver une solution qui sauvegarde les intérêts de la Fédération et ceux de chacun de ses membres.

Et tout ceci ne fait que corroborer l'insuffisance de l'assurance mutuelle.

1. C'est le chiffre moyen donné par M. Bellom, dans son livre : *Les résultats de l'assurance ouvrière à la fin du XIXᵉ siècle* (1901) ; le chiffre exact pour 1898 est 71 fr. 81 c. (Voir la note du paragraphe précédent), d'où il ressort que sur 16 000 sociétés, comprenant trois millions de membres, 52 p. 100 des sociétés approuvées, 11 p. 100 des sociétés libres, soit en moyenne 31 1/2 p. 100, pas même le tiers, servent à 60 000 individus des retraites dont le taux moyen est de 72 fr. — C'est à peu près ce que donne l'Assistance publique, contre laquelle on proteste ant, aux malheureux qu'elle aide à mourir de faim, annuellement.

2. Ce classement n'a d'ailleurs rien de sacramentel. Il m'a paru le plus commode, voilà tout

des fonds qui ne courent aucun risque, grâce à la garantie et au contrôle de l'État, et qu'ils peuvent retirer en tout ou partie, intérêts compris, presque sans déplacement et sans frais, dès qu'ils en ont un besoin pressant, n'offrent au point de vue des risques à couvrir, qu'une sécurité illusoire et qu'un réconfort précaire, qui ne dure que le temps de vider un bas de laine où se sont enfouies quelques menues pièces économisées [1].

Et on est presque tenté de maudire le vieux principe mesquin et étroit de l'épargne en soi, morte, peureuse et stérile, cousine de l'avarice, et qui n'a donné aucun résultat, quand on songe, par comparaison, aux bienfaits que l'on doit au principe fécond, vivant, vivifiant, de l'utilisation directe et hardie de l'épargne, à qui l'on fait remplir une fonction sociale immédiate, en l'employant à organiser et à doter des œuvres de crédit populaire, qui aident par des avances d'argent les efforts de la classe ouvrière vers l'emancipation économique, prêtent des capitaux si nécessaires pour le premier établissement aux sociétés coopératives de production, de consommation, aux syndicats agricoles, aux sociétés de construction, d'habitations à bon marché et hygiéniques, etc.

Ce n'est que tout récemment qu'on s'est avisé, en France, de donner à l'épargne une utilité ; on s'y est risqué avec une timidité qui déconcerte, chez ce peuple qui fut, dit-on, qui voulut être l'émancipateur du monde. Et alors que l'étranger, on le verra à la législation comparée, laisse les caisses d'épargne libres le plus souvent de disposer au mieux de leurs intérêts des fonds qu'on leur confie, en France, en vertu de la loi du 20 juillet 1895, les caisses d'épargne ordinaires sont autorisées désormais à disposer parcimonieusement de leur fortune en faveur de diverses œuvres so-

---

1. C'est assez dire que je ne partage pas, sur l'épargne en général, mais surtout sur l'épargne isolée, que si longtemps nous ont vantée les pontifes de l'école dite libérale (?), très doctoralement et avec une candeur qui confinait à la dérision, l'optimisme empesé, transcendant, par lequel il semblait, à les entendre, que l'ouvrier pouvait, sur son salaire, quand il n'était pas nécessaire jusqu'au dernier sou, prélever de quoi faire bâtir des châteaux, et qui n'auraient pas été en Espagne.

Quant au principe même de l'épargne, il ne viendra à l'idée de personne de le discuter. Car, s'il est vrai que les sommes économisées doivent toujours être extrêmement faibles, partant inutiles pour parer aux risques de la vie, il n'en reste pas moins que l'épargne en soi est un acte de haute prévoyance qui doit avoir l'influence la plus heureuse sur la condition morale des familles de travailleurs. Je pense, en effet, que, par l'épargne, le but à atteindre est surtout une fin morale, plutôt qu'un moyen pratique, vraiment utilitaire.

ciales[1]; mais elles n'abusent pas de l'autorisation, et elles en usent à peine.

Le second groupe comporte l'étude des institutions qui tendent, d'une part à abaisser le prix de revient des nécessités de la vie pour les classes ouvrières : sociétés coopératives de consommation[2], habitations à bon marché, jardins ouvriers ; et d'autre part à pourvoir aux besoins moraux et intellectuels de la famille ouvrière : patronages divers, œuvres mutuelles de récréation, de moralisation, d'éducation.

Le troisième groupe enfin des institutions de prévoyance est celui de l'assurance sociale. C'est le plus important, et c'est évidemment sur l'extension de l'assurance, sur sa généralisation, que repose tout entière la réalisation de l'œuvre de solidarité sociale : pourvoir définitivement à la sécurité du lendemain chez les travailleurs.

Pour le moment, les résultats en sont imparfaits et insuffisants.

Ce n'est pas que, pour garantir les travailleurs contre le chômage[3], l'invalidité, la vieillesse, la maladie, et, s'ils meurent, leur famille, contre les suites désastreuses de leur mort, les institutions manquent dans notre pays. Mais leur organisation, mais l'organisation générale de l'assurance est impuissante contre tous les risques multipliés.

Compagnies d'assurances de la haute banque et caisses nationales de retraites pour la vieillesse, ou d'assurances en cas de décès, toutes aux primes inaccessibles et payant les indemnités aux assurés, victimes, héritiers, ayants droit ; caisses syndicales ou patronales de secours et de retraites, et sociétés de secours mutuels, aux ressources insuffisantes, malgré leur bonne volonté de procurer à leurs adhérents des secours en cas de maladie, blessure ou infirmités, et

---

1. Pour le détail, voir plus loin : Caisses d'épargne.

On verra et on sait que pour *garantir* l'argent des déposants les caisses d'épargne sont tenues de déposer leurs fonds à la Caisse des dépôts et consignations, « funeste régime de l'emploi d'État qui pèse sur l'épargne française », a dit M. Mabilleau, dans une Conférence donnée au Musée social, sur la mutualité, le 22 novembre 1898. Le président du Conseil, M. Charles Dupuy, présidait même.

2. J'ai dit sur la coopération tout ce qui m'a paru la concerner, au chapitre des Moyens de défense du salariat contre le patronat, où elle est d'ailleurs mieux à sa place qu'avec les Institutions de prévoyance. Je n'y reviendrai donc pas, ne la citant ici que pour mémoire.

3. Je renvoie aussi, pour le chômage et pour l'assistance par le travail, aux premier livre où tout a été dit, à sa place, au chapitre du Contrat de travail, aux paragraphes ainsi désignés, et au Placement.

même des pensions de retraites[1], aucune cependant n'est en conformité avec l'état économique du monde industriel des travailleurs, au salaire modique, et n'est en mesure de répondre à ce que la civilisation de notre siècle est en droit décemment d'en attendre.

Il faut trouver autre chose.

Et en vérité, il ne s'agit même plus de le trouver, il suffirait de le généraliser. Il faudrait étendre l'assurance, la rendre obligatoire ou quasi. Le système de l'assurance obligatoire contre les accidents, on l'a vu, et aussi contre l'invalidité et la vieillesse et contre la maladie fonctionne en Allemagne pour le plus grand bien du monde industriel. Est-ce que l'acclimatation en est impossible en France ? Mais le système de l'assurance quasi obligatoire a été inauguré chez nous par la loi de 1898 sur la responsabilité en matière d'accidents[2]. Mais l'assurance, même obligatoire, fonctionne en France. La Caisse des invalides pour les marins est-elle une chimère ? Mais surtout par la loi du 29 juin 1894, les ouvriers mineurs ne sont-ils pas assurés obligatoirement contre la maladie, la vieillesse, l'invalidité ?

Il semble donc qu'on puisse aboutir, et on doit aboutir par la triple association, se résolvant en versements de fonds sous des modes et des taux divers, de l'État, des chefs d'entreprises, et des ouvriers aussi, car c'est à ceux-ci, qu'ils ne l'oublient pas, c'est à la classe ouvrière qu'appartient la plus grande part d'efforts, de persévérance, de dévouement et même de sacrifices, dans l'organisation voulue, méthodique, rationnelle, efficace, de l'assurance qui doit pourvoir à la sécurité du lendemain[3].

---

1. Pour être juste cependant envers la mutualité, je dois dire que si, au lieu d'aborder le problème des retraites isolément, elle formait des fédérations de sociétés, peut-être obtiendrait-on par elle le succès désiré. Il résulte, en effet, d'un calcul d'actuaire que pour qu'une société puisse réussir dans une entreprise de retraite, elle doit compter au moins 2 000 membres, c'est-à-dire présenter une condition hors de laquelle 90 p. 100 des sociétés mutuelles sont actuellement placées. Et c'est cela qui est effrayant et qui permet de douter de la mutualité, puisque, malgré la propagande effrénée et très louable des mutualistes, les neuf dixièmes de leurs sociétés sont en définitive impuissantes. Combien de temps lui faudra-t-il encore ? Et doit-on lui laisser un crédit illimité, plutôt que de recourir à une institution d'État, quand il s'agit d'aussi hauts intérêts ?

2. Je n'y reviendrai, en parlant de la Caisse nationale des retraites, que pour le recours qu'elle a le droit d'exercer contre les chefs d'entreprise, en cas d'insolvabilité de ceux-ci. Ce qui concerne la réparation a été dit.

3. Tant que l'assurance ne sera pas en mesure de faire face au devoir qui lui incombe, un chapitre comme celui-ci devra comporter une annexe sur l'assistance sociale. On le trouvera donc à la suite.

II. — CAISSES D'ÉPARGNE

1. — Sociétés en participation d'épargne.

Ces sont des associations indépendantes émanées de la propre initiative de ceux qui, réunissant leurs épargnes, les administrent en commun, selon une organisation librement consentie par l'accord de leurs membres, et les font fructifier soit directement, soit par l'intermédiaire de délégués choisis par eux.

Elles peuvent emprunter les formes les plus diverses, mais sont constituées généralement d'après des principes fondamentaux semblables.

Par des cotisations fixes ou périodiques, et d'ailleurs proportionnées à leurs ressources, les associés créent un fonds destiné à l'achat d'obligations à lots qui les font participer aux chances des tirages. Ils vont même jusqu'à se constituer une fortune immobilière par l'achat d'immeubles dont la location est une source de revenus.

Les versements sont obligatoires à peine de déchéance partielle ou totale des droits acquis [1].

2. — Caisses d'épargne privées.

Généralités. Création. Administration. Commission supérieure. Ressources et dépenses. Réserve et garantie. Contrôle. Opérations ; mineurs et femmes mariées. Percepteurs. — Succursales. Fermeture. Situation provisoire des caisses d'épargne ordinaires en 1902. — *Législation comparée.*

Généralités. — Les premiers essais de caisses d'épargne remontent à 1780, et sont dus à l'initiative allemande ; mais l'idée fructifia surtout en Angleterre. C'est en 1818 qu'un groupe de financiers français, parmi lesquels Delessert, entreprit d'importer la caisse d'épargne à Paris, et arrêtèrent, dans ce but, par acte devant notaire, le 2 mai, les bases et le règlement d'une société anonyme,

---

[1]. L'une des sociétés en participation d'épargne les plus connues est la *Fourmi,* dont le siège est à Paris. Il en existe environ 1 500 en France, comptant 60 000 membres, et possédant de 15 à 20 millions. Les chiffres d'ailleurs sont très approximatifs, car assez peu de ces sociétés ont fait connaître les détails de leurs opérations.

bien qu'en fait elle n'eût rien de commercial, sous la dénomination de Caisse d'épargne et de prévoyance de Paris. L'ordonnance royale du 29 juillet 1818 la reconnut pour une durée de trente ans, prorogée plus tard.

L'exemple a été contagieux, et de nombreuses villes l'ont imité par la suite.

La loi organique des caisses d'épargne est du 5 juin 1835. Les dispositions de cette loi ont été modifiées sur plusieurs points par une législation postérieure, notamment par les lois des 31 mars 1837, 22 juin 1845, 30 juin 1851, 7 mai 1853, 9 avril 1881, 6 juillet 1883, et surtout par la loi du 20 juillet 1895, qui, tout en conservant aux caisses leur caractère d'institutions à placement absolument sûr, a tenté d'en faire aussi des instruments de crédit populaire, en leur permettant, sinon de gérer elles-mêmes leurs fonds et de les placer librement, du moins d'affecter dans une certaine mesure les dépôts qui leur sont faits à certaines œuvres locales, sous forme de crédit.

Création. — Une délibération du conseil municipal, approuvée par décret après examen du Conseil d'État, suffit aujourd'hui pour la création d'une caisse d'épargne. Les conseils municipaux votent les statuts, interviennent dans le choix des administrateurs, font les dotations nécessaires et s'engagent à subvenir aux frais d'administration de la caisse jusqu'à ce qu'il y soit complètement pourvu par l'intérêt du fonds de dotation accru d'une rente annuelle sur l'intérêt alloué aux déposants. Dès le jour du décret approbatif, la caisse d'épargne acquiert la personnalité civile, et peut recevoir des dons et des legs dans la forme prescrite pour les établissements d'utilité publique.

L'existence d'une caisse d'épargne ordinaire ou d'une succursale dans une commune fait obstacle à l'ouverture, dans cette même commune, d'une autre caisse d'épargne ou d'une succursale relevant d'une autre caisse.

Administration. — Quinze membres, nommés directeurs[1], élus par le conseil municipal pour trois ans et renouvelables par tiers

---

1. A Paris, les directeurs sont au nombre de 25, renouvelables par cinquième chaque année.

chaque année, pris jusqu'à concurrence de cinq au moins parmi les conseillers, et le surplus parmi les citoyens de la ville et spécialement parmi ceux qui ont contribué à fournir le fonds de dotation de la caisse, sont chargés de l'administration ; ils sont irresponsables de leur gestion, sauf le cas de faute lourde et seulement vis-à-vis des déposants. Ils se réunissent au moins une fois par mois, élaborent le règlement de service qui doit être soumis à l'approbation du ministre du commerce, nomment et révoquent les employés salariés ; ils prennent toutes mesures utiles à l'intérêt de la caisse, vérifient les écritures et les comptes des caissiers. Chacun d'eux préside à tour de rôle aux séances de la caisse lorsqu'elle est ouverte au public. Ils peuvent confier à un comité de cinq membres le soin de prendre les mesures d'administration urgentes et de surveiller les détails du service.

Commission supérieure. — Il est formé auprès du ministre du commerce une commission supérieure qui se réunit au moins une fois par an, pour donner son avis sur les questions concernant les caisses d'épargne ordinaires ou postales.

Elle est composée de vingt membres : deux sénateurs, élus par le Sénat ; deux députés, élus par la Chambre des députés ; huit présidents ou directeurs de caisses d'épargne, élus par les caisses d'épargne [1] ; trois personnes connues par leurs travaux sur les institutions de prévoyance et désignées par le ministre du commerce ; l'administrateur de la Caisse nationale d'é-

---

1. Lorsqu'il y a lieu de procéder à l'élection des présidents ou directeurs des caisses d'épargne appelés à faire partie de la Commission supérieure, un arrêté du ministre du commerce fixe le jour du vote pour toute la France, ainsi que le nombre de voix attribué à chaque caisse d'épargne, d'après le nombre de livrets existants au 31 décembre de l'avant-dernière année, et d'après une progression variant entre 1 voix pour moins de 4 000 livrets et 8 voix au-dessus de 100 000. Paris a droit à 10 voix.

Le conseil des directeurs de chaque caisse procède au vote, au scrutin secret et à la majorité absolue des suffrages exprimés ; un second vote a lieu aussitôt, en cas de ballottage, et à la majorité relative.

Les noms des candidats qui ont obtenu la majorité des suffrages sont portés sur une liste, en nombre égal à celui des membres à élire, et il est fait autant de listes que la caisse a de voix. Ces listes sont adressées au ministère du commerce où une commission procède au dépouillement.

L'élection définitive a lieu à la majorité relative des suffrages exprimés par les caisses d'épargne. En cas d'égalité des suffrages, l'ancienneté des services comme directeurs, puis l'âge, départagent.

Les présidents ou directeurs élus sont rééligibles.

Le pourvoi contre les élections doit être porté dans les cinq jours devant le ministre qui statue dans le délai d'un mois ; faute pour lui de statuer dans ce délai, la réclamation peut être portée directement devant le Conseil d'État.

pargne ; le directeur général de la Caisse des dépôts et consignations ; le directeur du commerce intérieur au ministère du commerce ; le directeur du mouvement général des fonds au ministère des finances ; le chef du service de l'inspection générale des finances.

Les membres élus et les membres désignés par le ministre sont nommés pour trois ans ; la commission élit son président. Un chef de bureau du ministère du commerce, désigné par le ministre, remplit les fonctions de secrétaire, avec voix consultative.

Le président de cette commission a entrée, avec voix délibérative, à la Commission de surveillance instituée près de la Caisse des dépôts et consignations et doit être convoqué à toutes les séances où il est discuté des questions intéressant les caisses d'épargne.

Ressources et dépenses. — Les ressources ordinaires des caisses d'épargne proviennent :

1º De la retenue annuelle de 1/4 à 1/2 (à Paris, 1) p. 100 sur l'intérêt alloué aux départements, et déterminée chaque année par les directeurs ;

2º Des subventions des conseils municipaux ;

3º Des subventions des conseils généraux ;

4º Des intérêts des capitaux de dotation et de réserve ;

5º Du produit des reliquats acquis par la déchéance trentenaire des sommes converties en rentes sur l'État qu'on verse à la Caisse des dépôts et consignations ;

6º Des souscriptions, dons et legs éventuels.

Les dépenses sont constituées par les frais généraux d'administration, de locaux, de bureau, et par les traitements des employés.

Réserve et garantie. — Chaque caisse d'épargne crée un fonds de garantie et de réserve qui se compose :

1º De la dotation existante et des fonds et legs qui peuvent lui être attribués ;

2º D'un prélèvement de 0 fr. 25 c. p. 100 au moins et de 0 fr. 50 c. p. 100 au plus sur l'ensemble des déposants, défalcation faite des frais d'administration et de traitement des employés ;

3º Des intérêts et des primes d'amortissement provenant de ce fonds lui-même.

Les pertes résultant de la gestion sont imputées sur le fonds de réserve.

Les caisses d'épargne sont autorisées à employer leur fortune personnelle :

1º En valeurs de l'État ou jouissant d'une garantie de l'État ;

2º En obligations négociables et entièrement libérées des départements, des communes, des chambres de commerce ;

3º En obligations foncières et communales du Crédit foncier ;

4º En acquisition ou construction des immeubles nécessaires à l'installation de leurs services.

Elles peuvent en outre employer la totalité du revenu de leur fortune personnelle et le cinquième du capital de cette fortune, et à la condition d'adresser, dans la première quinzaine de février, chaque année, au ministre du commerce qui peut suspendre ce mode d'emploi, après avis de la Commission supérieure, un état des opérations de l'année précédente, en valeurs locales émanant d'institutions qui fonctionnent dans leur département ou leur circonscription charitable : bons de monts-de-piété ou d'autres établissements reconnus d'utilité publique, prêts aux sociétés coopératives de crédit ou à la garantie d'escompte de ces sociétés ; acquisition ou construction d'habitations à bon marché ; prêts hypothécaires aux sociétés de construction de ces habitations ou aux sociétés de crédit qui, ne les construisant pas elles-mêmes, ont pour objet d'en faciliter l'achat ou la construction, et en obligations de ces sociétés [1].

Lorsque le fonds de réserve et de garantie représente au moins 2 p. 100 des dépôts, un cinquième du boni annuel peut être employé à l'augmentation du taux d'intérêt servi aux porteurs des livrets sur lesquels le mouvement des retraits et des dépôts, y compris le solde antérieur, n'aura pas dépassé la somme de 500 fr. pendant le courant de l'année.

Les caisses d'épargne ordinaires sont tenues de verser à la Caisse des dépôts et consignations toutes les sommes qu'elles reçoivent des déposants, qui leur sert un intérêt déterminé en tenant compte du revenu des valeurs du portefeuille et du compte courant avec le Trésor représentant les fonds provenant des caisses d'épargne. Les variations du taux d'intérêt ont lieu par fractions indivisibles de 0 fr. 25 c.

La Caisse des dépôts rembourse aux caisses d'épargne, à toute réquisition, les fonds de leur compte courant.

Il est institué par la Caisse des dépôts et consignations un fonds de réserve et de garantie qui ne peut pas dépasser 10 p. 100 du montant des dépôts.

Les caisses d'épargne sont responsables vis-à-vis des déposants des sommes qu'elles en reçoivent ; cette responsabilité est couverte par celle de l'État, pour les sommes versées à la Caisse des dépôts

---

1. C'est là une heureuse innovation de la loi du 20 juillet 1895 (art. 10). On verra plus loin aux *Habitations ouvrières*, p. 671, les résultats obtenus en 1902 par les caisses d'épargne, à ce sujet.

et consignations tant que celle-ci les détient. Mais au delà de cette mesure, l'État n'est jamais responsable de leurs opérations.

Les tiers lésés par l'administration des caisses d'épargne ont comme garantie de leur recours la fortune propre des caisses, sans préjudice du recours qui pourrait être prononcé contre les employés ou les directeurs de ces établissements [1].

Au commencement de chaque année, les caisses d'épargne sont tenues d'adresser au préfet de leur département, en double exemplaire, dont l'un est destiné au ministre du commerce, le compte rendu de leurs opérations pendant l'année précédente.

Contrôle. — Les inspecteurs des finances, les trésoriers-payeurs généraux, les receveurs particuliers, sont commis, chacun dans la limite de leurs attributions, à la vérification des écritures et du portefeuille des caisses d'épargne, dont les directeurs doivent adresser annuellement, aux préfets, un compte rendu des opérations avec documents à l'appui, et les préfets attestent de la vérification faite sur un registre spécial, et en donnent avis à l'autorité supérieure.

Opérations. — Encaisser les sommes qui leur sont confiées, depuis la somme de 1 fr. [2], et sans que le total puisse dépasser en tout et par an 1 500 fr., capitaliser annuellement au profit des déposants les intérêts produits par ces dépôts et rembourser à vue ou à très bref délai à qui en fait la demande, tout ou partie de son solde créditeur, telle est la mission de toutes les caisses d'épargne.

Le titre de chaque déposant est un livret nominatif. Il n'est permis d'avoir qu'un seul livret à la fois, et à une seule caisse d'épargne, à peine de perdre l'intérêt de la totalité des sommes déposées.

Dès qu'un compte dépasse 1 500 fr., le déposant en est avisé. Et si dans les trois mois, celui-ci n'a pas réduit son crédit, il lui est acheté d'office et sans frais 20 fr. de rentes sur l'État.

Les sociétés de secours mutuels, et, — mais sur autorisation du Ministre du commerce, — les institutions de coopération, de bien-

1. Il ne faut pas confondre la responsabilité des caisses d'épargne avec celle des directeurs. Ceux-ci ne contractent à raison de leur gestion aucune obligation personnelle et solidaire. Ils répondent seulement de l'exécution de leur mandat, dans les conditions d'un mandat gratuit, c'est-à-dire qu'ils sont tenus d'y apporter une prudence ordinaire et les lumières et les soins de « bons pères de famille ».

2. Les caisses d'épargne sont même autorisées à émettre des bons ou timbres d'un prix inférieur à 1 fr., et à recevoir ces coupures, lorsque, réunies, elles représentent le montant du versement minimum autorisé.

faisance et autres sociétés analogues sont admises à faire des versements allant jusqu'à 15 000 fr. L'achat de rente d'office, dès que le compte dépasse cette somme, est de 100 fr. [1].

L'intérêt alloué, sur toute somme ronde de 1 fr., part du 1er et du 16 de chaque mois; son taux est le même que celui de l'intérêt alloué aux caisses d'épargne par la Caisse des dépôts et consignations d'après la loi, sous la déduction de la retenue au profit de ces caisses, pour leurs frais.

Les livrets sur lesquels le mouvement des retraits et des dépôts, y compris le solde antérieur, n'aura pas dépassé la somme de 500 fr., pendant l'année peuvent être favorisés soit par un système de primes, soit par une graduation du taux.

Les heures et jours d'ouverture au public sont déterminés par les conseils de direction. La présence du directeur de service est indispensable à la validité des versements et des remboursements.

Quiconque fait un premier versement pour son compte doit déclarer ses nom et prénoms, le lieu et la date de sa naissance, sa demeure, et sa profession; il donne en outre sa signature; quand un versement est effectué pour le compte d'un tiers, le déposant doit produire si possible l'autorisation de celui pour qui il verse. Pour les versements ultérieurs la production du livret tient lieu de toutes autres pièces. Tous les versements au nom des sociétés sont faits par des mandataires qui produisent un exemplaire des statuts, et les pièces nécessaires à la validité du versement. Ils donnent leur signature.

Les demandes de remboursements sont faites par écrit, soit en personne, soit par l'entremise d'un fondé de pouvoirs, autant que possible, et doivent indiquer le numéro du livret, le domicile au moment du dépôt, et le domicile actuel du titulaire, énoncer le montant du remboursement à effectuer, etc.

Les remboursements ne sont exigibles que dans un délai de quinzaine. Mais, en cas de force majeure, un décret peut limiter les remboursements à la somme de 50 fr. par quinzaine. Ils sont dus en espèces, et effectués en mains propres, ou aux mains d'un fondé de pouvoirs qui produit une procuration.

_____

1. Ces sociétés jouissent aussi pour leurs dépôts de l'intérêt accordé aux livrets les plus favorisés.

Les remboursements aux mineurs sont faits à leurs représentants légaux, et ceux aux femmes mariées, aux deux époux ou à l'un d'eux nanti du consentement écrit et signé de l'autre.

Les remboursements aux sociétés sont faits sur production des pièces nécessaires pour la validité de l'opération.

Tout déposant dont le crédit est suffisant, peut faire acheter par la caisse 10 fr. de rentes, dont il peut laisser la caisse dépositaire, qui reçoit alors pour lui les arrérages et les primes, mais si les titulaires des rentes les ont une fois reprises, les caisses d'épargne ne peuvent plus les reprendre, ni se rendre dépositaires d'aucune autre inscription.

Les déposants ont toujours le droit d'exiger le transfert de leurs fonds d'une caisse à une autre, mais pour la totalité du crédit.

Lorsqu'il s'est écoulé un délai de 30 ans à partir de la dernière opération effectuée avec le concours d'un déposant, les sommes que détient à son compte la caisse d'épargne sont prescrites à l'égard des déposants. Elles sont réparties entre les caisses d'épargne, à concurrence des deux cinquièmes, et les sociétés de secours mutuels possédant des caisses de retraites à concurrence des trois cinquièmes.

Mineurs et femmes mariées. — Les mineurs sont admis à se faire ouvrir des livrets sans l'intervention de leur représentant légal. Mais pour retirer les sommes figurant sur les livrets ainsi ouverts, ils doivent avoir seize ans révolus, et nonobstant en outre opposition de leur représentant légal.

Les femmes mariées, quel que soit le régime de leur contrat de mariage, n'ont pas besoin, de même, de l'assistance de leur mari, pour se faire ouvrir des livrets, et, sauf opposition de celui-ci, peuvent retirer à leur gré les sommes déposées par elles. Dans le cas d'opposition [1], il est sursis au retrait du dépôt, et ce pendant un mois à partir de la dénonciation qui en est faite à la femme, par lettre recommandée, à la diligence de la caisse d'épargne. Passé ce délai, et faute par la femme de s'être pourvue contre ladite

---

1. L'opposition en général est signifiée aux caisses d'épargne dans la forme des actes extrajudiciaires, mais, dans le cas des mineurs et femmes mariées, par acte d'huissier. Elle produit, à l'égard des caisses, les mêmes effets que l'opposition prévue au Code de procédure civile, — pendant cinq ans. Passé ce délai, si elles n'ont pas été renouvelées, elles sont rayées d'office.

opposition par les voies de droit, le mari peut toucher seul le montant du livret si le régime sous lequel il est marié lui en donne le
droit.

Percepteurs. — Les percepteurs peuvent être autorisés par le
Ministre des finances, sur avis du Ministre du commerce, à recevoir les versements contre remise d'une quittance à souche, et à
effectuer les remboursements contre dépôt du livret pour le compte
des caisses d'épargne de leur département. Leur concours est rémunéré au moyen d'un droit fixe de 10 centimes, à la charge des
caisses d'épargne.

Les receveurs des finances sont responsables, vis-à-vis des caisses,
de la gestion des percepteurs de leur arrondissement sauf leur
recours en cas de débet sur le cautionnement des percepteurs.

Succursales. — Les caisses d'épargne ouvrent et ferment, sans
autorisation du gouvernement, et de leur plein gré, des succursales,
confiées à l'administration des directeurs, et qui se livrent aux mêmes opérations que la caisse dont elles dépendent et dont elles font
partie intégrante.

Fermeture. — La cessation de l'existence légale d'une caisse d'é-
pargne a lieu par la révocation de l'autorisation, et par la liquidation de la caisse.

La suppression est prononcée pas décret.

Les dépôts sont remboursés aux titulaires ou à leurs ayants droit,
et, pour ceux qu'il est impossible de retrouver, versés à la Caisse
des dépôts et consignations.

Situation provisoire des caisses d'épargne ordinaires en 1902.
— Au 31 décembre 1901, il existait 547 caisses en activité, avec 1 333 succursales ou bureaux auxiliaires, et 333 percepteurs dont elles avaient
utilisé le concours, soit au total, 2 213 établissements.

En 1902, une caisse a été créée et a été supprimée ; 36 succursales environ ont été fondées, ce qui, en tenant compte des suppressions et des transformations, en porte le nombre à 1 369. Le nombre des percepteurs participant aux opérations des caisses d'épargne ne semble pas avoir dépassé
330. On compterait, dès lors, au total, 2 246 établissements.

A la même date, le nombre des livrets existant était de 7 328 739, en augmentation de 82 641 sur 1901. Le nombre des livrets ouverts pendant l'année 1902 a été de 471 595 ; en 1901, il en avait été ouvert 516 343. Le tableau suivant donne le mouvement des fonds en 1902.

Versements effectués par les déposants. . .	720 825 245 f 53
Remboursements en espèces aux déposants.	872 452 766 13
Solde dû aux déposants	3 356 317 075 57

Dans les remboursements ne sont pas compris les remboursements effectués par transferts, par versements à la caisse des retraites pour la vieillesse, par l'effet de la prescription, non plus que ceux opérés en achats de rentes, soit d'office pour réduction des comptes dépassant le maximum, soit à la demande des déposants.

Les versements effectués en 1902 ont été inférieurs de 23 887 514 fr. 44 c. ou 3,20 p. 100 à ceux de l'année précédente. Les remboursements ont dépassé de 139 341 754 fr. 50 c., ou de 19 p. 100, ceux de 1901.

Néanmoins, le solde dû aux déposants au 31 décembre 1902 reste supérieur de 7 280 350 fr. 08 c., ou de 0,21 p. 100, à celui de 1901.

En outre, les moyennes relatives au montant des dépôts par habitant et au nombre des déposants par 1 000 habitants sont plus élevées en 1902 qu'en 1901 et en 1900.

D'autre part, les rentes achetées en 1901 par la Caisse des dépôts et consignations pour les caisses d'épargne et au compte de leurs déposants, sur leur demande ou d'office pour réduction des comptes dépassant le maximum, ont absorbé un capital de 40 440 005 fr. 03 c. contre 27 716 951 fr. 25 c. en 1901 et 28 626 979 fr. 43 c. en 1900.

Les intérêts provisoirement liquidés pour 1902 au profit des caisses d'épargne par la Caisse des dépôts et consignations, au taux de 3,25 p. 100, s'élèvent à 110 546 816 fr. 74 c. Ceux que ces établissements ont alloués aux déposants, généralement au taux de 3 ou de 2,75 p. 100, peuvent être évalués à 100 millions ; le surplus forme les bonifications sur lesquelles les caisses d'épargne imputent leurs dépenses et qui doivent servir ensuite à l'accroissement de leur fortune personnelle, dont le montant était, au 31 décembre 1901, de 144 405 245 fr. 49 c., laissés en compte courant à la Caisse des dépôts et consignations, à concurrence de 71 030 503 fr. 37 c., qui ont produit plus de 2 millions de revenu.

Législation comparée. — Les caisses d'épargne privées existent dans la plupart des pays civilisés, et leur institution ne diffère que selon qu'elles doivent se soumettre ou non au contrôle de l'État.

Parmi les nations qui, comme la France, préconisent le système de la garantie de l'État, comportant le versement obligatoire des fonds déposés dans les caisses de l'État, il faut citer la Belgique, l'Angleterre, la Russie, l'Espagne.

En *Belgique,* c'est la loi du 15 mars 1865 qui, en même temps qu'elle créait la caisse d'épargne et de retraite de l'État, appela cette institution à fonctionner comme caisse des dépôts des établissements publics, en recevant leurs excédents de recettes (*art. 4*).

L'*Angleterre* a les caisses fondées par les sociétés de bienfaisance, les *old saving banks,* qui, pour fonctionner, doivent être approuvées par les commissaires de la dette publique (*L. 9 George IV, c. 92, et L. 26-27 Victoria, c. 87. 1863*). Les statuts des sociétés sont vérifiés par un avocat (*barrister*). Les versements par déposant et par année ne doivent pas excéder 750 fr. (30 livres), ni l'ensemble des dépôts individuels 3 750 fr. (150 livres), sauf par accumulation d'intérêts, qui peuvent porter le compte à 5 000 fr. (200 livres); à partir de cette limite, il n'est plus servi d'intérêt. Les fonds sont remis au Trésor qui paie 3,25 p. 100, dont 3,10 pour les déposants, d'intérêt.

D'autres pays laissent les caisses disposer des dépôts comme elles l'entendent, l'Italie, la Suisse, l'Autriche, les Pays scandinaves ; et en Allemagne et aux États-Unis, les caisses peuvent employer leurs fonds à subventionner des sociétés de crédit populaire, sous le contrôle cependant des autorités locales et provinciales.

En *Italie,* la création des caisses d'épargne revient le plus souvent à des commissions locales de bienfaisance (Milan), aux communes (province de Modène), aux monts-de-piété (Parme, Plaisance, etc.). Chaque caisse place ses fonds séparément, en valeurs d'une réalisation facile, en hypothèques, etc.

Les caisses d'épargne, en *Suisse,* offrent les combinaisons les plus variées, et se fondent spontanément, jusque dans les plus petites communes, entre habitants qui se connaissent tous.

La *Prusse* a régi les caisses d'épargne par le règlement du 12 décembre 1838, qui ne constitue pas l'État gardien et administrateur des fonds, mais laisse jouir les caisses de la plus large indépendance pour l'emploi des fonds qui leur sont confiés. Elle admet même des caisses d'épargne qui sont traitées comme des associations. D'une façon générale ce sont les municipalités et les arrondissements qui créent les caisses et en garantissent les fonds, avec autorisation du président supérieur de la province. Aucune limite n'est fixée pour les versements, qui sont placés de manières très diverses suivant les régions, au gré des caisses : en escompte d'effets de commerce et publics (caisse urbaine de Berlin), et en hypothèques, pour la plupart, sur maisons dans les villes, sur biens ruraux à la campagne.

En Bavière le maximum des dépôts est de 400 florins, le maximum annuel de 300, et on ne peut verser plus de 100 florins en une fois.

L'organisation indépendante des caisses d'épargne à l'étranger, en Italie et en Prusse notamment, donne les meilleurs résultats : elle permet de fournir à l'épargne un revenu relativement rémunérateur, et, en maintenant les capitaux dans la région où ils ont été accumulés, elle rend à l'industrie et à l'agriculture locale de signalés services.

3. — Caisse nationale d'épargne [1].

Création. Administration. Budget. Opérations.
Législation comparée.

Création. — L'Etat a fondé par la loi du 9 avril 1881, et administre lui-même, par des fonctionnaires spéciaux, et avec le concours de l'administration des postes, sous sa garantie, une Caisse d'épargne, étendue à l'Algérie et à la Tunisie, avec des succursales à l'étranger, là où fonctionne un bureau de poste français, et jusque dans les divisions navales et à bord des vaisseaux de l'État.

Administration. — L'ensemble des bureaux de poste dans chaque département forme comme des succursales dont le receveur principal centralise les opérations sous sa responsabilité et sous le contrôle administratif du directeur départemental.

Pour réunir et résumer l'ensemble des opérations de la Caisse, un service d'administration centrale à Paris, *Direction centrale de la Caisse nationale d'épargne,* tient la comptabilité, sous le contrôle

---

1. Le régime actuel de la Caisse nationale d'épargne est déterminé par les lois des 9 avril et 29 juillet 1881, 3 août 1882, 26 février 1887, 20 juillet 1895 ; par les décrets du 31 août 1881 sur le contrôle de la Caisse d'épargne postale ; du 18 mars 1885, modifié par celui du 22 novembre 1886, instituant des succursales navales ; du 27 octobre 1885, autorisant la création de succursales dans les villes à l'étranger où existe un bureau de poste français ; du 16 mars 1886, instituant des succursales en Algérie et en Tunisie ; du 28 juillet 1889, autorisant l'acceptation des centimes dans les versements ; du 14 décembre 1889, autorisant la création de succursales départementales ; du 17 août 1895 ; 8 avril 1896, et par des instructions diverses, notamment des 31 octobre 1881, 25 avril 1884, etc., etc.

de l'administration des finances, assure la direction et la surveillance générales et préside à la marche et au fonctionnement de l'institution.

Tous les fonctionnaires de la Caisse nationale d'épargne sont recrutés exclusivement dans le personnel de l'administration des postes et télégraphes.

La Caisse des dépôts et consignations fait emploi de toutes les sommes déposées par la Caisse nationale d'épargne, en valeurs de l'État français, pour la plupart ; elles se composent actuellement de rentes 3 p. 100 amortissable et 3 p. 100 perpétuel et d'obligations du Trésor à court terme. Une réserve du cinquième des versements effectués, d'un maximum de cinquante millions, est constituée par le compte courant au Trésor de la Caisse des dépôts et consignations, en vue des remboursements éventuels.

Budget. — Les ressources de la Caisse nationale d'épargne se composent :

1º Du produit intégral des valeurs achetées par la Caisse des dépôts et consignations pour le placement des fonds recueillis et de la différence d'intérêts produits par les arrérages de ces valeurs et le taux servi par la Caisse des dépôts et consignations ; 2º du boni réalisé sur les frais d'administration, lorsque ceux-ci n'atteignent pas le produit du prélèvement de o fr. 25 c. destiné à couvrir ces frais ; 3º du produit des reliquats de dépôts attribués à la Caisse dans le cas de prescription trentenaire des livrets ; 4º des dons et legs consentis par des tiers et légalement valables ; 5º de la capitalisation des intérêts de ces fonds divers.

Ces fonds, dits fonds de dotation, ne peuvent être aliénés qu'en vertu d'une loi [1].

Les dépenses auxquelles doit pourvoir la Caisse d'épargne sont : 1º les intérêts à servir aux déposants ; 2º les frais d'administration, traitement du personnel et remises allouées aux receveurs des postes à raison de o fr. 25 c. par livrets émis, o fr. o4 c. par opération de versement ou de remboursement, et o fr. 5o c. par 1 ooo fr. déposés ; 3º les frais de matériel.

---

1. La loi du 29 novembre 1886 a autorisé l'emploi d'une partie de ces fonds à l'acquisition d'un immeuble destiné à la Caisse d'épargne. Cet immeuble se trouve rue Saint-Romain.

Opérations. — Toutes les dispositions de la loi du 18 juillet 1895 sur les caisses d'épargne ordinaires sont applicables à la Caisse nationale, en ce qui concerne : les comptes ouverts aux déposants (particuliers ou sociétés), l'intérêt à servir, mais avec les particularités ci-après, les prélèvements autorisés pour frais, les livrets, la capacité de la femme et du mineur, la gratuité des certificats de propriété et actes de notoriété exigés pour le transfert et le renouvellement des livrets, la validité des saisies-oppositions.

C'est ainsi que tout particulier peut déposer des fonds à la Caisse d'épargne postale, le mineur et la femme mariée sans l'autorisation de leur représentant légal, tuteur ou mari. Après le premier versement, il est délivré au déposant un livret nominatif en règle, et sur lequel l'agent des postes, à tous versements, apposera le nombre de timbres nécessaire pour représenter la somme versée, qui sera d'ailleurs inscrite dans la colonne des sommes reçues, puis le timbre à date du bureau et sa signature, le tout pour valoir titre envers la Caisse.

Le minimum du versement est de 1 fr., que le décret du 30 novembre 1882, par la création de bulletins d'épargne, où l'on peut apposer successivement des timbres de 5 et de 10 centimes, permet d'atteindre par les plus petites économies ; le maximum est de 1 500 fr. Dès que le compte dépasse cette somme, il en est donné avis au déposant, par lettre recommandée, et si celui-ci, dans les 3 mois, n'a pas réduit son compte, il lui est acheté d'office 20 fr. de rente sur l'État, dont les arrérages, touchés par la Caisse, sont inscrits comme nouveau versement du titulaire.

Les versements peuvent être faits dans un bureau de poste quelconque, comme aussi les retraits de fonds. Pour ceux-ci, demande est adressée sur formule spéciale, délivrée par les bureaux, avec indication de la somme à rembourser et du bureau où le remboursement doit être effectué. Avis est donné par lettre au réclamant, dans les 15 jours. Les demandes peuvent aussi être faites par dépêche et aussi le remboursement.

Les versements et remboursements peuvent être faits pour le compte d'un tiers, au moyen d'une procuration [1].

---

1. *Certifications de signatures sur les procurations.* — Le modèle de procuration sous seing privé que la Caisse nationale d'épargne met à la disposition du public dans les bureaux de poste a comporté longtemps nécessairement la légalisation

L'intérêt servi aux déposants sera calculé en tenant compte du revenu des valeurs du portefeuille et du compte courant avec le Trésor, représentant les fonds provenant des caisses d'épargne, et en tenant compte aussi du prélèvement nécessaire pour couvrir les frais d'administration de la Caisse, mais sans que ce prélèvement puisse être inférieur à o fr. 5o c. p. 100, et il devra être suffisant pour que le taux d'intérêt en résultant soit toujours inférieur de o fr. 75 c. p. 100 à celui qui sera servi aux caisses d'épargne ordinaires par la Caisse des dépôts et consignations.

L'intérêt court à partir du 1er et du 16 de chaque mois après le versement et cesse de courir, lors de remboursements, aux mêmes dates précédant le payement.

Le transfert des comptes d'épargne est pratiqué entre la Caisse nationale et les caisses privées, comme aussi entre elle et la caisse générale d'épargne et de retraite de Belgique [1], et *vice versa*.

Législation comparée. — Les caisses d'épargne postales fonctionnent dans un grand nombre des pays civilisés : Grande-Bretagne, Autriche, Pays-Bas, Suède, Roumanie, Italie, Russie, Hongrie, Canada, Indes anglaises, Gibraltar, Sierra Leone, Japon, Hawaï, etc., etc. Elles diffèrent par les détails d'organisation, suivant le système administratif des pays, et suivant le taux de l'intérêt.

En Belgique, la caisse générale d'épargne et de retraites, quoique ressortissant au ministère des finances, et d'organisation indépendante, se sert cependant de l'intermédiaire de la poste pour effectuer ses opérations. Elle est aussi en relations avec certains comptoirs de la Banque nationale.

---

de la signature du titulaire du livret par le maire ou par le commissaire de police. L'obligation ainsi faite aux déposants de se rendre auprès de l'un de ces magistrats et de mettre au courant de leurs affaires les deux témoins requis était une cause de gêne et de mécontentement. Le sous-secrétaire d'État des postes et des télégraphes, désireux de remédier à cet inconvénient, vient d'étendre à la certification des signatures des titulaires de livret sur les pieces dont il s'agit la faculté qu'avaient déjà les receveurs des postes de certifier les signatures des déposants sur les demandes de remboursement, lorsqu'ils connaissent le signataire ou que son identité est attestée par une personne connue, ou encore s'il produit l'une des pièces prévues par l'instruction générale sur le service des postes et des télégraphes pour établir l'identité.

1. En vertu d'un arrangement conclu le 31 mai 1882.

III. — INSTITUTIONS D'ORDRE MATÉRIEL ET D'ORDRE MORAL

1. — Habitations ouvrières.

Généralités et vue d'ensemble. — Parmi toutes les mesures efficaces prises en faveur des classes ouvrières, pour améliorer leur situation matérielle et morale, l'une, et non des moindres, est celle qui a pour but la construction de maisons salubres et à bon marché. L'amélioration du logement de la classe pauvre dans les grandes villes est en effet l'une des nécessités urgentes de ce temps [1].

Déjà l'initiative privée avait fait beaucoup pour multiplier autour

---

1. C'est le lieu de rappeler ici qu'à côté des encouragements donnés par l'État aux efforts de l'initiative privée en vue d'assurer la salubrité des logements, il existe une législation qui laisse aux pouvoirs publics la charge de veiller à la police sanitaire. On connait la loi sur l'hygiène et la sécurité des travailleurs dans les établissements industriels (12 juin 1893) et le décret du 15 octobre 1810 sur les établissements dangereux, incommodes et insalubres.

A un point de vue plus général, le législateur a voté en 1902 une loi nouvelle, applicable depuis le 20 février 1903, un an après sa promulgation, *sur la protection de la santé publique.*

Aux termes de cette loi, toutes les communes sont tenues d'élaborer un règlement portant sur les mesures sanitaires générales d'hygiène et de prophylaxie, et de le soumettre à l'homologation du préfet, donnée après avis du Comité départemental d'hygiène. Dans les villes de 20 000 habitants et au-dessus, aucune habitation ne pourra être construite sans permis préalable du maire, qui ne donne l'autorisation que si les conditions de l'habitation à construire sont conformes aux prescriptions d'hygiène et de salubrité du règlement sanitaire de la commune.

L'autorité municipale a toujours le droit de prescrire une enquête sur les conditions de salubrité des immeubles, quel que soit celui qui les occupe, propriétaire, usufruitier, locataire. Et toutes contestations entre l'autorité municipale et l'intéressé, concernant la salubrité de l'immeuble, seront portées devant le Conseil départemental d'hygiène, qui, le cas échéant, peut prescrire, suivant une procédure sommaire, l'exécution des arrêtés municipaux ordonnant les travaux d'assainissement, ou interdisant

des usines et manufactures les petites habitations indépendantes et pour en faciliter l'acquisition par les ouvriers. L'exemple de l'Angleterre où les *building societies* ont obtenu de si magnifiques résultats, est venu montrer que le mouvement pouvait être accéléré, soit par l'intervention des capitaux, sous une forme appropriée, soit par la coopération des ouvriers eux-mêmes [1].

Des tentatives heureuses dans plusieurs villes de France, notamment au Havre, à Rouen, et à Lyon, de généreux efforts suscitant dans toute la Belgique une émulation féconde, la réunion de congrès spéciaux des habitations à bon marché, la loi belge du 9 août 1889, avaient achevé de poser devant l'opinion publique le problème tout entier.

Pour arriver au but qu'on avait en vue : loyers économiques et logements salubres, une proposition de loi, modelée d'assez près sur la loi belge, présentée à la Chambre des députés, le 5 mars 1892, par M. Jules Siegfried, fut finalement adoptée, et promulguée le 30 novembre 1894. Cette loi, d'une application générale, constitue

---

d'habiter. Recours, dans le mois, contre l'arrêté du Conseil d'hygiène peut être porté devant le Conseil de préfecture, faute de quoi, ou si le recours est rejeté, le propriétaire récalcitrant doit être traduit devant le tribunal de simple police, qui, outre une amende à laquelle il peut condamner, de un à cinq francs, tous ceux qui contreviennent aux règlements publiés, de l'autorité municipale (*C. pén., art. 471, 15°*), autorise le maire à faire exécuter d'office les travaux, et aux frais du délinquant.

La loi de 1902 prescrit la déclaration des maladies contagieuses, obligatoirement pour les unes, facultativement pour les autres, selon une liste dressée et contenue dans le décret du 10 février 1902. Elle édicte les mesures de désinfection subséquentes à la maladie contagieuse au moyen d'appareils dont un décret du 10 mars 1903 règle les conditions à remplir.

Enfin elle institue une organisation sanitaire comportant des bureaux d'hygiène par ville d'au moins 20 000 habitants (2 000 habitants pour les stations thermales), des circonscriptions groupant les autres localités du département, et pourvues d'une commission sanitaire ressortissant au Conseil départemental. Elle réorganise le Comité consultatif d'hygiène de France, portant à 45 au lieu de 35 le nombre de ses membres, et étendant ses attributions ; un règlement du 18 décembre 1902 en donne les détails de fonctionnement. Enfin la loi traite dans ses derniers titres des dépenses obligatoires des communes, en matière d'hygiène, des pénalités diverses, etc.

Le Congrès international d'hygiène et de démographie, tenu à Bruxelles (2-8 sept. 1903), délibérant sur les questions des habitations ouvrières, a adopté des conclusions tendant à inviter les pouvoirs publics à continuer leur action en faveur des habitations à bon marché, aussi bien par l'octroi d'immunités fiscales que par des mesures administratives et réglementaires touchant l'hygiene et l'inspection sanitaire ; de plus, le Congrès a estimé qu'il était encore plus urgent de rendre plus salubres les habitations existantes occupées actuellement par les pauvres.

1. C'est même souvent sous la forme de la coopération que tend à se réaliser la construction des habitations ouvrières ; et c'est pourquoi on n'a pu parler de la coopération sans toucher parfois à la question des habitations ouvrières.

le droit commun des habitations à bon marché, et s'applique aux ouvriers industriels ou agricoles, employés et artisans, ainsi qu'à quiconque loue ou possède un logement ou une maison dont la valeur locative ne dépasse pas une certaine limite.

Les décrets des 20 février, 21 septembre et 8 octobre 1895 sont intervenus, en exécution de la loi du 30 novembre 1894, qui a, d'ailleurs, été modifiée et complétée dans certains détails par la loi du 31 mars 1896.

En définitive, le législateur, pour favoriser la construction des maisons ouvrières à bon marché, à eu recours aux divers moyens suivants :

1° L'organisation de comités locaux, ayant la mission morale de stimuler l'initiative individuelle en faveur de constructions nouvelles ou de l'amélioration de constructions existantes, dans le sens de l'hygiène et du bon marché ;

2° L'organisation d'un conseil supérieur des habitations à bon marché, pour l'étude des questions y afférentes ;

3° Puis, ayant défini ce qu'il faut entendre par habitations à bon marché, il facilite le crédit aux sociétés de construction en autorisant certains établissements publics à leur prêter des fonds ; il les fait profiter, en plus, de certains avantages fiscaux, à certaines conditions déterminées ;

4° Il préconise même, vis-à-vis des opérations d'assurance mixte sur la vie à la Caisse nationale en cas de décès, une combinaison qui, dans le cas d'un mari ou d'un père acquéreur d'une habitation par annuités, garantirait, si celui-ci venait à décéder en cours de libération, l'exécution du contrat de vente, et conserverait l'habitation à la veuve ou aux enfants ;

5° En ce qui concerne les habitations elles-mêmes, le législateur leur accorde des atténuations et des exonérations d'impôts, et apporte enfin des modifications au Code civil en matière de partage successoral.

La loi de 1894 est applicable de plein droit à l'Algérie.

Comités locaux[1]. — Il peut être établi dans chaque département un ou plusieurs comités des habitations à bon marché. Ces comités

---

1. Le nombre des comités locaux institués à la fin de 1902 était de 95, au lieu de 96 à la fin de 1901. L'écart est minime. Ce qui est plus grave, c'est que la plupart d'entre eux n'ont qu'une existence purement nominale. Tout ce que l'on sait à leur

ont pour mission d'encourager la construction de maisons salubres et à bon marché, soit par des particuliers ou des sociétés, en vue de les louer ou de les vendre à échéance fixe ou par paiements fractionnés à des personnes n'étant propriétaires d'aucune maison, notamment à des ouvriers ou employés vivant principalement de leur travail ou de leur salaire, soit par les intéressés eux-mêmes pour leur usage personnel.

Ces comités, dont l'action est purement morale, ne sont constitués que facultativement d'ailleurs, selon les besoins et quand l'initiative individuelle s'est manifestée, par décret du Président de la République, après avis du conseil général et du Conseil supérieur des habitations à bon marché. Le décret détermine l'étendue de leur circonscription et fixe le nombre de leurs membres, dans la limite de neuf au moins et de douze au plus.

Le tiers des membres est nommé par le conseil général, qui le choisit parmi les conseillers généraux, les maires, les membres des chambres de commerce ou des chambres consultatives des arts et manufactures de la circonscription du comité.

Les deux autres tiers sont nommés par le préfet: l'un parmi les personnes spécialement versées dans les questions d'hygiène, de constructions, et d'économie sociale; l'autre parmi les membres des sociétés de construction d'habitations à bon marché, des sociétés mutuelles de prévoyance et d'épargne et des syndicats professionnels institués conformément à la loi.

Ces comités sont nommés pour trois ans, avec mandat renouvelable.

Ainsi constitués, ils font leur règlement qui est soumis à l'approbation du préfet; ils désignent leur président et un secrétaire qui peut être pris en dehors du comité.

---

sujet, c'est qu'ils ne se sont pas réunis, ou que, s'étant réunis une fois, ils ont estimé ne pouvoir rien faire faute de ressources. A l'inverse, l'un d'eux s'est demandé quel emploi il pourrait faire de la subvention qu'il a reçue du conseil général, et la question est demeurée sans solution.

Parmi les comités locaux qui cependant paraissent avoir conscience du rôle qui leur est imparti, le rapporteur du Comité permanent du Conseil supérieur des habitations à bon marché signale ceux de Mézières, de Carcassonne, de Coulommiers, qui s'appliquent à faire connaître la loi à l'aide de circulaires et de brochures. D'autres (Saint-Pons, Reims, Épernay, Poitiers, Le Havre) ont institué des concours entre propriétaires, architectes, locataires.

Les comités les plus actifs sont ceux des Bouches-du-Rhône, de la Gironde, d'Ille-et-Vilaine, de la Loire-Inférieure, de l'arrondissement de Dieppe et de la Seine.

Ces comités peuvent recevoir des subventions de l'État, des départements et des communes, ainsi que des dons et legs, aux conditions prescrites par le Code civil (art. 910) pour les établissements d'utilité publique.

Toutefois, ils ne peuvent posséder d'autres immeubles que celui qui est nécessaire à leurs réunions.

Ils peuvent faire des enquêtes, ouvrir des concours d'architecture, distribuer des prix d'ordre et de propreté, accorder des encouragements pécuniaires, et plus généralement employer les moyens de nature à provoquer l'initiative en faveur de la construction et de l'amélioration des maisons à bon marché.

Ils adressent, chaque année, dans le courant de janvier, au conseil supérieur, un rapport détaillé sur leurs travaux.

Les frais de local et de bureau, l'allocation au secrétaire du comité et les jetons de présence qui peuvent être alloués, à titre d'indemnité de déplacement, aux membres des comités n'habitant pas la localité où se tiendraient les réunions, peuvent être mis par le conseil général à la charge du budget départemental.

Au cas où les comités cesseraient d'exister, leur actif après liquidation pourra être dévolu, sur avis du conseil supérieur, aux sociétés de construction des habitations à bon marché, aux associations de prévoyance et aux bureaux de bienfaisance de la circonscription.

Conseil supérieur. — Le conseil supérieur des habitations à bon marché prévu par l'article 14 de la loi a été constitué auprès du Ministre du commerce et de l'industrie par les deux décrets presque identiques des 20 février et 8 octobre 1895.

Il se compose, sous la présidence du ministre, de quarante membres, dont six membres de droit, et trente-quatre nommés par le ministre. Les six membres de droit sont les chefs des administrations au fonctionnement desquelles portent atteinte les privilèges d'exception accordés aux habitations à bon marché.

Le conseil tient au moins une session dans les trois premiers mois de chaque année, mais un comité permanent de dix membres, désignés par le ministre parmi les membres du conseil délibère sur les affaires urgentes ou d'importance secondaire, et instruit les questions à soumettre au conseil supérieur.

Au conseil doivent être soumis tous les règlements ayant pour but d'assurer l'exécution de la loi du 3o novembre 1894, et, d'une façon générale, tous les points intéressant les questions économiques.

Le conseil, sur autorisation spéciale du ministre du commerce, peut procéder à des enquêtes, en envoyant aux particuliers et aux administrations locales des questionnaires sur les affaires de sa compétence, et même en déléguant certains de ses membres pour prendre sur place des informations.

Le conseil adresse chaque année au Président de la République un rapport d'ensemble, donnant avec ses observations le résumé des rapports détaillés reçus des comités locaux sur leurs travaux.

Immeubles admis aux faveurs de la loi. — Les avantages concédés par la loi du 3o novembre 1894 s'appliquent exclusivement aux maisons salubres et à bon marché destinées à être louées ou vendues à échéance fixe ou par paiements fractionnés à des ouvriers ou employés non propriétaires et vivant principalement de leur travail ou de leur salaire, — que ces maisons d'ailleurs aient été construites par des particuliers ou des sociétés, ou même par les intéressés pour leur usage personnel, et parmi ces maisons elles-mêmes, aux seuls immeubles bon marché, c'est-à-dire, selon la loi, dont le revenu net imposable à la contribution foncière, déterminé conformément à la loi du 8 août 1890, ne dépasse pas de plus d'un dixième :

90 fr. dans les communes de moins de   1 000 habitants ;
150   —   de 1 001 à   5 000   —
170   —   de 5 001 à   30 000   —
220   —   de 30 001 à 200 000 habitants, et dans celles qui sont situées dans un rayon de 40 kilomètres autour de de Paris ;

3oo fr. dans les communes de plus de 200 000 habitants ;

375 fr. à Paris.

Lorsqu'il s'agit de maisons collectives, composées de logements destinés à être loués séparément, les chiffres donnés ci-dessus ne s'entendent évidemment que pour chacun des logements.

Les charges accessoires de salubrité (eau, balayage, vidange, etc.) et d'assurance contre l'incendie ou sur la vie dont le propriétaire fait l'avance et qu'il recouvre en les mettant par bail au compte des locataires, ne sont pas comptées dans la valeur locative.

Sociétés de construction et sociétés de crédit[1]. — *Facilités d'emprunts*. — Les bureaux de bienfaisance, hospices et hôpitaux, peuvent, avec l'autorisation du préfet, employer une fraction de leur patrimoine, qui ne peut excéder un cinquième, à la construction de maisons à bon marché, dans les limites de leurs circonscriptions charitables, ainsi qu'en prêts hypothécaires aux sociétés de construction de maisons à bon marché, et aux sociétés de crédit qui, ne construisant pas elles-mêmes, ont pour objet de faciliter l'achat ou la construction de ces maisons, et en obligations de ces sociétés[2]. En aucun cas, ces prêts ne doivent dépasser le montant de la fortune mobilière des susdits établissements.

Les caisses d'épargne ordinaires peuvent non seulement construire, mais acquérir des habitations à bon marché (*L. 20 juil. 1890, art. 10, § 7*) dans les départements où elles fonctionnent.

La Caisse des dépôts et consignations est autorisée à employer, jusqu'à concurrence du cinquième, la réserve (75 millions environ) provenant de l'emploi des fonds des caisses d'épargne qu'elle a constituée, en obligations négociables des sociétés de construction et de crédit ci-dessus indiquées.

Immunités fiscales. — Les sociétés protégées par la loi de 1894, outre les avantages généraux, en matière fiscale, qui ont été accordés aux immeubles eux-mêmes, et qui seront dits plus loin, sont admises au bénéfice de faveurs spéciales, dont il va être immédiatement question, — mais elles ne peuvent profiter de ces avantages généraux et de ces faveurs spéciales qu'autant que leurs statuts, approuvés par le ministre compétent, sur l'avis du conseil supérieur, limitent leurs dividendes au chiffre maximum de 4 p. 100.

---

1. Les sociétés de crédit sont encore peu usitées en France. Une des plus importantes est celle qu'a fondée M. Jules Siegfried, député, auteur de la loi de 1894. Elle sert d'intermédiaire entre la Caisse générale des dépôts et consignations et les caisses locales. Le montant des prêts consentis par cette société, jusqu'au 31 décembre 1901, s'élevait à la somme de 1 558 500 fr. Au cours de l'exercice 1902, cette somme s'est accrue de 437 000 fr., ce qui porte le total des prêts à près de deux millions.

La société de Saint-Denis, qui était primitivement une société de construction, vient de décider l'augmentation de son capital et l'extension du cadre de ses opérations aux prêts hypothécaires et au département de la Seine.

Pour les sociétés de construction, voir, en fin de chapitre, le paragraphe les concernant spécialement, p. 672 et 673.

2. Jusqu'ici cette faculté est restée à peu près lettre morte. Une circulaire du ministère de l'intérieur a rappelé aux administrateurs des bureaux de bienfaisance la faculté qui leur était ouverte par la loi de 1894.

Ces privilèges spéciaux sont :

1° L'exemption de la taxe établie par la loi du 20 février 1849, article 1er, dans les termes de la loi du 29 décembre 1875, autrement dit la taxe des biens de mainmorte, mais sous la réserve que les sociétés, quelle qu'en soit la forme, aient pour objet la construction et la vente de maisons ; la taxe est perçue pour les maisons exploitées par les sociétés ou mises en location par elles ;

2° La dispense du timbre et l'enregistrement gratis pour les actes nécessaires à la constitution et à la dissolution des associations de construction ou de crédit, s'ils remplissent les conditions prévues par la loi du 22 frimaire an VII, article 68, § 3, n° 4, c'est-à-dire s'ils ne portent ni obligation, ni libération, ni transmission de biens meubles ou immeubles entre les associés ou autres personnes ;

3° Également dispense du timbre pour les pouvoirs en vue de la représentation aux assemblées générales ;

En sorte que ces sociétés restent soumises aux droits de timbre pour leurs titres d'actions et obligations, ainsi qu'au droit de timbre-quittance établi par la loi du 23 août 1871, article 18 ;

4° Bien que l'abonnement au timbre souscrit pour leurs actions par ces sociétés ne subisse aucune réduction, quelle que soit la diminution du capital social, cependant, en cas d'émissions nouvelles, les droits de timbre restent les mêmes tant que le capital social précédemment soumis à l'abonnement n'est pas dépassé ;

5° La dispense de toute patente ;

6° L'exonération de l'impôt sur le revenu attribué aux actions et aux parts d'intérêts, à la condition que les statuts imposent pour ces titres la forme nominative, mais seulement pour les associés dont le capital versé, constaté par le dernier inventaire, ne dépassera pas 2 000 fr.

Statuts. — Pour bénéficier des faveurs de la loi, les sociétés de construction et les sociétés de crédit doivent indiquer dans leurs statuts :

1° Qu'elles ont pour objet exclusif soit de procurer l'acquisition d'habitations salubres et à bon marché à des personnes qui ne sont déjà propriétaires d'aucune maison, soit de mettre en location des habitations de cette nature, soit d'améliorer des habitations déjà existantes ;

2° Que les dividendes sont limités à 4 p. 100 au plus ;

3° Que les statuts, ainsi que toute modification qui y serait apportée, doivent être approuvés par le ministre du commerce, sur l'avis du comité permanent du conseil supérieur des habitations à bon marché ;

4° Que, dans les six mois qui suivent la clôture de chaque exercice, le compte rendu de l'assemblée générale de la société, accompagné du bilan, sera adressé, par l'intermédiaire du préfet, au ministre du commerce, pour être soumis au comité permanent ;

5° Que, lors de l'expiration de la société, ou en cas de dissolution anticipée, l'assemblée générale appelée à statuer sur la liquidation ne pourra attribuer l'actif qui resterait, après paiement du passif et remboursement du capital actions versé, qu'à une société constituée conformément aux prescriptions de la loi du 30 novembre 1894, la délibération devant être approuvée par le ministre, sur l'avis du conseil supérieur.

Les sociétés existantes avant la promulgation de la loi, pour jouir des faveurs et immunités qu'elle concède, devraient modifier leurs statuts, le cas échéant, conformément à ses prescriptions.

Combinaison avec la caisse nationale d'assurance sur la vie. — L'ouvrier, père de famille, à qui s'offre une combinaison d'assurance qui le rende au bout d'un certain nombre d'années, par paiements échelonnés, au moyen d'annuités d'amortissement, propriétaire d'une maison, hésite, comme au moment d'un long voyage, d'où il pourrait ne pas revenir, tout voyageur qui a charge d'âmes.

C'est qu'en effet les versements annuels, qu'il peut payer, vivant, à force d'économies, sont un engagement redoutable qu'il léguera aux siens, s'il meurt avant la période accomplie de l'amortissement. Veuve ou orphelins ne pouvant pas continuer le paiement des annuités, non seulement est perdue pour eux la maison espérée, mais encore deviennent vains et stériles tous les sacrifices pécuniaires antérieurs.

Pour prémunir l'ouvrier contre un tel risque, et tel qu'il paralyse toute velléité de lente acquisition, le législateur a fait intervenir le système de l'assurance mixte, au moyen de la caisse nationale d'assurances en cas de décès, instituée par la loi du 11 juillet 1868.

Désormais, ladite caisse est autorisée à passer avec les acquéreurs ou les constructeurs de maisons à bon marché qui se libèrent du prix de leur habitation au moyen d'annuités, des contrats d'assurances temporaires ayant pour but de garantir, à la mort de l'assuré, si elle survient dans la période d'années déterminée, le paiement des annuités restant à échoir, et cela aux conditions et restrictions suivantes :

a) Le chiffre maximum du capital assuré ne peut pas dépasser la somme déduite du taux de capitalisation de 4,27 p. 100 appliqué au revenu net de l'immeuble, c'est-à-dire la valeur même des immeubles à bon marché, telle qu'elle a été fixée ;

b) Tout signataire d'une proposition d'assurance faite dans les conditions de la loi est tenu de répondre aux questions et de se soumettre aux constatations médicales prescrites par les polices. En cas de rejet de la proposition, la décision n'est pas motivée. L'assurance produit son effet dès la signature de la police, nonobstant toute clause contraire ;

c) La somme assurée est cessible en totalité dans les conditions fixées par les polices ;

d) La durée du contrat doit être fixée de manière à ne reporter aucun paiement éventuel de prime après l'âge de 65 ans.

Avantages en faveur des immeubles. — 1° *Atténuation ou exonération d'impôts.* — Sont affranchies des *contributions foncières et des portes et fenêtres* les maisons individuelles ou collectives protégées par la loi ; cette exemption est annuelle et d'une durée de cinq années à partir de l'achèvement de la maison, et elle cesserait de plein droit si, par suite de transformations ou d'agrandissements, l'immeuble perdait le caractère d'une habitation à bon marché et acquérait une valeur sensiblement supérieure au maximum légal.

Pour être admis à jouir de ce bénéfice on doit produire dans les formes et délais fixés par la loi du 8 août 1890, article 9, § 3, une demande qui est instruite et jugée comme les réclamations pour décharge ou réduction de contributions directes. Cette demande peut être formulée dans la déclaration exigée de tout propriétaire ayant l'intention d'élever une construction passible de l'impôt foncier.

Les parties des bâtiments destinées à l'habitation personnelle donnent lieu, conformément à la loi du 4 août 1844, article 2, à l'augmentation du contingent départemental, dans la *contribution personnelle-mobilière*, à raison du vingtième de leur valeur locative

réelle, à dater de la troisième année de l'achèvement des bâtiments,
comme si ces bâtiments ne jouissaient que de l'immunité ordinaire
d'impôt foncier accordée par la loi du 3 frimaire an VII, article 88,
aux maisons nouvellement construites ou reconstrites.

*Les actes constatant la vente de maisons individuelles à bon
marché* sont soumis aux droits de mutation établis par les lois en
vigueur. Toutefois, lorsque le prix aura été stipulé par annuité, la
perception de ce droit pourra, sur la demande des parties, être
effectuée en plusieurs fractions égales, sans que le nombre de ces
fractions puisse excéder celui des annuités prévues au contrat, ni
être supérieur à cinq. L'acquéreur justifie de sa qualité par un certificat du maire de sa résidence. Il est également justifié par un
certificat du maire de la commune de la situation de l'immeuble
que celui-ci a été reconnu exempt de l'impôt foncier par application
des dispositions légales, ou que, tout au moins, une demande
d'exemption a été formée dans les conditions prévues par la loi.
Ces deux certificats sont délivrés sans frais, chacun en double original, dont l'un est annexé au contrat de vente et l'autre déposé au
bureau de l'enregistrement, lors de l'accomplissement de la for-
-malité.

Le payement de la première fraction du droit a lieu au moment
où le contrat est enregistré ; les autres fractions sont exigibles
d'année en année et sont acquittées dans le trimestre qui suit
l'échéance de chaque année, de manière que la totalité du droit soit
acquittée dans l'espace de quatre ans et trois mois au maximum, à
partir du jour de l'enregistrement du contrat.

Si la demande d'exemption d'impôt foncier qui a motivé le frac-
tionnement de la perception vient à être définitivement rejetée, les
droits non encore acquittés sont immédiatement recouvrés.

Dans le cas où, par anticipation, l'acquéreur se libérerait entièrement du prix avant le paiement intégral du droit, la portion restant
due deviendrait exigible dans les trois mois du règlement définitif,
les droits étant dus solidairement par l'acquéreur et par le vendeur.

L'enregistrement des actes visés ici est effectué dans le délai fixé,
et, le cas échéant, sous les peines édictées par les lois en vigueur. Tout
retard dans le paiement de la seconde fraction ou des fractions subséquentes des droits rend immédiatement exigible la totalité des
sommes restant dues au Trésor. Si la vente est résolue avant le

paiement complet des droits, les termes acquittés ou échus depuis plus de trois mois demeurent acquis au Trésor ; les autres tombent en non-valeur.

La résolution volontaire ou judiciaire du contrat ne donne ouverture qu'au droit fixe de 3 fr.

2° *Successions et partage* [1]. — Lorsqu'une maison individuelle, construite conformément à la loi de 1894, figure dans une succession, et que cette maison est occupée, au moment du décès de l'acquéreur ou du constructeur, par le défunt, son conjoint, ou l'un de ses enfants, il est dérogé aux dispositions du Code civil [2], comme il est dit ci-après :

1° Si le défunt laisse des descendants, l'indivision peut être maintenue à la demande du conjoint ou de l'un de ses enfants pendant cinq années à partir du décès.

Dans le cas où il se trouverait des mineurs parmi les descendants, l'indivision pourra être continuée, pendant cinq années à partir de la majorité de l'aîné des mineurs, sans que sa durée totale puisse, à moins d'un consentement unanime, excéder dix ans.

Si le défunt ne laisse pas de descendants, l'indivision pourra être maintenue pendant cinq ans à compter du décès, à la demande et en faveur de l'époux survivant, s'il en est le propriétaire au moins pour moitié, et s'il habite la maison au moment du décès.

Dans ces divers cas, le maintien de l'indivision est prononcé par le juge de paix, après avis du conseil de famille, le cas échéant.

3° Chacun des héritiers et le conjoint survivant, s'il a un droit de copropriété, a la faculté de reprendre la maison, sur estimation. Lorsque plusieurs intéressés veulent user de cette faculté, la préférence est accordée d'abord à celui que le défunt a désigné, puis à l'époux, s'il est copropriétaire pour moitié au moins. Toutes choses égales, la majorité des intéressés décide. A défaut de majorité, il est

---

1. Les dispositions relatives aux dérogations successorales et au partage sont applicables à toute maison, quelle que soit la date de sa construction, dont le revenu net imposable à la contribution foncière n'excède pas les limites fixées par la loi du 30 juin 1894, pour les immeubles « à bon marché ». (*L. 30 mars 1896, art. 3.*)

2. Ces dérogations, qui peuvent donner lieu en jurisprudence à des difficultés, ont été inspirées par le souci de l'intérêt supérieur de la famille, en réduisant le nombre des licitations, par l'ajournement du partage jusqu'à l'époque où, tous les cohéritiers ayant atteint l'âge de la majorité, chacun d'eux aura le droit de reprendre, sur estimation, la maison paternelle.

procédé par voie de tirage au sort. — S'il y a contestation sur l'estimation de la maison, cette estimation est faite par le comité des habitations à bon marché et homologuée par le juge de paix [1]. — Si l'attribution de la maison doit être faite par la majorité ou par le sort, les intéressés y procèdent sous la présidence du juge de paix qui dresse procès-verbal des opérations.

Les caisses d'épargne et les habitations à bon marché. — On sait que la loi du 20 juillet 1895 a autorisé les caisses d'épargne à employer la totalité du revenu de leur fortune personnelle et le cinquième du capital de cette fortune à divers objets et entre autres « en acquisition ou construction d'habitations à bon marché, en « prêts hypothécaires aux sociétés de construction de ces habitations « ou aux sociétés de crédit qui, ne construisant pas elles-mêmes, ont « pour objet d'en faciliter l'achat ou la construction, et en obliga- « tions de ces sociétés ».

Au 31 décembre 1902, 23 caisses d'épargne avaient usé partiellement de cette faculté. Le capital total qu'elles y ont employé est de 2 261 111 fr. 84 c. ainsi réparti :

Acquisitions ou constructions	1 463 234^f 11^c
Prêts hypothécaires à des sociétés	526 877 73
Obligations des sociétés.	271 000 00
Total	2 261 111^f 84^c
A la fin de 1901 ce total était de	2 665 454 37
Diminution en 1902.	404 342^f 53^c

Cette diminution, qui semble tout d'abord inquiétante, s'explique lorsqu'en étudiant le détail des chiffres on voit qu'elle provient d'un remboursement de 950 000 fr. qui a été effectué, au cours de 1902, à la caisse d'épargne de Lyon. — Sur le total de 1901, les deux caisses d'épargne de Lyon et de Marseille figuraient pour 1 617 599 fr. 81 c., ce qui ne laissait aux autres caisses concourant à ce total qu'un contingent de 1 047 854 fr. 56 c. A la fin de 1902, au contraire, la quote-part de Marseille et de Lyon se réduit à

---

[1]. Le jugement du juge de paix, qui doit homologuer l'estimation du comité, pourrait évidemment la rectifier s'il la juge erronée. Mais sera-t-il sans appel ? Le texte ne le dit pas, et ne dit pas non plus si pareille évaluation sera de rigueur, lorsqu'il y aura, parmi les ayants droit, des mineurs ou des interdits.

656 650 fr. 11 c., tandis que celle des autres caisses monte à
1 604 462 fr. 73 c.

Ainsi, pendant le courant de 1902, le concours financier des
caisses d'épargne, en dehors de celles de Lyon et de Marseille, s'est
accru de 556 607 fr. 17 c., soit de 53 p. 100. Le nombre de celles qui
sont entrées dans ce mouvement s'est lui-même augmenté de dix-
huit à vingt-trois, par l'accession des caisses d'Abbeville, de Blaye,
de Bordeaux, de Bourges et de Guéret.

Or, la fortune personnelle des caisses d'épargne était, au 31 décembre 1901, de 144 405 245 fr. 49 c., produisant un revenu annuel
de 3 649 171 fr. 32 c.; les caisses d'épargne sont donc loin d'avoir
épuisé la faculté qui leur a été ouverte par la loi de 1895. Aussi le
conseil supérieur a-t-il renouvelé le vœu que le ministre du commerce veuille bien insister à nouveau auprès des caisses d'épargne
afin qu'elles prêtent aux habitations à bon marché leur concours
moral et financier, dans les formes que leur permet l'article 10 de
la loi du 20 juillet 1895.

Les habitations à bon marché en France, en 1902. — Au 31 décembre 1902, il existait en France 65 sociétés dont les statuts étaient régulièrement approuvés. En outre, 16 sociétés étaient en voie de formation.

Le nombre total des sociétés d'habitations à bon marché fonctionnant en
1902 a été de 74, et se décompose ainsi :

Sociétés anonymes, 42.
    —   coopératives, 32.

Il semble que le mouvement vers la forme coopérative s'accentue chaque
année.

En effet, les 25 sociétés fondées jusqu'à la fin de 1896 ne comptaient que
5 sociétés coopératives. Les 34 sociétés qui se sont constituées de 1897 à
1901, c'est-à-dire en cinq ans, se partageaient exactement par moitié entre
ces deux types ; mais, en 1902, la prédominance est décidément acquise à
la société coopérative, qui a inscrit à son actif les deux tiers des approbations obtenues et des demandes à l'instruction, par 10 coopératives contre
5 anonymes, sur 15 sociétés approuvées.

Le conseil supérieur des habitations à bon marché signale, dans son
rapport, les dangers auxquels s'exposent beaucoup de sociétés coopératives
qui ne prévoient pas la constitution d'un capital initial suffisant avant de
commencer les travaux. Plusieurs projets soumis à l'examen du conseil se
bornaient même à donner comme capital à une société naissante le terrain
qu'elle se proposait d'acquérir et les maisons qu'elle comptait y construire.
Le conseil estime qu'il est sage que les coopérateurs soient tenus de fournir, seuls, au moins le dixième du capital à engager dans l'entreprise.

Afin de guider à l'avenir les fondateurs de sociétés le ministre du commerce a confié la préparation de statuts-modèles pour les sociétés d'habitations à bon marché à une commission spéciale qui s'est déjà mise à l'œuvre.

Une circulaire ministérielle de 1901 a recommandé aux sociétés d'habitations à bon marché de présenter leurs bilans dans un cadre-type. En rapprochant les divers bilans conformes au cadre modèle, le comité permanent du conseil supérieur a dressé le tableau ci-dessous, qui donne pour les sociétés anonymes et pour les coopératives, les chiffres afférents à l'exercice 1901.

	SOCIÉTÉS	
	anonymes et de crédit.	coopératives.
Capital social	4 747 000	961 620
Emprunts	3 185 209	1 133 212
Terrains et constructions	6 075 678	1 576 299
Amortissements versés par les acquéreurs.	483 769	242 174
Réserve légale.	44 764	2 585
Réserves diverses	277 129	6 542
Frais à amortir	47 496	40 312
Dividendes	2 à 4 p. 100	2 à 4 p. 100

Par rapport à l'exercice 1900 il y a, pour les sociétés anonymes, augmentation de 358 000 fr. pour le capital social, de 698 475 fr. pour les emprunts, de 58 562 fr. pour les amortissements, soit une augmentation totale des ressources de 1 115 037 fr. Pour les sociétés coopératives, l'augmentation totale est de 928 893 fr., dont 651 565 fr. afférant au capital social, 268 236 fr. aux emprunts et 9 091 fr. aux amortissements. La valeur des terrains et constructions a augmenté de 864 243 fr. pour les sociétés anonymes, et de 560 713 fr. pour les sociétés coopératives.

Les exonérations se sont élevées au total, pour l'année 1902, à 40 798 fr. 42 c., se répartissant ainsi :

Contribution foncière.	14 947f 45c
Contribution des portes et fenêtres.	21 491 18
Taxe de mainmorte	1 126 17
Patente.	1 076 00
Timbre et enregistrement.	1 027 10
Impôt sur le revenu des valeurs mobilières	1 130 52

« **Homestead.** » — La loi de 1894 a apporté au droit commun du code civil, on l'a vu, quelques graves dérogations, en faveur de l'habitation ouvrière. Il semble, depuis quelques années, que le législateur ne doive pas s'arrêter là. Par-dessus les principes abstraits du droit strict, les réalités vivantes de plus en plus prennent place. L'exode des campagnes vers les villes, l'instabilité des populations industrielles, se répercutant comme un mal sur la vie sociale et écono-

mique, ont fait penser qu'il serait heureux de rendre plus stable
le foyer, la famille par des mesures d'exception qui rattacheraient
le paysan à la terre, l'ouvrier à la localité où il est venu se fixer.

Diverses propositions de loi ont été déposées devant le Parlement,
issues de ce mouvement de l'opinion. Telles la proposition de
M. Strauss, sénateur, ayant pour but de modifier et de compléter la
loi du 30 novembre 1894, présentée le 13 janvier 1902 (doc. parl.
n° 42 ; *J. O.* p. 94), prise en considération le 12 juin suivant ; celle
de M. Lemire, député (10 juin 1902 ; doc. parl. n° 18 ; *J. O.* p. 482),
ayant pour but de créer un bien de famille insaisissable ; celle de
M. Louis Martin, député, le 1er décembre 1902 ; celle de M. Maurice
Viollette, député, le 20 novembre 1902 (doc. parl. n° 466 ; *J. O.*
p. 287), tendant à compléter l'article 592 du Code de procédure civile et à organiser l'insaisissabilité partielle du domaine du cultivateur cultivant lui-même sa terre ; et enfin celle de M. Siegfried, dont
il a été question au chapitre : *Travail agricole,* tendant à faciliter la
constitution et le maintien de la petite propriété rurale, présentée à
la Chambre le 11 mars 1897 et adoptée, transmise au Sénat, adoptée
en première délibération, objet d'un rapport supplémentaire de
M. Siegfried, et d'un avis déposé au nom de la Commission par
M. Charles Prevet, les 26 et 29 juin 1899 et qui étendrait les dispositions de la loi de 1894, sous certaines conditions, aux petits domaines ruraux dont la valeur ne dépasse pas 6 000 fr.[1].

Ce mouvement législatif qui restaurerait au profit de la classe
ouvrière le régime des substitutions est en somme inspiré des législations étrangères qui ont consacré : en Amérique, le *homestead*
(insaisissabilité de la maison, avec une étendue de terre alentour,
jusqu'à concurrence d'une somme qui varie, suivant les États, mais
n'excède pas 10 000 fr. (2 000 dollars) ; en *Allemagne* et en *Autriche*
le *Hoperecht* (indivisibilité du bien de famille) ; en *Angleterre,* l'al-

---

1. C'est à cette base de 6 000 fr. que s'est aussi arrêté M. Mougeot, ministre de
l'agriculture, dans un projet de loi qu'il vient de soumettre à l'examen du Conseil
d'État, appliquant à la petite propriété rurale, dans des conditions déterminées, le
privilège de l'insaisissabilité. M. Mougeot justifie l'opportunité de son projet par la
nécessité de défendre la petite propriété rurale contre la licitation, l'hypothèque, la
saisie et préconise, comme base, au crédit agricole, depuis la création des caisses de
crédit mutuel, le crédit personnel, — le crédit immobilier et hypothécaire entrainant
des frais et des formalités considérables. Des dispositions, empruntées à la loi sur les
habitations à bon marché, permettront d'éviter le partage, le morcellement, etc...,
du bien.

lotment ; en *Suisse,* le projet sur le manoir de famille ; en *Belgique,* en *Danemark,* le lotissement des ouvriers ruraux.

L'institution du bien de famille, du *homestead,* a rencontré en France d'ardents défenseurs, et des adversaires nombreux qui reprochent au système, entre autres choses, de priver le propriétaire de crédit, dans les limites de son bien insaisissable, et, surtout, y voient pour l'ouvrier une diminution d'indépendance vis-à-vis du patron ; car il est bien certain que l'ouvrier, une fois fixé par la propriété dans un centre industriel, hésite. pour cette raison, à se mettre en conflit avec le patron, car il risquerait d'y perdre son gagne-pain ; et à quoi lui servirait alors sa maison, si, pour retrouver du travail, il était obligé de quitter le pays où il est propriétaire[1] ? Le patron peut évidemment abuser d'une situation semblable pour peser sur l'ouvrier qu'il tient ainsi et lui imposer des conditions de travail plus ou moins désavantageuses.

ANNEXE. — Jardins ouvriers. — Si l'État, en faveur des ouvriers, a élaboré la législation sur les habitations à bon marché, l'initiative privée s'est préoccupée de leur assurer parfois la jouissance de terres, qu'ils peuvent cultiver, et dont ils ont le droit de consommer les produits s'ils n'aiment mieux vendre ceux-ci pour en toucher le montant. Ainsi est née l'œuvre dite des jardins ouvriers. Mais c'est là une œuvre de pure philanthropie qui se rattache à l'assistance et au patronage et qui ne peut se généraliser, la charité privée ayant des limites et, d'ailleurs, ne s'exerçant, en l'espèce, qu'au profit d'ouvriers méritants à divers points de vue, et souvent confessionnels.

Législation comparée. — Les législations étrangères tendent de plus en plus à favoriser la construction des habitations salubres et à bon marché, et dans certains pays les détails de la législation ne manquent pas d'être tout à fait intéressants à tous égards.

La *Belgique* a la loi du 9 août 1889, modifiée par les lois des

---

1. La question s'est même tragiquement posée pour certains ouvriers du Creusot, lors d'une grève récente. Propriétaires de la maison qu'il habitaient, et chassés de l'usine à la suite de la grève, ils se trouvèrent placés dans l'alternative, plus qu'ennuyeuse, ou de rester à cause de leur maison, et d'y mourir de faim, n'ayant plus de travail, et alors ils étaient bien avancés, ou de s'en aller chercher ailleurs à gagner leur vie en abandonnant leur maison devenue inutile et qu'ils ne pouvaient vraiment pas emporter sur leur dos, comme les escargots.

3o juillet 1892, 18 juillet 1893, 16 août 1897, dont les dispositions, comme celles de notre loi de 1894 qui s'en est inspirée, peuvent se résumer en trois points : organisation dans chaque circonscription administrative d'un comité de patronage ; faculté donnée à la Caisse générale d'épargne et de retraite de consentir des prêts en faveur de la construction ou de l'achat de maisons ouvrières comme aussi de traiter des opérations d'assurance mixte sur la vie ; octroi de faveurs fiscales aux maisons nouvellement construites. Mais alors qu'en France les caisses d'épargne usent assez peu de la faculté légale de prêter en vue de constructions, la caisse belge ne se fait pas faute de créditer[1] des sociétés de construction qui construisent, louent et vendent des maisons ouvrières, ou des sociétés de crédit qui fournissent à l'ouvrier les fonds nécessaires pour l'achat ou la construction desdites maisons et lui servent de garant vis-à-vis de la caisse d'épargne, et aussi, les unes et les autres, d'intermédiaires, selon les conditions fixées par un règlement du 31 mars 1891.

Ainsi le taux des prêts faits par la caisse d'épargne aux sociétés est de 3 p. 100 pour celles qui acceptent la surveillance (et même de 2 1/2 p. 100 pour les sociétés de crédit, dont les statuts ont reçu l'approbation) de la caisse. Le taux maximum d'intérêt des prêts faits aux ouvriers par les sociétés qui empruntent à la caisse, ainsi que le maximum du dividende qu'elles peuvent servir aux capitaux versés par leurs actionnaires, sont indiqués dans les statuts de ces sociétés ; aucune société ne peut jouir du taux de faveur de 2 1/2 p. 100 pour ses emprunts à la caisse, si, entre autres conditions elle ne limite à 3 p. 100 le dividende à servir au capital versé. Le passif de la société de crédit ou de construction envers la caisse d'épargne (ou les tiers créanciers, s'il y en a) ne doit pas dépasser l'actif évalué comme suit :

a) La moitié du capital souscrit et non versé par les actionnaires ;

b) La moitié de la valeur des immeubles appartenant à la société ;

c) Les 3/5 de toute garantie fournie à la société sur des immeubles dont la valeur devra excéder d'un neuvième au moins le chiffre du prêt correspondant.

---

1. Aussi, alors qu'en 1901, les prêts en France étaient de 2 665 454 fr. 37 c., on l'a vu, la Caisse belge, dans la même année, avançait 44 529 952 fr. à 148 sociétés de construction d'habitations à bon marché.

Il n'est pas consenti d'avance aux sociétés coopératives sur la partie non versée du capital souscrit[1].

Les opérations relatives à l'achat et à la construction de maisons ouvrières ont pris en Belgique une magnifique extension.

Enfin, les conseils communaux de certaines villes (Courtrai, Bruges, etc...) ont exempté de certaines taxes les ouvriers, les sociétés affiliées à la caisse d'épargne qui construisent ou transforment des maisons d'habitation, sous diverses réserves, notamment celle de ne pas y installer de débit de boisson, — ainsi que les propriétés dont le revenu cadastral est inférieur à 144 fr.

En *Angleterre,* les lois des 18 août 1890 et 9 août 1899 et 1900 (*the housing of the working classes Acts*) entre autres dispositions intéressantes permettent aux municipalités de pourvoir au logemen des classes ouvrières dans leur ressort. Tout conseil (*council*) autre que celui d'un district rural, peut aussi construire ou acquérir des maisons situées en dehors de sa circonscription en vue de loger les classes uvrières. De plus, au cas où un conseil de paroisse (*Parish council*) décide que le conseil du district rural (*Rural district council*) aurait dû pourvoir au logement des ouvriers et a négligé de le faire, le conseil de comté (*County council*) peut faire le nécessaire au lieu et place du conseil défaillant. Avec l'approbation de l'autorité supérieure, les conseils locaux peuvent louer à long terme à des particuliers les terrains qu'ils acquièrent en vue de les affecter à des habitations ouvrières, pourvu que ces particuliers s'obligent à bâtir et entretenir des habitations de cette nature sur les terrains en question.

---

1. Pour éclaircir ces données générales par un exemple intéressant, prenons une maison de 6 000 fr., comprenant cave et cour, deux pièces au rez-de-chaussée, deux pièces au premier et grenier avec pièce mansardée, le tout coquet, bien construit, au gré du propriétaire ouvrier qui a discuté les plans et devis et choisi les entrepreneurs. Il en existe beaucoup à Bruxelles. L'ouvrier n'a eu à avancer que 500 fr. ; la caisse d'épargne a prêté 3 000 fr. ; la société de crédit 1 500 fr. L'ouvrier est débiteur de 4 500 fr. gagés sur sa maison, et dont l'intérêt et l'amortissement vont être calculés au taux de 4 p. 100. Supposons qu'il ait 32 ans et veuille se libérer en 20 ans ; il aura à payer 27 fr. 50 c. par mois, soit 329 fr. par an. Ce n'est pas le prix d'un loyer. Mais, dira-t-on, il peut mourir durant le laps de 20 ans, et sa famille ne pourra plus alors acquitter la charge mensuelle qui doit assurer la propriété définitive de la maison. L'ouvrier, s'il est prudent, et en prévision de sa mort, contractera donc une assurance mixte, de manière à laisser aux siens, quoi qu'il arrive, sa maison complètement payée, libre de toute charge. Il aura à verser alors un peu plus, 31 fr. 75 c. par mois, soit 382 fr. par an, ce qui n'est pas encore, ou à peine, le prix d'un loyer. Mais s'il meurt, même au bout de quelques mois, il aura assuré à sa famille un asile libre et sans loyer.

Mais ce sont surtout les sociétés d'épargne et de construction (*Building societies*) qui ont, en *Grande-Bretagne*, une importance sociale considérable, puisqu'on évalue à près de 3 milliards de francs les sommes consacrées, par leur intermédiaire, à l'achat de terrains et à l'achat ou à la construction de maisons pour leurs membres. Sociétés coopératives du prêt, dont le capital est constitué par des c tisations presque toujours mensuelles, elles font des avances uniquement sur valeurs immobilières, remboursables, capital et intérêts, par payements mensuels. Mais tandis qu'un créancier ordinaire prête rarement plus des 2/3 de la valeur réelle de l'immeuble, la *building society* avance les 3/4 et même les 7/8. De la sorte l'ouvrier, le commis, le petit boutiquier, avec un petit capital, deviennent propriétaires au bout de douze ou quatorze ans pour une somme totale qui ne dépasse guère ce qu'ils auraient payé en simples loyers.

Le *building society Act. 1894* (57-58 Vict. ch. 47), amendant des lois de 1836 et 1874, qui régit les sociétés, prescrit, pour établir une société, l'incorporation qui est accordée à toutes les sociétés dont les statuts, conformes à la loi, sont déposés entre les mains du *Registrar* des sociétés de secours mutuels. Les finances des *building societies*, qui constituent un des placements favoris de la petite épargne, sont soumises à un contrôle minutieux, au moment de leur fondation, à tous changements dans les statuts, et à l'époque des comptes rendus annuels. Des inspecteurs ont la mission spéciale de veiller sur la gestion des sociétés, avec les pouvoirs d'investigation les plus étendus, y compris celui de convoquer une assemblée générale de la société. La loi prévoit et règle la dissolution et les formalités, et édicte des pénalités sévères contre les infractions à ses prescriptions.

Les *États-Unis*, qui avaient primitivement adopté en ce qui concerne les sociétés de prêt foncier mutuel un régime assez analogue à celui de l'Angleterre, s'en sont affranchis peu à peu. L'organisation actuelle est tout autre. Les sociétés comprennent deux espèces de membres : ceux qui leur confient de l'argent et ceux qui en empruntent. Les premiers souscrivent un certain nombre de parts et se libèrent par des versements hebdomadaires ou mensuels qui se capitalisent avec leurs intérêts. Ceux qui désirent faire un emprunt pour construire une maison donnent une hypothèque sur celle-ci en

plus d'autres garanties s'il y a lieu, et souscrivent un nombre de
parts représentant au moins le montant de leur emprunt ; ils se
libèrent comme les prêteurs. Les retards dans les versements sont
punis d'intérêts monitoires.

Le comité pour l'amélioration des logements, à New-York, a institué des concours pour l'établissement de plans de maisons modèles
à appartements, destinés à loger des ouvriers, et parmi les conditions du concours sont énumérées des dispositions d'hygiène très
détaillées (dimensions, ventilation, disposition des pièces, des
fenêtres, murs parafeux, monte-charges, surfaces, etc., etc.).

En *Prusse,* la loi du 16 avril 1902, promulguée en vertu de celle
du 13 août 1895, a alloué une somme complémentaire de 12 millions de marks, pour améliorer les conditions d'habitation des ouvriers dans les établissements de l'État et des fonctionnaires faible-
ment rétribués. Ces fonds reçoivent une double destination, affectés
l'une part à la construction de bâtiments qui restent la propriété
de l'État, et, de l'autre, constituant des allocations de subventions
remboursables à divers groupes professionnels. Les habitations ouvrières sont bâties sur les points les plus divers du royaume.

En *Autriche,* la loi du 8 juillet 1902, réformant la loi du 9 février
1892, impuissante à stimuler la construction d'habitations ouvrières
dans les grands centres industriels, comme aussi à empêcher l'af-
fluence exagérée ou le truck-system des propriétaires, concède d'importants avantages aux constructions comprenant des logements
d'ouvriers, salubres et bon marché. Elle considère comme ouvriers
tous les salariés dont le revenu annuel ne dépasse pas : 1 200 couronnes pour les personnes seules ; 1 800 couronnes pour les familles
de deux à quatre membres ; 2 400 couronnes pour les familles de
cinq membres et plus. (Ces sommes sont majorées d'un quart pour
Vienne et d'un huitième pour les localités de plus de 50 000 habitants à déterminer par voie d'ordonnance.) La loi prévoit des habitations pour familles, des demeures pour célibataires, des maisons
pour le logement à la nuit et leur accorde l'exemption d'impôts
classifié sur les maisons, de l'imposition sur la valeur locative et de
la taxe de 5 p. 100 prélevée sur les revenus des immeubles, quand
elles sont entièrement construites ou reconstruites à neuf, et sont
louées à des ouvriers ou abandonnées à des travailleurs, soit gratis,
soit contre des prélèvements sur leurs salaires, mais non fixés nu-

·mériquement dans le contrat de travail. Jouissent des mêmes avan-
·tages les maisons à usage de familles d'ouvriers, bâties par des
institutions publiques, d'intérêt général ou par des corporations de
travailleurs, par des sociétés de construction, dont le revenu net en
intérêts ne se trouve supérieur que de 0,2 à 0,5 p. 100 à celui des
établissements du crédit et des caisses d'épargne qui font le cours ;
ou encore les maisons construites par des patrons pour leurs ouvriers et vendues à ceux-ci ; dans ces ventes, la moitié au moins du
prix d'achat doit être payable en quinze annuités. La loi détermine
le nombre des familles qu'il y a lieu d'admettre dans les maisons
privilégiées, et par chaque étage, et fixe la surface minima et
maxima des logements suivant leur nombre. A noter que le débit
et la vente au détail de spiritueux est interdite dans les maisons favorisées par le fisc, ainsi que la sous-location et l'admission des
gens à la nuit. Dans les logis pour célibataires, une pièce ne doit
être habitée que par trois personnes au plus. La loi exige en outre
l'affichage du taux des loyers et du règlement intérieur, approuvé
par les autorités ; le délai de congé le plus court est d'une huitaine ;
sont également déterminées les formes dans lesquelles s'opèrent le
transfert des droits de propriété lors de la vente des maisons privilégiées, et aussi le retrait de ces droits quand l'acquéreur se met
en retard pour le payement des impôts ou du prix d'achat.

L'affectation de ces maisons à un but humanitaire, en faveur des
ouvriers, caractère qu'elles revêtent du fait des avantages concédés
et à consigner d'ailleurs sur le cadastre, peut, sur la demande du
propriétaire, être annulée contre le remboursement éventuel de la valeur des impôts et divers droits dont remise gracieuse a été faite.
Des ordonnances des 7 et 21 avril 1903 fixant à 5 1/4 p. 100 le
taux maximum du rendement des immeubles à bon marché, pour
les pays représentés au Reichsrath, pour le district politique de Frei-
stadt en Sibérie, et pour les pays de la couronne, Görz et Gradiska,
pour la Galicie et la Lodomirie.

Une circulaire du 31 mars 1903 adressée par le ministre saxon
de l'intérieur aux capitaineries de cercles, sur la question des habitations, condense les résultats des rapports présentés en la matière
et fixe, comme but de leurs efforts et de leur action encourageante,
les points suivants :

1° Organisation d'une inspection efficace des habitations, en vertu des articles 163 et 164 de la loi saxonne sur les travaux du bâtiment ; 2° constructions de petites habitations par les soins des patrons ; 3° encouragement par un appui effectif des efforts des diverses associations vers la prévoyance privée en matière d'habitations et coopération énergique des communes (en construisant elles-mêmes de petites habitations ; en soutenant les sociétés de construction, spécialement par la cession à ces dernières de terrains à bâtir, dans des conditions peu onéreuses ; en soutenant et en développant ainsi les entreprises de construction d'une utilité générale, dans les mêmes formes que les sociétés de constructions d'utilité générale ; en facilitant les communications des communes importantes avec les districts de la périphérie) ; 4° présentation, tous les trois ans, de rapports statistiquement documentés sur l'application de la circulaire.

La ville de Genève et l'État cantonal ont conclu en 1896 un accord aux termes duquel la ville doit démolir une partie des vieux quartiers pour y construire, dans un délai de cinq années, six groupes de logements contenant chacun 475 chambres d'un loyer annuel de 100 fr. en moyenne, lesdits loyers pouvant être soumis à revision tous les cinq ans. Les nouvelles constructions ont été exemptées d'impôts et l'État a garanti la ville de toute perte. Après un délai de trente ans les habitations doivent être vendues, à moins qu'un nouvel accord n'intervienne deux ans avant l'échéance.

Dans le *Grand-Duché de Hesse*, la loi du 7 avril 1902 accorde à volonté aux communes et aux sociétés de construction des crédits pour bâtir des maisons à l'usage des indigents, et dont la distribution matérielle ne prévoit, en général, que la concession de logements de trois pièces au plus avec cuisine et accessoires. Par la loi du 6 août 1902, un emprunt privilégié peut être consenti près de l'établissement territorial de crédit, en faveur des communes, jusqu'à parfaite couverture des frais d'achat du terrain à bâtir et d'exécution des travaux, et aux sociétés de construction jusqu'à concurrence des neuf dixièmes de la dépense totale. De plus les communes sont investies du droit d'expropriation pour élever ensuite des maisons à usage d'indigents, vis-à-vis des propriétaires dont les locataires ont été licenciés pour des motifs d'ordre sanitaire, et qui n'ont pas obtempéré à la mise en demeure d'avoir à démolir ou transformer leurs immeubles. Pour assurer l'application de la loi il est créé une inspection territoriale des habitations dont l'organisation et le ressort sont déterminés par un règlement d'administration publique du 24 février 1903, qui donne en même temps la procédure à suivre pour les demandes d'emprunt près l'établissement de crédit et la procédure coercitive envers les communes. Toutes les opérations et formalités d'emprunts sont exemptes du timbre et des autres droits, et, en l'espèce, les autorités ont mission de procéder avec la plus grande diligence possible.

La ville de *Lübeck* a promulgué, le 22 juillet 1902, une loi sur les habitations, instituant, pour veiller à leur bon état, un fonctionnaire spécial qui doit tenir la main à l'observation des conditions matérielles d'hygiène, en particulier du cube minimun d'air respirable (15 mc. par habitant, 7^{mc},5 par enfant de un an jusqu'à l'âge où il cesse d'être astreint à la fréquentation scolaire, 10 à 15 mc. dans les pièces où l'on couche); il doit poursuivre aussi activement, si besoin est, l'évacuation de locaux ou d'immeubles.

La loi sur les habitations ouvrières en date du 22 juin 1901, en *Hollande,* entre dans les détails des dimensions à donner aux constructions, contient des prescriptions relatives aux cabinets d'aisances, à l'eau potable, etc., sur la visite des habitations; elle modifie la loi sur les expropriations contre les habitations déclarées inhabitables. Des subventions de la part de l'État et des communes et des avances produisant intérêts sont prévues en faveur des associations, des unions commerciales qui construiraient.

L'exonération des droits de timbre est accordée.

2. — Œuvres de récréation, d'éducation, de moralisation.

Généralités. Cours d'adultes. Association polytechnique; association philotechnique. Universités populaires.

Généralités. — On a commencé de s'aviser, de nos jours, — quelque deux mille ans après la parole évangélique : « L'homme ne vit pas de pain seulement », et cent ans après Danton, qui disait que l'éducation est le premier besoin du peuple, — que l'ignorance de l'ouvrier est mauvaise, qui borne sa vie au métier matériel, au train-train du ménage pauvre, aux commérages de palier, aux bas plaisirs du café-concert, et restreint le nombre des joies que l'homme puisse savourer sans les acheter avec de l'argent, les joies de l'esprit et de l'intelligence. On a pensé enfin que pour faire. des hommes, pour appeler à la conscience la masse inerte et flottante des inconscients, l'instruction primaire, même obligatoire, l'enseignement secondaire avec son baccalauréat, aux notions techniques mal absorbées, et encore plus mal assimilées, ne pouvaient suffire. L'intelligence générale d'un peuple ne se mesure pas à la quantité de trigonométrie, de métrique grecque dont on a gavé les enfants sur les bancs de l'école. Une éducation qui, développant la raison et le jugement, ferait comprendre à l'homme la portée de ses actes, le caractère de ses devoirs et de ses droits, l'initierait à la beauté de la vie, ferait plus pour élever le niveau intellectuel d'une nation que la fausse apparence d'érudition et de science des demi-savants formés dans la serre chaude des collèges.

Pour une œuvre aussi haute, les mélodrames des théâtres et les feuilletons de *Petit Journal* ne valent pas mieux que les stations chez le marchand de vin. L'enseignement supérieur des Facultés n'y peut pourvoir non plus, n'étant accessible qu'à la bourgeoisie bien rentée le plus souvent, à moins que l'institution des bourses n'ait eu pour but de donner des auditeurs aux cours des universités provinciales, la plupart désormais désertées et inutiles.

L'enseignement supérieur populaire se réalise et s'organise, par-dessus l'université officielle, et par des moyens plus nobles que ceux de la presse mercantile et médiocre servant à ses lecteurs la qualité inférieure et de mauvais aloi de ses proses et de ses sujets.

Des cours d'adultes fonctionnent un peu partout. Les universités populaires ont pris un essor prépondérant, ayant pour objet de pourvoir aux besoins moraux et intellectuels de la classe ouvrière, à côté d'œuvres de patronage divers, sociétés de musique, de gymnastique, de récréation.

Œuvres post-scolaires. — Œuvres d'éducation et d'instruction complémentaires de l'école ; elles sont déjà très nombreuses, fort diverses, et tendent à l'enseignement aussi bien qu'à une œuvre sociale.

Les œuvres d'enseignement comprennent les cours d'adolescents et d'adultes, les conférences, etc. ; les œuvres sociales sont les mutualités scolaires, les associations d'anciens élèves, les patronages laïques.

Elles accusent une prospérité évidente. Fondés en 1894, les cours d'adultes se comptaient par 8 288, dont 7 322 de garçons, et 966 de jeunes filles. En 1902-1903, ils s'élèvent au nombre de 43 044 dont 28 703 de garçons et 14 341 de jeunes filles. L'enseignement donné est de plus en plus pratique ; les lectures classiques, poètes et ro-manciers, y sont aussi très goûtées.

Les ressources financières de ces œuvres proviennent de l'initia-tive privée, des municipalités et des conseils généraux, de l'État.

L'initiative privée pour 1902-1903 a produit 250 000 fr. ; les con-seils généraux ont accordé 65 000 fr. ; les subventions des munici-palités s'élèvent à 2 200 000 fr. (dont 950 000 fr. pour Paris seule-ment).

Il y a au budget de l'État 300 000 fr. pour les œuvres auxiliaires de l'école, qui servent à donner 25 fr. en moyenne de traitement supplémentaire aux instituteurs et institutrices qui font les cours d'adultes. La tribune du Parlement, lors de la discussion du budget, en novembre 1903, a retenti des doléances des députés (M. Couyba notamment), devant l'insuffisance de ce crédit.

Association polytechnique. — Fondée après les événements de 1830 dans le but d'enseigner les sciences appliquées aux jeunes gens de la classe industrielle, à l'heure où finit le travail des ateliers, après des fortunes diverses reconnue comme établissement d'utilité publique en 1869, elle a institué, à côté de son programme purement scientifique, des cours de langue française, de dessin, de chant, de comptabilité, d'hygiène, de langues vivantes. Le concours des pro-fesseurs est absolument désintéressé.

Association philotechnique. — Née de la précédente et créée en 1848 par des professeurs de l'association polytechnique, qui se séparèrent de leurs collègues pour organiser l'enseignement d'une façon plus pratique et le rendre professionnel, elle a organisé des cours dans tous les quartiers de Paris. La municipalité et le gouver-nement l'ont aidée par des subventions. Les cours sont absolument gratuits. Des cours ont été ouverts pour les femmes, et l'enseigne-ment manuel et industriel y prend un développement de plus en plus grand.

Ces deux associations, émules et sœurs l'une de l'autre au plus grand profit de la classe pour qui elles ont été créées, n'ont pas peu contribué au mouvement d'opinion qui tend de plus en plus à assurer le développement intellectuel et moral de l'ouvrier. Les professeurs y donnent sans compter leur temps, leur personne, souvent leur argent, et font une œuvre digne des efforts de la classe industrielle qui, après la journée de travail, ne craint pas de s'imposer un surcroît de labeur pour la noble tâche de son éducation à parfaire.

Universités populaires. — Elles sont nées des conférences populaires, des auditions littéraires, efforts isolés d'éducation du peuple, par de généreux esprits, et de l'institution de la *coopération des idées,* première tentative de libre discussion après conférence sur un sujet plus ou moins général, essai d'éducation mutuelle permettant à l'homme d'appliquer sa force intellectuelle, d'exercer son raisonnement, de s'affranchir du préjugé et de l'illusion.

De nombreuses initiatives s'étaient déjà donné carrière, et il suffit de citer des noms : le poète Maurice Bouchor, l'ouvrier typographe Deberme, Henri Galiment, etc.., de 1890 à 1898, lorsque le 9 octobre 1899 fut inaugurée, rue du Faubourg-Saint-Antoine, en plein Paris ouvrier, la première université populaire, à laquelle restent attachés les noms de MM. Gabriel Séailles, Anatole France, etc. D'autres universités ou groupes se sont ouverts un peu partout à Paris et à travers la France.

Coopérative, l'œuvre des universités populaires se défend d'être une *bonne* œuvre, une condescendance de charité ; elle met en commun les intelligences et les volontés, afin qu'à ce libre commerce les hommes, se délivrant de leurs préjugés de castes, apprennent à se connaître et à s'aimer, en faisant leurs esprits plus larges, leurs cœurs plus ouverts. Elle ne propage aucune doctrine religieuse, politique ou philosophique particulière ; elle veut, en les unissant dans la recherche sincère du vrai et du bien, dans la joie du beau, faire des hommes.

Il faut espérer que l'Université populaire réalisera son programme, aplanira les méfiances et les rancunes entre les *classes* qui doivent disparaître, réconciliera le travail intellectuel avec le travail manuel, dissipera ce faux point d'honneur qui pousse les jeunes gens « instruits » vers les carrières libérales où ils végètent de plus en plus, avocats et médecins, sans compter tous les bacheliers sans aptitudes spéciales dont notre démocratie fait des bureaucrates à 1 200 fr. par an pour arriver à 3 000 fr. après quinze ou vingt ans de services, et découvrira au peuple la poésie et la grandeur des métiers, dans le menuisier qui façonne une armoire, comme un artisan du moyen âge, dans le forgeron et le mécanicien, maîtres du fer et du feu, comme les héros antiques, dans le charpentier sur les enchevêtrements de poutres et de madriers, comme un matelot dans la mâture.

L'Université populaire, à côté des conférences et discussions, cours et leçons, installe des bibliothèques, des salles de jeux (billards, échecs, dominos, dames) des salles de travail, où viennent, en costume de travail, lire, se récréer et s'instruire les ouvriers, le soir. Elle rêve d'y adjoindre des salles d'escrime, de gymnastique, des laboratoires, des cabinets de consultations médicales, juridiques, économiques, des restaurants, des offices de placement.

Et pourquoi donc ne ferait-on pas en France ce qui existe en Angleterre avec Toyubee Hall, les instituts polytechniques, et en Belgique, avec cette admirable Maison du Peuple, de Bruxelles ? Et à ceux qui railleraient qu'un ouvrier cordonnier fréquentât chez Platon, Homère, Virgile, Shakespeare, Victor Hugo, Renan et les autres grands poètes ou grands savants, il serait spirituel de répondre que le commerce avec eux serait moins pernicieux pour la santé morale et physique, et pour la bourse, qu'avec le marchand d'alcools frelatés et abrutissants [1].

---

1. Parmi les autres œuvres d'instruction populaire qui gagnent en importance et en influence, et qui ne visent pas que l'enseignement professionnel, il faut citer encore : l'*Union française de la Jeunesse,* qui unit l'enseignement complémentaire à l'instruction professionnelle, avec cours spéciaux pour les femmes (langues vivantes, piano, peinture, diction, etc...) ; la *Société nationale pour la propagation des langues étrangères,* qui, à ses cours, adjoint des festivals littéraires et musicaux ; la *Société académique de comptabilité,* à Paris, Nantes, Valenciennes, Toulon, Marseille, avec des cours de droit commercial, législation industrielle, sténographie, dactylographie, d'assurances, douane, octroi et régie ; la *Société populaire des beaux-arts ;* le *Cercle populaire des amis de l'enseignement laïque ;* la *Société d'enseignement moderne ;* l'*Union démocratique pour l'éducation sociale de la jeunesse ;* la *Philomathique,* qui associe l'assistance à l'éducation, très prospère à Bordeaux ; la *Société d'enseignement professionnel du Rhône ;* la *Société industrielle d'Amiens ;* la *Société d'enseignement par l'aspect,* au Havre, etc., etc.

IV. — L'ASSURANCE OUVRIÈRE

1. — Généralités et vue d'ensemble.

Le système de l'assurance est le meilleur qui ait été préconisé pour parer aux risques éventuels de la vie en général, et de la vie industrielle en particulier.

On l'a si bien compris que de nombreuses sociétés se sont fondées sous le nom de compagnies d'assurances, qui s'enrichissent toutes en spéculant sur la crainte qu'inspirent aux hommes les risques qu'ils courent [1].

L'industrie des compagnies d'assurance, si elle est, après tout, légitime et même bienfaisante, et si elle est profitable à ceux qui s'y livrent, ne peut rendre aux travailleurs aucuns services. Les primes sont trop élevées. Un ouvrier n'y peut prétendre. Il a fallu ne pas compter avec elles.

---

1. La loi du 2 janvier 1902 édicte qu'en matière de contrats d'assurances et de litiges auxquels ils donnent lieu, le défendeur sera assigné devant la juridiction compétente dans le ressort de laquelle se trouvent : 1º le domicile de l'assuré, de quelque espèce d'assurance qu'il s'agisse, sauf l'application de la disposition qui suit :

2º Les immeubles ou les meubles par nature assurés, s'il s'agit d'assurances contre les risques les concernant, et le lieu où s'est produit l'accident, s'il s'agit d'assurances contre les accidents de toute nature dont sont victimes les personnes ou les animaux, le tout lorsque l'instance est relative à la fixation et au règlement des indemnités dues.

Il n'est pas dérogé aux lois qui régissent les conventions maritimes. Toute convention antérieure à la naissance du litige, contraire à la présente loi, sera, sauf l'effet des stipulations contenues dans les polices actuellement en cours, nulle de plein droit.

L'initiative privée, dans le monde du travail, est intervenue, alors, adoptant le principe même de l'assurance, de l'association, en excluant toute idée de spéculation, et essayant d'évoluer dans les limites mêmes des ressources des travailleurs.

Les syndicats professionnels, parmi les buts différents qu'ils ont entrevus et qu'ils poursuivent, ont nettement revendiqué la mission de constituer des caisses de secours et de retraites. Malheureusement, en ce qui concerne les retraites, au moins, la pierre d'achoppement a toujours été la modicité des salaires ouvriers, sur lesquels il est impossible de prélever assez pour réunir des capitaux qui ne soient pas très restreints.

La classe ouvrière est impuissante, seule, à constituer à ses membres, le cas échéant, des retraites.

Parallèlement, et poursuivant le même but, mais sans un succès plus considérable, des sociétés de secours mutuels ont joint leurs efforts à ceux des syndicats professionnels.

De plus, les industriels patrons, dans le but d'améliorer la situation matérielle et morale de leurs ouvriers, créaient peu à peu des caisses, destinées aussi bien à servir les intérêts des fonds déposés, au profit des déposants, qu'à leur procurer quelquefois des secours, le cas échéant, et même à les faire bénéficier d'une retraite.

Les caisses étaient constituées par une légère retenue sur les salaires, à laquelle venaient s'ajouter les gratifications, primes au travail, hautes payes d'ancienneté, bénéfices de la participation. Les fonds ainsi recueillis, employés dans l'entreprise même, rapportant un intérêt plus élevé que dans les caisses de l'État, permettaient à l'industriel de développer son industrie et de servir aux assurés des retraites plus fortes, sans préjudice d'un dividende au profit de l'ouvrier dont le salaire s'augmentait d'autant.

Ces caisses, d'ailleurs, par la variété de leur organisation, échappent à toute analyse d'ensemble.

Il en existait dans les entreprises commerciales, aussi bien qu'industrielles. L'une des plus connues dans ce genre était la *Caisse centrale de secours et de prévoyance pour les ouvriers mineurs du bassin de la Loire.*

´ L'inconvénient de ces caisses de secours et de retraite organisées par les ouvriers et par les chefs d'entreprise était qu'elles n'offraient que des garanties aléatoires à ceux en faveur de qui elles avaient été créées. L'anéantissement, par faillite, cessation, déconfiture du patron, ou par toute autre cause, de l'industrie à laquelle les assurés étaient attachés, entraînait la perte des avantages espérés et souvent même empêchait le recouvrement des retenues subies sur les salaires et des fonds versés[1].

C'est pour remédier à ces inconvénients que le législateur a voté la loi du 29 juin 1894, sur les caisses de secours et des retraites des ouvriers mineurs, et qui les rend obligatoires[2], et celle du 27 décembre 1895 concernant les caisses de retraite, de secours et de prévoyance fondées (*facultativement*) au profit des employés et ouvriers.

Les deux lois ont eu pour but de garantir les versements faits par les ouvriers, en les faisant propriétaires, et sans qu'ils puissent rien redouter des désastres qui viendraient à fondre sur l'entreprise et sur son chef, pas plus que des renvois dont ils pourraient être frappés avant d'avoir atteint l'âge de la retraite.

Enfin, l'État a entendu créer aux compagnies d'assurance privées, une concurrence officielle par l'institution des caisses nationales, gérées par lui, d'assurance contre les accidents et les décès et de retraites contre la vieillesse.

Et voici qu'aujourd'hui il est question de créer une caisse des retraites, en quelque sorte obligatoire, contre l'invalidité et la vieillesse, comme cela existe, en Allemagne, notamment. L'article 1er du projet, qui en consacre le principe, a même été voté par la Chambre des députés[3].

---

1. C'était, et il faut que le mot n'effraie pas, un véritable vol commis au préjudice des ouvriers. On n'a pas oublié les scandaleux agissements des créanciers de la Société de Terrenoire, lesquels, en 1890, à la liquidation de la Société, s'approprièrent, — et légalement, qui plus est, — une somme d'environ deux millions provenant des retenues subies par les ouvriers sur leurs salaires, mais que l'exploitant n'avait pas mise à part de l'actif général de la société, en sorte que les ouvriers n'en étaient pas, au nom de la loi, propriétaires, — et furent traités comme de simples créanciers chirographaires.

2. A côté de l'assurance obligatoire des ouvriers mineurs, fonctionne en France l'assurance obligatoire des fonctionnaires des chemins de fer, des inscrits maritimes, des marins.

3. En voir les grandes lignes et l'analyse aux pages 765 à 772. La discussion en a été remise ; il a été déposé de nouveau par MM. Millerand et Guieysse, le 14 octobre 1902. (Doc. parl. n° 321 ; *J. O.* p. 71.)

D'autres propositions de loi sur les retraites ouvrières sont dues à MM. Jules Coutant (*18 nov. 1902*), Achille Adam (*6 déc. 1902*), etc...

2. — Sociétés de secours mutuels [1].

A. — Dispositions communes a toutes les sociétés.

Définition et caractère. — Les sociétés de secours mutuels sont
des associations de prévoyance qui se proposent d'atteindre *un* ou
plusieurs des buts suivants : assurer à leurs membres participants
et à leurs familles des secours en cas de maladie, blessures ou infirmités ; leur constituer des pensions de retraite ; contracter, à
leur profit, des assurances individuelles ou collectives en cas de
vie, de décès ou d'accidents ; pourvoir aux frais des funérailles et
allouer des secours aux ascendants, aux veufs, veuves ou orphelins
des membres participants décédés.

Elles peuvent en outre, accessoirement, créer au profit de leurs
membres, des cours professionnels, des offices gratuits de placement, et accorder des allocations en cas de chômage, à la condition
qu'il soit pourvu à ces trois ordres de dépenses au moyen de cotisations spéciales.

Ne sont pas considérées comme sociétés de secours mutuels les
associations qui, tout en organisant, sous un titre quelconque, tout
ou partie des services prévus ci-dessus, créent, au profit de telle ou

---

1. Loi du 1ᵉʳ avril 1898, rendue applicable par décret du 17 janvier 1902 aux
colonies soumises au régime métropolitain.

telle catégorie de leurs membres et au détriment des autres, des avantages particuliers. Les sociétés de secours mutuels sont tenues de garantir à tous leurs membres participants les mêmes avantages, sans autre distinction que celle qui résulte des cotisations fournies et des risques apportés..

Composition. — Les sociétés de secours mutuels peuvent se composer de membres participants et de membres honoraires; les membres honoraires payent la cotisation fixée ou font des dons à l'association, sans prendre part aux bénéfices attribués aux membres participants; mais les statuts peuvent contenir des dispositions spéciales pour faciliter leur admission au titre de membres participants, à la suite de revers de fortune. Les femmes peuvent faire partie des sociétés et en créer : les femmes mariées exercent ce droit sans l'assistance de leur mari ; les mineurs peuvent faire partie de ces sociétés sans l'intervention de leur représentant légal.

L'administration et la direction des sociétés de secours mutuels ne peuvent être confiées qu'à des Français majeurs, de l'un ou l'autre sexe, non déchus de leurs droits civils ou civiques, sous réserve, pour les femmes mariées, des autorisations de droit commun.

Les sociétés de secours mutuels constituées entre étrangers ne peuvent exister qu'en vertu d'un arrêté ministériel. Seules les sociétés formées exclusivement entre étrangers de même nationalité peuvent choisir leurs administrateurs parmi leurs membres.

Les membres du conseil d'administration et du bureau des sociétés de secours mutuels sont nommés par le vote au bulletin secret. Les administrateurs et directeurs ne peuvent être choisis que parmi les membres participants et honoraires de la société.

Constitution et formalités. — Un mois avant le fonctionnement d'une société de secours mutuels, ses fondateurs devront déposer en double exemplaire : 1° les statuts de ladite association; 2° la liste des noms et adresses de toutes les personnes qui, sous un titre quelconque, seront chargées, à l'origine, de l'administration ou de la direction.

Le dépôt a lieu, contre récépissé, à la sous-préfecture de l'arrondissement où la société a son siège social ou à la préfecture du département. Le maire de la commune en est informé immédiatement par les soins du préfet ou du sous-préfet. Un extrait des statuts est inséré dans le recueil des actes de la préfecture. Tout changement dans les statuts ou dans la direction sera notifié et publié selon les formes indiquées ci-dessus.

Les statuts déterminent

1° Le siège social, qui ne peut être situé ailleurs qu'en territoire français ;

2° Les conditions et les modes d'admission et d'exclusion, tant des membres participants que des membres honoraires ;

3° La composition du bureau et du conseil d'administration, le mode d'élection de leurs membres, la nature et la durée de leurs pouvoirs, les conditions du vote à l'assemblée générale et du droit pour les sociétaires de s'y faire représenter ;

4° Les obligations et les avantages des membres participants ;

5° Le montant et l'emploi des cotisations des membres, soit honoraires, soit participants, les modes de placement et de retrait des fonds ;

6° Les conditions de la dissolution volontaire de la société ;

7° Les bases de la liquidation à intervenir si la dissolution a lieu ;

8° Le mode de conservation des documents intéressant la société ;

9° Le mode de constitution des retraites pour lesquelles il n'a pas été pris d'engagement ferme et dont l'importance est subordonnée aux ressources de la société ;

10° L'organisation des retraites garanties, et spécialement la fixation de leur quotité et de l'âge de l'entrée en jouissance ;

11° Les prélèvements à opérer sur les cotisations pour le service spécial des retraites, lorsque, conformément à la clause précédente, les cotisations des membres honoraires ou participants devront être affectées pour partie à la constitution de retraites garanties, que ce soit au moyen d'un fonds commun ou de livrets individuels ouverts au nom des sociétaires.

Assemblée générale. Opérations électorales. Contestations. — Lorsque l'assemblée générale est convoquée, les pouvoirs dont les sociétaires sont porteurs, si les statuts autorisent le vote par procuration, peuvent être donnés sous seing privé et sont affranchis de tous droits de timbre et d'enregistrement ; ils sont déposés au siège social.

Les contestations sur la validité des opérations électorales sont portées, dans le délai de quinze jours à dater de l'élection, devant le juge de paix du siège de la société. Elles sont introduites par simple déclaration au greffe. Le juge de paix statue, dans les quinze jours de cette déclaration, sans frais ni forme de procédure et sur simple avertissement donné trois jours à l'avance à toutes les parties intéressées.

La décision du juge de paix est en dernier ressort, mais elle peut être déférée à la Cour de cassation. Le pourvoi n'est recevable que s'il est formé dans les dix jours de la notification de la décision. Il est formé par simple requête déposée au greffe de la justice de paix et dénoncée aux défendeurs dans les dix jours qui suivent. Il est dispensé du ministère d'un avocat à la Cour et jugé d'urgence, sans frais ni amende.

Les pièces et mémoires fournis par les parties sont transmis sans frais par le greffier de la justice de paix au greffier de la Cour de cassation. La chambre civile de cette Cour statue directement sur le pourvoi.

Tous les actes sont dispensés du timbre et enregistrés gratis.

Statistiques au ministre. — Dans les trois premiers mois de chaque année, les sociétés de secours mutuels doivent adresser, par l'intermédiaire des préfets, au ministre de l'intérieur et dans les formes qui seront déterminées par lui, la statistique de leur effectif, du nombre et de la nature des cas de maladie de leurs membres, telle qu'elle est prescrite par la loi du 30 novembre 1892.

Droits et prérogatives des sociétés en général. — 1° *Unions de sociétés.* — Il peut être établi, entre les sociétés de secours mutuels, en conservant d'ailleurs à chacune d'elles son autonomie, des unions, ayant pour objet notamment :

L'organisation, en faveur des membres participants, des soins et secours énumérés dans l'article premier, notamment la création de pharmacies, dans les conditions déterminées par les lois spéciales sur la matière ;

L'admission des membres participants qui ont changé de résidence ;

Le règlement de leurs pensions viagères de retraite ;

L'organisation d'assurances mutuelles pour les risques divers auxquels les sociétés se sont engagées à pourvoir, notamment la création de caisses de retraites et d'assurances communes à plusieurs sociétés pour les opérations à long terme et les maladies de longue durée ;

Le service des placements gratuits.

2° *Privilèges*. — Les secours, pensions, contrats d'assurances, livrets, et généralement toutes sommes et tous titres à remettre par les sociétés de secours mutuels à leurs membres participants, sont incessibles et insaisissables, jusqu'à concurrence de 360 fr. par an pour les rentes et de 3 000 fr. pour les capitaux assurés.

3° *Assurances*. — Les sociétés de secours mutuels sont admises à contracter, près la Caisse des dépôts et consignations, des assurances, soit en cas de décès, soit en cas d'accidents, en se conformant aux prescriptions des articles 7 et 15 de la loi du 11 juillet 1868. Ces assurances peuvent se cumuler avec les assurances individuelles.

4° *Personnalité civile*. — Les sociétés de secours mutuels ayant satisfait aux prescriptions précédentes jouissent de la personnalité civile, ont le droit d'ester en justice, tant en demandant qu'en défendant, par le président ou par le délégué ayant mandat spécial à cet effet, et peuvent obtenir l'assistance judiciaire aux conditions imposées par la loi du 22 janvier 1851.

On verra qu'elles ont aussi la faculté d'acquérir, plus ou moins étendue, à titre gratuit ou à titre onéreux. La loi du 25 février 1901 (*art. 19*) soumet à un droit de 9 fr. par 100 fr. (9 p. 100), sans addition de décimes, les dons et legs faits aux sociétés.

Dissolution volontaire. — La dissolution volontaire d'une société de secours mutuels ne peut être prononcée que dans une assemblée convoquée à cet effet par un avis indiquant l'objet de la réunion et à la condition de réunir à la fois une majorité des deux tiers des membres présents et la majorité des membres inscrits. En cas de dissolution par les tribunaux, le jugement désigne un administrateur chargé de procéder à la liquidation définitive.

Aucun encaissement de cotisations autres que celles échues au jour de la liquidation ne peut plus être effectué. Communication sera faite à l'administrateur des livres, registres, procès-verbaux et pièces de toute nature : la communication aura lieu sans déplacement, sauf le cas où le tribunal en aurait ordonné autrement.

La liquidation s'opérera conformément aux statuts ; elle sera homologuée sans frais par le tribunal, à la diligence du procureur de la République.

Sanctions à la loi. — Les infractions aux dispositions de la loi sont poursuivies contre les administrateurs ou les directeurs et punies d'une amende de un à quinze francs inclusivement.

Si une société est détournée de son but de société de secours mutuels et si, trois mois après un avertissement donné par arrêté du préfet du département, cette société persiste à ne pas se conformer aux prescriptions de la loi ou aux dispositions de ses statuts, la dissolution pourra en être prononcée par le tribunal civil de l'arrondissement. Le ministère public introduit l'action en dissolution par un mémoire présenté au président du tribunal énonçant les faits et accompagné des pièces justificatives ; ce mémoire est notifié au président de la société avec assignation à jour fixe.

Le tribunal juge en audience publique, sur les réquisitions du procureur de la République, le président de la société entendu ou régulièrement appelé. Le jugement est susceptible d'appel. L'assistance de l'avoué n'est obligatoire ni en instance ni en appel.

En cas de fausse déclaration faite de mauvaise foi ou de toutes autres manœuvres tendant à dissimuler, sous le nom de sociétés de secours mutuels, des associations ayant un autre objet, les juges de répression auront la faculté de prononcer la dissolution, à la requête du ministère public. Les administrateurs et directeurs seront en outre passibles d'une amende de seize à cinq cents francs.

Médailles d'honneur. — Les personnes auxquelles le gouvernement de la République accorde des médailles d'honneur, en leur qualité de membres d'une société de secours mutuels, libre ou approuvée, peuvent porter publiquement ces récompenses.

Organisme central. — Il est institué, près le ministère de l'intérieur, un conseil supérieur des sociétés de secours mutuels. Ce conseil est composé de trente-six membres, savoir : deux sénateurs; deux députés; deux conseillers d'État, tous élus respectivement par leurs collègues; trois délégués respectifs des ministres de l'intérieur, de l'agriculture, du commerce ; un membre de l'Académie des sciences morales et politiques; un membre du conseil supérieur du

travail ; deux membres agrégés de l'Institut des actuaires français ;
le directeur général de la comptabilité, le directeur du mouvement
général des fonds au ministère des finances ; le directeur général
de la Caisse des dépôts et consignations ; un membre de l'Académie
de médecine, et un représentant des syndicats médicaux ; dix-huit.
représentants de sociétés de secours mutuels, dont six appartenant
aux sociétés libres, élus par les délégués des sociétés. Chaque représentant des sociétés approuvées est élu par un collège comprenant un certain nombre de départements, de telle sorte que chaque
collège comprenne un nombre à peu près égal de mutualistes.

Tous les membres sont nommés pour quatre ans ; leurs pouvoirs
sont renouvelables ; leurs fonctions sont gratuites.

Le ministre de l'intérieur est président de droit du conseil supérieur des sociétés de secours mutuels.

Le conseil choisit parmi ses membres ses deux vice-présidents et
son secrétaire. Il est convoqué par le ministre compétent au moins
une fois tous les six mois et toutes les fois que cela lui paraîtra nécessaire [1].

Il reçoit communication des états statistiques et des comptes rendus de la situation financière fournis par les sociétés de secours
mutuels, ainsi que des inventaires au moins quinquennaux et des
autres documents fournis par les sociétés de secours mutuels, en
exécution des prescriptions de la loi.

Il donne son avis sur toutes les dispositions réglementaires ou
autres qui concernent le fonctionnement des sociétés de secours mutuels, et notamment sur le mode de répartition des subventions et
secours qui seront attribués sur les mêmes bases et dans les mêmes
proportions pour les retraites constituées soit à l'aide du fonds commun, soit à l'aide de livrets individuels.

Sept membres nommés par le ministre, dont quatre pris parmi

---

1. Dans la session de novembre 1903, le Conseil supérieur a examiné différents
vœux tendant : à l'exonération, au profit des sociétés, des droits d'auteur perçus
à l'occasion de fêtes et concerts ; à assimiler, sous le rapport du droit de posséder
des immeubles, les sociétés libres et approuvées ; à l'admission des enfants dans les
sociétés d'adultes ; à assimiler les sociétés à celles de bienfaisance, pour la loi de
1836 sur les loteries (*23 nov.*) ; à exonérer les sociétés de l'impôt sur les dons et
legs et à leur accorder la franchise postale entre leurs présidents et les mairies
(*24 nov.*) ; à ce que, dans l'organisation des retraites ouvrières, le système de la
liberté soit adopté (*25 nov.*).

ceux qui procèdent de l'élection, constituent une section permanente, qui a pour fonctions de donner son avis sur toutes les questions qui lui sont renvoyées, soit par le conseil supérieur, soit par le ministre.

Le ministre de l'intérieur soumet, chaque année, au Président de la République, un rapport, qui est présenté au Sénat et à la Chambre des députés, sur les opérations des sociétés de secours mutuels et sur les travaux du conseil supérieur.

Dans un délai de deux ans après la promulgation de la présente loi, les ministres de l'intérieur et du commerce feront établir des tables de mortalité et de morbidité applicables aux sociétés de secours mutuels.

Syndicats professionnels. — Les syndicats professionnels constitués légalement aux termes de la loi du 21 mars 1884, qui ont prévu dans leurs statuts les secours mutuels entre leurs membres adhérents, bénéficient des avantages accordés aux sociétés de secours mutuels, à la condition de se conformer aux prescriptions imposées aux sociétés [1].

Dispositions transitoires. — Les sociétés de secours mutuels antérieurement autorisées ou approuvées ont dû, dans un délai de deux ans, se conformer aux prescriptions de la loi du 1er avril 1898. Jusqu'à l'expiration de ce délai, elles pouvaient continuer à s'administrer conformément à leurs statuts.

Les sociétés approuvées qui n'ont pas sollicité, dans ce délai, ou pas obtenu l'approbation de leurs statuts, ont dû placer leurs fonds communs en valeurs nominatives et déposer leurs titres à la Caisse des dépôts et consignations, à peine d'amende de 1 à 15 fr. et de retrait de l'approbation.

Toutefois, les sociétés qui assurent leurs membres exclusivement contre la maladie ont été dispensées de solliciter de nouveau cette approbation. Le ministre de l'intérieur, après avis du conseil supérieur, détermine dans quelle mesure il peut être fait des exceptions pour le passé, en faveur des sociétés de secours mutuels qui, établies en vue de l'assurance contre la maladie, accordent certains

---

1. Est applicable aux syndicats professionnels ce qui est dit plus loin pour les caisses autonomes, en note, p. 705. S'y reporter.

avantages à ceux de leurs membres entrés dans la société à un âge relativement avancé et n'ayant pu arriver à la liquidation de leur pension en satisfaisant aux conditions normales de stage.

Divisions des sociétés. — Les sociétés de secours mutuels se divisent en trois catégories : 1° les sociétés *libres;* 2° les sociétés *approuvées;* 3° les sociétés *reconnues* comme établissements d'utilité publique; et elles sont, en plus des dispositions ci-dessus qui leur sont communes, soumises à des règles particulières, suivant la catégorie, et jouissent de faveurs plus ou moins étendues, de ce fait.

B. — Sociétés libres.

Les sociétés libres et unions de sociétés libres, comme les syndicats et les unions de syndicats, ne jouissent que de la personnalité civile restreinte. Ainsi elles peuvent recevoir et employer les sommes provenant des cotisations des membres honoraires et participants, et généralement faire des actes de simple administration; elles peuvent posséder des objets mobiliers, prendre des immeubles à bail pour l'installation de leurs divers services. Elles peuvent, avec l'autorisation du préfet, recevoir des dons et legs mobiliers.

Toutefois, si la libéralité est faite à une société dont la circonscription comprend des communes situées dans des départements différents, il est statué par décret. S'il y a réclamation des héritiers du testateur, il est statué par un décret du président de la République, le Conseil d'État entendu.

Lorsque l'emploi des dons et legs n'est pas déterminé par le donateur ou testateur, cet emploi sera prescrit par l'arrêté ou le décret d'autorisation, en exécution de l'article 4 de l'ordonnance du 2 avril 1817.

Les sociétés libres ne peuvent acquérir des immeubles, sous quelque forme que ce soit, à peine de nullité, sauf l'immeuble exclusivement affecté à leurs services. Elles ne peuvent, à peine de nullité, recevoir des dons ou legs immobiliers qu'à la charge de les aliéner et d'obtenir l'autorisation mentionnée au paragraphe 3 ci-dessus. La nullité sera prononcée en justice, soit sur la demande des parties intéressées, soit d'office sur les réquisitions du ministère public.

C. — Sociétés approuvées.

Avantages spéciaux. — Les sociétés de secours mutuels et les unions de sociétés qui auront fait approuver leurs statuts par arrêté ministériel auront tous les droits accordés aux sociétés libres et unions de sociétés libres et jouiront en plus, en vertu du contrôle auquel elles se soumettent, des avantages afférents à la capacité juridique la plus étendue.

Approbation. — L'approbation ne peut être refusée que dans les deux cas suivants :

1° Pour non-conformité des statuts avec les dispositions de la loi ;

2° Si les statuts ne prévoient pas des recettes proportionnées aux dépenses, pour la constitution des retraites garanties ou des assurances en cas de vie, de décès ou d'accident.

L'approbation ou le refus d'approbation doit avoir lieu dans le délai de trois mois. Le refus d'approbation doit être motivé par une infraction aux lois, et notamment aux dispositions du paragraphe 2 ci-dessus.

En cas de refus d'approbation, un recours peut être formé devant le Conseil d'État. Ce recours, dispensé de tous droits, peut être formé sans ministère d'avocat.

Tout changement dans les statuts d'une société approuvée doit être l'objet d'une nouvelle demande d'approbation, et aucune modification statutaire ne peut être mise à exécution si elle n'a pas été préalablement approuvée. Il sera procédé, pour les changements dans les statuts, comme en matière de statuts primitifs, pour tout ce qui concerne les dépôts, les délais et les recours.

Dans le cas d'inexécution des statuts ou de violation des dispositions de la loi, l'approbation peut être retirée par un décret rendu en Conseil d'État, sur la proposition motivée du ministre de l'intérieur et après avis du conseil supérieur des sociétés de secours mutuels, lequel sera convoqué dans le plus bref délai.

La décision portant retrait d'approbation est susceptible d'un recours au contentieux devant le Conseil d'État, sans ministère d'avocat et avec dispense de tous droits.

Faculté de recevoir et d'acquérir. — Les sociétés de secours mutuels approuvées peuvent, sous réserve de l'autorisation du Conseil d'État, recevoir des dons et legs immobiliers.

Les immeubles compris dans un acte de donation, ou dans une disposition testamentaire que les sociétés n'auront pas été autorisées à conserver, seront aliénés dans les délais et la forme prescrits par le décret qui en autorise l'acceptation ; le délai pourra, en cas de nécessité, être prorogé.

Les sociétés de secours mutuels et les unions approuvées peuvent être autorisées par décret rendu en Conseil d'État, et acquérir les immeubles nécessaires soit à leurs services d'administration, soit à leur service d'hospitalisation, et même, en outre, posséder et acquérir des immeubles jusqu'à concurrence des 3/4 de leur avoir, les vendre et les échanger.

Ces formalités sont indiquées dans la circulaire ministérielle du 18 septembre 1901.

Obligations des communes et départements. — Les communes sont tenues de fournir aux sociétés approuvées qui le demandent les locaux nécessaires à leurs réunions, ainsi que les livrets et registres nécessaires à l'administration et à la comptabilité. En cas d'insuffisance des ressources des communes, cette dépense est mise à la charge des départements. Dans le cas où la société s'étend sur plusieurs communes ou sur plusieurs départements, cette obligation incombe d'abord à la commune dans laquelle est établi le siège social, ensuite au département auquel appartient cette commune[1].

Dans les villes où il existe une taxe municipale sur les convois, il est accordé aux sociétés approuvées remise des deux tiers des droits sur les convois dont elles peuvent avoir à supporter les frais, aux termes de leurs statuts.

---

1. Les différends à ce sujet entre communes et sociétés sont extrêmement rares. Mais il ne faudrait pas en conclure que les charges des communes pourraient être impunément augmentées. Une lettre du 13 novembre 1902, adressée à un préfet par le ministre de l'intérieur, pour être transmise à un président de société qui se plaignait de la limitation des fournitures imposées aux communes, dit que le législateur « n'a entendu mettre à la charge des communes que les fournitures strictement indispensables à l'administration et la comptabilité des sociétés approuvées ».

Exemption de droits. — Tous les actes intéressant les sociétés approuvées sont exempts des droits de timbre et d'enregistrement. Sont également exempts du droit de timbre de quittance les reçus de cotisations des membres honoraires ou participants, les reçus des sommes versées aux pensionnaires, ainsi que les registres à souches qui servent au payement des journées de maladies. Cette disposition n'est pas applicable aux transmissions de propriété, d'usufruit ou de jouissance de biens meubles et immeubles, soit entre vifs, soit par décès.

Conformément aux articles 19 de la loi du 11 juillet 1886 et 24 de la loi du 20 juillet 1886, relative à la Caisse nationale des retraites pour la vieillesse, les certificats, actes de notoriété et autres pièces exclusivement relatives à l'exécution des lois précitées et de la présente loi, seront délivrés gratuitement et exempts des droits de timbre et d'enregistrement.

Placements de fonds. — Les placements des sociétés de secours mutuels approuvées doivent être effectués en dépôt aux caisses d'épargne, à la Caisse des dépôts et consignations, en rentes sur l'État, bons du Trésor ou autres valeurs créées ou garanties par l'État, en obligations des départements et des communes, du Crédit foncier de France ou des Compagnies françaises de chemins de fer qui ont une garantie d'intérêt de l'État.

Pour être valables, ces opérations, ainsi que celles relatives à l'acquisition d'immeubles, devront être votées, à la majorité des trois quarts des voix, par une assemblée générale extraordinaire composée au moins de la moitié des membres de la société, présents ou représentés.

Les titres et valeurs au porteur appartenant aux sociétés de secours mutuels approuvées seront déposés à la Caisse des dépôts et consignations, qui sera chargée de l'encaissement des arrérages, coupons et primes de remboursement de ces titres, et en portera le montant au compte de dépôt de chaque société.

Les sociétés de secours mutuels approuvées sont admises à verser des capitaux à la Caisse des dépôts et consignations :

1° En compte courant disponible ;

2° En un compte affecté pour toute la durée de la société à la formation et à l'accroissement d'un fonds commun inaliénable.

Le fonds commun de retraites existant au jour de la promulgation de la loi ne peut être supprimé. Il peut être placé soit à la
Caisse des dépôts et consignations, soit en valeurs ou immeubles,
soit à la Caisse des retraites.

Les statuts de chaque société déterminent si elle entend user de
cette faculté de constituer un fonds commun et dans quelles conditions ; ils règlent les moyens de l'alimenter, qu'il s'agisse d'un fonds
commun conservé ou d'un fonds commun à créer.

Ils décident notamment si la société devra verser à ce fonds,
en totalité ou en partie, les subventions de l'État, les dons et legs,
les cotisations des membres honoraires et les autres ressources disponibles.

En vertu de la loi du 7 juillet 1900, dans les communes où il
n'existe pas de préposé de la Caisse des dépôts et consignations
(trésorier général ou receveur particulier des finances), les sociétés
approuvées sont admises à opérer entre les mains des percepteurs,
et, à défaut de percepteur, entre les mains des receveurs des postes
et des télégraphes, agissant pour le compte de la Caisse des dépôts
et consignations : 1° les dépôts et retraits se rapportant à leur
compte courant de fonds libres ; 2° les versements se rapportant à
leurs fonds communs de retraites.

Les remises à accorder aux agents des postes ainsi que les formalités à remplir par eux sont établies par un règlement d'administration publique.

Le compte courant et le fonds commun portent intérêt à un taux
égal à celui de la Caisse nationale des retraites pour la vieillesse, et
la différence entre le taux fixé par le paragraphe précédent et le
taux de 4 1/2 p. 100 déterminé par le décret-loi du 26 mars 1852 et
le décret du 26 avril 1856, sera versée, à titre de bonification, à
chaque société de secours mutuels approuvée ou reconnue d'utilité
publique, en raison de son avoir à la Caisse des dépôts et consignations (fonds libres et fonds de retraites), au moyen d'un crédit
inscrit chaque année au budget du ministère de l'intérieur.

Les intérêts qui ne reçoivent pas d'emploi au cours de l'année
sont capitalisés tous les ans.

La Caisse des dépôts et consignations aura la faculté de faire
emploi des fonds versés aux comptes ci-dessus désignés, dans les
mêmes conditions que pour les fonds des caisses d'épargne.

Pensions de retraite. — Les pensions de retraite peuvent être constituées, soit sur le fonds commun, soit sur le livret individuel qui appartient en toute propriété à son titulaire, à capital aliéné ou réservé.

Les pensions de retraite garanties alimentées par le fonds commun sont constituées à capital réservé au profit de la société. Elles sont servies directement par la société à l'aide des intérêts de ce fonds, ou par l'intermédiaire de la Caisse nationale des retraites. Pour bénéficier de ces pensions, les membres participants doivent être âgés de cinquante ans, avoir acquitté la cotisation sociale pendant quinze ans au moins et remplir les conditions statutaires fixées pour l'obtention de la pension.

Les sociétés qui constituent sur le fonds commun des pensions de retraite garanties, sont tenues de produire, tous les cinq ans au moins au ministre de l'intérieur, la situation de leurs engagements, éventuels ou liquides, et des ressources correspondantes en se conformant aux modèles qui leur sont fournis par l'administration compétente. Elles devront modifier, s'il y a lieu, leurs statuts, d'après les résultats de ces inventaires au moins quinquennaux.

Les pensions de retraite constituées par le livret individuel, à l'aide de la Caisse nationale des retraites ou d'une caisse autonome, sont formées, en conformité des statuts, au moyen de versements effectués par la société au compte de chacun de ses membres participants. Ces versements proviennent : 1° de la cotisation spéciale que le sociétaire a lui-même acquittée en vue de la retraite, ou de la portion de la cotisation unique prélevée en vue de ce service ; 2° de tout ou partie des arrérages annuels du fonds commun inaliénable, s'il en existe un ; 3° des autres ressources dont les statuts autorisent l'emploi en capital au profit des livrets individuels.

Les versements effectués par la société sur le livret individuel le sont à capital aliéné ou à capital réservé, au profit de la société, suivant que les statuts en auront décidé. Quant aux versements qui proviennent des cotisations du membre participant, ils peuvent être, au choix de ce membre, faits à capital aliéné ou à capital réservé, au profit de ses ayants droit.

Pour la liquidation des pensions de retraite constituées à capital aliéné et à jouissance immédiate par les sociétés de secours mutuels, les tarifs à la Caisse nationale des retraites seront calculés jusqu'à quatre-vingts ans.

Allocations aux membres participants. — En dehors des retraites garanties ou non garanties, constituées soit à l'aide du fonds commun, soit au moyen du livret individuel, dans les conditions prévues aux articles 23 et 24, les sociétés peuvent accorder à leurs membres des allocations, non pas viagères, mais annuelles, prises sur les ressources disponibles. Le montant en sera fixé chaque année par l'assemblée générale. Les titulaires sont désignés par elle, parmi les membres âgés de plus de cinquante ans et ayant acquitté la cotisation sociale au moins pendant quinze ans. Les statuts déterminent les autres conditions que doivent remplir les bénéficiaires. Le service de ces allocations annuelles s'effectue à l'aide des arrérages du fonds commun inaliénable ou des autres ressources disponibles.

Une indemnité pécuniaire, fixée également chaque année en assemblée générale et prélevée sur les fonds de réserve, peut être allouée aux membres participants devenus infirmes ou incurables avant l'âge fixé par les statuts pour être admissibles à la pension viagère de retraite.

Les arrérages des dotations et les subventions annuellement inscrites au budget du ministère de l'intérieur au profit des sociétés de secours mutuels seront employés à accorder à ces sociétés des allocations : 1° pour encourager la formation des pensions de retraite à l'aide du fonds commun ou du livret individuel ; 2° pour bonifier les pensions liquidées à partir du 1er janvier 1895 et dont le montant, y compris la subvention de l'État, ne sera pas supérieur à 360 fr. ; 3° pour donner, en raison du nombre de leurs membres, des subventions aux sociétés qui ne constituent pas de retraites.

Pour chacune de ces affectations, la répartition du crédit a lieu dans les proportions et suivant les barêmes arrêtés par le ministre de l'intérieur, après avis du conseil supérieur. Il est, préalablement à toute répartition, opéré, chaque année, sur les dotations et subventions, un prélèvement déterminé par le conseil supérieur, qui ne pourra dépasser 5 p. 100 de l'actif total, pour venir en aide aux sociétés de secours mutuels qui, par suite d'épidémies ou de toute autre cause de force majeure, seraient momentanément hors d'état de remplir leurs engagements. Les subventions de l'État, en vue de la retraite par livret individuel, profiteront aux étrangers, lorsque leur pays d'origine aura garanti, par un traité, des avantages équivalents à nos nationaux.

Les pensions allouées sur le fonds commun ne pourront être servies aux étrangers que dans le cas où ils résideront en territoire français.

Caisses autonomes. — Un règlement d'administration publique détermine les conditions et les garanties à exiger pour l'organisation des caisses autonomes que les sociétés ou les unions pourront constituer[1], soit pour servir des pensions de retraite, soit pour réaliser l'assurance en cas de vie, de décès ou d'accident et, d'une manière générale, toutes les mesures d'application destinées à assurer l'exécution de la loi.

Les fonds versés dans ces caisses devront être employés en rentes sur l'État, en valeurs du Trésor ou garanties par le Trésor, en obligations départementales ou en valeurs énumérées au paragraphe 1er de l'article 20.

La gestion de ces caisses sera soumise à la vérification de l'inspection des finances et au contrôle du receveur particulier de l'arrondissement du siège de la caisse.

La Caisse des dépôts et consignations est tenue d'envoyer dans le courant du premier trimestre de chaque année, aux présidents des sociétés de secours mutuels ayant constitué des pensions de retraite en faveur de leurs membres participants, la liste des retraités qui, dans l'année précédente, n'auront pas touché leurs arrérages.

Subventions de l'État. — L'article 20 de la loi du 20 juillet 1895 sur les caisses d'épargne édicte que les sommes placées en rentes, et celles qui étaient attribuées aux caisses d'épargne, en vertu de la loi du 7 mai 1853, *prescrites désormais à l'égard des déposants*, seront réparties entre les caisses d'épargne à concurrence des deux cinquièmes, et les sociétés de secours mutuels possédant des caisses de retraites, à raison des trois cinquièmes.

---

1. Remarquer que les caisses autonomes — comme les syndicats — doivent, pour être *approuvées*, se conformer aux prescriptions édictées pour l'approbation d'une société elle-même ; et que, faute par elles d'obtenir l'approbation, elles ne peuvent être considérées que comme sociétés *libres*, et ne seraient en somme qu'un service spécial *libre* d'une société, même *approuvée*, et dont la gestion serait distincte de celle de la société ou du syndicat. Cette anomalie disparaîtrait si le législateur se décidait à voter la proposition de loi, déposée en 1891, qui exempterait des droits de timbre et d'enregistrement les actes et contrats des sociétés de prévoyance, caisses de retraites et sociétés de secours mutuels créées par les syndicats.

Pour bénéficier de ces dispositions, les sociétés approuvées et reconnues sont classées en sept catégories, suivant que les pensions moyennes de chacune sont respectivement : inférieures à 20 fr. ; de 30 à 50 fr. ; de 51 à 75 fr. ; de 76 à 150 fr. ; de 151 à 250 fr. ; de 251 à 360 fr., et celles qui n'ont pas constitué de pensions.

Chaque année la somme attribuée aux sociétés sur les comptes abandonnés des caisses d'épargne est répartie, par arrêté ministériel, entre les diverses catégories de sociétés susindiquées. Cette répartition est faite, en ce qui concerne les six premières catégories, en raison inverse du chiffre moyen des pensions ci-dessus fixé, et en raison directe du nombre des membres participants. (*Décr. 14 mai 1898.*)

Les sociétés de secours mutuels qui accordent à leurs membres, ou quelques-uns seulement, des indemnités supérieures à 5 fr. par jour, des allocations annuelles ou des pensions supérieures à 360 fr. et des capitaux en cas de vie ou de décès supérieurs à 3 000 fr., ne participent pas aux subventions de l'État et ne bénéficient ni du taux spécial d'intérêt fixé par les décrets des 26 mars 1852, et 26 avril 1856, ni des avantages accordés par la loi sous forme de remise de droits d'enregistrement et de frais de justice.

Les sociétaires qui s'affilieront à plusieurs sociétés en vue de se constituer une pension supérieure à 360 fr. ou des capitaux en cas de vie ou de décès supérieurs à 3 000 fr., seront exclus des sociétés de secours mutuels dont ils font partie, sous peine, pour la société, de perdre les avantages concédés par la loi.

Les conseils généraux tendent aussi à favoriser le développement des sociétés de secours mutuels approuvées, et à leur accorder des avantages pécuniaires. Ainsi le conseil général de Seine-et-Oise, par délibération du 28 avril 1900, a décidé à l'unanimité d'accorder pendant deux ans à toute nouvelle société fondée dans les communes où il n'en existe pas, une prime annuelle de 6 fr. par membre participant ; de majorer de 10 p. 100 (avec maximum de 18 fr.) les pensions de retraites servies aux mutualistes âgés de 60 ans, dont la retraite ne dépasserait en aucun cas 360 fr. par an, et à certaines autres conditions ; d'allouer une subvention de 25 fr. par canton aux sociétés scolaires. Le conseil général fait appel aux municipalités pour hâter l'essor des sociétés et les invite à accorder aussi de leur côté des subventions aux sociétés créées ou futures.

Publicité de la situation morale et financière. — Dans les trois premiers mois de chaque année, les sociétés de secours mutuels approuvées doivent adresser au ministre de l'intérieur, par l'intermédiaire des préfets et dans les formes prescrites, indépendamment de la statistique exigée ci-dessus, le compte rendu de leur situation morale et financière.

Elles sont tenues de communiquer leurs livres, registres, procès-verbaux et pièces comptables de toute nature, aux préfets, sous-préfets ou à leurs délégués, à peine d'une amende de seize à cinq cents francs. Cette communication a lieu sans déplacement, sauf le cas où il en serait autrement ordonné par arrêté du préfet.

Liquidation volontaire. — Lorsque la dissolution d'une société approuvée est votée par l'assemblée générale conformément aux statuts, ordonnée par le tribunal, la liquidation est poursuivie sous la surveillance du préfet ou de son délégué. Il est prélevé sur l'actif social. y compris le fonds commun inaliénable de retraite déposé à la Caisse des dépôts et consignations, et dans l'ordre suivant :

1º Le montant des engagements contractés vis-à-vis des tiers ;

2º Les sommes nécessaires pour remplir les engagements contractés vis-à-vis des membres participants, notamment en ce qui concerne les pensions viagères et les assurances en cas de décès, de vie ou d'accident ;

3º Une somme égale au montant des subventions et secours accordés depuis l'origine de la société par l'État, à titre inaliénable, sur les fonds de la dotation ou autres, pour être, ladite somme, versée au compte de la dotation des sociétés de secours mutuels ; — des sommes égales au montant des subventions et secours accordés depuis l'origine de la société par les départements et les communes, à titre inaliénable, pour être, lesdites sommes, réintégrées dans leurs caisses ; — des sommes égales au montant des dons et legs faits, · à titre inaliénable, pour être employées conformément aux volontés des donateurs et testateurs, s'ils ont prévu le cas de liquidation, ou, si leur volonté n'a pas été exprimée, pour être ajoutées au compte de dotation des sociétés de secours mutuels.

Si, après le payement des engagements contractés vis-à-vis des tiers et des sociétaires, il ne reste pas de fonds suffisants pour le plein des prélèvements prévus au paragraphe 3º ci-dessus, ces prélè-

vements auront lieu au marc le franc des versements faits respectivement par l'État, les départements, les communes, les particuliers.

Le surplus de l'actif social sera, s'il y a lieu, réparti entre les membres participants appartenant à la société au jour de la dissolution
et non pourvus d'une pension ou indemnité annuelle, au prorata des
versements opérés par chacun d'eux depuis leur entrée dans la société, sans qu'ils puissent recevoir une somme supérieure à leur contribution personnelle. Le reliquat sera attribué au fonds de dotation.

D. — Sociétés reconnues comme établissements d'utilité publique.

Les sociétés de secours mutuels et les unions sont reconnues
comme établissements d'utilité publique par décret rendu dans la
forme des règlements d'administration publique.

La demande est adressée au préfet avec la liste nominative des
personnes qui y ont adhéré, et trois exemplaires des projets de statuts et du règlement intérieur. Les sociétés reconnues comme établissements d'utilité publique jouissent des avantages accordés aux
sociétés approuvées. Elles peuvent en outre posséder et acquérir,
vendre et échanger des immeubles, dans les conditions déterminées
par le décret déclarant l'utilité publique.

Elles sont soumises aux obligations des sociétés approuvées en ce
qui concerne la liquidation volontaire.

ANNEXE. — Les sociétés de secours mutuels en France. —
D'après le plus récent rapport officiel, il existait en France, au 1er janvier
1901, 13 991 sociétés de secours mutuels, dont 18 reconnues comme établissements d'utilité publique, 10 786 approuvées (y compris 1 389 sociétés
scolaires), et 3 187 sociétés libres.

Les sociétés approuvées comptaient 1 713 170 membres dont 1 454 853
participants (1 153 837 hommes, 265 871 femmes, 35 155 enfants), et
258 327 membres honoraires. Il y faut ajouter l'effectif de la mutualité scolaire : 346 932 membres participants (208 347 garçons et 138 585 filles) et
32 756 membres honoraires.

Les sociétés libres comprenaient 365 619 adhérents se partageant entre
330 759 membres participants (275 631 hommes, 47 075 femmes, 8 053 enfants) et 34 860 membres honoraires.

En sorte qu'au total le contingent mutualiste atteignait, au 1er janvier
1901, 2 458 477 membres dont 2 132 544 membres participants et

325 933 membres honoraires. Les 2 132 544 membres participants se divisaient en 1 429 458 hommes, 312 946 femmes et 390 140 enfants.

En 1901, 955 sociétés nouvelles ont obtenu l'approbation, 125 sociétés libres se sont transformées en sociétés approuvées et il s'est constitué 199 sociétés libres. D'autre part 25 sociétés approuvées et 31 sociétés libres ont été dissoutes; enfin, 21 sociétés approuvées et 2 sociétés libres ont fusionné avec d'autres sociétés.

Il y avait donc en France, au 1er janvier 1902 : 18 sociétés reconnues comme établissements d'utilité publique, 11 954 sociétés approuvées (y compris 1 785 sociétés scolaires), et 3 382 sociétés libres, soit un total de 15 354 sociétés de secours mutuels.

L'effectif moyen était, en 1900, de 162 membres participants et 25 honoraires. Si l'on tient compte que ce nombre ne varie pas sensiblement d'une année à l'autre, on peut estimer, d'après le *Bulletin des sociétés de secours mutuels,* que le nombre total des mutualistes était, au 1er janvier 1902, de 2 500 000 participants et 400 000 membres honoraires environ.

En 1902, il s'est fondé 615 sociétés approuvées et 248 sociétés libres ; 113 sociétés libres ont demandé l'approbation ; 25 sociétés approuvées et 40 libres ont été dissoutes ; enfin 22 sociétés approuvées et 4 sociétés libres ont fusionné avec d'autres sociétés.

En résumé il y avait en France, au 1er janvier 1903 : 18 sociétés reconnues comme établissements d'utilité publique, 12 635 sociétés approuvées (dont 1 911 scolaires) et 3 473 sociétés libres, soit, au total, 16 126 sociétés de secours mutuels.

Si l'on prend par association l'effectif moyen de 1900, le nombre des mutualistes atteignait environ, au 1er janvier 1903, pour les sociétés approuvées : 1 750 000 membres participants (dont 1 400 000 hommes, 300 000 femmes, 50 000 enfants) et 300 000 membres honoraires, non compris le personnel scolaire de 600 000 participants (350 000 garçons, 250 000 filles), et 50 000 membres honoraires ; pour les sociétés libres, 400 000 membres participants (330 000 hommes, 60 000 femmes, 10 000 enfants), et 40 000 membres honoraires.

On peut dire, conclut le *Bulletin,* que le contingent mutualiste, au 1er janvier 1903, comprenait environ 2 750 000 membres participants, se divisant en 1 750 000 hommes, 400 000 femmes, 600 000 enfants, et 400 000 membres honoraires au moins : soit un ensemble de plus de 3 millions de mutualistes.

Législation comparée. — La *Belgique* a la loi du 1er juin 1894 sur les sociétés mutualistes. Elle définit les objets que les sociétés reconnues par le gouvernement peuvent se proposer de poursuivre, les lignes générales de leurs statuts, les formalités qui doivent entourer leur constitution. En échange de ces garanties, l'État leur concède la personnalité civile, diverses exemptions de droit de tim-

bre et d'enregistrement, la franchise postale pour leurs communications avec les autorités, l'incessibilité et l'insaisissabilité des secours
alloués à leurs membres. Les mineurs et les femmes mariées sont
admis dans les sociétés, qui ne peuvent recevoir les dons et legs
que dans les conditions fixées par la loi communale, et louer, acquérir ou recevoir d'immeuble que dans le but d'y installer leur siège
social ou de s'y réunir. Les partages, remboursements et placements
des .fonds sont sociaux, l'administration générale de la société, le
contrôle du gouvernement auquel des comptes doivent être fournis
chaque année, qui peut priver les sociétés violant la loi ou leurs
statuts de leurs avantages, qui doit homologuer tous changements
aux statuts, la dissolution et la liquidation des sociétés sont minutieusement réglementés par la loi. La dissolution par une assemblée
générale spéciale doit être votée par les neuf dixièmes au moins des
sociétaires. Elle peut être prononcée par le tribunal à la demande
de tout intéressé au cas où la société est incapable de remplir ses
obligations, et à la demande d'un sociétaire ou du ministère public
si l'association s'écarte de son but statutaire. — Les administrateurs
qui contreviennent de mauvaise foi aux dispositions de la loi sont
passibles d'une amende de 1 à 200 fr. au profit de leur société. —
Une commission permanente est instituée près du ministre compétent pour contrôler les comptes annuels des sociétés et fournir des
avis sur toutes les opérations qui les concernent ; cette commission
est composée de quinze membres, nommés au plus pour six ans :
députés, sénateurs, délégué du ministre, membres de sociétés mutualistes, etc. Le gouvernement fait établir des tables de risques
spécialement dressées pour les sociétés.

3. — Caisses patronales et syndicales de retraite, de secours et de prévoyance fondées au profit des employés et ouvriers. (*Loi du 27 décembre 1895.*)

Dépôt des retenues sur les salaires. Surveillance des caisses patronales et syndicales.
Intérêt des sommes versées. Restitution immédiate et droit de gage. Liquidation des droits acquis et des droits éventuels. Mandataire. Conditions de dépôt
et de retrait des sommes ou valeurs.

Dépôt des retenues sur les salaires. — Toutes les sommes retenues sur les salaires des ouvriers et toutes celles que les chefs d'en-

treprise reçoivent ou s'engagent à fournir en vue d'assurer des retraites doivent être versées soit à la Caisse nationale des retraites
pour la vieillesse[1], au compte individuel de chacun des ayants
droit, soit à la Caisse des dépôts et consignations, soit à des caisses
syndicales ou patronales spécialement autorisées par décret à cet
effet, et, dans ce cas, le décret fixe les limites du district, les conditions de fonctionnement de la caisse et son mode de liquidation,
ainsi que les mesures à prendre pour assurer le transfert soit à une
autre caisse syndicale ou patronale, soit à la Caisse nationale des
retraites pour la vieillesse, des sommes inscrites au livret de chaque
intéressé.

Il en est de même, et le capital formant la garantie des engagements doit être versé ou représenté, si des conventions spéciales
interviennent entre les chefs d'entreprise et les ouvriers ou employés,
en vue d'assurer à ceux-ci, à leurs veuves ou à leurs enfants, soit un
supplément de rente viagère, soit des rentes temporaires, ou des
indemnités déterminées d'avance.

Les sommes versées par les chefs d'entreprise dans la caisse syndicale ou patronale doivent être employées, soit en rentes sur l'État,
en valeurs du Trésor ou garanties par le Trésor, soit en obligations
des départements, des communes, des chambres de commerce, en
obligations foncières et communales du Crédit foncier, soit en prêts
hypothécaires, soit enfin en valeurs locales énumérées ci-après, à la
condition que ces valeurs émanent d'institutions existant dans les
départements où elles fonctionnent : bons de mont-de-piété ou d'autres établissements reconnus d'utilité publique. Les titres sont nominatifs.

Surveillance des caisses patronales et syndicales. — La gestion
des caisses syndicales ou patronales est soumise à la vérification de
l'inspection des finances et au contrôle du receveur particulier de
l'arrondissement du siège de la caisse.

Intérêt des sommes versées. — Les sommes reçues par la Caisse
des dépôts et consignations, comme elle y est autorisée par la loi,

---

1. Pour les relations des caisses syndicales et patronales, et spécialement celle
des ouvriers mineurs, avec la Caisse nationale des retraites, voir plus loin, p. 746,
au paragraphe : Caisse nationale des retraites. E. Rapports des exploitants et ouvriers avec la Caisse nationale des retraites.

portent intérêt à un taux égal au taux d'intérêt du compte des
caisses d'épargne.

Restitution immédiate et droit de gage. — En cas de faillite, de
liquidation judiciaire ou de déconfiture, de fermeture ou de cession
volontaire d'établissement, les ouvriers qui ont subi les retenues sur
leurs salaires sont admis de plein droit à réclamer la restitution de
toutes les sommes non utilisées conformément aux statuts. Cette
restitution s'étend dans tous les cas aux intérêts convenus des
sommes ainsi retenues, reçues ou promises par le chef de l'entreprise. A défaut de convention, les intérêts sont calculés d'après les
taux fixés annuellement pour la Caisse nationale des retraites pour la
vieillesse.

La restitution des retenues ou autres sommes affectées aux institutions de prévoyance qui, lors de la faillite ou de la liquidation,
n'auraient pas été effectivement versées à l'une des caisses indiquées
ci-dessus, est garantie pour la dernière année et ce qui est dû sur
l'année courante, par un privilège sur tous les biens meubles et immeubles du chef de l'entreprise, lequel prendra rang concurremment avec le privilège des salaires des gens de service établi par
l'article 2101 du Code civil.

Au cas de cession volontaire, la restitution n'est pas due si le
cessionnaire consent à prendre les lieu et place du cédant.

Le seul fait du dépôt, opéré aux caisses autorisées, des sommes ou
valeurs affectées aux institutions de prévoyance, quelles qu'elles
soient, confère aux bénéficiaires un droit de gage dans les termes
de l'article 2073 du Code civil, sur ces sommes et valeurs ; ce droit
de gage s'exerce dans la mesure des droits acquis et des droits
éventuels.

Liquidation des droits acquis et des droits éventuels. — En ce
qui concerne les dépôts effectués au profit des institutions de retraite, la liquidation des droits acquis et des droits éventuels est
effectuée au prorata du capital constitutif des pensions, calculé
d'après la table de mortalité et le taux d'intérêt qui sont en vigueur
à la Caisse nationale des retraites pour la vieillesse au moment de la
liquidation.

Le capital constitutif d'une pension en cours de service est la
somme qu'il faudrait aliéner pour constituer, à l'âge du titulaire,

une rente viagère immédiate égale à la pension servie. Le capital constitutif d'une pension en cours de formation est la somme qu'il faudrait aliéner pour constituer, à l'âge du titulaire, une rente viagère différée proportionnelle à la pension qu'il aurait obtenue au moment de sa mise à la retraite, d'après les statuts ou règlements de l'institution à liquider, ou, à défaut, d'après les précédents de cette institution.

Si l'institution de retraite comporte réversibilité totale ou partielle des pensions sur la veuve ou les enfants ou s'il est intervenu une des conventions spéciales supplémentant les rentes viagères ou temporaires en leur faveur, la liquidation s'opère d'après les mêmes principes.

En ce qui concerne les dépôts affectés à une institution de secours ou de prévoyance, il y a droit acquis jusqu'à concurrence des allocations qui, au moment de la liquidation, seraient dues au titulaire d'après les statuts, règlements ou usages de l'institution. Le droit éventuel de chaque participant dans une institution de secours est représenté par une somme égale aux cotisations acquittées par lui pendant les douze mois qui ont précédé la liquidation et aux subventions correspondantes.

Lorsque la liquidation du gage a été homologuée judiciairement, la caisse dépositaire se dessaisit, soit par transfert à la Caisse nationale des retraites pour la vieillesse en vue de la constitution d'une rente viagère, dans les conditions et à l'époque d'entrée en jouissance que déterminent les intéressés, conformément aux lois et décrets qui régissent cet établissement, soit par voie de versement direct aux intéressés s'ils en font la demande écrite.

Mandataire. — Pour toutes les contestations relatives à leurs droits dans les caisses de prévoyance, de secours et de retraite, les ouvriers peuvent charger, à la majorité, un mandataire d'ester pour eux en justice, soit en demandant, soit en défendant, devant les tribunaux civils. Pour cela, ils présentent au juge de paix du canton dans lequel est situé le siège principal de l'exploitation, une requête signée de chacun d'eux, et indiquant la nature et les circonstances du différend, ainsi que les noms et prénoms, emplois et domiciles de tous les signataires. Ils joignent une formule de mandat spécial sur papier libre. Dans les dix jours de la réception de la requête, et

si cette requête ne porte pas désignation unanime d'un mandataire,
le juge de paix fait afficher à la mairie du siège principal de l'exploitation la date fixée par lui pour le dépouillement des mandats
individuels des requérants. Chacun d'eux, sur une formule du modèle joint à la requête, adresse au juge de paix, pour la date fixée
et sous pli fermé, un mandat rempli et signé par [lui. Le juge de
paix fait procéder au dépouillement du scrutin et à l'émargement
des mandats en audience publique, et proclame mandataire collectif
la personne désignée par la majorité absolue des mandants. Il lui
délivre une expédition du procès-verbal des opérations qui lui tient
lieu de mandat collectif.

Conditions de dépôt et de retrait des sommes ou valeurs. —
Les dépôts effectués à la Caisse des dépôts et consignations peuvent être faits, soit en numéraire, soit en valeurs. Lors de l'ouverture de chaque compte, le directeur général de la Caisse des dépôts
et consignations fixe, après délibération de la commission de surveillance, la somme au delà de laquelle le solde créditeur en numéraire doit être converti en valeurs. Dès que ce maximum est dépassé, la Caisse peut mettre le déposant en demeure de déterminer
l'emploi en valeurs de l'excédent. A défaut de déclaration dans le
délai d'un mois, par le déposant, sur la nature des valeurs à acquérir, la caisse peut faire d'office emploi de l'excédent en rente
3 p. 100 perpétuelle, aux frais, risques et périls de l'intéressé. Les
dépôts correspondants aux retenues subies ou aux subventions consenties pour une institution de prévoyance antérieurement au 1ᵉʳ janvier 1896 doivent être intégralement effectués en valeurs.

Si les valeurs déposées sont nominatives, la Caisse dénonce le
dépôt au Trésor ou aux sociétés, compagnies ou établissements dont
elles émanent, en mentionnant l'affectation légale qui en résulte.
Cette dénonciation faite, il ne peut plus être effectué de transfert,
mutation ou délivrance de duplicata de titres que sur production
d'une mainlevée de la Caisse des dépôts et consignations.

Les sommes versées et les valeurs déposées à la Caisse des dépôts
et consignations sont reçues au lieu où l'exploitation a son siège
principal : pour Paris et le département de la Seine, à la Caisse
générale ; pour les autres départements, aux caisses des trésoriers-
payeurs généraux, des receveurs particuliers et des percepteurs pré-

posés de la Caisse des dépôts et consignations. Chaque versement ou dépôt donne lieu à la délivrance d'un récépissé établi au nom du déposant dans les conditions déterminées par la loi du 24 décembre 1896. Les préfets et sous-préfets mentionnent le nombre et la nature des valeurs comprises en chaque récépissé sur le registre spécial visé par l'article 3 du décret du 15 décembre 1875. Les valeurs sont centralisées à Paris entre les mains du caissier général, qui en a la garde et la responsabilité.

Moyennant remboursement des frais de courtage et de timbre, la Caisse des dépôts et consignations fait, à la demande et pour le compte des déposants, les emplois des sommes affectées aux institutions de prévoyance en achats de valeurs énumérées par la loi. Dans les mêmes conditions et sur la remise de procurations régulières, elle fait procéder aux aliénations de valeurs, ainsi qu'à leur transfert en cas de cession d'entreprise.

Les versements complémentaires nécessaires pour libérer les valeurs déposées ne sont effectués par la Caisse des dépôts et consignations qu'autant que des provisions ont été faites ou que les ressources disponibles au compte ont été affectées à cet emploi par le déposant. La Caisse des dépôts et consignations est chargée de recevoir aux échéances les arrérages ou intérêts dus sur les valeurs déposées. Elle encaisse, s'il y a lieu, les sommes provenant du remboursement total ou partiel des titres et des lots ou primes attribués.

Il est tenu par la Caisse, au nom de chaque institution de prévoyance, un compte courant spécial comprenant les sommes versées ou encaissées. Ce compte est réglé en capital et intérêts au 31 décembre de chaque année. Les intérêts annuels sont capitalisés à cette date; ils ne sont liquidés et payés en cours d'année que sur demande spéciale et pour un compte intégralement soldé. Les recettes sont imputées au compte courant, valeur au dernier jour de la dizaine; les dépenses, valeur au premier jour de la dizaine pendant laquelle elles sont effectuées.

Le retrait des sommes et valeurs existant au compte d'une institution de prévoyance ne peut être opéré que sur la demande et la quittance des personnes qui, d'après les statuts ou le règlement de l'institution, sont chargées de sa gestion. Dans tous les cas, chaque retrait effectué doit être porté à la connaissance des intéressés par voie d'avis placardés à tous les sièges de l'entreprise. La demande

de retrait est adressée : à Paris, au directeur général de la Caisse
des dépôts et consignations; dans les départements, au préposé qui
a reçu le dépôt. Il y est donné suite dans les dix jours de la réception de la demande.

Sur la demande faite dans les mêmes conditions, la Caisse des
dépôts et consignations opère directement le transfert à la Caisse
nationale des retraites pour la vieillesse des sommes à imputer aux
comptes individuels des ayants droit.

Les versements ne sont pas soumis à la limite de 5oo fr. assignée
par la loi du 26 juillet 1893 aux sommes versées dans une année au
compte de la même personne.

Les dépôts et les retraits de sommes ou valeurs dans les caisses
syndicales et patronales ne peuvent être effectués que dans les conditions prévues par les statuts de ces caisses approuvés par les décrets d'autorisation.

4. — Caisses de secours et de retraites des ouvriers mineurs.

Loi du 29 juin 1894.
   A. — Pensions de retraites.
   B. — Sociétés de secours.
   C. — Dispositions transitoires.
   D. — Différends.
   E. — Majoration des pensions de retraites.

Loi du 29 juin 1894. — La loi du 29 juin 1894 a soumis, six
mois après sa promulgation, les exploitants de mines et les ouvriers
et employés de ces exploitations à des obligations de garantie et
de sécurité absolues en les faisant jouir, d'ailleurs, de certains
avantages, pour ce qui touche l'organisation et le fonctionnement
des caisses de retraites et des caisses de secours. Les exploitations de minières et carrières souterraines ou à ciel ouvert peuvent
être assimilées aux exploitations de mines, en vertu de décrets
rendus en Conseil d'État sur la proposition du ministre des travaux
publics.

Les employés et ouvriers dont les appointements dépassent
2 400 fr. ne bénéficient que jusqu'à concurrence de cette somme des
dispositions de la loi.

A. — 'Pensions de retraites.

Constitution. — Le capital constitutif des pensions de retraites est formé par une retenue de 2 p. 100 sur le salaire des ouvriers et employés, à laquelle l'exploitant ajoute une somme égale ; le tout, qui peut, d'ailleurs, être augmenté par accord entre les deux parties intéressées, doit être versé par l'exploitant à la Caisse nationale des retraites et les versements sont inscrits sur un livret individuel au nom de chaque employé ou ouvrier, et sont faits à capital aliéné, à moins que le titulaire du livret ne demande que la part prélevée sur son salaire soit faite à capital réservé.

.L'exploitant peut aussi prendre à sa charge une fraction supérieure à la moitié du versement, ou la totalité.

Mais l'État, au lieu de recevoir les fonds, peut aussi autoriser les exploitants de mines, pour les ouvriers ou employés occupés dans leurs exploitations, à créer des caisses syndicales et patronales, par un décret qui fixe les limites du district, les conditions du fonctionnement de la caisse et son mode de liquidation, ainsi que les mesures à prendre pour assurer le transfert, soit à une autre caisse syndicale ou patronale, soit à la Caisse nationale des retraites pour la vieillesse, des sommes inscrites au livret individuel.

Les fonds versés à la caisse syndicale ou patronale pour la formation du capital constitutif des pensions de retraites doivent être employés en rentes sur l'État, en valeurs du Trésor ou garanties par le Trésor, en obligations départementales ou communales ; les titres sont nominatifs.

La gestion des caisses syndicales ou patronales est soumise à la vérification de l'inspection des finances et au contrôle du receveur particulier de l'arrondissement du siège de la caisse.

De même, et dans les mêmes conditions doivent être versés ou représentés aux mêmes caisses les fonds formant le capital de garantie, qui, par des conventions spéciales entre exploitants et ouvriers ou employés, peut être créé dans le but d'assurer à ceux-ci, à leurs veuves ou à leurs enfants, soit un supplément de rente viagère, soit des rentes temporaires ou des indemnités déterminées d'avance. Les mesures prises dans ce but doivent être l'objet d'un rapport annuel des exploitants, qui l'adressent, par l'intermédiaire du préfet, au ministre des travaux publics, et ce, à peine de 16 à 200 fr. d'amende, et même 500 fr. en cas de mauvaise foi.

Les pensions de retraites sont acquises et liquidées dans les conditions prévues pour la Caisse nationale des retraites pour la vieillesse [1]. L'entrée en jouissance est fixée à 55 ans; elle peut être différée sur la demande de l'ayant droit, mais les versements cessent alors d'être obligatoires.

B. — Sociétés de secours.

Fondation. Ressources. Statuts. Administration. Élections. Sociétés antérieures à la loi du 29 juin 1894.

Fondation. — Les sociétés de secours sont établies obligatoirement, sur entente préalable des exploitants et des ouvriers et employés, intéressés à déterminer la circonscription de mines ou les circonscriptions qui comprendront les membres de la société à fonder. A défaut d'accord, à ce sujet, dans les exploitations, c'est par décret rendu en Conseil d'État que les circonscriptions sont fixées.

Une même exploitation peut être divisée en plusieurs circonscriptions, comme aussi une seule société établie pour les concessions ou exploitations minières, appartenant à un ou plusieurs exploitants ou concessionnaires. Les industries annexes des exploitations de mines peuvent, à la demande des parties intéressées, et sous l'autorisation du ministre des travaux publics, être agrégées aux circonscriptions de secours des mines.

Ressources. — La caisse des sociétés de secours est alimentée par :

1º Un prélèvement sur le salaire de chaque ouvrier ou employé, dont le montant est fixé par le conseil d'administration de la société, sans pouvoir dépasser 2 p. 100 du salaire ;

2º Un versement de l'exploitant égal à la moitié de celui des ouvriers ou employés ;

---

1. Pour les rapports des exploitants et ouvriers avec la Caisse nationale des retraites, voir au paragraphe 6 : *Caisse nationale des retraites pour la vieillesse*, E., p. 759.

3° Les sommes allouées par l'État sur les fonds de subvention aux sociétés de secours mutuels ;

4° Les dons et legs ;

5° Le produit des amendes encourues pour infraction aux statuts et de celles infligées aux membres participants par application du règlement intérieur de l'entreprise.

Statuts. — Les statuts doivent fixer :

1° La nature et la quotité des secours et des soins à donner aux membres participants que la maladie ou des infirmités empêcheraient de travailler ;

2° En cas de décès des membres participants, la nature et la quotité des subventions à allouer à leurs familles ou ayants droit.

Ils peuvent autoriser l'allocation de secours en argent et des soins médicaux et pharmaceutiques aux femmes et enfants des membres participants et à leurs ascendants ; — prévoir des secours journaliers en faveur des femmes et des enfants des réservistes de l'armée active et des hommes de l'armée territoriale appelés à rejoindre leur corps, ainsi que des allocations exceptionnelles et renouvelables en faveur des veuves ou orphelins d'ouvriers ou employés décédés après avoir participé à la société de secours, — et enfin décider que le service des secours sera confié à une compagnie d'assurances.

Les statuts dressés par le premier conseil d'administration sont soumis, par l'intermédiaire du préfet, à l'approbation du ministre des travaux publics, et après approbation, notifiés à l'exploitant. La décision du ministre peut être déférée au contentieux du Conseil d'État. Le recours est dispensé des droits de timbre et d'enregistrement et peut être formé sans ministère d'avocat.

Toute modification aux statuts comporte une nouvelle approbation ministérielle. Les statuts sont affichés en permanence par les soins de l'exploitant, aux lieux habituels des avis donnés aux ouvriers. Un exemplaire en est remis par l'exploitant, contre récépissé, à chaque ouvrier ou employé lors de l'embauchage.

Administration. — La société est administrée par un conseil composé de neuf membres au moins, un tiers désigné par l'exploitant, les deux autres tiers élus par les ouvriers ou employés parmi les membres participants. Il est procédé, en même temps, à la nomination des trois membres suppléants destinés à remplacer, en cas d'absence ou de vacance, les membres titulaires.

Si l'exploitant renonce, au moment de l'élection, à faire usage de tout ou partie de la faculté de nommer le tiers du conseil, il y est pourvu par élection des ouvriers et employés.

Les décisions du conseil ne sont valables que si plus des deux tiers des suffrages ont été exprimés; néanmoins, après une deuxième convocation faite dans la forme ordinaire, les décisions sont prises à la majorité, quel que soit le nombre des suffrages exprimés.

Le conseil nomme parmi ses membres un président, un secrétaire, un trésorier.

Dans le cas d'inexécution des statuts ou d'infractions aux dispositions légales, la dissolution du conseil d'administration peut être prononcée par le ministre des travaux publics, après avis du conseil général des mines, sans préjudice de la responsabilité civile ou pénale encourue par les administrateurs. Les électeurs doivent être alors réunis, pour procéder à la nomination du nouveau conseil, au plus tard dans un délai de deux mois; cependant, la caisse est gérée par un délégué du préfet.

A la fin de chaque année, le conseil d'administration fixe, sur les excédents disponibles, les sommes à laisser dans la caisse pour en assurer le service et celles à déposer à la Caisse des dépôts et consignations. Ce dépôt devra être effectué par le conseil dans le délai d'un mois, sous la responsabilité solidaire de ses membres, sans préjudice, le cas échéant, de l'application de l'article 408 du Code pénal[1]. Les administrations qui auraient effectué ou laissé effectuer un emploi de fonds non autorisé par les statuts encourent la même responsabilité et les mêmes pénalités.

Le total de la réserve ne peut dépasser le double des recettes de l'année.

Les sociétés de secours sont tenues de communiquer leurs livres, procès-verbaux et pièces comptables de toute nature au préfet et aux ingénieurs des mines, — sans déplacement, sauf arrêté contraire du préfet. Elles adressent chaque année par l'intermédiaire du préfet,

---

1. L'article 408 du Code pénal renvoie à l'article 406, *Abus de confiance:* emprisonnement de deux mois à deux ans, et amende égale au quart au plus des restitutions, plus 25 fr. au moins de dommages-intérêts. La peine de la réclusion est applicable aux officiers publics et ministériels.

aux ministres des travaux publics et de l'intérieur, dans les formes déterminées par eux, le compte rendu de leur situation financière et un état des cas de maladie ou de mort éprouvés par les participants dans le cours de l'année, — à peine d'amende de 16 à 200 fr., — et, en cas de mauvaise foi, 500 fr.

En cas de maladie entraînant une incapacité de travail de plus de quatre jours avec suppression de salaire, la caisse de la société de secours verse, à la fin de chaque trimestre, au compte individuel du sociétaire participant à une caisse de retraites, une somme au moins égale à 4 p. 100 de l'indemnité de maladie prévue par les statuts, — obligation qui cesse avec l'indemnité de maladie elle-même.

Élections. — Sont électeurs tous les ouvriers et employés du fond et du jour, français, jouissant de leurs droits politiques, inscrits sur la feuille de la dernière paye.

Sont éligibles, à la condition de savoir lire et écrire et, en outre, de n'avoir jamais encouru de condamnations aux termes des dispositions, soit de la loi sur les sociétés de secours, soit de la loi du 21 avril 1810 et du décret du 3 janvier 1813, soit des articles 414 et 415 du Code pénal, les électeurs âgés de 25 ans accomplis, occupés depuis plus de cinq ans dans l'exploitation à laquelle se rattache la société de secours. Toutefois, dans les cinq premières années de l'exploitation, le nombre des années de service exigées est réduit à la durée de l'exploitation elle-même.

Les électeurs sont convoqués pour la première fois par un arrêté du préfet, qui fixe la date de l'élection ainsi que les heures d'ouverture et de fermeture du scrutin.

Le vote a lieu à la mairie de la commune désignée dans l'arrêté de convocation parmi celles sur le territoire desquelles s'étend la circonscription. Le bureau électoral est présidé par le maire.

L'arrêté est publié et affiché, dans les communes intéressées, quinze jours au moins avant l'élection ; il est notifié à l'exploitant. Dans les huit jours qui suivent cette notification, les listes électorales de la circonscription sont affichées, à la diligence de l'exploitant, aux lieux habituels pour les avis donnés aux ouvriers. Un double de ces listes est, par les soins de l'exploitant, remis au maire, chargé de présider le bureau, — et toutes ces prescriptions à peine, pour l'exploitant qui refuserait ou négligerait de s'y conformer, de 5oo fr. au plus et de 100 fr. au moins d'amende, double en cas de récidive, et d'une détention de six jours à cinq ans. (*Art. g3 et g5, l. 21 avr. 1810.*)

Le préfet peut en outre faire dresser et afficher les listes électorales aux frais de l'exploitant, lesquels sont recouvrés comme en matière de contributions publiques.

Les opérations électorales subséquentes ont lieu dans un local indiqué, suivant les formes et aux conditions prescrites par les statuts. Ce local ne peut être autre que la mairie, et le maire est tenu de mettre, pour les opérations électorales, une des salles de la mairie à la disposition de la société. Les statuts peuvent, en outre, décider que la circonscription sera divisée en sections électorales et fixer le nombre des conseillers à élire pour chacune, ce nombre ne pouvant en aucun cas être inférieur à deux conseillers. (*L. 16 juill. 1896.*)

Le vote a toujours lieu le dimanche, au scrutin de liste. Nul n'est élu au premier tour de scrutin s'il n'a obtenu la majorité absolue des suffrages exprimés et un nombre de voix égal au quart du nombre des électeurs inscrits. La majorité relative suffit au deuxième tour, auquel il est procédé le dimanche suivant. A égalité de suffrages, le plus âgé des candidats est élu.

Les membres de conseil sont élus pour trois ans et renouvenables par tiers chaque année.

Les vacances par suite de décès, démission, ou échéance d'éligibilité sont pourvues dans les six mois, et les nouveaux élus sont nommés pour le temps qui restait à courir aux fonctions de ceux qu'ils remplacent.

Les contestations sur la formation des listes et la validité des opérations électorales sont portées, dans le délai de quinze jours à dater de l'élection, devant le juge de paix de la commune où les opérations ont eu lieu ; elles sont introduites par simple déclaration au greffe.

Si le vote, soit pour la circonscription entière, soit pour une de ses sections électorales, a eu lieu dans plusieurs mairies, le juge de paix compétent est celui de la commune qui, lors de la convocation des électeurs, aura dû être désignée pour la réunion des résultats et la proclamation du vote. (*L. 16 juill. 1896.*)

Le juge de paix statue dans les quinze jours de la déclaration au greffe, sans frais ni forme de procédure et sur simple avertissement donné trois jours à l'avance à toutes les parties intéressées. La décision du juge de paix est en dernier ressort, mais elle peut être déférée à la Cour de cassation, dans les dix jours de la notification de la décision. Le pourvoi n'est pas suspensif. Il est formé par simple requête déposée au greffe de la justice de paix, dénoncée aux défendeurs dans les dix jours qui suivent. Il est dispensé du ministère d'un avocat à la cour et jugé d'urgence sans frais ni amende. Les pièces et mémoires fournis par les parties sont transmis sans frais par le greffier de la justice de paix au greffier de la Cour de cassation. La chambre des requêtes statue définitivement sur le pourvoi. Tous les actes sont dispensés du timbre et enregistrés gratis.

Sociétés antérieures à la loi du 29 juin 1894. — Elles peuvent, si leurs statuts sont régulièrement approuvés par l'autorité administrative, conserver leur organisation et leur mode de fonctionnement, en ce qui concerne les obligations ci-dessus, sauf dans les cas où la transformation serait reconnue nécessaire par le ministre des travaux publics, sur l'avis du conseil général des mines ; elles jouissent des ressources énumérées ci-dessus qui s'ajoutent ainsi, s'il y a lieu, aux recettes statutaires.

C. — Dispositions transitoires.

Le législateur, ayant prévu le cas où les sociétés des mineurs pour les retraites et les secours voudraient se transformer afin de profiter des avantages offerts par la loi du 29 juin 1894, a tenu à sauvegarder les intérêts acquis en même temps qu'à faciliter la transformation des sociétés.

Il a commencé par édicter que les pensions déjà acquises à un titre quelconque, dont le service incombe à l'exploitant, seraient fournies comme précédemment, suivant les règlements particuliers à l'entreprise, et que les pensions en cours d'acquisition, incombant à l'exploitant, seraient calculées par application des règlements ou des usages en vertu desquels ces pensions étaient précédemment accordées, sauf à l'exploitant la charge de compléter le montant de la pension s'il est inférieur au résultat donné par ce calcul, et sauf aussi dérogation par suite de conventions librement intervenues entre les exploitants et leurs ouvriers ou employés.

Mais, à partir de la mise en application de la loi de 1894, les caisses précédemment organisées avec le concours des ouvriers et employés en vue d'assurer des secours, des rentes, des pensions de retraites d'àge, d'invalidité ou d'accidents, ne doivent plus fonctionner que pour l'exécution des engagements antérieurement contractés par elles, tant pour les pensions acquises que pour celles en cours ; et elles n'ont dû, que dans le premier mois, assurer les secours et les soins aux malades en traitement.

C'était, en somme, les forcer à pourvoir à l'avenir, avec l'espoir qu'elles viendraient à la combinaison qu'offre la loi de 1894, avec toutes les garanties. Mais ne voulant pas imposer la loi, le législateur s'est contenté d'obliger les intéressés à se prononcer dans un délai maximum de 6 mois sur les mesures à prendre à raison des engagements antérieurs et sur le mode de réalisation des ressources nécessaires, de façon à garantir dans tous les cas les pensions de retraite.

Un accord pouvait intervenir dans ce but entre les intéressés, et, à défaut d'entente, une commission arbitrale devait régler tous les points ; si l'accord ne se faisait pas sur la commission, un liquidateur, nommé par les tribunaux à la requête de la partie la plus diligente, était chargé d'assurer, au mieux des intérêts en présence, la liquidation de la caisse de prévoyance, et son rapport était soumis à l'homologation du tribunal [1].

D. — DIFFÉRENDS.

Procédure. Mandataire.

Procédure. — Pour les différends possibles sur l'exécution de la loi de 1894, et qui seraient déférés aux tribunaux civils, il est statué comme en matière sommaire et jugé d'urgence.

Les intéressés bénéficient de l'assistance judiciaire. Tous actes, documents et pièces quelconques à produire sont dispensés du timbre et enregistrés gratis. Les intéressés agissant en nom collectif sont représentés par un mandataire, sans préjudice, pour chacun d'eux, du droit d'intervention individuelle.

Mandataire [2]**.** — Lorsque les intéressés veulent constituer un mandataire unique pour les représenter devant les tribunaux civils, ils présentent, à cet effet, un juge de paix du canton où se trouve le siège principal de l'exploitation de la mine, une requête signée de chacun d'eux, indiquant la nature et les circonstances du diffé-

---

1. Pour les détails sur ce sujet, dont l'intérêt est rétrospectif, voir loi du 29 juin 1894, titre IV, articles 24 et suivants, et décret du 25 juillet 1894, titre Ier et II (art. 1er à 21).

2. Décret du 25 juillet 1894, articles 22 à 29.

rend, ainsi que les noms, prénoms et domiciles de tous les signataires. Le juge de paix convoque les intéressés à l'effet d'élire leur mandataire collectif, par un avis affiché à la mairie du siège principal de l'exploitation, deux semaines au moins avant la réunion, et qui indique le jour, l'heure, le lieu et l'objet de la séance.

Les intéressés peuvent, par dix au plus, se faire représenter par un fondé de pouvoirs. Le juge de paix préside la réunion, ayant comme assesseurs, le plus âgé et le plus jeune des intéressés ; ainsi il est distribué des bulletins de vote paraphés, revêtus du timbre de la justice de paix à chaque intéressé, en nombre égal aux voix dont il dispose soit en son nom personnel, soit comme fondé de pouvoirs.

Le scrutin a lieu au bulletin secret ; nul n'est élu mandataire collectif s'il n'a réuni la majorité absolue des intéressés signataires de la requête. Procès-verbal des opérations est dressé en double exemplaire, dont l'un est déposé au greffe de la justice de paix, l'autre remis au mandataire élu, et lui tient lieu de pouvoir. Le mandataire doit être Français et jouir de ses droits civils et politiques.

E. — Majoration des pensions de retraites.

En vertu de la loi de finances du 31 mars 1903, une somme de un million de francs est affectée, chaque année, dans des conditions déterminées :

1° Pour un tiers, à la majoration de la pension d'âge ou d'invalidité, de plus de 50 fr. acquise, ou en instance de liquidation au 1er janvier 1903, en faveur de tout ouvrier ou employé des mines de nationalité française, par application du régime transitoire institué par la loi du 29 juin 1894 sur les caisses de secours et de retraites des ouvriers mineurs ;

2° Pour les deux autres tiers, à des allocations en faveur de tous autres ouvriers ou employés des mines, de nationalité française, âgés de 55 ans au moins au 1er janvier 1903, et justifiant, à cette date, de trente années de travail salarié dans les mines françaises.

La majoration ne pourra élever la pension majorée au delà du chiffre de 360 fr., y compris tous autres revenus, tant de l'intéressé que de son conjoint, mais indépendamment de tout salaire en argent ou en nature.

L'allocation sera limitée au chiffre de 240 fr., y compris tous autres revenus, tant de l'intéressé que de son conjoint, mais indépendamment de tout salaire en argent ou en nature, et indépendamment aussi soit de la pension acquise exclusivement en vertu de la loi du 29 juin 1894, soit d'une pension de 50 fr. au plus, liquidée au 1er janvier 1903, en vertu du régime transitoire.

Hors ce dernier cas, l'allocation dont il s'agit ne peut se cumuler avec une retraite acquise ou qui viendrait à être acquise en vertu de ce régime transitoire.

Un décret, délibéré en conseil des ministres, faisant état des disponibilités résultant des extinctions, pourra relever jusqu'au chiffre de 360 fr. le maximum de 240 fr. prévu pour les allocations.

La loi annuelle des finances déterminera le nombre de centimes additionnels à la redevance des mines qui devront être établis en représentation de la part contributive des exploitants aux allocations. Cette part est fixée à la moitié de ces dépenses et des frais d'application de la loi.

Tout ouvrier ou employé qui voudra bénéficier des dispositions de la loi devra en faire la déclaration, soit en personne, soit par mandataire, au maire de la commune de son domicile. Les déclarations seront reçues, sous peine de forclusion, chaque année, du 1er janvier au dernier jour de février. Toutefois, pour la première année d'application de la loi, ce délai sera de quatre mois, à compter de la date de la promulgation. La déclaration ne sera renouvelée qu'en cas de modifications survenues dans les titres invoqués par les intéressés.

La déclaration est exempte de frais. Elle sera établie dans les formes et accompagnées de justifications que fixera un arrêté du ministre des travaux publics. La déclaration est rédigée par les soins du maire et signée par le déclarant. Il en est donné récépissé. Le maire la transmet immédiatement avec son avis au préfet qui la fait enregistrer, dès sa réception, sur un registre spécial.

Les déclarations sont soumises à une commission composée du préfet ou de son représentant, président, de l'ingénieur en chef des mines, du directeur des contributions directes, du directeur de l'enregistrement ou de leurs délégués, d'un exploitant et d'un ouvrier des mines du département, désignés par le préfet; l'ouvrier est pris parmi les administrateurs des caisses de secours des mines élus par les ouvriers toutes les fois que ce sera possible (*L. 21 juillet 1903*). Dans les départements où les exploitations sont importantes, il peut être établi des commissions par arrondissement.

La commission examine et admet, s'il y a lieu, les titres invoqués dans les déclarations; elle arrête le montant des revenus personnels et celui de la pension à majorer. Une année ne peut entrer en compte dans la durée des services que si elle donne 220 jours au moins de travail salarié, en y comprenant les chômages pour maladie ou accidents du travail, si, cependant, ont été faits les versements prévus par la loi de 1894.

Les décisions de la commission sont transmises, par les soins du préfet, au ministère des travaux publics, le 1er juillet au plus tard.

D'après ces décisions, le ministre arrête le montant des majorations et des allocations. Tout déclarant reçoit, par les soins du préfet, avant le 31 décembre, avis de la décision prise par la commission sur sa déclaration. Tout intéressé peut prendre communication de l'arrêté ministériel de répartition dont une ampliation est déposée à cet effet, avant le 31 décembre, dans les bureaux de la préfecture ou sous-préfecture du chef-lieu de chaque sous-arrondissement minéralogique. Avis de ce dépôt est publié dans les journaux du département.

La commission peut toujours reviser, dans son travail annuel, la décision antérieure, soit sur la proposition du préfet, soit sur la requête présentée par le bénéficiaire. La requête en revision du bénéficiaire est introduite dans les formes et délais prescrits pour les déclarations. La nouvelle décision ainsi prise n'a pas d'effet sur les répartitions antérieures.

Les décisions de la commission ne peuvent être déférées au Conseil d'État que pour incompétence, excès de pouvoir ou violation de la loi. Le recours n'est ouvert qu'au préfet ou à l'intéressé. Il est dispensé d'avocat et a lieu sans frais. Les recours au Conseil d'État contre les arrêtés ministériels de répartition sont dispensés d'avocat et ont lieu sans frais.

En cas d'insuffisance du crédit d'un tiers réservé sur le million pour relever à 360 fr. les pensions à majorer, chaque majoration sera réduite proportionnellement jusqu'à ce que le total soit compris dans les limites du crédit. Les fractions de francs ne seront pas inscrites.

Le montant total du crédit des deux tiers du million affecté aux allocations est réparti par parties égales entre tous les ayants droit admis par les commissions. Les disponibilités provenant des extinctions viendront, chaque année, en accroissement des allocations à attribuer jusqu'à ce qu'elles aient atteint la limite fixée pour les allocations. Les fractions de francs ne sont pas inscrites.

Les majorations et allocations sont dues à compter du premier jour du trimestre qui suit celui dans lequel a été faite la déclaration. Elles sont payables, par quart, à partir du 1er janvier de l'année qui suit la date de la décision de la commission prévue, de trimestre en trimestre et en terme échu. Elles sont incessibles et insaisissables. Les sommes non perçues sont prescrites, au profit du Trésor, trois ans après leur échéance.

Les certificats, acte de notoriété et autres pièces exclusivement relatives à l'exécution des dispositions qui précèdent seront délivrés gratuitement et dispensés des droits de timbre et d'enregistrement.

Tout exploitant qui a constitué des pensions d'âge ou d'invalidité soumises au régime transitoire de la loi du 29 juin 1894 est tenu, dans la première quinzaine de janvier de chaque année, d'adresser au préfet, dans la forme que fixera le ministre des travaux publics, la liste des retraites ainsi créées par lui pendant l'année précédente, à peine des pénalités prévues au titre X de la loi du 21 avril 1810.

5. — Caisses nationales d'assurances en cas de décès ou d'accidents.

A. — Caisse d'assurance en cas de décès.
B. — Caisse nationale en cas d'accidents.
C. — Dispositions communes aux deux caisses.
Annexe. — Caisse nationale de prévoyance contre les accidents des marins français.

Création. — La loi du 11 juillet 1868 a créé, sous la garantie de l'État, et divers décrets (*Décr. 10 août 1868, 13 août 1877*) ont réglementé :

1° Une caisse d'assurance ayant pour objet de payer, au décès de chaque assuré, à ses héritiers ou ayants droit, une somme déterminée suivant des bases établies par la loi, et déterminées ci-après ;

2° Une caisse d'assurance en cas d'accidents, ayant pour objet de servir des pensions viagères aux personnes assurées qui, dans l'exécution des travaux agricoles ou industriels, viendraient à être atteintes de blessures entraînant une incapacité permanente de travail, et de donner des secours aux veuves et aux enfants mineurs des personnes assurées qui auraient péri par suite d'accidents survenus dans l'exécution desdits travaux.

A. — Caisse d'assurance en cas de décès.

Contrat d'assurance. Primes annuelles. Pensions. Assurances collectives. Mandataire collectif. Assurances mixtes. Situation et opérations de la caisse en 1902.

Contrat d'assurance. — La participation à l'assurance est acquise par le versement de primes uniques ou de primes annuelles. Toute personne âgée de 16 ans au moins et de 60 ans au plus peut seule contracter une assurance; quand elle s'y résout, elle fait à l'administration de la Caisse des dépôts et consignations une proposition qu'elle signe elle-même ou fait signer par son mandataire (la signature doit être légalisée par le maire de la résidence du signataire), et contenant ses nom et prénoms, sa profession, son domicile, le lieu et la date de sa naissance, la somme qu'elle veut assurer, ainsi que les conditions spéciales de l'assurance. Les propositions toujours accompagnées d'un versement qui comprend la prime entière, si l'assurance a lieu par prime unique, et la première annuité, si elle a lieu par primes annuelles, sont reçues à Paris, à la Caisse des dépôts et consignations, et, reconnues régulières, sont immédiatement suivies de la délivrance d'un livret formant police d'assurance; et, reçues dans les départements par les trésoriers-payeurs généraux, les receveurs particuliers des finances, les percepteurs des contributions directes, les receveurs des postes, elles sont transmises sans délai, avec le montant du versement, par le comptable qui les a reçues à la direction générale qui, après les vérifications nécessaires, fait remettre à l'assuré, en échange du récépissé provisoire qui lui a été donné au moment du versement, un livret-police, revêtu du timbre de la Caisse des dépôts et consignations, portant un numéro d'ordre, et les mentions indiquées dans la proposition d'assurance, et les extraits de lois, décrets, règlements et tarifs concernant la caisse d'assurance en cas de décès.

Les livrets-polices perdus sont remplacés comme les titres de

rente sur l'État, sur la production d'une déclaration faite devant le
maire de la commune où l'assuré a sa résidence.

Les registres matricules et les comptes individuels des assurés
sont tenus à la Caisse générale des dépôts et consignations qui conserve les propositions d'assurance et les pièces produites à l'appui.
Les assurés peuvent, à toute époque, adresser leur livret-police à la
Direction générale, pour faire vérifier l'exactitude des mentions qui
y sont inscrites, et leur conformité avec celles qui sont aux comptes
individuels.

Toute assurance faite moins de deux ans avant le décès de l'assuré
demeure sans effet. Dans ce cas, les versements effectués sont res-
titués aux ayants droit avec les intérêts simples à 4 p. 100. Il en est
de même si le décès de l'assuré, quelle qu'en soit l'époque, résulte
de suicide, duel, ou condamnation judiciaire, ou autres causes exceptionnelles définies dans les polices d'assurances.

Primes annuelles. — La prime est fixée d'après l'âge de l'assuré
au moment où il contracta l'assurance, sans tenir compte du temps
qui le sépare du prochain anniversaire de sa naissance.

Les primes annuelles autres que la première peuvent être versées
par toute personne munie d'un livret, dans toute localité, entre les
mains des comptables indiqués ci-dessus, qui le constatent en l'en-
registrent avec leur signature sur le livret-police. Cet enregistrement,
pour faire titre envers l'État, doit être visé, dans les vingt-quatre
heures, soit par le contrôleur de la Caisse des dépôts et consignations, à Paris, soit par les préfets, les sous-préfets, soit par les
maires en province, selon que le versement est fait respectivement
soit à la Caisse des dépôts et consignations, soit aux trésoriers-
payeurs ou aux receveurs, soit aux percepteurs ou à la poste. Les
fonctionnaires qui ont donné le visa en transmettent notification à
la Caisse des dépôts et consignations.

La prime annuelle est payable à l'échéance indiquée par le premier versement. A défaut de payement dans les 30 jours, il est dû
des intérêts à 4 p. 100, jusqu'à l'expiration d'un délai d'un an, date
à laquelle le contrat est résolu de plein droit. Et alors, les versements effectués, déduction faite de la part afférente aux risques
courus, sont ramenés à un versement unique donnant lieu, au profit
de l'assuré, à la liquidation d'un capital au décès.

Mais l'assuré peut, à toute époque, anticiper la libération de sa police. La proposition, à cet effet, est remise à l'un des comptables désignés, et adressée par ce comptable à la Caisse des dépôts et consignations avec le livret sur lequel cette caisse mentionne la modification du contrat.

Pensions. — La somme à payer au décès de l'assuré est fixée conformément à des tarifs tenant compte :

1° De l'intérêt composé à 4 p. 100 par an des versements effectués ;

2° Des chances de mortalité, à raison de l'âge des déposants, calculées d'après la table dite de *Deparcieux*.

Ces primes ainsi établies sont augmentées de 6 p. 100.

Les sommes assurées ne peuvent excéder 3 000 fr. Elles sont incessibles et insaisissables jusqu'à concurrence de moitié, mais sans que la partie incessible ou insaisissable puisse descendre au-dessous de 600 fr. Les oppositions doivent être signifiées au directeur de la Caisse des dépôts et consignations.

Les sommes dues par la caisse des assurances au décès de l'assuré sont payables aux héritiers ou ayants droit, à Paris, à la Caisse générale, et, dans les départements, à la Caisse de ses préposés. Le payement a lieu sur une autorisation donnée par le directeur général de la Caisse des dépôts et consignations, auquel les demandes doivent être adressées, soit directement, soit par l'intermédiaire des préposés ou agents comptables désignés. Ces demandes doivent être accompagnées du livret-police et de l'acte de décès de l'assuré, ainsi que d'un certificat de propriété délivré dans les formes et suivant les règles prescrites par la loi du 28 floréal an VII, constatant les droits des réclamants.

Si la personne assurée a disparu en mer et qu'il ne soit pas possible de rapporter d'extrait mortuaire rédigé dans les termes du droit commun, il pourra y être suppléé par la production d'un certificat délivré par le ministère de la marine et constatant que le ministre a admis la preuve administrative du décès.

Assurances collectives. — Les Sociétés de secours mutuels approuvées sont admises à contracter des assurances collectives, sur une liste indiquant le nom et l'âge de tous les membres qui les composent, pour assurer au décès de chacun d'eux une somme fixe qui dans aucun cas ne peut excéder 1 000 fr. Ces assurances sont faites pour une année seulement, par les présidents des sociétés, et ont leur effet à partir du premier jour du mois qui suit la date du versement de la prime. Elles sont réglées par des tarifs spéciaux déduits des règles générales de la table Deparcieux. Elles pourront se cumuler avec les assurances individuelles.

Les propositions d'assurances collectives pour une année au profit des sociétés de secours mutuels approuvées sont faites par les présidents de ces sociétés et déposées, avec les versements correspondants, chez les comptables désignés plus haut. Ces propositions sont accompagnées de listes nominatives comprenant les personnes assurées et indiquant la date de la naissance de chacune d'elles. Les assurances collectives ont leur effet à partir du premier jour du mois qui suit la date du versement de la prime.

Le payement des sommes dues aux sociétés de secours mutuels après décès d'un de leurs membres se fait entre les mains du trésorier des sociétés, dûment autorisé. Ce payement a lieu sur une autorisation donnée par le directeur général de la Caisse des dépôts et consignations, auquel la demande doit être adressée avec l'acte de décès du sociétaire. (*Décr. 13 août 1877.*)

Mandataire collectif. — Les propositions d'assurances et les premiers versements, lorsqu'ils sont faits par un même mandataire pour plusieurs assurés, sont accompagnés d'un bordereau en double expédition, indiquant la prime afférente à chaque assuré. Les versements subséquents doivent toujours figurer dans un bordereau distinct. Le comptable délivre, dans la même forme que pour les versements individuels, un reçu provisoire collectif des versements effectués par le mandataire spécial. Ce reçu doit être rendu au comptable en échange soit des livrets nouveaux transmis par la direction générale, soit des livrets anciens qui lui ont été remis lors du versement des primes ultérieures, et sur lesquels il doit enregistrer la somme versée applicable à chaque titulaire. Cet enregistrement est soumis, dans les 24 heures, au visa des comptables, prescrit pour les livrets individuels, afin de faire titre envers l'État.

Les préfets et sous-préfets relèvent, sur un registre spécial, les sommes enregistrées soit au bordereau, soit sur chacun des livrets-polices, et adressent, dans le mois, un extrait dudit registre à la

Caisse des dépôts et consignations pour servir d'élément de contrôle. Les maires transmettent également avis des visas par eux donnés, dans les délais et suivant les formes déterminés par le ministre des finances.

Assurances mixtes. — La loi du 17 juillet 1897 a admis au bénéfice des assurances mixtes, et le décret du 27 avril 1900 les a réglementées, les contractants individuels, les sociétés de secours mutuels au profit de leurs membres participants, sans préjudice pour ceux-ci d'une assurance séparée, pourvu que le tout cumulé ne dépasse pas 3 000 fr., — les chefs d'industrie au profit de leurs ouvriers.

Ces contrats d'assurances mixtes ont pour but le payement d'un capital déterminé soit aux assurés eux-mêmes, s'ils sont vivants à une époque fixée d'avance, soit à leurs ayants droit, et aussitôt après le décès, si les assurés meurent avant cette époque.

L'assuré peut stipuler que moitié seulement de la somme assurée sera payable à ses ayants droit s'il décède au cours du contrat.

Pour pouvoir être l'objet d'une proposition d'assurance mixte les intéressés doivent répondre après en avoir pris l'engagement par écrit aux questions et se soumettre aux constatations médicales prescrites par les polices. Si la proposition est rejetée, la décision ne doit pas être motivée. L'assurance produit son effet dès la réception du livret-police, après le premier versement. La durée du contrat est fixée de manière à ne pas reporter le terme de l'assurance après l'âge de 65 ans.

Le capital assuré peut être converti en rente viagère immédiate ou différée par le versement total du capital en une fois, quel qu'en soit le montant, à la Caisse nationale des retraites pour la vieillesse, — et cela au profit de l'assuré et de son conjoint, ou du conjoint survivant, en cas de décès au cours de l'assurance.

Ces pensions viagères ne peuvent excéder 1 200 fr.

Les assurances mixtes sont réglementées par les mêmes textes que les autres sous réserve des quelques modifications ci-après.

Parmi les déclarations à faire en plus, il y a celle de la somme à assurer, l'âge auquel cette somme sera payée, ou la moitié, s'il y a lieu; il faut mentionner si l'assurance sera contractée moyennant le payement d'une prime unique ou de primes annuelles payables en une seule fois chaque année, ou par fractions semestrielles ou mensuelles, pendant la durée de l'assurance ou pendant une durée moindre.

Après les vérifications nécessaires, le proposant reçoit avis du montant de la prime unique ou des primes périodiques qu'il devra, et l'autorisation de se présenter chez le médecin, prévenu de son côté, qui devra procéder à l'examen médical. Les médecins visiteurs sont nommés par le préfet et prêtent serment.

La prime est déterminée d'après l'âge de l'assuré à la date du premier versement augmenté d'une demi-année.

Les dates de versement des primes annuelles sont fixées par la date du premier versement, et celles des versements périodiques par périodes correspondantes à partir de la date anniversaire du premier versement.

Il est tenu compte pour la fixation du montant de la prime fractionnée des intérêts courus entre l'échéance annuelle et les échéances périodiques.

Toute réticence, toute fausse déclaration de l'assuré entraînent l'annulation de l'assurance, sans préjudice de poursuites devant les tribunaux, et la liquidation s'opère par le remboursement pur et simple des sommes versées pour l'assurance.

Situation et opérations de la caisse en 1902. — Le nombre des assurances *individuelles* contractées en 1902 a été de 65 ; le capital assuré correspondant s'élève à 138 047 fr. Déduction faite des règlements de sinistres et des annulations, le montant total des capitaux assurés au 31 décembre 1902 était de 3 415 938 fr., en augmentation sur 1901, de 65 493 fr.

Il a été encaissé pour le compte des assurances individuelles 1 071 primes représentant une somme de 69 782 fr. Les sinistres (capitaux payés au décès) s'élèvent à 59 162 fr., pour 29 polices. Le montant des sinistres, par rapport aux primes encaissées pendant l'année, est de 84,7 p. 100 de ces dernières.

Les assurances *collectives* contractées en 1902 par les sociétés de secours mutuels approuvées sont au nombre de 126, et comprennent 20 512 membres participants. Les primes afférentes s'élèvent à 138 552 fr. Les paiements de capitaux assurés, y compris les remboursements de primes, s'élèvent à 95 632 fr. L'excédent des recettes sur les dépenses, en ce qui concerne les assurances collectives, est donc de 42 920 fr.

, Le 31 décembre 1902, l'actif de la caisse s'élevait à .   1 650 670^f 29^c

Le passif provenant des assurances tant individuelles
que collectives était de. 1 313 883 07

L'excédent d'actif ressort à . . . .   336 787^f 22^c

B. — Caisse nationale en cas d'accidents.

Modes et formalités des assurances. Assurances collectives : Ressources de la caisse.
Règlement des pensions. Secours. Accidents. Situation et opérations en 1902.

Mode et formalités des assurances. — Les assurances sont annuelles ; elles peuvent être contractées au profit de toute personne âgée de 12 ans au moins. L'assuré verse à son choix, et pour chaque année, 8, 5 et 3 fr.

Les formalités de proposition d'assurance en cas d'accidents, les formalités de demande, les mesures relatives au livret-police, les prescriptions qui concernent les agents comptables sont celles de l'assurance en cas de décès.

Assurances collectives. — Les administrations publiques, les établissements industriels, les sociétés de secours mutuels peuvent assurer collectivement leurs ouvriers ou leurs membres ; les administrations municipales de même peuvent assurer les compagnies de sapeurs-pompiers contre les risques inhérents soit à leur service spécial, soit aux professions individuelles des ouvriers qui les composent. Les propositions d'assurances collectives doivent être accompagnées de listes nominatives des personnes assurées avec la date de la naissance de chacune d'elles.

Les assurances collectives peuvent être conclues avec ou sans clause de substitution. Dans le dernier cas, la liste produite ne peut être modifiée ; il est délivré à chaque assuré un livret individuel. Dans le premier cas, il n'est pas délivré de livret individuel, et le souscripteur de l'assurance, après avoir payé la prime calculée sur le nombre moyen d'ouvriers qu'il compte occuper pendant l'année, peut, pendant toute sa durée, faire mentionner sur la liste qu'il a produite les changements survenus dans le personnel assuré. A la fin de l'année, le montant définitif de la prime est arrêté d'après le nombre moyen des ouvriers occupés chaque jour et donne lieu soit à un versement complémentaire, soit à un remboursement, lesdits versement et remboursement augmentés des intérêts à 4 p. 100.

Les assurances collectives en cas d'accidents ont leur effet à partir du jour où elles ont été contractées, à moins de désignation d'époque ultérieure par le souscripteur dans sa proposition d'assurance.

Chaque assuré ne peut obtenir qu'une seule pension viagère ; si donc plusieurs cotisations ont été versées sur la même tête, elles sont réunies, sans que le total de la cotisation pour la liquidation de la pension puisse dépasser le chiffre de 8 ou 5 fr.

Ressources de la caisse. — Les ressources de la caisse se composent : 1° du montant des cotisations versées par les assurés ; 2° d'une subvention de l'État à inscrire annuellement au budget, et qui, pour la première année, a été fixée à un million ; 3° des dons et legs faits à la caisse.

Règlement des pensions. — Pour le règlement des pensions viagères à concéder les accidents sont distingués en deux classes : 1° ceux qui ont occasionné une incapacité absolue de travail ; 2° ceux qui ont occasionné une incapacité permanente du travail de la profession jusqu'alors exercée par la victime. — La loi de 1868 n'assure pas les accidents entraînant la mort ou l'incapacité temporaire[1].

La pension viagère est constituée avec jouissance du premier jour du trimestre dans lequel l'accident est arrivé, et d'après le tarif en vigueur dans le trimestre précédent, sur un capital aliéné, et elle est égale, pour la première classe d'accidents, à 320 fois la cotisation versée, augmentée d'une somme égale prise sur la subvention de l'État, sans que, en aucun cas, elle puisse être inférieure à 200 fr. pour la cotisation de 5 fr., et à 150 fr. pour celle de 3 fr. Pour la deuxième classe d'accidents, la pension n'est que la moitié de la précédente. Ces pensions sont incessibles et insaisissables pour le total.

Secours. — Si l'accident a entraîné la mort, la veuve de l'assuré, ou ses enfants, ou ses père ou mère sexagénaire, s'il est veuf, reçoivent un secours égal à deux années de la pension à laquelle l'assuré aurait droit si l'accident l'avait mis dans l'incapacité absolue de

---

1. Mais la loi du 24 mai 1899, on l'a vu, a étendu aux risques prévus par la loi du 9 avril 1898 les opérations de la Caisse nationale d'assurances en cas d'accidents, et couvre aujourd'hui les accidents ayant entraîné la mort ou une incapacité permanente tant absolue que partielle, régis par la loi de 1898.

Les dispositions de la loi de 1868 développées ici ne s'appliquent donc qu'aux accidents non assujettis à la loi de 1898.

travailler. Les secours attribués à la veuve et à chacun des enfants
mineurs se cumulent.

Les secours sont payables en deux annuités, l'une dès que les
pièces produites ont été reconnues régulières, l'autre, le jour anniversaire du décès, et toutes les deux à la caisse du préposé dans
l'arrondissement duquel la partie intéressée en a fait la demande.

Accidents. — Quand un assuré est atteint par un accident grave,
le maire constate les causes et les circonstances de l'accident par
procès-verbal, et charge un médecin d'examiner l'état du blessé et
d'indiquer les suites probables de l'accident.

Dans le délai de huit jours, un comité d'arrondissement nommé
par le préfet donne son avis qui est immédiatement transmis, avec
pièces à l'appui, au directeur de la Caisse des dépôts et consignations, lequel statue définitivement.

Situation et opérations en 1902. — *Loi de 1868.* — Les cotisations
versées en 1902 sont au nombre de 267, représentant une somme de 1 571 fr.
Les intérêts produits par les fonds placés s'élèvent à 247 345 fr. 50 c.
Les recettes totales ont été de 248 916 fr. 50 contre 6 055 fr. 50 c. de dépenses, soit un excédent de recettes de 242 861 fr.

Depuis 1868 jusqu'au 1er janvier 1903 il a été versé 284 735 fr. de primes
au nom de 44 235 assurés ; les règlements de sinistres et les frais accessoires ont entraîné une dépense de 242 339 fr. qui n'a atteint que la proportion de 85,11 p. 100 des versements et qui a laissé un excédent de
42 396 fr. D'autre part, la subvention de l'État, un don particulier et les
arrérages de rentes encaissées annuellement forment ensemble une somme
de 7 719 482 fr. qui, ajoutés à l'excédent ci-dessus, donnent un excédent
total des recettes sur les dépenses, depuis l'origine, de 7 761 878 fr. Sur
les 44 396 assurances, la caisse n'a eu à régler que 102 sinistres, dont
76 d'incapacité permanente et 26 suivis de mort, soit une moyenne de 2,31
accidents pour 1 000 assurés. Le nombre moyen de personnes assurées
annuellement est de 1 264.

Loi du 24 mai 1899. — Elle vise les accidents prévus par la loi de 1898
et ceux, par suite de la loi du 30 juin 1899, sur les accidents agricoles. Le
nombre des contrats en cours au 1er janvier 1903 s'élevait à 608 (en
augmentation de 70 sur l'année précédente), dont 566 au titre de la loi du
24 mai 1899, portant sur 15 millions et demi de francs de salaires et correspondant à un total de primes de 212 536 fr., et 42 contrats agricoles
comportant 1 936 primes.

En faisant la balance entre les recettes et les dépenses, le total des disponibilités pour 1903 ressortait à 236 056 fr. 69 c.

C. — Dispositions communes aux deux caisses.

Les tarifs des deux caisses sont revisés tous les cinq ans depuis 1870, et peuvent être modifiés par une loi. La Caisse des dépôts et consignations chargée de gérer les deux caisses emploie en achat de rentes sur l'État successivement et dans les huit jours au plus tard toutes les recettes disponibles provenant soit des versements des assurés, soit des intérêts perçus par les caisses ; ces rentes sont inscrites au nom de chacune des caisses qu'elles concernent.

Une commission supérieure, chargée de l'examen des questions relatives aux deux caisses présentent chaque année un rapport sur la situation matérielle et morale des deux caisses.

Les certificats, actes de notoriété, et autres pièces exclusivement relatives aux prescriptions de la loi sur les caisses d'assurances en cas de décès ou d'accident, sont délivrés gratuitement et dispensés des droits de timbre et d'enregistrement.

ANNEXE. — Caisse nationale de prévoyance contre les accidents des marins français.

Constitution. Ressources. Rapport de constat. Pensions ; inscrits, veuves, enfants, ascendants, réduction, tiers auteur de l'accident. Capital de réserve. Administration de la Caisse.

Constitution. — La loi du 21 avril 1898 a créé au profit des marins français une caisse nationale de prévoyance contre les risques et accidents de leur profession, annexée à la caisse des invalides, mais ayant son existence indépendante. Font obligatoirement et exclusivement partie de cet établissement tous les inscrits maritimes à partir de l'âge de dix ans. La caisse est revêtue de la personnalité civile.

Ressources. — Elle est alimentée : 1° par la cotisation des participants ; 2° par les apports des propriétaires ou armateurs de navires ou bateaux ; 3° par les dons ou legs des particuliers et par les subsides éventuels des départements, des communes, des établissements publics et des associations ; 4° lorsqu'il y a lieu, par des avances de l'État non productives d'intérêts, fixées comme il sera dit ci-dessous.

Les dons, legs et subsides peuvent être acceptés alors même qu'ils ont pour affectation spéciale la concession d'indemnités, secours ou pensions supplémentaires dans des cas déterminés ou au profit de régions désignées.

Les cotisations à verser par les inscrits maritimes sont fixées à la moitié des taxes perçues sur leurs gains et salaires en faveur de la caisse des invalides de la marine, sans toutefois que ces cotisations puissent excéder 2 fr. par mois pour les inscrits appartenant aux deux catégories du tarif faisant suite à la loi [1], cotisation réduite d'un tiers depuis le 1er janvier 1903 par la loi du 8 décembre 1902, en sorte que le maximum mensuel ne doit pas excéder 1 fr. 33 c.

Les propriétaires ou armateurs de bateaux armés pour le long cours, le cabotage, la grande et la petite pêche, le pilotage et le bornage, ainsi que les propriétaires de bâtiments de plaisance munis de rôles d'équipage, sont assujettis au versement d'une cotisation égale au montant de celle acquittée par leurs équipages. A l'origine, et par exception, les patrons propriétaires de bateaux se livrant à la petite pêche, au pilotage ou au bornage, qui montent eux-mêmes lesdits bateaux, sont assujettis au versement des cotisations annuelles, fixées comme il suit : 1° pour les bateaux exerçant la navigation exclusivement dans la partie maritime des fleuves, rivières, étangs ou canaux aboutissant à la mer et dans l'intérieur des ports et bassins, 3 fr. par homme ; 2° pour les bâtiments et embarcations pra-

---

[1]. **Tarif des demi-soldes d'infirmité, des pensions et des secours, pour l'exécution de la loi du 24 avril 1898.**

DÉSIGNATION.	PENSION des inscrits (art. 5) en cas de :		PENSION des veuves ou secours annuels (art. 6 et 7) en cas de :		SECOURS annuel aux ascendants (art. 9) en cas de :		SUPPLÉMENT annuel pour enfant âgé de moins de dix ans (art. 8).
	non-cumul.	cumul.	non-cumul.	cumul.	non-cumul.	cumul.	
	fr. c.	fr. c.	fr. c.	fr. c.	fr. c.	fr. c.	fr. c.
Capitaines au long cours, mécaniciens de 1re et de 2e classe dirigeant pendant leur dernier embarquement une machine d'une force nominale de 300 chevaux au moins...	300 »	150 »	250 »	125 »	125 »	62 50	36 »
Inscrits maritimes titulaires du brevet de pilote d'une station de mer, de patron breveté pour la pêche d'Islande, de maître au cabotage, de mécanicien de 1er ou de 2e classe.	270 »	135 »	220 »	110 »	110 »	55 »	24 »
Inscrits maritimes non titulaires de l'un des brevets ci-dessus et embarqués en dernier lieu comme officiers au long cours, au cabotage ou à la grande pêche, ou comme patrons d'embarcations exerçant la petite pêche au large...	240 »	120 »	200 »	100 »	100 »	50 »	24 »
Inscrits maritimes ne se trouvant dans aucune des catégories ci-dessus...	204 »	102 »	192 »	96 »	96 »	48 »	24 »

tiquant la petite pêche, le bornage où .le pilotage en mer, 4 fr. par homme[1]. Mais depuis la loi du 30 mars 1902, les patrons propriétaires de bateaux se livrant à la petite navigation (petite pêche, bornage et pilotage) montant eux-mêmes lesdits bateaux, sont exonérés de la taxe de 3 fr. et 4 fr. par homme et par an, imposée par la loi du 21 avril 1898, et ne sont astreints qu'à leur cotisation individuelle d'inscrits.

De plus, 5 p. 100 des primes accordées par la loi du 7 avril 1902 sur la marine marchande à la navigation et. pour la compensation d'armement doivent être prélevés au profit de tous les inscrits maritimes. Les sommes provenant de ces prélèvements sont versées à la caisse de prévoyance des marins, en vue de diminuer le montant des retenues imposées à ces derniers pour l'alimentation de cette caisse, et viennent donc en déduction du produit des cotisations individuelles. Un décret fixe la quotité des réductions proportionnelles.

Il est prélevé aussi, sur le montant des primes à la construction, des primes à la navigation, ainsi que des compensations d'armements constituées ou maintenues par la loi d'avril 1902, une retenue de 6 p. 100 qui est affectée, pour les deux tiers, à la caisse de prévoyance en vue de diminuer les retenues imposées aux marins et de grossir les fonds de secours à distribuer aux victimes des naufrages et autres accidents de mer ou à leurs familles.

Rapport de constat. — La blessure, la maladie ou la mort de l'inscrit maritime est immédiatement constatée par un rapport détaillé qui spécifie l'époque, le lieu et les circonstances de l'événement. Ce rapport est fait par le capitaine, maître ou patron, ou ceux qui les remplacent. Les déclarations des témoins sont annexées. Lorsque, pour une cause quelconque, ce rapport ne peut être rédigé à bord, il est dressé au premier atterrissage ; s'il s'y trouve une autorité maritime, coloniale ou consulaire, le rapport est établi par devant cette autorité. Dans tous les cas, le rapport et les déclarations annexées sont établis en deux expéditions : l'une est remise à l'autorité maritime, coloniale ou consulaire du lieu de mouillage ou du premier port où abordera le navire, et transmise, sans délai, par cette même autorité au commissaire du quartier d'inscription du marin pour être tenue à la disposition de l'intéressé ou de ses ayants droit ; l'autre demeure annexée au rôle d'équipage du navire pour être ultérieurement conservée à l'appui du rôle désarmé.

Dans tous les cas où le marin a été laissé à terre malade ou blessé, la nature du traitement et, s'il y a lieu, les circonstances du décès sont relatées dans un certificat médical dressé à la requête et sous le visa de

---

1. Le calcul des cotisations à percevoir a pour base les rôles de désarmement des navires et embarcations dressés par l'Administration de la marine. La réglementation relative au recouvrement des droits dus à la Caisse des invalides de la marine est appliquée pour la perception des cotisations.

l'autorité maritime, coloniale ou consulaire. Cette autorité conserve une copie dudit certificat et adresse, sans délai, l'original au commissaire du quartier d'inscription du marin, pour être tenu à la disposition de l'intéressé ou de ses ayants droit.

Pensions. — Les pensions et autres allocations accordées en vertu de la loi sont incessibles et insaisissables. Elles prennent cours, pour les inscrits : du jour où ils ont cessé de recevoir leurs salaires, conformément à l'article 262 du Code de commerce ; pour les veuves, les orphelins et les ascendants : du jour du décès qui y ouvre des droits ou, en cas de disparition à la mer, du jour des dernières nouvelles.

Inscrits [1]. — Les inscrits maritimes qui sont atteints de blessures ou

---

1. Pour faire valoir ses titres à l'une des allocations prévues, l'inscrit doit, sous peine de déchéance, adresser au commissaire de l'inscription maritime, dans le délai de deux mois qui suit son débarquement, ou son retour en France, s'il est débarqué à l'étranger ou aux colonies, une demande écrite ou verbale dont il lui est donné récépissé.

La même demande, dont il est également donné récépissé, doit, sous peine de déchéance, être adressée dans le délai d'un an à partir du jour de la mort de l'inscrit ou dans le délai de deux ans à partir du jour de ses dernières nouvelles, s'il a disparu en mer, par les veuves, orphelins, ascendants ou tuteurs. Dans le cas de disparition, la demande est instruite dès la décision du ministre de la marine établissant la disparition du marin ou la perte corps et biens du bâtiment ou de l'embarcation qu'il montait.

Un règlement d'administration publique, du 20 décembre 1898, détermine les justifications à produire pour l'établissement du droit, ainsi que les délais dans lesquels ces justifications devront être présentées. En ce qui concerne la demi-solde d'infirmité, l'instruction comporte la visite par la commission spéciale instituée par la loi du 11 avril 1881 et la constatation par cette commission que l'état de l'impétrant provient des causes et produit les conséquences spécifiées par la loi de 1898.

La Commission spéciale fait comparaître devant elle l'intéressé, examine son état et consigne le résultat de sa visite dans un procès-verbal établi conformément au modèle annexé au présent décret. Lorsque, en raison de son état de santé, un marin est incapable de se présenter devant la Commission spéciale, la visite peut, sur autorisation du préfet maritime donnée au vu d'un certificat médical établissant le fait, s'effectuer au domicile de l'intéressé par une délégation de ladite Commission.

Le résultat de cette visite est consigné dans un rapport indiquant l'impossibilité pour l'homme de se déplacer et concluant sur le fond de la demande.

Ce rapport est remis à la Commission spéciale qui décide si l'intéressé doit se présenter devant elle ; dans le cas contraire, elle formule son appréciation sur l'état physique du marin et conclut sur le fond de la demande.

Le procès-verbal établi par la Commission spéciale et les justifications soumises à son examen doivent être, quelles que soient les conclusions de la commission, transmis sans délai au ministre de la marine.

Toutes les justifications à fournir par l'intéressé doivent, à peine de déchéance, être produites dans un délai qui, ajouté aux délais impartis, ne peut, en aucun cas, dépasser cinq ans.

Dans le cas où l'intéressé se trouve dans l'impossibilité de produire les justifications mentionnées, il doit en aviser le Commissaire de son quartier d'inscription, dans le même délai, à peine de déchéance. Il est alors procédé à une enquête par les soins de l'autorité maritime.

de maladies ayant leur cause directe dans un accident ou un risque de leur profession survenu pendant la durée de leur dernier embarquement sur un navire français et les mettant dans l'impossibilité absolue et définitive de continuer la navigation, ont droit à une pension viagère dite « demi-solde d'infirmité », fixée conformément au tarif annexé à la loi. Si l'impossibilité de continuer la navigation n'est pas définitive, ils reçoivent une indemnité temporaire ou renouvelable calculée d'après le taux annuel prévu audit tarif.

La demi-solde d'infirmités est rayée si, à quelque époque que ce soit, le titulaire embarque à titre professionnel sur un navire ou bateau de commerce ou de pêche, ou sur un bâtiment de plaisance pourvu d'un rôle d'équipage.

Veuves [1]. — Ont également droit à une pension fixée conformément au tarif susvisé les veuves des inscrits maritimes qui sont tués ou périssent par suite des causes et dans les conditions prévues ci-dessus, ou qui meurent des conséquences mêmes des blessures ou des maladies, pourvu que le mariage soit antérieur à l'origine desdites blessures ou maladies. Si la femme titulaire de la pension ci-instituée se remarie et redevient veuve, elle ne peut prétendre, du chef de son second mari, à une deuxième pension de même nature que la première, à moins qu'elle ne renonce à celle dont elle jouissait déjà.

Ont droit à la même pension les veuves de marins morts en possession d'une des pensions déterminées par la loi, si le mariage est antérieur à l'accident ou à la maladie qui a déterminé l'octroi de cette pension. La pension n'est jamais acquise à la femme divorcée ou contre laquelle a été prononcée la séparation de corps.

Enfants. — Après le décès du père et de la mère ou lorsque la mère veuve se trouve déchue de ses droits à la pension, les orphelins des inscrits décédés dans les conditions susdéfinies ou en possession d'une demi-solde d'infirmité, reçoivent, quel que soit leur nombre, et jusqu'à ce que le plus jeune ait accompli l'âge de seize ans, un secours annuel unique de taux égal à celui de la pension que leur mère avait ou aurait obtenue. Est également, et dans les mêmes conditions, dévolue, comme secours annuel, aux orphelins du père, la pension de veuve demeurée libre par

---

1. Les veuves, orphelins ou ascendants doivent justifier de leur droit aux pensions ou secours annuels institués par la loi, par la production d'une copie certifiée conforme par le commissaire du quartier d'inscription du marin, du rapport détaillé et du certificat mentionnés au paragraphe *Rapport de constat.*

Si le marin a disparu en mer ou s'il était embarqué sur un navire qui a péri corps et biens, la seule justification à produire consiste, soit dans la copie certifiée du procès-verbal de disparition, soit dans les pièces exigées pour la preuve administrative du décès en vue de l'obtention des pensions prévues par la loi du 11 avril 1881.

Les demandes de pensions ou secours annuels sont remises, contre récépissé extrait d'un registre à souche, au commissaire du quartier d'inscription du marin qui est chargé de les instruire et d'établir les mémoires de propositions.

suite de l'option exercée conformément à ce qui a été dit plus haut. Toutefois, les arrérages du secours annuel sont, dans ce cas, payables à la mère tutrice des orphelins. Les enfants naturels reconnus avant l'origine de la blessure ou de la maladie d'où procède le droit participent au secours dans la même mesure que les enfants légitimes. A mesure que les aînés atteignent l'âge de seize ans, leur part est reversée sur les plus jeunes. En cas de coexistence d'orphelins de différents lits venant en concurrence entre eux ou avec la veuve, la division du secours a lieu comme en matière de demi-solde, sous la réserve des arrérages à payer à la mère tutrice des orphelins.

Il est alloué aux inscrits et aux veuves titulaires des pensions et indemnités accordées ci-dessus, pour chacun de leurs enfants âgés de moins de dix ans, un supplément annuel déterminé par le tarif annexé à la loi, à moins que, se trouvant en possession d'une demi-solde ou d'une pension dérivée de la demi-solde, ils ne reçoivent déjà ce supplément.

Ascendants. — Lorsque les inscrits maritimes ne laissent après eux ni veuves, ni orphelins, un secours annuel et viager dont le taux est déterminé par le tarif annexé à la loi est accordé à chacun de leurs ascendants au premier degré. En cas de prédécès de l'un des ascendants ou de décès consécutif des deux ascendants au premier degré, le secours qui aurait été ou a été attribué à chacun des ascendants décédés est reporté sur les ascendants de degrés supérieurs de la même branche, s'il en existe ; il est partagé également entre ces derniers, avec réversion sur le ou les survivants. Ces secours ne sont payés qu'aux ascendants âgés d'au moins soixante ans et qui auraient eu droit à une pension alimentaire. En outre, le même ascendant ne peut être titulaire de plus d'un des secours accordés en vertu des dispositions.

Réduction. — Les pensions et allocations accordées sont réduites de moitié si les ayants droit jouissent déjà, soit d'une pension militaire ou civile ou d'un secours d'orphelins payés sur les fonds de l'État, soit d'une demi-solde ou d'une pension de secours d'orphelins dérivée de la demi-solde.

Tiers auteur de l'accident. — Les dispositions ci-dessus ne font pas obstacle à ce que l'inscrit, ses ayants cause ou la caisse nationale de prévoyance subrogée à leurs droits demandent directement, suivant les principes et règles du droit commun, des indemnités aux personnes responsables des faits intentionnels ou fautes lourdes ayant déterminé la réalisation des accidents ou risques dont lesdits inscrits auront été victimes. Les indemnités qui, dans ce cas, auront été consenties par les intéressés ou imposées par les tribunaux compétents viendront en déduction des sommes à payer en vertu de la présente loi.

Capital de réserve. — Le payement des pensions, secours et indemnités à la charge de la caisse de prévoyance est garanti au moyen de la constitution annuelle du capital présumé nécessaire pour servir, jusqu'à leur extinction, les allocations accordées en vertu de la présente loi pendant l'année écoulée. Ce capital est calculé en appliquant au montant des pensions et secours concédés pendant l'année les règles suivies par la Caisse nationale des retraites, et en ajoutant au produit ainsi obtenu la somme des indemnités allouées et des frais d'administration dépensés pendant ladite année. Il est réalisé dans la caisse de l'institution au moyen : 1° des trois premières espèces de recettes prévues plus haut afférentes à l'année, à l'exclusion toutefois des dons, legs et subsides ayant une affectation spéciale et supplémentaire ; 2° s'il y a lieu, d'un prélèvement sur le fonds de réserve constitué en vertu de la loi ; 3° en cas d'insuffisance de ces ressources, d'avances remboursables de l'État égales au déficit.

Lorsque le produit des ressources ordinaires de la caisse dépasse le chiffre du capital nécessaire, l'excédent constitue une réserve destinée à couvrir, jusqu'à due concurrence, les déficits qui pourraient se produire ultérieurement et à rembourser les avances de l'État. Lorsque le montant de cette réserve vient à atteindre un million et demi de francs net, la cotisation à verser par les inscrits maritimes peut être réduite dans la proportion nécessaire pour ne pas augmenter la réserve au delà de ce chiffre. Les versements à effectuer par les propriétaires ou armateurs de bâtiments et patrons propriétaires de bateaux sont réduits dans la même proportion. Si le fonds de réserve vient à tomber au-dessous de cinq cent mille francs les contributions énumérées sont relevées dans une proportion .commune en vue de ramener ce fonds à son maximum.

Si le produit des ressources énumérées pour constituer le capital nécessaire n'y suffit pas, et que l'État soit obligé de parfaire le déficit au moyen d'avances, ces avances devront, préalablement à toute réduction des cotisations et des versements des participants, être remboursées à l'État, lorsque les recettes viendront à l'emporter sur les charges. En cas de succession de déficits annuels ayant entraîné des avances de l'État, le taux des cotisations ou versements pourra être momentanément relevé dans la proportion nécessaire pour mettre la caisse à même d'équilibrer ses recettes et ses charges, sans que, toutefois, ce relèvement puisse excéder un tiers des contributions exigées des participants.

Le taux des réductions et des relèvements des cotisations ou versements prévus de même que le montant des remboursements à l'État sont fixés par décrets rendus sur la proposition des ministres de la marine et des finances, sur avis conforme du conseil d'administration institué ci-dessous. Les modifications de taux sont applicables à partir du 1er janvier de l'année qui suit le décret qui les prononce.

Administration de la caisse. — Le ministre de la marine est chargé de la gestion de la caisse de prévoyance, avec le concours des fonctionnaires et agents ayant l'administration et la gestion de la caisse des invalides de la marine. Le contrôle financier de l'institution appartient à la commission supérieure de l'établissement des invalides.

Il est creé au ministère de la marine un conseil d'administration spécial de la caisse de prévoyance, et composé : 1º des membres titulaires de la commission supérieure des invalides ; 2º d'un nombre d'inscrits maritimes et d'armateurs égal à celui des membres de la commission précitée, pris par moitié dans chacune de ces deux catégories et nommés, par décret, pour une durée de trois ans. Il est spécialement consulté sur l'emploi et le placement des fonds de la caisse et donne son avis sur les questions et projets relatifs à l'organisation et à la réglementation de l'institution.

Les demi-soldes d'infirmité, les pensions de veuves et les secours aux orphelins ou ascendants qui en dérivent sont accordés suivant la procédure en vigueur pour la concession de la demi-solde [1]. L'indemnité temporaire est accordée par décision du ministre, après enquête administrative et pour une durée qui ne pourra excéder six mois.

Au delà de ce terme, elle peut, sur avis conforme de la commission de visite instituée par l'article 1er de la loi du 11 avril 1881, être transformée, par décision du ministre, en une indemnité renouvelable de six mois en six mois, chaque renouvellement ayant lieu après enquête. Au bout de trois années à partir de la décision ministérielle cette indemnité renouvelable est supprimée ou convertie, après une nouvelle visite, en demi-solde d'infirmité.

Les fonds de la caisse de prévoyance sont employés en rentes sur l'État, en valeurs du Trésor et en obligations garanties par l'État.

Il est tenu à l'administration centrale de l'établissement des invalides un grand livre sur lequel sont enregistrés les pensions et secours annuels au fur et à mesure de leur constitution. Un certificat d'inscription formant titre est délivré à l'ayant droit.

Les arrérages des pensions viagères et des secours annuels de la caisse de prévoyance sont payés par trimestre sur la production d'un certificat de vie.

Les pensions et secours annuels sont rayés du grand livre après trois

---

1. Toute demande de pension dite « demi-solde d'infirmité », d'indemnité temporaire ou renouvelable, ou enfin de conversion de cette dernière en pension, après avoir été remise contre récépissé extrait d'un registre à souche au Commissaire de l'inscription maritime du quartier du domicile du postulant, doit (sauf le cas d'indemnité temporaire) être transmise par cet officier, avec les pièces justificatives ci-dessus spécifiées et un relevé des états de services, au Commissaire général ou au chef de service du sous-arrondissement. Celui-ci doit convoquer l'intéressé, en temps utile, pour le faire visiter, lors de la plus prochaine réunion de la commission spéciale instituée par l'article 1er de la loi du 11 avril 1881, sur les pensions dites « demi-soldes ».

Lorsqu'il s'agit d'une demande, soit de transformation d'indemnité temporaire en indemnité renouvelable, soit de conversion de cette dernière indemnité en pension, le dossier des enquêtes administratives prévues par l'article 22 de la loi du 21 avril 1898 est joint à l'appui de la demande, et l'instruction se poursuit dans la forme tracée au paragraphe précédent.

Le conseil supérieur de santé de la marine donne son avis sur toutes les demandes de pensions, d'indemnité ou de secours.

ans de non-réclamation des arrérages, sans que leur rétablissement donne lieu à aucun rappel d'arrérages antérieurs à la réclamation. La même déchéance est applicable aux héritiers ou ayants cause des pensionnaires qui n'auront pas produit les justifications de leurs droits dans les trois ans qui suivront la date du décès de leur auteur. Les arrérages de pension non payés, mais réclamés dans les trois ans qui ont suivi le décès du pensionnaire, ne sont plus passibles que de la prescription quinquennale.

Les actes de l'état civil, les certificats de notoriété et autres pièces relatives à l'exécution de la présente loi sont délivrés gratuitement par les maires ou par les syndics des gens de mer, et dispensés des droits de timbre et d'enregistrement.

Les règles en vigueur en ce qui concerne la liquidation et le payement des pensions dites de demi-solde sont applicables aux pensions et secours annuels concédés sur la caisse de prévoyance pour tout ce qui n'est pas spécifié par la loi. La caisse de prévoyance supporte les dépenses spéciales d'administration qu'entraîne son fonctionnement.

La loi est applicable à l'Algérie, à la Martinique, à la Guadeloupe, à la Réunion, à la Guyane, aux îles Saint-Pierre et Miquelon et à toutes autres colonies où serait légalement organisée l'inscription maritime.

6. — Caisse nationale des retraites pour la vieillesse.

A. — Généralités : Création; commission supérieure ; fonds de la caisse; actes gratuits.
B. — Versements : Conditions générales; Caisses de dépôts; premier versement ; intermédiaires ; donateur; déclarations ; livret.
C. — Liquidation des rentes et capitaux : Calcul de la rente ; sommes ne produisant pas d'intérêt; capital réservé et arrérages après décès ; entrée en jouissance ; liquidation anticipée; payement des rentes. La caisse nationale des retraites pour la vieillesse en 1902.
D. — Majoration des pensions de la Caisse nationale des retraites : Crédits ; demandes de majoration ; répartition.
E. — Rapports des exploitants et ouvriers avec la Caisse nationale des retraites : Faculté de versements ; décret du 14 août 1894 (ouvriers mineurs).
F. — Recours de la Caisse des retraites pour le recouvrement de ses avances et pour l'encaissement des capitaux exigibles.
G. — Organisation du fonds de garantie.

A. — GÉNÉRALITÉS.

Création. — Il a été créé, sous la garantie de l'État, une caisse de retraites ou rentes viagères pour la vieillesse (*L. 18 juin 1850 art. 1er*), appelée aujourd'hui (*L. 30 janv. 1884, art. 9 et 20 juill. 1886, art. 1er*) Caisse nationale des retraites pour la vieillesse, et fonctionnant pour la France et l'Algérie (*Décr. 20 juill. 1886*). Elle est gérée par l'administration de la Caisse des dépôts et consignations qui pourvoit aux frais de gestion, et celle-ci est remboursée de ses frais par la Caisse des retraites. (*L. 26 déc. 1890, art. 58.*)

Commission supérieure. — Il est formé, auprès du ministère du commerce, une commission supérieure chargée de l'examen de toutes les questions qui concernent la Caisse nationale des retraites pour la vieillesse ; cette commission présente chaque année au Président de la République, sur la situation morale et matérielle de la caisse, un rapport qui est distribué au Sénat et à la Chambre, des députés. Elle est composée de seize membres : deux sénateurs, deux députés, deux conseillers d'État, respectivement nommés par leurs collègues, deux présidents de sociétés de secours mutuels désignés par le ministre de l'intérieur, un industriel désigné par le ministre du commerce, tous les neuf nommés pour trois ans ; — le président de la Chambre de commerce de Paris, et les six directeurs : de la Caisse des dépôts et consignations, du commerce au ministère du commerce, de la comptabilité publique, du mouvement général des fonds, de la dette inscrite, au ministère des finances, du secrétariat et de la comptabilité au ministère de l'intérieur ; ces sept derniers membres font de droit partie de la commission, qui élit son président.

Fonds de la caisse. — Le capital des rentes viagères est formé par les versements volontaires des déposants. Les rentes sont incessibles et insaisissables jusqu'à concurrence de 360 fr.

Les fonds de la Caisse nationale des retraites sont employés en rentes sur l'État, en valeurs du Trésor, ou, sur la proposition de la commission supérieure et avec l'autorisation du ministre des finances, soit en valeurs garanties par le Trésor, soit en obligations départementales ou communales. Les sommes nécessaires pour assurer le service des arrérages sont déposées en compte courant au Trésor. Le taux de l'intérêt dudit compte est fixé par le ministre des finances et ne peut être inférieur au taux d'après lequel est calculé, pour l'année, le montant des rentes viagères à servir aux déposants.

La Caisse nationale des retraites établit chaque année le bilan de ses opérations.

Actes gratuits. — Les certificats, actes de notoriété et autres pièces exclusivement relatives au fait des pensions sont délivrés gratis et dispensés des droits de timbre et d'enregistrement.

B. — VERSEMENTS.

Conditions générales. — Les versements sont reçus et liquidés à partir de 1 fr. et sans fraction de franc ; des bulletins-retraites, destinés à réaliser, au moyen des timbres-poste ordinaires, le versement minimum de 1 fr., sont mis gratuitement à la disposition du public dans les bureaux de tous les comptables chargés du service de la caisse. Le bulletin doit indiquer les nom et prénoms du titulaire ; les timbres sont collés dans les cases préparées à cet effet, et, lorsqu'ils atteignent la somme de 1 fr., le bulletin peut être remis à la caisse d'un préposé qui. doit le recevoir comme argent, pourvu que les timbres soient en bon état.

Le versement est de 2 fr. s'il doit profiter à deux conjoints, comme aussi tout déposant marié qui échange un bulletin-retraite doit verser une somme égale au nom du conjoint.

Les versements sont faits soit à capital aliéné, soit à capital réservé, mais ne peuvent, dans une même année, dépasser 500 fr., au compte de la même personne (*L. 26 juill. 1893*), sauf s'ils sont effectués en vertu d'une décision judiciaire, ou par les administrations publiques avec les fonds provenant des cotisations annuelles des agents non admis au bénéfice de la loi du 9 juin 1853 sur les pensions civiles, — ou par les sociétés de secours mutuels, avec les fonds de retraite inaliénables déposés par elles à la Caisse des dépôts et consignations. Dans tous les cas, le maximum des versements totaux ne peut dépasser l'ouverture d'une pension supérieure à 1 200 fr. sur la même tête.

Les versements peuvent être effectués au profit de toute personne, française ou étrangère, résidant en France et âgée de 3 ans au moins, soit par le titulaire lui-même, soit par un donateur, soit par un intermédiaire, pour le compte du titulaire ou du donateur.

Les étrangers ne peuvent bénéficier des bonifications prévues pour les nationaux.

Les mineurs, âgés de moins de 16 ans, doivent être autorisés par leurs père, mère ou tuteur, et, en cas d'empêchement, par le juge de paix, dont l'autorisation est toujours révocable. Les femmes mariées n'ont pas besoin de l'assistance de leur mari.

Le versement effectué avant le mariage reste propre à celui qui l'a fait.

Durant le mariage, les versements des déposants non séparés de biens profitent par moitié à chacun des deux conjoints, et si l'un d'eux atteint le maximum de rente, ou dans l'année, par suite de versements par donation, le maximum de versement, le versement effectué par l'autre profite alors à lui seul, comme aussi lorsque le déposant marié justifie soit de sa séparation de corps, soit de sa séparation de biens contractuelle ou judiciaire, ou bien encore, mais par autorisation du juge de paix, avec faculté d'appel devant le tribunal de première instance, quand l'absence ou l'éloignement d'un des conjoints dure depuis plus d'une année.

Caisses de dépôts. — Les versements sont reçus à Paris, à la Caisse des dépôts et consignations ; dans les départements, par les trésoriers-payeurs généraux et les receveurs particuliers des finances ; en Algérie par les trésoriers-payeurs et les payeurs particuliers. De plus les percepteurs et les receveurs des postes reçoivent les versements.

Premier versement. — Lors du premier versement tout déposant titulaire fait connaître ses nom, prénoms, qualité civile, nationalité, âge, profession et domicile. Il produit son acte de naissance, ou, à défaut, un acte de notoriété qui en tienne lieu, délivré dans les formes prescrites par le Code civil, article 71. Ces actes sont délivrés gratis, et mentionnent l'usage auquel ils sont destinés. Il déclare, de plus :

1° S'il entend faire abandon du capital versé ou s'il veut que ce capital soit remboursé, lors de son décès, à ses ayants droit ;

2° A quelle année d'âge accomplie, à partir de la cinquantième année, il a l'intention d'entrer en jouissance de la rente viagère.

Si le déposant est marié, il fait, en ce qui concerne son conjoint, les mêmes productions et déclarations, et s'il se tait sur l'abandon ou la réserve du capital, et sur l'âge d'entrée en jouissance, les déclarations faites pour l'un des conjoints sont communes à l'autre.

En cas de séparation de biens contractuelle, ou judiciaire, et de séparation de corps, il en produit les pièces justificatives, et de même les mineurs produisent les autorisations nécessaires.

Il est remis au déposant, au moment du premier versement, un récépissé provisoire de la somme versée, en attendant la délivrance d'un livret de compte.

Tous changements survenus dans les qualités civiles, nationalité, ou toutes modifications aux conditions premières sont l'objet de déclarations et de production de pièces justificatives, s'il y a lieu.

Intermédiaires. — Toute personne peut servir d'intermédiaire à un ou plusieurs déposants. L'intermédiaire qui verse dans l'intérêt de plusieurs déposants dresse un bordereau des sommes versées pour chacun d'eux. Des bordereaux distincts doivent être dressés pour les nouveaux et pour les anciens déposants. Ils doivent indiquer en regard des sommes versées :

1° Pour les nouveaux déposants, les nom et prénoms avec production des feuilles de déclaration et des pièces justificatives ;

2° Pour les anciens déposants, le nom et le numéro du livret avec production des livrets et des feuilles de déclaration accompagnées des pièces justificatives à l'appui.

Dans le cas de donation, mention en est faite au bordereau.

Le préposé qui reçoit un premier versement délivre un récépissé provisoire, lequel forme titre envers l'État s'il est, dans les vingt-quatre heures de sa date, soumis au visa pour contrôle, par l'intermédiaire.

Les versements subséquents sont inscrits sur le livret, et toutes les formalités ordinaires suivent.

Donateur. — Les versements faits par un tiers donateur, au profit d'une femme mariée, doivent produire le consentement du mari. Tout donateur fait connaître s'il entend stipuler en sa faveur le remboursement du capital au décès du titulaire de la rente, ou s'il fait cette réserve au profit des ayants droit de celui-ci, en indiquant si cette réserve est ou non subordonnée à la faculté par le titulaire d'aliéner le capital réservé. Il peut en outre stipuler que la rente créée par ses versements sera incessible et insaisissable en totalité.

Déclarations. — Les déclarations prescrites sont consignées sur une feuille spéciale pour chaque déposant ou pour deux conjoints ; elle est signée par le déposant ou son intermédiaire et par le préposé de la Caisse nationale des retraites. Si le déposant ne sait ou ne peut signer, il en est fait mention. Les pièces justificatives sont annexées à cette feuille, et le tout est réuni à la Caisse des dépôts et consignations et y demeure déposé.

Le déposant qui a stipulé le remboursement à son décès du capital versé, peut, à toute époque, faire abandon de tout ou partie de ce capital, à l'effet d'obtenir une augmentation de rente au plus égale à 1 200 fr.

Le donateur qui a stipulé le retour du capital, soit à son profit, soit au profit des ayants droit du donataire, peut également, à toute époque, faire abandon du capital, soit pour augmenter la rente du donataire, soit pour se constituer à lui-même une rente, si la réserve avait été stipulée à son profit.

Livret. — Un livret est établi par la Caisse des dépôts et consignations d'après les feuilles spéciales et justificatives qui sont reproduites au registre matricule des déposants, contenant le compte de chacun d'eux ; il est revêtu de son timbre et délivré gratuitement au déposant. Il porte un numéro d'ordre ; il énonce, pour chaque titulaire, les déclarations faites et est disposé de manière qu'en cas de mariage il puisse y être ouvert un compte pour chacun des deux conjoints. Il contient en outre les dispositions législatives et réglementaires en vigueur.

En cas de perte du livret, il est pourvu à son remplacement comme pour un titre de rente de l'État. Les déposants peuvent, à toute époque, faire vérifier leur livret par la Caisse des dépôts et consignations.

Le montant de chaque versement autre que le premier, qui a été inscrit, lors de l'établissement du livret, est constaté par un enregistrement porté au livret et signé par le comptable qui reçoit le versement. Cet enregistrement ne forme titre envers l'État qu'à la charge par le déposant de le faire viser dans les 24 heures : à Paris, pour les versements à la Caisse des dépôts et consignations, par le contrôleur près cette caisse ; dans les départements, pour les versements faits chez les trésoriers-payeurs généraux et receveurs particuliers

des finances, par le préfet ou le sous-préfet ; en Algérie par le fonctionnaire civil ou militaire chargé du contrôle des récépissés à
talon.

Les préfets, sous-préfets et autres fonctionnaires chargés du contrôle relèvent, sur un registre spécial, les sommes enregistrées aux
bordereaux et livrets, et adressent tous les mois un extrait dudit registre à la Caisse des dépôts et consignations, pour servir d'élément de contrôle.

Les versements faits auprès des percepteurs et receveurs des
postes sont enregistrés et contrôlés dans le délai de dix jours pour
les versements faits directement à la Caisse des dépôts et consignations, et dans les deux mois pour les versements faits par des intermédiaires, avec augmentation pour l'Algérie, en raison des distances.

Les livrets ainsi transmis donnent droit aux déposants à un reçu
provisoire, au dos duquel il donnera décharge quand le livret lui
reviendra. Trois mois après le versement, le déposant peut demander l'inscription sur le livret, de la rente viagère correspondante.

C. — LIQUIDATION DES RENTES ET CAPITAUX.

Calcul de la rente. — Le montant de la rente viagère à servir est
calculé conformément à des tarifs tenant compte pour chaque versement :

1° De l'intérêt composé du capital, fixé sur un taux d'intérêt gradué par quart de franc, par un décret du président de la République, rendu sur la proposition du ministre des finances, après avis
de la commission supérieure ;

2° Des chances de mortalité, en raison de l'âge des déposants et
de l'âge auquel commence la retraite, calculée d'après les tables
dites de Deparcieux qui sont revisées ultérieurement quand il y a
lieu ;

3° Du remboursement, au décès, du capital réservé, si le déposant
en a fait la demande au moment du versement.

Les rentes ne peuvent, lors de la liquidation définitive, dépasser
1 200 fr., ni être inférieures à 2 fr.; mais les rentes viagères inférieures à 2 fr. peuvent être réunies au montant de la rente à liqui-

der ultérieurement au profit du même titulaire, pour d'autres versements, sans que cette réunion puisse donner droit à un rappel d'arrérages. Cette réunion est opérée d'office, si le titulaire n'a pas demandé le remboursement du capital afférent aux dites rentes.

Sommes ne produisant pas d'intérêt. — Sont remboursées sans intérêt : les sommes versées irrégulièrement, par suite de fausse déclaration sur les qualités civiles, noms et âge des déposants ; les sommes versées au profit d'une personne morte au jour du versement, ou atteinte d'une maladie dont elle est morte dans les vingt jours du versement ; les sommes qui lors de la liquidation définitive dépassent des versements de 500 fr. par année, ou le capital nécessaire pour produire une rente de 1 200 fr.; les sommes insuffisantes pour produire une rente viagère de 2 fr.

Capital réservé et arrérages après décès. — Quand la réserve du capital a été faite au moment du dépôt, et si l'abandon du capital n'a pas été fait, par la suite, le capital déposé est remboursé aux ayants droit lors du décès du titulaire de la rente, avant ou après l'époque de l'entrée en jouissance.

Mais il reste acquis à la caisse des retraites en cas de déshérence ou par prescription, s'il n'est pas réclamé dans les trente années qui ont suivi le décès.

Les arrérages échus sont également payés.

Capitaux réservés et arrérages échus au jour du décès du titulaire sont payés à ses héritiers ou ayants droit sur la production du livret pour les capitaux, du titre de rente pour le prorata d'arrérages et sur la remise d'un acte de décès et d'un certificat de propriété délivré dans les formes légales, — et en outre sur la production des pièces nécessaires pour la validité du paiement.

Le capital réservé au profit du donateur lui est remboursé sur la seule production du livret ou du certificat de réserve de capitaux et d'un acte de décès.

Entrée en jouissance. — L'entrée en jouissance est fixée au choix du déposant, à partir de chaque année d'âge accomplie de 50 à 65 ans. Les tarifs sont calculés jusqu'à ce dernier âge, et suivant les tarifs de cet âge au delà de 65 ans.

L'entrée en jouissance au-dessous de 65 ans peut être retardée de cinq années, sans pouvoir être reportée au delà de 65 ans, avec faculté d'obtenir néanmoins la liquidation de la pension à toute année d'âge accomplie pendant la période d'ajournement, et la demande de liquidation, dans ce cas, n'est reçue que durant les trois mois qui suivent la date originairement fixée.

Exceptionnellement, dans le cas de blessures graves ou d'infirmités prématurées régulièrement constatées, conformément au décret du 28 décembre 1886 et entraînant incapacité absolue de travail, la pension peut être liquidée même avant 50 ans et en proportion des versements faits avant cette époque. Les pensions ainsi liquidées pourront être bonifiées par un crédit ouvert au budget de l'intérieur, sans que le montant des pensions bonifiées puisse être supérieur au triple du produit de la liquidation, ni dépasser un maximum de 360 fr., bonification comprise.

La commission supérieure statue sur les demandes de bonification, et en maintient les concessions dans la limite des crédits disponibles.

Liquidation anticipée. — Les blessures graves ou infirmités prématurées susceptibles de faire obtenir la liquidation avant l'âge fixé, sont constatées au moyen :

1° D'un certificat. émané des médecins qui ont donné leurs soins aux déposants ;

2° D'une attestation émanée de l'autorité municipale ; à Paris, du commissaire de police ;

3° D'un certificat émané d'un médecin désigné par le préfet ou le sous-préfet et assermenté.

Ces certificats et attestation doivent établir que le déposant est dans l'incapacité absolue de travailler.

De plus, les déposants dont la profession déclarée comporte rémunération, à quelque titre que ce soit, par l'État, les départements, les communes ou les établissements publics doivent justifier, par une pièce émanée de leurs supérieurs, qu'ils ont cessé d'occuper leur emploi ou leur fonction.

Les demandes sont transmises avec les pièces à l'appui par les préfets (de police, à Paris) au directeur général de la Caisse des dépôts et consignations.

Payement des rentes. — Il est tenu à la Caisse des dépôts et consignations un grand livre sur lequel sont enregistrées les rentes viagères pour la vieillesse. Un double de ce grand-livre est conservé au ministère des finances. Il est délivré au titulaire un extrait d'inscription par la Caisse des dépôts et consignations à Paris et la Seine, et, dans les départements, par les préposés de la Caisse nationale des retraites, pour former titre valable contre l'État.

En cas de veuvage, la femme titulaire d'une rente viagère de la vieillesse fait immatriculer son titre sous sa qualité de veuve, en justifiant du décès de son mari.

En cas de perte du titre, il est pourvu à son remplacement comme pour l'extrait d'inscription nominative de rente sur l'État, dans le trimestre d'échéance qui suit celui de la demande.

Les arrérages des rentes sont liquidés sur tarifs établis à l'unité de franc et calculés par trimestre pour le versement, et par année pour la jouissance, jusqu'à la quatrième décimale. Les trimestres datent des 1ers janvier, avril, juillet, octobre. L'âge du déposant est calculé comme si ce déposant était né le premier jour du trimestre qui a suivi la date de la naissance. L'intérêt de tout versement n'est compté que du premier jour du trimestre qui suit le versement. La rente viagère commence à courir du premier jour du trimestre qui suit celui dans lequel le déposant a accompli l'année d'âge à laquelle il aura déclaré vouloir entrer en jouissance de la rente, est acquise jusqu'au jour du décès et est payable trimestriellement les 1er mars, juin, septembre et décembre, la première échéance comprenant seulement le montant des deux premiers mois échus depuis l'époque d'entrée en jouissance ; le paiement est fait au porteur de l'extrait d'inscription et sur la production d'un seul certificat de vie pour chaque titulaire, quel que soit le nombre des trimestres échus. Il est effectué, pour le département de la Seine, par le caissier général de la Caisse des dépôts et consignations et les percepteurs ; pour les autres départements, chez les trésoriers-payeurs généraux et receveurs des finances, ou par l'entremise des percepteurs des contributions directes. Les arrérages non perçus se prescrivent par cinq ans. Les rentes dont les arrérages n'auront pas été réclamés pendant trois années consécutives seront présumées éteintes et rejetées des états de payement où elles ne pourront être rétablies que sur la justification de l'existence du titulaire.

La caisse nationale des retraites pour la vieillesse en 1902. —
Les versements, en 1902, ont été au nombre de 3 249 861 et se sont élevés
à 69 448 113 fr., y compris les versements opérés en vertu de l'article 28
de la loi du 9 avril 1898 sur les accidents du travail, soit 14 732 450 fr. Les
chiffres correspondants étaient, en 1901, de 3 075 274 versements représentant une valeur de 66 304 194 fr. ; il y a donc en faveur de 1902 une
augmentation de 174 587 sur le nombre et de 3 143 919 fr. sur le montant
des versements.

Les versements effectués en 1902 en vertu de la loi du 20 juillet 1866 se
décomposent comme suit :

	VERSEMENTS collectifs.		VERSEMENTS individuels.		TOTAL.	
	Nombres.	Sommes.	Nombres.	Sommes.	Nombres.	Sommes.
		francs.		francs.		francs.
Versements à capital aliéné	1 698 384	21 677 652	21 038	4 388 033	1 719 422	26 065 685
Versements à capital réservé.	1 495 675	24 815 275	30 709	3 834 702	1 526 384	28 649 977
Total	3 194 059	46 492 927	51 747	8 222 735	3 245 806	54 715 682

La comparaison avec l'année précédente fait ressortir une augmentation
de 175 251 sur le nombre de 1 587 358 fr. sur le montant des versements
collectifs. Les versements individuels présentent une diminution de 1 317
sur le nombre et de 117 fr. sur les sommes versées. Cette légère diminution est due surtout à des mesures prises pour faire entrer dans la catégorie des versements collectifs un certain nombre de versements effectués
antérieurement à titre individuel au profit d'écoliers. Les versements à
capital aliéné ont augmenté de 53 144 quant à leur nombre et de
1 262 073 fr. quant à leur montant. Les versements à capital réservé ont
augmenté de 120 790 en nombre, et de 305 168 fr. pour leur montant.

Les versements à capital aliéné, opérés par les débiteurs de rentes
allouées en exécution de la loi du 9 avril 1898, se sont élevés, en 1902, à
4 055 en nombre, et à 14 732 450 fr. en somme. Ces versements ont servi à
constituer des rentes viagères ou temporaires au profit de 4 917 bénéficiaires (contre 4 425 en 1901).

Le nombre des comptes nouveaux ouverts en 1902 s'élève à 208 774
savoir :

> 6 850 comptes individuels,
>
> 197 007   —   ouverts au nom des membres de collectivités,
>
> 4 917   —   ouverts en vertu de la loi du 9 avril 1898.

Total : 208 774 comptes.

Les rentes en cours servies par la Caisse nationale des retraites s'élevaient, au 31 décembre 1902, à 255 364 pour un montant total de
36 191 077 fr. Les 255 364 rentiers se divisent en 139 236 hommes jouissant
de 19 586 081 fr. de rente et 115 428 femmes avec 16 604 996 fr. de rente.

Les rentes de	2 à	5o fr.	comprennent	45,39	p. 100 du nombre total des rentiers.
—	51 à	200	—	39,36	—
—	201 à	600	—	11,26	—
—	601 à 1 200		—	3,35	—
—	601 à 1 200		—	3,35	—
—	1 201 à 1 500		—	0,64	

D. — MAJORATION DES PENSIONS DE LA CAISSE NATIONALE DES RETRAITES.

Crédits. — En vertu de la loi du 31 décembre 1895, modifiée par la loi du 25 février 1901, il est ouvert chaque année, au budget du ministère du commerce et de l'industrie, un crédit destiné à majorer les rentes viagères au profit des titulaires de livrets individuels de la Caisse nationale des retraites pour la vieillesse et des membres de secours mutuels, ou de toute autre société de secours et de prévoyance, si ces titulaires répondent d'ailleurs aux conditions suivantes :

1° Être âgés d'au moins 65 ans ;

2° Justifier qu'ils ne jouissent pas, y compris ladite rente viagère, d'un revenu personnel, viager ou non, supérieur à 360 fr. ;

3° Avoir effectué, pendant vingt-cinq années consécutives ou non, des actes de prévoyance, soit par vingt-cinq versements annuels au moins opérés sur un livret de la Caisse des retraites, soit par vingt-cinq cotisations régulières en qualité de membres participants d'une des sociétés visées ci-dessus, ayant, depuis le même temps, établi un fonds de retraites. Des comptes annuels seront produits par ces sociétés à l'appui de leur demande.

A titre transitoire, jusqu'en 1905, le nombre d'années de prévoyance exigées de chaque pensionnaire est abaissé à quinze ans pour les pensionnaires qui ont demandé et obtenu la bonification de retraite en 1895 ; et à seize ans pour ceux qui l'ont demandée et obtenue en 1896, et ainsi de suite en exigeant une année de plus à chaque exercice nouveau, jusqu'en 1905, date à laquelle la condition de vingt-cinq ans sera définitivement exigée de tous.

Demandes de majoration. — Les demandes de majoration de rentes viagères constituées au profit des titulaires de livrets individuels de la Caisse nationale des retraites pour la vieillesse et des membres des sociétés de secours mutuels ou de toute autre société de secours et de prévoyance servant des pensions de retraites devront être produites par les intéressés, avec les justifications réglementaires à l'appui, avant un délai au plus tard, sous peine d'exclusion, et fixé par décret annuellement vers la fin de novembre.

Les rentes supplémentaires sont émises avec jouissance du 1er janvier, pour les rentiers âgés de 65 ans au moins au 31 mars, et, pour les rentiers atteignant leur soixante-cinquième année, du 1er avril au 31 décembre avec jouissance du premier jour du trimestre dans lequel ils atteindront cet âge, à charge de justifier de leur existence à cette date.

L'administration de la Caisse des dépôts et consignations est chargée de l'instruction des demandes tendant à l'obtention des majorations visées par la loi du 31 décembre 1895 et de la liquidation de ces majorations.

Les frais concernant les majorations et résultant soit de l'enquête, soit de la répartition et de la délivrance des rentes à accorder, seront prélevés sur le crédit inscrit, en vue desdites majorations, au budget du ministère du commerce, de l'industrie, des postes et télégraphes.

Répartition. — La répartition est faite au marc le franc des crédits ouverts pour la bonification des retraites. Les crédits sont versés à la Caisse nationale des retraites à capital aliéné. Les arrérages de ce capital ne peuvent être dépassés, et les pensions servies, majoration comprise, ne doivent pas dépasser 360 fr. La majoration elle-même ne pourra pas excéder le cinquième de la rente à majorer. (*L. 13 juill. 1896.*)

Des bonifications spéciales peuvent être allouées, sur avis de la commission supérieure de surveillance de la Caisse, aux parents ayant élevé plus de trois enfants jusqu'à l'âge de trois ans accomplis. Indépendamment des crédits ouverts au budget, le revenu de la moitié du produit de la vente des joyaux de la couronne formera une dotation spéciale affectée au service des pensions exceptionnelles liquidées avant l'âge de 50 ans, dans le cas de blessures graves ou d'infirmités prématurées, régulièrement constatées et entraînant incapacité absolue de travail. (*Art. 11, L. 20 juill. 1886.*)

E. — RAPPORTS DES EXPLOITANTS ET OUVRIERS AVEC LA CAISSE NATIONALE DES RETRAITES.

Faculté de versements. — On a vu que les chefs d'entreprise, en ce qui concerne les accidents, les caisses syndicales ou patronales de retraites et de secours, les caisses d'épargne ainsi que les sociétés de secours et de secours mutuels, les caisses d'ouvriers mineurs, — en un mot toutes les caisses de prévoyance, — peuvent, aux termes des différentes lois, verser les sommes destinées à la formation du capital constitutif des pensions, à la Caisse nationale des retraites pour la vieillesse, gérée par la Caisse des dépôts et consignations.

Les formalités et conditions de ces versements ont été réglementées par le décret du 28 décembre 1886, quand il traite des intermédiaires. Le décret du 14 août 1894, spécial aux ouvriers mineurs mérite cependant d'être étudié, pour les principes généraux, comme traitant des mêmes formalités, plus complètement, et pouvant, en somme, avoir une application générale, en laissant de côté ce qui se rapporte à la profession.

Décret du 14 août 1894. — L'exploitant qui effectue les versements à la caisse nationale des retraites au nom de ses ouvriers produit les déclarations de versement et les bordereaux prévus, ainsi que les pièces justificatives, à l'appui des déclarations, sans être tenu néanmoins de fournir, en ce qui concerne les versements effectués au profit des mineurs et des femmes mariées, les autorisations et consentements habituellement requis.

Dans le cas où les versements ont lieu au profit d'un ouvrier déjà titulaire d'un livret individuel de la caisse nationale des retraites pour la vieillesse, l'exploitant n'a à produire qu'une déclaration à l'appui de son premier versement.

L'exploitant peut se faire représenter comme intermédiaire par un agent accrédité par lui.

La déclaration à souscrire au nom de chaque ouvrier, lors du premier versement, fixe uniformément l'entrée en jouissance à 55 ans et s'applique également à la partie du versement à la charge de l'exploitant et à celle provenant d'un prélèvement sur le salaire de l'ouvrier ou employé. Elle fait connaître si le versement doit être en totalité à capital aliéné, ou si, pour la part provenant du salaire, il est soumis à la condition de réserve du capital, soit pour l'ouvrier, soit pour son conjoint. Lorsque la réserve du capital est stipulée, la déclaration mentionne la portion des versements de l'ouvrier à laquelle cette clause est applicable, et indique au profit de qui doit être payé le capital assuré par suite de cette réserve.

Si la délivrance de la rente est différée après 55 ans, l'entrée en jouissance des rentes correspondant aux versements déjà effectués est ajournée à 60 ans, et ensuite, s'il y a lieu, à 65 ans, et l'entrée en jouissance des rentes afférentes aux versements qui seraient faits ultérieurement est fixée également à 60 ans, puis à 65 ans. Le titulaire qui a atteint l'âge de 55 ans conserve néanmoins le droit d'obtenir, sur sa simple demande, la liquidation de sa pension à toute année d'âge accomplie en dehors des termes fixés ci-dessus ; et alors, chacune des rentes produites, tant par l'ajournement à 60 ans que par les versements ou abandons de capitaux postérieurs à cet ajournement, est calculée à nouveau d'après les tarifs en vigueur aux époques où les différentes opérations, soit de versement, soit d'abandon ou d'ajournement, ont été effectuées.

Les versements que l'exploitant doit effectuer mensuellement sont reçus à la Caisse des dépôts et consignations à Paris, et chez les trésoriers-payeurs généraux et les receveurs particuliers des finances dans les départements.

L'exploitant peut être autorisé, par les ministres des finances ou des postes et télégraphes, sur avis du ministre des travaux publics, à se servir de l'entremise du percepteur ou du receveur des postes pour effectuer ses versements à la Caisse nationale des retraites.

Les bordereaux de versement sont établis de manière à permettre d'y inscrire les trois versements à effectuer pendant chaque trimestre et leur total. Ces versements donnent lieu à la délivrance de récépissés provisoires, visés au contrôle et mentionnés sur le bordereau, qui reste entre les mains du déposant.

A l'expiration du trimestre le total des versements mensuels est porté sur les livrets individuels. Pour les ouvriers qui quittent l'exploitation en cours de trimestre, il est produit un bordereau spécial avec les livrets y afférents. Chaque livret est ensuite adressé au comptable chez lequel l'ouvrier aura déclaré vouloir le retirer. L'inscription de la rente viagère acquise par les versements est faite par le comptable qui a reçu le dépôt, dans les trois mois du versement effectué. Les rentes sont liquidées d'après le tarif de la caisse nationale des retraites, en vigueur à la date où le versement a été opéré.

La limite à 5oo fr. des versements au compte de la même personne n'est pas applicable aux ouvriers mineurs.

F. — Recours de la caisse des retraites pour le recouvrement de ses avances et pour l'encaissement des capitaux exigibles [1].

La Caisse nationale des retraites exerce un recours contre les chefs d'entreprise débiteurs pour le compte desquels des sommes ont été payées par elle, — recours exercé aux requête et diligence du directeur général de la Caisse des dépôts et consignations, dans les conditions suivantes :

Dans les cinq jours qui suivent le payement fait au bénéficiaire de l'indemnité et au greffier de la justice de paix, ou à l'expiration du délai dont il est question plus bas, si le remboursement n'a pas été opéré dans ce délai, le directeur général de la Caisse des dépôts et consignations informe le débiteur, par lettre recommandée, du payement effectué pour son compte. Cette lettre recommandée fait en même temps connaître que, faute par le débiteur d'avoir remboursé dans un délai de quinzaine le montant de la somme payée, d'après un des modes prévus, le recouvrement sera poursuivi par la voie judiciaire.

A l'expiration du délai imparti, le directeur général de la Caisse des dépôts et consignations délivre, à l'encontre du débiteur qui ne s'est pas acquitté, une contrainte pour le recouvrement.

La contrainte décernée par le directeur général de la Caisse des dépôts et consignations est visée et déclarée exécutoire par le juge de paix du domicile du débiteur. Elle est signifiée par ministère d'huissier. L'exécution de la contrainte ne peut être interrom-

---

1. Voir page 511, la note 1 de *Jurisprudence*.

pue que par une opposition formée par le débiteur et contenant assignation donnée au directeur général de la Caisse des dépôts et consignations devant le tribunal civil du domicile du débiteur. L'instance à laquelle donne lieu l'opposition à contrainte est suivie dans les formes et délais déterminés par l'article 65 de la loi du 22 frimaire an VII sur l'enregistrement.

Les frais de poursuites et dépens de l'instance auxquels a été condamné le débiteur débouté de son opposition sont recouvrés par le directeur général de la Caisse des dépôts et consignations au moyen d'un état de frais taxé sur sa demande et rendu exécutoire par le président du tribunal.

Lorsque le capital représentatif d'une pension est devenu exigible par suite de la faillite ou de la liquidation judiciaire du débiteur, le directeur général de la Caisse des dépôts et consignations représentant la Caisse nationale des retraites pour la vieillesse demande l'admission au passif pour le montant de sa créance. Il est procédé, dans ce cas, conformément aux dispositions des articles 491 et suivants du Code de commerce et de la loi du 4 mars 1889 sur la liquidation judiciaire.

En cas d'exigibilité du capital par suite de circonstances (décès, cessation d'établissement) autres que la faillite ou la liquidation judiciaire du débiteur, le directeur général de la Caisse des dépôts et consignations, par lettre recommandée, met en demeure le débiteur ou ses représentants d'opérer dans les deux mois qui suivront la réception de la lettre le versement à la Caisse nationale des retraites du capital exigible, à moins qu'il ne soit justifié qu'ont été fournies les garanties prescrites par le décret du 28 février 1899 (versement du capital représentatif des pensions à une caisse autorisée, immatriculation des titres de rentes, dépôt de titres à la Caisse des dépôts et consignations).

Si, à l'expiration du délai de deux mois, le versement n'a pas été effectué ou les garanties exigées n'ont pas été fournies, il est procédé au recouvrement dans les mêmes conditions et suivant les formes énoncées ci-dessus.

En dehors des délais fixés par les dispositions qui précèdent, le directeur général de la Caisse des dépôts et consignations peut accorder au débiteur tous délais ou toutes facilités de payement. Le directeur général peut également transiger.

G. — Organisation du fonds de garantie.

Le fonds de garantie institué par les articles 24 et 25 de la loi du 9 avril 1898 fait l'objet d'un compte spécial ouvert dans les écritures de la Caisse des dépôts et consignations. Le ministre du commerce adresse au président de la République un rapport annuel, publié au *Journal officiel*, sur le fonctionnement général du fonds de garantie visé par les articles 24 à 26 de la loi du 9 avril 1898.

Les recettes du fonds de garantie comprennent :

1° Les versements effectués par le Trésor public, représentant le montant des taxes recouvrées en conformité de l'article 25 de la loi du 9 avril 1898 ; 2° les recouvrements effectués sur les débiteurs d'indemnités ; 3° les revenus et arrérages et le produit du remboursement des valeurs acquises en conformité de l'article 30 du présent décret ; 4° les intérêts du fonds de roulement prévu au deuxième alinéa du même article.

Les dépenses du fonds de garantie comprennent :

1° Les sommes payées aux bénéficiaires des indemnités ; 2° les sommes versées sur des livrets individuels à la Caisse nationale des retraites pour la vieillesse et représentant les capitaux de pensions exigibles dans les cas prévus par l'article 28, paragraphe 3, de la loi du 9 avril 1898 ; 3° le montant des frais de toute nature auxquels donne lieu le fonctionnement du fonds de garantie.

Les ressources du fonds de garantie sont employées dans les conditions prescrites par l'article 22 de la loi du 20 juillet 1886.

Les sommes liquides reconnues nécessaires pour assurer le fonctionnement du fonds de garantie sont bonifiées d'un intérêt calculé à un taux égal à celui qui est adopté pour le compte courant ouvert à la Caisse des dépôts et consignations dans les écritures du Trésor public.

7. — Pensions diverses de retraites pour la vieillesse.

Fonctionnaires. Pensions militaires. Invalides de la marine. Chemins de fer.

Fonctionnaires. — La loi du 9 juin 1853 a organisé les pensions civiles en faveur des ouvriers et employés directement rétribués par l'État et le décret du 9 novembre 1853 en a réglé les détails d'application.

Les pensions sont constituées par une retenue de 5 p. 100 sur les émoluments ; par une retenue du douzième des mêmes rétributions lors de la première nomination, dans le cas de réintégration, et du douzième de toute augmentation ultérieure, et par les retenues pour cause d'absences, de congés ou par mesure disciplinaire. — Certaines allocations sont affranchies de ces retenues.

Le droit à la pension de retraite est acquis en principe par ancienneté à soixante ans d'âge et après trente ans accomplis de services. Quelques dérogations particulières sont admises. La pension est calculée sur la moyenne des traitements et émoluments soumis à retenues dont l'ayant droit a joui pendant les six dernières années d'exercice. La veuve de tout fonctionnaire a droit au tiers de la pension de son mari, s'il meurt titulaire d'une pension ; et s'il décède après vingt-trois ans de services, elle a droit, si elle compte six ans de mariage, à une pension égale au tiers de la pension produite par la liquidation des services de son mari ; et il en est de même pour l'orphelin ou les orphelins mineurs de fonctionnaire, si la mère est décédée ou inhabile à recueillir la pension ou déchue de ses droits.

Pensions militaires. — Elles ont été constituées par la loi du 11 avril 183r sur les pensions de l'armée de terre. La loi du 17 août 1879 règle les pensions des officiers en réforme ; celle du 18 août 1879 s'applique aux pensions des sous-officiers, caporaux, brigadiers et soldats de l'armée de terre.

Invalides de la marine. — Créée sous Louis XIV pour les marins estropiés, la caisse des invalides de la marine, placée en 1816 sous la surveillance du ministre de la marine, admet au bénéfice des pensions les marins du commerce, les employés civils de la marine, les ouvriers des arsenaux. Elle est alimentée par des retenues sur les salaires des ayants droit et par diverses autres ressources, parts de prises, produits de bris et naufrages, etc... Elle comprend trois services : la caisse des invalides, qui perçoit les retenues et sert à 50 ans aux marins une pension de demi-solde, réversible pour une part sur les veuves et orphelins ; la caisse des gens de mer, recevant pour les marins absents les valeurs auxquelles ils ont droit ; la caisse des prises. La loi du 21 avril 1898 ayant pour objet la création d'une caisse de prévoyance entre les marins français contre les risques et accidents de leur profession, a annexé la dite caisse à la caisse des invalides, en lui laissant une existence indépendante.

En vertu de la loi du 7 avril 1902 sur la marine marchande, il est prélevé sur le montant des primes à la construction, à la navigation, etc..., une retenue de 6 p. 100 affectée pour un tiers à la caisse des invalides en vue d'accorder des subventions aux Chambres de commerce ou à des établissements d'utilité publique pour la création et l'entretien dans les ports français d'hôtels de marins destinés à faciliter à la population maritime le logement, l'existence et le placement ou de toutes autres institutions pouvant leur être utiles, et notamment les écoles professionnelles de marins. La liste complète de ces subventions sera publiée annuellement par le ministre de la marine.

Les sommes provenant des dépôts effectués à la caisse des gens de mer pendant l'année précédente et tombant sous l'application de l'article 22 de la loi du 29 mars 1897, par suite de la non-réclamation dans le délai de trente ans, sont affectées à l'établissement des invalides de la marine, pour aider au service des pensions des marins.

Un état récapitulatif de ces sommes sera fourni dans la dernière quinzaine du premier trimestre de l'année suivante.

Chemins de fer. — La loi du 27 décembre 1890 en son article 2 a mis les compagnies et les administrations des chemins de fer dans l'obligation de soumettre à l'homologation ministérielle les statuts et règlements de leurs caisses de retraites et de secours. Un conflit pouvait s'élever entre les compagnies et l'autorité si les unes inséraient dans leurs statuts et règlements des clauses que le ministre ne voulait pas homologuer. La loi du 10 avril 1902 complétant la loi de 1890 a mis fin à toute possibilité de conflit et permis de vaincre la résistance éventuelle des compagnies, en édictant que « dans le cas où l'homologation prévue par l'article 2 sur le contrat de louage et les rapports entre les agents de chemins de fer et les compagnies n'est accordée que sous réserve de certaines modifications ou additions non acceptées par la compagnie, il sera statué par un décret rendu sur avis conforme du Conseil d'État ».

8. — Projet de loi sur les retraites ouvrières obligatoires[1].

Préliminaires. De la retraite de vieillesse. Retraite anticipée d'invalidité. Sociétés de secours mutuels. Caisses syndicales et patronales. Pensions transitoires. Amendements Bienvenu-Martin : ouvriers et employés de l'agriculture ; artisans, façonniers, domestiques, commerçants, etc.

Préliminaires. — Pour assurer d'une façon définitive l'avenir du travail, un projet de loi sur les retraites ouvrières a été déposé devant le Parlement, durant la session 1898-1902, par le gouvernement de MM. Waldeck-Rousseau et Millerand. Jamais loi ne fut plus nécessaire ; mais, il faut le reconnaître, jamais loi ne rencontra plus de difficultés dans son élaboration, ses conséquences financières étant considérables.

---

1. On trouvera dans la revue hebdomadaire : *Le Mouvement socialiste,* aux numéros des 1er et 15 octobre 1901 et 24 mai 1902, des études détaillées sur ce projet de loi, faites d'ailleurs à un point de vue violemment particulariste, mais qui ne manquent pas d'être fort intéressantes cependant.

La discussion du projet commença devant la Chambre, en 1901, vers la fin de la session, après un rapport de M. Guieysse déposé et distribué au mois de mai. Après un débat général, qui dura seize séances, et au cours duquel la loi fut très violemment battue en brèche, l'article 1er du projet fut voté le 2 juillet 1901. Il est ainsi conçu :

« Tout ouvrier ou employé, tout sociétaire ou auxiliaire employé par une association ouvrière a droit, s'il est de nationalité française et dans des conditions déterminées par la présente loi, à une retraite de vieillesse à 65 ans et, le cas échéant, à une retraite d'invalidité, payable mensuellement sur certificat de vie, sans frais, délivré par le maire de sa résidence.

« Ces retraites sont assurées par la Caisse nationale des retraites ouvrières, la Caisse nationale des retraites pour la vieillesse, les sociétés de secours mutuels et les caisses patronales ou syndicales, dans les conditions déterminées par les titres I à V de la présente loi. »

Quand il s'agit de passer aux articles suivants, des critiques vives attaquèrent la rapport Guieysse, lui reprochant de ne pas donner sur la question des statistiques rigoureuses, des calculs précis, des éclaircissements techniques indispensables pour juger le projet et se rendre compte des charges exactes qui devaient résulter de la future loi. La Chambre, prise de scrupules, et rendue de plus en plus indécise en présence des objections formulées, et pour ne pas continuer le débat sur des données insuffisantes, vota, par 300 voix contre 237, et malgré M. Millerand, une motion de M. Gailhard-Bancel qui invitait le gouvernement à « consulter sur le projet les associations professionnelles, patronales et ouvrières, industrielles, commerciales ou agricoles ».

Le gouvernement mit les vacances à profit pour se conformer à la volonté exprimée par la Chambre, en consultant les associations visées dans la motion Gailhard-Bancel. L'ensemble du résultat de cette consultation est désastreux pour le projet, la grande majorité des syndicats s'étant prononcée très catégoriquement, non pas contre le principe même de la loi, mais contre les dispositions du projet mis en discussion.

Depuis il n'en a plus été question. Il est cependant utile de connaître les grandes lignes de ce projet, qui, vraisemblablement, aboutira, plus ou moins amendé, dans la législature actuelle. Les voici donc :

De la retraite de vieillesse. — Tout travailleur visé à l'article 1er et âgé de moins de soixante-cinq ans, subirait sur son salaire, avant payement, une retenue comme suit :

Cinq centimes (o fr. o5 c.) par journée de travail, s'il n'a pas dix-huit ans ou si son salaire est inférieur à 2 fr. par jour ;

Dix centimes (o fr. 10 c.) par journée de travail, si, ayant au moins dix-huit ans, il gagne un salaire égal ou supérieur à 2 fr. par jour et inférieur à 5 fr. ;

Quinze centimes (o fr. 15 c.) par journée de travail, s'il gagne un salaire égal ou supérieur à 5 fr. par jour.

La loi ne s'appliquerait pas aux employés recevant un traitement supérieur à 4 000 fr.

De plus, les travailleurs pourraient effectuer des versements personnels supplémentaires pour élever le chiffre de leur retraite.

Tout employeur, toute association ouvrière de production, sous sa responsabilité, effectuerait chaque mois, sur les sommes dues aux travailleurs visés à l'article 1er, les retenues et y joindrait une contribution personnelle d'égale quotité. Pour les travailleurs étrangers, l'employeur n'opérerait pas de retenue. Il verserait directement pour chaque journée de travail uniformément vingt-cinq centimes (o fr. 25 c.), sans distinction d'âge ni de salaire.

Il serait institué, sous la garantie de l'État, une Caisse nationale des retraites ouvrières, dont la gestion administrative serait placée sous l'autorité du ministre du commerce et la gestion financière confiée à la Caisse des dépôts et consignations.

Auprès du ministre du commerce serait formée une commission supérieure à réunir une fois par an, pour donner son avis sur les questions concernant la gestion administrative de la caisse.

Un compte individuel serait ouvert à la Caisse des retraites à chaque travailleur, crédité du montant de ses versements et de ceux de l'employeur. Ces versements seraient faits, au gré de l'ouvrier, soit à capital aliéné, soit à capital réservé.

Les versements et les payements effectués pour le compte de la Caisse nationale des retraites ouvrières seraient opérés à la Caisse des dépôts et consignations, qui serait autorisée à employer le montant des versements ainsi que les revenus du portefeuille excédant les fonds nécessaires au service des payements : 1° en valeurs de l'État ou jouissant d'une garantie de l'État; 2° en prêts aux départements, communes, colonies, pays de protectorat, établissements publics, chambres de commerce, en valeurs internationales et en obligations foncières ou communales du Crédit foncier.

Le tarif des retraites serait calculé au taux de 3 p. 100, d'après la table de mortalité de la Caisse nationale des retraites pour la vieillesse.

Dans les trois premiers jours de chaque mois, l'employeur devrait adresser à la Caisse nationale des retraites ouvrières ou à son délégué, et dans les formes réglées par décret rendu sur la proposition du ministre du commerce et du ministre des finances, un bordereau nominatif indiquant les salaires payés pendant le mois écoulé, les retenues effectuées et les contributions patronales dues, bordereau que la Caisse nationale des retraites ouvrières renverrait, vérifié, sous pli recommandé, dans les vingt jours de la réception à l'employeur, soit approuvé, soit rectifié, sans préjudice des vérifications ultérieures. L'employeur, s'il n'acceptait pas la rectification, devrait, dans les trois jours de la réception, saisir le juge de paix qui statuerait dans un délai de huitaine, en dernier ressort.

Dans les trois jours après soit la réception du bordereau, soit la notification de la décision du juge de paix, l'employeur devrait verser, ou adresser par mandat-carte spécial, le montant de la somme due, à peine, pour chaque jour de retard, de dommages-intérêts fixés à vingt-cinq centimes pour cent de la somme due, et ce au profit de la Caisse nationale des retraites ouvrières.

Dans le courant de chaque année, la Caisse nationale des retraites ouvrières indiquerait à tout bénéficiaire qui le réclamerait, en acquittant un droit préalable de dix centimes (o fr. 10 c.), le total des sommes versées à son compte pendant l'année précédente et le montant de la retraite éventuelle acquise au 31 décembre.

Tout travailleur pourrait réclamer la liquidation de sa retraite à partir de l'âge de 55 ans. Cette liquidation s'opérerait sur le montant des versements effectués tant par le travailleur que par le patron.

Retraite anticipée d'invalidité. — Les travailleurs visés à l'article 1er atteints d'invalidité prématurée avant l'âge de 65 ans, et en dehors des cas régis par la loi du 9 avril 1898, auraient droit, à tout âge, à la liquidation anticipée de leur retraite, à raison des versements effectués, si ces versements représentaient au moins deux mille journées de travail. La retraite serait majorée dans les cas suivants : pour une retraite inférieure à 200 fr. dont l'intéressé justifierait qu'il ne jouit pas, y compris ladite retraite, d'un revenu personnel, indépendamment de tout salaire, égal à 200 fr., la retraite serait majorée jusqu'à concurrence dudit revenu, sans que la majoration puisse dépasser 100 fr.

L'État, le département, la commune concourraient, obligatoirement, au change résultant de ces majorations, à raison respectivement de 75 p. 100, 15 p. 100 et 10 p. 100.

Sociétés de secours mutuels. — Toute société de secours mutuels, préalablement agréée à cet effet par décret rendu sur la proposition du ministre du commerce, après avis du ministre de l'intérieur, serait admise à recevoir, pour les travailleurs qui lui sont affiliés, les versements auxquels les employeurs sont assujettis.

Lorsqu'il existerait des sociétés de secours mutuels ainsi agréées dans le canton où sont payables les salaires, l'employeur serait tenu de faire à ces sociétés les versements susmentionnés pour tous ceux de ses ouvriers et employés français, affiliés en vue de la retraite, dès que chaque intéressé en ferait la demande, en désignant la société à laquelle il serait affilié.

Au moyen de ces versements, la société assurerait aux travailleurs intéressés, dans les conditions et limites de la loi du 1er avril 1898 et à l'âge prévu par la présente loi, des retraites de vieillesse garanties au moins égales à celles que produiraient lesdits versements à la Caisse nationale des retraites ouvrières, à charge de transférer à ladite caisse la réserve mathématique de la retraite à trois pour cent dès que sa constitution ne pourrait plus être poursuivie par ses soins.

En cas d'invalidité constatée, la société opérerait la liquidation anticipée de la retraite de vieillesse acquise et en transférerait la réserve mathématique à la Caisse nationale des retraites ouvrières, chargée, le cas échéant, des majorations prévues.

Seraient applicables aux retraites ainsi constituées les dispositions transitoires concernant les retraites à servir dès la mise en vigueur de la loi, qui sont exposées ci-dessous.

Caisses syndicales et patronales. — Seraient également dispensés d'effectuer à la Caisse nationale des retraites ouvrières les versements prescrits :

1° Les chefs d'entreprise qui ont organisé des caisses patronales ou adhéré à des caisses syndicales de retraites autorisées par décrets rendus, après avis de la commission supérieure de la Caisse nationale des retraites ouvrières, sur la proposition des ministres du commerce et des finances. Chaque décret devrait constater : que la caisse autorisée, aux termes des statuts annexés, est alimentée au moins jusqu'à concurrence de moitié par les subsides patronaux ; qu'elle assure aux ouvriers des retraites de vieillesse et d'invalidité au moins égales à celles que leur assure la présente loi ;

2° Les établissements civils et militaires de l'État, les départements, les communes et les établissements publics qui ont organisé des retraites spéciales en vertu de décrets contenant les deux conditions spécifiées ci-dessus et rendus sur la proposition du ministre du commerce, du ministre des finances et du ministre intéressé. Chacun des décrets prévus déterminerait le mode de liquidation des droits éventuels des bénéficiaires cessant de faire partie d'une caisse patronale ou syndicale, en vue du transfert de la valeur actuelle de ces droits à la Caisse nationale des retraites ouvrières. En ce qui concerne les ouvriers de l'État régis au point de vue de la retraite par des lois spéciales et quittant le service avant liquidation de pension, des règlements d'administration publique rendus sur le rapport du ministre du commerce, du ministre des finances et des ministres intéressés détermineraient sur des bases analogues le mode de liquidation à la charge de l'État des droits éventuels des bénéficiaires, en vue du transfert de leur valeur actuelle à la Caisse nationale des retraites ouvrières.

Pensions transitoires. — Il restait à pourvoir d'une retraite les travailleurs ayant au moins 65 ans au moment de l'application de la loi. Ces travailleurs recevraient une allocation viagère annuelle qui ne pourrait être supérieure à 100 fr., s'ils justifiaient de trente années de travail salarié dans des conditions prévues par un règlement d'administration publique. Les travailleurs ayant à la même date moins de 65 ans recevraient successivement, suivant leur âge à cette date, la retraite minima ci-après fixée à 65 ans, pourvu qu'ils

aient justifié, dans les conditions déterminées : 1° de trente années
de travail salarié, la durée du service militaire étant réputée équivalente à une même durée de travail ; 2° de versements correspondant au total à 250 journées de travail au moins pour chaque année
au-dessous de 65 ans.

De 64 ans à 62 ans.	100 fr.
De 61 ans à 59 ans.	110
De 58 ans à 56 ans.	120
De 55 ans à 52 ans.	130
De 51 ans à 48 ans.	140
De 47 ans à 44 ans.	150
De 43 ans à 41 ans.	160
De 40 ans à 38 ans.	170
De 37 ans à 36 ans.	180

Amendements Bienvenu-Martin. — Dans sa séance du 28 juin
1901, la Chambre a voté, sur la proposition du gouvernement et de
la commission, la prise en considération des deux amendements
ci-après de M. Bienvenu-Martin, destinés à régler : l'un la situation
des travailleurs agricoles, l'autre le régime des versements facultatifs pour les petits patrons de l'industrie, du commerce et de
l'agriculture, les façonniers, les domestiques, etc.

1° *Ouvriers et employés de l'agriculture.* — Pour les ouvriers et
employés de l'agriculture, le versement pour la retraite serait uniformément de cinq centimes par journée de travail salarié, dont
moitié à fournir par l'exploitant lui-même et moitié à prélever par
lui sur le salaire avant payement. Suivant que les travailleurs sont
employés à titre permanent ou intermittent, les versements seraient
opérés sur déclarations trimestrielles de l'exploitant ou par voie
d'apposition de timbres-retraites, lors de chaque paye, sur livrets
individuels ou cartes d'identité délivrés aux titulaires sur leur demande, soit par les sociétés de secours mutuels agréées à cet effet,
soit par la Caisse nationale des retraites ouvrières. Un règlement
d'administration publique, rendu sur la proposition des ministres
du commerce, des finances et de l'agriculture, déterminerait les
conditions de ces divers versements.

Les sommes versées au compte des travailleurs agricoles sont
capitalisées, et les retraites de vieillesse sont liquidées dans les conditions prévues ci-dessus, pour les autres travailleurs, ainsi que les

.retraites d'invalidité. .Toutefois la majoration n'atteindrait que 75 fr. et dans la mesure nécessaire pour parfaire, y compris la retraite, un revenu personnel de 150 fr., indépendamment de tout salaire en argent ou en nature.

Seraient applicables aux travailleurs agricoles. les dispositions transitoires, pourvu qu'ils justifient de trente années de travail salarié et qu'ils aient, en outre, à leur compte, des versements correspondant, au total, à 15 fr. pour chaque année au-dessous de 65 ans, y compris les versements supplémentaires qu'ils sont autorisés à faire eux-mêmes à la Caisse nationale des retraites ouvrières pour compléter ladite somme.

Toutefois, les allocations ne pourraient être supérieures à 75 fr., et chacun des minima de retraite serait réduit de 50 fr., sans qu'il puisse être inférieur à 75 fr.

2° *Artisans, façonniers, domestiques, commerçants, etc.* — Les artisans ou façonniers, les colons partiaires, métayers et bordiers, les domestiques attachés à la personne, les commerçants ou cultivateurs travaillant habituellement seuls ou avec les membres de la famille, seraient admis à des versements trimestriels à la Caisse des retraites ouvrières, pour se constituer ou constituer aux membres de leur famille susdits des retraites de vieillesse. Les versements seraient de 5 à 20 fr. par trimestre pour chaque compte, et ils seraient capitalisés et liquidés comme ceux des ouvriers. La liquidation anticipée serait possible après huit années de versements, à raison de trois versements trimestriels au moins par année, avec droit aux majorations prévues dans les conditions déterminées pour les autres ouvriers.

9. — Législation comparée.

Généralités. Assurance facultative. Assurance obligatoire.

Généralités. — Les États civilisés se préoccupent de plus en plus de la question des assurances en faveur des travailleurs, soit contre les accidents, soit contre la maladie, soit contre l'invalidité et la vieillesse. Mais tous ne sont pas encore arrivés à un égal développement du régime de l'assurance. On a déjà vu, en matière d'accidents, les législations consacrer ou ne pas consacrer la doctrine du risque professionnel, et parmi celles qui, ne laissant pas au droit

commun la responsabilité èt la réparation des accidents du travail, :
en ont fait l'industrie responsable de plein droit, les unes, les plus
nombreuses, ont institué un système d'assurances obligatoires ou
équivalent, les autres ont préféré l'assurance facultative, grosse de
déceptions.

Mais c'est surtout en matière d'assurances contre la maladie, la
vieillesse, l'invalidité, que les législations deviennent hésitantes ; le
régime de l'assurance facultative, autant dire illusoire, règne encore
presque partout, avec les sociétés privées d'assurances, les caisses
de secours, les caisses d'épargne. Seule, l'*Allemagne* possède un
réseau complet d'assurances obligatoires contre la maladie, l'invalidité et la vieillesse, y compris les accidents. La *Hongrie* (*L. 3 juill.*
1900) applique à l'agriculture, par les caisses de secours, l'assurance-
vieillesse, accidents et décès. La *Belgique* assure la maladie, et la
Roumanie, comme la France, l'invalidité et la vieillesse en faveur
des ouvriers de la mine. L'*Autriche* (*L. 30 mars 1888, 11 avr. 1889,*
17 juill. 1890), le *Luxembourg* ont l'assurance-maladie obligatoire.

Assurance facultative. — C'est le régime, avec bonifications, de
la France pour l'assurance-maladie, vieillesse et invalidité, objet
d'encouragements officiels. Il fonctionne en *Belgique,* pour la vieillesse, depuis la loi du 10 mai 1900. Des primes annuelles d'encouragement sont accordées par l'État : 1º aux personnes assurées à la
Caisse générale de retraites sous la garantie de l'État par l'intermédiaire d'une société mutualiste reconnue, à la condition que les
versements effectués par elles ne dépassent pas 60 fr. pour l'année
entière ; 2º aux personnes assurées directement à la Caisse, et qui
ne payent pas en impôts directs, au profit de l'État, respectivement
des sommes variant entre 50 et 80 fr., suivant les communes de
10 000 à 50 000 habitants et plus.

Les étrangers sont admis par réciprocité aux avantages des primes, s'ils résident depuis dix ans en Belgique. L'assuré est admis
au bénéfice des primes jusqu'à ce que l'ensemble des sommes inscrites sur son livret suffise pour constituer une rente annuelle et
viagère de 360 fr. Le montant de la prime annuelle est fixé à
0 fr. 60 c. par franc et par livret. L'entrée en jouissance des rentes
est fixée entre 55 et 65 ans.

Une subvention annuelle de 2 fr. pour chaque livret sur lequel il-

aura été versé 3 fr. au moins est allouée à toute société mutualiste
reconnue ayant pour objet l'affiliation de ses membres à la Caisse
générale. Des pensions transitoires de 65 fr. sont servies aux ouvriers âgés de 58 ans, lors de la promulgation de la loi.

Des comités communaux créent (notamment à Stemberge) des
livrets de caisse de retraite, avec versement de 1 fr., pour chaque
enfant, âgé de 6 ans, né dans la commune, de parents belges, et y
fréquentant l'école.

En *Italie*, les lois du 17 juillet 1898 et 7 juillet 1901 admettent aux
versements à la Caisse nationale de prévoyance pour l'invalidité et la
vieillesse des travailleurs à la tâche ou à la journée dont les cotisations varient entre 6 et 100 lires ; et, en leur faveur, l'État alloue des
subventions provenant du produit de la liquidation des biens de
mainmorte, ainsi que des dépôts prescrits des caisses d'épargne. Le
droit à pension de vieillesse est acquis à 60 ans. La pension d'invalidité est liquidée à tout âge, à la condition que les versements aient
été effectués pendant cinq ans.

Les assurances ouvrières en *Angleterre* sont réalisées en dehors
de toute ingérence officielle[1], en cas de décès, de maladie ou de
vieillesse. L'assurance, en cas de décès, est pratiquée surtout par
les sociétés de petits capitaux, qui ont pris depuis une vingtaine
d'années un développement énorme : *Industrial companies* et *Col-
lecting societies,* dont le système consiste à aller chercher, chaque
semaine, chaque quinzaine ou chaque mois, les primes à domicile,
système assurément très favorable au développement de l'assurance,
mais aussi très dispendieux par les frais de recouvrement[2]. Les
Friendly societies et les *Trade's-Unions* pratiquent surtout l'assurance-maladie, et allouent de ce chef des secours pécuniaires pour

---

1. Un projet qui date de 1892 (projet *Chamberlain*) tendrait à instituer une Caisse
officielle de pensions, recevant une subvention annuelle votée par le Parlement.
Tout ouvrier ayant versé, avant l'âge de 25 ans, une somme de 125 fr. à laquelle
l'État ajouterait une subvention de 375 fr., et qui payerait ensuite une cotisation
annuelle de 25 fr., aurait droit, à 65 ans, à une pension de 6 fr. 25 c. par semaine.
(Voir la traduction française *in extenso* de ce projet dans le rapport de M. Guieysse,
député, sur la Caisse nationale ouvrière de prévoyance, et dans le *Bulletin du Comité permanent des accidents du travail,* 1892, n° 3.)

2. L'expérience de la Collection de l'épargne à domicile a été faite, à Eschwege,
petite ville de 10 000 habitants, en Allemagne. Les facteurs des postes sont munis
à cet effet de timbres-quittance de la valeur de 1/2 mark, 1 et 2 marks. Les frais de
perception sont supportés par la Caisse d'épargne.

une durée plus ou moins longue, et admettent même le traitement à l'hôpital.

L'assurance-vieillesse est à l'étude parmi les *Friendly societies*, et commence à se réaliser par les *Trade's-Unions*, selon des modes et des obligations variables.

· Assurance obligatoire. — L'Allemagne instituait, dès 1883 (*L. 15 juin*, complétée par les *L. 28 mai 1885, 10 avr. 1892, 30 juin 1900*), le régime de l'assurance obligatoire contre la maladie, étendue à la vieillesse et à l'invalidité par la loi du 22 juin 1889, amendée par celle du 13 juillet 1899, sans oublier les accidents, comme on le sait ; en sorte que l'assurance impériale obligatoire embrasse, aujourd'hui, *et sans distinction de nationalité,* tous ceux qui travaillent contre salaire ; elle donne à chaque assuré en cas de maladie, d'accident, d'invalidité ou de vieillesse, — contrairement à l'assistance publique, — un droit légal à une série de secours nettement déterminés, sans frais de procédure[1]. Elle repose sur la mutualité et l'autonomie des intéressés.

L'assurance-maladie embrasse tous les ouvriers de l'industrie et du commerce recevant un salaire ou des appointements jusqu'à 2 000 marks ; les autorités locales peuvent étendre l'obligation de l'assurance aux ouvriers agricoles. Elle fonctionne au moyen de caisses de maladie organisées localement par branche de profession ; à côté de la caisse communale subsistent encore des caisses libres, soumises à un contrôle administratif sévère, et qui doivent assurer des avantages au moins égaux à ceux fixés par la loi.

Les cotisations qui alimentent les caisses communales sont versées pour un tiers par les patrons et pour les deux tiers par les ouvriers, proportionnellement au salaire journalier, avec maximum de 3 p. 100. Dans les caisses libres, les ouvriers supportent seuls les cotisations, sauf, depuis la loi de 1900, que les patrons, qui font travailler à domicile, sont tenus de contribuer aux frais de l'assurance-maladie pour leurs ouvriers à domicile.

Les secours comprennent : les soins médicaux et médicaments

---

1. On trouvera, au *Bulletin de l'Office du travail* de novembre 1895, un intéressant résumé historique de l'assurance sociale en Allemagne, et à celui d'août 1897 des tableaux (aperçu général, résultat général, résultats moyens, etc.) sur l'assurance durant les dix premières années de son fonctionnement.

gratuits avec une allocation de 5o p. 100 du salaire journalier en cas d'incapacité de travail, si mieux n'aime l'ouvrier recevoir les soins gratuitement dans une maison de santé, avec le demi-salaire de treize semaines ; un secours semblable aux femmes en couches pendant quatre semaines ; et en cas de mort, des frais funéraires, montant à vingt fois le salaire journalier.

L'assurance-invalidité et vieillesse embrasse tous les travailleurs de toutes les branches de profession, même les instituteurs et professeurs privés, dont le salaire annuel ne dépasse pas 2 000 marks, et diffère par son organisation essentiellement régionale des autres branches d'assurances, dont l'organisation est professionnelle. A l'état de plein perfectionnement, sur cent assurés, on compte qu'il y aura *un* pensionné pour vieillesse, et *onze* pensionnés pour invalidité, c'est-à-dire que sur une population totale de 5o millions d'habitants en moyenne, il y aura un million et demi de pensionnés jouissant ensemble de 33o millions de marks de pension.

La rente d'invalidité est accordée à n'importe quel âge, depuis vingt et un ans, à tout assuré dont la capacité de travail ne lui permet plus de gagner au moins un tiers de ce que gagne un travailleur sain de la même profession, et à la condition d'un minimum de participation à l'assurance, fixée à deux cents semaines de cotisations ; elle est de même accordée, pour toute la durée ultérieure de l'incapacité, à tout assuré qui s'est trouvé, par suite de maladie, pendant vingt-six semaines dans l'état d'incapacité de travail.

La pension viagère de retraite est accordée à l'âge de soixante-dix ans, quel que soit le degré de capacité de travail restante, à la condition d'un minimum de participation à l'assurance fixé à 1 200 semaines de cotisations.

Pour la constitution d'un capital nécessaire au service des rentes et pensions, les ouvriers versent une cotisation hebdomadaire, à laquelle vient s'ajouter une contribution égale des patrons, plus une subvention fixe de l'État de 5o marks annuels à la liquidation de chaque pension de vieillesse.

Pour le taux des cotisations hebdomadaires, il est tenu compte de l'importance des salaires, divisés à cet effet en cinq classes. La rente d'invalidité comprend de même des portions uniformes et variables avec chaque classe de salaires, auxquelles viennent s'ajouter respectivement des appoints. Le tableau suivant donne une vue générale des salaires, des cotisations, des portions de rente et des appoints (invalidité) et de la pension de vieillesse.

Classes et montant des salaires.	Cotisations hebdomadaires.	Rente. Invalidité.		Pensions-vieillesse (non compris la subvention de 50 marks.)
		Portions.	Appoints.	
marks.	pfennigs.	marks.	marks.	marks.
1° Jusqu'à 350	14	60	3	60
2° De 351 à 550	20	70	6	90
3° De 551 à 850	24	80	8	120
4° De 851 à 1 150	30	90	10	150
5° Au-dessus de 1 150	36	100	12	180

Les cotisations hebdomadaires sont avancées par les patrons, en général, pour l'apposition des timbres représentatifs sur des cartes-quittances. Des établissements d'assurance (*Versicherungs-Anstalt*), établis à travers l'empire en nombre assez restreint, ont la charge des pensions correspondant aux cotisations reçues. Mais pour remédier à l'accumulation de capitaux dans les caisses des grands centres, qui privait aussi les caisses de certaines contrées agricoles, la totalité des charges des établissements est divisée en deux parts : les charges communes et les charges particulières. Les premières comprennent les sommes nécessaires pour assurer le service des trois quarts des pensions de vieillesse ainsi que des portions fixes des rentes d'invalidité ; les secondes se composent des sommes nécessaires au payement du quart restant des pensions de vieillesse et des appoints des rentes d'invalidité. Les charges communes sont représentées à l'actif par un fonds commun, qui est la propriété collective des établissements d'assurances et que chacun d'eux gère pour la part qui lui incombe, en le bonifiant d'après un taux d'intérêt fixé identiquement pour tous les établissements. Aux charges particulières correspond un fonds particulier, qui appartient en toute propriété à l'établissement qui le gère librement.

Mais, de plus, pour décharger le service central des établissements, des bureaux locaux (*Rentenstellen*) ont été créés qui assument des fonctions antérieurement réservées exclusivement aux directions des caisses. Ces bureaux locaux, organes de l'établissement d'assurance, sont investis de l'autorité administrative qui leur est déléguée par les pouvoirs centraux. Ils ont, comme ceux-ci, un président et des assesseurs, représentants des patrons et des ouvriers. Ils sont chargés d'examiner les demandes d'obtention de rentes et d'émettre sur elles un avis motivé ; d'examiner de même tous les cas où le payement des rentes peut être suspendu ; de contrôler le payement des cotisations ; de renseigner les intéressés sur tout ce qui concerne l'assurance. Les décisions des bureaux locaux ne sont d'ailleurs prises qu'en première instance et sont toujours sujettes à revision.

Par-dessus les bureaux locaux et les établissements d'assurance, l'office impérial des assurances est investi du contrôle général et joue le rôle de tribunal suprême en la matière.

Une ordonnance du 10 mars 1901 prévoit la création d'un institut de prévoyance pour les ouvriers de l'État destiné à accorder des pensions de retraites et d'assurer le sort des veuves et orphelins des travailleurs permanents et aussi des ouvriers saisonniers occupés à intervalles réguliers.

Par la loi du 31 juillet 1901, au *Luxembourg*, l'obligation de l'assurance contre la maladie s'étend aux ouvriers de l'industrie, du commerce et des transports, et de toute exploitation où il est fait usage de chaudières ou de moteurs mus par une autre force que la force humaine, à l'exception toutefois des exploitations agricoles et forestières où l'usage des moteurs est passager. Les fonctionnaires, contremaîtres et employés techniques, les employés de commerce ne sont assujettis à l'obligation de l'assurance que lorsque leur traitement ne dépasse pas 3 000 fr.

Les organes de l'assurance sont : 1° Les sociétés de secours mutuels reconnues ; 2° les caisses instituées par les exploitations, et dont les statuts sont en harmonie avec les dispositions de la loi ; 3° les caisses régionales instituées par application de la loi. Les secours minima alloués par les caisses régionales consistent en soins médicaux et pharmaceutiques, à partir du début de la maladie ; secours pécuniaire aux malades, pour chaque jour ouvrable, égal à la moitié du salaire quotidien moyen fixé par les statuts de la caisse ; secours égal au précédent accordé aux femmes en couches pendant les quatre semaines qui suivent leur délivrance ; en cas de décès, indemnité funéraire égale à vingt fois le montant du salaire quotidien moyen.

La durée minimum d'allocation des secours est fixée pour les caisses régionales à treize semaines ; leurs statuts peuvent d'ailleurs élever la durée des secours de maladie au delà de treize semaines jusqu'à un an, la durée des secours aux femmes en couches jusqu'à six semaines, les indemnités funéraires jusqu'à quarante fois le salaire quotidien.

Les caisses de fabriques et les sociétés de secours mutuels doivent allouer au moins les secours minima prévus par les caisses régionales.

Les cotisations destinées à couvrir les dépenses de l'assurance sont pour deux tiers à la charge des assurés et pour un tiers à la charge des patrons, qui effectuent les versements dotaux, quittes à retenir la part des assurés sur leur salaire.

L'administration des caisses régionales est contrôlée par une assemblée générale qui se compose de tous les membres de la caisse ou de délégués nommés par eux et des représentants des patrons, à qui il ne peut pas être accordé plus d'un tiers des voix, dans l'assemblée générale ou la direction de la caisse, nommée d'ailleurs par l'assemblée générale. La surveillance des caisses régionales incombe au gouvernement. Les caisses de fabriques peuvent être fondées par les patrons dont les exploitations occupent au moins 50 personnes, soumises à l'assurance obligatoire. Le gouvernement peut d'ailleurs, sur la proposition de la caisse régionale, astreindre les chefs d'entreprise à fonder une caisse de malades, notamment dans le cas où l'entreprise comporterait des risques particuliers de maladie. Les caisses de fabriques sont soumises à la même surveillance que les caisses régionales.

En *Autriche,* par arrêté du 4 décembre 1902, rendu pour l'application des lois sur l'assurance-maladie, les pharmaciens, en délivrant des médicaments aux frais des caisses de maladies, sont tenus d'employer et de compter exclusivement les récipients portés sur le tarif aux prix les plus bas, et d'accorder une remise d'au moins 5 p. 100, calculée sur le montant des médicaments évalués selon le tarif; d'autres remises complémentaires sont laissées au gré des conventions entre la pharmacie et la caisse de maladie. Le droit est conféré aux autorités territoriales politiques d'imposer dans les cas litigieux, à toutes les pharmacies de leurs ressorts respectifs, une remise allant jusqu'à 15 p. 100 des prix du tarif.

En *Australie,* une loi du 4 avril 1901 enjoint au gouverneur de la Nouvelle-Écosse d'inscrire tous les ans au budget une somme de 2 000 dollars en vue de soutenir la caisse de secours des mineurs. De plus, le pouvoir a été conféré au Conseil d'État de prescrire le versement de cotisations sur deniers publics au profit des caisses de maladie, les patrons étant aussi astreints de leur côté à verser une somme équivalente.

La *Suisse* a rejeté, le 20 mai 1900, l'adoption des assurances sociales, dans un referendum, par 337 000 *non* contre 147 000 *oui,* et 150 000 abstentions. L'opposition comprenait les adversaires de tout socialisme d'État, beaucoup de grands industriels appréhendant de nouvelles charges, les paysans, aux yeux desquels l'assurance loin de présenter quelque avantage, est plutôt dangereuse pour leur bourse, les particularistes qui redoutent tout accroissement du pouvoir central, les sociologues conservateurs et catholiques, chauds partisans des caisses de prévoyance privées.

En *Roumanie,* la loi du 20 avril 1895 sur les caisses de secours et de retraite des ouvriers mineurs accorde une pension de vieillesse à partir de 54 ans au plus tôt, et une pension d'invalidité à n'importe quel âge depuis 26 ans. Les conditions du versement sont trente années de cotisation pour la vieillesse, et dix années pour l'invalidité.

Enfin des projets de loi ont été déposés en Angleterre (*création d'une caisse officielle de pensions, 16 mars 1892*), en Belgique (*organisation d'une caisse obligatoire de retraites ouvrières, 7 févr. 1895, et sur les retraites des mineurs, 22 janv. 1895*), en Suède (*assurance obligatoire contre l'invalidité*), etc., etc.

ANNEXE. — L'assistance sociale.

La solidarité. L'assistance obligatoire. La proposition de loi sur l'assistance obligatoire.
Législation comparée.

La solidarité. — L'état social et économique, dans le monde civilisé, laisse diverses catégories de personnes sujettes à mourir de faim ; ce sont : 1° celles qui n'ont pas la force de travailler : enfants, vieillards, infirmes ou malades ; 2° celles qui ne trouvent pas les moyens de travailler ; 3° celles qui n'ont pas la volonté de travailler.

Pour cette dernière catégorie, l'État et la société doivent s'en préoccuper, par mesure défensive, parce qu'elle est un danger public ; c'est la classe des vagabonds et des mendiants professionnels, qui font les criminels souvent ; et la société, si elle est sage, plutôt que de les entretenir, une fois en prison, a intérêt, par économie à défaut de raison d'ordre moral plus élevé, à diminuer par des mesures préventives appropriées, le nombre de ces paresseux, de ces parasites, à qui il faut donner ou rendre le goût du travail pour les aider à leur relèvement et à leur reclassement social. Mais ce n'est pas le domaine de la législation ouvrière.

Ceux qui ne trouvent pas les moyens de travailler, chômeurs involontaires, victimes de la constitution économique de la société, il est juste que la société vienne à leur secours. Mais comment? On a vu, au livre premier de cette étude, tout ce qui concerne le chômage et le placement, et l'insuffisance des mesures qui essaient d'y remédier. Il est probable que la misère provenant du chômage ne disparaîtra qu'avec la transformation radicale des relations économiques et de l'état social, — qu'on y vienne peu à peu, par une plus ou moins rapide évolution, comme tout semble le présager, ou tout à coup, ce qui paraît improbable.

Restent ceux qui n'ont pas la force de travailler, et à la vie de qui nulle individualité ne peut pourvoir : Enfants orphelins ou abandonnés ; hommes et femmes isolés et invalides, vieillards indigents, dont on ne veut plus dans l'industrie, même quand ils viennent s'offrir pour de maigres salaires. « Si une société civilisée doit laisser mourir de faim ses enfants et ses

,vieillards, mieux vaudrait retourner à l'état sauvage où on les étrangle, il est vrai, mais sans les faire aussi longtemps souffrir. La détresse des vieillards indigents en France est une honte pour notre pays[1]. »

Ce n'est pas qu'on n'ait rien fait en France, comme dans tous les pays, en faveur des indigents et des infirmes. Il y a une *assistance publique* qui dispose d'un budget annuel de près de 100 millions. Il y a les bureaux de bienfaisance, les hôpitaux, les hospices ; il y a des multitudes d'œuvres en faveur des enfants, orphelinats, maisons de correction et d'éducation, en faveur des femmes enceintes ou nouvellement accouchées, sans compter les lois sur les enfants assistés, sur les enfants maltraités ou moralement abandonnés, sur les nourrices ; il y a même au ministère de l'intérieur une direction de l'assistance publique. Il y a les œuvres en faveur des vieillards infirmes, incurables, l'assistance à domicile, l'assistance médicale gratuite ; il y a enfin la charité privée. Et avec tout cela il faut s'étonner vraiment qu'il y ait des misérables qui meurent de faim et de misère, s'ils ne se suicident pas même pour échapper à leur destinée.

C'est donc qu'il y a un vice dans l'organisation sociale. On ne peut pas dire du moins qu'on ne s'efforce pas de le guérir. Mais toutes les formes d'assistance étant facultatives, il est impossible d'aboutir. Les secours subordonnés au bon vouloir des collectivités ou des établissements chargés de les procurer sont précaires, intermittents, donc illusoires.

L'assistance obligatoire. — Il semble cependant que si les efforts des pouvoirs publics se combinaient avec ceux de la bienfaisance privée, on pourrait, avec les ressources jetées en pâture à la misère et sans y ajouter rien de plus, obtenir des résultats plus satisfaisants en faveur des malheureux. Mais la charité ne consentira pas à se laisser embrigader officiellement. Et puis, vraiment, aujourd'hui, on arrive à cette notion, qu'entre hommes civilisés et solidaires, il ne peut plus être question de charité qui est humiliante. La notion que la société a la charge de ses infirmes, de ses invalides, de ses malheureux, et qu'elle leur DOIT l'assistance, tend à prévaloir de plus en plus dans les esprits et les âmes modernes, malgré les objections classiques de certaines écoles économiques.

Le législateur français a considéré enfin qu'il est du devoir de la République d'instituer un service public de solidarité sociale, reconnaissant un

---

1. Ch. Gide, *Principes d'économie politique*. M. Gide ignore peut-être que dans les pays à « l'état sauvage », le paupérisme est chose inconnue, et qu'au contraire de nos nations civilisées, en temps normal, nul ne meurt de faim, l'hospitalité y étant pratiquée comme ne l'est pas la charité dans le monde chrétien. Et s'il lui était donné de voyager un peu chez les peuplades *barbares* de l'Afrique, il ne manquerait pas de se rendre compte, comme il m'est arrivé à moi-même, de faits comme le suivant : un inconnu, un étranger, à jeun, passant devant une famille accroupie pour manger autour de calebasses pleines de riz, et, sans y être invité et sans que quiconque s'en étonne, prenant place le plus naturellement du monde au banquet, trempant ses doigts au même plat, et, quand il est repu, partant de même, avec les saluts et la bénédiction de l'hôte.

droit, et donnant un moyen légal de le faire valoir, à ceux des citoyens qui sont, pour des raisons diverses, privés de toutes ressources. C'est au nom de ces principes que la Chambre des députés a voté dans les séances des 4, 8, 9, 11 et adopté dans la séance du 15 juin 1903, fondues en un seul texte, deux propositions de loi, l'une de MM. Émile Rey et Lachièze, l'autre de M. Bienvenu-Martin, etc., relatives à l'assistance *obligatoire* aux vieillards, aux infirmes et aux incurables [1].

Le même jour la proposition adoptée a été transmise au Sénat sous le nouveau titre : proposition de loi créant un service public de solidarité sociale sous forme d'assistance obligatoire aux vieillards, aux infirmes et aux incurables.

Il ne semble pas douteux que le Sénat n'adopte lui-même, après y avoir apporté les modifications qu'il jugera nécessaires, le texte général de la proposition en suspens. Elle mérite donc d'être analysée.

La proposition de loi sur l'assistance obligatoire. — La proposition consacre nettement que l'assistance doit être rendue obligatoire. Tout Français indigent, soit âgé de 70 ans, soit atteint d'une maladie incurable et qui le rend incapable de pourvoir à sa subsistance par le travail, a droit à l'assistance. Les étrangers sont admis à titre de réciprocité. C'est la commune où l'indigent a son domicile de secours qui doit l'assistance, et, à défaut de domicile de secours communal, ce sera le département, et, à défaut de tout domicile de secours, l'État. Le domicile de secours s'acquiert et se perd conformément aux dispositions des articles 5 et 7 de la loi du 15 juillet 1893, sauf dérogation sur le délai d'un an de la loi de 1893, qui est porté à cinq ans. La commune et le département reçoivent pour le payement des dépenses mises ainsi à leur charge des subventions prévues. Les collectivités qui secourent des indigents dont l'assistance ne leur incombait pas ont un recours contre qui de droit. Le conseil général, et, à défaut, un décret, serait chargé d'organiser l'assistance dans chaque département.

L'admission à l'assistance de la commune est prononcée par le conseil municipal, délibérant en comité secret, sur la proposition du bureau de bienfaisance qui dresse la liste des indigents ayant réclamé l'assistance. Toute demande rejetée peut être l'objet d'une réclamation de la part de l'intéressé et du préfet, et il est statué sur ces réclamations dans le délai d'un mois. L'admission à l'assistance départementale est prononcée par la commission départementale, et l'admission des indigents qui n'ont aucun domicile de secours par le ministre de l'intérieur, auprès de qui est instituée une commission de contrôle d'assistance. L'assistance peut être retirée lorsque les conditions qui l'ont motivée cessent d'exister.

---

1. A signaler la proposition de loi de M. Mirman, député, présentée le 28 novembre 1902 (Doc. parl. n° 510; *J. O.*, p. 406), ayant pour objet d'organiser un service public et un budget spécial de solidarité sociale.

Trois modes d'assistance sont prévus : l'assistance à domicile, l'hospitalisation, le placement familial. L'assistance à domicile consiste dans le payement d'une allocation mensuelle qui ne peut être inférieure à 5 fr. et qui est incessible et insaisissable. L'hospitalisation est faite dans les établissements de la commune, où, à défaut, dans des hospices privés sur liste dressée par le conseil général avec le nombre de lits à affecter aux intéressés, ou encore chez des particuliers à des conditions générales fixées par le conseil général.

Les dépenses d'assistance sont obligatoires pour les communes qui y pourvoient à l'aide : 1° des ressources spéciales provenant des fondations ou des libéralités faites à cet effet ; 2° d'une subvention du bureau de bienfaisance au moins égale au quart de ses ressources non grevées d'affectation spéciale ; 3° d'une subvention de l'hospice s'il y a lieu ; 4° des revenus ordinaires disponibles ; 5° en cas d'insuffisance, d'impositions ou de taxes dont la perception est autorisée par les lois et d'une subvention du département calculée conformément à un tableau annexé à la loi.

De même sont obligatoires les dépenses d'assistance mises à la charge des départements et de l'État qui y pourvoient au moyen de ressources analogues à celles des communes.

Les contestations relatives au domicile de secours et les désaccords entre commissions administratives des établissements d'assistance sont jugées par le conseil de préfecture de la résidence de l'intéressé, avec recours devant le Conseil d'État.

Législation comparée. — Alors qu'en France la grave question de l'assistance aux vieillards, aux infirmes et aux incurables est toujours à l'état de projet, certaines nations étrangères n'ont pas craint de la réaliser avec hardiesse.

Au *Danemark*, par la loi du 9 avril 1891, tout citoyen danois âgé de plus de 60 ans, incapable de se procurer désormais pour lui-même ou pour ceux dont la subsistance lui incombe entièrement, les moyens nécessaires aux besoins de la vie, ou, en cas de maladies, au traitement ou autres soins, a droit à l'attribution d'un secours de vieillesse, et aux conditions complémentaires suivantes : de n'avoir pas commis une action infamante aux termes d'un jugement des tribunaux, ou, dans le cas contraire, avoir avoir obtenu sa réhabilitation ; ne pas être réduit par sa propre faute à l'indigence, en suite d'actes en faveur des enfants ou d'autres personnes ou bien à raison d'une existence de désordre et de prodigalités ; avoir résidé au Danemark au moins les dix dernières années, sans avoir été puni pour vagabondage ou mendicité. Les frais sont partagés entre la commune et l'État, dont la contribution totale qui ne devait pas dépasser 2 500 000 couronnes (*L. 7 avril 1889*) n'admet pas de limites en vertu de la loi du 23 mai 1902, qui distingue, en outre du secours d'indigence, les soins en cas de maladie, y compris les frais de médicaments, de traitement à l'hôpital, etc.., et décide de ne point faire entrer en ligne de compte, dans l'évaluation du révenu d'un postulant à la rente de vieillesse, jusqu'à concurrence de 100 couronnes par an, les sommes d'argent qui lui viennent de sources privées, et aussi la valeur représentative du logement.

En *Nouvelle-Zélande*, le *Old-age pensions Act. 1898* a établi des retraites à l'âge de 65 ans révolus en faveur des vieillards habitant la colonie, y ayant résidé pendant vingt-cinq ans au moins, sans interruption, et n'ayant pas subi pendant ce temps cinq années d'emprisonnement pour crime ou délit emportant l'infamie. Sont encore motifs d'exclusion : l'abandon de l'époux, d'enfants ou le refus d'aliments, ou des mœurs mauvaises, y compris l'ivrognerie. La pension n'est accordée qu'aux personnes ne jouissant pas d'un revenu de 1 300 fr. ou d'un capital de 6 750 fr. Le montant de la pension est de 450 fr. par an, diminué de 25 fr. par chaque 25 fr. de revenu du pensionné supérieur à 850 fr.

En *Angleterre,* un projet tend à accorder à tout sujet britannique âgé de 65 ans, et méritant, c'est-à-dire n'ayant pas subi de condamnation à la prison ou à la servitude pénale, une pension à la condition de ne pas recevoir d'autres secours que les soins médicaux et de ne pas jouir d'un revenu supérieur à 12 fr. 50 c. par semaine. Le montant des pensions serait de 6 fr. 25 c. à 8 fr. 75 c. au plus par semaine, selon la cherté de la vie des districts.

Enfin toutes les mesures transitoires des lois relatives aux pensions de vieillesse, en *Belgique,* loi du 10 mai 1900, en *France,* etc.., constituent en somme des pensions obligatoires d'assistance.

CHAPITRE IV

RÉCOMPENSES INDUSTRIELLES
ET MÉDAILLES D'HONNEUR OUVRIÈRES

Généralités.
1. Ouvriers de l'industrie et du commerce.
2. Ouvriers des établissements de la guerre, etc.
3. Sociétés de secours mutuels.
4. Ouvriers de l'agriculture.
5. Usurpation de médailles.

Généralités. — Les distinctions honorifiques, telles que la Légion d'honneur, les décorations académiques, le mérite agricole, si, en droit, elles sont accessibles aux ouvriers de tous ordres, ne leur sont presque jamais dévolues, en fait, comme récompenses de leurs services. Il n'est pas entré dans les mœurs qu'une vie consacrée au travail industriel, commercial ou agricole puisse mériter les croix, palmes ou rosettes, qui sont données et comme réservées, à certaines classes, dont les individus les reçoivent, automatiquement, au bout d'un certain nombre d'années.

Cependant, comme il fallait témoigner de la sollicitude pour les ouvriers, humbles serviteurs de l'État, les gouvernements ont pensé à instituer des médailles spéciales, dites médailles d'honneur du travail. La loi suisse du 25 septembre 1890 (art. 21 et 30) admet aussi les médailles et récompenses industrielles.

1. — Ouvriers de l'industrie et du commerce.

C'est par un décret du 16 juillet 1886, rendu sur la proposition de M. Édouard Lockroy, alors ministre du commerce et de l'industrie, qu'ont été instituées les médailles d'honneur à décerner aux ouvriers ou employés français qui comptent, dit ce premier décret, plus de trente années consécutives de services dans le même établissement industriel ou commercial sur le territoire de la République.

Mais un décret du 12 février 1895 est venu corriger ce que les exigences de ces prescriptions avaient de rigoureux, en ce qui concerne l'obligation souvent impossible du travail dans un même établissement.

Aussi, désormais, les médailles peuvent être décernées aux ouvriers et employés, qui, ayant 30 années de services, justifieront n'avoir pu les accomplir dans lé même établissement pour une cause de force majeure, absolument indépendante de leur volonté [1] ; et, de plus, sans condition de temps de services exigée, sur avis conforme du comité consultatif des arts et manufactures, aux ouvriers ayant rendu des services exceptionnels à l'industrie, notamment par l'invention de nouveaux procédés de fabrication.

Ces médailles sont en or, en argent ou en bronze, du module de 27 millimètres, et portent l'effigie de la République, entourée des mots : République française, et sur l'autre face, les mots : Ministère du commerce et de l'industrie ; avec la devise : Honneur et Patrie, et les nom et prénom du titulaire, ainsi que le millésime.

Les titulaires sont autorisés à porter la médaille suspendue à un ruban tricolore disposé horizontalement et dont la partie rouge est immédiatement au-dessus de la médaille ; ils reçoivent un diplôme qui rappelle les services pour lesquels ils sont récompensés. La concession de ces médailles est portée à la connaissance du public par le *Journal officiel.*

Les médailles sont conférées par le ministre du commerce et de l'industrie, sur la proposition des préfets.

2. — Ouvriers des établissements de la guerre et des établissements d'enseignement technique publics ou privés, et des palais nationaux et manufactures de l'État.

Un décret rendu le 28 mars 1888, sur la proposition du général Logerot, a étendu le bénéfice des médailles d'honneur trentenaires aux ouvriers français qui comptent plus de trente ans de bons services dans les établissements ressortissant au département de la guerre.

Ces médailles, dont la concession est portée au *Journal officiel,* sont décernées par le ministre de la guerre sur la proposition de l'autorité militaire compétente.

Les décrets du 13 juillet et du 13 août 1889 appliquent les dispositions du décret du 16 février 1886 respectivement aux ouvriers employés dans les établissements d'enseignement technique, publics ou privés, et aux ouvriers employés dans les palais nationaux et les manufactures de l'État.

---

1. Ce sont encore des conditions bien rigoureuses quand on songe, par comparaison, à la prodigalité avec laquelle on distribue les palmes et autres décorations, y compris la Légion d'honneur. On voit aujourd'hui des jeunes gens à qui il a suffi de passer quelques semaines par des antichambres ministérielles, sans plus, pour obtenir très démocratiquement tous les rubans. A quoi bon tant d'exigences, grand Dieu ! quand il s'agit d'ouvriers ? Est-ce qu'une décoration signifie aujourd'hui quelque chose ?

3. — Sociétés de secours mutuels.

Par décret du 27 avril 1880, les médailles d'honneur accordées, en vertu du décret du 27 mars 1858 soit aux plus anciens membres des sociétés de secours mutuels, soit aux provinces qui ont le plus contribué par leur activité, leurs exemples et leurs encouragements à développer les associations mutuelles, sont en argent du module de 23 millimètres; elles portent sur une face l'effigie de la République, sur l'autre le nom du titulaire; elles sont suspendues à un ruban noir, liseré de bleu ; elles sont décernées par le ministre de l'intérieur sur la proposition des préfets.

La loi du 1er avril 1898 (art. 30) sur les sociétés de secours mutuels a levé l'interdiction de porter les médailles en public.

Un vœu présenté au Conseil supérieur des sociétés, dans la session de novembre 1903, tendrait à accorder aux titulaires de médailles d'or le droit de porter une rosette.

4. — Ouvriers de l'agriculture.

Par arrêté du 31 décembre 1883, du ministre de l'agriculture, il a été créé, pour les journaliers ruraux et pour les serviteurs à gages, des récompenses consistant en deux séries de 15 médailles, dont une en or, 2 en argent grand module, 4 en argent petit module, 8 en bronze, que l'on décerne, sur le choix de commission d'examen et à l'occasion de concours régionaux aux serviteurs ruraux qui se sont fait remarquer par leur moralité et leur aptitude professionnelle. La distribution des médailles est accompagnée de primes en argent d'une valeur totale de 1 500 fr. pour chaque concours et chaque nature de récompenses. (*Arr. minist. 31 oct. 1885.*)

Le nom du titulaire figure sur les médailles, qui ne peuvent être portées ostensiblement en public.

En outre, et par analogie aux médailles du commerce et de l'industrie, le décret du 17 juin 1890 a institué les médailles d'honneur agricoles conférées par le ministre de l'agriculture, à l'effet d'honorer la persévérance dans le travail et la bonne conduite.

Des propositions motivées sont adressées par les préfets au ministre, deux fois par an, les 1er janvier et 14 juillet, et, exceptionnellement, à l'occasion de comices, concours ou fêtes agricoles.

La remise des médailles doit être faite, autant que possible, avec solennité pour en rehausser la valeur.

Le bulletin du ministre de l'agriculture insère la concession de ces médailles.

5. — Usurpation de médailles [1].

L'usage de médailles, diplômes, mentions, récompenses ou distinctions honorifiques quelconques [2] décernés dans des expositions ou concours, soit en France, soit à l'étranger, n'est permis qu'à ceux qui les ont obtenus personnellement et à la maison de commerce en considération de laquelle ils ont été décernés. Celui qui s'en sert doit faire connaître leur date et leur nature, l'exposition ou le concours où ils ont été obtenus et l'objet récompensé [3].

Sont passibles d'une amende de 5o à 6 ooo fr. et d'un emprisonnement de trois mois à deux ans, ou de l'une de ces deux peines seulement : 1º ceux qui, sans droit et frauduleusement, se sont attribué publiquement les récompenses ou distinctions mentionnées ci-dessus ; 2º ceux qui, dans les mêmes conditions, les auront appliquées à d'autres objets que ceux pour lesquels elles avaient été obtenues ou qui s'en seraient attribué d'imaginaires [4] ; 3º ceux qui les auront indiquées mensongèrement sur leurs enseignes, annonces, prospectus, factures, lettres ou papiers de commerce ; 4º ceux qui s'en seront indûment prévalus auprès des jurys des expositions ou concours.

Seront punis des mêmes peines ceux qui, sans droit et frauduleusement,

---

1. Loi du 3o avril 1886.

2. Un avis du grand chancelier de la Légion d'honneur, en date de *1879*, exclut d'avance la Légion d'honneur des dispositions de la loi du 3o avril 1886. « La croix est *personnelle* aux légionnaires, qui doivent se conformer, pour la porter, aux statuts de l'ordre. Elle ne peut, dans aucun cas, servir de réclame à une maison de commerce et figurer sur des produits dont elle a récompensé l'inventeur. Toute contravention à cette interdiction sera soumise au conseil de l'ordre et à la décision du chef de l'État. » (*Avis inséré au J. O., 10 févr. 1879.*) Cette note ayant donné lieu à différentes interprétations, le grand chancelier de la Légion d'honneur crut devoir faire connaître au public qu'elle se résumait ainsi : 1º prohibition de la croix exposée dans les vitrines des magasins, sur les voitures, affiches, etc., comme moyen de réclame ou de publicité ; 2º faculté pour les industriels décorés de reproduire l'image de la croix elle-même sur les factures et papiers de commerce, mais à la condition que le négociant décoré sera seul en nom et que la croix ou la qualité de membre de la Légion d'honneur ne seront jamais accolées à une raison sociale... — Ces prescriptions s'appliquent également aux *décorations étrangères* conférées par des souverains ou chefs d'État. (*Avis inséré au J. O., 26 avr. 1879.*)

3. Si, en principe, l'article 1er de la loi du 3o avril 1886 interdit le trafic des médailles ou distinctions honorifiques obtenues dans les expositions ou concours, il en permet l'usage, non seulement au titulaire, mais aussi à la maison de commerce en considération de laquelle elles ont été décernées. — Il suit de là qu'en cédant cette maison de commerce le titulaire peut, accessoirement, transmettre à son successeur le droit de se prévaloir de ces récompenses. (CASS., *16 juill. 1889.*)

4. Il ressort de la nature intrinsèque de l'acte ordonné, du but de cette loi spéciale et de ses travaux préparatoires que la violation de la disposition ci-dessus visée est une infraction dont la répression doit être poursuivie *malgré la bonne foi* de l'agent. (CASS., *20 déc. 1898.*)

se seront prévalus publiquement de récompenses, distinctions ou approbations accordées par des corps savants ou des sociétés scientifiques.

L'omission des indications relatives à la date, à la nature des récompenses, à l'exposition ou au concours où elles ont été obtenues sera punie d'une amende de 25 à 3 000 fr.

Les tribunaux pourront prononcer la destruction ou la confiscation, au profit des parties lésées, des objets sur lesquels les fausses indications auront été appliquées, ainsi que l'affichage et l'insertion de leurs jugements.

Les circonstances atténuantes (*art. 463 C. pén.*) sont admises pour tous ces délits.

Les dispositions qui précèdent sont applicables à l'Algérie et aux colonies.

LIVRE III

———

PROTECTION DU TRAVAIL

CHAPİTRE PREMIER

ÉDUCATION PROFESSIONNELLE

I. — ÉDUCATION PROFESSIONNELLE PRIMAIRE.
II. — ÉDUCATION PROFESSIONNELLE SECONDAIRE.
III. — ÉDUCATION PROFESSIONNELLE SUPÉRIEURE.
IV. — BOURSES DE VOYAGES.
 V. — LÉGISLATION COMPARÉE.

CHAPİTRE II

ÉTUDE DES QUESTIONS
INTÉRESSANT LE TRAVAIL ET LES TRAVAILLEURS

I. — ORGANISMES ANCIENS.
II. — ORGANISMES NOUVEAUX.
ANNEXE. — ASSOCIATION INTERNATIONALE POUR LA PROTECTION LÉGALE DES TRAVAILLEURS.

CHAPİTRE III

PROPRIÉTÉ INDUSTRIELLE

 I. — BREVETS D'INVENTION.
II. — DESSINS DE FABRIQUE, MODÈLES DE FABRIQUE.
III. — MARQUES DE FABRIQUE ET DE COMMERCE.
IV. — AUTRES ÉLÉMENTS INDUSTRIELS PROTÉGÉS.

CHAPITRE PREMIER

ÉDUCATION PROFESSIONNELLE[1]

Généralités. Conseil supérieur de l'enseignement technique.

Généralités. — Il a été créé, et il se crée de plus en plus, de nos jours, des écoles spéciales destinées à préparer à l'exercice d'une profession, à la pratique des arts utiles et à l'application aux diverses branches de l'industrie, — comme aussi du commerce, — des études scientifiques et artistiques qui s'y rapportent.

On peut dire que l'organisation de l'enseignement professionnel est la résultante de la révolution économique amenée par les applications de la vapeur, de la transformation profonde que ce nouvel agent a fait subir à l'industrie et au commerce.

D'une part, dans la grande industrie, la machine a pour ainsi dire supprimé l'apprentissage ; la division du travail, née du machinisme, fait qu'aujourd'hui, à l'usine, chacun est chargé d'une besogne spéciale, presque toujours la même, et l'ouvrier, sauf de rares exceptions, ne connaît qu'une partie de son métier. Il n'est pas, à proprement parler, un ouvrier complet, mais plutôt un manœuvre. Ce système condamne le travailleur à une besogne infime, restreint son horizon et lui interdit de s'élever dans l'échelle de la hiérarchie industrielle.

D'autre part, le développement des voies de communication, des moyens de transport a provoqué entre les peuples, sur tous les points du globe, une concurrence chaque jour plus ardente. Le commerce, devenu universel, donc plus difficile, exige, pour ceux qui l'exercent, un bagage important de connaissances spéciales.

Ce sont ces considérations qui ont fait naître l'enseignement commercial et, surtout, amené la création de l'enseignement indus-

---

1. Pour un aperçu très complet sur la question, consulter les cinq gros volumes publiés par les soins du ministre du commerce et de l'industrie, à l'occasion de l'Exposition de 1900, sous le titre : Enseignement technique et professionnel.

triel destiné à former des ouvriers habiles et instruits et à parer à l'insuffisance de l'apprentissage à l'atelier.

Il n'existe pas de réglementation générale de l'éducation professionnelle, pas plus que des établissements qui y concourent. Parmi ces établissements, les uns, fondés et reconnus par l'État, les départements ou les communes, ont une existence officielle et fonctionnent selon des lois et décrets, d'autres, institutions privées, sont soumis à certaines mesures par lesquelles l'État se réserve le droit d'en contrôler l'administration et les études.

L'enseignement technique peut se diviser en trois degrés, selon qu'il est respectivement destiné à former soit de bons ouvriers et employés, soit des chefs d'atelier ou de travaux, et des directeurs d'établissement d'industrie ou de commerce, soit des ingénieurs pour les branches diverses de l'industrie et des directeurs de banque ou d'affaires commerciales. On peut donc dire qu'il existe un enseignement primaire, un enseignement secondaire et un enseignement supérieur, — sans que d'ailleurs ces divisions aient rien d'absolu ou de limitatif [1].

Conseil supérieur de l'enseignement technique. — Un décret du 19 mars 1870 a institué auprès du ministère du commerce et de l'industrie un conseil supérieur de l'enseignement technique ; le décret du 26 juin 1888 fixe le nombre des membres de ce conseil à quarante-deux, sous la présidence du ministre. Une commission permanente de quinze membres est instituée.

---

1. Il est évident en effet, par exemple, qu'un bon élève de l'école des mineurs de Saint-Étienne, — qui ressortit à l'enseignement secondaire, — peut faire et fait le plus souvent un excellent praticien ingénieur des mines, comme s'il sortait d'une école de l'enseignement technique supérieur. On pourrait en dire autant de l'école de physique et de chimie de Paris d'où sortent, pour l'industrie, des ingénieurs très expérimentés. Je maintiens cependant la division, avec la plupart des auteurs, pour la commodité de l'exposition de la matière. Des groupements plus rationnels, comme par spécialité notamment, ont à mon avis des inconvénients graves au point de vue de la clarté même et des développements.

I. — ÉDUCATION PROFESSIONNELLE PRIMAIRE

1. — Écoles manuelles d'apprentissage [1].

Généralités. Création et organisation. Personnel enseignant. Budget, subventions, bourses. Conditions d'admission. Nature et durée des études. Inspection. Régime spécial des écoles de Paris.
Annexe. — Apprentissage de la dentelle.

Généralités. — Les écoles d'apprentissage ont pour but de développer chez les jeunes gens qui se destinent aux professions manuelles la dextérité nécessaire et les connaissances techniques appropriées. Fondées par l'État, par les départements ou par les communes, elles sont mises au nombre des établissements publics d'enseignement primaire ; les écoles publiques d'enseignement primaire complémentaire dont le programme comprend des cours ou des classes d'enseignement professionnel sont assimilées aux écoles manuelles d'apprentissage. Les écoles manuelles d'apprentissage et autres écoles à la fois primaires et professionnelles fondées et entretenues par des particuliers ou par des associations libres sont dites écoles privées [2], et ressortissent à l'enseignement primaire [3].

Création et organisation. — Les écoles nationales sont creées par décrets rendus sur la proposition des ministres de l'instruction publique et du commerce [4]. Ces décrets règlent pour chaque école la

---

1. Loi du 11 décembre 1880 et décrets des 17 mars et 28 juillet 1888.
2. Loi du 30 octobre 1886, art. 2. Sur l'organisation de l'enseignement primaire.
3. Les prescriptions de la loi du 30 octobre 1886 sont donc applicables à ces établissements.
4. C'est le système du *condominium*, qui a surtout fonctionné de 1888 à 1892. Expérience faite, il a provoqué certaines critiques et a amené la législation des écoles pratiques de commerce et d'industrie, et surtout la transformation des écoles manuelles d'apprentissage et des écoles primaires avec cours techniques, en écoles pratiques de commerce et d'industrie. (Voir ci-dessous § 2 pour l'historique et autres détails.)

composition du conseil d'administration et déterminent l'emploi des subventions qui peuvent être allouées par les départements et les communes.

Les écoles départementales sont fondées, avec ou sans le concours des communes, par le Conseil général, qui prend une délibération spéciale, dans laquelle il indique les dépenses d'installation et d'entretien à la charge du département. Le préfet, après avis de l'inspecteur d'académie et d'un délégué du ministre du commerce et de l'industrie, saisit le conseil départemental, dont la décision est soumise au ministre de l'instruction publique, qui statue, sur avis conforme du ministre du commerce et de l'industrie, et approuve de même le projet de construction, d'acquisition ou d'appropriation de l'immeuble destiné à l'école. Si la dépense d'installation doit être couverte par un emprunt, la subvention de l'État est accordée par le ministre de l'instruction publique [1].

Les écoles communales sont créées sur demande du conseil municipal qui prend une délibération spéciale dans laquelle doivent figurer les engagements déterminés par le décret du 4 février 1888, l'énumération exacte des dépenses d'installation et d'entretien qui seront à la charge de la commune, ainsi que l'indication des ressources qu'elle veut y affecter. Le préfet intervient alors et le ministre statue, comme pour les écoles départementales. Lorsque la création a été décidée, il est procédé dans les mêmes formes que pour la création des écoles primaires supérieures [2]. La subvention d'installation accordée par l'État ne peut jamais dépasser le maximum ordinaire, prévu par la loi du 20 juin 1885 pour les écoles primaires supérieures.

Les conseils généraux et les conseils municipaux instituent auprès des écoles qu'ils fondent une commission de surveillance et de perfectionnement qui comprend : 1° si l'établissement est départemental, le préfet, président, deux membres du Conseil général élus par cette assemblée, trois membres choisis de même parmi les in-

---

1. Et conformément à la loi du 20 juin 1885 sur les subventions de l'État pour constructions et appropriations d'établissements destinés aux écoles.

2. Décret du 7 avril 1887 ; art. 6 et ss., si l'établissement est fondé par une seule commune ; articles 32 et ss, dans le cas contraire. Dans tous les cas où l'avis de l'inspecteur d'académie est demandé, il y a lieu de consulter également le délégué du ministre du commerce et de l'industrie.

dustriels et commerçants, — 2° si l'établissement est communal, le maire, président, deux conseillers municipaux élus par le conseil, trois membres choisis de même parmi les industriels et commerçants. De plus, chaque commission comprend un représentant du ministre de l'instruction publique et un représentant du ministre du commerce et de l'industrie.

La commission de surveillance et de perfectionnement peut tenir lieu, pour ces établissements, du comité de patronage prévu pour les écoles primaires supérieures par l'article 42 du décret du 18 janvier 1887. Aucun internat ne peut être annexé à ces écoles sans l'autorisation préalable des deux ministres.

Personnel enseignant. — Dans les écoles nationales, la nomination du directeur et du personnel enseignant de tout ordre est faite par arrêtés pris d'accord entre les deux ministres. Dans les autres écoles publiques le directeur est nommé, en la même forme que les instituteurs publics, par arrêté du ministre de l'instruction publique, sur l'avis conforme du ministre du commerce et de l'industrie, et sur la présentation, au moyen d'une liste comprenant au moins les noms des trois candidats sur lesquels doit porter le choix du ministre, du conseil municipal si l'école est communale, ou du conseil général si l'école est départementale.

Les candidats aux fonctions de directeur doivent remplir les conditions d'âge, de capacité, de stage, d'honorabilité, etc., requises par les articles 4, 5, 6, 7 et 20 de la loi du 30 octobre 1886 sur l'enseignement primaire ; ils doivent être munis d'un des titres suivants : le certificat d'aptitude au professorat des écoles normales et des écoles primaires supérieures, la licence ès lettres ou ès sciences, deux baccalauréats, dont un des sciences ou de l'enseignement secondaire spécial, un des trois baccalauréats avec le certificat d'aptitude à l'enseignement du travail manuel, le diplôme d'ingénieur des arts et manufactures ou, à défaut, le titre ou le diplôme d'ancien élève d'une école technique, reconnu équivalent par les deux ministres, après avis de la commission permanente du conseil supérieur de l'enseignement technique.

Le personnel spécial chargé de l'enseignement professionnel est nommé soit par le maire, soit par le préfet, selon l'école, sur la désignation de la commission de surveillance et de perfectionnement instituée auprès de l'établissement.

Ce personnel, qui n'acquiert pas de droit à pension sur les fonds de l'État, se compose des contremaîtres, chefs, sous-chefs d'atelier, ouvriers instructeurs et autres préposés, s'il y a lieu, à l'apprentissage. La commission de surveillance dresse pour chaque emploi une liste de trois candidats parmi lesquels le maire ou le préfet exerce son choix. Cette liste est accompagnée de certificats signés par les membres de la commission et attestant les capacités professionnelles des candidats.

Les professeurs et maîtres adjoints chargés de classes, ainsi que les maîtres auxiliaires, chargés de l'enseignement des travaux manuels sont nommés ou délégués par arrêtés du ministre de l'instruction publique, pris sur l'avis conforme du ministre du commerce et de l'industrie. Ils doivent avoir 21 ans et être munis du brevet supérieur. S'ils sont pourvus du certificat d'aptitude ou professionnel des écoles normales, ils prennent le titre de professeurs.

Dans les écoles libres tout le personnel est choisi par les fondateurs.

Budget. Subventions. Bourses. — Le budget de chaque école nationale est dressé par le conseil d'administration et approuvé par le ministre de l'instruction publique, après avis conforme du ministre du commerce et de l'industrie. Le crédit imputable sur les fonds du Trésor est inscrit au projet du budget du ministère de l'instruction publique. Un agent comptable, tenu de fournir caution et nommé dans la même forme que le directeur, est attaché à chaque école ; les comptes sont soumis à la juridiction de la cour des comptes. Les dépenses annuelles d'entretien des écoles départementales et communales, les traitements et indemnités dus aux professeurs et maîtres nommés par les deux ministres sont acquittés conformément aux lois en vigueur et aux engagements spéciaux pris par les départements ou par les communes. Le traitement du personnel spécial est à la charge du département ou de la commune, lesquels ont pris l'engagement d'assurer pendant dix ans au moins le payement de ces rétributions [1].

Des subventions peuvent être allouées aux communes [2], soit pour le payement du personnel spécial rétribué sur les fonds départementaux ou communaux, soit pour tout autre emploi spécialement déterminé dans des conventions passées avec les communes intéressées : 1° par le ministre du

---

1. Voir encore la loi du 19 juillet 1889, art. 3 et 4, 7°, abrogeant les articles 2 à 6 de la loi du 16 juin 1881, et donc aussi le § 1er de l'article 16 du décret du 17 mars 1888.

2. D'après l'article 3 de la.loi du 11 décembre 1880, des subventions peuvent aussi être acordées aux institutions privées d'enseignement technique. Mais le fait doit être rare, on le comprend.

commerce et de l'industrie, dans la limite de ses crédits annuels, après avis du conseil supérieur de l'enseignement technique et après entente avec le ministre de l'instruction publique; 2° par le ministre de l'agriculture.

Des bourses nationales d'enseignement primaire supérieur, imputables sur le budget de l'instruction publique, peuvent être attribuées aux établissements publics et privés d'enseignement professionnel, dans les formes et conditions prévues par le décret du 18 janvier 1887 (*art. 43 à 54*), sur l'exécution de la loi organique de l'enseignement primaire ; toutefois, l'attribution de ces bourses est prononcée par un arrêté du ministre de l'instruction publique, sur les propositions de l'inspecteur d'académie, après avis du conseil départemental et du délégué du ministre du commerce et de l'industrie. La déchéance de la bourse est prononcée dans la même forme. Le ministre du commerce, sur la proposition de son délégué, après avis du conseil supérieur de l'enseignement technique et de l'inspecteur d'académie, peut aussi allouer des bourses ou indemnités sur ses crédits annuels.

Conditions d'admission. — Nul ne peut entrer dans une des écoles d'apprentissage avant l'âge de 12 ans accomplis. Tout candidat, en se faisant inscrire, doit justifier de la possession du certificat d'études primaires, ou, à défaut, il doit subir un examen d'entrée équivalent, auquel il ne peut se présenter qu'à l'âge de 13 ans révolus, et en justifiant de l'accomplissement de l'obligation scolaire sur l'enseignement primaire, prévu par la loi du 28 mars 1882. Au cas où les places disponibles à l'école sont inférieures au nombre des candidats, il est ouvert un concours entre ceux-ci, et portant sur les matières du certificat d'études primaires et sur le travail manuel.

Ce concours est jugé par une commission composée de l'inspecteur d'académie, président, et de quatre membres au moins nommés par le recteur, dont la moitié prise au sein du conseil de surveillance et de perfectionnement de l'école. Un délégué du ministre du commerce et de l'industrie est adjoint à la commission d'examen pour juger l'épreuve de travail manuel, qui n'est d'ailleurs pas éliminatoire, et représente au plus le dixième des points attribués à l'examen.

Nature et durée des études. — Un décret, rendu sur la proposition des deux ministres, après avis des conseils supérieurs de l'instruction publique et de l'enseignement technique, détermine les programmes généraux des écoles, programmes arrêtés d'après un plan élaboré par les fondateurs et approuvé par les ministres. Les études comprennent un complément d'instruction primaire et une instruction professionnelle préparatoire soit à l'industrie, soit au commerce, — le même établissement pouvant comprendre ces deux genres d'enseignement professionnel.

En outre, pour chaque école en particulier, il peut être dressé, pour les écoles nationales par le conseil d'administration, pour les autres écoles publiques par la commission de surveillance, un programme spécial qui ne devient exécutoire qu'après l'approbation des deux ministres.

La durée des études est de trois ans au minimum.

Inspection. — Tous les établissements publics professionnels sont soumis à l'inspection de l'instruction publique, conformément à l'article 3 de la loi du 30 octobre 1886, et, en outre, pour tout ce qui concerne l'enseignement commercial et industriel, à une inspection spéciale déterminée par arrêté du ministre du commerce et de l'industrie, après entente avec le ministre de l'instruction publique. A ces deux ministres sont adressés tous les rapports concernant ces établissements.

Les écoles privées sont soumises à la double surveillance des deux ministres, mais dans les strictes limites fixées par les articles 9 et 35 de la loi du 30 octobre précitée sur l'enseignement primaire.

Régime spécial des écoles de Paris. — Aux termes de la loi du 27 décembre 1900, concernant l'organisation et la fixation des traitements du personnel des écoles professionnelles (*J. O.* du 28 décembre 1900), chacune des écoles professionnelles de Paris a un programme et un règlement particuliers établis par le conseil municipal et approuvés par le préfet de la Seine, sous l'autorité du ministre du commerce.

Il est institué auprès de chacune d'elles un comité de patronage composé : du préfet de la Seine ou du directeur de l'enseignement primaire de la Seine ; de membres du conseil municipal en nombre déterminé par le règlement de l'école ; de personnes notables et de dames patronnesses pour les écoles de filles, choisies par le conseil municipal avec approbation du préfet de la Seine, sous l'autorité du ministre du commerce, en nombre déterminé par le règlement de l'école en proportion des spécialités qui y sont enseignées ; de deux représentants du ministre du commerce, dont le fonctionnaire de l'enseignement technique chargé de l'inspection ; le directeur ou la directrice de l'école fait partie du comité de patronage avec voix consultative. Les attributions de ces comités de patronage sont fixées par un règlement du préfet de la Seine après avis du conseil municipal, sous l'autorité du ministre du commerce.

Les directeurs et directrices sont nommés par le ministre du commerce sur une liste de trois noms présentée par le conseil municipal. Un décret rendu sur la proposition du ministre du commerce, après avis du conseil municipal et du conseil supérieur de l'enseignement technique, déterminera les conditions que devront remplir les candidats aux fonctions de directeur ou de directrice. Le traitement des directeurs et directrices est soumis à retenue ; ils sont admis à la retraite dans les mêmes conditions que les membres de l'enseignement primaire. Tous les membres du personnel de chaque école professionnelle de la ville de Paris, autres que le directeur ou la directrice, sont nommés ou délégués, sous l'autorité du ministre du commerce, par le préfet de la Seine, sur la présentation du directeur de l'enseignement primaire de la Seine. Pour les membres de l'enseignement technique, le comité de patronage de l'école intéressée est consulté.

Un décret rendu sur la proposition du ministre du commerce, après avis du conseil supérieur de l'enseignement technique, détermine les conditions que devront remplir les candidats aux fonctions de professeurs titulaires.

- La fixation des traitements du personnel et ses conditions d'avancement sont déterminées par un arrêté du préfet de la Seine, après délibération du conseil municipal.

La ville de Paris doit admettre aux versements pour la caisse des retraites des employés de la préfecture de la Seine les membres titulaires du personnel enseignant technique, théorique et d'instruction générale qui en feront la demande. Mais ceux-ci peuvent, s'ils le préfèrent, continuer à verser à la caisse de l'État dans les conditions fixées par la loi sur les pensions civiles.

Les membres de l'enseignement primaire en fonctions dans les écoles professionnelles de Paris restent dans les cadres de l'enseignement. Ils peuvent être réintégrés dans les écoles primaires ou primaires supérieures, ou rester dans les écoles professionnelles en conservant les mêmes droits à la retraite que par le passé.

ANNEXE. — *Apprentissage de la dentelle.* — La loi du 5 juillet 1903 a rendu obligatoire l'organisation de l'enseignement professionnel de la dentelle à la main dans les écoles primaires de filles des départements où la fabrication est en usage et dans les écoles normales d'institutrices de ces mêmes départements. Un décret désignera ces écoles.

De plus, dans les principaux centres dentelliers, il sera créé des cours et des ateliers de perfectionnement ou des écoles propres à développer l'éducation artistique des ouvrières et des dessinateurs.

2. — Écoles pratiques de commerce et d'industrie [1].

Historique. Création, transformation, suppression. Personnel. Sections normales
Enseignement. Bourses. Surveillance et inspection.

Historique. — Les écoles pratiques de commerce et d'industrie
sont nées, depuis 1892, de la transformation des établissements
d'enseignement primaire publics et des écoles manuelles d'apprentissage, régis par la loi du 11 décembre 1880, et qui, aux termes
de cette loi, fonctionnaient sous la double autorité des ministres de
l'instruction publique et du commerce et de l'industrie.

Le régime du *condominium* avait l'inconvénient sérieux d'imposer aux deux directions de l'enseignement technique et de l'enseignement primaire l'obligation d'étudier simultanément les multiples questions relatives à l'organisation et à la marche du service
des écoles ; les nécessités de la collaboration entraînaient des retards à l'expédition des affaires d'un caractère urgent ; de plus, des
divergences de vues pouvaient se produire entre les deux administrations et, par suite, des conflits difficilement solubles.

Pour remédier à cet état de choses, le législateur, par l'article 69
de la loi de finances du 26 janvier 1892, ordonna le transfert, du
ministère de l'instruction publique au ministère du commerce, de
certaines écoles régies par le système du *condominium* dont les
programmes faisaient ou viendraient à faire une part prépondérante
à l'enseignement industriel et commercial, et, en outre, accorda au
ministre du commerce la faculté de créer de nouvelles écoles destinées à donner principalement l'un ou l'autre de ces enseignements.
Ce sont ces écoles qu'on dénomme *Écoles pratiques de commerce
et d'industrie*.

Création, transformation, suppression. — Les écoles pratiques
de commerce et d'industrie peuvent être fondées soit par un département, soit par une commune, soit par plusieurs départements
ou plusieurs communes [2].

---

1. Loi de finances du 26 janvier 1892 ; décret du 22 février 1893.
2. Disposition très sage pour le cas où « une ville peu considérable, mais située
dans un milieu industriel ou commercial, reconnaîtra la nécessité de créer une école,

Lorsqu'un conseil général ou un conseil municipal veut fonder une école pratique de commerce ou d'industrie, il prend une délibération spéciale dans laquelle il indique les dépenses d'installation et d'entretien qui seront à la charge du département ou de la commune, ainsi que l'énumération des ressources qu'il entend y affecter. Il doit s'engager, pour cinq ans au moins, à subvenir aux dépenses obligatoires de l'école comme pour les écoles primaires supérieures (en vertu de l'art. 5, § 3, de la loi du 19 juillet 1889).

Le dossier de l'affaire, contenant les délibérations des conseils, l'engagement de subvenir pendant cinq ans aux dépenses, les plans et devis détaillés, qu'il s'agisse d'un projet de construction, d'acquisition ou d'appropriation d'immeuble, est transmis au ministère par l'administration préfectorale, qui doit y joindre son avis motivé et celui de l'inspection départementale de l'enseignement industriel ou commercial, ou des deux inspections, si l'école doit donner le double enseignement. Après examen de ce dossier, la création, s'il y a lieu, est autorisée par arrêté du ministre du commerce et de l'industrie.

S'il ne s'agit que d'une transformation d'école primaire supérieure déjà existante, en établissement technique, il suffit d'une simple délibération du conseil compétent demandant le rattachement de l'école au ministère du commerce ; et la transformation, s'il y a lieu, est prononcée par un décret que contresignent les deux ministres de l'instruction publique et du commerce.

La transformation est de droit lorsqu'il s'agit d'écoles dont l'enseignement est principalement industriel ou commercial, et les municipalités peuvent être mises en demeure, si elles veulent que leur école subsiste, de la placer sous le régime déterminé par l'article 69 de la loi du 26 janvier 1892 [1].

---

sans que cependant ses ressources lui permettent d'en supporter seule les charges ». Il est recommandé aux préfets d'intervenir pour faciliter l'accord entre ces municipalités. (*Circ. min.* 20 *juin* 1893.)

[1]. C'est ce qui résulte des termes impératifs de cet article. Au surplus, voici un *considérant* de l'avis émis par le Conseil d'État, le 1er mai 1894, à propos d'un projet de règlement relatif aux écoles professionnelles de la ville de Paris :

« Considérant qu'il résulte de l'instruction que, parmi les écoles dont il s'agit, la plupart rentrent incontestablement dans la catégorie de celles où l'enseignement est principalement industriel ou commercial, qu'elles constituent des écoles pratiques de commerce et d'industrie et *doivent* par suite, en conformité de l'article 69 de la loi du 26 janvier 1892, relever *exclusivement* du ministre du commerce, de l'industrie, des postes et télégraphes... »

Au cas où, après les cinq années d'engagement contracté de subvenir aux dépenses, départements et communes refusent de les continuer, l'école, si l'État ne prend pas les frais à sa charge, cesse d'exister.

Au cours de la période quinquennale, le conseil général ou le · conseil municipal peut demander la suppression d'une école existante, et l'affaire est instruite comme en cas de création, mais la suppression ne peut avoir lieu que par décision du ministre du commerce.

Personnel. — Il comprend : un directeur ou directrice, des professeurs, des chefs de travaux pratiques, des chefs d'atelier, des maîtres et des maîtresses auxiliaires pour certains enseignements spéciaux, des maîtres adjoints et des maîtresses adjointes, des préposés à l'apprentissage, un surveillant général.

Le ministre fixe, dans chaque école, les cadres du personnel pour tous les emplois, sauf ceux de préposés à l'apprentissage dont le nombre est fixé par le conseil général ou municipal après avis du directeur et sur la proposition du conseil de perfectionnement, sous réserve de l'approbation ministérielle.

Les directeurs des écoles pratiques de commerce ou d'industrie doivent être Français et âgés de 25 ans au moins. Ils sont choisis parmi les candidats justifiant soit du certificat d'aptitude à la direction [1], soit du diplôme d'une école technique, reconnu équivalent par le ministre du commerce et de l'industrie, après avis du conseil supérieur de l'enseignement technique et accompagné du brevet supérieur de l'enseignement primaire, ou d'un diplôme de bachelier, ou du diplôme de fin d'études secondaires pour les aspirantes directrices. Leur traitement est de 2 500, 3 200 et 4 000 fr. suivant les classes.

Les professeurs, les chefs de travaux pratiques, chefs d'atelier et maîtres doivent être Français et âgés de 21 ans au moins.

Nul ne peut être nommé professeur s'il n'est pourvu du certificat d'aptitude au professorat [2]. Les chefs de travaux pratiques et les chefs d'atelier

---

1. Le programme comprend : la pédagogie théorique et pratique ; des notions sur l'enseignement technique ; des notions sommaires sur le droit public et administratif ; la législation scolaire, etc...

2. Le programme comprend :
— *Professorat commercial.* Langue française et histoire ; comptabilité ; arithmétique commerciale ; géographie commerciale ; législation ; notions de droit public, de législation fiscale et douanière ; le droit commercial maritime, industriel, ouvrier ; les marchandises (pour les aspirants seulement), l'économie politique, l'histoire du commerce.
— *Professorat industriel (aspirants).* Langue française et histoire : géographie ; arithmétique , algèbre ; géométrie, trigonométrie ; géométrie descriptive ; cosmographie ; arpentage, nivellement; mécaniques et machines ; notions élémentaires de géo-

doivent posséder soit le certificat d'aptitude au professorat industriel, soit le diplôme d'une école technique reconnu équivalent par le ministre. Le traitement des professeurs, chefs de travaux pratiques et chefs d'atelier est le même (1 5oo, 2 000, 2 5oo, 3 000 fr. selon la classe).

Les maîtres adjoints doivent être pourvus du brevet supérieur de l'enseignement primaire ; leur traitement est de 1 200, 1 600, 2 000 ou 2 400 fr.

Tous ces fonctionnaires reçoivent en outre une indemnité de résidence variant suivant la population des localités, entre 100 et 800 fr., et qui est de 2 000 fr. à Paris — à moins qu'ils ne soient logés — et peuvent à titre facultatif toucher des suppléments des départements ou des communes. Les traitements sont soumis aux retenues pour la retraite.

Les maîtres auxiliaires reçoivent une allocation en raison du nombre d'heures d'enseignement, et non soumise à la retenue.

Les directeurs, professeurs, chefs de travaux et d'atelier, maîtres adjoints et auxiliaires sont nommés ou délégués par le ministre du commerce. En ce qui concerne les directeurs, chefs de travaux et d'atelier, le maire ou le préfet, suivant les cas, est appelé à présenter une liste de trois candidats réunissant les conditions exigées, et sur laquelle le conseil de perfectionnement donne son avis. (*Décr. 25 avr. 1895.*)

Les préposés à l'apprentissage sont nommés sur la proposition du conseil de perfectionnement, soit par le préfet, soit par le maire, selon que l'école est départementale ou communale.

L'avancement des directeurs, professeurs, chefs de travaux et d'atelier et maîtres adjoints a lieu exclusivement au choix ; la promotion à une classe supérieure ne peut avoir lieu qu'après cinq ans au moins d'exercice dans la classe immédiatement inférieure. Ils peuvent obtenir, dans les conditions déterminées par le décret du 24 décembre 1885, les décorations universitaires : palmes d'officier d'académie et de l'instruction publique ; et aussi peuvent être nommés et promus dans la Légion d'honneur.

Les peines disciplinaires applicables à ces fonctionnaires sont : la *réprimande,* infligée par le ministre ; la *censure,* après avis du comité d'inspection compétent, avec ou sans suspension de traitement, qui ne peut excéder un mois, la *révocation,* par arrêté ministériel, après avis motivé du comité d'inspection, l'intéressé entendu ou dûment appelé.

Sections normales. — Le recrutement du personnel des écoles pratiques de commerce ou d'industrie est assez difficile, car si les

---

métrie analytique, de calcul des dérivées et des quadratures ; physique, chimie et métallurgie ; comptabilité et économie industrielle ; hygiène industrielle ; dessin ; technologie ; travail manuel.

— *Professorat industriel (aspirantes)* : Langue française, histoire et géographie ; arithmétique ; algèbre ; géométrie ; économie domestique ; travaux à l'aiguille.

Des arrêtés des 3 mai 1893, 23 mai 1898, 3 juin 1899, etc... fixent les conditions du concours au professorat commercial et industriel ainsi que les détails des épreuves.

Un arrêté du 13 février 1900 fixe les coefficients des épreuves du concours pour le certificat d'aptitude au professorat commercial.

matières d'enseignement existent dans les écoles techniques, il y a
à craindre que les anciens élèves de ces écoles, comme aussi les
industriels ou les commerçants, ne manquent d'une qualité capitale, l'aptitude pédagogique, le talent d'enseigner ; aussi les
pouvoirs publics ont-ils dû se préoccuper de former des hommes
capables, à la fois, et de diriger les travaux d'atelier en étant
techniciens habiles, et de joindre à la science professionnelle les
qualités de savoir, de tenue, les aptitudes qui permettent de se
mettre à la portée des élèves, de leur donner des explications
claires et précises, de disposer méthodiquement leurs leçons et
leurs cours entiers, et de varier l'enseignement selon l'âge et
l'intelligence des élèves.

Dans ce but, il a été créé auprès de certaines écoles de commerce
ou d'industrie des sections normales, destinées précisément à donner, par exemple aux anciens élèves des écoles primaires, en même
temps qu'une instruction générale complémentaire, les connaissances techniques, industrielles ou commerciales nécessaires au professorat professionnel.

Le régime des sections normales et les conditions d'admission
ont varié sur quelques points, et selon les écoles auxquelles elles
sont annexées. De plus, les programmes tiennent compte des nécessités diverses du professorat industriel et du professorat commercial,
et de leur application soit aux jeunes gens soit aux jeunes filles [1].

Enseignement. — L'enseignement est entièrement gratuit. Nul
élève ne peut être admis avant l'âge de 12 ans accomplis, à moins
de produire le certificat d'études primaires. Les candidats âgés de
plus de 13 ans et non pourvus du certificat d'études primaires
doivent justifier de l'accomplissement de l'obligation scolaire et
subir un examen d'entrée. Aucun internat ne peut être annexé aux
écoles qu'en vertu d'une autorisation ministérielle.

Les programmes d'enseignement comprennent, d'une part : l'enseignement commercial ou industriel, à la fois théorique et pratique ;

---

1. Pour les détails, il faut se borner à renvoyer aux arrêtés ministériels des 11 juin
1891, 21 juin 1893, 15 mars 1899, en ce qui concerne Châlons ; — aux arrêtés des
21 juillet 1894, 15 avril 1899 pour la section normale annexée à l'École des hautes
études commerciales ; aux arrêtés des 16 août 1894, 15 juin 1899, pour la section
normale commerciale destinée aux filles, et en particulier celle du Havre.

d'autre part, l'enseignement primaire complémentaire. Ils sont élaborés en détail avec l'emploi du temps correspondant par le conseil de perfectionnement, et spécialement à chaque section d'industrie ou de commerce.

Les élèves, à la suite d'examens de.sortie, peuvent obtenir un certificat d'études pratiques commerciales ou industrielles.

Bourses. — L'État peut fonder et entretenir des bourses d'internat dans ces écoles ; elles sont attribuées par le ministre à la suite d'un concours.

Surveillance et inspection. — Il est institué auprès de chaque école un conseil de perfectionnement qui se compose, suivant que l'établissement est départemental ou communal :

1º Du préfet ou du maire, président ;

2º De l'inspecteur de l'enseignement commercial ou de l'enseignement industriel ;

3º De quatre membres nommés par le conseil général ou municipal, pour la durée de son mandat, et dont deux au moins doivent exercer ou avoir exercé une profession industrielle ou commerciale, selon la catégorie de l'école ; pour les écoles de filles, les quatre membres nommés par le conseil général ou municipal comprennent au moins deux dames ;

4º D'un membre nommé par le ministre du commerce et de l'industrie.

Si l'école est à la fois commerciale et industrielle, l'inspecteur de l'enseignement commercial et l'inspecteur de l'enseignement industriel font partie du conseil de perfectionnement. Dans ce cas, deux membres sont nommés par le ministre et le nombre de membres élus est de six ; deux des membres élus doivent exercer ou avoir exercé une profession commerciale et deux une profession industrielle. Le directeur ou la directrice assiste, avec voix consultative, à toutes les séances du conseil, sauf quand il est délibéré sur le rapport annuel dont il va être parlé.

Le conseil de perfectionnement, outre les attributions dont il a été déjà question, est chargé :

1º De donner son avis sur l'état annuel des prévisions de dépenses à la charge du département ou de la commune, préparé par le directeur ;

2º De visiter l'école une fois par mois pour s'assurer de la bonne tenue matérielle de l'établissement ;

3º D'assister aux examens de passage ;

4º De délibérer, à la fin de l'année scolaire, sur le rapport annuel du directeur relatif à la situation de l'établissement et d'adresser sa délibération motivée au ministre par l'entremise du préfet. Expédition de ce rapport est adressée au maire, si l'école est municipale ;

5º De s'occuper du placement des élèves et notamment des élèves boursiers à leur sortie de l'école ;

6º De donner son avis sur les questions qui lui sont spécialement soumises, soit par le ministre, soit par le préfet ou le maire.

Les écoles sont inspectées par l'inspecteur général de l'enseignement technique et les inspecteurs régionaux ou départementaux de l'enseignement industriel ou commercial, et peuvent l'être, en outre, par des inspectrices régionales ou départementales et par les fonctionnaires munis d'une délégation ministérielle à cet effet.

3. — Les écoles nationales professionnelles.

Écoles publiques : Vierzon, Armentières, Voiron, Nantes. Écoles spéciales. Écoles privées.
Annexe. — Agriculture ; commerce.

Écoles publiques. — Elles ont pour but de former des ouvriers instruits, aptes à devenir contremaîtres et chefs d'atelier ; elles préparent également un concours d'admission dans les écoles d'arts et métiers et aux autres écoles techniques du même degré.

Il existe quatre « écoles nationales d'enseignement primaire supérieur et d'enseignement professionnel préparatoire d'apprentissage ». Ce sont celle de Vierzon (Cher), fondée par décret du 9 juillet 1881, ouverte en 1887, et destinée « à servir de type pour les établissements de même nature qui seraient créés par application de la loi du 11 décembre 1880 ; celles d'Armentières (Nord), instituée par décret du 10 mars 1882, de Voiron (Isère), par décret du 26 juillet 1882, et celle de Nantes, créée en octobre 1898.

Ces écoles ont la même organisation, qui a été réglementée, en vertu de l'article 73 de la loi de finances de 1902, par un décret du 13 février 1903. Elles ne diffèrent que par la nature de l'enseignement du travail manuel qui est approprié aux besoins de leurs régions respectives. Le travail du bois et du fer est commun aux quatre écoles. De plus, à Armentières, l'enseignement comprend la conduite des machines à vapeur, le tissage du lin, du coton et du jute, avec un atelier de filature, et, à Voiron, ont été adjoints une petite magnanerie, un atelier pour le tissage de la soie, du lin, du chanvre, du coton, et un atelier pour la réparation et le montage des métiers.

L'admission a lieu par voie de concours, dont les conditions sont déterminées par arrêté ministériel, qui règle en même temps l'attribution des bourses de l'État.

La durée normale des études est de quatre années ; elle n'est que de trois ans pour les élèves qui se destinent à d'autres écoles techniques. Le directeur peut, après avis du conseil des professeurs, autoriser un élève à redoubler une année d'études.

Un diplôme, le même pour toutes les écoles nationales professionnelles, est délivré aux élèves qui ont satisfait d'une manière complète aux examens de fin d'études. Dans le délai de deux ans, après leur sortie de l'école, les élèves qui lors des examens de fin d'études n'auront pu recevoir le diplôme, en raison de l'insuffisance de leur moyenne générale, pourront être admis à subir un examen à la suite duquel ce titre leur sera délivré s'il y a lieu.

Vers la fin de la troisième année d'études, il est délivré, après examen spécial subi devant une commission de professeurs désignés par le directeur, aux élèves qui, se préparant aux concours d'admission dans les écoles nationales d'arts et métiers, auront satisfait aux épreuves, un certificat constatant leur aptitude à recevoir le certificat d'études pratiques industrielles.

L'enseignement est donné gratuitement ; mais les élèves internes et demi-pensionnaires payent un prix de pension fixé par arrêté ministériel.

Les écoles sont administrées, sous la haute surveillance du préfet, par un directeur nommé par le ministre et choisi parmi les directeurs des écoles pratiques de commerce et d'industrie, les directeurs d'écoles normales, les professeurs des écoles nationales professionnelles, ainsi que parmi les professeurs des écoles pratiques ou professionnelles de la ville de Paris pourvus du certificat d'aptitude à la direction. Le directeur est assisté, pour l'administration, d'un économe et d'un commis d'économat, dont la nomination est réservée au ministre.

Près de chaque école existe un conseil d'administration et un comité de patronage, ainsi qu'un conseil des professeurs, et un conseil de discipline.

Le décret du 10 août 1900 a réorganisé le conseil d'administration et le comité de patronage des écoles nationales professionnelles.

Le conseil d'administration comprend des membres de droit, le préfet, le maire, les inspecteurs départementaux de l'enseignement technique, et des membres nommés par le ministre, un conseiller général, quatre notables commerçants ou industriels. Le ministre désigne, en outre, chaque année, un délégué chargé de représenter son administration. Le conseil est chargé de s'assurer, chaque mois, de la bonne tenue de l'établissement, de donner son avis sur le règlement intérieur de l'école qui doit être soumis au ministre, sur le budget de l'école, sur les demandes de crédits supplémentaires, d'examiner le compte administratif de l'école et de veiller sur les intérêts matériels de l'école, de régler toutes les questions de chauffage, d'éclairage, nourriture, logement et entretien.

Le comité de patronage est composé de notables de la région, pris de préférence. parmi les grands industriels ou commerçants. Il comprend aussi un ou plusieurs délégués du ministre. Les membres de ce comité sont nommés par le ministre, qui désigne le président et deux vice-présidents. La durée de leur mandat est de trois ans. Le comité prend sous son patronage les élèves de l'école : il s'occupe de placer les plus méritants à la fin de leurs études et surveille d'une façon particulière les élèves boursiers ; il donne son avis sur les mesures à prendre pour mettre l'enseignement en rapport avec les besoins des diverses industries de la région.

Écoles spéciales. — Il existe encore de nombreuses écoles publiques d'apprentis pour diverses branches d'industrie. Ce sont, parmi les principales, à Paris :

1° Pour les garçons :

L'*École Diderot,* fondée en 1873, pour l'enseignement des professions de la forge, du tour sur métaux, de l'ajustage, des instruments de précision, de l'électricité, de la chaudronnerie, de la menuiserie, de la serrurerie et de la plomberie sanitaire ;

L'*École Boulle,* dont la fondation remonte à 1886 et qui enseigne les différentes professions du meuble : ébénisterie, tapisserie, sculptures sur bois, menuiserie en sièges, application au mobilier du bronze d'art, de l'orfèvrerie, de la bijouterie et de la ferronnerie ;

L'*École Estienne,* organisée en 1889, pour former des ouvriers habiles dans les arts et industries du livre : typographie, reliure, gravure, lithographie, photographie ;

L'*École Germain-Pilon* (1883), où les jeunes gens qui se destinent aux délicates industries parisiennes se perfectionnent dans les arts du dessin, modelage, aquarelles, moulage, lavis et, en général, dans tous les enseignements artistiques, susceptibles de donner du style aux productions de luxe dont Paris a conservé la réputation ;

L'*École Bernard-Palissy* (1883), qui a un but analogue à celui de la précédente : former des ouvriers artistes, habiles dans certaines industries d'art, céramique, sculpture sur bois, pierre, marbre, dessin sur étoffes et peinture décorative ;

L'*École Dorian,* ancien orphelinat municipal transformé, en 1887, en internat professionnel, en vue de former des menuisiers, tourneurs sur métaux, bois, sur pierre, sur marbre, des ajusteurs, forgerons, ferronniers ;

L'*École d'arboriculture et d'horticulture,* de Saint-Mandé ;

L'*École Salicis,* où est annexé à l'école primaire un atelier modèle de travail manuel ;

2° Pour les filles : .

Les *écoles professionnelles et ménagères* des rues Fondary (1885), Bouret (1879), Bossuet, Ganneron (1884), Biton (1886), Tombe-Issoire (1870).

Enfin, à côté des établissements spéciaux, la ville de Paris a créé dans tous les quartiers des cours du soir pour les travailleurs adultes aussi bien que pour les jeunes gens : enseignement primaire, dessin ornemental et géométrique, géométrie et sciences physiques appliquées ; couture, coupe, travaux de ménage ; enseignement commercial, comptabilité, géographie, économie politique, technologie, législation, langues vivantes.

Les écoles les plus connues des départements sont :

L'*École nationale d'apprentissage de Dellys (Algérie)*, créée en 1866 à Fort-National, à l'usage exclusif des indigènes, et devenue, depuis l'insurrection de 1871, école mixte de Dellys, pour les enfants des colons et des Kabyles. Elle est destinée à former des ouvriers habiles pour les divers métiers où on emploie le fer et le bois ;

Les *Écoles La Martinière,* à Lyon, qui datent de 1826, fondées avec le produit d'un legs du lyonnais Martin, devenu major général au service de la compagnie anglaise des Indes. Les écoles ne reçoivent que des externes. L'enseignement est gratuit. L'école des garçons a pour but de rendre les élèves aptes à l'exercice d'une profession quelconque. La méthode d'enseignement, créée par les fondateurs, s'attache à obtenir de toute la classe un travail simultané, en faisant participer les élèves à la correction des travaux, et en assurant leur constante attention par un mode d'interrogation général ;

L'*École nationale d'horlogerie de Cluses (Haute-Savoie)*[1], fondée par un décret du roi de Sardaigne, du 31 mars 1848, réorganisée en 1860 puis en 1890 par le décret du 3 février, a pour but de former : 1° des ouvriers habiles et instruits, capables d'exécuter, en tout ou en partie, les appareils destinés à la mesure du temps ou tous autres mécanismes de précision appropriés aux usages des sciences et des arts ; 2° de donner l'instruction nécessaire aux jeunes gens qui, dans ce genre d'industrie, se destinent à devenir fabricants ou chefs d'ateliers ;

Les *Écoles d'apprentissage au Havre,* avec une annexe destinée à former des mécaniciens pour la marine ;

Les *Écoles professionnelles et ménagères,* destinées aux jeunes filles, à Paris, à Rouen, au Havre, à Melun, à Nîmes, à Saint-Étienne, à Quimperlé, à Saint-Chamond[2].

---

1. École municipale d'horlogerie de Besançon fondée en 1862.

2. Enfin de nombreuses villes possèdent des écoles professionnelles ou d'apprentissage : Bar-sur-Seine, Rouen, Boulogne-sur-Mer, Aire-sur-Adour, Reims, Limoges, Fourmies, Nîmes, Agen, Blois, Clermont-Ferrand, Montbéliard, Montbrison, Roanne, Morez, etc... etc... etc.

Écoles privées. — Parmi les écoles fondées par des associations ou par des particuliers, il faut citer :

Les Écoles d'apprentis de Douai, du Havre, de Nancy, de Reims ; celle de Nîmes, où l'on enseigne la fabrication des étoffes unies ou brochées ; l'école de dentelles de Dieppe, l'école de céramique de Limoges, l'école de chaudronnerie de Nevers, l'école de bonneterie de Troyes, fondée avec subvention de l'État, sous le patronage spécial de la Chambre de commerce et de la Chambre syndicale des fabricants de bonneterie et des industries s'y rattachant ; elle a pour but de former des contremaîtres et des directeurs ; et l'œuvre de Saint-Nicolas à Paris, rue de Vaugirard, et à Issy, — spécialement pour les hommes. Avec admission des femmes : l'école d'horlogerie de Paris, reconnue d'utilité publique, l'école professionnelle régionale de la Société industrielle de Saint-Quentin, qui a pour but de former des ouvriers et ouvrières, des contremaîtres, directeurs et directrices, pour les principales industries de la région, l'École professionnelle de l'Est, à Nancy. Et enfin, spécialement pour les femmes, les écoles de la Société pour l'enseignement professionnel des femmes, concernant le commerce, le dessin industriel, la gravure sur bois, la peinture sur porcelaine, sur verre, fleurs artificielles, couture et lingerie, l'École professionnelle des Ternes, dont l'enseignement est analogue, avec des notions de repassage, de ménage et de cuisine, etc..., etc...

ANNEXE. — Agriculture[1]. — L'enseignement professionnel de l'agriculture est donné au premier degré dans les *fermes-écoles* et dans les écoles pratiques d'agriculture, pour l'instruction élémentaire pratique.

La ferme-école est une exploitation rurale conduite avec habileté et profit, et dans laquelle des apprentis, choisis parmi les travailleurs ruraux et admis à titre gratuit, exécutent tous les travaux, recevant en même temps qu'une rémunération de leur travail, par une prime de sortie payée en espèces, qui ne peut excéder 300 fr., un enseignement agricole et essentiellement pratique[2]. Chaque année le Trésor distribue à cet effet aux fermes-écoles des primes réparties à titre de pécule, tous les ans, entre les élèves les plus méritants, à la fin de leur apprentissage, et d'après leur classement.

Les fermes-écoles ont pour but de former d'habiles cultivateurs praticiens, capables, soit d'exploiter avec intelligence leur propriété, soit de cultiver la propriété d'autrui comme fermiers, métayers, régisseurs, soit enfin de devenir de bons aides ruraux, commis de ferme, contremaîtres, chefs de main-d'œuvre ou d'attelage[3].

---

1. Décret du 3 octobre 1848, sur l'organisation de l'enseignement professionnel, de l'agriculture ; loi du 30 juillet 1875 sur l'enseignement élémentaire pratique de l'agriculture, et décret du 20 janvier 1904.

2. Il avait été prévu la création d'une ferme-école par département ; le nombre n'en a jamais dépassé soixante-dix ; il en existe aujourd'hui quatorze.

3. Le nombre des apprentis est fixé par l'arrêté constitutif de la ferme-école, mais il ne peut descendre au-dessous de vingt-quatre. Pour être admis, les apprentis

Les écoles pratiques d'agriculture, prévues une par département, et au nombre de 51 actuellement, étaient en général instituées sur une exploitation gérée aux risques et périls de l'exploitant. Mais, dorénavant, il ne pourra être établi d'école pratique que sur un domaine mis à la disposition de l'État en toute propriété ou qui lui sera donné en jouissance pour une période de dix-huit ans au moins et comprenant les bâtiments scolaires et d'exploitation nécessaires, — et à proximité d'une voie ferrée. Le prix de la pension est fixé pour chaque école par arrêté ministériel, ainsi que le programme des études, suivant la spécialité culturale de la contrée. Les écoles pratiques ne sont pas nécessairement d'un type uniforme. C'est ainsi qu'il existe des écoles pour la culture en général, et des écoles spéciales de laiterie, de viticulture, d'aviculture, de pisciculture, de fromagerie, des écoles fruitières, des magnaneries, des bergeries [1], etc.

Elles sont destinées à recevoir les jeunes gens qui, au sortir des écoles primaires ou des collèges, désirent acquérir l'instruction professionnelle agricole ; elles tiennent le milieu entre les fermes-écoles et les écoles nationales d'agriculture et leur but est de former des cultivateurs éclairés [2].

Un comité de surveillance et de perfectionnement est attaché à chaque ferme-école et à chaque école pratique.

Commerce. — En vue de former des employés pour les différentes carrières du commerce, de la banque et de l'administration, il a été créé de nombreuses écoles spéciales comme : l'École commerciale de Paris, l'École pratique de commerce, à Paris, les écoles de Bordeaux, de Nancy, de Nantes, des Vosges, de Tours, etc., etc...

----

doivent être âgés de 16 ans révolus. Le temps de séjour à la ferme-école est de deux ou trois années, et, pendant ce temps, les apprentis ne coûtent absolument rien à leurs parents. Une allocation de 270 fr. par apprenti est attribuée au directeur de l'établissement. Cette allocation et les primes des apprentis sont acquittées par l'État. Le personnel enseignant est également payé par l'État. Il se compose de : un directeur ; un instituteur surveillant comptable ; un jardinier-pépiniériste ; un chef de pratique agricole ; un vétérinaire ; un instructeur militaire. Les fermes-écoles sont soumises au contrôle de l'inspection de l'agriculture.

1. Pour les détails consulter l'Annuaire du ministère de l'agriculture.

2. L'âge d'admission varie de 13 à 18 ans ; les candidats subissent un examen d'admission sur le programme des études primaires. Un certificat leur est délivré à leur sortie. Les écoles peuvent être fondées sur la proposition d'un propriétaire, d'un département ou d'une commune, mais l'avis favorable du Conseil général est nécessaire. Le personnel enseignant, nommé à la suite d'un concours, est payé par l'État, qui fournit en outre une subvention maxima de 1 500 fr. pour frais matériels d'enseignement. La durée des études est de deux ou trois ans ; les élèves prennent part manuellement et journellement à toutes les opérations de la ferme, et suivent des cours en vue de développer leurs facultés intellectuelles et d'acquérir l'instruction professionnelle qui leur permet de se rendre compte des opérations de la ferme et d'interpréter les faits culturaux. Les départements et l'État entretiennent un certain nombre de boursiers, de façon à permettre aux cultivateurs peu aisés d'y envoyer leurs enfants. (Consulter au surplus le *Journal officiel* du 20 janvier 1904.)

II. — ÉDUCATION PROFESSIONNELLE SECONDAIRE

1. ÉCOLES NATIONALES D'ARTS ET MÉTIERS.
2. ÉCOLES DIVERSES.
ANNEXE. — AGRICULTURE; COMMERCE.

1. — Écoles nationales d'arts et métiers [1].

Historique. Dispositions générales. Pension, trousseau, uniforme. Admission. Enseignement. Personnel des écoles. Conseils des écoles. Discipline. Inspection. Legs et donations. Service militaire.

Historique. — Les premiers éléments d'une École d'arts et métiers avaient été constitués avec l'école fondée en 1788 par le duc de la Rochefoucauld-Liancourt, alors colonel de cavalerie, dans sa ferme de la Montagne (Oise), et où furent admis tout d'abord les fils des sous-officiers de son régiment. Un arrêté du 6 ventôse an XI l'installa à Compiègne [2], d'où, en 1806, elle fut tansférée à Châlons. Cependant il en avait été installé une seconde, par arrêté du 28 ventôse an XII, à Beaupréau (Vendée); des troubles la firent transférer, en 1815, à Angers. Ces deux écoles sont encore dans ces deux villes aujourd'hui. Celle d'Aix date de 1843. La loi du 10 mars 1881 en a créé une quatrième à Lille (Nord). Enfin par décret en date du 5 juillet 1901, l'école d'ouvriers et contremaitres de Cluny (Saône-et-Loire) a été érigée en École nationale d'arts et métiers.

Dispositions générales. — Les écoles nationales d'arts et métiers ont pour objet de former des ouvriers capables de devenir des chefs d'ateliers et des industriels versés dans la pratique des arts mécaniques. Elles sont placées sous l'autorité du ministre du commerce et de l'industrie, et sous la haute surveillance du préfet du département dans lequel chacune d'elles est établie.

La durée des études est de trois ans. Aucun élève ne peut faire une quatrième année que dans le cas de maladie ayant entraîné

---

1. Décret du 4 avril 1885 (abrogeant le décret du 6 novembre 1873) et arrêtés des 2 et 3 mai 1885 portant règlement pour les écoles nationales d'arts et métiers, et réglant les mesures de détail d'administration.

2. « J'ai trouvé partout, disait Bonaparte au retour d'un voyage dans le Nord, des contremaîtres distingués dans leur art, — mais aucun qui fût en état de faire un tracé, le calcul le plus simple d'une machine. C'est une lacune dans l'industrie française. Je veux la combler ici. Plus de latin, etc... »

une suspension de travail de plus de six semaines, ou d'une absence d'égale durée pour un motif légitime et après avis favorable du conseil de l'école.

Des brevets sont délivrés par le ministre du commerce aux élèves de troisième année, ayant à la suite des examens généraux de sortie satisfait d'une manière complète à toutes les épreuves [1].

Ces brevets confèrent à ceux qui les obtiennent le titre d'*élèves brevetés des écoles nationales d'arts et métiers*. Ne sont reconnus comme anciens élèves des écoles que ceux ayant obtenu le brevet.

Il est décerné à ceux ayant obtenu une moyenne générale au moins égale à 15 et aucune moyenne particulière inférieure à 11, un brevet particulier et une médaille d'argent, — la même, en or, à l'élève sortant le premier de sa promotion. Les quinze premiers élèves qui, dans le délai de deux ans, à partir de leur sortie de l'école, justifient d'une année de travail manuel dans un atelier, peuvent recevoir une récompense de 500 fr.

Les écoles reçoivent des élèves internes, dont le nombre ne peut, pour chacune d'elles, dépasser 300, et des élèves externes.

Pension, trousseau, uniforme. — Le prix de la pension est de 600 francs par an, payable à une caisse publique par quart (150 fr.) au commencement de chaque trimestre ; le prix du trousseau (300 fr.) doit être versé d'avance. Une somme de 75 fr., versée à l'entrée, est destinée à la masse d'entretien.

Des bourses ou fractions de bourse peuvent être accordées, mais pour une année scolaire seulement, par l'État aux élèves dont les familles ont fait préalablement constater l'insuffisance de leurs ressources ; dans certains cas, les trousseaux peuvent être accordés gratuitement, sans que le nombre en puisse dépasser cinq pour cent élèves admis.

Lorsque, dans le cours d'une année d'études et par suite de circonstances imprévues, la famille d'un élève se trouve hors d'état de payer la pension à sa charge, le ministre peut, par une décision spéciale rendue sur l'avis favorable du conseil de l'école et du directeur, le dispenser exception-

---

1. La notation allant de o à 20, les élèves ayant obtenu une moyenne générale au moins égale à 11 et aucune moyenne particulière inférieure à 6 sont considérés comme remplissant les conditions exigées. Les élèves dont la conduite aura été satisfaisante, et qui, à la suite des examens de fin d'études, n'auraient pu obtenir le brevet à raison de l'insuffisance d'une moyenne particulière, peuvent être autorisés a subir, dans le délai d'un an, une nouvelle épreuve portant exclusivement sur la branche d'enseignement dans laquelle leur insuffisance aura été reconnue. Dans le cas où ils subiraient avec succès cette nouvelle épreuve, le diplôme peut leur être délivré.

nellement de ce payement. Les dégrèvements ne sont accordés qu'à la fin
de chaque semestre.

Les élèves portent un uniforme dont le modèle est arrêté par le ministre.
Ils ne peuvent modifier cet uniforme dans aucune de ses parties, même
lorsqu'ils le portent en dehors de l'école.

Admission à l'école. — L'admission à l'école n'a lieu que par
voie de concours. Nul n'est admis au concours s'il n'est Français,
âgé de plus de 15 ans et de moins de 17, au 1ᵉʳ octobre de l'année
du concours. Aucune dispense d'âge, même d'un jour, n'est accordée.

Les demandes d'admission au concours doivent être adressées
par écrit au préfet du département dans lequel la famille du candidat est domiciliée, avant le 1ᵉʳ mai de chaque année.

Ces demandes sont accompagnées : 1⁰ de l'acte de naissance du candidat ; 2⁰ d'un certificat de docteur-médecin assermenté constatant qu'il est
de bonne constitution, et spécialement qu'il n'est atteint d'aucune affection
scrofuleuse ou maladie chronique contagieuse ; 2⁰ d'un certificat de revac-
cination délivré dans l'année qui précède celle du concours ; 4⁰ d'un certificat de bonne vie et mœurs délivré par l'autorité locale, dûment légalisé ;
5⁰ de l'engagement pris par les parents d'acquitter les frais à leur charge,
de pension, trousseau, masse d'entretien.

Les demandes de bourses sont adressées au ministre, et déposées
à la préfecture en même temps que les demandes d'admission.

Le préfet procède, par les moyens dont il dispose, à une enquête sur la
situation de la famille. Les pièces constatant le résultat de l'enquête préfectorale sont jointes aux demandes pour être communiquées au conseil
municipal du domicile de la famille du candidat. La délibération motivée
du conseil municipal avec toutes les pièces relatives à chaque demande,
est ensuite transmise au ministre par le préfet qui y joint son avis personnel.

Les connaissances exigées pour l'admission aux écoles sont :
1⁰ l'écriture ; 3⁰ la grammaire française et l'orthographe ; 3⁰ l'arithmétique théorique et pratique ; 4⁰ la géométrie élémentaire ;
5⁰ l'algèbre jusqu'aux équations du second degré exclusivement ;
6⁰ des notions d'histoire de France et de géographie, dans les limites du programme de l'enseignement primaire (cours supérieur).
Le programme du concours est d'ailleurs fixé chaque année par
arrêté ministériel.

Les épreuves écrites ont lieu les mêmes jours et aux mêmes heures au chef-lieu de chaque département. Les candidats font sous la surveillance d'une commission, nommée à cet effet par le préfet : 1° une dictée avec résumé et explication de mots, et un exercice d'analyse grammaticale et logique ; 2° une épreuve de dessin linéaire et un dessin d'ornement à la plume ; 3° deux problèmes d'arithmétique et deux de géométrie ; 4° ils exécutent, également sous les yeux de la commission, une pièce de bois ou de fer déterminée par le programme des examens.

Les candidats ne sont admis au concours définitif que si le résultat de ces épreuves est favorable. Une commission spéciale pour chaque région est nommée par le ministre pour faire subir aux candidats l'examen définitif, qui est purement oral. La commission se transporte successivement dans les villes fixées par le ministre comme sièges d'examen et aux époques préalablement annoncées par le *Journal officiel*. Les candidats admis à se présenter au concours définitif sont prévenus par lettres individuelles de la date et du lieu de l'examen.

D'après les notes des épreuves écrites et celles obtenues aux examens oraux par chaque candidat, les commissions régionales dressent un état définitif de classement, et, sur le vu de cet état, le ministre arrête la liste des élèves admis à chacune des écoles. Toute note, qui, pour chacune des connaissances exigées, est inférieure à un minimum fixé par le programme des examens, entraine l'élimination du candidat.

Les élèves admis doivent être rendus à l'école le 14 octobre, sauf les cas d'excuse légitime, soumis à l'appréciation du ministre ; tout élève non arrivé à cette date est considéré comme démissionnaire.

Enseignement. — L'enseignement est théorique et pratique.

L'enseignement théorique, toujours dirigé dans le sens des applications, comprend : 1° dans un but d'uniformisation, la revision très rapide des parties les plus importantes de l'examen d'entrée ; 2° l'algèbre jusqu'au binôme de Newton et ses applications inclusivement, et des notions élémentaires sur les dérivées ; 3° la trigonométrie rectiligne, des notions très élémentaires de cosmographie, l'arpentage et le nivellement ; 4° des notions élémentaires de géométrie analytique ; 5° la géométrie descriptive, les ombres, les plans cotés, ainsi que des notions de perspective usuelle, de coupe de pierre et de charpente ; 6° la cinématique théorique et appliquée ; 7° la mécanique pure et appliquée, comprenant : la dynamique, la statique, les résistances passives, la résistance des matériaux, l'hydraulique et les machines à vapeur ; 8° la physique et

ses applications industrielles ; 9° la chimie et ses principales applications industrielles, notamment à la métallurgie ; 10° le dessin,
et principalement le dessin industriel ; 11° la technologie étudiée
tout principalement dans ses applications à la construction des machines ; 12° l'étude de la langue française ; 13° l'histoire : revision
du programme d'admission avec étude plus approfondie de la période moderne ; 14° la géographie : revision du programme d'admission avec étude plus approfondie de la géographie de la France
et de ses colonies ; 15° la comptabilité industrielle et des notions
d'économie industrielle ; 16° l'hygiène industrielle.

L'enseignement pratique se donne dans les ateliers spéciaux, savoir : menuiserie et modèles, fonderies, forges et chaudronnerie,
ajustage. Le nombre des ateliers peut être augmenté. Les élèves,
dans un délai de trois mois après leur arrivée à l'école, sont définitivement répartis, suivant leurs aptitudes particulières et suivant
leur rang d'admission, dans les divers ateliers. Pendant leur dernière année, les élèves passent un certain temps dans les ateliers
autres que ceux de leur spécialité, afin d'acquérir sur chacune
des professions qui y sont enseignées, des notions suffisantes pour
leur permettre d'apprécier les relations existant entre ces professions et celle qui fait l'objet de leurs études spéciales.

Le produit du travail exécuté dans les ateliers appartient à
l'État.

Les élèves passent un examen à la fin de chaque semestre, et
sont classés par rang de mérite dans chaque division. Le directeur
établit alors pour chacun d'eux un bulletin résumant les notes relatives à leur travail, leur progrès, leur conduite, — lequel est adressé
aux parents ou aux correspondants. Un relevé de ces bulletins est
adressé au ministre, avec mention spéciale pour les élèves boursiers,.
— et un autre relevé du bulletin des élèves jouissant d'allocations
départementales est adressé au préfet de leur département.

Aucun élève ne peut passer dans une division supérieure s'il n'a
obtenu, à l'examen de fin d'année, une moyenne générale au moins
égale à 11, sans moyenne inférieure à 6, avec faculté, cependant,
pour ceux dont la moyenne générale atteint le minimum fixé, de
subir, avant que l'exclusion soit prononcée, et après les vacances,
une épreuve décisive portant sur les branches de l'enseignement
dans lesquelles ils ont été insuffisants.

Personnel des écoles. — Les écoles nationales d'arts et métiers sont administrées, sous l'autorité du ministre et sous la haute surveillance du préfet du département, par un directeur, nommé par le ministre, avec le concours d'un conseil.

Les candidats aux fonctions de directeur doivent justifier du titre d'ingénieur de l'État, d'ingénieur civil des mines, ou des arts et manufactures, ou avoir exercé les fonctions d'ingénieur dans une des écoles nationales d'arts et métiers, ou enfin, avoir, pendant cinq années au moins, dirigé un établissement industriel important, ou une grande école d'enseignement technique.

L'autorité du directeur s'étend sur toutes les parties du service ; il assure l'exécution des règlements et des décisions du ministre et le maintien de l'ordre et de la discipline. Il correspond directement avec le ministre et avec le préfet ; il leur rend compte immédiatement de toutes les circonstances qui lui semblent de nature à troubler l'ordre et à compromettre la marche régulière de l'école.

Un fonctionnaire ayant le titre d'ingénieur est chargé, sous l'autorité du directeur, d'assurer le fonctionnement de l'enseignement théorique et pratique dans chaque école, ainsi que l'observation du programme des cours et l'exécution des travaux.

Le personnel se compose en outre, dans chaque école : des professeurs chargés de l'enseignement théorique, dans les branches diverses ; de répétiteurs pour les différents cours professés ; d'un préparateur de physique et de chimie ; d'un chef pour chacun des ateliers organisés ; de sous-chefs ; d'ouvriers instructeurs en manœuvres nécessaires, dont le nombre est fixé par le ministre.

Les fonctionnaires de l'enseignement sont nommés par le ministre ; toutefois les ingénieurs, professeurs et chefs d'atelier ne le sont qu'après concours dont le ministre arrête les conditions et le programme.

Le personnel attaché à chaque école se compose encore : d'un agent comptable, remplissant les fonctions de caissier et chargé de l'achat et de la conservation du matériel, du mobilier, des matières de toute nature et des objets confectionnés, déposés dans les magasins et locaux confiés à sa garde ; il est tenu de fournir un cautionnement ; d'un économe, chargé de l'approvisionnement des matières destinées au casernement, à l'habillement et à l'alimentation des élèves [1] ; d'un secrétaire de la direction, d'un adjudant-chef, d'un sous-chef adjudant et du nombre d'adjudants nécessaire pour assurer l'ordre et la discipline, et enfin des employés d'administration et des agents subalternes.

Ces fonctionnaires sont nommés par le ministre, qui peut, en restant

---

1. Des arrêtés ministériels règlent toutes les mesures de détail nécessaires à l'exécution de tout ce qui concerne la comptabilité de l'école soit en deniers, soit en matières ; les livres à tenir par l'agent comptable ; la reddition des comptes et le mode de justification des payements et des recettes, comme d'ailleurs le détail de l'exécution du décret du 4 avril 1885.

dans tous les cas maître de régler leur nombre et leur traitement, déléguer au directeur la nomination des employés d'administration et des agents
subalternes.

Un médecin en chef et un médecin adjoint, nommés par le ministre, et
dont l'un, autant que possible, doit être chirurgien, sont attachés à chaque
école ; l'un d'eux y professe un cours d'hygiène industrielle.

Un règlement arrêté par le ministre détermine dans leurs détails la classification hiérarchique, les attributions et les devoirs des divers fonctionnaires et employés des écoles. Leurs traitements et les conditions de leur
avancement sont réglés par arrêtés ministériels.

Conseils des écoles. — Deux conseils sont institués dans chaque
école :

1º Un conseil placé près du directeur pour l'assister dans l'administration.

Il se compose du directeur, président, de l'ingénieur, des professeurs
et des chefs d'atelier. L'un des membres, désigné par le directeur, remplit
les fonctions de secrétaire. Le préfet peut assister aux réunions du conseil
et alors la présidence lui appartient.

Le conseil étudie et prépare les mesures qui concernent l'application
des programmes d'enseignement, soit théorique, soit pratique. Il donne
son avis sur le projet du budget préparé par le directeur, ainsi que sur les
dépenses éventuelles et imprévues dont la nécessité se révèle en cours
d'exercice, sur les travaux à exécuter par les élèves dans les ateliers, sur
les projets de marchés préparés par l'agent comptable ou par l'économe
pour les approvisionnements, ainsi que sur toutes les affaires qui lui sont
déférées par la loi ou que le directeur renvoie à son examen.

Le conseil se réunit sur la convocation du directeur, qui fixe l'ordre du
jour des séances. Les délibérations du conseil sont soumises à l'approbation du ministre. A la fin de chaque année, le conseil, sur le vu du résultat
des examens généraux passés par les élèves, arrête la liste de leur classement dans chaque division ; il désigne les élèves qui, pour leur mauvaise
conduite, doivent être exclus de l'école.

Il délègue, tous les mois, un de ses membres pour faire partie du conseil d'ordre dont il va être parlé.

2º Un conseil d'ordre pour prononcer sur les questions urgentes
concernant la discipline et les infractions au règlement intérieur ;
il avertit ou réprimande les élèves signalés par leur mauvaise conduite ou la faiblesse de leurs notes.

Il se compose du directeur, président, de l'ingénieur, du chef-adjudant
et du membre délégué du conseil près du directeur, qui, en cas d'absence,
est remplacé par le délégué du mois précédent.

Discipline. — Toutes les mesures relatives au régime intérieur et à la discipline sont concertées entre le préfet du département et le directeur, et soumises par le préfet à l'approbation du ministre.

Des rapports semestriels sont adressés au préfet par le directeur sur la marche de l'école et transmis par le préfet au ministre, avec ses observations et son avis.

Les punitions qui peuvent être infligées aux élèves sont: l'avertissement, la consigne ou retenue, la salle de police, la prison et l'exclusion; le règlement intérieur détermine les divers degrés et les conditions d'application des trois premières punitions. Dans les cas graves, le conseil d'ordre peut ordonner l'exclusion d'un élève; il en est déféré immédiatement par le directeur au ministre qui statue définitivement. Le préfet en est aussi informé immédiatement.

Inspection. — Un inspecteur général, nommé par le ministre, fait tous les ans, dans chaque école, les tournées d'inspection jugées nécessaires; il exerce son contrôle sur tous les services, tant ceux de l'enseignement que ceux de l'administration de l'école; il se fait rendre compte du travail et de la conduite des élèves, qu'il interroge s'il y a lieu, et adresse au ministre un rapport détaillé sur le résultat de ses inspections.

Les candidats aux fonctions d'inspecteur général doivent justifier du titre d'ingénieur de l'État, d'ingénieur civil des mines ou des arts et manufactures, ou avoir rempli les fonctions de directeur dans l'une des Écoles d'arts et métiers.

Legs et donations. — Les legs et donations faits aux écoles nationales d'arts et métiers reçoivent leur destination aux conditions fixées par les ordonnances et décrets qui en autorisent l'acceptation.

Service militaire. — Les quatre cinquièmes des élèves, qui, pendant les trois années d'études, ont obtenu 65 p. 100 du total des points qu'il est possible d'obtenir, sont renvoyés dans leurs foyers, en temps de paix, et sur leur demande, après un an de présence sous les drapeaux [1].

---

1. Toutes les dispositions qui touchent au service militaire des élèves des écoles spéciales seront complètement modifiées par la loi sur le service de deux ans, obligatoire.

2. — Écoles diverses.

École centrale lyonnaise. Institut industriel du Nord. École de physique et de chimie de Paris. Écoles des maîtres ouvriers mineurs : école d'Alais, école de Douai. — École de brasserie de Nancy.

Annexe. — Agriculture ; commerce.

École centrale lyonnaise. — Fondée en 1857, sous le patronage de la chambre de commerce et de la municipalité, elle a pour but de donner aux jeunes gens un enseignement professionnel approprié aux besoins de la région.

Les élèves sont externes ; la pension est de 700 fr. ; l'admission est fixée à l'âge de 16 ans, et est subordonnée à un examen, sauf pour les candidats bacheliers ès sciences.

L'enseignement théorique comprend : la géométrie élémentaire, la géométrie analytique et descriptive, la physique générale et industrielle, la chimie minérale, organique et analytique, la métallurgie, la statique, la mécanique, la construction des machines, la géologie et la minéralogie, l'hydraulique, les machines à vapeur, les constructions civiles, les chemins de fer, l'architecture et le dessin géométrique.

L'enseignement pratique comprend des exercices de menuiserie, de tour, de forge, de mécanique, d'ajustage, de ferblanterie, de teinturerie, dans des ateliers attenant à l'école ; de fréquentes visites sont faites dans les usines de Lyon et des environs.

Institut industriel du Nord. — Fondé en 1872 par le département du Nord et la ville de Lille, à Lille, il a pour but de former des ingénieurs civils, des directeurs d'usines et des chefs d'ateliers pour les industries de la région.

Les élèves sont internes, demi-pensionnaires, ou externes ; les prix de pension sont respectivement de 1 100, 700 et 400 fr. Les candidats, pour être admis, doivent être âgés de 16 ans et passer un examen dont sont dispensés les bacheliers ès sciences, et ceux qui, possédant des connaissances suffisantes de calcul différentiel, ont été admissibles à l'École polytechnique ou à l'École normale supérieure.

L'enseignement théorique et pratique est divisé en trois sections : 1° mécanique ; 2° filature ; 3° tissage. Des cours communs sur les mathématiques spéciales sont donnés aux trois sections. L'enseignement pratique comprend, suivant la spécialité des élèves, la menuiserie, la forge, l'ajustage, les manipulations chimiques, des exercices pratiques de filature et de tissage, des opérations sur le terrain, et des visites dans des usines, ateliers, et manufactures de la région.

Les élèves qui durant leurs trois années d'études ont obtenu, aux examens de fin d'année, une moyenne de 12, reçoivent, à leur sortie de l'école, des diplômes d'ingénieur civil ou des certificats de capacité, délivrés par le préfet.

École de physique et de chimie de Paris. — Fondée en 1881 par la Ville, elle a pour but de permettre aux jeunes gens, qui sortent des écoles primaires supérieures, d'acquérir des connaissances scientifiques spéciales qui les rendent aptes à devenir, dans l'industrie, ingénieurs ou chimistes, ou chefs de laboratoire.

Les élèves sont externes et ne sont admis qu'à l'âge de 18 ans, après un concours.

L'enseignement est essentiellement pratique. La première année d'études est réservée à des cours communs de physique, de chimie, de mécanique théorique et pratique et de mathématiques. Les élèves se spécialisent en physiciens et en chimistes la deuxième année ; la troisième année est presque toute consacrée à des travaux de laboratoire.

Écoles des maîtres ouvriers mineurs. — Il existe deux écoles pratiques destinées à former des maîtres ouvriers mineurs.

1º *École d'Alais.* — Créée en 1843, réorganisée par décret du 10 juillet 1890, elle est placée sous l'autorité du préfet du Gard, et dans les attributions du ministre des travaux publics.

Il n'est reçu dans l'école que des ouvriers mineurs français, âgés de 18 ans, et justifiant par un livret ou par des certificats dûment légalisés, qu'ils ont travaillé pendant 18 mois au moins dans les mines. Des élèves étrangers n'y peuvent être admis que sous certaines conditions spéciales.

Pour être admis, les candidats doivent fournir la preuve qu'ils sont de bonne conduite, suffisamment robustes, et qu'ils possèdent une instruction élémentaire satisfaisante, comprenant la lecture, l'écriture, l'orthographe, les quatre premières règles de l'arithmétique, les nombres décimaux et le système métrique.

Une commission d'examen, composée du président du conseil d'administration de l'école, du directeur et des professeurs de l'école, se réunit pour préparer la liste des admissibles et procéder aux examens d'admission. Les classements sont établis sur tout l'ensemble des notes de mérite obtenues, et soumis au préfet qui prononce sur l'admission.

Les élèves sont internes ; leur instruction est gratuite ; mais des frais de pension sont payés (400 fr.) par les élèves, leurs familles, ou par des bourses.

La direction de l'école est confiée à l'ingénieur en chef des mines de l'arrondissement d'Alais, sous la surveillance du conseil d'administration.

La durée des études est de deux ans. Les élèves passent à l'école quatre mois et demi d'hiver et deux mois d'été, soit six mois et demi par an, durant lesquels on leur enseigne : l'arithmétique et la géométrie élémentaire ; le dessin linéaire, le dessin des machines, l'arpentage et le lever des plans ; des notions de physique, de chimie, de minéralogie et de géologie ; l'exploitation des mines ; le français. Les cours sont conduits de manière à rester à la portée des ouvriers.

Les deux années d'école comprennent en outre quatre trimestres pratiques, pendant lesquels les élèves sont répartis entre diverses exploitations minières de la région, où ils sont reçus comme ouvriers, soumis à l'autorité des chefs d'exploitation, et à la surveillance des directeurs et professeurs de l'école. A leur retour, les élèves rendent compte de leurs observations.

Les notes données par les professeurs au cours des deux années, celles obtenues pour la conduite et l'assiduité, celles qui ont été méritées dans les trimestres pratiques, concourent avec les notes des examens pour la formation du tableau définitif de classement des élèves.

Les diplômes sont délivrés par le ministre aux élèves ayant obtenu 65 p. 100 au moins du total des points de mérite; mention est faite sur le diplôme du rang de classement. Les élèves ayant obtenu entre 55 et 65 p. 100 des points reçoivent un certificat d'études délivré par le préfet [1].

2° *École de Douai.* — Instituée par décret du 27 mars 1878, modifiée en partie par décret du 18 juillet 1890, elle est placée sous l'autorité des préfets du Nord et du Pas-de-Calais, et dans les attributions du ministre des travaux publics ; elle est destinée à former des maîtres mineurs exercés et des géomètres de mines. Elle tend à donner à de jeunes ouvriers mineurs, possédant déjà la pratique du métier, les connaissances techniques générales que les progrès continus de l'art des mines rendent de plus en plus indispensables à tout homme qui veut y exercer une autorité quelconque.

Les conditions d'admission sont les mêmes que pour l'École d'Alais.

Les examens sont faits par une commission composée du sous-préfet de Douai ou d'un membre du conseil d'arrondissement désigné par lui, de l'ingénieur des mines, directeur de l'école, de deux directeurs d'exploitation de mines désignés l'un par le préfet du Nord, l'autre par le préfet du Pas-de-Calais. L'admission est prononcée par le préfet du Nord, sur le rapport de cette commission.

Le régime de l'école est l'internat, dont le prix de pension est fixé par le conseil d'administration de l'école.

La direction de l'école et l'enseignement sont confiés, sous la surveillance du conseil d'administration, à l'ingénieur en chef des mines de l'arrondissement de Douai, ayant sous ses ordres deux répétiteurs ou sous-maîtres et un surveillant.

La durée et la matière des études sont fixées comme pour l'école d'Alais ; dans l'intervalle des leçons, les élèves s'exercent à la pratique du travail de la forge, de la charpente et du charronnage, d'une manière appropriée à l'exploitation des mines. Chaque année, à des époques déterminées, les leçons théoriques sont interrompues, et les élèves sont reçus, comme ouvriers, dans des établissements de mines, où ils travaillent, accompagnés

---

1. Depuis une dizaine d'années le niveau intellectuel s'est considérablement amélioré, et, parmi les candidats admis, il s'en rencontre qui possèdent des titres universitaires. Les exploitants recherchent particulièrement les anciens élèves de l'école d'Alais comme géomètres.

par les sous-maîtres ou par les ingénieurs de la mine, qui leur donnent les explications sur les différents travaux auxquels ils sont employés.

Pendant la durée des exercices pratiques, les élèves s'entretiennent eux-mêmes avec les salaires qui leur sont payés.

Examens et diplômes sout soumis aux conditions de l'École d'Alais.

Les quatre cinquièmes des élèves qui obtiennent à leur sortie de l'école le diplôme supérieur de maître mineur sont dispensés de deux années de service militaire.

École de brasserie de Nancy. — Elle a pour but de donner les connaissances scientifiques nécessaires à un contremaître, chef de fabrication ou directeur technique, et de montrer l'application de ces notions au contrôle de la fabrication. Il est donc indispensable que les élèves aient une certaine expérience acquise dans le travail de la brasserie. Les cours pratiques comprennent des exercices de brassins variés qui montrent l'influence sur la production de la bière, de la composition du malt, de l'emploi des grains crus, de la marche des fermentations, de la moindre négligence dans le nettoyage des appareils, et qui apprennent à reconnaître pratiquement l'origine des accidents de fabrication et à les éviter. Des notions sur les machines employées en brasserie, générateurs, moteurs, dynamos, machines frigorifiques sont données avec l'enseignement théorique ; analyse chimique appliquée à la brasserie (eau, orge, malt, grains crus, glucose, moût, bière); bactériologie (moisissures, bactéries, levures ; isolement et culture des levures pures ; ferments de l'eau et de l'air); matières premières, brassage, fermentation, haute et basse clarification, maladies de la bière ; malterie (germination).

Les cours sont répartis en deux périodes indépendantes de trois mois, commençant l'une en novembre, l'autre en mars. L'admission est subordonnée à l'âge (18 ans) et à un stage minimum de six mois dans une brasserie.

Les élèves sont externes ; le prix des études est de 230 fr. Examen de sortie et diplôme, s'il y a été satisfait.

ANNEXE. — *Agriculture*[1]. — L'enseignement professionnel de l'agriculture au second degré, à la fois théorique et pratique, est donné dans les écoles régionales. L'école régionale est une exploitation en même temps expérimentale et modèle pour la région à laquelle elle appartient.

Il existe trois écoles nationales d'agriculture générale : Grignon, Montpellier, où il est reçu des élèves internes, demi-pensionnaires, externes et des auditeurs libres, et Rennes, où ne sont reçus que des élèves externes[2].

---

1. Décret du 3 octobre 1848.

2. Les élèves internes, les demi-pensionnaires et les externes suivent toutes les leçons et participent à tous les travaux, applications et exercices pratiques ; les auditeurs libres assistent aux cours qui sont à leur convenance et n'ont entrée ni

Une station vinicole est annexée à l'école de Montpellier. Ces écoles s'adressent aux jeunes gens qui se destinent à l'enseignement agricole et à la gestion des domaines ruraux, soit pour leur propre compte, soit pour autrui.

Trois écoles spéciales complètent le nombre des établissements d'enseignement secondaire; ce sont : l'école d'horticulture de Versailles, fondée par la loi du 16 décembre 1873, qui n'admet que des externes et qui a pour but de former des horticulteurs, des pépiniéristes, des chefs de jardin botanique, des professeurs d'horticulture, des architectes paysagistes, des régisseurs, des chefs jardiniers, des jardiniers et des agents de culture pour les colonies [1]; l'école nationale d'industrie laitière de Mamirolle (Doubs); et l'école nationale des industries agricoles à Douai (Nord), créée par arrêté ministériel en date du 20 mars 1893, et destinée à répandre .

---

aux salles d'études, ni aux laboratoires. Des excursions dans des fermes et dans des usines agricoles ont lieu sous la direction des professeurs pour compléter l'enseignement donné à l'école. La durée des études est de deux ans et demi à Grignon et Montpellier, de deux ans à Rennes.

Les candidats doivent être âgés de dix-sept ans accomplis au 1er avril de l'année d'admission. Ils subissent indistinctement un examen d'entrée qui comprend *des épreuves écrites et des épreuves orales,* portant sur le français au point de vue de la rédaction et de l'orthographe, sur les mathématiques élémentaires, la physique et la chimie et les sciences naturelles. Les auditeurs libres ne sont astreints à aucun examen. Les examens d'entrée ont lieu chaque année dans le courant de juillet.

Le prix de la pension des élèves internes est de 1 200 fr. par an à Grignon et de 1 000 fr. à Montpellier. Les demi-pensionnaires payent une pension de 600 francs par an. Les élèves externes acquittent un droit de 400 fr. par an; les auditeurs libres, un droit de 200 fr.

Le nombre des places mises au concours est fixé chaque année par arrêté ministériel.

Des bourses, fractionnables, et au nombre de dix par année d'études, sont instituées dans les Écoles nationales d'agriculture. Indépendamment des boursiers, dix élèves par année d'études peuvent être, dans chacune des Écoles, dispensés du payement de la rétribution scolaire, si l'élève est externe, ou d'une somme équivalente à la rétribution de l'externat, soit 400 fr., si l'élève est interne ou demi-interne. Toutefois, cette exemption du payement de la rétribution de l'externat, ou de son équivalent, est réservée de préférence aux élèves externes.

1. L'instruction y est donnée gratuitement. Toutefois, les élèves sont tenus de verser, au moment de leur entrée, une somme fixe de 30 fr., pour garantir l'École du payement des objets détériorés par eux. La durée des études est de trois années. Les candidats subissent un examen d'admission qui porte sur les connaissances des mathémathiques appliquées, des notions de géologie et de botanique et des éléments de l'agriculture et de l'horticulture. Le concours d'admission qui sert également pour statuer sur l'attribution des bourses commence le deuxième lundi d'octobre au siège de l'école, à midi, et la rentrée des nouveaux élèves a lieu le vendredi suivant, à 7 heures du matin. Indépendamment des cours et des conférences faits à l'École, des visites aux principaux établissements d'horticulture permettent de mettre sous les yeux des élèves les meilleurs exemples de la pratique horticole et arboricole. Les élèves qui ont satisfait aux examens de sortie reçoivent, sur la proposition du jury d'examen, soit un diplôme, soit un certificat délivrés par le Ministre. En outre, les deux élèves classés les premiers peuvent obtenir un stage d'une année dans de grands établissements horticoles de la France

l'instruction professionnelle, à préparer et à former, pour la conduite des sucreries, des distilleries, des brasseries et autres industries annexes de la ferme, des hommes capables de les diriger et des collaborateurs de sous-ordre en état d'aider les chefs de ces diverses industries agricoles. Elle sert en outre d'école d'application aux élèves sortant de l'Institut agronomique et des écoles nationales de l'État, ainsi qu'à des agents des contributions indirectes désignés par le ministre des finances. Ces élèves prennent le titre d'élèves stagiaires[1].

Enfin, la loi du 16 juin 1879 a institué les professeurs départementaux d'agriculture à raison d'un par département. Ces fonctionnaires sont chargés de faire un cours, d'après un programme approprié à la région, aux élèves-instituteurs des écoles normales ; ils ont, en outre, à donner des conférences aux agriculteurs dans la campagne, pour faire connaître à ceux-ci les améliorations dont la culture locale est susceptible et leur

---

ou de l'étranger. Une allocation de 1 200 fr. est affectée à chacun de *ces stages,* dont le nombre ne peut être supérieur à deux par année. Des bourses au nombre de dix, d'une valeur de 1 000 fr., et pouvant être fractionnées, sont accordées chaque année, au concours, aux élèves qui n'ont pas plus de 18 ans au 1er janvier de l'année de l'entrée à l'École, en tenant compte de l'ordre de classement et de la situation de fortune des candidats. L'École d'horticulture admet également des élèves s'entretenant à leur frais, ainsi que ceux qui sont envoyés et subventionnés à cette effet par les départements, les villes, les associations agricoles ou horticoles ou autres sociétés savantes.

1. Elle peut recevoir encore dans les laboratoires les personnes désireuses d'étudier une industrie agricole ou une question spéciale à ces industries. Des auditeurs libres peuvent enfin être admis à suivre un ou plusieurs cours.

Nul ne peut être admis à l'école, à quelque titre que ce soit, s'il n'est Français ou naturalisé Français. La durée des études est de deux ans; elle peut toutefois être réduite à un an pour les élèves stagiaires. Le régime de l'école est l'externat. Les examens d'admission ont lieu au siège de l'École. Les candidats doivent avoir 16 ans au moins

Le prix de la rétribution scolaire pour les élèves stagiaires est fixé à 500 fr. par année d'études, payable en deux termes égaux et d'avance. Indépendamment du prix de la rétribution scolaire, les élèves sont tenus de verser, à leur entrée, une somme de 50 fr. pour participation aux frais de manipulation et de casse. Les auditeurs libres payent une droit de 150 fr. par cours suivi et par année scolaire. S'ils prennent part aux exercices pratiques et aux manipulations, ils versent en outre une somme de 50 fr.

Les cours commencent chaque année le 1er octobre et finissent le 1er juillet. L'enseignement est à la fois théorique et pratique. La période des vacances est utilisée par les élèves dans les usines particulières où ils participent à tous les travaux.

Les élèves réguliers et les élèves stagiaires qui, à la suite des examens de sortie, en ont été jugés dignes, reçoivent, d'après leur rang de classement, soit un diplôme, soit un certificat d'études. Les diplômes peuvent être spécialisés en visant les principales industries enseignées à l'École.

Les élèves qui ont subi avec succès les épreuves de l'examen d'admission et dont les familles ont justifié de l'insuffisance de leurs ressources pourront être exonérés de la rétribution scolaire. Chaque année, deux bourses d'entretien fixées à 1 000 francs et deux bourses de 500 fr. pourront, en outre, être accordées aux élèves qui justifieront de l'impossibilité de s'entretenir à leur frais, et qui se trouveront dans le premier quart de la liste des élèves, dressée par ordre de mérite.

parler de leurs intérêts. Ils doivent, à cet effet, organiser de nombreux champs de démonstrations, se tenir en rapport avec les sociétés d'agriculture, les comices et syndicats agricoles. Ils assistent également les inspecteurs de l'agriculture dans l'organisation des concours régionaux et la visite des domaines agricoles.

Des chaires d'agriculture ont été instituées en outre dans un certain nombre de lycées, de collèges et d'écoles primaires situés dans les districts agricoles, pour permettre aux élèves de recevoir, en même temps que l'instruction générale universitaire, des notions de sciences appliquées à l'agriculture, pour leur faire aimer la vie rurale et préparer les fils de cultivateurs à l'exercice de leur profession. Les titulaires de ces chaires, dont l'action ne s'étend pas au delà de l'arrondissement, sont appelés à faire des conférences dans les communes rurales, à professer un cours d'adultes, soit en été, soit en hiver, de manière à tenir les cultivateurs au courant des progrès de la science agricole [1].

Commerce. — L'enseignement commercial au second degré est donné dans les écoles préparatoires annexées aux écoles supérieures de Paris, Lyon, Marseille, Bordeaux, le Havre, etc., comme aussi dans les cours spéciaux des lycées.

L'admission aux écoles préparatoires varie entre 12 et 15 ans, sans examen. La durée des études est d'un ou trois ans ; elles comprennent en général : l'arithmétique, la géométrie plane, les éléments de l'algèbre, la langue française, la comptabilité, la correspondance commerciale, des notions de physique et de chimie, l'histoire de France, la géographie générale, le dessin, la calligraphie et les langues étrangères [2].

---

1. Leur traitement, aux termes de l'arrêté du 19 décembre 1890, est à la charge de l'État ; mais les départements et les communes sont appelés à participer aux dépenses par l'allocation d'une subvention, afin de permettre à ces professeurs d'organiser un champ d'expériences et d'applications et de les indemniser de leurs frais de déplacement.

2. Le cours préparatoire de l'École supérieure de commerce de Paris dure une année. Il est divisé en deux sections : la section A, où les jeunes gens sont admis à toute époque de l'année, s'ils ont eu 15 ans révolus le 1er juillet précédant l'année scolaire en cours ; et la section B, qui peut recevoir des jeunes gens plus jeunes d'un an. Les programmes de la section A comprennent spécialement des notions de comptabilité, de législation usuelle et commerciale, d'histoire naturelle, et permettent aux jeunes gens qui ne poussent pas plus loin leurs études d'acquérir un enseignement commercial élémentaire apte à leur permettre de rendre des services dans les affaires. Le cours préparatoire de l'Institut commercial de Paris dure trois ans, et admet des élèves à partir de 13 ans révolus le jour de la rentrée. Il constitue à lui seul un enseignement commercial assez complet pour permettre aux élèves qui se retireraient après leurs trois années de débuter avec de sérieuses garanties de succès dans le commerce et l'industrie.

III. — ÉDUCATION PROFESSIONNELLE SUPÉRIEURE

1. — Conservatoire national des arts et métiers [1].

Généralités. Historique. Organisation administrative. Organisation de l'enseignement. Bibliothèque. Laboratoire d'essais. Office national de la propriété industrielle. Collections.

Généralités. — C'est à la fois un musée, une institution d'expériences, et une école, où l'on peut visiter des machines, instruments, produits industriels et agricoles, prendre connaissance des brevets d'invention et marques de fabriques, faire faire des essais dans un laboratoire spécial, consulter des ouvrages scientifiques et technologiques à la bibliothèque annexée, et suivre des cours de sciences appliquées aux arts. Le rôle de l'établissement est donc très élevé : recueillir les chefs-d'œuvre de l'industrie, en répandre la connaissance dans les classes ouvrières, propager et maintenir le bon goût dans la fabrication, et faire des méthodes scientifiques l'appui de la pratique journalière des ateliers.

Historique. — L'idée première de l'institution paraît revenir à Descartes qui proposait de former pour chaque corps de métiers une collection d'appareils et d'outils à leur usage, et de placer à côté un professeur avec mission d'exposer aux artisans la théorie des procédés qu'ils avaient journellement à mettre en pratique [2].

Vaucanson, ayant, à sa mort, légué au gouvernement royal une collection de machines et métiers, que, de son vivant, il avait réunie à l'hôtel de Mortagne, rue de Charonne, à Paris, et rendue publique pour l'instruction

---

1. Décret 10 décembre 1853 ; arrêtés minist. 19 janv. 1854 et 9 octobre 1883 ; loi du 9 juillet et décret du 10 juillet 1903.

2. « Ces maîtres, dit Descartes, devraient être assez habiles pour répondre à toutes les questions des artisans, leur rendre raison de toutes choses et *leur donner du jour* pour faire de nouvelles découvertes dans les arts. »

des ouvriers, puis, de nouvelles richesses artistiques et industrielles ayant
fait retour à l'Etat, lors de la Révolution, à la suite des institutions détruites,
venant s'ajouter aux modèles déposés à l'Académie des sciences, au Louvre,
etc., la Convention nationale rendit, sur la proposition de Grégoire, le
décret du 19 vendémiaire an III (13 oct. 1793) qui constitua pour la première fois régulièrement le Conservatoire des arts et métiers, et le Directoire l'installa, le 12 germinal an VII, au prieuré de l'abbaye de Saint-
Martin des Champs, où il se trouve encore aujourd'hui [1].

Organisation administrative. — Le Conservatoire est placé dans
les attributions du ministre du commerce et de l'industrie, et est
régi par un conseil d'administration et un directeur, assistés par un
conseil de perfectionnement pour l'enseignement et par deux commissions techniques, l'une pour le laboratoire d'essais, l'autre pour
l'Office national des brevets d'invention et des marques de fabrique.
Le directeur est nommé par décret du Président de la République,
sur la proposition du ministre.

Le conseil d'administration est composé de dix-huit membres,
parmi lesquels le directeur du conservatoire, le directeur de l'enseignement technique au ministère du commerce, le président du
conseil municipal de Paris, le président de la chambre du commerce de Paris, un sénateur, un député, cinq membres choisis
dans les corps savants, les services publics et l'industrie, le directeur du laboratoire d'essais au Conservatoire, le directeur de l'Office national des brevets d'invention et des marques de fabrique,
trois professeurs du Conservatoire, etc.

Il délibère sur les acquisitions, aliénations et échanges des biens
du Conservatoire ; sur les emprunts ; sur l'acceptation des dons et
legs ; sur les offres de subvention ; sur l'emploi des crédits et subventions ; — le conseil de perfectionnement entendu, sur l'organisation générale des cours et conférences ; sur les programmes ; sur
les acquisitions de machines et de modèles pour les collections ;
— la commission technique du laboratoire d'essais entendue, sur
les acquisitions de machines et d'appareils pour le laboratoire ; sur
le taux des taxes à fixer pour les divers genres d'essais ; — et, là

---

1. Il n'en reste plus que le réfectoire et la chapelle qui sont devenus la bibliothèque et la salle des machines. De vastes constructions ont été élevées sur l'emplacement de l'ancien couvent, et forment les bâtiments actuels du Conservatoire, rue
Saint-Martin, en face le Square de Cluny, à Paris.

commission technique de l'Office national des brevets d'invention et des marques de fabrique entendue, sur les jours et heures d'ouverture au public des salles de consultation des brevets d'invention et des marques de fabrique.

Il donne son avis : sur les budgets et comptes du personnel, sur les aménagements intérieurs, sur les questions qui lui sont soumises par le ministre ; sur les créations, transformations ou suppressions de chaires attribuées par l'État, etc., etc.

Le conseil de perfectionnement, composé du directeur, des professeurs et de membres adjoints choisis dans les corps savants et dans l'industrie, en nombre au plus égal à celui des professeurs, se réunit une fois par mois pendant la durée des cours, et toutes les fois que le service l'exige, pour délibérer et donner son avis sur le budget de l'établissement, les programmes des études, le développement à donner à l'enseignement et aux collections, les mesures générales à provoquer ou à examiner dans l'intérêt de l'industrie et la présentation des candidats pour les chaires vacantes ; bref, sur toutes les questions que soumet à son examen le ministre [1].

Organisation de l'enseignement. — L'ordonnance royale du 25 novembre 1819 a remplacé les trois démonstrateurs de la loi de l'an III, qui devaient expliquer l'emploi des outils et des machines, par des professeurs chargés de cours réguliers, publics et gratuits, comme cela a lieu au Collège de France, au Muséum d'histoire naturelle et à la Sorbonne.

Les professeurs nommés par décret sur la proposition du ministre [2], doivent donner deux leçons par semaine de novembre à avril. Huit laboratoires sont affectés au haut enseignement, destinés à des recherches originales des professeurs dont les élèves sont témoins et collaborateurs.

Les programmes sont préalablement communiqués au conseil de

---

1. Le président, le vice-président, le secrétaire et les membres adjoints du conseil sont nommés par arrêté ministériel, comme les fonctionnaires et employés administratifs de l'établissement, autres que le directeur et les professeurs. Les fonctions de membre du conseil d'administration sont gratuites. Le président actuel est M. Millerand, député, ancien ministre du commerce et de l'industrie.

2. Les préparateurs des cours sont nommés par arrêtés ministériels, sur présentation des professeurs aux cours desquels ils sont attachés ; leur nomination doit être confirmée chaque année.

perfectionnement qui, après les avoir examinés, les soumet à l'approbation du ministre [1].

Des conférences publiques sont aussi données [2].

Dans le but d'encourager les ouvriers qui suivent les cours du soir, de généreux donateurs ont fondé des prix annuels destinés aux auditeurs assidus ; ces prix sont de 100 fr. (au nombre de onze fondés par MM. G. de Rothschild, la chambre de commerce de Paris, J. Mesureur, Le Verrier, H. Levasseur, Hirsch), de 200 fr. et de 150 fr. fondés par la chambre syndicale des entrepreneurs de menuiserie, par M. de Trémont, etc.

Enfin, depuis 1892, le ministre du commerce et de l'industrie accorde des médailles commémoratives, des récompenses consistant en lettres de grandes félicitations, prix, rappels de prix et encouragements.

Un professeur, après vingt années de services effectifs, ou qui par des empêchements provenant de fonctions publiques, par suite d'une infirmité grave ou de son âge avancé, se trouve hors d'état de remplir ses fonctions, quel que soit le nombre de ses années de services, peut demander ou recevoir un suppléant, qui alors fait la totalité du cours ou les leçons seulement que le titulaire n'entend pas se réserver ; il jouit de la moitié du traitement. Un professeur titulaire peut aussi se faire remplacer pendant une maladie ou une absence motivée, ou pendant la durée d'une mission ou d'un service à l'intérieur ou au dehors.

Les professeurs suppléants ou remplaçants sont nommés par arrêté ministériel et après avis du conseil de perfectionnement, ceux-ci pour un an, avec faculté de confirmation, et ceux-là, sans que leur qualité de suppléant leur donne aucun droit à la chaire du titulaire, s'il y avait lieu.

Il est interdit aux professeurs et à leurs préparateurs d'habiter dans les locaux mis à leur disposition pour les leçons ou les expériences et de tenir des écoles privées dans le Conservatoire.

Bibliothèque. — La bibliothèque est ouverte au public de dix à trois heures le jour, et de sept heures et demie à dix heures le soir,

---

1. Ils comprennent d'une manière générale : la géométrie plane et descriptive, la mécanique, les constructions civiles, la physique, la chimie, l'agriculture, l'économie rurale, la filature, le tissage, la teinture, la métallurgie, l'apprêt et l'impression des étoffes, l'économie politique et la législation industrielle, la statistique, le dessin linéaire et le dessin d'ornement ; et ils sont professés dans un but pratique, en vue de l'application des sciences aux arts, à l'industrie, à l'agriculture.

2. A relever parmi ces conférences, en 1901 : la marine marchande, la télégraphie sans fil, l'aérostation, les accidents du travail ; en 1902 : l'éclairage et le chauffage par l'alcool, la navigation aérienne, l'assurance ouvrière à l'étranger, etc., etc.

lundis exceptés. Elle compte environ 45 000 volumes, et spécialement des ouvrages technologiques et scientifiques, français et étrangers.

Laboratoire d'essais. — Par convention du 13 juin 1901 entre
le Conservatoire national des arts et métiers, agissant en vertu de la
personnalité civile qui lui a été attribuée par la loi des finances du
13 avril 1900, et le ministre de l'industrie et du commerce, qui s'est
engagé à concourir annuellement aux frais de fonctionnement, il a
été créé au Conservatoire national un laboratoire d'essais mécaniques, physiques et chimiques et de machines, et un office national des brevets d'invention et des marques de fabrique [1].

Les essais réservés au laboratoire doivent avoir un caractère et un
but exclusivement commercial et industriel, les demandes d'analyses
ou d'essais revêtant un caractère d'utilité générale devant aller au
laboratoire des travaux publics. Le service des alcoomètres et des
densimètres sis précédemment au ministère a été transféré au laboratoire du Conservatoire [2].

Office national de la propriété industrielle. — Créé en vertu
de la même convention que le laboratoire d'essais, il a reçu, comme
premier fonds, les archives, collections, outillage et matériel spécial
du service des brevets d'invention et des marques de fabrique du
ministère du commerce. Il a pour mission de publier les brevets
d'inventions et de les conserver ; il en délivre des copies, ainsi que
des dessins annexés, moyennant un tarif déterminé [3].

La commission technique attachée à l'office est consultée sur

---

1. Cette convention a été ratifiée par la loi du 9 juillet 1903. Elle règle entre les
parties leurs engagements respectifs. On en trouvera le détail au *Journal officiel*
du, 10 juillet 1901, p. 4230. Le Conservatoire offre les locaux nécessaires, 292,
rue Saint-Martin, et un outillage mécanique déjà existant. La chambre de commerce de Paris apporte aussi son concours pécuniaire.
    On trouvera aussi au *Journal officiel* du 9 mars 1903 un rapport substantiel sur la
réorganisation du Conservatoire en 1900 et 1901, ainsi que sur le laboratoire d'essais, et l'office de la propriété industrielle, avec budgets.

2. La commission technique du laboratoire d'essais est nommée pour quatre ans
par le ministre, et comprend : un membre du conseil d'administration, président ;
le directeur du laboratoire, un membre du bureau national des poids et mesures ;
un représentant du ministère des travaux publics, un membre choisi dans les corps
savants, les services publics et l'industrie, deux membres de la chambre de commerce de Paris.

3. Voir même livre III. Chap. II. *Propriété industrielle, brevets d'invention.*

les questions relatives au fonctionnement de cet office ; elle établit chaque année, en octobre, un rapport sur le fonctionnement [1]. Elle se réunit sur convocation de son président.

Collections. — Aux premiers éléments des collections du Conservatoire, provenant de Vaucanson, de l'Académie des sciences, du Louvre, de la galerie des arts mécaniques de la maison d'Orléans, sont venues s'ajouter d'autres richesses : sous l'Empire, les collections du cabinet d'horlogerie de Berthoud, du cabinet de physique de Charles [2], et, depuis, le pendule de Foucault, les modèles et dessins de nouveaux produits industriels achetés par l'État ou donnés par des particuliers français et étrangers, à l'occasion d'expositions universelles. Le musée, évalué à plus de trois millions, se compose aujourd'hui d'environ 13 000 objets ou séries d'objets, alors qu'il ne comprenait que 495 numéros lors de son installation, en l'an VII.

Le public est admis à visiter le *portefeuille industriel* [3], composé de dessins de machines cotés à l'échelle ; les descriptions et dessins des brevets d'invention arrivés à leur terme, et les modèles de marques de fabrique ou de commerce déposés conformément aux lois du 23 juin 1857 et du 9 juillet 1903.

2. — École centrale des arts et manufactures.

Historique. But et organisation. Admission. Enseignement. Diplômes et certificats. Pensions, budget, subventions. Exercices militaires.

Historique. — Institution libre créée en 1829, par Lavallée, Olivier, Péclat et Dumas et destinée à former des directeurs d'usines et de manufactures, des chefs de grandes entreprises de travaux publics, des ingénieurs, des professeurs pour l'enseignement industriel, elle fut cédée à

---

1. Elle se compose des membres suivants nommés pour quatre ans par le ministre : un membre du conseil d'administration, président ; le directeur du commerce et de l'industrie au ministère, le directeur de l'office national des brevets d'invention, un professeur titulaire de législation industrielle, deux membres de la chambre de commerce de Paris ; elle dispose d'un secrétaire choisi dans le personnel de l'office.

2. « Ce sont, dit M. Laussedat, des reliques inappréciables. »

3. Il comprend deux collections distinctes : 1° le portefeuille, dit de Vaucanson, commencé en 1775 par Vaucanson et continué jusqu'en 1825, et qui comprend environ 2 620 dessins répartis en 514 dossiers ; 2° le portefeuille industriel actuel ; suite du précédent, et composé d'environ 6 800 dessins, formant 1 700 dossiers. Soit un total d'environ 2 200 dossiers et 9 400 dessins.

Les brevets d'invention déposés montent au chiffre de 177 489.

l'État en 1857, par Lavallée, l'un des fondateurs, et, depuis 1862, le titre spécial d'ingénieur des arts et manufactures a été créé par le ministre du commerce et de l'industrie pour les anciens élèves de l'École centrale.

But et organisation. — Destinée à former des ingénieurs pour toutes les branches de l'industrie et pour les travaux et services publics et les mines dont la direction n'appartient pas nécessairement à l'État, l'école centrale, sous l'autorité du ministre du commerce et de l'industrie, est régie par deux administrations : celle du directeur et du sous-directeur, et celle du directeur des études, qui, toutes les deux, la gouvernent sous la direction d'un conseil composé des directeurs, du sous-directeur et de treize professeurs, chargé de préparer les mesures relatives à l'administration et à l'enseignement.

Un second conseil, dit de perfectionnement, et composé des membres du conseil directeur, auxquels viennent s'adjoindre neuf anciens élèves diplômés, nommés pour six ans, délibère sur la distribution des diplômes et certificats, sur les changements à introduire dans le règlement et sur les titres des candidats aux fonctions de professeur.

Un troisième conseil, le conseil d'ordre, composé des directeurs, du sous-directeur, d'un membre délégué du conseil de perfectionnement, délibère sur les questions urgentes d'enseignement et de discipline, et ses délibérations sont soumises à l'approbation ministérielle.

Un agent comptable fait partie de l'administration.

Les directeurs, le sous-directeur, les professeurs de sciences industrielles membres du conseil, sont nommés par le Président de la République ; les professeurs de sciences générales, les répétiteurs, les préparateurs, les chefs de travaux graphiques ou chimiques, l'agent comptable et les autres employés de l'école sont nommés par le ministre.

Admission. — Nul ne peut être admis s'il n'a été reçu après concours, et s'il a moins de dix-sept ans le 1er janvier de l'année du concours. Les examens ont lieu d'août à octobre ; pour les subir, il n'est pas besoin d'être Français. Ils comprennent des épreuves écrites et des épreuves orales sur l'arithmétique, l'algèbre, la géométrie analytique, la géométrie descriptive, la physique, la trigonométrie, la chimie, la physiologie, la langue française et le dessin. Une décision ministérielle du 11 novembre 1903 fixe le programme des conditions d'admission. qui est fourni sur demande adressée au directeur.

Enseignement. — La durée des études est de trois ans. Les élèves sont externes.

La première année est consacrée à des cours de sciences générales : analyse mathématique, cinématique et mécanique générale, géométrie descriptive, physique et chimie générales, géologie et minéralogie, construction d'éléments et d'organes de machines, architecture et constructions civiles, hygiène industrielle et sciences naturelles appliquées.

Les cours de sciences appliquées comprennent en deuxième année : la mécanique, la résistance, la construction et l'établissement des machines, la physique industrielle, les applications de l'électricité et de la lumière, les machines à vapeur, la chimie analytique, la technologie chimique, l'architecture et les constructions civiles, la législation et l'économie industrielles ; — en troisième année : la mécanique, la construction et l'établissement des machines, la chimie industrielle, la métallurgie générale et la métallurgie du fer, l'exploitation des mines, les travaux publics et les chemins de fer.

Les élèves s'exercent à des manipulations de chimie, de physique, de stéréotomie, à des levés de bâtiments et de terrains, et à établir des projets avec mémoires et dessins. A partir de la deuxième année, ils se spécialisent en mécaniciens, constructeurs, métallurgistes et chimistes, sans qu'ils soient dispensés pour cela d'aucun cours, mais les manipulations et les dessins se partagent en deux séries, l'une générale et l'autre spéciale, de manière à combiner les études générales nécessaires à tous avec celles qui sont indispensables à chacun dans sa direction particulière.

Des examens hebdomadaires, des examens généraux en fin d'année permettent d'apprécier les progrès et la force des élèves, et de les faire passer dans la division supérieure, ou de les autoriser à redoubler ou de les exclure de l'école.

Diplômes et certificats. — A la fin de la troisième année, des diplômes d'ingénieur des arts et manufactures sont délivrés aux élèves qui ont complètement satisfait aux épreuves. Ceux qui ont justifié seulement de connaissances suffisantes sur les points les plus importants de l'enseignement reçoivent des certificats de capacité. Le *Journal officiel* en publie les listes.

Pensions. Budget. Subventions. — Le prix de l'enseignement est de 900 fr. en première année, de 1 000 fr. pour les deux autres. Les élèves de troisième année versent en outre 100 fr. à titre de droit de concours ; 50 fr. sont remboursés à ceux qui n'obtiennent pas le diplôme. Les frais de travaux graphiques et les fournitures de bureau sont à la charge des élèves.

Les recettes de l'école sont supérieures aux dépenses ; l'excédent ne revient pas au Trésor, mais forme, conformément aux désirs de Lavallée, le fondateur qui avait fourni le capital de premier établissement, un fonds de réserve, converti en rentes, déposé à la Caisse des dépôts et consignations. L'État alloue, sur le budget annuel, une subvention de 60 000 fr.; les cinq sixièmes se répartissent entre des élèves dont les parents justifient de l'insuffisance de leurs ressources pour supporter les frais de l'enseignement ; de plus, les bénéficiaires doivent être classés parmi les cent vingt premiers de leur division ; les 10 000 fr. qui restent sont spécialement attribués aux élèves médaillés des écoles d'arts et métiers qui désirent compléter leurs études industrielles.

Exercices militaires. — Les élèves reçoivent à l'école une instruction militaire complète. Leur admission définitive est subordonnée à la condition de contracter un engagement militaire de quatre ans. Leur présence à l'école compte comme présence sous les drapeaux. A leur sortie, ils accomplissent, avec le grade de sous-lieutenants, une année de service, généralement dans les régiments de l'artillerie ou du génie. Les élèves exclus doivent parfaire le temps des quatre années qui reste à courir.

3. — École nationale supérieure des mines[1].

But et organisation. Admission. Enseignement. Classement et diplômes. Cours préparatoires.

But et organisation. — Creée par arrêt du Conseil d'État du roi le 19 mars 1783, l'école a pour but : 1° de former des ingénieurs du corps des mines et des directeurs d'exploitations minières et d'usines diverses ; 2° de vulgariser les sciences et arts relatifs à l'industrie minérale ; 3° de réunir les matériaux nécessaires pour compléter la statistique géologique et minéralogique de la France ; 4° de conserver, de classer et de tenir au courant diverses collections scientifiques et une bibliothèque spéciale relative aux mines ; 5° de faire les expériences et les essais ou analyses qui peuvent intéresser les progrès de l'industrie minérale[2].

---

1. Décrets du 18 février 1883 et du 18 juillet 18.0.

2. Tout particulier peut faire essayer une substance minérale, en la déposant au secrétariat de l'école et en faisant connaître sa provenance. Deux ingénieurs sont chargés de ce service qui est gratuit.

L'école est placée dans les attributions du ministre des travaux publics. Elle est dirigée par un inspecteur général de première classe, assisté d'un conseil.

Admission. — Elle reçoit : 1° des élèves-ingénieurs français sortant exclusivement de l'École polytechnique, nommés par décret, qui touchent un traitement annuel de 1 800 fr., et, pour leurs voyages d'instruction, une indemnité d'entrée en campagne et une indemnité journalière ;

2° Des élèves externes, admis après concours [1], par décision ministérielle, qui participent à tous les cours et exercices pratiques de l'école ;

3° Des élèves étrangers, sur demande au ministre des travaux publics par l'intermédiaire du ministre des affaires étrangères, soumise à l'agrément du représentant à Paris du gouvernement intéressé, et après examen destiné à faire connaître s'ils sont aptes à suivre les cours ;

4° Des élèves libres, sur demande au directeur de l'école qui peut les autoriser à suivre des cours non publics.

Les listes d'admission et de classement sont adressées immédiatement au ministre avec les notes et avis du jury d'examen et les propositions du conseil ; le ministre arrête définitivement les listes qu'il transmet au directeur à toutes fins utiles.

Enseignement. — L'enseignement est gratuit. Il comprend la minéralogie, la géologie, la paléontologie, l'exploitation des mines, la mécanique, la métallurgie, la docimasie, les chemins de fer et les constructions, le droit administratif, la législation des mines, l'économie industrielle, l'agronomie, les langues allemande et anglaise, et, en outre, des études de travaux graphiques, des rédactions de mémoires et de concours sur des projets d'art ; des manipulations et des essais de matériaux de construction, des exercices de nivellement et de lever de plans, des visites d'atelier.

Classements et diplômes. — Le classement des élèves est arrêté dans chaque promotion par le conseil de l'école, à la fin des cours, séparément pour les élèves-ingénieurs et pour les élèves-externes, d'après le nombre de points obtenus aux examens, exercices et voyages, en tenant compte de l'assiduité aux cours et exercices.

Le passage des élèves d'une année à l'autre, ou la sortie de l'école ne peuvent avoir lieu que si l'on a satisfait aux conditions fixées, et obtenu au moins 50 p. 100 du total des points qui peuvent être acquis dans l'année [2].

Le classement final des élèves-ingénieurs a lieu après la remise de tous

1. L'arrête ministériel du 1er août 1861 en règle l'admission, et les programmes du concours.

2. En cas de maladie ou de toutes circonstances graves et exceptionnelles, ayant occasionné une suspension forcée de travail, le ministre peut, sur la proposition du conseil, autoriser un élève à redoubler une année.

les mémoires de voyage. Ils sont nommés, quand ils ont terminé leurs cours, ingénieurs ordinaires de 3ᵉ classe [1]. Ils choisissent dans l'ordre du classement, parmi les résidences ou emplois vacants, sans pouvoir choisir leur première résidence dans le département où réside leur famille.

Le classement final des élèves externes a lieu à la fin des examens de troisième année. Le diplôme d'ingénieur civil des mines leur est délivré par le ministre dans des conditions fixées et s'ils ont obtenu 65 p. 100 des points totalisés que l'on peut obtenir. Ceux qui n'ont point atteint 65 p. 100 du total des points reçoivent un certificat d'études.

Les élèves étrangers sont traités, sous ce rapport, comme les élèves externes.

Cours préparatoires. — L'école a institué des cours préparatoires, destinés à donner les connaissances nécessaires pour suivre les cours spéciaux. Les élèves des cours préparatoires qui, à la suite des examens et du classement de fin d'année, ont obtenu des notes suffisantes, sont inscrits en tête de la liste d'admission aux cours spéciaux, même avant les élèves sortant de Polytechnique.

4. — École des mines de Saint-Étienne [2].

But et organisation. Admission. Enseignement. Classement et diplômes.

But et organisation. — Ancienne école de mineurs créée en 1816, transformée en école des mines en 1883 [3], elle est destinée aujourd'hui à former des ingénieurs et des directeurs d'exploitations et d'usines métallurgiques; elle est dirigée par un ingénieur en chef des mines, assisté d'un conseil, sous l'autorité du ministre des travaux publics.

Admission. — L'école admet, après concours, des élèves nationaux et étrangers. Les candidats étrangers ont les obligations et formalités analogues à celles requises pour les candidats étrangers à l'École supérieure des mines.

Les candidats français doivent avoir eu dix-sept ans au moins

---

1. Ceux qui, pour défaut d'aptitude physique, sont dispensés de leur troisième année militaire, ne sont nommés ingénieurs de 3ᵉ classe que l'année qui suit leur sortie de l'école, afin, évidemment, que le fait de ne pas faire de service militaire ne les avance pas d'un an sur les ingénieurs de leur promotion.

2. Décret du 18 juillet 1890.

3. Décret du 30 novembre.

et vingt-six ans au plus le 1er janvier de l'année du concours, — vingt-huit ans pour les marins et militaires libérés du service. Un premier examen a lieu au mois d'août, et les candidats qui satisfont à ces premières épreuves passent, devant le conseil de l'école qui prononce définitivement, un second examen sur les mathématiques, la physique, la chimie et le dessin.

Les élèves sortant de Polytechnique peuvent être admis directement en deuxième année, s'ils satisfont à un examen comportant le programme des matières de la première année.

Enseignement. — L'enseignement, gratuit, dure trois ans. Il porte sur l'exploitation des mines, les principales substances minérales et leur gisement, sur l'art de les essayer et de les traiter ; sur les mathématiques, la résistance, la nature, l'emploi des matériaux en usage dans les constructions relatives aux mines, usines et voie de transport ; sur la tenue des livres en partie double, le levé des plans et le dessin. Des exercices pratiques, des visites d'usines, des voyages d'étude complètent les notations théoriques.

Classement et diplômes. — Le classement final des élèves français a lieu à la fin de la troisième année ; des diplômes d'ancien élève de l'école des mines de Saint-Étienne, apte à exercer les fonctions d'ingénieur, et des certificats d'études sont délivrés aux élèves selon les cas[1].

5. — Écoles des manufactures de l'État[2].

Les manufactures nationales de porcelaine de Sèvres, des Gobelins, de tapisseries de Beauvais, de mosaïque de Sèvres, tout en se livrant à la fabrication des produits d'art qui font leur gloire, sont organisées de façon à recevoir gratuitement des élèves, que l'on forme dans les traditions pour en faire des ouvriers artistes. Les manufactures sont d'ailleurs pourvues de commissions de perfectionnement chargées des questions d'art et d'enseignement.

---

1. Les cas sont analogues à ceux de l'École supérieure des mines de Paris. S'y reporter pour le détail.

2. Décrets des 31 octobre 1870, 2 janvier 1871, qui les placent dans les attributions du ministre des beaux-arts, etc., etc.

6. — Autres écoles supérieures.

École des ponts et chaussées ; École professionnelle supérieure des télégraphes.
Annexe. — Agriculture : institut national agronomique. Commerce : institut et école des hautes études commerciales.

École des ponts et chaussées [1]. — Placée sous l'autorité du ministre des travaux publics, elle a pour but de former des ingénieurs destinés au recrutement du corps national des ponts et chaussées. Les formalités d'admission, les détails de l'organisation en sont analogues à ceux de l'École supérieure des mines.

L'enseignement, spécial évidemment à l'école, se compose de trois parties : 1° voies de communication par terre et par eau, et tout ce qui les concerne, y compris les ports maritimes ; 2° travaux d'utilité publique dirigés par l'État ; 3° connaissances diverses en mécanique, architecture civile, minéralogie, géologie, hydraulique agricole, administration et droit administratif, langues vivantes, économie politique, chimie appliquée, etc., utiles ou nécessaires aux ingénieurs.

École professionnelle supérieure des télégraphes [2]. — Elle a été organisée en vue du recrutement du personnel supérieur et des ingénieurs des télégraphes. L'admission a lieu par voie de concours, avec dispense pour les élèves sortant de Polytechnique classés dans le service des télégraphes. L'enseignement, divisé en deux sections, l'une pour le personnel supérieur, l'autre pour les ingénieurs, comprend des notions théoriques, des exercices d'atelier et des manipulations de laboratoire.

Par arrêté du 18 février 1903, des auditeurs libres sont admis aux cours de l'école, et appartenant ou non à l'administration. Ils sont tenus au remboursement des frais occasionnés par chacun d'eux, 500 fr. par an au maximum.

ANNEXE. — *Agriculture.* — L'enseignement professionnel de l'agriculture est donné au troisième degré, à l'Institut national agronomique [3], qui est l'école normale supérieure de l'agriculture. Il comprend une école des hautes études de l'agriculture, et un établissement de recherches et d'expérimentation, ou domaine d'études [4].

---

1. Décret du 18 juillet 1890.

2. Décrets des 23 avril 1883, 29 mars 1888.

3. Le décret du 30 juillet 1848 avait établi l'Institut national agronomique à Versailles. Supprimé par décret du 14 septembre 1842, il a été créé de nouveau par la loi du 9 août 1876, au Conservatoire des arts et métiers. Il est actuellement situé rue Claude-Bernard, 56, à Paris.

4. Situé à Noisy-le-Roi depuis 1902, il se compose d'un champ de démonstration et de la ferme des époux Wallet au Chenil-Maintenon.

L'Institut national agronomique a pour but de former :

1º Des agriculteurs et des propriétaires possédant les connaissances scientifiques nécessaires pour la meilleure exploitation du sol ;

2º Des professeurs spéciaux pour l'enseignement agricole dans les écoles nationales, les écoles pratiques d'agriculture, dans les départements, dans les écoles normales, lycées, collèges, écoles primaires supérieures, etc. ;

3º Des administrateurs pour les divers services publics ou privés dans lesquels les intérêts de l'agriculture sont engagés ;

4º Des·agents pour l'Administration des forêts, conformément au décret du 9 janvier 1888, modifié par le décret du 11 novembre 1899 ;

5º Des agents pour l'Administration des haras, conformément au décret du 20 juillet 1892, modifié par le décret du·26 septembre 1899 ;

6º Des directeurs et préparateurs de stations agronomiques ;

7º Des chimistes ou directeurs pour les industries agricoles (sucreries, féculeries, distilleries, fabriques d'engrais, etc.);

8º Des ingénieurs agricoles (drainages, irrigations, construction de machines).

La durée des études est de deux ans, après lesquels l'élève qui en est jugé digne reçoit le diplôme d'*ingénieur agronome*.

Ce diplôme est délivré par le ministre de l'agriculture. Il est considéré comme équivalant à une licence pour les anciens élèves possesseurs d'un baccalauréat et qui désirent se faire inscrire au stage provisoire pour les emplois d'attachés d'ambassade, d'élèves, et d'attachés payés à la direction politique et aux sous-directions des affaires commerciales de la direction des consulats. Le régime de l'école est l'externat [1].

Enfin, il existe, sous le nom de stations agronomiques, des établissements dans lesquels on effectue des recherches sur toutes les questions qui intéressent l'agriculture : sélection des plantes, acclimatation, physiologie végétale et animale, pisciculture fluviale et marine, engrais, etc. Ils sont destinés, concurremment avec les laboratoires agricoles, à éclairer les

---

1. L'admission a lieu, pour tous les candidats indistinctement, à la suite d'un concours. Les épreuves de ce concours portent sur les mathématiques élémentaires, y compris la mécanique (éléments de statique et machines simples), la cosmographie, la physique, la chimie, la zoologie, la botanique, la géologie, la géographie, l'anglais ou l'allemand. Le jury tient compte aux candidats des diplômes de bachelier, de licencié ès sciences, des diplômes des écoles nationales d'agriculture et vétérinaires, du certificat d'études P. C. N. et des connaissances qu'ils peuvent posséder en agriculture. Les candidats doivent justifier qu'ils sont âgés de dix-sept ans révolus le 1er janvier de l'année où ils se présentent. Les examens d'admission ont lieu, en province et à Paris, au mois de juin, pour la partie écrite, et à Paris, au mois de juillet, pour la partie orale.

La rétribution scolaire pour l'enseignement et les frais d'examen est fixée à 500 fr. par an, payables par semestre et d'avance. Chaque année, dix bourses de 1 000 fr., fractionnables et donnant droit à la gratuité de l'enseignement, ainsi que dix bourses consistant dans la remise de la rétribution scolaire sont mises au concours. Les bourses sont accordées par le ministre de l'agriculture aux élèves qui ont subi avec succès les examens d'admission et dont les familles ont préalablement justifié de

cultivateurs sur la composition de leurs terres, sur leurs besoins, et à les protéger contre les fraudes en matière d'engrais, de semences, etc. Ces stations ou laboratoires sont organisés par l'État, les départements ou les municipalités. Ils peuvent être subventionnés par l'État, en raison de l'importance des travaux effectués et des services rendus.

L'État a créé des stations spéciales s'occupant de la sélection des semences, de l'essai des machines, des maladies des végétaux, des insectes nuisibles et de l'entomologie, des fermentations, de l'industrie laitière, de la sériciculture. De plus, dans chaque département, l'État organise, avec le concours des conseils généraux, des champs d'expériences et de démonstration destinés à montrer aux agriculteurs les améliorations dont leurs cultures sont susceptibles. Ces champs sont dirigés par le professeur départemental d'agriculture.

Commerce [1]. — De nombreuses écoles supérieures de commerce ont été fondées en France. Paris en compte trois sous le nom de : *École supérieure de commerce de Paris*, créée en 1820 ; *École des hautes études commerciales*, créée en 1881 ; *Institut commercial*, créé en 1884.

En province, les villes du Havre, Bordeaux, Lyon, Marseille, Nancy, Toulouse, etc., possèdent des écoles supérieures de commerce.

Toutes ces écoles, reconnues par l'État, donnent droit à la dispense de deux années de service militaire. Elles sont sous l'autorité administrative des chambres de commerce des villes. Elles ont pour but de former des jeunes gens à la direction des affaires de banque, de commerce et d'industrie, et, en plus, leurs élèves, pourvus du diplôme de bachelier, sont autorisés à concourir pour l'admission aux carrières diplomatique et consulaire.

L'enseignement qu'elles donnent est à peu près le même pour toutes. Il comporte : la comptabilité, les mathématiques, la géographie, l'étude des marchandises, les analyses commerciales, le droit dans ses rapports avec le commerce, la sténographie, les langues étrangères, les voies de communication, la législation financière, douanes, etc.

---

l'insuffisance de leurs ressources. Mais ces bourses ne sont attribuées en principe que pour une année scolaire ; et elles ne sont maintenues qu'aux élèves qui continuent à se rendre dignes de la faveur dont ils ont été l'objet par leur conduite et leurs progrès. Elles peuvent être retirées au cours de l'année scolaire par mesure disciplinaire.

Indépendamment des élèves réguliers, l'Institut national agronomique reçoit des *auditeurs libres*, qui ne sont soumis à aucune condition d'âge et sont dispensés de tout examen d'admission ; ils suivent les cours qui sont à leur convenance, mais ils n'ont entrée ni aux salles d'étude, ni aux laboratoires.

Tous les ans, les deux élèves classés les premiers sur la liste de sortie peuvent recevoir aux frais de l'État une mission complémentaire d'études, soit en France, soit à l'étranger ; cette mission a une durée de trois années.

Les élèves diplômés qui en sont jugés dignes sont admis à faire une année complémentaire d'études dans les conditions prévues par des règlements spéciaux. Les mieux classés peuvent recevoir à cet effet une allocation de stage de 100 fr. par mois.

1. Décrets des 22 juillet 1890, 23 avril 1888, etc.

IV. — BOURSES DE VOYAGES

1. INDUSTRIE.
2. COMMERCE [1].

1. — Industrie.

But. Valeur des bourses et conditions. Concours.

But. — Instituées par décision du ministre du commerce et de l'industrie en date du 28 juillet 1887, les bourses de voyages ont pour but de permettre à un certain nombre de jeunes gens, élèves des écoles spéciales, de parfaire leur éducation professionnelle, en allant visiter soit en France, soit à l'étranger, des établissements industriels, d'étudier ainsi les procédés de fabrication de ces établissements, et, en même temps, de se perfectionner dans l'étude d'une langue étrangère, tout en acquérant des notions générales par les nouveaux horizons qu'ils peuvent ainsi découvrir.

Valeur des bourses et conditions. — Ces bourses, d'une valeur de 1 500 fr. ou de 3 000 fr. suivant la durée et l'importance du voyage, ne sont accordées, pour une année, et après concours, qu'aux jeunes gens français, âgés de 20 ans au moins et de 30 ans au plus, lors du concours, et pourvus du diplôme de l'école industrielle, publique, privée, reconnue ou subventionnée par le ministre, où ils ont étudié ; elles peuvent être renouvelées deux fois au maximum, après avis de la commission qui examine les rapports que les boursiers sont tenus d'envoyer tous les trois mois.

Concours. — Les demandes pour prendre part au concours sont adressées au ministre avec l'indication des centres industriels que les candidats désirent visiter. Le concours a lieu chaque année aux époques fixées par le ministre. Les épreuves sont écrites et orales Les épreuves écrites, qui ont lieu au chef-lieu du département, comportent une version anglaise ou allemande, un thème et un

---

. 1. Pour l'agriculture, on a vu qu'une mission peut être donnée aux deux élèves classés premiers sur la liste de sortie de l'Institut national agronomique.

rapport industriel, rédigé en langue étrangère. Les épreuves orales, qui ont lieu à Paris, et auxquelles ne sont admis que les candidats ayant obtenu une certaine moyenne déterminée aux épreuves écrites, consistent en la traduction, à livre ouvert, d'un texte allemand ou anglais, en interrogations sur les travaux antérieurs des candidats, sur les raisons d'ordre industriel qui ont déterminé le choix des centres qu'ils désirent visiter, et sur tout ce qui peut éclairer la commission d'examen sur leur valeur réelle.

2. — Commerce.

But et valeur. Concours. Obligations des boursiers.

But et valeur. — Instituées par décision du ministre du commerce et de l'industrie, en date du 30 novembre 1886, elles ont pour but de compléter l'instruction des jeunes gens et aussi d'aider au développement de notre commerce extérieur. Les unes sont données après concours et pour deux ans, avec faculté de prolongation pendant une troisième année et d'une valeur de 4 000 fr. la première année, de 3 000 fr. ensuite, aux jeunes gens de 16 à 18 ans qui désirent s'établir hors d'Europe ; les autres, réservées aux élèves diplômés des écoles supérieures de commerce, âgés de 21 à 26 ans au plus, pour la même durée que les premières, sont d'une valeur de 3 000 et 2 000 fr. pour l'Europe, l'Algérie et la Tunisie, et de 4 000, 3 000 et 2 000 fr. pour les autres pays.

Concours. — L'inscription au concours se prend du 1er au 31 juillet, à la préfecture des départements. Les épreuves écrites et orales comportent la géographie et l'arithmétique commerciales, la législation et les langues étrangères.

Les candidats aux bourses données aux jeunes gens de 16 à 18 ans bénéficient d'une majoration de 10 p. 100 des points obtenus par eux au concours, s'ils justifient de deux années d'études dans une école primaire supérieure régie par la loi du 11 décembre 1880, ou d'une année soit dans une école commerciale de Paris, soit dans une école préparatoire à une école supérieure, et bénéficient d'une majoration de 5 p. 100 des points ceux qui ont été employés un an au moins dans une affaire industrielle ou commerciale.

Pour les bourses réservées aux élèves diplômés des écoles supérieures de commerce, une majoration de 10 p. 100 est accordée à ceux qui ont obtenu en fin d'études une moyenne de 16 au moins, et à ceux qui ont passé deux ans dans les affaires ; ceux qui ont passé un an seulement bénéficient d'une majoration de 5 p. 100.

Obligations des boursiers. — Les boursiers sont tenus d'adresser de leur nouvelle résidence au ministre du commerce et de l'industrie : 1° à la fin de chaque mois, une note sur leurs travaux mensuels ; 2° à la fin de chaque trimestre, un rapport détaillé sur l'une des industries spéciales de la place ou sur la situation commerciale du marché.

V. — LÉGISLATION COMPARÉE

Prusse, Belgique, Russie, Espagne.

L'enseignement professionnel prend de nos jours dans tous les pays une extension de plus en plus considérable. Il suffira de parler de quelques-uns d'entre eux, dans une matière qui comporte en somme des institutions et des œuvres assez analogues, et plus ou moins développées.

En *Prusse,* le gouvernement a favorisé la création d'un grand nombre d'écoles qui reçoivent, avec les enfants soumis à l'obligation scolaire, les jeunes gens qui ont terminé leurs classes primaires. Le nombre de ces écoles s'élève à 2 000 environ avec plus de 20 000 élèves, sans compter les écoles spéciales d'agriculture, et les écoles professionnelles de jeunes filles. Les deux écoles les plus importantes sont l'école industrielle d'Aix-la-Chapelle, et l'école commerciale et industrielle de Gnesen. La première renferme environ 200 élèves, la seconde 450 des deux sexes ; l'enseignement y dure respectivement deux ans et un an. Les élèves sont initiés aux règles concernant l'emploi de matériaux, la construction et la direction des machines, et, d'une façon générale, à la technique de l'industrie.

Dans les autres écoles, bien plus nombreuses, on a spécialisé les études pour les ramener à la pratique d'une industrie spéciale et déterminée. Ces dernières écoles sont en général placées dans les centres où ces industries se sont le plus développées. On distingue notamment les suivantes :

1° *Écoles d'art et de dessin industriel.* — 19 établissements contenant 19 133 élèves : Königsberg, Cassel, Francfort-sur-le-Mein, Dusseldorf, Berlin, Aix-la-Chapelle, Magdebourg, Hanovre, Halle, Cologne, Barmen, Elberfeld, Charlottenbourg, Erfurt, Altona, Essen, Dantzig, Elbing, Hanau. La plus ancienne de ces écoles est celle de Hanau, qui a été fondée en 1772. D'après les lettres de fondation, elle devait être consacrée à l'enseignement du travail des métaux précieux. Elle reçoit des élèves bijoutiers, graveurs, ciseleurs, etc. ;

2° *Écoles de constructions urbaines et rurales.* — Elles sont au nombre de 22, disséminées sur l'ensemble du territoire et renferment 4 958 élèves ;

3° *Écoles de construction de machines.* — On distingue les écoles supérieures de Dortmund, Hagen, Breslau, Elberfeld, Stettin, Posen, Altona, Lubeck, Aix-la-Chapelle, Cologne et Kiel, et les écoles primaires de huit autres villes. Elles renferment 2 676 élèves ;

4° *Écoles de l'industrie métallurgique.* — Il y en a cinq : Iserlohn (travail du bronze), Remscheid, Hegen, Schmalkaden (petites industries du fer), Hanovre (cuivre) ;

5° *Écoles de mécaniciens de la marine.* — 93 élèves répartis dans trois écoles : Flensbourg, Settin et Geestmünde ;

6° *Écoles de céramique.* — Hahn et Benzlau (47 élèves) ;

7° *Écoles de briquetiers-tuiliers.* — Lauban (50 élèves) ;

8° *Écoles de menuiserie d'art et de sculpture sur bois.* — Flensbourg et Warmbrunn (39 élèves) ;

9° *Écoles de vannerie.* — 5 écoles à Hennberg, Glävenwesbach, Ruppertshofen, Schurgast, Gensbourg (63 élèves) ;

10° *Écoles de l'industrie textile.* — 7 écoles supérieures : Aix-la-Chapelle, Barmen, Berlin, Kottbus, Crefeld, Gladbach, Sorau ; 29 écoles secondaires et primaires (4 708 élèves) ;

11° *Écoles de navigation.* — 20 écoles situées dans les ports de la Baltique et contenant 484 élèves ;

12° *Écoles de constructions navales.* — 37 écoles avec un effectif de 834 élèves ;

13° *Écoles des mines.* — Elles sont au nombre de 10 ; leur siège est à Tarnowitz, Waldenbourg. Eisleben, Clausthal, Bochum, Essen, Saarbrück, Siegen, Dillenbourg, Bardenberg (1 449 élèves) ;

14° *Écoles professionnelles et ménagères de jeunes filles.* — 38 écoles avec un effectif de 2 851 élèves.

Une circulaire ministérielle du 26 juin 1889, en *Belgique,* montrait l'utilité de créer et de développer des écoles ménagères. L'appel a été entendu et ces œuvres ont pris une extension considérable. Elle peuvent se ranger en deux catégories :

1° Les écoles ménagères, destinées aux jeunes filles âgées de

14 ans au moins ; l'enseignement comprend à la fois des cours théoriques et des cours pratiques ; l'école est ouverte tous les jours de la
semaine. On y exécute tous les travaux du ménage simultanément :
cuisine, lessivage, repassage, raccommodage.

2° Les classes ménagères, annexées aux classes supérieures des
écoles primaires, fréquentées par des élèves âgées de douze ans au
moins. Les cours théoriques comprennent des leçons d'hygiène et
de médecine usuelle, des notions d'économie domestique, de comptabilité ménagère, l'explication des modes de lessivage, repassage,
nettoyage. Les exercices pratiques ont trait à l'entretien de la maison, lavage, repassage, raccommodage, et, de plus, pour les communes rurales, les travaux aux jardins potagers, les soins à la basse-
cour, etc.

Le département du commerce et de l'industrie subventionne les
écoles ménagères d'assez forts subsides [1].

En *Russie,* l'ordonnance de 1902, relative aux ateliers et cours
d'apprentissage technique et industriel, a en vue la préparation
pour l'industrie et les métiers, le développement des connaissances
techniques et du sens pratique chez les gens de métier et les
ouvriers. Des ateliers d'apprentissage sont établis comme annexe
aux fabriques des localités industrielles. L'enseignement comprend
des travaux pratiques, et des leçons théoriques et de dessin ; il est
gratuit, et les élèves y sont admis sans distinction de rang social ni
de confession religieuse.

Les cours théoriques ont lieu pendant la journée et le soir, et sont
faits par des professeurs dont le traitement est de 1 000 roubles et plus,
munis de la patente scolaire, et qui, après dix ans, peuvent recevoir la
bourgeoisie d'honneur, s'ils ne possèdent déjà une dignité plus élevée.

Par décret du 22 mai 1900, en *Espagne,* les patrons, chefs d'industrie, etc., qui occupent plus de 150 ouvriers doivent accorder, aux
jeunes ouvriers au-dessous de dix-huit ans, une heure sur le temps
de travail réglementaire, pour leur permettre d'acquérir une instruction élémentaire ; ils doivent entretenir à leurs frais une école
primaire où sera donnée l'instruction primaire.

---

1. On trouvera, au *Bulletin de l'Office* du travail 1900, p. 488 et ss., un aperçu
intéressant sur l'enseignement industriel, professionnel, commercial et ménager en
Belgique.

CHAPITRE II

ÉTUDE DES QUESTIONS
INTÉRESSANT LE TRAVAIL ET LES TRAVAILLEURS

Généralités et vue d'ensemble. — La protection du travail par l'État ne s'exerce pas seulement au point de vue de l'enseignement technique. Sans doute, il est très utile pour le perfectionnement de la main-d'œuvre, comme aussi pour l'excellence des agents-directeurs des entreprises industrielles, que des écoles, sous le patronage plus ou moins direct de l'État, contribuent à former scientifiquement et pratiquement des ouvriers habiles et des chefs expérimentés. Mais ce n'est pas tout. Le développement de l'industrie et du commerce a ouvert un champ inexploré, toujours renouvelé, de questions économiques ; l'âpre concurrence internationale oblige tous les peuples, soucieux de leur avenir, à ne pas s'oublier sur les résultats acquis, fussent-ils les meilleurs, afin de ne point se laisser vaincre dans la rivalité pacifique, mais chaude, ni distancer dans la voie du progrès économique.

Ce n'est aussi que sur la base d'une documentation précise, née de l'observation et de l'expérience, sur les conditions du travail, qu'on peut arriver à fonder une législation heureuse, et adéquate aux nécessités contemporaines, respectant à la fois la liberté du travail et la personnalité humaine.

C'est précisément dans ce double but que peu à peu a été créée, dans la plupart des pays civilisés, toute cette organisation de conseils, de comités, de départements, de commissions, de secrétariats, de directions et d'offices, de quelque nom qu'on les nomme, publics pour la plupart ou privés, et dont la mission générale ou spéciale, se rattachant à des points particuliers des manifestations du travail ou à des vues d'ensemble sur la vie ouvrière universelle, comporte en définitive l'étude scientifique, expérimentale, statistique et technique, l'étude, dans le sens le plus large du mot, des questions d'économie politique et sociale et des intérêts généraux ou spéciaux de l'industrie et des travailleurs.

Les plus anciens de ces conseils, comme toute la législation ancienne relative à l'industrie et au commerce, avaient été institués surtout et presque exclusivement en vue des intérêts généraux de l'industrie et du commerce. Les organismes nouveaux, créés dans les dernières années du siècle précédent, se ressentent de l'idée humanitaire qui a présidé aux lois tutélaires sur le travail ; et, sans négliger les intérêts bien entendus de l'industrie en général, ils fonctionnent, on le sent, en vue même de la condition à améliorer des travailleurs. Ainsi se retrouve, comme en toutes les autres branches de la législation du travail, l'évolution historique déjà marquée et remarquée, au cours de cette étude.

I. — ORGANISMES ANCIENS

1. — Conseil supérieur du commerce et de l'industrie.

Création. Organisation. Attributions. — Chambres de commerce.

Création. — Créé en 1607, sous l'inspiration de Sully, dans le but de renseigner le pouvoir sur les besoins et les doléances du monde commercial, objet de diverses réorganisations en 1700 et sous la Révolution, il a été complètement reconstitué par un décret en date du 13 octobre 1882, légèrement modifié, en ce qui concerne la composition du conseil, par les décrets des 29 mai 1890, 1er décembre 1894 et 16 janvier 1898.

Organisation. — Établi près du ministère du commerce et de l'industrie, et placé sous la présidence du ministre, avec quatre vice-présidents, nommés par le président de la République sur la proposition du ministre, il est composé de soixante-quatre membres et est divisé en deux sections : celle du commerce, celle de l'industrie, comprenant chacune trente-deux membres choisis parmi les sénateurs, les députés, les présidents des principales chambres de commerce au nombre de 17 par section, et les hommes notoirement les plus versés dans les matières commerciales, industrielles et financières.

Des membres de droit, avec voix délibérative, complètent le conseil et participent indistinctement aux travaux des deux sections. Ce sont les directeurs du commerce extérieur et intérieur, les directeurs généraux des douanes et des contributions indirectes, le directeur des affaires commerciales au ministère des affaires étrangères, le directeur (?) des colonies. Un secrétaire est attaché au conseil avec voix délibérative.

Le conseil se réunit sur la convocation du ministre du commerce et de l'industrie. Tous les ministres ont entrée au conseil et peuvent, à propos d'affaires spéciales, déléguer des commissaires avec voix consultative.

Attributions. — Le conseil n'a que des attributions consultatives. Il peut être appelé à donner son avis sur les projets de loi concernant le tarif des douanes, ainsi que sur les diverses mesures relatives à l'application dudit tarif, sur les projets de traités de commerce et de navigation, sur la législation commerciale des colonies et de l'Algérie, sur le système des encouragements aux grandes pêches maritimes et à la marine marchande, sur les questions de colonisation et d'émigration, et généralement sur toutes les affaires au sujet desquelles le gouvernement juge à propos de le consulter. Il peut, s'il y a lieu, appeler dans son sein et entendre les personnes susceptibles de l'éclairer sur une question particulière; et, le cas échéant, avec l'autorisation du ministre, il peut procéder à des enquêtes.

ANNEXE. — *Chambres de commerce.* — Elles sont créées par décret du président de la République et comprennent un groupement de négociants élus par leurs pairs dans des circonscriptions, sur les listes servant aux élections des tribunaux de commerce. Les fonctions sont gratuites; la durée du mandat est de quatre ans. Elles élisent leur président et leur vice-président. Le préfet du département peut assister aux séances, et, dans ce cas, il les préside.

Les chambres de commerce sont reconnues de plein droit comme établissements d'utilité publique; elles ont pour mandat général de servir d'organe officiel des intérêts commerciaux auprès des pouvoirs publics; leurs attributions consistent à présenter au gouvernement les réformes et les mesures les plus propres à développer la production; elles donnent aussi leur avis sur certains projets de loi. Enfin, au moyen de ressources acquises par des contributions prélevées sur les patentés, elles créent ou subventionnent des œuvres diverses, écoles, missions, explorations, etc.

2. — Comité consultatif des arts et manufactures.

Organisation. Attributions. Chambres consultatives des arts et manufactures.

Organisation. — Issu du bureau consultatif des arts et manufactures de 1791, il a été réorganisé par le décret du 18 octobre 1880, modifié par le décret du 26 juin 1903. Il est composé de 16 membres, pris dans le conseil d'État, l'académie des sciences, le corps des ponts et chaussées et

des mines, le commerce et l'industrie, et nommés par décret. Sont en
outre membres de droit : les directeur général des douanes (finances), de
l'enseignement technique, du travail, du commerce et de l'industrie (commerce), un directeur (agriculture), un fonctionnaire de la Direction des
poudres et salpêtres (guerre). Le ministre nomme le président et le secrétaire ; celui-ci a voix délibérative et touche un traitement. Les membres
ont droit pour chaque séance à laquelle ils assistent à des jetons de présence dont la valeur est fixée par arrêté ministériel. Le Comité se réunit
au moins une fois par semaine. Les membres titulaires, après dix années
d'exercice, peuvent être nommés membres honoraires, et assistent, à ce
titre, aux délibérations du comité, sur décision spéciale du ministre.

Attributions. — Le comité est chargé de l'étude et de l'examen de toutes
les questions intéressant le commerce et l'industrie, qui lui sont renvoyées
par le ministre, en vertu des lois et réglements, ou sur lesquelles le ministre
juge utile de le consulter, notamment en ce qui concerne : les établissements insalubres ou incommodes ; les brevets d'invention ; l'application ou
la modification, au point de vue technique, des tarifs et des lois de douane.
Il peut être chargé de procéder aux enquêtes ou informations qui sont
jugées nécessaires par le ministre pour l'étude des questions énoncées ci-
dessus.

ANNEXE. — *Chambres consultatives des arts et manufactures.*
— Créées en l'an XI, elles sont constituées par circonscriptions déterminées par décret dans les centres industriels. Elles comprennent douze
membres, élus pour six ans et renouvelables par tiers, selon la procédure
des juges aux tribunaux de commerce, parmi les manufacturiers, fabricants, directeurs d'industries. Elles choisissent leur président et leur secrétaire ; le préfet, le sous-préfet, les maires peuvent assister aux séances, et,
dans ce cas, ils les présidèrent de droit. Elles n'ont point de budget spécial.
Les frais de leur fonctionnement sont à la charge de la commune, qui
prête aussi un local pour les séances.

Leur mission générale consiste à faire connaître aux pouvoirs publics
les vœux et les besoins de l'industrie. En fait d'attributions spéciales, elles
peuvent être appelées à donner leur avis sur la création ou la modification
de conseils de prud'hommes, et sur l'extension à des industries analogues
des dispositions sur le tissage et le bobinage. Par leur initiative officieuse,
elles peuvent provoquer des expositions collectives.

3. — Comité consultatif des chemins de fer.

Institué par le décret du 31 janvier 1878, objet de divers remaniements
quant à sa composition, par divers décrets subséquents, il compte aujour-
d'hui quarante-cinq membres, en vertu du décret du 19 décembre 1889,

nommés par décret[1], et quatre membres de droit[2]. Le ministre des travaux publics est président de droit.

Le comité est nécessairement consulté sur l'homologation des tarifs ; sur l'interprétation : 1° des lois et règlements relatifs à l'exploitation commerciale des chemins de fer ; 2° des actes de concessions ; 3° des cahiers des charges ; sur les rapports des administrations des chemins de fer entre elles ou avec les concessionnaires des embranchements ; sur les traités passés par les administrations de chemins de fer et soumis à l'approbation du ministre, etc., etc...

Le comité délibère en outre et donne son avis sur toutes les questions qui lui sont soumises par le ministre, et relatives notamment à l'organisation, par les soins des compagnies, de caisses de retraite, d'économats et toutes autres institutions analogues. Il peut, avec l'assentiment du ministre, procéder à des enquêtes.

II. — ORGANISMES NOUVEAUX

1. Conseil supérieur du travail.
2. Conseils régionaux du travail.
3. Office du travail.
4. Musée social.
5. Législation comparée.

1. — Conseil supérieur du travail.

But et organisation. Durée du mandat des membres. Élections. Réunion du conseil. Commission permanente. Allocations. — L'œuvre du Conseil supérieur du travail.

But et organisation. — Le Conseil supérieur du travail a pour mission d'étudier les questions ouvrières, celles qui touchent à la situation des travailleurs, intéressent l'industrie et le travail. Créé

---

1. Ce sont : 4 sénateurs ; 8 députés ; 6 membres du Conseil d'État, des sections agriculture, commerce, industrie, travaux publics ; 3 membres de la Chambre de commerce de Paris ; le président du tribunal de commerce de la Seine ; 2 représentants du ministère des finances ; 3 représentants du ministère du commerce et de l'industrie ; 1 représentant respectivement des ministères de l'agriculture, de l'instruction publique, de la guerre ; 1 membre du corps des mines ; 1 administrateur des compagnies de chemins de fer ; 2 membres de la société des ingénieurs civils ; 3 représentants respectivement du commerce et de l'industrie ; 1 entrepreneur des travaux publics ; 1 ouvrier ou employé des compagnies de chemins de fer.

2. A savoir : le directeur général des douanes, et, au ministère des travaux publics, le directeur des chemins de fer, le directeur des routes, de la navigation et des mines, et le directeur du personnel.

par décret du 22 janvier 1891, réorganisé par les décrets des 9 juin
1892 et 1ᵉʳ septembre 1899, modifiés eux-mêmes par les décrets
des 1ᵉʳ septembre 1899, 20 octobre 1900, 25 mars 1902, il a été
réorganisé entièrement par le décret du 14 mars 1903, qui a abrogé
tous les décrets précédents, modifié lui-même par décret du 30 janvier 1904.

Il est institué auprès du ministre du commerce, de l'industrie,
des postes et télégraphes et sous sa présidence. Il se compose de
soixante-sept membres :

Vingt-sept membres nommés par les patrons ;

Vingt-sept membres nommés par les ouvriers ;

Trois sénateurs élus par le Sénat ;

Cinq députés élus par la Chambre des députés ;

Un membre de la chambre de commerce de Paris désigné par
cette chambre ;

Un membre du comité fédéral des bourses du travail élu par les
bourses du travail adhérentes ;

Un membre de la chambre consultative des associations ouvrières
de production, élu par les associations adhérentes ;

Deux membres choisis par le ministre parmi les membres de
l'Institut et les professeurs de l'Université de Paris.

Le directeur du travail, le directeur de l'assurance et de la prévoyance sociales, le directeur de l'enseignement technique et, à leur
défaut, les sous-directeurs de ces services ont entrée au Conseil
pour assister ou représenter le ministre du commerce. Ils participent aux délibérations sans prendre part aux votes. Chaque ministre
peut également, d'accord avec le ministre du commerce, désigner un
chef de service pour prendre part dans les mêmes conditions aux délibérations de nature à intéresser spécialement son département.

Le Conseil choisit parmi ses membres deux vice-présidents, chargés de la présidence des séances en l'absence du ministre. Celui-ci
désigne, par arrêté, dans le personnel de son administration, trois
secrétaires et trois secrétaires adjoints du Conseil.

Durée du mandat des membres. — Les trois sénateurs sont
soumis à réélection après chaque renouvellement partiel du Sénat ;
les cinq députés conservent leur mandat pendant la durée de la législature ; les autres membres restent en fonctions pendant trois ans.

Les délégués des ouvriers et des patrons se répartissent en deux séries respectives, ayant chacune un mandat de trois ans :

1º Dix-neuf délégués élus : pour les patrons, par les membres des chambres de commerce et ceux des chambres consultatives des arts et manufactures, — pour les ouvriers, par les syndicats ouvriers ;

2º Huit conseillers prud'hommes patrons, d'une part, — ouvriers, d'autre part.

Les cinquante-quatre délégués des patrons et des ouvriers conservent leur mandat, même s'ils viennent à perdre la qualité en raison de laquelle ils ont été appelés à siéger au Conseil supérieur du travail.

Au cas où des membres du Conseil supérieur du travail décéderaient, seraient démissionnaires ou perdraient leurs droits civils ou civiques, il serait procédé à leur remplacement dans les conditions suivantes :

1º Pour les élus des chambres de commerce et des chambres consultatives, dans le cas seulement où il se produirait parmi eux trois vacances ;

2º Pour les représentants des syndicats ouvriers, au cas où il se produirait parmi eux trois vacances ;

3º Pour les représentants patrons ou ouvriers des conseils de prud'hommes, au cas où deux vacances se produiraient, soit chez les prud'hommes patrons, soit chez les prud'hommes ouvriers ;

4º Pour les autres membres du Conseil supérieur du travail, à chaque vacance.

Le mandat des membres ainsi élus prend fin à la date à laquelle aurait expiré le mandat du membre remplacé.

Élections. — *Élection des conseillers prud'hommes.* — Pour ces élections, les tribunaux de prud'hommes de France sont divisés en trois catégories : 1º ceux de Paris; 2º ceux des villes d'au moins 40 000 habitants; 3º ceux des autres villes.

La première catégorie fournit deux prud'hommes patrons et deux prud'hommes ouvriers; la deuxième catégorie fournit trois prud'hommes patrons et trois prud'hommes ouvriers; la troisième catégorie fournit trois prud'hommes patrons et trois prud'hommes ouvriers.

Pour l'élection des deux prud'hommes patrons et des deux prud'hommes ouvriers de la première catégorie, les conseillers prud'hommes de Paris forment deux assemblées électorales distinctes comprenant : l'une, les membres patrons, l'autre, les membres ouvriers des conseils. La présidence de chaque assemblée électorale appartient au doyen d'âge des présidents ou vice-présidents en fonctions.

Un tirage au sort fait au ministère du commerce désigne trois tribunaux de la deuxième catégorie et trois tribunaux de la troisième catégorie dans chacun desquels les prud'hommes patrons nomment un représentant; celui-ci peut d'ailleurs être choisi par eux dans l'un quelconque des conseils de prud'hommes de la catégorie.

Trois autres tribunaux de la deuxième catégorie et trois autres tribunaux de la troisième catégorie, désignés dans les mêmes conditions, procèdent, d'après les mêmes règles, à l'élection de six prud'hommes ouvriers.

La présidence de la séance où les patrons des conseils de prud'hommes désignés par le sort élisent leur représentant appartient au président ou vice-président patron de ce conseil.

De même pour l'élection du représentant des ouvriers, la présidence appartient au président ou vice-président ouvrier.

La convocation des électeurs est faite, dans chacune des trois catégories, au moins huit jours à l'avance, par le président de l'assemblée électorale. L'élection a lieu à la majorité des membres présents. La majorité relative est suffisante au troisième tour. En cas de partage des voix au troisième tour, le bénéfice de l'élection est acquis au plus âgé. Le procès-verbal de l'élection est transmis au ministère du commerce sous une enveloppe portant la mention : « Élection au Conseil supérieur du travail..»

Élection des autres délégués patrons. — Les membres des chambres de commerce et ceux des chambres consultatives des arts et manufactures élisent au scrutin de liste les dix-neuf représentants des dix-neuf groupes professionnels ci-après :

1. Mines, carrières, salines;
2. Alimentation : grandes industries et commerces de gros;
3. Alimentation : petites industries et commerces de détail;
4. Industries chimiques, céramique et verrerie, fabrication du papier;
5. Industrie des cuirs et peaux;
6. Industrie de la laine, du lin, du jute et leurs mélanges, y compris les industries similaires et succédanées;
7. Industrie du coton et ses mélanges, y compris les industries similaires et succédanées;
8. Industrie de la soie et ses mélanges, y compris les industries similaires et succédanées;
9. Travail des étoffes, vêtement, toilette (département de la Seine);
10. Travail des étoffes, vêtement, toilette (départements autres que la Seine);
11. Industries du bois et du bâtiment (bois), commerce et manutention non compris;
12. Métallurgie et construction mécanique;
13. Travail des métaux communs et bâtiment (métaux);

14. Bâtiment (pierre, enduits, canalisations);

15. Transports par voies ferrées;

'16· Transports par terre et par eau, manutention;

17. Industries relatives aux lettres, sciences, arts (industrie du livre, photographie, instruments de précision, orfèvrerie, bijouterie, arpenteurs-géomètres, etc.);

18. Banque et commerces (les commerces d'alimentation exceptés), département de la Seine;

19. Banque et commerces (les commerces d'alimentation exceptés), départements autres que celui de la Seine.

Pour être éligible, il faut être Français, âgé de 25 ans au moins et non déchu de ses droits civils et civiques. La candidature des femmes est admise suivant les mêmes conditions d'âge et de nationalité. Nul ne peut représenter un autre groupe professionnel que celui auquel il appartient ou a appartenu.

Le ministre fait connaître, un mois au moins à l'avance, à chaque président de chambre de commerce ou de chambre consultative, les dates extrêmes entre lesquelles doit avoir lieu l'élection. Il lui fait parvenir en même temps les bulletins de vote destinés aux membres de la chambre.

Au jour fixé par le président pour l'élection, chaque membre de la chambre lui remet son bulletin de vote dans une enveloppe fermée. Le nom de chaque candidat est inscrit sur ce bulletin en regard du nom du groupe auquel il appartient. Au cas où plusieurs noms seraient portés en regard du même groupe, le premier seul entrerait en ligne de compte.

Les membres empêchés d'assister à la séance où a lieu le vote peuvent faire parvenir au président l'enveloppe fermée contenant leur bulletin de vote sous une deuxième enveloppe signée qui sera ouverte au cours de la séance.

Les enveloppes contenant les bulletins de vote sont adressées, avec le procès-verbal de la séance, au ministère du commerce, sous un pli portant la mention : « Élection au Conseil supérieur du travail. » Le procès-verbal mentionne la date de l'élection, les noms des membres présents à la séance, le nombre des membres de la chambre, le nombre des votants, les protes-tations qui se seraient produites et les observations auxquelles elles donnent lieu.

Il est procédé à un nouveau tour de scrutin pour les groupes professionnels dont aucun candidat n'a obtenu au premier tour la majorité des suffrages exprimés. Cette fois, l'élection a lieu à la majorité relative, et, en cas de partage, le bénéfice en est acquis au plus âgé.

Élection des autres délégués ouvriers. — Pour procéder à l'élection de leurs dix-neuf représentants, les syndicats d'ouvriers et d'employés sont répartis dans les dix-neuf groupes industriels et commerciaux ci-après :

1. Mines, carrières, salines;

2. Alimentation : grandes industries et commerces de gros;

3. Alimentation : petites industries et commerces de détail;

4. Industries chimiques, allumettes et tabacs, céramique et verrerie, fabrication du papier;

5. Industrie des cuirs et peaux;

6. Industries de la laine, du lin, du jute et leurs mélanges, y compris les industries similaires et succédanées;

7. Industrie du coton et ses mélanges, y compris les industries similaires et succédanées;

8. Industrie de la soie et ses mélanges, y compris les industries similaires et succédanées;

9.
10. } Travail des étoffes, vêtement, toilette;

11. Industries du bois et du bâtiment (bois), commerce et manutention non compris;

12. { a) Métallurgie et construction mécanique;
     { b) Chauffeurs, conducteurs, mécaniciens;

13. Travail des métaux communs et bâtiment (métaux);

14. Bâtiment;

15. Transport par voies ferrées;

16. Transport par terre et par eau, manutention, garçons de magasin;

17. Industries relatives aux lettres, sciences et arts (industrie du livre, instruments de précision, bijouterie, orfèvrerie, ingénieurs, artistes, etc.);

18. Commerces et administrations (les commerces d'alimentation exceptés), département de la Seine;

19. Commerces et administrations (les commerces d'alimentation exceptés), départements autres que celui de la Seine.

Les deux représentants des groupes 2 et 3 (industries et commerces de l'alimentation) sont élus par l'ensemble des syndicats inscrits à ces deux groupes.

Il en est de même : 1º pour les deux représentants des groupes 6 et 7 (industries de la laine et du coton); 2º pour les deux représentants des groupes 9 et 10 (travail des étoffes, vêtement, toilette); 3º pour les deux représentants des groupes 12 et 13 (métallurgie et travail des métaux).

Pour être éligible, il faut être Français, âgé de 25 ans au moins et non déchu de ses droits civils et civiques. La candidature des femmes est admise suivant les mêmes conditions d'âge et de nationalité. L'un des deux représentants des groupes 9 et 10 doit être du sexe féminin. Nul ne peut représenter un autre groupe professionnel que celui auquel il appartient ou a appartenu.

Sont électeurs les syndicats ouvriers régulièrement constitués au 1er janvier de l'année où ont lieu les élections.

Chaque syndicat dispose d'un nombre de voix proportionnel au nombre de ses membres, à ladite date, à raison d'une voix par vingt-cinq membres et par fraction supplémentaire de un à vingt-cinq. Le syndicat ayant moins de 25 membres dispose d'une voix.

Le nombre des membres de chaque syndicat et l'étendue de ses droits électoraux sont évalués par le ministre du commerce d'après les renseignements fournis par les syndicats. Les syndicats qui n'ont pas fourni de renseignements suffisants pour cette évaluation voient, quel que soit le nombre de leurs membres, leur droit de suffrage réduit à une voix.

L'évaluation est faite en appliquant les statuts du syndicat. Toutefois, il n'est pas tenu compte, dans l'évaluation, du nombre des membres n'ayant pas payé de cotisation dans les six mois précédant le 1er janvier de l'année où ont lieu les élections.

Il est procédé dans le courant de mai, et dans les formes suivantes, à la vérification du nombre des membres déclarés par les syndicats.

La liste électorale provisoire, dressée au ministère du commerce, contient, pour chaque groupe professionnel, le nom de chaque syndicat électeur et le nombre de ses membres. Le préfet fait déposer un exemplaire de cette liste à la mairie de chacune des communes où ladite liste mentionne des syndicats électeurs. En même temps, il porte ce dépôt à la connaissance du public par voie d'affiches. Un exemplaire de la liste provisoire est communiqué aux bourses du travail et aux conseils de prud'hommes.

Les protestations relatives aux diverses énonciations contenues dans la liste provisoire, ainsi qu'au classement des syndicats dans les groupes professionnels, sont reçues jusqu'au 15 juin. Il en est donné connaissance aux syndicats électeurs par des états envoyés aux bourses du travail, aux conseils de prud'hommes et aux communes intéressées. Les protestations sont instruites par le préfet et jugées par le ministre du commerce. Sont seules admises les protestations émanant de syndicats électeurs et de leurs unions.

Les modifications apportées à la liste électorale provisoire, à la suite de réclamations reconnues fondées, sont inscrites sur un état rectificatif que le préfet joint à la liste provisoire. La liste ainsi rectifiée devient définitive.

Lorsque la liste électorale est définitive, le ministère du commerce fait parvenir à chaque syndicat un bulletin de vote indiquant le groupe auquel il appartient et le nombre de voix dont il dispose.

Il doit s'écouler au moins dix jours entre la date d'envoi de ces bulletins aux syndicats et celle à laquelle ils doivent être renvoyés au ministère du commerce. Ces deux dates sont annoncées par le *Journal officiel.*

Chaque syndicat adresse, dans le délai ci-dessus indiqué, sous le couvert du ministère du commerce, son bulletin de vote renfermé dans une enveloppe portant la mention : « Élection au Conseil supérieur du travail. »

L'élection des représentants des syndicats a lieu à la majorité absolue des suffrages exprimés. Dans le cas où, dans l'un quelconque des 18 groupes énumérés ci-dessus, aucun candidat n'obtient la majorité absolue, il est procédé dans un délai d'un mois et dans les mêmes formes à un deuxième tour de scrutin. Cette fois, l'élection a lieu à la majorité relative. En cas de partage, le bénéfice du vote est acquis au candidat le plus âgé.

Dépouillement des votes. — La commission permanente du Conseil supérieur du travail dépouille les bulletins et recense les votes des chambres de commerce, des chambres consultatives et des syndicats ouvriers. Elle procède à la vérification de toutes les opérations électorales. Les résultats des élections sont publiés au *Journal officiel.*

Les réclamations relatives aux élections doivent être faites dans le délai de quinze jours qui suit leur insertion au *Journal officiel.* Elles sont jugées par le ministre. En cas d'annulation, il est procédé à une nouvelle élection.

Réunion du conseil. — Le conseil se réunit chaque année, le deuxième lundi de novembre. La session dure quinze jours. Le conseil fixe lui-même, dans ces limites, les jours et heures des séances. L'ordre du jour de la session, arrêté par le ministre, est communiqué aux membres quinze jours avant l'ouverture de la session. Le ministre peut convoquer le conseil en session extraordinaire à toute époque de l'année ; il fixe lui-même la date, la durée et l'objet de chaque session extraordinaire.

Commission permanente. — Il est institué une commission permanente du Conseil supérieur du travail, choisie dans son sein, et aux travaux de laquelle prennent part les chefs de service mentionnés plus haut.

Elle comprend sept patrons, sept ouvriers, un sénateur, un député, tous élus par le Conseil supérieur, et trois membres de droit, savoir : le représentant de la chambre de .commerce de Paris ; le représentant de la chambre consultative des associations ouvrières de production, le représentant des bourses de travail.

La commission permanente élit un président ; les secrétaires et secrétaires adjoints du Conseil sont à sa disposition. Elle se réunit, sur convocation de son président, jusqu'à la clôture des travaux entrepris.

La commission permanente étudie, à la demande du ministre, les conditions du travail, la condition des travailleurs, les rapports entre patrons et ouvriers. Elle prend connaissance des documents et des statistiques qui doivent servir de base à ses travaux, demande des compléments d'enquête, provoque les témoignages écrits ou oraux des personnes compétentes et fait ressortir, dans un rapport d'ensemble au Conseil supérieur, les faits qu'elle a observés, les abus qu'elle a constatés, les réformes que l'enquête indique comme efficaces. Elle peut aussi, à la demande du ministre, déposer entre ses mains un rapport sur les causes et circonstances d'une grève ou d'une coalition patronale.

En cas d'urgence, la commission permanente peut, sans les soumettre au Conseil supérieur, émettre les avis qui lui sont demandés par le ministre. Il en est rendu compte au Conseil supérieur lors de sa prochaine session.

Les comptes rendus des enquêtes de la commission permanente

sont envoyés à chaque membre du Conseil supérieur du travail. Ils doivent leur parvenir quinze jours au moins avant l'ouverture de la session où ils seront discutés. Le Conseil peut, au besoin, provoquer de nouveaux témoignages, recevoir des dépositions. La discussion est close par une résolution énumérant les inconvénients et les abus démontrés par l'enquête et les réformes appropriées à chacun d'eux.

Allocations. — Les élus des syndicats ouvriers et des conseils de prud'hommes ont droit aux allocations suivantes :

Ceux qui résident hors du département de la Seine : 1° à une indemnité de 12 fr. par jour pendant la durée des sessions du Conseil supérieur auxquelles ils assistent ; 2° à des frais de déplacements s'élevant à 0 fr. 15 c. par kilomètre de la distance de la voie ferrée entre Paris et la gare la plus voisine de leur résidence ;

Ceux qui habitent le département de la Seine, à une indemnité de 10 fr. pour chaque journée où ils assistent aux séances du Conseil supérieur.

Quelle que soit leur résidence, à des jetons de présence de 5 fr. pour chacune des séances de la commission permanente tenues en dehors des sessions du Conseil supérieur.

L'œuvre du Conseil supérieur du travail. — Elle est immense ; et non point tant seulement pour les résultats pratiques immédiats acquis grâce à lui, mais encore pour l'influence générale qu'il a exercée en faisant accepter l'idée et le principe de nombre de réformes ouvrières qui semblaient des utopies à un grand nombre d'esprits, qui ont dû s'incliner, expérience faite, devant l'initiative hardie du Conseil. Il n'est pas une loi, en effet, à l'élaboration de laquelle il n'ait contribué, et pour une part prépondérante, depuis sa fondation.

Les bulletins de l'Office du travail[1] qui donnent le compte rendu des séances du conseil, montrent que le grand nombre de questions ouvrières ont été discutées, approfondies et comme apprêtées, pour que le législateur n'ait plus qu'à les transformer en textes de lois : conseils de prud'hommes, saisie-arrêt des salaires, réglementation du travail des employés de magasins, des ouvriers de l'alimentation, au point de vue de l'hygiène et de la sécurité[2], et, dans le même ordre d'idées, protection des enfants, des filles

---

1. Voir notamment pour les trois dernières années, les *Bulletins* de 1900, p. 571 et ss. ; de 1901, p. 391 et ss. ; de 1902, p. 767 et s.

2. Aujourd'hui, loi du 11 juillet 1903 modifiant l'article 1er de la loi du 12 juin 1893.

mineures et des femmes ; il faut rappeler, pendant la session de novembre 1902, les vœux relatifs à l'apprentissage, à l'instruction professionnelle[1].

La session de novembre 1903 a été consacrée à l'étude des questions suivantes :

1° Les pouvoirs publics doivent-ils favoriser le développement des caisses de secours contre le chômage involontaire? Dans l'affirmative, quel est le meilleur mode d'intervention? — Le Conseil a été d'avis que la création et le développement d'institutions de secours contre le chômage sont désirables à tous égards et doivent être facilités. Des vœux ont été adoptés : pour que les municipalités subventionnent les caisses locales, et que les subventions accordées, inférieures aux cotisations des membres participants, soient réparties entre toutes les caisses satisfaisant à certaines conditions générales ; — pour que les corps constitués, conseils généraux, chambres de commerce, syndicats patronaux, caisses d'épargne, institutions de prévoyance, etc., participent aux subventions, estimant, au surplus, qu'il est du devoir du patronat d'apporter son concours aux caisses de chômage ; — pour que l'Etat, en ce qui concerne ses subventions, les

---

1. En voici quelques-uns qui ont été votés : Le Conseil supérieur du travail émet le vœu :

— Qu'une instruction professionnelle en rapport avec l'état choisi et exercé doit être donnée à l'enfant de moins de dix-huit ans, de façon qu'il ne soit pas condamné à rester manœuvre (*10 nov. 1902*);

— Que la surveillance de l'apprentissage soit organisée par la loi ;

— Que cette surveillance soit confiée à des commissions locales, composés mi-partie de patrons et mi-partie d'ouvriers, et, à défaut, aux conseils de prud'hommes (*11 nov. 1902*);

— Qu'un examen théorique et pratique et un certificat d'instruction professionnelle soient institués (*12 nov. 1902*);

— Qu'en ce qui concerne l'apprentissage et la limitation du nombre des apprentis, la loi permette sans ambiguïté aux commissions mixtes syndicales ayant conclu des conventions sur cette matière d'ester en justice pour faire la preuve du préjudice causé à tout ou partie des contractants par la concurrence déloyale provenant d'abus commis en ces matières (*13 nov. 1902*);

— Que des statistiques précises, relatives au nombre des apprentis, des chômeurs et des ouvriers, soient établies dans chaque profession pour servir de base aux appréciations des conseils de prud'hommes et des tribunaux en ces matières et que l'on confie à la commission permanente le soin d'élaborer les cadres de ces statistiques et les procédés à suivre pour leur établissement (*13 nov. 1902*).

Ont été déposés des vœux demandant diverses améliorations aux conditions du travail des ouvriers et employés des transports, notamment que les entreprises de bateaux parisiens et des fiacres soient érigées en services publics ; que les services de tramways, omnibus, bateaux, métropolitain et fiacres de Paris soient tout au moins réglementés par une loi déterminant les salaires et la durée du travail personnel ; — tendant à rendre la loi du 9 avril 1898 sur les accidents du travail applicable à toutes les entreprises commerciales ; — demandant qu'en matière de grève, l'arbitrage soit rendu obligatoire ; — que les lois ouvrières soient appliquées en Algérie et dans les colonies françaises ; invitant la commission permanente à étudier la question de la fixation par la loi d'un minimum de salaire pour les travailleurs et deux autres vœux relatifs aux commissions départementales du travail dans l'industrie.

destine spécialement aux caisses de chômage qui s'occupent de placer les chômeurs en concourant par moitié aux frais de déplacement des chômeurs ; — et, d'une manière générale, pour que l'État intervienne dans la création et le développement des institutions de secours contre le chômage par des encouragements et des subventions. Enfin, des vœux sont émis, tendant à ce que l'indemnité aux chômeurs ne dépasse pas en tous les cas une certaine limite, pendant un même exercice, et la moitié du salaire, par journée ; à ce que soit mis à l'étude un régime d'assurances contre le chômage involontaire par manque de travail (*séances du 9 au 17 nov.*).

2º Réglementation du travail dans les entreprises de transport en commun par terre ou par voie fluviale, lés chemins de fer exceptés. — Vœux adoptés : interdiction aux concessionnaires des entreprises de transports concédés par l'État, les départements et les communes, de sous-traiter, sous peine de déchéance, sauf le cas où, le Conseil d'État entendu, ainsi que les intéressés, il faudrait assurer par rétrocession la marche de l'entreprise ; — les clauses des conditions de travail à insérer aux cahiers des charges seront discutées par les intéressés, et, au cas de violation, le syndicat représentant le personnel pourra s'adresser aux tribunaux ; — une inspection ouvrière devra s'exercer ; — une commission permanente sera saisie de tous différends et conflits ; — durée du travail effectif, à Paris notamment : dix heures (*séances du 18 au 20 nov.*).

3º Délai-congé. Vœux adoptés : l'usage des délais-congés répondant à une nécessité sociale, il ne peut y être dérogé que dans les limites et dans les formes déterminées par la loi, et non par des règlements d'atelier, qui, dans les conditions actuelles, ne présentent pas les garanties de conventions collectives entre patrons et ouvriers ; le Conseil renvoie à la commission permanente le soin d'étudier des dispositions précises sur la conclusion et la résolution du contrat de travail à durée indéterminée et sur les règlements d'atelier. Et, en attendant, il ne saurait être dérogé par des conventions individuelles, tant à cet usage qu'aux conditions qui l'entourent, ces conventions ne pouvant ordinairement résulter que d'un abus de pouvoir de l'entrepreneur contre la faiblesse morale ou le dénuement physique de l'ouvrier (*séance du 21 nov.*).

2. — Conseils régionaux du travail [1].

But et organisation. Éligibilité et électorat. Élect'ons. Conseillers prud'hommes. Durée du mandat. Réunion des sections et du Conseil. Assemblées plénières.

But et organisation. — Les conseils régionaux du travail sont institués par arrêté du ministre du commerce et de l'industrie dans

---

1. Créés par décret du 17 septembre 1900, amendé par le décret du 2 janvier 1901.

toute région industrielle où et quand l'utilité en est constatée [1]. Ils ont pour mission :

1° De donner leur avis, soit à la demande des intéressés, soit à la demande du gouvernement, sur toutes les questions du travail ;

2° De collaborer aux enquêtes réclamées par le conseil supérieur et ordonnées par le ministre du commerce et de l'industrie ;

3° D'établir, dans chaque région, pour les professions représentées dans le conseil, et autant que possible en provoquant des accords entre syndicats patronaux et ouvriers, un tableau [2] constatant le taux normal et courant des salaires et la durée normale et courante de la journée de travail ; ce tableau tiendra lieu, le cas échéant, aux administrations intéressées, des constatations prescrites ;

4° De rechercher et de signaler aux pouvoirs publics les mesures de nature à remédier, le cas échéant, au chômage des ouvriers de la région ;

5° De présenter aux administrations compétentes des rapports sur la répartition et l'emploi des subventions accordées aux institutions patronales et ouvrières de la circonscription ;

6° De présenter sur l'exécution des lois, décrets et arrêtés réglementant le travail, et sur les améliorations dont ils seraient susceptibles, un rapport annuel à transmettre au ministre du commerce et de l'industrie.

Les rapports, avis, comptes rendus d'enquête, bordereaux établis par les conseils du travail sont transmis aux administrations intéressées par les soins des préfets.

Les conseils du travail sont divisés en sections, composées de représentants en nombre égal de patrons et d'ouvriers ou employés de la même profession ou de professions similaires. Leur compétence territoriale et professionnelle, leurs sièges, le nombre et la composition de leurs sections sont déterminés par l'arrêté qui les institue.

Le conseil du travail, ou la section qui sort de ses attributions peut être dissous par arrêté du ministre du commerce et de l'industrie.

---

1. C'est aux préfets qu'il appartient de signaler au ministre les régions industrielles où l'institution d'un conseil serait désirable, après enquête pour en déterminer les bases et les modalités : circonscriptions, sections, professions intéressées, etc, etc... (*Circ. min. com. 25 févr. 1901.*)

2. Dans les formes prévues sous les n°s 1 et 2 des articles 3 des décrets du 10 août 1899.

Éligibilité et électorat. — Dans chaque section sont éligibles les Français de l'un ou l'autre sexe, âgés de vingt-cinq ans au moins, domiciliés ou résidant dans la circonscription de cette section, non déchus de leurs droits civils et civiques, appartenant ou ayant appartenu pendant dix années comme patrons, employés ou ouvriers à l'une des professions inscrites dans la section. — Les électeurs patrons et les électeurs ouvriers forment deux collèges distincts élisant séparément leurs représentants. — Dans chaque section sont électeurs patrons les associations professionnelles constituées en conformité de la loi du 21 mars 1884, ayant effectué les dépôts prescrits par l'article 4 de cette loi douze semaines au moins avant l'affichage de l'arrêté préfectoral qui fixe la date des élections et comprenant des patrons, directeurs ou chefs d'établissement exerçant dans la circonscription une profession inscrite à ladite section du conseil. — Dans chaque section, sont électeurs ouvriers les associations professionnelles légalement constituées en conformité de la loi du 21 mars 1884, ayant effectué les dépôts prescrits par l'article 4 de cette loi douze semaines au moins avant l'affichage de l'arrêté préfectoral qui fixe la date des élections et comprenant des ouvriers ou employés exerçant dans la circonscription une profession inscrite à ladite section du conseil. — Une même association peut être électeur dans plusieurs sections soit du même conseil, soit de conseils différents. — Chaque association dispose dans toute section où elle est électeur patron, d'une voix par dix membres ou fraction de dix membres patrons ou assimilés exerçant dans la circonscription une profession inscrite à ladite section du conseil. — Chaque association dispose, dans toute section où elle est électeur ouvrier, d'une voix par vingt-cinq membres ou fractions de vingt-cinq membres ouvriers ou employés exerçant dans la circonscription une profession inscrite à ladite section du conseil.

Élections. — Le préfet prescrit toutes dispositions nécessaires pour assurer la régularité des opérations électorales. — La date des élections est fixée par arrêté préfectoral ; elle peut être différente pour les diverses sections d'un même conseil et dans chaque section, en cas de nécessité, pour les patrons et pour les ouvriers. — Le deuxième tour de scrutin a lieu dans un délai maximum de quinze jours. — L'arrêté convoquant les électeurs est, dans les communes intéressées, affiché à la mairie et porté à la connaissance du public par les soins des maires, deux mois au moins avant la date fixée pour le premier tour. — Pendant quinze jours à dater de l'affichage, les listes électorales dressées par le préfet ou, sous son contrôle, par les maires, à l'aide des renseignements fournis antérieurement par les associations professionnelles, sont tenues à la disposition des intéressés pour être revisées d'après leurs déclarations : 1° à la mairie de la commune où est situé le siège de la section qui élit ses représentants ; 2° aux mairies des sièges desdites associations, lorsqu'ils sont situés dans la circonscription de cette section. Les déclarations doivent être faites par un mandataire autorisé des associations. — Pendant les trois semaines à dater de l'affichage, les réclamations des associations intéressées au sujet de la liste primitive ou revisée, rédigées en double exemplaire par un mandataire autorisé, sont reçues à la mairie de la commune où est situé le siège de l'association dont les droits électoraux sont contestés. Si ce siège n'est pas situé dans la circonscription qui élit ses représentants, les réclamations sont reçues dans la même forme à la mairie du siège de la section. Un exemplaire de la protestation est envoyé par la mairie à l'association mise en cause. — Dans le délai de trente jours à dater de l'affichage, les listes revisées, les réclamations et les réponses sont transmises au préfet avec l'avis du maire. Le préfet arrête la liste électorale définitive; en cas de contestation recevable, il inscrit l'association pour le nombre de voix seulement que celle-ci aura accepté de justifier.

Le préfet désigne les locaux où aura lieu le vote. Il fixe l'heure de l'ouverture et celle de la fermeture du scrutin. Il désigne la personne chargée de présider le bureau électoral. Le bureau est formé du président, du plus jeune et du plus âgé parmi les mandataires des associations ayant droit de prendre part au vote, présents à l'ouverture du scrutin. — L'élection a lieu au scrutin de liste. — Le mandataire de toute association prenant part au vote dépose entre les mains du président un bulletin portant les indications suivantes : Nom de l'association, noms des candidats choisis par elle, date et lieu où s'est tenue l'assemblée générale ayant désigné ses candidats, signature du secrétaire et d'un administrateur de l'association, certifiant l'exactitude de ces mentions. — Aucune condition n'est requise du mandataire. Si les désignations portées au bulletin, autres que les noms des candidats choisis par l'association, sont réputées incomplètes par le bureau, celui-ci en avertit le mandataire et l'invite à faire compléter le bulletin avant la fermeture du scrutin. — Dès la réception du bulletin, le président y inscrit en présence du mandataire le nombre de suffrages attribués à l'association par liste électorale définitive communiquée au bureau par le préfet. Le vote est acquis au premier tour à la majorité absolue des suffrages exprimés; au deuxième tour, à la majorité relative. En cas de partage des voix au deuxième tour, le plus âgé des deux candidats est élu. — Le résultat du vote est proclamé par le président du bureau et transmis par ses soins au préfet, avec le procès-verbal des opérations et les bulletins de vote. — Les protestations doivent être consignées au procès-verbal ou adressées, à peine de nullité, dans les trois jours qui suivent l'élection, au préfet, qui en accuse réception. — En cas de protestation, ou si le préfet estime que les conditions prescrites ne sont pas remplies, le dossier est transmis avec son avis, au plus tard quinze jours après l'élection, au ministre du commerce et de l'industrie, qui statue. En cas d'annulation, il est procédé à de nouvelles élections dans le délai d'un mois.

Conseillers prud'hommes. — Des représentants des conseils de prud'hommes fonctionnant dans la région sont appelés, dans des conditions fixées par l'arrêté instituant le conseil du travail, à faire

partie des sections correspondant à la profession exercée par eux,
— sans qu'ils puissent former, en aucun cas, plus de la moitié de
l'efiectif de la section. Ils sont désignés : les patrons par le vote des
prud'hommes patrons ; les ouvriers, par le vote des prud'hommes
ouvriers de chaque conseil de prud'hommes ainsi représenté.

Durée du mandat. — Les membres des sections du conseil du
travail sont nommés pour deux ans et renouvelables par moitié tous
les ans. Est considéré comme démissionnaire celui qui, sans excuse
valable, ne répond pas à trois convocations successives, ou qui cesse
d'être éligible par le collège électoral qu'il représente. Il est pourvu
à la vacance lors du renouvellement annuel.

Réunion des sections et du Conseil. — Chaque section se réunit
au moins une fois par trimestre, et peut être convoquée lorsqu'elle
est saisie d'un différend ou sur la demande de la moitié de ses
membres.

Dans les délibérations relatives aux objets de leur mission énumérés ci-dessus [1], où elles sont appelées à intervenir comme conciliateur ou comme arbitre dans les différends collectifs entre les patrons
et leurs ouvriers ou employés, les sections doivent être composées
effectivement d'un nombre égal de patrons et d'ouvriers ou employés. Lorsque, pour une cause quelconque, les uns et les autres
ne sont plus en nombre égal, le ou les plus jeunes membres de la
partie la plus nombreuse n'ont que voix consultative .

Chaque section nomme, tous les ans, un président et un secrétaire, puis : l'un des deux parmi les patrons et l'autre parmi les ouvriers ou employés.

A défaut d'élection ou par suite d'absence des titulaires, la section est présidée par le plus âgé des membres présents ; le plus jeune
membre de la catégorie qui n'a pas fourni le président remplit les
fonctions de secrétaire.

Assemblées plénières. — Le préfet convoque, au moins une fois
par an, le conseil du travail, toutes sections réunies. La lettre de
convocation fixe l'ordre du jour et la durée de la session. L'assem-

---

1. But et organisation, sous les 1° et 3°.

blée nomme son bureau selon les principes, et conformément aux dispositions édictées pour chaque section.

Conseils institués. — Il existait, à la date du 1ᵉʳ mars 1902, neuf conseils du travail, ainsi répartis : cinq à Paris, un dans les villes de Lille, Lens, Lyon, Marseille, tous les neuf institués par décret du 17 octobre 1900; un à Douai (Arr. 3 févr. 1901) pour l'industrie houillère.

3. — Office du travail [1].

But. Organisation. Rôle du service central. Rôle des délégués. Bulletin.

But. — Il est destiné à rassembler, coordonner et vulgariser tous les renseignements concernant la statistique du travail, par laquelle il est possible d'établir sur des bases solides et connues les lois et règlements en faveur du développement, du perfectionnement du travail et aussi en faveur de la condition de la classe ouvrière pour l'améliorer. Il a donc pour mission de recueillir, coordonner et publier toutes les informations relatives au travail, dans les limites et les conditions légales et notamment en ce qui concerne l'état et le développement de la production, l'organisation et la rémunération du travail, ses rapports avec le capital, la condition des ouvriers, la situation comparée du travail en France et à l'étranger, — et d'effectuer tous travaux se rattachant à cet ordre d'idées qui lui seraient demandés par le ministre du commerce et de l'industrie [2].

Organisation. — L'Office du travail constitue, au ministère du commerce, un service distinct, placé sous l'autorité immédiate du ministre.

Il se divise en service central et service extérieur, ayant à leur tête un directeur commun nommé par décret sur la proposition du ministre et au traitement de 12 000 à 18 000 fr.

---

1. Créé par la loi du 20 juillet 1891 et organisé par les décrets du 19 août 1891 et du 4 février 1892, à la suite d'un mouvement nettement dessiné dans le Parlement de voir instituer un organe administratif d'informations industrielles.

2. Le rapport présenté à la Chambre des députés par M. Maruéjouls (2ᵉ séance du 4 juillet 1891, *J. O.* 23 août 1891, p. 1615, Annexes) donne les détails les plus étendus sur la mission de l'Office du travail qui doit constituer une sorte d' « observatoire » des conditions du travail.

Le personnel du service central comprend :

3 chefs de section : traitement de	6 000 à 9 000 fr.
3 sous-chefs de section.	3 500 à 5 500
1 actuaire	4 000 à 7 000
5 rédacteurs ou traducteurs et 1 archiviste.	2 200 à 4 000
5 expéditionnaires	1 800 à 3 600
4 garçons de bureau	1 200 à 1 600

Le personnel du service extérieur se compose de trois délégués permanents au traitement de 4 000 fr. à 7 000 fr.

Les rédacteurs et traducteurs et les expéditionnaires de 1re classe ayant vingt ans de service peuvent, par exception, recevoir une augmentation supplémentaire qui peut s'élever jusqu'à 500 fr.

Tous les fonctionnaires et agents, sauf le directeur, sont nommés par arrêtés ministériels, sur la proposition du directeur.

Les chefs et les sous-chefs de section, rédacteurs ou traducteurs, les expéditionnaires et les garçons de bureau peuvent être recrutés dans le personnel de l'administration centrale et continuer à en faire partie, et restent régis par le décret d'organisation de cette administration ; des arrêtés ministériels régissent les agents, qui ne font pas partie de l'administration centrale.

Des fonctionnaires ou agents des diverses administrations publiques peuvent, avec l'autorisation du ministre duquel ils relèvent, être attachés temporairement à l'Office du travail, avec allocations imputées sur les crédits de l'Office.

Le ministre peut nommer, sur la proposition du directeur, des délégués temporaires pour être chargés de missions spéciales.

Rôle du service central. — Il recueille, soit par correspondance avec des administrations publiques, des fonctionnaires, des collectivités ou des particuliers, soit par voie de recherches dans les publications françaises ou étrangères, les renseignements utiles aux travaux de l'Office. Il les coordonne avec ceux qui lui sont fournis par le service extérieur et met le tout en œuvre pour la rédaction des documents à publier ou à fournir au ministre. Les correspondances échangées, pour le service de l'Office, entre le ministre du commerce et de l'industrie et les administrations ou les fonctionnaires dépendant des autres ministères ont lieu dans les formes et conditions convenues avec les ministres intéressés.

Rôle des délégués. — Les délégués permanents et les délégués temporaires qui composent le service extérieur sont chargés de faire des enquêtes sur place, de recueillir des informations, etc... Ils sont placés sous l'autorité immédiate du directeur et effectuent leurs enquêtes et travaux sur son ordre et suivant ses instructions. Les enquêtes à faire et les informations à recueillir dans les établissements ou industries placées sous la direction ou le contrôle de l'État restent exclusivement confiées à l'administration compétente, à moins qu'elle ne réclame elle-même le concours de l'Office du travail.

Bulletin. — Les renseignements recueillis et élaborés par l'Office servent d'éléments à une publication périodique intitulée : *Bulletin de l'Office du travail* [1]. Ils peuvent aussi donner lieu à des publications spéciales sur des questions déterminées [2].

4. — Musée social [3].

But. Organisation. Bibliothèque. Autres services constitués. Enquêtes, missions, correspondants, conférences, publications. Conclusion.

But. — Fondé par M. le comte de Chambrun qui le dota d'une façon opulente, et reconnu d'utilité publique par un décret du

---

1. Il paraît tous les mois (brochure de 60 à 100 pages) : Berger-Levrault et Cⁱᵉ, éditeurs, 5, rue des Beaux-Arts, et librairie Armand Colin, 5, rue de Maizières. On le trouve chez tous les libraires. L'abonnement est de 2 fr. 50 c. par an pour la France (soit 0 fr. 20 c. le numéro) et 3 fr. 50 c. pour l'Union postale. On s'abonne aussi dans tous les bureaux de poste et à l'Imprimerie nationale.
Cette publication, par la modicité du prix d'abonnement et par la mine de renseignement précis et actuels qu'elle donne, est un véritable bienfait pour la Législation du travail et pour toutes les questions qui y touchent. Je ne saurais en parler, sans le faire avec une espèce de reconnaissance, pour tout ce que j'ai appris par elle, et pour ce que j'ai puisé et qu'y peuvent trouver ceux qu'intéresse la législation ouvrière de France et de l'étranger.

2. Notamment :
Le placement des employés, ouvriers et domestiques en France ;
Salaires et durée du travail dans l'Industrie française, 6 vol. ;
La petite industrie (salaires, durée du travail), 2 vol. ;
Les associations ouvrières de production en France ;
Hygiène et sécurité des travailleurs ;
Documents sur la question du chômage ;
Les caisses patronales de retraite (industrie) ;
Bases statistiques de l'assurance contre les accidents; etc..., etc...
     Berger-Levrault et Cⁱᵉ, éditeurs.

3. Siège social : 5, rue Las-Cases, Paris.

31 août 1894, le Musée social a pour but de recueillir et transmettre gratuitement aux intéressés des renseignements ou documents sur les diverses matières de l'économie sociale ; conseiller et guider les personnes ou les associations désireuses de fonder ou de perfectionner des institutions ayant pour objet l'amélioration de la situation matérielle et morale des travailleurs (sociétés de secours mutuels, caisses de secours, de retraites, d'assurance ou de prévoyance, sociétés d'habitations à bon marché, de participation aux bénéfices, coopératives de consommation, de production ou de crédit, institutions patronales, syndicats ouvriers, agricoles et organisations annexes, cours professionnels, œuvres de patronage et d'éducation sociale, etc...).

Organisation. — D'après cette définition même, on voit que le Musée social doit être organisé, et l'est en effet, de telle sorte qu'il puisse fournir à tous ceux, ouvriers, patrons, sociétés, qui viennent s'enquérir auprès de lui, des consultations relatives à des œuvres sociales, qu'il s'agisse soit de les créer, soit de les développer ou les perfectionner.

Pour s'acquitter d'une telle tâche le Musée social a réparti les fonctions entre la direction, le secrétariat, et divers services.

La direction assure, d'une manière générale, le fonctionnement de l'institution, en établit et en personnifie l'unité intérieure et extérieure, en coordonne les efforts, détermine le sens dans lequel ils doivent porter, collabore d'une façon intime et active avec tous les services.

Elle est secondée à cet effet par le secrétariat dont les fonctions particulières peuvent, pour plus de précision, se répartir sous trois chefs.

En premier lieu, c'est le secrétariat qui reçoit toute la correspondance, qui la distribue entre les services, qui répond lui-même à toutes les demandes d'ordre courant: plus de la moitié de la correspondance du Musée est rédigée directement par ses soins. C'est à lui qu'aboutissent ainsi toutes les relations épistolaires ou orales avec les sociétés et les particuliers.

Sollicité continuellement de donner des renseignements d'ordre courant, le secrétariat s'assure les moyens de les fournir immédiatement d'une manière satisfaisante. A cette fin, il constitue une sorte de bureau d'enquête permanente, adressant sans cesse des demandes de documents et d'informations aux fondations et aux institutions sociales de tout ordre, répartissant les réponses obtenues selon un plan scientifiquement établi de manière à les tenir sur le champ à la disposition du public.

Plus de 5 000 brochures y sont à demeure, touchant la protection de l'enfance et éducation sociale, le travail (institutions patronales, contrat de travail, règlements d'ateliers, travail à domicile, repos du dimanche, recherche du travail, placement, chômage, salaires, participation aux bénéfices, crédit populaire et agricole, différends et contestations, grèves, conciliation, hygiène et sécurité, habitations à bon marché, *alcoolisme*, accidents du travail, etc... Associations professionnelles, syndicats et unions de syndicats industriels et agricoles, bourses du travail, sociétés coopératives, etc...), et touchant la prévoyance, l'assistance, et des opérations d'ordre général (dossiers parlementaires, congrès et expositions, socialisme, féminisme, etc...).

Parmi les demandes de renseignements que reçoit le secrétariat, il en est qui ne sont pas de pratique courante et qui ne peuvent être satisfaites par ses seuls soins. Elles motivent alors des *consultations* pour la rédaction desquelles un délégué juridique spécial et un actuaire-conseil apportent leur concours. Il est complété par celui des différents services et des sections qui sont associées à l'œuvre du Musée. On trouvera ci-après le détail des différents services. Quant aux sections, elles sont au nombre de sept :
Section des relations avec les sociétés s'occupant de questions sociales,
Section agricole,
Section des associations ouvrières et coopératives,
Section des assurances sociales,
Section des institutions patronales,
Section juridique,
Section des missions, études et enquêtes.
Toute section saisie d'une affaire la met à l'étude, nomme un rapporteur et, lorsqu'elle a délibéré, sa réponse est transmise aux intéressés par l'intermédiaire du secrétariat.
Les consultations écrites données par le Musée social ont dépassé le chiffre de 1 200.
En dehors des consultations écrites, des consultations orales sont données journellement sur les mêmes sujets par la direction, le secrétariat et les différents services. Elles ont dépassé le chiffre de 3 200.

Tous les documents que réunissent la direction, le secrétariat et les différents services du Musée viennent, en dernier lieu, se centraliser aux Archives et à la Bibliothèque. A la Bibliothèque échoient les livres, les revues et les brochures. Aux Archives vont les dossiers constitués par les différents services du Musée.
Une des fonctions essentielles du Musée, pour faciliter les recherches et les études, est d'établir des dossiers sur les questions sociales de tout ordre, particulièrement sur celles qui se posent devant l'opinion publique

et les parlements soit en France, soit à l'étranger. Les discussions parlementaires que ces questions ont soulevées, les propositions et les projets de loi dont elles font l'objet, les rapports qui ont suivi sont réunis dans des dossiers. On y trouvera, en plus, des articles parus dans les journaux et les revues. Ces documents, souvent fort importants, seraient, sans ce travail préalable poursuivi au jour le jour, d'une recherche très difficile.

Les dossiers sont de deux sortes : *dossiers ouverts* et *dossiers fermés*.

Les *dossiers ouverts* sont ceux qui sont consacrés aux événements encore en cours, aux institutions en voie de formation, et qui peuvent être modifiés et augmentés incessamment. Ces dossiers demeurent au secrétariat et dans les divers services du Musée, tant qu'ils sont en voie de constitution.

Ce n'est que quand ils sont transformés en *dossiers fermés* qu'ils sont transmis aux archives et classés selon une division méthodique de manière à pouvoir immédiatement être mis à la disposition du public.

Bibliothèque. — La bibliothèque du Musée social se compose de livres, brochures, périodiques et documents divers ayant trait aux questions économiques et sociales.

Elle comprend deux salles :

1° Une salle de lecture (salle Léon Say), où sont conservés tous les périodiques français et étrangers. Les numéros les plus récents des grandes revues et des principales publications d'économie sociale sont placés sur une table à la disposition des lecteurs ;

2° Une salle de travail (salle Jules Simon) où des volumes sont communiqués au public sur une simple demande formulée sur un bulletin *ad hoc*.

Deux catalogues par fiches facilitent les recherches : 1° un catalogue *alphabétique* par noms d'auteurs ; 2° un catalogue *méthodique* par matières. La combinaison de ces deux catalogues permet de trouver immédiatement soit le titre exact et le numéro d'ordre des ouvrages publiés par tel ou tel auteur, soit la liste complète des livres et brochures que possède le Musée social sur tel ou tel sujet.

Autres services constitués. — 1° Le service industriel et ouvrier qui a pour mission de suivre et d'étudier les manifestations de la classe ouvrière, son organisation, ses rapports avec le patronat industriel, ainsi que les diverses solutions tentées pour rendre ces rapports harmoniques et pacifiques.

2° Le rapport agricole créé le 1er novembre 1897 qui remplit, en ce qui touche les questions d'économie sociale rurale, un rôle comparable à celui que joue le service précédent dans le monde industriel.

3° Le service de la mutualité et de la coopération. La nouvelle situation créée aux sociétés de secours mutuels par la loi du 1er avril

1898 amena naturellement de leur part un accroissement de demandes de consultations au Musée social et en même temps rendit plus
nécessaire à ce dernier de posséder tous les renseignements relatifs
à leur fonctionnement. C'est pour répondre à ce besoin que fut créé,
le 1ᵉʳ mai 1898, le service de la mutualité auquel fut annexé, le
20 avril 1899, un bureau des sociétés coopératives de consommation.

**Enquêtes, missions, correspondants, conférences, publica-
tions.** — Le Musée social ne se contente pas de centraliser les renseignements sociaux de tout genre qui lui sont transmis. Il a, en
outre, des moyens d'information personnels, et ses délégués vont étudier sur place les faits sociaux et les institutions sociales qui s'imposent à son attention. Les résultats de leurs travaux font l'objet de
publications et de conférences, aident à répondre aux consultations,
contribuent à former des dossiers pour les archives ou la bibliothèque.

Ces envois de délégués se font sous la forme d'enquête ou sous
celle de mission.

Le Musée social possède à l'étranger des correspondants permanents. Les services qu'ils rendent sont multiples. Ils transmettent
des renseignements sur le mouvement social dans leur pays, sur les
institutions nouvelles qui s'y créent, sur les mesures législatives
récemment adoptées, etc. Les questions qui semblent mériter des
études spéciales font de leur part l'objet de rapports détaillés et
originaux que le Musée porte à la connaissance du public par son
bulletin ou verse à sa bibliothèque avec les documents qui les accompagnent. Le Musée social donne chaque année deux séries de conférences que suit un nombreux public. On peut les diviser en deux
catégories.

Les unes sont données par les chargés de missions du Musée, qui
exposent les faits qu'ils sont allés étudier sur place avec une impartialité absolue. Elles ont un caractère à la fois documentaire, édu-
catif et pratique, en éclairant les auditeurs sur la valeur d'expériences sociales tentées dans les pays étrangers.

D'autres conférences sont données par des collaborateurs ou amis
du Musée (membres du comité, de l'administration, des sections)
et traitent des questions économiques ou sociales qui semblent

s'imposer à l'attention du public. Elles offrent le même caractère d'impartialité et s'efforcent également d'orienter les esprits vers des conclusions pratiques, tout en demeurant absolument documentaires.

Les conférences du Musée sont généralement présidées par des personnalités éminentes du monde scientifique ou gouvernemental, qui veulent bien y prendre la parole après le conférencier. Elles s'adressent aussi bien aux patrons qu'aux ouvriers, aux étudiants qu'aux savants.

Les publications du Musée social ont pour but de porter à la connaissance du public les résultats de l'activité de ses différents services. Elles sont de deux sortes :

1° Bulletin ; 2° Bibliothèque.

Le *Bulletin du Musée social* transmet au grand public les résultats des enquêtes et des missions, les renseignements et les rapports envoyés par les correspondants, les études originales dues aux différents collaborateurs de l'institution. Son impartialité est absolue. Il n'est pas un organe de dogmatisme ou de polémique, mais, avant tout, une feuille d'information documentaire. Il est tiré à un grand nombre d'exemplaires et envoyé gratuitement, ou à prix réduit, à un chiffre considérable d'associations ouvrières : syndicats, sociétés coopératives, bourses du travail, etc.

Les volumes qui constituent la *Bibliothèque du Musée social* sont dus, en majeure partie, aux chargés d'enquêtes et de missions du Musée qui y ont groupé les résultats généraux de leurs recherches. D'autres sont des mémoires couronnés aux différents concours institués par le Musée. D'autres enfin ont été consacrés par des collaborateurs ordinaires du Musée à diverses questions ou institutions sociales et économiques.

Conclusion. — On a comparé avec justesse sa tâche à celle d'une pompe aspirante et foulante qui à la fois réunit et emmagasine les informations pour ensuite les canaliser et les distribuer. D'ailleurs, son rôle n'est pas uniquement celui d'un bureau de renseignements neutre et impersonnel, mais, bien au contraire, sans se départir de son principe de stricte impartialité, il exerce une *action* sociale positive, dans un esprit de haut libéralisme et de large humanité.

Des nombreux résultats obtenus par cette action, il suffira d'indiquer le mouvement d'organisation des sociétés de secours mutuels en unions régionales puissantes. La collaboration précieuse apportée aux universités populaires, aux sociétés ouvrières qui ont été non seulement conseillées, mais organisées complètement par ses soins.

Ainsi, selon l'esprit de son fondateur qui ne séparait pas la science de l'humanité, le Musée social s'efforce de mener à bien la double tâche d'informateur et d'éducateur social.

5. — Législation comparée.

Belgique. — La loi du 12 novembre 1894 a institué, auprès du département de l'agriculture, de l'industrie, du travail et des travaux publics, un Office du travail dont les attributions ont été déterminées par arrêté royal du 12 avril 1895.

Il a pour mission de s'enquérir, à l'intervention des administrations compétentes, le cas échéant, de la situation du travail industriel et agricole, ainsi que de la condition des ouvriers dans l'industrie, les métiers, le commerce, l'agriculture et les transports, de rechercher de même les effets des lois et règlements qui les contiennent, et, en général, de recueillir tous les renseignements qui peuvent contribuer à faire améliorer leur situation matérielle, intellectuelle, et morale.

Il s'occupe notamment des objets suivants :

La situation économique et commerciale des différentes branches du travail ; l'état du marché du travail pour les différentes professions ; le chômage, ses causes, sa durée, ses effets, les moyens d'y remédier, y compris l'assurance ; la situation des ouvriers et apprentis des deux sexes comme salaire et mode de rémunération, durée du travail, jours de repos, conditions d'admission et de résiliation, et autres clauses du contrat du travail ;

Le coût de la vie, le budget des diverses catégories d'ouvriers et d'ouvrières ; le prix de détail des objets et denrées ordinairement consommés par la grande masse du public ; l'influence des impôts sur le revenu, la consommation et les conditions de la classe ouvrière ;

Le nombre des accidents du travail, suivant les professions, la gravité des blessures, la durée de l'incapacité de travail, l'âge et l'état civil des victimes, et les causes matérielles et morales des accidents ; la morbidité des diverses catégories d'ouvriers, suivant l'âge, le sexe et la profession, notamment les maladies provenant de la nature du travail, de l'alimentation, de l'abus des boissons alcooliques ;

· Le nombre des ouvriers annuellement refusés à l'armée pour insuffisance de taille, défauts corporels, faiblesse de constitution; le nombre d'ouvriers envoyés annuellement dans les dépôts de mendicité, maisons de refuge, de réforme, de détention de l'État ;

Les conflits industriels entre patrons et ouvriers : leur fréquence, leurs causes, leurs péripéties, leurs conclusions, leurs conséquences ; les résultats des institutions légales ou libres destinées à favoriser l'entente entre les patrons et les ouvriers ;

Les résultats des lois sur le travail des femmes et des adolescents, sur le salaire, sur les règlements d'atelier, le contrat de travail, et, en général, de toutes les dispositions législatives qui constituent les clauses obligatoires du contrat de travail ; les résultats des mesures et règlements concernant la salubrité et la sécurité des ateliers ;

La situation des logements ouvriers, les effets de la loi sur les habitations ouvrières, l'activité des comités de patronage, des sociétés de construction ;

La situation et le développement des associations, des sociétés mutualistes, des différents modes d'assurances diverses ; de l'épargne ; des sociétés coopératives ;

Les effets des mesures prises pour soulager la misère ;

Les résultats des mesures relatives aux conditions du travail, adoptées par certaines administrations publiques (minimum de salaire, durée du travail, mines, conseils de conciliation, participation aux adjudications, assurance contre les accidents, etc.) ;

L'état de l'industrie, les conditions de la production, la situation du travail, le coût de la vie, l'émigration, la colonisation, les grèves, les faits de guerre, etc., dans les pays étrangers.

Il est aussi chargé d'étudier et de faire connaître le mouvement de la législation concernant le travail à l'étranger et de rechercher les effets des lois étrangères concernant le travail et les ouvriers. Il concourt à l'étude des mesures législatives nouvelles et des améliorations à introduire dans la législation existante concernant le travail.

L'Office du travail a dans ses attributions le service administratif relatif à l'exécution des lois et règlements sur la législation ouvrière. Il publie mensuellement un bulletin officiel qui contient le résultat des renseignements et informations obtenus sur les objets dont il s'occupe, ainsi que sur le commerce, l'exportation et l'importation.

Il a été créé en même temps, dans chacun des gouvernements de provinces, un Office du travail provincial, organisé par les gouverneurs.

En *Allemagne,* la législation ouvrière s'est développée à un tel

point qu'il est difficile aux intéressés de connaître les droits et devoirs qui dérivent de son application. L'ouvrier a besoin d'être ren-
seigné sur la portée des dispositions législatives qui règlent sa situation, et surtout il est nécessaire qu'il soit aidé dans la rédaction des
pétitions, réclamations et autres pièces qu'il doit adresser aux autorités administratives. C'est pour répondre à ce double besoin qu'en
1889 l'assemblée générale des catholiques allemands proposa la
création de *bureaux du peuple,* dont le premier fut fondé à Essen,
l'année suivante ; l'institution s'est ensuite étendue à un grand
nombre de villes de l'empire, et il en existe aujourd'hui une quarantaine. Les associations ouvrières protestantes n'ont pas voulu rester
en arrière du mouvement et elles ont créé sur le même type des
bureaux de renseignements. Enfin le parti socialiste a créé à son
tour les *secrétariats ouvriers (Arbeiter-Sekretariat)* qui s'inspirent
de la même idée. Le premier s'est ouvert le 1er novembre 1894, à
Nuremberg, fondé et dirigé par les ouvriers de la localité, sans
subvention ni de la ville ni de la localité. Ce bureau est administré
par un comité de huit personnes représentant autant que possible
les diverses industries locales, et nommées dans une assemblée générale des ouvriers. Les guichets sont ouverts de 9 heures à 1 heure
et de 3 heures à 7 heures ; on y donne aux ouvriers qui se présentent des renseignements sur tous les objets qui touchent à leurs
intérêts, on enregistre leurs plaintes, on en vérifie le bien-fondé,
on s'efforce de les aider à obtenir justice. Ces institutions ont, depuis, été étendues à Hanovre, Hambourg, Mannheim et dans
d'autres localités. Les *secrétariats* ont organisé un service propre à
recueillir et à publier les renseignements relatifs au travail : statistiques des salaires, heures de travail, etc... ; ils font aussi office de
bureaux de placement pour les ouvriers sans travail, s'occupent de
l'hygiène des travailleurs ; en un mot, jouent un rôle important dans
l'activité économique[1].

---

1. A raison des diverses attributions de ces bureaux, on s'est demandé s'ils ne
tombaient pas sous l'application des articles 35 et 141 de la loi industrielle, et la
question a été portée devant le ministre de la justice. Le premier de ces articles dispose qu'un certain nombre d'entreprises commerciales et industrielles, dont l'énumération est donnée par le texte, ne pourront fonctionner sans qu'il ait été fait une
déclaration préalable à l'autorité compétente. Parmi les industries énumérées dans
l'article 35 figurent notamment les agents d'affaires tenant des bureaux de consultations juridiques, où se rédigent les pétitions aux fonctionnaires publics. D'autre part,

Enfin, il a été créé un Office impérial de la statistique ouvrière que doit seconder dans ses travaux un *Conseil de la statistique ouvrière*, constitué avec la plupart des éléments de l'ancienne « commission impériale de la statistique ouvrière » (*Reichskommission für Arbeiterstatistik*). Réuni pour la première fois à Berlin, le 22 octobre 1902, il a arrêté la publication d'un bulletin mensuel [1].

l'article 141 déclare punissables des pénalités prévues les présidents des sociétés ou des associations qui ne se seront pas conformés aux obligations imposées par la loi. Si l'on avait appliqué aux secrétariats ouvriers les deux dispositions ci-dessus, les chefs des bureaux auraient été déclarés responsables, au point de vue pénal, du défaut de déclaration.

Par une lettre en date du 15 janvier 1902, le ministre de la justice a reconnu que la création, dans un but politique et social, d'un secrétariat ouvrier, destiné à donner des renseignements gratuits à des habitants, ne pouvait être assimilé à l'exercice d'une industrie prévue dans les articles précités de la loi industrielle, et il s'est appuyé sur la jurisprudence de la chambre criminelle de la Cour de cassation. La solution n'est pas sans importance ; elle permet de préjuger la question de savoir si les secrétariats ouvriers peuvent être imposés à la patente.

Voir au *Bulletin de l'Office* de novembre 1903, p. 911, un article sur leur activité en 1902.

1. A 10 pfennigs le numéro, et où trouveront place les matières générales se rangeant sous les rubriques suivantes : Marché du travail (diverses statistiques y relatives ; situation à l'étranger) ; placement et chômage (en Allemagne et au dehors) ; conditions du travail et protection ouvrière (en Allemagne et dans les principaux pays) ; hygiène du travail (surtout en ce qui concerne les maladies professionnelles et les questions pendantes qui s'y rattachent) ; assurance ouvrière et caisses d'épargne ; organisations patronales et ouvrières ; conflits du travail (en Allemagne et chez les autres nations ; grèves et locks-outs) ; économie ouvrière (habitations ouvrières ; prix du détail des principaux articles d'alimentation) ; coopératives de consommation et syndicats professionnels (en Allemagne et à l'étranger) ; éducation populaire (écoles de perfectionnement, cours techniques, bibliothèques, salles de lecture, etc.) ; divers (émigration, commerce extérieur de l'Allemagne) ; législation et jurisprudence sociales.

En dehors d'un service permanent de rédaction, formé d'en certain nombre de fonctionnaires, il sera fait appel, à l'occasion et dans une large mesure, au concours des diverses associations professionnelles, et de tous ceux qui sont à même de documenter utilement l'organe en question. D'ores et déjà, la *Commission générale des syndicats allemands* a été pressentie en vue d'une active collaboration.

Voici d'après le *Centralblatt für das deutsche Reich,* les dispositions intéressantes qui consacrent les attributions de cette assemblée et en régissent le fonctionnement :

Le Conseil est tenu de seconder l'Office impérial de la statistique dans l'accomplissement des travaux qui lui sont dévolus dans le domaine de la statistique ouvrière. Spécialement, il lui appartient :

1° Sur l'ordre du Conseil fédéral ou du Chancelier de l'Empire, de donner son avis sur la mise à l'étude et la conduite d'enquêtes de statistique ouvrière, sur leur dépouillement et leurs résultats ;

2° Dans les cas où cela paraît nécessaire pour compléter les données statistiques, d'entendre les personnes particulièrement documentées ;

3° De soumettre au Chancelier de l'Empire des propositions touchant la mise à l'étude ou la conduite d'enquêtes de statistique ouvrière.

Le conseil se compose d'un président ou de quatorze membres, dont sept élus par le conseil fédéral et sept par le Reichstag. Le directeur de l'Office impérial de sta-

Pays-Bas. — Il existe à Amsterdam, sous le nom de « Bureau central de renseignements sur des questions sociales, une société qui se propose, sans aucune préoccupation de parti : de recueillir des renseignements sur la création, l'agencement et l'administration de toutes œuvres ayant pour but d'améliorer de n'importe quelle manière, la situation économique des ouvriers et de ceux qui, d'après l'avis du comité, peuvent leur être assimilés sous le rapport des conditions matérielles ; — de collectionner et de répandre les informations reçues au sujet des œuvres spécifiées ci-dessus ; — de fonder une bibliothèque devant renfermer tous écrits et documents sur les divers ordres de questions économiques, en tant qu'elles concernent ces œuvres.

La société cherche à atteindre son but par la création d'un bureau et bibliothèque auquel peuvent être adressées toutes questions de son ressort ; par la publication d'écrits dont le comité constate l'opportunité ; par l'examen de questions appropriées dans les réunions de la société.

C'est en somme une institution analogue au *Musée social* de Paris.

La loi du 2 mai 1897 permet de créer par décret royal des chambres du travail (il en existait quatre-vingt-six au 1er janvier 1902), s'étendant à un ou plusieurs métiers et à une ou plusieurs communes, partout où la nécessité s'en fait sentir. Elles sont composées mi-partie de patrons, mi-partie d'ouvriers élus respectivement par leurs pairs avec mandat de cinq ans renouvelable. Elles ont pour mission de recueillir tous les renseignements relatifs au travail, de donner leur avis aux chefs des départements ministériels ou aux autorités locales, d'élaborer des conventions ou arrangements à l'usage des personnes qui les consultent, de prévenir les différends ouvriers et, en cas de besoin, de servir d'arbitre entre les parties [1], mais surtout

---

tistique occupe la présidence avec droit de vote intégral ; en cas d'empêchement, c'est un suppléant désigné à cet effet par le chancelier de l'Empire, parmi les membres du conseil. Le conseil est qualifié pour convoquer à ses séances des patrons et des ouvriers en nombre égal, à titre d'assesseurs avec voix consultative. Cette adjonction est obligatoire quand elle est décidée par le conseil fédéral ou le chancelier de l'empire ou proposée par six membre du conseil.

Le conseil a la faculté de se former en commissions dans des cas déterminés. Le conseil et les commissions délibèrent valablement, plus de la moitié de leurs membres étant présents. Les décisions sont prises à la majorité des voix ; en cas de partage, la voix du président est prépondérante.

1. C'est ainsi qu'en 1901 elles ont mis fin à trois grèves, et en ont fait éviter deux.

le décret royal du 9 janvier 1899 a créé un bureau central de statistique qui utilise en première ligne les rapports des chambres du travail puis, à défaut, il puise ses renseignements aux différents départements ministériels sur les salaires et la durée du travail des ouvriers du gouvernement. Le bureau publie une revue depuis octobre 1902 [1].

Autriche-Hongrie. — En vertu d'une décision impériale et royale du 21 juillet 1898, il a été créé à Vienne, par une ordonnance du ministère impérial et royal du commerce, un Office statistique du travail, dépendant de ce ministère. Le 25 septembre 1897 avait été constitué un *Conseil permanent du travail,* attaché à l'Office. Le règlement organique dudit office reproduit identiquement plusieurs des dispositions du décret initial du 19 août 1891, sur l'Office du travail en France. « Il importe, dit-il, pour servir à la législation comme à l'administration économique et sociale, de rassembler, de coordonner méthodiquement et de publier périodiquement toutes les informations concernant la statistique du travail. Ces informa-

---

1. Elle contient : 1º le tableau, par ville et par industrie, des salaires usuels en florins par semaine des différentes catégories d'ouvriers en distinguant, pour chaque catégorie d'ouvriers, les hommes, les femmes, les garçons et les filles; 2º le tableau, par ville et par industrie, de la durée du travail usuelle des ouvriers, avec l'indication de l'heure du commencement et de la fin du travail, de la durée des repos et du travail du dimanche ; 3º le tableau de la répartition, par profession et par industrie, des ouvriers d'après le salaire qui leur est payé par heure ; 4º la même répartition d'après la durée journalière de travail ; 5º le tableau du nombre des ouvriers employés au travail supplémentaire, au travail de nuit et au travail du dimanche, avec la rétribution qui leur est allouée pour ces travaux dans les diverses villes et professions. Ces cinq tableaux sont établis à l'aide des renseignements fournis chaque trimestre par les chambres du travail.

En outre, la revue donne le tableau des grèves et lock-outs, les professions et localités dans lesquelles se produisent les conflits, leur durée, leurs causes, leurs résultats. En ce qui concerne les ouvriers, le tableau distingue des grévistes proprement dits ceux qui ont été contraints au chômage par la grève et ceux qui ont continué à travailler. Il indique également si les patrons et les ouvriers intéressés sont syndiqués ou non, et le nombre des ouvriers que le patron a refusé de reprendre à l'issue de la grève.

Enfin la revue donne l'état du marché du travail, le mouvement des syndicats, le placement des bourses du travail, le prix du détail de diverses denrées, des renseignements sur les caisses d'épargne, la réglementation des salaires et des heures de travail dans les travaux publics, etc., ainsi qu'une revue des questions ouvrières et sociales à l'étranger.

Le bureau se propose, en outre, de poursuivre l'enquête commencée sur les syndicats ouvriers, dont les premiers résultats ont été publiés, en 1896, par la commission centrale de statistique et d'en entreprendre d'autres sur les habitations ouvrières, l'hygiène sociale, la fréquentation scolaire, l'assistance des enfants à l'école, le travail dans les prisons, les maisons de travail, l'émigration, etc.

tions doivent porter : sur la situation des classes ouvrières, notamment sur celle des travailleurs de l'industrie et des artisans, des ouvriers des mines, de l'agriculture et des forêts, des employés de commerce et des transports ; sur l'efficacité des institutions et des lois destinées à augmenter le bien-être des travailleurs ; sur l'état et le développement de la production dans les diverses catégories de travaux... »

Dans sa première séance, le conseil du travail a tracé à l'Office ses devoirs et son plan de travail : 1° continuer les travaux entrepris par le bureau de la statistique du commerce, statistiques des grèves ; 2° organisation du placement ; 3° associations professionnelles ; 4° publication du bulletin périodique ; 5° étudier la question de législation sociale, réforme des lois d'assurances, maladie et accidents ; 6° le Conseil du travail, dans lequel sont appelés les représentants de différents partis, sera le terrain sur lequel patrons et ouvriers se rencontreront, étudieront ensemble les problèmes sociaux et arriveront à une entente.

Grande-Bretagne. — Depuis 1887, un fonctionnaire nommé *labour correspondent,* avait été attaché au *Board of trade* pour suivre toutes les questions relatives au travail ; il publiait chaque année deux rapports, l'un sur les grèves, l'autre sur l'activité des Trade's-Unions, sans compter les enquêtes spéciales faites le plus souvent avec le concours des bureaux de statistique du *Board of trade,* par exemple : sur les salaires dans les mines et carrières du royaume, sur les salaires payés par les autorités locales et les compagnies particulières aux fonctionnaires de la police et aux personnes employées sur les chemins, routes, etc.., dans les usines à gaz et à eau, sur le « sweating » dans l'est de Londres, et à Leeds, sur les salaires dans les petites industries textiles, sur les dépenses des ouvriers, (*expenditure by workingmen*), sur les heures du travail dans certaines industries, etc..., etc... Au commencement de 1893 ce modeste bureau, qui avait beaucoup produit dans l'espace de cinq années, fut transformé et amplifié. On créait un département du département du travail, outillé pour entreprendre des travaux plus nombreux et de longue haleine, et jouissant d'une certaine autonomie. Il avait pour collaborateurs les autres départements publics, et commençait la publication d'un organe mensuel la *Labour gazette* où prenaient place les très copieux renseignements puisés à toutes les sources. Le numéro de trente-deux pages coûte un *penny :* dix centimes. Cette *Laboür gazette* s'attache surtout à faire une revue très détaillée du marché du travail et de l'activité industrielle dans les diverses régions du pays, partout où se porte le travailleur britannique à la recherche de plus hauts salaires.

Espagne. — Il est établi, au ministère de la *Gobernacion, un service spécial de statistique du travail* dont le but est de rassembler, classer, comparer et publier les faits qui, en Espagne, ont rapport au travail et aux travailleurs. (*Déc. roy. 9 août 1894, art. 1er.*)

Le service de statistique du travail comprend les données suivantes :

1º Population ouvrière par sexes, âges et professions, et son mouvement sur le territoire national ; émigration et immigration ; organisation et caractère sociaux du travail dans les fabriques et ateliers, dans les mines, dans l'agriculture, les chemins de fer, les ports maritimes et sur les côtes, dans les couvents, les établissements de l'État et bureaux particuliers, les boutiques et établissements de toutes catégories et dans le service domestique ; ouvriers mariés et célibataires ; ouvriers ambulants et temporaires ; ouvriers étrangers ; industries exploitées par l'État ; travail dans les prisons et dans les travaux publics ; ouvriers de l'armée et des arsenaux ;

2º Rémunération de l'ouvrier ; salaires des hommes, enfants et femmes, par mois, semaine et jour, dans chaque industrie et dans chaque région ; dépenses de l'ouvrier ; durée de la journée, travail à la journée ou à la tâche ; participation de l'ouvrier dans les bénéfices ; formules des contrats écrits ou verbaux entre patrons et ouvriers réclamations des patrons et ouvriers devant les tribunaux ; association des ouvriers pour la fabrication et les entreprises industrielles ; grèves, leurs causes, durée, résultats ; conditions économiques du travail en ce qui concerne l'État, l'exploitation de la propriété privée, de l'industrie et du commerce dans les diverses régions ; impôts et taxes sur les articles de consommation et ceux de première nécessité ;

3º Instruction religieuse et morale, intellectuelle et artistique de la classe ouvrière ; son instruction et son éducation ; écoles primaires et des arts et métiers, alimentation, habillement et habitation des ouvriers ; famille de l'ouvrier ; salubrité et hygiène ; conditions physiques des ouvriers selon les divers genres de travaux ; accidents du travail et mesures ou précautions pour les éviter et y porter remède ; assistance facultative de la classe ouvrière ; industries insalubres; maladies contractées, dans les divers métiers; inutilisés; vertus et vices des classes ouvrières; actions héroïques des ouvriers;

4° Corporations; sociétés coopératives de consommation, de production et de crédit; caisses d'épargne; de secours et de retraites; maisons de crédit; sociétés religieuses d'ouvriers; sociétés de secours mutuels et de récréation; orphéons; courses de taureaux et leur statistique particulière; bienfaisance de l'État, de la province, de la municipalité et des particuliers; congrès d'ouvriers; statistique du travail à l'étranger.

De plus, a été créé au ministère de l'intérieur, par décret du 23 avril 1903, un institut des réformes sociales, qui doit avoir à la fois des attributions consultatives et administratives. C'est ainsi qu'il est chargé de préparer la législation du travail, dans son sens le plus large; d'en surveiller l'exécution en organisant dans ce but les services nécessaires d'inspection et de statistique; et de favoriser l'action sociale et gouvernementale au profit de l'amélioration ou du bien-être des classes ouvrières.

Il est composé de trente membres, dont dix-huit au choix du gouvernement; les douze autres membres élus, dans la forme prescrite par le règlement: six par l'élément patronal et six par la classe ouvrière, et, parmi ces deux éléments, deux représentent la grande industrie, deux la petite industrie, et deux la classe ouvrière.

Danemark. — Sous le nom de Bureau de statistique de l'État, a été organisé, dès le 1er janvier 1896, un Office du travail, chargé de la statistique générale du pays, et spécialement de toutes les études qui se rapportent aux questions ouvrières, nationales, scandinaves et internationales. La nouvelle loi du 1er juillet 1901 porte la création d'un Conseil du travail composé d'un président nommé par le roi, et de huit autres membres dont trois au moins seront des patrons et trois autres des ouvriers, nommés par le ministre de l'intérieur. Le directeur du département de l'industrie est autorisé à consulter le Conseil sur toutes les matières qui concernent son département; le Conseil, sur sa propre initiative, peut faire une enquête sur toutes les questions soulevées par la loi, et peut faire des observations à leur sujet au département de l'industrie et au gouvernement. Il peut aussi appeler l'attention du ministre de l'intérieur sur toutes les propositions qu'il serait désirable de voir adopter dans l'avenir, au sujet des lois protégeant les travailleurs.

Etats-Unis. — Le bureau fédéral d'étude des questions ouvrières et sociales créé par la loi du 7 février 1901 est particulièrement développé et florissant aux États-Unis. Il se divise en trois sections spéciales : inspection du travail, statistique ouvrière, placement et tribunaux d'arbitrage. Son budget annuel se monte environ à un million, dont 500 000 fr. pour le traitement et salaire du personnel. Un ministère du commerce et du travail a été institué par la loi du 14 février 1903 [1]. Des bureaux de statistique ont été constitués par différents États, notamment la Californie (*L. 3 mars 1883*, complétée par la *loi du 2 févr. 1901*).

En *Bulgarie,* une loi du 18 décembre 1897, en réorganisant le service de la statistique, en a fait une institution autonome dans ses fonctions.

Au *Canada,* la loi sur la conciliation de 1900 à prévu la création d'un *Departement of labour* chargé de rassembler des documents se rapportant à la statistique du travail, à la situation des ouvriers et des industries. Cet Office du travail doit, en outre, faire paraître au moins une fois par mois une *Labour gazette,* contenant des informations sur le marché du travail, comme cela se fait dans d'autres pays.

Italie. — La loi du 29 juin 1902 porte création d'un Office du travail et d'un Conseil supérieur. Les dispositions paraissent inspirées sur plus d'un point par la législation française [2].

C'est ainsi qu'il a pour mission de recueillir, de coordonner et de publier les renseignements et informations relatifs au travail dans les pays étrangers vers lesquels se porte de préférence l'émigration, notamment en ce qui concerne : l'état et le développement de la production nationale ; l'organisation et la rémunération du travail ainsi que ses rapports avec le capital ; le nombre et la condition des ouvriers ainsi que l'état du chômage ; les grèves avec leurs causes et leurs résultats ; le nombre, les causes et les conséquences des accidents du travail ; les effets des lois intéressant plus spécialement le travail et la situation comparée du travail en Italie et à l'étranger ;

---

1. Une proposition de loi, dans un but analogue, a été déposée en France devant le Parlement, par le groupe socialiste.

2. L'exposé des motifs du projet, par l'étude détaillée sur les Offices ou organismes équivalents ou similaires existants dans divers pays du monde, est intéressant à consulter.

De suivre et de faire connaître les progrès de la législation et des institutions ayant à l'étranger un caractère social, et de concourir à l'étude des réformes à introduire dans la législation ouvrière en Italie ;

D'effectuer tous les travaux et toutes les recherches se rattachant à cet ordre d'idées, qui lui seraient demandés par le ministre de l'agriculture, de l'industrie et du commerce, soit directement, soit à la suite d'un vote ou d'une proposition du conseil supérieur du travail.

Le Conseil supérieur du travail présidé par le ministre, ou, à son défaut, par le sous-secrétaire d'État, se compose de quarante-trois membres, non compris le président.

Le Conseil supérieur est appelé à examiner les questions concernant les rapports entre patrons et ouvriers, à suggérer les mesures à adopter pour améliorer le sort des ouvriers ; à proposer les études et les enquêtes que doit entreprendre l'Office du travail ; à donner son avis sur les projets de lois ayant trait au travail et sur toutes les affaires que le ministre juge à propos de lui soumettre. Une commission permanente est instituée dans le sein du Conseil.

L'Office doit publier un bulletin mensuel.

Ceux qui refuseraient de fournir à l'Office les renseignements et informations demandées, ou qui sciemment altéreraient la vérité, sont passibles d'une amende de 5 à 5o fr.

ANNEXE. — Association internationale pour la protection légale des travailleurs. — Fondée, comme l'on sait, dans la dernière séance du Congrès international pour la protection légale des travailleurs, tenu à Paris au Musée social (25-29 juillet 1900), elle a pour but de réunir, en vue d'une action efficace et pratique, tous ceux qui, savants, hommes politiques, économistes, industriels, syndicats, commerçants, salariés, inspecteurs du travail, etc., pensent qu'il est urgent d'intervenir par la propagande, par l'appel aux pouvoirs publics, afin de faciliter l'élaboration, dans chaque pays, des réformes sociales, d'en hâter le rapprochement et l'unification prochaine, et d'arriver à des ententes internationales sur certaines mesures spéciales qui peuvent être adoptées universellement.

La première assemblée générale de l'association s'est tenue en septembre 1901 à Bâle, qui a été choisie comme siège social. Il a été créé, au nom de l'association, dans cette ville, un *Office international du travail,* destiné à servir de lien permanent entre les Offices du travail, sociétés, bureaux de statistique, officiels ou privés de tous les pays ; un *Bulletin* qui paraît à des intervalles irréguliers, un ou trois mois, publie les titres et objets des lois protectrices et des règlements du travail sur chaque pays, et souvent le texte *in extenso* de ces lois et règlements, le sommaire des travaux parlementaires relatifs à cette législation, les résolutions des congrès et spécialement des congrès corporatifs nationaux et internationaux, une bibliographie des publications officielles et privées d'ordre documentaire, avec indication du titre, du prix, du libraire.

L'Office ouvre des enquêtes internationales sur des questions intéressant la législation : travail de nuit des femmes, réglementation des industries insalubres, etc... L'association a tenu sa dernière assemblée à Cologne du 22 au 25 septembre 1903 [1], et s'est occupée de rechercher : 1° les moyens à introduire pour arriver à l'interdiction progressive du travail de nuit des femmes ; 2° les voies et moyens aptes à faire disparaître les dangers que présente pour la santé des ouvriers l'emploi du phosphore blanc et du plomb, et à amener par entente internationale la prohibition du phosphore blanc et la suppression de l'emploi du blanc de céruse [2] ; 3° du travail à domicile.

L'Office central de Bâle se tient en relations avec les pays divers au moyen de *sections nationales* affiliées, en France, en Belgique, en Hollande, en Allemagne, qui a elle-même des *sections régionales,* en Autriche, en Italie, etc... ; les syndicats et associations ouvrières et patronales peuvent se mettre directement en relations avec l'Office qui leur fournit gratuitement, ainsi qu'aux gouvernements, les renseignements concernant la protection de l'ouvrier [3].

---

1. La section française était représentée par MM. Millerand et Lemire, députés, et M. Keufer, délégué de la Fédération du livre, et vice-président du Conseil supérieur du travail. Le gouvernement français avait envoyé pour le représenter M. Arthur Fontaine, directeur du travail.

2. On trouvera au *Bulletin de l'Office du travail* de septembre 1903 un compte rendu détaillé des résultats des discussions sur ces questions.

3. Toutes les demandes de renseignements doivent être adressées au docteur Stéphan Bauer, directeur de l'Office international, Clarabrof-Rebgasse, à Bâle (Suisse).

CHAPITRE III

PROPRIÉTÉ INDUSTRIELLE

———

I. — BREVETS D'INVENTION

1. — Considérations générales.

Définitions. Du non-examen préalable. Historique. Objets brevetables. Durée des brevets et taxes. — *Jurisprudence.*

Définition. — Toute nouvelle découverte ou invention dans tous les genres d'industrie constitue un progrès industriel.

Trois théories peuvent se soutenir, elles l'ont été. Des deux premières, absolument opposées et radicales, l'une dénie à l'auteur tout droit exclusif sur son invention ou sa découverte ; l'autre, au contraire, lui reconnaît le droit exclusif d'exploitation.

Les économistes, qui soutiennent la négation absolue du droit des inventeurs, demandent la suppression des brevets d'invention, entraves à l'industrie dont ils empêchent les progrès, sans procurer aux inventeurs des avantages sensibles. D'abord, disent-ils, où est le droit positif de l'inventeur ? S'il invente un mécanisme aujourd'hui, rien ne prouve qu'un autre ne puisse l'inventer demain. D'ailleurs, toute découverte est progressive ; elle est due à l'initiative et aux recherches de plusieurs à des époques successives ; un dernier venu qui profite de tous ces progrès, acquis par étapes, n'a pas le droit de s'attribuer un monopole d'exploitation par un brevet pris, car sa découverte est faite du labeur des autres, plus que de ce qu'il apporte lui-même, si même un pur hasard n'est pas venu à son aide. Toute invention ou découverte est donc le patrimoine de tous. D'autre part, le brevet n'a pas d'utilité sociale, il immobilise une invention ou une découverte ; il nuit au progrès industriel au lieu de le favoriser ; en l'absence de brevet, par exemple, vingt personnes, venant après Daguerre et reprenant son idée, y ont apporté des perfectionnements considérables. Comment l'eussent-elles fait, si Daguerre avait pu prendre un brevet? — Il est exorbitant en outre qu'un homme, parce qu'il a pris un brevet, ait le droit de faire saisir, en quelque lieu que ce soit, dans un atelier où elle fera travailler tout un monde, la machine qu'il prétend être la contrefaçon de son invention. — Enfin, l'inventeur aux prises avec les capitalistes, car sans capitaux, comment exploiter? · — profitera peu de son invention ; les capitalistes, avec leur monopole, abusent alors de leur droit, et font peser leurs conditions sur le marché industriel. — D'ailleurs, le législateur peut, pour récompenser l'inventeur, lui attribuer tel prix qu'il voudra, sans risquer de ruiner le Trésor, quand la découverte aura été bien constatée [1].

A cette doctrine s'oppose celle qui a été exposée avec une ardente conviction par M. Jobard [2], et qui réclame la perpétuité du monopole pour les inventions. — *En droit,* s'il existe une véritable propriété pour l'homme c'est sa pensée, antérieure à toutes transactions, à toutes conventions, et l'arbre qui naît dans un champ n'appartient pas aussi incontestablement au maître du champ que l'idée qui vient dans l'esprit d'un homme n'appartient à son auteur. L'invention, source de tous les arts, l'est aussi de la propriété ; c'est une véritable concession de la nature, tandis que la propriété est une concession de la société. — *En fait,* il n'est pas de progrets possibles sans la garantie des œuvres de l'intelligence ; dans les arts, les sciences et les lettres, la libre concurrence c'est de l'émulation, mais dans l'industrie et le commerce, c'est la guerre. De même que les terres ne sont cultivées que lorsqu'elles sont distribuées en propriétés personnelles et bornées, — quand le territoire est commun, il est livré à la vaine pâture, — de même, dans l'industrie, qui est un domaine commun, on excitera tous les gens de génie à se livrer aux recherches fécondes, en faisant du brevet le titre, non pas d'un monopole de 15 ans insuffisant pour donner des résultats assez avantageux, mais le titre d'une propriété perpétuelle et transmissible. Quant aux perfectionneurs, l'intérêt même des inventeurs primitifs sera de s'entendre avec eux pour faire jouir la société des perfectionnements, sans compter qu'ainsi, par la suppression de la concurrence sur le même article, on n'aura plus que de bonnes marchandises.

Entre les deux opinions extrêmes de la négation absolue du droit des inventeurs, et de l'affirmation de leur droit exclusif, le législateur a pris un moyen terme, pour essayer de concilier les droits légitimes de l'inventeur, et ceux de la société qu'on ne peut spolier d'un progrès au profit d'un seul.

---

1. Telle est la doctrine, que son plus ardent défenseur, M. Michel Chevalier, a développée dans la préface du rapport du jury de l'Exposition internationale de Londres, en 1862, et dans les séances de l'Académie des sciences morales et politiques.

2. Dans un ouvrage publié en 1844, le *Monautopole.*

Aussi, imagine-t-il une transaction entre les deux droits opposés. Les lois accorderont à l'inventeur un monopole temporaire, qui lui permettra d'exploiter à son seul profit sa découverte durant un temps, et ainsi le fera rentrer dans ses déboursés de recherches, en même temps qu'il sera récompensé de ses efforts. Mais donnant, donnant ; l'inventeur, de son côté, doit à la société communication complète, loyale et sincère de son secret, et alors la société lui délivre un brevet qui lui donne acte de cette transaction.

Ainsi donc, le brevet d'invention apparaît comme un quasi-contrat entre un inventeur et la société, par lequel la loi permet à l'inventeur, contre communication de sa découverte, d'exploiter durant un temps déterminé, et exclusivement, sa découverte ; et l'administration, en lui délivrant l'acte lui-même du brevet, enregistre la déclaration de l'inventeur de vouloir jouir du privilège exclusif temporaire qu'il tient de la loi, lui donne acte qu'elle a reçu le dépôt de la description et des dessins, ainsi que le montant des taxes qu'il doit fournir ou acquitter. Mais elle ne garantit pas le mérite ou le succès de l'invention.

Du non-examen préalable. — Car la législation de notre pays procède du grand principe du non-examen préalable des brevets. Le brevet d'invention n'étant que l'acte qui constate la déclaration faite par l'inventeur que l'idée nouvelle qu'apporte sa découverte est à lui seul, et qu'il veut l'utiliser à lui seul, on a pensé qu'il importait peu de savoir si cette idée est bonne ou mauvaise, neuve ou ancienne. Si elle est bonne et neuve, tant mieux pour l'inventeur ; si elle est mauvaise, c'est son affaire ; si elle est ancienne, elle sera bientôt réclamée par ceux qui l'auront employée avant lui. D'ailleurs, quel est le tribunal qui pourrait exercer l'étonnante magistrature qui consisterait à décréter, avant toute expérience, qu'une découverte est utile ou non ? Donc, point d'examen préalable. L'inventeur qui demande un brevet est présumé dire la vérité, jusqu'à preuve du contraire. Il n'y a qu'à enregistrer ses dires, et lui en donner acte.

C'est ce que dit expressément l'article 11 : « Les brevets dont la demande aura été régulièrement formée seront délivrés sans examen préalable, aux risques et périls des demandeurs et sans garantie, soit de la réalité, de la nouveauté ou du mérite de l'invention, soit de la fidélité ou de l'exactitude de la description. »

Historique. — La première loi qui reconnut en France les brevets d'invention fut la loi du 7 janvier 1791, votée par la Constituante le 30 décembre 1790. Des brevets pris pour des combinaisons financières furent annulés le 20 septembre 1792, et il fut interdit de prendre à l'avenir des brevets pour de tels objets. Avant 1791 le droit d'exploiter des moyens nouveaux était soumis à un examen préalable et subordonné à un privilège du roi.

La constitution de l'an III (art. 357) confirme le droit des inventeurs : « La loi doit pourvoir à la récompense des inventeurs, ou au maintien de la propriété exclusive de leur découverte, ou de leurs productions. » L'arrêté du 17 vendémiaire an VII ordonne la publication des descriptions, et leur dépôt au Conservatoire des arts et métiers : l'arrêté du 5 vendémiaire an IX prescrit l'insertion au *Bulletin des lois* avec clause que le gouvernement ne garantit ni la priorité, ni le mérite, ni le succès d'une invention ; le décret du 25 novembre 1806 lève la prohibition d'exploiter par actions les brevets ; celui du 27 janvier 1807 fixe le point de départ de leur durée à la date du certificat délivré par le ministre, et, en cas de contestation de priorité à celui qui, le premier, aurait fait le dépôt de la demande ; la loi du 25 mai 1838 retire aux juges de paix leur compétence en cette matière pour déférer aux tribunaux civils les actions de nullité ou de déchéance, et aux tribunaux correctionnels les actions en contrefaçon.

Toute cette législation, revisée dès 1828, après enquêtes et avis des personnes et des corps compétents, aboutit à un projet nouveau qui vint en discussion en 1844 et fut enfin voté ; c'est la loi du 5 juillet 1844, sur les brevets d'invention, complétée depuis par la loi du 23 mai 1868, les décrets du 10 septembre et 14 octobre 1870, l'arrêté du 5 juillet 1871 ; le décret du 25 janvier 1871, et tout récemment par la loi du 7 avril 1902, avec les arrêtés des 31 mai 1902 et 11 août 1903.

Objets brevetables. — En principe, sont susceptibles d'être brevetés tous les objets autres que les remèdes et les combinaisons financières [1].

Mais le brevet n'est valable, juridiquement parlant, que pour les inventions et découvertes nouvelles ; et sont, d'après l'article 2 de la loi 1844, considérées comme telles.

1° L'invention de nouveaux produits industriels ;

2° L'invention de nouveaux moyens ou l'application nouvelle de

---

1. Il faut ajouter, bien que la loi ne le dise pas implicitement, aux objets non brevetables : toute invention ne donnant pas un résultat matériel et vénal, comme les méthodes purement scientifiques, les systèmes et découvertes purement théoriques, et aussi toute invention contraire aux bonnes mœurs ou aux lois du pays : tel un procédé de fabrication de la fausse monnaie.

moyens connus, pour l'obtention d'un résultat ou d'un produit industriel [1].

En refusant le brevet aux compositions pharmaceutiques ou remèdes de toute espèce (qui restent soumis aux lois et règlements spéciaux sur la matière, et notamment au décret du 18 août 1810, relatifs aux remèdes secrets), ainsi qu'aux plans et combinaisons de crédit ou de finances, le législateur semble avoir agi sous le coup de la haine du charlatanisme et de la peur des entreprises d'escroqueries que, malgré la non-garantie, il eût pu paraître couvrir [2].

JURISPRUDENCE. — Il ne faut pas confondre la brevetabilité des *moyens* ou des *combinaisons de moyens* employés pour l'obtention d'un résultat industriel, avec la brevetabilité d'un *produit*, d'un corps certain que l'inventeur a mis le premier dans le commerce. (*Cass. 27 déc. 1867.*)

Toute invention de moyens nouveaux, toutes applications nouvelles de moyens ou de principes scientifiques connus, peuvent être valablement brévetées, à la condition qu'elles servent à l'obtention d'un résultat industriel, et qu'elles soient suffisamment indiquées, ainsi que leur résultat, dans la demande de brevet. (*Cass 18 déc. 1883.*)

Un brevet peut être valablement pris, non seulement pour l'invention de produits industriels nouveaux, mais encore pour l'invention de nouveaux moyens ou l'application nouvelle de moyens connus pour l'obtention d'un résultat ou d'un produit industriel ; il est indifférent que le résultat ou le produit industriel ainsi obtenu soit nouveau ou non et on ne doit avoir aucun égard à l'importance plus ou moins grande de la découverte. (*Cass. 24 mai 1881.*)

On doit considérer comme invention ou découverte nouvelle, brevetable et susceptible de créer un droit privatif, non seulement l'invention de nouveaux produits industriels, mais encore l'invention de moyens nouveaux pour l'obtention d'un résultat ou d'un produit industriel ; des *perfectionnements* apportés à un appareil, à un outil tombé dans le domaine public peuvent être brevetés, à la seule condition d'être *nouveaux*, soit qu'ils consistent dans la disposition, la combinaison des organes, soit qu'ils

---

1. D'après l'article 31 de la loi de 1884 : N'est pas réputée nouvelle toute découverte, invention ou application qui, en France ou à l'étranger, et antérieurement à la date du dépôt de la demande, a reçu une publicité suffisante pour pouvoir être exécutée. Voir ci-dessous : *Nullités.*

2. Il suit de là que le ministre du commerce ne doit pas délivrer de brevet lorsque la demande se rapporte à l'un des objets désignés dans cet article. (*C. Ét., 14 avr. 1864.*)

Les préfectures sont tenues cependant « d'enregistrer les demandes et de remplir à leur égard les formalités prescrites par la loi... La loi n'a attribué qu'au ministre, et non aux préfectures, le droit de refus du brevet. » (*Circ. min. 1er octobre 1844.*)

portent sur la simplification du mécanisme ; le droit au brevet doit être reconnu, quand la nouveauté des perfectionnements est admise, sans avoir égard à l'importance de la découverte, et à la nouveauté du résultat obtenu. (*Cass. 25 nov. 1881.*)

Dans l'expression : application nouvelle, il faut comprendre l'application nouvelle, même d'une loi de la nature, mais au moyen de combinaisons nouvelles, pouvant produire des résultats industriellement utiles (*Cass. 25 mars 1868*), — l'application pratique d'un théorie déjà connue, si elle produit des résultats industriels nouveaux (*Cass. 9 févr. 1853*), — l'application nouvelle de moyens connus, consistant à les combiner et à les employer ensemble pour en tirer un résultat ou un produit industriel. (*Cass. 29 juin 1875.*)

La loi n'a fait aucune distinction relativement aux inventions qui consistent dans une combinaison purement chimique d'agents déjà connus, lors même qu'elles ne se manifestent par aucun organe extérieur, pourvu qu'il soit constaté qu'elles ont obtenu un résultat industriel, les inventions créent donc à leurs auteurs un droit privatif, alors même qu'en s'appropriant des agents qui avaient déjà reçu une application analogue, elles n'ont fait qu'en modifier la mesure ou les proportions, toutes les fois qu'elles résultent, non pas seulement de l'emploi dans une autre proportion des mêmes agents avec la même destination, mais d'une combinaison nouvelle qui, en modifiant leur application, obtient un résultat nouveau. (*Cass. 19 févr. 1853.*)

Durée des brevets et taxes. — La durée des brevets est de cinq, dix ou quinze ans, et ne peut être prolongée que par une loi. Chaque brevet donne lieu au payement d'une taxe, fixée à 500 fr. pour un brevet de cinq ans, le double (1 000) et le triple (1 500), respectivement pour les brevets de dix et de quinze ans ; cette taxe est payable par annuités de 100 fr., sous peine de déchéance si le breveté laisse écouler un terme sans l'acquitter [1].

---

[1]. La taxe est à la fois un impôt pour subvenir aux frais qu'occasionne l'institution, et en même temps un frein aux demandes inconsidérées des fous et des maniaques, qui sont légion en cette matière.

Les receveurs des finances sont chargés de recouvrer les taxes et autres droits se rapportant aux brevets d'invention ; mais leur intervention se borne à recevoir les versements qui leur sont faits et à donner décharge motivée de ces versements, sans avoir à exercer aucune action ni diligence à l'égard des débiteurs.

L'article 34 de la loi du 5 juillet 1844 conférant exclusivement aux tribunaux civils le droit de décider toutes les contestations relatives à la propriété des brevets, il n'appartient pas à l'administration de prononcer la déchéance en cas de non-payement des annuités dans les délais déterminés par la loi. — Les brevetés doivent dès lors être admis à payer leurs annuités à quelque époque qu'ils viennent en faire le versement, sauf aux tribunaux à prononcer contre eux les déchéances qu'ils auraient encourues. » (*Instr. gén. 20 juin 1859.*)

JURISPRUDENCE. — Aux termes de l'article 4 de la loi de 1844, la somme versée au Trésor pour l'obtention d'un brevet d'invention ne représente pas la valeur du brevet, mais constitue une taxe fiscale, divisée pour le paye-ment en un nombre d'annuités égal à celui des années de jouissance du droit exclusif attaché au brevet. Il est certain, sans doute, qu'au regard du fisc celui-là seul qui est titulaire du brevet doit acquitter la taxe, puisqu'en cas de cession, même partielle, l'article 20 de la loi exgie que la totalité de la taxe soit payée préalablement à la cession ; mais lorsque le breveté, sans faire cession de son·brevet, a donné à des tiers la faculté d'exploiter la découverte et le droit d'en jouir pendant un temps déterminé, rien ne fait obstacle à ce que le paiement effectif de la taxe ne soit, par les conventions des parties et eu égard à la nature du contrat intervenu entre le breveté et le concessionnaire de la jouissance, mis à la charge de ceux qui ont, pendant cette jouissance, intérêt à la conservation des droits du breveté : une telle convention, qui ne règle que les rapports des parties entre elles, n'a rien de contraire aux droits du Trésor ni à l'ordre public. (CASS. *29 mai 1877.*)

— D'après les articles 4 et 32, le breveté est déchu de tous ses droits s'il n'a pas acquitté la taxe annuelle mise à sa charge par le premier de ces articles avant le commencement de chacune des années de la durée du privilège dont cette taxe est la condition et le prix : cette disposition est absolue. L'appréciation des cas ou elle est applicable, comme celle des autres cas spécifiés audit article 32, étant indistinctement et exclusivement dévolue aux tribunaux, aucun acte administratif ne saurait avoir pour effet de relever le breveté de cette déchéance. (CASS. *7 juin 1851.*)

— Les personnes intéressées à savoir si les annuités d'un brevet ont été régulièrement acquittées peuvent adresser une demande de renseigne-ment, sur papier timbré, au ministre du commerce et de l'industrie. L'ar-ticle 4 de la loi du 5 juillet 1844, après avoir déterminé la durée des brevets d'invention à cinq, dix ou quinze années, ajoute que chaque brevet donnera lieu à une taxe proportionnelle à cette durée et payable par annuités de 100 fr., sous peine de déchéance; l'article 32 reproduit la même sanction tion et précise les conditions en déclarant déchu de tous ses droits le bre-veté qui n'aura pas acquitté son annuité avant le commencement de cha-cune des années de la durée de son brevet : ainsi, à défaut du paiement dans le délai prescrit, la déchéance est encourue de plein droit par le breveté. A la vérité, tout absolue qu'est à cet égard la disposition de la loi, la déchéance ne saurait être prononcée lorsque l'omission dont elle est la conséquence provient d'un obstacle de *force majeure*, c'est-à-dire d'un de ces événements qui échappent à toute prévoyance ou ne comportent aucune résistance. — Mais l'on ne peut attribuer un pareil caractère, à l'effet de relever le bre-veté de la déchéance encourue, à une maladie, qu'elle qu'en soit la nature : c'est là, en effet, un de ces accidents qui peuvent être prévus, contre les-quelles doivent être prises les précautions que conseille à chacun le soin vigilant de ses intérêts et qui, dès lors, ne constituent pas, dans le sens légal, des événements ou des obstacles de force majeure. (CASS. *16 mars 1865.*)

2. — Formalités relatives à la délivrance des brevets.

Demandes de brevets : Demande, descriptions de l'invention, dessins. De la délivrance des brevets. Certificats d'addition. Transmission et cession des brevets ;
licence. Communication et publication des descriptions et dessins de brevets. Droits
des étrangers.

Demandes de brevets. — Quiconque veut prendre un brevet
d'invention doit déposer sous cachet au secrétariat de la préfecture,
dans le département où il est domicilié, ou dans tout autre département, en y élisant domicile[1].

1° Sa demande au ministre du commerce et de l'industrie ;

2° Une description de la découverte, invention ou application faisant l'objet du brevet demandé[2], en double exemplaire, dont l'un
constituera l'original, l'autre le duplicata ;

3° Les dessins ou échantillons qui seraient nécessaires pour l'intelligence de la description[3] ;

4° Un bordereau des pièces déposées.

La loi de 1844 et surtout le décret du 11 août 1903 ont prescrit
dans les détails les plus minutieux les conditions de forme et de
fond que doivent remplir ces diverses pièces[4].

Aucun dépôt n'est reçu que sur la production d'un récépissé
constatant le versement d'une somme de 100 fr.[5] à valoir sur le
montant de la taxe du brevet. Un procès-verbal, dressé sans frais
par le secrétaire général de la préfecture, sur un registre à ce destiné, et signé par le demandeur, constate chaque dépôt, en énonçant
le jour et l'heure[6] de la remise des pièces. Expédition dudit procès-

---

1. L'élection de domicile a de l'importance, soit pour le payement ultérieur des
annuités de la taxe, soit pour les modifications éventuelles prévues par la loi dans
le cas d'instance en nullité absolue du brevet.

2. Pour apprécier l'objet et l'étendue d'un brevet les juges ne sont point tenus
de considérer exclusivement le titre sous lequel il a été pris ; ils peuvent, en ayant
tel regard que de raison à ce titre, procéder à l'examen de la description dont la
loi prescrit la jonction à toute demande de brevet pour déterminer aussi exactement
que possible la nature de la découverte. (Cass. *17. déc. 1873.*)

3. Sincère, complète et loyale, l'invention est d'autant mieux protégée. De plus,
une description insuffisante ou infidèle est une cause de nullité.

4. Laisser une marge suffisante aux descriptions et dessins pour les mentions que
l'administration est chargée d'y inscrire. (*Instr. min.* 1er *déc. 1865.*)

5. Chez les receveurs des finances dans les départements, et, à Paris, à la recette
centrale.

6. Très important en ce qui concernerait les contestations sur la priorité, et sur
la transmission, dont il est question ci-dessous.

verbal est remise au déposant, moyennant le remboursement des frais de timbre.

La durée du brevet court du jour du dépôt prescrit pour les pièces énumérées ci-dessus.

Demande. — La demande doit être limitée à un seul objet principal avec les objets de détail qui le constituent et les applications qui auront été indiquées ; mentionner la durée que les demandeurs entendent assigner à leur brevet, dans les limites légales (5, 10, 15 ans), et ne contenir ni restrictions, ni conditions, ni réserves ; indiquer un titre renfermant la désignation sommaire et précise de l'objet.

1º La demande de brevet d'invention (ou de certificat d'addition) devra être datée et indiquer, outre leurs noms et prénoms, la nationalité des demandeurs et le pays dans lequel ils résident au moment du dépôt, si ce pays est différent de celui de la nationalité.

Le demandeur devra indiquer son adresse exacte ; s'il a constitué un mandataire, il fera élection de domicile chez son mandataire : toutefois, l'adresse exacte du demandeur sera indiquée dans la demande. ·

2º Elle devra indiquer la date du premier dépôt fait à l'étranger et le pays dans lequel il a eu lieu, lorsque le demandeur voudra être au bénéfice de ce dépôt.

3º Le bordereau des pièces annexées à la demande devra mentionner le nombre des pages de la description et le nombre des planches de dessin déposées.

4º La demande et le bordereau seront établis sur une feuille de papier de 33 centimètres sur 21 centimètres, conformément au tableau B annexé à l'arrêté du 21 août 1903 [1].

---

1.   Tableau B. — *Demande d'un brevet d'invention.*

Monsieur le Ministre,

Inventeur.
Nom (*si la demande est présentée par un mandataire, écrire avant le nom du demandeur :* « Au nom et comme mandataire de »).
Prénoms.
Adresse (*le mandataire indique son adresse*).
Nationalité.

l'honneur de vous adresser la demande d'un brevet d'invention de quinze années

Titre.
pour

A cette demande sont annexés, suivant le bordereau ci-dessous détaillé
1º Un mémoire descriptif en double expédition ;
2º   dessin en double expédition.

Convention internationale.
Ajournement de la délivrance à un an.
(*Indiquer la date du premier dépôt et le pays dans leqnel il a eu lieu.*)

5° La description, les dessins annexés, la demande et le bordereau des pièces seront déposés dans une enveloppe fermée ; une copie du bordereau sera reproduite sur l'enveloppe.

Aucune demande de brevet d'invention ou de certificat d'addition ne pourra être rejetée comme irrégulière pour infraction aux prescriptions présentes, notamment au point de vue de la rédaction de la description et de l'établissement des dessins, qu'après un avis conforme de la Commission technique de l'Office national de la propriété industrielle, le demandeur ou son mandataire préalablement entendu en ses explications ou dûment appelé devant ladite Commission.

Descriptions de l'invention. — 1° Les descriptions seront rédigées correctement en langue française, aussi brièvement que possible, sans longueurs ni répétitions inutiles. Elles devront avoir le caractère d'une notice impersonnelle. Elles seront écrites à l'encre ou imprimées en caractères nets et lisibles sur un papier de format uniforme, de 33 centimètres de hauteur sur 21 centimètres de largeur, avec une marge de 4 centimètres. Elles ne seront écrites ou imprimées (original et duplicata) que sur le recto de la feuille. Elles ne se référeront qu'aux figures du dessin sans jamais mentionner les planches.

2° Les descriptions ne devront pas dépasser cinq cents lignes de cinquante lettres chacune, sauf dans les cas exceptionnels où la nécessité d'un plus long développement serait reconnue par l'Office national de la propriété industrielle, sur l'avis de la commission technique.

3° Afin d'en assurer l'authenticité, les divers feuillets de la description, solidement réunis par le côté gauche, seront numérotés dans le haut, en chiffres arabes, du premier au dernier inclusivement, et chacun d'eux sera paraphé dans le bas. Le nombre de feuillets dont elle se compose sera mentionné et certifié à la fin de la description. Les renvois en marge devront être également paraphés. Leur nombre ainsi que celui des mots rayés comme nuls sera certifié à la fin de la description.

Bordereau des pièces déposées conformément à l'article 5 de la loi du 25 juillet 1844.

1° Mémoire descriptif : Original (pages)   1
2°   —   Duplicata (pages)   1
3° Dessin : Original (planche). . . . .
4°   —   Duplicata (planche). . . . .
5° Demande adressée à Monsieur le Ministre du commerce et
  de l'industrie   1
                                              Total. . . . .

Veuillez agréer, Monsieur le Ministre, l'assurance de mon profond respect.

(Date et signature.)

A Monsieur le Ministre du Commerce, de l'Industrie, des Postes et des Télégraphes, *Office national de la propriété industrielle* au Conservatoire national des Arts et métiers, 292, rue Saint-Martin, Paris (3e arr.).

4º Aucun dessin ne devra figurer dans le texte ni en marge des descriptions.

5º L'en-tête de la description sera libellé conformément au tableau A en note ci-dessous [1].

6º Le titre de l'invention doit être très exactement reproduit sur la requête, le pouvoir s'il y en a un, la description et le récépissé de la recette. Il sera une désignation sommaire et précise de l'objet de l'invention.

7º La description débutera, s'il y a lieu, par un préambule qui sera un exposé aussi clair et concis que possible de ce qui constitue l'invention. Elle doit être suffisante pour l'exécution de l'invention et indiquer d'une manière complète et loyale les véritables moyens de l'inventeur.

8º Les lettres ou chiffres de référence devront, dans la description, se suivre dans leur ordre normal. Les figures des dessins devront être indiquées dans leur ordre normal.

9º Sous le titre de *Résumé*, la description sera terminée par un résumé aussi concis que possible des points caractéristiques de l'invention. Ce résumé comportera l'énoncé succinct du principe fondamental de l'invention, et, s'il y a lieu, des points secondaires qui le caractérisent. Le résumé sera énonciatif et non descriptif.

10º Si, au cours de la description, il est fait mention de brevets antérieurs, français ou étrangers, ils seront désignés par leur date de dépôt, par leur numéro et le pays d'origine. Si lesdits brevets ne sont pas encore délivrés, ils seront désignés par leur date de dépôt et par le titre de l'invention.

La description de l'invention devra être limitée à un seul objet principal avec les objets de détail qui le constituent et les applications qui auront été indiquées.

S'il est reconnu qu'une description n'est pas limitée à une seule invention, l'Office national de la propriété industrielle pourra, sur l'avis de la commission technique, autoriser le demandeur à restreindre sa demande à un seul objet principal.

Dessins. — 1º Les dessins seront exécutés selon les règles du dessin linéaire, sans grattage ni surcharge, sur des feuilles de papier ayant les dimensions suivantes : 33 centimètres de hauteur sur 21 centimètres ou 42 centimètres de largeur, avec une marge intérieure de 2 centimètres, de sorte que le dessin soit compris dans un cadre de 29 centimètres sur 17 centimètres, ou 29 centimètres sur 38 centimètres. Ce cadre devra être constitué par un trait unique de un demi-millimètre d'épaisseur environ.

---

1. Tableau A. — Mémoire descriptif déposé à l'appui d'une demande de brevet d'invention formée par (*ici le nom ou les noms de ou des demandeurs*) pour (*ici le titre de l'invention*).

S'il s'agit d'un certificat d'addition, l'en-tête de la description sera libellé comme suit :

Mémoire descriptif déposé à l'appui d'une demande d'un 1er (2e, 3e) certificat d'addition au brevet d'invention du (*date du dépôt*) nº   formée par (*ici le nom ou les noms du ou des demandeurs*), pour (*ici le titre du brevet*).

2° Dans le cas où il serait impossible de représenter l'objet de l'invention par des figures pouvant tenir dans un cadre de 29 sur 38 centimètres, le demandeur aura la faculté de subdiviser une même figure en plusieurs parties dont chacune sera dessinée sur une feuille ayant les dimensions ci-dessus déterminées : la section des figures sera indiquée par des lignes de raccordement munies de lettres ou chiffres de référence. Lorsque le demandeur usera de cette faculté, il devra fournir (dans un cadre de dimensions réglementaires) une figure d'ensemble de l'objet de l'invention où seront tracées les lignes de raccordement des figures partielles.

3° Les figures seront numérotées, sans interruption, de la première à la dernière, à l'aide de chiffres arabes très correctement dessinés, précédés des lettres *Fig*.

4° Les planches seront numérotées en chiffres romains. Les chiffres seront placés en dehors du cadre. Exemple : Pl. I. S'il n'y a qu'une planche, on indiquera « Planche unique ».

5° On inscrira très lisiblement, en tête de chaque planche en dehors du cadre, savoir : à gauche, la mention Brevet n°... ; au milieu, le nom de l'inventeur ; à droite, le numéro d'ordre de chaque planche, et le nombre de planches en chiffres arabes. Exemple : Pl. IV. 5.

6° Le duplicata sera tracé à l'encre, en traits réguliers, pleins (continus ou pointillés) et parfaitement noirs, sur papier bristol ou autre papier complètement blanc, fort et lisse, permettant la reproduction par un procédé dérivé de la photographie. Aucunes teintes plates, ombres ou lavis, ne devront être apposées ; les coupes seront indiquées par des hachures très régulières, suffisamment espacées et accentuées pour se prêter à la réduction visée par l'alinéa 10°, ci-après.

Les surfaces convexes ou concaves pourront être ombrées au moyen de traits horizontaux ou verticaux parallèles plus ou moins espacés.

7° L'original pourra être exécuté sur toile ou sur papier et porter des teintes.

8° Les lettres de référence et le mot *Fig*. placé avant le numéro de chaque figure, devront être du type des caractères latins d'imprimerie. Les mêmes pièces seront désignées par les mêmes lettres ou chiffres dans toutes les figures.

Une même lettre ou un même chiffre ne pourra pas désigner des pièces différentes.

9° Les dessins annexés à une demande de brevet ou de certificat d'addition ne pourront comprendre plus de dix feuilles du grand ou du petit format, sauf dans les cas exceptionnels où l'utilité d'un plus grand nombre de planches serait reconnue par l'Office national sur l'avis de la commission technique.

10° L'échelle employée sera suffisamment grande pour qu'il soit possible de reconnaître exactement l'objet de l'invention, et les dessins dans tous leurs détails, sur une reproduction réduite aux deux tiers de leur grandeur.

L'échelle ne sera pas mentionnée ni figurée sur les dessins.

11º Les dessins ne contiendront aucune légende ou indication, timbre, signature ou mention d'aucune sorte autre que le numéro des figures et les lettres ou chiffres de référence, dont la hauteur sera de 3 à 8 millimètres. On ne devra employer que des caractères latins. Les lettres ou chiffres de référence, qui devront être de dimensions uniformes et très correctement dessinés, pourront être pourvus d'un exposant, dans des |cas exceptionnels. Ils seront rejetés en dehors des figures et des lignes, auxquelles on les raccordera par des attaches. Les lignes de coupe et de raccordement seront indiquées par des lettres ou chiffres semblables

A A. B B. a a. b b. 1 1. 2 2.

Les caractères grecs pourront être employés pour désigner des angles.

12º Les diverses figures, séparées les unes des autres par un espace de 1 centimètre environ, devront être disposées de façon que le dessin puisse toujours être lu dans le sens de la hauteur de 33 centimètres, ainsi que les lettres, chiffres et indications des figures.

Lorsqu'une figure se composera de plusieurs parties détachées, elles devront être réunies par une accolade.

13º Les légendes reconnues nécessaires par les demandeurs pour l'intelligence de leurs dessins, seront placées dans le corps de la description. A titre d'exception, il est néanmoins permis de faire figurer certaines mentions sur les dessins, quand elles sont indispensables pour en faciliter la compréhension (telles que eau, gaz, vapeur, ouvert, fermé, ligne de terre, etc.), mais aucune indication ne devra être écrite en langue étrangère.

14º Les dessins seront remis, lors du dépôt, à plat, entre deux feuilles de carton fort, de manière à être exempts de plis ou de cassures.

L'original et le duplicata de la description et des dessins seront signés par le demandeur ou son mandataire. En ce qui concerne les dessins, la signature sera placée au dos des planches. Il en sera de même des désignations « original » et « duplicata ». Le nom du demandeur et de son mandataire, s'il y a lieu, devra y être mentionné d'une façon très lisible après la signature. Le duplicata sera, en outre, sous la responsabilité du signataire, certifié conforme à l'original.

La description et les dessins ne porteront aucune date. Le mandataire fera précéder sa signature de l'indication « par procuration de M..... » ou de « par procuration de la Société..... »

Les descriptions et les dessins qui ne seraient point exécutés dans les conditions prescrites seront renvoyés au demandeur avec invitation d'avoir à fournir de nouvelles pièces régulières dans le délai d'un mois.

Il ne pourra être apporté aux descriptions et dessins, sous peine de rejet, aucune modification qui serait de nature à augmenter l'étendue et la portée des inventions.

Un exemplaire, conservé par l'Office national de la propriété industrielle, servira à vérifier la concordance entre les documents successivement produits.

Dans le cas où le déposant ne répondrait pas audit avis dans le délai imparti, la demande de brevet d'invention ou de certificat d'addition sera rejeté conformément à l'article 12 de la loi du 5 juillet 1844.

En cas de nécessité justifiée le délai accordé au déposant pourra être augmenté sur sa demande.

De la délivrance des brevets. — Aussitôt après l'enregistrement des demandes, et dans les cinq jours de la date du dépôt, les préfets transmettent les pièces, sous le cachet de l'inventeur, au ministre de l'industrie et du commerce, en y joignant une copie certifiée du procès-verbal de dépôt, le récépissé constatant le versement de la taxe, et, s'il y a lieu, le pouvoir du mandataire.

A leur arrivée au ministère, les pièces sont enregistrées (dans l'ordre d'arrivée des demandes); et, si les demandes sont régulières, y compris la conformité des deux exemplaires, et licites, il est procédé à l'expédition des brevets, sans examen préalable, il faut le répéter, aux risques et périls des demandeurs, et sans garantie soit de la nouveauté, du mérite ou de la réalité de l'invention, soit de la fidélité ou de l'exactitude de la description.

Un arrêté du ministre constatant la régularité de la demande est délivré au demandeur, *et c'est cet arrêté qui constitue le brevet d'invention*[1]. A cet arrêté est joint un exemplaire imprimé de la description et des dessins réglementaires, comme il va être dit ci-dessous (au paragraphe : *communication et publication des descriptions et dessins de brevets*) après que la conformité avec l'expédition originale en aura été reconnue et établie au besoin. La première expédition des brevets est délivrée sans frais, mais toute autre, de-

---

1. Dès que l'arrêté aura été rendu, il en sera donné avis au demandeur ou à son mandataire, par l'Office national de la propriété industrielle, qui transmettra en même temps les pièces à l'Imprimerie nationale, pour qu'elles soient imprimées, conformément à l'article 24 de la loi du 5 juillet 1844, modifiée par la loi du 7 avril 1902. Cet avis contiendra l'indication de la date de l'arrêté, du numéro donné au brevet, et du titre de l'invention. Il sera procédé de même pour les certificats d'addition.

Lorsque la description et les dessins du brevet ou certificat d'addition seront imprimés, une ampliation de l'arrêté ministériel précité, à laquelle sera annexé un exemplaire imprimé de la description et des dessins déposés, sera expédiée au demandeur ; à partir du jour de cette expédition, la description et les dessins imprimés pourront être consultés sans frais à l'Office national de la propriété industrielle et dans les préfectures.

Le titulaire du brevet aura un délai de trois mois, à dater de la remise de cette ampliation, pour signaler à l'Office national de la propriété industrielle les erreurs ou inexactitudes qui auraient pu se produire dans l'impression de sa description ou de ses dessins ; passé ce délai, aucune réclamation ne sera admise.

mandée par le breveté ou ses ayants cause, donne lieu au payement d'une taxe de 25 fr., les frais de dessins, s'il y a lieu, restant à la charge de l'impétrant. La délivrance n'a lieu qu'un an après le jour du dépôt de la demande, si ladite demande renferme une réquisition expresse à cet effet.

Quand le demandeur voudra que la délivrance de son brevet d'invention ou de son certificat d'addition n'ait lieu qu'un an après le jour du dépôt de sa demande, conformément au paragraphe 7 de l'article 11 de la loi du 5 juillet 1844, modifiée par la loi du 7 avril 1902, cette réquisition devra être formulée d'une façon expresse et formelle et à l'encre rouge dans la demande ; elle devra, en outre, être reproduite sur la face et au dos de l'enveloppe et signée par le demandeur ou son mandataire.

Mais le bénéfice de cette disposition ne peut être réclamé par ceux qui auraient déjà profité des délais de priorité accordés par des traités de réciprocité, notamment par l'article 4 de la convention internationale pour la protection de la propriété industrielle, du 20 mars 1883 [1].

Est rejetée toute demande brute dans laquelle n'auraient pas été observées les formalités légales de dépôt et de détail prescrits pour la demande de brevet, la description de la découverte et les dessins ou échantillons [2].

La moitié de la somme versée reste acquise au Trésor, mais il sera tenu compte de la totalité de cette somme au demandeur s'il reproduit sa demande dans un délai de trois mois, à compter de la date de la notification du rejet de sa requête.

Avant la délivrance, toute demande de brevet ou de certificat d'addition pourra être retirée par son auteur, s'il le réclame par écrit. Les pièces déposées lui seront restituées. S'il présente cette requête dans un délai de deux mois à partir du dépôt, la taxe versée lui sera remboursée. Ce délai expiré, la taxe restera acquise au Trésor.

Toutefois, celui qui, avant l'impression de son brevet ou certificat d'addition, aura réclamé comme il le peut, en vertu des dispositions qui suivent, une copie officielle des pièces déposées à l'appui de sa demande, ne pourra plus retirer celle-ci.

Si, avant l'impression de son brevet ou certificat d'addition, le demandeur désire obtenir une copie officielle de la description déposée par lui,

---

1. Voir ci-dessous, à la *Législation comparée*, cette convention internationale.

2. Lorsque l'*arrêté de rejet* parvient à la préfecture, le préfet doit, « sans aucun délai, le faire notifier administrativement à la personne qu'il concerne, en l'informant que les pièces à lui rendre sont à sa disposition à la préfecture où elles lui seront remises sur récépissé ».

il devra en faire la demande et produire en même temps un récépissé
constatant le versement dans une recette des finances d'une taxe de 25 fr.
s'il s'agit d'un brevet d'invention, et de 20 fr. s'il s'agit d'un certificat d'addition.

Les frais de dessin, s'il y a lieu, seront à la charge de l'impétrant.

La taxe entière est restituée de même lorsqu'il n'y a pas lieu à
délivrance de brevet pour les demandes concernant les produits
pharmaceutiques et les combinaisons financières.

Le *Balletin des lois* proclame tous les trois mois les brevets délivrés[1].

Certificats d'addition. — Le breveté ou les ayants droit au brevet ont, pendant toute la durée du brevet, le droit d'apporter à
l'invention des changements, perfectionnements ou additions[2], en
remplissant les formalités déterminées pour le dépôt de la demande.
Ces changements, perfectionnements ou additions sont constatés
par des certificats délivrés dans la même forme que le brevet principal, avec lequel ils prennent fin[3], et qui produisent les mêmes
effets, à partir des dates respectives des demandes et de leur expédition[4]. Chaque demande telle donne lieu au payement d'une taxe

---

1. La législation relative aux brevets est applicable à l'Algérie et aux colonies.
Mais les annuités, aux colonies, sont payées au trésorier, le dépôt se fait dans les
bureaux du Directeur de l'intérieur, et le demandeur doit fournir trois expéditions,
dont l'une reste sous cachet dans les bureaux, et les deux autres sont adressées au
ministère du commerce et de l'industrie.

2. Le certificat d'addition n'est qu'un accessoire, qui ne peut exister indépendamment du brevet principal. Il peut arriver, sans doute, qu'un certificat d'addition
ait été pris pour un procédé qui, par lui-même, aurait été susceptible de faire l'objet
d'un brevet principal ; mais ce procédé ne peut constituer un droit d'invention distinct et indépendant du brevet primitif qu'autant que l'inventeur, se conformant aux
prescriptions de l'article 17 de la loi du 5 juillet 1844, aura pris, non un certificat
d'addition, mais un brevet d'invention. La nature, les charges et les effets d'un certificat d'addition ne peuvent être confondus avec la nature, les charges et les effets
que la loi attache au brevet principal et il ne peut appartenir à l'inventeur qui a
opté pour les avantages attachés à un simple certificat, soumis à une taxe unique
de 20 fr. et préférable à tous les brevets réclamés par le même procédé pendant
l'année de la prise du brevet principal, de prétendre aux avantages qui n'appartiennent qu'à un brevet soumis à une taxe annuelle de 100 fr. (Cass. *5 nov. 1867.*)

3. La loi ne fait aucune distinction entre le cas ou le brevet principal finit par
l'expiration du temps pour lequel il avait été pris, ou par la déchéance qui peut être
encourue aux termes de l'article 32, et le cas où il ne peut produire d'effet, faute de
porter sur une découverte ou une application industrielle nouvelle, conformément à
l'article 30, § 1er. (Cass., *5 févr. 1852.*)

4. Le certificat d'addition qui ne peut lui-même exister qu'autant que le brevet
principal est valable, ne saurait couvrir ou réparer les nullités du brevet principal.
(Cass. *29 janv. 1868.*)

de 20 fr., et les certificats d'addition pris par un des ayants droit profitent à tous les autres.

Au cas où le breveté, apportant des changements, perfectionnements, additions, veut pour ceux-ci profiter intégralement d'une durée de 5, 10, 15 ans, il doit prendre un nouveau brevet principal selon les formes et sous les conditions de tout brevet ordinaire.

Nul autre que le breveté ou ses ayants droit, agissant comme il a été dit, ne peut, durant une année, prendre valablement un brevet pour un changement, perfectionnement ou addition à l'invention qui fait l'objet du brevet primitif[1]. Néanmoins, toute personne qui veut prendre un brevet pour changement, addition ou perfectionnement à une découverte déjà brevetée[2], peut, dans le cours de ladite année, former une demande qui est transmise et reste déposée sous cachet, au ministère de l'industrie et du commerce. L'année expirée, le cachet est brisé et le brevet délivré. Toutefois, le breveté principal a la préférence pour les changements, perfectionnements et additions pour lesquels il aurait lui-même, pendant l'année, demandé un certificat d'addition ou un brevet.

Quiconque a pris un brevet pour une découverte, invention ou application se rattachant à l'objet d'un autre brevet, n'a aucun droit d'exploiter l'invention déjà brevetée, et, réciproquement, le titulaire du brevet primitif ne peut exploiter l'invention, objet du nouveau brevet.

Transmission et cession des brevets. — Tout breveté peut céder ses droits sur son brevet, soit en stipulant un prix de vente,

---

1. Si cette disposition de loi réserve à l'inventeur un délai d'un an pendant lequel nul ne peut prendre un brevet pour un changement, un perfectionnement ou une addition à l'invention brevetée, c'est à la condition qu'il s'agisse de la découverte même qui a fait l'objet du brevet primitif et non pas d'une invention toute différente : sinon ce serait créer au profit de quiconque prendrait un brevet le privilège exorbitant de s'approprier les découvertes faites par des tiers, bien qu'elles n'eussent aucun rapport avec l'objet de ce brevet. (Cass. 14 févr. 1879.)

On ne saurait admettre que lorsqu'un inventeur prend le même jour, pour une découverte nouvelle, un certificat d'addition à un brevet qu'il a antérieurement obtenu et un brevet spécial, on puisse opposer au second brevet l'antériorité résultant du certificat d'addition, sans prouver que l'objet de ce certificat avait reçu précédemment une publicité qui rendait le brevet sans valeur. (Cass. 17 déc. 1873.)

2. La loi permet ainsi à l'inventeur de prendre date pour sa découverte, en l'autorisant à déposer une demande de brevet qui ne doit être ouverte qu'après l'expiration de l'année de privilège accordée à l'inventeur primitif. Les demandes de cette nature seront reçues et enregistrées comme les autres demandes ; mais le procès-verbal de dépôt devra indiquer spécialement l'invention à laquelle se rattache l'addition ou le perfectionnement qu'on veut faire breveter.

soit sans exiger aucun équivalent; il peut les céder en totalité ou
s'en réserver une partie; par exemple donner à un tiers le droit de
fabriquer en gardant celui de vendre, ou transmettre son droit seulement pour un temps déterminé, ou apporter son brevet dans une
société dont il fait partie, ou en autoriser l'exploitation seulement
dans un ou plusieurs départements, avec toutes conditions, réserves,
limitations qui ne sont pas interdites par le droit commun ou des
lois spéciales[1]. La cession totale ou partielle d'un brevet, soit à
titre gratuit, soit à titre onéreux, ne peut être faite que par acte
notarié, et après le payement de la totalité de la taxe, et, de plus,
aucune cession n'est valable, *à l'égard des tiers*[2], qu'après avoir
été enregistrée au secrétariat de la préfecture du département dans
lequel l'acte aura été passé[3]. L'enregistrement des cessions et de
tous autres actes emportant mutation est fait sur la production et
le dépôt d'un extrait authentique de l'acte de cession ou de mutation. Une expédition de chaque procès-verbal d'enregistrement,
accompagné de l'acte ci-dessus mentionné, est transmise par les
préfets au ministre du commerce et de l'industrie, dans les cinq
jours du procès-verbal[4].

Les cessionnaires d'un brevet, et ceux qui ont acquis d'un breveté
ou de ses ayants droit la faculté d'exploiter la découverte ou l'invention, profitent, de plein droit, des certificats d'addition qui seraient
ultérieurement délivrés au breveté ou à ses ayants droit. Réciproque-

---

1. Et tant que ces conventions ne contiennent rien de contraire à l'ordre public,
l'autorité n'a pas à intervenir dans leur examen.

2. Ainsi le titulaire du brevet peut seul poursuivre le contrefacteur.

3. Applicable à l'Algérie; pour les colonies, dans les bureaux du directeur de
l'intérieur.

Cet enregistrement s'opere aux risques et périls de ceux qui le demandent. Si
une cession donne lieu à des contestations, c'est aux tribunaux qu'il appartient de
les résoudre. En conséquence, les préfectures n'ont donc pas à se préoccuper d'autre chose que d'examiner s'il s'agit d'une cession volontaire ou d'une mutation d'une
autre espèce, et, dans le premier cas, elles doivent procéder à l'enregistrement, à
la condition que les intéressés leur remettent les documents constatant l'accomplissement des formalités légales. Les documents sont : 1º un extrait authentique de
l'acte passé devant un notaire du département ; 2º un récepissé d'un receveur des
finances, constatant le versement du complément de la taxe du brevet; 3º le récépissé de la dernière annuité échue, si le brevet a plus d'un an de date, afin de
pouvoir constater le montant du complément à verser. Ces pièces régulièrement produites, l'enregistrement doit se faire sans delai, même si une *opposition* est faite à
l'enregistrement.

4. Il est tenu au ministère un registre sur lequel sont inscrites les mutations
intervenues sur chaque brevet, et, tous les trois mois, les mutations sont proclamées
au *Bulletin des Lois*, pour le trimestre expiré.

ment, le breveté ou ses ayants droit profitent des certificats d'addi
tion qui seraient ultérieurement délivrés aux cessionnaires[1].

La propriété d'un brevet peut aussi se transmettre par d'autres
voies que la cession : la mutation peut résulter d'un jugement, dans
le cas d'action en revendication de la propriété de la découverte, —
d'un décès, — d'un partage, — d'une séparation d'associés[2], etc.
Dans ces cas, ou, s'il s'agit d'un acte déclaratif et non translatif de
propriété, il n'y a pas lieu pour le nouveau propriétaire de remplir
les formalités exigées pour les cessions, et celui-ci a le droit d'invo-
voquer tous les effets qui résulteraient d'une cession volontaire[3].

JURISPRUDENCE. — *L'apport en société* de la propriété d'un brevet ne
peut être assimilé à une cession de brevet : tous les objets qui, par suite
de l'apport, composent l'actif d'une société appartiennent indivisément à
tous les associés, tandis que la cession dessaisit d'une manière absolue le
cédant, pour transporter la propriété exclusive de la chose cédée au cessionnaire. (CASS. *19 juin 1882.*)

— L'article 20 ne prononce aucune déchéance ; il dispose seulement que
les cessions qui n'auront pas été accompagnées de l'accomplissement des
formalités qu'il prescrit ne pourront être opposées à des tiers. — Dès lors,
ces cessions, même faites sous seing privé, sont, d'après les règles du
droit commun auxquelles il n'est pas en cela dérogé, *valables* et transmis-
sives de propriété *entre les parties contractantes.* (CASS. *1er sept. 1885.*)

— Le droit réservé à l'inventeur ou à son cessionnaire d'exploiter seul la
nouvelle découverte brevetée forme une propriété d'une nature spéciale
dont le législateur a pris soin de déterminer les conditions d'existence, de
manière à ne déroger au grand principe de la liberté du commerce et de
l'industrie que temporairement et sous certaines garanties d'intérêt général
dont l'inobservation entraîne la déchéance du privilège ou une fin de non-
recevoir contre l'action en contrefaçon. De ce nombre se trouve l'obliga-

---

1. Tous ceux qui ont droit de profiter des certificats d'addition peuvent en lever
une expédition au ministère, moyennant un droit de 20 fr.

2. Lorsqu'il sera demandé à la préfecture d'enregistrer un acte par lequel une
société aura transmis un brevet à un de ses membres, à titre de partage, le nouveau titulaire devra faire connaître préalablement si le brevet avait été pris par la
société en son propre nom, ou acquis par elle d'un particulier ou d'une société par
une cession volontaire : dans la première hypothèse, l'enregistrement devra se faire
sans objection ; mais, dans l'autre hypothèse, le nouveau titulaire devra justifier
avant tout.... que la totalité de la taxe a été payée lors de la cession faite à la
société. A défaut de cette preuve, l'enregistrement devra être refusé jusqu'à ce
qu'il soit justifié du payement.

3. Et si le nouveau propriétaire demande que son titre soit enregistré à la préfecture, bien que ce soit inutile, il convient de satisfaire à cette demande sans exiger
les récépissés d'annuités.

tion imposée au concessionnaire du brevet de faire enregistrer sa cession au secrétariat de la préfecture... — Une pareille formalité a essentiellement pour objet d'avertir le public industriel et de lui apprendre quels sont les ayants droit actuels du brevet vis-à-vis desquels il doit se mettre en règle en cas de fabrication de produits semblables et dont il a à vérifier la situation pour connaître les nullités ou déchéances dont les articles 34 et 36 de la loi l'autorisent à se prévaloir. — Aussi la disposition de l'article 20... ne permet pas au cessionnaire d'un brevet d'agir en cette qualité contre les fabricants ou vendeurs de produits contrefaits, tant que l'enregistrement n'a pas été accompli. (*Cass. 12 mai 1849.*)

— Le privilège de l'inventeur breveté constitue une propriété d'une nature particulière, soumise, dans l'intérêt général du commerce et de l'industrie, à des conditions restrictives qui lui sont propres. Notamment, l'article 20 de la loi du 5 juillet 1844 autorise la cession de la propriété totale ou partielle du brevet, mais sous la condition qu'elle soit constatée par acte notarié, et que, pour être valable à l'égard des tiers (parmi lesquels doivent être rangés les inculpés de contrefaçon), elle ait été préalablement enregistrée au secrétariat de la préfecture, pour être ensuite publiée dans la forme tracée par l'article 21. — Si le cessionnaire de la propriété même du brevet reste sans titre et sans action contre les contrefacteurs quand il n'a pas accompli ces formalités, à plus forte raison celui qui a seulement acquis du breveté la faculté d'exploiter son invention, aux termes de l'article 24, et qui n'a pas d'ailleurs rempli les mêmes conditions, ne peut-il avoir plus de droit : une pareille cession n'a d'effet qu'entre le cédant et le cessionnaire et ne peut autoriser celui qui en est porteur à s'adresser directement au contrefacteur, à lui intenter un procès, ou à intervenir et à conclure contre lui dans une instance en contrefaçon introduite par le breveté. (*Cass. 25 févr. 1860.*)

Licence. — Lorsqu'un breveté, tout en gardant pour lui la propriété de son brevet, autorise un tiers, à titre gratuit ou onéreux, à exploiter son brevet, en totalité ou en partie [1], et exclusivement ou concurremment avec d'autres personnes, les intéressés ne sont pas tenus aux formalités spéciales des cessions, car la licence ne donne pas un droit de propriété sur la chose. (*Instr. min. 30 déc. 1865.*)

Communication et publication des descriptions et dessins de brevets. — Les descriptions, dessins, échantillons et modèles des brevets délivrés, restent, jusqu'à l'expiration des brevets, déposés au ministère du commerce et de l'industrie, où ils sont communiqués

---

1. Par exemple, lorsque le breveté, en entrant dans une société, lui apporte, comme part, la jouissance de son brevet.

sans frais à toute réquisition[1]. Toute personne peut obtenir à ses frais, copie desdites descriptions et dessins, suivant des formes déterminées par décrets en forme de règlement d'administration publique.

Les descriptions et dessins de tous les brevets d'invention et certificats d'addition seront publiés *in extenso,* par fascicules séparés, dans leur ordre d'enregistrement. Cette publication, relativement aux descriptions et dessins des brevets pour la délivrance desquels aura été requis le délai d'un an prévu, n'aura lieu qu'après l'expiration de ce délai.

Il sera, en outre[2], publié un catalogue des brevets d'invention délivrés. Le recueil des descriptions et dessins et le catalogue des titres sont déposés au ministère, et au secrétariat de la préfecture de chaque département où ils peuvent être consultés sans frais.

A l'expiration des brevets, les originaux des descriptions et devis sont déposés au Conservatoire national des arts et métiers.

Droits des étrangers. — Les étrangers peuvent obtenir en France des brevets d'invention, sous les mêmes conditions et formalités que les nationaux et, à charge, s'ils n'y résident pas, d'y élire domicile, ou donner un mandat à une personne de leur choix à qui le brevet est adressé. L'auteur, français d'ailleurs ou étranger[3], d'une invention ou découverte déjà brevetée à l'étranger peut obtenir un brevet en France ; mais la durée de ce brevet ne peut excéder celle des brevets antérieurement pris à l'étranger.

---

1. Il est permis à toute personne à qui sont communiqués des descriptions et dessins annexés aux brevets de prendre des notes sommaires et des croquis ; le calque des dessins demeure interdit ; on ne pourra faire usage de plumes ni d'encre pour les notes et croquis.

2. L'arrêté du ministre du commerce et de l'industrie, en date du 11 août 1903, détermine : 1° les conditions de forme, dimensions et rédaction que devront présenter les descriptions et dessins, ainsi que les prix de vente des fascicules imprimés et les conditions de publication du catalogue (le prix maximum de vente de chaque fascicule imprimé des descriptions et des dessins des brevets d'invention ou certificats d'addition est fixé à 1 fr.) ; 2° les conditions à remplir par ceux qui, ayant déposé une demande de brevet en France et désirant déposer à l'étranger des demandes analogues avant la délivrance du brevet français, voudront obtenir une copie officielle des documents afférents à leur demande en France. Toute expédition de cette nature donnera lieu au payement d'une taxe de 25 fr. ; les frais de dessin, s'il y a lieu, seront à la charge de l'impétrant.

Seront publiés de même, conformément aux prescriptions qui précèdent les descriptions et les dessins des brevets d'invention et certificats d'addition qui auront été demandés depuis le 1er janvier 1902.

3. Cass. 14 janv. 1864.

3. — Nullités et déchéances, et des actions y relatives.

Nullités; déchéances. Pénalités. Actions en nullité ou en déchéance.

Nullités. — Sont nuls et de nul effet, les brevets délivrés dans les cas suivants :

1° Si la découverte, invention ou application, n'est pas nouvelle[1] ;

2° Si elle n'est pas, aux termes de la loi, susceptible d'être brevetée ;

3° Si les brevets portent sur des principes, méthodes, systèmes, découvertes et conceptions théoriques ou purement scientifiques, dont on n'a pas indiqué les applications industrielles ;

4° Si la découverte, invention ou application est reconnue contraire à l'ordre ou à la sûreté publique, aux bonnes mœurs ou aux lois du pays, sans préjudice, dans ce cas, et dans celui du paragraphe précédent des peines qui pourraient être encourues pour la fabrication ou le débit d'objets prohibés ;

5° Si le titre sous lequel le brevet a été demandé indique frauduleusement un objet autre que le véritable objet de l'invention ;

6° Si la description jointe au brevet n'est pas suffisante[2] pour l'exécution de l'invention, ou si elle n'indique pas, d'une manière complète et loyale les véritables moyens de l'inventeur ;

7° Si le brevet a été obtenu contrairement à ce qui a été dit aux certificats de changement, d'addition ou perfectionnement concernant la prohibition annale ;

8° Les certificats comprenant des changements, perfectionnements ou additions qui ne se rattachent pas au brevet principal.

---

1. En vertu de l'article 31, « ne sera pas réputée nouvelle toute découverte, invention ou application qui, en France ou à l'étranger, et antérieurement à la date du dépôt de la demande, aura reçu une publicité suffisante pour pouvoir être exécutée ». Mais si la divulgation, volontaire ou non, de l'invention, antérieure à la date du dépôt de la demande de brevet, fait tomber la découverte dans le domaine public, en vertu de cette divulgation qui rend le brevet nul et de nul effet, il résulte cependant de l'article 31 que la nullité ne peut être encourue que lorsque la publicité a été suffisante pour rendre l'exécution de l'invention possible. (Cass. *9 juill. 1884.*)

2. Il n'est donc pas nécessaire pour prononcer la nullité d'un brevet que celui qui l'a obtenu soit convaincu d'avoir, en donnant sa description, recélé ses véritables moyens d'exécution. L'*insuffisance* de la description y suffit même alors qu'il n'y aurait pas de la part de l'inventeur réticence ou dissimulation faite de mauvaise foi dans l'indication de ses moyens. (Cass. *29 nov. 1859.*)

Déchéances [1]. — Sera déchu de tous ses droits :

1° Le breveté qui n'aura pas acquitté son annuité avant le commencement de chacune des années de la durée de son brevet ; l'intéressé aura toutefois un délai de trois mois au plus pour effectuer valablement le payement de son annuité, mais il devra verser en outre une taxe supplémentaire de 5 fr., s'il effectue le payement dans le premier mois ; de 10 fr., s'il effectue le payement dans le second mois, et de 15 fr., s'il effectue le payement dans le troisième mois. Cette taxe supplémentaire devra être acquittée en même temps que l'annuité en retard ;

2° Le breveté qui n'aura pas mis en exploitation sa découverte ou invention en France dans le délai de deux ans, à dater du jour de la signature du brevet, ou qui aura cessé de l'exploiter pendant deux années consécutives, à moins que, dans l'un ou l'autre cas, il ne justifie des causes de son inaction ;

3° Le breveté qui aura introduit en France des objets fabriqués en pays étranger et semblables à ceux qui sont garantis par son brevet.

Néanmoins, le ministre du commerce et de l'industrie pourra autoriser l'introduction : des modèles de machines ; — des objets fabriqués à l'étranger, destinés à des expositions publiques ou à des essais faits avec l'assentiment du gouvernement.

Pénalités. — Quiconque dans les enseignes, annonces, prospectus, affiches, marques ou estampilles, prend la qualité de breveté sans posséder un brevet délivré conformément aux lois, ou après l'expiration d'un brevet antérieur ; ou qui, étant breveté, mentionne sa qualité de breveté ou son brevet, sans y ajouter ces mots : *sans garantie du gouvernement (S. G. D. G.)* [2], est passible d'une amende de 50 à 1 000 fr., et du double en cas de récidive.

Actions en nullité ou en déchéance. — L'action en nullité et l'action en déchéance peuvent être exercées par toute personne y ayant intérêt. Les actions en nullité et déchéance et constatations

---

1. Article 32 (nouveau) de la loi du 7 avril 1902.

2. Le fait de mettre en vente des objets ainsi illicitement estampillés ne peut constituer un délit qu'autant qu'il est accompli soit par le breveté lui-même, soit par son représentant ou préposé. (CASS. *16 mai 1884.*)

relatives à la propriété des brevets sont portées devant les tribunaux civils de première instance[1].

Si la demande est dirigée en même temps contre le titulaire du brevet, et contre un ou plusieurs cessionnaires partiels, elle est portée devant le tribunal du domicile du titulaire. L'affaire y est instruite et jugée dans la forme prescrite pour les matières sommaires[2] et elle est communiquée au procureur de la République.

Dans une instance tendant à faire prononcer la nullité ou la déchéance d'un brevet, le ministère public peut se rendre partie intervenante et prendre des réquisitions pour faire prononcer la nullité ou la déchéance absolue d'un brevet. Il peut même se pourvoir directement par action principale pour faire prononcer la nullité, dans les cas prévus aux n[cs] 2, 4, et 5 du paragraphe : des *Nullités,* mais (*Circ. garde Sc. 8 avr. 1847*) il ne doit faire usage de ce droit que dans les cas où les intérêts de la société sont sérieusement engagés.

Dans les cas ci-dessus prévus, tous les ayants droit au brevet, et dont les titres ont été enregistrés au ministère du commerce et de l'industrie sur le registre des mutations, doivent être mis en cause. Lorsque la nullité ou la déchéance absolue d'un brevet a été prononcée par jugement ou arrêt ayant acquis force de chose jugée, il en est donné avis au ministre, et la nullité ou déchéance est publiée dans la même forme que la proclamation des brevets.

4. — Contrefaçons ; poursuites et peines.

Toute atteinte portée aux droits du breveté, soit par la fabrication de produits, soit par l'emploi des moyens faisant l'objet de son brevet, constitue le délit de contrefaçon[3], qui est puni d'une

---

1. La loi du 5 juillet 1844 attribue, par son article 34, aux tribunaux civils la connaissance des actions en nullité ou en déchéance des brevets d'invention : elle établit ainsi, pour le jugement de ces contestations, une juridiction principale et de droit commun, dont les décisions tranchent définitivement entre les parties en cause les questions de validité de brevets et régissent en ce point, entre les mêmes parties, les débats à venir aussi bien au correctionnel qu'au civil. (Cass. *8 janv. 1881.*)

2. Article 405 et suivants du Code de procédure civile.

3. Il n'est pas nécessaire, pour que la contrefaçon existe, que tous les organes d'une combinaison brevetée aient été imités ; l'emploi d'un moyen isolé peut constituer le délit, si ce moyen est un élément essentiel du brevet et s'il est employé pour le même usage que celui auquel le brevet l'a destiné. (Cass. *15 févr. 1879.*)

Si l'article 1er assure à l'inventeur l'exploitation exclusive de sa découverte,

amende de 100 à 2 000 fr. Ceux qui recèlent sciemment, vendent ou exposent en vente, introduisent sur le territoire français un ou plusieurs objets contrefaits, sont punis des mêmes peines que les contrefacteurs.

Les peines établies ne peuvent être cumulées; la peine la plus forte est seule prononcée pour tous les faits antérieurs au premier acte de poursuite.

Dans le cas de récidive, outre l'amende, il est prononcé un emprisonnement de un à six mois[1], ainsi que dans le cas où le contrefacteur est un ouvrier ou un employé ayant travaillé dans les ateliers ou dans l'établissement du breveté, ou bien si le contrefacteur, s'étant associé avec un ouvrier du breveté, a eu connaissance par ce dernier des procédés décrits au brevet, et alors, l'ouvrier ou l'employé peut être poursuivi comme complice.

Pour tous les délits ci-dessus il peut être fait application de l'article 463 du Code pénal, relatif aux circonstances atténuantes.

L'action correctionnelle pour l'application des peines ci-dessus ne peut être exercée par le ministère public que sur la plainte de la partie lésée.

---

c'est un usage de même nature qui caractérise la contrefaçon et la soumet aux prescriptions de l'article 40. Par conséquent, « l'usage fait par un négociant, dans l'exercice de son industrie, d'un appareil prétendu contrefait, doit être assimilé à la contrefaçon et puni comme tel, alors même que son industrie ne porte pas directement et principalement sur l'objet breveté ou sur des produits contrefaits. (Cass. 27 févr. 1858.)

— Il résulte de la combinaison des articles 1er et 40 de la loi que le droit exclusif conféré à l'auteur de toute découverte ou invention, dans tous les genres d'industrie, d'exploiter ladite découverte ou invention comprend non seulement la confection et la vente de l'objet breveté, mais encore la fabrication des *produits,* et toute atteinte portée à ce droit est une contrefaçon. — Dès lors, le négociant ou le fabricant qui achète une machine contrefaite pour en faire un usage commercial et établir ainsi une concurrence préjudiciable au breveté et qui a à s'imputer d'avoir négligé de recourir au moyen que la loi lui offrait pour vérifier et reconnaître si les procédés employés n'étaient pas brevetés, doit être considéré comme contrefacteur et encourt les peines prononcées par la loi à raison de ce délit. — Mais la rigueur de ce principe ne saurait s'appliquer à celui qui n'achète un objet contrefait que pour son usage personnel et sans intention de spéculation commerciale. Notamment, le propriétaire ou le cultivateur ne peut être poursuivi pour contrefaçon relativement aux machines et instruments dont il fait emploi pour améliorer les produits de sa culture, soit qu'il les destine à sa consommation, soit qu'il se propose de les vendre; cette dernière circonstance ne constituant pas, en effet, une opération commerciale, la vente des produits ne cesse pas d'avoir le caractère d'un usage personnel. (Cass. 12 juill. 1851.)

2. Il y a récidive lorsqu'il a été rendu contre le prévenu, dans les cinq années antérieures, une première condamnation pour un des délits prévus sur la matière

Le tribunal correctionnel, saisi d'une action pour délit de contrefaçon, statue sur les exceptions tirées par le prévenu soit de la nullité ou de la déchéance du brevet, soit des questions relatives à la propriété dudit brevet.

Les propriétaires de brevet [1] peuvent, en vertu d'une ordonnance du président du tribunal de première instance [2], faire procéder, par tous huissiers, aux désignation et descriptions détaillées, avec ou sans saisie, des objets prétendus contrefaits. L'ordonnance est rendue sur simple requête, et sur la représentation du brevet; elle contient, s'il y a lieu, la nomination d'un expert pour aider l'huissier dans sa description. Lorsqu'il y a lieu à la saisie, ladite ordonnance peut imposer au requérant un cautionnement qu'il est tenu de consigner avant d'y faire procéder [3]; il est laissé copie au détenteur des objets décrits ou saisis, tant de l'ordonnance que de l'acte constatant le dépôt du cautionnement, le cas échéant; le tout à peine de nullité et de dommages-intérêts contre l'huissier.

A défaut par le requérant de s'être pourvu, soit par la voie civile, soit par la voie correctionnelle, dans le délai de huitaine, outre un jour par trois myriamètres de distance entre le lieu où se trouvent les objets saisis ou décrits, et le domicile du contrefacteur, recéleur, introducteur ou débitant, la saisie ou description est nulle de plein droit, sans préjudice des dommages-intérêts qui peuvent être récla-

---

1. Aux termes de l'article 47 de la loi du 5 juillet 1844, le droit de poursuivre les contrefacteurs n'appartient qu'aux propriétaires du brevet, c'est-à-dire au breveté et à ceux à qui il en aurait consenti cession totale ou partielle dans les conditions et les formes des articles 20 et suivants de la même loi. Le droit d'exercer l'action en contrefaçon ne saurait donc être reconnu au porteur d'une simple licence, laquelle, à la différence de la cession, laisse subsister sur la tête du breveté la propriété du brevet. (CASS. 27 avr. 1869.)

2. En ne renfermant pas l'exercice du pouvoir dont le président est investi par l'article 47 dans des bornes posées à l'avance et en n'en précisant point l'application d'une manière restrictive, le législateur a voulu s'en rapporter à la prudence du magistrat auquel il faisait appel et lui laisser une latitude dont l'étendue ne dépendrait que des circonstances et des espèces, dans le double but d'assurer la protection de la propriété des inventeurs et de contenir dans une juste mesure les moyens à employer pour la revendication de leurs droits. L'ordonnance devient, dans ces conditions, un acte de l'appréciation discrétionnaire du juge. — Ce magistrat, pour en déterminer la portée, prend en considération, d'une part, la valeur et l'importance du brevet, et la position morale et pécuniaire du breveté, auquel il peut, au besoin, imposer un cautionnement, et, d'autre part, les circonstances de la contrefaçon, les manœuvres qu'il s'agit de déjouer, la difficulté plus ou moins grande de les constater et la nécessité d'une action prompte et dégagée de toutes entraves dont la fraude pourrait profiter. (CASS. 15 juin 1866.)

3. Obligatoire pour l'étranger breveté qui requiert la saisie.

més, s'il y a lieu, dans la forme prescrite pour les affaires sommaires.

Là confiscation des objets reconnus contrefaits[1] et, le cas échéant,
celle des instruments ou ustensiles destinés spécialement à leur fabrication, sont, même en cas d'acquittement, prononcées contre les
contrefacteur, recéleur[2], introducteur ou débitant. Les objets confis-
qués sont remis[3] au propriétaire du brevet, sans préjudice de plus
amples dommages-intérêts et de l'affichage du jugement s'il y a lieu.

ANNEXE. — *Inventions intéressant les armées de terre et de mer.*

Commission d'examen. — Il a été institué par décret et arrêté ministériel du 7 juin 1894, à Paris, une commission d'examen des inventions intéressant les armées de terre et de mer, afin de renseigner les
ministres compétents sur la valeur des propositions qui leur sont soumises par les inventeurs, et de leur signaler, en conséquence, les découvertes susceptibles d'être utilisées pour la défense nationale. Rat-
tachée au ministère de la guerre, cette commission se compose :

1° De six membres civils et de six membres de l'armée de terre,
tous nommés par le ministre de la guerre, avec un président choisi
parmi les premiers et un secrétaire parmi les seconds ;

2° De quatre membres désignés par le ministre de là marine
parmi les fonctionnaires ou officiers de son département ;

Un garde d'artillerie est adjoint au secrétaire, sans faire partie
de la commission ;

3° Sur la demande du président, à titre de membres temporaires,
et pour l'examen de certaines questions spéciales, de personnes
dont la compétence est reconnue nécessaire pour éclairer les avis

---

1. Le sens des mots *objets contrefaits* ne peut être restreint, dans tous les cas,
à l'instrument ou au procédé objet du brevet, il appartient aux juges du fait d'apprécier, suivant les circonstances, si les marchandises ou objets de fabrication, auxquels l'instrument ou le procédé ont été appliqués, ont reçu, par suite de cette
application, dans leur nature, leur forme ou leur valeur, des modifications telles
qu'ils doivent être considérés comme des objets contrefaits. (CASS. *5 janv. 1876.*)

2. Le mot *recéleur* doit être pris dans un sens juridique et ne peut désigner que
les détenteurs qui connaissent l'origine délictueuse des objets dont ils sont trouvés
nantis. (CASS. *5 avril 1888.*)

3. La confiscation est moins une peine que la *réparation civile d'un dommage
causé* (CASS. *29 juin 1875*), aussi la remise de l'objet confisqué doit être faite au
bénéficiaire du brevet, *aux frais du contrefacteur.* (CASS. *5 janv. 1876.*)

de la commission, avec voix délibérative pour l'objet spécial qui a motivé leur adjonction par le ministre.

Fonctionnement de la commission. — La commission siège à l'hôtel des Invalides, où le secrétaire se tient chaque jour non férié, de 2 à 5 heures, à la disposition du public.

Les lettres, mémoires, dessins, modèles ou échantillons destinés à la commission sont adressés, soit au ministre de la guerre ou de la marine (commission d'examen des inventions intéressant, etc.), soit directement au président de cette commission, à l'Hôtel des Invalides ; ils doivent en principe contenir toutes les explications nécessaires à l'examen du projet auquel ils se rapportent.

La commission peut, sous sa responsabilité, entendre, en séance ou par l'intermédiaire de membres délégués, les explications verbales fournies par les inventeurs ou assister à des expériences entreprises par ceux-ci. Mais en aucun cas ces derniers ne peuvent prendre part ni assister aux délibérations de la commission.

Si les projets ou produits présentés doivent donner lieu à des analyses ou essais pour que la commission puisse se prononcer sur leur valeur, le président demande au ministre intéressé de faire exécuter ces travaux dans les établissements dépendant de son département ; ils peuvent être suivis par un ou plusieurs membres de la commission désignés à cet effet par le président avec l'approbation du ministre.

Les résultats des délibérations sont transmis par le président au ministre intéressé, sous forme d'avis indiquant que le projet ou produit présenté n'est susceptible d'aucune application par le département correspondant, ou qu'il y a lieu, pour ce dernier, d'en poursuivre l'étude pratique par les moyens qu'il jugera convenables. Notification de l'avis est faite aux inventeurs.

Les délibérations de la commission sont tenues secrètes ; et les motifs des décisions ne sont jamais portés à la connaissance des inventeurs.

Les documents présentés à la commission et ayant trait à des inventions reconnues non susceptibles d'application doivent être retirés par leur auteur ou son fondé de pouvoir, contre reçu signé de lui, dans un délai de six mois après la notification de l'avis de rejet par la commission. Passé ce délai, l'administration décline toute responsabilité quant à leur conservation. Aucune allocation de fonds, à titre de secours, indemnité ou subvention ne peut être accordée aux inventeurs tant que leurs projets n'ont pas été définitivement adoptés [1].

5. — Législation comparée.

Convention internationale. Lois étrangères. Tableau synoptique.

Convention internationale. — Les partisans du droit de l'inventeur, en matière de propriété industrielle, ont aujourd'hui cause gagnée. A l'occasion de l'Exposition universelle de 1878 un congrès se réunit à Paris, au Trocadéro, et les débats ont-eu assez de retentissement et une influence assez notable pour avoir amené, sur la proposition de la France, la création d'une *Union internationale pour la protection de la propriété industrielle,* union qui comprend aujourd'hui seize États, parmi lesquels la France, la Grande-Bretagne, la Belgique, la Suisse, l'Italie, l'Espagne, les États-Unis d'Amérique, etc. L'Union a été créée par la Convention internationale du 20 mars 1883.

Après avoir tenté d'introduire dans la législation des divers pays cosignataires quelques règles communes en matière de brevets d'invention, dessins et modèles industriels, marques de fabrique et de commerce, emblèmes, et noms de produits, elle a surtout voulu ouvrir la voie à une législation future qui serait à peu près générale, par une série de modifications destinées à rapprocher les législations différentes, et à les fusionner un jour en une seule, s'il est possible.

Des conférences se réunissent dans ce but, auxquelles prennent part des délégués des nations contractantes [2].

Il a été créé à Berne, sous l'autorité de la Confédération helvétique, et à frais communs, un *Bureau international,* chargé d'étudier les questions intéressant la matière, et qui publie en langue française le journal *la Propriété industrielle.* Il sert, en outre, de lien entre les diverses nations contractantes, auxquelles il fournit toutes les informations qui lui sont demandées. Centralisant l'activité de l'Union, il prépare les conférences internationales.

C'est à lui que s'adressent, par voie diplomatique, et par l'intermédiaire du cabinet de Berne, sans qu'aucune autre négociation

---

1. Les actions et contestations relatives à l'achat d'un brevet d'invention par le ministère de la guerre ne sont pas de la compétence des tribunaux administratifs. (*C. Ét. 23 nov. 1894, Société « la Panclastite ».*)

2. La première s'est tenue à Rome, en 1886.

soit nécessaire, les États nouveaux qui voudraient faire partie de l'Union.

Les États qui désireraient se dégager de leurs obligations vis-à-vis de l'Union et se retirer procèdent au moyen d'une notification analogue, faite un an à l'avance. Le fait, pour un État, de dénoncer la convention en ce qui le concerne, laisse, cela va sans dire, subsister entre les États qui restent toutes les obligations contractées.

La Convention internationale du 20 mars 1883 a été promulguée en France comme loi de l'État, le 6 juillet 1884. Cette mesure, aussi bien que la Convention elle-même, a d'ailleurs été très vivement attaquée par de notables industriels et commerçants.

Lois étrangères. — Dans le tableau synoptique ci-contre, on trouvera un exposé comparatif des lois qui réglementent la matière des brevets d'invention chez les principales nations industrielles d'Europe et d'Amérique. Les dispositions essentielles des lois françaises y ont été reproduites pour servir de comparaison.

Parmi les autres pays qui ont réglementé les brevets d'invention, noter : la *Bavière :* brevets accordés pour quinze ans, taxe de 687 fr. 50 c.; brevet soumis à un examen préalable peut être refusé s'il n'est pas considéré comme nouveau : exploitation obligatoire dans le délai d'une année, avec latitude du double, après demande (*L. 11 sept. 1825 et ordon. 17 sept. 1853*); le *Brésil :* brevets d'une durée de cinq à vingt-cinq ans avec divers frais variant de 600 à 800 fr. ; *Buenos-Ayres :* durée de dix ans au plus, réduite à cinq ans pour les brevets d'addition ou d'importation, moyennant une taxe de 2 500 fr. pour les brevets d'invention et de 5 000 fr. pour ceux d'importation, sans préjudice d'autres frais : timbres, patentes, etc. (*L. 13 oct. 1855*); le *Chili* et le *Pérou :* durée des brevets fixée par le pouvoir législatif, sans autres frais que ceux de timbre et d'administration ; au *Danemark* où la coutume régit la matière, la durée est fixée par le gouvernement entre trois et vingt ans pour les brevets d'invention et à cinq ans pour ceux d'importation ; la taxe est de 60 fr. 35 c. (17 rixdalers) quand le brevet est pris par une seule personne et du double, par deux ou plusieurs brevetés. Mais le brevet n'empêche pas l'introduction de produits semblables fabriqués à l'étranger ; la *Hollande :* durée variant de cinq à quinze années, fixée par le gouvernement, ainsi que la taxe entre 200 et

800 florins (423 à 1 473 fr.); l'introduction d'objets fabriqués à l'é-
tranger par l'inventeur est une cause de déchéance (*L. 25 janv 1817*);
la *Norvège :* durée de cinq ou dix ans; frais officiels de 60 fr. et
frais de trois publications successives, sans autre taxe (*L. 19 juill.*
1839); le *Portugal :* durée quinze ans au maximum; les brevets
peuvent être expropriés pour cause d'utilité publique. Taxe de
6 000 réis par an (environ 30 fr.). L'exploitation doit avoir lieu avant
l'expiration de la moitié du terme pour lequel le brevet est accordé
(*Ord. 16 janv. 1837, déc. 13 déc. 1852, C. Pén., art. 378, 386*);
le *Cánada,* la *Pologne,* ont aussi des lois réglementant, avec des
formalités analogues, les brevets d'invention.

II. — DESSINS DE FABRIQUE[1]; MODÈLES DE FABRIQUE

Dessins. Modèles.

Dessins. — Les dessins industriels ayant sur l'art en industrie
une influence considérable, puisque c'est d'après eux que s'exécutent
les objets à façon, on comprend que le propriétaire d'un dessin
veuille en conserver le monopole d'exploitation.

Tout fabricant qui veut pouvoir revendiquer par la suite, devant
le tribunal de commerce, la propriété d'un dessin de son invention,
doit en déposer aux archives des conseils de prud'hommes un échantillon plié sous enveloppe[2], revêtu de ses cachet et signature, et sur
laquelle est également apposé le cachet du conseil de prud'hommes.
(*L. 18 mars 1806, art. 15[3].*)

La propriété est indépendante du dépôt; c'est l'invention qui la
confère (Cass. *1er juill. 1850; 17 mai 1853*). Mais c'est par le dépôt que l'auteur du dessin manifeste l'intention de s'en réserver la
propriété; et c'est après avoir rempli cette formalité qu'il peut exercer l'action en contrefaçon (Cass. *30 juin 1865*) ou mettre en vente

---

1. Pas de loi générale.
2. Hors le cas de contestation, ces paquets ne sont ouverts qu'à l'expiration du
privilège.
3. La loi de 1806, spéciale aux fabricants de Lyon, a été étendue aux autres
villes par tous les décrets ou ordonnances qui ont depuis lors institué des conseils
de prud'hommes; de plus, la jurisprudence, suppléant à l'insuffisance de la loi de
1806, en a étendu l'application à tous les dessins de fabrique, quelle que soit l'industrie, grande ou petite, à laquelle ils sont destinés. (Cass. *30 déc. 1865.*)

le produit (Cass. *15 nov. 1853*), et cela d'ailleurs n'empêche point le juge, saisi d'un litige sur la propriété d'un dessin, d'en apprécier le caractère de nouveauté, et s'il n'y reconnaît pas une œuvre nouvelle de décider que le fabricant n'a aucun droit de propriété sur le dessin. (Cass. *24 avr. 1858*.)

Pour les fabriques situées hors du ressort d'un conseil de prud'-hommes, le dépôt des échantillons de dessins doit être fait au greffe du tribunal de première instance dans les arrondissements où les tribunaux civils exercent la juridiction des tribunaux de commerce. (*Ord. Roy. 17 août 1825*.)

En déposant son échantillon, le fabricant acquitte entre les mains du receveur de la commune une indemnité qui est réglée par le conseil de prud'hommes, et qui ne peut excéder un franc pour chacune des années pendant lesquelles il veut conserver la propriété exclusive de son dessin, et est de 10 fr. pour la propriété perpétuelle. Cette taxe, qui est perçue au profit des communes, en raison des dépenses, à leur charge, des conseils de prud'hommes, n'est pas due dans les villes où les dépôts se font au greffe du tribunal de commerce ou du tribunal civil de première instance.

Comme en matière de brevets d'invention, le propriétaire d'un dessin déposé peut faire procéder à la saisie des produits qu'il prétend exécutés d'après ce dessin, poursuivre le contrefacteur qui est passible d'une amende 100 à 2000 fr., pénalité qu'encourt l'introducteur en France de produits exécutés sur un dessin contrefait, sauf l'excuse de bonne foi; le débitant encourt une amende de 25 à 500 fr.

Les étrangers, hors de France, si leur pays accorde la réciprocité aux Français, jouissent des droits énoncés ci-dessus. Leurs dépôts doivent être effectués au secrétariat de l'un des quatre conseils de prud'-hommes de Paris, selon l'industrie à laquelle s'appliquent les dessins [1].

Modèles. — Les modèles industriels, difficiles à distinguer des modèles d'art pur [2], sont des créations industrielles destinées à être

---

1. Exceptions faites pour les Suisses qui déposent leurs dessins au Conseil des tissus et pour les Italiens et Autrichiens au tribunal de commerce, — à Paris.

2. Surtout dans ce qu'on appelle les « arts mineurs » : orfèvrerie, serrurerie, poterie, faïences, arts de l'ameublement, etc., etc., qui ont pris de nos jours un grand développement artistique autant qu'industriel.

On sait que les modèles artistiques ne sont soumis à aucun dépôt, et que la durée du privilège est fixée à la vie de l'auteur et à cinquante ans après sa mort, en faveur de ses ayants cause, après quoi les modèles tombent dans le domaine public.

exécutées en relief, par exemple des objets d'ornement, conçus par
la sculpture, la ciselure, la moulure, et se rattachant à des objets
de nécessité ou de garniture, dans l'ameublement de la maison.

Les modèles de fabrique en ce qui concerne les dépôts, durée du
privilège, taxes, saisie, poursuites, et droits des étrangers, sont
absolument assimilés aux dessins de fabrique.

III. — MARQUES DE FABRIQUE ET DE COMMERCE [1]

Du droit de propriété des marques. Droits des propriétaires. Pénalités. Étrangers.
Algérie et colonies.

Du droit de propriété des marques. — La marque est facultative. Des décrets peuvent, exceptionnellement, la déclarer obligatoire pour les produits qu'ils déterminent. Sont considérés comme
marques : les noms sous une forme distinctive, les dénominations,
emblèmes, empreintes, timbres, cachets, vignettes, reliefs, lettres,
chiffres, enveloppes et tous autres signes servant à distinguer les
produits d'une fabrique ou les objets d'un commerce [2].

---

1. Loi du 23 juin 1857, modifiée dans son article 2 par la loi du 3 mai 1890.

2. Parmi les signes pouvant servir à distinguer les produits d'une fabrique ou les
objets d'un commerce, sont comprises les *enveloppes* : elles y sont comprises en
termes purs et simples et sans restriction. D'où l'on doit conclure que la forme de
l'enveloppe peut, aussi bien que sa couleur ou toute autre disposition spéciale, servir de marque, si d'ailleurs celui qui revendique la propriété de cette marque s'est
conformé aux prescriptions de l'article 2 de la loi, et si ce même signe n'a pas été
encore employé dans le même genre d'industrie ou de commerce par aucun autre
intéressé. On ne saurait refuser le caractère d'enveloppes aux *boîtes* servant à renfermer des produits alimentaires. (CASS. *30 avr. 1889.*)

Il résulte de la combinaison des articles 1er et 8 de la loi du 23 mars 1857 que
toute dénomination servant à distinguer, au moyen de relief ou de dispositions
particulières de lettres, les produits d'une même industrie, constitue, au profit du
fabricant auteur des combinaisons employées pour désigner ainsi l'origine des objets
de son commerce, une marque de fabrique : cette marque se compose de tous les
éléments réunis dans le but de former un seul tout. — Il importe peu que ces éléments
soient tombés dans le domaine public, si leur réunion d'ensemble a eu pour résultat
de spécifier le produit d'une manière distincte et caractéristique. (CASS. *6 févr. 1875.*)

On a soulevé la question de savoir si la *croix de la Légion d'honneur* pouvait
être indiquée dans des marques de fabrique. Il a paru que cette indication constituait un abus. Les marques de fabrique contiennent, il est vrai, le plus souvent,
soit les initiales, soit le nom du fabricant, mais elles ne peuvent néanmoins être
considérées que comme la marque d'un produit revêtant un caractère impersonnel.
Cela est si vrai que le décès du fabricant ou sa retraite ne modifient pas cette
marque, dont la propriété a été acquise par le dépôt à l'établissement commercial

Nul ne peut revendiquer la propriété exclusive d'une marque s'il n'a déposé ou fait déposer par un fondé de pouvoirs, au greffe du tribunal de commerce de son domicile :

    1° Trois exemplaires du modèle de cette marque [1], sur papier libre ;

    2° Le cliché typographique en métal de cette marque [2].

En cas de dépôt de plusieurs marques appartenant à une même personne, il n'est dressé qu'un procès-verbal, mais il doit être déposé autant de modèles en triple exemplaire et autant de clichés qu'il y a de marques distinctes.

L'un des trois exemplaires déposés est remis au déposant, revêtu du visa du greffier, avec l'indication du jour et de l'heure du dépôt. Le second est transmis au ministère pour y être conservé dans un dépôt central ; le troisième reste au greffe et est collé sur un registre par le greffier, qui dresse sur un autre registre en papier timbré le procès-verbal du dépôt et en délivre une expédition au déposant moyennant un droit fixe de un franc, non compris les frais de timbre et d'enregistrement [3].

lui-même. En conséquence, les greffiers des tribunaux de commerce ont été invités « à n'accepter aucun dépôt de marque de fabrique portant indication de la Légion d'honneur. Si les déposants insistaient, malgré l'avis qui leur serait donné par ces officiers publics, les greffiers devraient recevoir les modèles, mais ils les signaleraient immédiatement au procureur de la République. (*Circ. min. 23 juin 1879.*)

1. Le modèle consiste en un dessin, une empreinte ou une gravure exécutée avec netteté et de manière à ne pas s'altérer, au milieu d'un papier carré de 18 centimètres de côté ; si la marque est de trop grande dimension, elle est réduite ou divisée en plusieurs parties.

Si la marque est en creux ou en relief sur les produits, si elle a dû être réduite pour ne pas excéder les dimensions prescrites, si elle a été augmentée ou si elle présente quelque autre particularité relative à sa figuration ou à son mode d'emploi sur les produits auxquels elle est destinée, le déposant doit l'indiquer sur les trois exemplaires, soit par une ou plusieurs figures, soit au moyen d'une légende explicative. Ces indications occupent la gauche du papier où est figurée ou collée la marque. La droite est réservée aux mentions du greffier. Les exemplaires déposés ne doivent contenir aucune autre indication.

Si la marque consiste en une bande d'une longueur de plus de 12 centimètres ou en un ensemble de signes, cette bande peut être divisée en plusieurs parties qui seront reproduites sur le même cliche les unes sous les autres, ou il peut n'être fourni qu'un seul cliché reproduisant cet ensemble réduit.

Le déposant inscrit sur un côté du cliché son nom et son adresse.

2. Les dimensions des clichés ne doivent pas dépasser 12 centimètres de côté. Ils sont rendus aux intéressés après la publication officielle des marques, par les soins du ministère du commerce et de l'industrie, dans le *Bulletin de la propriété industrielle*.

3. Les droits à percevoir pour le dépôt d'une marque de fabrique sont fixés comme suit :

    « A. Dépôt de la marque de fabrique et délivrance de l'expédition : 1° Timbre de

· Le dépôt n'a d'effet que pour quinze années ; la propriété de la
marque peut toujours être conservée pour un nouveau terme de
quinze ans au moyen d'un nouveau dépôt.

· La loi du 26 novembre 1873 offre une nouvelle garantie aux propriétaires de marques de fabrique, au moyen de l'apposition sur les
marques régulièrement déposées d'un timbre ou poinçon de l'État,
destiné à affirmer l'authenticité de la marque [1]. Il est perçu au
profit de l'État, pour chaque apposition du timbre un droit de
un centime à un franc, et pour chaque apposition du poinçon sur
les objets eux-mêmes un droit de cinq centimes à cinq francs.

Droits des propriétaires. — Tout propriétaire peut, en cas de
contrefaçon ou d'usurpation de marque, intenter, contre le contrefacteur ou l'usurpateur, une action soit par voie correctionnelle, soit
par voie civile [2].

Il peut faire procéder par tous huissiers, à la description détaillée, avec ou sans saisie, des produits qu'il prétend marqués à son
préjudice en contravention aux dispositions légales, en vertu d'une
ordonnance du président du tribunal civil de première instance, ou
du juge de paix du canton, à défaut du tribunal dans le lieu où se
trouvent les produits à décrire ou à saisir. L'ordonnance est rendue
sur simple requête et sur la présentation du procès-verbal constatant
le dépôt de la marque. Pour le reste il est procédé comme en matière de brevets d'invention : expert, cautionnement, etc...

Dans un délai de quinzaine, outre un jour par cinq myriamètres de distance entre le lieu où se trouvent les objets litigieux et

---

la minute du procès-verbal (*Déc. 18 juin 1880, art. 12, § 3*), o fr. 60 c. ; 2° enregistrement de la minute du procès-verbal, 5 fr. 63 c. ; 3° rédaction du procès-verbal, y
compris le coût de l'expédition (*Déc. 26 juill. 1856, art. 6 ; 18 juin 1880, art. 8
et 10*), 1 fr. ; 4° mention sur le répertoire et remboursement du timbre (*Déc. 18 juin
1880, art. 10 et 12*), o fr. 35 c. ; 5° timbre de l'expédition, 1 fr. 80 c.

« B. Délivrance du certificat d'identité de la marque de fabrique : 1° Timbre du
certificat, o fr. 60 c. ou 1 fr. 20 c. ; 2° enregistrement de la minute, 1 fr. 80 c. ; 3° délivrance
du certificat (*Déc. 18 juin 1880, art. 8, § 8*), 1 fr. ; 4° mention sur le répertoire et
remboursement du timbre (*Déc. 18 juin 1880, art. 10 et 12*), o fr. 35 c. ; 5° légalisation (*Déc. 18 juin 1880, art. 10, § 1er*), o fr. 25 c. (*Instr. min. 4 mars 1887, art. 22.*)

1. L'apposition du timbre ou poinçon a lieu sur la marque elle-même si elle fait
corps avec les objets ; mais ordinairement elle est effectuée sur les étiquettes, bandes
ou enveloppes en papier, sur étiquettes ou estampilles en métal sur lesquelles figure
la marque de fabrique.

2. Les marques employées sans dépôt préalable ne donnent lieu, selon le droit
commun, qu'à l'action en dommages-intérêts.

le domicile de la partie attaquée, la description ou saisie est annulée de plein droit, sans préjudice des dommages-intérêts qui peuvent être réclamés s'il y a lieu.

Pénalités. — Sont punis d'une amende de 50 à 3 000 fr. et d'un emprisonnement de trois mois à trois ans, ou de l'une de ces peines seulement : 1° ceux qui ont contrefait une marque ou fait usage d'une marque contrefaite [1] ; 2° ceux qui ont frauduleusement apposé sur leurs produits ou les objets de leur commerce une marque appartenant à autrui ; 3° ceux qui ont sciemment vendu ou mis en vente un ou plusieurs produits revêtus d'une marque contrefaite ou frauduleusement apposée.

Sont punis d'une amende de 50 à 2 000 fr. et d'un emprisonnement d'un mois à un an ou de l'une de ces deux peines seulement : 1° ceux qui, sans contrefaire une marque, en ont fait une imitation frauduleuse de nature à tromper l'acheteur [2], ou ont fait usage d'une marque frauduleusement imitée ; 2° ceux qui ont fait usage d'une marque portant des indications propres à tromper l'acheteur sur la nature du produit ; 3° ceux qui ont sciemment vendu ou mis en vente un ou plusieurs produits revêtus d'une marque frauduleusement imitée ou portant des indications propres à tromper l'acheteur sur la nature du produit [3].

---

1. La loi prévoit, dans ce § 1°, deux faits distincts et indépendants l'un de l'autre : la contrefaçon d'une marque de fabrique déposée, l'usage de la marque contrefaite. Dès lors, il suffit, pour constituer la première infraction prévue, que la marque ait été contrefaite, sans qu'il soit nécessaire qu'elle ait été, en outre, apposée sur un produit similaire à celui vendu par le propriétaire de la marque, fait qui constituerait la seconde infraction prévue par le § 1er de l'article 7. Il n'est pas nécessaire, pour constituer le délit prévu par l'article 7 de la loi du 23 juin 1857, que la marque contrefaite ait été reproduite d'une façon absolue et dans ses moindres détails ; il suffit qu'elle le soit dans ses éléments essentiels. (CASS. *22 nov. 1889.*)

2. Le législateur a distingué la contrefaçon de la marque, prévue par l'article 7 de la loi du 23 mars 1857, de l'imitation frauduleuse réprimée par l'article 8 de ladite loi. — Ce dernier délit est caractérisé légalement lorsque, à raison d'analogies, de ressemblances suffisamment prononcées, la confusion est possible et de nature à tromper l'acheteur sur la provenance de produits similaires. (CASS. *6 févr. 1875.*) Quand un imprimeur accepte d'un fabricant une commande d'*étiquettes* susceptibles de rentrer sous l'application de la loi du 23 juin 1857, sur les marques de fabrique on doit, en principe, à moins de circonstances particulières, qu'il appartient au juge d'apprécier, le considérer comme tenu de faire les vérifications de nature à constater la propriété de la marque et spécialement celles destinées à établir que cette marque n'a pas été déposée par un autre fabricant. (CASS. *16 janv. 1889.*)

3. Confiscation des produits, dans le cas de ces deux paragraphes, peut être prononcée par le tribunal, même après acquittement, — ainsi que des instruments et

Sont punis d'une amende de 50 à 1 000 fr. et d'un emprisonnement de quinze jours à six mois, ou de l'une de ces peines seulement : 1° ceux qui n'ont pas apposé sur leurs produits une marque déclarée obligatoire ; 2° ceux]qui ont vendu ou mis en vente un ou plusieurs produits ne portant pas la marque déclarée obligatoire pour cette espèce de produits [1] ; 3° ceux qui ont contrevenu aux dispositions des décrets rendus en exécution de la loi relative à la matière.

Ces peines peuvent être élevées au double en cas de récidive [2].

Les circonstances atténuantes sont applicables ; les peines établies ne pouvant être cumulées. La peine la plus forte est seule prononcée pour tous les faits antérieurs au premier acte de poursuite.

Les délinquants peuvent en outre être privés du droit de participer aux élections des tribunaux et des chambres de commerce, des chambres consultatives des arts et manufactures, et des conseils de prud'hommes pour une durée qui n'excède pas dix ans [3].

Les actions civiles sont portées devant les tribunaux civils et jugées comme affaires sommaires. Si l'action est intentée par voie correctionnelle, et que le prévenu soulève pour sa défense des questions relatives à la propriété de la marque, le tribunal de police correctionnelle statue sur les exceptions.

En ce qui concerne le timbre et le poinçon apposé par l'État :

La vente des objets à un prix supérieur à la quotité du timbre est punie d'une amende de 100 à 5 000 fr. Ceux qui ont falsifié ou contrefait les timbres ou poinçons, et ceux qui ont fait usage des timbres ou poinçons contrefaits ou falsifiés sont punis des travaux

---

ustensiles du délit. Le tribunal peut en ordonner la remise au propriétaire de la marque protégée, indépendamment de plus amples dommages-intérêts, s'il y a lieu. Il prescrit dans tous les cas la destruction des marques contraires aux dispositions ci-dessus.

1. Dans ces deux premiers cas, le tribunal prescrit toujours que les marques déclarées obligatoires soient apposées sur les produits qui y sont assujettis ; et si le prévenu, dans ces deux premiers cas, est en état de récidive, le tribunal peut prononcer la confiscation des produits.

2. Il y a récidive quand il a été prononcé contre le prévenu, dans les cinq années antérieures, une condamnation pour un des délits prévus par les lois relatives à la matière.

3. Affichage du jugement et insertion dans les journaux, le tout aux frais du condamné, peuvent être ordonnés par le juge, à son choix.

forcés à temps — maximum (*C. Pén. art. 140*), sans préjudice des réparations civiles.

Tout autre usage frauduleux de ces timbres ou poinçons, et des étiquettes, bandes, enveloppes et estampilles qui en sont revêtues est puni de la réclusion. (*C. Pén. art. 141.*)

La poursuite peut être exercée par le propriétaire de la marque comme par l'État.

Étrangers. — Les étrangers qui possèdent en France des établissements d'industrie ou de commerce jouissent, pour les produits de leurs établissements, du bénéfice de la loi, en remplissant les formalités qu'elle prescrit. Il en est de même pour les étrangers et Français hors de France, si, dans les pays où sont leurs établissements, des conventions diplomatiques ont établi la réciprocité pour les marques françaises. Dans ce cas le dépôt des marques étrangères a lieu au greffe du tribunal de commerce de la Seine[1].

Tous les produits étrangers portant soit la marque, soit le nom d'un fabricant résidant en France, soit l'indication d'un nom ou du lieu d'une fabrique française, sont prohibés à l'entrée et exclus du transit et de l'entrepôt, et peuvent être saisis en quelque lieu que ce soit, soit à la diligence de l'administration des douanes, soit à la requête du ministère public ou de la partie lésée. Le délai pour intenter l'action est porté à deux mois.

Toutes les dispositions de la loi sont applicables aux vins, eaux-de-vie et autres boissons, aux bestiaux, grains, farines, et généralement à tous les produits de l'agriculture.

Algérie et colonies. — Les dispositions relatives aux marques de fabrique et de commerce sont applicables à l'Algérie et aux colonies.

Mais les dépôts y sont remis au Directeur de l'intérieur pour être envoyés au ministre des colonies qui les transmet à son collègue du commerce. Le droit fixe est de 2 fr. (*Déc. 8 août 1873, 18 mai 1894, 25 juin 1894.*)

---

1. Les greffiers des autres tribunaux doivent rigoureusement refuser d'admettre le dépôt des marques étrangères. (*Instr. min. 4 mars 1887, art. 29.*)

IV. — AUTRES ÉLÉMENTS INDUSTRIELS PROTÉGÉS

Objets admis aux expositions publiques. — Noms de fabricants ou de villes de fabrique. — Secrets de fabrique. — Noms de produits, enseignes, étiquettes ou enveloppes, couleurs, ou dimension des produits, achalandage, fonds de commerce.. — Falsification des denrées. — Embauchage d'ouvriers pour l'étranger.

Objets admis aux expositions publiques [1]. — Tout Français ou étranger, auteur soit d'une découverte ou invention susceptible d'être brevetée aux termes de la loi du 5 juillet 1844, soit d'un dessin de fabrique qui doit être déposé conformément à la loi du 18 mars 1806, peuvent, s'ils sont admis dans une exposition publique autorisée par l'administration, se faire délivrer par le préfet ou le sous-préfet, dans le département ou l'arrondissement duquel cette exposition est ouverte, un certificat descriptif de l'objet déposé. Ce certificat assure à celui qui l'obtient les mêmes droits que lui conférerait un brevet d'invention ou un dépôt légal de dessin de fabrique, à dater du jour de l'admission jusqu'à la fin du troisième mois qui suit la clôture de l'exposition, sans préjudice du brevet que l'exposant peut prendre ou du dépôt qu'il peut opérer avant l'expiration de ce terme.

La demande de ce certificat doit être faite dans le premier mois, au plus tard, de l'ouverture de l'exposition. Elle est adressée à la préfecture ou à la sous-préfecture, et accompagnée d'une description exacte de l'objet à garantir, et, s'il y a lieu, d'un plan ou d'un dessin dudit objet. Les demandes ainsi que les décisions prises par le préfet ou par le sous-préfet sont inscrites sur un registre spécial qui est ultérieurement transmis au ministre de l'industrie, et communiqué sans frais à toute réquisition.

La délivrance du certificat est gratuite.

Noms de fabricants ou de villes de fabrique. — La loi du 24 juillet 1824 « interdit d'apposer ou de faire apparaître par additions, retranchement ou altération quelconque, sur des objets fabriqués, le nom d'un fabricant autre que celui qui en est l'auteur, ou

---

1. Loi du 23 mai 1868. A signaler dans le même ordre d'idées et pour mémoire la loi du 30 décembre 1899, qui n'a plus qu'un intérêt rétrospectif, relative à la protection industrielle pour les objets admis à l'Exposition universelle de 1900.

la raison commerciale d'une fabrique autre que celle où lesdits objets ont été fabriqués, ou enfin le nom d'un lieu autre que celui de la fabrication ». Les infractions sont punies conformément à l'article 423 du Code pénal [1], sans préjudice de dommages-intérêts, s'il y a lieu.

La mise en vente ou en circulation desdits objets est également punie, lorsqu'elle a lieu sciemment. Si les objets ont été fabriqués à l'étranger, le débitant peut être poursuivi comme s'il avait commis lui-même la contrefaçon.

Il n'y a pas d'obligation de dépôt comme pour les marques. La poursuite a lieu soit par la voie civile devant le tribunal de commerce, soit au moyen d'une plainte, et en se portant partie civile devant le tribunal correctionnel. Les fabricants étrangers ont action pour poursuivre l'usurpation de leurs noms en France, si la réciprocité est établie par des traités.

Secrets de fabrique. — Tout directeur, commis, ouvrier de fabrique, qui aura communiqué à des étrangers ou des Français résidant en pays étranger, des secrets de fabrique où il est employé, est puni de la réclusion et d'une amende de 500 à 20 000 fr. Si ces secrets ont été communiqués à des Français résidant en France, la peine est d'un emprisonnement de trois mois à deux ans, et d'une amende de 16 à 200 fr. (*C. Pén. art. 418.*)

Noms de produits, enseignes, étiquettes ou enveloppes, couleurs, ou dimension des produits, achalandage, fonds de commerce. — Aucune loi ne prévoit ou punit les atteintes à la propriété des objets de ce genre; mais elles peuvent être combattues au moyen d'une action civile en dommages-intérêts devant les tribunaux de commerce, en vertu de l'article 1382 du Code civil.

Falsification des denrées. — Des lois fort nombreuses, les unes générales, les autres spéciales, tendent enfin à la répression de la falsification des denrées alimentaires. C'est d'abord l'article 423 du Code pénal qui punit d'un emprisonnement de trois mois à un an et . d'une amende de 50 fr. au minimum et qui ne peut excéder le quart des restitutions ou dommages-intérêts, quiconque aura trompé l'acheteur sur la nature de la marchandise vendue.

---

1. Emprisonnement de 3 mois a un an, et amende de 50 fr. au quart des restitutions et dommages-intérêts, confiscation, affichage, etc...

Ce sont encore les lois : du 27 mars 1851 qui étend les peines portées par l'article 423 du Code pénal à la fabrication des substances ou denrées alimentaires ou médicamenteuses destinées à être vendues ; à la vente de mauvaise foi de ces denrées et substances falsifiées ; — du 5 mai 1855, qui rend applicables les dispositions de la loi précédente aux boissons ; — du 1er décembre 1888 interdisant l'importation en France de la saccharine ; — du 14 août 1889, tendant à prévenir les fraudes dans la vente des vins ; — du 18 avril 1897, concernant la répression de la fraude dans le commerce du beurre et la fabrication de la margarine, qu'il est interdit de désigner, d'exposer, de mettre en vente ou de vendre, d'importer ou d'exporter sous un autre nom que le sien.

Embauchage d'ouvriers pour l'étranger. — Le Code pénal qui punit dans son article 418 la révélation des secrets de fabrique, réprime, dans l'article immédiatement précédent, le fait de faire passer en pays étrangers, dans le but de nuire à l'industrie française, des directeurs, des commis ou des ouvriers d'un établissement français. Le délit est puni d'un emprisonnement de six mois à deux ans et d'une amende de 50 à 300 fr., les deux peines à la charge du seul embaucheur, et non point des directeurs, commis ou ouvriers séduits [1].

Pour qu'il y ait délit, il faut que l'acte soit frauduleux, c'est-à-dire qu'il ait pour but de porter atteinte à l'intérêt général de l'industrie nationale, ou seulement à l'intérêt particulier d'un établissement français déterminé. D'où il suit que l'exploitation est licite d'une branche quelconque de l'industrie française, faite en pays étranger, même au moyen d'ouvriers français, s'ils n'ont pas été enlevés par fraude à un établissement français.

---

[1] Si chacun doit être libre de faire valoir son industrie et ses talents partout où il croit pouvoir en retirer plus d'avantage, il convient de punir celui qui débauche les hommes nécessaires à un établissement, non pas pour procurer à ces hommes un plus grand bien, souvent incertain, mais pour assurer la ruine de l'établissement même (*Exposé des motifs du Code pénal*). Délit d'ailleurs qui doit être rare, en fait, s'il est possible même qu'il se présente jamais.

CONCLUSION

LA QUESTION SOCIALE[1]

Egalité, Liberté, Fraternité.

1. La législation, qui gagne de proche en proche tous les pays, s'étend peu à peu
à toutes les branches de l'activité humaine ; elle tend à devenir doublement
universelle. De plus, les législations atténuent de plus en plus leurs dissem-
blances pour converger vers une réglementation uniforme.

Telle est donc dans son ensemble et dans ses détails la législation
du travail, telles sont les lois ouvrières, et conformément au plan
adopté.

Procédant de points de vue différents, — qu'elle vise par humanité à la réglementation tutélaire de la condition matérielle et morale
des travailleurs, et adoucisse les rapports entre patrons et salariés,
surtout en faveur de ceux-ci, ou, au nom de l'ordre public, que les
mesures qu'elle édicte soient plus spécialement administratives, on
constate que la législation s'applique surtout encore à l'industrie
proprement dite, dont le caractère distinctif est de transformer en
produits les matières premières, et même, dans l'industrie proprement dite, d'abord à la grande industrie. Les lois générales concernent principalement, et historiquement ont concerné avant tout et

---

1. Les lois ouvrières, si elles comportent une conclusion, ne peuvent en admettre
qu'une : *la Question sociale,* qui domine évidemment toute la Législation. Un ouvrage comme celui-ci, bien qu'il soit surtout et avant tout un exposé et un commentaire au-dessus et en dehors de toute polémique, serait incomplet s'il ne concluait
pas, et, pour conclure, ne touchait au problème social, qui en est l'aboutissant
fatal. On est bien maître de choisir son sujet ; mais, une fois choisi, il faut le suivre
jusqu'au bout.
J'envisage donc ici, comme j'y suis naturellement et moralement conduit, la
Question sociale, mais dans ses seuls rapports avec la législation ouvrière. Les
questions de propriété, successions, etc., en sont exclues. Je me réserve, dans un
ouvrage spécial, de développer avec plus d'ampleur, les idées que m'inspire la
Question sociale. Les constatations et la doctrine que j'émets ici, — de bonne foi,
et avec les meilleurs sentiments, — *n'engagent au surplus que l'auteur.*

presque uniquement, le monde industriel ; le législateur, en élaborant les lois, les destinait spécialement aux ouvriers, aux patrons de l'industrie ci-dessus définie. Longtemps le commerce, qui a son code spécial, d'où est absente toute espèce d'esprit de tutelle sociale en faveur des salariés, longtemps l'agriculture, à qui quelques lois mal cousues ensemble servent de code inachevé, sont restés en dehors des préoccupations législatives qui présidaient à la confection des lois ouvrières.

Mais peu à peu cet état d'esprit entaché d'exclusivisme s'est modifié. Déjà le contrat de travail pouvait s'appliquer à tous les salariés qui louent leur activité à autrui : ouvriers manuels, employés de commerce, agriculteurs, et même aux professions libérales. Des lois récentes ont marqué, d'une façon plus décisive encore, cette évolution de la pensée du législateur : c'est la loi du 27 décembre 1892, sur la conciliation et l'arbitrage entre patrons et ouvriers ou *employés ;* c'est la loi du 12 janvier 1895 sur la saisie-arrêt des salaires et *petits traitements* des ouvriers et *employés ;* c'est la loi du 29 décembre 1900 sur les conditions du travail des femmes *employées dans les magasins ;* c'est surtout la loi du 11 juillet 1903, *étendant au commerce et à la petite industrie* les mesures d'hygiène et de sécurité réservées à la grande industrie par la loi du 12 juin 1893 ; c'est la loi du 30 juin 1899 sur les accidents *agricoles ;* la loi du 27 décembre 1895 sur les caisses de retraite, de secours et de prévoyance fondées au profit des *employés* et ouvriers ; ce sont enfin les lois sur les syndicats professionnels, admettant même les *professions libérales* au droit de se syndiquer, sur les syndicats agricoles, sur les associations, sur la mutualité, sur le crédit agricole, sur les caisses d'épargne, les caisses agricoles, les caisses de retraites, etc.

A l'étranger, les législations ouvrières connaissent une évolution identique [1]. L'exemple de l'Allemagne et de la Suisse, en particu-

---

1. Dès l'introduction de cet ouvrage, pour répondre, au sujet de la nécessité d'une législation ouvrière, à l'argument des adversaires de cette législation, d'après lequel les mesures restrictives dans un pays facilitent d'autant le triomphe des nations concurrentes sur le marché du monde, il avait été fait remarquer, à l'avance, que tous les grands peuples, ceux qui influent le plus sur la production et les transactions économiques, ont aujourd'hui leurs lois ouvrières. Ce régime est universel ou quasi. L'argument n'a donc aucune valeur.

En le répétant avant de fermer ce livre, peut-être n'est-il pas déplacé de souligner ce fait que les puissances qui ont ouvert la voie, il y a longtemps, et celles qui ont suivi, même les puissances les plus rigidement réglementées par la suite,

lier, est remarquable. Les autres nations suivent, plus timidement
encore, mais le mouvement est commencé. Il s'accentuera.

C'est que le commerce avec ses grands magasins qui, de plus en
plus, font disparaître les petites boutiques, comme l'industrie avec
ses usines immenses supprime peu à peu les petits ateliers, a séparé
aussi désormais en deux classes, sans mitoyenneté ni milieu, les
patrons marchands d'une part, et, d'autre part, les employés ou
commis salariés; et ces deux classes, ainsi nettement tranchées,
présentent, au point de vue de leurs situations respectives et de
leurs intérêts particuliers, les mêmes caractères d'opposition sociale
que les patrons et les ouvriers du monde industriel.

Dernière remarque. La législation du travail, malgré des différences de détail, se ressemble assez dans les divers pays. Elle est
basée partout sur les mêmes principes. Les points essentiels de la
réglementation générale n'admettent que des divergences presque
insignifiantes.

Des efforts, que le succès n'a pas encore couronnés absolument,
sont tentés pour diminuer plus encore les écarts qui les séparent.
Des congrès se sont réunis et se tiendront par la suite qui n'ont pas
d'autre but. C'est aussi une des ambitions de l'Association internationale pour la protection légale des travailleurs.

---

ne sont pas les moins favorisées sur le terrain économique international. Le
Royaume-Uni de Grande-Bretagne et d'Irlande, presque toujours initiateur, garde,
au point de vue industriel et commercial, une assez bonne figure dans le monde.
Et la nation qui lui fait actuellement la plus redoutable concurrence, l'empire d'Allemagne, est précisément une de celles dont la supériorité est écrasante, en matière de lois ouvrières : ce n'est pas seulement la santé de ses travailleurs de tous
ordres, de l'usine, du magasin, de la campagne, que protège l'empire allemand,
c'est leur avenir qu'il sauvegarde en les faisant participer *obligatoirement* à l'assu-
rance-maladie-invalidité-accident-vieillesse. Ce ne sont pas non plus des peuples en
décadence que les colons d'Australie et de Nouvelle-Zélande qui, eux, ont poussé
la législation ouvrière jusqu'à l'application souvent des théories collectivistes.
Sans vouloir donc inférer cependant de ces exemples extrêmes qu'un peuple est
d'autant plus prospère que sa législation ouvrière est socialement plus avancée, il
reste du moins que la législation ouvrière n'est pas une entrave à l'essor économique. Et parce que la république suisse, les royaumes d'Italie, de Belgique et même
d'Espagne ont une moindre importance sur le marché international, pour des
raisons diverses, étrangères à toute considération relative à la réglementation des
conditions du travail, ce n'est pas une raison pour ne pas leur rendre cette justice
qu'ils ont accompli — et ils ont bien fait — des réformes que la France républicaine attend encore, attend toujours, soit qu'il s'agisse de veiller à la santé des
mères et de leurs nourrissons, soit qu'il s'agisse de protéger le salaire de la femme
mariée, etc., etc.

Les nations sont actuellement et pour longtemps trop différentes de constitution politique, de mœurs, de tradition, de climat, de richesses de toutes sortes, de productivité, etc., pour qu'on puisse espérer jamais, à mon avis, instituer une législation internationale une et unique. Du moins fallait-il signaler le fait de cette tentative qui peut cependant porter des fruits heureux, aussi bien au point de vue du but immédiat qu'on se propose, qu'en ce qui concerne la poursuite d'ententes économiques destinées à rapprocher les peuples et à solidariser leurs intérêts de tous ordres.

Ainsi la réglementation du travail, en même temps qu'elle pénétrait chez tous les peuples civilisés, devenant universelle ainsi, et d'abord en faveur de la seule industrie, n'a pas pu non plus rester cantonnée sur le domaine purement industriel ; elle a débordé peu à peu sur tout le champ de l'activité humaine. Toutes les fois que le travail commercial, toutes les fois que le travail agricole, toutes les fois que les professions libérales, peuvent, quant à des conditions déterminées, s'assimiler au travail industriel, le législateur de tous les pays élargit l'esprit réglementaire qui l'inspire, brise les cadres où la tradition isolait l'industrie ; il soumet à une législation uniforme l'industrie, l'agriculture, le commerce, les professions libérales, en prescrivant des conditions identiques au travail, à toutes les branches du travail, c'est-à-dire à l'universalité des travailleurs.

Et ce n'est pas qu'il soit souvent assez difficile de tracer des frontières à chacune d'elles, comme cela peut se présenter dans des cas qui restent l'exception, par exemple dans le cas d'un agriculteur, produisant des betteraves, qui installe des distilleries, des raffineries sur son domaine, et vend de l'alcool et du sucre, se livrant ainsi à un travail agricole, industriel et commercial, tout ensemble [1]. Ce n'est pas non plus que la démarcation entre les diverses branches du travail doive devenir impossible même par l'application de plus

1. Et pour peu qu'il sorte de quelque école supérieure, en France, l'Institut agronomique, par exemple, s'il installe un laboratoire dans son exploitation, pour des recherches et des essais chimiques, il sera aussi ingénieur agronome, titre qui emporte la profession libérale.

en plus généralisée au travail agricole et commercial des procédés scientifiques, et des machines par quoi se distingua longtemps le travail industriel. .

Il y a une cause profonde à ce caractère extensif de la législation. Un grand souffle de doctrines égalitaires[1] a passé sur le monde. Et le législateur dans tous les pays, sous l'influence de ces doctrines égalitaires, ne se pose plus les problèmes économiques sous le seul point de vue traditionnel de la *nature du travail,* mais désormais aussi, et pour une part qui n'est pas minime, sous le point de vue social de la *personne des travailleurs,* quelle que soit la nature du travail ; et qu'importe qu'on soit ouvrier, agriculteur, commerçant, employé ou nanti d'une profession libérale, du moment qu'on travaille contre salaire, il n'y a pas, *socialement,* de distinction à faire. Un régime d'égalité et de justice, dégagé des préjugés imbéciles de caste, ne connaît qu'une classe de travailleurs.

Aujourd'hui cette classe, qui est celle des salariés et qui ne peut plus sortir du salariat, à cause des conditions économiques de la production moderne, ne songe plus qu'à améliorer sa situation, définitivement telle. Ses revendications, qu'elle qualifie de droit, sont venues s'opposer au droit des patrons. C'est l'antagonisme entre ces deux droits, le désaccord permanent entre la part qui

---

1. Je dis égalitaires, et non pas démocratiques, parce que ce dernier terme évoque immédiatement l'idée d'une forme gouvernementale qui est celle de notre pays. Et comme, après tout, la législation ouvrière existe, avec son caractère nouveau, et même plus accentué souvent, dans des monarchies et des empires, je ne vois pas ce que les doctrines démocratiques, comme on les réalise en France, viendraient faire dans la question. Les doctrines dont je parle et qui ont présidé à l'essor et à la généralisation des lois ouvrières sont universelles. Et si l'on veut, après tout, y voir, pour la France, l'influence du régime démocratique, de notre idéalisme républicain, les faits obligeront à avouer que ce régime, cet idéalism. ont eu une force expansive plus puissante chez d'autres peuples qui, *économiquement,* sinon *politiquement,* ont, avant la République française, institué un régime démocratique.

La vérité c'est que les gouvernements, forcés de tenir compte des mouvements de l'opinion, ont essayé de les canaliser; c'est le fait de l'Allemagne, où, par adresse politique, les chanceliers, pour attacher à l'Empire les classes ouvrières, et après les expériences et les répressions brutales de Bismarck persécutant le socialisme (résultat : progression vertigineuse des voix socialistes aux élections), leur ont accordé les réformes demandées, en prenant aux socialistes d'État une grande partie de leur programme. Nous pouvons consoler notre amour-propre en nous disant que nous avons obéi, en matière ouvrière, à des sentiments plus désintéressés, en France. Mais il ne serait pas difficile de prouver l'influence de l'Allemagne sur les doctrines actuelles de ceux des socialistes français dont tout le recours n'est plus que dans l'intervention de l'État.

doit revenir respectivement au capital et au travail sur les profits de la production qui constitue le fond même, et véritablement, toute la Question sociale. Les lois ouvrières ne témoignent que du désir du législateur de s'acheminer vers la solution de la Question sociale. La route qu'il a prise est-elle la bonne ?

———

2. Jusqu'où peut aller la réglementation du travail par autorité d'État ? Les écoles économiques.

La question. — Quand, entré par la porte large ouverte du contrat de travail, on pénètre dans le dédale de la réglementation légale, on voit l'intervention autoritaire du législateur se manifester avec abondance, posant à chaque instant des restrictions et des limites au libre exercice de l'industrie, à la volonté des patrons et des ouvriers ; l'État a voulu parer encore aux moyens de perfectionnement du travail, dire plus que son mot sur les institutions de prévoyance. Lui toujours, lui partout. Si bien que l'on se heurte, à tous les détours du chemin, à ses prescriptions autoritaires, qui bornent sans cesse le libre horizon de la vie industrielle et sociale.

Il est impossible que la question ne se pose pas immédiatement :
« Jusqu'où l'État a-t-il enfin le droit d'aller ? Sur quels principes généraux se basera-t-il pour ne pas dépasser la mesure, n'être pas une entrave au libre arbitre des citoyens, un obstacle à l'élan et à l'expansion des forces économiques ? Une législation peut être légale, sans, pour cela, être légitime. L'œuvre d'intervention, d'abord et longtemps féconde, ne va-t-elle pas finir par devenir despotique, et avec tous ces règlements dont on enserre le travail, par détruire toute initiative et toute liberté, par étouffer la vie industrielle elle-même ? »

Car en vérité il n'y a pas de motif pour que le mouvement s'arrête. L'ordre public, l'humanité, au nom desquels on légifère, sont des formules dans quoi l'on peut faire entrer aisément tout un programme de mesures répressives nouvelles, et toutes celles que l'on voudra. L'évolution générale de la législation le prouve ; elle a commencé par la grande industrie, elle s'est continuée par le petit atelier et le commerce ; elle touche au travail dans la famille. L'élaboration des lois particulières le prouve aussi : qu'on se rappelle comment la doctrine du risque professionnel, en matière d'accidents, a élargi ses prétentions primitives.

Oui, vraiment, il faut se le demander, jusqu'où ira, jusqu'où peut aller légitimement l'intervention de l'État, sur le terrain économique, industriel, commercial et ouvrier ?

C'est ici que les différentes écoles économiques et sociales sont aux prises.

Il convient, sans parti pris, sans idée préconçue, d'examiner au flambeau de la discussion toutes les opinions humaines, — surtout en économie sociale, où il n'y a pas de théories absolues, pas plus qu'en politique — et viennent-elles des hommes les plus irréductiblement opposés à nos convictions et à nos principes. Car dans les opinions de ces hommes, il y a toujours quelque chose d'excellent. Le tout est de savoir aller l'y glaner.

Écoles interventionnistes. — Elles sont nombreuses : *école coopérative,* qui tend à faire passer, sans expropriation et sans révolution violente, dans les mains de la classe ouvrière, les moyens et les instruments de production, apanage toujours de la minorité patronale ; *école solidariste,* dont le programme tient dans un mot, un beau mot, il est vrai, mais qui n'est qu'un mot après tout, bien qu'il ait fait fortune, beaucoup à cause de son prophète, dont le nom est puissant en politique ; mais ce mot de *solidarité,* si l'on sait le définir et si l'on sait ce qu'il veut dire, quels moyens pratiques de le réaliser nous sont-ils proposés ? Pour l'étayer ce mot, ce beau mot de solidarité, on n'apporte encore que des théories de généreuse mais brumeuse idéologie ; *école éclectique,* dont les doctrines, si elles ne sont pas fuyantes, sont assez difficiles à nuancer de celles des autres écoles interventionnistes ; *socialisme chrétien* ou *christianisme social* qui, s'il préconise l'intervention de l'État en faveur des travailleurs, ne comprend pas que l'État s'affranchisse du dogme et de la tradition de l'Église ; *école socialiste,* enfin, avec ses divisions et ses groupes, les uns révolutionnaires jusqu'à la violence, n'attendant le salut pour les travailleurs que dans le bouleversement sur ses bases de notre société, lente à mieux faire ; les autres, assagis, ayant renoncé à la réalisation intégrale, du moins immédiatement, des programmes de combat, et ayant reculé jusqu'aux confins du solidarisme, sur le terrain des revendications immédiates par l'action parlementaire; toutes ces écoles, malgré les points de départ plus ou moins ondoyants et divers de leurs doctrines et théories respectives, sont d'accord en ceci qu'elles admettent, qu'elles demandent l'intervention de l'État pour l'amélioration du sort de la classe ouvrière. Et par les bienfaits obtenus par celle-ci, grâce à elles, on peut dire que l'événement, jusqu'à présent, a donné raison à leurs conceptions.

Les interventionnistes ont triomphé. Ils ont eu fort à faire, et ils y ont mis du temps, il faut le reconnaître, puisque la France de la Révolution, la France des Droits de l'homme n'a réalisé certaines réformes que des années souvent après des monarchies et des empires, qui ont encore de l'avance sur elle, au surplus.

Les revendications en faveur du peuple faisaient partie cependant du programme des républicains du temps de Louis-Philippe, les Raspail, les Trélat, les Armand Carrel, les Garnier-Pagès, les Armand Marrast, qui n'étaient point des collectivistes, mais qui savaient que le peuple, en 1830, avait tout fait pour la République [1].

Les gouvernements républicains qui se sont succédé depuis la troisième république ont fini par s'en souvenir. Ils ont eu raison ; car l'opposition aux lois ouvrières était contre-révolutionnaire. On l'a reconnu depuis. Ces réformes, longtemps attendues, sont en marche vers leur accomplissement intégral aujourd'hui, ayant, d'un élan large, emporté les résistances ; et ce sont souvent des ministères, dits modérés, qui ont dû, et c'est tout à leur honneur, les faire voter par le Parlement.

Aujourd'hui une association internationale, plus féconde, parce qu'elle veut instaurer, que celle que l'on sait qui, dit-on, ne voulait que détruire, s'est formée pour veiller à la protection légale des travailleurs, comme si, par son internationalisme, elle voulait échapper d'avance à l'objection des rivalités économiques entre peuples. Et, en France, en particulier, quelques années à peine écoulées, l'un des membres de la minorité socialiste d'autrefois a gravi les degrés

---

1. « On ne l'a harangué, ni excité, ni poussé, écrivait Armand Carrel, dans le *National* du 30 juillet 1830 ; il a obéi à ses sentiments et à ses instincts ; il a été puissant et sublime. C'est lui qui a vaincu, c'est pour lui que devront être tous les résultats de la lutte... Injustes que nous étions ! nous croyions le peuple désintéressé dans les questions constitutionnelles !... »

du pouvoir. Il en est même descendu, et on ne voit pas, comme on nous l'avait fait craindre, que notre globe, cet ancêtre révolutionnaire, ait cessé de tourner sur lui-même et autour du soleil, dans l'espace, ni que la ruine ait croulé sur nos têtes[1]. L'influence du ministre socialiste s'est fait sentir dans la mise à l'ordre du jour de la loi sur les retraites ouvrières, et, plus ostensiblement encore, par l'organisation des conseils du travail et par ces décrets sur les adjudications dans les travaux de l'État, des départements et des communes, où apparaît avec éclat la doctrine protectrice allant jusqu'à la réglementation des salaires ; par des améliorations à la loi sur les accidents ; par la réduction, votée à la Chambre, à huit heures de la durée du travail quotidien pour les ouvriers de la mine ; on a, sur sa proposition, étendu depuis au grand et au petit commerce, à la petite industrie, les mesures de sécurité et d'hygiène appliquées longtemps aux seuls établissements industriels par la loi de 1893. Et bien d'autres revendications socialistes attendent qu'on les discute.

Les libéraux. — Au point opposé de l'horizon économique, prenant le contre-pied des écoles interventionnistes, voici les libéraux, divisés en deux écoles : l'*école orthodoxe classique,* ou simplement *libérale,* celle qui décerne à ses seuls adhérents le titre pompeux d'économistes, et l'*école libérale chrétienne,* qui ferait mieux de s'appeler l'*école libérale catholique*[2].

Sauf que cette dernière, s'inspirant des Encycliques pontificales, et assez peu même de celle du défunt pape Léon XIII : *De conditione opificum* ou *Rerum novarum* (15 mai 1891), compte sur la charité chrétienne et l'idée évangélique, ces deux écoles libérales, bourrelées d'optimisme, attendent tout, pour améliorer la situation des classes ouvrières, de la libre concurrence, du libre jeu de la loi de

---

1. Il n'y a pas eu, non plus, que je sache, cette expropriation en masse ou en détail, cette spoliation des possédants par les non-possédants. Ou je ne m'en serai pas aperçu, car, en particulier, je n'ai jamais vu que je n'ai pas dû payer, à toutes les échéances, mon terme. Il y a donc encore des propriétaires.

2. Mais de même que les *libéraux* se considèrent comme les seuls économistes, les partisans du libéralisme catholique, en s'intitulant : libéraux chrétiens, oublient qu'en dehors du catholicisme, il reste encore autant, sinon plus, de chrétiens appartenant à des religions qui se disent chrétiennes aussi et qui ne sont pas de leur école, dont le titre est bien trop compréhensif, par conséquent.

l'offre et de la demande. Il n'y a qu'à « laisser faire », l'apaisement des souffrances, le soulagement progressif viendront tout seuls. Bien que le but des sociétés humaines doive être le plus grand bonheur des masses, ce but doit être atteint en laissant agir les lois naturelles. L'État n'a pas à intervenir. Toute intervention de l'État en matière ouvrière est une atteinte à un droit, une blessure à la liberté. La Liberté, Messieurs !

Vraiment, quand on entend jeter ainsi ce mot de liberté, au milieu d'un état de choses qui ne comporte pas, qui ne peut pas comporter, tel quel, la liberté, on est tenté de s'écrier, en reprenant une formule célèbre : « Liberté ! liberté ! que de crimes on commet en ton nom ! » Car la loi de l'offre et de la demande reste très contingente, la classe patronale, d'un côté, ayant en mains la richesse qui permet d'attendre, et la classe des salariés, d'autre part, sans avances pour parer au lendemain, ne pouvant, en toute liberté, discuter les conditions du travail et les salaires. Au nom de la justice, comment prétendre instituer entre ces deux classes inégales le régime de la liberté ? Comment affirmer, à ne pas vouloir en démordre, qu'il y a, au sens absolu, une justice sociale quand l'injustice et l'inégalité sont au berceau [1] ? et ce qui le prouve c'est précisément que les gouvernements interviennent et sont sollicités d'intervenir pour rétablir dans les relations sociales, et en matière ouvrière, un équilibre instable, toujours faussé. S'il y a une justice, les écoles interventionnistes sont inexplicables ; si l'individu est naturellement capable de se défendre, la législation du travail est incompréhensible ; il faut accuser de folie les législateurs de tous les pays civilisés qui ont peiné inutilement pour la défense des intérêts ouvriers, car il n'en était alors nul besoin. Ils auraient mieux fait de dormir.

C'est donc que les libéraux ont tort. Et avec leurs théories spécieuses et stériles, qui n'aboutissent qu'au néant, à moins qu'elles ne perpétuent l'iniquité, ils expliquent — j'allais dire : ils excusent — les impatiences d'autre part, et les secousses correspondant aux réactions et à l'immobilité.

La liberté, dans l'état social actuel, la liberté, sans l'égalité, ne peut qu'entraîner l'oppression des uns par les autres.

---

1. Le libre jeu des lois naturelles d'ailleurs n'aboutit qu'à l'anéantissement des faibles. C'est la théorie de Darwin ; l'histoire des espèces et de l'humanité le prouve.

Vers le socialisme. — Eh bien, vraiment ! s'il fallait choisir entre les écoles interventionnistes qui ont jusqu'à un certain point mis dans leur poche le principe de la liberté et la doctrine du laisser-faire qui risque d'aggraver le mal social, je serais, on s'en doute, pour les écoles interventionnistes, faute de mieux, et s'il n'y a pas de milieu.

Je sais que le travailleur demande beaucoup ; les libéraux, sans avoir égard à son long état d'infériorité, mal atténuée encore, trouvent qu'il demande trop. Il deviendra insatiable. Le reproche, sans qu'il excuse pour cela l'indifférence des libéraux, paraît fondé, car le malheur de l'interventionnisme, c'est, en effet, qu'il n'a pas de limite. Et de proche en proche, il ne peut aboutir qu'au socialisme, et au socialisme collectiviste. C'est en vain qu'on s'en défendrait. Pourquoi voulez-vous qu'on s'arrête, le mouvement commencé ? Où ? Et quand ? Questions sans réponse. Il faut aller jusqu'au bout.

Le collectivisme, puisqu'on y tend, est, nous assure-t-on, un état social qui doit apporter aux déshérités sur lesquels pèsent la fatalité et l'iniquité, le changement magique de leur sort, par la disparition de la misère, par la joie du travail et la certitude du lendemain. Certes, l'intention est supérieure. Et pour une promesse aussi merveilleuse, je ne demande pas aux prophètes de l'école de nous donner la formule constitutionnelle de l'humanité future qu'ils rêvent, de son mécanisme, de ses bases, de son organisation. Ce leur serait chose impossible. J'admets avec eux que cet état nouveau ne peut être substitué à l'état présent au moyen d'une transformation soudaine ; je leur fais donc crédit du temps nécessaire à l'évolution des sociétés humaines, et nécessaire aussi aux progrès scientifiques qui peuvent bouleverser les conditions de la production et du travail. J'accorde aux esprits aiguisés et subtils, rompus au maniement des idées, et servis par un grand talent de plume et de parole, qui tireront de leur intelligence avec une sérénité parfaite, le socialisme d'État ou le collectivisme, comme Pallas-Athènè sortit tout armée du cerveau de Zeus, je leur accorde, même si la réalité dément leur rigoureuse argumentation logique, que c'est la réalité qui aura tort. Je ne me laisse pas arrêter par ceux qui disent que, chaque ébranlement étant gros de perturbations, il faut savoir, quand on touche à l'état social, montrer ce qu'on veut mettre à la place, et prouver que ce qui en résultera sera meilleur pour la collectivité que ce qui existe ; j'ai. confiance qu'après des orages et des tempêtes, le ciel peut redevenir pur et serein.

Ainsi, je fais toutes concessions aux collectivistes ; j'écoute leurs arguments et leurs théories avec un coin de cœur très favorable. J'essaie même de donner à leurs concepts une forme qu'ils n'ont peut-être pas soupçonnée pour eux, car ils l'ont combattue longtemps : j'essaie de voir le monde sous les espèces d'une immense, d'une universelle société coopérative.

Est-ce assez dire ? Et ceci étant ainsi, après ?

Le régime collectiviste est devenu possible. L'État est roi ; l'État est Dieu. Mais qu'est-ce que l'État sinon la collectivité ? Et cette collectivité qui n'est qu'une abstraction, qu'y a-t-il derrière, sinon les hommes qui la constituent ? Vont-ils tous gouverner ? C'est impossible. Ils éliront alors des représentants chargés de veiller à l'application du système, et qui seront des « semeurs de justice », qui sauront établir parmi les autres hommes la liberté dans l'égalité, et qui n'auront pas de jaloux. Ils détermineront, selon la formule de Lassalle, « les objets matériels que les individus auront le droit de posséder, et ceux qui, sortant de la propriété privée, devront rentrer dans la propriété collective ». Ils veilleront « à ce que chacun reçoive à proportion de l'effort fait par lui pour contribuer à la richesse totale ». C'est eux encore, c'est la collectivité qui réorganisera la production sociale de façon à réaliser le programme de Rodbertus, — produire : 1° en vue des besoins sociaux et les satisfaire dans l'ordre de leur urgence ; 2° avec la plus grande économie possible des forces de production.

Et si, délaissant les cimes et les hautes sphères économiques, on descend aux menus détails de la vie — et dont la vie est faite — chacun devant recevoir sa part de bonheur, de plaisir, de distractions et de villégiatures, chacun ne demandant aussi qu'à se livrer aux travaux les moins pénibles, chacun enviant encore les appartements somptueux, et on pourrait continuer la liste des desiderata de chacun, — que de complications, que de difficultés, que d'impossibilités, quand il s'agira de départager les préférences et de faire la plus modeste répartition ! Et si on arrivait à désigner ainsi ceux qui doivent se reposer, aller aux bains de mer en été, — et si tous veulent goûter les charmes de la côte d'azur en hiver ! —

ou dans la montagne ; si on fixe à chacun son habitation, son genre
de travail, je le demande, qui pourrait accepter sans mécontentement une organisation pareille ? Quel malheureux voudrait y obéir ?
La terre ne serait plus qu'un grand couvent où chacun saurait ce
qu'il doit faire à chaque heure du jour et de la nuit et où la règle
universelle s'imposerait à tout homme venant dans ce monde. Lais-
sez-moi croire qu'un tel état social ne tiendrait pas huit jours
devant le sursaut de l'humanité qui n'est pas assez veule pour consentir jamais à ce régime symétrique des casernes et à cette soumission passive des dindons.

Que l'organisation collectiviste soit possible un jour, que l'utopie
d'aujourd'hui soit la réalité de demain, nul ne peut l'affirmer ou le
contredire, des civilisations communistes ayant déjà prospéré sur la
surface du globe ; mais la Question sociale ne peut attendre dix
mille ans ; il faut chercher ce qui est immédiatement réalisable pour
résoudre le problème, et je constate pour le moment, avec nos cer-
veaux actuels que nous ne pouvons pas refaire si vite, que, conçue
pour parer aux injustices présentes, la doctrine collectiviste est
grosse d'autant d'injustices au moins, que celles auxquelles elle
prétend remédier. Elle repose sur une conception abstraite : la supériorité de l'État en intelligence, en moralité, en idéal même de
justice, puisqu'elle lui remet, par définition, comme à un juge,
l'arbitrage social tout entier.

On s'aperçoit que la vie, avec ses incidents multiformes, échappe
aux conceptions spéculatives. Les collectivistes l'oublient. Ils voient
la nature des choses et des hommes telle qu'il faudrait qu'elle fût,
eux qui pourtant la supposent radicalement mauvaise, mais non
pas telle qu'elle est. Ils oublient que l'homme n'est pas un manne-
quin, un être abstrait, tel que l'esprit géométrique, scientifique,
poétique ou philosophique d'un penseur ou d'un rêveur peut le
concevoir. L'homme n'est qu'un homme, avec ses traditions, ses
coutumes, ses instincts, bons ou mauvais enracinés, ses préjugés,
ses mobiles d'action ancrés dans le cœur et le tempérament par
l'égoïsme et par des siècles d'expérience et d'hérédité. Et si même
on va jusqu'à admettre la possibilité d'une humanité si haute que
tous les citoyens, pris d'une noble émulation et également appliqués
au droit, concourraient tous au bonheur général, si l'on admet réalisé

le postulat sur lequel tous les faiseurs de systèmes depuis Platon — voilà qui ne rajeunit pas la Question sociale — ont fondé leur réforme, à savoir : la raison dominant les hommes, il n'y a pas besoin de collectivisme. En vérité, avec l'homme parfait, l'anarchie est possible ; l'anarchie est un état divin ; vive donc l'anarchie[1] !

Alors ? — Alors, si, d'une part, on reste en présence de l'interventionnisme qui doit, peu à peu, nous conduire à la solution excessive et impraticable du collectivisme, aux lointaines échéances, en tout état de cause ; si, d'autre part, l'école libérale est impuissante, inique et stérile, qui trouvera la formule libératrice de la souffrance humaine ? Surtout qui, ayant trouvé la formule, donnera les moyens pratiques de la réaliser ? C'est en vain qu'on a dit aux hommes : « Aimez-vous les uns les autres ! » Cette parole sublime est inapplicable, par la faute et pour le malheur de l'humanité, aux efforts de qui c'est beaucoup déjà qu'elle serve d'orientation véritable jusqu'à balancer l'égoïsme et l'intérêt.

———

3. Qu'il ne peut y avoir de *liberté* et de *fraternité* que dans l'*égalité* tant économique que politique. L'égalitarisme social.

La lutte des classes. — Les discussions spéculatives les plus humanitaires viennent se buter et s'user contre ce phénomène social : la lutte des classes. Le mot de Bouvard à Pécuchet est amèrement réel : « Crois-tu que le monde va changer grâce aux théories d'un monsieur ? » Et les discussions de continuer.

Tout le développement de l'histoire, depuis la fin du moyen âge, se ramène à l'antagonisme de la bourgeoisie et de la noblesse, et s'achève par la victoire de la première. Depuis 1830, la bourgeoisie voit se dresser en face d'elle une classe nouvelle, celle des prolétaires, créée par la grande industrie, et qui, aujourd'hui, devenue internationale, parce qu'elle se sent solidaire, avec des intérêts

———

1. Ai-je besoin de dire que je prends le mot *anarchie* dans son sens étymologique : absence de gouvernement, et ne connais point l'interprétation commune qui veut que l'anarchie soit une doctrine dont le principe vise la destruction universelle par les bombes, les incendies ou les massacres.

communs primant, à son avis, les antiques principes de race et de patrie [1], demande sa place au soleil, et, après avoir été peut-être le produit de la misère et du désespoir, consciente aujourd'hui de sa force, monte peu à peu et veut aboutir au niveau de l'égalité. Notre état social est caractérisé par cette lutte toujours grandissante et porte dans ses flancs une société nouvelle.

Quelle sera-t-elle ? Les libéraux ne nous en laissent rien entrevoir. La théorie du laisser-faire écrase la classe ouvrière. Qu'on prenne garde [2] ! La royauté aussi voulait s'opposer au Tiers-État qui criait justice. Le conflit s'est envenimé, et vous avez vu le torrent révolutionnaire, un moment contenu par la force, se ruer avec plus de violence et de colère, de toute la pression et de toutes les réserves d'impatience et de révolte accumulées et qui crevèrent les digues. La royauté en a péri. Ne la plaignons pas. Pour avoir trop différé et écarté les solutions pacifiques, elle a fini par se trouver en face des solutions violentes. Les libéraux oublient ainsi que les réformes sont le remède préventif des révolutions, des cataclysmes et des bouleversements sanglants, qui ne connaissent plus ni droit, ni pitié [3].

Les interventionnistes montrent plus de sagacité. Aux travailleurs souffrant d'un malaise sourd, qui les fait crier vers un état social meilleur, qu'ils ne savent pas définir, car cet état social qu'ils réclament, d'une conscience obscure, a été et est toujours un état social égalitaire — et s'ils ne s'en doutent pas, c'est qu'ils croient le posséder peut-être, tant on leur a chanté des airs de liberté, d'égalité et de fraternité — aux travailleurs altérés de l'eau vive de l'égalité, les interventionnistes offrent la protection de l'État qui, par ses

---

1. Il ne faut pas s'en étonner. Les transformations économiques dominent, en général, et modifient profondément la vie intellectuelle, matérielle et morale.

2. Pour être juste on doit reconnaître que les libéraux sont venus peu à peu à cette idée : « qu'il serait excessif de prétendre que l'intervention de la loi dans les conditions du travail est nécessairement condamnable ». (*Journ. Économ.*, 15 nov. 1903, article de M. C. Lavollée, p. 162.) Mais, hypnotisés toujours par le point de vue strictement *individualiste*, ils méconnaissent délibérément la nécessité faite aux travailleurs par le régime de la grande industrie de se défendre collectivement, et versent au peuple le breuvage d'une fausse liberté, basée sur les droits des individus. En matière ouvrière et de conditions du travail, les droits des individus sont des droits collectifs de classe, qui ne peuvent être défendus avec chance de succès que par la collectivité. L'individu y est impuissant. Et alors est-ce être libre que, par l'isolement, aller au-devant de l'écrasement ?

3. C'est en ce sens que Schopenhauer a pu dire : « Le droit n'est que la mesure des forces de chacun. »

gouvernements successifs, n'a su qu'accomplir des réformes partielles, où l'impatience s'émousse des prolétaires, sans les satisfaire
jamais, puisqu'ils se plaignent toujours[1]. Toute la législation du travail procède de cet esprit protecteur. Et on continue à édicter des
règlements d'autorité, qui gênent les patrons, sans qu'on puisse
affirmer qu'ils ne mécontentent pas souvent les ouvriers dont ils
desservent parfois les intérêts, à ce qu'ils prétendent ; et le zèle de
l'État tend à devenir si indiscret, si minutieusement intempestif,
que, le peuple réclamant toujours, on est en marche rapide vers le
collectivisme, sans qu'on sache si, même possible, celui-ci apaisera
les revendications sociales. L'État abuse vraiment !

L'erreur de la législation ouvrière. — C'est qu'il y a un vice
dans l'esprit qui a présidé à la législation ouvrière. Certes, elle a été
nécessaire, et elle a accompli de grandes choses. Mais elle est au
point, où, continuant à être fidèle au principe de l'intervention, elle
va dépasser la mesure. Et comme elle ne peut être qu'à la condition
de ne pas se parjurer, tous les avantages de l'intervention vont se
changer en inconvénients.

Et ceci, à cause d'un faux départ, d'un départ sur un principe
généreux, sans doute, mais dont les conséquences doivent devenir
funestes. Le législateur, pressé d'aboutir, et c'est son excuse, a mé-
compris, dès le début, son devoir et son rôle. L'État — et les libéraux ont raison de le lui reprocher — n'avait pas à réglementer les
incidents, les modalités et les menus détails de la vie industrielle,
qui ne le regardent pas. En intervenant entre les patrons et les
ouvriers pour leur fixer la durée du travail, et toutes autres conventions à débattre entre eux, d'ordinaire, l'État s'arroge un droit
qui n'est pas le sien, car il n'est pas partie au Contrat. Il fait une

---

1. Ce n'est pas d'ailleurs que la misère des classes laborieuses soit plus intense,
en soi, aujourd'hui qu'autrefois. Il est certain au contraire que la condition des
travailleurs est beaucoup meilleure que dans le passé. Si aujourd'hui le cri de
douleur monte plus haut, c'est que l'ouvrier a conscience de sa condition. Son mécontentement vient de ce qu'ayant conquis l'égalité civile et politique, il aspire à
l'égalité économique, au droit absolu et égal de tous les hommes à la jouissance des
biens sociaux ; et il souffre du contraste profond entre les libertés politiques dont
il s'est emparé et sa situation économique dont il trouve le joug plus dur et le poids
plus lourd, après la conquête des libertés publiques. La démocratie agit en ce sens
que, tous les citoyens pouvant ambitionner les situations les plus élevées, les inégalités sociales et économiques profondes tiennent les hommes dans un état de continuelle attente et de continuelles aspirations.

œuvre arbitraire. On la lui a pardonnée, parce que, dans l'état d'infériorité de l'ouvrier, l'intervention du législateur, arbitraire quant au principe, a été bienfaisante quant aux résultats.

Mais ne voit-on pas, précisément, qu'il y avait un autre moyen de remédier à cette infériorité de l'ouvrier, par une intervention qui, au lieu de se perdre dans les à-côté des menus faits industriels, au lieu de se substituer au libre arbitre des patrons et des ouvriers, dont seuls c'est l'affaire de débattre à leur gré les conditions du travail et les clauses de leurs rapports et engagements respectifs, devait porter son effort directement sur la condition même des travailleurs, à qui il fallait donner, par des mesures appropriées, l'égalité sociale et économique.

Est-ce que, dans les relations de droit commun entre individus, l'État procède comme il le fait en matière de législation ouvrière ? Ouvrez le Code civil, au titre du mariage, par exemple. L'État a compris son rôle en se bornant à faciliter les unions, en les enregistrant ; il rappelle aux conjoints leurs devoirs de mutuelle assistance ; et, en ceci, les recommandations du Code ne sont que la résultante de l'état social des mœurs auxquelles il obéit. Pour le contrat de mariage, il met à leur disposition toute une législation nécessaire et générale qui donne les moyens de discuter et de régler les conventions de dot, d'apports, tous les régimes possibles entre époux. Mais comprendrait-on qu'il allât plus loin ? Lui permettrait-on de fixer autoritairement aux époux les détails de leur vie : habitation, loyer, cube d'air de leur appartement, heures de réveil, de repas, de sommeil ? Lui permettrait-on de fixer autoritairement le chiffre des apports, l'obligation d'en disposer ? A-t-il le droit de faire plus que de permettre à chacun de garantir ses intérêts ? Pourquoi ne pas prescrire aussi le nombre d'enfants qu'il attend des époux ?

On peut sourire. C'est cependant dans le sens d'une réglementation aussi tyrannique qu'il tend à en agir de plus en plus avec le monde du travail.

Et, en définitive, avec ses prescriptions impératives et tutélaires, l'État n'a pas fait autrement qu'un médecin insensé qui, en présence d'un malade qu'il peut guérir, préfère lui donner des béquilles. Le malade marche, mais ôtez-lui ses béquilles, il n'y a plus d'homme. La législation du travail, béquilles pour l'ouvrier, n'a pas remédié au malaise dont il souffre, puisqu'il se plaint de toujours souffrir. Elle l'aide. à le supporter, en gémissant encore. Est-ce que vraiment il ne serait pas possible de rendre au monde du travail la liberté, de le débarrasser de ses béquilles tout en le guérissant, par un régime d'égalité, qui équivaut, pour le corps social, à la santé et à l'harmonie, du mal auquel elles voulaient parer ?

Cette cité future enfin que, de la base à la cime, les socialistes placent dans les nues, et que les libéraux rabaisseraient à un enfer, n'est-il pas possible de l'entrevoir tout simplement sur la terre, rationnellement ?

L'égalité. — Car il reste à savoir si, entre les deux opinions extrêmes de l'école libérale et de l'école interventionniste, il n'y a pas place pour une troisième, qui, sans doute, ne les concilierait pas toutes deux, — il ne faut jamais se flatter de pouvoir concilier deux écoles — mais qui, empruntant à l'une et à l'autre respectivement leurs principes de l'intervention et du laisser-faire, et les appliquant à propos, tout en se refusant à en suivre les déductions erronées et excessives, fonderait un état social relatif (l'absolu est-il possible ?) de justice et de liberté ?

Cette doctrine, qui n'a pas de nom, et je ne compte pas lui en donner un[1], qui, au surplus, ne serait pas une doctrine de juste milieu, tenant la balance égale entre l'interventionnisme et le libéraisme, serait basée simplement sur la devise même de notre démocratie : Liberté, égalité, fraternité.

Elle ne rêve pas de révolution violente, d'expropriation en masse Ides possédants par les non-possédants ; et, sans croire pourtant que le système actuel de la propriété soit un régime éternel, elle fait crédit au temps, à l'évolution nécessaire des idées et de la société, sans qu'il puisse se produire de bouleversement où l'iniquité jouerait son mauvais rôle, quoi qu'en disent les collectivistes. Les transformations de la propriété se feront sans secousse, à la faveur même des inégalités sociales disparues.

---

1. Comme on va le voir, elle serait *socialiste,* si on entend le mot *socialisme,* comme l'entendaient ses inventeurs qui l'opposaient au mot *individualisme,* et s'en servaient pour définir l'action collective, par l'association des travailleurs. Et elle serait *libérale,* parce que l'égalité rétablie entre patrons et ouvriers, elle leur laisserait toute liberté de s'entendre sur les questions du travail, sans appeler l'intervention de l'État.

Cette doctrine, certes, serait une doctrine de liberté. Mais attendons la fin. La liberté — mot enthousiaste que toutes les causes aujourd'hui, pour remuer les cœurs, revendiquent et inscrivent sur leur drapeau, et sous les plis duquel l'école libérale couvre en bloc sa marchandise trompeuse, — nous n'en parlerons pas avant de l'avoir assise sur un régime social et économique d'égalité. A mon sens, l'égalité doit devancer la liberté ; la liberté est une chimère, elle est un leurre, tant que l'inégalité règne. Et, au point de vue économique et social, c'est l'inégalité qui règne. Politiquement on peut dire, presque, que le régime républicain est à peu près un régime d'égalité, car les hommes y naissent égaux en droit, — et ils y meurent surtout égaux en fait, — mais l'égalité économique, où est-elle ? Je demande qu'on me la montre, car je ne l'ai pas rencontrée.

Cette égalité pouvait être atteinte, — et on est toujours à temps pour y parvenir, — par une législation appropriée, générale, qui garantirait aux travailleurs une capacité économique égale à celle du patronat, leur donnerait les moyens légaux de s'organiser puissamment, de contrebalancer par une coalition collective et permanente l'omnipotence rigide du patronat, de manière à ce qu'il ne puisse se présenter face à face, sur le terrain économique, pour les conditions du travail à débattre, que des contractants vraiment d'égale force. Et dans cet ordre de faits, la première pensée est pour les organisations professionnelles. Il fallait accorder aux syndicats, par exemple, les droits les plus étendus, quand il s'agit pour eux de servir les intérêts de leurs corporations respectives : notamment on devait leur permettre d'ester en justice, même en faveur des membres isolés, sur les conditions mêmes du travail, au lieu de restreindre leur droit à la cause de la généralité des membres du syndicat ; au fond, d'ailleurs, — et les solidaristes ne me contrediront pas, — la cause d'un travailleur est celle de tous ; un pour tous, tous pour un. Rien que cette extension du droit des syndicats aurait, au point de vue de l'égalité à établir, des conséquences incalculables. On devait encore, comme corollaire, ne pas leur marchander le droit de posséder et d'acquérir, car devant le patron disposant de capitaux, les syndicats restent pauvres ; et leur pauvreté fait leur faiblesse[1].

---

1. Il ne faut pas trouver ces idées si révolutionnaires, puisqu'on voit des hommes comme M. Barthou y adhérer à la onzième heure.

Bien d'autres prérogatives pouvaient encore être accordées aux syndicats ; mais la loi de 1884 ligotte les syndicats, au delà de toute raison. Surtout elle est incomplète, même sur des points essentiels [1].

Et enfin, tant qu'à intervenir, par mesure générale, puisqu'il voulait affranchir le peuple des servitudes inhumaines et barbares, l'État pouvait bien aller jusqu'à décréter sans inconvénient les syndicats *obligatoires*.

Enfin, vont dire ceux qui depuis longtemps me voient venir, voilà le grand mot lâché. Ainsi vous êtes pour les syndicats obligatoires ! Et vous parlez de liberté ? — Certes j'en parle. Mais je vous redis, en vérité, qu'au nom de la liberté, il faudra toujours laisser le fort écraser le faible. Car dès qu'on voudra *obliger* les faibles à s'unir pour être forts, on nous jettera la liberté à la face. Oui, décidément, j'admets le principe interventionniste jusque-là ; j'admets que l'État fasse violence à la volonté des travailleurs, pour qu'ainsi fédérés, et devenus une force égale à la force des patrons, ils puissent alors discuter de puissance à puissance les termes des conditions du travail. Je dis même que le véritable devoir de l'État qui vit de l'égalité politique du peuple, — et l'égalité politique ne donne pas à manger à ceux qui meurent de faim, — est d'assurer aussi à ce peuple l'égalité sociale et économique, qui touche aux nécessités primordiales de la vie humaine [2].

D'ailleurs, avec ou sans législation qui les y force, les travailleurs viendront d'eux-mêmes aux syndicats obligatoires. Ce n'est que par l'union organisée qu'ils peuvent être forts. Quand ils opposent leurs syndicats jaunes à leurs syndicats rouges, ils s'affaiblissent à plaisir, divisés contre eux-mêmes. Ils comprendront un jour, après

---

1. Faisant des syndicats des associations de personnes inconnues, à propriété restreinte, mais perpétuelle, car elle ne prévoit la liquidation ni du syndicat, ni des biens des syndicats, elle n'exige aucun compte rendu matériel ou moral de la part des fondateurs.

2. Je voudrais en finir avec ce sophisme de la liberté individuelle en matière ouvrière. L'homme vit en société ; il subit, de ce chef, d'innombrables contraintes légales qui restreignent sa volonté, son indépendance, son caprice. S'il est un cas où la liberté des travailleurs peut être violentée, c'est lorsqu'ils agissent isolément. Par le groupement, par le syndicat obligatoire, ils deviennent forts, donc indépendants, donc libres. Sans action collective, ils n'ont aucune liberté *vraie*, aucune liberté *réelle* de débattre les conditions du travail. Le capital est combiné ; pourquoi le travail ne le serait-il pas ?

de dures expériences, qu'il n'y a de salut pour leur cause collective que dans l'association une et indivisible. Ce temps est loin, et c'est pourquoi les esprits qui s'intéressent à eux verraient sans inconvénient, par mesure légale, les syndicats devenir obligatoires, et afin de pousser les travailleurs à s'émanciper plus vite, — sans oublier, au surplus, que c'est à ceux-ci qu'appartient, pour une œuvre aussi haute, la plus grande part d'efforts dans ce but.

Il faudra donc finir par où l'on aurait dû commencer : chercher et trouver les mesures qui mettront le salariat sur le pied d'égalité économique avec le patronat, et lui permettront de rejeter la tutelle de l'État, stade avant-coureur du collectivisme ; et ce qui étonne, c'est que les libéraux ne le comprennent pas. L'une des premières mesures auxquelles on doive penser, c'est de décréter les syndicats obligatoires à prérogatives étendues. Il faudra en venir là et la doctrine interventionniste n'y peut rien trouver à redire, car c'est fatalement une de ses étapes plus ou moins prochaine.

Les syndicats obligatoires à prérogatives étendues seront assez forts en face du patronat pour discuter les termes des conditions du travail, et pour parer, par des initiatives d'ensemble, autrement efficaces que les efforts individuels, à tout ce que la législation ouvrière a la prétention de régler.

. Les syndicats, représentants effectifs de la collectivité des travailleurs, selon les professions, les régions, les villes et les conditions de la vie elle-même, discuteront avec les patrons syndiqués eux-mêmes, si bon leur semble, sur le prix et les obligations de la main-d'œuvre, la réglementation du travail dans les usines, les chantiers, les magasins, les manufactures, comme une bonne ménagère marchande au marché, avec les vendeurs et vendeuses, les denrées qu'elle vient y chercher. Et de même que l'acheteur et le vendeur finissent toujours par s'entendre sur le prix de la marchandise, débattu librement, de même, débattant le contrat de travail de pair à égal, les syndicats de travailleurs avec les syndicats patronaux tomberont d'accord sur les conditions de ce contrat. Les sentences arbitrales rendues dans des conflits collectifs plus ou moins récents prouvent qu'on peut toujours trouver, en matière ouvrière, un terrain d'entente.

Le contrat de travail, individuel ou collectif, une fois accepté, les syndicats auraient le droit d'en poursuivre l'exécution intégrale,

et d'agir en justice pour tous leurs membres, même individuellement engagés.

Pour éviter la procédure compliquée et coûteuse, indigne vraiment de notre siècle, des tribunaux ordinaires, le monde du travail,
aux cas de différends collectifs, si l'une ou l'autre des parties au
contrat violait ses engagements, aurait recours à l'arbitrage, tel
que la loi du 27 décembre 1892 l'a institué, mais avec deux correc-
tifs : c'est qu'il serait obligatoire et que les sentences arbitrales
auraient force exécutoire, étant bien entendu d'ailleurs que cette
procédure ne serait possible qu'au cas de violation formelle des
termes du contrat de travail, et non point pour faire valoir des revendications nouvelles, non insérées au contrat, et desquelles la
discussion ne pourrait venir qu'au renouvellement du contrat [1].

Pourquoi non ? Est-ce qu'en droit commun, quand un particulier, estimant avoir à se plaindre de son semblable, le cite en
justice, celui-ci n'est pas *obligé* de comparaître, qu'il ait tort ou
raison, à moins qu'il ne préfère être condamné par défaut? Et,
condamné ou non, l'arrêt du juge n'est-il pas exécutoire? Pourquoi
l'arbitrage, c'est-à-dire, en somme, la possibilité de résoudre un
différend né, serait-il facultatif? pourquoi dépourvu de sanction?
C'est à croire, n'en déplaise aux partisans de l'arbitrage facultatif
et sans sanction, qu'on ne conclut alors un contrat qu'avec l'arrière-
pensée de ne pas se soumettre à ses clauses. S'il en est ainsi, il
faut le dire.

Une organisation du travail, égalitaire, rend seule possible le
régime de la liberté. Un corps social et une loi sociale exactement
faits l'un pour l'autre ne peuvent que rendre harmonieux les rapports entre patrons et ouvriers. Les patrons devraient comprendre
qu'ils y trouveraient aussi leur affaire ; car dans l'état actuel ils

---

1. La loi de 1892 confond en effet deux choses, en faisant intervenir l'arbitrage entre patrons et ouvriers : la *discussion* et l'*exécution* du contrat. La discussion du contrat ne peut appartenir qu'aux intéressés; un tiers n'a rien à y faire;
car ce n'est pas lui qui payera les prix : laissez donc aux patrons et aux ouvriers,
égaux, leur liberté d'action. Quant à l'exécution du contrat, s'il donne lieu à contestation, un juge, un arbitre peut en effet l'interpréter, mais non point discuter
sur des clauses nouvelles.

n'ont aucune garantie contre leurs ouvriers en faute et ne respectant pas leur contrat. Avec l'organisation syndicale, les syndicats, défenseurs mais aussi responsables de leurs membres, donneraient prise à l'action des patrons et à leurs droits une garantie qui se résoudrait en dommages-intérêts à leur profit.

Ainsi, se débarrassera-t-on à tout jamais d'une réglementation qui n'est pas l'affaire de l'État, qu'il a la tendance instinctive à rendre tyrannique, et qu'on a de la peine vraiment à suivre dans les ramifications, les enchevêtrements, les exceptions qui en marquent la complexité, avec les exceptions par décrets auxquelles s'ajoutent les exceptions des arrêtés et des ordonnances, et même des circulaires ministérielles, sur quoi viennent se greffer les usages locaux dont il faut tenir compte, les jurisprudences variables, — et le tout, animé des tendances les plus différentes, les unes favorables aux ouvriers, les autres aux patrons, les unes politiques, les autres pratiques, les unes venues de la Cour suprême à l'esprit étroitement juriste, les autres des conseils de prud'hommes ou des tribunaux de commerce, des cours d'appel et des tribunaux civils, les unes plus traditionnelles, les autres plus aventureuses, « sans que la Cour de cassation parvienne elle-même à réduire cette démocratique et désordonnée ruée d'*espèces* à la majestueuse unité de son interprétation souveraine ». Sans compter que cette doctrine de la protection des petits a assez duré. Citoyens majeurs, appelés à participer à la conduite des affaires du pays, la dignité des salariés ne peut que s'alarmer de la pitié condescendante des législations tutélaires qui en usent avec eux comme avec des mineurs non émancipés que l'on tient en dépendance.

L'État, avec ses inspecteurs du travail, n'est même pas en mesure de surveiller l'exécution des lois qu'il a faites ; et les industriels et les travailleurs, au surplus, font leur possible pour les violer, ce qui prouve qu'elles les gênent. Des documents officiels en font foi.

C'est ainsi que dans le rapport présenté au Président de la République par la Commission supérieure du travail sur l'application, en 1902, de la loi du 2 novembre 1892 relative au travail des enfants, des filles mineures et des femmes (*J. O.* 26 sept. 1903), on voit que, pour échapper aux obligations légales, les industriels, d'accord avec les ouvriers, rétablissent les ateliers de famille, installent un moteur à domicile, si bien que l'on est à la veille, vraisemblablement, de réglementer le travail dans la famille, avec son corollaire nécessaire : le droit, pour l'inspecteur, de pénétrer au foyer de tous, ce qui est exorbitant.

Toute législation excessive est un encouragement à la fraude. Et va-t-on couvrir le territoire d'une nuée d'inspecteurs du travail qui, sous le régime égalitaire et libre, deviennent inutiles ? et ce n'est pas une petite considération en un temps où l'équilibre budgétaire nécessite des économies sur tous les chapitres.

Les syndicats obligatoires résoudraient encore bien d'autres questions qui intéressent les travailleurs et la société, notamment celle du placement et, par répercussion, du chômage, en centralisant, par une organisation intelligente, comme on le voit en Allemagne, les offres et les demandes d'emploi. Les Bourses du travail, comme leur nom l'indique, ont surtout été créées pour être le marché du travail.

Ils auraient en mains la solution des retraites, de tout ce qui constitue les œuvres de prévoyance, en généralisant les sociétés de secours mutuels, en les fédérant ; ou plutôt, les sociétés de secours mutuels et de retraites ne seraient qu'une branche de l'activité des syndicats.

L'État se bornerait à veiller de haut au mantien de l'équilibre d'égalité, et continuerait à encourager, comme il le fait, et à patronner tout ce qui touche aux intérêts les plus généraux de l'industrie et du commerce, l'enseignement professionnel, les associations ouvrières, etc., etc...

On peut objecter, et on l'a fait, contre un pareil système, que les syndicats deviendraient de véritables tyrans [1]. Qu'en sait-on ?

Sous le régime du syndicat facultatif, on a vu les syndiqués

---

1. Je crois avoir assez montré dans l'introduction de ce livre ce qu'était l'organisation corporative : toute en vue du bien ou mal œuvré, toute en vue du produit, donc toute au profit du consommateur, et absolument désintéressée de la condition sociale du travailleur, — pour n'avoir pas besoin de répondre au reproche qu'on pourrait faire, et qui prouverait une assez grosse ignorance en la matière : de ressusciter les anciennes corporations par l'organisation syndicale, toute en vue des bonnes relations entre patrons et travailleurs, y compris le bien ou mal œuvré des produits.

molester les non-syndiqués. C'est tout. La chose n'est plus possible avec les syndicats obligatoires. Et au point de vue politique, est-ce que des associations sans nombre n'existent pas, comprenant des membres de tous les groupes politiques, qui ne demandent aux associés que de s'en tenir à l'objet de leurs statuts, et les a-t-on jamais vus faire œuvre politique ?

Des esprits excessifs demanderont peut-être enfin s'il ne faut pas aussi décréter la grève obligatoire ? Je n'éprouve aucun embarras à répondre : que les syndicats étant obligatoires, c'est aux travailleurs à dire ce qu'ils en pensent, car l'organisation du droit de grève n'est plus l'affaire de l'État. Et si les travailleurs le voulaient ainsi, j'estime qu'ils auraient raison. — Ainsi, dira-t-on, si onze ouvriers sur vingt veulent la grève, les neuf autres devront se soumettre. Et vous appelez cela de la justice et de la liberté ? — Je réponds : Si, à la suite de la grève, les onze grévistes obtiennent des avantages, par exemple une augmentation de salaire, les neuf non grévistes la repousseront-ils ? Non, n'est-ce pas ? Et à votre tour, je vous le demande : Trouverez-vous juste que ces neuf qui n'ont pas souffert de la grève, qui n'ont couru aucuns risques, profitent des gains obtenus par la souffrance, et la misère des onze grévistes ? Mais la solidarité, enfin ! elle n'est donc plus qu'un vain mot ! Et je m'empresse d'ajouter d'ailleurs que le jour où patrons et ouvriers seront puissances égales, il n'y aura pas plus de grèves qu'il n'y a aujourd'hui de guerres entre nations également armées et également fortes[1]. Ils s'arrangeront entre eux pour régler au mieux de leurs intérêts respectifs, qui, en définitive, sont les mêmes, les questions sociales, et je dis même : la Question sociale.

Et si vous obtenez l'égalité, par autorité d'État, puisqu'il semble qu'il n'y ait pas moyen de faire autrement, et ce qui est le principe même interventionniste, vous pourrez alors parler de liberté pour le reste, selon la formule chère aux libéraux ; et vous aurez la fra-

---

1. Dans l'organisation sociale, telle que je la vois, la grève est presque impossible. Le contrat de travail, en effet, passé collectivement devant donner les plus grands avantages aux salariés, et les conventions intervenues librement devant être respectées pendant la durée du contrat, toute violation entraînerait la responsabilité ou du patron ou des ouvriers, contre qui actuellement, toute poursuite, toute sanction sont à peu près illusoires. — Et pourquoi les ouvriers se mettraient-ils en grève, ayant débattu sans oppression, au seuil de leur engagement, les conditions du contrat, librement accepté ensuite ?

ternité par surcroît. Les peuples ne. sont jamais plus fraternels entre eux que lorsqu'ils se sentent également puissants. Voyez la Russie, cet empire, l'Italie et l'Angleterre, ces royaumes, comme ils s'entendent avec la France, cette république, depuis qu'ils la sentent forte. L'Allemagne, elle-même, ne résisterait pas à ce courant de fraternité internationale, s'il n'y avait, entre elle et la France, le souvenir cuisant du bien mal acquis qu'elle ne peut pas lâcher.

Égaux, patrons et ouvriers ou employés deviendront frères, comme des ennemis qui ont vainement essayé de s'entretuer finissent par entrer en composition [1].

Ils comprendront qu'il est de l'intérêt commun, — intérêt général du travail et intérêts particuliers des ouvriers et des patrons, de placer la question sociale sur son véritable terrain : l'égalité. Il faut le dire cyniquement, sans les formules attendrissantes et sentimentales des solidaristes ou des chrétiens chantant pour la galerie l'amour des humbles, et les devoirs que la conscience impose. Il ne s'agit pas de demander au patronat des sacrifices. L'entente, l'accord ne peuvent s'établir que sur la base des intérêts de tous, qui ne seront jamais mieux servis que si les deux parties se sentent égales, travaillant à une tâche commune, comme des associés de la même affaire [2]. Assez de paroles de haine, assez de malentendus, d'égoïsmes, de méfiance et de discorde, ont divisé le monde du travail, pour qu'on arrive enfin à l'œuvre d'apaisement social, qui ne peut résulter de l'écrasement d'un parti, mais de l'entente cordiale entre tous les partis, aux hauteurs sereines où les classes s'effacent

---

1. C'est la vieille histoire du mariage de Roland avec la belle Aude.
 ... Roland, nous n'en finirons point...
 Tant qu'il nous restera quelque tronçon au poing,
 Nous lutterons ainsi que lions et panthères...
 Ne vaudrait-il pas mieux que nous devinssions frères ?...

2. C'est dans cet esprit, d'après les résultats d'une enquête de M. Jules Huret, que des patrons de Cincinnati, MM. Procter et Gamble, fabricants de savon et de bougie, se comportent, ce me semble, avec leurs ouvriers :
« Nous avons pour principe, disent-ils, de payer cher nos employés et de les intéresser par-dessus le marché aux bénéfices, afin de nous les attacher, non pas par la reconnaissance — cela ne signifie rien — mais par l'intérêt, ce qui est plus sérieux... N'appelez pas ce que nous avons fait un sacrifice. Nous ne faisons pas de sacrifices, au contraire. Par nos chiffres, nous constatons que nous bénéficions d'un surcroît d'économies et de production de travail. Nous n'avons pas agi dans l'intérêt des ouvriers, mais dans notre propre intérêt. Notre façon de procéder est le résultat d'un calcul. C'est une affaire, pas autre chose. »

et où on ne voit plus que les hommes, tous membres d'une même humanité fraternelle.

C'est la plus haute leçon de philosophie sociale qui ressorte de l'étude de la Législation du travail. Par l'égalité, la liberté et la fraternité, la Question sociale sera résolue, et pas autrement, — si elle doit l'être, — ce qui n'est pas sûr[1].

C'est sur le terrain des revendications égalitaires que, poussées par le besoin immédiat de justice et avec les meilleures intentions, les écoles économiques se livreront la dernière bataille, pour arriver à un équilibre social, d'ailleurs hypothétique. Car c'est toujours la question du Mont Aventin qui s'agite ; c'est la cause des plébéiens de tous les pays contre toutes les aristocraties de privilège. Que va-t-il sortir de tout cela ? Il est oiseux, — et impossible, — de le pronostiquer. Les nécessités économiques dirigent le mouvement social avec une force contenue, souvent brutale, toujours irrésistible ; il faut le constater, que, d'ailleurs, l'on y trouve plaisir ou bien qu'on s'en afflige. Tous, les magistrats, les professeurs, les parlementaires, les politiciens, patrons et salariés, chaque homme qui travaille ou qui pense, l'ouvrier à son établi, le marchand à son comptoir, les paysans et les citadins, tous collaborent à ces transformations, sans soupçonner toujours quelle solidarité étroite unit inéluctablement leurs actions, semble-t-il, discordantes.

Mais soyons tranquilles ! Quoique notre époque, plus que d'autres peut-être, soit comme un creuset où viennent en fusion se mêler les éléments divers des volontés en travail et des opinions qui se heurtent, quoique la lutte sociale soit aiguë entre les combattants, il n'y aura pas de vaincus, quand on déposera les armes. L'égalité conquise n'admet pas de représailles.

---

1. La Question sociale n'est pas, en effet, malgré les prétentions scientifiques que certains esprits apportent à la traiter, un problème mathématique, comportant une solution au delà de laquelle il n'y a plus rien. A vrai dire même, l'expression : *solution* de la Question sociale est ridicule. Car la Question sociale est insoluble. La supposer soluble implique qu'une fois la solution trouvée, le monde, parvenu à la perfection, s'y tiendrait, n'aurait plus de progrès à réaliser. Qui voudrait le prétendre ? On l'a dit : la perfection n'est pas de ce monde. Il faut se contenter d'y tendre. La solution de la Question sociale existe peut-être, existe sûrement, si l'on y tient, — mais alors, comme on dit en mathématiques : à l'infini.

L'essentiel, en attendant que se résolvent d'aussi graves problèmes auxquels on n'a pas le droit de rester indifférent, c'est de ne pas s'effrayer de la nouveauté par cela seul qu'elle est nouvelle. Satisfaits des résultats acquis, oublieux des lois du progrès, évolutives, il est des gens qui subissent un arrêt du développement, qui ne veulent plus voir plus loin que le point où ils sont arrivés, et où ils restent en stagnation, pareils à ces eaux qui croupissent, et à des locataires que bouleverse la seule idée de quitter un domicile vermoulu et croulant, parce qu'ils seraient dérangés dans leurs habitudes, et qu'ils ont aussi le respect des vieilles poussières sur les meubles et des moisissures lorsqu'elles datent. Plus heureux les peuples jeunes, qui, n'ayant point de traditions séculaires, peuvent, libres de leurs mouvements, s'élever d'un coup d'aile, comme nous le voyons, par-dessus les civilisations chenues, impuissantes à se renouveler et à rajeunir avec le monde qui progresse !

Les peuples n'ont de réel avenir que si leurs citoyens, désireux de voir un peu moins de misères de tous ordres, inspirés par un même amour du progrès, consentent à se défaire, lorsqu'elles gênent l'essor vers l'état social meilleur, des traditions archi-centenaires, et s'ils se décident, sans regard de regret en arrière, en donnant au passé vénérable le souvenir historique qui lui est dû, à marcher ré-solument vers un idéal toujours plus affranchi, et plus souriant pour tous, d'égalité, de liberté, de bien-être, de fraternité, et, d'un seul mot, — de justice.

INDEX ALPHABÉTIQUE

TABLE ANALYTIQUE

LIVRE PREMIER

RÉGIME DES LIBRES CONVENTIONS ENTRE PATRONS ET OUVRIERS

CHAPITRE PREMIER

LE CONTRAT DE TRAVAIL INDIVIDUEL

I. — LE CONTRAT

LIVRE II

PROTECTION DES TRAVAILLEURS

CHAPITRE PREMIER

RÉGLEMENTATION DU TRAVAIL

1. — PROTECTION GÉNÉRALE DES ENFANTS, DES FILLES MINEURES ET DES FEMMES

IV. — ACCIDENTS DU TRAVAIL. RÉPARATION CIVILE

Jurisprudence. — La loi de 1898-1903 étant d'une mise en œuvre, à bien
des points de vue, excessivement délicate, on trouvera, en notes à leur place,
et à la suite de chaque paragraphe, d'importants et nombreux arrêtés de
jurisprudence, destinés à éclairer la matière.

CHAPITRE II

APPLICATION DES LOIS SUR LE TRAVAIL. CONTRÔLE ET SANCTIONS

I. — L'INSPECTION DU TRAVAIL

II. — SANCTIONS ET PÉNALITÉS

III. — LÉGISLATION COMPARÉE

CHAPITRE III

LES INSTITUTIONS DE PRÉVOYANCE

CHAPITRE IV

RÉCOMPENSES INDUSTRIELLES
ET MÉDAILLES D'HONNEUR OUVRIÈRES

LIVRE III

PROTECTION DU TRAVAIL

CHAPITRE PREMIER

ÉDUCATION PROFESSIONNELLE

I. — ÉDUCATION PROFESSIONNELLE PRIMAIRE

CHAPITRE II

ÉTUDE DES QUESTIONS INTÉRESSANT LE TRAVAIL
ET LES TRAVAILLEURS

I. — ORGANISMES ANCIENS

CHAPITRE III

PROPRIÉTÉ INDUSTRIELLE

I. — BREVETS D'INVENTION

II. — DESSINS DE FABRIQUE ; MODÈLES DE FABRIQUE

III. — MARQUES DE FABRIQUE ET DE COMMERCE

IV. — AUTRES ÉLÉMENTS INDUSTRIELS PROTÉGÉS

CONCLUSION

LA QUESTION SOCIALE

Égalité, Liberté, Fraternité.

NANCY, IMPRIMERIE BERGER-LEVRAULT ET Cⁱᵉ.

DIRECTION DU TRAVAIL

1° OFFICE DU TRAVAIL

Bulletin de l'Office du travail, paraissant tous les mois par fascicules d'environ 3 fe
in-8. 11° année, 1904. Prix de l'abonnement d'un an (France) . . . . . . **2 fr.**
Union postale : 3 fr. 50 c. — Prix du numéro. **20 c.**

De la Conciliation et de l'Arbitrage en matière de conflits collectifs entre patrons e
vriers en France et à l'étranger. 1893. Un volume de 616 pages . . . .

Conseils de Prud'hommes. *Enquête sur la législation en vigueur.* 1900. Brochure.

Enquête et documents sur le Délai-Congé (Conseil supérieur du travail). 1903. Un vo
de 105 pages.

Saisie-arrêt sur les salaires. 1899. Un volume de 162 pages . . . . **1 fr.**

L'Apprentissage industriel. *Rapport sur l'apprentissage dans l'imprimerie,* 1899-1
Un volume de 416 pages. . . . . **3 fr.**

Le Placement des employés, ouvriers et domestiques en France. *Son histoire, son*
actuel. Avec un appendice relatif au Placement dans les pays étrangers. 1892. Un vo
de 742 pages, avec de nombreux tableaux . . . .
— Seconde enquête sur le placement. 1902. Un volume de 187 pages. . . **1 fr.**

Examen analytique du 6° rapport annuel (1890) du « Département du travail » des É
Unis d'Amérique (Industries houillère et sidérurgique). — *De l'Emploi des artèles* et
participation intéressée du personnel dans les chemins de fer russes. 1893. Un vol. **1 fr.**

Législation ouvrière et sociale en Australie et Nouvelle-Zélande. Mission de M. A
MÉTIN, agrégé de l'Université. 1901. Un volume de 208 pages. . . . . . . **1 fr.**

Salaires et durée du travail dans l'industrie française.
— Tome I°ʳ. *Département de la Seine.* 1893. Un volume de 623 pages . . . **7 fr.**
— Tome II. *Industries extractives, produits alimentaires, industries chimiques, c*
chouc, papier, cuirs et peaux, textiles, dans les départements autres que celui c
Seine. 1894. Un volume de 766 pages . . . . **7 fr.**
— Tome III. *Industries du bois, tabletterie, métaux. Travail des pierres et des te*
Établissements de l'État ou des communes dans les départements autres que cel
la Seine. Entreprises de transport en commun. 1896. Un vol. de 654 pages. **7 fr.**
— Tome IV. *Résultats généraux de l'enquête.* 1898. Un volume de 579 pages.
— *Album graphique* de 29 planches in-4°, dont 19 en couleurs. Un volume cartonné.
— *Manufactures de l'État et compagnies de chemins de fer.* 1896. Un volum
154 pages. . . . . **1 fr.**

Bordereaux de Salaires pour diverses catégories d'ouvriers en 1900 et 1901. I
Un volume de 257 pages. . . . . **3 fr.**

Note sur le minimum de Salaire dans les travaux publics en Angleterre, en Belg
en Hollande, en Suisse, aux États-Unis et en France. Analyse des documents officiels. I
Un volume in-4° de 131 pages . . . .

Résultats statistiques de l'Assurance obligatoire contre la maladie en Allemagn
volume de 134 pages . . . . **1 fr.**

Résultats statistiques de l'Assurance contre la maladie en Autriche. 1893. Un v
de 147 pages . . . . **1 fr.**

Étude sur les derniers résultats des Assurances sociales en Allemagne et en Autr
Hongrie :
— I°ᵉ partie : *Accidents.* 1894. Un volume de 180 pages . . . . **1 fr.**
— II° partie : *Maladie, invalidité, vieillesse.* 1895. Un volume de 229 pages . . .

Bases statistiques de l'Assurance contre les accidents, d'après les résultats de l'
rance obligatoire en Allemagne et en Autriche. 1900. Un volume de 234 pages.

Les Associations professionnelles ouvrières. Tome I°ʳ. *Agriculture. Mines. Alimente*
Produits chimiques. Industries polygraphiques. 1899. Un volume de 913 pages.
— Tome II. *Cuirs et peaux. Industries textiles. Habillement. Ameublement. Trava*
bois. 1901. Un volume de 897 pages . . . .
— Tome III. *Métaux. Céramique et Verrerie.* 1903. Un volume de 679 pages . . .

---

(1) Les prix indiqués pour les publications de la *Direction du travail* ne comprenaut pas les fi
port, ajouter 10 p. 100 pour les envois en province et à l'étranger.

1° **Office du travail** (*suite*).

nnuaire statistique de la France. *15° volume*, 1892-1893-1894. 8 fr. — *16° volu* 1895-1896. 8 fr. — *17° volume*, 1897. — *18° volume*, 1898. — *19° volume*, 1899 *20° volume*, 1900. — *21° volume*, 1901. — *22° volume*, 1902. — Chacun. 7 fr. 5

ésultats statistiques du Dénombrement général de la population de 1891. Un vol de 824 pages, avec 56 diagrammes et cartogrammes. **1**

ésultats statistiques du Dénombrement des étrangers en France en 1891. Un vol de 349 pages, avec cartes et diagrammes . . . . **7 fr. 5**

ésultats statistiques du Dénombrement de 1896. 1899. Un volume de 491 pages, 13 diagrammes et cartogrammes. . . . . **7 fr. 5**

tatistique annuelle du mouvement de la Population et des institutions d'Assista Années 1890-1891-1892. Un vol. 7 fr. 50 c. — *Années 1893, 1894, 1895 et 1896.* Qu volumes. Chacun. 5 fr. — *Année 1897.* Un vol. 6 fr. — *Année 1898.* Un vol.

tatistique annuelle du mouvement de la Population *pour les années 1899 et 1* (*Tomes XXIX et XXX*.) Un volume grand in-8 de 313 pages, broché . . . . . .

tatistique annuelle des institutions d'Assistance. *Années 1899 et 1900.* Un vol grand in-8 de 217 pages, broché. . . . .

tatistique des Grèves et des recours à la conciliation et à l'arbitrage. Volumes g in-8°. Années 1890-1891. 1 fr. 50 c. — 1892. 1 fr. 50 c. — 1893. (*Épuisé.*) — **1** 1895, 1896, 1897, 1898. Cinq volumes, chacun. 3 fr. — 1899, 1900. 3 fr. 50 c 1901, 1902. Deux volumes, chacun. . . . .

ésultats statistiques du Recensement des industries et professions (Dénombre général de la population du 28 mars 1896). — Tome I. *Introduction. Région de Pari. Nord et à l'Est* (15 départements). 1899. Un volume de 855 pages. — Tome II. *Ré du Sud-Est* (27 départements). 1900. Un volume de 809 pages. — Tome III. *Régio l'Ouest au Midi* (45 départements). 1900. Un volume de 743 pages. — Tome IV. *Résu généraux.* 1902. Un volume de 568 pages. Prix de chaque volume. **1**

épartition des Forces motrices à vapeur et hydrauliques en 1899.
— Tome 1ᵉʳ. *Moteurs à vapeur.* 1900. Un volume de 209 pages . . . . . . .3 fr. 5
— Tome II. *Moteurs hydrauliques.* 1901. Un volume de 223 pages . . . . . 3 fr. 5

Ouvrages épuisés : Les Caisses patronales de retraites des établissements in triels. 1898. — Documents sur la question du Chômage. 1897. — Les Associat ouvrières de production. 1898. — Hygiène et sécurité des travailleurs dans établissements industriels. 1895. — Poisons industriels. 1901. — La Petite in trie (Salaires, durée du travail). Tome 1ᵉʳ. *L'Alimentation à Paris.* 1893. Tome II *Vêtement à Paris.* 1896.

diqués pour les publications de la *Direction du Travail* ne comprenant pas les fra p. 100 pour les envois en province et à l'étranger.

2° INSPECTION DU TRAVAIL

Bulletin de l'Inspection du Travail. Paraissant tous les deux mois, par fascicules d'étendue variable. 12° année, 1904. — Prix de l'abonnement : Paris et départements. Étranger : port en sus. — Prix du numéro . . . . **1 fr. 2**

Rapports sur l'Application pendant l'année 1902 des Lois réglementant le Trav Rapport des membres de la Commission supérieure du travail, du Ministre du comme des inspecteurs divisionnaires du travail et des ingénieurs en chef des mines. Un vol gr. in-8 de 650 pages, broché. 4 fr. Franco. 4 fr. 85 c. — Rapports sur l'année 1893. Franco. 2 fr. 20 c. — Rapports sur les années 1894 à 1901. Chacun. 4 fr. Franco. 4 fr. 8

Réglementation du Travail dans l'industrie. Lois, Décrets, Arrêtés (Juillet 19 I. Travail des adultes. — II. Travail des enfants, filles mineures et femmes. — III. Hyg et sécurité des ateliers. — IV. Accidents du travail. — V. Organisation du service de l' pection. — Brochure in-8 de 77 pages . . . . **1 fr.** — Franco. **1 fr. 1**